성리학의 개념들

이 책은 蒙培元의 『理學範疇系統』(北京: 人民出版社, 1989)을 번역하여 출판한 것입니다.

성리총서 14
성리학의 개념들

지은이   蒙培元
옮긴이   홍원식・황지원・이기훈・이상호
펴낸이   오정혜
펴낸곳   예문서원

편　집   유미희・이가양
인　쇄   주)상지사 P&B
제　책   주)상지사 P&B

초판 1쇄   2008년 7월 21일
초판 2쇄   2011년 6월 15일

주　　소   서울시 성북구 안암동4가 41-10 건양빌딩 4층
출판등록   1993. 1. 7 제6-0130호
전화번호   925-5913~4 / 팩시밀리 929-2285
Homepage http://www.yemoon.com
E-mail   yemoonsw@empas.com

ISBN 978-89-7646-241-1   93150

YEMOONSEOWON #4 Gun-Yang B.D. 41-10 Anamdong 4-Ga Seongbuk-Gu Seoul KOREA 130-824
Tel) 02-925-5913~4 / Fax) 02-929-2285

이 책의 한국어판 출판권은 저자와의 독점계약에 따라
도서출판 예문서원에 있습니다.

값 45,000원

성리총서14

성리학의 개념들

蒙培元 지음
홍원식 · 황지원 · 이기훈 · 이상호 옮김

예문서원

● 한국어판 서문 ●

　철학은 일종의 개념적 활동이다. 그러므로 어떤 철학이든 보편적 의미를 지닌 개념과 그것을 추론하는 논리적 구조를 지니고 있다. 이러한 개념은 언어로 표현된 것이다. 동일한 계열의 철학과 그 사조는 대체로 서로 같거나 유사한 개념을 공유하고 있다. 물론 다른 계열의 철학도 그 나름대로의 철학적 개념을 가지고 있다. 어떤 철학의 경우 그 개념이 아주 많을 수 있는데, 그 가운데 가장 중요하고 기본이 되는 개념을 '범주範疇'라고 칭한다. 중국철학, 특히 송명 성리학도 자신만의 철학 개념과 범주가 있다. 이것은 바로 우리가 성리학(혹은 道學)을 철학으로 간주하여 비교하고 연구하는 이유 가운데 하나이다.
　그러나 범주는 일반적으로 인식의 사유형식으로 이해되기도 한다. 범주의 주요 기능은 세계(인간을 포함하여)에 대한 대상인식이며, 여기에서 인간은 인식 주체가 된다. 그렇다면 '범주'는 인식 주체가 객체에 대해 인식할 때 필요한 선결조건으로 변화하게 된다. 문제는 성리학 범주가 과연 순수한 인식론상의 범주인가 아닌가, 즉 대상을 인식한다는 의미에서 '사유 형식'인가 아닌가 하는 것이다.
　내가 성리학을 연구하는 과정에서 깨달은 것은 성리학의 범주가 분명 인식론적 의미를 지니고 있기는 하지만 근본적으로는 주객이 대립된 의미에서의 인식범주가 아니라 바로 우주와 인생의 문제에 대해 반성적으로 사유하게 하는 존재 범주라는 것이다. 비록 '범주'라는 이름을 붙이기는 하였지만 서양 근대철학의 그 엄격한 의미상에서의 범주가 지니고 있는 성격을 갖추고 있지는 않다. 성리학 범주는 인간생명을 체험하는 가운데 얻어진 것이고, 그것이 가리키는 것은 인간 정신이 관조하는 의미의 세계이며, 인간 생명의 의미에 대해 파악하는 것이다. 그 기본적 내용에 대해 말하자면, 이는 '하늘과 사람의 관계'(天人之際) 문제이다. 하늘과 사람의 관계를 궁구하는 문제는 성리학을 포함한 중국철학 전체의 기본 문제인데, 일차적으로는 존재의 문제이며 동시에 의미의 문제이다. 사람과 하늘(즉 자연계)은 근본적인 측면에서 말하자면 통일된 것으로서, 단순히 주체와 객체의 대립관계로 이해할 수는 없다. 그렇다고 해서 이것이 그 총체적으로 통일된 속에서까지 주체와 객체의 관계 문제가 없다고 부정하는 것은 결코 아니다. 『성리학의 개념들』은 바로 이러한 깨달음 아래에서 완성된 것이다. 그것은 중국의 철학과 서양의 철학을 비교하는 하나의 예시를 제공하고 있다.

성리학 개념들의 가장 중요한 특징은 그 자체의 작용과 기능에 근거하여 상호 연관적인 유기적 체계를 구성함으로써, 11세기에서 17세기까지 중국 철학자들의 생명과 존재 의미에 대한 이해와 탐구를 표현하는 데 있는 것이지, 결코 개념적 유희나 지식의 모형에 그치는 것이 아니다. 이 책은 독자들의 편의를 위해 네 부분으로 나누어, 리기 부분에서는 우주론과 본체론, 심성 부분에서는 인성론과 인생론, 지행 부분에서는 인식론과 방법론, 천인 부분에서는 성리학 개념체계의 완성을 논술하였다. 하지만 사실상 각 부분의 각 개념들은 다른 부분과 밀접하게 관련되는 것이지 따로 독립적으로 존재하는 것은 아니며, 기계적으로 함께 조합된 것도 아니다. 당연히 각 개념들 사이에 놓여 있는 불가분의 관계와 연관성이 바로 성리학 개념의 생명이라고 말해야 한다.

　어떤 성리학자들의 경우, 설령 특정한 범주와 그 상호 관계에 대해 완전히 동일한 이해와 개념 사용을 하지 않았다 하더라도, 그들은 공통의 범주를 사용했을 뿐만 아니라 기본적 사유 방식과 가치의 방향에서 결국 한 곳에 이르고 있다. 이것이 바로 '천인합일天人合一'이자 '심리합일心理合一'이다. 사람과 자연계의 지위와 작용 및 어떻게 천인합일에 이를 수 있는가 하는 문제에서 성리학자들은 각기 다른 방식으로 특정한 범주에 각기 다른 의미를 부여하였으며, 심지어는 자신들끼리 논쟁을 펼치기도 하였다. 그러나 그들은 서로 다른 측면에서 공통의 목적을 실현하였으며, 본체론상에서 인간의 주체적인 지위를 확립하였다. 다만 개념을 인식하고 방법론적으로 전개하는 과정에서 차이가 발생하였을 뿐이다. 마찬가지로 그들은 모두 인간과 자연을 하나의 생명전체로 보았는데, 사람은 단지 그 가운데 하나의 한 부분을 구성할 따름이나 또한 '천지를 위해 마음을 세운다'(爲天地立心)는 특수한 부분을 확립할 수 있었다. 우리는 개념체계를 통하여 성리학자들이 주체성에 대한 자신의 학설이 있었음을 볼 수 있다. 그러나 성리학자들이 제창하는 주체는 결코 자연계와 대립하는 도도한 주체가 아니라, 자연계와 화합하고 통일을 이루는 덕성 주체이자 실천 주체이다. 이들은 성리학의 개념체계가 성립 가능하게 하는 기본 전제이다.

중국과 한국은 역사적으로 장기간의 문화적 교류와 학술적 관계가 있어 왔으며, 함께 유학(특히 성리학)의 깊은 영향을 받았다. 주자학이 조선에 전파된 후, 여러 중요한 사상가들이 배출되었다. 성리학은 오늘날까지 한국의 학자들이 연구해야 하는 과제이다. 1980년대 이후 양국의 학술 교류에는 새로운 현상이 일어났다. 세계화의 조류에 당면하여 양국의 학자들은 공통된 문제에 부딪혔고, 그들이 함께 풀어야 할 수많은 공통된 안건들이 생겨났다. 양국 학자들은 성리학의 역사적 지위 및 그 현대적 의의를 토론함으로써 자신들의 공통된 임무와 바람을 완수해야 한다. 나는 일찍이 여러 차례 한국을 방문하여 학술 대회에 참석하였고, 한국 학자들과 성리학의 문제들을 토론하면서 많은 인식을 공유하였다. 지금 계명대학교의 홍원식 교수를 비롯하여 몇몇 학자들이 이 책을 한국어로 출판하려 한다는 소식을 듣고, 이 장을 빌어 간절하고도 깊은 감사의 뜻을 표한다.

2005년 1월 8일 북경에서
蒙培元

● 저자 서문 ●

졸저 『성리학의 전개』(理學的演變, 福建: 人民出版社, 1984)가 출간된 후 학계의 여러 전문가들과 동학들로부터 격려를 받았지만, 귀중한 생각과 정성스런 의견을 많이 제기해 주기도 하였다. 이것은 나에게 성리학과 관련된 문제에 대해 더욱더 생각하도록 촉진시켜 주었다. 나는 본래 『성리학의 흥기』(理學的興起)란 책을 써서 『성리학의 전개』의 부족한 점을 보충하려 하였는데, 여러모로 생각해 본 끝에 중국의 전통사상과 문화의 일반적 특징으로부터 들어가 성리학의 전체적 구조와 그 발전의 문제에 대해 연구해 보기로 하였다. 이에 나는 성리학의 범주체계와 관련된 책을 써야겠다는 생각을 하게 되어 범주학의 각도에 따라 전통문화의 사유 특징을 연구하는 시도를 하게 된 것이다.

이것은 꽤나 크고 어려운 일이었다. 중국 고대철학의 범주는 역대로 농통하고 모호하게 인식되어서 명확성이 부족하였으며, 성리학의 범주는 전통철학 범주의 최종적인 총결이자 완성이어서 비록 풍부한 내용을 가지고 있긴 하지만, 똑같은 운명을 피할 수가 없었다. 하물며 성리학 가운데에도 서로 다른 학파가 있고, 또한 각 학파 간에는 서로 다른 체계와 특징이 있는데, 과연 통일적인 성리학의 범주 계통이 있겠으며, 이 계통은 어떠한 특징이 있겠는가? 그리고 성리학의 범주 계통과 같은 문제에 대한 연구가 과연 무슨 의의가 있겠는가? 이와 같은 물음들은 나로 하여금 가장 많이 생각하게 하고 가장 오랜 시간을 들이게 한 것들이다. 내가 만약 이 문제들에 대해 해결하거나 전진시키는 점이 있을 수 있다면, 중국 전통사상과 문화 및 그 사유의 특징을 한 걸음 더 깊이 연구하는 데 있어서 보탬이 없지 않을 것이라고 생각하였다. 나는 바로 이와 같은 목적을 가지고서 연구를 시작했던 것이다.

연구와 저술을 하는 과정에서 성리학 연구에 관한 국내외 학자들의 연구 성과들을 많이 참고하였다. 특히 후외려侯外廬·구한생丘漢生·장개지張豈之가 주편한『송명성리학사』상(宋明理學史 上), 이택후李澤厚의『중국고대사상사론中國古代思想史論』(理學 부분), 진준민陳俊民의『장재 철학사상과 관학 학파』(張載哲學思想及關學學派), 전목錢穆의『주자신학안朱子新學案』, 모종삼牟宗三의『심체와 성체』(心體與性體), 당군의唐君毅의『중국철학원론中國哲學原論』, 진영첩陳榮捷의『주학논집朱學論集』등은 나의 생각을 많이 열어 주었으며, 그것들로부터 많은 영양분을 섭취하였다. 이 책 가운데 어느 전문가들과 다른 관점을 제기한 것이 있다면, 그것은 어디까지나 그들이 계발시켜 준 것에 의해 제기된 것이기 때문에, 마땅히 먼저 그들에게 감사를 표시해야 할 것이다.

초고가 완성된 뒤 북경대학 철학과의 초청에 응해, 1987년 1학기 때 본 책에 대한 교열수업을 개설하였는데, 철학, 종교, 중문, 역사 등의 전공분야 대학원생들과 학부생들이 함께 참가하여 교열을 보았다. 그때 동학들이 제기한 문제들은 내가 다시 한 차례 교정을 볼 때 비중을 두고서 참고하였다. 곧 출간하게 될 이 책은 바로 이러한 기초 위에서 교정을 마친 것이다.

책 속에서 언급하고 있는 내용들은 일찍이 장대년張岱年, 임계유任繼愈, 탕일개湯一介 등 여러 선생님들의 지도와 도움을 받은 것이다. 개별적인 내용들에 대해서는 또한 하버드 대학의 두유명杜維明 교수와 하와이 대학의 성중영成中英 교수와 토론을 거치기도 하였다. 본 책의 총체적인 구상에 관해서는 김춘봉金春峰 동지와 토론을 거쳤으며, 아울러 그의 지원을 받았다. 곽숙금郭淑琴 동지는 본 내용 중 심리학과 관계된 부분에 대해 중요한 의견을 제기해 주었다.

마지막으로 본 책은 인민출판사의 전폭적인 지원을 받았다. 그들은 성실하고도 자세하게 원고의 교열과 편집 작업을 해 주었으며, 왕월王粵 동지는 전 책의 내용을 자세히 읽고서 좋은 의견을 내주었다. 이 자리를 빌려 모두에게 감사드린다.

1988년 8월 10일
蒙培元

● 옮긴이의 말 ●

　이 책은 중국 사회과학원의 몽배원蒙培元 교수가 저술한 『리학범주계통 理學範疇系統』(北京: 人民出版社,1989)을 옮긴 것이다. 원저는 원래 '리기理氣', '심성心性', '지행知行', '천인天人'의 총 네 편으로 이루어져 있었으나, 본 번역본에서는 '천인'편을 빼기로 했다.

　지은이가 서문에서 밝히고 있다시피, 이 책에서는 송명 성리학을 중심 대상으로 삼아 중국철학의 중요한 개념과 범주의 전개, 발전의 역사를 정리하고 있다. 이러한 철학사 연구의 방법과 관점은 알렉산드로프가 말한 "철학사는 객관세계에 대한 인류의 인식 발전의 역사이다"를 받아들인 것으로, 지다노프가 말한 "철학사는 과학적 유물주의 세계관과 그 법칙의 배태, 발생, 발전의 역사이다"와 대비된다. 1949년 중화인민공화국이 건국된 이후 70년대 중반 흔히 '좌파들의 대 난동'으로 규정되는 '문화대혁명'이 끝나기까지 중국에서의 중국철학 연구는 주로 마르크스주의의 계급투쟁론을 바탕으로 한 유물론과 관념론의 투쟁이라는 관점에서 이루어졌다. 이것은 지다노프의 관점과 일치한다고 볼 수 있다.

　중국이 1979년 '개혁개방' 정책을 본격적으로 시행하게 되면서 마르크스주의의 계급투쟁적 관점도 점차 약화되고 변모되기 시작하였다. 이것은 중국철학 연구에도 영향을 미쳐 알렉산드로프의 관점이 적극적으로 수용되었다. 80년대에 이르면 이러한 관점에 따라 중국철학이 활발하게 연구되었는데, 그 대표적인 것으로 장립문張立文의 『중국철학범주발전사中國哲學範

疇發展史』를 필두로 갈영진葛榮晉의 『중국철학범주사中國哲學範疇史』(黑龍江: 人民出版社, 1987)와 방립천方立天의 『중국고대철학문제발전사中國古代哲學問題發展史』(中華書局, 1990) 등이 있으며, 본 책도 그 가운데 하나이다. 일본의 오하마 아키라(大濱晧)도 이와 비슷한 관점에서 『주자의 철학』(朱子の哲學, 東京大學出版會, 1983)을 출간한 적이 있다. 방립천과 오하마 아키라의 책은 각각 『문제로 보는 중국철학』과 『범주로 보는 주자학』이란 이름으로 이미 국내에 번역, 소개되었다.

원저가 발간되고 꽤 시간이 흘러, 사실 본 책의 출간이 늦은 감이 없지 않다. 하지만 원전 자료가 비교적 풍부하고 체계적으로 정리되어 있어서 중국 성리학을 연구하고 이해하는 데 무엇보다 자료집으로서의 가치가 돋보이며, 아울러 90년대 이후 중국에서는 중국철학 연구에 있어서 새로운 연구 방법이나 관점이 뚜렷이 제기되지 않고, 이에 따라 뚜렷한 저술도 없는 형편임을 감안할 때 시간의 간극을 조금은 메울 수 있으리라 생각된다.

번역은 이기훈이 '리기'편을, 이상호가 '심성'편을, 황지원이 '지행'편을 맡았으며 정확성과 통일성을 높이기 위해 1년여에 걸쳐 함께 모여 여러 차례 윤독을 했다. 그리고 원저 각 편의 각 장에는 원래 소목차가 없었는데, 독자들의 이해를 돕기 위해 송대 이전, 북송시대, 남송시대, 원명시대, 명말청초로 시대를 나눴으며, 필요한 경우 문단 나누기도 하고 중복되거나 필요치 않는 내용은 삭제하는 등 약간의 편집을 거쳤다. 오역에 대한 두려움을 말끔히 씻지 못한 채 내놓게 되어 못내 주저가 된다. 한국어판 출간을 흔쾌히 승낙해 주시고 오랜 시간 동안 기다려 주신 몽배원 교수님께 감사를 드리며, 공들여 책을 만들어 주신 예문서원에도 감사를 드린다. 독자들에게 조그만 보탬이라도 되기를 바라며, 선배와 동학 여러분들의 질정을 기다릴 따름이다.

2008년 여름으로 접어든 무렵 낙동강 언덕 伊洛齋에서
번역자들을 대표하여 홍원식 적다.

† 차례

· 한국어판 서문 5
· 저자 서문 9
· 옮긴이의 말 12

·· 제1부 리기론

　총론······ 21
　제1장 리와 기······ 28
　　1. 송대 이전 28   2. 북송시대 31   3. 남송시대 47
　　4. 원명시대 57   5. 명말청초 69

　제2장 도와 기······ 80
　　1. 송대 이전 81   2. 북송시대 83   3. 남송시대 93
　　4. 원명시대 105   5. 명말청초 112

　제3장 태극과 음양······ 124
　　1. 북송시대 125   2. 남송시대 134   3. 원명시대 141
　　4. 명말청초 153

　제4장 리일과 분수······ 164
　　1. 북송시대 164   2. 남송시대 175   3. 원명시대 186
　　4. 명말청초 197

　제5장 신과 화······ 209
　　1. 북송시대 210   2. 남송시대 227   3. 원명시대 236
　　4. 명말청초 240

　제6장 일과 양······ 248
　　1. 북송시대 248   2. 남송시대 259   3. 명말청초 263

제7장 형상과 형하 …… 277
    1. 송대 이전 279   2. 북송시대 281   3. 남송시대 285
    4. 원명시대 288   5. 명말청초 291

제8장 체와 용 …… 295
    1. 송대 이전 297   2. 북송시대 301   3. 남송시대 309
    4. 원명시대 317   5. 명말청초 327

·· 제2부 심성론

총론 …… 343

제9장 성과 명 …… 352
    1. 송대 이전 352   2. 북송시대 355   3. 남송시대 362
    4. 원명시대 370   5. 명말청초 372

제10장 심과 성 …… 385
    1. 송대 이전 385   2. 북송시대 395   3. 남송시대 407
    4. 원명시대 425   5. 명말청초 440

제11장 천지지성과 기질지성 …… 460
    1. 북송시대 460   2. 남송시대 474   3. 원명시대 480
    4. 명말청초 485

제12장 성과 정 …… 504
    1. 송대 이전 504   2. 북송시대 509   3. 남송시대 518
    4. 원명시대 524   5. 명말청초 529

제13장 미발과 이발 …… 540
    1. 북송시대 542   2. 남송시대 549   3. 원명시대 560
    4. 명말청초 572

제14장 인심과 도심…… 580
　　　　1. 송대 이전　580　　2. 북송시대　582　　3. 남송시대　584
　　　　4. 원명시대　591　　5. 명말청초　603

　　제15장 리와 욕…… 610
　　　　1. 북송시대　611　　2. 남송시대　618　　3. 원명시대　627
　　　　4. 명말청초　633

·· 제3부 지행론

　　총론…… 651
　　제16장 지와 행…… 659
　　　　1. 북송시대　660　　2. 남송시대　665　　3. 원명시대　676
　　　　4. 명말청초　686

　　제17장 격물과 치지…… 702
　　　　1. 송대 이전　703　　2. 북송시대　705　　3. 남송시대　713
　　　　4. 원명시대　725　　5. 명말청초　737

　　제18장 덕성지와 견문지…… 759
　　　　1. 북송시대　760　　2. 남송시대　774　　3. 원명시대　780
　　　　4. 명말청초　788

　　제19장 함양과 성찰…… 801
　　　　1. 북송시대　801　　2. 남송시대　807　　3. 원명시대　818
　　　　4. 명말청초　827

　　제20장 경과 정…… 831
　　　　1. 북송시대　832　　2. 남송시대　839　　3. 원명시대　848
　　　　4. 명말청초　860

· 찾아보기　867

제1부

리기론

총론

　성리학性理學 혹은 리학理學은 유학儒學의 완성이다. 성리학은 동양철학의 중심으로, 잘 짜인 개념체계를 갖추고 있다. 이 개념들과 그 체계는 유가 전통 사유의 기본적인 특징을 명확하게 드러내고 있다. 성리학적 개념들이 가지는 체계의 기본적인 특징은, 인간과 천지(우주·자연)가 주체와 객체라는 틀 속에 포괄되어 있지만 논리적 측면에서는 반드시 우주론에서부터 출발한다는 점이다.
　'리기理氣'를 중심으로 한 개념들은 성리학의 우주론과 본체론을 논한 것이다. 이 개념이 바로 성리학에 등장하는 다른 개념들의 기초이자 전제이며 또한 출발점이다. 성리학의 개념체계가 형성된 것은 먼저 우주론과 본체론에서 출발하는데, 각 학파의 분파와 발전 역시 여기에서부터 시작한다. 엄격히 말한다면 우주론과 본체론은 동일한 것은 아니다. 본체론은 세계의 근원·제1존재·제1원리 등의 문제와 관련된 것이고, 우주론은 우주와 자연의 생성과 발전 등의 문제를 논한 것이다. 중국철학사에서 선진先秦철학은 우주론과 본체론에 대한 초보적인 도식을 확립하였고 양한兩漢철학은 기본적으로 우주론에 속하며, 위진현학魏晉玄學과 수당불학隋唐佛學은 본체론에 속하는데 성리학은 이 두 가지를 결합하여 체계적인 우주본체론의 철학을 확립했다고 할 수 있다. 성리학자들은 리기 등과 같은 일련의 개념들을 제시하여 우주와 자연계가 어떻게 생성하고 발전하였는지를 연구했을 뿐만 아니라, 천지만물의 근원, 즉 세계의 근원 등 이른바 형이상학적인 문제들을 토론하였다.

리기를 비롯한 여러 개념의 등장은 중국 전통 이론의 발전을 의미한다. 선진시대 이후 '도道', '리理', '기氣', '음양陰陽', '태극太極' 등의 기본 개념들은 형성되었지만, 그것이 유기적으로 결합되어 있지도 않았고 더욱이 대립되거나 연관되는 개념체계의 형성도 없었다. 또한 비록 선진시대와 양한시대의 유가철학이 『역전易傳』과 같은 저술을 남기기는 하였지만, 아직 완전한 형이상학으로까지 진입하지는 못하였다. 이후 현학玄學과 불학佛學의 발전과 유학의 부흥을 거치면서 '리기'・'도기道器'・'태극음양太極陰陽' 등의 개념이 점차 결합되기 시작함으로써 비로소 형이상학적 우주론의 이론체계를 형성하였다. 그 시작은 장재張載의 '기본체론氣本體論'이고, 그 다음이 이정二程의 '리본체론理本體論'이며, 최종의 완성은 주희朱熹의 '리기일원론理氣一元論'이었다. 이들에게서부터 우주론의 모든 문제는 '리기'를 중심으로 한 개념들의 학술적 체계를 이루었다. 중국철학의 개념체계는 여기에서부터 새로운 단계로 들어선 것이다.

성리학에서 '리기'는 우주론의 기본 개념이다. 그것의 기본적 함의는 '기'가 물질적 존재의 실체임을 의미하는 것인데, 이 점은 장재에 이른 후 더욱 분명해졌다. 기는 시간과 공간, 그리고 운동의 속성 및 형식이라는 의미를 지니고 있으며, 연속성과 충만성, 그리고 무한하게 분할할 수 있는 속성을 그 특징으로 한다. 어떤 사람들은 기를 '장場'(중력장, 자기장 등)과 관련시켜 연구하는데, 사실 어느 정도 일리가 있는 것이라 할 수 있다. '리'는 자연법칙이자 자연원리라는 개념이며, 보편성과 초월성을 지니고 있다. 그런데 리학자들이 리를 실체화・절대화시킴에 따라 그것은 형이상의 본체론적 존재로 바뀌게 되었다. 그러나 여기에서 말한 '존재'는 시공을 초월하고 있는 것이면서 존재론적 의의에서 관념적 존재이다. 그것은 생성과 유행의 과정을 표현한 것이기에 동태적인 개념이지 완전히 멈추어 있는 정태적 개념은 아니다. 리는 구체적으로 '소이연所以然'과 '소당연所當然'이라는 두 의미를 가지고 있다. 본체론적 존재로서의 리는 지극히 선한 도리이지만, 순수하게 자연법칙만을 의미하는 것은 아니다.

'리기' 개념이 중요한 까닭은 성리학자들이 모두 이 개념을 학술의 기초로 삼았기 때문이다. 즉 그들은 이 개념으로 자연계의 근원과 발전의 문제에 대답하였고, 아울러 이것으로 각자의 학술체계를 확립하였다. 기학자들은 기를 세계의 근원으로 삼고, 리를 기가 지니고 있는 속성 또는 양태로 보았다. 이에 반해 리학자들은 리를 세계의 근원으로 삼았으며, 기를 리의 작용 또는 그것의 물질적 표현으로 보았다. 또한 심학자들은 리와 기를 마음(心) 안에서 통일시켜 본체의 측면에서 말할 때는 리, 작용의 측면에서 말할 때는 기라고 하였다. 그러나 심학자들 역시 심을 설명하는 데 있어서는 여전히 리기의 틀을 벗어나지 못하였다. 바로 이 때문에 성리학에서 우주론의 다른 개념들은 모두 리기에 의해 결정되는 것이다. 이런 의미에서 말하자면 리기는 성리학의 모든 개념 중에 가장 기본적인 개념이다.

리기와 직접 관련된 개념 가운데 '도기', '태극음양', '리일분수理一分殊' 등은 모두 리기를 다른 차원에서 적용하고 표현한 것이다. 일반적으로 말해서 도·태극은 리와 같은 의미를 지니며, 기器·음양은 기氣와 동일한 의미를 지닌다. 그러나 이러한 개념들이 다른 체계와의 관계에서 사용될 때는 각기 다른 의미를 가진다. 심지어 동일한 학술체계 내의 동일한 개념이라 할지라도 다른 의미를 지닐 수 있다. 여기에서 성리학적 개념들의 다의성과 상대성이 나타나기 시작한다. 이러한 상황은 전체 개념체계를 매우 복잡하게 만들었다. 그것은 한편으로는 개념들이 지니는 풍부한 의미를 드러내는 것이지만, 다른 한편으로는 모호성과 불확정성을 드러내는 것이기도 하다. 그러나 전체 사유의 체계는 모두 리기라는 개념에 기초를 두고 서로 연관되거나 대응하면서, 유기적이고도 계통적인 자연계를 우리에게 앞에 펼쳐 놓았다.

'도기'와 '리기'는 동일한 차원에 있는 것이다. 그러나 이를 완전히 동일시할 수는 없는데, 도기는 리기를 사회적 영역에서 구체적으로 전개시킨 것이라 할 수 있다. 어떤 성리학자는 도를 기화운행氣化運行의 과정이라 하고 기器를 기화에 의해 이루어진 사물이라고 보았으며, 다른 학자는 도를 형이상의 근원법칙이라고 보고 기를 형이하의 구체적인 존재라고 보았다.

또한 성리학에서는 항상 태극과 음양을 우주론의 최고 개념이라고 인식하였다. 그러나 기본체론자들은, 태극을 '일원지기一元之氣' 또는 '태허지기太虛之氣'라 하였고 음양은 그 존재의 기본적 형식과 성질이라고 하였다. 리본체론자들은, 태극을 온갖 리의 총체적인 이름(總名) 또는 전체全體 즉 우주의 총체적인 법칙이라 하였고 음양을 기본적인 물질의 표현 형태라고 하였다. 이에 비해 심본체론자들은, 태극을 주체관념의 실체라 보았고 음양을 그것의 물질적 표현 형식이라 하였다. 이처럼 태극과 음양은 리기의 관계라는 토대 위에서 다원화된 형식으로 표현된다.

'리일분수理一分殊'는 또한 '일본만수一本萬殊'와 직접적인 관련이 있지만, 본本이 무엇인가 하는 것에는 각기 다르게 해석하기 때문에 하나의 리(理一) 역시 다른 의미로 이해될 수 있다. 즉 어떤 사람은 이 '하나의 리'를 태극의 리로 보고, 어떤 사람은 실체론적 기의 근본 속성으로 보며, 다른 사람은 주관적 관념의 최고 원칙인 심의 본체론적 존재로 본다. 리일과 분수의 관계는 전체와 부분의 관계로 볼 수도 있고 일반과 개별의 관계로 이해할 수도 있다. 전체적으로 보면 이 두 개념은 세계의 통일성과 다양성, 전체와 부분의 관계를 설명하는 것이다. 다만 기학자들은 세계의 물질적 통일성을 주장하고, 리학자들은 자연법칙의 절대적 보편성을 주장하며, 심학자들은 주체의 관념적 일원성을 주장하는 것일 따름이다. 그러나 그들은 자연계가 하나의 유기적인 통일체라는 것은 모두 인정하였다.

이러한 개념들이 한 걸음 더 나아가 논의된 것이 '동정動靜'·'신화神化'·'일一과 양兩' 등이다. 만약 리기 등이 실체 존재 및 그 속성이라 한다면 신화·일과 양 등은 곧 실체와 존재의 기능이자 작용이다. 여기서 주의해야 할 것은, 성리학자들이 비록 자연계의 최종적인 근원을 찾고자 했다 할지라도 그들은 결코 존재를 강조하지 않고 그것의 속성과 기능 그리고 그것의 전개 과정을 더욱 강조했다는 점이다. 성리학에 나타난 변증법적 사유의 특징은 여기에서 충분히 표현되고 있다. '신화'는 자연계의 변화 및 그 근원을 설명하는 중요한 개념이다. 이는 마치 직관적 신비성을 지니는 것 같지만, 이 개념이 리와 연관되든 기와 연관되든 자연계가 운동 변화하는 근원이 자연계 자체에 있다는 것을 증명하고 있다. 아울러 '기화氣化'·'형화形化' 등의 개념이 발전되어 구체적으로 만물의 생성과 변화를 해석하는 중요한 개념이 되었다. '일과 양'이란 신화의 진일보된 전개이며, 더욱 보편적인 의미를 지니고 있다. 성리학자들은 이 개념들을 통해 대립과 통일의 변증사상을 밝히고 있다. 그러나 그들은 대립과 통일 가운데 통일을 결정적 요소로 간주하여 모든 대립은 결국 합일合一에 이른다고 생각하였다. 이것이 성리학적 변증사상의 근본적인 특징이다.

이러한 개념들은 또한 형식적인 개념들과 결합하여 크게는 개념들의 네트워크(概念網)를 구성한다. 이것이 바로 '형상형하形上形下'와 '체용體用'이다. 이렇게 한 쌍의 짝을 이룬 개념들은 형식구조상 학술체계에 어떠한 작용을 일으킨다. 만약 형상과 형하가 존재라는 의미에서 세계를 경험과 초경험의 두 차원으로 구분한다면, 체와 용은 본체라는 의미에서 세계를 실체와 작용의 통일로 규정하는 것이다. 체는 정태적인 것이고, 용은 동태적인 것이다. 이 두 가지가 결합하여 진정한 형이상학적 본체론을 구성하는 것이다. 그러나 성리학 또한 형상과 형하, 체와 용을 구분하지 않는 것에 그 특징이 있다고 할 수 있다. 이 밖에 이렇게 짝을 이룬 개념들은 전체 성리학체계를 관통하여 우주론·심성론·인식론·천인론의 모든 이론을 특유의 논리적 형식으로 결합시킴에 따라 종적인 측면에서부터 성리학의 개념체계를 구성하였다.

이러한 개념체계들은 논리와 역사의 노정 속에서 끊임없이 발전하고 변화하여 자기 운동을 시작하였다. 전체 발전 과정을 간략히 말하자면 대략 세 단계의 과정을 거쳤다고 할 수 있다. 즉 장재로 대표되는 기일원론氣一元論에서부터 이정과 주희로 대표되는 리일원론理一元論, 그리고 다시 왕부지王夫之로 대표되는 기일원론에 이르는 세 과정이다. 그러나 이는 결코 간단한 공식이 아니며, 다시 출발점으로 되돌아간 것도 아니다. 이 과정에서 매우 큰 분화가 있었는데, 이것이 곧 객관론적 개념체계와 주관론적 개념체계의 분화이다. 육구연陸九淵과 왕수인王守仁은 주관론적 개념체계를 세운 대표적인 인물들이다. 그러나 주관론자들이 비록 심心을 세계의 본체로 상정하였다고 하더라도 자연계를 '일심一心'으로 귀결시킨 것은 결코 아니며, 더욱이 자연계의 존재를 부정한 것도 아니다. 그들은 다만 주체·객체의 통일이라는 관점에서 출발하여 주관적인 측면을 주도적이고 절대적인 지위에 올렸을 따름이다. 그리고 왕부지의 개념론은 성리학적 개념체계의 최종적인 완성일 뿐만 아니라 이 체계의 종결임을 의미한다.

이 장은 리기를 위주로 다루고 있는데, 일반적으로 리기와 관련된 개념들은 세계와 우주를 논한 것이다. 리기는 주로 자연계의 존재와 발전의 문제를 다루었다. 그러나 성리학의 근본적인 임무는 인간의 문제를 해결해야 하는 것이고, 인간과 자연이 어떠한 관계에 있는지를 해결해야 하는 것이었다. 바로 이 때문에 여기에서는 첫 글자부터 순수한 자연철학의 문제만을 다루지 않았다. 다시 말해 자연계를 순수한 객관적 대상으로 간주하여 연구를 하는 것이 아니라, 전체 성리학 개념들의 구성체계들 가운데 하나의 구성 부분으로 여긴 것이다. 이는 성리학이 결코 인간을 떠나서 존재할 수 없기 때문이다. 그러므로 비록 우주의 본체와 구조를 위주로 논하였지만, 그래도 여전히 인간학적인 특징을 지니고 있다고 할 수 있다.

제1장 리와 기

1. 송대 이전

리기理氣는 성리학의 우주론에 있어서 가장 기본적인 개념이다. 이 개념의 형성과 발전 과정을 살펴보면 다음과 같다.

리와 기는 두 개의 단독적인 철학 개념으로 매우 이른 시기에 출현하였다. 선진先秦시대에는 '물리物理'와 '성리性理'라는 두 가지 의미를 지닌 리 개념이 이미 존재하고 있었다. 그리고 위진현학魏晉玄學에서는 '소이연所以然과 필연必然의 리'라는 명제를 제기하여 법칙 일반이라는 의미도 갖추게 되었다. 또한 수당불학隋唐佛學에서는 본체론적 의미를 지닌 '리사理事' 개념을 제시하였다.

기 개념은 리보다 더욱 이른 시기에 출현하였으며 줄곧 중국철학의 주요 개념이 되었다. 특히 한당漢唐시대에는 이미 최고의 실체적 개념으로 자리 잡았다. 그러나 리와 기가 결합하여 한 쌍의 짝을 이룬 개념이 된 것은 오히려 성리학이 형성된 이후의 일이다.

성리학이 확립되던 시기에는 흔히 한 쌍으로 된 개념들이 출현하였는데, 대부분의 개념들은 하나하나 대응하는 관계 속에서 존재하였고 또 그 상호 관계 속에서 개념의 의미를 드러내었다. 이것은 성리학의 개념들이 지니는 중요한 특징이다. 이것으로 보아 성리학 개념들은 모두 '관계 개념'이라고 할 수 있다. 매우 많은 개념들이 다른 개념들과의 관계나 위치에 따라 그 의미도 변화하였다. 리기 개념 역시 이와 같다.

리기 개념의 출현에는 불교 화엄종의 '리사관理事觀'의 영향이 어느 정도 작용하였다. 이것은 사실 깊이 연구해 볼 만한 과제이다. 성리학에서 사용하는 개념은 불교와 도교를 흡수하는 과정에서 확립된 것이기 때문에 리기 개념이 리사관의 영향을 받았다는 사실을 부정할 수는 없다. 그러나 이것은 리기 개념의 근원이 불교 화엄종의 리사관에 있다는 말은 결코 아니다. 화엄종에서 말한 리理는 성리性理이지 물리物理가 아니며, 절대 초월의 본체 개념으로 '법성法性'과 직접 관련된 개념이다. 화엄종에서 말하는 사事는 만상萬象, 즉 현상계를 가리키는 것이다. 그러나 사는 인연에 의해 만들어지는 것이므로 가합假合이자 실재하지 않는 것이며, 리는 진여眞如의 불성佛性으로 실재하는 것이다. 다만 화엄종에서 말한 '리사무애理事無碍'는 본체가 현상을 떠나지 않음을 주장한 것으로 리와 사의 통합을 시도한 것이다. 리는 분할할 수 없는 하나의 절대적인 완전체이며, 또한 현상(事) 가운데에서 드러나는 것이다.

> 리理와 사事가 서로 통하여 융합되면, 이 무애無碍의 성性이 갖추어진다는 것은 리와 다름없는 사가 성리性理를 갖추어 통섭할 때 저 리와 다름없는 많은 사로 하여금 소의의 리를 따르게 하며 모두 '하나'(一) 속에 드러나게 한다. 만약 하나 가운데 리를 통섭하는 것이 극진하지 못하면 참된 리는 나누어지고 한계가 있게 되며, 만약 하나 가운데 리를 통섭하는 것이 극진한데도 다사多事가 리에 따라 드러나지 않으면 사는 리의 바깥에 있는 것이다. 지금 일사一事 가운데 나아가 리를 온전히 통섭하였다면 다사多事가 어찌 그 속에서 드러나지 않겠는가?[1]

여기에서 '사사무애事事無碍'의 주장이 나타나고, 사사무애는 다시 리사무애理事無碍의 학설을 통해 실현된다. 이처럼 리사理事가 서로를 통섭하고 있다는 것이 화엄종 사변철학의 주된 주장이다. 이것은 법성法性 혹은 불성이 없는 곳은 없으며, 사물마다 분할할 수 없는 절대적인 리가 있다고 논증한 것이다. 따라서 만사萬事와 만법萬法이 모두 그 속에 포함되는 것이다. 이른바 '리와 사는 서로 다르지만 서로가 융합하여 방해가 되지 않는다'는 것은 곧 "리가 곧 사이며 사가 곧 리이다. 리 속에 사가 있고 사 속에 리가 있다"2)라는 것이다. 이러한 사상은, 도道는 없는 곳이 없으며 하나의 절대적인 전체라는 『장자』의 사상과도 유사하다. 화엄종은 피안彼岸과 차안此岸, 절대성공絶對性空과 만유법상萬有法象의 틀로 사변적 교량을 세워 리사무애의 학설을 제시하였다. 그러나 화엄의 이 논의에는 '기氣' 개념은 없다.

불교의 리사설이 성리학에 끼친 영향은 크게 두 가지라 할 수 있다. 하나는 체용설體用說로 리사의 관계를 해석한 것이다. 이는 리와 사가 본체와 현상의 관계임을 논증한 것이며, 따라서 리의 보편성과 절대성 그리고 초월성을 확정한 것이다. 다른 하나는 '리사무애' 또는 '리사융통'의 변증적 관계를 제시함으로써 본체와 현상을 연관시킨 것이다. 그러나 성리학의 리기론은 불교의 리사설과 본질적으로 구분된다. 그것은 첫째, 불교에서는 만유萬有가 인연에 의해 생겨난 것이기에 진유眞有는 없다고 보았지만 성리학에서는 만유가 참된 것(眞)이며 이것이 기氣에 의해 생겨난다고 하였다. 따라서 기는 물질적 개념이다. 둘째, 불교에서 말한 리는 다만 성리일 따름이지 물리의 의미는 전혀 없으며 이에 대해 언급하지도 않았다. 하지만 성

---

1) 『大藏經』, 권45, 「華嚴經旨歸」, "理事通融, 具斯無碍. 謂不異理之事, 具攝性理時, 令彼不異理之多事, 隨彼所依理, 皆於一中觀. 若一中攝理而不盡, 卽眞理有分限矣. 若一中攝理盡, 多事不隨理現, 卽事在理外矣. 今卽一事之中全攝理, 多事豈不於中現?"
2) 『大藏經』, 권45, 「華嚴經義海百門」, "理卽事, 事卽理. 理中事, 事中理."

리학자들이 말하는 리에는 성리와 물리 두 의미가 모두 포함되어 있으며, 그들은 광범위하게 자연계와 우주만물의 수많은 문제를 연구하였다. 셋째, 불교에서 말하는 리는 결국 부정의 방식으로 일체의 현상계를 초월하여 피안의 존재에 이르는 것인데, 이는 절대 공허의 정신적 경지이다. 이 점에 있어서 화엄종이든 선종이든 예외가 될 수 없는데, 그렇지 않다면 그것은 종교철학이 아니다. 성리학자들이 말하는 리는 물론 초월적인 측면도 있지만 현상계를 떠나 존재하는 것은 아니다. 다시 말해 불교는 현실을 부정하는 방식으로 초월을 행하고 있다면, 성리학은 현실을 긍정하는 방식으로 초월을 행하고 있는 것이다. 즉 불교의 리는 '공空'을 특징으로 하고, 성리학의 리는 '실實'을 특징으로 하는 것이다. 이것으로 볼 때 성리학의 리기론은 불교의 리사설을 흡수한 것이자 동시에 그것을 지양한 것이다. 여기에서 우리는 유가적 사유의 포용성과 배타성을 명확히 볼 수 있다.

통틀어 보면 성리학은 불교를 선택적으로 흡수하였는데, 한 번의 충돌과 융합의 과정을 겪었다. 이 과정은 한유韓愈, 유종원柳宗元, 범중엄范仲淹, 구양수歐陽修 등에서 출발하여 장재張載와 이정二程을 거쳐 주희朱熹에 이른 이후 비로소 완성되었다.

2. 북송시대

북송北宋 초기는 성리학이 서서히 이론적 틀을 형성하던 때이다. 범중엄과 구양수 등은 당대唐代 유종원의 기론氣論과 한유의 도론道論을 계승하여 유가철학에 이성적 요소를 가미하였으며, 다시 천지만물의 근원에 대한 논의를 거쳐 유학의 해석학을 혁신하였다. 또 의리義理로 경전을 해석하는 과정 가운데 가장 먼저 리기 문제를 제시하였고, 아울러 우주본체론에 대한 초보적인 사상도 형성하였다.

범중엄은 음양의 두 기를 세계와 만물의 근원이라 하였고, 건양강건乾陽剛健의 기가 조화의 '진재眞宰'로 조물주가 된다고 하였다. 즉 건양의 기는 멈추지 않는 운동 과정에서 만물을 창조하고 사시四時를 형성한다는 것이다. 그리고 만물의 변화와 사시의 운행에 있어서 일정한 법칙을 따르게 되는데, 이것이 바로 리이다. 이처럼 그는 초보적이지만, 기가 실체이며 리는 법칙이 된다는 사상을 제기하였다.

구양수는 '원기元氣'가 만물의 근원이며 이것이 자연계의 생물과 무생물을 창조하고 사람은 그 사이에서 살아간다고 하여, 천지만물과 사람은 모두 원기에 의해 생겨난 것이라고 여겼다. 리란 자연계의 변화, 발전의 법칙인데, 이른바 '사물에 있는 항상된 리'(物有常理), '자연의 리', '천지의 상리常理'라는 것은 모두 자연계의 변화와 발전에 일정한 법칙이 있다는 것을 설명한 것이다. 그는 특히 '궁리窮理'를 강조하여 "천지와 인신人神, 그리고 일과 사물의 리를 궁구해야 한다"[3]라고 주장하였다.

범중엄과 구양수는 독립적인 리기 개념을 제시하지 못하였고 더욱이 아직 자신들의 독자적인 개념체계를 형성하지도 못하였다. 하지만 만물의 근원과 그 법칙을 탐구하는 그들의 사유방식은 성리학의 형성에 큰 영향을 끼쳤다. 리기 개념은 바로 이러한 과정을 거쳐 비로소 학술적 체계를 지닌 이론으로 형성되었다.

북송 시기는 본격적으로 성리학의 개념과 학술적 체계가 세워지던 때이다. 성리학의 개창자로 추앙 받는 주돈이周敦頤는 리기 개념에 대해 전폭

---

3) 『歐陽文忠公全集』, 「崇文總目敍釋小學類」, "究極天地人神事物之理."

적인 논술은 하지 않았으나, 여러 가지 중시할 만한 관점들을 내놓았다. 그 하나는 우주의 생성 과정을 논하면서 무극無極과 태극太極, 음양陰陽과 오행五行의 개념을 제기하여 리기론에 직접적으로 영향을 끼친 것이다. 그는 다음과 같이 말하였다.

> 무극의 참됨과 음양·오행의 정미한 것이 오묘하게 합치하여 응취한다.…… 음양의 두 기가 교감하여 만물을 화생한다.4)

이것은 실제로 정신과 물질의 관계를 논하고 있으며, 또한 본체론적 특징을 지니고 있다. 또한 그는 『통서通書』에서 리理·성性·명命의 개념을 제시하였다. 그는 "그것은 드러나면서도 미미하다. 신령스럽지 않으면 밝지 않은 것이다"(厥彰厥微, 匪靈弗瑩)라고 하여 리에 대해 묘사하였다. 이는 리가 드러나기도 하고 은미하기도 하지만, 정신만이 독립적으로 있는 것은 아니라는 말이다. 리와 기의 관계는 여기에서 계발을 받았을 수 있었을 것이다. 그는 불교의 체용설을 자신의 우주생성론과 결합시켰는데, 이것이 이후 리기론의 형성에 큰 영향을 끼쳤다는 것은 두말할 나위가 없다.

성리학자 장재는 범중엄, 구양수 등을 계승하여 기본체론氣本體論의 철학을 세웠다. 그는 우주론에 있어서 기氣를 최고의 개념이라 생각하였다. 이는 성리학의 형성 과정에서 아주 중요한 단계이다. 즉 리기의 관계에 대한 문제는 이 전제 아래에서 발전되어 온 것이다. 장재는 기란 물질의 실체이며, 태허는 기의 본연 상태이자 자연계의 본체라고 보았다.

---

4) 『太極圖說』, "無極之眞, 二五之精, 妙合而凝……二氣交感, 化生萬物."

태허의 무형은 기의 본체이다. 그것이 모이고 흩어지는 것은 변화의 객형客形(일시적인 형태)이다.5)

장재는 불교의 태허공무설太虛空無說을 비판하는 동시에 기가 우주의 본체라는 일원론적 철학을 확립하였다. 본체와 객형을 서로 대칭한 것은 기의 다른 형태를 논하기 위한 것이지만, 본체가 더욱 근본적 존재이며 시작도 없고 끝도 없는 존재라는 것을 부각시키기 위한 것이다. 그는 "크기로 말한다면 천하에 그것을 실을 수 있는 것이 없으며, 작기로 말하면 천하에 그것보다 더 잘게 쪼갤 수 있는 것이 없다는 것은 본체를 말한 것이다. 이것은 곧 크나큰 허虛를 드러낸 것이다"6)라고 하여, '허'는 곧 '기'이며 또한 공간적 성질에서 볼 때 무한대이자 무한소의 통일이라 하였다. 어떤 사람은 중국철학의 기론氣論을 현대물리학의 장場이론(중력장, 자기장 등)과 서로 비교하는데, 이는 기가 하나의 장 또는 장의 성질을 가지고 있다는 것이다.

장재의 기사상에서 기는 확실히 원자와 다르지만, 무한분할성과 연속성이라는 특징은 지니고 있다. 그러나 장이론으로 말하자면 미립성과 파동성, 단절성과 연속성이 통일되어 있다. 이는 물리학적으로 물질구조를 심층적으로 연구한 후에 내린 결론이다. 그런데 만약 장재가 말한 기를 본체와 객형의 관계에서 본다면 유형과 무형의 통일이지 결코 입자와 파동의 통일은 아니다. 장재에게는 물질을 구성하는 최소 단위나 입자와 같은 관념은 없다. 그러나 기에는 취산聚散, 굴신屈伸, 동정動靜 등의 특성과 작용이

---

5) 『正蒙』, 「太和」, "太虛無形, 氣之本體. 其聚其散, 變化之客形爾."
6) 『張子全書』, 「語錄中」, "語大天下莫能載焉, 語小天下莫能破焉. 言其體也. 此所以見其虛之大也."

있다는 측면에서 볼 때, 모임은 물질을 생성하는 것이고 흩어짐은 허로 돌아가는 것이다. 이는 마치 얼음과 물의 관계와 비슷하다. 물질은 기가 결합하여 이루어지는 것으로 마치 원자가 물질을 구성하는 것과 같다. 그러나 장재 학설의 중점은 물질적 실체의 일반적 특성과 구체적 존재의 관계를 논증하고, 무한한 공간성과 연속성을 지니고 있는 물질 실체가 자연계의 근원이라는 것을 증명하는 데 있었지 결코 물리학적으로 물질 구성 자체를 분석한 것은 아니다.

> 허虛와 공空이 기라는 것을 안다면 유有와 무無, 드러나지 않은 것과 드러난 것, 신神과 화化, 성性과 명命은 하나로 통하여 둘이 아님을 깨닫게 될 것이다. 이렇게 모임과 흩어짐, 듦과 남, 유형과 무형을 살펴보아 그 소종래(근원)를 미루어 알 수 있다면 『주역』의 이치에 대해 깊이 체득하게 될 것이다.[7]

여기서 '그 소종래를 미루어 알게 된다'는 것은 본체론에 대한 가설을 세워 이것을 모든 현상의 근원으로 삼은 것인데, 이것은 분명 본체론에 해당한다. 이는 고대 과학을 기초로 한 소박한 우주관이다.

다른 측면에서 태허의 기와 만물은 생성의 관계이자 체용의 관계라 하였는데, 이는 그가 아직 자연과학과 철학적 본체론을 진정으로 구분하지 못했음을 설명하는 것이다. 그러나 철학적 우주론에서 보자면 그의 기본체론은 분명한 것이다. 그가 불교에 대해 "대략 허공虛空이 성性이 되는 줄만 알고 아예 천도가 용用이라는 사실은 몰랐다"[8]라고 비판한 까닭은 허를 특징으로 하는 물질적 실체를 확립하여 세계의 진실성을 확립하고 '세계는

---

[7] 『正蒙』, 「太和」, "知虛空卽氣, 則有無, 隱顯, 神化, 性命通一無二. 顧聚散, 出入, 形不形, 能推本所從來, 則深於易者也."
[8] 『正蒙』, 「太和」, "略知體虛空爲性, 不知本天道爲用."

건곤乾坤이 환화幻化한 것'이라고 주장하는 불교를 비판하기 위한 것이었다. 우리가 눈여겨봐야 할 것은 장재가 이미 주체와 객체의 관계라는 각도에서 진일보된 논증을 하고 있다는 것이다.

> 기가 모이면 리괘離卦가 상징하는 밝음을 베풀어 형태를 가지게 되고, 기가 모이지 않으면 리괘의 밝음이 베풀어지지 못하여 형태가 없게 된다. 기가 모일 때 어찌 그것이 객형客形이라 하지 않을 수 있겠는가? 그것이 흩어질 때 어찌 사라진다고 할 수 있겠는가?…… 천지를 가득 채우고 있는 것은 법상法象일 따름이다. 문리文理를 살피는 것은 리괘의 밝음이 아니면 보지 못한다. 형태를 지닐 때라도 그윽한 원인을 알 수 있으며, 형태를 지니지 않을 때라도 밝게 드러나는 까닭을 알 수 있다.9)

그는 유형과 무형, 유명幽明, 은현隱顯 등의 개념으로 감각하고 지각할 수 있는 구체적인 사물을 본체의 기가 응취한 것이라고 해석하였으며, 기의 구체적 존재 형식에서 무형의 기를 추론해 낼 수 있다고 하였다. 이에 다음과 같은 결론을 내렸다.

> 이른바 기라는 것은 피어오르거나 꽉 찬 상태나 응결되어 있는 것을 우리의 눈으로 보고서 알게 되는 것은 아니다. 강건함, 유순함, 움직임, 멈춤, 넓음, 고요함처럼 말로 표현할 수 있는 것은 모두 이름을 붙일 수 있는 상象일 따름이다. 그러한 까닭에 상은 기가 아니라면 무엇을 가리켜 상이라고 할 것인가? 때(時)는 만약 상이 아니라면 무엇을 가리켜 때라 할 것인가?10)

---

9) 『正蒙』, 「太和」, "氣聚則離明得施而有形, 氣不聚則離明不得施而無形. 方其聚也, 安得不謂之客? 方其散也, 安得遽謂之無?……盈天地之間者, 法象而已. 文理之察, 非離不相睹也. 方其形也, 有以知幽之因, 方其不形也, 有以知明之故."
10) 『正蒙』, 「神化」, "所謂氣也者, 非待其蒸鬱凝聚, 接於目而後知之. 苟健順動止浩然湛然之得言, 皆可名之象爾. 然則象若非氣, 指何爲象? 時若非象, 指何爲時?"

즉 구체적인 사물은 사람이 감지할 수 있는 것이지만 기는 결코 직접 감지할 수 없는 것이라는 것이다. 상은 기의 존재 형식이며, 기가 없으면 상도 없다. 언어로 대표되는 상과 그것이 가리키는 기는 완전히 동일한 것이자 일치하는 것이다. 이것은 리기 개념이 더욱 깊은 의미를 가지게 된 것인데, 곧 이른바 형이상의 본체론적 존재인 것이다.

리에 관한 장재의 논술은 그리 많지도 않고 또한 리가 그의 철학에서 주요 개념으로 등장하지도 않는다. 하지만 그는 리기의 관계라는 측면에서 처음으로 리의 문제를 제기하였다.

> 천지의 기가 비록 모이고 흩어지고, 물리치고 취하는 온갖 갈래가 있지만 그 리 理는 잘 따라서 망령되지 않는다.[11]

여기서 장재가 말하는 리는 그렇게 될 수밖에 없는 필연성을 말한 것이며, 또한 기의 운동법칙을 가리키고 있는 것이다. 기가 모여 사물을 이루고 다시 태허로 돌아가는 것은 비록 무궁하게 변화하지만 오히려 여기에는 변하지 않는 필연성이 있다는 것이다. 즉 장재가 언급한 리는 분명 법칙이라는 의미에서 말한 것이다. 언어학적 측면에서 볼 때, 리는 술어적 개념이고 기는 주어적 개념으로 리는 기를 꾸며 서술하는 것이다. 이 관점에서 사물의 형성과 발전 그리고 소멸이 모두 해석될 수 있다. 즉 일기一氣의 모임과 흩어짐(聚散), 감과 옴(往返), 듦과 남(出入)이 합규율적으로 설명됨에 따라 리 역시 객관적인 것이 된다. 장재는 리와 기의 이러한 내재적 관계에 대해 조금도 의심한 적이 없으며, "리가 사람에게 있지 않고 사물에

---

11) 『正蒙』, 「太和」, "天地之氣, 雖聚散, 攻取百塗, 然其爲理也順而不妄."

게 있다고 하는데, 사람 역시 사물 가운데 하나일 따름이다"12)라고 하였다. 그는 리기관계에 있어서 객관적 기일원론을 견지하였다.

그러나 기에는 음양陰陽과 건순健順의 구분이 있는데, 이는 기가 기본적으로 대립적 성질을 띤 존재라는 것이다. 음양이 바로 그 대립의 기본이며, 음양의 기가 서로 추동하는 작용이 있어야 운행하여 만물을 생성할 수 있다. 이 때문에 리는 음양이라는 두 기의 관계 속에서 표현된다.

> 음양의 기가 순환하면서 서로 이르고, 흩어지고 모이면서 서로 섞이며, 오르고 내리면서 서로를 구하고, 인온絪縕하면서 서로 뒤섞이기도 하는데, 서로가 겸하기도 하고 제재하기도 하여 어느 하나로 되고자 하여도 그렇게 될 수 없는 것이다. 이것은 펼치고 굽힘에 방소가 없고, 운행에 쉼이 없어서 그 누구도 그것을 그렇게 할 수 없는 것이니 '성명性命의 리'라고 하지 않으면 이것을 달리 무엇이라 부를 수 있겠는가?13)

성명의 리는 『주역』「설괘說卦」의 "리를 궁구하고 성을 극진히 하여 명에 이른다"14)라는 말과 "성인이 『주역』을 지음에 성명의 리를 따랐다"15)라는 말에 기원을 두고 있다. 장재의 입장에서 음양의 기는 고유한 법칙이다. 그는 여기에서 "양은 뭇 음을 두루 이끌고 뭇 음은 하나의 양을 함께 받드니, 이것이 리이다"16)라는 결론을 내렸다. 만약 이것이 강건剛健을 중시하는 『주역』의 전통을 계승했다면, 일단 사회적 영역에 들어가 '백성은

---

12) 『張子全書』,「語錄上」, "理不在人皆在物, 人亦物中之一物耳."
13) 『正蒙』,「參兩」, "若陰陽之氣, 則循環迭至, 聚散相盪, 升降相求, 絪縕相揉, 蓋相兼相制, 欲一之而不能. 此其所以屈伸無方, 運行不息, 莫或使之, 不曰性命之理, 謂之何哉?"
14) 『周易』,「說卦」, "窮理盡性至於命."
15) 『周易』,「說卦」, "聖人作易也, 將以順性命之理."
16) 『正蒙』,「大易」, "陽徧體衆陰, 衆陰共事一陽, 理也."

군주를 섬기고, 소인은 군자를 섬긴다'는 윤리철학으로 바뀌었을 것이다.

장재에게는 또 리를 천天으로 보는 학설이 있어 "태허太虛에서 천天이라는 이름이 있게 되었다"(由太虛有天之名)라고 하는데, 이 역시 태허의 기라는 의미에서 말한 것이다. 즉 천은 태허의 기이지만 기는 동정動靜이 없을 수 없다는 것이다. 따라서 기화유행氣化流行이란 태허지기太虛之氣의 존재방식이자 자연의 법칙을 따르는 것이고, 일체의 자연현상은 모두 리의 법칙에 따라서 생성되었다는 것이다. 그는 "해와 달이 하늘을 얻었다는 것은 자연自然의 리理를 얻었다는 것이지 푸르고 푸른 그 형태를 얻었다는 것은 아니다"[17]라고 하였다. 여기에서 그는 자연이라는 범주로 리를 해석하였는데, 이는 분명 도가사상을 흡수한 것이다. 자연론과 목적론은 대립되는 것이지만, 장재는 '자연지리自然之理'라는 용어로 유학의 최고 범주인 천을 해석하였다. 이는 한유의 천명론을 부정한 것이자 유종원의 천론을 포기한 것으로, 성리학의 개념론이 지니는 특징을 잘 표현하고 있다. 이 이후 성리학자들은 '자연' 또는 '자연지리'라는 용어를 사용하지 않는다.

장재가 기본론氣本論의 전제 아래에서 리기를 연구하였다면, 리학의 진정한 건립자로서의 이정은 이와 완전히 상반된다. 그들은 리를 최고 범주의 지위에 올림으로써 리본론理本論을 확립하였으며, 이로써 리기의 관계 역시 완전히 뒤바뀌게 되었다.

이정은 성리학의 개념사에 있어서 중요한 위치를 차지하고 있으며, 리 개념을 분명하게 확립한 사람들이다. 이정은 기가 태허의 본체나 무형도 아니고, 다만 유형의 사물이라고 보았다. 그는 진정한 본체의 존재는 리일 따름이라 하여 "마음이 감통하는 것은 다만 리일 따름이다.…… 만약 형체

---

17) 『正蒙』, 「參兩」, "日月得天, 得自然之理也, 非蒼蒼之形也."

와 소리 등과 관계된 것을 말한다면 이것은 기이다"[18]라고 하였다. 여기에서 제기한 것은 유형有形이니 무형無形이니 하는 것이 아니라, 리와 기 가운데 어느 것이 본체인가 하는 것이다. '마음이 감통하는 것'이란 추상적인 사유가 비로소 파악되었다는 것이며, 그것은 이성적인 존재이지 감성적인 물질이 아니라는 것이다. 형기形氣는 감성적 물질의 존재이다. 그들은 장재의 기화설氣化說에 대해서 "장횡거가 기에 대해 말하면서 특히 작용으로 도道를 밝히는 표지를 세웠다"[19]라고 하여 긍정적 평가를 내렸지만, 기가 태허라는 장재의 학설에는 반대하였다. 그래서 이정은 태허는 없다고 주장하였으며, 허를 가리켜서는 이 모두가 실제로 있는 리라고 하였다. 즉 그들은 장재의 태허지기를 부정하고 이것을 실리實理로 대체하였다. 즉 리는 무형이지만 실제로 있는 것이라는 말이다. '마음이 감통하는 것'이라는 이정의 말은 리가 추상적인 사유에서부터 비로소 파악된 이성적 개념이라는 것이다. 리와 기의 관계는 소이연所以然(그렇게 되는 까닭)과 기연其然(그렇게 되는 것)의 관계이며, 유형의 기는 소이연의 리에 의해 결정되는 것이다.

> 음양을 떠나서 도道는 없으며 음양이 되게 하는 것이 도이다. 음양은 기이다. 기는 형이하자이며 도는 형이상자이다. 형이상자는 잘 드러나지 않는 것이다.[20]

여기에서 도는 곧 리이다. 그리고 또 그들은 은미한 것은 용用의 근원이라고 하였는데, 이는 음양의 기가 존재하게 되는 근원이 리라는 것이다. 이것이 리기관계에 대한 이정의 기본적인 해석이다.

---

18) 『河南程氏遺書』, 권6, "心所感通者, 只是理也.……若言涉於形聲之類, 則是氣也."
19) 『河南程氏遺書』, 권5, "張兄言氣, 自是張兄作用, 立標以明道."
20) 『河南程氏遺書』, 권15, "離了陰陽更無道, 所以陰陽者是道也. 陰陽, 氣也. 氣是形而下者, 道是形而上者. 形而上者則是密也."

소이연에는 두 가지 함의가 있다. 첫째는 법칙이라는 의미이다. 이것은 현학 이후, 특히 성리학이 형성된 이후의 리에 관한 기본 입장이다. 그들은 자연 사물에는 모두 바뀌지 않는 법칙인 항구불이恒久不已의 리가 있다고 여겨 "만물에는 모두 리가 있다. 이를 따르면 쉽고 이를 어기면 어렵게 되니, 각기 그 리를 따른다면 어디에 자신의 힘을 쓸 곳이 있겠는가?"[21]라고 하였다. 이정이 말하는 물리物理는 이러한 함의를 지니고 있다. 그러나 그들이 말하는 물이 결코 자연물은 아니다. 그들은 리와 물을 본말本末의 관계로 보아 "무릇 사물에는 본말이 있으니 본말을 두 가지 일로 나눌 수 없다. 물 뿌리고 바닥을 쓸며 손님에게 응대하는 것은 '기연'이고, 여기에는 반드시 '소이연'이 있다"[22]라고 하였다. 소이연이란 근본이며, 이는 곧 사물이 사물로 이루어지게 되는 까닭이자 사물의 당연한 법칙이다. 그들은 또 "일의 당연함에 따른다면 이치에 따라 사물에 응하는 것이므로 망녕된 것이 아니다"[23]라고 하였는데, 이는 실제로는 성리性理를 말한 것이다.

둘째는 본질·본성의 의미이다. 사물은 모두 각자의 성性이 있으며, 사람 역시 성이 있다. 이것은 사물의 본질적 속성을 말하는 것으로 사물이 이렇게 되어야만 하는 것을 결정하는 것이다. 그들은 이에 대한 예를 들어 "소에게 힘든 일을 시키고 말에게 사람을 태우게 하는 것은 모두 그 본성에 따라서 그렇게 하는 것이다. 어찌 소에다 사람을 태우지 않고 말에다 힘든 일을 시키지 않는 것이겠는가? 이는 리가 그렇지 않기 때문이다"[24]라고 하였다. 즉 말의 본성과 소의 본성은 다르므로 말은 사람을 태우고 소

---

21) 『河南程氏遺書』, 권11, "萬物皆有理, 順之則易, 逆之則難, 各循其理, 何勞於己力哉?"
22) 『河南程氏遺書』, 권15, "凡物有本末, 不可分本末爲兩端事. 灑掃應對是其然, 必有所以然."
23) 『程氏易傳』, 권3, "因事之當然, 則是順理應物, 非妄也."
24) 『河南程氏遺書』, 권11, "服牛乘馬, 皆因其性而爲之. 胡不乘牛而服馬乎? 理之所不可."

는 힘든 일을 시키게 된다는 것이다. 어떠한 사물이라도 이와 같기 때문에 이 역시 이성적 개념에 속한다.

사실 이 두 가지 함의는 분명하게 나누어지는 것은 아니다. 성리性理가 소당연所當然이고 소당연 역시 소이연이므로, 이 두 가지는 하나라고 할 수 있다. 또한 소이연에는 원인·목적이라는 의미가 있다. 즉 사물의 소이연지고所以然之故(그렇게 되는 까닭)에서 고故(까닭, 원인)는, 철학적인 인과관계를 논증하는 것이 아니라 철학의 본체론적 근원을 말하는 것이므로 시간적 선후로는 설명할 수 없다. 반드시 소이연이 있어야 비로소 기연이 있다는 것인데, 이는 바로 리학의 형이상학적 논증이다. 이정의 형이상학적 리본론은 이러한 과정을 거쳐 세워진 것이다. 여기에서 리는 법칙·규율로 실체화되었다. 이러한 논리적 논증을 거쳐서 리는 천지만물의 진정한 근원이 되었지만, 그것은 만물을 떠나서 존재하는 것이 아니다. 리와 사물의 관계는 마치 뿌리와 가지처럼 하나로 관통되어 구분할 수 없는 것이다. 이러한 리는 보편적이고 초월적인 절대자이다. 사람과 사물은 그것에 대항하거나 바꿀 수 없다.

> 비록 그것을 미룰 수 있다고 하더라도 언제인들 조금이라도 더할 수 있겠는가? 미루어 갈 수 없다고 하더라도 언제 하나라도 덜어낼 수 있겠는가? 모든 리가 갖추어 있어 온갖 곳에 있는 것이다.…… 천하에는 다만 하나의 리만 있으므로 이를 사해四海까지 미루어 나가도 다 들어맞는다. 모름지기 천지와 비견해 보고 삼왕三王에서 고찰해 보아도 바뀌지 않는 리이다.25)

---

25) 『河南程氏遺書』, 권2, "雖能推之, 幾時添得一分? 不能推之, 幾時減得一分? 百理具在, 平鋪放著.……理則天下只是一箇理, 故推至四海而準. 須是質諸天地, 考諸三王不易之理."

그러나 리라는 절대적인 법칙은 또한 음양의 기를 떠나지 않으며 만사만물을 벗어나 존재하는 것이 아니다. 이러한 의미에서 볼 때 리는 절대적인 초월은 아니다.

성리학에서 리는 늘 물리와 성리라는 의미를 지니고 있었으므로, 어떠한 학자가 말하듯이 다만 성리의 의미만 있고 물리의 의미가 없었던 것은 결코 아니다.26) 그러나 성리학자들은 이를 엄격히 구분하지 않았으며, 이 두 가지는 하나로 합일된 것이다. 최고 개념으로서 리는 소이연이자 소당연이고, 물리이자 성리이다. 그래서 정호程顥는 "천하의 선악이 있는 것은 모두 천리이다.…… 사물에 선도 있고 악도 있는 것은 모두 천리이다. 천리 가운데 사물이 있고 그곳에는 반드시 아름다움도 있고 추함도 있는데, 이렇게 사물이 고르지 않는 것은 사물의 실상(情)이다"27)라고 하였으며, 정이程頤 역시 지극히 선한 것은 "의리가 정미한 것이다"28)라고 하였다. 이것은 리가 본체론적 개념이자 동시에 가치론적 개념이라는 것이며, 이 역시 합하여 하나가 되는 것이다. 우주론의 측면에서 말하자면 리는 인륜人倫을 논한 것이 아니라 자연계의 일반 법칙을 말한 것이다. 그러나 그들의 진정한 목적은 이를 윤리와 도덕에 적용시키는 것이었다. 실제로 그들은 윤리만을 강조하여 자연법칙에 대한 연구는 그리 중시하지 않았으며, 또한 물리를 성리로 바꾸기도 하였다. 이는 리를 논하는 이정 학설의 중요한 특징이다.

기氣에 대한 이정의 논의는 그리 많지 않으나, 그들은 일반적으로 기화氣化에서부터 만물이 생한다는 것은 인정하였다. 그리고 기화氣化, 형화形化

---

26) 唐君毅, 『中國哲學史原論』 導論, 第1張(臺灣: 學生書局, 1980) 참조.
27) 『河南程氏遺書』, 권2, "天下善惡皆天理.……事有善有惡, 皆天理也. 天理中物, 須有美惡, 蓋物之不齊, 物之情也."
28) 『河南程氏遺書』, 권15, "義理之精微."

라는 개념을 제기하였고, 아울러 음양의 승강升降, 소식消息, 참착參錯 등의 작용을 언급함으로써 자연현상을 해석하였다. 이 밖에 그들은 호연지기浩然之氣가 바깥의 것을 기다릴 필요가 없이 뜻을 모아 생하는 것이며, 진기眞氣와 원기元氣는 바깥의 기가 섞이지 않고서도 생성할 수 있다고 하였다. 이것은 분명 물질적 성질을 지닌 존재를 가리키는 것이 아니라, 인간의 도덕 정신 및 의지와 관련을 맺고 있는 것이다. 기화에 관해서 정이는 장재의 이론을 반박하고 있다. 그는 기화가 만물을 생성한다는 것에 대하여 기는 태허로 돌아가는 것이 아니라 소멸되는 것이라고 주장하였다.

> 만약 이미 되돌아가 사라져 버린 기가 다시 승강지기升降之氣가 될 때 반드시 태허를 바탕으로 삼는다면 이는 전혀 천지의 조화와 서로 같지 않은 것이다. 천지의 기는 저절로 끊임없이 생겨나는 것이니, 어찌 이미 사라진 형태와 이미 되돌아간 기에 바탕으로 해서 조화를 일으킬 수 있겠는가?…… 기는 저절로 생하는 것이다. 사람의 기가 생겨나는 것은 진원眞元의 기氣에서 생하는 것이다. 하늘의 기 역시 저절로 끊임없이 낳아지고 낳아지는 것이다.…… 하늘과 땅 사이는 마치 넓은 용광로와 같아서 어느 사물인들 녹아 없어지지 않겠는가![29]

다시 말해 기는 자연계의 조화 속에서 자연히 생성하는 것이며 자연히 소멸하는 것이지, 장재의 학설처럼 태허에 근원하거나 태허로 돌아가서 만물을 생성하지는 않는다는 말이다. 이후 주희는 장재의 기화설로 불교의 윤회설을 비판하면 오히려 대윤회의 설에 빠진다고 말하였다. 이것은 분명 장재 학설의 문제점을 지적한 것이다.

---

29) 『河南程氏遺書』, 권15, "若謂旣返之氣復將爲方升之氣, 必資於此, 則殊與天地之化不相似. 天地之氣, 自然生生不窮, 更何復資於旣斃之形, 旣返之氣, 以爲造化?…… 氣則自然生. 人氣之生, 生於眞元, 天之氣, 亦自然生生不窮.…… 天地中如洪鑪, 何物不銷鑠了!"

리기관계에 있어서 정이는 하나의 중요한 명제를 제시하는데, 이것이 바로 체용일원론體用一源論이다. 이 명제는 성리학의 우주론에 이론적 기반을 제공하였다. 정이는 다음과 같이 말하였다.

> 지극히 은미한 것은 리理이고, 지극히 드러나는 것은 상象이다. 체와 용은 근원이 하나이고 드러난 것과 은미한 것에는 사이가 없다.30)

> 지극히 드러나는 것은 일(事)만한 것이 없고, 지극히 은미한 것은 리理만한 것이 없다. 하지만 사와 리는 하나로 귀결되며, 드러난 것과 은미한 것은 하나를 근원으로 삼는다.31)

사事와 상象은 기에 속하며, 기화의 산물이다. 상은 『주역』의 괘상卦象에 그 기원을 두고 있는 것인데, 어떠한 사물의 상징을 추상적 의미로 드러낸 것이다. 따라서 상은 물질적 속성을 지닌 개념이라 할 수 있다. 리는 추상적 의미 그 자체이다. 리·상·사의 관계는 체용體用관계라고 말할 수 있는데, 근원·표현·작용의 관계가 여기에 내재되어 있다. '천하는 다만 하나의 리'라는 사상에 근거해 볼 때, 리는 자연계의 법칙이지만 이는 또 불교의 리사설과 어느 정도 관련을 맺고 있다.

> "제가 일찍이 『화엄경』을 읽어 보니, 첫째가 진공절상관眞空絶相觀이고 둘째가 사리무애관事理無礙觀이며 셋째가 사사무애관事事無礙觀입니다. 비유하자면 거울이나 등잔과 같은 것이 만상萬象을 포함하여 다하지 못함이 없는 것과 같은데, 이 말의 이치는 무엇입니까?"라고 묻자, 정이천은 "이는 다만 석씨가 모든 것을 포괄하여

---

30) 『伊川易傳』, 「序」, "至微者理也, 至著者象也. 體用一源, 顯微無間."
31) 『河南程氏遺書』, 권25, "至顯者莫如事, 至微者莫如理. 而事理一致, 微顯一源."

한마디로 말하고자 한 것인데, 온갖 리는 다만 하나의 리로 귀결된다는 말에 지나지 않는다"라고 대답하였다.32)

정이는 불교의 리사무애와 온갖 리가 하나의 리로 돌아간다는 말에는 도리가 있다고 생각하였다. 여기에서 우리는 그가 화엄종의 리사관을 완전히 부정한 것이 아니라 어느 정도 받아들이고 있음을 볼 수 있다. "체용은 근원이 하나이고, 드러남과 미미함은 사이가 없다"(體用一源, 顯微無間)라는 정이의 말은 불교의 리사무애설과 분명 통하는 점이 있다. 이른바 일원一源과 무간無間에 대해 주희는 다음과 같이 해석하였다.

체용일원體用一源이라는 것은 리에서 볼 때, 리는 체이고 상은 용이지만 리 가운데 상이 있기에 근원이 하나(一源)라는 것이다. 현미무간顯微無間이라는 것은 상에서 볼 때 상은 드러나는 것이고 리는 은미한 것이지만 상 가운데 리가 있기에 사이가 없다는 것이다.33)

리 가운데 상이 있고 상 가운데 리가 있다는 이 사상은 화엄종의 리 가운데 사가 있고 사 가운데 리가 있다는 무애원융無碍圓融의 이론과 동일한 사유방식에 속한다. 다만 화엄종은 사를 허망한 것으로 보았고, 정이는 상을 진실한 것으로 보아 현상계의 진실성을 긍정한 것일 따름이다. 그러나 현상계가 비록 진실하다고 하지만 오히려 리라는 본체의 표현에 불과하다. 이 명제가 비록 본질과 현상이라는 의미를 담고 있으나, 리가 초월적

---

32) 『河南程氏遺書』, 권18, "問, 某嘗讀華嚴經, 第一眞空絶相觀, 第二事理無碍觀, 第三事事無碍觀. 譬如鏡燈之類, 包含萬象, 無有窮盡, 此理如何? 曰, 只爲釋氏要周遮, 一言以蔽之, 不過曰萬理歸於一理也."
33) 『朱子文集』, 「答何叔京」, "體用一源者, 自理而觀, 則理爲體, 象爲用, 而理中有象, 是一源也. 顯微無間者, 自象而觀, 則象爲顯, 理爲微, 而象中有理, 是無間也."

절대자로 바뀐 이후 이것은 본체론적 존재이지 일반적으로 말하는 본질은 아니었다. 이것은 법칙이 실체화되었을 때 나타나는 필연적 결론이다.

3. 남송시대

성리학 개념의 발전이라는 측면에서 볼 때, 장재나 이정이 체계적으로 리기의 관계를 논하였다고는 할 수 없다. 진정으로 이 문제를 해결한 사람은 성리학의 집대성자인 주희이다. 주희는 이정과 장재의 학설을 종합하여 리기를 결합시키고, 이를 우주론의 기본 범주로 바꾸어 우주론의 개념체계를 완성하였다.

주희는 리와 기를 사용하여 전체 세계를 형이상과 형이하의 논리적 차원으로 구분하였다. 그는 이 둘 가운데 어느 하나라도 없으면 안 된다고 보아 "천하에는 리 없는 기가 없으며, 또한 기 없는 리도 없다"[34]라고 하였으며, 우주의 모든 현상을 리기로 설명하였다. 즉 리와 기는 우주와 자연의 일체 현상을 설명하는 기본 개념으로 상호 대립적이자 의존적인데, 리가 없으면 기도 없고 기가 없으면 리도 없다는 것이다. 이는 자연계에서 리기의 지위를 확정한 것이다.

주희가 말하는 리는 여러 가지 의미와 거기에 따른 다양한 개념의 사용법이 있다. 우선 리는 만물의 소당연이자 소이연이다. 그는 "천하의 사물은 반드시 각기 소이연지고所以然之故와 소당연지칙所當然之則을 가지고 있는데, 이것이 이른바 리이다"[35]라고 말하였다. 이것은 리의 가장 기본적

---

34) 『朱子語類』, 권1, "天下未有無理之氣, 亦未有無氣之理."
35) 『大學或問』, 권1, "天下之物, 則必各有所以然之故, 與所當然之則, 所謂理也."

인 함의이며, 이정의 사상을 발전시킨 것이다. 다음으로 리는 조리(條理)·조서(條緖)의 의미를 가진다. 그래서 그는 "음양오행이 서로 섞여 있으면서도 그 조리를 잃지 않는 것이 곧 리이다"36)라고 말하였다. 조리라는 개념은 선진 시기부터 있었지만 주희가 리기관계를 해석하면서부터 새로운 의미를 가지게 되었다. 또 리는 그렇게 되도록 하는 것(使之然者)이라는 의미를 지닌다. 천지간에는 다만 음양오행의 기가 왔다가 가는 것이지만, "누가 이것이 그렇게 되도록 하는 것이겠는가? 바로 도(道)이다"37)라고 하여 도가 곧 리라고 하였다. 리는 음양의 기가 운동·변화하게 하는 원인이며, 동시에 목적성을 지니고 있다. 이러한 모든 것을 그는 자연(自然) 또는 자연당연지리(自然當然之理)라고 칭하였다.

리에 대한 이러한 규정을 종합해 보면 법칙, 본질, 원인, 동력, 목적 등의 의미를 지닌다고 할 수 있다. 이러한 여러 의미들은 서로 소통하는 것이다. 이러한 의미는 모두 자연스럽게 존재한다는 의미로, 리란 인간 의식활동의 산물도 아니며 하느님이 창조한 것도 아니라는 말이다. 만약 주희가 말하는 리를 도덕원칙이나 자연법칙의 어떤 한 측면에만 국한시킨다면 그것은 주희의 이론을 제대로 파악하지 못한 것이다. 주희가 말한 리는 소이연과 소당연의 통일인데, 전자는 자연법칙이고 후자는 윤리법칙이다. 주희의 관점에서 보자면 소당연은 소이연에 근거하는 것으로, 곧 윤리법칙은 자연법칙에 근거하는 것이다. 하지만 여전히 이 둘은 완전히 합일되어 있는 것이기도 하다.

통틀어 보면 주희가 말한 리는, 비록 이정 중에서도 특히 정이의 사상을 계승한 것이기는 하지만 동시에 그들의 사상을 크게 발전시킨 것이다.

---

36) 『朱子語類』, 권1, "陰陽五行, 錯綜不失條緖, 便是理."
37) 『朱子語類』, 권74, "是孰使之然哉? 乃道也."

이정은 리를 주로 사회적 윤리의 차원에서 말하였지만, 주희는 광범위하게 우주와 자연의 수많은 문제를 연구하여 리가 진정으로 우주본체가 될 수 있도록 하였다. 하지만 주희 학술의 핵심 역시 도덕과 윤리에 있었다.

이러한 리는 하나의 정결공활淨潔空闊한 세계이다. 이 리는 형체가 없고(無形體), 방소가 없으며(無方所), 무엇을 하려는 의도가 없으며(無情意), 조작할 수 없는(無造作) 초월적 존재이다. 따라서 실제로 존재하는 사물은 아니지만 하나의 도리道理인 것이다. 다시 말해 그것은 사물에서 추출해 낸 일반적인 법칙이며 자연계의 대화유행大化流行 속에서 체현한 것으로, 결코 내재적인 초월인 것만은 아니다.[38]

주희가 말하는 기는 천지만물을 구성하는 물질적 재료를 가리키며, 일반적으로 감성적 물질 존재의 범주를 의미한다. 이것은 장재를 직접 계승하고 있는 것이어서, 이 범주의 실제 내용은 장재와 동일하다. 그러나 장재는 기를 세계의 본체로 삼았지만, 주희는 이를 뒤바꾸어 리를 세계의 본체로 삼았다. 기는 형체도 있고 방소方所도 있으며 조작할 수 있고 또한 응취하여 만물을 생성하지만, 다만 리의 지배에 의해서 기가 사물을 구성할 수 있다. 이는 어떠한 사물이라도 일반과 개별, 추상과 구체, 절대와 상대, 무형과 유형인 리와 기로 통일되어 있다는 것이다. 크게는 천지와 일월에서부터 작게는 곤충이나 초목에까지 모두 형이하의 기이지만 그 속에는 반드시 형이상의 리가 있다. 또한 리와 기는 서로 떨어져 있지도 않고 섞여 있지도 않은 '불리부잡不離不雜'의 관계이다.

이른바 리와 기는 전혀 다른 두 가지 사물이다. 그러나 실재의 사물에서 보자면 리와 기는 섞여 있어 나누어지지 않은 채 각기 한곳에 있지만, 이 두 사물이 각기

---

38) 陳榮捷, 『朱學論集』, 「朱熹集神儒學之大成」(臺灣: 學生書局, 1982) 참조.

서로 다른 사물이라고 말하는 것은 아니다. 만약 리에서 본다면 비록 사물이 있기 전에 이미 사물의 리가 있었지만, 단지 그 리만이 있을 따름이지 실제로 그 사물이 있는 것은 아니다.39)

어떤 학자는 이 말에 근거하여 주희를 이원론자二元論者라고 보았다. 사실 주희가 말한 '불상리불상잡不相離不相雜'은 리와 기가 평행하게 독립적으로 존재하는 것이 아니라 이 두 가지는 서로 떨어지지 않으며 리는 기 가운데 존재하며, 동시에 형이상과 형이하의 논리적 차원에서 말하자면 오히려 서로 섞일 수도 없다는 것이다. 이에 주희는 "천지간에 위는 하늘이고 아래는 땅이며, 그 사이에 수많은 일월성신과 산천초목 그리고 인물금수가 있는데 이는 모두 형이하의 기器이다. 그러나 이 형이하의 기는 각기 도리를 가지고 있는데, 이것이 형이상의 도이다"40)라고 하여, 기氣와 기器는 다만 생성의 관계이며 논리적 선후가 없지만 리와 기는 형이상과 형이하의 논리적 관계로 전자는 후자가 존재할 수 있는 근거가 된다고 하였다. 이러한 관계는 또한 본말本末관계이기도 하다.

천지간에는 리도 있고 기도 있다. 리란 형이상의 도이고 사물을 낳는 근본(本)이다. 기란 형이하의 기器이며 사물을 낳는 재료이다.41)

이 기가 있으면 이 리가 있다. 그러나 리가 근본이다.42)

---

39) 『朱子文集』, 권46, 「答劉叔文」, "所謂理與氣, 此決是二物. 但在物上看, 則二物渾淪, 不可分開, 各在一處, 然不害二物之各爲一物也. 若在理上看, 則雖未有物而已有物之理, 然亦但有其理而已, 未嘗實有是物也."
40) 『朱子語類』, 권62, "天地中間, 上是天, 下是地, 中間有許多日月星辰, 山川草木, 人物禽獸, 此皆形而下之器. 然這形而下之器中, 便各自有個道理, 此便是形而上之道."
41) 『朱子文集』, 「黃道夫」, "天地之間, 有理有氣. 理也者, 形而上之道也, 生物之本也. 氣也者, 形而下之器也, 生物之具也."

이것은 리기가 서로 떨어지지 않지만 본말의 구분이 있음을 말하는 것이다. 다시 말해 형이상의 리는 근본이자 작용을 결정하며, 형이하의 기는 말단이자 리에 의해 결정된다는 뜻이다. 기는 재료이며 어떠한 규정도 없지만 사물의 성질은 리에 의해 결정된다는 점은 형상과 질료를 말한 아리스토텔레스의 사상과 흡사하다. 그러나 주희는 이 두 가지가 본말이자 체용의 관계임을 강조하였는데, 이는 분명 리의 일원성은 물론 양자의 통일성을 확립한 것이다.

주희는 천지간에 음양이 아니고 기가 아닌 것이 없으며, 기는 음양으로 나누어지며 양이 변하고 음이 합하여 오행을 생한다고 말하였다. 즉 음양오행이 합쳐져서 만물을 생성한다는 것이다. 그는 이러한 의미에서 천지간에는 다만 '일기一氣'가 있을 따름이라고 하였는데, 음양의 기는 만물을 생하는 것이지만 오히려 리에 의해 그렇게 한다는 것이다.

> 『주역대전周易大傳』에서는 이미 형이상자를 도라 하였고, 또한 한 번 음이 되고 한 번 양이 되는 것을 도道라고 하였다. 이 말이 어찌 진실로 음양이 형이상자가 된다는 것이겠는가? 이것은 바로 한 번 음이 되고 한 번 양이 되는 것은 형기形器에 속하지만, 한 번 음이 되고 한 번 양이 되게 하는 까닭은 바로 도의 본체(道體)가 그렇게 한 것이라고 본 것이다.[43]

도의 본체란 리를 본체로 하는 것이다. 이미 형이상의 리를 본체로 삼았다면 형이하의 기는 작용이 되며, 양자는 체용의 관계를 지니게 된다.

---

42) 『朱子語類』, 권1, "有是氣便有是理. 但理是本."
43) 『朱子文集』, 「答陸子靜」, "大傳旣曰, 形而上者謂之道矣, 又曰一陰一陽之謂道. 此豈眞以陰陽爲形而上者哉? 正所以見一陰一陽雖屬形器, 然其所以一陰而一陽者, 是乃道體之所爲也."

그래서 주희는 형이상자는 리이며 비로소 작용이 있는 것은 형이하자라고 하여 본체에 우선성을 부여하고 있는데, 이는 먼저 체가 있어야 용이 있고 리가 있어야 기가 있다는 말이다. 개념론에서 볼 때 이것은 실체와 현상이라는 관계를 내포하고 있다. 주희의 우주론에서 체용관계는 형이상과 형이하의 관계처럼 리기관계에 있어서 가장 중요한 규정을 내리고 있는 것이다. 이 양자가 서로 결합하여 비로소 형이상학적 리본체론을 확립한다. 만약 형이상과 형이하의 관계에서 리기는 '소이연'과 '소기'이자 추상적 법칙과 구체적 사물의 관계라고 말한다면, 체용의 관계에서 볼 때 리는 실체성의 범주일 뿐만 아니라 능동적 작용을 하고 있으며, 이 작용을 통해 자신을 실현하는 것이다. 만약 형이상·형이하가 정태적인 존재라고 한다면 체용은 동태적인 과정을 나타내는 것이다. 또 그는 '리가 기를 생한다'(理生氣)라고 주장하였는데, 이는 본체론적 측면에서 말한 것으로 일원론을 의미하는 것이지 이원론을 의미하는 것이 아니다.

주희는 정이의 체용일원설을 한 단계 더 발전시켜 논리적인 측면에서 리기관계를 논증하였고, 이를 통해 리본체론적 리기관을 완성하였다.

> 체용일원(體用一源)에서 체는 비록 종적이 없지만 그 속에는 또한 용이 있는 것이다. 현미무간(顯微無間)이란 드러난 것 가운데 이미 은미한 것이 갖추어졌다는 것이다. 아직 천지가 없을 때에도 만물은 이미 갖추어져 있으니, 이것은 체 가운데 이미 용이 있다는 것이다. 천지가 생겨나자 이 리가 이미 존재하니 이것은 드러남 가운데 은미한 것이 있다는 것이다.[44]

본체로 말하자면 이 리가 있은 다음에야 이 기가 있다. 그러나 리가 행해지려면

---

44) 『朱子語類』, 권67, "體用一源, 體雖無迹, 中亦有用. 顯微無間者, 顯中便具微. 未有天地, 萬物已具, 此是體中有用, 天地旣立, 此理已存, 此是顯中有微."

반드시 기를 그 바탕으로 삼아야 한다.45)

이러한 학설은 리가 보편적이자 절대적인 실체적 존재임을 인정한 것이다. 또한 일체의 감성적 물질은 이 실체의 작용 또는 표현이며, 체體와 용用은 분리할 수 없다는 것이다. 그러나 용은 체에 의해 결정되는 것이며, 기는 리에 의해 결정되는 것이다. 이것은 또한 드러남(費)과 숨겨짐(隱)의 관계이기도 하다. '비'는 형이하자이며 '은'은 형이상자이다. 주희는 "솔개가 날고 물고기가 뛰는 것은 비費이다. 이는 반드시 그렇게 하도록 하는 어떠한 것이 있어서 그들로 하여금 그와 같이 하게 하였으니, 이것이 바로 은隱이다"46)라고 하였다. 여기에서 사물이란 도체道體이자 형이상의 리이다. 그것은 존재일 뿐만 아니라 천지와 만물을 생성하고 발육시키는 잠재적인 동력이며, 또한 능동적인 것이지 정지되어 멈추어 버린 것이 아니다. 이러한 사상은 리기 개념에서 중요한 의의를 지닌다.

여기에서 논리적으로 리선기후설理先氣後說이 도출된다. 실제의 사물을 보면 리와 기는 선후를 따질 수 없다. 주희 역시 물질세계가 출현하기 전에 리라는 단계가 있었고, 그 다음 자연계가 나타났다고 생각하지는 않았다. 또한 순수 개념적인 논리 범주를 세워 리의 개념으로 자연계를 설명하지도 않았지만, 리기관계를 형이상·형이하와 체·용의 관계로 설명한 이상 여기에는 선후先後의 문제가 생기는 것이다.

천지만물의 근원에 대한 문제에 있어서 주희는 "천지가 있기 전에도 반드시 이 리는 있다. 이 리가 있어서 이 천지가 있게 되는 것이다. 만약 이 리가 없다면 천지는 없으며, 사람과 사물 역시 없다"47)라고 하였고, 또

---

45) 『孟子或問』, 권3, "以本體言之, 則有是理然後有是氣. 而理之所以行, 又必因氣以爲質也."
46) 『朱子語類』, 권63, "鳶飛魚躍, 費也. 必有一箇什麽物, 使得它如此, 此便是隱."

"오늘 이 리가 있고 내일 이 기가 있다는 식으로 말할 수는 없지만, 그래도 선후는 있다"48)라고 하여 선후를 인정하였다. 하지만 이는 시간적으로 선후를 인정한 것이 아니라 논리적 측면에서 말한 것이며, 어느 것이 세계의 근원인가라는 측면에서 말한 것이다. 그는 리와 기는 선후가 없지만 "리는 형이상자이고 기는 형이하자이다. 형이상과 형이하로 말하자면 어찌 선후가 없겠는가!",49) "그 가운데에서 확연히 나누어 말하자면 또한 선후가 있다 해도 잘못되지 않았다"50)라고 하였는데, 이는 논리적 관념상 초월이며, 현상에서 형이상의 '리세계理世界'로 초월한 것이다. 이것은 일종의 논리적 추론인데, 그가 말한 바와 같이 '그 소종래所從來를 추론하고' '위로 미루어 갈 때'는 반드시 리가 먼저이고 기가 나중이라고 할 수 있는 것이다. 이 추론은 형이상학적 리본론을 건립하는 주희의 주요 방식이었고, 이 때문에 그를 이원론자라고는 할 수 없다.

그러나 이상에서 논술한 것은 모두 형이상의 관점에서 리기관계를 말한 것으로, 만약 형이하의 관점에서 보자면 주희 역시 기를 본체로 삼는 사상을 제기한 것이다. 이것은 주희의 리기관이 안고 있는 심각한 내재적 모순이지만, 리학 범주의 발전 가운데 중요한 의의를 지니고 있는 것이다. 그러나 여기에서는 이에 대해 상세히 논하지 않겠다.

심학파心學派의 창립자인 육구연陸九淵은 심心을 본체로 보아 '마음이 곧 리이다'(心卽理)라는 학설을 제창하였다. 이는 리기 문제를 심물心物의 관계로 바꾸어 놓은 것이다. 이것은 우주론이면서 심성론인데, 우주론과 심

---

47) 『朱子語類』, 권1, "未有天地之先, 畢竟也只是理. 有此理便有此天地. 若無此理, 便亦無天地, 無人無物."
48) 『朱子語類』, 권1, "只是不可說今日有是理, 明日却有是氣, 也須有先後."
49) 『朱子語類』, 권1, "然理形而上者, 氣形而下者. 自形而上下言, 豈無先後?"
50) 『朱子文集』, 권49, "然就中間截斷言之, 則亦不害其有先後也."

성론을 합쳐 완전히 하나로 만든 것이다. 그의 "우주가 곧 내 마음이고, 내 마음이 곧 우주이다",51) "만물은 빽빽이 내 마음 속에 있다. 마음을 가득 채워 발하게 되면 우주를 가득 채울 수 있으니 이 리가 아닌 것이 없다"52)라는 말은 그가 심을 최고의 개념으로 삼는 심물합일론心物合一論을 세웠음을 설명하는 것이다. 그러나 그 기본적인 내용을 볼 때 육구연은 여전히 성리학의 형이상학론자였다. 리에 대한 그의 해석은 주희와 기본적으로 일치하지만 주희처럼 하나하나 분석하여 객관적인 논술을 하지는 않았다. 그러나 그 역시 리는 형이상의 소이연이라고 말한다.

> 형이상자로 말하자면 도이고 형이하자로 말하면 기器이다. 천지 역시 기이며 그것이 생성하고 형체를 지니는 데는 반드시 리가 있어야 한다.53)

여기에서 형이상의 리가 우주의 근본 법칙이자 규율임을 알 수 있는데, 이 천지만물이 그렇게 되는 것(所以然)은 다음과 같은 까닭 때문이다.

> 이 리가 우주 사이에 일찍이 숨어 있었던 적이 없었다. 천지가 천지로 생겨나게 되는 것은 이 리를 따르면서 사사로움이 없었기 때문이다.54)

> 이 리가 우주를 가득 채우고 있어서 천지와 귀신조차 어길 수 없는데, 하물며 사람에 있어서랴!55)

---

51) 『象山全集』, 「語錄上」, "宇宙便是吾心, 吾心卽是宇宙."
52) 『象山全集』, 「語錄上」, "萬物森然於方寸之間. 滿心而發, 充塞宇宙, 無非此理."
53) 『象山全集』, 「語錄下」, "自形而上者言之謂之道, 自形而下者言之謂之器. 天地亦是器, 其生覆形載必有理."
54) 『象山全集』, 「與朱濟道」, "此理在宇宙間, 未嘗有所隱遁. 天地之所以爲天地者, 順此理而無私焉耳."
55) 『象山全集』, 「與吳子嗣」, "此理充塞宇宙, 天地鬼神且不能違, 況於人乎!"

이는 리가 보편적이자 절대적인 원칙이며, 천·지·인·물은 모두 리를 어길 수 없다는 것이다. 이러한 관점에서부터 육구연의 철학에서 리가 지니는 본체론적 성격을 볼 수 있는데, 이러한 그의 학설은 결코 지나친 것은 아니다.

육구연은 기가 천지만물을 낳는 물질적 근원임을 인정했고, 또 기가 형이상자임을 인정하였다. 이는 리를 형이상, 기를 형이하로 본 주희의 관점과 다르다. 이와 관련하여 그는 "도道의 바깥에 사물(事)이 없으며, 사물의 바깥에 도가 없다"56)라고 하여 리와 사물은 구분되지 않는 것이라고 보았다. 육구연이 이렇게 말한 것은 그의 심물합일설에서 출발한 것이며, 이로 보아 그는 '심즉리'의 심본론자心本論者임에 틀림없다.

주희와 육구연 이후 리기 문제를 둘러싼 논쟁은 점차 발전하였으며, 불리부잡의 학설은 점차 비판을 받았다. 그 가운데 한 학파는 완전히 심학心學으로 전향하였다. 주희가 말한 다양하고도 풍부한 리의 의미 역시 점차 축소되어서 주로 성리性理라는 측면에서 논의되었다.

진순陳淳은 『북계자의北溪字義』를 지어 리기관계에 있어서 먼저 리와 기를 '확연히 구분하여 말하는'(截斷言之) 주희의 이론에 대해 이의를 제기하였다. 이에 그는 "리와 기는 본래 두 가지 사물로 확연히 나눌 수는 없다. 그런데 그것을 나누어 이것은 리가 된다고 하고 저것은 기가 된다고 한다면 판연히 둘로 나누어져 서로 교섭하지 못하게 되지 않겠는가?"57)라고 하였다. 이 사상의 요지는 리와 기를 형이상과 형이하로 구분하는 것을 부정하는 데 있는 것이 아니라, 주희가 사용한 논리적 추론의 방식에 대해 다

---

56) 『象山全集』, 「語錄下」, "道外無事, 事外無道."
57) 『北溪先生全集』, 권18, "理與氣, 本不可截斷作二物. 去將那處截斷, 喚此作理, 喚彼作氣, 判然不相交涉耶?"

른 견해를 제시한 것이다. 즉 리와 기는 확연히 나누어서 말할 수 없다는 것이며, 다만 리와 기는 서로 떨어지지 않는다는 것을 인정한 것으로, 이에 따르면 '불상잡不相雜'의 이론은 곤란함을 겪게 된다. 그는 또 "사물을 떠나서 리를 논하면 리는 텅 빈 것이 된다",58) "다만 사물에 있는 당연지칙이 바로 리이다"59)라고 하였다. 여기서 볼 때 그는 리가 기와 섞이지 않는다는 것을 부정한 것이 아니라, 다만 주희의 실천철학을 발전시켜 리는 당연지칙이며 사물을 떠나지 않는다는 사실을 강조한 것이다.

4. 원명시대

성리학은 원명시대에 들어오면서 남송 시기와 달리 기氣를 강조하는 경향이 두드러지게 나타났다. 우선 원대元代의 오징吳澄은 리선기후설理先氣後說을 부정하였다. 그는 다음과 같이 말하였다.

천지가 있기 전부터 천지가 있은 이후까지 다만 음양의 두 기가 있었을 따름이다.…… 기가 이렇게 될 수 있는 것은 무엇 때문이겠는가? 리가 그것을 주재하기 때문이다. 리라는 것은 따로 하나의 사물이 그 속에 있는 것이 아니라, 다만 기를 주재하는 것이 바로 이것인데, 리 바깥에 기는 없고 기 바깥에 리도 없다.60)

이 말은 리가 비록 주재자이기에 기를 주재하고 있다고 규정하지만, 그

---

58) 『北溪先生全集』, 권10, "離事物論理則理爲虛."
59) 『北溪字義』, 「理」, "只是事物上一箇當然之則便是理."
60) 『吳草廬集』, 「答人問性理」, "自未有天地之前至旣有天地之後, 只是陰陽二氣而已.…… 氣之所以能如此者何也? 以理爲之主宰也. 理者非別有一物在其中, 只是爲氣之主宰者卽是, 無理外之氣, 亦無氣外之理."

것은 따로 리라는 사물이 존재하는 것이 아니라 기에 원래부터 있는 것이라는 말이다. 그는 심지어 기가 본원이라는 사상을 내놓았는데, 이는 리본론과 모순을 빚고 있다. 『송원학안宋元學案』의 저자 가운데 한 사람인 황백가黃百家는 오징을 다음과 같이 평하였다.

> 리가 기 가운데 있다는 말은 훌륭한 관점이다. 일기一氣가 유행하면서 오고 가는 가운데 조리가 있어서 번잡하지 않다. 유행하는 그 자체는 기라 하고 조리가 있어서 번잡하지 않은 것을 리라 하니, 따로 하나의 리가 있어서 그것이 기 속에 있는 것은 아니다.61)

오징의 이 사상은 기가 근본이라는 학설을 세우려는 것이 아니라 심心이 주재가 된다는 심본론心本論을 확립하기 위한 것이었다. 이러한 임무는 진헌장陳獻章 등을 거쳐 왕수인王守仁에 이르러 완성된다.

왕수인 역시 리기를 논함에 있어서는 이 두 가지가 구별은 되지만 나누어지지는 않는다고 주장하였다.

> 정일精一의 정은 리로 말한 것이고, 정신精神의 정은 기로 말한 것이다. 리는 기의 조리條理이고, 기는 리의 운용이다. 조리가 없다면 운용될 수 없으며, 운용됨이 없다면 이른바 조리라고 하는 것을 볼 수 없다.62)

정일의 정은 '오직 정미하게 하고 한결같이 한다'(唯精唯一)와 '뜻을 정미하게 하여 신묘함의 경지에 들어간다'(精義入神)의 정이자 육구연이 말한 "지

---

61) 『宋元學案』, 권92, "理在氣中一語, 亦須善看. 一氣流行, 往來過復, 有條不紊條. 從其流行之體, 謂之氣, 從其有條不紊, 謂之理, 非別有一理在氣中也."
62) 『傳習錄』, 「答陸原靜書」, "精一之精以理言, 精神之精以氣言. 理者氣之條理, 氣者理之運用. 無條理則不能運用, 無運用則亦無以見其所謂條理者矣."

극함은 마땅히 하나로 돌아가는데, 뜻을 정미하게 하면 둘이 아니다"(至當歸一, 精養無二)의 정이다. 정신의 정은 기와 그 작용을 가리켜 말한 것이다. 정일과 정신의 구별은 리와 기의 구별이며, 이 두 가지는 하나로 뒤섞일 수 없지만 서로가 떨어지지도 않는다. 이것이 곧 조리와 운용의 관계이다. 조리는 당연히 법칙을 가리켜 한 말이지만 여기에서는 사실상 선험적이고도 주관적인 원칙이며, 운용은 곧 조리의 작용과 표현이다. 그는 주희와 마찬가지로 리기의 구분을 견지하였으나 기를 리로 여기는 것에 대해서는 반대하였다. 하지만 왕수인의 리기설은 주희처럼 직접 우주론적 의의를 지닌 것이 아니라, 주로 주체적 관념과 사물의 관계를 설명한 것이다. 왕수인의 관점에서는 심心이야말로 세계 만물의 본원이었다. 심은 물질적이고 감성적인 혈육지심血肉之心이며 기와 뗄 수 없는 것이지만, 그렇다고 해서 오로지 혈육만이 뭉쳐 있는 것은 아니다. 그것은 듣고 보고 지각하는 작용이 아니라, 듣고 보고 지각할 수 있는 리 즉 관념적 실체인 것이다. 그는 심물합일론心物合一論으로 리기라는 두 층차를 마음에서 통일시켜 주관적 개념으로 만들었다.

> 마음이 곧 리이다. 정자程子는 '사물에 있는 것이 리가 된다'(在物爲理)고 하였는데, 재在자의 앞에 하나의 심心자를 덧붙여야 하니, 마음이 사물에 있는 것이 곧 리인 것이다.63)

실제로 사물이란 마음에서 발했다는 것이다. 이것은 본심本心만을 논하고 리기·체용에 대해 구분하지 않은 육구연의 학설에 비해 매우 세밀하게 논증한 것이다. 왕수인 역시 천지만물은 원래 '하나의 기가 유통된 것

---

63) 『傳習錄』, "心卽理. 程子在物爲理, 在字上當添一心字, 此心在物則爲理."

이며', '사람과 천지만물은 이 하나의 기를 같이 지니고 있으므로 서로 통한다'고 하였지만, 주재처는 오히려 마음에 있다고 보았다. 그리하여 그는 "마음 바깥에 리가 없고, 마음 바깥에 사물이 없다"(心外無理, 心外無物)라는 결론을 내린다. 그는 주체에 대한 사상을 앞세워 심의 본체가 리이고 심의 작용이 기이며, 리기의 관계를 심과 그 자신의 관계로 바꾸었다. 동시에 심을 중심으로 우주를 완전히 합일시킴에 따라 우주론적 의미를 지니게 되었다.

리기 개념에 중요한 발전을 이룬 사람들로 또한 나흠순羅欽順, 왕정상王廷相, 왕부지王夫之 등의 기학파들을 들 수 있는데, 이들에 앞서 이미 설선薛瑄은 리본론理本論에서 기본론氣本論으로 나아가고 있었다. 설선은 두 가지 중요한 관점을 제시하였다. 그 하나가 기가 근본이 된다는 기본사상氣本思想이다.

일기一氣가 유행하는 것은 하나의 근본이다.[64]

천지간에는 다만 하나의 기만 있을 따름이다. 여기에 움직임과 멈춤이 있으므로 음陰과 양陽, 강剛과 유柔의 구분이 있게 되는 것이니, 이전의 유학자들 가운데 이를 말하는 이가 드물었다.[65]

기를 근본으로 삼는 이러한 사상은 분명 '리본론'에 대한 부정이다. 이러한 인식에서 출발하여 그는 "천하에는 모두 기로 가득 차 있는데, 리는 그 속에 깃들어 있다"[66]라는 생각을 견지하였다. 리와 기 사이에는 조금의

---

64) 『讀書錄』, 권3, "一氣流行, 一本也."
65) 『讀書錄』 續錄, 권1, "天地間只一氣, 因有動靜, 故有陰陽剛柔之分, 先儒言之鮮矣."
66) 『讀書錄』, 권2, "天下皆氣之充塞, 而理寓其中."

틈이나 간격도 없다. 이것은 이미 기일원론에 다가선 것이다. 바로 이 때문에 그는 "이른바 리라는 것은 만사만물이 저절로 그러한 맥락이자 조리이다"[67]라고 하여, 리가 사물의 조리임을 강조하였다. 리는 법칙이지만 하나의 근본을 지닌 기에서 분리될 수 없는 것이다.

다른 하나는 리와 기에 선후가 없다는 리기무선후설理氣無先後說이다. 그는 다음과 같이 말하였다.

> 어떤 사람은 천지가 있기 전에 반드시 이 리가 있고 이 리가 있어야 이 기가 있다고 말한다. 하지만 내가 보기에는 리와 기는 그 선후를 따질 수 없다. 대개 천지가 있기 전에는 천지의 형태가 아직 이루어지지 않았지만, 천지가 되는 기는 한데 섞여 있어 끊김이나 멈춤이 없었으며, 리는 그 기의 가운데에 있는 것이다. 그 기가 움직여 양을 생하여 하늘이 처음 나누어지면 리는 이 기의 움직임을 타고서 하늘에 갖추어지게 되는 것이다. 멈추어 음을 생하여 땅이 처음 나누어지게 되면 리는 이 기의 멈춤을 타고서 땅에 갖추어지게 되는 것이다. 하늘로 나뉘고 땅으로 나뉘어 리가 없는 곳이 없으며, 한 번 움직이고 한 번 멈추어 리가 없는 곳이 없다. 만물을 화생化生함에 이르러서는 만물을 낳고 낳아 끊임없이 변화하니, 리와 기는 잠시라도 서로 떨어질 수 없는 것이다. 그런데 어찌 이를 나누어 어느 것이 먼저이고 어느 것이 나중이라고 할 수 있겠는가![68]

이 말은 리선기후설에 대한 공개적인 비판이다. 이미 기가 세계의 본원이라면 실재적 사실이나 논리적 추론과는 상관없이 리가 기보다 먼저라고

---

67) 『讀書錄』, 권4, "所謂理者, 萬事萬物自然之脈絡條理也."
68) 『讀書錄』, 권3, "或言未有天地之先, 畢竟先有此理, 有此理便有此氣. 竊謂理氣不可分先後. 蓋未有天地之先, 天地之形雖未成, 而所以爲天地之氣則渾渾乎未嘗間斷止息, 而理涵乎氣之中也. 及動而生陽而天始分, 則理乘是氣之動而具於天之中. 靜而生陰而地始分, 則理乘是氣之靜而具於地之中. 分天分地而理無不在, 一動一靜而理無不存, 以至化生萬物, 萬物生生而變化無窮, 理氣二者蓋無須臾之相離也, 又安可分孰先孰後哉!"

말할 수 없는 것이다. 그래서 설선은 "리와 기는 본래 선후를 나눌 수 없는 것인데, 그 은미함과 드러남을 말할 때는 리가 기보다 먼저 있는 것처럼 보인다. 그러나 그 실체가 있어야만 리도 함께 있게 되니 리와 기는 선후先後로는 논할 수 없다"69)라고 강조하였다. 설선은 이미 리본론적 리선기후설은 이론상 성립할 수 없는 것이며, 주희의 논리적 추론이 부정확했음을 인식하였다. 하지만 설선의 이러한 사상이 철저한 것은 아니었다. 다른 측면에서 그는 '리가 체이고 기가 용'(理體氣用)이라는 이론을 받아들여, 기는 모이고 흩어짐이 있지만 리는 모이고 흩어짐이 없다거나 기는 변화함이 있지만 리는 변화하지 않는다는 주장을 제기함으로써 태극의 리가 우주를 창조하는 영원한 절대적 실체임을 인정하였다.

나흠순은 이러한 설선의 모순을 극복하고 '리와 기는 하나이다'(理氣爲一)라는 명제를 제시하였다. 그는 '리와 기는 둘이다'라는 이론을 비판하여 초보적이지만 기본론氣本論의 철학을 건립하였다. 그는 기가 세계의 진정한 근원이며, 리는 다만 기가 그렇게 되는 까닭이므로 기를 떠날 수 없다고 주장하였다.

> 대개 천지를 관통하고 고금에 펼쳐져 있는 것은 일기一氣가 아닌 것이 없을 따름이다. 기는 본래 하나이지만 한 번 움직이고 한 번 멈추며, 한 번 가고 한 번 오며, 한 번 닫히고 한 번 열리며, 한 번 오르고 한 번 내리면서 끊임없이 순환한다.…… 천 가지 조리와 만 가지 단서가 서로 한데 뒤섞이지만 끝내는 어지럽지 않다. 그런데 그것이 그렇게 되는 까닭(所以然而然)은 알지 못하니 이것이 바로 리이다. 결코 리가 따로 한 사물로 있으면서 기에 의탁하여 있게 되거나 기에 깃들어 행하는 것은 아니다.70)

---

69) 『讀書錄』, 권2, "理氣本不可以分先後, 但語其微顯則若理在氣先. 其實有則俱有, 不可先後論也."

나흠순은 자연계의 일체 현상을 기라는 유일한 물질적 본원으로 귀결시켰는데, 이는 장재의 기사상을 흡수한 것이다. 그러나 그가 기를 근본으로 확립한 까닭은 리학의 기본 문제인 리기의 관계 문제를 새롭게 해결하기 위한 것이지, 단순히 장재로 회귀한 것은 아니다.

기는 무형적이고 연속성을 가진 물질 존재이며 그 속에는 미세한 물질 입자를 포함하고 있다고 말할 수 있다. 그러나 이것이 취산聚散, 동정動靜, 왕래往來 등의 운동을 거쳐 세계를 생성한다는 것 역시 사변적인 문제이며 결코 자연과학이나 실증철학에서 증명할 수 있는 것이 아니다. 기와 물질은 비록 모이거나 흩어짐, 무형이거나 유형이라는 구별이 있지만 그것은 동일한 논리적 차원의 범주이며, 기와 물질 모두 형이상하이지 형이상자가 아니라는 것은 인정할 수 있다. 이 점은 나흠순이 아주 명확하게 말하였는데, 그는 장재처럼 '일본지기一本之氣'가 형이상자이며 기화氣化에 의해 생성된 물질이 형이하자라고는 하지 않았다. 나흠순의 관점에서 기는 비록 형체가 없지만 오히려 감각할 수 있는 감성적 존재이며 사람이 호흡하는 기와 본질적으로 구별이 없다. 이것은 장재의 태허지기太虛之氣의 이론에 물질적이고 감성적인 특징을 더욱 크게 부여한 것이다.

나흠순의 다른 공헌은 리가 세계의 근본임을 부정한 것에 있다. 그는 리가 물질운동의 필연적 법칙이라는 점 때문에 리가 기를 '주재한다'고는 말할 수 없고 리는 다만 기가 그렇게 되는 까닭(所以然)일 뿐이라고 하였다.

리란 다만 기의 리일 따름이니, 마땅히 기가 운행하는 곳에서 살펴보아야 한다.

---

70) 『困知記』, "蓋通天地亘古今, 無非一氣而已. 氣本一也, 而一動一靜, 一往一來, 一闔一闢, 一升一降, 循環無已……千條万緖, 紛紜膠轕而卒不可亂, 有莫知其所以然而然, 是則所謂理也. 初非別有一物, 依于氣而立, 附于氣而行也."

갔다가 되돌아오고, 왔다가 되돌아가는데…… 그것이 그렇게 되는 까닭을 알지 못하는 것도 있다. 마치 어떠한 사물이 그 가운데에서 주재하면서 그렇게 되도록 하는 것이 있는 것처럼 보여서 이것을 리라고 이름 붙이게 된 것이다.71)

나흠순은 리라는 것이 사물의 운동·변화 가운데 그것이 그렇게 되는 까닭을 알지 못하는 것을 이름하는 것이라 하였다. 이는 자연계 가운데 인식될 수 없는 객관적 필연성을 가리키는 것이며, 그렇게 작용을 일으키는 것 역시 기가 본래부터 지니고 있는 특성이지 어떠한 사물이 그것을 주재하는 것은 아니라고 하였다. 이것은 비교적 철저하게 기일원론적 리기관을 견지한 것이다.

나흠순은 주희의 근본적인 잘못은 리와 기를 두 가지 사물로 여기는 것에 있다고 비판하였다. 이 때문에 주희에게는 리가 '기 가운데 떨어져 있다'(墮在氣中)거나 '기 위에 깃들어 있다'(泊在氣上) 또는 리와 기는 '서로 떨어지지도 서로 섞이지도 않는다'(不離不雜)는 말이 있다는 것이다. 그는 주희를 다음과 같이 비판하였다.

리를 과연 어떻게 형상화시켜서 떨어져 있다거나 깃들어 있다고 말할 수 있겠는가?…… 서로 떨어지지도 섞이지도 않는다는 것은 분명 이러한 뜻이지만 다만 말하는 것에 있어서 그 세밀하고 거친 정도가 다를 뿐이다. 다만 평소에 리와 기를 두 가지 사물로 보았기 때문에 스스로 자각하지 못하고 이러한 말들을 했던 것이다.72)

---

71) 『困知記』, "理只是氣之理, 當於氣之轉折處觀之. 往而來, 來而往,……有莫知其所以然而然, 若有一物主宰乎其間而使之然者, 此理之所以名也."
72) 『困知記』, "理果是何形狀而可以墮以泊言之乎?……不離不雜無非此意, 但詞有精粗之不同耳. 只緣平日將理氣作二物看, 所以不覺說出此等話來."

나흠순에 따르면, 주희가 리와 기를 두 가지로 여기는 것은 기를 벗어나서 리를 논하여 리를 절대적인 실체로 말했기 때문이며, 이렇게 되면 두 가지 실체가 있게 된다. 그는 주희의 리기관에 나타나는 모순점을 밝히고 리의 절대성을 부정하였다. 이에 그는 리를 실체인 기에 통합하였는데, 이는 리기의 관계를 다시 뒤집어 놓은 것이다.

그러나 나흠순의 '리기위일理氣爲一'의 사상은, 결코 기를 리로 여긴 것이 아니며 성리학이 이루어 놓았던 사유의 성과를 버린 것은 더더욱 아니다. 그는 역시 리가 하나의 모식模式으로 상대적인 독립성을 가지고 있다고 인정하였다.

> 리는 모름지기 기에 나아가서 인식해야 한다. 그러나 기를 리로 여기는 것은 옳지 않다. 이 둘 사이의 차이를 조금이라도 허용할 수 없어 참으로 말하기 어려운 것이니, 사람들은 잘 살펴보고 마음 깊이 깨달아야 한다. 다만 기에 나아가 리를 인식한다는 것과 기를 리로 여긴다는 두 말은 명확하게 구별됨이 있어서 이 말에 대해서 투철하게 알지 못한다면 많은 말을 하여도 소용이 없는 것이다.[73]

그는 기에 나아가 리를 인식하는 것과 기를 리로 여기는 것은 완전히 다른 관점이기 때문에 함께 섞어서 말할 수 없다고 하였다. 이른바 제대로 파악하여 묵연히 체득한다는 것은 완전히 말(語)이나 상象을 넘어서서 체득한다는 것은 아니지만 주로 이성적 사유로 개념적 분석을 한다는 것이어서 언어의 작용을 경시한 형이상학적 특징을 지니고 있다.

왕정상은 장재의 학설을 더욱 계승하고 발전시켜 기를 최고의 범주로

---

[73] 『困知記』, "理須就氣上認取. 然認氣爲理便不是. 此處間不容髮, 最爲難言, 要在人善觀而默識之. 只就氣認理, 與認氣爲理, 兩言明有分別, 若於此說不透, 多說亦無用也."

보았으며, 기본론氣本論의 토대 위에서 리기의 관계 문제를 해결하였다. 그는 완전히 주희와는 상반된 방향으로 나아가 '리는 본래 기에 갖추어져 있는 것이다'라는 명제를 제시하였고, 기를 온갖 변화의 근원이 되는 도체道體라고 보았다. 그의 관점에 따르면 리는 보편적이고 절대적인 원칙이 아닐 뿐만 아니라, 나흠순의 주장처럼 리가 주재主宰와 유사한 어떤 작용을 일으킬 수 있는 것도 아니다.

나흠순은 기를 리로 여기는 것에 반대하였으나, 왕정상은 리를 기로 여기는 사상을 제기하였다.

> 정이천程伊川은 "음양이란 기이며 음양이 되게 하는 까닭이 도道이다"라고 하여 리를 기로 여긴 적이 없었다. 아! 이것은 큰 부분에서 부합하지 않는다. 나는 일찍이 원기元氣의 위에 어떠한 사물도 없으며, 원기가 있으면 곧 원신元神이 있게 되고, 원신이 있으면 운용을 하여 음양이 될 수 있게 하며, 음양이 있으면 천지와 만물의 성리가 갖추어지게 된다고 생각하였다. 원기의 바깥에 다른 사물이 있어 이를 주재하는 것은 아니다.74)

이른바 '큰 부분에서 부합하지 않는다'는 것은 리를 형이상의 '소이연'이라 하고 또한 이것이 기화氣化에 대해 주재의 작용을 일으킨다는 정이程頤의 입장을 반대한 것이다. 왕정상은 우주 사이에는 다만 하나의 본원과 하나의 실체만 있는데, 이것이 바로 기라고 하였다. 기에는 비록 '본기本氣'와 '생기生氣'의 구별이 있지만, 리와 기에 대한 구분은 결코 없다. 본체의 기는 형상이 없이 존재하지만 음양으로 나누어지고, 만물을 화생하는 생기

---

74) 『王氏家藏集』, 「答薛采論性書」, "伊川曰, 陰陽者氣也, 所以陰陽者道也, 未嘗卽以理爲氣. 嗟乎! 此大節之不合者也. 餘嘗以爲元氣之上無物, 有元氣卽有元神, 有元神卽能運用爲陰陽, 有陰陽則天地萬物之性理備矣. 非元氣之外, 又有物以主宰之也."

가 바뀌게 된다. 생기는 형상을 지닌 만물을 생성한다. 그는 "기란 사물의 근원이다. 리는 기에 갖추어져 있는 것이다. 기器는 기氣가 이루어 낸 것이다"75)라고 말하였는데, 이 말에서 기야말로 만물의 근원이며 리는 다만 기에 구비된 속성이므로 기를 떠날 수 없음을 알 수 있다. 이는 그 어떤 사람보다도 철저하게 형이상의 리를 부정하고 있는 것이다.

이미 기가 리의 본체이고 리는 다만 기에 의탁되어 있는 것이라면 리기선후理氣先後의 문제는 근본적으로 제기될 필요가 없다. 그는 송유宋儒들의 리선기후설이, 노장老莊의 '도가 천지를 생한다'는 학설과 어떠한 차이도 없으며 다만 겉모습만 바꾸어 논의를 세운 것이라고 하였다. 그는 "천지가 아직 생겨나기 전에는 다만 원기만 있었다. 원기가 원래 존재하고 사람과 사물을 조화시키는 도리는 이 원기에 근거해서 존재하게 된다. 그러므로 원기 앞에는 사물도 없고 도道도 없고 리理도 없다"76)라고 하였는데, 이 말은 기일원론을 매우 강하게 주장한 것이다. 즉 일체는 모두 기로 귀결되는 것이자 물질적인 기로 해석하고 설명될 수 있다는 것으로, 리가 기를 결정한다는 사상은 여기에서 철저하게 부정된 것이다. 리기에 선후가 없다면 당연히 리가 기를 생한다고 말할 수도 없다.

> 원기란 천지만물의 궁극적인 근원이다. 원기가 있으면 생함이 있고, 생함이 있으면 도가 드러나게 된다.…… 도가 기를 생할 수 있다고 하는 것은 알맹이를 비우고 앞뒤를 뒤바꾼 말로 노장老莊의 잘못된 말일 따름이다.77)

---

75) 『愼言』,「道體」, "氣, 物之原也. 理, 氣之具也. 器, 氣之成也."
76) 『雅述』上, "天地未生, 只有元氣. 元氣具, 則造化人物之道理卽此而在. 故元氣之上無物, 無道, 無理."
77) 『愼言』,「五行」, "元氣者, 天地萬物之宗統. 有元氣則有生, 有生則道顯……以道能生氣者, 虛實顚越, 老莊之謬談也."

사실 리가 기를 생한다는 주희의 언급은 다만 본체론이나 논리적 측면에서 말한 것이지 결코 생성론의 차원에서 이야기한 것은 아니었다. 그에게서 본체론과 생성론은 구분하기가 어렵다.

왕정상은 또 '기가 변하면 리도 변한다'(氣變而理變)라는 명제를 제기하였다. 즉 리는 변하지 않는 것이 아니라는 것이다. 이것은 리기관에 대한 발전이다. 정주程朱로 대표되는 성리학자들은 모두가 변화하는 리는 있지만 리 자체는 변하지 않는다고 보았다. 즉 기는 변화하지만 리는 변화함이 없으므로 리에 대해 '항상됨'(常)이라고 형용한 것이다. 다시 말해 리는 하나의 규율로 변화하지 않는 안정된 성질을 가지고 있으며, 그렇지 않으면 리는 규율이 될 수 없다는 것이다. 그렇지만 왕정상은 리를 기에 구비된 속성으로 보았기 때문에 기가 변한다면 리 역시 그것을 따라서 변한다고 보았다.

> 기가 있으면 도가 있고, 기가 변화하면 도 역시 변화한다. 기가 곧 도이고, 도가 곧 기이므로 분리시키거나 합치시켜서 논할 수는 없다. 그런데 어떤 이는 기에는 변화가 있지만 도는 한결같아 변하지 않으며, 도는 어디까지나 도이고 기는 어디까지나 기라 하여 두 가지 별개의 사물로 갈라보는데, 이는 하나로 관통된 오묘함의 원리가 아니다.78)

왕정상의 이 말에는 리가 자연법칙이라는 의미도 아주 조금은 들어 있다. 그러나 그것은 다만 속성일 따름이다. 그는 자연계와 인간사회를 동일한 세계로 간주하였고, 천지간에 형상을 지닌 모든 것은 없어지기 마련이지만 오직 리만은 영원하다는 논의를 어리석은 말(痴言)이라고 비판하였다.

---

78) 『雅述』 上, "有氣卽有道, 氣有變化是道有變. 氣卽道, 道卽氣, 不可以離合論者, 或謂氣有變, 道一而不變, 是道自道, 氣自氣, 歧然二物, 非一貫之妙也."

선양禪讓의 제도가 없어진 뒤에 방벌放伐이 생겨나게 되었고, 방벌이 사라진 뒤에 찬탈篡奪이 일어났다. 또 정전제가 무너지자 천맥제阡陌制가 실시되었고, 봉건제가 무너지자 군현제가 시행되었다. 앞의 시대에 시행되었던 것은 다시 후세에 시행될 수 없고, 옛날에 맞았던 것이 오늘날에도 맞을 수 없다. 리는 때에 따라 그 마땅함을 제정하는 것이니, 이미 지나간 것은 하잘 것 없는 추구芻狗와 같다. 어찌 그것이라고 해서 썩고 사라지지 않겠는가?79)

이러한 이론은 성인의 도가 영원히 변하지 않는다는 신화를 부정한 것에 그 의의가 있다. 그리고 이 말에는 역사적 진화의 관점뿐만 아니라 사회적 실현이라는 의의도 함께 지니고 있는 것이다.

5. 명말청초

명나라 말에서 청나라 초의 학자인 황종희黃宗羲 역시 리기 문제에 있어서 기일원론을 견지하였다. 그에게는 유명한 명제가 있는데, 그것은 리와 기는 "무릇 한 사물에 대해 두 가지로 이름을 붙인 것이지, 원래 두 가지 사물을 하나로 뭉친 것은 아니다"80)라는 것이다. 그는 주희를 리기이원론자라고 비판하였으며, 또한 조단曹端의 '리가 기를 부린다'(理馭氣)라는 논의와 설선의 '햇빛과 나는 새'(日光飛鳥)라는 비유가 모두 리와 기를 둘로 나누는 것이라고 비판하였다. 그는 나흠순의 리기론이 가장 정확하다고 보았다. 그는 심지어 "천지간에는 다만 기만이 있을 따름이지 리는 없다. 이른

---

79) 『雅述』下, "揖讓之後爲放伐, 放伐之後爲篡奪, 井田壞而阡陌成, 封建罷而郡縣設. 行於前者不能行於後, 宜於古者不能宜於今, 理因時制宜, 逝者皆芻狗矣. 不亦朽蔽乎哉?"
80) 『明儒學案』, 권44, "蓋一物而兩名, 非兩物而一體也."

바 리라고 하는 것은 기 스스로가 지니고 있는 조리이므로 이러한 이름이 있게 된 것일 따름이다"81)라고 말하여, 리는 기의 조리에 대해 이름 붙인 추상적인 개념이지 실재하는 것은 아니라고 하였다. 하지만 그의 주장은 리의 객관성을 부정하는 것이 아니라, 다만 리를 하나의 사물로 보거나 실체를 지닌 존재라고 여기는 것에 대해 반대한 것일 따름이다. 그는 한 걸음 더 나아가 리와 기를 통일시켰다.

> 천지의 사이는 다만 일기一氣가 가득 채우고 있을 따름이다. 사람을 낳고 사물을 낳으며,…… 두루 행하되 그 차례를 잃지 않는 것이 곧 리이다.82)

리기 개념에 대해 총괄적인 결론을 내린 사람은 바로 왕부지이다. 그는 정주의 리기설을 완전히 뒤바꾸어 기가 본체가 되며 리는 기능과 모식模式이 된다는 리기일원론을 주장하였다.

> 리는 곧 기의 리이고, 기가 마땅히 이와 같이 되는 것이 곧 리이다. 리라고 먼저 있고, 기라고 나중에 있는 것은 아니다.…… 기의 바깥 허공에 매달리거나 고립되어 있는 리는 없다.83)

왕부지는 이론적인 면에서 리본론과 리선기후설을 부정하였다. 그는 한편으로 리는 기의 리(氣之理)이기 때문에 기를 떠나 존재할 수 없다고 하면서도, 다른 한편으로 리는 모식이 된다고 강조하였다. 즉 리는 사물의

---

81) 『明儒學案』, 권50, "天地之間只有氣, 更無理. 所謂理者以氣自有條理, 故立此名耳."
82) 『孟子師說』, 권2, "天地間只有一氣充周. 生人生物,……流行而不失其序, 是卽理也."
83) 『讀四書大全說』, 「孟子・告子上」, "理卽是氣之理, 氣當得如此便是理, 理不先而氣不後.……氣外更無虛托孤立之理."

생성과 발전을 표현하는 규율이며, 사물의 발전 방향을 결정한다는 것이다. 따라서 그는 상당히 변증적인 방식으로 리기의 관계를 해결하고 있다. 이것은 왕정상 같은 전대의 기일원론자와 다른 점이다.

왕부지는 리와 기의 두 개념을 각기 고찰하였으며, 여기에 새로운 의미를 부여함으로써 철학적 함의를 더욱 풍부하고 깊게 하였다. 그는 우선 '실유實有'라는 개념을 제시하여 기의 성질과 특징을 설명하였는데, 이는 이전의 기일원자들이 기를 어떤 특수한 물질적 형태라고 말한 것에 대한 제한성을 극복한 것으로 기를 물질이라는 범주에 더욱 접근하게 만들었다. 실유는 공간과 시간의 형식을 지닌 참된 존재이지만, 어떠한 구체적인 존재는 아니다. 그러나 비록 그것이 구체적인 존재는 아니지만 오히려 구체적인 존재를 떠나지 못하며, 어떠한 구체적인 사물이라도 그것의 표현일 따름이다. 실유는 우주본체론의 측면에서 더욱 개괄된 실체 개념이다.

> 무릇 보아서 보이지 않는다고 해서 형체가 없는 것은 아니며, 들어서 들리지 않는다고 해서 소리가 없는 것은 아니다. 그러한 까닭에 천하에서 볼 수 있는 것은 볼 수 있는 형체 속에서 극진하게 되며, 들을 수 있는 소리는 들을 수 있는 것 가운데 지극하게 된다. 이러한 모두를 하나도 남김없이 보고 듣는다면 천하의 형체 없는 경계(境)와 소리 없는 때(時)까지도 모두 듣고 볼 수 있을 것이니, 모두 그 성정性情과 공효功效의 실유實有인 것이다.[84]

들을 수 있고 볼 수 있는 것이란 감성적 존재이며, 구체적인 형체와 소리가 있는 것이므로 유한한 것이다. 볼 수 있고 들을 수 있는 천하의 사

---

84) 『四書訓義』, 권2, "蓋觀之不見而非不能爲形矣, 聽之不聞而非不能爲聲矣. 然則天下之可見者形盡于可見之中, 可聞者聲止于可聞之際. 而此之不遺者, 則盡天下無形之境, 無聲之時, 而皆其性情功效之實有者矣."

물을 극진히 하면서도 남김이 없는 것은 형체와 소리가 없는 것이므로 무한한 것이다. 그러나 형체나 소리가 있는 모든 사물들은 모두 형체나 소리의 없음 가운데 포괄되므로, 성정과 작용은 모두 진실하게 존재한다는 것이다. 실유란 구체적인 감성 존재에 대한 추상적인 개괄인데, 그것은 경境과 시時라는 시간·공간의 형식을 지니고 있다. 그는 또 유有·무無에 대한 연구를 통해 우주에는 다만 유만 있고 무는 없다는 관점을 취하여 실유의 유일성을 논증하였다. 왕부지는 이른바 무라는 것에 대해 부정하였는데, 그가 말하는 무는 유와 상대하여 말한 것이다. 즉 존재하지 않는(非有) 것이지 비존재非存在(絶待無)가 아닌 것이다. 왕부지의 철학은 유에서부터 시작하는 유가철학의 특징을 잘 드러내고 있으며, 진정한 본체론적 기일원론을 건립했다고 말할 수 있다.

리에 관해서도 왕부지는 뛰어난 분석을 하는데, 그는 리에 두 가지 의미가 있다고 말하였다.

> 무릇 리를 말하는 것에는 두 가지가 있다. 하나는 천지와 만물을 이미 그렇게 되도록 한 조리條理이며, 다른 하나는 건순오상健順五常으로 하늘이 사람에게 명하고 사람이 이를 부여 받아 성性으로 삼는 지극한 리(至理)이다. 이 두 가지는 모두 하늘의 일을 온전히 담고 있는 것이다.[85]

이 두 가지 의미의 리는 특히 주희의 학설 가운데 물리物理와 성리性理 개념과 같은 것이지만 정주학에서는 이를 명확히 구분하지는 않았다. 왕부지가 리에 두 가지 의미가 있다고 하면서 물리와 성리를 구별하려 한 분석

---

85) 『讀四書大全說』, 「論語·泰伯」, "凡言理者有二. 一則天地萬物已然之條理, 一則健順五常天以命人而人受爲性之至理. 二者皆全乎天之事."

방법은 성리학을 크게 발전시킨 것이다. 이것은 실제로 인식이성과 도덕이성의 구별이며, 주체와 객체의 관계에서 말하자면 진리론과 가치론의 구별이다. 천天은 자연계의 총칭이며, 왕부지가 보기에는 물리나 성리를 막론하고 모두 자연계에 그 근원이 있는 것이었다. 그는 성리性理의 근원에 관해서 진정으로 해결할 수는 없었지만, 이러한 그의 인식이 성리학의 발전사에서 중요하다는 것은 의심할 바 없다.

조리에 관해서 왕부지는 그것을 직관적으로 파악할 수 없는 것이라고 생각하였다. 그래서 그는 "리란 본래 볼 수 있는 사물로 한 번 이루어지는 것이 아니기에 볼 수가 없는 것이다. 기의 조서條緖와 절문節文에서 리를 볼 수 있는 것이다"[86]라고 하였다. 리는 이미 볼 수 없고, 기의 조서와 절문으로 볼 수 있다면 리는 조서와 절문이 아닌가? 만약 조서와 절문이 아니라면 그것은 무엇인가? 여기에는 언어적 표현에서 오는 문제가 있지만, 그것은 구체적인 사물을 통해 표현된다. 천지와 만물에 이미 그렇게 되는 조리가 있다면, 이는 바로 천지와 만물의 발전과 변화를 통하여 표현되는 것이다. 이른바 조서와 절문이란 다만 형상形象에 대한 설명이지, 결코 나무의 나이테처럼 직접 볼 수 있는 것은 아니다. 이는 중국철학의 개념이 설령 리와 같은 추상적 개념이라도 의상意象이라는 직관성을 벗어나지 못한 것임을 설명한다.

우리가 주의해야 할 것은 대진戴震이 기화氣化학설로 형이상학적 리본론을 비판하고 리에 대한 새로운 해석을 제기함으로써 리기 개념에 대한 논쟁에 종지부를 찍었다는 것이다.

대진은 음양의 기를 천지와 만물의 유일한 본원이자 실체로 여겼다. 그

---

[86] 『讀四書大全說』,「孟子·離婁上」, "理本非一成可見之物, 不可得而見. 氣之條緖節文, 乃理之可見者也."

는 기가 변화하고 유행하여 끊임없이 낳고 낳는다고 하여 모든 것은 '기화'에서 온 것이며, 그 이외에 어떠한 사물도 실체라고 칭할 만한 것이 없다고 하였다. 그는 '리가 기를 주재한다'거나 '리가 기를 생할 수 있다'는 사상에 대해서도 날카롭게 비판하였다. 그리고 리를 형태도 없고 자취도 없지만 실재하는 것이자 기에 앞서서 존재한다고 보는 주희의 학설에 대해, 두 가지 근본이 있는 것이지 하나의 근본이 있는 것은 아니라고 하였다. 그는 "천지간에 만물이 낳고 낳아지는 그 근본을 미루어 보면 음양일 따름이다",87) "음양과 오행이 도의 실체이다"88)라고 하여 기의 일원성을 강조하였다. 음양오행의 기가 기화유행氣化流行하고 생생불식生生不息하는 과정에서 신묘한 작용을 하게 되는데, 이것은 기화유행이 원래부터 지니고 있던 기능이지 결코 기 위에 따로 한 사물이 있어 주재의 작용을 하는 것은 아니라고 하였다. 정주는 신묘함을 '반드시 그렇게 되어 바꿀 수 없는 리'라고 귀결지었는데, 이것은 노장이나 불교에서 신묘함을 어떠한 정신적 실체로 확대하는 것과는 다른 것이다. 그러나 그들이 리를 음을 낳고 양을 낳는 근본이어서 음양과는 따로 구분된다고 말한다면 이는 노장·불교와는 근본적이 차이가 없다. 노장과 불교에서 신神을 숭배하여 음양의 기화를 넘어서 있는 것이라 하고, 정주가 리理를 높여 음양의 기화를 넘어서 있는 것이라고 하는 것은 모두 두 가지 근본二本을 가진 것에 불과하다.

여기에서 이른바 두 가지 근본이란 기본氣本 이외에 리본理本을 말하는 것이다. 기화에 관한 주희의 학설에 대해 대진은 결코 반대하지 않았으며 오히려 흡수하였다. 대진이 반대하는 것은 기 위에 무형상의 실유인 리가 있어 본체가 된다는 것인데, 그가 보기에는 이것이 두 가지 근본이었던 것

---

87) 『孟子字義疏證』, 「理」, "天地間萬物生生, 無非推本陰陽."
88) 『孟子字義疏證』, 「天道」, "陰陽五行, 道之實體也."

이다. 사실 리기관에서 볼 때, 정주는 기본적으로 일본론자一本論者이지 이본론자는 아니었다.

리에 대한 대진의 해석을 왕부지와 비교해 보면 그 사변적인 색채는 더욱 옅어졌고, 형상形上·형하形下, 체용體用 등의 개념을 사용하지 않았다. 그는 리에 대해 사물을 다른 사물과 구별하는 본질 속성이라 여겼다. 이렇게 되면 리는 구체적인 것이지 추상적인 것이 아니며, 이른바 만상을 포괄하는 절대적 통일의 리라는 것도 없게 된다. 즉 리는 모두 구체적인 것이다.

> 천리天理라고 하는 것은 저절로 나누어진 분리分理를 말하는 것이다.…… 리란 사물을 관찰할 때 아주 작은 것이라도 반드시 구별하여 이름해야 하니, 이런 까닭에 분리라고 말하는 것이다. 사물의 바탕에 있어서는 기리肌理라고도 하고, 주리腠理라고도 하고, 문리文理라고도 한다. 그렇게 구분하면 질서가 있어 번잡하지 않으니 이를 조리條理라고 한다.89)

분리와 조리는 모두 구체적인 사물을 말하는 것이다. 그는 분석적 방법을 중시하여 사물에 대해 각기 분류의 방식으로 연구해야 한다고 주장하였다. 왜냐하면 그가 보기에 사물의 리란 반드시 사물을 분석하여 지극히 작은 것에 이른 후에야 얻을 수 있는 것이기 때문이었다. 이러한 이성주의적 분석 방법은 근대의 과학적 방법론과 유사하다는 특색을 지니고 있으나 성리학의 전체 사유와는 조금 다르다. 이는 그가 사물의 질적 차이성을 강조하였지 추상적 공통성을 강조한 것은 아니기 때문이다.

---

89) 『孟子字義疏證』, 「理」, "天理云者, 言乎自然之分理也.……理者, 察之而幾微必區以別之名也, 是故謂之分理. 在物之質, 曰肌理, 曰腠理, 曰文理. 得其分則有條而不紊, 謂之條理."

리에는 또 다른 의미가 있는데, 그것은 저절로 그러함(自然)이 반드시 그러함(必然)으로 귀결되는 것을 가리킨다. 그는 『시경詩經』의 '사물이 있으면 법칙도 있다'(有物有則)는 말에 근거하여, 리는 사물 스스로가 지니고 있는 필연이라고 하였다.

> 사물은 실체實體와 실사實事를 가리키는 것이다. 그것이 저절로 그렇지 않은 것이 없으나 반드시 그렇게 되어야 하는 것으로 귀결되는데, 여기에서 천지와 인물 그리고 일과 행위는 리를 얻게 되는 것이다.[90]

여기에서 그는 자연과 필연이라는 두 개념을 제시하였다. 실체와 실사라는 것은 자연이고, 필연은 그 자연에 근원하는 것이다. 이것은 리의 귀속 문제를 해결한 것으로, 리는 더 이상 어떠한 독립적 실체가 아니라 구체적인 사물의 본질적 속성이나 원칙이며, 이와 더불어 필연성이라는 의미도 있는 것이다.

바로 이 때문에 리는 구체적인 것이자 사물 속에 갖추어진 것이며, 이런 점에서 그는 말할 수 있는 리가 없다는 말은 들어 보지 못하였다고 하였다. 이것은 언어학적인 측면에서 리의 초월성과 절대성을 철저하게 없애 버린 것으로, 정주의 학설과 다를 뿐만 아니라 나흠순과 왕부지 등의 학설과도 다른 것이다. 그들은 비록 리와 기는 하나라고 하여 리는 기를 떠날 수 없다고 주장하였지만, 여전히 리가 형이상자임을 부정하지는 않았다. 대진이 말하는 자연과 필연이란, 기화의 자연스러움은 필연적이어서 바꿀 수 없는 것이라는 말이다. 즉 바꿀 수 없다는 말은 그 자연스러움을 바꿀

---

90) 『孟子字義疏證』, 「理」, "物者, 指其實體實事. 罔非自然, 而歸於必然, 天地, 人物, 事爲之理得矣."

수 없다는 것이지, 정주가 말한 본원에 대한 것이 아니다.

이상에서 서술한 것을 종합하여 볼 때 우리는 리기 개념이 가장 기본적이고 일반적인 함의를 지녔음을 알 수 있다. 즉 리는 법칙을 대표하고, 기는 일반의 물질적 존재를 대표한다는 것이다. 리는 법식法式 혹은 모식模式의 개념이고, 기는 실체의 개념이다. 이것은 모든 성리학자가 공통적으로 인정하는 리기론의 기본적인 전제이다. 그러나 그들은 리기관계를 다르게 해석하였기 때문에 매우 큰 차이와 대립이 발생되었다. 이것을 크게 보면 아래의 몇 가지 해석으로 정리할 수 있다.

첫째, 실체와 그것의 속성이라는 의미에서 리기를 해석하였는데, 장재와 왕정상이 이 사상을 대표한다. 그들은 기가 유일한 실체이자 유일한 존재이며, 리는 다만 기라는 물질적 실체의 속성이나 기능이지 결코 리를 떠나서 존재할 수 없다고 생각하였다. 이것은 비교적 철저한 기일원론적 리기관이다. 리에 대한 장재의 규정이나 함의가 비록 명확하지는 못하지만 여전히 법칙이라는 의미가 있다. 왕정상은 명확하게 리에 관한 함의나 규정을 제시하지 않았으며, 게다가 리의 상대적 독립성도 부정하였다. 그는 모든 것을 기에서부터 전이된 것이라 보았으며, 이 때문에 그에게서 리가 규율 또는 법칙이 된다는 의미는 분명하지가 않다.

둘째, 실체 존재 및 그 법칙과 모식의 의미에서 리기 개념을 사용하고 해석하는 것이다. 이 사상은 나흠순과 왕부지로 대표될 수 있다. 그들은 리에 대한 정주의 이론들을 비판적으로 흡수하였으나, 리기의 관계를 뒤집어 놓음으로써 리는 이제 관념적 실체가 아니며 기가 유일한 실체로 인정된 것이다. 나흠순과 왕부지는 기가 유일한 실체라는 바로 이 점에서 장재와 일치한다. 그들 역시 리는 기의 리이며, 기를 떠나 존재할 수 없다고 여겼다. 그러나 동시에 그들은 리가 모식이자 결코 기와 같은 것이 아니며,

상대적 독립성을 지니고 있다는 점에 충분히 주의를 기울이고 있다. 나흠순의 '기에 나아가 리를 인식해야 하지만 기를 리로 여겨서는 안 된다'는 것과 왕부지의 '리는 사물을 생성하고 보존하는 역할을 하고 있다'는 것은 모두 이 점을 설명하고 있다. 그들은 리가 물질운동의 법칙이라고 말하였는데, 그들의 사상은 리기 개념의 발전사에서 중요한 공헌을 하였다. 나흠순과 왕부지 역시 정주의 성리학적 관점을 받아들였지만, 소당연과 소이연을 구분하지는 않았다. 이들과 다른 관점으로 설명했던 사람이 기를 우주의 본원으로 본 대진이다. 그는 구체적인 사물의 본질 속성 또는 그 법칙을 리라고 하였으며, 보편적 규율이나 그 규율의 절대성·보편성을 부정하였다.

셋째, 존재의 모식과 그것의 구체적 실현이라는 의미에서 리기를 이해하고 사용한 것이다. 이 사상을 대표하는 사람이 바로 이정과 주희이다. 특히 주희는 소이연과 소당연이라는 리의 함의를 명확히 규정하였다. 이는 곧 리에 자연법칙과 도덕법칙이라는 주된 함의가 있음을 가리킨 것이다. 그러나 그들이 리를 절대화시킨 결과 리는 존재라는 의미에서 관념적 실체로 바뀌게 되었다. 그리고 기는 실체에서 물질 차원의 질료와 리의 구체적 표현으로 바뀌게 되었으며, 기는 리에 의해 결정되는 것이 되었다. 이정은 윤리만을 강조하였지만, 주희는 전면적으로 윤리와 물리를 논하였다. 이 밖에 주희에게서는 기가 실체적인 성질을 지니고 있음에 따라 리기관에 있어서 하나의 모순이 발생하였다. 즉 리기이원론의 경향이 있었던 것이다. 후대의 사상가들이 주희를 '리기를 둘로 보고 있다'거나 '두 가지 근본이 있다'고 비판하는 원인이 여기에 있다.

넷째, 주체관념과 물질 존재라는 의미에서 리기를 해석하고 사용한 것이다. 이를 대표하는 인물이 육구연과 왕수인이다. 리에 대한 육구연의 해석은 주희와 서로 같은 점이 있었지만, 그는 리를 관념적 실체라고 보았다. 즉 리는 객관적인 것이 아니라 주관적인 것이라는 말이다. 왕수인은 조리條理와 운용運用의 의미로 리기를 해석한 주희의 관점을 상당 부분 수용하였으며, 그 역시 리를 주재적 의미로 보았다. 그러나 그는 완전히 주관적 관념의 차원에서 리를 이해하였다. 이것이 육구연과 왕수인의 공통점이다. 이 밖에 그들은 리기의 해석에 대해 비록 우주론적 의미를 내리고 있지만, 근본적인 측면에서 말하면 그들은 성리를 주로 논하였지 물리에 대해서는 그다지 논하지 않았다.

이러한 여러 가지 다른 해석은 리기 개념에서 나타나는 차이점을 잘 설명해 준다. 만약 본체론의 각도에서 구분을 하자면 물질론과 관념론의 두 가지로 나눌 수 있다. 앞서 첫째와 둘째의 논의는 물질론에 속한다고 할 수 있고, 셋째와 넷째의 논의는 관념론에 속한다고 할 수 있다. 그런데 주체와 객체의 관계에서 구분하자면 이 역시 두 가지 종류로 나눌 수 있는데, 앞의 세 가지는 객관적 관점이고, 넷째의 논의는 주관적 관점이다. 이러한 상황은 다른 각각의 개념에서도 동일하게 나타난다. 바로 이러한 차이와 대립이 성리학에서 우주론의 다원성을 형성한 것이다. 그러나 어느 관점이든 모두 리와 기를 우주론의 기본 개념으로 삼았으며, 다른 개념들과 연계되어 유기적 자연계를 펼쳐 놓았다. 아울러 인간과 자연계의 관계를 설명하기 위한 하나의 이론적 전제를 건립하였다.

제2장 도와 기

'리학理學'은 달리 '도학道學'이라고도 칭해진다. 이 때문에 '도기道器' 역시 성리학의 중요한 개념이다. 도기와 리기理氣는 밀접한 연관성이 있으며 여러 상황에서 동일한 차원에 속하지만, 도기와 리기를 완전히 동일시할 수는 없다. 그것은 리기관계에서 도기가 각기 다른 위치에 자리하고 있기 때문에 그 의미 역시 다르다는 점에서 그러하다. 철학자들은 도에 대한 각자의 해석을 통하여 각자의 철학적 관점을 표명하였다.

도道는 원래 도가철학의 기본 개념이며, 실체와 법칙이라는 의미를 지니고 있다. 이 점이 후대 리학자들에 의해 흡수되지만, 도기는 유가의 『주역』「계사전繫辭傳」 "형이상자를 일컬어 도라 하고, 형이하자를 일컬어 기라 한다"[1]라는 말에서 근거하고 있다. 『주역』에서는 또 "한 번 음이 되고 한 번 양이 되는 것을 도라 한다"[2]라고 하였다. 어떤 학자들은 도에 대한 『주역』의 두 언급은 각기 구별되며, 뜻도 다르다고 본다. 즉 앞의 '도'자는 『주역』의 관념론적 사상체계를 나타내고, 뒤의 '도'자는 『주역』의 변증법적 사상을 나타낸다는 것이다. 이것은 이 글에서 논의할 범위는 아니다. 그러나 이러한 명제가 성리학에서 논쟁을 일으킨 것은 사실이다. 만약 리

---

1) 『周易』, 「繫辭」, "形而上者謂之道, 形而下者謂之器."
2) 『周易』, 「繫辭」, "一陰一陽之謂道."

기가 비교적 확정된 개념이라고 한다면, 도기에서 특히 도라는 개념은 매우 큰 적용 가능성이 있는데다가 심지어 대립적 성질도 있다. 도기에 대한 사용 범위를 말하자면 대부분 사회적 문제를 가리키며, 그 가운데서도 특히 윤리와 도덕의 문제를 말하는 것이다.

1. 송대 이전

성리학의 선구자인 한유韓愈는 처음으로 도학道學을 제창하였다. 그는 유가의 도통론道統論을 제기하는 것 이외에도, 개념적 측면에서 도덕道德과 인의仁義를 대비시켜 "인과 의는 확정된 내용을 가지지만 도와 덕은 빈 자리이다"[3]라고 하였다. 이렇게 도는 인의를 핵심 내용으로 하는 철학 개념이 되었다. 그러나 한유는 형상形上·형하形下라는 우주론적 차원에서 도를 해석하지는 않았다. 그의 제자인 이고李翱가 '성명지도性命之道'를 논함으로써 도는 심성론心性論과 직접적인 연관성을 가지게 되었다. 유종원柳宗元에 와서 도와 기, 도와 물物에 대한 관계가 정식으로 논의되었다. 그는 구체적인 명실名實관계를 도기의 관계라고 보고, 도와 기는 서로 떨어질 수 없다는 관점을 제기하였으며 아울러 이것에서부터 도와 사물의 관계를 논의하였다.

사물이란 도의 준칙準則이다. 그 사물을 지키고 그 준칙으로 말미암은 이후 그 도가 있게 되는 것이다. 진실로 이것을 버린다면 이는 도를 잃는 것이다. 무릇 성인이 기준으로 삼는 것은 각각의 사물에 이름을 붙이는 것으로, 이는 도 아님

---

3) 『韓昌黎集』, 「原道」, "仁與義爲定名, 道與德爲虛位."

이 없다.…… 그 사물을 잃고 그 준칙을 버리게 되면 도 역시 따라서 사라지게 된다.4)

여기에서 사물이란 객관적으로 존재하는 모든 사물을 가리키며, 도는 사물이 따라야 할 법칙이다. 사물이 도의 준칙이라는 말은 도는 사물을 기준으로 하며, 사물을 떠날 수 없다는 말이다. 그는 또 도는 반드시 사물에 이르러야 한다는 사상을 제기하였다. 즉 도는 보편적 원칙이자 언어로 기술할 수 있지만, 도의 의미를 이해하기 위해서는 언어에 멈추어 있어서는 안 되고 반드시 사물에서 파악해야 한다는 것이다. 그가 말하는 사물이란 광범위하게 사물을 지칭하는 것이기도 하지만 어떠한 의미를 가지고 있는 객관적 사물이나 대상을 가리키는 것이다. 유종원은 추상적 의미를 지닌 어떠한 것이라도 구체적 사물과 결합해야만 진실한 내용이 있다고 보았다.

유종원은 결코 유가의 도덕주의적 입장을 벗어나지 않았다. 또한 그가 말하는 도는 한유가 말한 것처럼 인의를 내용을 하는 것이므로, 그는 "이것을 행하면 도가 되고, 이것을 얻으면 덕이 된다"5)라고 하였다. 이것은 완전히 도덕실천의 철학적 문제이다. 이후 리학자들이 도를 논하는 데 있어서 이것을 중요한 내용으로 삼고 있는데, 한유와 유종원이 그 단초를 열었다고 말할 수 있다. 그런데 유종원은 또한 우주론적 측면에서 도를 언급하고 있다.

일기一氣가 끊임없이 이어지며 돌고 도니, 그 이전이라도 시작이 없고 그 이후라도 끝이 없다. 떨어졌다가 합해지고 막혔다가 통하니, 시작도 다르지 않고 지금

---

4) 『柳河東集』, 권3, 「守道論」, "物者道之準也. 守其物由其準, 而後其道存焉. 苟舍之是失道也. 凡聖人之所以爲經紀, 爲名物, 無非道者.……失其物, 去其準, 道從而喪矣."
5) 『柳河東集』, 권3, 「四維論」, "蹈之斯爲道, 得之斯爲德."

과 같을 따름이다. 허무虛無하고 혼명混冥한 것은 도道에서 융합되고, 성신聖神의 자취가 없음은 가르침의 공을 드러내 보인다.6)

유종원은 원기설元氣說에서 출발하여 도道와 기氣는 일체一體로 융합한다고 말하였는데, 이것이 성리학의 형성사에 끼친 영향은 결코 무시할 수 없다.

유종원을 계승하여 성리학의 단초를 열어낸 사람은 범중엄范仲淹이다. 그는 『주역』에 대한 연구를 통해 '건양지기乾陽之氣'가 조물자이며, 건乾의 사덕四德인 원元·형亨·이利·정貞이 도가 된다고 말하였다.

이것을 행하는 것을 일컬어 도라 하며, 이것을 기술하는 것을 일컬어 교敎라 한다. 아! 네 가지(四德)의 쓰임은 하늘도 어길 수가 없는데, 하물며 사람에서랴! 하물며 사물에서랴!7)

2. 북송시대

범중엄은 도와 심성론을 연관시켜 천인합일론天人合一論의 시작을 이끌었는데, 주희朱熹가 이것을 특히 중시하였다.

북송 초의 석개石介는 손복孫復 등과 함께 한유가 제창한 도통론을 옹호하였고, 특히 인륜지도人倫之道를 만세에 오래 행할 수 있는 것이며, 하루라도 폐할 수 없는 것이라고 하였다. 이것은 이후의 리학자들이 인륜(또는

---

6) 『柳河東集』, 권6, 「南岳彌陀和尚碑」, "一氣回薄茫無窮, 其上無初下無終. 離而爲合蔽而通, 始未或異今焉同. 虛無混冥道乃融, 聖神無迹示敎功."
7) 『范文正公文集』, 「四德說」, "行此者謂之道, 述此者謂之敎. 四者之用天所不能違, 而況於人乎? 況於萬物乎?"

도덕)을 본체론적 지위에 올려놓을 수 있는 조건을 만든 것이다.

북송오자의 한 사람인 소옹邵雍은 상수학적象數學的 체계를 건립함과 동시에 도 개념을 제기하였는데, 그의 상수학적 체계는 곧 도에서부터 시작된 것이다. 그러나 소옹이 말한 도가 무엇인지는 명확하지 않은데, 어떤 때는 일음일양一陰一陽의 기氣를 가리켜서 말하기도 한다.

> 한 번 음이 되고 한 번 양이 되는 것이 천지의 도이다. 사물은 이것으로 말미암아 생겨나며, 이것으로 말미암아 이루어진다.[8]

여기에서 말한 도는 한 번 음이 되고 한 번 양이 되는 운행 과정이며, 기器는 음양이 운행한 결과물이다. 그런데 『관물내편觀物內篇』의 이론에 따른다면 도는 천지만물의 정신적 본체이다.

> 도는 천지의 근본이며, 천지는 만물의 근본이다.[9]

> 하늘은 도에서 말미암아 생겨나는 것이며, 땅은 도에서 말미암아 이루어지는 것이다. 또 사물은 도에서 말미암아 형태를 이루는 것이며, 사람은 도에서 말미암아 행하는 것이다. 하늘과 땅, 사람과 사물은 각기 다르지만 그것이 도에서 말미암는다는 것은 똑같다.[10]

이것과 위에서 인용된 언급은 완전히 부합하는 것이 아니다. 그러나 어찌됐든 도가 천지와 만물을 생성하는 근원이며, 기器는 도에 의해 생성된

---

8) 『觀物外篇』, 권6, "一陰一陽, 天地之道也. 物由是而生, 由是而成者也."
9) 『觀物內篇』, 권3, "道爲天地之本, 天地爲萬物之本."
10) 『觀物內篇』, 권9, "天由道而生, 地由道而成. 物由道而形, 人由道而行. 天地人物則異也, 其於由道一也."

사물이다. 소옹의 사상을 대표할 수 있는『관물외편觀物外篇』에서는 생성론의 사상을 명확히 제기하고 있는데, "양은 존귀하고 신묘하다. 존귀한 까닭에 사물을 부릴 수 있으며, 신묘한 까닭에 용用을 감출 수 있다. 이러한 까닭에 도가 천지와 만물을 생하되 스스로는 드러나지 않는 까닭이다"[11]라고 하였다. 그러나 소옹이 비록 천지만물을 생성할 수 있는 근원을 도라고 하였지만 여전히 형이상의 문제에 대해서는 언급하지 않았고, 다만 우주생성론의 차원에서 도를 논하였다. 이것이 정주程朱 등과 다른 점이다.

음양의 기를 도로 여긴 리학자 중에 대표적인 인물은 장재張載이다. 장재 우주론의 특징은 기를 실체로 삼고 기화氣化의 과정을 도道로 삼는다는 것이다. 그는 "음과 양이 합일하는 것은 도에 달려 있다"[12]라고 하였는데, 이는 도를 음양 두 기의 통일체로 이해한 것이다. 그러나 장재가 말한 도는 기와 동일한 것이 아니다. 기는 실체적 존재라는 측면에서 말한 것이고, 도는 기에 갖추어진 작용을 말한 것이다. 즉 도를 과정이라는 차원에서 말한 것으로, 이는 동태적 기능의 개념이다. 그리하여 그는 "기화氣化에서부터 도라는 이름이 생기게 되었다",[13] "도는 행한다는 것이므로 이 때문에 도인 것이다"[14]라고 하였다. 이것은 전통철학에 대한 계승이자 발전이다.

장재는 기화의 과정인 도는 형체가 없는 것이고, 기화의 결과인 기器는 형체가 있는 것이라고 보았다. 그래서 그는 "한 번 음이 되고 한 번 양이 되는 것은 형기形器에 얽매인 것이 아니므로 도라고 한다. '건괘와 곤괘가 64괘에 베풀어졌다'(乾坤成列)는 말 이하는 모두 역易에서 기器를 말한 것이

---

11)『觀物外篇』, 권1, "陽尊而神. 尊故役物, 神故藏用. 是以道生天地萬物而不自見也."
12)『正蒙』,「太和」, "陰陽合一存乎道."
13)『正蒙』,「太和」, "有氣化, 有道之名."
14)『橫渠易說』,「乾」, "道, 行也, 所以卽是道."

다"15)라고 하였다. 즉 한 번 음이 되고 한 번 양이 되는 것은 태허太虛의 기氣에 속하지만 이미 형기形器가 아니고 또한 형체가 없으므로 도라고 한 것이며, 건곤은 천지를 가리키고 역이란 조화의 전체를 가리키는 것이다. 천지 이하의 만사와 만물들은 모두 형체가 있으므로 기器라고 한 것이다.

> 형체와 자취가 없는 것은 곧 도인데, 예컨대 대덕大德과 돈독한 변화와 같은 것이 곧 이것이다. 형체와 자취가 있는 것은 곧 기이며, 이는 일과 실제에서 드러나는데 예의禮義가 곧 이것이다.16)

도와 기器는 주로 기氣와 사물이며, 유형과 무형의 관계인 것이다. 기일원론에서 보았을 때 도는 기화의 과정에 속하며, 기는 기화의 결과에 속한다. 도는 음양이 끊임없이 순환하는 운동의 과정이며, 기는 음양의 운동과정을 거쳐 생성된 만물이다. 이것으로 보아 장재는 무형의 기와 유형의 사물을 형이상과 형이하의 두 측면으로 나누고 있으며, 이 논의는 본체론적 의의를 지니고 있다. 기氣의 측면에서 도기道器는 모임과 흩어짐의 관계이며, 도의 측면에서 도기는 상생相生의 관계이다.

> 무릇 형체가 없으면서도 그 위에 있는 것을 일컬어 도道라 한다. 오직 그 유有와 무無가 형체 있음과 형체 없음에 서로 접하고 있는 곳은 매우 알기 어렵다. 모름지기 기가 여기에서 으뜸이 된다는 것을 알아야 한다. 대개 기氣는 유와 무를 하나로 할 수 있으니 무는 기를 저절로 생하며, 기가 생하는 것이 곧 도道이자 역易이다.17)

---

15) 『橫渠易說』, 「繫辭上」, "一陰一陽不可以形氣拘, 故謂之道. 乾坤成列而下, 皆易之器."
16) 『橫渠易說』, 「繫辭上」, "無形迹者卽道也, 如大德敦化是也. 有形迹者卽器也, 見於事實卽禮義是也."
17) 『橫渠易說』, 「繫辭上」, "凡不形而上者, 皆謂之道. 惟是有無相接與形不形處知之爲難.

이미 기에 무형과 유형의 구분이 있다면, 장재는 유와 무, 형체 있음과 형체 없음의 사이에는 어떠한 과정과 어떠한 연관이 있는지를 해명해야 했다. 여기에서 그는 바로 기가 유와 무를 하나로 할 수 있고, 이 양자는 기에서 통일되어 있다고 하였다. 즉 무(허무의 무가 아님)는 기의 본체적 존재이지만 절대적인 정지의 상태에 있는 것이 아니라, "순환하면서 번갈아 이르고, 모이고 흩어지면서 서로 섞이며, 오르고 내리면서 서로를 구하고, 인온絪縕하면서 서로 뒤섞인다. 대개 서로를 겸하면서도 서로가 견제하여 하나가 되고자 하나 할 수 없는 것"18)이라고 하였다. 이른바 '기가 저절로 생한다'는 것은 기가 만물을 화생한다는 것이며, 기화·유행의 과정이 생성의 과정이고 이 과정이 바로 도인 것이다. 이것은 기가 원래부터 지니고 있었던 작용이지 누가 그렇게 하도록 시킨 것이 아니다. 그래서 그는 "천지의 도는 지극한 허虛를 실實로 삼지 않음이 없으니 사람은 모름지기 허 가운데에서 실을 구해야 한다"19)라고 하여 허실이 하나이며, 동정도 하나라고 하였다. 또 "허라는 것은 천지의 조종祖宗이다. 천지는 허에서부터 나온 것이다"20)라고 하여 허가 실을 생한다고 하였는데, 이러한 전화轉化의 과정을 바로 도라고 칭하는 것이다.

여기에서는 또한 도체道體의 문제가 돌출된다. 기에 운동의 본성이 있는데, 그것을 장재는 '천덕天德'이라고 하였다. 그는 "천덕이 있은 후에야 천지의 도를 한마디의 말로 극진히 할 수 있다"21)라고 하였다. 이러한 측면에서 말하자면 도는 결코 본체가 아니라 본체의 작용이다. 그러나 천지

須知氣從此首. 蓋爲氣能一有無, 無則氣自然生, 氣之生卽是道是易."
18) 『正蒙』, 「參兩」, "循環迭至, 聚散相盪, 升降相求, 絪縕相揉, 蓋相兼相制, 欲一之而不能."
19) 『張子全書』, 「語錄中」, "天地之道, 無非以至虛爲實, 人須於虛中求出實."
20) 『張子全書』, 「語錄中」, "虛者天地之祖. 天地從虛中來."
21) 『正蒙』, 「天道」, "有天德, 然後天地之道可一言而盡."

만물에 대해 말하자면 그것은 본체 개념에 속한다. 이른바 도가 '체를 겸하되 얽매이지 않는다'(兼體而無累)라는 것은 '각각의 사물을 체현하되 남김이 없다'(體物而不遺)라는 것이다. 즉 도는 천지만물과 운동 변화의 총체적 과정이자 만사만물의 본체가 된다는 것을 설명한 것인데, 만물은 모두 기화에서 나온 것이기 때문이다.

이 도는 언어(言)와 상象의 성질을 뛰어넘는 것이다. 도는 형이하의 형기形器로 말하기에는 부족할 뿐만 아니라 일반적인 언어로도 그것을 표현하기는 어렵다. 즉 도는 다만 직접적으로 체득해야 하는 것이다. 이것이 바로 성리학자들이 말하는 '도체道體'이다. 장재는 "세상 사람들은 도가 저절로 그렇게 됨을 알지만, 저절로 그렇게 됨이 체體라는 점은 결코 알지 못하고 있다"22)라고 말하였는데, 여기서 말하는 체는 다만 본체일 따름이다.

이러한 사상은 성리학자들의 중시를 받았으며 또한 보편적으로 수용되었다. 그러나 장재의 '기가 도가 된다'(以氣爲道)라는 학설은 오히려 이정二程의 비판을 받았다.

이정은 도기관계에 대한 논의를 거쳐 자신의 개념체계를 건립하였다. 그들이 말하는 도는 초월성을 지니고 있지만, 그 초월성은 음양의 기가 아니라 '음양이 되도록 하는 것'이다. 이것은 장재와 근본적으로 구별이 되는 점이다. 이정은 장재가 말한 도는 다만 형이하자일 따름이지 결코 형이상자는 아니라고 생각하였다. 이에 정호程顥는 다음과 같이 말하였다.

> 형이상의 것을 일컬어 도라 하고 형이하의 것을 일컬어 기라고 한다. 만약 누군가가 맑고 비어 있는 하나의 큼을 천도로 여긴다면 이는 곧 기를 말하는 것이지 도를 말하는 것이 아니다.23)

---

22) 『正蒙』, 「天道」, "世人知道之自然, 未始識自然之爲體."

정이程頤는 또 기화의 과정 역시 형이하의 기器에 속하며 형이상의 도는 아니라고 하였다.

한 번 음이 되고 한 번 양이 되는 것을 도라 한다고 하였는데, 여기에서 도는 음양이 아니며, 한 번 음이 되고 한 번 양이 되게 하는 까닭(所以)이 도이다.24)

도는 음양과 기화의 보편적 원칙이자 근거라는 것인데, 이것은 리기 개념과 완전히 동일한 것이다. '음양이 되게 하는 까닭'(所以一陰一陽)이 곧 이정이 말한 리理이다. 여기에서 리와 도는 동일한 차원에 속하는 개념이며, 그 의미 역시 완전히 동일하다. 음양은 만물을 구성하는 원시 물질이다. 음양이 서로 감응하고 왕래하여 열리고 닫히며 끊임없이 순환하여 만물을 생성하고 이로써 만물에 형체가 있게 되므로 그것을 기器라고 하는 것이다. 만물은 음양에서 생겨난 것이며, 음양과 기器는 다만 생성관계이다. 도는 음양으로 하여금 음양이 되게 하는 까닭이며, 만물로 하여금 만물이 되게 하는 까닭이다. 이렇게 도기는 단순히 유형과 무형의 관계일 뿐만 아니라, '기연其然'(그렇게 되는 것)과 '소이연所以然'(그렇게 되는 까닭)의 관계를 지니게 된 것이다.

리학자들이 말하는 도에는 하나의 중요한 특징이 있는데, 그것은 생장生長과 유행流行의 의미를 포괄하고 있다는 것이다. 이미 본체이자 작용이라면 본체론적 측면에서도 말할 수 있고 생성론적 측면에서도 말할 수 있는 것이다. 본체로서의 도는 '소이연'이며, '음양에는 그 시작이 없고 동정

---

23) 『河南程氏遺書』, 권11, "形而上者謂之道, 形而下者謂之器. 若如或者以淸虛一大爲天道, 則乃以器言而非道也."
24) 『河南程氏遺書』, 권6, "一陰一陽之謂道, 道非陰陽也. 所以一陰一陽道也."

은 그 단서가 없도록 하는 것'으로 도가 그 본체인 것이다. 그들은 생성론적 차원에서도 이를 다음과 같이 논하고 있다.

> 도는 자연스레 만물을 생겨나도록 하는 것이다. 지금 봄은 만물을 한 번 낳고 여름은 그것을 키우는데, 이 모두가 도에서부터 생겨난 것이다.…… 도는 저절로 끊임없이 낳고 낳게 하는 것이다.[25]

'끊임없이 낳고 낳는다'(生生不已)는 것이 도의 가장 중요한 함의이며, 또한 이 말은 자연계가 하나의 생성 과정임을 설명한 것이다. 그러나 여기에서 말한 정이의 '생生'은 오히려 도가 만물을 생한다는 것이다. 이것은 그가 도가道家의 생성론에 영향을 받았음을 의미하는 것이며, 아직 순수한 논리적 본체론을 건립하지 못했다는 것이다. 이 임무를 완성한 사람이 주희이다.

도와 리는 아직 다른 점이 하나 있는데, 그것은 도가 총체적인 이름(總名)인 데 반해 리는 어떤 때는 구체적인 '물리'를 가리킨다는 점이다. 정이는 다음과 같이 말하였다.

> 합하여 말하자면 도이다. 인仁은 물론 도이기는 하지만, 도는 그것의 총체적인 이름이다.[26]

> 고요히 움직이지 않고 있다가 감응하면 모든 것에 통한다는 말은 이미 사람에게 한정시킨 일에서 말한 것이다. 만약 도를 논한다면 '온갖 리가 갖추어져 있기에 감응하였는가 아니면 못하였는가'라고 말할 것이 없다.[27]

---

25) 『河南程氏遺書』, 권15, "道則自然生萬物. 今夫春生夏長了一番, 皆是道之生.……道則自然生生不息."
26) 『河南程氏遺書』, 권15, "合而言之道也. 仁固是道, 道却是總名."

여기에서 말한 도는 우주의 총체적인 법칙을 가리키는 것으로 천도天道와 인도人道, 물리物理와 성리性理를 모두 포괄하는 것이다. 후기 성리학에 이르면 도는 사회적 인륜지도人倫之道에 많이 편중된다.

도기 문제에 있어서 어떠한 학자들은 정호와 정이의 관점이 다르다고 보았다. 즉 정호는 심학心學을 제창하였으므로 도기의 불분不分을 주장하였고, 정이는 리학理學을 제창하였으므로 도기의 구분을 주장하였다는 것이다. 사실 이 두 사람은 도와 기, 형이상과 형이하의 구분을 주장하였다. 그들의 관점에 따르면, 도는 보편적이자 초월적인 절대 원칙이고 기는 감성적이고 구체적인 물질 존재이다. 이 점에 있어서 두 사람은 결코 구분되지 않는다. 다만 구별되는 점은 정이가 논리적 엄밀성을 더욱 중시하여 도기의 경계를 강조한 것이다.

> '한 번 음이 되고 한 번 양이 되는 것을 도라 한다'는 이 이치는 진실로 깊은 의미가 있으나 말은 그렇게 할 수 없다. 음과 양이 되게 하는 까닭(所以)이 도인데 다시 기라고 말하면 두 가지가 있게 된다. 열리고 닫힌다(開闔)라고 말하면 이미 감응하는 것이 있으니, 두 가지가 되면 곧 감응하는 것이 있다. 열리고 닫히게 하는 까닭은 도이고, 열리고 닫히는 것이 음양이다.28)

정이는 '이연已然'과 '소이연所以然'을 제시하였는데, 이는 당연히 형이상의 문제이다. 이것은 논리상 인과관계나 선후관계를 구성한 것이다. 그러나 다른 측면에서 정이는 "음양을 떠나서는 데는 도라고 할 것이 없다"

---

27) 『河南程氏遺書』, 권15, "寂然不動, 感而遂通, 此已言人分上事. 若論道, 則萬理皆具, 更不說感與未感."
28) 『河南程氏遺書』, 권15, "一陰一陽之謂道, 此理固深, 說則無可說. 所以陰陽者道, 旣曰氣, 則便是二. 言開闔, 已是感, 旣二則便有感. 所以開闔者道, 開闔便是陰陽."

(離了陰陽更無道)라고 하여 도기가 서로 떨어질 수 없음을 주장하였다. 정이는 도가 기의 바깥에 독립적으로 있다고는 결코 말하지 않았다.

정호는 도의 발육發育과 유행流行에 착안하여 도는 없는 곳이 없다고 하였는데, 이것은 도기가 분리될 수 없음을 더욱 강조한 것이다.

> 음양 역시 형이하자이다. 그런데도 도라고 하는 것은 오직 이 말이 상하를 가장 분명하게 나누고 있기 때문이다. 하지만 원래는 다만 이것은 도일 따름인데 사람이 묵연히 깨달아야 한다.29)

즉 도는 비록 음양 속에 있지만, 형상과 형하의 경계는 분명하다는 것이다. 왜냐하면 음양은 형이하자이고 도는 형이상자이기 때문이다. 이 역시 마찬가지로 일종의 논리적 관계이다. '이 말이 상하를 가장 분명하게 나누고 있다'는 정호의 말은 구분을 하지 않는 것이 아니라 사실은 엄격히 구분한 것이다. 다만 그는 '도는 또한 기이고, 기는 또한 도'(道亦器, 器亦道)라고 생각하여 도기의 상즉불리相卽不離를 강조하였지, 결코 기를 도로 여긴 것은 아니다.

> 형이상의 것을 일컬어 도라고 한다는 말에서 위謂자의 위치를 지之자의 뒤에 놓을 수 없다. 이것은 공자孔子의 문장이다.30)

이것은 언어학적 측면에서 도와 기를 구분한 것이다. '형이상자위지도'는 형이상의 것이 곧 도라는 것인데, 만약 위謂자를 지之자의 뒤에 놓아

---

29) 『河南程氏遺書』, 권11, "陰陽亦形而下者也. 而曰道者, 惟此語載得上下最分明. 元來只此是道, 要在人默而識之也."
30) 『河南程氏遺書』, 권1, "如形而上者謂之道, 不可移謂字在之字下, 此孔子文章."

'형이상자지위도形而上者之謂道'(형이상의 그것을 일컬어 도라 한다)라고 하면, 먼저 어법상 문제가 있다는 것이다. 즉 형이상자의 어떠한 것을 도라고 부른다는 것인데, 이것은 아주 쉽사리 여러 다른 의미들을 만들 수 있기 때문에 그렇게 글자를 배치해서는 안 된다는 것이다. 통틀어 보면 도기에 관한 범주에 대해 정호와 정이가 비록 치중한 측면은 다를지라도 기본적인 관점은 일치한다.

3. 남송시대

이정에서 주희에 이르는 사이에는 호굉胡宏이라는 중요한 인물이 있다. 그는 도기 범주에 대한 논술에서 새로운 발전을 이루었다.

첫째, 그는 도기관계를 일반적인 도와 사물의 관계로 말하여, '도는 사물을 떠날 수 없다'(道不離物)는 관점을 논증하였다.

> 도는 사물이 없이 스스로 도가 될 수 없으며, 사물은 도가 없이 스스로 사물이 될 수 없다. 도가 사물에 있다는 것은 마치 바람이 불고 물이 흐르는 것과 같으니, 누가 그것을 떼어놓을 수 있겠는가? 그러므로 사물을 떠나서 도를 구하는 것은 망령된 것일 따름이다.31)

도는 사물과 어떠한 틈도 없으며, 개별 사물 가운데 보편적인 법칙으로 존재한다는 것이다.

---

31) 『胡子知言』, 「修身」, "道不能無物而自道, 物不能無道而自物. 道之有物, 猶風之有動也, 猶水之有流也, 夫孰能間之? 故離物求道者, 妄而已矣."

둘째, 사물은 생멸生滅과 종시終始가 있지만, 도는 생멸이 없는 보편 법칙임을 주장하였다.

> 형태로 형태 지어진 것을 일컬어 사물(物)이라 하고, 형태로 형태 지을 수 없는 것을 도道라 한다. 사물은 수數에 얽매여 끝이 있으나, 도는 변화에 통하여 다함이 없다.32)

여기에서 말한 사물이란 구체적인 존재물을 가리키는 것이지 물질 일반을 가리키는 것이 아니며, 도는 보편적 규율이지만 구체적 사물에 따라 시작하거나 끝을 맺는 것은 아니다. 호굉은 명확히 도가 곧 법칙이라는 사상을 제기하였으며, 도가 사물을 낳는다는 사상을 부정하였다. 이것이 호굉의 사상이 가지는 의의이다.

셋째, 도에는 체體도 있고 용用도 있는데, 이는 체용의 총체적인 이름이라는 것이다.

> 도란 체용의 총체적인 이름이다. 인仁은 그 체이고 의義는 그 용이지만, 그 체와 용을 합하면 이것이 곧 도가 된다. "대도가 없어지자 인의가 생겨났다"라는 노자의 말은 도를 알지 못한 것이다.33)

이것은 이정에 비해 한 걸음 더 나아간 것이다. 호굉은 도란 본체이자 작용이며, 존재이자 유행이며, 우주자연계의 총체를 대표한다고 생각하였다. 또한 이와 관련하여 그는 '도가 곧 태극'이라는 사상을 제기하였다. 이

---

32) 『胡子知言』, 「紛華」, "形形之謂物, 不形形之謂道. 物拘於數而有終, 道通於化而無盡."
33) 『胡子知言』, 「陰陽」, "道者, 體用之總名. 仁其體, 義其用, 合體與用, 斯爲道矣. 大道廢, 有仁義, 老聃非知道者也."

후 이러한 주장은 모두 주희에게 받아들여졌다.

주희는 이정의 사상을 계승하고 발전시키며 도기와 리기를 동일한 층차에 귀속시키는 것 이외에도, 여러 가지 다른 방식의 해석을 통하여 도기 범주의 의미를 좀 더 심화시켰으며 동시에 이 범주의 다의성을 드러내었다. 주희는 먼저 도와 기는 리와 사물의 관계라고 말하였는데, 그 특징은 리는 사물을 떠날 수 없고, 도 역시 기를 떠날 수 없다는 것이다.

> 도는 도리이다. 사물마다 모두 도리가 있다. 기器는 형체와 자취이다. 사물마다 모두 형체와 자취가 있다. 도가 있으면 반드시 기가 있고 기가 있으면 반드시 도가 있으니, 사물에는 반드시 법칙이 있다.34)

> 기器는 또한 도道이며, 도는 또한 기이다. 도는 기를 떠난 적이 없으며 도 역시 기의 리이다. 리는 다만 기에 있는 것이며, 리와 기는 서로 떨어진 적이 없고, 한 번 음이 되고 한 번 양이 되도록 하는 소이所以가 도이다.35)

> 만약 유형과 무형으로 말한다면 사물과 리는 서로 간극이 있게 된다. 이른바 분명하게 구분이 된다고 하는 것은 다만 형이상과 형이하 사이에서 말하는 것은 그 경계가 분명하게 나누어지면서도, 도 역시 기이고 기 역시 도가 되어 분별은 있으나 서로 간극은 없다.36)

위의 마지막 인용문은 심지어 유형과 무형으로 도기를 구분하는 것에도 반대한 것이다. 그리고 '경계가 분명히 나누어진다'는 것은 다만 관념

---

34) 『朱子語類』, 권75, "道是道理. 事事物物, 皆有個道理. 器是形迹. 事事物物, 亦皆有個形迹. 有道須有器, 有器須有道, 物必有則."
35) 『朱子語類』, 권75, "器亦道, 道亦器也. 道未嘗離乎器, 道亦是器之理. 理只在器上, 理與氣未嘗相離, 所以一陰一陽之謂道."
36) 『朱子語類』, 권75, "設若以有形無形言之, 便是物與理相間斷了. 所以謂截得分明者, 只是上下之間, 分別得一箇界止分明, 器亦道, 道亦器, 有分別而不相離也."

적으로 구별한 것이지, 실제로는 양자는 함께 섞여 있어 구분되지 않는다는 것이다. 이것은 일반과 개별이라는 의미에서 말한 것이다. '리는 사물을 떠나지 않는다'는 것은 주희 철학의 특징이며, 또한 유물론적 요소를 지니고 있다. 이후 '도가 기를 떠나지 않는다'는 언급도 바로 여기에서 나온 말이다. 이 역시 주희 철학의 모순점 가운데 하나라고 할 수 있다. 그런데 우리가 주의해야 할 것은, 주희가 말한 도는 대부분 인륜의 리를 가리켜 말하고 있으며 자연계의 물리를 가리켜 말한 것이 매우 적다는 사실이다.

> 도란 사물의 당연한 리이다.37)

> 내가 말하는 도란 군주와 신하, 아버지와 아들, 아내와 남편, 형과 아우, 친구의 당연한 실리實理이다.…… 인사人事에서 당연한 실리가 곧 사람이 사람으로서 되는 까닭이다.38)

소이연所以然은 자연계의 규율이며, 소당연所當然은 도덕법칙으로 오륜五倫을 그 기본 내용으로 삼고 있다. 소이연과 소당연은 모두 주희가 말한 리의 중요한 내용이지만, 자세히 분석하면 이 두 가지는 다른 차원에 속하는 것이다. 도는 인륜의 당연한 리가 되는 것으로 소이연의 리에 근거하고 있는 것이다. 그러나 인륜은 성性이라는 주요 부분을 통해 나타나는 것으로, 성의 실현성을 표현하고 있는 것이다. 이러한 사상은 『중용』의 "성을 따르는 것을 일컬어 도라 한다"39)라는 명제에서 착안한 것이다.

---

37) 『論語集註』, 「里仁」, "道者, 事物當然之理."
38) 『論語或問』, "吾所謂道者, 君臣父子夫婦昆弟朋友當然之實理也.……人事當然之實理, 乃人之所以爲人."
39) 『中庸』, "率性之謂道."

솔率이란 따른다는 것이며, 도道란 길과 같다. 사람과 사물이 그 리의 자연스러움을 따른다면 날마다 사물을 쓰고 생활하는 그 사이에도 당연히 행해야 하는 길이 없을 수 없으니, 이것이 곧 도이다.40)

이른바 도라는 것은 당연한 이치일 따름이다. 인심人心에 근거하여 일을 행하는 것에서 드러난다.41)

즉 도란 비록 천하가 공유하는 당연한 리이지만, 그것이 내 마음 바깥에 있는 것은 아니다. 왜냐하면 그것은 성性에서부터 온 것이기 때문이다. 이렇게 되면 도는 인류관계 가운데 반드시 복종해야 하는 내재적 도덕법칙이 되며, 이러한 원칙은 인성人性에 의해 결정되는 것으로 일종의 도덕적 명령이다. 그것은 군주는 인자하고 신하는 공경하며, 아들은 효성스럽고 아버지는 자애로운 그러한 일상생활의 실천 가운데 있는 것이다. 그것은 인성 가운데 하늘이 품부하여 원래부터 지니고 있는 것으로 실천 속에서 잠시라도 떠날 수 없는 것인데, 이에 '도는 잠시라도 떠날 수 없으니, 떠나면 도가 아니'(道須臾不可離, 離之非道也)라고 한 것이다. 이와 상응하는 인류의 일상적인 사물이 이른바 기器이다.

여기에서 우리는 도가 본성론적 개념이자 가치론적 개념임을 알 수 있다. 이전의 사람들은 그것이 '소이연지리所以然之理'이며, 곧 도체道體라고 하였다. 도는 본래 체가 없어서 볼 수 있는 형체가 없기에 '무체지체無體之體'라고도 하였다. 하지만 도체는 만물의 발육과 유행을 통하여 체현되는데, 예를 들면 자연계의 '해가 가면 달이 뜨고, 추위가 가면 더위가 온다.

---

40) 『中庸章句』, "率循也, 道猶路也. 人物各循其理之自然, 則其日用事物之間, 莫不各有當行之路, 是則所謂道也."
41) 『中庸或問』, "所謂道者, 當然之理而已. 根於人心而見諸行事."

물은 쉼 없이 흐르고, 사물은 끊임없이 낳는다'는 말들은 모두 도체를 표현한 것이다. 그래서 주희는 다음과 같이 말하였다.

> 도의 본연지체本然之體는 볼 수 없는 것이니, 이를 보면 도가 체가 없는 체임을 알 수 있다. 이는 마치 음양과 오행이 태극의 체가 되는 것과 같다.[42]

이상의 논의는 도체가 천지만물을 발육하고 유행시키는 '소이연지리' 임을 설명한 것이다. 도는 만물을 발육하고 유행시키며 끊임없이 낳고 낳는데, 배우는 사람들은 도를 체득하여 스스로 강건하여 쉼이 없어야 한다. 이처럼 스스로 강건하여 쉼이 없는 것은 바로 도의 생생불식生生不息을 체현한 것이다. 이 사상을 후대 학자 문천상文天祥이 더욱 발전시켜 "도가 천지간에 있어서 장구하여 쉼이 없다"[43]라는 사상을 내놓았는데, 이는 자강불식과 적극적인 진취를 주장한 인생철학과 정치철학이 되었다.

가치론적 개념이라는 측면에서 말하면 도는 소당연의 리이다. 이는 인륜의 측면에서 말한 것으로 '선을 계승하여 성을 이루는'(繼善成性) 과정을 거쳐 인성을 바꾼다는 것인데, 이것은 이미 천지만물의 리가 아니라 인성에 대해 말한 것이다.

> 사람의 몸에서 말하자면 도는 곧 내 마음이다. '선을 계승하여 성을 이룬다'라는 것은 내 마음에서 측은지심惻隱之心과 수오지심羞惡之心 등이 발현되는 것이다. '이루는 것이 곧 성이다'(成之者性)라는 것은 내 마음의 리가 인·의·예·지가 된다는 것이다.[44]

---

42) 『朱子語類』, 권36, "道之本然之體不可見, 觀此則可見無體之體. 如陰陽五行爲太極之體."
43) 『文山先生全集』, 「文集·對策」, "道之在天地之間者, 長久而不息.."
44) 『朱子語類』, 권74, "就人身言之, 道是吾心. 繼之者善, 是吾心發現惻隱, 羞惡之類. 成

소이연의 리가 소당연의 도로 전환될 때 우주론의 본체론적 개념은 동시에 인성론의 가치론적 개념이 되며, 그것은 도덕 본체로서 인륜일용人倫日用의 도로 표현된다. 이렇게 소이연과 소당연은 완전히 합일되는 것이다.

> 대본大本이란 천명의 성이며, 천하의 리가 모두 여기에서부터 나온 것으로 도의 체體이다. 달도達道란 성을 따르는 것이며, 천하고금이 모두 여기에서 말미암는 것으로 도의 용用이다.[45]

주희는 이 밖에 도는 체용을 겸하며 리기를 합한다는 논의를 제시하여, "도란 체용을 겸하며, 은미함과 드러남을 포괄하여 말한 것이다"[46]라고 하였다. 도가 체와 용을 겸하고 있다는 것은 본연의 존재와 그것의 발용發用・유행流行의 과정을 합하여서 말한 것이다. 이른바 '도체유행道體流行'이라는 것은 체도 있고 용도 있으면서 체용이 합일되었다는 것이다. 『주자어류』에는 다음과 같은 기록이 있다.

> "천지간을 통틀어 보면 해가 가면 달이 오고, 추위가 가면 더위가 오며, 사시四時가 행하여 온갖 사물이 생겨나니 이것은 도의 용이 유행하여 발현하는 곳입니다. 이것에 근거하여 총괄적으로 말한다면 그것이 왕래하여 생화生化함에 조금이라도 멈추거나 끊어짐이 없는 곳이 바로 도체가 아니겠는지요?"라고 묻자, "자네의 체용에 관한 말은 옳다. 그러나 총總이라는 말은 타당하지 않다. 총은 겸兼으로 바꾸어 말해야 한다"라고 대답하였다.[47]

之者性, 是吾心之理, 所以爲仁義禮智是也."
45) 『中庸章句』, "大本者天命之性, 天下之理皆由此出, 道之體也. 達道者循性之謂, 天下古今之所共由, 道之用也."
46) 『朱子語類』, 권6, "道者, 兼體用, 該隱費而言也."
47) 『朱子語類』, 권6, "問, 汎觀天地間, 日往月來, 寒往暑來, 四時行, 百物生, 這是道之用流行發現處. 卽此而總言之, 其往來生化, 無一息間斷處, 便是道體否? 曰, 此體用說得

도는 본래 체가 없는 것이므로 사시와 만물을 그 체로 삼는다. 그러나 사시와 만물은 다만 용이지 체가 아니며, 사시와 만물의 용에서부터 도의 체를 볼 수 있는 것이다. 사시와 만물이 발현하고 유행하지 않는다면 도체는 끝내 볼 수 없으며, 도체가 없다면 사시와 만물은 유행하거나 발현할 도리가 없는 것이다. 이 때문에 도는, 체도 있고 용도 있으며 체와 용을 겸하고 있다는 것이다. 이는 본질과 현상의 작용을 통일하려는 의도가 있는 것이다. 이른바 '도는 리와 기를 합하고 있다'는 것 역시 이와 같은 것이다.

> 도는 모름지기 리와 기를 합하여 보아야 한다. 리는 비어 있는 사물이어서 기질氣質이 없다면 안돈安頓할 곳이 없게 된다. 『주역』에서 한 번 음이 되고 한 번 양이 되는 것을 도라고 하였는데, 이는 곧 리와 기를 겸하여 말한 것이다. 음양은 기이다. 한 번 음이 되고 한 번 양이 되는 것은 곧 리이다.48)

이러한 의미에서 말하자면 주희가 말하는 도는 정이가 말하는 것과 다르다. 정이가 말하는 도는 다만 주희가 말하는 리일 따름이다. 주희가 말하는 도는 리와 기를 합한 것이다. 이러한 차이점은, '일음일양지위도一陰一陽之謂道'에 대한 해석에 나타날 뿐만 아니라 두 사람의 사상적 특색을 반영한 것이라 할 수 있다. 도의 관점에서 보자면 리와 기는 혼연渾然된 일체一體라고 말할 수 있다.

여기에서 말하는 도는 도기를 상대지어 말할 때의 도와 완전히 같은 것은 아니다. 이에 주희는 도는 총괄하는 이름이며 리는 세부의 목차라고

是. 但總字未當. 總, 便成兼用說了."
48) 『朱子語類』, 권74, "道須是合理與氣看. 理是虛底物事, 無那氣質, 則此理無安頓處. 易說一陰一陽之謂道, 這便兼理與氣而言, 陰陽, 氣也, 一陰一陽, 則是理矣."

하였고, 또 도는 길(路)이라는 뜻인데 이는 사람이 모두 말미암는 길을 말한 것이다. 리는 각기 조리의 분계가 있다는 것이라고 하였다. 종합해 보면 "도라는 글자가 포괄하는 것은 매우 큰데, 리는 도라는 글자 속의 수많은 리의 맥락(理脈)이며",49) "도라는 글자는 매우 크고, 리라는 글자는 정미하고 세밀한 것"50)인 것이다. 이러한 구분을 간단하게 태극과 만물의 구별로 등치시킬 수 없으며, 오히려 심心과 성性의 구별과 비슷한 것이다. 왜냐하면 도는 리의 총괄적인 이름일 뿐만 아니라 리와 기의 총체적인 이름이고, 게다가 리와 기를 모두 통틀어 말한 것이자 자연계의 전체를 모두 개괄하고 있는 것이기 때문이다.

도에 대한 주희의 이러한 해석은 리기 개념에 대한 자신의 논리성을 허물어 버리려는 것이 아니라 리기를 통일시켜 체용일원體用一源의 학술적 체계를 확립하려 한 것이다. 아울러 자연계와 인간을 관통시켜 천인합일설에 대한 자기 학설의 토대를 닦기 위한 것이었다.

> 본체로써 말하자면 이 리가 있은 연후에 이 기가 있는 것이며, 리가 행하는 데 있어서는 반드시 기에 근거하여 바탕으로 삼는다. 사람으로써 말하자면 반드시 도를 밝히고 의義를 모은 연후에 호연지기浩然之氣를 생할 수 있는데, 의와 도 역시 반드시 기에 근거한 연후에 행하게 되는 것이다. 기氣와 의義와 도道 세 가지는 비록 상하와 체용의 구분이 있으나 한데 섞여 틈이 없는 것은 곧 이와 같은 것이다.51)

---

49) 『朱子語類』, 권6, "道者包得大, 理是道者裏面許多理脈."
50) 『朱子語類』, 권6, "道者宏大, 理者精密."
51) 『孟子或問』, "以本體言之, 則有是理然後有是氣, 而理之所以行, 又必因氣以爲質也. 以人言之, 則必明道集義然後能生浩然之氣, 而義與道也, 又因是氣而後得以行焉. 蓋三者雖有上下體用之殊, 然其混合而無間也, 乃如此"

바로 리기와 도기가 '한데 섞여 틈이 없다'(渾合無間)는 것을 논증하기 위하여 주희는 '겸체용합리기兼體用合理氣'의 도를 제기한 것이다. 여기에서 우리는 그가 자연계를 하나의 통일된 유기체로 간주하고 있음을 볼 수 있다. 이 통일된 유기체가 존재이자 유행이며, 사람은 그 속에서 다시 유기적인 부분으로 구성되어 있는 것이다.

심학자 육구연陸九淵은 주희에 비해 더욱 복잡하게 도기를 논하였다. 그는 한편으로 "도란 천하와 만세萬世의 공리公理이며, 사람들이 함께 말미암는 것이다"[52]라고 하여 우주의 총체적 규율이 도라 인정하였다. 다른 한편으로 그는 도란 음양의 기氣라고 여겼다. 이는 주희나 이정과는 다른 생각이다.

> 『주역대전』에서 형이상자를 일컬어 도라 한다고 하였고, 또 한 번 음이 되고 한 번 양이 되는 것을 도라 한다고 하였다. 일음―陰과 일양―陽이 이미 형이상자이거늘 하물며 태극太極에서랴![53]

여기에서 도와 태극은 기를 가리켜 말하는 것이다. 즉 도는 일음일양의 기이며, 태극은 음양이 아직 분화되기 전의 기라는 것이다. 이것과 '도가 곧 리이다'(道則理)라는 사상에는 분명한 차이가 있으나, 그렇다고 리와 기를 일체로 본 것은 아니다. 그는 또 "곧바로 음양이 형기形器가 되면 도를 얻지 못한다와 같은 말은 더욱 천명天命을 듣지 못한 것이다. 역易이 도가 되는 것은 한 번 음이 되고 한 번 양이 되는 것일 따름이다"[54]라고 말하여,

---

52) 『象山全集』, 「論語說」, "道者天下萬世之公理, 而斯人之所公由者也."
53) 『象山全集』, 권3, 「與朱元晦書」, "易之大傳曰, 形而上者謂之道. 又曰, 一陰一陽之謂道. 一陰一陽已是形而上者, 況太極乎!"
54) 『象山全集』, 권3, 「與朱元晦書」, "至如直以陰陽爲形器而不得爲道, 此尤不敢聞命. 易

도를 일음일양의 운행이며 실체이자 과정이라 보았다. 즉 기器는 음양이 생성한 사물이며, 도와 기는 음양과 사물의 관계이다. 이것은 육구연의 '도의 바깥에는 일이 없으며, 일의 바깥에는 도가 없다'(道外無事, 事外無道)는 사상과 다른 것이다. 일과 형기는 모두 형이하에 속하는 것이지만, 도는 리와 기의 두 가지 함의를 모두 가지는 것이다. '일의 바깥에 도가 없다'는 것은 리를 말한 것으로 도가 기 가운데 있다는 것으로 해석할 수 있지만, '음양이 도가 된다'는 것은 도가 음양 속에 있다는 것으로는 말할 수 없다. 여기에서 도와 리는 동일한 차원의 범주가 아니다. 이 점은 유종주劉宗周에 이르러 특히 중시를 받았다.

도기 문제에서 육구연은 객관적인 논술을 하였지만, 심心의 문제로는 삼지 않았다. 이것은 그가 심을 유일한 범주로 삼지도 않았으며, 우주론의 모든 문제를 마음으로 귀결시키지도 않았다는 사실을 설명하는 것이다. 그러나 이미 우주가 곧 내 마음(宇宙便是吾心)이라면 도 역시 내 마음을 벗어나지 못하는 것인데, 이는 그가 여전히 심물합일론心物合一論의 주체론자임을 설명하는 것이다.

진순陳淳은 『북계자의北溪字義』에서 도와 리의 관련성과 차이점을 제시하였지만, 모두 당연지칙當然之則이라는 측면에서 이해하였다. 그는 자연규율인 소이연所以然의 차원을 경시하고, 일상의 인륜과 사물이 마땅히 행해야 하는 리와 사물상의 당연지칙을 주장하였다. 이는 도덕행위에 관한 선善의 원칙을 강조한 것으로, 주희 이후의 도기 범주가 도덕실천으로 발전하였지만 그 체계의 풍부성은 점차 감소하였음을 설명하는 것이다. 진순 역시 조화근원造化根源의 문제를 언급하고 있지만, "성현과 사람이 도를 말

之爲書, 一陰一陽而已."

하는 것은 대부분 인사상人事上에서 말하는 것"55)이라고 여전히 말하고 있다. 이 때문에 그는 더욱 도는 기를 떠날 수 없으며 도는 다만 기의 리일 따름이라고 강조하였고, 도를 천지와 형기를 초월하는 것으로 보고 있는 불교와 노자의 학설을 비판하였다. 이렇게 실천철학을 향해 나아가고 있는 것은 성리학사의 발전에 나타나는 중요한 특징이다.

진덕수眞德秀는 주희의 관점을 견지하여 소당연과 소이연을 구분하였다. 그는 소이연의 리가 우주본체이고, 소당연의 도는 사회적 인간의 도덕적 실천법칙이라고 하였다. 여기에서 소당연의 근거는 소이연이다.

> 소당연은 예를 들어 군왕은 마땅히 인자해야 하고, 신하는 공경스러워야 하며, 아들은 효성스러워야 하고, 아버지는 자애로워야 하며, 나라의 사람들이 사귐에는 마땅히 믿음이 있어야 하는 종류이다. 이것은 곧 도리로 이와 합치해야 하는데, 그렇게 하지 않으면 안 되는 것이다. 그러므로 소당연이라 한다. 그러나 인자함, 공경함, 효성, 자애, 믿음 등의 종류는 사람의 힘으로 억지로 하는 것이 아니라 처음 태어날 때 이 리가 품부된 것으로 하늘이 우리에게 준 것이다. 그러므로 소이연이라 한다. 소당연은 성性을 아는 것이고 소이연은 하늘을 아는 것이다.56)

성은 하늘에 근원하며, 하늘은 소이연의 리이고, 리는 자연의 법칙이다. 이는 또 인성人性의 근원인데, 성이 발하여 도가 되는 것은 인륜의 일상적인 소당연의 도덕법칙으로 바뀐 것이다. 이정의 제자인 양시楊時는, 불교의 사상을 유학에 끌어들여 물을 긷고 땔감을 하는 것이 도라고 하였으며

---

55) 『北溪字義』, 「道」, "聖賢與人說道, 多是就人事上說."
56) 『眞西山文集』, 「誠意正心之要」, "所當然, 如爲君當仁, 爲臣當敬, 爲子當孝, 爲父當慈, 與國人交當信之類. 此乃道理, 合當如此, 不如此, 則不可. 故曰所當然也. 然仁敬孝慈信之屬, 非是人力强爲, 有生之初, 卽稟此理, 是乃天之所與也. 故曰所以然. 所當然是知性, 所以然是知天."

형상과 형하 그리고 도와 기에 대한 구별을 하지 않고 마침내 사물이 도가 된다고 하였는데, 이는 일찍이 주희의 비판을 받았었다. 진덕수는 주희의 학설을 옹호하여 "사람이 일용사물의 곳곳에서 리에 합당한 연후에 도가 되는 것이지만, 일용의 사물이 곧 도라고 해서는 안 된다"[57]라고 하였다. 그러나 진덕수 역시 실천과 실용을 강조하였는데, 이 역시 도기는 서로 떨어질 수 없다는 것이 사상의 핵심이다.

황진黃震은 한 걸음 더 나아가 도체설道體說을 비판하였는데, 그는 이른바 허공에 매달려 고립된 도가 있다는 것을 반대하였으며 성인이 서로 전하는 항고불변의 도가 있다는 것도 인정하지 않았다. 그는 도란 '일상에서 늘 행하는 리'(日用常行之理)에 지나지 않는다고 주장하였다. 그는 소당연과 소이연을 하나로 통일시켰는데, 이는 소이연을 소당연으로 여긴 것으로 여전히 주희의 사상과 동일한 것이다. 그러나 그는 도가 기를 떠나지 못하며 사물을 떠나지 못한다고 주장하여 주희 이후의 학문적 추세를 대표하고 있다. 황진은 실학實學을 제창하여 실천과 독행篤行을 중시하였는데, 이는 도에 대한 그의 관점이나 해석과 직접 관련된 것이다.

4. 원명시대

원대元代의 오징吳澄은 위료옹魏了翁 등의 학자를 계승한 후 도기道器 개념을 주관론적 측면으로 발전시켰다.

---

57) 『眞西山文集』, 「誠意正心之要」, "人於日用事物間, 處處當理, 然後爲道, 不可以日用事物便爲道."

> 선대의 유학자들은 도는 또한 기이며 기는 또한 도라고 하였는데, 이는 도기에 비록 형이상과 형이하의 구분이 있지만 사이가 없이 합일하여 서로 떨어진 적이 없었다는 것이다.58)

오징은 태극이 곧 도이고 '마음이 곧 태극'(心爲太極)이라는 사상을 제기하여, 마음에서 도를 구해야 한다고 주장하였다. 명대明代의 진헌장陳獻章은 이를 한 걸음 더 발전시켜 '마음이 곧 도이다'(心卽道)라는 학설을 내놓게 된다.

> 무릇 도는 지극한 무無이지만 움직이고, 지극히 가깝지만 신묘하다. 그러므로 숨겨진 이후에 발하여 형체가 여기에 있는 것이다.…… 숨겨진 이후에 발하여 그 기미를 밝히는 것이다. 형체가 여기에 있다면 도는 곧 나에게 있는 것이다.59)

도의 특징은 허虛이며, 허가 바로 도의 체이자 도의 용인 것이다. 허실虛實과 동정動靜은 모두 마음에 있으므로, 마음의 허령한 본체가 천하의 대본大本을 세우는 것이다. 이것은 왕수인王守仁의 '마음이 곧 도이다'라는 학설이 등장할 수 있는 기반을 닦은 것이다.

왕수인은 육구연에 비해 더욱 철저하게 심본체론을 견지하였으며, 동시에 주희의 도기설을 받아들였다. 그는 명확히 '마음이 곧 도이다'(心卽道)는 명제를 제기하였다.

> 도는 방소나 실체가 없는 것이다.…… 만약 안을 향해서 찾아본다면 자기의 심체

---

58) 『吳草廬集』, 「答田副使第二書」, "先儒云, 道亦器, 氣亦道, 是道器雖有形而上形而下之分, 然合一無間, 未始相離也."
59) 『白沙子全集』, 「羅養明還江右序」, "夫道至無而動, 至近而神. 故藏而後發, 形而斯存.……藏而後發, 明其幾矣. 形而斯存, 道在我矣."

心體를 보게 될 것이니, 때와 장소를 가릴 것 없이 도가 아닌 것이 없다. 아득한 옛날이나 지금이나 시작도 없고 마침도 없으니 더욱이 무슨 차이점이 있겠는가? 마음이 곧 도이고 도가 곧 천天이니, 마음을 안다면 도를 아는 것이고 천을 아는 것이다.60)

왕수인은 마음을 도로 보았기 때문에 마음의 바깥에서 도를 구하는 것을 반대하였다. 그러나 마음에도 형이상과 형이하의 구분이 있다고 하였다. 한편으로 그는 "다만 하나의 유행은 기氣이며, 응취함은 정精이고, 묘용妙用은 신神이다"61)라고 하였는데, 정과 신은 모두 기의 차원에서 말한 것으로 이는 모두 도가 아닌 것이지만 그렇다고 도를 떠날 수 있는 것이 아니다. 다른 한편으로 도는 마음의 본체인데, 이는 리이지 기는 아니다. 따라서 도기의 구분은 사실 리기의 구분이다. 그러나 왕수인은 도기를 주체의 의식에서 통일할 것을 주장하여 "성인의 대중지정大中至正의 도는 상하를 모두 철저하게 하나로 관통한 것이니 여기에서 다시 무엇을 상의 부분이고 무엇을 하의 부분이라고 할 수 있겠는가?"62)라고 하였다. 이것은 형상과 형하, 도와 기의 구분을 없애버린 것이 아니라, 도는 기의 체이고 기는 도의 용이며, 이 양자는 '체용일원'의 관계임을 말한 것이다. 그는 또 사람이 스스로의 심체心體를 성취하게 되면 용은 그 가운데 있다고 하였는데, 여기에서 심체란 곧 도이고, 용은 명물도수名物度數이자 기器를 가리키는 것이다.

---

60) 『傳習錄』, "道無方體……若解向里尋求, 見得自己心體, 無時無處不是道. 亘古亘今無始無終, 更有甚同異. 心卽道, 道卽天, 知心則知道知天."
61) 『傳習錄』, "只一件, 流行爲氣, 凝聚爲精, 妙用爲神."
62) 『傳習錄』, "聖人大中至正之道, 徹上徹下只是一貫, 更有甚上一截下一截?"

진실로 이 마음이 없다면 비록 미리 세상의 수많은 명물도수에 대해 말할 수 있다고 하더라도 자기와는 애초에 상관이 없는 것으로 다만 임시로 끊임없이 꾸미기만 하여 스스로 이를 벗어날 수 없으니, 또한 명물도수를 완전히 다루지 못하는 것은 아니다. 다만 앎에 선후先後가 있다면 도에 가깝다고 할 수 있다.63)

앎에 선후가 있다는 것은 먼저 도가 있은 후에 기가 있다는 것이다. 이것은 심학의 입장에서 도기의 관계에 관한 문제를 해결한 것이다. 그는 주희의 도기설을 흡수하였기에 육구연의 도기설이 지니는 혼란을 극복하였으나 그 결론은 같았다.

왕수인 이후 도기에 관한 논쟁은 인류의 일상적인 실천 문제로 바뀌게 되었다. 왕간王艮은 몸(身)이 천지만물의 근본이며, 수신修身이 근본을 세우는 것이라고 주장하였다. 그는 "몸과 도는 원래 하나이다"(心與道原是一件)라고 말하여 도는 사람들의 일상생활과 다르지 않다고 보았으며, "일을 하는 것이 학문이요, 일을 하는 것이 도이다"64)라고 하여 리학을 세속화시켰다. 이지李贄에 이르면 여기서 더 나아가 "옷을 입고 밥을 먹는 것이 곧 인류의 물리이고, 옷을 입고 밥을 먹는 것을 제외하고는 윤이니 물이니 하는 것은 없다"65)라고 하였다. 이것은 성리학자들이 말한 도를 완전히 감성적인 현실의 일로 바꾼 것이다. 이렇게 되자 도에는 더는 형이상학적 신성성神聖性은 없게 되었고, 다만 사람들의 일상생활과 구분할 수 없는 것이 되었다. 현실의 물질적 수요를 도로 여긴 이러한 사상은 성리학의 도기관에 근본적인 변화를 일으켰다.

---

63) 『傳習錄』, "苟無是心, 雖預先講得世上許多名物度數, 與己原不相干, 只是裝綴, 臨時自行不去, 亦不是將名物全然不理. 只要知所先後, 則近道."
64) 『明儒學案』, 권32, "卽事是學, 卽事是道."
65) 『焚書』, 「答鄧石陽」, "穿衣吃飯, 卽是人倫物理. 除却穿衣吃飯, 無倫物矣."

심학파와 달리 기학파들은 도기 범주를 객관론으로 발전시켜 리기관계와 동일한 차원으로 귀속시켰다.

먼저 설선薛瑄은 한편으로 도기를 체용과 형이상·형이하로 구분한 정주의 학설을 받아들였지만, 다른 한편으로는 천지간은 일기一氣일 따름이라고 하여 장재의 도기론과 이정의 '기는 또한 도이며, 도는 또한 기이다'라는 학설을 인정하였다.

> 한 번 음이 되고 한 번 양이 되는 것을 일컬어 도라 한다는 것은 곧 장재가 말한 음양의 양단이 끊임없이 순환한다는 것이며, 천하의 대의를 세운 것이다. '계승한다는 것은 선善이며, 이룬다는 것은 성性이다'라는 말은 장횡거가 말한 기가 분분히 유행하고 흩어져 바탕을 이룬다는 것으로, 사람과 사물의 갖가지 차이점을 생하는 것이다. 『주역』은 리와 기를 겸하여 말하였고, 장횡거는 기로써 말하였다. 그러나 기는 또한 도이며 도는 또한 기이다. 이것은 온갖 차이가 하나로 귀결됨을 말하는 것이다.66)

설선은 결코 기氣(器)가 도라고는 주장하지 않았지만, 천지간은 일기로 채워져 있고 리는 기를 떠나지 않는다는 관점에서부터 도기의 관계를 설명하여 새로운 의미를 지니게 되었다.

나흠순羅欽順은 여기에서 한 걸음 더 나아가 도기는 결코 두 가지의 명제가 아니라고 주장하여, 자신의 리와 기는 하나라는(理氣爲一) 이론과 통합하려 하였다. 그는 "이름은 도와 기라는 구별은 있으나 사실은 두 가지 사물이 아니다. 그러므로 기는 또한 도이며 도는 또한 기이다"67)라고 명확히

---

66) 『讀書錄』, 권7, "一陰一陽之謂道, 卽張子陰陽兩端循環不已者, 立天下之大義. 繼之者善也, 成之者性也, 卽張子所謂游氣紛擾散而成質者, 生人物之萬殊. 但易兼理氣言, 張子以氣言. 然器亦道, 道亦器也. 是則言雖殊而其致一也."
67) 『困知記』 附錄, 「答林次崖僉憲」, "名雖有道器之別, 然實非二物. 故曰器亦道, 道亦器也."

언급함으로써 형이상과 형이하는 혼연하여 틈이 없으며 도기는 원래부터 나누어지지 않는다고 주장하였다. 이것과 리기 개념은 완전히 일치하는 것이다. 기器는 다만 기氣의 구체적인 존재 형식이자 기화에 의해 생성된 사물이고, 도는 만물의 리이다. 나흠순은 여기에서 소이연의 리와 소당연의 도를 하나로 합일시켰다. 리기 문제에 있어서 그는 자연법칙이라는 측면을 위주로 리를 논의하였지만, 이는 동시에 도덕법칙도 포괄하는 것이었다. 또 도기 문제에서는 인간의 도덕원칙을 위주로 논의하였지만, 이는 동시에 자연법칙도 포괄하는 것이었다. 사실 그는 결코 이 두 가지를 구분한 적이 없었다.

나흠순의 '도기가 하나'라는 주장은 도라는 형이상학적 실체를 뒤집어서 형이하의 기를 실체로 보는 과정에서 완성되었다. 이렇게 되면 리와 도는 단지 기능과 법식이라는 의미만을 지니는데, 이것도 실체인 기에 의해 결정되는 것이다. 이 때문에 정이의 '음과 양이 되게 하는 소이所以가 도이다'와 '열리고 닫히게 하는 소이가 도이다'라는 주장에 대해 그는 다음과 같이 평하였다.

> 소이所以라는 두 글자는 원래 형이상자를 가리키는 말이지만 두 가지 사물로 구분된다는 혐의가 있음을 그다지 면하지 못한다. 정명도가 "원래는 다만 이 도일 따름이다"라고 한 말을 보면 자연히 혼연渾然의 오묘함을 볼 수 있는데, 또 다시 소이라는 두 글자가 필요한 것 같지 않다.68)

나흠순은 정이와 주희는 모두 리와 도를 독립적 실체로 보았는데, 이는

---

68) 『困知記』, "所以二字固指言形而上者, 然未免微有二物之嫌. 以伯子原來只此是道之語觀之, 自見渾然之妙, 似不須更着所以字也."

'도와 기는 나누어지지 않는다'는 정호의 말에서 그 혼연의 오묘함을 볼 수 있는 것만 같지 못하다고 생각하였다. 사실 정호가 도기불분道器不分을 주장하였으나, 이는 결코 도의 보편성과 초월성을 부정한 것이 아니다. 따라서 나흠순의 사상이 정호의 사상과 일치하는 것은 아니다.

왕정상은 철저한 기본체론자이다. 그의 도기론은 완전히 기에서부터 출발하는데, 소이연이나 소당연과 같은 것은 언급조차 하지 않았다. 그는 어떠한 사람보다 명확히 원기元氣가 도의 본체라고 주장하였다.

> 원기가 곧 도체이다. 허虛가 있으면 기가 있고, 기가 있으면 도가 있고, 기가 변화하면 도 역시 변화한다. 기가 곧 도이고 도가 곧 기이므로 흩어지고 모이는 것으로는 논할 수 없다.[69]

즉 도가 원기를 본체로 삼는 것이지, 기가 도를 본체로 삼는 것은 아니라는 말이다. 이것이 왕정상과 정주의 근본적인 차이점이다. 그러나 원기는 형태나 형상이 없으므로 형이상의 태허가 되는 것이지 형이하의 기器가 되는 것은 아니다. 사실 허虛가 곧 실實이며 허는 기를 떠나지 못하고 기도 허를 떠나지 못하는데, 기가 구성한 것은 곧 기器이다. 도는 원기를 실체로 삼는 것이다. 근본적인 측면에서 말한다면 도는 다만 기의 속성이고, 기가 변화하면 도도 변화하며 기가 변하지 않으면 도도 변하지 않는다. 곧 일체의 모든 것이 기의 전이轉移인 것이다. 이 때문에 왕정상이 말하는 도체는 정주와 근본적으로 구별된다는 것이다. 하나는 기가 도의 체가 되고, 하나의 도가 기의 체가 되는 것이다. 이것이 분명하다면 이른바 도기의 문제

---

69) 『雅述』 上, "元氣卽道體. 有虛卽有氣, 有氣卽有道, 氣有變化是道有變化. 氣卽道, 道卽氣, 不得以離合論者."

역시 해결된다. 그리하여 그는 "『주역』에서 형이상자를 도라 하고 형이하자를 기라 하였다. 그런데 형形이라고 하는 것은 기를 말한 것이다. 그러므로 신神과 성性은 곧 기에 원래부터 있던 것이라고 하는 것이 이것이다"[70]라고 하여, 원기의 무형이 사물의 근원이 되고 그 속성이 도가 된다고 하였다. 속성은 실체를 떠날 수 없으므로, 신과 성은 기의 속성으로써 도가 된다. 도는 기가 고유하게 지니고 있는 것이므로 이합離合으로 말할 수 없으며, 실체를 거론하면 속성은 저절로 그 속에 있게 되는 것이다. 기器는 기氣가 구성한 것이며, 형체가 있으므로 '형이하'라고 하는 것이다. 유형이든 무형이든 도는 바로 기 가운데 깃들어 있는 것이다. 그는 여전히 도가 기를 생한다는 학설을 비판하여, 이는 아주 터무니없는 말이라고 하였다. 도기설에 관한 왕정상의 논의는 대체로 이와 같다.

5. 명말청초

명청교체기에 도기를 논한 사람은 매우 많았는데, 대부분 도道가 기器를 떠나지 못하고 기 안에 있다고 주장하였다. 그 가운데 유종주는 두 가지 관점을 제시하였다. 첫째, 도기에는 상하의 구별은 있지만 선후의 구분은 없다는 것이다.

정자程子는 상하라고 말하여 도기를 구분한 것이 가장 명확하다. 또한 도가 곧 기이고, 기가 곧 도라고 하였다. 반드시 기가 여기에 있으면 도 역시 여기에 있

---

[70] 『愼言』,「道體」, "易曰, 形而上者爲道, 形而下者爲器. 然謂之形, 以氣言之矣. 故曰, 神與性乃氣所固有者, 此也."

다. 기를 떠나서 도를 볼 수 없으므로 도기는 상하로는 말할 수 있지만 선후로는 말할 수 없다. '천지보다 앞선 어떠한 사물이 있었다'는 이단의 천만 가지 잘못들은 모두 이 문구에서 나온 것이다.71)

유종주는 도기에 형이상·형이하의 구별 즉 리와 기의 구분은 있지만 논리적으로 선후의 관계가 아니며, 더욱이 서로 생성하는 관계는 아니라고 생각하였다. 여기에서 그는 기본체론적 관점을 견지하여 "천하를 가득 채운 것은 일기일 따름이다",72) "도는 그 후에 일어난 것이다"73)라고 하였다. 이것은 나흠순과 같이 비록 기가 도라고는 여길 수 없지만 반드시 기에 나아가 도를 인식해야 한다는 것이다. 기器는 기氣의 존재방식이며, 기氣(器)가 있은 후에 도가 있다는 것은 곧 기를 떠나서는 도가 없다는 것이다.

둘째, "도란 온갖 기器의 총체적인 이름이며 기器가 체體가 되는 것은 아니라는 것이다."74) 이것은 기를 곧바로 도로 삼는 것인데, 여기에서는 이제 도기의 구분은 없고, 도가 곧 기이며 기의 정미함(氣之精)이다. 그는 도기관계를 다음과 같이 말하였다.

음양의 기는 하나이지만, 그 정미한 것은 신묘하고 영묘하다고 하며, 그 거친 것은 사물일 따름이다. 정기精氣는 순수하게 정미한 기이자 도의 형이상자이다.75)

---

71) 『劉子全書』, 권11, 「學言」中, "程子曰上下二字截得道器最分明. 又曰道卽器, 器卽道. 畢竟器在斯, 道亦在斯. 離器而道不可見, 故道器可以上下言, 不可以先後言. 有物先天地, 異端千差萬錯, 總從此句來."
72) 『劉子全書』, 권11, 「學言」中, "盈天地間一氣而已."
73) 『劉子全書』, 권11, 「學言」中, "道其後起也."
74) 『劉子全書』, 권11, 「學言」中, "道者, 萬器之總名, 非與器爲體也."
75) 『劉子全書』, 「曾子章句」, "陰陽之氣一也. 而其精者則曰神與靈, 其粗者則物而已. 精氣者純粹以精之氣, 道之形而上者也."

이렇게 되면 정기精氣가 곧 도인 것이다. 기에 정미하고 거친 것(精粗)이 있으며 그것이 도와 기의 구분이다. 이는 장재와도 다른 것이며, 왕정상과도 다른 것이다. 장재는 기화氣化와 그것이 이루는 사물로 도기를 구별하였지만, 정미함과 거친 것으로 구분하는 것은 없었다. 왕정상은 원기元氣, 생기生氣로 형상과 형하를 구분하였으나, 기를 도라고 여기지는 않았다. 하지만 유종주는 기 가운데의 정精·조粗를 구분하여 이것을 도기의 구별로 삼았다. 이것은 성리학의 도기론 가운데 아주 특이한 관점이다.

그러나 도기에 대한 유종주의 해석은 결국 심학心學으로 귀결된다. 그가 도기를 하나로 합한 것은 바로 마음을 으뜸으로 삼아 일심一心에서 합한 것이다. 그러므로 유종주에 따르면 도는 리를 떠나지 못한다는 것은 내가 잠시라도 리를 떠날 수 없다는 것이 아니라 곧 도가 잠시라도 나를 떠날 수 없다는 것을 의미한다. 이것은 사실 왕수인의 이론과는 다른 것으로, 그는 형이하의 심을 마음으로 여겼기 때문에 도기가 나누어지지 않는다고 하였다. 그러므로 도는 다만 기의 도이지 결코 형이상학적 초월성을 지니고 있지 않다.

유종주 이후 진확陳確은 일용사물日用事物이 도의 실체가 된다고 하여, "일용을 버리고서 또한 도체를 찾을 곳이 없다"[76]라고 하였다. 그러나 그는 도가 비록 인류의 일용을 떠나지 않지만 인류의 일용을 도라고 할 수 없다고 강조하여, "일용을 떠나서 도를 말하는 것을 비유하자면 음식을 먹지 않고 배부를 것을 구하는 것이니 끝내 배부를 수 없다. 일용이 도라는 것에 빠지는 것을 비유하자면 사체四體가 갖추어져야 사람이 된다고 하여 마침내 흙인형이나 나무인형이 사람과 다를 것이 없다고 말하는 것과 같

---

76) 『陳確集』, 「與祝開美書」, "舍却日用, 易無處更覓道體."

다"77)라고 하였다. 이것은 도기에 상하가 있지만 선후가 없다는 유종주의 학설에서 한 걸음 더 나아간 것이다. 이것은 이미 당대에 유행하는 관점이 되었는데, 리학의 형이상학론에 대한 비판 정신을 드러내고 있는 것이기도 하다.

청대 초기의 고염무顧炎武는 한 걸음 더 나아가 도체의 존재를 부정하고, 도가 기 속에 있다道在器中는 사상을 논증하였다. 그는 방법론적 측면에서 하학下學 가운데 상달上達이 있으며 형하形下(器) 가운데 형상形上(道)이 있다고 주장하였다. 그리하여 그는 "기가 아니면 도가 깃들 곳이 없다"78)라고 하였다. 우주론에서 그는 천지간은 일리一理일 따름이라는 리본론과 선천상수학先天象數學을 반대하고, 천지간에는 오직 기만 있다고 주장하였다. 이것은 기의 성쇠盛衰와 취산聚散으로 일체의 변화를 설명한 것이자 도덕道德・성명性命을 공담하는 것에 반대한 것이다. 이에 그는 경세치용經世致用을 주장하여 당시의 새로운 학풍을 열었다.

왕부지王夫之의 도기론은 '도는 기를 떠나지 않는다', '도는 기 가운데 있다'는 이러한 일반적인 논의에 멈추어 있는 것은 아니다. 그는 성리학의 도기 개념을 비판적으로 흡수하고 발전시킴에 따라 풍부하고도 깊은 의미를 지닌 변증적 사상의 명제를 제기하였다.

첫째, 그는 '도기는 하나다'(道器爲一)라는 명제를 제기하였는데, 우주론적 측면에서 기일원론을 논증함에 따라 도기설은 그의 리기설과 표리表裏를 이루게 된다. 그는 실유實有라는 학설에서 출발하여 '천하는 오직 기이다'(天下唯器)라는 관점을 제시하고, '도는 기의 도이며, 기가 없으면 도 역시

---

77) 『陳確集』, 「道俗論下」, "離日用言道者, 辟之則廢食而求飽也, 終不可得飽矣. 泥日用是道者, 辟之四體具而爲人, 而遂謂土木偶之果無以異乎人也."
78) 『日知錄』, 권1, "非器則道無所寓."

없다'라고 논증하였다. 이러한 이론은 대부분의 사람들이 모두 알고 있는 것이다. 도와 기는 물질과 기능의 과정이다. 따라서 기가 있으면 반드시 그 도가 있고, 그 도가 있으면 실유의 기가 있는 것이다. 이 두 가지는 형체와 그림자처럼 서로 분리될 수 없는 것이며, 어떠한 외재적 관계를 지닌 것도 아니며 두 가지 사물도 아니다.

> 천하에 상(象) 바깥의 도가 없다고 하였는데, 무슨 말인가? 바깥이 있다고 한다면 서로 둘이 되니 매우 친하다고 하더라도 이는 또한 아버지가 아들에 대해 그러한 것과 같다. 바깥이 없다는 것은 서로 하나가 된다는 것으로 비록 다른 이름이 있지만 눈과 귀가 모두 총명함과 같다.[79]

왕부지는 여기에서 도는 기(象)가 지니고 있는 작용이라고 분명히 말하고 있는데, 예를 들어 눈과 귀의 총명함은 결코 기를 떠나서 존재할 수 없다고 하였다. 그는 또한 사물과 도가 체(體)가 되며, 사물이 곧 도라고 하였다. 이는 도가 사물에게 주어진 것이 아니라 사물이 원래부터 지니고 있다는 말이다. 서로 체용이 된다는 점에서 보자면 사물과 도가 체가 된다는 것은 사실 도를 사물의 체로 삼은 것이다. 이는 주희의 사상을 비판적으로 계승하면서 다시 유물론적 명제를 제시한 것이다.

'도기가 하나이다'라는 사상에서 출발하여 왕부지는 풍부한 역사적 사실을 들어 '그 기가 없다면 그 도 역시 없다'는 관점을 논증하였다. 이에 그는 서서히 도기론에 관한 주제로 들어서고 있다. 그는 다음과 같이 말하였다.

---

79) 『周易外傳』, 「繫辭下傳」, "天下無象外之道, 何也? 有外, 則相與爲兩, 卽甚親, 而亦如父之于子也. 無外, 則相與爲一, 雖有異名, 而亦若耳目之于聰明也."

아주 오랜 옛날에는 읍양揖讓의 도道(제도)가 없었고, 요임금과 순임금의 시대에
는 조벌弔伐의 도가 없었으며, 한나라와 당나라 때는 오늘날과 같은 도가 없었다.
그렇다면 지금은 다른 시대의 도는 없다.80)

이러한 말들은 영원히 불변하는 도가 있다는 관점을 완전히 뒤집은 것
으로, 도는 기에 따라 변화한다는 역사적 진화론을 천명한 것이다. 그는
특히 '군자의 도는 이 기器를 극진히 할 따름이다'라고 하여, 기를 다스리
는 것(治器)에서부터 역사적 발전과 진보를 논하였다. 왜냐하면 역사적 진보
는 물질적 진보에서 시작하며, 물질의 창조활동은 역사적 진보의 기초이기
때문에 기를 다스려야만 비로소 도를 다스릴 수 있다는 것이다. 다만 기는
이른바 성인의 사업事業에서 비로소 드러날 수 있는 것이다. 이것은 유물론
적 사관의 요소를 지닌 것이라 할 수 있다.

둘째, 왕부지는 도기가 하나임을 논증하는 동시에 또 도가 근본이 되고
기는 말단이 된다는 학설을 주장하였다. 이는 도에 적극적인 능동성을 부
여하여 이 양자의 변증적 관계를 논의한 것이다.

도가 기의 본本이 되고 기는 도의 말末이 된다. 이 본말本末은 하나로 관통되어
있음을 말하는 것이다.81)

여기서 말한 본말관계는 본질과 현상이라는 의미를 지니고 있다. 도는
사물의 내재적 연관성과 내재적 본질을 말하는 것이며, 기는 사물의 외적
현상과 감성적 존재를 대표하는 것이다. 이것은 도기의 다른 함의이다. 이

---

80) 『周易外傳』, 「繫辭上傳」, "洪荒無揖讓之道, 唐虞無吊伐之道, 漢唐無今日之道, 則今無他年之道."
81) 『讀四書大全說』, 「論語・子罕」, "道爲器之本, 器爲道之末. 此本末一貫之說也."

러한 의미에서 말하자면 도기의 관계는 결코 고정된 것이 아니다.

> 형이상의 도와 형이하의 기는 비록 시종 하나의 리일 따름이나 죽어서 글자판에 새겨지듯 고정된 것은 아니다. 대개 형이상의 리는 형이하의 수數를 정위定位할 수 있는 것이지만 형이하의 수가 형이상의 리를 잡을 수는 없는 것이다.[82]

이 말은 곧 도는 기의 성질을 규정하지만, 기는 도의 성질을 규정할 수 없다는 것이다. 이것은 바로 도의 능동성이다. 도를 장악하면 일체의 명물도수名物度數를 부릴 수 있으며, 사물에게 준칙을 있게 할 수 있다. 왕부지는 도가 기의 주인이 된다고 하여, 도란 사물에 두루 나타나는 것이지만 모든 것이 말미암는 것이라고 보았다. 즉 도는 사물이 따라야 할 원칙이라는 것이다. 그는 한편으로 도는 '기의 도'(器之道)임을 말하였고, 다른 한편으로는 도의 보편적 의의를 말하였다.

> 형이상자의 도는 저 형이하의 기 속에 있다. 오직 예藝에서 흥성하여 그 조리條理를 다한다면 이 명물名物과 상수象數의 가운데 의미가 무궁하여 스스로 배움을 멈추지 못하고 도를 드러낼 수 있다.[83]

이는 명물·상수 등의 형이하 가운데에서 무궁한 형이상의 도를 파악한다는 것으로, 사물 가운데에서 보편적 원칙을 파악한다는 것이다. 이것이 도를 구하는 중요한 방법이자 근본적인 목적이다. 기는 물론 중요하지만 기가 없으면 도 역시 없다. 그러므로 군자가 귀하게 여기는 것은 도이

---

82) 『讀四書大全說』, 「孟子·離婁上」, "形而上之道與形而下之器, 雖終始一理, 却不是一箇死印板刷定的. 蓋可以形而上之理位形而下之數, 必不可以形而下之數執形而上之理."
83) 『禮記章句』, 「學記」, "形而上之道在那形而下之器中. 唯興于藝以盡其條理, 則卽此名物象數之中, 義味無窮, 自能不已于學而道顯矣."

며, 만약 도를 알 수 있다면 하늘을 우러러 보고 땅을 굽어보고서 만물을 이루되 그 흔적을 남기지 않는다. 이는 도가 일반 법칙이며, 인식과 실천에 중요한 지위를 가지고 있음을 충분히 설명한 것이다.

왕부지는 도기의 관계에 대해 또 하나의 관점을 제기하는데, 그것은 도가 비록 숨겨져 있어 드러나지 않지만 구체적인 사물이 형성되기 이전에 사물의 법칙을 이미 지니고 있으며, 기가 이루어지는 것은 도에 의해 결정된다는 것이다.

> 형이상자란 아직 형체가 드러나지 않고 숨겨져 있지만 어길 수 없는 하늘의 법칙(天則)이다. 하늘은 그것에서부터 변화하고 사람은 그것으로 마음의 작용으로 삼으니 형체가 거기에서 생겨 나오지만 숨겨져 있어 드러나지 않는 것이다.[84]

이 말은 곧 수레가 있기 전에도 이미 수레의 도가 있고, 그릇이 있기 전에도 그릇의 도가 있다는 것이다. 즉 수레와 그릇이 이루어지는 것은 바로 수레와 그릇의 도 때문이라는 말이다. 구체적인 사물이 형성된 후에도 도는 사물 속에 숨겨져 있지만 작용을 드러내고 있다. 이에 그는 다음과 같이 말하였다.

> 형체가 이미 이루어지면 형체를 볼 수 있고, 형체가 쓰일 수 있는 것은 당연한 기능(當然之能)을 본받았기 때문이다. 예를 들어 수레가 사물을 실을 수 있는 까닭과 그릇이 가득 담을 수 있는 것, 아버지와 아들에게 효성스러움과 자애가 있고, 임금과 신하에 충성과 예법이 있는 것은 모두 형체의 가운데에 숨겨져 있으면서 드러나지 않는 것이다.[85]

---

84) 『思問錄』, "形而上者, 當其未形而隱然有不可逾之天則, 天以之化而人以爲心之作用, 形之所自生, 隱而未見者也."

수레와 그릇의 도는 수레와 그릇을 통해 작용을 일으키고, 부자父子와 군신의 도는 부자와 군신을 통해 작용을 일으킨다는 것이다. 어떠한 상황에서라도 사물은 그 사물이 형성되기 전에 도가 있으며, 사물이 형성된 다음에는 작용을 통해 그 도를 실현하는 것이다.

> 형이하는 형체가 이미 사물로 이루어져 볼 수 있고 따를 수 있는 것이지만, 형이상의 도는 숨겨져 있어 반드시 그 형체가 있은 후 그것이 형성되기 전의 양능良能으로 드러나는 것이며, 그것이 쓰이는 것이 있은 후 공효功效로 정해진다. 그러므로 형이상은 형체에서 떠날 수 없으며, 도와 기는 서로 떨어질 수 없다.[86]

도와 기는 일반과 개별이며, 추상과 구체의 관계이기 때문에 개별 사물이 아직 형상을 이루기 전에도 사물의 도는 사물이 형성되는 조건 속에 존재하고 있다. 도는 사물이 형성하는 일반 원칙이며 사물이 형성된 후에는 그 사물을 통하여 작용을 일으킨다. 이것은 하나의 변증적 관점이다.

왕부지의 도기론은 자연과 사회를 구별하지 않았으며, 자연의 일반적 물리로 사회·정치의 윤리를 서술하였다. 도기에 관한 그의 논의는 여전히 성리학적 특색을 지니고 있으며, 아울러 현실적 윤리·도덕의 합리성을 이를 통해 논증한 것이다. 그러나 그의 '기가 없으면 도가 없고, 기가 변하면 도 역시 변한다'는 사상은 오히려 비판적 의식과 역사적 진보성이라는 사상적 내용을 지니고 있는데, 이 점은 충분히 긍정할 만하다.

대진戴震은 도기 문제에 있어서 왕부지와 차이가 있는데, 그는 기화氣化

---

85) 『思問錄』, "及其形之旣成而形可見, 形之所可用以效其當然之能者, 如車之所以能載, 器之所以可盛, 乃至父子之有孝慈, 君臣之有忠禮, 皆隱于形之中而不顯."
86) 『思問錄』, "形而下卽形之已成乎物而可見可循者也, 形而上之道隱矣, 乃必有其形而後前乎所以成之者之良能著, 後乎所以用之者之功效定. 故謂之形而上而不離乎形, 道與氣不相離."

를 도라고 여겼다. 그는 음양오행의 기가 세계만물의 실체이며, 기화氣化·유행流行의 과정이 곧 도라고 하여 "기화·유행은 쉼이 없이 낳고 낳으므로 이를 '도'라고 하는 것이다",87) "한 번 음이 되고 한 번 양이 되는 끊임없는 유행을 일컬어 도라고 할 따름이다"88)라고 하였다. 이렇게 되면 도기의 구분은 다만 기화·유행과 그 결과를 가지고 해석할 수 있을 따름이다. 음양의 기가 아직 형질을 구성하지 않은 것이 형이상의 도이고, 음양의 기가 이미 형질을 구성한 것이 곧 형이하의 기이다. 그는 또 "기란 한 번 이루어지면 변하지 않는 것을 말하는 것이고, 도란 사물을 남김없이 체현하는 것을 말하는 것이다"89)라고 하였다. 즉 어떠한 사물이라도 기화에 의해 구성되었으므로 사물을 남김없이 체현한다고 한 것이며, 구체적인 사물이 이미 이루어진 후에는 형체가 고정되므로 한 번 이루어지면 변하지 않는 것이라고 한 것이다.

이러한 해석은 장재나 왕정상과 비슷하지만, 대진은 주로 생성의 문제를 논하였다. 이러한 대진의 해석에 따르자면 도가 남김없이 사물을 체현할 수 있는 것은 만물이 모두 기화에 의해 생성되었기 때문이다. 대진은 기화에 의해 어떻게 사물이 생성하는지에 관해서 주희의 사상을 받아들여 기에는 음양이 있고, 음양이 오행을 생하며, 오행의 기가 바탕을 구성하여 만물을 이룬다고 보았다. 그의 최대 공헌이라고 할 수 있는 것은 형이상학적 본체론이 전혀 없다는 것이다. 그는 도기의 문제를 자연철학의 문제로 바꾸었다. 이 때문에 대진의 철학은 우주론만 있고 리학자들이 말하는 이른바 본체론은 없는 것이다. 그의 사상에 근거해 보더라도 천지만물은 도

---

87) 『孟子字義疏證』, "氣化流行, 生生不息, 是故謂之道."
88) 『孟子字義疏證』, "一陰一陽流行不已, 夫是之謂道而已."
89) 『孟子字義疏證』, "器言乎一成而不變, 道言乎體物而不遺."

에서 생성된 것이자 형이하자는 형이상자에서 생겨나온 것 같지만, 사실 그는 '도가 음양을 생하는 근본'이라고 여긴 정주의 사상은 물론 노장의 '도가 만물을 생한다'는 사상도 비판하고 있다. 그러나 그 역시 생성론자였다. 형이상의 도에서부터 형이하의 기에 이르는 것은 하나의 생성 문제이며, 이 양자는 전후의 인과관계이다. 그러나 모든 문제를 도에 대한 이해와 해석으로 귀결시킨 것과는 근본적으로 다르다. 기가 한 번 이루어지면 변하지 않는다는 대진의 관점은 근대의 기계론적 요소가 스며들어 있는 것이다.

총괄하여 말하자면 도기 개념과 리기 개념은 서로 연관을 가지고 있으면서도 구별이 된다. 이렇게 다른 해석과 이해들 때문에 비교적 다양한 의미가 도기 개념에 부여된 것이다. 이를 통틀어 보면 대체로 다음과 같은 몇 가지 관점으로 귀결시킬 수 있다.

첫째, 물질적 실체의 전체 운동 과정이 도이고, 그것에서 생성된 구체적 존재가 기라는 것이다. 장재, 왕정상, 대진이 이 사상을 대표하며, 육구연과 유종주도 이와 유사한 관점을 가지고 있다. 그러나 육구연과 왕수인은 근본적인 측면에서 말한 것으로, 주체적 관념인 심을 도라 하고 사물을 기라 한 것이다. 둘째, 자연법칙과 도덕원칙을 도라 하고, 그것이 구체적인 사물에서 표현되는 것을 기라 한 것이다. 이정과 주희가 바로 이 입장에 서 있는데, 특히 주희는 도가 소당연의 도덕법칙임을 강조하였다. 셋째, 구체적인 법칙이나 준칙이 도이고, 실체인 기의 구체적 존재방식인 사물이 곧 기라는 것이다. 나흠순과 왕부지는 모두 이러한 관점을 견지하였다. 정주는 도를 실체성의 존재라고 하였으나, 나흠순과 왕부지는 기를 실체적 존재로 여겼다. 이는 리기의 개념과 동일하다. 넷째, 리기를 서로 겸한 것이 도라는 것이다. 즉 도는 자연계의 총체적 규율과 그 운동 과정의 총칭인데, 주희가 이 사상을 대표한다. 이 가운데 공통점은 모두 도를 운동과 과정의 범주로 기술하고 있다는 점이다. 이는 성리학의 범주가 존재가 아니라 과정을 중시했고, 정태적인 것이 아니라 동태적인 것을 중시했음을 나타내는 것이다. 이른바 인륜과 일용의 도라는 것 역시 '천하가 모두 말미암는 것'이며, 소이연과 소당연이 있다는 것이다. 만약 이를 리기관계와 서로 비교한다면 대부분 사회적 윤리와 도덕을 도로 삼고 인륜과 일용의 일(事)을 기로 본 것이다.

정주 이후의 성리학자들은 대부분 이 같은 관점을 지니고 있다. 이것과 심성론은 직접 연관된 것으로, 리기 개념이 사회적 영역에 적용된 것이라 할 수 있다. 그러나 기본 개념에 리기라는 구분이 있음에 따라 도에 대한 규정 역시 달랐다. 아울러 물질적 실체 및 그 과정과 추상적 법칙 및 그 유행이라는 두 가지 대립된 관점이 출현하였는데, 도기에 대한 해석의 분화들은 모두 여기에서부터 시작된 것이다. 그러나 어떠한 관점에서든 대부분 형이상학적 의미에서 도기를 해석하였는데, 이 역시 '도기론'에 나타나는 공통적 특징이라 할 수 있다. 다만 대진만이 형이상학적 본체론에서 탈피하여 실증철학적 경향을 지니고 있다.

제3장 태극과 음양

성리학의 우주론에 있어서 리기理氣가 기본 개념이라고 한다면 태극음양太極陰陽은 최고 개념이라 할 수 있다. 태극은 우주 최고의 본체이자 우주 전체를 나타내는 말이며, 음양은 속성이 상반된 두 가지 물질적 실체를 가리킨다. 태극의 함의에 대해서는 기본론氣本論・리본론理本論・심본론心本論 등에 따라 각기 다르게 해석하고 있지만, 음양에 대해서는 대체로 동일한 해석을 하고 있다. 음양은 서로 대립되거나 서로를 보충하는 두 가지 기氣이다. 바로 이 때문에 태극은 각각의 철학체계 속에서 다른 함의를 지니고 있으며, 따라서 성리학의 우주론 개념체계를 다양화하였다.

태극이라는 개념은 『주역』「계사전繫辭傳」의 "역易에 태극이 있으니, 이것이 양의兩儀를 낳고, 양의가 사상四象을 낳으며, 사상이 팔괘八卦를 낳는다"[1]라는 말에서 기원한다. 선진 시기의 『장자』를 포함해서 한당漢唐 시기의 유가들은 태극을 천지가 아직 나누어지기 전의 원기元氣라고 해석하였다. 성리학자들은 『주역』의 해석을 통하여 그 개념체계를 세웠는데, 『주역』의 이 문구는 그들의 중요한 문헌적 근거가 되었다. 이와 관련된 것으로는 도가의 무극無極 개념이 있다. 『노자』에는 "무극으로 돌아간다"[2]라는

---

1) 『周易』,「繫辭」, "易有太極, 是生兩儀, 兩儀生四象, 四象生八卦."
2) 『老子』, "復歸於無極."

말이 있는데, 이것은 원래 무궁하다는 의미이지만 후대에 도교는 무극을 우주의 근원으로 여겼으며 아울러 이를 「무극도無極圖」로 발전시켰다. 태극 개념은 한당 시기를 거치면서 우주의 생성론과 구조론에 있어서 많은 발전을 가져왔지만, 인성론을 포함한 진정한 철학적 개념과 범주로 사용되고 이해된 것은 북송 시기에 접어들면서 시작되었다.

1. 북송시대

북송 시기의 사상가인 이구李覯와 왕안석王安石은 태극과 음양이라는 개념을 철학적 원리로 제시하였다. 이구는 태극太極이란 음양陰陽 두 기의 통일체이며, 천지가 생성되기 이전 무형질의 원시적 물질이라 하였다.

> 천지의 이전을 억지로 이름하여 태극이라 한다.…… 태극이란 형체 있는 것을 말하는 것이 아니다.3)

> 그 처음에 태극이 나누어졌는데, 하늘은 양기로 위로 높이 오르고 땅은 음기로 아래에 낮게 처하였다.4)

태극의 기가 음양으로 나뉘고, 음양의 두 기가 모인 이후에 상象이 있고, 상이 있은 이후에 형形이 있으며, 그 다음 천지와 만물을 생하는 것이다. 왕안석은 오행설五行說을 제창하였는데, 그는 "무릇 태극이란 오행을 생하는 바이지만, 오행이 태극은 아니다"5)라고 하였다. 두 사람은 모두 태

---

3) 『李覯集』, 「刪定易圖序論」, "天地之先, 强名大極.……非謂太極便有形也."
4) 『李覯集』, 「刪定易圖序論」, "厥初太極之分, 天以陽高於上, 地以陰卑於下."

극을 최고 범주라 생각하였는데, 여기서 태극의 함의는 곧 기氣이다.

주돈이周敦頤는 『태극도설太極圖說』을 지어 우주론을 건립하였는데, 그는 처음으로 태극을 성리학체계 속의 주요 개념으로 편입시켰다. 그러나 주돈이의 '무극이면서 태극이다'(無極而太極)라는 말은 남송 시기부터 지금까지 논쟁에 싸여 있다. 남송의 홍매洪邁는 국사國史를 편수할 때, 주돈이 본 전本傳 가운데 『태극도설』 전문을 기록하였는데, 그 첫 문장은 '무극에서부터 태극이 된다'(自無極而爲太極)라고 되어 있다. 이에 대해 주희朱熹는 변론을 펼쳤고, 육구연陸九淵도 주희와 논쟁을 하였다. 그러나 현행 판본의 『태극도설』은 주희의 손을 거쳐 나온 것이며, 그 첫 문장이 '무극이태극無極而太極'이다. 그래서 어떤 사람은 주희가 원문과 「태극도太極圖」를 수정하였다고 주장하기도 하였다. 사실 이 문제는 어느 쪽이 확실하다는 증거를 댈 수 없으므로 일치된 결론을 내리기 힘들다. 이에 대해 우리는 다만 『태극도설』의 전문과 『통서通書』의 내용을 참조하여 분석할 수밖에 없다. 그러나 주돈이의 논술이 그리 명확하지 않았기 때문에 이 역시 곤란함이 있다.

어찌됐든 우리는 '무극이면서 태극이다'(無極而太極)라는 말이 주돈이의 사상과 부합한다고 본다. 왜냐하면 주돈이는 『태극도설』에서 생성론만 논한 것이 아니라 본체론까지 논했기 때문인데, '무극이태극'은 그의 본체론 사상을 표현하는 중요한 명제이기 때문이다. 여기에서 무극이란 정신적 본체인데 이 용어는 도가道家의 「무극도」에 그 연원이 있으며, 태극은 음양이 나누어지지 않은 상태의 기인데 이는 유가의 『주역』에 근거하는 것이다. 이른바 '무극이면서 태극이다'라는 말은 무극에서부터 태극이 생겨났다는 것이 아니라, 무극이 있으면 곧 태극이 있다는 것이다. 즉 태극이 존

---

5) 『王文公文集』, 「原性」, "夫太極者, 五行之所由生, 而五行非太極也."

재하는 것은 무극이 있기 때문에 그 본체가 된다는 것이다. 따라서 주돈이 『태극도설』의 최고 범주는 무극이지 태극이 아니며, 무극이 곧 우주의 본체이자 근원인 것이다. 주돈이가 무극이라는 개념을 받아들인 것은 그가 도가사상의 영향을 받았음을 의미한다. 그는 무극과 태극을 결합함으로써 도가와 유가를 결합하려 하였다. 그는 또한 불교의 체용설體用說을 받아들였으며, 무극을 정신적 본체로 삼고 태극을 물질적 실체로 여겼는데 이 양자는 체용의 관계이다. 그런데 주돈이의 우주생성론은 무극이 아니라 태극에서 시작한다. 이른바 태극이 음양을 낳고 음양이 오행을 낳으며 오행이 만물을 낳는 것은 태극이 최고의 본원이지, 태극 위에 다시 하나의 본원이 있어 태극을 생하는 것은 아니다. 주돈이의 「태극도」는 비록 도교의 「무극도」에 뿌리를 둔 것이지만, 그는 『주역』 해석의 방식을 빌려 이를 크게 개조하였다.

『역전易傳』에는 태극이라는 용어만 있고 무극이란 말은 없다. 이것이 바로 「무극도」가 「태극도」로 바뀌게 된 이유이다. 태극은 주돈이의 우주론에서 가장 중요한 범주이기는 하지만, 최고의 범주는 아니다. 사유의 발전의 법칙에 비추어 말하자면 주돈이는 다시 양한兩漢 시기와 같은 생성철학으로 돌아갈 수는 없었다. 그러나 이러한 논의에 직접적인 논거가 있는 것은 아니다. 문제를 가장 잘 설명하는 것은 그가 우주론을 논한 이후 다시 거슬러 올라가 "오행은 하나의 음양이고, 음양은 하나의 태극이며, 태극은 무극에 근본한다"[6]라는 명제를 제시한 것이다. 이것은 태극이 무극에서 생겨난 것(生)이 아님을 분명히 설명하고 있다. 언어학적 측면에서 본다면 본本이라는 글자는 말末과 상대하는 본, 즉 근본이라는 의미이다. 이

---

6) 『太極圖說』, "五行一陰陽也, 陰陽一太極也, 太極本無極也."

글자를 동사로 본다면 어떠한 사물에 근본하거나 어떠한 사물을 근본으로 삼는다는 것이지, 결코 생生자의 의미는 없다. 그것은 명사인 본디 또는 본래라는 측면에서 보아도 마찬가지이다.

'태극이 무극에 근본하고 있다'는 것은 본체론에서 말한 것이지 생성론의 문제를 언급한 것은 아니다. 이것이 바로 '태극이면서 무극이다'는 말의 원의와 부합하는 것이며, '무극에서부터 태극이 된다'(自無極而爲太極) 또는 '무극에서부터 태극이 생겨났다'(自無極而生太極)라는 명제와는 부합하지 않는다. 이 때문에 태극은 만물을 화생하는 물질적 근원이라고 말할 수 있지만, 무극이 최고의 본체인 것이다. 주돈이의 우주론은 무無를 근본으로 하고 있지만 '유가 무에서 생겨난다'(有生於無)는 사상은 없다. 이것이 바로 성리학에 대한 그의 공헌이다. 그러나 어떤 식으로 말해도 주돈이의 관점은 우주는 무에서 시작했으며 세계의 근원이 무라는 사실은 인정할 수밖에 없다.

이 밖에 주돈이는 "무극의 참됨과 음양오행의 정미함이 오묘하게 합치하여 응취한다"[7]라는 만물화생의 명제를 내놓았다. 이 역시 매우 중요한 관점이다. 이 사상의 핵심은 '묘합이응妙合而凝'이다. 이를 어떻게 이해할 것인가? 주돈이는 여기에서 왜 태극을 말하지 않았는가? 이것은 태극을 소홀히 여긴 것은 아니다. 우주생성론에 근거하자면 음양오행은 만물을 화생하는 것이다. 그러나 음양오행은 태극에서 생한 것이며, '이오지정二五之精'이란 태극에서 생겨난 정미한 기이다. 그러므로 이오지정과 태극이 묘합한다고 말하지 않은 것이다. 왜냐하면 태극은 모두 물질적 존재이며 생성관계에 있기 때문에, '이오지정'만을 말하고 태극은 언급하지 않은 것이다.

---

7) 『太極圖說』, "無極之眞, 二五之精, 妙合而凝."

합리적인 해석은 그것은 다만 무극이라는 정신적 본체가 묘합한 이른 바 '무극지진無極之眞'이며, 이는 주희가 말한 것과 같은 '무형지리無形之理'나 규정되지 않은 정신 실체가 아니므로, 주돈이의 『통서』에서는 성체誠體라는 말로 바뀐 것이다. 무극이란 결코 공무空無나 허무虛無가 아니라, 진실하고도 참된 내용이 있다. 『통서』에서는 이제 무극을 논하지 않았고, 성誠을 논하였다. 이것은 바로 도가에서 나왔지만, 유가의 발전에 중요한 영향을 끼친 것이다. 정신과 물질의 묘합이 만물을 형성한다는 이 사유방식은 후대 리기론의 이론적 토대가 되었다. 이 점은 "오직 사람만이 그 빼어남을 얻어 가장 영묘한데, 형체가 이미 생하였다면 신神이 지혜를 발한다"[8]라는 말에서 설명될 수 있다. 이것은 다만 '묘합이응妙合而凝'이라는 말을 이어 제기된 인간의 근원에 대한 관점으로, 형形과 신神이 서로 합하여져서 사람이 된다는 것이다. 이것은 우주본체론의 철학과 일치하는 것이다.

통틀어 보면 주돈이의 우주론에서 태극은 기氣일 따름이지 리理는 아니며, 음양은 태극에서 생성된 두 가지 대립 물질이다. 그리고 태극과 음양의 관계는 아직 리와 기의 관계로 발전되지는 않았다. 이것은 초기 성리학의 특징이다. 다만 후대의 주희가 비로소 태극을 리로 말한 것이다.

소옹邵雍은 상수학적 관점에서 태극을 해석하여, 태극은 도道이자 하나(一)라고 하였다. 그는 '마음이 태극이다'(心爲太極)라는 명제를 제기하여, 태극은 선천상수학先天象數學의 근본적인 개념이라고 설명하였다. 상수학에서는 숫자와 부호를 사용하여 범주나 개념의 체계를 표현하였으며, 또한 우주 생성과 발전의 구조를 도식으로 만들었다. 이러한 체계는 논리적으로 선천先天 존재이며, 성인이 괘卦를 그리기 전에 이 괘는 이미 존재했었고

---

8) 『通書』, "唯人也, 得其秀而最靈, 神發知矣."

괘를 그린 후에는 이 괘가 더욱 분명해졌다는 것이다. 그것은 숫자화된 순수 형식의 선험적인 체계이다. 그것에는 원래 문자가 없이 숫자 부호만 있었지만, 다시 언어와 문자를 통해 표현되었다.

여기에서 말하는 심心은 관념적인 것이지만, 또한 객관적인 내용을 지닌다. 이른바 "선천지학先天之學은 심법心法이다. 그러므로 도식은 여기에서 생겨나는 것이니, 온갖 변화와 일들은 마음에서 생겨나는 것이다"9)라는 것에서 선천상수학은 관념적으로 창조된 선험적 형식이라 볼 수 있는데, 이는 주관에 의해 창조된 것이 아니다. 수학 속의 개념도 물론 마음의 산물이지만, 그것의 대상은 또한 객관이다. 그것에는 실제로 객관적인 내용이 있고, 그것은 수학 개념의 형식으로 우주의 구조와 도식을 표현하였다. 이 체계 가운데 최고의 개념은 태극이다. 왜냐하면 그것이 선천학의 출발점이 되기 때문이다. 이른바 '하나가 나누어져 둘이 된다'(一分爲二)는 양분법에서 하나란 바로 태극이다.

우주론의 측면에서 말하자면 태극은 음양이 아직 나누어지기 전의 기이며, 우주의 본원이다. 소옹은 태극이 나뉘어 양의가 세워진다고 하였는데, 아울러 여기에서 사상四象과 팔괘八卦가 생겨나며 또한 팔괘가 서로 섞인 이후에 만물이 생한다. 음양이란 태극이 이미 분화된 것이다. 태극음양의 위에 다시 무극이라고 하는 것은 없기 때문에 이는 주돈이와 완전히 다르다.

무극 이전에 음기는 양기를 함유하고 있고, 상象이 있은 후 양기에서 음기가 나뉜다. 음기는 양기의 어머니이고, 양기는 음기의 아버지이다. 그러므로 어머니가 장남長男을 잉태를 하는 것은 복괘復卦에 해당하고, 아버지가 장녀長女를 낳는 것

---

9) 『觀物外篇』, "先天之學, 心法也. 故圖皆自中起, 萬化萬事, 生乎心也."

은 구괘姤卦에 해당한다. 이러한 까닭에 양은 복괘에서 시작하고, 음은 구괘에서 시작한다.10)

여기에서 무극은 시간과 공간의 개념이며, 무궁하다는 의미를 지닌다. 소옹은 우주가 무한한 대순환이라고 보았다. 즉 태극에서 음양이 나누어져 나왔으며, 음양과 그 열리고 닫힘(闔闢)으로 천지만물을 생성하고, 사물은 생生・장長・흥興・쇠衰의 과정을 거쳐 소멸되며 또한 사물은 매우 오래지만 일정한 시간의 과정을 거치게 되는데, 세계가 소진된 후에는 또 다시 시작이 된다는 것이다. 괘상卦象에서 보자면 복괘와 구괘는 음양이 서로 접하고 있는 곳인데, 이것이 기점이자 종점이다.

소옹은 비록 주돈이처럼 형이상학적 본체론은 제시하지 못했지만, 선험적인 수학의 논리체계를 세웠으며, 이 점은 인식론에서 중요한 의의를 가진다. 주희는 주돈이를 리학의 시조라고 숭앙하였고 또 주돈이의 『태극도설』을 한 단계 더 발전시켰지만, 우주발전론에 있어서는 오히려 소옹 학설의 영향을 더욱 크게 받았다.

장재張載는 기본론氣本論의 입장에서 태극을 논하였는데, 태극이란 천天・지地・인人 삼재가 합일된 도라고 하였다.

> 하나의 사물에 두 가지 체體가 있으니, 그것은 태극을 말하는 것이 아니겠는가! 음양은 천도天道인데 상象을 이루는 것이며, 강유剛柔는 지도地道인데 그것을 본받는 것이며, 인의仁義는 인도人道인데 성性을 확립하는 것이다. 삼재三才를 두 번 겹치니 건곤乾坤의 도가 아닌 것이 없다. 역易은 하나의 사물이지만 삼재이고, 천・지・인은 하나이다.11)

---

10) 『觀物外篇』, "無極之前, 陰含陽也, 有象之後, 陽分陰也. 陰爲陽之母, 陽爲陰之父, 故母孕長男而爲復, 父生長女而爲垢, 是以陽始於復, 陰始於垢也."

하나의 사물에 두 가지 체가 있다는 '일물양체설一物兩體說'은 장재의 중요한 사상이며, 뒤에서 다시 상세하게 논의할 것이다. 여기에서 이른바 태극이란 음양 등 대립되는 것이 통일된 것이자 자연과 인간이 함께 따라야 하는 근본 법칙임을 가리킨다. 그는 삼재가 하나의 도가 됨을 특히 강조하였는데, 이는 태극이 태화太和의 원기元氣이며 천지인을 관통하는 보편적인 존재라는 것을 설명하는 데 그 의도가 있다. 그가 말한 물物은 하나의 사물에 두 가지 체가 있는 사물이자 기氣이다. 이 때문에 우주론적 측면에서 말하자면 장재가 말한 태극은 두 가지 대립적 속성을 지닌 통일 물질이다. 즉 '태화지기太和之氣'인 것이다. 그러나 이는 일반적인 우주생성론을 말하는 것뿐만이 아니라, 본체론에서 천·지·인을 모두 포괄하고 있는 자연계의 최고 범주이다.

통틀어 말하자면, 정주程朱 이전에 태극·음양은 기라는 의미에서 이해되고 사용되었다. 주돈이는 무극을 제시하였고 소옹은 상수학을 말하였는데, 이는 그들이 과도기의 인물이었다고 할 수 있다. 이정二程은 태극을 논하지 않고 이를 대신하여 리理를 논하였다. 이정은 상수학을 아예 던져버리고, 무無와 기氣를 근본으로 하는 학설도 비판하였다. 이에 리는 최고의 본체로 설정되었고, 주돈이의 태극과 장재의 태허太虛는 모두 철저하게 부정되었다. 정이程頤는 다음과 같이 말하였다.

> 리가 있은 후에 상이 있으며, 상이 있은 후에 수가 있다.『주역』은 상을 통해 리를 밝히는 것이며, 상에서부터 수를 알 수 있는 것이다. 그 뜻을 얻었다면 상수는 그 속에 있는 것이다. 상象의 은미함을 궁구하고 수數의 단위를 극진히 하고자

---

11)『橫渠易說』,「說卦」, "一物而兩體者, 其太極之謂歟! 陰陽天道, 象之成也, 剛柔地道, 法之效也, 仁義人道, 性之立也, 三才兩之, 莫不有乾坤之道也. 易一物而三才, 天地人一."

하는 것은 세류世流를 찾아 말단이나 좇는 것으로, 방술가들이나 숭상하는 것이지 유학자가 힘쓸 것은 아니다.12)

이것은 소옹의 상수학에 대한 비판일 뿐만 아니라 주돈이의 우주론에 대한 부정이기도 하다. 이정은 태극음양은 말하지 않았지만, 도와 음양에 대해서는 논하였다. 이것은 사실 주희의 태극음양설을 향하는 중간자 역할을 한 것이다. 이정의 제자인 양시楊時는 도가 태극이라는 사상을 제기하였으나, 그는 극極을 중中으로 해석하였다. 그리고 본체론적 측면에서 '태극이 양의를 생한다'는 명제를 해석하여 "이미 태극이 있다면 곧 상하가 있으며, 상하가 있다면 좌우와 전후가 있고, 좌우와 전후의 사방이 있으면 사유四維가 있으니, 이 모두는 자연의 리이다"13)라고 말하였다. 이것은 '체용일원體用一源'의 사상을 밝힌 것이며, '사유'는 공간적 존재로서 '대중大中'의 리가 있는 것이다. 이 이후 이동李侗과 주희는 '태극이 움직여 양을 생한다'는 문제를 해석하여 이것은 다만 리를 따르는 것이라 하였는데, "지극한 리의 근원은 다만 움직임과 멈춤, 열리고 닫히는 것일 따름이다. 만물이 끝이 나고 시작하는 것 역시 다만 이 리가 하나로 관통하고 있을 따름이다"14)라고 하였다. 이 역시 본체론에 대한 언급이다.

---

12) 『二程集』,「文集・答張閎中書」, "有理而後有象, 有象以後有數. 易因象以明理, 由象而知數. 得其義, 則象數在其中矣. 必欲窮象之隱微, 眞數之毫忽, 乃尋流逐末, 術家之所尙, 非儒者之所務也."
13) 『宋元學案』, 권25, "旣有太極, 便有上下, 有上下便有左右前後, 有左右前後四方, 便有四維, 蓋自然之理也."
14) 『延平答問』, "至理之源, 只是動靜闔闢. 至於終萬物, 始萬物, 亦只是此理一貫."

2. 남송시대

주희는 처음으로 태극음양을 우주본체론의 근본 개념으로 확립하였으며, 이것과 리기를 결합시켜 계통적으로 설명하기 시작하였다. 주희의 우주론의 기본 범주인 리기는 총괄적인 설명방식이며, 그 가운데 구체적인 리와 구체적인 사물의 관계를 포함하고 있다. 전체 우주론에서 말하자면 이 보다 높은 차원의 개념이 있는데, 그것이 바로 태극과 음양이다. 주희가 이 개념을 제시한 까닭은 바로 우주론의 근본 문제를 해결하기 위한 것이며, 자신의 전체 학술체계를 위해 최고의 원칙을 확립한 것이다.

주희는 리에도 차원이 있다고 생각하였다. 즉 사물마다 각기 리가 있으며, 많은 리가 있기에 많은 사물이 존재할 수 있다는 것이다. 그러나 천지만물의 리는 하나의 리로 합해지는데, 이것이 바로 태극이다. 주희는 "천지만물의 리를 총괄하는 것이 바로 태극이다"15)라고 하여, 태극은 온갖 리의 전체이자 총괄적인 이름이라 하였다. 태극은 분할할 수 없는 전체이며, 보편적이고 초월적인 절대이다. 태극은 사물과 대응하지 않는 지극한 리이므로 "만화(萬化)의 근원이 되는 것이자 온갖 품물의 지도리(樞紐)이다."16) 여기에서 그는 태극에 우주 전체라는 의미는 물론 초월적 절대성을 부여하였다. 그것과 상대되는 것은 음양이다. 음양의 기는 만물을 구성하는 구체적인 재료가 아니며, 오행과 같은 것이 기의 가장 기본적인 형태가 된다. 태극과 음양은 비록 리기관계이지만, 그것은 리기보다 더 고차원적인 관계를 가지고 있다. 태극음양은 우주의 모식과 그 물질 실체에 대한 관계이며, 태극이 음양을 결정하는 것이다.

---

15) 『朱子語類』, 권94, "總天地萬物之理, 便是太極."
16) 『太極圖說解』, "萬化之根底, 品彙之樞紐."

> 태극은⋯⋯ 음양을 떠나 있는 것이 아니다. 음양과 함께 있으면서 그 본체를 가리키는 것으로, 음양을 섞어서 말하는 것은 아니다.[17]

　태극은 음양의 체體로서 우주의 법칙이자 우주의 본원이다. 음양은 태극의 용用으로서 태극의 리에 근거하여 만물을 화생하는 것이다. 태극이 없으면 음양도 없는데, 태극은 음과 양이 되게 하는 까닭(所以)이다. 태극은 또 무한히 잠재된 역량이며, 음양은 그것을 실현하는 것이다. 즉 이 양자는 잠재와 실재의 관계인데, 주희는 양자가 서로 떨어지지도 않고 서로 섞이지도 않는(不離不雜) 리기의 관계임을 강조하였다.
　주돈이에게는 태극이 음양을 생한다는 사상이 있는데, 주희가 태극을 리 본체로 바꾼 다음 비록 태극이 음양을 생한다고 말하고는 있으나, 이는 생성의 관계에서 말한 것이 아니라 체용의 관계에서 말하였으며, 이것은 생성론이 아닌 본체론의 철학이다. 그는 태극이란 '하늘이 하는 일은 소리도 없고 냄새도 없는'(上天之載 無聲無臭) 무형의 리일 따름이며, '태극에 동정動靜이 있는 것은 천명天命이 유행하는 것'이기에 태극은 음양을 통해서 실현된다고 하였다. 음양의 기가 동정하고 유행할 수 있는 까닭은 리에서 말미암은 것이지만 태극에서부터 생겨난 것은 아니다.

> 그 드러난 것을 보면 동정動靜은 때를 같이 하지 않고 음양은 위位를 같이 하지 않지만 태극은 거기에 없었던 적이 없었다. 그 은미한 것에서 보자면 비어 있는 것 같아 조짐이 없으나 동정과 음양의 리는 그 속에 이미 갖추어져 있다. 비록 그 이전까지 미루어 보더라도 그 처음 합하는 것을 볼 수 없고, 그 이후까지 미루어 보더라도 그것이 끝내 떠나는 것을 볼 수 없다.[18]

---
17) 『朱子語類』, 권94, "太極……非有離乎陰陽也. 卽陰陽而指其本體, 不雜乎陰陽而爲言也".
18) 『朱子語類』, 권94, "自其著者而觀之, 則動靜不同時, 陰陽不同位, 而太極無不在焉. 自

태극과 음양은 시종 서로 떨어지지 아니하지만, 태극이 본체론적 존재가 되는 것을 막지 못한다. 또 태극에는 음양과 동정의 리가 있기 때문에 비로소 음양과 동정이 만물을 화생할 수 있는 것이다. 그러므로 주희가 말한 '생한다'(生)는 것은 다만 논리적 측면에서 무엇이 근본이 되는가를 말한 것이지, 태극의 리가 정말 음양을 생한다고 말한 것은 아니다. 그는 또 다음과 같이 말하였다.

> 예를 들어 '역易에 태극이 있고 이것이 양의兩儀를 낳는다'는 것은 실리實理가 있는 것에서 말한 것이다. 만약 그 생生을 말하자면 모두가 생겨난 것으로 태극은 음양 속에 원래 들어 있는 것이다. 그러나 그 차례를 말하자면 모름지기 이 실리가 있은 다음 비로소 음양이 있는 것이지만 그 리는 하나이다. 비록 사물에 드러나는 것에서 볼 때 음양이 태극을 함유하고 있지만, 그 근본을 미루어 보면 태극이 음양을 생하였다.19)

생성론의 측면에서 생을 말하자면 모두가 생겨난 것으로 태극이 음양을 생하였다고는 말할 수 없는데, 이것은 분명하여 쉽사리 이해할 수 있다. 만약 논리적인 차례에 근거하여 말한다면 먼저 태극이 있은 후 음양이 있다는 것이다. 이른바 '그 근본을 미루어 본다'는 것은 본체론상 태극이 음양을 생한다고 말한 것이다. 이는 분명 생성론으로 논한 것이 아니라 무엇이 근본이 되는가를 말한 것이다. 주희의 우주본체론은 여기에서 그 의미를 분명하게 드러내고 있다.

其微者觀之, 則沖穆無朕而動靜陰陽之理, 已悉具於其中矣. 雖然, 推之於前而不見其始之合, 引之於後而不見其終之離也."
19) 『朱子語類』, 권75, "如易有太極, 是生兩儀, 則先從實理處說. 若論其生則俱生, 太極依舊在陰陽裏. 但言其次序, 須有這實理, 方始有陰陽也, 其理則一. 雖然, 自見在事物而觀之, 則陰陽函太極, 推其本, 則太極生陰陽."

태극은 음양이 되게 하는 까닭(所以爲陰陽)이지만, 소이연所以然은 또한 본체론에서 '그렇게 하도록 하는 것'(使之然者)이다. 음양이 만물을 화생할 수 있는 까닭은 본체의 도인 태극이 그렇게 하도록 하는 것이다. 그러므로 주희는 "옛날부터 지금까지 이와 같이 흘러온 것은 다만 음양일 따름인데, 무엇이 반드시 그렇게 되도록 하였겠는가? 그것은 바로 도이다"[20]라고 하였다. 태극은 결코 음양의 바깥에서 음양을 추동하는 것이 아니라 음양 속에서 그것을 주재하는 것인데, 이렇게 되면 차라리 잠재적 동력이라고 하는 편이 좋을 것이다.

> 이른바 태극이란 것은 음양 속에 있는 것이며, 이른바 음양이란 다만 태극 속에 있는 것이다. 그런데 지금 사람들이 음양에 앞서서 따로 형체나 그림자가 없는 태극이 있다고 하니 이는 옳지 않은 것이다.[21]

이는 주희가 음양의 바깥에 따로 태극의 본체를 설정하는 것에 대해 반대하였다는 것을 설명해 준다. 그러나 형이상학적 관점에서 보자면 반드시 음양은 태극 속에 있다고 말해야 한다. 즉 태극은 우주의 총체적 규율이 실체적 존재로 바뀐 것이다. 이러한 설명은 하나의 큰 문제를 안고 있는데, 그것은 태극이 우주의 총체적 규율에서 실체적 범주로 바뀐 후 음양은 태극의 작용 및 그 결과가 되었다는 것이다. 그러나 본연지묘本然之妙는 다만 기 위에 올라타 있어야 하고, 태극은 반드시 음양 위에 올라타 있어야 비로소 작용을 일으킨다고 인정하였다. 이렇게 되면 두 가지 실체가 있게 된다. 관념적 실체와 물질적 실체는 비록 체용의 관계이기는 하지만 완

---

[20] 『朱子語類』, 권74, "從古至今, 恁地滾將去, 只是箇陰陽, 是孰使之然哉? 乃道也."
[21] 『朱子語類』, 권95, "所謂太極者, 便只在陰陽裏, 所謂陰陽者, 便只在太極裏. 而今人說陰陽上面, 別有無形無影底物是太極, 非也."

전히 통일된 것은 아니다.

이것이 바로 주희의 우주론에 있는 모순이다. 우주 발생과 천지만물의 생성 문제를 논할 때 그는 자신의 본체론적 관점을 끝까지 견지하지 않았다. 오히려 이와 반대로 그는 심지어 태극은 기이며, 천지와 만물은 태극의 기가 음양·오행으로 나뉜 다음 서로 섞여서 이루어진 것이라 주장하였다.

> 만물·사시·오행이 되는 것은 다만 저 태극에서 온 것이다. 태극은 다만 하나의 기인데, 연달아 이어진 기가 두 개의 기로 나뉘고 이 안에 움직이는 것은 양이 되고 멈춘 것은 음이 되었다. 이것이 또 다섯 기운으로 나뉘어 만물에 흩어지게 되었다.22)

태극이 이미 기라면 그것은 물질적 실체이지 형이상학적 존재가 아니다. 그는 어떤 때는 태극을 '혼륜渾淪되어 아직 나누어지지 않은 기'라고 하였는데, 이 기가 움직여 양을 낳고 멈추어 음을 낳아 음양의 양의를 생하였고 음양은 또 조화의 근본이 된다고 하였다. 어떤 학자는 이것은 "근본은 하나이지만 두 가지로 구분되는 것"23)이라고 하였다. 여기에서 말한 주희의 논의는 분명 도리는 있지만, 전체 학문에서 살펴보면 주희에게는 모순되는 점이 있다. 리와 기는 두 가지 대립되는 개념이다. 그가 태극을 리라고 할 때, 태극은 음양을 생하며 리는 기를 생한다는 우주본체론을 제시하였다. 그러나 그가 태극을 기라고 할 때는 우주생성론을 말하였다. 이 양자가 비록 동일한 문제는 아니지만, 연관성은 있다. 문제는 그가 양자를 통일시키지 않았다는 것에 있다.

---

22) 『朱子語類』, 권3, "做這萬物四時五行, 只是從那太極中來. 太極只是一個氣, 迤邐分做兩個氣, 裏面動底是陽, 靜底是陰. 又分做五氣, 又散爲萬物."
23) 錢穆, 『朱子新學案』 第1冊, 「朱子論陰陽」, "一體而兩分."

또한 바로 이 관점에서 출발하여 주희는 우주생성의 과정을 자세히 설명하고 있다. 그는 "처음 천지의 사이는 다만 음양의 기가 있었을 따름"24)이라고 하였는데, 일기一氣가 운행하여 음양과 동정으로 나뉘고 이것이 서로 엇섞여 일월성신日月星辰을 만들어 내며, 결국에는 지구가 생성되었다는 것이다. 그는 또한 지질과 지형 등 풍부한 과학적 지식으로 이를 논증하였다. 그리고 생물과 인간의 진화에 관해서는 '기화氣化'와 '형화形化'라는 두 개념으로 설명하였다.

하지만 주희는 형이상학을 확립한 성리학자이다. 전체 개념적 체계에서 말하자면 태극과 음양은 이미 체용관계이자 형이상과 형이하의 관계이다. 그는 이 두 가지를 결합시켜 일련의 우주본체론을 구성하였다. 그러나 음양을 본체로 삼거나 태극을 기로 여기는 그의 학설은 오히려 그의 전체 철학적 구조를 허무는 요소가 되었으며, 아울러 후대의 기학자들이 이를 이용하거나 발전시키게 된다.

심학자 육구연은 주희의 태극음양설을 인정하지 않았다. 그리하여 두 사람 사이에는 격렬한 논쟁이 펼쳐졌는데, 논쟁의 중심 주제는 '무극태극설'이었다. 주희는 '무극이태극無極而太極'을 '형체는 없으나 리는 있다'(無形而有理)는 것으로 해석하였다. 이는 주돈이의 사상을 개조한 것인데, 이 과정에서 두 가지의 중요한 변형이 있었다. 학술사의 입장에서 볼 때 이것은 하나의 발전이라 할 수 있다. 육구연은, '무극이태극'은 도가의 학설이며 태극 위에 무극이라는 것을 다시 올려놓을 수 없다고 생각하였다. 육구연의 관점에서 태극은 '지극지리至極之理'가 아니라, '대중지도大中之道'였다. 즉 도가 음양이므로 태극이 곧 음양이고, 태극과 음양을 형이상과 형이하

---

24) 『朱子語類』, 권1, "天地初間, 只是陰陽之氣."

로 구분할 수 없었던 것이다. 그가 말한 형이상은 주희와는 완전히 다르다.25) 그러나 이것은 육구연이 소이연의 리가 형이상이 된다는 것을 부정했다는 것을 의미하지는 않는다. 이 때문에 그는 다만 '마음이 곧 리이다'(心卽理)라고 하였지, 마음이 곧 태극이라고는 하지 않았던 것이다. 육구연 역시 우주에 관해 논하였다.

> 태극이 나누어져 음양이 되니 음양이 곧 태극이다. 음양이 베풀어져서 오행이 되니 오행이 곧 음양이다. 이것이 온 우주를 가득 채우고 있는데, 어디로 간들 오행이 아니겠는가!26)

육구연은 태극이란 음양·오행이 아직 나누어지지 않은 기이며, 음양 오행은 천지만물을 구성하는 물질적 실체라고 생각하였다. 이는 그가 천지만물은 사람의 마음에서 창조된다고 여기지 않았음을 설명하는 것이다. 그의 우주론은 '존재란 감지되는 것 또는 생각할 수 있는 것'이라는 주관적 관념론이 결코 아니다. 그러나 그는 주체와 객체, 마음과 사물의 동일성을 절대화시키면서 마음이 곧 우주라는 심즉리(心卽理)의 학설을 내놓았는데, 이는 그가 마음을 태극으로 삼았음을 설명하는 것이다.

진순陳淳은 처음으로 '마음이 태극이다'(心爲太極)라는 학설을 주장하였다. 그는 "마음이 태극이 된다고 하는 것은 다만 온갖 리理가 내 마음에 모여 있고, 이 마음에 혼륜渾淪된 것이 하나의 리일 따름이다"27)라고 말하였다. 즉 마음은 혼륜된 하나의 리이지 결코 기를 가리키는 것이 아니며,

---

25) 이 책 '제2장 道와 器' 부분을 참조.
26) 『象山全集』, 「大學春秋講義」, "太極判而爲陰陽, 陰陽卽太極也. 陰陽播而爲五行, 五行卽陰陽也. 塞宇宙之間, 何往而非五行!"
27) 『北溪字義』, 「太極」, "謂心爲太極者, 只是萬理總會於吾心, 此心渾淪是一箇理耳."

리를 말하면 곧 기도 있으므로 이를 나누어 말할 필요가 없다는 것이다. 혼륜이란 모든 것을 포괄하는 전체이며, 만물의 리가 모두 마음속에 있다는 것이다. 진순이 마음이 태극이라고 말한 것은 마음의 주체적 작용을 강조하는 것이므로 마음과 리를 합일하는 데 이르렀다. 주희에게도 '마음은 음양과 같고, 성性은 태극과 같다'(心猶陰陽, 性猶太極)는 학설이 있어 마음이 곧 태극이라는 학설을 부인한 것은 아니다. 진순이 제시한 이 명제는 태극을 주체관념 속으로 한 단계 더 밀어 넣은 것이다.

이 이후 위료옹魏了翁은 한 걸음 더 나아가 '인심人心이 천지의 태극이 된다'(人心爲天地之太極)라는 명제를 제시하였다. 이는 객관적 개념을 주관적 개념으로 바꾼 것이며, 주체가 곧 본체라는 것이다. 이러한 주객합일의 태극관은 다만 본체론에서 말하는 것이고, 음양과 천지만물에 대해서는 여전히 객관성을 지니고 있는 것이다. 그러나 그는 주체관념과 주체의식의 창조적 작용을 인정하고 있다.

3. 원명시대

원대元代의 학자인 허형許衡은 태극에는 상대가 없다(無對)고 하였으며, 태극의 리를 절대적 본체로 여겼다. 이 밖에도 그는 태극이 일원一元의 기이며 나누어져 음양이 되고, 음양은 천지만물의 근본이 된다고 생각하였다. 즉 태극과 음양은 일기이지만 두 가지로 구분되는 관계이다. 다만 한 번 음이 되고 한 번 양이 되는 도道가 비로소 태극 이전에 존재하는 형이상자인 것이다. 이에 그는 "태극 이전에 이 도가 홀로 독립해 있었고, 도가 태극을 낳았다. 세 가지를 합하여 하나가 되게 하였는데, 하나의 기가 나누어지자 천지가 자리를 잡았다"[28]라고 하였다. 이는 그의 우주론이 태극을 기로 여기는 주희의 관점을 받아들였지만, 태극 위에 하나의 본체인 도를 설정하여 태극은 이제 최고 범주가 아니라는 것을 설명한다. 이는 어느 정도 태극음양의 범주에 나타나는 주희 철학의 모순을 극복하였지만, 동시에 리본체론을 옹호하였으므로 더욱 큰 모순을 표출하고 있다.

허형은 또 마음은 만물을 주재하고 만사를 통일하는 일이관지一以貫之의 도라고 하여 주체적 관념과 객관적 본체를 결합하려 하였다. 이 관점은 오징吳澄을 거치면서 한 단계 더 발전하였다. 오징은 한편으로 주희의 태극설을 옹호하여 태극이 음양을 생한다는 주희의 관점은 "마치 음이 되고 양이 되는 것을 일컬었을 따름이지, 바깥에서 생한 것은 아니다"라고 하였으며 이는 매우 정밀精密한 것이라 하였다. 동시에 그는 '태극은 리기와 상수가 섞여 있어 아직 나누어지지 않은 것을 이름한 것'이라는 관점을 비판하여 태극이 형이상의 리가 됨을 인정하였는데, 이는 천지만물의 통회統會라 하였다. 다른 한편에서 그는 마음이 태극이라고 주장하여 "그 체體는 도道이고, 그 용用은 신神이다. 하나가 참되게 주재하고 온갖 변화의 기준이 되니, 이와 같은 마음이 태극이 된다"[29]라고 하였다. 이는 곧 온갖 변화를 주재하는 마음이 태극이라는 말이다. 이러한 논의에 근거하면 그는 태극을 주관적인 것으로 보았다.

진헌장陳獻章에 이르면 다시 무극의 문제를 제기하게 되는데, 그는 자아의 초월적인 마음(心) 즉 주체정신이 우주를 주재하는 것이라고 하였다. 그는 사물과 나, 안과 밖, 형이상과 형이하를 하나로 만들어 주체와 객체의

---

28) 『魯齋遺書』, 「稽千古文」, "太極之前, 此道獨立, 道生太極, 函三爲一, 一氣旣分, 天地定位."
29) 『吳草廬集』, 「放心說」, "其體則道, 其用則神. 一眞主宰, 萬化經綸, 夫如是心, 是爲太極."

경계를 완전히 없애버렸다. 어떤 사람들은 진헌장이 육구연의 사상을 계승한 것이라 하는데, 육구연은 결코 무극에 대해 언급하지 않았다. 하지만 진헌장은 무극을 마음의 본체로 삼았는데, 이는 분명히 육구연과 구별되는 점이다. 여기에서 무극은 곧 태극인 것이다.

왕수인王守仁은 태극을 양지良知로 대체하였다. 그에게 있어서는 양지가 우주의 본체이므로 더는 태극을 언급할 필요가 없었다. 즉 객관화된 관념적 실체는 다시 주체 자신에게로 되돌아갔으며, 태극은 주체 이외의 객관적 실체가 아니라 보편적이고 절대화된 주체적 관념이자 마음의 태허太虛이다.

> 양지의 허虛가 곧 하늘의 태허이며, 양지의 무無가 태허의 무형이다. 해와 달, 바람과 천둥, 산과 하천, 백성과 사물이 모양과 형색을 지니고 있는데, 이는 모두 태허의 무형 가운데에서 유행하여 나온 것이다.…… 천지만물은 모두 내 양지의 발육發育과 유행流行 속에 갖추어진 것이다.30)

즉 양지는 절대적 본체로서 태극의 성질과 작용을 모두 지니고 있으며, '텅 비고 아득하여 조짐이 없는 것'(沖漠無朕) 가운데 일체를 갖추고 있다는 것이다. 그것은 조화의 정령精靈이자 사물과 대응하는 것이 없는 것이다. 다만 그것은 주체를 떠나 존재할 수 없으며, 인심人心의 영명靈明함일 따름이다. 물아일체物我一體라는 관점에서 볼 때 나의 양지가 없다면 천지만물도 존재하지 않는다. 인심人心과 천지天地는 일체一體인데, 양지는 본체이자 원래부터 안팎이 없는 것이다. 바로 이 때문에 그것은 만물의 본체가 될

---

30) 『傳習錄』, "良知之虛卽天之太虛, 良知之無便是太虛之無形. 日月風雷山川民物, 凡有貌象形色, 皆在太虛無形中發用流形.……天地萬物俱在我良知的發育流行中."

수 있으며, 나의 양지가 곧 천지만물의 태극인 것이다. 이것은 태극을 완전히 주체화시킨 것이다.

왕수인은 마음(心)을 우주본체의 차원까지 끌어올려 태극의 위치를 대체하였다. 태극과 음양과의 관계에 있어서 그는 주돈이의 '태극이 음양을 생한다'는 학설을 '진실로 올바르게 본 것이 아니며, 또한 병통이 있음을 면치 못한다'라고 비판하였다. 그는 주희처럼 태극과 음양은 리기의 관계이며, 그것을 섞어 하나로 할 수 없다고 생각하였다.

> 태극의 생생지리生生之理는 쉼 없는 묘용(妙用無息)이며, 변함이 없는 항상된 체(常體不易)이다. 태극의 생생生生이 곧 음양의 생생인데, 그 생생 가운데 나아가 쉼없는 묘용을 가리켜 움직임이라 하고 양陽이 생한다고 하니, 움직인 이후에 양이 생하는 것은 아니다. 그 생생 가운데 나아가 변함이 없는 항상된 체를 가리켜 멈춤이라 하고 음陰이 생하는 것이라고 하니, 멈춘 이후에 음이 생하는 것은 아니다. 만약 멈춘 다음에 음이 생하고 움직인 다음에 양이 생한다면 음양과 동정은 완전하게 나누어져 각자가 하나의 사물이 될 따름이다. 음양은 하나의 기이며, 하나의 기가 움츠리고 펼쳐져 음양이 되는 것이다. 동정은 하나의 리이다. 일리一理의 은미함과 드러남이 동정이 된다.[31]

여기에서 상체불역常體不易의 체와 묘용무식妙用無息의 용은 마치 음양을 체용으로 구분하는 것 같지만 실제로는 음의 멈춤에서 태극의 체를 보고 양의 움직임에서부터 태극의 용을 본다는 것으로, 결코 태극이 동정을 체용으로 삼는다는 것은 아니다. 이것은 이미 객관적 자연계의 태극음양을

---

31) 『傳習錄』, "太極生生之理, 妙用無息而常體不易. 太極之生生, 卽陰陽之生生, 就其生生之中, 指其妙用無息者而謂之動, 謂之陽之生, 非謂動而後生陽也. 就其生生之中, 指其常體不易者而謂之靜, 謂之陰之生, 非謂靜而後生陰也. 若果靜而後生陰, 動而後生陽, 則是陰陽動靜, 截然各自爲一物矣. 陰陽一氣也, 一氣屈伸而爲陰陽. 動靜一理也, 一理隱顯而爲動靜."

말한 것이자 주체적 관념의 본체론적 존재 및 그 작용을 말한 것이다. 그는 비록 양지가 태극이라고 말한 적이 없지만 양지가 천리天理임은 말하였다. 천리란 곧 태극의 리인 것이다. 양지와 기의 관계에 대해 그는 이 두 가지를 나눌 수 없다고 하였다.

> 무릇 양지는 하나이다. 그 묘용妙用으로 말하자면 신神이라 일컫고, 그 유행流行으로 말하자면 기氣라고 하며, 그 응취하는 것으로 말하자면 정精이라 하니 어찌 형상과 방소로 구할 수 있겠는가? 진음지정眞陰之精은 진양지기眞陽之氣의 어머니이고, 진양지기는 진음지정의 아버지가 된다. 음은 양에 뿌리를 두며, 양은 음에 뿌리를 두기에 이는 또한 두 가지가 아니다.[32]

마음은 그 현실적인 측면에서 말하자면 하나의 물질적 실체이기에 음양과 서로 분리될 수 없음은 이미 결정된 것이다. 그러나 그 본체의 측면에서 말하자면 이 또한 관념적 실체이며 자아를 초월하는 절대이다. 이것은 시작도 없고 끝도 없는 절대이며, 음양을 떠나 존재할 수 없다. 혹자는 그것은 인심의 영명靈明이라 하는데, 실체 개념은 다시 속성화되어 관념적 실체이자 물질적 실체의 속성이 되어 버렸다. 이는 왕수인이 비록 양지와 음양을 마음에서 통일하여 체와 용을 둘로 여기는 주희 학설의 모순을 극복하였지만, 다시 새로운 모순을 만들어 낸 것이다.

이 점은 왕수인 스스로도 알고 있었다. 이 때문에 그는 마음은 체體가 없고 만물이 체가 된다는 사상을 제기하였다. 이는 주희의 '태극은 체가 없으며 음양이 체가 된다'는 사상과 매우 유사하다. 그러나 주희는 객관적

---

[32] 『傳習錄』, "夫良知一也. 以其妙用而言謂之神, 以其流行而言謂之氣, 以其凝聚而言謂之精, 安可以形象方所求哉? 眞陰之精即眞陽之氣之母, 眞陽之氣即眞陰之精之父. 陰根陽, 陽根陰, 亦非有二也."

자연계에 대해 말한 것이고, 왕수인은 주체와 객체의 관계에서 말한 것이다. 그래서 그는 "마음은 체가 없고 천지만물에 감응하는 시비是非를 체로 삼는다"33)라고 말하였다. 그의 '마음 바깥에 사물이 없다'는 관점에 비추어 볼 때 사물은 양지를 체로 삼는다. 그런데 여기에서 오히려 양지는 만물을 체로 삼는다고 하였는데, 이것은 양지가 선험적인 것도 아니며 순수하게 주관적인 것도 아니라는 것을 의미한다. 그는 물질을 존재의 근거로 삼은 것이다. 이 밖에 그는 사람과 사물은 일기一氣가 유통流通한 것이고, 이렇게 일기가 유통한 것이 음양이라고 하였다. 즉 만물뿐만 아니라 사람 역시 일기가 유통된 결과이며, 양지 역시 일기가 유통된 결과라는 것이다.

그러나 왕수인이 주체성 사상을 제기한 것은 오히려 중요한 의미가 있다. 즉 어떠한 우주론의 개념이라도 우주와 자연계를 인식하고 기술하는 부호이며, 사유의 추상적 산물이라는 것이다. 따라서 이것은 관념적 존재이고 주체의식이나 주체관념을 떠나서는 존재할 수 없다. 이러한 의미에서 말하자면 어떠한 개념이든 주관성을 가지는데, 이것은 주관과 객관의 통일이다.

우주의 본체가 무엇인가 하는 것은 분명 형이상학적 문제이다. 주희는 태극의 리가 세계의 근원이라고 하였는데, 이는 그 객관성을 강조한 것이다. 그러나 이 역시 마찬가지로 주체관념을 벗어날 수 없는데, 세계에 대한 어떠한 기술이라도 반드시 사유 형식과 구조를 필요로 하기 때문이다. 이러한 까닭에 주체를 떠나서는 세계와 그 근원에 대한 문제를 궁구하는 것은 조금도 의의가 없는 것이다. 왕수인은 양지를 세계의 근원이라고 하여 주관성을 강조하였는데, 이는 바로 주체성의 원칙을 제창한 것이다. 그러

---

33) 『傳習錄』, "心無體, 以天地萬物感應之是非爲體."

나 개념의 기원이나 그것이 대표하는 의미에 대해 말하자면 그것은 또한 객관적인 것이며, 개념의 주관성은 그것의 순수한 주관적 창조물과 동일하지 않고 순수한 선험적 주관 형식도 아니다. 양지는 순수한 주체관념으로 일단 우주본체로 상정되면 주체성의 일면을 절대화시키게 된다.

왕수인은 양지를 마음의 태허라고 말했지만, 그의 제자인 왕기王畿는 "태극이란 마음의 극極이다"34)라고 명확히 규정하였다. 태극이 또한 양지인 것이다. 왕기는 한 걸음 더 나아가 양지를 조금의 내용도 없는 추상적 형식 즉 허적虛寂의 체로 만들었다. 이는 양지가 곧 허무虛無라는 왕수인의 사상을 극단적으로 발전시킨 것이며, 동시에 자신의 이면으로 나아간 것이다. 태극은 선천先天의 적연지체寂然之體로 비록 보편적이고 절대적인 형식을 가지고 있지만, 오히려 후천後天의 인식에 근거하여 실현할 수밖에 없는 것이다. 사실 이 허적본체란 다른 것이 아니라 기의 영묘함 또는 영기靈氣이다.

> 천지만물을 관통하고 있는 것은 일기一氣일 따름이다. 양지는 기의 영묘함이며, 하늘을 낳고 땅을 낳으며 만물을 낳는 것이다. 이 영기靈氣는 관통하지 않는 바가 없는데, 이를 일컬어 '낳고 낳는 것을 역易이라 한다'고 하는 것이다.35)

어떠한 측면에서 말하든 양지는 특수한 물질이자 물질의 특수한 기능이며, 천하는 다만 일기에 의해 관통되어 있다. 이것은 태극설에 나타나는 왕수인 이론의 모순을 극복한 것이며, 형이상학적 본체론의 문제를 없앤 것과 같다.

---

34) 『王龍溪全集』, 「太極亭記」, "太極者, 心之極也."
35) 『王龍溪全集』, 「歐陽南野文選序」, "通天地萬物一氣耳. 良知氣之靈也, 生天生地生萬物. 而靈氣無乎不貫, 是謂生生之易."

다른 학파인 설선薛瑄과 나흠순羅欽順 등은 태극을 리로 여겼지만, 태극은 음양을 떠나지 않으며 음양의 위에 태극은 없다고 주장하였다. 그러나 그들은 아직 '태극이 곧 기'라는 사상을 주장하지는 않았다. 설선은 비록 주희의 리기불리부잡理氣不離不雜에 대한 이론을 받아들였지만, 동시에 주희 학설의 모순을 간파하였으므로 태극은 곧 음양의 태극이라고 하였다.

태극이면서 무극이라는 것은 곧 주렴계가 음양 가운데 리가 있음을 사람에게 보인 것으로, 사실 음양을 떠난 적이 없었다. 만약 음양의 바깥에 따로 하나의 태극이 있다고 오해한다면 이는 잘못된 것이 것이다.36)

이 말은 "사물이 없었던 그 전이라도 사물이 있었던 이후의 태극이 세워지지 않은 적이 없었고, 음양의 바깥에 있더라도 태극은 음양의 안에서 행하지 않았던 적이 없었던 것이다"37)라는 주희의 말에 대한 해석이지만, 그는 태극이 음양의 바깥에 있는 독립적인 실체라는 것에 대해서는 부인을 하고 있다. 이것은 태극을 실체적 개념에서 속성적 개념으로 발전시킨 것이다. 그는 또한 태극이 음양을 생한다는 학설에도 동의하지 않았다.

원래 천지天地의 마침과 멈춤 이전에도 태극이 이미 갖추어진 것이다. 오늘날 천지의 시작과 움직임에도 태극이 이미 그 가운데서 행하고 있는 것이다. 그러므로 태극은 어떤 때는 멈춤 가운데 있고 어떤 때는 움직임 가운데 있는 것으로, 비록 기가 섞이지는 않았더라도 기를 떠나지 못한다. 만약 태극이 기에 앞서 있다면 그것은 단절이 되어 태극은 허공에 매달린 사물이 되는 것인데, 그것이 기를 생

---

36) 『讀書錄』, "無極而太極, 乃周子指出陰陽中之理以示人, 實未嘗離乎陰陽也. 若誤認陰陽之外別有一物爲太極, 則非矣."
37) 『太極圖說解』, "以爲在無物之前, 而未嘗不立於有物之後, 以爲在陰陽之外, 而未嘗不行於陰陽之中."

겨나게 할 수 있겠는가? 이것이 어찌 움직임과 멈춤에는 단서가 없고, 음양에는 시작이 없다고 말할 수 있겠는가?[38]

움직임과 멈춤에는 단서가 없고, 음양에는 시작이 없다는 말은 우주의 생성과 발전에 있어서 진정한 근원이다. 천지에는 비록 시작과 마침이 있으나 기에는 시작과 마침이 없고, 또 기에는 음양과 동정이 있어서 비로소 동정의 리가 있으니 이것이 이른바 태극인 것이다. 이것은 태극이 음양에 앞서 존재하며 또 음양을 생한다는 관점을 부정한 것이다. 그러나 앞서 말했듯이 주희가 말한 앞서(先) 있다, 생한다(生)는 것은 모두 생성론에서 말한 것은 아니다. 이 점에 대해 설선은 깊이 있는 분석을 하지 못했다. 이 때문에 그는 또 태극이란 "음양에 나아가 그 본체를 가리키는 것이며, 음양을 섞어서 말한 것이 아니다"[39]라고 하였다. 이는 사실 다시 주희의 관점으로 회귀한 것이다.

나흠순羅欽順은 리기위일理氣爲一의 학술체계를 건립하였으므로, 태극·음양의 관계에 대해 비교적 철저한 일원론적 관점을 제시하였다. 그는 음양의 기가 우주의 진정한 실체이며, 음양과 태극의 관계는 실체와 그 작용의 관계라고 분명히 말하였다. 즉 태극은 천지만물의 총체적 규율이라는 것이다.

> 성인이 말하는 태극은 『주역』에 근거하여 말한 것이다. 대개 이는 실체에 나아가 이 리를 가리켜 사람에게 드러내 보인 것으로, 아무것도 없이 공중에 매달아 논의를 세운 것이 아니니 모름지기 자세히 체인體認해야 할 것이다.[40]

---

38) 『讀書錄』, "原夫前天地之終靜而太極已具. 今天地之始動而太極已行. 是則太極或在靜中, 或在動中, 雖不雜乎氣, 亦不離乎氣也. 若以太極在氣先, 則是有斷絶而太極爲一懸空之物, 而能生夫氣矣? 是豈動靜無端, 陰陽無始之謂乎?"
39) 『讀書錄』 續錄, "卽陰陽而指其本體, 不雜乎陰陽而爲言耳."

여기에서 실체란 하나의 근본이 되는 기를 가리키는 것이며, 태극은 이 기의 리를 가리키는 것이다. 그러므로 그는 역易이란 양의兩儀와 사상四象, 팔괘八卦의 총명總名이고, 태극이란 온갖 리의 총명總名이라고 하였는데, 여기에서 역이란 기를 가리켜 말한 것이고, 태극이란 리를 가리켜 말한 것이다. 그런데 이것은 결코 두 가지 사물이 아니면서도 또한 합해서 말할 수도 없는 것이다.

무릇 사물은 반드시 두 가지가 있을 때 합한다(合)고 말할 수 있다. 그런데 태극과 음양이 과연 두 가지 사물인가? 이것이 두 가지 사물이라면 그것이 아직 합해지지 않았을 때는 각기 어디에 있단 말인가? 주자는 평생을 리와 기가 두 가지 사물이라 여겼는데, 그 원인은 모두 여기에서 나오는 것이다.41)

즉 우주가 태극과 음양의 합이고 만물은 리와 기의 합이라고 여긴다면 그것은 규율과 실체를 두 가지 독립된 실체로 보는 것으로, 이러한 관념론적 분석은 잘못되었다는 것이다. 더 나아가 태극이 음양을 생하고 리가 기를 생한다는 결론을 내리는 것은 아예 본말을 전도하는 것이라는 말이다. 이에 나흠순은 "감히 묻건대, 고아하게 논의하여 만물이 모두 도에서 생겨났다고 한다면 도는 과연 어느 곳에 있는 것인가? 있는 곳이 분명하다면 깊이 연구할 곳도 분명한 것이다"42)라고 말하였다. 여기에서 도란 곧 태극이다. 나흠순은 보편적이고 절대적인 본체는 존재하지 않는다고 생각하였

---

40) 『困知記』, "聖人所謂太極, 乃據易而言之. 蓋就實體上指出此理以示人, 不是懸空立說, 須子細體認可也."
41) 『困知記』, "凡物必兩而後可以言合. 太極與陰陽果二物乎? 其爲物也果二, 則方其未合之先各安在耶? 朱子終身認理氣爲二物, 其源蓋出於此"
42) 『困知記』附錄, 「答林次崖第二書」, "敢問, 高論以萬物皆生於道, 道果在何處存站? 存站處明白, 鉆出來亦明白矣."

다. 그에게서 태극은 다만 물질운동의 보편적 규율일 뿐이었다.

나흠순이 비록 기본체론을 확립하였지만, 태극이 곧 기라는 사상은 아직 제시하지 못하였다. 그에 비해 나흠순과 동시대의 인물인 왕정상王廷相은 태극이 곧 기라고 단언하였다. 그 역시 태극은 최고의 개념임을 인정하고 있지만, 그 내용이나 함의에서 근본적인 변화가 발생하였다. 왕정상은 다음과 같이 말하였다.

> 태극이란 조화의 지극함을 이름한 것이다. 상象도 없고 수數도 없으나 만물은 그것으로 말미암아 생겨나지 않는 것이 없다. 실제로 이것은 혼돈되어 아직 나누어지지 않은 기이므로 원기元氣라고 한다.[43]

이는 태극을 원기로 여긴 것인데, 본래는 양한 시기 유학자들의 사상이다. 하지만 왕정상은 한대의 우주생성론을 뛰어넘어 생성론과 본체론을 합치하려 했던 것처럼 보인다. 그는 한편으로 태극을 천지가 아직 나누어지기 전의 혼돈된 기이며, 천지와 만물은 모두 이 기에서부터 생성되었다고 말하였다.

> 태극이란…… 그 실재를 구하면 천지가 아직 나누어지기 전 대시大始의 혼돈渾沌・청허淸虛의 기이다.[44]

> 그것이 이르는 바를 알 수 없으므로 태극이라 말하고, 상象으로 드러나지 않으므로 태허라고 한다. 음양의 바깥에 극極이 있다거나 허虛가 있다는 것을 말하는 것이 아니다.[45]

---

43) 『雅述』 上, "太極者, 造化至極之名. 無象無數, 而萬物莫不由之以生. 實混沌未判之氣也, 故曰元氣."
44) 『太極辯』, "太極……求其實, 卽天地未判之前, 大始混沌淸虛之氣是也."

이 역시 우주생성론을 말한 것이다. 왕정상은 태극은 천지만물을 형성하는 혼돈된 상태의 물질 즉 시작도 없고 끝도 없는 음양의 기이며, 태극은 아직 분화되지 않았으므로 태허라고 칭한다고 하였다. 그는 또 "두 기가 감화感化하여 여러 상象들이 드러나고 베풀어지며, 천지만물은 이것에 말미암아 생겨나는 것이니 그것은 실체가 아니겠는가?"46)라고 하였다. 이러한 설명에 근거하면 음양 두 기가 서로 감화하여 만물을 생성하되 태극의 기가 체라는 것이다. 또 만물은 그것에 말미암아 생겨나는 것(所由以生)이지 태극에서부터 생하는 것(由太極而生)이 아니라는 것이다. 그러므로 태극은 만물의 실체가 된다. 이것은 또한 본체론의 문제이기도 하다.

이러한 사상은 사실 장재張載의 학설을 벗어나지 못한 것이다. 왕정상은 태극과 천지만물을 상대적이 두 가지 사물로 보았는데, 태극은 천지만물이 형성되기 이전의 원시 상태이고 천지만물은 태극의 생성 결과이다. 이것은 태허지기가 만물을 화생한다는 장재의 사상과 동일한 사유이다. 장재 이후 주희 등이 '태극은 리이다'라는 학설을 제시하였고, 왕정상은 주희의 학설을 비판하기 위해 태극을 태허지기로 보아 태극에 새롭게 물질적 실체라는 의미를 부여하였다. 따라서 리론理論에서부터 기론氣論으로의 전환이 이루어진 것이다. 왕정상은 "남송 이후 유독 리를 태극이라 말하여 악惡은 기와 관련시켰다.…… 아! 지리하고도 전도된 것이니 어찌 그렇다는 것인가?"47)라고 하였다. 이는 그가 태극을 기라고 보는 입장을 아주 굳게 견지하였으며, 동시에 주희에 대해 비판하고 있는 것임을 보여 주고 있는 것이다. 실제로 왕정상의 기본론氣本論은 본체론의 차원에서 태극을 해

---

45) 『愼言』, 「道體」, "不可知其所至, 故曰太極, 不可以爲象, 故曰太虛. 非曰陰陽之外, 有極有虛也."
46) 『愼言』, 「道體」, "二氣感化, 群象顯設, 天地萬物所由以生也, 非實體乎?"
47) 『太極辯』, "南宋以來, 獨以理言太極而惡涉於氣……嗟呼! 支離顚倒, 豈其然耶?"

석한 것이다.

> 기란 조화의 근본이다. 혼혼渾渾된 것도 있고, 생생生生하는 것도 있으니 이 모두는 도의 체이다. 생하면 하늘이 있으므로 시작도 있고 마침도 있다. 그러나 혼연된 것이 우주를 가득 채우고 있을 때에는 흔적도 없고 자취도 없어서 그 시작도 볼 수 없는데, 어찌 그 마침을 알 수 있겠는가? 세상의 유학자들은 다만 기화氣化만을 알고 기본氣本을 모르니, 이는 도와 멀리 있는 것이다.[48]

혼혼이란 기가 아직 나누어지기 전의 물질적 실체이며, 생생이란 기가 분화되어 만물을 생성한 물질적 실체이다. 그러나 이 두 가지는 도의 본체(道之體)이다. 왕정상의 기본체론은 바로 리본체론을 부정하기 위한 것이었다. 그러나 그는 본체론과 생성론 그리고 구성론을 구별하지 않았기 때문에 그의 기본체론은 명확하지 않았다. 이러한 임무는 왕부지王夫之에 의해 완성이 된다.

4. 명말청초

유종주劉宗周는 주희의 우주론을 비판적으로 계승하여 음양의 기를 실체로 삼고, 태극은 일기가 유행하는 기능의 모식模式이라 하였다. 사실 이는 태극이 만물의 본체가 된다는 주희의 이론을 비판한 것이다.

---

[48] 『愼言』, 「道體」, "氣者, 造化之本. 有渾渾者, 有生生者, 皆道之體也. 生則有天, 故有始有終. 渾然者充塞宇宙, 無迹無執, 不見其始, 安知其終? 世儒止知氣化, 而不知氣本, 皆於道遠."

한 번 음이 되고 한 번 양이 되는 것을 도라 한다는 것이 바로 태극이다. 천지간에는 일기一氣가 있을 따름인데, 리가 있은 후 기가 있는 것은 아니며 기가 세워진 후에 리가 그것에 의탁하고 있는 것이다. 형이하 가운데 형이상자를 가리켜 할 수 없이 한 차원을 높여 지존至尊의 위치에 두니 이를 태극이라 일컫는다. 그러나 실제로는 태극이라고 말할 만한 것이 본래 없는데, 이것이 이른바 무극이면서 태극이라는 것이다.…… 태극의 오묘함은 끊임없이 낳고 낳는 것이니, 양을 낳고 음을 낳고 그리고 수·화·토·금·목을 낳고 만물을 낳는다. 이는 모두 일기의 자연스러운 변화이며, 그것을 합하면 다만 하나의 생의生意일 뿐이니 이것이 조화의 근원이다.49)

유종주는 비록 형이상학에 대한 이론은 있었지만 그 의미는 다르다. 그에게서 태극이란 형체는 없지만 실제로 존재하는 리가 결코 아니며, 다만 일기의 유행·변화이자 끊임없이 낳고 낳는 생의生意이다. 비록 목적성을 지니고 있지만 실제로는 자연계의 유기적 생성의 과정이며, 하나의 기능 또는 모식의 범주로서 실체의 기가 그것의 기초인 것이다. 바로 이 의미에서 태극을 비록 형이상의 리라고 말할 수는 있으나 정주가 말한 그러한 최고의 범주는 아니다. 그는 초보적이지만 기본체론적 우주론의 철학체계를 사실상 건립한 것이다.

유종주는 심본체론心本體論의 학설도 개조하였다. 그는 마음은 비록 천지만물의 주인이어서 태극지체太極之體라고도 불리지만 초월적인 정신 실체가 아니라 영묘한 기(靈氣)에 의해 생겨난 것이라 보았다.

---

49) 『劉子全書』, 「聖學宗要·濂溪周子」, "一陰一暘之謂道, 卽太極也. 天地之間一氣而已, 非有理而後有氣, 乃氣立而理因之寓也. 就形而下之中指其形而下者不得不推高一層以立至尊之位, 故謂之太極. 而實本無太極之可言, 所謂無極而太極也.……太極之妙, 生生不息而已. 生陽生陰而生水火土金木而生萬物, 皆一氣自然之變化, 而合之只是一個生意, 此造化之縕也."

천지 사이를 가득 채운 것은 모두 사물인데, 사람은 그 생겨난 것 가운데 가장 영묘한 것이다. 생기가 허에 자리하고 있으므로 영묘하다고 하고, 마음이 그것을 통솔하므로 낳고 낳음의 주인이라고 한 것이다.50)

즉 마음은 천지의 생기에 의해 생겨났지만 가장 영묘한 것이므로 생생의 주인이라 한 것이다. 마음의 생의生意는 무궁하여 천지만물의 극極이라고 할 만하며, 크게는 우주에 이르기까지 일념一念일 따름이다. 따라서 그가 강조한 것은 의意이지 지知가 아니다. 의란 마음이 머물러 있는 곳이지 마음에서 발한 것이 아니다. 그러므로 독체獨體라고 칭할 수 있다. 이것은 비록 주관적 개념으로 사용한 것이지만 왕수인의 형이상학적 심본체론과 다르다. 왜냐하면 유종주는 태극의 본체를 일반적 의식으로 바꾸었기 때문이다. 이에 그는 다음과 같이 말하였다.

무극이면서 태극이니 홀로 있는 체(獨體)이다.51)

『시경』에서 "오직 하늘의 명이여, 아! 그윽하여 끊임이 없도다"라고 하였는데, 이는 대개 마음이 마음으로 될 수 있는 까닭이다. 오직 마음이 하늘에 근본하고 있으므로 독체獨體라고 하는 것이다.52)

'무극이면서 태극이다'라고 하건 '천명이 유행한다'라고 하건 이 모두는 주체와 객체의 통일적 관점에서부터 기화와 유행의 과정과 그 법칙을

---

50) 『劉子全書』, 「原旨・原心」, "盈天地間皆物也, 人其生而最靈者也. 生氣宅於虛, 故靈, 而心其統也, 生生之主也."
51) 『劉子全書』, 권10, 「學言」 上, "無極而太極, 獨之體也."
52) 『劉子全書』, 권11, 「學言」 中, "詩云維天之命, 於穆不已! 蓋曰心之所以爲心也. 惟心本天, 是曰獨體."

말한 것이다. 이것은 우주론에 있어서도 이정이나 주희와 다른 점이다.

태극이 허무라는 학설에 대해 유종주는 왕기를 계승하여 왕수인의 '허 가운데 유를 생한다'(虛中生有)라는 학설을 다르게 바꾸었는데, 그 근본적인 구별은 리기의 구별에 있었다.

> 혹자는 허虛가 기氣를 생한다고 하는데, 무릇 저 허가 곧 기이니 어찌 유를 생한 다고 하는가? 내가 처음 기가 있기 전까지 거슬러 올라가 보아도 기가 아닌 것은 없다. 그것이 움츠릴 때 무에서부터 유로 나아가니 유는 있었던 적이 없었다. 그 것이 펼쳐질 때에는 유에서부터 무로 나아가니 무가 없었던 적이 없었다. 유도 아니고 무도 아닌 것 사이에 유도 되고 무도 되는 것이 있으니 이를 일컬어 태허 라 하고, 또 이것을 존귀하게 표현하여 태극이라 한다.[53]

이것은 또한 왕기가 말한 유무상생有無相生의 학설이다. 무에서 유에 이르고 유에서 무에 이르는 것이 일기의 변화가 아닌 것은 없다. 우주론에서 논하든 본체론에서 논하든, 유가 허무 가운데에서 생한다고는 할 수 없다 는 것이다. 이러한 전환은 마음의 허무본체에서부터 실재로 그 리가 있다 는 리본체론으로 간 것이 아니라, 기본체론으로 향하고 있는 것이다.

사실 유종주는 왕수인의 "마음은 체가 없고 천지만물에 감응하는 시비 是非를 체로 삼는다"라는 사상을 발전시킨 것이다. 그는 "마음은 사물을 본 체로 삼으므로 사물을 떠나서는 앎이 없다"[54]라는 명제를 제기하여 객관 적인 대상을 마음의 본체로 삼았다. 이것은 기를 본체로 삼는 그의 우주론 과 합치된 것이다.

---

53) 『劉子全書』, 권11, 「學言」中, "或曰虛生氣, 夫虛卽氣也, 何生之有? 吾遡之未始有氣 之先, 亦無往而非氣也. 當其屈也, 自無而之有, 有而未始有. 及其伸也, 自有而之無, 無而未始無也. 非有非無之間而卽有卽無, 是謂太虛, 又表而尊之曰太極."
54) 『劉子全書』, 권11, 「學言」中, "心以物爲體, 離物知無."

왕부지는 물질적 존재라는 의미에서 태극은 음과 양 두 가지 사물의 통일체이며 음양과 태극은 대립과 통일의 관계라고 말하였다. 그는 음양을 우주의 실체라는 관점에서 논의하였는데, 이는 음양 개념에 대한 중요한 발전이기도 하다. 왕부지의 철학에서 음양은 다만 기의 두 가지 성질이며, 천지만물을 구성하는 보편적인 물질이다.

음양이 천지간에 충만해 있으니 천지 사이를 가득 채우고 있는 것은 오직 음양일 따름이다.[55]

즉 시와 공의 존재는 모두 음양의 두 측면으로 구분될 수 있다는 것이다. 즉 사물이라면 정면正面과 반면反面을 가지는데, 모든 사물은 이 정과 반의 물질적 실체로 구성되었다는 것이다.

무릇 천지간에 있는 것은 형形이고 상象이며, 정精이고 기氣이며, 청淸이고 탁濁이다. 천둥과 바람, 물과 불, 산과 연못에서부터 벌레와 새싹의 작은 것에 이르기까지, 또 형체를 이룬 것 이상에서 아직 형체를 이루지 못한 것에 이르기까지, 서로 인온絪縕하여 쓰임을 기다리는 그 처음에는 모두 이 두 가지가 틈 없이 들어차 있다. 그것이 판연히 각자 하나의 사물이 되어 있기에 그 성정性情과 재질才質 그리고 공효功效는 모두 억지로 같게 할 수 없다.[56]

음이 없으면 양도 없고 양이 없으면 음도 없기에 음양은 서로 의지하여 서로를 떠날 수 없으며, 반드시 서로를 기다린 이후에 이루어지는 것이

---

55) 『周易內傳』, 「繫辭上」, "陰陽充滿乎兩間, 而盈天地之間, 惟陰陽而已矣."
56) 『周易內傳』, 「繫辭上」, "凡兩間之所有, 爲形爲象, 爲精爲氣, 爲淸爲濁. 自雷風水火山澤, 以至蚑子萌芽之小, 自成形而上以至未有成形, 相與絪縕以待用之初, 皆此二者之充塞無間. 而判然各爲一物, 其性情才質功效, 皆不可强之而同."

다. 음양이 서로 결합한 것이 곧 태극이다. 태극은 음양의 통일체이므로 태극은 음양에서 떠나지 않는다. 이에 왕부지는 '합하여 말하면 태극이 되고, 나누어서 말하면 음양이 된다'(合之則爲太極, 分之則爲陰陽)고 하여, 음양을 떠나서는 태극이라 할 것이 없다고 하였다. 그러므로 태극은 음양을 실체로 삼는 것이다.

> 무릇 음양의 실체가 두 가지 사물이 된다는 것은 분명하다.······ 그 기가 텅 비고 은미하여 아직 응취하지 않는 것에서 보면 음양은 모두 드러나지 않은 것이다. 그러나 상象을 이루고 형形을 이루는 것에서 보자면 각기 바탕을 이루되 서로 번잡하지 아니하다. 그것이 서로 합하여 함께 변화하는 것에서 보자면 태극 가운데에서 혼륜渾淪되어 하나가 되며, 그 청탁淸濁과 허실虛實, 대소大小의 차이점에서 보자면 둘이 되는 것이다.57)

음양은 어떠한 상태에 있든 대립적 통일을 이루고 있으며, 고립되어 각기 존재하는 것은 아니다. 이른바 서로 합하여 함께 변화한다는 것은 음양이 서로 결합하여 변화를 낳는데, 이것이 혼륜·합일된 태극이라는 것이다. 그는 "태극에 음양의 실체가 없다면 어디에서 운행하며 어느 곳에 나타날 것인가?"58)라고 하였다. 태극은 곧 음양의 통일체일 뿐만 아니라, 하나의 동태적 개념인 것이다.

태극은 우주의 본체로서 음양을 초월하는 절대가 아니라 음양 그 자체가 실체이다. 이 때문에 그는 '태극이 음양을 생한다'는 학설에 동의하지 않는다. 왜냐하면 태극은 음양과 자리를 나누어서 병렬될 수 있는 것이 아

---

57) 『周易內傳發例』, "夫陰陽之實爲二物明矣.······自其氣之沖微而未凝者, 則陰陽皆不可見. 自其成象成形者言之, 則各有成質而不相紊. 自其合同而化者, 則渾淪於太極之中而爲一, 自其淸濁虛實大小之殊異, 則因爲二."
58) 『周易內傳發例』, "太極無陰陽之實體, 則抑何運而何所顯耶?"

니며, 더욱이 아버지가 아들을 낳는 그러한 관계도 아니기 때문이다. 양의 兩儀는 태극 속에 갖추어진 음양이며, 그것이 기질氣質이 되고 정신精神이 될 때는 그 체體가 다른 것이고, 청탁淸濁·명암明暗·생살生殺이 되면 그 용用이 다른 것이며, 영허盈虛·기우奇偶가 되면 그 수數가 다른 것이다. 이것은 체·용·수의 관계에서부터 음양의 대립을 설명한 것이다. 이러한 보편적 물질 실체의 대립이 바로 태극을 태극이 되게 하는 까닭이자 곧 통일체의 진정한 기초인 것이다. 그래서 그는 "음양에 시작이 없다는 것은 태극이 음양의 위에 홀로 고립되어 있다는 것이 아니다"59)라고 하였다.

왕부지는 음양이 태극의 실체라는 사상을 반복적으로 강조하였다. 이것은 태극이 음양의 본체가 된다는 주희의 사상을 극복하고, 물질 실체라는 의미에서 태극과 음양을 통일한 것이다. 동시에 왕정상의 사상과도 차이가 있다. 왜냐하면 왕정상은 원시적 통일을 강조하여 먼저 태극이 있은 후 음양이 있다는 생성의 문제를 주로 논하였기 때문이다. 왕부지는 원시적 대립을 강조하여 음양이 있은 까닭에 태극이 있다고 하였다.

> 「태극도」를 오해하는 사람은 태극에는 본래 음양이 없었다고 하였다. 그러나 이것이 움직여 비로소 양을 생하고, 멈추어 비로소 음을 생하였다고 하는데……동정이란 이 음양의 동정이란 것을 몰랐던 것이다.60)

왕부지의 해석에 따르면 음양과 동정이 있어야 비로소 태극의 체가 있을 수 있으며, 먼저 태극의 기가 있고 난 다음에 음양이 생겨나는 것은 아니다. 즉 태극은 다만 음양의 통일체인 것이다.

---

59) 『周易內傳』, 「繫辭下傳」, "陰陽無始者也, 太極非孤立於陰陽之上者也."
60) 『張子正蒙注』, 「太和」, "誤解太極圖者, 謂太極本未有陰陽. 因動而始生陽, 靜而始生陰, 不知……動靜者卽此陰陽之動靜."

태극은 또한 실유實有이다. 즉 이것이 우주 전체이며 공간과 시간을 겸하는 것이다. 주희 역시 "이 태극이란 매우 큰 사물이다. 사방과 상하를 우宇라고 하며, 옛것이 가고 미래가 다가오는 것을 주宙라 한다"61)라고 말한 적이 있는데, 왕부지는 이 사상을 비판적으로 흡수하였다. 그는 공간과 시간의 무한성을 설명하기 위해 무극無極이라는 용어로 이를 설명하였다.

태극이란 너무나도 커서 그 이상 형용할 말이 없는 것이다.…… 극極에 이르지 않음이 없다는 것은 하나의 극이라도 없다는 것이다. 오직 하나의 극도 없으므로 극이 아닌 것도 없다.62)

'하나의 극도 없으므로 극이 아닌 것도 없다'는 말은 무한을 가리키는 것이지만, 사실 여기에는 유한과 무한이 통일되어 있다는 의미가 포함되어 있다. 극이란 지극함 또는 끝, 다다름이다. 즉 인용된 위의 말은 고정된 극한도 없으며, 극한을 가지지 않는 것도 없다는 것이다. 이러한 무한은 결코 절대적인 공무空無가 아니다. 왕부지가 말한 무극은 비록 무한이기는 하지만 또한 무나 절대적 공간도 아니다. 그것은 유有와 무無의 통일이며, 유는 그것의 기본 특징 또는 존재 형식이 된다. 유학자로서 왕부지는 다른 리학자들과 마찬가지로 유의 철학을 견지하고 무의 철학을 반대하였다. 그는 불교와 도교의 공무空無에 대한 논의를 비판하여 "무명無名을 천지의 시작으로 삼고 모든 것을 멸滅하는 것을 진공眞空의 장藏으로 삼는 것은 마치 소경이 사물이 있는 것을 보지 못하고 결국 사물이 없다(無物)고 말하는 것과 같으니, 그 어리석음은 고치지도 못한다"63)라고 하였는데, 이는 유한의

---

61) 『朱子語類』, 권94, "這箇太極, 是箇大抵物事. 四方上下曰宇, 古王來今曰宙."
62) 『周易內傳』, 「繫辭下傳」, "太極者, 極其大而無尙之辭.……無有不極也, 無有一極也, 惟無有一極, 則無所不極."

존재 가운데서 무한을 파악하려는 것이다.

공간상의 무한함과 시간상의 무궁함은 서로 관련된 것으로 천지와 일월 그리고 사시四時는 모두 태극의 근원이며 응취하고 유행하는 것이다. 하지만 이것은 다만 유형有形·유상有象에 대해 말한 것일 따름이다. 전체 우주에 대해 말하자면 음양 두 기가 착종변화錯綜變化하여 시작도 없고 끝도 없는 것이다.

> 이리 섞이고 저리 섞이어 두 팔괘가 하나의 대성괘大成卦가 되니 태극의 온전함에서 혼륜되어 서로 엇섞이게 된다. 합하면 그 순수함을 보게 되고, 나누면 그 섞여 있는 것을 보게 된다. 그 순수함에도 섞여 있음이 있고 섞여 있음에도 순수함을 잃지 않으니, 누가 그 시작과 마침을 알겠는가? 그러므로 '태극에는 단서가 없고, 음양에는 시작이 없다'고 말하는 것이다.64)

태극은 이미 실제적 존재이자 발육과 생장의 과정인데, 전체 우주는 바로 이 하나의 유기적 과정이다. 이 과정에는 시작도 없고 끝도 없다. 정이와 주희도 '동정에는 단서가 없으며, 음양에는 시작이 없다'고 말하였지만, 음양이 동정하게 하는 원인이 태극의 리에 있다고 하였다. 그러므로 태극에 동정이 없으면 이른바 마침이나 시작도 없는 것이다. 왕부지는 형이상학적 태극의 리를 부정하고, 태극을 음양 자신의 통일체로 귀결시켰다. 이때문에 그는 태극에는 단서가 없다는 명제를 제기하여 음양에는 시작이 없다는 명제와 통일시켰다. 이것은 물질적 운동 자체로 시간의 무한성을

---

63) 『張子正蒙注』, 「有司」, "以無名爲天地之始, 滅盡爲眞空之藏. 猶瞀者不見有物而遂謂無物, 其愚不可瘳矣."
64) 『周易外傳』, 「說卦」, "錯之綜之, 兩卦而一成, 渾淪摩蕩於太極之全. 合而見其純焉, 分而見其雜焉. 純有雜而雜不失純, 孰有知其始終者乎? 故曰 太極無端, 陰陽無始."

설명한 것으로, 우주론에 있어서 중요한 발전이라 할 수 있다.

대진戴震은 태극음양의 문제에 있어서 왕부지와 전혀 일치하지는 않는다. 대진은 태극의 존재를 기본적으로 부정한다. 그는 송대 이래 유학자들이 논한 태극이나 음양 그리고 태극을 만물의 본체로 삼는 사상은 태극음양의 본지本旨를 상실했다고 지적하였다. 그는 이른바 역易에 태극이 있고 이것이 양의兩儀를 낳는다고 말한 것은 다만 "『주역』을 짓는 과정을 말한 것일 따름이지, 기화된 음양이 양의兩儀나 사상四象의 이름을 얻는 것은 아니다"[65]라고 하였다. 즉 태극은 『주역』의 괘를 그리는 과정에 대해 말한 것일 뿐이고, 괘를 그릴 때 반드시 한 획의 괘를 그려서 시작하므로 태극이라는 이름이 있는 것이지 정말 태극이라는 존재가 있는 것은 아니며, 더욱이 태극이 음양을 낳는 것은 아니라는 말이다. 괘를 그리는 것은 다만 개념의 부호로써 "실제로는 천도天道의 일음일양一陰一陽이 사물의 시작과 마침으로 귀결되고 있는 것을 보고 기수奇數와 우수偶數를 그려서 본뜬 것"[66]이다. 즉 부호로 음양의 기화유행의 과정을 나타낸 것이라는 말이다.

대진은 음양을 우주 실체를 대표하는 최고 범주로 보았다. 따라서 그에게서 태극은 기화의 음양(氣化之陰陽)을 가리키는데, 음양의 바깥에 이른바 태극이 있는 것은 아니다. 그는 후세 유학자들이 양의를 음양으로 삼고 음양이 생겨나는 근원을 태극으로 보았는데, 이는 완전히 엉터리라고 비판하였다. 이것은 태극의 존재를 근본적으로 부정한 것이다. 대진과 왕부지는 모두 초월적이고 절대적인 우주본체이자 온갖 리의 총명總名인 태극을 부정하였다. 그들은 모두 음양의 기를 우주의 실체로 여겼다. 다만 왕부지는

---

65) 『孟子字義疏證』, 「天道」, "皆據作易言之耳, 非氣化之陰陽得兩儀四象之名."
66) 『孟子字義疏證』, 「天道」, "實有見於天道一陰一陽爲物之終始會歸, 乃畵奇偶兩者從而儀之."

음양 두 기의 통일을 중시하여 자연계의 전체성을 강조하였으므로, 음양의 통일체를 태극이라 하였다. 대진은 음양 자체의 실체성 및 양자의 대립을 강조하여, 하나의 통일된 물질적 실체가 있다는 것을 부인하였다. 왕부지에게는 본체론 사상이 있었지만, 대진은 우주본체에 대해 논하지 않았다. 이 때문에 태극에 대한 대진의 부정은 본체론을 비판하였다는 데 의의가 있다고 할 수 있다.

제4장 리일과 분수

'리일분수理一分殊'는 세계의 전체와 부분, 통일성과 다양성을 설명하는 개념이다. 북송 시기 이전에는 이 용어를 사용하지 않았다. 북송 시기로 접어들면서 성리학에서는 이 용어로 리와 사물의 관계를 논하였다.

먼저 '리일理一'이란 전체 또는 일반을 가리키며, 세계의 통일성을 나타내는 말이다. 그리고 '분수分殊'는 부분 또는 개별을 가리키며, 세계의 다양성을 표현하는 말이다. 리일과 분수의 개념을 결합시킨 것은 세계 전체를 조망하고자 하는 것이다. 이러한 까닭에 이 개념은 성리학의 우주론에서 중요한 지위를 차지하고 있다. 여기에 대한 성리학자들의 견해가 달라 설령 어떤 학자는 리일만 논하고 분수에 대해서는 논의하지 않으며 또 어떤 학자는 분수만을 중시한다고 하더라도, 그들이 세계의 통일성과 전체성을 강조한 것은 모두 동일하다.

1. 북송시대

리일분수의 문제는 주돈이周敦頤에 의해 처음 제기되었다. 그는 자신의 저작인 『통서通書』에서 음양의 두 기와 오행이 만물을 화생化生한다고 논술한 후 이어서 "두 가지 구분과 다섯 가지 알맹이가 있으니, 이 두 가지의 근본은 하나이며, 이 만 가지는 하나가 되고, 하나의 알맹이는 만 가지로 나누어진다. 만 가지와 한 가지가 각기 바르게 되면 작음과 큼이 정해지게 된다"[1]라고 하였다. 주돈이가 제시한 이 명제는 본체론적 관점에서 본 것이다. 이 점은 불교철학과 밀접한 관련이 있다.

불교의 화엄종과 선종에는 모두 '일다一多'라는 개념이 있는데, 특히 화엄종에서는 일과 다는 서로를 포괄하고 있음을(一多相攝) 논증하고 있다. 『화엄일승교의분제장華嚴一乘敎義分齊章』에서 제기된 '원융자재상圓融自在相'은 "하나가 곧 일체이고, 일체가 곧 하나이니 그 모습과 현상을 이루 형용할 수 없다"[2]라고 하였다. 이것은 '리사무애理事無碍', '사사무애事事無碍'의 리사관理事觀과 서로 관련된 것이다. 일과 다는 구별되는 두 가지 개념인데, 일은 다가 아니고 다는 일이 아니다. 그러나 이 두 가지는 인연으로 이루어진(緣成) 불가분의 관계이다. 한편으로 일은 다를 구성하는 기본적 요소이고, 다는 일에 의해 구성되는 것이다. 다른 한편으로 일은 또한 다에 의해 구성된 전체이며, 다는 일에 포괄되는 것이다. 이것이 바로 일즉다一卽多, 다즉일多卽一인 것이다. 일과 다가 서로를 포괄하고 있다는 이 관계는 화엄종에서 세계의 보편성과 통일성을 논증하는 중요한 방법이었다. 그러나 화엄종에서는 이 모든 것이 인연에 의해 생겨난 것으로 결코 진실한 것이 아니라고 생각하였다. 화엄종에서는 우선 일一과 십十의 관계를 예로 들어 설명하였다.

일이 곧 십이니 무엇 때문에 그러한가? 이 십이 말미암는 것은 일이니, 그 처음이

---

1) 『通書』, 「理性命」, "二殊五實, 二本則一, 是萬爲一, 一實萬分. 萬一各正, 小大有定."
2) 『大藏經』, 제45권, "一卽一切, 一切卽一, 不可說其狀相爾."

일로 이루어지기 때문이다. 일과 십은 그 자체로는 구별되지 않기 때문에 십이 곧 일이다.…… 십이 곧 일인 것은 무슨 까닭에 그러한가? 처음의 일에서부터 십이 되므로 그러하다. 일에서부터 말미암지 않고서는 십이 없는 까닭에 처음 일이 곧 십이다.3)

다시 말해 십은 일에 의해 구성되므로 일를 떠나면 십이 없고, 십은 또 일을 구성하므로 십이 곧 일이라는 것이다. 즉 어떠한 것도 자성自性이 없다는 것이다. 일一과 다多의 관계에 대해서도 다음과 같이 말하였다.

일一에서부터 움직이지 않으면 두루 응하여 다多를 이룰 수 없다. 만약 일에서부터 움직이면 두루 응할 수 없을 것이며 다 역시 이루어지지 않을 것이다.…… 만약 일의 완전함이 다라면 일이라고 이름할 수 있다. 다의 완전함이 일이라면 다라고 이름할 수 있다. 다의 바깥에 따로 일이 있는 것이 아니니 다 가운데 일이 있음을 알 수 있고, 일 바깥에 다가 없기에 일 가운데 다가 있음을 명확히 알 수 있다.4)

이는 일과 다는 서로 포함하는 관계이지 각자 독립된 존재가 아니라는 것이다. 이에 불교에서는 이 일과 다는 비록 서로가 서로를 포용하고 있지만 자재무애自在無碍하여 체體는 다르다고 하였다. 즉 각각은 매 단계마다 무궁하게 서로를 포함하지만, 일과 다는 서로 다른 체를 가진다는 것이다. 이는 현상계의 다양성을 설명한 것이다. 여기에서 말한 체란 체질體質을 가리켜 말한 것이다.

---

3) 『大藏經』, 제45권, "一卽十, 何以故? 由此十一卽是初一故, 無別者體故. 是故十卽是一也.……十卽一, 何以故? 由初一卽是十故. 更無自一故, 是故初一卽是十也."
4) 『大藏經』, 「華嚴義海百門」, "由自一不動, 方能遍應成多. 若動自一, 卽失遍應, 多亦不成.……如一全是多, 方名爲一. 又多全是一, 方名爲多. 多外別無一, 明知是多中一, 一外無別多, 明知是一中多."

화엄종에서 제시한 이 개념은 불성佛性과 법신法身이 어느 곳에나 있으며 또한 이 둘은 서로 떨어질 수 없다는 것을 논증하기 위한 것이었다. 불교에서는 불성이 분리할 수 없는 절대적인 전체이지만 일체의 현상계에 모두 드러나며, 또한 각 현상마다 다르지만 다시 하나의 불신佛身으로 드러난다고 여겼다. 바꾸어 말하면, 일체의 현상계는 불신의 바깥이 아니라 불신의 안에 있다는 것이다. 또한 불신은 현상계를 초월하는 절대 본체이자 일체의 현상계 내에서 드러나는 것이다. 개별 현상은 비록 모두 다르지만 모두 하나의 나눌 수 없는 불신으로 드러난다. '부처는 동토東土와 서토西土를 나누지 않으며, 또한 남북도 나누지 않는다'는 말은 바로 이러한 의미에서 사용된 것이다. 이후 선종에서 달마가 서쪽에서 온 뜻에 관해 논쟁을 하였는데, 이 역시 여기에서 출발한 것이다. 불교에는 하나의 달이 모든 강에 비친다(月印千江)라는 비유가 있는데, 이 역시 바로 이러한 관계를 설명한 것이다.

주돈이의 '만 가지가 하나가 되고, 하나의 알맹이가 만 가지로 나누어진다'라는 사상은 불교와 관련 있는 것이다. 그러나 그는 결코 불교의 현성론現成論을 직접 받아들인 것이 아니었으며, 그 사유의 방식만을 흡수하여 유가의 본체론을 확립하였다.

주돈이가 말한 일一과 만萬의 관계는 만물과 본체인 하나의 관계를 가리켜 말하는 것이다. 그러나 그는 이 하나가 태극太極인지 아니면 무극無極인지 말하지는 않았다. 그는 『통서』에서 "오행이 곧 음양이며, 음양이 곧 태극이다"[5]라고 하여 단 한 번 태극을 언급하며, 여기에서부터 만물의 종시終始와 사시四時의 운행이 무궁하다는 것을 서술하였다. 이는 우주의 생

---

5) 『通書』, "五行陰陽, 陰陽太極."

성과 발전의 문제를 언급한 것이다. 그러나 일과 만의 관계는 오히려 체용본말體用本末의 관계이다. 그는 '두 가지의 근본은 하나'(二本則一)라고 하였는데, 이는 음양이 일을 본체로 삼는다는 것이다. 이 일은 사실 무극지진無極之眞을 가리키는 것인데, 태극이 근본하는 무극인 것이다. 주돈이는 『통서』에서 더는 무극에 대해 논의하지 않았으나, 성誠을 제시함으로써 무극을 대체하고 있다. 이 성이라는 관념에는 강유剛柔·선악善惡 등의 내용이 포함되어 있는데, 중中이 그 표준이 된다. 우주본체론에서 말하자면 성은 본체의 일一이며, 후대 성리학자들이 말하는 리理이다.

이렇게 볼 때, 일과 만의 관계는 만물과 그 본체의 관계이다. '만 가지가 하나가 되고, 하나의 알맹이가 만 가지로 나누어진다'는 것이란 만물은 모두 본체인 하나의 표현이라는 것이며, 본체는 곧 만물 가운데 체현되어 있다는 말이다. 바로 『태극도설太極圖說』에서 말 한 것처럼, 본체는 다만 하나이지만 음양의 두 기와 오행이 만물을 화생하고 만물 가운데는 다시 그 하나가 있다는 것이다. 이러한 사상은 이후 리일분수理一分殊사상의 직접적인 근원이 된다.

그러나 주돈이는 또 '만 가지와 한 가지가 각기 바르게 되면 작음과 큼이 정해진다'라고 하였는데, 이는 마치 만萬과 일一, 소小와 대大를 수량적 관계로 말한 것과 같다. 이 점에 관해 주돈이는 더 이상의 해석을 하지 않지만, 우리는 성리학자들이 말한 대소大小·다소多少 등이 양적 관계가 아니라 대인大人과 소인小人, 대체大體와 소체小體, 대덕大德과 소덕小德 등과 같이 질적인 구별을 하고 있다는 점에 주목할 필요가 있다.

장재張載 또한 리일분수사상을 제시하였다. 이 문제에 있어서 장재 철학은 아주 큰 모순을 드러내고 있다. 왜냐하면 그의 사상은 우주론뿐만 아니라 심성론과 직접 연관되기 때문이다. 한편으로 그는 기본론氣本論의 입장에서 "떠도는 기가 어지러이 다니다가 합하여 바탕을 이룬 것이 사람과 사물의 온갖 차이(萬殊)를 생한다. 그 음양의 양단兩端이 끊임없이 순환하여 천지의 대의大義를 세운다"⁶⁾라고 하였다. 여기에서 대의란 한 번 음이 되고 한 번 양이 되는 도道인데, 도와 만물의 관계는 일반과 개별이라는 의미를 지니고 있다. 그는 또 "음양의 기가 흩어지면 온갖 차이를 내지만 사람들은 그것이 하나라는 것을 모른다. 합해지면 하나로 섞이는데 사람들은 그 차이를 알지 못한다"⁷⁾라고 하였다. 여기에서 말한 하나라는 것은 신화神化의 신(신묘함) 즉 천덕天德이다. 천덕은 기가 지니고 있는 성질이며, 천도는 그 과정이다. 음양의 기가 움츠리고 펼쳐져 서로 감응하여 만물로 흩어지는 것이 바로 분수分殊이지만, 분수의 가운데는 또 신의 작용이 있다. 즉 이 신은 비록 하나이지만 만물을 떠나지 않는 것이다.

> 기에는 음이 있고 양이 있다. 굽히고 펼쳐 서로 감응하여 끝이 없으므로 신묘하게 응하는 것 역시 무궁하다. 그것이 흩어져 헤아릴 수 없으므로 신묘하게 응하는 것 역시 헤아릴 수 없다. 비록 무궁하지만 그 실체는 고요하고, 비록 헤아릴 수 없지만 그 실체는 하나일 따름이다.⁸⁾

장재 철학에 따르면 성性과 신神은 기氣가 원래부터 지니고 있는 것이므로, 하나가 되는 천덕 역시 분수分殊를 떠나서는 존재하지 않는다. 그래서 그는 '신명의 덕은 만수萬殊에 관통되어 있으며, 만물의 실정은 형기形器와 유사하다'고 보았다. 만사만물은 모두 신명神明의 덕인 천덕天德을 지니

---

6) 『正蒙』, 「太和」, "遊氣紛擾, 合而成質者, 生人物之散殊. 其陰陽兩端, 循環不已者, 立天地之大義."
7) 『正蒙』, 「乾稱」, "陰陽之氣, 散則萬殊, 人莫知其一也. 合則混然, 人不見其殊也."
8) 『正蒙』, 「乾稱」, "氣有陰陽. 屈伸相感之無窮, 故神之應也無窮. 其散無數, 故神之應也無數. 雖無窮, 其實湛然, 雖無數, 其實一而已."

고 있으며, 이 천덕이 바로 사람과 사물이 지니고 있는 성性의 근원이다. 이른바 '성이란 천지만물의 한 근원이다'(性者天地萬物之一源)라는 것은 바로 이러한 의미에서 해석할 수 있는 것이다.

그런데 장재의 이 사상이 더욱 발전된 결과 기일원론의 전제를 벗어나 그 이면으로 나아가게 되었다. 이것의 관건은 천덕(性과 神)이라는 속성적 개념이 실체적 개념으로 바뀌는 것에 있는데, 결국에는 기를 벗어나 독립적 본체가 되었다. 그리하여 그는 '성은 무無에 두루 통하는 것이지만 기는 하나의 사물일 따름'이라고 하였다. 장재는 본래 허무의 철학에 대해 반대하였는데, 여기에서는 오히려 성이 무에 통한다고 주장하였고 기는 다만 그 가운데 하나의 사물일 따름이라 하였다. 그가 말한 기가 태허이든 아니면 모이고 흩어지는 기이든 이 명제는 그의 기본체론과 서로 어긋나는 것이다. 만약 이것이 태극을 가리키는 것이라면 무가 기보다 더욱 근본적이다. 또 만약 취산聚散의 기를 가리키는 것이라면 체와 용은 서로 단절되는 것이다. 총괄하여 말하자면 성과 천덕은 본체론의 최고 개념이 되었으며, 기는 한 단계 아래의 지위로 떨어지게 되었다. 천덕이 곧 천도이자 형이상자이다. 즉 '성이란 천지만물에 지니는 하나의 근원'이라는 것도 이 의미에서 해석할 수 있는 것이다. 장재 철학의 이 특징은 다른 문제에서도 표현되고 있는데, 그러나 아직 명확하게 리일분수라는 개념을 제시하지는 못하였다.

정주학에서는 장재의 『서명西銘』이 리일분수의 사상을 드러낸 것이라고 여겼는데, 정말 그러한지는 다시금 생각해 보아야 할 것이다. 장재는 건곤乾坤을 천지와 만물의 부모라고 여겼고, 동시에 "천지에 가득 차 있는 것을 나는 체體로 삼고, 천지를 통솔하는 것을 나는 성性으로 삼는다"9)라는 중요한 명제를 제시하였다. 성을 통솔하는 것은 백성과 사물은 모두 천지의 성이 합일하여 체가 되는 것이다. 천하에는 장유長幼와 존비尊卑의 차이점이 있으나 이는 모두 하나의 성에 근원하는 것이자 하나의 성에서 합해지는 것이다. 방법론에서 논하자면 이는 윤리를 본체론적 지위로 끌어올려 전체 자연계를 인화人化의 자연으로 바꾸어 놓아 윤리・도덕적 색채를 지니게 되었다. 바로 이 점은 이정二程과 주희朱熹 등이 칭찬한 것이다. 그러나 명확히 리일분수理一分殊의 범주를 제시한 사람은 이정이다.

> 만물을 일체라고 하는 것은 이 리가 있기 때문이며, 다만 모든 것이 여기에서 온 것이다.[10]

만물은 비록 차별이 있지만 모두 리에서 근원하고 있다는 것이다. 리는 다만 하나이며 만물의 근원이다. 따라서 '온갖 리는 하나의 리로 귀결된다'(萬理歸於一理)는 것은 만리萬理와 일리一理의 관계를 말한 것인데, 사실은 만물과 일리의 관계를 말한 것이며, 이것이 이른바 '만리는 일리일 따름이다'(萬物一理耳)는 것이다. 이정은 리에 각기 층차가 있다는 사상을 아직 제시하지 못하였다. 정호程顥는 "『중용』은 처음 일리를 말하였다가, 중간에서는 흩어져 만사가 되지만, 끝에서는 다시 일리로 합해진다"[11]라고 하였다. 즉 천명지성天命之性에서부터 일상적인 말과 행동에 이르기까지 3,300여 가지의 많은 일이 있지만 결국은 성誠인 천명지성天命之性으로 돌아오니, 이것이 곧 리일분수라는 것이다. 이것은 본체론적 사상이다. 그들은 천하에는 다만 하나의 리만 있고 만사와 만물은 모두 이 하나의 리에서 온 것이라고

---

9) 『西銘』, "天地之塞, 吾其體, 天地之帥, 吾其性."
10) 『河南程氏遺書』, 권2, "所以謂萬物一體者, 皆有此理, 只爲從那裏來."
11) 『河南程氏遺書』, 권14, "中庸始言一理, 中散爲萬事, 末復合爲一理."

하였다. 그리고 만물이 어떻게 온갖 차이점을 내는가 하는 것에 대해서는 일반적으로 기로 설명하는데, "음양의 두 기와 오행, 강유剛柔가 온갖 차이를 내는데, 성인聖人이 말미암는 바로 오직 하나의 리일 따름이다"12)라고 하였다. 또한 그들은 각 사물마다 존재하는 리에 대해 "사물이 있으면 반드시 법칙이 있고, 하나의 사물에는 반드시 하나의 리가 있다"라고 설명하였다. 그러나 만리萬理와 일리一理가 어떠한 관계에 있는지는 토론하지 않았으며, 다만 '만물은 하나의 리'라고만 강조하였다.

정이程頤와 양시楊時가 『서명』에 대해 토론할 때 리일분수理一分殊 네 글자가 정식으로 제기되었다. 이 이후 리일분수는 성리학의 중요한 개념이 되었다. 정이는 리일과 분수가 체용본말體用本末의 관계라고 생각하였다. 즉 리는 다만 하나이며 천하에 두 가지 리는 없지만 용用과 말末은 매우 많다는 것이다. 정이는 그가 이해한 『서명』에 대해 다음과 같이 말하였다.

> 분수分殊의 폐단은 사사로움이 이겨서 인仁을 잃는 것이다. 구별이 없는 허물은 겸애兼愛를 하면서도 의義가 없는 것이다. 구별하여 세우되 리가 하나라는 것을 미루어서 사사로움이 이기는 그러한 것에 이르지 않는다면 인仁이 바르게 세워지는 것이다. 구별도 없이 겸애를 논하는 것은 무부無父의 극단에 이르게 되는 것이니, 의를 해치는 것이다.13)

이것은 완전히 윤리주의사상이다. 정이는 또한 물리의 문제를 논하였다. 그는 천지의 높고 두터움, 하나의 사물이 그렇게 되는 까닭, 심지어 풀 한 포기 나무 한 그루까지 모두 리가 있으나 물리는 본래 동일하다고 주장

---

12) 『河南程氏遺書』, 권6, "二氣五行, 剛柔萬殊, 聖人所由惟一理."
13) 『二程集』, 「文集・答楊時論西銘書」, "分殊之蔽, 私勝而失仁. 無分之罪, 兼愛而無義. 分立而推理一, 以止私勝之流, 仁之方也. 無別而迷兼愛, 至于無父之極, 義之賊也."

하였다. 그는 『주역』 규괘睽卦를 다음과 같이 해석하였다.

> 물리物理가 본래 같다는 것을 미루어 규괘의 시時와 용用을 밝혔으니 이는 곧 성인이 규괘의 도를 합한 것이다. 같은 것을 같다고 하는 것은 세속의 논의이지만, 성인은 물리가 원래 같음을 밝히니 이것이 천하를 같게 만 가지 종류를 합하는 까닭이다.…… 사물은 비록 다르나 리는 본래 같으므로 천하의 큼과 생물의 많음이 만 가지로 흩어져 있으나 성인은 그것을 같게 할 수 있다.[14]

자연계의 사물은 각기 다르지만 그 다름 가운데에도 동일한 공통적 규율이 있다는 것이다. 이러한 사상은 자연계의 통일성과 다양성을 변증적 관계로 파악한 것이다. 그는 리를 우주본체의 지위에 올려놓고 자연과 인간사회의 각종 현상을 모두 일리一理의 표현으로 귀결시켰다. 텅 비고 아득하여 아무런 조짐도 없는 가운데 만물이 빽빽이 차 있다는 것을 강조한 것은 분석과 종합의 방법을 추상적 귀납의 방식으로 바꾼 것이다. 이에 정이는 "천하의 리가 하나이니 길은 비록 많지만 그 돌아가는 곳은 같고, 사려는 비록 많지만 그것은 곧 하나로 이르게 된다. 비록 만물에 만 가지 차이가 있고 사물에 만 가지 변화가 있지만 그것이 하나로 통괄된다는 것은 어길 수 없는 것이다"[15]라고 하였다.

이처럼 정이는 천차만별의 사물을 인정하였으나 이것은 일리一理에 의해 통솔된다고 생각하였다. 이것은 하나의 리 가운데 온갖 일이 있고, 온갖 일은 하나의 리에 통섭되어 있다는 것으로 곧 리일분수인 것이다. 그는 사

---

14) 『伊川易傳』, 권3, "推物理之同以明睽之時用, 乃聖人合睽之道也. 見同之爲同者, 世俗之論也, 聖人則明物理之本同, 所以能同天下而合萬類也.……物雖異而理本同, 故天下之大, 群生之衆, 睽散萬物, 而聖人爲能同之."
15) 『伊川易傳』, 咸卦, "天下之理一也, 途殊而其歸則同, 慮雖百而其致則一. 雖物有萬殊, 事有萬變, 統之以一, 則無能違也."

람이 자신의 성을 극진히 하면 다른 사물의 성도 극진히 할 수 있고, 결국에는 천지의 화육에 참여할 수 있다고 여겼다. 그 까닭은 다만 하나의 리라고 말하여도 하늘과 사람은 각기 나뉨이 있으므로 추상적 귀납이 추상적 연역으로 바뀌기 때문이다.

이정이 제시한 리일분수의 개념은 본체와 만물의 관계를 논증할 때 전체와 부분, 일반과 개별의 관계까지 언급하고 있다. 그러나 여기에서 한 걸음 더 나아간 논증을 전개하지는 않는다.

이 문제는 이정 이후 더욱 중시되었는데, 이정의 제자인 사량좌謝良佐는 리사관계를 논할 때 "사事는 헤아릴 수 없이 많지만 리는 하나이다"16)라고 하여 여전히 이정의 학설을 따랐다. 그 역시 만물은 다만 하나의 리라고 생각한 것이다. 사량좌도 비록 사물마다 리가 있다고 생각하였지만, "리는 하나일 따름이다. 한 곳에서 리를 궁구하였다면 가는 곳마다 모두 통할 것이다"17)라고 하였다. 즉 각 사물의 리는 일리一理일 따름이며, 결코 리에 구분이 없음을 설명한 것이다. 그러나 이정의 다른 제자인 양시는 분수의 측면을 더욱 중시하여 "천하의 사물은 리가 하나이고 그것은 사물에 분수되었을 따름이다. 리가 하나라는 것을 아는 것은 인仁이 되고, 분수되는 것을 아는 것은 의義가 되는 것이다. 그 나누어지는 것의 경중輕重을 궁구하면 조금의 차이도 없게 될 것이니 매우 정밀해진다"18)라고 하였다. 여기서 인의란 인륜의 리이다. 인의는 리일분수의 관계인데, 리일은 총체적인 측면에서 말한 것이고, 분수는 경중이나 대소의 구별이 있다는 것이다. 여기에서 주의할 만한 것은 그가 분수에 밝지 않으면 리일도 정미하지 않

---

16) 『宋元學案』, 권24, "事不勝窮, 理則一也."
17) 『上蔡語錄』中, "理一而已, 一處理窮, 觸處皆通."
18) 『宋元學案』, 권25, "天下之物, 理一而分殊. 知其理一, 所以爲仁. 知其分殊, 所以爲義. 極其分之輕重, 無銖分之差, 則精矣."

다는 중요한 사상을 제기하였다는 것이다. 이는 분석의 방법이 중요하다는 것을 표현하고 있다.

2. 남송시대

이정과 양시 이후 주희의 스승인 이동李侗은 특히 리일분수를 주희에게 전수하였는데, 리일분수에 대한 주희 학설의 형성에 상당한 영향을 주었다. 이동은 나종언羅從彦에게 배운 이후 많은 사색을 통하여 "대개 리는 하나라고 하면서도 나누어진 차이점을 살피지 못하니, 이는 배우는 이가 진실과 유사하거나 그것을 어지럽히는 학설에 빠지고도 스스로 이를 알지 못하는 것이다"[19]라고 하였다. 그는 사람들이 리일만을 말하고 분수를 말하지 않으며, 쉽사리 불교의 '유체무용설有體無用說'로 빠진다고 보았다. 이 때문에 그는 대본大本을 깨달은 후 분수를 정밀히 연구해야 한다고 주장하였다.

> 이미 그 체體를 얻었다면 모든 것이 여기에서 나온다. 비록 품절品節이 만 가지로 나뉘고 곡절曲折이 만 가지로 변한다고 하더라도 이것에 포괄되어 관통되지 않음이 없다. 그 다음 종합하거나 분석함에 각기 조리條理가 있으니 마치 하천에 흐르는 물의 흐름을 어지럽힐 수 없는 것과 같다. 크게는 천지의 높고 두터운 것이나 작게는 갖가지 만물이 화육化育에서 경문에서 가르치는 미묘한 말과 일용의 작은 물건에 이르기까지 이것으로 분석하면 하나라도 그 정성스러움을 얻지 못하는 것이 없다.[20]

---

[19] 『延平答問』, 「行狀」, "槪以理一而不察乎分之殊, 此學者所以流於疑似亂眞之說而不自知也."

이는 일반 원칙을 파악해야 할 뿐만 아니라 깊고 자세한 공부를 하여 각각의 조리를 파악하여야 한다는 것인데, 분수에 대해 연구해야만 비로소 리일을 명확히 알 수 있다는 것이다. 여기에서 분수는 구체적인 사물의 조리를 가리킨다. 이동은 "우리 유학이 이단異端과 다른 것은 리일분수 때문이다. 리는 그것이 하나가 아니라는 염려가 없으므로 어려운 것은 분수이다"[21]라고 하였는데, 이는 그가 구체적인 분석 방법에 대한 문제를 제기하였다는 것을 설명한다.

주희는 처음 이동에게서 수학修學을 할 때 이정과 불교의 영향을 받아, 천하의 리는 하나일 따름이므로 구체적인 세부 절목까지 공부할 필요는 없으며 이것은 다만 다사多事라고 생각하였다. 그러나 여러 차례의 논변을 거치면서 그는 마침내 이동의 사상을 받아들여 "선생님의 말씀을 반복적으로 생각해 보니 비로소 나를 잘못 가르치지 않았음을 알았다"[22]라고 하였다.

그러나 이동의 이 학설은 주로 도덕 실천의 방법론에 착안한 것으로, 어떻게 하면 성인의 기상氣象에 도달할 수 있는가를 말한 것이다. 본체론에 대해 말하자면 그는 사람과 사물에 비록 차이가 있지만, 그 위로 거슬러 올라가면 역시 다만 이 리가 일관되어 있을 따름이라고 보았다. 그러나 이른바 분수란 구체적인 조리를 포괄하고 있는데, 이는 주로 사물을 가리키지 리를 가리키는 것은 아니다. 이러한 논의는 한 걸음 더 진전된 것인데,

---

20) 『延平答問』, 「行狀」, "旣得其體, 則凡出於此者. 雖品節萬殊, 曲折萬變, 莫不該攝洞貫. 以次融釋而各有條理, 如川流脈絡之不可亂. 大而天地之所以高厚, 細而品匯之所以化育, 以至於經訓之微言, 日用之小物, 析之於此, 無一不得其衷焉."
21) 『延平答問』, 「行狀」, "吾儒之學, 所以異於異端者, 理一分殊也. 理不患其不一, 所難者分殊耳."
22) 『延平答問』, 「行狀」, "以延平之言, 反復思之, 始知其不我欺矣."

이는 반드시 더욱 광범위한 학술적 체계와 연관이 된다. 주희의 사상은 바로 여기에서 출발한 것이다. 주희는 우주 본원을 탐구함은 물론 그 본원과 만사·만물이 지닌 리의 관계까지 탐구를 하여 리에 층차가 있다는 학설을 제기하였다.

주희가 태극을 우주의 본체라고 제시한 것은 바로 이러한 문제를 해결하기 위한 것이었다. 주희 철학에서 태극은 보편적이고 초월적인 절대 원칙이다. 그러나 이것은 현실의 사물 속에 존재한다. 태극은 이미 중리衆理의 총명總名이자 만리萬理 전체이다. 또한 태극은 리의 지극함으로써 절대성을 지니고 있다.

> 만 가지가 곧 하나이며, 하나가 곧 만 가지이다. 대개 체體는 완전히 하나의 태극이지만, 또한 하나의 사물이라도 각기 하나의 태극을 지니고 있다.[23]

이러한 관계는 두 차원의 의미를 가진다. 우선 태극은 각각의 사물 가운데 있는데, 이것이 이른바 '각 사물마다 태극을 지니고 있다'(各具一太極)는 것이다. 바로 불교에서 말하는 월인천강月印千江처럼 태극은 분할할 수 없는 전체로 간주되고, 사물마다 각기 지니고 있는 태극이 조각이나 부분으로 구성된 것은 아니다. 만물을 구성하는 기는 청탁淸濁과 후박厚薄의 차이가 있기 때문에 사물 역시 천차만별의 차이점이 있다.

> 온전하다(全)고 말해도 되고 치우친다(偏)고 해도 된다. 리를 말하면 온전하지 않은 것이 없고, 기를 말하면 치우치지 않음이 없다.[24]

---

[23] 『朱子語類』, 권94, "萬個是一個, 一個是萬個. 蓋體統是一太極, 然又一物各具一太極."
[24] 『朱子語類』, 권4, "謂之全亦可, 謂之偏亦可. 以理言之, 則無不全, 以氣言之, 則不能無偏."

이것이 일반적으로 말하는 주희의 리일분수설이다. 여기에서 태극과 만물은 전체와 부분의 관계를 구성한다. 그러나 전체로서의 태극과 사물에 각기 구비된 태극은 결코 전체와 부분의 관계는 아니다.

그러나 주희의 리일분수설은 다른 의미를 가진다. 만물은 각기 그 리를 가지고 있고 만물의 리도 각기 서로 다르지만, 천지만물의 리를 총괄하자면 곧 태극이다. 이러한 측면에서 볼 때 태극은 또한 나눌 수 있는 것처럼 여겨진다. 그는 "다만 이 일리一理가 만물에 나뉘어 체가 된다"[25]라고 하였는데, 여기에서 말하는 나뉜다는 것은 만물이 각기 품수를 받았음을 가리키는 것이다. 즉 각각의 사물이 태극의 전체에서부터 각자의 그 부분을 나누어 받았다는 것이다. 주희는 늘 하나의 사물이 있으면 그 사물에 해당하는 하나의 리가 있고, 리가 다르기 때문에 사물도 다르다고 하였다. 이에 그는 "이 리가 있어야 비로소 이 사물이 있게 된다",[26] "오직 리가 많은 까닭에 사물 역시 많이 있다"[27]라고 하였는데, 사물의 차이는 리가 다르기 때문에 그렇게 되었다는 것이다.

태극은 이미 만리萬理의 총명總名이고, 그것은 중리衆理를 귀납하고 종합하여 이루어진 전체이다. 당연히 태극은 자연스럽게 만리를 포함하고 있다. 이는 리에도 각기 차원이 있다는 것을 설명한다. 즉 만리萬理와 일리一理는 비록 모두 형이상자이지만, 또 공상共相과 수상殊相, 전체와 부분의 관계라는 것이다. 이 점을 설명하기 위해 주희는 리에는 체용이 있다는 논의를 제시한다.

---

25) 『朱子語類』, 권94, "只是此一理, 萬物分之以爲體."
26) 『朱子語類』, 권13, "有是理, 方有這物事."
27) 『朱子語類』, 권94, "惟理有許多, 故物亦有許多."

만물은 모두 이 리가 있다. 리는 모두 하나의 근원(一原)에서 나왔다. 다만 그것이 처하는 위치가 다르므로 그 리의 용이 한결같지 않은 것이다.[28]

원原이란 태극의 본체이고, 용用이란 본체의 발육과 유행을 가리킨다. 본체는 다만 하나인데, 그 발육과 유행에 온갖 차이가 있다는 것이다.

대개 지극히 성실하여 쉼이 없는 것은 도의 체이며, 온갖 차이는 하나에 근본하는 것이다. 온갖 차이는 각기 그 알맞은 것을 얻은 것으로 도의 용이다. 하나의 근본이 온갖 차이를 내는 까닭이다.[29]

이것을 '체는 하나이지만 용이 다르다'(體一而用殊)라고 하는 것이다. 그러나 여기에서 말한 용은 비록 도의 용(道之用)이지만 사물을 벗어나서는 작용을 일으킬 수 없다. 이러한 까닭에 다만 사물은 각기 그 용이 다르다는 것이며, 만수지리萬殊之理는 구체적인 사물과 서로 관련이 있는 것이다. 그래서 "사물마다 각기 이 리를 갖추고 있으나 사물은 그 용이 다르다. 그러나 이는 일리의 유행이 아닌 것이 없다"[30]라고 하였다. 만물이 각기 다른 지위에 처해 있기 때문에 본체의 리가 사물 속에서 각기 다르게 작용하며, 따라서 다른 리가 표현되는 것이다. 사물이 각기 그 용을 다르게 한다는 것은 리가 각기 그 용을 다르게 한다는 것인데, 이는 리가 사물과는 떨어질 수 없기 때문이다. 여기에서는 치우침과 온전함(偏全)으로는 해석할 수 없다.

---

28) 『朱子語類』, 권18, "萬物皆有此理. 理皆同出一原. 但所居之位不同, 則其理之用不一."
29) 『論語集註』, 「里仁」, "蓋至誠無息者, 道之體也, 萬殊之所以一本也. 萬殊各得其所者, 道之用也. 一體之所以萬殊也."
30) 『朱子語類』, 권27, "物物各具此理, 而物各異其用, 然莫非一理之流行也."

여기에서 주희는 천지와 만물을 하나의 통일된 전체로 간주하였다. 태극이란 곧 천지만물이 함께 하는 리이지 하나의 사물에 구비된 리가 아니다. 그러나 이 전체는 또한 다른 부분으로 구성되었기에 각 부분 내지는 하나의 일이나 사물은 모두 각자 그 리가 있는 것이다. 형이상과 형이하의 관계에서 논하자면 다만 리理와 물物이라는 두 가지 논리적 차원만 있다. 그러나 일리―理와 만리萬理의 관계에서 보자면 전체와 부분의 관계를 표현하는 것으로, 천지만물은 다만 일리이며 일리가 곧 천지만물 가운데 있는 것이다. 또한 일사―事와 일물―物은 각기 그 리를 가지는데, 각기 다른 리는 각기 다른 사물 속에 있는 것이다. 일리와 만리는 각자 독립된 존재가 아니라, 일리 가운데 만리가 있고 만리 가운데 일리가 있는 것이다. 그는 "만수萬殊가 곧 하나의 근본이며, 하나의 근본이 만수이다"[31]라고 하였는데, 여기의 만수는 만물이기도 하지만 만리이기도 하다. 리일분수는 간단하게 일리와 만물의 관계로 이해할 수 없다.

이렇게 되면 리일분수의 문제는 리기관계로 귀결된다. 주희 철학에 따르면 모든 사물은 리도 있고 기도 있다. 만물이 모두 리기에 의해 만들어지는 것이라면, 만물의 같고 다름은 리에 의해 결정되는가 아니면 기에 의해 결정되는가? 이것은 리일분수에서 해결해야 할 문제이다.

> 만물이 하나의 근원에서 나왔다는 것으로 논하자면 리는 같고 기는 다르다. 만물이 각기 체體가 다르다는 것에서 보면 기는 서로 비슷한 것 같으나 리는 완전히 다른 것 같다. 기가 다르게 되는 것은 서로 섞이어 고르지 않기 때문이다. 리가 다른 것은 치우침과 온전함이 혹 다르기 때문이다.[32]

---

31) 『朱子語類』, 권27, "萬殊便是這一本, 一本便是那萬殊."
32) 『朱子文集』, 「答黃商伯」, "論萬物之一原, 則理同而氣異. 觀萬物之異體, 則氣猶相近而理絶不同. 氣之異者, 粹駁之不齊. 理之異者, 偏全之或異."

여기에서 주희는 '리는 같고 기는 다르다'(理同氣異)는 것으로 만물이 하나의 근원만을 가지고 있다고 말하였으며, '기는 같고 리는 다르다'(氣同理異)는 것으로 만물이 왜 다른지를 설명하였다. 표면적으로 보자면 리로써 만물의 같음과 다름을 설명한 것이나, 실제로는 리로써 만물이 왜 같은지를 설명하고 기로써 만물이 왜 다른지를 설명한 것이다. 즉 만물의 기는 비록 섞여 있어서 차이가 있으나 본원은 다만 하나이므로 같고, 기에는 섞임이 있기에 리에 치우침과 온전함의 다름이 있다는 것이다. 그러나 이렇게 만물의 차이가 기에 의해 결정되었다고 한다면 이것은 기의 능동적이고 적극적인 작용을 인정하는 것이다. 기는 이제 소극적이거나 어떠한 작위가 없는 재료가 아니라 사물의 구체적 속성과 법칙을 결정하는 중요한 조건이다. 만약 한 걸음 더 나아가 사물이 무엇 때문에 서로 다른가라고 묻는다면 기의 잡박雜駁과 리의 편전偏全으로는 대답하기가 힘들다. 사실 주희는 이 문제에서 매우 큰 융통성을 발휘하는데, 여러 상황에서 이미 자신의 리본체론을 벗어나고 있다.

주희가 비록 만물의 일원—源을 견지함으로써 만물은 모두 하나의 리라고 논증하였지만, 구체적인 문제에 있어서는 기의 차이로 리의 차이를 논증하지 않을 수 없었다. 예를 들어 벌과 개미에게 의義가 있고 호랑이와 늑대에게 인仁이 있다는 것에 대해서도 그는 인정해야만 했다. 설령 벌과 개미, 호랑이와 늑대의 인의라도 다만 한 점點의 밝음이 있는 것으로는 다른 나머지를 미루어 볼 수 없다. 말라서 시들어 버린 벽돌이나 기와 같은 것에는 비록 말라 시들어 버린 것의 리가 있지만, 그 리는 각기 다르다. 또한 대황大黃과 부자附子(약초)는 대황이 부자가 될 수 없고 부자가 대황이 될 수 없으며, 벽돌에는 벽돌의 리가 있고 대나무 의자에는 대나무 의자의 리가 있지만 각기 서로 달라 구별이 없을 수 없다. 왜 이러한가? 이는 기품

氣稟이 다르기 때문에 리에도 다름이 있는 것이다. 그래서 그는 그것이 허다한 기를 품수 받았으므로 또한 허다한 리가 있는 것이라고 하였다. 즉 기가 많으므로 리 역시 많다는 것이다. 이것은 '기에 잡박雜駁이 있고, 리에 편전偏全이 있다'는 학설과는 결코 같지 않다.

한편으로 주희는 자연계를 하나의 통일된 유기체로 간주하였는데, 이 유기체는 태극의 리가 지배하는 것이다. 그리고 태극의 리는 나눌 수 없는 전체이므로 '하나의 사물은 각기 하나의 태극을 갖추고 있다'(一物各具一太極)는 명제를 제시하였고, 이것은 그의 리일분수사상의 중요한 내용이다. 이 사상은 이정 가운데 특히 정이에게서 기원하는 것이며, 동시에 불교철학의 영향도 매우 크게 받은 것이다.

다른 한편으로 주희는 세계와 만물의 다양성을 설명하기 위해 기에 결정 작용이 있음을 인정하기 않을 수 없었다. 그는 '체는 하나이지만 용이 다르다'(體一而用殊)라는 사상에 근거하여 사물의 차이점은 리에 구분이 있어서 그러하다고 설명하였는데, 리의 용이 다른 까닭은 여전히 기에 의해 결정되는 것이었다. 이것이 그가 말한 '기는 강하고 리는 약하다'(氣强理弱)라는 주장이다. 여기에서 리는 구체적인 것이지 추상적인 것이 아니며, 한 사물에 갖추어진 리이지 사물마다 모두 갖추고 있는 태극이 아니다. 주희는 대부분 이러한 관점에서 기술하고 있다.

"사람과 사물은 모두 천지의 리를 품수 받아 이를 리로 삼고, 모두 천지의 기를 받아 형으로 삼습니다. 만약 인품人品이 다른 것은 물론 기에 어둡고 밝으며 두텁고 얇은 차이 때문에 그러한 것이지만, 만약 사물에서 말할 때는 이 품수 받은 리가 온전하지 못한 것인지 아니면 기품의 어두움과 가림으로 그렇게 된 것인지 모르겠습니다"라고 묻자, 주자는 "오직 그 품수 받은 기가 허다하기 때문에 리 역시 허다하다. 예를 들어 개와 말은 그들의 형기形氣가 이와 같으므로 이러한

일만 알아차릴 뿐이다"라고 대답하였다.[33]

여기에서 질문자는 기에는 혼명폐색昏明蔽塞의 차이가 있으므로 리에 편전偏全의 구별이 있다는 주희의 사상에 근거하여 사람과 사물의 차이점이 리에 의해 결정되는지 아니면 기에 의해 결정되는지를 물으려고 하였다. 그러나 주희의 대답은 이 문제를 넘어서서 기에 많고 적음이 있다는 것으로 리에도 많고 적음이 있다는 것을 설명하였다. 사람과 동물의 구별도 이와 같은 것이고 초목이나 식물의 구별도 이러하기에, 그는 또 초목의 기 또한 구별되는데 그것들은 모두 앎이 없다고 하였다.

여기에서 토론한 문제는 바로 전체와 부분의 관계 문제이다. 리일은 우주만물의 근원·원형으로 설정되지만, 그는 특수한 존재를 부인하지는 않았으며 더욱이 특수는 사물 그 자체에 의해 결정되는 것이라고 생각하였다. 즉 수많은 부분의 총합이 바로 전체全體인 것이다. 이를 사유방식에서 말하자면, 추상적인 것에서 구체적인 것으로 나아간 것이지 구체적인 것에서 추상적인 것으로 나아간 것은 아니다. 바로 여기에서 주희가 강조하는 것은 분수이지 리일이 아니다.

어떻게 하나의 리만을 깨닫고서 만사가 모두 이 속에 있다고 말할 수 있겠는가? 천하의 만사만물은 그대가 하나씩 이해한 후에야 비로소 얻을 수 있는 것이다.[34]

---

33) 『朱子語類』, 권4, "問, 人物皆稟天地之理以爲理, 皆受天地之氣以爲形. 若人品之不同, 固是氣有昏明厚薄之異, 若在物言之, 不知是所稟之理便有不全耶, 亦是緣氣稟之昏蔽如此耶? 曰, 惟其所受之氣只有許多, 故其理亦只有許多. 如犬馬, 他這形氣如此, 故只會得如此事."
34) 『朱子語類』, 권27, "如何說曉得一理了, 萬事都在裏面? 天下萬事萬物, 都要你逐一理會過, 方得."

만물의 리는 모름지기 당신이 하나를 좇아서 이해한 다음에야 비로소 가능한 것이다.35)

대개 분수分殊 가운데 능하여 각각의 사물과 단서마다 그 당연當然을 이해한 연후에 비로소 리가 본래 하나로 관통되어 있음을 알 수 있다. 만수萬殊에 각기 하나의 리가 있다는 것을 모르고 단순히 리일理一이라고 말하는 것은 리일이 어디에 있는지를 모르는 것이 아닌가?36)

만리萬理가 비록 하나의 리라고 하더라도 배우는 이는 만리 가운데에서 온갖 단서를 찾아 이해하고 사방의 것을 다 모아서 스스로 일리라는 것을 보아야 한다. 그 만리를 이해하지 않고서 다만 그 일리만을 이해하려는 것은…… 다만 헛된 상상일 따름이다.37)

이러한 말들을 살펴볼 때 주희는 리일과 분수의 관계에 대해 변증적 분석을 하고 있다는 것을 알 수 있다. 첫째, 만리는 태극의 일부분이며 분수는 일리의 일부분이다. 그것은 각기 다른 측면에서 일리를 설명하는 것으로, 사방의 것을 다 모아서 일리를 이루는 것이다. 둘째, 일리는 만리 가운데 있는 것으로 만리를 떠나서는 존재할 수 없다. 왜냐하면 일리는 만리에 의해 구성되는 것이므로 만리가 없으면 일리도 존재할 곳이 없게 되는 것이다. 이에 만수지리萬殊之理를 모르는 것은 다만 헛된 상상일 따름인 것이다.

그러나 주희는 이미 일리를 본체이자 본원으로 단정하고 만리를 다만

---

35) 『朱子語類』, 권27, "萬物之理, 須你逐一去看理會過, 方可."
36) 『朱子語類』, 권27, "蓋能於分殊中, 事事物物頭頭項項, 理會得其當然, 然後方知理本一貫. 不知萬殊各有一理, 而徒言理一, 不知理一在何處?"
37) 『朱子語類』, 권117, "萬理雖只是一理, 學者且要去萬理中, 千頭萬緒都理會, 四面湊和來, 自見得是一理. 不去理會那萬理, 只管去理會那一理,……只是空想象."

만사만물 가운데 본체가 작용하고 표현되는 것이라 하였는데, 상술한 그의 사상은 뒤집어져 결국은 리가 기를 결정한다는 전제로 되돌아간다.

리일분수理一分殊의 문제에서 심학파는 리학파와 큰 분기分岐를 이루는데, 이 두 학파 사이에는 격렬한 논쟁이 펼쳐졌다. 심학파는 심心을 리로 여겼기 때문에 이른바 리일분수는 본심의 리와 만사만물의 관계였다. 그들은 대본大本을 세워야 한다고 주장하였는데, 이는 각각의 사물에서 이른바 만리를 구할 필요가 없다는 것이다. 이런 관점에서 육구연陸九淵은 "그 리를 밝히고자 하는 사람은 그 근본이 없을 수 없으니, 근본이 세워지지 않고서 그 리를 밝히는 사람을 나는 아직 보지 못하였다"[38]라고 하였다. 이는 곧 본체의식 또는 주체의식이 곧 만리의 근본이라는 것이다. 주체의식은 정화淨化와 승화昇華의 단순한 이성적 원칙을 거치는데, 만물지리萬物之理는 내 마음의 일리를 벗어나지 않는다. 일반적으로 말해서 그들은 일리만을 강조하였지 분수에 대해서는 결코 논하지 않았다. 즉 모든 것이 마음으로 귀결되는 것이다. 천하의 리가 내 마음에 모인다면 이른바 지극히 당연함은 하나로 귀결되고(至當歸一), 뜻을 정미하게 함은 둘이 아니게 되는(精義無二) 것이다. 문제의 핵심은 주체 원칙을 파악함에 있는 것이지 만사만물의 리는 결코 중요한 것이 아니라는 것이다.

진순陳淳은 한편으로 주희의 관점을 받아들이면서도 다른 한편으로는 주체 원칙을 강조하여 '이 마음에 있는 모든 것이 하나의 리일 따름'이라고 말하였다. 리일분수 역시 일심이 만리에 관통되어 있는 것이다.

일一은 다만 도리일 따름이며, 전체가 섞여 있는 하나의 큰 근본이다. 관貫은 이

---

38) 『象山全集』, 「拾遺·則以學文」, "欲明夫理者, 不可以無其本, 本之不立而以明夫理者, 吾未之見也."

도리가 거기에서 흘러나와 만사만물의 사이를 관통하고 있는 것이다.…… 그 전체가 섞여 있는 하나의 리에서부터 말하자면 만리가 빽빽하게 갖추어져 있지 않음이 없다. 만리가 드러나는 것에서부터 말하자면 또한 이 하나의 리가 아님이 없다. 일은 만을 관통하고, 만은 일에 근본하지 않음이 없는 것이다.39)

진순이 분수에 대해 논하지 않은 것도 아니고 분수를 리일만큼 중시하기도 하였지만, 그가 보기에 리일은 우주의 최고 원칙으로서 주체관념 가운데 있으며 따라서 주체성을 지니고 있다. 그는 주체관념이 없다면 만사만물의 리는 관통될 방법이 없다고 보았다. 그는 우주본체론에서 출발하여 주체와 객체, 주관과 객관을 통일시키는 과정을 거쳐 결국에는 주관적 학술체계로 나아가고 있다. 이 점은 성리학의 개념사에서 중요한 의의를 지닌다. 이 과정은 진헌장陳獻章에 이르면 더욱 큰 변화가 발생한다.

3. 원명시대

진헌장은 주체정신을 본체의 차원에 끌어올렸는데, 마음은 리일이고 만사만물의 리는 마음의 일리에 의해 관통되어 있다고 하였다.

> 군자의 일심一心에는 만리가 완전히 갖추어져 있다. 사물이 비록 많지만 나에게 있지 않은 것이 없다.…… 이를 깨달으면 천지는 내가 세우는 것이고, 만물은 나에게서 나오는 것이며, 우주는 내 안에 있는 것이다.40)

---

39) 『北溪字義』, 「一貫」, "一只是這個道理全體渾淪一大本處. 貫是這道理流出去, 貫串乎萬事萬物之間.……自其渾淪一理而言, 萬理無不森然具備. 自其萬理著見而言, 又無非卽此一理也. 一所以貫乎萬 而萬無不本乎一."

40) 『白沙子全集』, 권3, "君子一心, 萬理完具. 事物雖多, 莫非在我.……會此, 則天地我立,

이는 만사만물의 리가 모두 주체정신의 안에 있다는 것이다. 그는 이것이 만사만물을 이해하는 진정한 손잡이(把柄)이라고 하여 "이 손잡이를 손에 넣게 되면 무슨 일이 생기겠는가? 지나간 옛날이나 지금으로 오는 미래는 물론 사방과 상하가 모두 한결같이 관통되고 한결같이 수습되니, 때와 장소에 상관이 없이 가득 차지 않음이 없다"[41]라고 하였다. 이 역시 '한 마음이 만사를 관통한다'는 사상이다. 여기서 말한 가득 찬다는 것은 우주 사이의 만사만물이 마음의 일리에 의해 통솔되고 관통된다는 것이다. 즉 주체인 마음을 떠나서는 천지만물을 통괄할 것이 없다는 것이다. 그리하여 그는 "이 리가 상하를 포괄하고 시종을 관통하여 한 덩어리로 만드니 모두 분별됨이 없다"[42]라고 하였다. 분별됨이 없다는 것은 만물 자체가 분별되지 않는다는 것이 아니라 만물의 리가 곧 나의 하나(吾一), 즉 마음속의 태극이라는 것이다. 이는 물아物我와 내외內外 그리고 만사만물을 마음이라는 주체 원칙에서 완전히 통일시킨 것이다.

그러나 진헌장은 분수分殊를 완전히 부정한 것은 아니다. 그는 천지간에는 의리義理가 무궁하므로 분수에 대해서 분석을 해야 한다고 여겼다. 그가 말한 "장소에 따라 천리를 체인해야 한다"[43]라는 것은 분수에서부터 리일로 이르러야 하며, 만물 가운데에서 일리를 체득해야 한다는 것이다. 이 점은 그의 제자인 담약수湛若水에 이르러 더욱 발전하였다.

담약수는 '고금과 우주는 다만 일리일 따름'이라고 하였다. 그러나 이 리는 마음에 있는 것이지 사事에 있는 것은 아니며, 마음이 사를 겸하고

萬化我出, 而宇宙在我矣."
41) 『白沙子全集』, 권4, "得此把柄入手, 更有何事? 往古來今, 四方上下, 都一齊穿紐, 一齊收拾, 隨時隨處, 無不是這箇充塞."
42) 『白沙子全集』, 권4, "此理包羅上下, 貫徹始終, 滾作一片, 都無分別."
43) 『白沙子全集』, 권3, "隨處體認天理."

있는 것이다. 일리는 곧 마음의 본체이자 관념적 실체이다. 이 때문에 그는 천지와 고금 그리고 우주 안에는 다만 모두가 이 하나의 마음이라고 하였다. 내외합일內外合一을 주창한 그의 학문은 여전히 주체·객체의 동일화를 통하여 주체를 근본으로 삼는 심학心學으로 확립되었다. 그러나 그는 리학과 심학을 조화하려는 태도를 리일분수의 문제에서 드러내었는데, 그는 리일과 분수의 동체同體를 주장하였다. 이는 육구연처럼 리일만 말하고 분수를 도외시한 것도 아니다. 그는 진헌장에 비해서도 한 걸음 더 나아가 리일과 분수는 서로 대립적이며 하나라도 없어서는 안 되는 체용의 관계라 하였다. 즉 우주의 총체적 원칙은 사물마다 체인해야 한다는 것인데, 이것은 일종의 자아체인自我體認일 수 있다. 그러나 심물心物은 서로 떨어지지 않으며, 또한 사물에서 체인해야 한다는 것도 부정하지 않는다.

> 주자가 처음 이연평(李侗)을 만났을 때는 정자程子의 혼연동체설渾然同體說을 매우 좋아하였다. 그러나 이연평은 리일에 대해서는 깨닫기가 어렵지 않으나 분수에 대해서는 오히려 알기 어렵다고 하였다. 그리하여 한 차례 단련을 하였다. 나는 분수를 알지 못하면 리일을 알기도 어렵고, 리일을 알지 못하면 또한 분수도 알지 못할 것이라고 생각한다. 이는 이 두 가지가 동체同體이기 때문이다.[44]

이른바 동체라는 것은 마음의 본체와 동일하다는 것이며, 심체心體가 곧 일리一理라는 것이다. 그러나 마음이나 사물에는 안과 밖이 없고 심물心物과 내외內外는 완전히 동일한 것이다. 이 때문에 리일과 분수는 심물동체心物同體라고 할 수 있다.

---

44) 『明儒學案』, 권37, "朱元晦初見延平, 甚愛程子渾然同體之說. 延平語云, 要見理一處却不難, 只分殊處却難. 又是一場鍛煉也. 愚以爲未知分殊, 則亦未知理一也. 未知理一, 亦未必知分殊也, 二者同體故也."

왕수인王守仁은 자신의 심본체론을 완성하는 동시에 리일분수를 정일精一의 학문으로 해석하였다. 일이란 심체 즉 리일을 가리키고, 정은 유행의 분수를 가리킨다. 그러나 이 양자는 모두 심心의 주체의식을 떠나서는 존재하지 않는다. 심은 체용으로 나눌 수 있으나 내외로는 나눌 수 없다. 허령불매虛靈不昧한 마음은 온갖 리를 갖추고서 만사를 내는 것(具衆理而出萬事)이다. 이미 만사가 마음에서 나왔다면 리일과 분수의 관계는 심과 물物의 관계이며 또한 심과 그 자신의 관계이다. 이것은 철저한 주관론적 학술체계이다. 그러나 이것은 천지만물이 존재하지 않는다는 것은 결코 아니다. 왕수인의 정일의 학설은 실제로 마음을 중심으로 한 심물합일론이다. 그가 말하는 리일은 주체 원칙이며, 분수는 주체 원칙의 운용인 만사만물에 불과하다. 그러나 그는 주체 원칙을 단일한 우주본체로 여겼기 때문에 자연규율의 객관성을 부정하였다. 이는 사람이 자연 입법의 주체론자라고 말할 수 있는 것이다.

일一은 본체로서 텅 비고 아득하여 아무런 조짐도 없는(沖漠無朕) 리이며, 정精은 작용으로서 만상 빽빽이 들어차 있는(萬象森然) 사물이다. 그러나 이 둘의 관계는 서로 뗄 수 없는 것이다.

> 만상이 빽빽이 들어차 있을 때에도 텅 비고 아득하여 아무런 조짐이 없으며, 텅 비고 아득하여 아무런 조짐을 없을 때에도 만상은 빽빽이 들어차 있다. 텅 비고 아득하여 아무런 조짐이 없는 것은 일一의 아버지이고, 만상이 빽빽이 들어차 있는 것은 정精의 어머니이다. 일 가운데 정이 있고, 정 가운데 일이 있다.[45]

---

45) 『傳習錄』, "萬象森然是亦沖漠無脈, 沖漠無脈時卽萬象森然. 沖漠無脈者一之父, 萬象森然者精之母, 一中有精, 精中有一."

이것은 리일분수에 관한 왕수인의 중요한 관점이다. 그는 육구연과 마찬가지로 먼저 대본大本을 세워야 한다고 하였으며, 대본의 일이 세워져 이미 밝아지면 만사가 모두 여기에서 나온다고 하였다. 만사만물의 리는 모두 양지良知의 본체에서 흘러나온 조리條理이며, 비록 각기 다르더라도 일리에 근원하고 있는 것이다. 그러나 육구연과 완전히 같지는 않은데, 왕수인은 분수의 중요성을 강조하여 반드시 분수가 발현하는 곳에서부터 공부를 해야 일리를 보존할 수 있다고 생각했기 때문이다.

리가 발현하는 것을 볼 수 있는 것을 문文이라 하고, 문이 은미하여 볼 수 없는 것을 리라 하니 다만 하나의 사물이다. 예로 간략히 하면 다만 이 마음은 순수하게 하나의 천리天理인데 이 마음을 순수하게 천리로 간직하는 것은 모름지기 리의 발현처에서부터 힘을 써야 한다.…… 문을 넓히는 것(博文)은 곧 유정惟精이며, 예로 간략히 하는 것(約禮)은 유일惟一이다.46)

이 점에서 그는 주희와 더욱 접근해 있다. 그러나 주희처럼 전체 우주의 존재 문제에 대해 토론하는 것이 아니라, 그가 강조한 것은 주체와 객체의 관계 문제이다. 즉 유일惟과 유정惟精은 리일과 분수의 관계이며, 또한 주체와 객체의 관계 문제인 것이다. 주희는 리일분수를 논할 때 분석과 종합의 방법을 사용하였다. 즉 분석이란 만리이며, 종합이란 일리이다. 사실 분석 가운데 종합이 있고, 종합 가운데 분석이 있는 것이다. 이것이 주희가 건립한 리일분수설의 중요한 방법이다. 이 점을 왕수인도 분명하게 보았지만, 그는 부정적인 태도를 취한다.

---

46) 『傳習錄』, "理之發現可見者謂之文, 文之隱微不可見者謂之理, 只是一物. 約禮只是要此心純是一個天理, 要此心純是天理, 須就理之發現處用功.……博文卽是惟精, 約禮卽是惟一."

"분석을 함에 매우 정미하여 어지럽지 아니한 연후에 합하는 것이 그 큼을 극진히 하여 남김이 없다는 말은 어떠합니까?"라고 묻자, 왕양명은 "아마 완전하지 못한 것 같다. 이 리를 어찌 분석할 수 있는가? 또 어찌 그것을 한곳에 모을 수 있겠는가? 성인이 말하는 정일精一이 원래 극진한 말이다"라고 대답하였다.47)

여기에서 우리는 왕수인이 이해한 리일분수가 주로 일리와 만사의 관계이지 일리와 만리 간의 관계가 아니라는 사실을 확인할 수 있다. 이것은 심학파와 리학파의 중요한 구별점이다. 리학파에서는 리를 분석할 수 있는 것이라고 여겨 조리대로 분류하고 여러 차례 분석해야 한다條分縷析고 주장하였다. 그러나 심학파는 리는 분석할 수 없는 것이므로 그 전체를 파악해야 한다고 주장하였다. 리학파에서는 리가 객관적인 것이므로 사물마다 각기 리가 있다고 하였으며, 심학파에서는 리가 주관적이므로 마음 바깥에 리가 없다고 하였다. 물론 이러한 구별은 절대적인 것이 아닌데, 그들은 모두 리일을 최고의 원칙으로 삼았기 때문이다.

리일분수의 명제를 객관적 측면으로 발전시킨 사람으로 설선薛瑄과 나흠순羅欽順을 들 수 있다. 설선은 리일과 분수가 합合과 분分의 통일적 관계라고 하였는데, 이는 사실상 리에 구분이 있음을 인정한 것이다. 그는 '리일은 분수 가운데 행하고, 분수는 리일의 바깥에 있지 않다'(理一行乎分殊之中, 分殊不在理一之外)는 명제를 제시하여, 전체와 부분, 일반과 특수에 관한 주희의 사상을 발전시켰다. 그는 개념론적 차원에서 다음과 같이 말하였다.

리의 하나는 각기 분수의 가운데 관통되어 있고, 나누어진 차이점은 반드시 리일에서 통일된다. 나누어진 차이점이 만약 더욱 나뉘더라도 리의 하나는 혼연하여

---

47) 『傳習錄』, "問, 折之有以極其精而不亂, 然後合之有以盡其大而無餘, 此言如何? 先生曰, 恐亦未盡. 此理豈容分析? 又何須湊和得? 聖人說精一自是盡."

그것을 포용하지 않음이 없으니, 실제로는 합쳐지지 않은 적이 없다. 리의 하나가 만약 합쳐지더라도 나누어진 차이점은 각기 찬연하게 조리條理가 있으니, 실제로는 나누어지지 않은 적이 없었다. 나누어지고 합쳐지며, 합쳐지고 나누어지는 것이 곧 이른바 일이관지一以貫之인 것이다.48)

천지와 만물은 일리로 통괄되어 있으며, 이것이 전체 원칙이다. 하늘에는 하늘의 리가 있고 땅에는 땅의 리가 있고 만물에는 만물의 리가 있다. 그렇지만 분수에는 또한 층차가 있는데, 예를 들어 땅의 리는 하나의 리로 통괄되어 있지만, 여기에는 산천초목의 리가 또 분수되어 있다. 초목은 일리이지만 줄기, 가지, 꽃, 잎의 리가 또 분수되어 있다. 리는 비록 형이상자여서 형태와 자취를 찾아 볼 수 없지만, 형이상자 가운데는 또 다른 층차가 있는 것이다.

이는 설선이 자연계 전체와 부분 그리고 특수의 관계에 대해 진일보된 인식을 하고 있음을 설명하고 있다. 그는 리를 큰 성에 비유하였는데, 이 성 안에는 대문도 있고 집도 있으며 큰 거리도 있고 작은 골목도 있는데, 이것이 분수라는 것이다. 그는 리일과 분수는 전체와 부분의 관계라고 설명하였다. 그는 주희와 마찬가지로 자연계를 하나의 유기체로 간주하였는데, 리일은 자연계의 전체 원칙이었다. 전체 가운데 다시 다른 부분으로 나누어지고 각 부분은 특수 원칙을 대표하는데, 이것이 분수이다. 외연적인 면에서 리일은 분수에 의해 구성되는 것이며, 분수는 리일 가운데 있다. 그러나 내포적인 면에서 보자면 리일은 분수 가운데 있으며, 분수는 곧 리일을 포함하고 있다.

---

48) 『讀書錄』, 권4, "理之一各貫於分殊之中, 分之殊畢統於理一之內. 分之殊若分矣, 而理之一則渾然無所不包, 實未嘗不合也. 理之一若合矣, 而分之殊則粲然各有條理, 實未嘗不分也. 分而合, 合而分, 斯所謂一以貫之者歟."

설선은 리본체론이라는 기본 전제를 떠나지 않았으며, 리를 '전체가 하나의 태극'인 것으로 간주하였다. 이것은 여전히 본체론적 개념이자 보편적이며 초월적인 본체이다. 그래서 그는 "만물은 각기 일리를 하나씩 가지고 있는데, 일리의 본체는 의연하고 완비되어 애초에 조금의 모자람도 없었다"49)라고 하였다. 만약 리기 문제에서 설선이 기본체론으로 접근했다면, 리일분수에 있어서 그는 여전히 이러한 변화를 완성하지 못하였다. 이것을 완성한 사람이 나흠순이다.

나흠순은 리일분수에 대해 비교적 자세한 논술을 하였다. 그는 '리기가 하나'라는 관점에서 일반과 특수라는 관계 문제를 해결하였다. 그는 먼저 태극을 실체 범주에서부터 모형 범주로 바꾸어 그것을 일본지기一本之氣에 종속시켰다. 이렇게 되면 리일은 더는 우주본체가 아니라 다만 우주의 총체적 규율이 되고 분수는 특수한 사물의 특수한 규율이며, 이 양자는 물질실체의 기를 벗어나지 못한다.

> 리일분수라고 말할 때는 리와 기가 모두 있는 것이다. 리를 말하자면, 태극은 리일이며 건순오상健順五常은 그 분수이다. 기로 말하자면 혼원渾元의 일기一氣가 리일이며 오행과 만물이 그 분수이다.…… 무릇 태극은 형이상자이며 양의兩儀와 사상四象·팔괘八卦는 형이하자라고 성인은 줄곧 말하였는데, 리기가 나누어지지 않음을 알 수 있다.50)

리기는 나누어지지 않지만 양자는 또 형이상과 형이하의 대응관계로 나뉘는데, 태극이라고 말할 때는 비록 리를 말하는 것이지만 이는 기의 리

---

49) 『讀書錄』, 권3, "萬物各得一理之分, 而一理本體依然完具初無絲毫之減損也."
50) 『困知記』 附錄, 「與林次崖憲僉」, "謂理一分殊, 理與氣皆有之. 以理言則太極理一也, 健順五常其分殊也. 以氣言則渾元一氣理一也. 五行萬物其分殊也.……夫太極形而上者也, 兩儀四象八卦形而下者也, 聖人只是一直說下來, 可見理氣之不容分矣."

이고, 혼원의 일기라고 말하는 것은 비록 기를 말하는 것이지만 역시 기에서 리를 말한 것이라는 것이다. 통틀어 보자면 리와 기는 하나여서 분리가 되지 않으며, 더욱이 태극을 리일이라 하고 형기形氣를 지닌 만물을 분수라고 할 수 없다는 것이다.

> 역易에 태극이 있다고 말하는 것은 만수萬殊의 근원이 일본一本에 있음을 밝힌 것이다. 따라서 그 낳고 낳음의 차례를 미루어 보면 일본一本이 흩어져 만수가 됨을 밝힐 수 있다.51)

일본이란 혼원의 일기인데, 리는 그 가운데 있는 것이다. 나흠순은 리일과 분수의 관계에 대해 분수는 리일에서 오는 것이며, 리일은 분수 가운데서 볼 수 있는 것으로 분수를 떠나 초연히 홀로 있는 것은 있는 것은 아니라고 보았다.

> 대개 사람과 사물이 생겨나는 것은, 기를 처음 받을 때 그 리가 오직 하나이고 형태를 이룬 이후에는 그것이 나누어져 다르게 된다. 나누어져 다르게 되는 것은 자연스런 리가 아님이 없다. 그 리가 하나인 것은 항상 분수 가운데 있다. 이것이 성명性命의 신묘함이 되는 까닭이다.52)

우주론적 측면에서 말하자면, 사람과 만물은 모두 일기一氣에 근원하여 공통의 자연법칙이 있지만 사람과 사물이 일단 형성된 다음에는 각자 특수한 규율이 있다. 특수한 규율이란 자연계의 객관적 존재인 자연지리自然

---

51) 『困知記』, "云易有太極, 明萬殊之原於一本也. 因而推其生生之序, 明一本之散爲萬殊也."
52) 『困知記』, "蓋人物之生, 受氣之初, 其理惟一, 成形之後, 其分則殊. 其分之殊, 莫非自然之理. 其理之一, 常在分殊之中. 此所以爲性命之妙也."

之理이지만, 그것은 또한 공통적 규율을 표현하는 것이다. 공통적 규율이란 독립적으로 존재하는 것이 아니며, 그것은 특수한 규율 속에 있는 것이자 이를 통해서 표현되는 것이다. 바로 이 때문에 다만 특수한 규율을 통해서만 공통적 규율을 인식할 수 있는 것인데, 나흠순은 "천지와 인물을 통틀어서도 그 리는 본래 하나이며, 그 나누어짐이 다르다. 반드시 그 나누어진 차이를 살핀 연후에야 리가 하나라는 것을 알 수 있다"53)라고 말하였다.

그런데 여기에는 방법론적인 문제가 있다. 인식의 과정을 논하자면, 그는 분석적이고 연역적인 방법이 아니라 종합적이고 귀납적인 방법을 논하였다. 즉 특수 가운데에서 가장 일반적인 법칙을 귀납하는 것이다. 사실상 나흠순의 기본설氣本說은 경험과 사실에 기초하여 가설을 제시하는 것이다. 그러나 부정할 수 없는 것은 귀납적 논리는 오늘날에 이르러서도 여전히 세계를 인식하는 주요 방법이라는 것이다. 연역적 논리만이 유일한 과학적 방식이라고는 말할 수 없다.

왕정상王廷相은 나흠순과 대체로 같은 관점을 지니고 있다. 왕정상은 기氣를 최고의 범주로 간주하였으므로 자연계의 모든 형상을 기로 해석하였다. 리일분수理一分殊를 속성 개념으로 여긴 것도 이와 같다.

> 사람과 천지, 귀신과 만물은 모두 일기一氣이다. 기가 하나이면 리도 하나이다. 그 크고 작음, 그윽하고 밝음, 통하고 막힘이 고르지 않은 것이 나누어져 차이가 있는 것일 따름이다. 분수分殊를 안다면 그 리가 하나임을 구할 것이고, 리일理一을 알면 그 나누어진 차이점을 구할 것이다.54)

---

53) 『困知記』, "蓋通天地人物其理本一, 而其分則殊. 必有以察乎其分之殊, 然後理之一者可見."
54) 『愼言』, 「作聖」, "人與天地鬼神萬物, 一氣也. 氣一則理一. 其大小幽明通塞之不齊者, 分之殊耳. 知分殊, 當求其理一, 知理一, 當求其分之殊."

일기에 의해 결정된 리일은 하나의 추상적 원칙이자 추상적 일반이다. 그는 이것이 나흠순이 말한 '뭇 리들의 총명'(衆理之總名)인지 아닌지에 대해 말하지 않았다. 또 분수가 리를 가리키는 것인지 아니면 만물을 가리키는 것인지에 대해서도 명확하지 않다. 그러나 그가 기의 수량과 성질 그리고 구조 등으로 분수를 설명한 것은 긍정할 수 있다. 기의 종자(氣種)는 변하지 않는다는 왕정상의 사상에 근거하면 이는 마치 분수의 리가 기 가운데 원래 있는 각각의 종자에 의해 결정된다고 생각한 것 같다. 그러나 종자가 어떻게 일기에서 말미암았는지에 관해서 그는 좀 더 분명하게 해석하지 않았다. 그가 물리(物理)와 그 조건들의 관계를 논할 때 조건은 물리에 대해 어떠한 보조적 작용을 일으킨다는 말을 하였는데, 그렇다고 해서 이것이 물리 자체의 성질을 결정하지는 않는다. 예를 들어 식물이 일 년 사계절 동안 생장하고 쇠락하는 가운데 비바람과 온도는 외부적 조건이지 결정적인 작용을 하는 것은 아니다. 이것은 그의 종자사상과 관련된 것 같은데, 그는 다음과 같이 말하였다.

바람이 봄에 불면 잎이 열리고 가을에 불면 떨어지는데, 물리가 저절로 열리고 떨어지는 것이다. 소나무, 회나무, 계수나무, 잣나무는 겨울을 지나면서도 울창한데, 가을바람이 그 잎을 떨어뜨릴 수 있는가? 이것으로 볼 때 모두 물리에서 말미암은 것이지 바람이 그러한 것은 아니다.[55]

---

55) 『雅述』 上, "風春則展, 秋則落, 物理自展自落耳. 松檜桂柏, 凌冬蒼鬱, 秋風能落之乎? 由是觀之, 皆由物理, 匪風而然."

4. 명말청초

유종주劉宗周의 기본체론과 '마음이 사물의 근본이 된다'는 사상은 왕수인의 심학체계에서 드러나는 주관적 관념론의 성격을 새롭게 객관화시켜 내었다. 그는 일一과 만萬의 관계를 논할 때, 일은 체體이고 만은 수數이므로 일과 만의 관계는 체용관계이지 수의 관계는 아니라고 하였다.

> 천지간에 만유萬有가 가득 차 있으나 고르지 않은 것은 수數 때문이지만 일一로 그것을 다스린다. 일은 수가 아니므로 성인은 이二에서 수를 일으켜 사람이 스스로 허虛와 체體를 깨닫도록 하였다.56)

여기에서 일은 왕수인이 말한 정일精一의 일이다. 곧 일은 심체心體이며 독체獨體 또는 성체誠體라고 할 수 있다. 마음의 본체는 생각도 없고 작위도 없이 고요하여 움직이지 않으며(無思無爲, 寂然不動) 만사와 만물을 관통하고 있으므로 일이 되는 것이다. 천지만물은 모두 마음의 일이 체가 되지만, 체는 홀로 독립해 있는 것이 아니라 체體가 곧 용用이고 용이 곧 체이므로 마음의 일 역시 만을 떠나서는 존재할 수 없는 것이다. 그 역시 '달이 모든 강에 비치니 그 곳곳마다 둥근 달이 있다'라는 말을 하며 또 만은 일로 돌아가고 일에 의해 만이 통일되어 있다고 주장하지만, 동시에 '일은 만에서 통일되어 있다'(一統於萬)라고 강조하였다. 그는 "만이 일에 통일되어 있다는 것은 그 리를 쉽게 볼 수 있지만, 일이 만에서 통일되어 있다는 것은 뜻이 깊어(旨奧) 밝히기 어렵다"57)라고 하였는데, 여기에서 말하는 지늑는

---

56) 『劉子全書』, 「易衍」 제19장, "盈天地間萬有不齊者, 數也, 而一一以君之. 一非數也, 故聖人起數於二, 使人自悟虛體焉."
57) 『劉子全書』, 권11, 「學言」中, "萬統於一, 其理易見, 一統於萬, 旨奧難明."

'심무체心無體'와 '만물을 체로 삼는 것'에 있다. 이것은 유종주가 말한 체용일원體用一源이 리일분수에 응용된 것이다.

유종주는 주체 원칙을 좀 더 확장시킴에 따라 주체의식을 벗어나 천지만물에 나타나는 변화의 리를 논하였는데, 이는 리일분수를 객관적으로 논한 것이다. 이렇게 되면 왕수인의 주관적 관념론은 새롭게 객관적 관념론으로 바뀌게 된다.

> 일관지도一貫之道는 천지지도天地之道로 성인만이 얻는 사사로운 것이 아니다. 성인이 우리 유학의 도를 자임하는 것은 성인이 자기의 마음에서 이 도를 보았기 때문이다. 이 도는 가득 차서 흘러내려 하나의 실實이 만 가지로 나누어지며, 천지간을 가득 채운 만사와 만물에 각기 조리가 있어 혈맥血脈이 관통하는 곳이다. 이는 하나로 섞여 내외內外와 자타自他가 감응한 흔적이 없으며 또한 정조精粗와 대소大小의 차이가 없으니, 이른바 일이관지一以貫之라고 하는 것이다.58)

즉 리일과 분수는 이제 일심이 만사를 관통하고 있는 것이 아니며, 객관 세계는 실제로 존재하는 일반과 개별의 통일이라는 것이다. 그러나 사람은 자기의 마음에서 이 일관의 도를 볼 수 있는데, 사실 마음의 도가 곧 천지의 도이다. 천지간의 만사와 만물에 조리가 있는 것을 분수라 하고 분수는 또한 일리로 관통되어 있으며, 개별 가운데 일반이 있고 일반은 또 개별 가운데 존재한다. 여기에서 말한 리일은 일반이라는 의미 외에도 전체라는 의미가 있다. 즉 자연계 만사만물의 리를 종합하여 하나의 통일된 유기체를 형성한다는 것이다. 그것은 최고 원칙이지만 독립적으로 존재하

---

58) 『劉子全書』, 「論語學案一·里仁第四」, "一貫之道卽天地之道, 非聖人所得而私也. 聖人自任以爲吾道者, 聖人從自己心上看出差此道. 滿盤流露, 一實萬分, 盈天地之間萬事萬物, 各有條理, 而其血脈貫通處, 渾無內外人己感應之迹, 亦無精粗大小之殊, 所謂一以貫之也."

지 않고, 분수 가운데 존재하는 것이다.

> 일一은 본래 체體가 없다. 일이 아닌 것에 나아가 둘도 아니고 섞이지도 않는 체를 깨닫게 되면 여기에서 실마리를 잡아 하나하나 관통하게 된다.…… 어느 때이든 항상 깨끗하고 어느 장소든 유행하여 곧장 천지와 만물의 리를 하나로 합하게 되니, 더는 나를 저것과 합하려는 수고가 없어도 성학聖學의 도량을 이룬다.[59]

이 말은 이미 주체적으로 참여하면서도 나를 저것과 합하려는 수고가 없으며, 주체 원칙을 견지하면서도 리의 객관성을 인정하는 것이다. 또한 자연계의 잡다한 현상 가운데 전체의 원칙을 파악하여 사람과 자연의 통일을 실현하는 것이다. 이것은 성리학의 진정한 목적이다. 물론 유종주가 완전히 심물합일론에서 벗어나지 않음에 따라 그는 기일원론의 입장에서 세계의 통일성과 다양성의 관계를 논의하고 있다. 하지만 그의 사상 가운데 이러한 변화가 분명히 드러났다는 데 중요한 의의가 있다.

대략 17세기를 전후하여 주희의 후학 가운데 리일분수를 중심으로 양명학陽明學을 비판한 일군의 학자들이 등장하는데, 육세의陸世儀・장이상張履祥・여유량呂留良 등이 그들이다. 그들은 분수를 강조하였으며, 마음의 일리만을 주장한 양명학에 반대하였는데, 이는 당시 양명학이 말단으로 흐르고 심성心性만을 공담했던 것과 관련이 있다. 하지만 이러한 학자들이 완전히 주자학의 체계로 돌아간 것은 아니며, 다만 부분적인 문제에서 학술상 발전이 있었다.

육세의는 리일분수를 성리학의 근본 개념으로 생각하였는데, "천지를

---

[59] 『劉子全書』, 「論語學案一・里仁第四」, "一本無體. 就至不一中, 會得無二無雜之體, 從此手提線索, 一一貫通……時時澄澈, 處處流行, 直將天地萬物之理打合一處, 亦更無以我合彼之勞, 方是聖學分量."

궁구하고 고금을 통틀어도 결국 리일분수라는 네 글자를 벗어나지 못한다"60)라고 말하였다. 그는 분수란 사물마다 지니는 당연지리當然之理이며, 리일은 사물의 소이연지고所以然之故라고 보았다. 즉 리일과 분수는 소이연과 소당연이며, 우주본체와 구체적 사물(性理를 포괄하여)의 관계이다. 그는 분수를 비교적 강조하였는데, "리일을 아는 것은 아직 일관의 도를 아는 것이 아니고, 분수를 알아야 비로소 일관을 아는 것이다"61)라고 하였다. 이는 그가 특수성에 대한 연구를 더욱 중시했음을 설명한다. 육세의는 농전農田·수리水利·상업 등의 경제학은 물론 천문·지리 등의 과학 기술에 관심도 많았고 연구도 많이 하였는데, 이는 그의 이러한 사상과 어느 정도 관련된 것이다.

장이상은 육세의와 마찬가지로 실학實學을 매우 중시하였다. 그는 리일과 분수를 태극과 만리의 관계로 보았다. 그는 '리는 기를 떠나지 않고, 도는 기를 떠나지 않는다'(理不離氣, 道不離器)는 주희의 학설을 발전시켰으며, 분수의 리를 더욱 강조하여, "선유들은 리일에서는 공부할 것이 없고 공부는 오로지 분수에 달려 있다고 말하였다. 그런데 지금의 배우는 사람들은 대부분 리일을 말하기 좋아하고, 분수를 가벼이 여겨 자잘하고 지리하다고 하는데, 이 어찌 이단의 말이 아닌가?"62)라고 하였다. 이는 기器를 떠나 도를 공담하는 이단을 비판한 것이자 또한 실사실용實事實用의 학문을 강조한 것이다. 그는 또 "세상의 유학자들은 본체에 대해 곧잘 말하는데, 어찌 본체가 수양하지 않아도 사람마다 지니고 있음을 알지 못하는가? 비록 그 말하는 것이 정미하고 광대하더라도 어찌 일용에 도움이 되겠는가?"63)라

---

60) 『思辨錄後集』, 「人道類」, "窮天地亘古今, 總不出此四字."
61) 『思辨錄後集』, 「人道類」, "識得理一未是一貫, 識得分殊方是一貫."
62) 『楊園先生全集』, 「備忘錄」, "先儒謂理一處無功夫, 功夫全在分殊上. 今之學者多好言理一, 而薄分殊爲瑣細之理, 惡得非異端之言?"

고 하여 본체에 대한 공담도 반대하였다. 이러한 실학은 주로 일상적인 언행의 도덕 실천이지만, 그 가운데는 경제라는 실용적인 내용도 포함된다.

여유량은 장이상의 학생이었다. 여유량은 심心자로 리일을 해석하는 것에 반대하였고, '일심이 만사를 관통한다'(一心貫萬事)라는 것으로 리일분수를 해석하였다. 그는 리일은 다만 분수에서 드러나 보이는 것이고, 일관一貫은 실학實學에서 드러나는 것이라고 생각하였다. 그는 일관지도一貫之道에 대해 다음과 같이 말하였다.

> 하나의 심心이라는 글자로 이해할 수 있는 것이 아니다. 만약 '심'자로 이해했다면 충忠과 서恕로 일관된 것은 모두 억지로 이름한 것에 속하여 원래 분별이 없다는 것이다. 이것이 바로 유가는 천天에 근본을 두고 불교는 심心에 근본을 두는 분별처이다.[64]

> 일이관지一以貫之의 지之자는 바로 배워야 하고 알아야 할 것을 가리키는데, 여기에서 총괄하고 관통하는 곳을 볼 수 있는 것이지, 학식의 위나 그에 앞서 하나의 사물이 있는 것은 아니다. 바로 이단들은 따로 하나의 물건을 만들었는데⋯⋯ 도리에 맞지 않게 두 가지를 만들었으니, 반드시 이를 합하지 못할 것이다.[65]

리일은 분수를 떠나지 않으며, 일관은 널리 배우고 많이 아는 것을 떠나지 않으며, 분수의 바깥이나 그 위에 따로 리일이 없다는 것은 본래 유

---

63) 『楊園先生全集』, 「備忘錄」, "世儒好說本體, 豈知本體不假修爲, 人人具有? 雖使說得精微廣大, 何益於日用?"
64) 『四書講義』, 「論語·里仁」, "不是一心字可了也. 若一心字可了, 則一貫忠恕, 都屬强名, 原無分別矣. 此正儒釋本天本心分別處."
65) 『四書講義』, 「論語·衛靈公」, "一以貫之, 之字正指所學所識, 就這上見個總統貫通處, 不是于學識之上, 之先別有一件東西也. 正惟異端別有一件東西,⋯⋯不道打成兩橛, 畢竟湊和不上."

가의 일관사상이다. 그러나 당시에는 리일에 대해 공담하는 것을 비판한 측면은 있었지만, 구체적 실천이라는 의미는 축소되었다.

왕부지王夫之는 일본만수一本萬殊로 리일분수의 학설을 대체하였다. 그는 기본체론적 입장에서 전체와 부분, 일반과 개별의 관계 문제를 해결하였다. 이른바 일본一本이란 태극음양의 혼륜渾淪된 기를 가리키는 것으로, 천지만물의 리를 총괄하는 것을 가리키는 것은 아니다. 이에 그는 "천지의 사물과 천지의 일과 천지의 변화는 태극·음양·동정의 기미에 하나의 근본을 두고 있는 것이고, 곧음·사악함·성실함·망령됨·흠함·쇠함·이로움·해로움은 모두 강유剛柔와 육효六爻의 교착하여 생기는 고연지리固然之理이다"66)라고 하였다. 만사와 만물은 각기 고연지리가 있지만, 만리萬理는 모두 음양과 동정의 기미(幾)에 근본하여 물질운동의 근본이 된다. 여기서 일이란 태극이자 자연계의 총칭이며, 그는 자연계를 통일된 물질 실체라고 보았다. 그래서 "일一은 만萬을 통괄하는 것으로 하늘에 이르게 하는 것이다. 지금 저 하늘은 혼연히 일기一氣일 따름이다"67)라고 하였다. 즉 천天이란 통일된 자연계이다. 이러한 의미에서 말하자면 일본一本과 만수萬殊는 전체와 부분의 관계이다. 이 때문에 왕부지는 '도가 하나를 생하고, 하나가 온갖 것을 생한다'(道生一, 一生萬)고 주장하는 도가사상은 물론, '만 가지가 하나로 되돌아간다'(萬歸於一)는 불가의 사상도 비판한다.

천하가 생겨나는 것은 만 가지에서 하나로 녹아 돌아가는 것은 없으며, 또한 하나를 쌓아서 만 가지로 이르게 된다고 하니 받아들일 수 없는 것이다. 만 가지가

---

66) 『周易內傳』,「繫辭上傳」, "天下之物, 天下之事, 天下之變, 一本於太極陰陽動靜之幾, 貞邪誠妄興衰利害, 皆剛柔六爻交錯固然之理."
67) 『尙書引義』,「咸有一德」, "一以通萬者, 達天者也. 今夫天, 則渾然一而已矣."

하나로 귀결된다는 것은 석씨釋氏의 말이다. 하나를 쌓아 만 가지를 생한다는 것
도 받아들일 수 없는데, 이는 노씨老氏의 말이다.68)

불교에서는 만 가지가 하나로 되돌아간다고 하였는데, 이는 유有에서
부터 무無에 이른다는 것으로 부정적 방식을 이용하여 현실 세계를 추상한
것이며 결국 남는 하나는 공空이면서도 공이 아닌 일一인 것이다. 도가에서
는 무에서 유에 이르는데, 이는 본체인 도가 하나를 낳고 하나에서 다시
만물을 낳으며 만물이 생성된 후에는 도가 여기에 관여도 하지 않는다. 이
는 마치 주희가 말한 것처럼 위의 절반은 무이고 아래의 절반은 유인 것이
다. 이 두 방법에 대해 그는 모두 반대하였다. 그는 일과 만은 전체와 부분
의 변증적 관계라고 생각하여 "일은 만을 포괄하고, 만은 또 일이 된다"(一
該萬矣, 萬爲一矣)고 하였는데, 이는 상하가 완전히 구분된 관계가 아니라는 것
이다.

그런데 왕부지 역시 리의 측면에서 일본과 만수를 해석하였다. 여기에
서 본이란 본질·원칙 등을 가리키며, 만수는 현상을 가리킨다. 다시 말해
이 양자는 일반과 개별의 관계라고 말 할 수 있다. 자연계의 근본 법칙은
하나이지만 물질 현상은 매우 다양한데, 일반은 개별 속에 존재하는 것이
자 개별의 바깥을 벗어나지 못한다.

천지의 도는 일본一本이면서 만수萬殊이다. 각각의 차이점(殊)은 합하여 하나가 될
수 없는데, 만 가지를 합하여 하나로 만든 것은 석씨의 말이다. 만 가지는 합하여
하나가 될 수 없고 두 가지도 합하여 하나가 될 수 없는데, 만 가지 역시 차이점
이고 두 가지 역시 차이점이다. 모든 사물은 다 그러하다.69)

---

68) 『尙書引義』, 「洪范一」, "天下之生, 無有自萬而消歸於一者, 亦無有積一而斯底於萬以
不可以收者. 自萬而歸於一, 釋氏蓋言之矣. 積一生萬而不可收, 老氏蓋言之矣."

부분은 전체를 구성할 수 있지만 만수는 합일할 수 없으며, 구체적 존재를 서로 더하여도 결코 그것의 공통 규율과 등치하지 않는다는 것이다. 이것은 논리적 차원으로 구분이 된다. 왜냐하면 일본의 도는 만수 가운데 추출해 낸 일반이지만, 이것이 만수의 합과 같은 것은 아니기 때문이다.

천지만물의 도와 천지만물에 대해 말하자면 도가 천지를 생한다고는 말할 수 없고, 다만 천지는 일음일양一陰一陽의 도를 통솔하여 만물을 생한다고 할 수 있을 따름이다. 도는 실체성의 개념은 아니지만 천지만물은 실체 존재이기 때문이다. 천지가 만물을 낳는 것은 생성 문제이지만 반드시 일정한 법칙을 따라야 하는데, 이것이 일음일양의 도이며 그 도는 천지만물 속에 있는 것이다. 그래서 그는 "천지에 앞서 천지를 낳는 도가 없으며, 천天에 있는 것이 곧 도이다"70)라고 하였다.

이것은 일종의 본말本末관계이다. 천지가 만물을 생하는 도는 다만 하나이지만, 만물은 각기 차이점이 있다. 만물이 비록 차이점이 있지만 이는 또 이 총체적 원칙을 벗어나지 못한다. 이러한 의미에서 말하자면, 도는 크고 사물은 작으며 근본은 크고 말단은 작은 것이다.

> 하나에서부터 만 가지를 향해 나가면 그 근본은 크고 말단은 작다. 근본이 커서 하나라는 것은 리가 하나(理之一)라는 것이고, 말단이 작아 만 가지라는 것은 나누어진 차이점(分之殊)이다.71)

---

69) 『書經稗疏』, 「九疇」, "天地之道一本而萬殊. 殊則不可合而爲一矣, 合萬於一者, 釋氏之言也. 萬不可合而爲一, 二亦不可合而爲一, 萬亦殊, 二亦殊也. 凡物皆然."
70) 『尙書引義』, 「泰誓上」, "無先於天地生天地之道, 則在天者卽爲道."
71) 『尙書引義』, 「泰誓上」, "由一而向萬, 本大而末小. 本大而一者, 理之一也, 末小而萬者, 分之殊也."

여기에서 왕부지는 도에 무한한 의미를 부여하여 보편적 의미를 지니게 하였으며, 만물은 유한한 존재라고 보았다. 도가 비록 천지만물을 떠나지 못하는 것이지만, 오히려 초월성을 지니고 있는 것이다.

이것은 왕부지 학술체계의 중요한 특징을 드러내고 있다. 리를 세계의 근원으로 삼는 주희와도 다르며 또한 기로 모든 것을 해석한 왕정상과도 다른 것이다. 리일분수에 대한 그의 해석은 변증법적 융통성을 지니는 동시에 성리학체계의 속박을 받고 있다. 그가 리일분수로 대학지도大學之道를 해석할 때는 명덕明德을 리일이자 근본으로 보았으며, 신身·가家·국國·천하天下는 분수이자 말단으로 보아 "근본은 말단에 통하고 근본에서 말단을 향하여 나아가는 줄기와 가지, 잎이 다른 것을 용납하지 않는다"72)라고 하였다. 이것은 다시 심성心性을 본체의 지위에 끌어올려 윤리주의의 옛 노선으로 나아간 것이다.

대진戴震은 이러한 모순을 극복하였다. 그는 기화氣化의 음양을 일본一本으로 여김에 따라 기화가 생한 사물이 만수萬殊라고 하였다. 그는 만물을 주재하는 리를 부정했으며 또한 자연계의 총체적 규율이라는 것도 인정하지 않았다. 그가 말하는 리는 만리이지 일리가 아니다. 그는 사물의 리란 사물이 다른 사물과 구별되는 특수한 본질이라 생각하였다. 즉 리는 추상적인 것이 아닌 구체적인 것이고, 사물은 각기 그 종류대로 구별이 되며 비록 하나의 종류 가운데서도 다시 다른 것이 있는데, 그것이 이와 같은 것은 모두 기화의 자연스러움이라 하였다. 기화·음양이 하나의 근본이고 이 바깥에 일본이라 칭할 만한 어떠한 사물도 없는데, 그렇지 않다면 이본二本이 되는 것이다.

---

72) 『讀四書大全說』, 「大學傳第十章」, "本統乎末, 而由本向末, 莖條枝葉之不容夷也."

> 천도는 음양과 오행일 따름이다. 사람과 사물의 성은 모두 도에서 나누어져 각기 차이점을 구성할 따름이다.73)

대진은 무엇 때문에 분수의 차이점이 생기게 되는가 하는 것에 대해 기품의 편전偏全·후박厚薄·청탁淸濁·혼명昏明으로 설명하였는데, 이는 기의 성분이나 수량 및 그 성질로 해석을 한 것이다. 이것이 그가 말한 '기류氣類'이다.

대진 역시 전체와 부분의 관계를 논하였다. 그는 천지만물은 하나의 전체이고 그 가운데 각종의 유별類別이 있는데, 이 종류 가운데 다른 종류가 있고, 그 가운데 개체는 또 각기 다르다고 생각하였다. 이렇게 각자 다른 분수와 한계를 지니고 있지만, 이러한 종류들이 천지만물을 구성하는 부분이라 하였다.

> 천지를 큰 나무에 비유하자면 꽃도 있고, 열매도 있고, 잎사귀도 있어 각기 다르다. 그러나 꽃과 잎과 열매는 나무에 나누어져 있는 것이다. 형태는 크거나 작으며, 색과 냄새는 짙거나 연하고, 맛은 진하거나 밋밋한데, 꽃 가운데서도 또 다름이 있고 열매 가운데서도 다름이 있다. 분分이라고 말하면 각기 나뉘어 한계가 있는 것이다.74)

이 말은 물질 실체 및 그 구체적 존재의 관계에서 말한 것이며, 결코 형이상학적으로 논증한 것이 아니다. 그는 사물의 성질이 일단 형성이 되

---

73) 『孟子字義疏證』,「性」, "天道, 陰陽五行而已矣. 人物之性, 咸分於道, 成其各殊者而已矣."
74) 『孟子字義疏證』,「答彭進士見初書」, "譬天地於大樹, 有華有實有叶之不同. 而華實叶皆分於樹, 形之鉅細, 色臭之濃淡, 味之厚薄, 又華與華不同, 實與實不同, 一言乎分, 則各限於所分."

면 바뀔 수 없다고 생각하였다. 사물마다 그 종류대로 생겨나지만 더는 성질의 변화는 없는 것이다. 다른 성질의 사물과 그 종류들은 비록 그 나뉜 바대로 한계를 가지게 되어 서로 통할 수 없지만, 그것이 합쳐져 하나의 전체를 구성하는 것이다.

> 사람과 사물이 천지에 대해 마치 하나의 체體로 합쳐지는 것 같지만, 체에는 귀하고 천함이 있으며 크고 작음이 있으니 그 나누어진 것으로 한정되지 않음이 없다.75)

이 역시 전체와 부분의 관계이지만, 사물에 특수성과 개체성을 부여한 것이 더욱 중요한 의의를 지닌다. 이러한 분分과 합合의 관계는 자연계의 물질적 통일성을 인정하는 것이자 사물의 차별성을 강조하는 것이다. 이 양자는 생물生物과 물리物理의 관계이기에 비록 유기론적 관계는 아니지만 유기론적 특징을 지니고 있다. 왜냐하면 그는 순수한 기계론적 입장에서 생성을 말한 것이 아니기 때문이다.

대진은 비록 리일분수理一分殊를 논하지 않았지만 일관지도一貫之道에 대해서는 말하고 있는데, 이는 그의 우주론적 관점을 반영하고 있다.

> 도에는 하학下學과 상달上達의 서로 다른 길이 있다. 배움에는 그 자취를 인식하는 것과 도에 정통하는 다른 방식이 있다.76)

대진이 말하는 일관은 일리가 만리와 만사를 관통한다는 것은 아니지

---

75) 『孟子字義疏證』, 「答彭進士允初書」, "人物於天地, 猶然合爲一體也, 體有貴賤, 有大小, 無非限於所分也."
76) 『孟子字義疏證』, 「權」, "道有下學上達之殊致. 學有識其迹與精於道之異趣."

제4장 리일과 분수 207

만 마음이 도에 정통해지는 것이다. 이렇게 되면 "마음이 통하는 것은 마음에 분연함이 일지 않고도, 그 자취를 알 수 있게 되는 것"77)이다. 이는 곧 사람의 주체 인식이 만사만물에 관통하여 그 법칙을 인식할 수 있다는 것이다. 그러나 마음이 도에 정통할 수 있다는 것은 일반적인 도리와 원칙이 단순히 주체의식의 문제만이 아니라는 것이다. 대진의 이론에 따르면 도는 기화음양 즉 물질 실체와 그 과정인데, 이것이 객관적 존재의 자연스러운 과정이라는 것이다. 마음이 도에 정통하다는 것은 이 과정에 대한 주관적인 인식이며, 여기에 인식이성의 작용이 있어 정통한 도는 곧 관념적인 것이 된다. 이러한 관념적 인식이 있어야 비로소 "스스로 관통하지 않음이 없어서 많이 배우지 않더라도 아는 것을 극진히 할 수 있는 것"78)이다. 즉 일관은 반드시 인식이라는 이 과정을 거쳐야 한다는 것이다. 이것은 리학파의 존재론에 대한 논증과도 다르며, 심학파의 본체론에 대한 논증과도 다른 것이다.

---

77) 『孟子字義疏證』, 「權」, "心之所通, 不可於紛然識其迹也."
78) 『孟子字義疏證』, 「權」, "自無弗貫通, 非多學而識所能盡."

제5장 **신과 화**

'신화神化'라는 개념은 성리학의 우주론에 있어서 중요한 범주이다. 만약 리기理氣 등이 존재와 관련된 개념이라면, 신화는 기능이나 작용과 관련된 것이다. 리기 등의 개념은 신화와 결합해야만 비로소 자연계의 존재와 그 발전을 설명할 수 있다. 신神과 화化의 개념이 처음 사용된 것은 『주역』이며, 그것은 변화지도變化之道를 나타내고 있다.

신神이란 만물을 신묘하게 이루는 것을 말하는 것이다.[1]

음과 양의 변화를 헤아릴 수 없는 것을 신神이라 한다.[2]

변화變化의 도를 아는 사람은 신묘하게 펼쳐지는 천지의 일을 아는구나![3]

즉 신이란 신묘하여 예측할 수 없는 음양 두 기의 작용이며, 이것이 모든 변화의 근원이 된다는 것이다. 물론 신에는 다른 여러 의미도 있는데, 이 말은 원래 다의어이다. 성리학이 흥기한 후 『역전易傳』의 이 두 개념은

---

1) 『周易』, 「說卦」, "神也者, 妙萬物而爲言者也."
2) 『周易』, 「繫辭上」, "陰陽不測之謂神."
3) 『周易』, 「繫辭上」, "知變化之道者, 其知神之所爲乎!"

새롭게 중시를 받아 한 쌍의 관계 개념으로 결합하였다. 그리하여 여기에 새로운 의미가 부여되었고, 그 발전 과정에서 또한 귀신鬼神, 변화變化 등의 개념이 나오기도 하였다.

1. 북송시대

성리학의 발단 인물이라고 할 수 있는 범중엄范仲淹은 「궁신지화부窮神知化賦」를 지어 『주역』 「계사전繫辭傳」의 "신묘함을 궁구하여 변화를 아는 것은 덕의 성대함이다"4)라는 말을 해석하였는데, 여기에서 처음으로 신화라는 개념을 제시하였다.

오직 신묘하기 때문에 감응하면 마침내 통한다. 오직 화化하기 때문에 변變이 그 가운데에 있다. 궁구하여 신묘함을 밝히되 어둡지 않으면 지극한 변화가 무궁함을 알 수 있다. 그윽함과 미미함에 모두 통철하므로 만물이 성쇠盛衰하는 변화를 궁구할 수 있게 된다. 깊은 이치를 끌어내고 먼 이치까지 다다를 수 있으니, 양의兩儀의 생육지공生育之功을 밝히는 것이다.…… 원래 그것은 헤아릴 수 없어 음양의 펼치고 줄어드는 권도權度를 안다. 그것을 살피면 방소가 없으나 한서寒暑가 왕래하는 이치를 안다. 널리 생하지 않음이 없음을 화라 하고, 신묘하게 쓰이는 것을 신이라 한다. 그 체를 보면 사물이 없는 데로 돌아가지만 그 이치를 얻으면 성인이라 일컬어진다.5)

---

4) 『周易』, 「繫辭傳」, "窮神知化, 德之盛也."
5) 『范文正公文集』別集, 「窮神知化賦」, "惟神也, 感而遂通. 惟化也, 變在其中. 究明神而未昧, 知至化而無窮, 通幽洞微, 極萬物盛衰之變. 鉤深致遠, 明二儀生育之功.……原其不測, 識陽舒慘之權, 察彼無方, 得寒暑往來之理, 莫不廣生之謂化, 妙用之謂神, 視其體則歸於無物, 得其理則謂之聖人."

범중엄은 신을 음양의 생육지공으로 보았는데, 이른바 불측不測, 묘용妙用, 무방無方 등은 모두 신의 작용을 설명하는 것이며, 화는 만물의 성쇠와 변화를 설명하는 것이다. 신화란 생화生化 즉 생육과 변화이다. 이것은 『주역』의 생화사상을 발전시킨 것이다. 그는 비록 체계적인 견해를 제시하지는 못했지만 신화를 이와 같이 중시하였고, 아울러 체體라는 관념을 제시함으로써 후대 성리학의 형성과 발전에 영향을 끼쳤다.

구양수歐陽修는 범중엄과 마찬가지로 변화를 천지의 상리常理라고 보았다. 그는 만물은 영원한 변화의 과정 속에 있으며, 세상에는 변하지 않는 것이 없다고 생각하였다. 변화만이 영원한 것으로, "사물에 변화가 없을 수 없고 변화는 통하지 않을 수 없으니, 이것은 천리天理의 자연스러움이다."[6] 그러나 그에게는 아직 신화라는 문제가 없었다. 신화가 본격적으로 논의된 것은 북송 시기에 들어서면서부터이다.

주돈이周敦頤는 먼저 신을 본체론적 지위에 올려놓고 논술하기 시작하였다. 『통서通書』에는 성誠・신神・기幾라는 세 범주가 있는데, 그는 신과 성을 결합시켰다.

> 고요하여 움직임이 없는 것이 성誠이다. 감응하여 마침내 통하는 것이 신神이다. 움직이지만 형체가 없고 있음과 없음의 사이를 기幾라고 한다. 성실함이 정미하므로 밝고, 신묘함이 감응하므로 오묘하고, 기미는 은미하므로 그윽하다.[7]

여기에서 성誠은 고요하여 움직이지 않는(寂然不動) 체體이고, 신神은 감응하여 마침내 모든 것에 통하는(感而遂通) 오묘함이며, 기幾는 무無에서부터

---

6) 『歐陽文忠公全集』, 「明用」, "物無不變, 變無不通, 此天理之自然也."
7) 『通書』, 「聖」, "寂然不動者, 誠也. 感而遂通者, 神也. 動而未形, 有無之間者, 幾也. 誠精故明, 神應故妙, 幾微故幽."

유有로 이르는 미묘한 변화이다. 성이 비록 고요함을 체로 삼지만 이는 결코 움직이지 않는 것이 아니라, 감응의 작용이 있는 것이다. 감응이 있다면 곧 통할 수 있고, 그 감응하는 신묘한 곳이 바로 신이다. 적연부동의 체는 움직임과 멈춤의 성질을 모두 포함하고 있지만, 이는 동정과 변화의 근원이다. 이러한 의미에서 말하자면 그것은 또한 신이다. 마찬가지로 만물의 본체는 다만 존재적 관점에서 성이라고 할 뿐, 운동과 변화의 관점에서 말하자면 신이다. 이 때문에 성과 신은 하나이면서 둘이고, 둘이면서 하나인 관계이다. 그것이 작용하고 발현하는 곳이 곧 기인데, 만물의 화생은 여기에서 시작하는 것이다. 그는 또 신神과 물物을 대비하여 다음과 같이 말하였다.

> 움직이면 멈춤이 없고, 멈추면 움직임이 없는 것이 사물이다. 움직여도 움직임이 없고, 멈추어도 멈춤이 없는 것을 신神이라고 한다. 움직이되 움직임이 없고 멈추되 멈춤이 없다고 해서 움직이지 않거나 멈추지 않은 것이 아니다. 사물은 통하지 않는 것이지만 신神은 만물을 오묘하게 한다.[8]

이는 사물은 구체적 존재로서 고정되어 있는 것이며, 그 동정動靜도 확정되어 있어 변할 수 없는 것이라는 것이다. 이것은 감성적 직관으로 말한 것으로 별다른 관조를 필요로 하지 않는데, 동정의 경계가 분명하여 서로 연관이 없으므로 통하지 않는다고 하였다. 그러나 신은 그렇지 않은데, 동 가운데 정이 있고 정 가운데 동이 있다. 왜냐하면 신은 일사一事·일물一物의 동정이 아니라 사물을 동정하게 하는 근원이기 때문이다. 사실 신은 만

---

[8] 『通書』, 「動靜」, "動而無靜, 靜而無動, 物也. 動而無動, 靜而無靜, 神也. 動而無動, 靜而無靜, 非不動不靜也. 物則不通, 神妙萬物."

물의 시종과 변화 가운데 체현할 수 있으므로 만물을 오묘하게 한다고 말한 것이다.

신은 천도이며, 만물을 체현하되 남김이 없는 것이자 만물을 고무하여 무궁하게 하는 자연의 도이다. 즉 끊임없이 낳고 낳는(生生不息) 대화유행의 도인 것이다. 그것은 비록 형적形迹이 없으나 진실하게 존재하는 것인데, 만물의 화생 과정 가운데 존재를 알 수 있다.

> 하늘의 도가 행하여 만물이 이를 따르고 성인이 덕을 닦아서 만물이 감화된다. 크게 따르고 크게 감화한다. 그러나 그 자취를 볼 수 없고 또 그렇게 되는 까닭을 알지 못하므로 신이라고 한다.9)

그 자취를 볼 수 없고 그렇게 되는 까닭을 알지 못한다는 것은 신이 초월적 본체라는 것을 설명한다. 그러나 이는 또한 결코 음양과 만물을 떠나지 않으며, 음양이 만물을 생하는 것은 바로 신의 작용 때문인 것이다. 주돈이는 형이상과 형이하의 문제를 언급하지 않았지만, 신은 오히려 형이상의 성질을 지니고 있다. 그것은 존재하는 것이자 유행하는 본체이며, 그 특징은 만물을 오묘하게 하여 통하지 않는 것이 없게 하는 것이다.

그러나 이른바 '움직이되 움직임이 없고, 멈추되 멈춤이 없다'는 것은 매우 사변적인 것으로, 실제로는 문제가 될 수 있다. 주돈이는 체體에서 용用에 이르고 정靜에서 동動에 이르는 문제를 해결하려 했지만, 그가 제시한 것은 부정 명제이다. 즉 신에는 움직임이 있고 멈춤이 있으나 또한 움직이지 않고 멈추지 않는다는 것으로, 긍정 속에 부정이 포함되어 있다. 긍정이

---

9) 『通書』, 「順化」, "天道行而萬物順, 聖德脩而萬物化. 大順大化, 不見其迹, 莫知其然之謂神."

면서도 부정인 것이다. 이것은 운동・변화의 근원을 설명하려 한 것인데, 그는 본체에 능동성이 있음을 설명하려 하였다. 하지만 이것이 신과 물을 대립시키는 결과를 가져왔고, 여기에서 체용은 통일되지 못하였다.

주돈이는 여전히 신神과 화化를 직접 연관시켰다. 그는 신은 만물을 오묘하게 할 수 있다고 하였는데, 천지만물은 신을 본체로 삼음으로써 무궁하게 변화한다. 그래서 "사계절이 운행하여 만물의 끝과 시작이 된다. 섞여 있음이여! 열려 있음이여! 그 무궁함이여!"10)라고 하였다. 신의 묘용妙用은 만물에서 체현되는데, 이것이 화化인 것이다. 그리고 신과 성誠을 연관시키고, 화化와 변變을 서로 관련시켰다.

> 지극한 성실함(誠)이면 움직이게 되고, 움직이면 서서히 변하고(變), 변하면 완전히 바뀌게 된다(化). 그러므로 헤아려 본뜬 이후에 말하고 의논한 뒤에 움직인다고 하였으니, 헤아림과 의논함으로써 그 변화를 이루는 것이다.11)

이른바 '헤아려 본뜨고 의논한다'(擬議)는 것은 개념론의 측면에서 설명한 것으로, 성誠・신神이 바로 객관적 자연계의 변화를 본뜬다는 것이다. 객관적 측면에서 말하자면 천도는 지극히 성실하여 쉼이 없는 것이며, 자연계를 추동하여 무궁하게 변화하는 것이다. 그런데 주관적인 측면에서 말하자면 지극히 성실함으로 그 성실함을 헤아려 본뜨고 의논하여 그 변화를 이루는 것이다.

신화 개념을 정식으로 제기한 사람은 장재張載이다. 이것은 장재 우주론의 중요한 내용이다. 신과 화의 관계에 대해 그는 다음과 같은 중요한

---

10) 『通書』, 「動靜」, "四時運行, 萬物終始. 混兮闢兮! 其無窮兮!"
11) 『通書』, 「擬議」, "至誠則動, 動則變, 變則化. 故曰, 擬之而後言, 議之而後動, 擬議以成其變化."

명제를 제시하였다.

> 신神은 천덕天德이고, 화化는 천도天道이다. 덕은 그 체體이고, 화는 그 용用이다. 기氣에서 하나가 될 따름이다.12)

천은 태허太虛의 기이고, 신과 화는 속성과 기능의 개념으로서 기에 통일되어 있다는 것이다. 다시 말해 태허의 기는 신의 속성을 가지고 있으므로 화의 기능을 지니고 있다는 것이다. 이것은 신화에 관한 근본 명제이다.

기에 대해 말하자면 신은 속성 개념이지만 물物에 대해 말하자면 그것은 또한 본체 개념이다. 왜냐하면 기의 성질은 본래 허령하고 신묘하고, 신神이란 기에 원래부터 있는 것이므로 '사물을 체현하되 남김이 없이'(體物而不遺) 만물의 본체가 되는 것이다. 이에 그는 "사물의 형체에는 크고 작음과 정미함과 거친 것이 있다. 하지만 신은 정미함과 거친 것이 없고 신은 신일 따름이지 그 작용을 말할 필요가 없다"13)라고 하였다. 이는 곧 신을 본체적 개념으로 파악한 것이다. 화는 기화의 과정이며, 기화가 만물을 형성하며 아울러 각종 변화를 생한다. 이는 그것이 만물과 서로 관련된 기능 개념임을 설명하는 것이다. 신화는 또한 체용관계이기도 한데, 신이 있으면 반드시 화가 있어서 서로가 떨어지지 않는다. 그러나 화는 신을 체로 삼는 까닭에 일체의 변화는 신에 의해 추동되고 결정된다.

> 천하의 움직임은 신이 고무하는 것이다. 신이란 움직임을 주동하는 것이므로 천하의 움직임은 모두 신이 하는 것이다.14)

---

12) 『正蒙』, 「神化」, "神, 天德, 化, 天道. 德, 其體, 道, 其用, 一於氣而已."
13) 『橫渠易說』, 「繫辭上」, "物形乃有小大精粗, 神卽無精粗, 神卽神而已, 不必言作用."
14) 『橫渠易說』, 「繫辭上」, "天下之動, 神鼓之也, 神則主乎動, 故天下之動, 皆神之爲也."

오직 신묘하므로 변화할 수 있으며, 그것은 천하의 움직임을 한결같게 할 수 있다. 사람이 변화의 도를 알 수 있다면, 반드시 신이 그렇게 함을 알게 될 것이다.15)

신은 만물의 변화를 추동하는 근원이지만 결코 기의 바깥에 있지 않고 기에 원래 있던 성질이다. 만물이 드러나는 것에서 신의 헤아릴 수 없음을 알 수 있고, 그 변화로써 신이 하는 것을 알 수 있다. 그래서 그는 "하늘은 오직 일기一氣가 운동하는 것이니 만물을 고무하여 생하는 것은 무심無心함으로 만물을 구휼하는 것이다"16)라고 하였는데, 이러한 자연적 변화의 과정은 본래 기의 고유한 성질이라는 것이다. 장재는 신화의 객관성을 강조하였는데, 이것이 우주의 근본 법칙이라 생각하였다.

신화란 하늘의 양능이며, 사람이 할 수 있는 것이 아니다. 그러므로 큼으로써 천덕에 자리한 연후에 신을 궁구하고 변화를 알 수 있다.17)

천덕에 자리한 것을 신이라 하니, 신이 곧 하늘이다. 그러므로 신을 사람에 속한 것으로 말할 수 없다.18)

장재는 신을 불교와 도교의 철학에서 해방시켰으며, 기는 원래 운동한다는 우주론을 제시하였다. 이는 운동의 동력이 기 자체에 있는 것이지 기의 바깥에 있는 것이 아니며, 또한 기는 자연계의 객관적 존재이지 인간의 의식에 의해 결정되는 것이 아님을 설명한 것이다. 신의 작용으로 전체 자

---

15) 『正蒙』, 「神化」, "惟神爲能變化, 以其一天下之動也, 人能知變化之道, 其必知神之爲也."
16) 『橫渠易說』, 「繫辭上」, "天唯運動一氣, 鼓萬物而生, 無心而恤物."
17) 『正蒙』, 「神化」, "神化者, 天之良能, 非人能. 故大而爲天德, 然後能窮神知化."
18) 『橫渠易說』, 「上經・乾」, "位天德則神, 神則天也. 故不可以神屬人而言."

연계는 동태적인 것이 되었고, 영원히 멈추지 않는 운동 과정을 드러내게 되었다.

사실 장재가 말하는 신화는 음양 두 기의 대립과 통일이다. 그는 "하나인 까닭에 신묘하고, 둘인 까닭에 변화한다"[19]라고 말하였다. 이 유명한 명제는 '일一과 양兩'의 관계이자 신화의 관계이다. 또 "동정이 합일하여 신에 갖추어져 있다"[20]라고 하였는데, 이는 신이 동정動靜의 통일임을 말한 것이다. 음양과 동정은 서로 대립하여 변화를 생기지만 이러한 대립과 변화는 양자의 통일을 전제로 하는 것이며, 이 통일이 바로 신인 것이다. 그러나 신은 대립과 변화 가운데 존재하는 것으로, 만약 음양과 동정의 대립과 변화가 없다면 신 역시 존재할 수 없다. 체가 하나인 것을 말하자면 그것은 본체적 존재이므로 신이라 하고, 대립과 변화로 말하자면 본체의 발용이므로 화라 한다. 이것은 신화가 물질 자체가 지니고 있는 내재적 동력임을 설명한 것이다.

그가 제시한 태허의 기 또는 태화의 기는 본질상 영원히 운동하고 있는 물질적 실체이며, 자기 안에 가라앉고 뜨며, 오르고 내리며, 움직이고 멈추는 감응의 성질을 포함하고 있다. 이것이 인온絪縕, 상탕相蕩, 승부勝負, 굴신屈伸 등의 운동 근원이기 때문에 "기는 넓디넓어 태허의 가운데 오르고 내리며 날아 솟구치기도 하여 멈춘 적이 없었다"[21]라고 하였다. 태허의 기는 자신의 대립이므로 운동의 본성을 지니고 있으며, 이 때문에 그것은 모든 운동 변화의 기초이다. 이는 본체론적 측면에서 운동 변화의 근원이라는 문제를 해결한 것이다.

---

19) 『正蒙』, 「太和」, "一故神, 兩故化."
20) 『正蒙』, 「動物」, "動靜合一存乎神."
21) 『正蒙』, 「太和」, "氣坱然太虛, 升降飛揚, 未嘗止息."

기에는 음양이 있으며, 미루어 행함에 점차 바뀌는 것이 화이고 하나로 합하여 헤아리지 못하는 것이 신이다.22)

이는 신과 화가 각기 독립적으로 존재하는 것이 아님을 설명한 것이다. 장재는 또한 신화와 관련된 것으로 귀신鬼神과 변화變化라는 두 개념을 제시하였다. 장재는 종교적 미신을 비판하였다. 그는 귀신에 대해 새롭게 해석하여 귀신은 음양 두 기의 양능良能이라고 하였다. 다시 말해 귀신이란 음양의 왕래往來와 굴신屈伸이며, 기화운동의 두 가지 상태인 것이다. 그에게서 귀신은 이러한 의미 외에는 없다. 이러한 해석은 이론적으로 유신론을 부정하는 것은 아니다. 변화에 대한 해석을 통해 그는 사물에 두 가지 형태가 있음을 명확히 제시하였다.

변變하면 화化한다는 것은 거친 것에서 정미한 것으로 들어간다는 것이다. 화하여 마름질한다는 것을 변이라고 하는 것은 은미한 것을 드러내는 것이다.23)

즉 변이란 변화를 드러내는 것이고 화란 미세한 변화라는 것인데, 이 두 가지는 또한 서로 바뀌기도 한다. 이것은 자연계의 변화 형식에 대해 초보적으로 개괄한 것이다.

이정二程은 리理로써 기氣를 대체했으며, 신화에 대해 리본체론과 부합하는 해석도 하였다. 그들은 신과 리를 연관시켜 본체로 간주하였다. 다른 것이라면 리는 존재의 의미에서 말한 것이므로 고요히 멈추어 있는 것(寂然不動)이고, 신은 운동 변화의 근원에서 말한 것이므로 만물을 오묘하게 하

---

22) 『正蒙』, 「神化」, "氣有陰陽, 推行有漸爲化, 合一不測爲神."
23) 『正蒙』, 「神化」, "變則化, 由精入精也. 化而裁之謂之變, 以著顯微也."

는 것(妙萬物)이다. 이 점은 주돈이와 비슷하다. 정이程頤는 다음과 같이 말하였다.

> 겨울에 춥고 여름에 더운 것은 음양 때문이고, 운동하고 변화하게 하는 원인은 신神이다. 신은 방소가 없으므로 역易은 체體가 없다. 만약 누군가가 따로 하나의 하늘을 세워 사람이 하늘을 포괄할 수 없다고 말한다면 방소가 있게 되는 것이니 이는 근본이 둘인 것이다.[24]

이는 사물의 운동 변화를 구성하는 것은 음양의 기이지만 음양의 기가 변화할 수 있게 하는 것은 신의 작용 때문이라는 것이다. 그렇다면 왜 리를 말하지 않고 신을 말하였는가? 이는 바로 신이 변화를 설명하는 개념이기 때문이다. 사실 리와 신은 한 가지이다. 그는 "오직 신묘하기 때문에 빠르지 않아도 빠르고, 가지 않아도 이르게 된다"[25]라고 하였다. 신은 하나의 사물이나 음양도 아니며 빠르거나 다다른다고 말할 것이 없지만, 일체의 변화는 오히려 신이 그렇게 한 것이므로 통하지 않음이 없고 있지 않음이 없다는 것이다. 그 작용을 말하자면 빠르지 않아도 빠르고 가지 않아도 도달한다는 것이다. 이것은 형이상과 형이하를 모두 말하는 것으로, 마치 도기道器관계를 논하는 것과 같다.

정호程顥도 "도는 또한 기이고, 기는 또한 도이다"[26]라고 하였다. 또한 신과 기의 관계도 이와 같다고 하여, "기의 바깥에 신이 없고, 신의 바깥에 기가 없다. 혹자는 맑은 것을 신이라 하는데, 그러하면 흐린 것은 신이 아

---

[24] 『河南程氏遺書』, 권11, "冬寒夏暑, 陰陽也. 所以運動變化者, 神也. 神無方, 易無體. 若如或者別立一天, 謂人不可以包天, 則有方矣, 而二本也."
[25] 『河南程氏遺書』, 권11, "唯神也, 故不疾而速, 不行而至."
[26] 『河南程氏遺書』, 권1, "道亦器, 器亦道."

닌가?"27)라고 하였다. 장재는 기의 맑은 것이 신이 되고 흐린 것은 형形이 된다고 하였는데, 이는 신을 둘로 구분하여 보는 것이다. 정호는 장재 철학의 이러한 모순을 지적한 것이다. 그러나 정호가 말한 '기 바깥에 신이 없다'는 것은 결코 기를 신으로 여긴 것은 아니다. 그는 장재가 신의 바깥에 따로 하나의 하늘을 세웠으며 또한 이원론자라고 비판하였는데, 이는 그가 장재에 비해 더욱 철저하게 일원론을 견지하고 있음을 설명하는 것이다. 이른바 '신은 방소가 없다'(神無方)는 것은 형체나 자취가 없는 형이상자를 가리키는 것이지만, 이는 기를 떠나 존재할 수 없는 것이다. 신은 객관적 본체이자 주체적 정신이다. 이른바 사람이 '하늘을 포괄한다'(包天)는 것은 주체정신과 객관 본체가 합일하는 것을 가리키며, 또한 성인의 신화神化는 천지와 함께 흐른다는 것이다.

'기의 바깥에 신이 없다'는 정호의 학설은 비록 신이 기가 아니라고 한 것이지만, 오히려 신이 기를 벗어나지 않으며 본체가 작용을 떠나지 않음을 강조하였다. 그는 신이라는 개념으로 형이상과 형이하, 본체와 작용을 통일시켰다. 신은 단순한 본체의 존재일 뿐만 아니라 존재이면서 동시에 유행의 과정이다. 이에 그는 "낳고 낳음을 일컬어 역易이라 하며, 낳고 낳은 작용은 신이라 한다"28)라고 하였는데, 역이란 변화를 해석하는 것이므로 체가 없다. 그러나 역에 체가 없는 것은 신의 방소 없음(無方) 때문인데, 이는 신이 있어야 비로소 변화가 있다는 것이다. 여기에서는 신이 '생생지용生生之用'이 된다고 하여 오히려 그의 사상과 모순되는 것 같으나 결코 모순되는 것이 아니다. 왜냐하면 신은 이미 본체이자 작용이며, 상하와 체용을 관통하고 있는 것이기 때문이다. 이것이 바로 신이 오묘한(妙) 까닭이

---

27) 『河南程氏遺書』, 권1, "氣外無神, 神外無氣. 或者謂淸者神, 則濁者非神乎?"
28) 『河南程氏遺書』, 권1, "生生之謂易, 生生之用則神也."

다. 작용에서 본체를 알고 변화에서 오묘함을 알게 되므로 화化의 오묘함이 신神이라고 한 것이다. 이 오묘함이라는 것은 신에 갖추어진 기본적 특징으로, 체용합일體用合一의 관점이라 할 수 있다.

정호와 정이는 모두 신을 형이상의 본체 개념이라고 생각하였다.

> 통함과 변함이 무궁한 것은 일(事)의 리理이다. 천지의 모든 것은 음양과 떨어지지 않는다. 오직 신묘하기에 그 있는 곳을 알지 못하며, 강유剛柔가 되고 동정動靜이 되는 것을 헤아릴 수 없다.29)

정이는 천지만물은 모두 변하는 것이라고 주장하였다. 그는 『이천역전伊川易傳』에서 변화의 도를 중점으로 논술하였으며, 『역전』의 변증적 사상을 발전시켰다. 그는 만사만물은 나날이 새로워지며 낳고 낳음이 서로 이어지고 끊임없이 변화한다고 보았다. 그는 이 모두는 음양을 벗어난 것이 아니며 모두 음양의 취산聚散이 이룬 결과라고 하였다. 그가 말한 "동정에는 단서가 없고 음양에는 시작이 없다"30)라는 것은 바로 '자연지리自然之理'인 것이다. 그러나 이것은 기氣의 측면에서 말한 것이다.

음이 되고 양이 되게 하는 것과 움직이게 하고 멈추게 하는 것은 형이상의 리이다. 리가 어떻게 음양이 되고 동정이 되게 하는가를 설명하기 위해 그는 신神이라는 개념을 차용한 것이다. 신은 음양과 서로 상대되는 것으로, 음양의 기가 고유하게 지닌 속성이 아니라 음양과 동정의 소이연所以然인 것이다. 강유와 동정은 신이 그렇게 되도록 하는 것이며, 신 그 자체는 형적이 없으므로 다만 '매우 오묘한 말'이자 '그 있는 곳을 알지 못하는

---

29) 『經説』, 「易説·繫辭」, "通變不窮, 事之理也. 天下之有, 不離乎陰陽. 惟神也, 莫知其鄕, 不測其爲剛柔動靜也."
30) 『經説』, 「易説·繫辭」, "動靜無端, 陰陽無始."

것'이다. 여기에서 신이 리와 관련되어 있음을 볼 수 있는데, 신은 곧 리의 근본적 특성이다. 그는 신이 리에 대한 서술임을 명확히 밝혔다.

> 변화의 도를 아는 것은 곧 신이 하는 것을 아는 것이다.…… 이는 리를 서술하여 말한 것이다.31)

어떠한 학자는 정이가 존재론자이고, 형이상의 리는 정지하고 있는 것이어서 운동을 할 수 없는 것이라 보았다. 이 때문에 운동 개념인 신은 형이상자가 아니라 다만 형이하자이며, 다만 기로 연관된 것이고 리와 연관될 수 없다고 하지만 사실은 그렇지 않다. 정이는 리를 초월적 형이상자로 여긴다. 이것은 사물을 떠나지 않으므로 능동성을 지니고 있으며, 그 능동성이 바로 신으로 표현되는 것이다. 이처럼 신은 곧 리이며, 같은 대상을 다른 각도에서 이야기한 것일 따름이다.

> 하늘이 하는 일은 소리도 없고 냄새도 없다. 그 체는 역이라고 하고, 그 리는 도라고 하며, 그 명命이 사람에게 있는 것을 성이라 하고, 그 용이 무궁한 것을 신이라 한다. 이는 모두 하나일 따름이다.32)

이는 신과 도·성은 모두 마찬가지로 소리도 없고 냄새도 없는 우주본체이며, 능동성을 지닌 작용이 무궁한 변화를 일으킬 수 있으므로 신이라고 한다고 설명한 것이다. 신의 작용은 비록 무궁하지만 작용 그 자체와 같은 것이 아니라, 운동과 변화를 형성하는 잠재적 능력이라 하는 것이 나

---

31) 『經說』, 「易說·繫辭」, "知變化之道, 則知神之所爲也.……言所以述理."
32) 『二程粹言』, 권1, "上天之載, 無聲無臭之可聞. 其體則謂之易, 其理則謂之道, 其命在人則謂之性, 其用無窮則謂之神. 一而已矣."

을 것이다.

역易은 본래 체가 없으며, 역체易體란 '역도易道의 체'이다. 개념론에서 말하자면 그것은 천지를 범위로 하고 있는 것이다. 즉 천지의 운화運化를 기본으로 하되 이를 넘어서지 않으며, 만물의 리를 하나하나 이루면서도 빠뜨림이 없고, 주야晝夜의 도를 통하여 그 소이연을 알게 하는 것이다. 정이가 정호와 다른 것은 신의 객관성을 더욱 강조하는 데 있다. 자연계의 변화는 체용의 작용인데, 역의 개념체계는 변화의 도를 모사模寫하는 것이다. 만약 역도易道를 객관 세계를 모사하는 것이라고 이해한다면 천지의 묘용妙用을 얻을 수 있고 도덕의 본원을 알 수 있다. 그러므로 지극히 신묘함이 어느 곳에나 있음을 알 수 있는 것이다. 사실 객관적으로 말해 역이 곧 신이며, 리이다.

그러나 정이가 귀신을 말할 때는 음양 변화와 직접적으로 연관시키고 있다. 변화는 음양의 취산聚散을 벗어나지 않는데, 모이면 정기精氣가 되고 흩어지면 유혼遊魂이 되며, 모이면 사물이 되고 흩어지면 변하게 된다. 음양의 취산이란 곧 귀신의 정상情狀이다. 그는 "만물이 시작하고 마치는 것은 모이고 흩어짐일 따름이다. 귀신은 조화의 공功이다"33)라고 하였다. 여기에서 말하는 귀신은 완전히 작용의 측면에서 말한 것이지 본체의 측면에서 말한 것이 아니다. 천지의 조화는 도체道體 또는 신체神體에 의한 것이지만, 조화의 공은 기氣이지 신이 아니다. 곧 일체 변화는 모두 신이 그렇게 하는 것이지만 변화 그 자체는 신이 아니라 기라는 것이다. 귀신은 이러한 변화의 과정을 형용한 것이다. 이른바 "귀신은 다만 하나의 조화일 따름이다"34)라는 것은 이러한 의미에서 말한 것이다.

---

33) 『經說』,「易・繫辭」, "萬物始終, 聚散而已. 鬼神, 造化之功也."
34) 『河南程氏遺書』, 권18, "鬼神只是一個造化."

화化에 관해 이정은 아주 뛰어나게 기술하였다. 그들은 기화氣化와 형화形化라는 두 개념을 제시함으로써 만물의 생성 변화의 과정에 두 단계가 있음을 설명하였다.

> 만물이 처음 비롯될 때는 모두 기화이다. 이미 형체를 가진 이후에는 형形으로써 이를 잇게 되니 형화가 있게 된다. 형화가 오래 되면 기화는 점차 소멸한다.[35]

자연계의 생명, 특히 사람이 어떻게 형성되는가 하는 것은 성리학의 우주론에서 매우 관심을 가졌던 문제이다. 이정의 '기화 이후에 형화가 있다'라는 사상은 자연계의 오랜 발전을 거쳐 생명이 나타났다는 것이며, 결코 신이 창조한 것이 아니라는 말이다. 이것은 비록 초보적인 것이기는 하지만 진화론적 요소가 들어 있으며, 중국 고대 우주론이 서양의 창조론과는 다른 특징을 지니고 있음을 보여 준다.

정이는 또 '변화일신變化日新'의 사상을 제기하였는데, 자연계의 변화는 새로운 사물이 옛 사물을 대체해 나가는 과정이라는 것이다. 이에 그는 "변變은 사물이 처음 변하였지만 아직 화化하지 않은 것과 같다. 화는 옛날의 흔적이 없으니 자연스러움을 일컫는 것이다"[36]라고 하였는데, 이 해석은 장재와 다르다. 그는 변은 다만 변화의 시작 또는 외적 표현이라고 하였으며, 화는 변화의 심화와 완성이라 하였다. 즉 화는 새로운 질質로 나아가 더는 옛날의 흔적이 없는 것인데, 이는 질변사상質變思想의 맹아라 할 수 있다.

---

35) 『河南程氏遺書』, 권5, "萬物之始, 皆氣化. 旣形然後, 以形相禪, 有形化. 形化長, 則氣化漸消."
36) 『河南程氏遺書』, 권18, "變如物方變而未化, 化則更無舊迹, 自然之謂也."

불교철학에서도 자연계의 변화를 인정하고 기화·형화와 유사한 이론을 제기하였으나, 그것은 본체론의 측면에서 변화의 진실성을 부정한 것이며, 또 이른바 '성주괴공成住壞空'의 학설이 있어 결국 단멸공斷滅空으로 귀결된다. 이에 대해 정이는 다음과 같이 비판하였다.

> 석씨가 말한 성주괴공成住壞空은 도를 알지 못하는 것이다. 다만 이루어지고 허물어지는 것(成壞)만 있으며, 일시적인 현상이나 공(住空)은 없다. 또한 초목이 처음 싹트고 자라며, 생이 다하면 시들어 없어진다고 한다. 그는 나무의 삶이 생장하면 여기에 잠시 머물러 있은 연후 점차 사라진다고 하였다. 천하의 사물 가운데 일시적으로 머물러 있는 것은 없다. 아이가 한 번 태어나면 하루하루 자라는 것이 하루하루 날이 줄어드는 것인데, 언제 머물러 있던 적이 있었던가? 그러나 기체氣體는 나날이 장대長大하니, 자라남도 스스로 이루는 것이고 줄어듦도 스스로 줄어드는 것이어서 원래 서로 상관이 없는 것이다.37)

변화는 다만 이루어지고 허물어지는 것이지만 일시적인 현상이나 공空은 없이 한 시점에 머물러 있을 수 없으며, 더욱이 공적空寂으로 되돌아갈 수도 없다는 것이다. 이것은 변화가 영원하여 멈추지 않는 과정이라는 것을 견지하고 있는 것일 뿐만 아니라, 사물의 변화를 공무空無에 귀속시키는 허무의 철학을 부정한 것이다. 그는 이루어짐과 허물어짐, 생과 사는 서로 대립하는 것이 아니라 소장消長하는 것이라는 관점을 제시하였는데, 이 역시 변증적 사유라 할 수 있다.

정이는 '변화의 도란 영원하여 멈추지 않는다'(恒久不已)라는 명제를 제

---

37) 『河南程氏遺書』, 권18, "釋氏言, 成住壞空, 便是不知道. 只有成壞, 無住空, 且如草木初生既成, 生盡便枯壞也. 他以謂如木之生, 生長既足, 却自住, 然後却漸漸毀壞. 天下之物, 無有住者. 嬰兒一生長一日便是減一日, 何嘗得住? 然氣體, 日漸長大, 長的自長, 減的自減, 自不相干也."

시하였는데, 이는 일체는 모두 변화 속에 있으며 다만 변화의 도만이 변화하지 않는다고 한 것이다. 이 점은 우리가 눈여겨볼 만한 문제이다.

> 해와 달은 음양의 정기精氣일 따름이다. 오직 그것은 하늘의 도를 따라 오고 가고 늘어나고 줄어듦으로 오래도록 비출 수 있는 것이다. 하늘을 얻었다는 것은 천리에 따른다는 것이다. 사시四時는 음양의 기일 따름이다. 왕래변화하여 만물을 생성하니 또한 하늘을 얻었으므로 항상되고 오래되어 끊임이 없다.38)

> 천지의 도는 장구長久하여 끊임이 없는 것이니, 지극히 크고 지극히 바른 것이다.39)

이른바 상常이란 결코 변하지 않는다는 것이 아니라, 변하는 것이 항상된다는 것이다. 그는 자연계를 끊임없이 순환하고 생성하는 과정으로 보았으며, 이것은 자연계 변화의 영원한 법칙이다. 인간사회는 자연계의 일부분이므로 반드시 이 법칙에 따라 질서를 확립해야 하며, 자연계와 일치하려는 노력을 해야 한다. 이것이 이른바 스스로 강건하여 쉼이 없다(自强不息)는 것이다. 그래서 그는 "성인은 항상됨과 오래됨의 도로 항상됨을 행하였는데, 천하의 교화는 이것으로 아름다운 풍속을 이룬다"40)라고 하였다. 이것은 순환론적 우주관은 아니기에 여전히 토론할 만하다. 왜냐하면 그가 이해한 변화는 일월이 운행하고 사시가 바뀌는 그러한 것이지만, 만물의 끊임없이 낳고 낳음 역시 변화의 중요한 내용이기 때문이다. 이는 분명 우주를 유기체로 바라본 것이다.

그러나 이정이 리를 절대적 윤리도덕의 원칙으로 말했을 때 이것은 바

---

38) 『伊川易傳』, 恒卦, "日月, 陰陽之精氣耳. 唯其順天之道, 往來盈縮, 故能久照而不已. 得天順天理也. 四時陰陽之氣耳, 往來變化, 生成萬物, 亦以得天, 故常久不已."
39) 『伊川易傳』, 「大壯」, "天地之道, 長久而不已者, 至大至正也."
40) 『伊川易傳』, 「大壯」, "聖人以常久之道, 行之有常, 而天下之化以成美俗也."

뛰거나 변하지 않는 것이다. 한편으로 리는 "다만 하나의 소장消長과 영휴盈虧일 따름이지 다른 일이 아니다"41)라고 하였지만, 다른 한편으로 "군신과 부자의 상리常理는 변하지 않는다.…… 더는 있고 없음과 더하고 더는 것을 말할 수 있겠는가?"42)라고 하였다. 이는 심각한 모순을 안고 있다. 우주론에 있어서 그들이 도달한 인식 수준은 자연계의 발전과 변화를 충분히 인정하였다. 그러나 도덕 본체에 있어서는 오히려 역사적 조건의 제약으로 변화의 어떠한 가능성도 부정하였다. 이것은 성리학자들의 비극이라고 할 수 있다.

2. 남송시대

주희朱熹는 주돈이·장재·이정의 사상을 종합하여 신화에 대해 체계적인 논술을 하였다. 그러나 그는 체계적인 리기론을 건립하였기 때문에 그의 신화에는 주돈이나 장재가 말한 그러한 의미나 작용은 없었다.

우선 주희는 신이 우주본체라는 사상을 받아들여 신은 곧 형이상의 리라고 보았다. 그는 신과 사물의 동정動靜을 논할 때, 사물의 동정은 형이하의 기器이고, 신神의 동정은 형이상의 리라고 하였다.

리는 신묘하여 헤아릴 수 없지만 그것이 움직이려 할 때는 멈추지 않은 적이 없었으므로 움직임이 없다(無動)고 한다. 그것이 멈추려고 할 때는 움직이지 않은 적이 없으므로 멈춤이 없다(無靜)고 한다.43)

---

41) 『河南程氏遺書』, 권2, "只是一個消長盈虧耳, 更沒別事."
42) 『河南程氏遺書』, 권2, "君臣父子, 商理不易.……更怎說得存亡加損?"
43) 『朱子語類』, 권94, "理則神而莫測, 方其動時, 未嘗不靜, 故曰無動. 方其靜時, 未嘗不

형이하의 사물은 동정이 서로 통할 수 없지만, 형이상의 리는 동정이 서로 무궁하게 섞여 있다. 즉 멈춤 가운데 움직임이 있고 움직임 가운데 멈춤이 있으며, 멈추어도 움직일 수 있고 움직여도 멈출 수 있다는 것이다.

그는 어떤 때는 리와 신을 구분하지 않았는데, "물(水)이 음이고 불(火)이 양이 되는 것은 사물이며, 형이하자이다. 음에 근원하고 양에 근원하는 까닭은 리며, 형이상자이다"44)라고 하는 것이 그 예이다. 신은 음양에 속하지는 않지만 음이 되고 양이 되는 것을 헤아릴 수 없는 것이며, 주야晝夜는 아니지만 주야로 변하게 하는 것이다. 이른바 만물을 신묘하게 한다는 것은 "신이라는 것은 원래 형기形氣의 겉을 초월해 있으면서 동정을 관통하는 것을 말하며, 그 체는 항상되어 이와 같을 따름이다"45)라는 그의 해석에 따르면 만물이 변화를 이루도록 하는 것이다. 즉 신은 초월적 우주본체이며, 태극의 리이자 만물 변화의 근원이다. 이것은 그의 리기론과 일치한다. 이것은 형이상의 신이 동정의 리라는 것이며, 그것은 만물이 동에서 정으로, 정에서 동으로 가게 하여 무궁한 변화를 발생시킨다는 말이다. 본체에서 말하자면 이것은 일종의 형이상학적 동정관이지만, 동정의 근원이 형이상의 리인 신에 귀속되어 있기에 물질 그 자체는 아니다. 그러나 리와 사물은 또한 분리할 수 없는 것이다.

주희의 관점에서 자연계는 하나의 물질세계이고, 멈추지 않는 운동 변화의 과정 속에 있으며, 그 가운데 동정이 있다. 형이하의 측면에서 말하자면 음양은 시작이 없고, 동정은 단서가 없다. 즉 자연계의 봄·여름·가을·겨울은 연속되어 있으며 우주는 영원한 대순환의 과정 속에 있는 것

動, 故曰無靜."
44) 『朱子語類』, 권94, "水陰火陽, 物也, 形而下者也. 所以根陰根陽, 理也, 形而上者也."
45) 『朱子語類』, 권94, "盖神之爲物, 自是超然於形器之表, 貫動靜而言, 其體常如是而已矣."

이다. 자연계의 만사만물은 모두 생사生死와 성쇠盛衰가 있는데, 이것은 모두 음양이라는 기의 동정動靜과 왕래往來, 진퇴進退와 굴신屈伸의 결과이다. 그러나 음양은 결코 스스로 동정할 수 없는데, 동정의 리 즉 신에서 동정이 말미암기 때문이다. 동정하는 것은 음양이지만, 동정하게 하는 소이所以는 리이다.

주희의 논리에 따르자면 이 움직임의 리가 있으면 이 양의 움직임이 있고, 이 멈춤의 리가 있으면 곧 이 음의 멈춤이 있다. 태극에는 동정의 리가 있으므로 음양이 한 번 움직이고 한 번 멈추어 천지만물을 생성하면서 쉼 없이 운행한다. 그러나 태극의 리 자체는 동정하지 않는다. 왜냐하면 리는 형이상자이고, 형이상자는 초월적 존재이기 때문이다. 동정은 형이하자이며 시간과 공간 속에서 진행되는 것이다. 그렇다면 태극이 어떻게 기를 동정하게 할 수 있는가? 주희는 "태극이란 본연의 오묘함이며, 동정이란 타는 기틀이다"46)라고 하였다. 본연의 오묘함은 탈 수 있는 기틀 위에 올라가 있는 것이며, 음양은 동정을 생하는 것이다.

> 태극은 리이고, 동정은 기이다. 기가 행하면 리 역시 행하는데, 이 두 가지는 늘 의존하여 서로를 떠난 적이 없다.…… 대개 한 번 움직이고 한 번 멈추는 것은 태극의 오묘함이 있지 않은 적이 없으니, 이것이 이른바 타고 있는 기틀이라는 것이다.47)

즉 태극의 오묘함이 곧 신이며, 그것은 비록 형이상이지만 형이하 가운데서 작용을 일으킨다는 것이다. 마치 사람이 말을 타는 것과 비슷하게 사

---

46) 『太極圖說解』, "太極者, 本然之妙也, 動靜者, 所乘之機也."
47) 『朱子語類』, 권94, "太極理也, 動靜氣也. 氣行則理亦行, 二者常相依而未嘗相離也.…… 盖一動一靜, 而太極之妙未嘗不在焉, 此所謂所乘之機."

람은 움직이지 않지만 말을 따라서 움직이는 것과 같다. 그러나 말이 움직이게 하는 것은 사람인 것이다. 이것은 주희의 리기불리부잡理氣不離不雜의 이론이 동정관動靜觀에도 적용된 것이다.

신은 자연계의 객관적 본체이자 사람의 정신적 본체이다. 또한 신은 덕德이라 할 수 있다. 주희는 덕은 하늘에서 얻어 마음에 갖추고 있는 것이라고 생각하였는데, 그 신은 오묘하여 예측할 수 없는 것이며 광대하게 넓고 영원한 것이라 할 수 있다.

> 하나의 생각이 막 일어나려 할 때 지극한 리가 이미 갖추어져 있는데, 너무 은미하여 드러날 수 없는 것이다.…… 그 깃든 곳을 따라가 보면 리가 이르지 않는 곳이 없으니 두루 가득하여 궁구할 수 없다고 하는 것이다.[48]

성인의 신은 우주만물의 신이며, 성인의 바깥에 따로 신이라고 하는 것은 없다. 신은 형이상의 본체로 천인天人과 내외內外를 관통하고 있다. 이 점은 정호의 이론과 아주 비슷하다. 어떤 학자들은 주희와 정이가 한 학파이고 정호와는 곳곳에서 합치하지 않는다고 하는데, 실제로는 결코 그렇지가 않다.

그런데 주희가 신화神化를 논할 때는 완전히 형이하의 관점에서 해석하고 있다. 그는 장재가 말한 신화를 매우 높여 "비록 정자라 하더라도 말한 것이 그리 분명하지 않은데, 오직 장횡거만이 그것을 파악하고 있다"[49]라고 하였다. 여기에서 신화는 서로 연결시켜 말한 것으로, 더 이상 본체가 아니라 기의 작용이다. 그는 장재의 "하나이므로 신묘하고, 둘이므로 변화

---

48) 『朱子語類』, 권94, "一念方萌, 而至理已具, 所以微而不可見也.……隨其所寓, 而理無不到, 所以周而不可窮也."
49) 『朱子語類』, 권98, "雖程子說得亦不甚分明, 惟是橫渠提出來."

한다"50)라는 말을 높이 평가하였는데, 이 말이 운동 변화의 근원에 대해 매우 잘 설명하는 것이라 생각하였다.

> 무릇 천하의 일은 하나이면 변화할 수 없고, 둘이 된 이후에 변화할 수 있다. 마치 한 번 음이 되고 한 번 양이 되어야 비로소 만물을 화생할 수 있는 것과 같다.…… 하나의 도리는 오히려 두 가지 단서가 있으니, 사용되는 곳이 다르다. 음양에 비유하자면 음 가운데 양이 있고 양 가운데 음이 있으며, 양이 극에 이르면 음을 생하고 음이 극에 이르면 양을 생하니, 이것이 신화의 무궁함이다.51)

신은 음양陰陽, 굴신屈伸, 왕래往來, 상하上下 등 대립적 통일이며, 사물 속에 두루 행하여 있지 않은 곳이나 통하지 않은 곳이 없으며, 통일 가운데 대립물은 서로 작용하고 서로 소장하여 변화가 생하는 것이다. 신이 없다면 화할 수 없는데, 신화는 곧 음양의 대립적 통일인 것이다. 여기에서 신에는 체도 있고 용도 있음을 알 수 있다. 그 체는 태극의 오묘함이 되고, 그 용은 음양의 움직임이 된다. 그 발용은 완전히 기화의 문제이다. 신화를 통해 주희는 체용을 통일하려 하였다.

신화가 변화의 근원과 동력을 설명하려 한 것이라면 귀신은 변화의 과정을 논한 것이다. 주희는 귀신에 대해 많은 설명을 하였지만 주된 논점은 다음과 같다. 첫째, "귀신은 기를 위주로 말한 것이며, 다만 형이하자일 뿐이다."52) 그것은 일종의 물질 현상이다. 그는 귀신은 형적이 없는 것 같지만 그것은 다만 기의 정영精英이며, 미신에서 말하는 신령神靈은 아니라고

---

50) 『正蒙』, 「太和」, "一故神, 兩故化." 주19) 참조.
51) 『朱子語類』, 권98, "凡天下之事, 一不能化, 惟兩而後能化. 且如一陰一陽, 始能化生萬物.……一箇道理, 却有兩端, 用處不同. 譬如陰陽, 陰中有陽, 陽中有陰, 陽極生陰, 陰極生陽, 所以神化無窮."
52) 『朱子語類』, 권69, "鬼神主乎氣而言, 只是形而下者."

강조하였다. 그는 『중용』에서 말한 귀신은 사물을 체현하되 남김이 없는 것이지만 결코 본체론에서 말한 것이 아니며 "사물에 대해 말한 것으로, 귀신은 기를 위주로 하여 사물의 체가 되는 것이며 사물은 형태를 위주로 하여 기를 기다려 생하는 것"53)이라고 하였다. 사물과 기는 모두 형이하자이지만 사물에 형체가 있는 것은 기에 의해 생겨난 것이며, 기는 아무리 작은 곳이라도 들어가는 연속성과 유동성을 지닌 물질이므로 없는 곳이 없으며 무궁히 변화하는 것이다.

둘째, 귀신은 기의 기능이자 '양능공용良能功用'이다. 귀신을 음양의 기라고 해도 아직 그것의 특징을 말한 것은 아닌데, 사실 귀신은 음양의 굴신屈伸이자 소장消長이다. 양은 펼치는 것(伸)이자 신神이고, 음은 움츠리는 것(屈)이자 귀鬼이다. 분별하여 말하자면 음 가운데 양이 있고, 움츠림 가운데 펼침이 있다. 또한 양 가운데 음이 있고 펼침 가운데 움츠림이 있다. 즉 한 번 펼치고 한 번 움츠려서 변화를 일으키는 것이다. 자연계의 모든 현상은 음양굴신陰陽屈伸의 결과가 아닌 것이 없다. 바로 기의 이러한 기능으로 만물이 형성되고 소멸되는 것이다. 천지간은 기 아닌 것이 없으므로 다만 음양과 그 굴신만이 있을 따름이다. 이러한 의미에서 귀신은 조화자造化者이며, 일월성신과 사계절의 이어짐은 물론 생장화육生長化育, 풍우회명風雨晦明 등은 모두 음양이 그렇게 이루는 것이다. 이렇게 볼 때 귀신은 실제로는 기화생물氣化生物의 기능 개념이다.

주희의 개념론에 따르면 "조화는 이미 형이하자이며, 조화하게 하는 리가 곧 형이상자인 것이다."54) 이것은 모두 무신론적 관점이다. 그러나 주희의 무신론은 철저하지는 않은데, 그가 어떠한 자연현상을 해석할 수

---

53) 『朱子語類』, 권63, "對物而言, 則鬼神主乎氣, 爲物之體, 物主乎形, 待氣而生."
54) 『朱子語類』, 권4, "造化已是形而下者, 所以造化之理, 是形而上者."

없을 때에는 신령神靈이라는 것으로 설명하기도 하였다.

화化에 관하여 주희는 이정의 기화氣化와 형화形化에 대한 관점을 발전시켰다. 주희는 천지만물이 형성되기 이전에는 다만 기화만 있고 형화는 없었으며, 기가 점차 응취되어 사물을 생한 이후에 형화가 있다고 생각하였다. 즉 천지는 기화에 의해 생겨난 것이고, 사람과 사물 역시 기화의 결과라는 것이다. 사람이 처음 생할 때는 아무런 근원이 없었는데, 기화에 의해 두 사람이 생겨난 연후에 형화하여 인류를 창조하였다는 것이다. 우주와 인간의 창조에 대한 이러한 관점은 과학적 근거가 전혀 없는 것은 아니나, 오히려 인류학적 의의와 진화론적 내용을 담고 있어 우주생기론宇宙生機論의 관점을 표현하고 있다.

변화에 대한 주희의 해석은 한결같지가 않다. 첫째, 그는 『주역본의周易本義』에서 "변變이란 화化가 점진적으로 일어나는 것이고, 화는 변이 완성되는 것이다"[55]라고 하였는데, 변을 발전의 과정으로 보고 화를 발전의 완성이라 보았다. 만약 여름에서 가을에 이를 때 더웠다가 서늘해지는 것은 변이다. 그러나 변화는 반드시 과정을 거치기는 하지만 완연히 서늘하게 되어 더운 기운이 없다면 완성된다고 볼 수 있다. 이것이 화이다. 이것은 이정의 변화관에 대한 발전이다. 둘째, 『주자어류』에서 반복적으로 "화는 점진적으로 바뀌는 것(漸化)이고, 변은 갑자기 바뀌는 것(頓變)이다"[56]라고 하였는데, 변과 화는 모두 변화의 과정이지만 돈頓·점漸의 구별이 있는 것이다. '변화하여 마름질하는 것을 변變이라 한다'(化而裁之謂之變)에서 재裁는 재단裁斷이라는 의미를 가지고 있다. 변화로 하여금 어떠한 단계성으로 나타나도록 하는 것이므로 주희는 "화化는 점점 옮겨져 가는 것이고, 재단

---

55) 『周易本義』, "變者化之漸, 化者變之成."
56) 『朱子語類』, 권71, "化是漸化, 變是頓變."

되는 곳이 바로 변이다"57)라고 하였다. 화는 점차 변하는 것이고 변은 갑자기 변하는 것이므로, 화는 길고 변은 짧은 것이다. 그러나 변에는 다시 화가 있는데, 갑자기 변한 이후에도 점차 소모되거나 바뀌게 된다. 이와 같은 전화轉化는 무궁하게 일어난다. 이것은 장재의 변화관에 대한 발전이라 할 수 있다. 주희는 한 걸음 더 나아가 화는 오래된 사물이 소멸하는 것이고, 변은 새로운 사물이 생겨나는 것이라고 하기도 하였다.

> 변화가 상대적인 것을 말한 것이라면, 변變은 자라는 것이고 화化는 소멸되는 것이다.…… 화는 점차 변화하여 소진되는 것이어서 무無에 이르게 되는데, 변變은 돌연히 자라는 것이다. 변은 무에서부터 유가 되는 것이며, 화는 유에서부터 무가 되는 것이다.58)

화는 비록 오래된 사물이 점차 소실되는 것이지만, 동시에 새로운 사물이 점차 생장하는 것이다. 일단 오래된 사물이 소진될 때는 새로운 사물이 돌연 생하게 되는 것이다. '유에서부터 무가 된다'는 것은 옛것을 말하는 것이고, '무에서부터 유가 된다'는 것은 새로운 것을 말하는 것이다. 그러나 화가 일어날 때 소실만 되고 자라남이 없으며, 변이 일어날 때 자라기만 하고 소실됨이 없다는 것을 말하는 것은 결코 아니다. 점차로 소실되는 것과 갑자기 자라나는 것은 점차 자라나는 것과 갑자기 소멸하는 것도 수반하고 있는 것이다. 그런데 주희가 다만 화는 소실이고 변은 자라남이라고 언급한 것은 새로운 사물의 생성을 강조하기 위한 것이다. 여기에서는 양강陽剛이 분연히 나아간다는 적극적인 내용이 포함되어 있다. 그는 변화

---

57) 『朱子語類』, 권75, "化是漸漸移將去, 裁斷處便是變."
58) 『朱子語類』, 권74, "變化相對說, 則變是長, 化是消.……化是漸漸化盡, 以至於無, 變則驟然而長. 變是自無而有, 化是自有而無."

를 음양陰陽과 강유剛柔의 진퇴로 말하였는데, 변은 음이 양으로 나아가는 것이고 유柔가 강剛으로 나아가는 것이며, 화는 양이 물러나 음이 되는 것이고 강剛이 물러나 유柔가 되는 것이다.

> 음에서부터 양이 되는 것은 원래 맹렬하게 자라나는 것이므로 변이라 한다. 양에서부터 음으로 나아가는 것은 점점 소모되어 없어지는 것이다.59)

이는 양강이 사물 발전의 전도이자 방향임을 설명한 것인데, 그 적극적인 측면을 드러낸 것이다. 그것은 화의 단계에서 부정적 위치에 처해 있는데, 돌변의 단계에서는 긍정적으로 바뀌는 것이다. 주희의 "강剛이 유柔로 변화하며 유는 강으로 변화한다"60)라는 말 역시 양강이 필연적으로 음유를 대체하며, 이것이 사물 발전의 정도正途임을 강조한 것이다. 이것은 『역전』이 중심이 된 양강분진陽剛奮進의 유가사상이 좀 더 발전한 것이자 소박한 변증법적 색채를 드러내고 있는 것이다.

그러나 상변(常變:항상됨과 변화함)의 관계를 논할 때 주희는 오히려 변 가운데 상이 있고 상이 곧 변하게 하는 원인이며, 이 변화의 리는 항상되다고 하였다. 이는 이정과 동일한 착오를 범한 것인데, 도덕 본체의 리를 '항상되게 머물러 있어 변하지 않는 것'(常住不變)으로 간주한 것이다. 주희에게서 리理는 형이상으로서 동정動靜과 변화變化가 없을 뿐만 아니라, 이정에 비해 더욱 상이 변에 대해 주도적인 작용을 하고 있음을 강조한 것이다. 그는 본체론적 연역법을 정이의 귀납법으로 대체하여 더욱 철저하게 리일원론을 견지하였다.

---

59) 『朱子語類』, 권74, "自陽而陰, 自是長得猛, 故謂之變. 自陰而之陽, 是漸漸消磨將去."
60) 『朱子語類』, 권74, "剛化爲柔, 柔變爲剛."

3. 원명시대

정주程朱의 후학 가운데 원대元代의 허형許衡은 음양소장陰陽消長과 변화의 문제를 비교적 중시하였다. 그는 천문학을 어느 정도 접하고 있었기 때문에 적극적인 내용을 지닌 사상을 제기한다.

> 일원이 운행함에는 도수度數가 있으며…… 하늘은 땅에 의지하고 있고, 땅은 하늘에 붙어 있으며…… 하늘에는 더위와 추위, 밤과 낮이 있고, 사물에는 낳고 번영하며 시들고 무너지는 변화가 있다.…… 이것은 천지가 조화하여 만물은 나날이 새로워져 사라지지 않는 까닭이다.[61]

허형은 귀신에 관해 천지의 공용功用이자 조화의 흔적이라고 하였다. 그리고 음양소장에 관해 주희의 사상을 해석하고 발휘하는 가운데 "줄어드는 것 가운데 다시 자라나는 것이 있으며, 자라나는 것 가운데 다시 줄어드는 것이 있다"[62]라는 관점을 제기하여 양자를 통일시켰다. 그러나 "만물은 나에게 갖추어져 있다는 것이 이것이다"[63]라고 하여 우주 발전 범주의 주관성과 주체성을 더욱 중시하였다.

명대의 진헌장陳獻章은 신화를 드러낸 사람이라고 칭해진다. 그는 '자연이 으뜸'(自然爲宗)이라고 제창하였는데, 실제로 이것은 심체心體를 신神으로 보고 주체정신을 만화萬化의 근원으로 여긴 것이다. 그는 만화유행萬化流行과 만화자연萬化自然을 강조하였는데, 이는 천지간에는 일기一氣가 있을

---

61) 『魯齋遺書』, 「語錄上」, "日月行有度數……天依地地附天,……天有寒暑晝夜, 物有生榮枯瘁.……此天地所以造化萬物日新無蔽者也."
62) 『魯齋遺書』, 「陰陽消長」, "消之中復有長焉, 長之中復有消言."
63) 『魯齋遺書』, 「陰陽消長」, "萬物皆備於我者是也."

따름이며 그것은 무궁하게 변한다고 여긴 것이다. 그런데 내 마음의 신神이 그 주재主宰가 된다고 생각하여 "지극한 무와 지극한 움직임은 지극히 가깝고 지극히 신묘하다"[64]라고 하였는데, 이것은 곧 마음을 신으로 본 것이다.

진헌장은 한편으로 마음을 신으로 여기고, 다른 한편으로 물아일체物我一體를 주장하여, 내 마음의 신이 곧 만물의 신이라고 하였다. 그래서 "귀와 눈의 지리한 작용을 제거하고 텅 비고 원만하여 헤아릴 수 없는 신을 온전히 한다"[65]라고 하였는데, 이는 주체 원칙을 제창한 것이자 동시에 자연에 대한 모종의 추구를 표현한 것이다. 그는 자연계의 변화에 대해 여전히 중시하였다. 그러나 이 사상은 왕수인王守仁이 심학心學체계를 완성한 이후에는 큰 변화를 맞게 된다. 왕수인은 비록 일기가 유통하여 변화를 생한다는 것은 인정하였지만, 그는 이 모두를 허령명각虛靈明覺의 체體인 양지良知에 귀결시켰으므로, 자연계의 신화神化는 더 논의되지 않았다.

기학파인 나흠순羅欽順은 리理를 신으로 삼는 관점을 비판함과 동시에 심心을 신으로 삼는 심학 관점에 대해서도 비판하였다. 그는 진헌장의 '텅 비고 원만하여 헤아릴 수 없는 신'은 불교의 선종에서 온 것이며, 마음의 지각 작용이 신神이라는 진헌장의 주장 역시 불교의 사상을 내세우는 것이라고 지적하였다.

> 선학禪學에서 '깨끗한 지혜와 신묘한 원통함의 체體는 원래부터 공적空寂하다'(淨智妙圓, 體自空寂)고 하여 온갖 종류의 변화와 움직임은 이 여덟 글자를 벗어나지 못할 따름이라 하였다. 원묘圓妙함의 의미가 신이 아니면 무엇인가? 공적의 의미

---

64) 『白沙子全集』, 「答張內翰廷祥書」, "至無至動, 至近至神."
65) 『白沙子全集』, 「道學傳書」, "去耳目支離之用, 全虛圓不測之神."

는 허虛가 아니면 또 무엇인가? '텅 비고 원만하여 헤아릴 수 없는 신을 온전히 한다'는 것은 또한 백사(진헌장)가 말한 상도常道아닌가?66)

이처럼 진헌장이 자연계의 모든 변화를 심心의 작용으로 귀결하여 변화의 객관성을 부정한 것은 모두 불교에서 왔다는 것이다. 이 밖에도 심학자 양간楊簡이 천지만물의 변화는 모두 내 마음의 변화라고 하여 자연계의 변화를 마음으로 귀결시킨 것은 리일분수理一分殊의 도리를 모르는 것이라고 하였다. 나흠순은 변화가 자연계의 객관적 과정임을 인정하였는데, 내 마음이 이러한 것을 포괄할 수 있는 것이 아니라 하여 "만물을 발육시키는 것은 원래 조화의 기능이자 작용인데, 사람이 어찌 이와 함께 하겠는가!"67) 라고 하였다. 나흠순의 비판은 신화에 대한 기본적인 관점을 표명한 것이지만, 이를 더 이상 자세히 논술하지 않았다.

하지만 왕정상王廷相은 그렇지 않았다. 신화는 그의 우주론에 있어서 중요한 개념이다. 그는 기를 조화의 최고 근원(宗紐)으로 삼았으며, 신神·성性·리理 등은 원래부터 기가 지니고 있는 것이라고 보았다. 그가 보기에 신은 형기의 묘용妙用이자 변화의 기틀(機)이며, 실체인 기의 기능이자 작용이었다. 신은 만물을 생화하는 작용을 지니고 있지만 반드시 기가 있어야 그렇게 되는 것이다. 즉 기가 없으면 신도 없고 생生도 없는 것이다. 이렇게 되면 신으로는 기를 대체할 수 없으며, 더욱이 기 위에 신이라는 본체적 존재를 가정할 수도 없다.

---

66) 『困知記』附錄,「答湛甘泉大司馬」, "禪學……曰, 淨智妙圓, 體自空寂, 千般作弄, 不出此八字而已. 圓妙之義非神而何? 寂空之義非虛而何? 全虛圓不測之神, 又非白沙所常道者乎?"
67) 『困知記』續, "發育萬物自是造化之功用, 人何與焉!"

신이란 생함의 신령함이지만 모두 기가 원래 지니고 있는 것이니, 기가 없으면 신이 어디에서 만물을 생하겠는가?…… 신은 반드시 형기를 기다려야 있는 것이니, 마치 어미가 자식을 낳고 자식은 어미의 기둥이 될 수 있는 것일 따름이다.68)

왕정상이 조화를 논할 때 아직은 생성론을 벗어나지 못했지만, 기를 실체로 삼고 신을 작용으로 삼는 그의 사상은 명확하다. 이것은 유물론적 방식으로 기와 신 즉 실체와 그 작용의 문제를 해결한 것이며, 신화에 관해 장재 학설이 지니는 모순을 극복한 것이다.

왕정상은 한 걸음 더 나아가 성性·기機·화化 등의 개념으로 기화의 생성 과정을 설명하였다. 그는 그 가운데 음양은 기의 본체이며, 닫히고 열리는 것은 성性의 능함(性之能)이고, 움츠리고 펼쳐서 서로 감응하는 것은 기틀의 말미암음(機之由)이고, 그 기틀은 곧 신령하다고 하였다. 즉 변화가 생겨나는 것은 신묘함(神之妙)에 근거한 것인데, 천지가 조화하여 만물을 끊임없이 낳고 낳는 것은 바로 기의 동정動靜·굴신屈伸·인온絪縕이라는 신의 작용 때문이라는 것이다. 이것은 생성론적 자연철학인데, 여기에는 형이상학적 사변의 요소가 매우 적다.

왕정상은 기화가 천지만물을 낳는 과정에 대해 오행이 만물을 낳는다는 전통사상을 비판하고, 유기론唯氣論적 관점을 제시한다. 태허의 진양眞陽의 기가 진음眞陰의 기와 감응하여 일원성신 등 자연물로 변화하면 수화水火의 씨앗(種)을 지니게 되는데, 수화가 있게 된 후 이것이 피어오르거나 응결하여 토土가 되고 이것이 땅이 된다고 하였다. 땅이 있으면 만물이 생장하고 변화는 더욱 커진다는 것이다. 이렇게 되면 오행 가운데 금金과 목木

---

68) 『內台集』, 「答何栢齋造化論」, "神者生之靈, 皆氣所固有者也, 無氣則神何從而生?…… 神必待形氣而有, 如母能生子, 子能爲母主而."

은 수水, 화火, 토土에 의해 생성된 것이며, 변화의 말단에 있는 것이지 변화의 가장 선두에 있는 것은 아니다. 그는 만물의 화생이 모이고 흩어지는 기에 의해 이루어지는 것이라 보았다.

> 모이는 기가 있고 흩어지는 기가 있는데, 이렇게 흩어지고 모이는 것이 결합하여 사물은 화化하게 된다. 화한 즉 자라며, 자란 즉 커지며, 커진 즉 오래가고, 오래 간 즉 쇠락하며, 쇠락한 즉 흩어지며, 흩어진 즉 없어진다. 그러나 흩어지고 모이는 근본은 일찍이 그친 적이 없다.69)

여기에서 왕정상은 만물에는 생성과 소멸이 있지만, 모이고 흩어지는 기는 만물의 실체로서 운행이 멈춘 적이 없다고 하였다. 이것은 유기론적 우주발전관이며, 기의 취산聚散으로 만물의 생성과 변화를 설명한 것이다. 그러나 그는 성리학자들이 주장한 오행이라는 이 중간 부분에 대해서는 부정하였다.

4. 명말청초

명청교체기의 왕부지王夫之는 신화神化를 새롭게 발전시켰다. 그의 사상은 이전보다 변증법적 사유의 색채가 더욱 짙은데, 신은 변화의 리이자 변화를 하게 하는 규율이며, 화는 그 변화 과정이라고 하였다. 즉 신과 화는 변화 규율과 그 과정인 것이며, 이 양자는 기에서 통일되어 있는 것이다.

---

69) 『愼言』, 「道體」, "有聚氣, 有遊氣, 遊聚合, 物以之而化. 化則育, 育則大, 大則久, 久則衰, 衰則散, 散則滅. 而遊聚之本未嘗息焉."

신神이란 화化의 이치이자 모든 것이 하나로 귀결되는 큰 근원이다. 화란 신의 자취로 갖가지 방법과 생각이 변하고 움직이는 것이다.70)

왕부지는 일체의 변화는 모두 법칙이 있으며, 변화의 리가 사물의 발전 과정을 지배하고 있다고 강조하였다. 신은 변화의 리로 질서가 있는 것이며, 변화를 헤아릴 수 없거나 파악할 수 없는 것은 아니다. 그래서 그는 "신神은 헤아릴 수 없게 변환變幻하는 것을 일컫는 것이 아니라, 만물을 북돋우는 리가 가득함을 말한다"71)라고 하였다. 신은 다른 것이 아니라 음양의 두 기가 관통하는 리를 말하는 것이다. 그러므로 음양의 기가 그 실체인 것이다. 신은 리로서 형상이 없지만, 형상 속에 있는 것이다. 구체적인 사물의 변화에는 생성과 소멸이 있지만, 변화의 리는 생성과 소멸이라고 할 만한 것이 없으며 다만 사물 속에 존재하여 사물 속에서 작용을 일으키는 것이다. 이러한 사상은 변화 규율의 보편성과 구체적 과정의 상대성을 천명한 것이다.

왕부지는 신의 지위를 매우 높이 올려놓아 "하늘은 신을 도道로 삼으며, 성性이란 신이 이루어 놓은 것이다. 성과 천도는 신神일 따름이다"72)라고 하였다. 곧 신은 이미 자연계의 변화 규율이자 우주의 근본적인 규율이며, 동시에 인성人性의 근원이라는 말이다. 이 모든 것은 '신이란 다른 것이 아니라 음양 두 기가 분명하게 통하는 리이다'라는 기초 위에 세워진 것이다. 이것은 신을 본체로 여기는 주돈이, 이정, 주희의 학설과 구분이 되며, 동시에 장재의 모순을 극복한 것이다. 그러나 신을 인간, 자연과 연관시킨

---

70) 『周易內傳』, 「繫辭下傳」, "神者化之理, 同歸一致之大原也. 化者神之迹, 殊途百慮之變動也."
71) 『張子正蒙注』, 「天道」, "神非變幻不測之謂, 實得其鼓勵萬物之理也."
72) 『張子正蒙注』, 「神化」, "天以神爲道, 性者神之撰. 性與天道, 神而已矣."

천인합일론天人合一論에서는 결코 벗어나지 못하였다.

신은 만물을 오묘하게 하는 것을 말하는 것이다. 신이 만물을 고무할 수도 있고 그것에 변화가 발생하도록 할 수도 있는데, 신은 대립적 통일이기 때문이다. 그러나 이것은 음양의 실체적 통일(태극)이 아니라 강건함과 유순함(健順)이라는 두 성질의 통일이다.

> 신神이란 건乾과 곤坤이 덕德을 합하는 것으로, 강건함으로써 유순함을 거느리고, 유순함으로써 강건함을 이어받는 것인데, 서로 틈 없이 하나로 뒤섞이는 오묘한 작용 만물 가운데 함께 행하는 것이다.73)

태화太和의 기가 하나로 뒤섞이는데, 그 묘용妙用이 신인 것이다. 이 때문에 신과 태극은 리와 기, 작용과 본체의 관계이며, 이것은 그의 리기체용설理氣體用說과 완전히 일치하는 것이다.

왕부지는 "그 움직임과 멈춤에는 단서가 없으며, 그렇게 하지 않는 것이 없도록 하는 것이 신이다"74)라고 하였는데, 이는 신이 기능을 나타내는 개념임을 설명한 것이다. 신은 운동 변화와 서로 관련된 것이자 동태적인 기능이며, 단순히 존재라는 속성만을 지니고 있는 것은 아니다. 신은 이미 변화의 리이지만 리 자체는 변하지 않는다. 이러한 의미에서 말하자면 신은 항상됨(常)이다. 신은 그 변화적 성질에서 말하는 것이며, 상常은 그 안정성에서 말한 것이다. 즉 모든 것이 변화하지만, 변화의 리는 변하지 않는다는 것이다. 그것은 변화가 따라야 할 원칙이기 때문이다. 그러므로 그는 "천하 역시 변하지만, 변하게 하는 것은 항상됨이다.…… 서로 생하고 서

---

73) 『周易內傳』, 「說卦」, "神者乾坤合德, 健以率順, 順以承健, 絪縕無間之妙用, 並行於萬物之中者也."
74) 『周易內傳』, 「繫辭上傳」, "其動靜無端, 莫之爲而爲者, 神也."

로 멈추는 것은 모두 그 항상됨이며, 서로 가까워지고 서로 세대를 이어나 가는 것은 변하지 않음이 없다"75)라고 하였다. 변하게 하는 것이란 변화의 리이며, 규율은 안정성을 지니고 있기 때문에 구체적인 사물을 따라 변화하지 않으므로 상常이라고 하는 것이다.

그러나 그것은 또 사물이 변화하게 하는 까닭이다. 규율과 변화라는 관계에 대한 왕부지의 사상은 여기에서 분명하게 드러난다. 그는 운동의 절대성을 강조하였기에 늘 움직임(動)을 기준으로 삼아 "움직이지 않는 항상됨은 오직 움직임으로 검증된다. 이미 움직임의 항상됨은 그것을 되돌이켜 미룰 필요가 없다. 이는 곧 멈춤(靜)이 움직임에 의해 항상됨을 얻지만 움직임은 멈춤 때문에 하나가 되는 것은 아니다"76)라고 하였다. '움직이지 않는 항상됨'이란 아직 표현되지 않는 운동의 법칙 자체를 가리키지만, 운동 가운데서 비로소 검증을 받을 수 있다는 것이다. '움직임의 항상됨'이란 운동 가운데 드러난 규율이며, 운동 그 자체로 설명하자면 다른 것에서 움직이지 않는 리를 추론할 필요가 없다는 것이다. 이것은 변화의 리가 비록 변하지 않지만, 변화 가운데 비로소 존재하며 상대적인 것이 아니라는 것이다.

이것은 변화라는 개념으로 들어간 것이다. 왕부지는 이 점에 관해서 변화일신變化日新이라는 관점을 제기함으로써 자연와 인간은 나날이 생성하고 새로워지는 과정 속에 있다고 논증하였다. 새로운 사물이 끊임없이 생성하고 오래된 사물은 끊임없이 소멸되는 것이 바로 변화의 근본 특징이다. 19세기 서양 철학자 헤겔은 논리학적 범주의 변증법을 확립하고서 '태

---

75) 『周易外傳』, 「震」, "天下亦變矣, 所以變者亦常矣.……相生相息而皆其常, 相近相代而無有非變."
76) 『周易外傳』, 「无妄」, "不動之常, 惟以動驗. 旣動之常, 不待反推. 是靜因動而得常, 動不因靜而載一."

양 아래 새로운 것은 없다'고 하였지만, 17세기 동방의 왕부지는 소박한 형식으로 자연계의 모든 것은 '나날이 새로워지고 또 나날이 새로워진다'(日新而日日新)고 하였다. 다시 말해 자연계의 생성과 변화는 '자연지세自然之勢'이자 '자연지리自然之理'라는 것이다. 그래서 "천지간에 유행하여 멈춤이 없으니, 그것은 모두 생하는 것이다"[77]라고 하여 자연계를 영원히 운동하고 있는 전체로 보았으며, 생생불식生生不息의 과정 속에 있다고 하였다. 태허란 본래 움직이는 것이며, 운동 가운데 끊임없이 새로운 사물을 생성하여 양은 생하여 기가 되고 음은 생하여 형체가 된다고 한 것이다.

왕부지의 변화관은 생성을 강조한 사상이다. 즉 일체는 생성 과정 속에 있다는 것인데, 생성과 동시에 소멸하는 신진대사를 하고 있다는 것이다. 생성이 있으면 곧 나날이 새로워짐이 있으며, 나날이 새로워지면 사물은 늘어난다. 상식으로는 해와 달이 변하지 않는 것으로 알고 있지만, 왕부지는 해와 달도 변화한다고 말하였다. 이것은 깊은 함의를 가지고 있는 사상으로, 우주는 운동하고 변화한다는 것을 설명하는 것일 뿐만 아니라 이러한 변화는 없는 곳이 없고 어느 때라도 변화한다는 것이다. 장재는 해와 달의 형태는 만고에 불변한다고 하였지만, 왕부지는 형形이란 그 규모나 상象을 본뜨는 것에 대해 말한 것이지 그 바탕(質)에 대해 말한 것은 아니며, 바탕은 날마다 대체되지만 형形은 한결같으니 영원한 기器는 없고 영원한 도道만 있을 따름이라고 하였다. 즉 외부의 형태는 비록 변하지 않더라도 그 내부의 바탕은 날마다 변화하고 있다는 것이다. 이것은 이미 거시세계와 미시세계를 언급한 것이다. 이를 증명하기 위해 그는 구체적인 사실을 들어 이를 설명한다.

---

77)『周易外傳』,「繫辭下」, "天地之間, 流行不息, 皆其生焉者也."

강과 시내의 물이 지금이나 옛날이나 같은 것 같으나 지금의 물은 옛날의 물이 아니다. 촛불의 빛은 어제와 오늘이 같은 것 같으나 어제의 불꽃이 오늘의 불꽃은 아니다. 물이나 불은 우리에게 가까워서 쉽사리 알 수 있는 것이지만 해와 달은 멀리 있어 살피기가 어려울 따름이다. 손톱이나 몸에 난 털이 날마다 자라 오래된 것은 없어진다는 것은 사람들이 알고 있다. 사람들은 그 겉모습이 불변하는 것은 알고 있지만 그 바탕이 이미 바뀐 것은 알지 못한다. 사람들이 지금의 해와 달이 아득한 옛날의 해와 달이라고 생각하고, 지금의 피부와 살이 처음 태어날 때의 피부와 살이라고 생각한다면 어떻게 나날이 새로워지는 변화를 말할 수 있겠는가!78)

현대의 과학은 태양이 매순간 격렬한 변화를 하고 있다고 증명하고 있다. 왕부지는 철학적 차원에서 이 점을 말하고 있는데, 비록 과학적 증거는 없지만 우주론에 있어서는 정확한 결론을 이끌어 내고 있다.

대진戴震은 리학을 비판하면서, 리학자들이 말하는 리는 실제로 도교나 불교에서 말하는 신이며 다만 용어만 바꾸었을 따름이라고 말하였다. 이 때문에 그는 신화神化를 논하지 않고, 다만 기화氣化만을 말하였다. 여기에서 말하는 신은 두 가지 함의를 가진다. 하나는 『장자』에서 말한 '신귀신제神鬼神帝'와 같은 정신적 실체이고, 다른 하나는 불교에서 말하는 무지무식無知無識의 신식神識이다. 이 두 가지는 모두 초월적인 정신적 본체이다. 주돈이가 신神을 만화의 근원으로 여겨 우주론으로 끌어들였을 때, 불교와 도교의 농후한 색채가 있었다. 그러나 신에는 또 다른 의미가 있는데, 이것은 『역전』에 근거하여 장재가 발전시킨 신화의 사상이다. 이 점에 대해서

---

78) 『思問錄』, 「外篇」, "江河之水今猶古也, 而非今水之卽古水. 燈燭之光昨猶今也, 而非昨火之卽今火. 水火近而易知, 日月遠而不察耳. 爪髮之日生而舊者消也, 人所知也. 人見形之不變而不知其質已遷, 則疑今玆之日月爲邃古之日月, 今玆之肌肉爲初生之肌肉, 惡乎以語日新之化哉?"

도 대진은 장재가 '태허묘응太虛妙應', '천지불측天之不測', '천덕天德' 등으로 신을 논한 것을 불교와 구별하기가 매우 어렵다고 비판하였다.

> 저 노자와 장자 그리고 석씨는 원래 그 신을 귀하게 여겨 묘응妙應이라 하고, 충허沖虛라 하였으며 천도天道에 충족된다고 하였다.79)

사실상 신에 대한 장재의 논의는 분명 기본체론의 경향을 벗어나고 있다. 대진은 신이라는 개념을 철저하게 부정하였는데, 그가 태극을 부정한 것과 마찬가지로 성리학의 개념론에 대해 근본적으로 개조하였다고 할 수 있다. 하지만 신화라는 개념은 여전히 역사적 의의와 가치가 있다.

대진은 신을 비판함과 동시에 그 속에 포함되어 있던 변증법적인 사상까지도 포기하였다. 그는 한편으로 '기화가 유행하여 끊임없이 낳고 낳는다'는 기화설을 제시하여 만물의 생성을 해석하였다. 그러나 다른 한편으로는 '기종氣種은 변화하지 않는다'는 학설을 제기함으로써 만물의 변화, 발전을 부정하였다. 그러나 다른 각도에서 말하자면 이는 또한 하나의 진보라 할 수 있다. 대진은 사물에 대해 분류하는 연구를 매우 중시하였으며, 그 바탕(質)의 안전성을 강조하였다. 이는 고대의 소박한 변증법이 근대의 기계론적 사고로 전환되는 단초를 열었다고 할 수 있다. 이에 대해서는 역사적인 분석이 필요하다.

총괄하자면 신화는 성리학의 우주론 가운데 변화와 그 근원이라는 기능 또는 작용을 설명한 것이며, 소박한 변증법적 특징과 함께 신비주의적 특색도 지니고 있다. 그러나 성리학자들은 이 개념을 사용하여 자연계의

---

79) 『孟子字義疏證』, 「理」, "彼老莊釋之自貴其神, 亦以爲妙應, 爲沖虛, 爲足乎天德矣."

운동 변화의 근원을 설명하였으며, 그 운동 변화는 자연계 자체에 있는 것이지 자연계의 바깥에 있는 것은 아니라고 논증하였다. 따라서 신에 대한 창조론을 부정하여 자연계를 스스로 조직하고 스스로 움직이는 유기적 체계로 간주하였다. 이것은 신화에 대한 그들의 공통적 관점이다. 그러나 각 학파의 성리학자들은 또한 다른 해석을 내리고 있다. 기학파는 신을 실체적인 기의 속성과 기능으로 파악하여 '기는 본래 움직인다'(氣本動)는 학설을 제기하였다. 리학파들은 신을 본체의 리이자 그 작용으로 여겨 리의 능동성을 강조하였으며 화化를 기와 연관시켰다. 심학파들은 주관적 정신과 객관적 운동을 합일시켰는데, 심지어는 주체적 정신이 변화의 근원이라 주장하였다. 그러나 변화, 귀신 등의 개념에 대해서는 각 학파들의 학자들은 기의 작용이자 그 변화의 과정이라 인정하였고, 아울러 여기에서 생화生化의 학설이 나오게 되었다. 이러한 학설은 자연계를 영원히 운동하고 변화하는 과정으로 본 것이며, 이러한 과정에서부터 인간의 생명이 탄생되었다고 보았다. 따라서 이러한 그들의 사상은 천인합일론天人合一論의 중요한 이론적 토대를 다진 것이다.

제6장 일과 양

'일一과 양兩'은 『주역』에서 발전되어 나온 개념이다. 성리학의 개념들 중에 일과 양은 신화神化와 함께 자연계의 발전과 변화 및 그 원인을 설명하는 기능의 개념이다. 그러나 일과 양은 신화에 비해 이론적으로 좀더 심화된 것이다. 성리학의 우주론에서 변증법적 사상은 주로 이 두 개념들을 통해 드러난다. 그렇지만 성리학 내에서도 본체론이 나누어져 대립되고 있기 때문에, 이 개념은 각각의 체계 속에서 다른 내용과 의미를 지니고 있다. 따라서 이것은 성리학적 우주론의 다양성을 드러내고 있는 개념이다.

1. 북송시대

성리학의 형성 시기에 『주역』을 해석하는 신사조가 보편적으로 출현하였다. 이 사조 가운데 일과 양 개념은 상수학象數學에서 점차 벗어나 철학의 보편적인 의의를 획득하였다. 먼저 범중엄范仲淹은 『역의易義』를 지었는데, 대립적 측면의 '상호 감통感通', '서로 반대되면서도 서로를 구제한다'(相反相齊), '사물이 궁극에 이르면 되돌아온다'(物極則反) 등과 같은 대립통일사상을 기술함으로써 일과 양에 대해 초보적인 분석을 하였다. 대립적 측면들이 서로 교감 또는 감응하는 것은 『역전易傳』의 중요한 사상이다. 범중엄은 '오직 신묘한 까닭에 감응하면 마침내 통한다'(唯神也感而遂通)라는 명제를 제시하였다. 이것은 대립된 사물들이 서로 감응하는 가운데 변화가 발생하고, 감응하여 통할 수 있으면 그 발전에는 막힘이 없다는 것으로, 실제로 대립면의 상호 연관성과 통일적 관계를 말한 것이다. 대립물은 "바탕은 본래 서로 어긋나 있지만, 뜻은 늘 서로를 구제한다"[1]라는 명제를 제시하고, 한 걸음 더 나아가 둘 가운데 하나가 있고 다름 가운데 같음이 있다는 변증적 관계를 설명하였다.

> 천과 지는 나누어져 있으나 그 덕은 합치하며, 산과 연못은 서로 반대되어 있으나 그 기氣는 통하며, 해와 달은 각기 행하나 비춤에 있어서는 서로를 바라보고, 추위와 더위는 수數가 다르지만 화육化育에 있어서는 공로가 같다.[2]

이는 천지만물은 모두 대립하는 가운데 같음을 구하며, 서로를 이루고 구제하며, 그 변화를 이룬다는 것이다. '궁극에 이르면 되돌아오고, 곤궁하면 형통해진다', '허虛는 실實로 되돌아오고, 실은 허로 되돌아간다' 등과 같은 '물극즉반物極則反'의 명제는 대립적 사물들이 서로 전환되며, 자연계에는 절대적 대립이나 한 번 어떠한 것으로 이루어지면 아예 변하지 않는 사물이 없다는 것을 설명한 것이다.

구양수歐陽修는 이를 이어 『역동자문易童子問』에서 "사물이 극에 이르면 되돌아오고, 수數가 궁극에 이르면 변하게 된다"[3]라고 하여, '오직 다른 종

---

1) 『范文正公文集』 別集, 「水火不入而相資賦」, "質本相違, 義常相濟."
2) 『范文正公文集』 別集, 「水火不入而相資賦」, "天地分而其德合, 山澤乖而其氣通, 日月殊行, 在照臨而相望, 寒暑異數, 於化育以同功."
3) 『易童子問』, "物極則反, 數窮則變."

류끼리 서로 감응한다'(唯異類相感), '음양이 상반相反하는 것이 천지의 상리常理'라고 하였다. 실제로 이는 일一과 이二의 변증적 관계를 말한 것이며, 다만 아직 명확히 일과 양이라는 용어를 제시하지 않았을 따름이다.

범중엄과 구양수의 이러한 사상은 당시의 역사적 배경에서 나온 것으로, 그 직접적인 목적은 사회 정치의 개혁을 위한 것이며 일정한 때가 아니어도 일정하지 않은 변화가 일어난다는 것을 논증하기 위한 것이다. 동시에 철학적으로는 일과 양 개념의 발전에 길을 개척한 것이다.

주돈이周敦頤가 논한 태극(一)과 음양(兩) 역시 일과 양의 관계이다. 그는 하나에서 둘이 생하며, 둘에서 다섯(오행)이 생하며, 다섯에서 만물이 생한다는 우주론을 제시함과 동시에 둘(음양)은 하나에 통섭되어 있다는 본체론을 주장하였다. 그러나 그는 무극無極을 최고의 본체로 삼으면서도 주일主一, 주정主靜을 주장하였는데, 그의 변증사상은 자신의 본체론 때문에 오히려 제한을 받는다.

소옹邵雍은 비록 상수학자이지만, 그가 제시한 "하나가 나뉘어 둘이 된다"4)라는 명제는 성리학적 개념에 큰 공헌을 하였다. 소옹의 상수학적 개념체계는 일一에서 시작하는 것으로, 우주는 일에서 시작하고 만물은 이二에서 생하는 것이었다. 그에게서 일은 수數이면서 수가 아니다. 왜냐하면 우주만물의 모든 수는 일로 구성된 것이며, 일이 없다면 이나 삼은 물론 모든 숫자의 배열이 없기 때문이다. '하나가 나누어져 둘이 되고, 둘이 나뉘어 넷이 된다'는 가일배법加一倍法 역시 일을 기초로 하는 것이다. 소옹은 순수하게 수학적 관계로 우주를 연구하였으므로 다른 성리학자들과 비교하면 풍격이 다르지만, 그 가운데는 매우 가치 있는 사상적 내용들이 들어

---

4) 『觀物外篇』, 권2, "一分爲二."

있다. 수는 순수 추상적 형식으로 수와 수 사이에는 일종의 논리적 관계가 있는데, 그것은 이미 형식 논리의 범위를 넘어서고 있다. '하나가 나뉘어 둘이 된다'는 것은 변화하는 수량(變量)이지 항상된 수량(常量)은 아니다. 그것은 일종의 보편적이고 법칙적인 원칙을 대표한다. 이것은 세계에 대해 수량화·형식화된 연구를 한 것임에 따라 수리적 논리 공식을 도출하였다. 그러나 그의 수학이론은 상당 부분 주관적 억측이며, 진정한 객관화·과학화의 길로는 접어들지 못했다.

일은 모든 수의 기초이며, 소옹은 이를 도道, 태극太極, 신神 등으로 칭하였다. 이는 소옹이 성리학자이지 일반적인 상수학자가 아닌 까닭이다. 이러한 의미에서 보자면 '하나가 나뉘어 둘이 된다'는 것은 본체론적 의의를 지니고 있다. '태극이 이미 나뉘어 양의兩儀가 세워진다'는 것은 모든 변화가 여기에서 발생한다는 것이다. '하나가 나뉘어 둘이 된다'는 것은 바로 일기一氣가 나뉘어 음양이 된다는 것이며, 음양은 또 각자가 둘로 나뉘어 순서대로 변화하여 만물을 낳는 것이다.

일은 수가 아니지만 이二 역시 수가 될 수 없다. 그는 "역易에서의 참된 수는 3일 따름이다"5)라고 하였다. 왜냐하면 2는 1의 2이며, 음양 역시 일기一氣가 나누어진 것이기 때문이다. 양기는 하늘이 되고 음기는 땅이 되는데 천지는 각기 하나에서 넷으로 변화하며, 천지의 체수體數는 4(음양강유의 四象)이지만 쓰는 것은 3이고, 쓰지 않는 것은 1이다. 태극·음양은 비록 수가 아니지만 천天·지地·인人의 수는 모두 태극음양을 떠나지 못하기에, "음양 가운데 각기 천·지·인이 있고, 천·지·인 가운데 각기 음양이 있다"6)라고 하였다. 이것은 '하나가 나뉘어 둘이 된다'는 것의 보편성이다.

---

5) 『觀物外篇』, 권1, "易有眞數, 三而已."
6) 『觀物外篇』, 권1, "陰陽之中, 各有天地人, 天地人中, 各有陰陽."

1과 2는 대립과 통일의 관계이다. 하나가 둘로 나뉘어 만물을 생하지만 2는 또 1에서 통일되는 것이며, 1은 2의 통일체이지 2의 바깥에 있는 것이 아니다.

> 본래는 일기一氣일 따름이었으나 늘어나면 양陽이 되고 줄어들면 음陰이 된다. 그러므로 두 가지는 하나일 따름이다.7)

소옹의 하나가 나뉘어 둘이 된다는 것은 상수학적 측면에서 보자면 비록 형식적이고 기계적이지만, 본체론적 측면에서 보자면 변증법적 특색을 풍부히 지니고 있다. 하나가 나뉘어 둘이 되고, 둘이 합하여 하나가 된다는 것은 이미 대립이자 통일이다. 즉 2 가운데 1과 2의 대립이 있으며, 이것이 층층이 무궁하게 전개된다는 것이다. 그 특징은 나눔(分)을 강조하는 데 있다. 우주는 1에서 시작하였는데, 통일된 물질 가운데에서 만물이 나뉘어 나왔다고 하였다. 이것은 매우 독특한 우주론이다. 그는 성리학자 가운데 유일하게 형이상학체계를 제시하지 않은 사람이다. 동시에 성리학 가운데 나눔을 강조하는 사상가였으며, 다른 성리학자들이 합合을 강조했던 것과는 다르다. 그의 하나가 나뉘어 둘이 된다는 사상은 이후 주희朱熹 등에게 큰 영향을 끼쳤다.

일과 양이란 개념을 정식으로 제기한 사람은 장재張載이다. 일과 양은 신화神化와 마찬가지로 그의 우주론에서 중심 개념 가운데 하나이며, 기본체론氣本體論의 기초 위에서 자연계의 발전・변화를 전면적으로 해석한 것이다. 장재는 『정몽正蒙』 「신화神化」에서 "기는 본래 움직인다"8)라는 우주

---

7) 『觀物外篇』, 권1, "本一氣也, 生則爲陽, 消則爲陰, 故二者一而已矣."
8) 『正蒙』, 「神化」, "氣本動."

론을 제시하였는데, 이는 우주와 자연계가 자기 스스로 운동한다는 것이다. 그리고 태허지기太虛之氣는 신화의 본성을 지니고 있으며, 신화가 좀 더 전개되고 보편화된 형식이 바로 일과 양 개념이라는 말이다.

일과 양 개념이 대답해야 할 것은 바로 운동 변화가 어떻게 발생하는가 하는 문제이다. 이를 위해 장재는 '일물양체一物兩體'라는 명제를 제기하여 변증법적으로 이 문제를 해결하였다. 일원一元의 기氣는 대립되는 두 측면을 지니고 있으므로 양체兩體가 된다. 그런데 여기에서의 체는 실체 및 그 기능을 가리키기에 '일물양체는 기'라고 하였다. 대립적인 두 측면은 통일된 전체를 구성하는데, "양체兩體란 허실虛實이고 동정動靜이며 취산聚散이고 청탁淸濁이지만, 그것은 결국 하나일 따름이다."9) 일과 양의 관계는 "둘이 세워지지 않으면 하나를 볼 수 없으며, 하나를 볼 수 없으면 둘의 용은 멈추게 되는"10) 것이다. 이는 통일체가 대립적인 측면으로 구성되는데 대립적 측면이 없다면 통일도 없다는 의미로, 역으로 말해도 성립한다. 이것이 흔히 말하는 대립과 통일의 변증적 관계이다.

일 가운데 이가 있고, 이가 일을 구성한다는 것이 모든 변화의 근본 원인이다. 그래서 장재는 "하나인 까닭에 신묘하고, 둘인 까닭에 변화한다"11)라는 명제를 제기하여 좀 더 구체적으로 일과 양 개념을 설명하였다. 하나인 까닭에 신묘하다는 것은 대립면의 존재가 모든 변화의 근원이 된다는 것이다. 둘인 까닭에 변화한다는 것은 통일체를 전제로 하기에 하나가 없으면 둘이라고 할 것이 없다는 것이다. 총괄하자면 사물의 변화는 일과 양 즉 대립과 통일이 함께 결정한다는 것이다.

---

9) 『正蒙』, 「太和」, "兩體者, 虛實也, 動靜也, 聚散也, 其究一而已."
10) 『正蒙』, 「太和」, "兩不立則不可見, 一不可見則兩之用息."
11) 『正蒙』, 「太和」, "一故神, 二故化."

사물에는 고립된 리가 없다. 동이同異, 굴신屈伸, 종시終始를 밝히지 않으면 비록 사물이라 할지라도 참된 사물이 아니다. 일은 시작과 마침이 있어야 이루어지니 동이同異, 유무有無, 상감相感이 없으면 그 이루어짐을 볼 수 없으며, 그 이루어짐을 볼 수 없으면 비록 사물이라도 참된 사물이 아니다. 그러므로 한 번 굽히고 펼치면 서로 감응하여 이로움이 생겨난다.12)

이것은 일물양체에 대해 한 걸음 더 나아가 해석한 것이다. 어떠한 사물이라도 대립면으로 구성되기에 허虛가 있으면 실實이 있고, 굽힘이 있으면 펼침이 있으며, 마침이 있으면 시작이 있다. 만약 대립면이 서로를 밝히지 않는다면 어느 쪽도 단독으로 존재할 수 없으며, 사물 역시 진정한 사물을 이룰 수 없다. 이 역시 '사물에는 반드시 상대가 있다'(物必有對)라는 사상이다.

그러나 대립면은 서로 연결된 것이다. 만약 대립만 있고 통일이 없다면 그 역시 사물을 구성할 수 없다. 장재는 대립면이 상호 작용하는 주요 방식을 감응感應이라 여겼다. 이른바 감응이란 대립면끼리 서로 끌어들이는 연결을 말하는 것이다. 이것은 자연계의 보편적인 현상이자 중국 고대철학의 중요 개념이다. 이러한 이해에 따르면 만물은 모두 일기一氣가 상통相通한 것이므로 감응이 생길 수 있다. 장재는 그것을 일과 양의 개념에 적용하여 이 내용을 더욱 심화시켰다. 이 역시 고대 변증법에서 대립면의 통일과 화해 그리고 상호 연결을 매우 중시하였다는 것을 설명하는 것인데, 투쟁이 가장 주된 형식이라고는 여기지 않았다.

장재는 일물양체一物兩體가 보편적으로 존재하는 것이며, 자연계와 인

---

12) 『正蒙』, 「動物」, "物無孤立之理, 非同異屈伸終始以發明之, 則雖物非物也. 事有始卒乃成, 非同異有無相感, 則不見其成, 不見其成, 則雖物非物. 故一屈伸相感而利生焉."

간사회의 모든 영역이 이와 같다고 보았다. 전통철학적 관점에 비추어 보면 천지인天地人의 삼재三才 가운데 일물양체가 존재하는 것이다. 즉 그것은 천도天道이면서 인도人道라는 것이다. 이에 "일물양체는 태극을 일컫는 것인가!······ 삼재三才를 둘로 하는 것은 삼재의 도가 아닌 것이 없다"13)라고 하였는데, 이는 천도·지도·인도가 설령 구체적인 내용은 각기 다르더라도 그것은 하나의 공통적 법칙을 지니고 있다는 것으로 일물양체라는 것이다.

장재 역시 대립면의 투쟁을 보았으며, 아울러 대립과 투쟁은 모든 사물 속에 보편적으로 존재한다고 여겼다. 태극의 기는 비록 고요하여 형체가 없지만 모여서 사물을 이루어 형상을 지니고 있으며, "형상이 있으면 대립하는 것이 있고, 대립하는 것은 반대로 함이 있으며, 반대로 함이 있다면 원수가 있으며, 원수는 반드시 화해하게 되는 것이다."14) 대립에는 반드시 투쟁이 있지만 투쟁은 결국 화해되는 것이지, 한쪽이 다른 한쪽을 소멸케 하는 것은 아니라고 보았다. 이 역시 성리학적 변증법의 일반적 특징인데, 대립은 모두 화해와 통일을 최후의 결과로 삼는다는 것이다.

이정二程은 리본론자理本論者이지만 다만 일과 양 범주에 대해서는 오히려 매우 뛰어나게 논술하고 있다. 그들은 '리는 상대하는 것(對)이 있다'(理有對)라는 명제를 제기하여 천지만물은 모두 대립 가운데 존재하고 발전한다고 논증하였다.

> 천지만물의 리理는 홀로 있는 것이 없으며 반드시 짝이 있으니 모두 자연스럽게 그렇게 된 것으로 그렇게 되도록 안배된 것은 아니다.······ 만물은 짝이 없을 수

---

13) 『正蒙』, 「大易」, "一物兩體, 其太極之謂與!······三才而兩之, 莫不有三才之道."
14) 『正蒙』, 「太和」, "有象斯有對, 對必反其爲, 有對斯有仇, 仇必和而解."

없으니, 일음일양一陰一陽, 일선일악一善一惡 등이 그것이다. 양이 자라면 음이 줄어들고, 선이 증가하면 악은 감소한다. 이 리로 얼마든지 멀리 미루어 볼 수 있지 않겠는가! 사람은 다만 이것을 알아야 할 따름이다.15)

리 역시 짝을 가지고 있으므로, 만물 역시 짝을 지니고 있다. 그런데 리는 형이상자이자 보편적이고 초월적인 절대인데, 어떻게 짝을 가질 수 있겠는가? 그는 직접적으로 대답하지 않고 다만 만물의 대립 가운데에서 리가 '저절로 이렇게 되는 것'이라고 추론하였다. 그들은 사물에서 차별과 상대성의 원리를 파악하였으며, 아울러 여기에서 사물 변화의 원인을 찾아내었다. 그는 "천지의 변화는 이미 두 가지 사물이며, 반드시 움직이면 이미 고르지 않게 된다"16)라고 하였는데, 천지의 변화는 음양 두 기가 서로 추동推動작용을 하고 서로 마찰되어 한결같을 수 없다는 것이다. "그러므로 사물이 고르지 않은 것은 사물의 실상情이다."17) 이것은 경험적인 상식에서 얻어낸 결론인데, 천지와 만물의 변화는 모두 이와 같다는 것이다.

정이程頤는 여기에서 1과 2의 관계 문제를 언급하였다. 그는 '도는 짝하는 것이 아니다', '천지 사이에는 모두 짝이 있다'라고 하였는데, 음양陰陽 · 선악善惡 · 시비是非 등이 모두 짝을 이룬다는 것이다. 또한 이미 짝을 이루었다면 반드시 서로를 필요로 한다고 하였다. 즉 각각의 상대를 자신의 존재 조건으로 삼으며, 이렇게 되면 대립과 통일의 3이 출현하게 된다는 것이다.

---

15) 『河南程氏遺書』, 권11, "天地萬物之理, 無獨必有對, 皆自然而然, 非有安排也……萬物莫不有對, 一陰一陽, 一善一惡. 陽長則陰消, 善增則惡減. 斯理也, 推之其遠乎! 人只要知此耳."
16) 『河南程氏遺書』, 권2, "天地之化, 旣是二物, 必動已不齊."
17) 『河南程氏遺書』, 권2, "故物之不齊, 物之情也."

1이 있으면 2가 있는데, 1과 2가 있어야만 곧 1·2의 사이가 있어서 3이 있게 되니, 이렇게 계속되어 끝이 없다. 노자 또한 "3이 만물을 생한다"라고 하였다. 이것이 "낳고 낳음을 역易이라 한다"라는 것이며, 리가 저절로 그렇게 되는 것이다. "오직 하늘의 명이여, 아! 그윽하고도 끊임이 없도다"라는 것은 원래 리가 끊임없이 이어진다는 것이니 사람이 할 수 있는 바가 아니다.18)

이것은 소옹의 "하나가 나뉘어 둘이 되고, 둘이 나뉘어 넷이 된다"19)라는 주장과는 다르다. 오히려 노자의 "하나가 둘을 낳고, 둘이 셋을 낳으며, 셋이 만물을 낳는다"20)라는 것에 더 접근하고 있다. 그러나 여기서 말한 '낳고 낳음을 역이라 한다'(生生之易)는 것은 생성의 문제만을 논한 것은 결코 아니며, 일과 이, 대립과 통일의 변증적 관계를 주로 논한 것이다. 생생지역生生之易은 다만 하나의 기인데, 그것이 음양으로 나뉘어 둘이 되고, 둘이 있으면 상호 작용하는 것이 있어 셋을 낳는데, 이것은 대립과 그 새로운 통일이다. 이러한 것은 새로운 사물이 생성된 이후에도 끝없이 연속됨을 설명한 것이다. 이른바 '1·2의 사이'(一二之間)라는 것은 1과 2를 간단히 더하는 것이 아니라 행하여 마찰하는 것(行礎)과 같이 온갖 변화를 낳는다는 것이다. 3은 대립과 통일이면서 다多라는 의미도 함께 지니고 있으며, 3이 있으면 곧 만물이 있는 것이다. 그러나 정이는 상대(對)를 강조하기 위하여, 어떤 때는 1·2·3에 대해 논하지 않았다. 또한 '사물이 궁극에 이르면 반드시 되돌아온다'(物極必反)라는 명제를 제시하여 사물의 발전이 극점에 이르면 필연적으로 그 반면으로 운동이 전환된다고 하였다.

---

18) 『河南程氏遺書』, 권18, "有一便有二, 纔有一二, 便有一二之間, 便是三, 已往更無窮. 老子亦言, 三生萬物. 此是生生之謂易, 理自然如此, 維天之命, 於穆不已, 自是理自相續不已, 非是人爲之."
19) 『觀物外篇』, 권2, "一分爲二, 二分爲四."
20) 『老子』, "一生二, 二生三, 三生萬物."

사물의 리가 극에 이르면 반드시 되돌아온다. 그러므로 태괘泰卦가 극에 이르면 비괘否卦가 되고, 비괘가 극에 이르면 태괘가 된다.21)

사물이 극에 이르면 되돌아오고, 일이 극에 이르면 바뀌게 된다.22)

예를 들어 사람이 동쪽으로 가다가 동쪽의 끝까지 갔다면, 다음은 반드시 서쪽으로 움직이게 된다. 또 높은 곳에 오르되 높음의 끝까지 갔다면, 다음은 반드시 아래로 내려오게 된다. 이미 극에 이르렀다면, 움직임은 반드시 반대가 되는 것이다.23)

변증법적 개념에도 주관과 객관의 구분이 있다. 정호程顥와 정이程頤는 모두 리본론자이지만 객관론자이다. 그러나 두 사람의 관점은 조금 다르다. 정호는 주관이 곧 객관이라 하여 양자를 합일시켰다. 한편으로는 리는 짝이 있는데, 이는 사람이 안배할 수 있는 것이 아니라 하였다. 다른 한편으로는 '이 리로 얼마든지 멀리 미루어 볼 수 있지 않겠는가!'라고 하여 자기 몸에서부터 천지만물에 짝이 있음을 추론하였는데, 이는 자신의 관념 속에 있는 것이지 주체의 바깥에 있는 것은 아니다. 그러므로 그는 사람은 다만 이것을 알아야 할 따름이라고 하였다. 정이는 만물에 짝이 있으며 완전히 객관적이라고 강조하여 '리는 저절로 이렇게 되는 것이다', '사람이 할 수 있는 바가 아니다'라고 하였는데, 이는 만약 사람이 하게 되면 반드시 멈추게 될 때가 있다는 것이다. 그러나 이러한 차이점이 주된 차이가 아님에 주의를 해야 한다.

---

21) 『伊川易傳』, "物理極而必反. 故泰極則否, 否極則泰."
22) 『伊川易傳』, "物極必反, 事極則變."
23) 『伊川易傳』, "如人適東, 東極矣, 動則西也. 如升高, 高極矣, 動則下也. 其極則動而必反也."

2. 남송시대

주희의 학술체계 속에서는 기氣가 기본 개념 가운데 하나로 세워짐에 따라 일과 양이라는 개념 역시 풍부하고도 구체적인 의미를 가지게 되었다. 주희는 장재의 일과 양, 이정의 '리에는 짝이 있다'(理有對)라는 사상을 종합하고, 아울러 소옹의 '일분위이一分爲二'의 사상을 흡수하여 객관적 사물의 대립과 통일의 변증적 관계를 밝혔다. 주희는 먼저 대對와 양兩의 보편성을 지적하였다. 그는 천하의 사물이라면 모두 짝(對)이 있으며, 사물에 이렇게 짝이 있는 것은 리가 짝이 있기 때문이라고 하였다.

> 무릇 천하 사물의 리는 조화롭고 형평성이 있어 짝이 없는 것이 없다. 오직 도道만이 짝이 없는데, 이것을 형이상과 형이하로 논한다면 이 또한 짝이 없었던 적이 없었다.24)

이것은 대對에 대한 보편성을 확립한 것이다. 비록 일종의 관념적인 논리이기는 하나 수많은 경험 속에서 총괄해 낸 것이며, 아울러 이를 보편적 원리로 삼은 것이다. 실제로 주희가 '리에 짝이 있다'는 것을 논할 때는 '리는 기를 떠나지 않는다'(理不離氣)는 관점에서 논한 것이다. 즉 리에 짝이 있으므로 사물에도 짝이 있으나 형이상의 본체론적 근거를 구분하지 않을 수 없었다. 짝(對)에 대한 주희의 해석은 이정에 비해 더욱 구체적이다.

> 대개 이른바 대對라는 것은 좌우左右이기도 하고 상하上下이기도 하며, 전후前後이기도 하고 많고 적음이기도 하며, 혹은 한 종류로 대對가 되기도 하고 혹 서로

---

24) 『朱子文集』, 「答胡廣中」, "大抵天下事物之理, 亭當均平無無對者. 唯道爲無對, 然以形而上下論之, 則亦未嘗不有對也."

반대됨으로 대對가 되기도 한다. 이를 반복적으로 미루어 보면 천지간에는 참으로 우뚝 짝이 없이 고립되어 있는 사물은 하나도 없다.25)

대對의 내용으로 말하면 매우 다양한데, 고하高下, 대소大小, 정반正反, 청탁淸濁, 음양陰陽, 동정動靜, 선악善惡, 굴신屈伸, 왕래往來, 소장消長 등이 있어 모두 짝을 이루지 않는 것이 없다. 그 형식으로 말하자면 유類인 상태에서 짝을 이루는 것과 반反의 상태에서 짝을 이루는 것이 있다. 유는 동일한 종류의 사물 가운데 짝을 이루는 것이고, 반은 서로 성질이 다른 것이 짝을 이루는 것이다. 이러한 구분의 예는 현실에 상당수가 존재한다.

이정은 "천지 만물의 리는 홀로 있는 것이 없이 반드시 짝이 있다"26)라고 하였으며, 주희는 "홀로 있는 것 역시 짝이 있다"(獨亦有對)라고 하여 하나 가운데서도 다시 짝이 있다고 하였다. 예를 들어 눈앞의 어떤 사물은 반드시 뒷면이 있고 상하가 있으며, 내외가 있고 이 둘은 각기 대립된다고 하였다. 주희는 "비록 홀로 있는 것이 없이 반드시 짝이 있다고 하지만, 홀로 있는 것 가운데서도 다시 짝이 있다"27)라고 하였는데, 이는 분명히 소옹의 영향을 받은 것이다. 즉 사물은 각각의 차원마다 짝이 있으며, 각각의 층차마다 구분이 될 수 있다고 여긴 것이다.

주희가 말한 대對는 '하나 가운데 짝이 있다'(一中之對)는 것으로, "대개 천지간은 일기一氣일 따름이다. 이것은 음으로 나뉘고 양으로 나뉘어 두 가지 사물이 되었다"28)라고 하였다. 이것은 기氣의 측면에서 말한 것인데, 만

---

25) 『朱子文集』, 「答胡廣中」, "蓋所謂對者, 或以在右, 或以上下, 或以前後, 或以多寡, 或以類而對, 或以反而對. 反復推之, 天地之間眞無一物兀然無對而孤立者."
26) 『河南程氏遺書』, 권11, "無獨必有對." 주15) 참조.
27) 『朱子語類』, 권95, "雖說無獨必有對, 然獨之中又自有對."
28) 『朱子文集』, 「袁機中別幅」, "蓋天地之間, 一氣而已. 分陰分陽, 便是兩物."

약 리理에서 말한다면 리는 형이상자인데 어떻게 짝을 가질 수 있겠는가? 또 리의 대對와 사물의 대對는 결국 어떠한 관계인가? 이것에 대해 이정은 대답을 하지 않았지만, 주희는 대답을 하였다.

> "'천지와 만물의 리는 홀로 있는 것이 없으며 반드시 짝이 있다'고 하였습니다. 짝이란 사물에 대한 것인데, 리에 어찌 짝이 있겠습니까?"라고 묻자, 주자가 다음과 같이 대답하였다. "높음이 있으면 반드시 낮음이 있고, 큼이 있으면 반드시 작음이 있는데, 대개 리가 반드시 이와 같은 것이다. 예를 들어 하늘이 만물을 만들어 냄에 있어서 음이 홀로 있어서는 안 되고 반드시 양이 있어야 하며, 양이 홀로 있어서는 안 되고 반드시 음이 있어야 하는데, 이것은 모두 짝을 이룬 것이다. 이렇게 짝을 이루는 곳은 리가 짝을 이룬 것은 아니지만 그것이 짝을 이루도록 하는 까닭이 있으니, 리 역시 이와 같이 합당해야 한다."[29]

다시 말해 형이상의 리는 비록 자기와 자기가 짝을 이룬다고 말할 수 없지만, 음양 등이 상대를 이루도록 하는 상대지리相對之理가 있다는 것이다. 이러한 관념론적 논증 이외에 여기에서 우리는 주희의 이 사상이 리가 결코 하나의 절대적인 실체가 아님을 의미하고 있음을 볼 수 있다. 즉 리 자체가 대립의 요소 또는 성분을 지니고 있다는 것이다. 이러한 사상은 깊은 의미를 지니고 있는 것이다.

주희가 보기에 일과 양은 결합되어 있어야 비로소 변화를 생기게 할 수 있는 것이었다. 그래서 "무릇 천하의 일은 하나로는 변화할 수 없고 둘이 된 이후에야 변화할 수 있다. 이는 마치 한 번 음이 되고 한 번 양이

---

[29] 『朱子語類』, 권95, "問, 天地萬物之理, 無獨必有對, 對是物也, 理安得有對?……曰, 有高必有下, 有大必有小, 皆是理, 必當如此. 如天之生物, 不能獨陰, 必有陽, 不能獨陽, 必有陰, 皆是對, 這對處不是理對, 其所以有對者, 是理合當恁地."

되어야 비로소 만물을 화생할 수 있는 것과 같다. 비록 둘이지만 요약하자면 이 하나를 미루어 나가는 것일 따름이다"30)라고 하였다. 둘이 있어야 대립하여, 서로 소장消長하며 성쇠盛衰한다는 것이다. 이것이 성하면 저것은 쇠하고, 저것이 성하면 이것은 쇠하기에 영원한 평형의 상태는 있을 수 없다. 성한 것은 항상 성할 수 없고, 쇠한 것 역시 항상 쇠할 수는 없는 것이다. 따라서 여기에서 전화轉化가 나타나 새로운 평형으로 들어가는데, 이것이 바로 변화인 것이다. 그러나 양兩은 일一을 떠나서는 존재할 수 없다. 자연계 전체에 대해 말하자면 음양은 두 가지 가장 기본적인 대립이고, 모든 대립은 음양의 대립으로 귀결시킬 수 있다. 이 때문에 음양은 서로 소장하여 변화의 근본 원인이 된다. 그러나 음양은 기에서 통일되어 있다.

> 둘이란 음양이 소장消長하며 진퇴進退하는 것인데, 하나가 세워질 수 없다면 둘 역시 볼 수 없으며 둘을 볼 수 없다면 하나의 도道 역시 멈추게 된다.31)

다만 주희는 본체론에서부터 논의를 세웠기 때문에 그의 변증법에는 많은 제한이 있다. 태극은 보편적이며 무한한 절대이다. 그것이 비록 유한하고 상대적인 사물 속에 존재하지만 태극은 스스로 완벽하여 분할할 수 없는 절대의 전체이다. 모든 대립과 변화는 태극에 근원하지만 오히려 태극의 바깥을 넘어설 수 없다. 태극은 모든 대립을 스스로 포함하고 있으면서 어떠한 대립도 넘어서는 절대이다. 이러한 절대적 일원론의 이론은 사물의 발전과 변화의 법칙에 대한 구체적인 분석을 제한하였고, 따라서 폐

---

30) 『朱子語類』, 권98, "凡天下之事, 一不能化, 唯兩而候能化. 此如一陰一陽, 始能化生萬物. 雖是兩箇, 要之亦是推行乎此一爾."
31) 『朱子語類』, 권98, "兩者, 陰陽消長進退. 一不立, 則兩不可得而見, 兩不可見, 則一之道息矣."

쇄성을 지니게 되었다.

변증법적 사유가 좀 더 발전하기 위해서는 먼저 반드시 리본론의 체계를 돌파해야만 했다. 하지만 심학파들은 여기에 흥미가 없었으며, 리학파의 후예들은 도덕심성지학道德心性之學에 그들의 역량을 모았기에 그들 역시 이에 대해서는 특별한 이론을 세우지 못한다. 이 임무는 원명시대를 뛰어넘어 명청교체기의 비판철학자들에게 주어졌다.

3. 명말청초

이 시기에서는 먼저 방이지方以智를 논해야 하는데, 그가 성리학자인가 하는 것은 그다지 중요하지 않다. 방이지는 비판적 사상가로서 자연과학에 깊은 지식을 가지고 있었으며, 이러한 지식을 바탕으로 일과 양의 범주에 대해 새로운 공헌을 하였다.

만약 성리학적 체계에서 사람들이 다만 일반적으로 '일분위이一分爲二', '일물양체一物兩體', '리유대理有對' 등의 명제를 제시했다면, 방이지는 이러한 선학先學들의 성과를 총괄한 기초 위에서 일과 양의 두 측면에서부터 양자의 관계를 연구하였다. 그리하여 일과 양 개념을 새로운 지위에 올려놓았다. 그는 '하나이면서 둘이고, 둘이면서 하나이다'(一而二, 二而一)라는 명제를 제기하였는데, 이는 변증법적인 분석종합의 명제이다. 단순히 하나가 나뉘어 둘이 된다거나 둘이 합하여 하나가 된다는 말은 완전한 것이 못된다고 생각하였다. 완전하게 표현하려면 '하나 가운데 둘이 있으며, 둘 가운데 하나가 있고, 하나가 나뉘어 둘이 되고 둘이 합하여 하나가 된다'라고 기술해야 한다고 보았다.

모든 법칙에는 짝이 있다.…… 둘을 잃어버리고서 하나를 구하는 것은 머리 위에 다시 머리를 얹는 것이고, 둘에 집착하여 하나를 잃는 것은 목을 자르고서 살기를 바라는 것이다.32)

이는 둘 가운데 하나를 구해야 하며, 하나 가운데 둘을 구해야 한다는 것이다. 둘 가운데 하나를 구한다는 것은 대립 가운데 통일을 구해야 하는 것이지 대립을 떠나서 사물의 바깥에서 '하나'인 절대적인 초월을 구해서는 안 된다는 것이다. 그리고 하나 가운데서 둘을 구한다는 것은 통일 가운데 대립을 파악해야 하는 것이지 통일을 벗어나 이른바 절연截然히 상대되어 있는 '둘'을 구해서는 안 된다는 것이다. 왜냐하면 1과 2는 본래 대립적인 것이 아니라 서로 연관되어 있으며 서로 인과因果가 되는 것이기 때문이다.

방이지는 '하나 가운데 둘이 있다'는 주장으로 '일물양체一物兩體'와 '리유대理有對'의 학설을 발전시켰다.

무릇 천지간은 모두 양단兩端이다.33)

하나(一)는 수량으로 잴 수 없고 수량으로 재는 것은 둘(二)을 말하는 것이니, 유有라고 하거나 무無라고 하는 양단兩端이 이것이다.…… 천지와 고금을 통틀어서도 모두 둘인 것이다.34)

그는 음양陰陽, 체용體用, 리사理事, 허실虛實, 동정動靜, 형기形氣, 도기道器, 주야晝夜, 유명幽明, 생사生死, 인과因果, 선악善惡, 염정染淨, 성상性相, 진망

---

32) 『藥地炮莊』, 「齊物論評」, "一切法皆偶也.……喪二求一, 頭上安頭, 執二迷一, 斬頭求活."
33) 『東西均』, 「公符」, "凡天地間皆兩端."
34) 『東西均』, 「三徵」, "一不可量, 量則言二, 曰有曰無, 兩端是也.……盡天地古今皆二也."

眞妄, 수화水火, 남녀男女, 생극生克, 강유剛柔, 청탁淸濁, 순역順逆, 안위安危, 노일勞逸, 박약博約 등 수많은 사실을 들어가면서 양단이 아닌 것이 없음(無非二端)을 설명하였다. 우주 사이의 모든 사물은 서로 대립하는 가운데 존재하며, 어떠한 절대적인 '무대無待'가 없다는 것이다. 또 "상인相因하는 것은 모두 극단적으로 상반相反된 것이다"35)라고 하여 하나 가운데 둘이 있는 것은 천지간의 지극한 리라고 하였다. 여기에서 보편적 원칙이 확립된 것이다.

방이지는 전통적 변증사상을 받아들여 양兩이 있어야 생성과 변화가 있다고 보아 '천지는 오직 음양과 수화의 양단이다'(天地惟陰陽, 水火兩端), '천지가 나뉘어 만물을 생한다'(天地分而生萬物)라는 명제를 제시하였다. 아울러 대음양大陰陽 가운데 다시 소음양小陰陽이 나누어진다고 보았다. 그는 당시의 자연과학적 상식으로 사물은 모두 하나에서 둘이 생겨난다고 하였다.

> 무릇 식물의 씨앗은 반드시 둘로 나누어지게 되는데, 그러므로 처음 두 개의 싹으로 발아하는 것이다. 사람이 되는 까닭 역시 이렇게 말미암는다.36)

그러나 하나 가운데 둘이 있거나 하나가 둘로 나누어지거나 하는 문제는 다만 한 측면에서 말한 것일 따름이고, 이와 다른 한 면은 둘 가운데 하나가 있거나 둘이 합하여 하나가 되는 것이다.

> 하나가 있으면 반드시 둘이 있고, 둘은 하나에 근본한다.…… 천지간에 서로 상반되는 것은 본래 하나의 근원에 함께 처하는 것이다.37)

---

35) 『東西均』, 「反因」, "相因者皆極相反."
36) 『東西均』, 「道藝」, "凡核之仁必有二坼, 故初發者二芽. 所以爲人者亦由是矣."
37) 『東西均』, 「反因」, "有一必有二, 二本於一.……天地之間互相反者, 本同處於一原."

방이지는 사물은 무한히 나누어지기만 하는 것은 결코 아니라고 보았다. 둘이 하나에 근본한다는 것은 분할의 결과가 여전히 하나로 합일된다는 것이다. 모든 대립은 통일 속의 대립이며, 대립의 결과는 여전히 통일로 귀결되는 것이다. 이것이 일과 양에 관한 방이지의 중요한 논점이다.

이것은 사실 무모순적 융합이 아니라 대립이라는 전제 아래에서 합슴을 인정하고 있는 것으로, 대립면의 통일을 논한 것이다. 이른바 '둘이 합하여 하나가 된다'는 것은 서로 교합하고 서로 관통하며 그 가운데 대립을 포함하고 있다는 사상이다. 방이지는 교交·윤輪·기幾의 공식을 제기함으로써 일과 양의 관계가 종횡으로 교착하는 범주망이며, 그 안에 시간과 공간을 포괄하고 있다고 설명하였다. 교交는 공간적인 대응관계이며, 윤輪은 시간적이 연속의 관계이며, 기幾는 시간과 공간을 관통하는 총체를 드러내는 것이다.

> 교란 허虛와 실實로 전후를 잇는 것이며, 허실과 전후를 관통하는 것을 관貫이라 하는데, 관은 형상을 드러내기 힘든 것으로 그 기幾(기미)를 말하는 것이다.…… 교라는 것은 둘을 합하여 하나로 하는 것이고, 윤이라는 것은 머리와 꼬리가 서로 이어지는 것이다. 무릇 동정動靜과 왕래往來가 있다면 교와 윤이 없을 수 없으니, 참으로 항상된 관통됨과 합치함은 기幾에서 징험할 수 있다.38)

기幾는 동정과 변화, 허실과 유무 사이에서 가장 세미하고도 미묘한 상태를 형용하는 중요한 개념이다. 그는 기로 관貫을 형용하였는데, 관 역시 동태적이며 진여眞如나 도道와 같은 정태적인 본체가 아님을 설명하였다.

---

38) 『東西均』, 「三徵」, "交以虛實, 輪續前後, 而通虛實前後者曰貫, 貫難狀而言其幾.…… 交也者, 合二而一也. 輪也者, 首尾相銜也. 凡有動靜往來, 無不交輪, 則眞常貫合, 於幾可徵矣."

또한 둘을 합하여 하나가 된다는 것은 전체 발전 과정에서 중요한 부분이며, 이것은 대립하는 부분이 상호 작용한 결과라고 설명하였다.

음양의 대립과 통일은 전통 변증법의 중요한 내용인데, 방이지는 음양은 서로 관통되어 있으면서 서로 전화된다고 명확히 지적하였다.

아직 나누어지지 않은 체體는 양에 속하지만 허정虛靜은 음에 속하며, 이미 나누어진 용用은 음에 속하지만 동실動實은 양에 속한다. 체가 고요하면 음이 위로 오르고 양이 아래로 내려오며, 용이 움직이면 양이 아래로 내려가고 음이 위로 올라온다. 해는 태양太陽으로 화火에 속하지만 화를 상징하는 리괘離卦는 음괘陰卦이다. 달은 태음太陰으로 수水에 속하지만 수를 상징하는 감괘坎卦는 양괘陽卦에 속한다. 수·목·토는 양에 속하지만 음유陰柔의 성질이 있으며, 화·금은 음에 속하지만 양강陽剛의 성질이 있다. 곳곳마다 서로 사귀어 곳곳마다 바뀔 수 있기에 그 관통(貫)되어 있음을 볼 수 있다.39)

음양과 동정을 체용으로 말한 것은 오래되었다. 일찍이 주희는 음양이 상대됨을 말하여 음의 멈춤이 체가 되고 양의 움직임이 용이 되지만, 음 가운데 양이 있고 멈춤 가운데 움직임이 있으며 양 가운데 음이 있고 움직임 가운데 멈춤이 있다고 하였다. 방이지는 한 걸음 더 나아가 미분未分이 체이고 이분已分이 용이라 하였는데, 이는 일一을 체로 삼고 이二를 용으로 삼은 것이다. 전체적으로 볼 때, 체용과 음양 그리고 동정의 관계는 결코 고정되어 변하지 않는 것이 아니라 서로 바뀌고 전이되는 것이라고 설명한 것이다.

---

39) 『東西均』, 「顚倒」, "未分爲體, 屬陽, 而虛靜屬陰. 已分爲用, 屬陰, 而動實屬陽. 體靜則陽上而陰下, 用動則陽下而陰上. 日, 太陽屬火, 以離爲陰. 月, 太陰屬水, 以坎爲陽. 水木土屬陽, 而有陰柔之性. 火金屬陰, 而有陽剛之性. 可見, 處處有交互, 則處處可顚倒也, 有貫之者矣."

여기에서 방이지가 말한 관貫이 결국 무엇인지를 살펴보아야 한다. 이는 본체론의 문제이다. 관은 리理도 아니고 기氣도 아니며, 방이지 스스로가 말했듯 '공인公因'(공공의 원인), '공심公心', '진상眞常'이다. 그는 유무, 선후, 체용 등의 모든 대립을 관통하는 것이 진정한 절대적 본체라고 여겼다. "모든 것은 혼돈에서 생한 것이다"40)라고 하였는데, 이 혼돈을 '태무太無' 또는 '일진법계一眞法界'라고 불렀다. 이러한 상태나 경지 속에서 일체의 대립은 존재하지 않으며, "일이 곧 일체이며, 일체가 곧 일이다. 일과 일에 막힘이 없으니 일체는 모두 막힘이 없다"41)라고 하였다. 이는 분명히 불교 사상의 영향을 받은 것이며, 세계의 근원을 허무虛無에 두었을 뿐만 아니라 허무로 회귀한 것이다. 이것은 실제로 천인天人이 구별되지 않는 참된 공(眞空)의 경지인 것이다.

왕부지王夫之는 방이지가 걸었던 길로는 가지 않았다. 그러나 일과 양 개념을 논술할 때, 두 사람은 많은 공통점을 보이고 있으며 모두 비판철학자의 특색을 갖추고 있다. 그러나 왕부지는 대립과 통일을 허무로 귀결시키지는 않았다. 깊고 풍부한 변증적 사상과 사변성에 근거하여 왕부지를 평가하자면, 그는 고대 변증법의 최고봉에 이르렀다고 할 수 있다.

왕부지는 우선 방법론적 측면에서 일과 양에 대해 분석과 종합의 두 가지 방법으로 전면적으로 파악해야지, 분석만 있고 종합이 없거나 종합만 있고 분석이 없으면 안 된다고 강조하였다. 이것은 분分과 합合에 대한 운용이다. 만약 하나의 방법만을 강조한다면 이는 단편적이고 정확하지 않은 것이라고 하였다.

---

40) 『東西均』, 「公符」, "一切皆混沌所生."
41) 『東西均』, 「道藝」, "一卽一切, 一切卽一, 事事無碍, 卽一切俱無碍."

『주역』에서 '한 번 음이 되고 한 번 양이 되는 것을 일컬어 도라 한다'고 하였다. 그런데 혹자는 널리 취하여 하나로 합해야 한다고 하고, 혹자는 분석하여 각기 하나로 해야 한다고 하였다. 아! 이러한 좀스러운 말들은 없어져야 한다.42)

'한 번 음이 되고 한 번 양이 되는 것을 일컬어 도라 한다'는 말은 고대부터 변증법의 주요 명제였다. 왕부지는 음양이란 대립이자 통일의 관계인데 만약 통일만을 강조하거나 대립만을 강조하면 변증법의 의의에 부합하지 않는 것이라 여겼다. 그는 해석학적 방법으로 단순히 분分 혹은 합合의 한 면만을 강조하는 고립성과 단편성을 비판하고, 자신의 변증적 관점을 밝히고 있다.

분석을 하여 각기 하나로 여기는 사람은 음양은 조금이라도 어느 것이 우세해서는 안 되고 음은 음이 되어야 하고 양은 양이 되어야 도道가 그 속에 있다고 말한다. 이렇게 되면 음과 양에 대하여 모두 도道가 아니니, 도는 또한 허虛에 빠져 들어 노자의 학설이 흥기하게 된다. 음의 교묘함을 살피고 양의 오묘함을 살핀다면 음양은 서로에게 매여 있지 않아 도는 따로 있게 된다.43)

널리 취하여 하나로 합하는 사람은 음양은 모두 짝과 합해지는 것이어서 같은 것은 곧 다르게 되고 총괄한 것은 곧 구별되며 이루어진 것은 허물어진다고 말하니, 도道는 그 바깥에 있는 것이다. 음이 되든 양이 되든 모두 도가 아닌데, 도는 모든 사물을 통섭하는 것이라 하여, 석씨의 학설이 흥기하게 되었다. 그들은 양은 음으로 돌아가고 음은 양으로 돌아가니, 음양이 물러간 곳에 도가 크게 원만함을 이룬다 하였다.44)

---

42) 『周易外傳』, 「繫辭上」, "易曰, 一陰一陽之謂道. 或曰博聚而合之一也, 或曰分析而各一之也. 嗚呼! 此微言所以絶也."
43) 『周易外傳』, 「繫辭上」, "以爲分析而各一之者, 謂陰陽不可稍有所畸勝, 陰歸陰, 陽歸陽, 而道在其中. 則於陰於陽而皆非道, 以道且游於其虛, 於是而老氏之說起矣. 觀陰之窺, 觀陽之妙, 則陰陽互解而道有餘地矣."

파괴되는 것이 있으면 세워지는 것이 있어야 하는데, 왕부지는 불교와 도교에 대한 비판을 통해 일一과 양兩, 분分과 합合이 대립적 통일의 관계임을 말하였다. 이것은 완전한 대립만 있어 양자가 아무런 관계가 없는 것도 아니며, 하나의 체로 합하여져 구분이 없는 것도 아니다. 이것은 하나가 둘로 나누어지는 것이며, 둘이 합하여 하나가 되는 변증법적 관계이다.

둘을 합하여 하나가 되는 것은 하나를 나누어 둘이 되게 하는 것 속에 이미 갖추어진 것이다.…… 오직 양단兩端이 번갈아 사용되어 마침내 대립의 상象을 이루며, 이에 멈추는 것과 움직이는 것, 모이는 것과 흩어지는 것, 허虛가 되고 실實이 되는 것과 맑게 되는 것과 흐리게 되는 것을 알 수 있으니, 이 모두는 태화太和의 인온絪縕하는 실체에서 취하여 주어진 것이다. 하나의 체體가 세워지므로 둘의 용用이 행한다. 마치 물은 하나의 체이지만 추우면 얼음이 될 수 있고, 열을 받으면 끓게 되는 것과 같다. 그러나 얼음이나 끓는 물의 차이는 있어도 우리는 물이 항상된 체體임을 알 수 있다.45)

이렇게 되면 일과 양은 실체와 기능, 본체와 작용의 관계로 귀결된다. 체용은 각기 다른 내재적 함의를 지니고 있으므로 일과 양은 구별되지 않을 수 없다. 그러나 체용은 둘이 아니므로 일과 양을 각기 다른 두 가지로 완전히 구별할 수도 없다. 태화의 인온하는 실체란 태극의 일원지기一元之氣이지만, 그 속에 동정動靜, 취산聚散, 허실虛實, 청탁清濁 등 서로 대립적인

---

44) 『周易外傳』,「繫辭上」, "以爲博聚而合之一者, 謂陰陽皆偶合者也, 同卽異, 總卽別, 成卽毀, 而道函其外. 則以陰以陽而皆非道, 而道統爲攝, 於是而釋氏之說起矣. 陽還於陰, 陰還於陽, 則陰陽退處, 道爲大圓矣."
45) 『張子正蒙注』,「太和」, "合而以一者, 旣分一爲二之所固有矣.……惟兩端迭用, 遂成對立之象, 於是可知, 所動所靜, 所聚所散, 爲虛爲實, 爲清爲濁, 皆取給於太和絪縕之實體. 一之體立, 故兩之用行. 如水唯一體, 則寒可爲氷, 熱可爲湯. 於氷湯之異, 足知水之常體."

양단을 지니고 있다. 양단이 작용을 발생시키는 까닭은 음양의 실체가 존재하기 때문인데, 이 양단이 서로 작용한 결과 변화가 발생하며 효용이 발생한다. 양兩의 용은 일一의 체를 떠나지 못하고, 일의 체는 양의 용에 의해 성립되는 것이다.

> 합合이란 음양이 처음부터 본래 하나라는 것이다. 그런데 동정으로 인하여 나뉘어 양兩이 되었다. 그 이루어진 것에 이르면 또 음양이 하나로 합치게 된다.46)

우주론적 측면에서 말하자면 태극・음양・동정은 일과 양의 관계이며, 여기에서 만물이 화생한다. 구체적인 사물의 측면에서 말하자면 각기 음양 대립의 통일을 지니고 있는데, "남자가 양이지만 음이 완전히 없는 것은 아니며, 여자가 음이지만 완전히 양이 없는 것은 아니다. 초목이나 물고기, 새에 이르기까지 양만 있는 사물은 없으며 또한 음만 있는 사물도 없다"47)라고 하였다. 즉 모든 사물은 음양으로 구성되어 있으며, 양만 있고 음은 없다거나 음만 있고 양은 없다고는 말할 수 없다는 것이다. 일과 양의 관계에 의해 세계에는 양에만 고립된 사물(孤陽之物)도 없고 음에만 고립된 사물(孤陰之物)도 없는 것이다. 왜냐하면 음양은 상대적인 양단이면서 결국 통일 가운데 존재하기 때문이다.

일과 양 개념에 관한 왕부지의 견해는 대략 세 가지로 총괄할 수 있다. 첫째, 일一은 양兩에 의해 구성되는 것이며, 양이 없으면 일도 없는 것이다. 장재는 '둘이 세워지지 않으면 하나는 볼 수 없다'고 하였지만, 또한 "만약

---

46) 『張子正蒙注』, 「太和」, "合者, 陰陽之始本一也. 而因動靜分而爲兩. 迨其成又合陰陽於一也."
47) 『張子正蒙注』, 「太和」, "如男陽也而非無陰, 如女陰也而非無陽, 以至於草木魚鳥, 無孤陽之物, 亦無孤陰之物."

하나라면 둘이 있고, 둘이 있으면 하나 역시 있다. 둘이 없어도 하나는 있다"48)라고 하였다. 이는 마치 태허지기가 비록 양체兩體인 것 같지만 먼저 일一이 있은 다음에 양兩이 있다는 것이다. 만물의 화생化生이라는 측면에서 논하자면 일과 양은 동시에 있는 것이지만, 논리적 측면에서 보자면 먼저 일이 있은 다음 양이 있다는 것이다. 그러나 왕부지는 논리적 측면에서도 일과 양은 동시에 존재하며 선후先後가 없다고 하였다.

> 역易이란 서로 미루어서 옮겨가서 마찰되고 뒤섞이는 것을 말한다. 『주역』이라는 책은 건괘乾卦와 곤괘坤卦가 수괘首卦가 되는데, 이것이 역易의 체體라고 할 수 있다. 건곤을 제외한 62괘는 34개의 상象이 착종錯綜하여 서로 배열되는데, 이것은 역易의 용用이다. 순수한 건괘와 곤괘에는 역易이 있은 적이 없었지만, 서로 대립하고 나뉘어 병립되면 역의 도道가 지극히 족한 가운데 둘로 세워질 수 있으니 이것이 역의 바탕이다.49)

> 태화의 기는 음양이 섞여 있는 것이자 서로 그 정수精髓를 지니고 있다. 그러므로 양은 양에만 고립되어 있지 않고 음은 음이 적게 있는 것이 아니며 서로를 포괄하여 그 바탕을 이룬다. 이에 그 조화를 잃지 않고 오래도록 편안한 것이다.50)

이것은 건곤이 함께 세워져 있어야만 역易의 체體가 있을 수 있고, 동시에 음양이 서로 섞여 있어야만 태화의 기가 있을 수 있다는 말이다. 이는 모두 일은 양을 떠나 존재할 수 없다는 것인데, 태극이 음양을 실체로 삼

---

48) 『橫渠易說』,「說卦」, "若一則有兩, 有兩亦一在. 無兩亦一在."
49) 『周易內傳』,「上經·乾」, "易者, 互相推移而摩蕩之謂, 周易之書, 乾坤竝建以爲首, 易之體也. 六十二卦錯綜乎三十四象而交列焉, 易之用也. 純乾純坤未有易也, 而相峙而竝立, 則易之道在兩立乎至足者, 爲易之資."
50) 『張子正蒙注』,「參兩」, "太和之氣, 陰陽渾合, 互相容保其精, 故曰陽非孤陽, 陰非寡陰, 相函而成質. 乃不失其和而久安."

는다는 사상과 완전히 일치하는 것으로 어떠한 통일체라도 대립된 사물로 구성되는 것을 설명하는 것이지, 결코 일一만 있고 이二가 없다거나 먼저 일이 있고 나중에 이가 있다는 것은 아니다. 왕부지는 소옹의 이분법을 비판하였는데, 주희의 말처럼 다만 두 조각으로 부수는 것이라 하였다. 만약 이렇게 계속 둘로 나누어 가다보면 끝없어 나뉘어 멈추지 못할 것이라 하였다. 왕부지의 관점에서는 기계론적인 무한분할법은 다만 자연 사물을 측량하고 본뜨는 것일 따름이지 자연의 리理는 아니다.

둘째, 양兩은 일一의 양兩이며, 일을 떠나서는 존재할 수 없는 것이다. 우주의 화생化生에 대해 말하자면 "태화의 일기一氣에서부터 미루어 나아가니 음양의 조화는 여기에서 나누어진 것이다. 음 가운데 양이 있고 양 가운데 음이 있는데, 이는 원래 태극의 '하나'에 근거한 것이지 음양이 판연하게 분리되거나 각자가 자신의 종류를 늘려 번성하게 하는 것은 아니다."51) 즉 음양은 각자 독립할 수 없으며 다만 태극의 통일체 가운데 서로 존재하고 있을 따름이라는 것이다. 크게 우주를 논하거나 작게 하나의 사물을 논하여도 각자 고립적으로 존재하는 양兩은 없다. 모든 양은 서로 대립하면서 통일체 가운데 존재하는 것이고, 이 양자는 서로 전화되는 것이다. 하늘이 위에 높이 있지만 땅으로 들어가 깊게 살피지 않음이 없고, 땅이 아래에 낮게 있지만 하늘로 올라가 높게 통하지 않음이 없다. 즉 그 경계를 나눌 수 없는 것이다.

진퇴進退와 존망存亡 역시 이러하다. 존재는 존재하는 것이지 존재하지 않는 것은 아니지만 아주 옛날 존재하던 것은 오늘날까지 존재할 수 없다. 또한 소멸은 소멸이지 다시 생존할 수 없지만, 지금 소멸된 것은 미래에

---

51) 『張子正蒙注』, 「參兩」, "自太和一氣而推之, 陰陽之化自此而分. 陰中有陽, 陽中有陰, 原本於太極之一. 非陰陽判離, 各自孳生其類."

생존으로 바뀔 수 있으므로 그것을 어느 하나로 국한시킬 수 없는 것이다. 시비是非와 선악善惡도 모두 상대적이자 서로 바뀔 수 있는 것이어서, 비非는 시是가 될 수 있고 시도 비가 될 수 있어 그 구별을 어느 하나에 묶어 놓을 수 없다.

> 완전하게 나뉘어 서로 반드시 대립만 하고 있는 것은 천지에도 없으며 만물에도 없으며 인심人心에도 없다.52)

왕부지는 이二 가운데 일一이 있기에 대립하는 사물은 서로 바뀔 수 있다는 사상에 관해 많이 언급하였다. 이는 『노자』의 변증사상을 흡수하고, 이를 『주역』의 변증법과 서로 결합시켜 중요한 발전을 이룬 것이다.

셋째, 일과 양의 결합은 만물의 생성과 변화를 추동하는 것이다. "천하가 갖가지로 변화하지만 그 요점은 양단兩端으로 귀결되고, 하나로 합쳐짐에서 생한다"53)라고 하였는데, 이는 사물의 발전과 변화는 대립과 통일의 과정 속에서 실현된다는 것이다. 음양은 모이고 흩어지며 오르고 내리는 등의 상반相反의 성질이 있으나, 상호 작용을 하면서 서로를 구하고 서로에게 침투된다. 이것이 바로 '음양호보陰陽互補'의 사상이다.

> '모이고 흩어지며, 서로 움직인다'는 것은 모이면 완성되어 움직이면서 흩어지는 것이 약해지고, 흩어지면 떠돌게 되어 움직이면서 그 모이는 것이 응체된다는 것이다. '오르고 내리면서 서로 구한다'는 것은 음은 반드시 양을 구하고, 양은 반드시 음을 구하여 생성과 조화를 이룬다는 것이다. '인온絪縕하면서 서로 뒤섞인다'는 것은 수數의 본래 텅 비고 맑은 것이어서 서로에게 들어갈 수 있으며,

---

52) 『周易外傳』, 「說卦」, "截然分析而必相待對者, 天地無有也, 萬物無有也, 人心無有也."
53) 『老子衍』, "天下之萬變, 而要歸於兩端, 生於一致."

주된 것과 부차적인 것, 많고 적음이 고르지 않아서 서로 섞이는 데 정해진 것이 없다는 것이다.54)

또한 왕부지는 음양의 대립과 투쟁을 말하였지만, 결국에는 화해和諧로 끝을 맺는다고 하였다.

> 기화氣化를 말하자면 음양은 각기 자신의 상象을 이루기에 서로 대립하게 된다. 굳셈과 부드러움, 추위와 더위, 삶과 죽음은 반드시 상반되어 서로 원수가 된다. 그러나 그것을 궁구하면 서로가 서로를 이루어 주며 끝까지 서로 적대敵對만 하는 이치는 없으며, 화해하고 흩어져서 여전히 태허로 돌아가게 된다.55)

모든 사물은 기화에 의해 이루어진 것으로, 일체의 대립과 투쟁은 결국 화해된다는 것이다. 이것은 성리학의 변증법에 나타나는 공통된 특징이다.

장재에서부터 이정과 주희를 거쳐 왕부지에 이르기까지 일과 양에 대한 분석은 더욱 세밀해졌고 그 내용 역시 더욱 풍부해졌다. 그러나 그들은 모두 통일, 즉 합合을 최종적인 결론으로 삼았다. 이것은 그들의 천인합일론天人合一論에 대한 중요한 이론적 기초이자, 성리학의 변증법에 나타나는 근본적 특징이다. 그들은 자연계란 발전하는 것이자 화해와 통일을 이루는 것이라고 여겼으며, 음양 등의 대립과 전화는 다만 그 유기적 통일체 가운데 전개되고 전체 유기체의 평형을 유지할 수 있는 것이라고 생각하였다. 이 때문에 자연계(사회를 포함하여)의 발전은 근본적으로 안정될 수 있고 지속

---

54) 『張子正蒙注』, 「參兩」, "聚散相盪, 聚則成而盪其散者之弱, 散則游而盪其聚者之滯也. 升降相求, 陰必求陽, 陽必求陰, 以成生化也. 絪縕相揉, 數本虛淸, 可以互入, 而主輔多寡之不齊, 揉雜無定也."
55) 『張子正蒙注』, 「太和」, "以氣化言之, 陰陽各成其象, 則相爲對. 剛柔, 寒溫, 生殺, 必相反而相爲仇. 乃其究也, 互以相成, 無終相敵之理, 而解散仍返於太虛."

적이며 서서히 전개되며, 심지어는 순환적인 방식의 점진적인 과정이라고 말할 수 있는 것이다.

제7장 형상과 형하

'형상형하形上形下'는 형이상形而上과 형이하形而下의 줄임말이다. 형상과 형하는 성리학의 우주론뿐만 아니라 전체 성리학 체계를 관통하는 개념이다. 이것은 리기理氣, 도기道器, 태극음양太極陰陽, 리일분수理一分殊, 신화神化 등과 관련되는 개념이며, 또한 심성론心性論의 성정性情, 미발이발未發已發, 도심인심道心人心 등의 개념과 모두 연관되어 있다. 형상형하는 체용體用 개념과 함께 성리학의 각 체계를 관통하여 가장 보편적인 형식과 관계 개념이 되었으며, 형식 구조의 작용을 드러내고 있다. 상당수의 개념들은 형상형하와 체용을 통하여 연관되는 것이다. 성리학의 형이상학적 본체론의 개념체계는 바로 이 두 개념을 통해 건립된 것이라 할 수 있다.

일반적으로 말해 형상과 형하는 일반과 개별, 추상과 구체, 모형模型과 존재存在라는 관계를 표현하고 있는 것이다. 그러나 성리학의 개념론 가운데 각기 다른 해석으로 말미암아 내용적인 차별이 발생하였다. 『주역』「계사상繫辭上」에서는 "형이상자를 일컬어 도라 하고, 형이하자를 일컬어 기라 한다"(形而上者謂之道, 形而下者謂之器)고 하였다. 이것은 형상과 형하에 대한 최초의 기록이다. 『역전易傳』에서는 초보적인 개념체계를 건립하여 자연계의 변화지도變化之道를 묘사하였다. 즉 『주역』은 천지와 일치하기 때문에 천지의 도道를 모두 포용할 수 있다'(易與天地準, 故能彌綸天地之道)거나 '천지를 범위로 하되 이를 넘어서지 않는다'(範圍天地而不過)와 같은 것들은 모두 이 개념체계가 『주역』의 도(易道)임을 말하는 것이다. 이 체계 가운데 우주 변화의 원리를 지칭하는 도道는 관념적이자 형체가 없으므로 형이상자라고 하며, 자연과 사회의 구체적인 사물을 대표하는 기器는 감성적 경험의 존재이자 형체가 있으므로 형이하자라고 칭한다. 그러나 관념적 모형으로써의 역도는 자연계의 변화지도를 가리킴으로, 양자는 대응성과 동일구조성을 지니고 있다. 형이상의 도는 그 진실한 함의를 말하는 것이자, 자연계의 변화지도를 가리키는 것이다. 이 점은 후대 성리학에 대해 매우 큰 영향을 끼쳤다.

「계사전」의 이 명제는 다만 운동하고 변화하는 천지만물의 도를 본떴다는 것을 설명하고 있는데, 이는 형상이 없으므로 형이상자라고 칭하며, 구체적인 사물은 형상이 있으므로 형이하자라고 한다. 이 도가 무엇인가 하는 것 및 도기 이 두 개념의 진일보된 관계가 어떠한가 하는 것에 관해서는, 「계사전」에서 더 이상 설명하지 않았다.

그런데 '변화지도', '주야지도晝夜之道', '천지지도天地之道'에 근거하여, 특히 '한 번 음이 되고 한 번 양이 되는 것이 도이다' 등의 표현에서 본다면, 여기에서 말한 도는 성질이 동일한 것이고, 모두가 술어이지 주어가 아니며, 주어는 '음양의 기'이다. 하지만 여기에서 말한 '도'와 "형이상자를 일컬어 도라고 한다"의 '도'가 어떠한 관계인지에 관해 학자들은 동일한 도가 아니라고 한다. 그러나 상술한 분석에 근거하자면 그것들은 다만 객관적 대상과 개념을 표현하는 것에 나타난 대응관계이지 근본적인 차별이 있는 것은 아니며, 후자가 전자를 대상으로 삼고 전자는 후자를 관념적 모형으로 삼는 것이다. 이는 형이상자가 비록 형상이 없는 것이지만 형기形氣를 초월한 독립적인 존재는 아니라는 것이다. 왜냐하면 일음일양一陰一陽

의 도는 객관적 법칙이지 현실 세계를 초월한 실체 존재가 결코 아니기 때문이다.

그러나 형상과 형하의 구분이 있다는 것은 「계사전」의 지은이가 자연계를 일반과 개별, 추상과 구체, 모형과 실재, 법칙과 사물 등의 두 차원으로 구분하였다는 것을 설명한다. 아울러 이러한 양자의 관계 문제를 제시하였는데, 이것은 논리적 사유가 발전된 결과이자 자연계에 대한 인식이 심화되었음을 나타내는 것이다. 바로 이 점은 성리학자들 사이에서 폭넓게 중시되었다. 그들은 이 명제를 분석함으로써 형이상학적 논리체계를 건립하였다.

1. 송대 이전

양한兩漢 시기 통치적 지위를 지닌 사상은 형이하의 경험철학과 상수학象數學이었다. 그들은 일반적으로 형이상의 문제를 논의하지 않았다. 그러나 위진현학魏晉玄學에 이르면 진정으로 형이상학적 본체론의 철학으로 들어갔다고 할 수 있다. 다만 현학은 도가적 형식으로 출현하여 직접적으로 형상과 형하의 관계 문제를 제시하지는 않았다. 당대唐代의 공영달孔穎達은 유가 경전의 해석을 통하여 먼저 왕필王弼의 본체론과 형이상을 연관시키기 시작했다.

> 형이상을 일컬어 도라 하고 형이하를 일컬어 기라 한다. 도는 체體가 없는 것을 이름한 것이고, 형形은 질質이 있는 것에 대해 칭한 것이다. 모든 유有는 무無에서 생하며, 형形은 도道로 말미암아 세워지는 것이다. 이는 도가 먼저이고 형이 나중이며, 도는 형에 앞서서 있고 형은 도의 뒤에 있다는 것이다. 그러므로 형체의

바깥을 넘어서 있는 것을 일컬어 도라 하고, 형체의 안에 있는 것을 일컬어 기器라 한다.1)

형상이라는 개념은 바로 이러한 논의를 통해 확립되었다. 그러나 최경崔憬은 체용의 관계에 따라 완전히 상반된 해석을 한다. 그는 다음과 같이 말하였다.

> 최경이 말하기를…… "체體란 형질이며, 용用이란 형질의 위에 있는 묘용妙用이다. 묘리妙理의 용이 있어 그 체를 돕는다는 것은 곧 도를 말하는 것이다. 그 체를 용과 비유하자면 기器가 사물에 대한 것과 같은 것으로, 체가 형하가 되고 기器가 된다고 일컫는 것이다"라고 하였다.2)

이것은 형이하를 체로 보고 형이상을 용으로 본 것이다. 즉 체는 형질이고 용은 작용이라는 것인데, 이는 범진范縝의 '형질신용形質神用'의 학설과 동일한 유형에 속한다. 이 해석에 따르면 형이상자는 형이하자에 의해 결정되는 것이며, 형이하의 체가 있으므로 형이상의 용이 있다는 것이다. 이러한 두 해석은 모두 체용설에 근거하여 해석된 것이지만 관점이 다르므로 결론 역시 상반된다.

성리학이 흥기한 후 형상과 형하는 완전한 형식적 개념이 되었으며, 중요한 방법론적 의미를 지니게 되었다. 성리학자들은 개념체계를 건립하는 과정에서 본체론적 관점으로부터 출발하여 이 개념에 새로운 함의를 부여하였다. 그리하여 형상과 형하는 중요한 형식적 개념이 된 것이다.

---

1) 『周易正義』, 「繫辭上」, "形而上者謂之道, 形而下者謂之器者, 道是無體之名, 形是有質之稱. 凡有從無而生, 形由道而立. 是先道而後形, 是道在形之上, 形在道之下. 故形外以上者謂之道也, 自形內而下者謂之器也."
2) 『周易集解』, "崔憬曰……體者, 卽形質也, 用者, 卽形質上之妙用也. 言有妙理之用以扶其體, 則是道也. 其體比用, 若器之於物, 則是體爲形之下, 謂之爲器也."

2. 북송시대

장재張載는 무형無形과 유형有形이라는 측면에서 형상과 형하를 이해하였다. 아울러 그는 무형은 유형의 근원이며, 무형은 유형에 앞서서 존재한다고 보았다. 이렇게 되면 형이상자는 본체론의 개념이 되는 것이다.

> 형이상자는 형체가 없는 것이므로 형이상을 일컬어 도라고 한다. 형이하자는 형체가 있는 것이므로 형이하자를 일컬어 기라고 한다.[3]

이는 무형·유형을 기준으로 형상·형하를 구분한 것으로, 학술상 하나의 이정표가 된다. 그러나 가장 중요한 이정표라고는 할 수 없다. 여기에는 여전히 누가 누구를 결정하는지에 대한 문제를 포함하고 있기 때문이다. 철학에서 일원론一元論을 주장하는 사람들은 모두 이 문제에 대해 대답을 해야 한다. 장재의 학설에 따르면 '태허太虛는 무형無形이며, 기의 본체'로, 이는 태허의 기가 형이상자이고 기화氣化에 의해 생겨난 사물이 형이하자라는 것이다. 그러나 기는 맑게 통하여 상象으로 규정할 수 없는(淸通不可象) 신神을 체體로 하고 기화하여 사물을 생하는 도를 용으로 삼으므로, 신과 도는 다른 측면에서 기氣를 나타내며, 신은 그 속성을 말하고 도는 그 기능을 말하는 것이다. 장재는 "실제로는 하나의 사물이지만 일을 가리킴에 있어서 이름이 다를 뿐이다"[4]라고 하였다. 즉 이는 모두가 형이상자라는 것이다. 그런데 문제는 장재가 보기에 형이상자는 이름을 붙일 수 없는 본체이자 무체지체無體之體라는 것에 있었다.

---

[3] 『橫渠易說』, 「繫辭上」, "形而上者是無形體者, 故形而上者謂之道也. 形而下者是有形體者, 故形而下者謂之器."
[4] 『正蒙』, 「乾稱」, "其實一物, 指事而異名爾."

형이상자는 뜻을 얻으면 이에 이름을 얻게 되고 이름을 얻게 되면 이에 상象을 얻게 된다. 이름을 얻지 못하면 상을 얻은 것이 아니다. 그러므로 도를 말하면서 형상을 나타낼 수 없다면 이는 이름과 말(名言)이 사라지게 되는 것이다.[5]

어떤 학자는 장재의 이 말이 형이상자에 대해 이름을 붙일 수 있는 것이라고 이해하는데, 사실은 그렇지가 않다. 이른바 '명언名言'이란 다만 도를 체득한 이후의 일일 뿐이며, 명언은 상을 가리켜 말하는 것으로, 이름이 있으면 상이 있다는 것은 상을 가리킴으로써 형이상의 도를 밝힐 수 있다는 것이다. 명언은 뜻에 근원하고 있으며, 뜻은 도에 대한 직접적인 체인이자 묵연히 깨닫는 것이다. 이것은 '무심지묘無心之妙', '무사지사無思之事', '자연묵성自然默成'이며, 명언으로 파악할 수 있는 것이 아니다. 한 번 언어라는 도구에 빠지게 되면 이는 곧 형이하가 된다. 그러나 장재는 명언할 필요가 없다고는 하지 않았다. 명언은 도를 체득한 결과이자 도를 밝히는 도구이다. 다만 직접적으로 도를 체득해야 하는 것이지 명언으로 이를 수는 없는 것이다. 이른바 '그 마음을 크게 함으로써 천도를 체득한다'는 것이 바로 이러한 의미이다. 그래서 그는 또 "형체가 없는 것에서 운행하는 것을 도라 하고, 형이하자는 그것을 말하기에 부족하다"[6]라고 하였다. 왜냐하면 그것은 초월성을 가지고 있기에 구체적인 언어로는 표현할 수 없기 때문이다.

사실 장재가 말한 형이상자는 시종 본체의 기를 떠나지 않고 있으며, 그 무형적인 것을 가리켜 형이상이라고 하였다. 그러나 그가 태허의 청통지기淸通之氣와 모이고 흩어지는 객감지기客感之氣를 대립시키고 기의 기능

---

5) 『正蒙』, 「天道」, "形而上者, 得意斯得名, 得名斯得象. 不得名, 非得象者也. 故語道至於不能象, 則名言亡矣."
6) 『正蒙』, 「天道」, "運於無形之謂道, 形而下者不足以言之."

을 '체를 겸하되 누가 되지 않는'(兼體而無累) 본체로 변화시킬 때 '천덕양능天德良能', '천지지성天地之性' 등과 연관되어 초월성을 지니게 된다. 그는 속성과 기능 그리고 실체의 경계를 뒤섞었으며, 더 나아가 속성과 기능으로 실체를 대체하여 기라는 진정한 실체에서 떠남에 따라 형이상학적인 일련의 명제를 도출하게 되었다.

이정二程에 이르러서는 완전한 형이상학적 본체론이 완성되었다. 이정은 관념론자인데, 추상화된 모식 개념인 리理로 장재의 물질적 실체를 대체하였다. 그리하여 형이상자는 곧 관념적 존재가 되었으며, 물질적 존재는 모두 형이하자로 칭해지게 되었다. 여기에서 말하는 관념이란 결코 개념이 아니다. 장재의 기는 개념이지 관념이 아니다. 개념과 관념은 비록 모두 이성적 사유의 추상이지만, 개념은 객관적 실재에 대한 직접적인 추상이어서 객관적 대상을 떠나 존재할 수 없다. 그러나 관념은 사유의 논리적 추상이어서 독립적인 존재가 될 수 있다.

이 책의 '리理와 기氣'와 '도道와 기器'장에서 이미 이정은 형이상자를 리라고 하였고 형이하자를 기라고 하였는데, 이것은 형상·형하에 대한 그들의 핵심 규정이다. 그들도 무형과 유형으로 형상과 형하를 구분하였다. 정이程頤는 형이상이란 마음이 감통하는 것으로 단지 사유를 통해서만 파악할 수 있을 뿐이며, 형이하자는 형체나 소리와 같은 것을 말하는 것으로 감성적 존재물이라고 하였다. 그의 관점에서 보면, 기 역시 감성적 존재물이며, "형체가 있는 것은 모두 기이고, 형체가 없는 것은 도일 따름이다."[7] 즉 유형의 기는 당연히 형이상자일 수 없으며 다만 형이하자일 수밖에 없고, 무형의 도가 바로 형이상자인 것이다. 여기에서 형상과 형하는

---

7) 『河南程氏遺書』, 권6, "有形總是氣, 無形只是道."

이성과 감성의 구별이다.

본체론으로 말하자면 형이상자는 소이연자所以然者이고, 그것은 형이하를 결정하는 것이다. 그러나 또 형이하의 가운데 존재하는 즉 감성적 사물이나 경험적 사실 속에 존재하는 것으로, 그것은 개념적 추상을 통하여 관념 형태로 출현할 때 이미 실체성의 존재로 변화하였으며, 주어로 바뀌었다. 이것이 형이상의 근본 특징이다. 그 언어체계로 말하자면 형이상자는 우주본체와 우주법칙에 대한 것 즉 그 의의意義에 대한 지칭이다. 그러나 정이는 '말은 뜻을 극진히 할 수 있다'라고 주장하여 "그 회통會通됨을 보고서 전례典禮를 행한다면 괘사卦辭·효사爻辭에 갖추고 있지 않음이 없다.…… 괘사·효사를 보고서도 그 뜻에 도달하지 못하는 이가 있다. 그 괘사·효사를 깨닫지 못하고서 그 뜻에 통달한 이는 없었다"8)고 하였다.

형이상자는 형이하자에 대해 말하자면 보편적이자 초월적인 절대 존재이며, 동시에 형이하자와 떨어질 수 없이 형이하와 상대하는 과정에서 존재한다. 그러므로 그것은 완전한 초월은 아니다. 이는 성리학의 형이상학론이 불교나 기타 철학과 다른 중요한 특징이다. 그것은 순수한 관념적 논리체계를 형성하지 못하였고, 다만 경험만을 종합한 관념론이 되었다. 이러한 의미에서 말하자면 형이상자는 형이하자를 포괄할 수 있는 경험적 사실의 작용이다. 따라서 경험의 누적은 그 내용을 풍부하게 한다.

정이가 형이상자에 대해 내린 근본 규정은 '소이연자所以然者', 즉 원리·법칙이라는 것이다. 무릇 구체적 존재물은 모두 그렇게 되는 까닭所以然之故이 있으나, 소이연자는 반드시 실체 존재를 근원으로 삼아야 한다. 이정은 기를 본체 존재로 삼는 것에 반대하였는데, 이것은 법칙이 존재적

---

8) 『伊川易傳』, 「序」, "觀會通而行其典禮, 則辭無不備……觀於辭, 不達其意者有矣. 未有不得於辭而通其意者也."

물질 기초를 의지한다는 것을 없애 버렸음을 의미한다. 그 결과 이정은 형이상자를 자기 존재의 근거로 삼았다. 그러나 이것은 일종의 관념적 존재로, 형이하자 가운데 있어야만 비로소 실현될 수 있다. 비록 이와 같더라도 그것은 또한 형이하자가 존재할 수 있는 근거이다. 정이는 "형이상자는 아주 은밀한 것이다.…… 은밀한 것은 용用의 근원이다"9)라고 하였다. 이는 그것이 잠재적인 존재일 뿐만 아니라 형이하자가 존재하게 하는 근원이라는 것이며, 형이하자가 존재하는 것은 형이상자 때문이라는 것이다.

3. 남송시대

남송시대의 주희朱熹는 이정을 계승한 후 형상형하를 그의 개념체계 가운데 기본적인 틀로 삼았는데, 이 개념은 각 개념들을 연결시키는 중요한 작용을 하였으며, 체용과 함께 주희 학술체계의 뼈대를 구성하였다. 주희는 형이상자가 정결공활淨潔空闊한 세계, 즉 초월적 관념 존재임을 강조하는 것 이외에도, 본말과 주객의 문제임을 제기하였다. 즉 그는 형이상자는 본本이자 주主이고, 형이하자는 말末이자 객客이라고 하였다. 따라서 형이상자의 본체적 지위가 확립되었다. 형이상과 형이하는 소이연所以然과 기연其然의 관계이며, 소이연과 기연은 또한 본말이자 주객의 관계인데, 소이연은 또한 소당연所當然이다. 그것은 진리론의 근본 원칙이자 가치론의 최고 원칙이며, 객관 세계에 잠재된 본체 존재이자 내재적 도덕 본체이다. 형이상자는 모식이자 존재인 것이다. 이것은 이정의 사상과 일치한다.

---

9) 『河南程氏遺書』, 권15, "形而上者, 則是密也.……密是用之源."

그러나 주희가 이정과 비교해 이룬 중요한 발전은 형이상자에는 층차와 논리 구조가 있다는 초보적인 이론을 제시한 것이다. 만약 이정이 단지 형이상의 본체론만 확립하여 형이상자를 우주 전체의 원칙으로 삼았다면, 주희는 한 걸음 더 나아가 형이상과 형이하는 층차가 있으며 이것이 리일분수理一分殊라고 하였다. 이 밖에 그가 말하는 형이상자는 보편적이자 초월적인 절대이지만 상대를 떠나서 존재하는 것은 아니며, 형이상자는 우주와 자연의 전체 원칙이면서도 오히려 다른 부분으로부터 구성되어 있다는 것이다. 그는 형이상은 형이하를 떠나지 않는 것임을 강조하고 아울러 형이하자 역시 실체성 개념임을 인정하였기 때문에, 이것은 그 형이상의 절대성과 순수성을 파괴하지 않을 수 없는 것이다.

주희는 형이상자와 형이하자로 말하자면 선후先後가 있을 수밖에 없다고 하여 논리적인 차원에서 형이하보다 형이상이 우선이라고 확정하였다. 그는 이것으로 형이상의 일원론을 완성하는 동시에 형상과 형하는 확연히 나누어 말할 수 없으며 유형무형으로 말할 수 없음을 강조하였는데, 만약 유형과 무형으로 말하자면 상하 간에는 단절이 발생한다고 하였다.

> 분명하게 나누어진다고 말하는 것은 다만 상하上下의 사이에 하나의 경계가 분명하게 나누어지는 것이다.10)

이는 다만 논리적 측면에서 상하를 나눌 수 있을 따름이지, 유형과 무형에서는 선후를 나눌 수 없다는 것이다. 만약 이와 같다면 노자의 도道와 불교의 법성法性·진여眞如 역시 무형이자 형이상자이지만, 이는 주희가 반

---

10) 『朱子語類』, 권75, "所以謂截得分明者, 只是上下之間, 分別得一個界止分明."

대했던 것이다. 어떤 의미에서 말하자면, 주희는 순수한 형이상학적 학술체계를 건립하지 못했을 뿐만 아니라, 형이하자와 경험적 사실을 중시하고 형이하의 능동적 작용을 강조하여 경험론적 특징을 표현하였다고 할 수 있다.

그러나 이것은 다만 문제의 한 측면일 따름이다. 형상과 형하는 비록 서로 떨어지지 않지만 오히려 분별은 있다. 그는 이미 형이상자가 논리적으로 형이하에 앞선다고 하였으며, 아울러 정결공활淨潔空闊한 세계라고 하였는데, 이 세계는 초월적 절대 존재이다. 그렇다면 이것은 존재적 의미를 지닌 개념이다.

형상과 형하는 본체론적 개념으로써, 순수한 사유 형식만이 아니라 확정된 내용도 가지고 있다. 우주본체론에서 그것은 리기理氣의 관계를 언급하고 있으며 심성론에서는 성정性情의 관계를 나타내고 있는 것이므로, 도덕형이상학이라고 할 수 있다. 주희는 항상 형이상자에서부터 말한다면 어떠어떠하며, 형이하자에서부터 말하자면 어떠어떠하다고 하였는데, 이러한 언급은 세계를 이원화시키는 심각한 모순을 안고 있다. 그는 이성과 감성, 일반과 개별, 본질과 현상, 규율과 사물 사이의 구별과 연관에 대해 언급을 하면서 이성적 측면에서 인식하고 파악하려고 하였다. 그러나 그는 양자의 관계를 뒤집어 모형模型 개념을 실체화·본체화시켰으며, 그 결과 형이상자를 제1의 존재로 삼았고 형이하자를 형이상자에서 파생된 것으로 보았다.

주희와 동시대인이던 육구연陸九淵은 형상과 형하에 대한 해석이 일관되지 않는다. 그는 한편으로 주희의 관점에 동의하여 소이연과 기연을 형상과 형하로 구분하였으며, '소이연지리所以然之理'를 형이상자라고 하였고 '실연지물實然之物'을 형이하자라고 하였다. 그러나 다른 한편으로 음양의 기 역시 형이상자이며 음양이 생하는 사물은 형이하자라고 하여 "음양은 또한 형이상자이니 하물며 태극이랴!"[11]라고 하였다. 이는 또한 유형과 무형으로 상하를 구분한 것이다. 육구연 역시 형이상학론자로서, 그의 본심설本心說은 심을 자기 초월의 형이상자라고 여긴 것이다. 그러나 그는 형상과 형하의 엄격한 경계를 강조하지도 않았고, 형이상자가 정결공활한 세계가 아니라 자기초월의 주체의식이라 보았으며, 그것과 형이하의 심리적 활동은 뗄 수 없다 하였다. 이 때문에 더욱 실천철학적 특징을 지니고 있다.

4. 원명시대

형상과 형하에 대해 왕수인王守仁은 '아래와 위를 하나로 철저히 관통되어 있다'(徹上徹下, 只是一貫)고 주장하였다. 그는 상·하로 구분하는 것에 반대하였으나, 그 역시 형이상학적 본체론자였다. 왕수인은 심心의 본체를 형이상자로 삼았으며, 그가 상하를 관통한다고 말하는 것은 심心의 허령명각虛靈明覺으로 이것은 리理와 물物, 성性과 정情을 관통하고 있는 것이다. 형이상자는 선험적 주체의식 또는 관념적 존재로서, 주체의 신체 즉 혈육지심血肉之心과 지각운동知覺運動의 심을 떠나지 못하고 형이하자와 함께 섞여 있는 것이다.

요컨대 육구연과 왕수인 등 심학파는 자아 초월적 주체의식 또는 주체관념을 형이상자로 보았으며, 그것은 몸과 마음, 형形과 신神의 통일을 전제로 할 수밖에 없는데, 그렇지 않다면 그 주체성을 보증할 수가 없다. 그

---

11) 『象山全集』, 「與朱元晦」, "陰陽亦是形而上者, 況太極乎!"

러나 이렇게 되면 그 형이상학론의 특징은 분명하게 드러나지가 않는다.

그런데 성리학의 발전 과정에서 우주론적 측면을 말하자면 형이상자를 본체적 존재로 보는 관점은 점차 비판을 받게 된다. 우선 나흠순羅欽順은 새롭게 형이하자가 진정한 실체라고 인정하였다. 그는 형이상자는 실체 자체가 지니고 있는 모형이며, 결코 독립적으로 존재하는 것은 아니라고 주장하였다. 이 때문에 그는 『곤지기困知記』에서 '실체 상에서 이 리理를 가리켜야 하지(就實體上指出此理) 허공에 매달아 놓고 논의를 세워서는 안 된다(懸空立說)'고 하였다. 나흠순은 결코 형이상자를 부정한 것은 아니지만, 형이상의 함의 및 그것과 형이하의 관계에 대해서 새롭게 해석을 하였고 이것으로 형상·형하의 의미는 크게 변화하여 모형과 실체의 관계가 되었다. 그리하여 실체일원화의 이론이 완성되었으며, 형상과 형하가 진정으로 통일되었다.

> 형이상과 형이하를 말하지 않으면 이 리理는 스스로 밝혀지지 않게 되고, 공허空虛에 빠지지 않으면 형기形器에 머무르게 되므로 모름지기 이와 같이 말해야 한다. 이름은 비록 도道와 기器라는 차이가 있으나 실제로는 두 가지 사물이 아니다.…… 배우려는 사람은 바로 형이하자 가운데 형이상자의 오묘함을 깨달으려 해야지, 둘로 나누는 것은 옳지 않다.12)

형이상자는 더 이상 실체성 개념이나 잠재된 본체 존재가 아니라 형이하자가 지니고 있는 묘용妙用이다. 따라서 형이상은 주재主宰라는 의미를 잃게 된다. 정이와 주희는 모두 형이상자를 소이연자所以然者라고 하였으

---

12) 『困知記』附錄, 「答林次崖憲僉」, "不說個形而上下, 則此理無自而明, 非溺於空虛, 則膠於形器, 故曰, 須著如此說. 名雖有道器之別, 然實非二物……正欲學者就形而下者之中悟形而上者之妙, 二之則不是也."

며, 아울러 본체론적 논증을 하였다. 나흠순은 이에 대해 이의를 제기하여 "'소이所以'라는 두 글자를 살펴보면 원래 형이상자를 가리켜 한 말로, 두 가지 사물로 나누었다는 의심이 약간이라도 있음을 면치 못한다"13)고 하였다. 나흠순이 보기에 소이라는 두 글자는 다만 술어이지 주어가 아니며, 술어는 반드시 그 주어가 있어야 한다. 정주程朱의 이론에 따르면 주어는 형이상자 그 자체이며 술어는 형이하자이다. 정주는 이 주장이 논리적이라고 생각하였지만 나흠순의 이론에 따르면 오히려 매우 큰 문제를 지니고 있는 것이다. 왜냐하면 주어는 다만 실체인 형이하자일 따름이므로, 형이하자 이외에 소이연자가 있어서 형이하자를 규정할 수는 없기 때문이다.

왕정상王廷相은 이와 다르다. 왕정상은 장재와 통하는 곳이 있는데, 그는 형이상자를 보편적인 실체적 존재로 보았으며, 형이하자를 형이상자가 생한 구체적 존재로 보았다. 그가 정주와 근본적으로 구별되는 점은 형이상자는 무형이지만 소이연자所以然者는 아니라는 것이다. 그러므로 왕정상에게서 형이상은 결코 형이하와 대립된 관념적 실체가 아니다. 형상과 형하(무형과 유형)는 물질적 실체 및 그 구체적 존재의 관계이며, 실제로 양자는 완전히 동일한 것이다. 다만 물질적 존재의 다른 방식일 따름이다. 이 점을 그는 장재보다 더욱 철저히 견지하였다. 그는 신神·성性·도道와 같은 속성과 기능을 형이상이라고 한 장재와는 달리, 실체 자체인 무형의 기만이 형이상이라고 하였다.

> 이러한 까닭에 형形이라고 일컫는 것은 기氣를 말하는 것이다.…… 유형有形 역시 기이며 무형 역시 기이다. 도는 그 가운데 깃들어 있다.14)

---

13) 『困知記』, "竊詳所以二字固指言形而上者, 然未免微有二物之嫌."
14) 『愼言』, 「道體」, "然謂之形, 以氣言之矣.……有形亦是氣, 無形亦是氣. 道寓其中矣."

이는 무형의 기와 유형의 사물에 비록 형상과 형하의 구분이 있으나, 소이연과 기연의 관계가 아니며 모형과 물질 존재의 관계도 아닌, 다만 유형과 무형의 관계임을 논한 것이다.

5. 명말청초

왕부지王夫之는 비판적이자 사변적인 철학자로서, 형이상자가 법칙·필연성 등의 의미를 지닌다는 것을 결코 부인하지 않았다. 아울러 그는 나흠순의 관점을 발전시켜 형이하자가 실체적 존재이고 형이상자는 실체적 모형과 양태라고 보았으며, 형이상자는 형이하자에 의해 결정되는 것이라 하였다.

> 형이상자는 형체가 없는 것을 일컫는 것이 아니라 이미 형체가 있는 것이다. 형체가 있은 다음에야 형이상이 있는 것이다. 형체가 없었던 그 이전의 존재(無形之上)란 고금古今을 통틀고 온갖 변화를 관통하며 하늘과 땅, 사람과 사물을 궁구해 보아도 있었던 적이 없었다.15)

즉 형이하자가 유일한 실체적 존재라면 형이상이란 다만 형이하에 구비되어 있는 것이며, 형이하를 떠나 존재할 수 없다는 것이다. 그리고 '무형지상無形之上'이라는 것은 초월적이고 절대적인 관념적 존재인데, 이러한 것은 아예 없었다는 것이다. 그는 '형체가 있은 다음에야 형이상이 있다'

---

15) 『周易外傳』, "形而上者, 非無形之謂, 旣有形矣, 有形而後有形而上. 無形之上, 亘古今, 通萬變, 窮天窮地, 窮人窮物, 皆所未有者也."

는 명제를 제기하였는데, 이는 형이상자가 형이하에 앞서 있다는 논리적인 결론을 비판한 것이다.

그러나 왕부지는 형이상자가 모식模式이 된다는 것을 결코 부정하지는 않았다. 이는 그것에 상대적인 독립성이 있다는 것이다. 그는 한편으로 "형체가 있는 것에는 반드시 형이상자가 있다"[16]라고 하였지만, 동시에 "그러나 형이상은 원래 그 형체가 있었던 것이다"[17]라고 하였다. 이는 일반은 개별 가운데 존재하고, 보편은 특수 가운데 존재하며, 이성은 감성 가운데 존재한다는 것을 설명한 것이다. 즉 구체적인 사물이 있으면 반드시 일반·보편·법칙 등이 있다는 것인데, 역으로 말하자면 일반적 법칙과 보편적 원칙이 있다면 구체적 사물의 존재를 증명할 수 있다는 것이다. 여기에서 왕부지는 귀납과 연역법을 사용하였는데, 구체적 존재 가운데에서 일반을 귀납한 것이 형이상이고, 일반에서 개별 존재를 연역한 것이 형이하이다. 이것은 소박한 변증법적 사상이다.

청대의 대진戴震은 명대의 왕정상과 비슷한 논의를 펼쳤다. 그러나 그는 완전히 생성론적 차원에서 형상과 형하를 해석하였다. 그는 형이상자란 형태가 생겨나기 이전이며 형이하자란 형태가 생긴 이후라고 하였다. 이러한 선후先後는 기화氣化 또는 생화生化의 과정을 말하는 것인데, 시간상의 인과 관계를 말하는 것이지 논리적 관계를 말하는 것이 아니다. 형이상자는 실체적 존재이지만 아직 형질을 구성하지 않은 것이며, 기화를 통해 사물이 생성되면 형질이 있게 되어 형이하자가 되는 것이다.

형상과 형하에 대한 대진의 해석은 기본적으로 형이상학적 본체론을 무너뜨리고 실체일원론實體一元論을 견지한 것이다. 대진은 기를 실체로 보

---

16) 『讀四書大全說』, 권7, "有形, 則必有形而上者."
17) 『讀四書大全說』, 권7, "然形而上, 則固有其形矣."

았으므로, 기는 무형의 존재인 형이상으로 간주되었다. 따라서 추상적 원리나 일반적 법칙은 형이상자로서의 존재적 가치와 의의를 잃게 되었다. 그는 형이상의 리理를 부정하는 동시에 공상共相 또는 규율이라는 절대적 보편성 역시 부인하였다. 그에게서 리는 다만 실체적 존재의 구체적 속성으로 사물 속에 존재하는 것일 따름이다. 그는 실체와 그 구체적 존재를 이성적 인식의 대상으로 보았기 때문에 그의 주장은 경험철학 또는 실증철학적 특성을 지니고 있다.

통틀어 보자면 성리학 개념의 발전 가운데 형상과 형하는 적어도 다섯 가지의 해석이 있다. 그 첫째는 장재의 해석이다. 그는 형이상자를 실체 및 그 속성과 기능으로 여겼는데, 속성과 기능은 과정을 대표하는 것이다. 그리고 형이하자는 이것에서 생성된 구체적 존재인데, 양자는 유형과 무형의 관계이다. 그러나 그는 속성과 기능을 형이상이라고 하여 실체와 대립시켰다. 둘째, 이정과 주희의 해석이다. 그들은 형이상자를 소이연으로 보았다. 즉 형이상자는 원리·법칙 등의 일반 모식이지만, 실체화될 수 있는 잠재된 본체적 존재이다. 형이하자는 형이상자에 의해 결정되는 물질적 존재인데, 양자 간에는 논리적인 선후가 있지만 서로 떨어질 수는 없다. 셋째, 육구연과 왕수인의 해석이다. 그들은 본심本心과 심체心體 즉 주체적 원칙을 형이상이라 간주하였으며, 물질적 마음을 형이하자로 보았다. 그러나 양자는 하나로 관통되어 있어 결코 분리될 수 없는 것이다. 넷째, 왕정상과 대진의 해석이다. 그들은 무형의 물질적 실체(氣)가 형이상자이고, 실체가 생성하는 물질이 형이하자라고 보았다. 이 양자는 유형과 무형의 관계이자 또한 생성 및 인과의 관계이다. 다섯째, 나흠순과 왕부지의 해석이다. 그들은 형이상자는 법칙·필연성 등을 대표하는 개념이고, 형이하자는 물질 존재를 대표하는 실체라고 하였다. 여기에서는 형이하자가 형이상자를 결정하지만, 형이상자는 상대적 독립성을 지니고 있다고 보았다.

형상·형하 개념은 리기를 떠나지 못하지만, 리기에서 더욱 추상화되어 순수한 형식 개념이 되었을 때는 오히려 리기와 기타 여러 개념을 규정하는 것이 된다. 형상·형하의 기본 함의는 무형과 유형, 보편과 구체, 일반과 개별인데, 이는 모두가 인정하는 것이고 이 때문에 모두 이 개념을 사용하였다. 그러나 한 걸음 더 나아가 해석할 때는 오히려 그 의미에 약간씩 차이가 났다. 이 개념이 심성론에 적용될 때는 우주론과 완전히 달랐으며, 오히려 도덕형이상학의 형식적 개념으로 변하였다.

제8장 체와 용

'체용體用'은 형상형하形上形下와 마찬가지로 성리학의 본체론에 있어서 중요한 개념이다. 엄격히 말하자면 성리학의 본체론은 체용 개념을 통해 확립된 것이다. 그러나 그것이 형상형하 개념과 결합될 때 비로소 성리학의 본체론은 현학玄學이나 불교佛敎와 다른 유학적 특색을 지니게 된다. 만약 형상형하가 존재라는 측면에서 세계를 일반과 개별, 보편과 구체의 두 차원으로 구분하였다면, 체용은 활동이라는 측면에서 세계를 실체와 기능, 본질과 현상의 통일로 해석한 것이다.

성리학이 출현하기 이전에도 체용은 이미 중국철학의 중요한 개념이었다. 그러나 이 개념이 언제 출현하였고, 또 유·불·도의 어느 학파에서 출현하였는지는 일찍이 논쟁이 있었다. 남송 시기의 리학자인 위료옹魏了翁은 다음과 같이 말하였다.

> 육경六經과 『논어』, 『맹자』에서 의리義理에 대해 말한 것은 다소 있으나 체용이란 두 글자는 없었다. 후세에 이르러 비로소 이 글자가 있었는데, 선유들은 이 말을 폐하지 않고 그것을 취하여 리理를 밝혀 200여 년에 이르러 비로소 성리를 말하게 되었는데, 이 두 글자를 빠뜨리고서는 이룰 수 없는 것이었다. 또 이 두 글자를 대체할 글자를 따로 찾았지만 끝내는 그렇게 하지 못하였다.[1]

이는 체용 개념이 성리학에서 매우 중요한 지위와 작용을 지니고 있다는 것이며, 동시에 이 개념은 전통 유가의 경전에서 나오지 않았음을 설명한 것이다. 그러나 체용이 어느 학파에서 나온 말인지에 대해서는 설명을 하지 않았다. 북송의 조열지晁說之는 "체용이 유래한 바는 본래 석씨釋氏이다"[2]라고 하여 그것이 불교철학에서 근원하고 있음을 인정하였다. 그러나 이후 원대元代의 허형許衡은 이 주장에 동의하지 않았다.

> 선유들은 체용體用이라고 말하였는데, 일찍이 공맹孔孟은 이것에 대해 언급한 적이 없었다. 그러나 『논어』, 『맹자』를 자세하게 읽어보면 문구마다 체體도 있고 용用도 있다.[3]

하지만 이는 다만 공맹이 말한 것 가운데에서 체와 용을 찾아볼 수 있다는 것일 따름이지, 체용이란 두 글자가 공맹에서 기원했다는 것을 설명한 것은 아니다. 사실상 공맹은 후대에 말하고 있는 그러한 체용의 사상에 대해 결코 언급한 적이 없다. 이 점에서는 위료옹의 관점이 정확하다.

명청교체기의 고염무顧炎武와 이옹李顒은 다시 한 차례 논쟁을 펼쳤다. 이옹은 "체용이란 두 글자는 불서佛書에서 나왔다"[4]고 단언하였고, 고염무는 이 말에 반대하여 유가 경전 속에도 체용 두 글자가 나온다고 하면서 이에 대한 논거를 제시하였는데, 그것은 철학적 개념은 아니었다.

---

1) 『鶴山大全文集』,「答李監丞」, "六經語孟發多少義理, 不曾有體用二字. 逮後世方有此字, 先儒不以人廢言, 取之以明理, 而二百年來才說性理, 便欠此二字不得, 亦要別尋二字換, 却終不得."
2) 『宋元學案』, 권22, "體用所自, 乃本乎釋氏."
3) 『魯齋遺書』, 권2, 「語錄下」, "先儒說出體用, 嘗謂孔孟未嘗言此. 及仔細讀之, 每言無非有體有用者."
4) 『二曲集』,「答顧寧人先生」, "體用二字, 出於佛書."

사실 유가에서 처음 체용 관념을 제시한 사람은 순자이다. 그는 다음과 같이 말하였다.

만물은 같은 세상에 있으면서 체體가 다르며, 일정함은 없지만(無宜) 각기 용用이 있다.5)

여기에서 말하는 체는 형체라는 뜻으로『묵자墨子』의 사상과 비슷하며, 용은 기능·작용을 말하는 것이다. 이것이 비록 체용 범주의 가장 원시적인 함의를 지니고 있지만, 후대 본체론 철학에서 말하는 체와 용은 아니다. 바꾸어 말하면 이것은 모종의 철학적 의의를 지닐 수 있지만 아직 정식적이거나 보편적인 철학적 개념은 되지 않았던 것이다.

1. 송대 이전

중국철학, 특히 성리학에서의 개념과 범주는 체용을 포함하여 거의 선진시기에서 그 사상의 배태나 맹아를 찾아 볼 수 있다. 그러나 후대의 철학이 선진철학의 단순한 연속이나 주석은 결코 아니다. 사유 발전의 역사와 논리에서 보자면 후대에 나온 것은 더욱 풍부한 내용을 지니고 있을 뿐만 아니라, 철학 발전의 형태와 인간 이론 사유의 방식을 어느 정도 바꾸어 놓은 것이다. 성리학의 수많은 개념들 역시 이와 같으며, 체용 개념은 더더욱 그러하다.

체용이 진정한 철학적 개념으로 사용되기 시작한 것은 현학에서부터

---

5)『荀子』,「富國」, "萬物同宇而異體, 無宜而有用."

이다. 선진 시기는 다만 간단하고 아주 산발적인 체용사상의 맹아가 있었으며, 양한兩漢 시기의 경험철학에서는 그리 발전하지 못하였다. 다만 현학에서 본체론이 확립된 이후 이 개념은 비로소 중요한 의미를 지니게 된다. 이것은 사유 발전의 법칙에 부합하는 것이다. 현학자들은 적극적으로 본말本末・유무有無에 관한 문제를 토론하였는데, 실제로 이는 본체론의 문제이다. 왕필王弼은 명확히 체용體用의 관계를 언급하여 "만물이 비록 귀하지만 무를 용으로 하니, 무를 버리고서는 체라고 할 수 없다"6)라고 하였다. 여기에서 체는 현상 배후의 본질 존재로서 무형이지만 존재의 전체를 가리키는 것이고, 용은 본질이 표현하는 작용이며 유형의 현상 세계이다. 사실 이것과 '숭본거말崇本擧末'은 동일한 의미이다.

이 이후 불학에서도 체용을 논하였다. 지의智顗의 "체를 드러내어 오로지 리理만을 쓰이게 하고, 용을 으뜸으로 하여 다만 사事를 논한다"7)는 '리사체용관理事體用觀', 법장法藏의 "체와 용은 서로 존재하는 데 막힘이 없다",8) "체용이 온전히 거두어들여져 한결같이 원만하게 통한다"9)는 '성상원융설性相圓融說', 신수神秀의 도법道法이 "결국에는 체용이라는 두 글자로 돌아간다"10)는 '심체용설心體用說', 혜능慧能의 "정定은 혜慧의 체이고, 혜는 공空의 용이다. …… 정혜는 체가 하나이지 둘이 아니다. …… 무념無念이 으뜸이 되며, 무상無相이 체가 되고, 무주無住가 본本이 된다"11)는 '심체돈오설心體頓悟說' 등은 모두 일종의 심성본체론心性本體論의 철학이다. 그들은

---

6) 『王弼老子注』, 38장, "萬物雖貴, 以無爲用, 不能捨無以爲體也."
7) 『法華玄義』, "顯體專用理, 宗用但論事."
8) 『法界緣起章』, "體用不碍雙存."
9) 『華嚴策林』, "體用全收, 圓通一際."
10) 『楞伽師資記』, "總會歸體用二字."
11) 『壇經』, "定是慧體, 慧是空用.……定慧體一不二.……無念爲宗, 無相爲體, 無住爲本."

절대적 초월의 보편 존재를 체로 보았고, 구체적이고 상대적인 현실의 존재를 용으로 보았다.

현학과 불학은 모두 무와 공을 체로 여겼다. 특히 불학의 학술적 목표는 현실 세계에 대한 철저한 부정에 있었으므로 성공性空을 진실한 존재로 보았는데, 성리학자들은 이를 체는 있되 용이 없다(有體無用)고 비판하였다.

성리학자들은 체용설에 관한 현학과 불학의 사유 방식을 널리 받아들이지만, 또한 그들은 불학을 '유체무용有體無用'의 학설로 비판하였다. 그들은 유有의 철학을 건립하였는데, 이는 실유實有를 체로 삼은 것이다. 다만 이 유는 구체적인 존재가 아니라 보편적 존재이다. 그러나 이 보편적 존재가 무엇인지에 관해서는 학자들마다 대답이 각기 다르다.

체와 용의 최초 함의는 형체·형질과 작용의 관계인데, 범진范縝의 '형질신용설形質神用說'이 그 전형적인 예이다. 이것은 본체론적 개념으로서는 본질과 현상이라는 의의를 지니고는 있었으나 본질과 현상의 관계는 아니었다. 실제로 이 개념들은 잠재된 실체 존재 및 그 기능·작용의 관계로 바뀌었다. 본체론을 지향하는 철학자들은 유물론이든 관념론이든 모두 체를 근본적인 보편 존재라 간주하였는데, 혹자는 이를 물질 존재라 하고 혹자는 정신적이고 관념적인 존재라고 하였다. 그러나 본체는 잠재된 것으로 결코 직접 스스로를 드러내지 않으며, 상대적인 현실의 존재를 통하여 드러나는 것이다. 특히 성리학자들은 일반적으로 기능과 과정을 강조하였고, 존재 그 자체를 강조하지는 않았다. 이렇게 하여 체용體用의 관계 문제가 출현한 것이다. 체는 보편적 실체성의 존재로서 스스로가 원인이 되는 것이지 그것의 바깥에 따로 근원이 있는 것이 아니다. 다만 이것은 반드시 잠재에서 실현으로, 보편에서 구체로, 절대에서 상대로 드러나게 되는데, 이것이 바로 용의 문제이다. 용은 비록 본체의 기능이자 작용이지만 또한 활발한 현실적 감성의 존재이며, 생동적이고 구체적인 과정을 표현하는 것이다. 이것이 성리학자들이 사용한 체용 개념의 공통적 출발점이다.

성리학이 형성되기 이전인 당대唐代의 공영달孔穎達과 최경崔憬 등은 체용을 형상형하形上形下와 결합시킴으로써 유가의 본체론을 건립하려고 시도하였다. 공영달은 왕필의 본체론 사상을 받아들여 도를 '무체지명無體之名'의 본체 존재라 하면서, 만물은 본체에 의해 생성되고 확립된 현상이라 하였다. 최경은 체란 형질形質이며, 용은 형질의 묘용妙用 즉 형질이 지니고 있는 작용이라 하였다. 비록 통일된 물질 실체를 제시하지 못했지만, 물질 존재를 체로 여긴 이들의 사상은 본체론적 사상을 특색을 지니고 있다. 어찌되었든 이 두 사람은 형상형하와 체용을 결합시키면서 상호 의존적인 해석의 방식을 사용하였는데, 이것이 바로 유학 본체론의 문을 열어 놓은 것이다.

성리학이 배태되어 가던 시기의 학자인 유종원柳宗元도 체용에 관한 문제를 제기하였다. 그는 불교에 대해 '체를 말하되 용은 언급하지 못했다'고 비판하는 동시에 '체와 용은 서로 떨어지지 않는다'는 관점을 제기하여, "이 두 가지가 잠시라도 떨어질 수 없음을 모르고서 바깥으로 떼어 놓으니 이는 세상의 큰 근심인 것이다"[12]라고 하였다. 경사장구經師章句의 학문에 반대한 그는 이처럼 유체무용有體無用의 불교 학설에도 반대하였지만, 사실 이것은 불학의 이론적 사유를 흡수함으로써 유가의 본체론을 건립하려는 또 한 차례의 시도였다. 유우석劉禹錫은 한 걸음 더 나아가 체용으로 불교의 공무설空無說을 반대하여 "공空이란 형形이 드물고 은미한 것으로 그 체는 사물을 방해하지 않고 그 용은 늘 유有에 근본하니, 반드시 사물에 근거

---

12) 『柳河東集』, 「送琛上人南游序」, "不知二者之不可斯須離也, 離之外矣, 是世之所大患也."

한 후에야 형形이 된다"¹³⁾고 하였다. 이 말은 희미한 물질적 기氣가 체가 된다는 이론에 접근하고 있는 것인데, 유종원도 이 점을 인정하였다. 이러한 것은 모두 성리학 체용론의 발전에 중요한 부분들이다.

2. 북송시대

성리학이 개창되던 시기의 범중엄范仲淹, 구양수歐陽修, 호원胡瑗 등의 학자들 역시도 성리학적 본체론의 건립에 상당한 공헌을 하였다. 범중엄은 "그 체를 보면 무물無物로 돌아가고, 그 리理를 얻으면 성인으로 돌아간다"¹⁴⁾라고 하였다. 또 구양수는 『왕필주역주王弼周易注』를 높여 "천지의 리를 미루어 인사人事의 시종을 밝힌다.…… 그는 전대의 사람을 크게 뛰어넘어 있다"¹⁵⁾고 하였으며, 또 인의仁義를 근본으로 하는 사상을 내세웠다. 이는 모두 본체론을 건립하기 위한 노력이었다. 이러한 가운데 체용사상은 마치 부르면 나올 것 같이 무르익었다. 호원은 명체달용明體達用의 사상을 명확히 제기하여 유가윤리를 본체론적 차원까지 끌어올렸다. 그러나 자료가 부족하여 그가 우주론의 문제로까지 체용론을 완전히 적용했는지는 알 수가 없다.

성리학이 형성되던 시기의 학자인 주돈이周敦頤, 소옹邵雍, 장재張載, 이정二程 등은 모두 체용 개념을 활용하여 각자의 우주본체론을 건립하였다. 주돈이는 비록 체용이라는 두 글자를 사용하지는 않았지만, 허형이 말

---

13) 『天論』, "空者, 形之稀微者也. 爲體也不妨乎物, 而爲用也恒資乎有, 必依於物而後形焉."
14) 『范文正公文集』別集, 「窮神知化賦」, "視其體則歸於無物, 得其理則歸於聖人."
15) 『歐陽文忠公全集』, 「張令注周易序」, "推天地之理以明人事之始終……超然遠出於前人."

한 것처럼 그의 '무극태극無極太極'은 모두 체의 측면을 말한 것이다. 그가 『통서通書』에서 성誠, 신神을 본체로 하는 사상을 제기하였다는 것은 분명하다. 주희朱熹 이후의 성리학자들이 체용의 근원을 주돈이에게 두고 있는데, 사실 이는 근거가 전혀 없는 것은 아니다.

소옹은 다른 학자들과는 달리 체용이라는 말을 많이 사용하지만, 그는 오히려 형하形下의 상수학적象數學的 각도에서 해석하고 있다. 그가 말한 체는 일반적으로 물질 형체와 형질을 가리키는 것이지 우주본체는 아니며, 또 그가 말한 용은 기능·작용을 가리키는 것이었다. 이것은 비록 체용에 대한 소박한 함의를 지니고 있으나, 중요한 철학적 의의를 지니고 있다. 후대 주희 역시 항상 이러한 의미에서 체용을 사용하였다.

체용에 대한 해석에서 소옹은 대립적 의미에서부터 실체와 그 작용의 관계를 서술하였다. 예를 들어 그가 "양은 음을 체로 하고 음은 양을 체로 한다"16)는 명제를 제기한 것은 동정動靜의 관계를 설명한 것이다. 움직임은 용이 되고 멈춤은 체가 되니 '하늘에 있어서는 양이 움직이고 음이 멈춘다'는 것은 양은 음을 체로 삼고 음은 양을 용으로 삼는다는 것이며, '땅에 있어서는 양이 멈추고 음이 움직인다'는 것은 음은 양을 체로 삼고 양은 음을 용으로 삼는다는 것이다. 이렇게 서로가 체용이 된다는 사상은 음양·동정의 대립과 통일의 소박한 변증법 사상을 담고 있다.

그는 또 체수體數와 용수用數의 문제를 제기하였다. 지수地數는 체가 되고 천수天數는 용이 된다고 하면서 그는 "용은 체를 기본으로 하며…… 체는 용을 근본으로 한다"17)고 말하였는데, 이 양자는 서로 대립하면서도 서로가 용이 된다. 체수는 '사물을 낳는 것'이고 용수는 '운행하는 것'인데,

---

16) 『觀物外篇』, 권11, "陽以陰爲體, 陰爲陽爲體."
17) 『觀物外篇』, 권1, "用以體爲基,……體以用爲本."

운행하는 것은 천天이고 사물을 낳는 것은 지地라고 하였다. 하늘은 비록 홀로 운행하지만 땅의 체를 떠나서는 존재할 수 없고, 땅은 형체가 있으므로 사물을 낳을 수 있지만 이 역시 하늘의 운행을 필요로 한다는 것이다.

소옹의 상수법은 선험적 상수학으로 우주와 자연계의 생성 변화를 설명한 것이다. 여기에는 상당히 주관적인 추측과 황당한 측면이 없지는 않지만, 그가 제시한 대립적 사물이 서로 체용이 된다는 사상은 오히려 성리학에서 큰 의의를 지니고 있다.

장재는 바로 체용을 통해 불교와 도교를 '체와 용이 완전히 다른'(體用殊絶) 허무虛無의 철학으로 비판하면서, 허실虛實・유무有無・체용體用이 통일된 학술체계를 세웠다. 그는 태극의 기와 그 속성을 우주본체라고 보았으며, 만사만물은 본체의 표현이자 작용이라 하였다. 즉 양자는 실체와 현상의 관계이다. 본체는 비록 형체가 없지만 오히려 시공時空 속에 존재하며, 무형인 까닭에 만물의 근원이 될 수 있는 것이다. 만물은 비록 형체가 있지만 고립된 존재가 아니라 무형의 본체를 통일적 근원으로 삼는다. 그는 '체용은 둘이 아니다'(體用不二)는 사상을 제기하였는데, 자연계는 무궁하게 변화하는 세계이며, 동시에 하나의 통일된 전체라고 논증하였다.

> 태허의 무형은 기의 본체이고, 그 모이고 흩어짐은 변화의 객형客形이다.[18]

즉 태허의 기는 유일하고도 영원한 실체적 존재이며, 취산聚散과 변화는 그것의 외부적 표현이라는 것이다. 사물에는 시작과 끝이 있지만 본체에는 시작과 끝이 없으며, 사물은 변화하지만 본체는 고요할 따름이다. 그

---

18) 『正蒙』, 「太和」, "太虛無形, 氣之本體, 其聚其散, 變化之客形爾."

러나 일체의 변화 및 시작과 끝은 본체에서 비롯되는 것이자 본체로 돌아가는 것이며, 본체를 떠나 존재할 수 없다. 이것이 바로 '천도天道에 근본하여 용이 된다'(本天道爲用)는 것이다. 그러므로 만상萬象은 결코 태허 가운데 나타나는 것이 아니며 더욱이 환화幻化도 아니다. 불교에서는 사물과 허虛가 서로 근원이 될 수 없다. 형形은 다만 형일 따름이고 성性은 다만 성일 따름이어서, 형과 성, 천天과 인人이 서로를 필요로 하지 않고 존재하는데, 이렇게 되면 산하山河와 대지大地를 병病으로 여기는 폐단에 빠지게 된다.

이러한 장재의 주장은 이른바 체와 용이 서로 근원이 되고 서로가 필요로 한다는 체용불이體用不二의 사상이다. 즉 체는 용을 기다려야 실현이 되고, 용은 체에 근원하여 발현한다는 것이다. 장재는 실체와 그 현상은 반드시 통일되어 있는 것이라고 여겼다. 만약 양자를 분할하면 황홀恍惚이나 몽환夢幻에 빠져서 체만 있고 용이 없게 되거나, 유有가 무無를 생한다는 것과 같은 체용분리의 학설에 빠지게 된다는 것이다. 여기에서 체용불이는 그가 불교와 도교의 본체론을 비판하는 과정에서 총괄한 중요한 결론임을 알 수 있다.

그러나 장재는 실체(氣)를 본체로 여겼을 뿐만 아니라 실체의 속성, 즉 성性과 신神도 본체로 보았다. 장재가 말하는 체용 관계는 실체와 현상의 관계일 뿐만 아니라 속성과 사물의 관계이기도 하다.

> 하늘은 만물을 두루 남김이 없이 체현하니 마치 인仁이 사물을 체현하여 있지 않는 곳이 없는 것과 같다.……『시경詩經』에서 "넓은 하늘은 밝아서 너와 함께 다니고, 넓은 하늘은 밝아서 너와 함께 유행한다"고 하였는데, 이는 하나의 사물이라도 체현하지 않는 것이 없다는 것이다.19)

---

19) 『正蒙』, 「天道」, "天體物不遺, 猶仁體事無不在也.……昊天曰明, 及爾出王, 昊天曰旦,

여기에서 말하는 것은 실체를 가리킨 것이자 동시에 기능을 가리킨 것이다. 도가 사물을 남김없이 체현한다는 것은 체가 치우치거나 응체됨이 없다는 것이다. 만약 치우치거나 응체되어 있다면 만물의 본체가 될 수 없다. 그래서 그는 다음과 같이 말한다.

> 체가 치우치거나 응체되는 것이 없어야 방소도 없고 형체도 없다고 할 수 있다. 낮과 밤, 음과 양에 치우친 것은 사물인데, 만약 도라면 이 두 가지 체를 겸하여 거리낌이 없다.…… 그 미루어 행하는 것을 일컬어 도라 하고, 헤아릴 수 없음을 일컬어 신이라 하며, 낳고 낳음을 일컬어 역易이라 하니, 사실은 하나의 사물을 가리켜 다르게 이름붙인 것일 따름이다.[20]

장재가 실체의 속성과 기능을 모두 만물의 본체라고 간주했다면 체의 외연은 매우 넓은 것이다. 속성과 기능은 비록 실체에서 떨어지지 않지만 사실 이것은 실체와는 같지가 않다. 문제는 장재가 실체를 떠나서 속성을 논하였고, 그것을 독립적인 본체 존재로 여긴 것에 있다. 그는 "무無였던 적이 없음을 체라 하고, 체는 성性이라고 일컫는다"[21]고 하였는데, 이는 무가 아닌 어떤 것을 본체로 본 것이다. 그러나 이렇게 되면 두 가지 본체가 나타나게 된다. 그는 "성은 무無에까지 완전히 통하지만 기氣는 그 하나의 사물일 따름이다"[22]라고도 하였는데, 이렇게 되면 성은 기를 벗어났을 뿐만 아니라 기의 위에 존재하는 것으로 심지어는 무가 되고 만다. 이것은 그가 허무를 본체로 삼는 불교와 도교의 사상을 비판한 것과 비교해 볼

及爾游衍, 無一物之不體也."
20) 『正蒙』, 「乾稱」, "體不偏滯, 乃可謂無方無體. 偏滯於晝夜陰陽者物也. 若道則兼體而無累也.……語其推行故曰道, 語其不測故曰神, 語其生生故曰易, 其實一物, 指事異名爾."
21) 『正蒙』, 「誠明」, "未嘗無之爲體, 體之爲性."
22) 『正蒙』, 「乾稱」, "性通極於無, 氣其一物爾."

때, 원래의 취지와 크게 벗어난 것이라 할 수 있다. 이 점에 대해 청대의 대진戴震은 장재의 신神·허虛가 불교·도교와 구별하기가 매우 어렵다고 지적하였다.

이정은 본체론을 확립하는 과정에서 장재가 범한 모순에 염두를 두고 장재에게 나타난 문제를 피하려 하였다. 그러나 그들은 완전히 다른 길로 나아가 우주법칙을 체로 삼고 물질 현상을 용으로 삼았다. 이는 곧 형이상자가 체이고, 형이하자가 용이라는 것이다. 형상형하는 일반적 규율과 구체적 사물의 관계를 반영한 것이고, 체용은 본질과 현상의 관계를 반영한 것이다. 그런데 이정은 그 가운데 법칙과 본질을 절대화시키고 말았다.

본체와 실체는 어떤 의미에서는 동일한 것이지만 그렇다고 완전히 동일한 것은 아니다. 이정은 물질적 실체를 본체로 삼은 장재의 기본적인 관점을 부정하였으며, 관념적 존재와 형이상자를 우주의 본체로 삼았다. 이렇게 되면 물질적 실체와 그 속성·모형의 관계는 모두 완전히 뒤바뀌게 된다. 규율과 본질 등의 모식이나 범주가 실체 존재가 되고, 물질적 실체 및 그 구체적 존재는 오히려 그것은 작용과 표현이 되는 것이다. 여기에 이르면 이정의 리일원론理一元論적 우주본체론의 철학은 진정으로 완성된 셈이다. 엄격히 말해서 여기서의 체는 결코 실체가 아니라 잠재된 본질적 존재 또는 전체이며, 용은 구체적 존재 및 그 표현의 과정이다.

그러나 이정은 리본체론의 전제 하에서 체용의 관계에 대해 변증법적 분석을 제기하였다. 정이程頤가 『이천역전伊川易傳』에서 말한 "체와 용은 하나의 근원이고 드러남과 은미함은 사이가 없다"(體用一源, 顯微無間)라는 명제는 이미 철저한 리일원적 명제이지만, 이것은 동시에 변증법적 요소를 포함하고 있기도 하다. 본체적 리의 근원성을 분명히 하는 가운데, 본체와 현상이 또한 합일되어 있음을 말하고 있는 것이다. 이것이 현미무간顯微無

間이라는 말이다. 성리학의 본체론적 특징은 한편으로 엄격히 본체와 현상을 구분하지만, 동시에 체는 용을 떠나지 않고 용은 체를 떠나지 않음을 중시하였다. 정이는 체와 용, 리와 현상의 관계를 다음과 같이 설명하였다.

> 리가 있은 후에 상象이 있으며, 상이 있은 후에 수數가 있다. 역易은 상을 통해 리를 밝히는 것이며 상으로 말미암아 수를 아는 것이다. 그 뜻을 얻었다면 상수 象數는 그 속에 있는 것이다.[23]

이것은 본체론과 상수학의 구별이다. 이른바 '리가 있은 후에 상이 있다'는 것은 체가 있은 후에 용이 있다는 것이다. 이것은 성리학적 체용론의 논리적 결론이며, 체가 용 가운데 있고 용이 체 가운데 있기 때문에 이 둘은 사이가 없다(無間)고 한 것이다. 그러므로 상이 없으므로 리는 드러날 수 없고, 본체 존재는 결국 현상계를 떠날 수 없는 것이다.

정이는 '체와 용에는 선후가 없다'(體用無先後)는 것을 더욱 강조하였다. 즉 체 가운데 용이 있고 용 가운데 체가 있으며, 체가 곧 용의 체이고 용이 곧 체의 용이라는 것이다. 그는 본체에 대해 다음과 같이 말하였다.

> 시작도 없고 마침도 없으며, 또한 어떠한 유에 근원하지도 않고 어떠한 무에 근원하지도 않으며, 또한 유로써 유에 처함도 없고 무로써 무에 처함도 없다.[24]

이는 곧 어느 곳에라도 본체는 있다는 말이며, 동시에 본체는 자신을

---

[23] 『二程集』, 「文集·答張閎中書」, "有理而後有象, 有象而後有數. 易因象以明理, 由象而知數, 得其義, 則象數在其中矣."
[24] 『河南程氏遺書』, 권12, "亦無始, 亦無終, 亦無因甚有, 亦無因甚無, 亦無有處有, 亦無無處無."

원인으로 삼는다는 것이다. 아울러 그것은 본체가 현상계에서 현상과 일용사물을 통해 표현되는 것이지 결코 피안에 따로 존재하는 것이 아니라는 것이다. 즉 절대는 상대 속에 있으며, 무한은 유한 속에 있으며, 본체는 작용 속에 있다는 것이다.

> 낳고 낳음을 역易이라 일컫는다. 하늘과 땅이 자리를 정하였으니 역이 그 가운데 행한다. 건곤乾坤이 없어진다면 역을 볼 수가 없으며, 역을 볼 수 없다면 건곤의 도리는 거의 멈추게 된다. 역이란 결국 무엇인가? 또 가리켜 말하기를 "성인이 이것으로 마음을 씻으며 물러나 비밀한 곳(密)에 감추어 둔다" 하였고 "성인이 사람에게 뜻을 보인 것은 여기에 이르러 깊고 또한 밝으나 결국 이해하는 사람이 없다" 하였다. 역易이라 하고 이것(此)이라 하고 비밀한 곳(密)이라 한 것은 과연 어떠한 사물인가? 사람이 능히 여기에 이르러 깊이 생각하고서 스스로 체득해야 할 것이다.25)

이는 『주역』의 체體가 건곤 가운데 있다는 것이며, 건곤을 떠나서는 역易의 체體를 볼 수 없다는 것이다. 성인이 물러나 비밀한 곳에 감추어 둔다는 것도 일용사물을 벗어난 것이 아니다. 이 때문에 건곤의 바깥에서 이른바 역체易體를 구할 필요가 없으며, 일용사물의 바깥에서 도체道體를 구할 필요가 없는 것이다.

체용은 또한 사용 범위가 매우 넓은 개념이다. 이정은 우주본체론에서 이 개념을 사용했을 뿐만 아니라, 다른 이론에서도 다른 용법으로 사용하였다. 예를 들어 정호程顥는 『주역』의 함咸·항恒 두 괘卦를 리理와 의義로

---

25) 『河南程氏遺書』, 권12, "生生之謂易. 天地設位, 而易行乎其中, 乾坤毁則無以見易, 易不可見, 乾坤或幾乎息矣. 易畢竟是甚? 又指而言曰, 聖人以此洗心, 退藏於密, 聖人示人之意至此深且明矣, 終無人理會. 易也, 此也, 密也, 是甚物? 人能至此深思, 當自得之."

써 설명할 때 체용의 관계를 사용하였고, 정이도 도道와 의義, 충忠과 서恕를 모두 체용 관계로 말하였다. 이러한 구체적 개념 가운데 체용 관계는 본체론과 내재적 관련성을 가지고 있으나, 각기 그 특징을 지니고 있다. 이것은 체용론의 융통성을 표현한 것이다.

3. 남송시대

주희는 체용 개념을 사용하여 리본체론의 체계를 완성하였으며, 한 걸음 더 나아가 체용을 새로이 규정하였다. 그는 "원래 존재하는 것은 바로 체이고, 이후에 생한 것은 용이다",26) "먼저 체가 있었고 나중에 용이 있었다",27) "무릇 체라고 말하면 반드시 기본의 골간이 되는 것이다"28)라고 하여, 체가 일차적 존재이고, 용은 체에서 파생된 것이라 하였다. 예를 들어 물(水)은 흐르거나 머물러 있거나 격랑을 이룰 수 있는데, 이것은 용이다. 그리고 물의 근본(水骨)은 흐르거나 머무르거나 격랑을 이루게 할 수 있는 것으로 체이다. 우주론적 측면에서 말하자면 주희가 말하는 체용은 형상형하와 마찬가지로 리기理氣에 대한 중요한 규정인데, 리는 곧 체이고 기는 곧 용이다. 그래서 그는 "리란 사물의 체이다",29) "체는 이 도리이며, 용은 그것의 쓰임이다"30)라고 하였다. 여기에서 말한 체는 보편적이고 초월적인 실체 존재이며, 용은 그것의 현실적 작용이자 현상계의 구체적 존재 및

---

26) 『朱子語類』, 권6, "見在底便是體, 後來生底便是用."
27) 『朱子語類』, 권98, "先有體而後有用."
28) 『朱子語類』, 권98, "凡言體者, 必是做個基骨也."
29) 『朱子語類』, 권98, "理者物之體."
30) 『朱子語類』, 권6, "體是這個道理, 用是他用處."

그 과정이다.

아마 어떠한 학자는 주희의 체용론이 리기의 관계를 가리키는 것이 아니라고 할 수도 있을 것이다. 그러나 실제로는 주희 철학 가운데 태극과 음양, 리와 기, 리理와 물物, 도道와 기器는 모두 체용의 관계이며 본체와 작용의 관계이다. 기와 사물은 주희 철학 가운데 동일한 논리적 차원에 있는 것으로, 그것은 다만 생성 관계이지 체용 관계는 아니다. 생성 관계는 주희의 논리체계 가운데 모두 형이하자이며 또한 현상계이다. 형이상의 리理만이 본체론적 존재이다. 체용과 형상형하를 결합시키면 비교적 엄밀한 형이상학 본체론이 확립되는데, 이것이 주희 학술체계의 두드러진 특징이다. 바로 이 때문에 그의 이론은 장재의 체용론과 근본적으로 구별되는 것이다.

주희는 체용의 선후를 논하였는데, 이는 논리적 관계이자 본체론적 문제이다. 그는 '먼저 체가 있었고 나중에 용이 있었다'고 하였는데, 이는 용이 체에서부터 발한다는 것이다. 세계에는 용이 없는 체가 없고 또 체가 없는 용도 없다. 즉 체가 있으면 반드시 용이 있고 용이 있으면 반드시 체가 있지만, 체만이 세계의 유일한 근원인 것이다. 따라서 만물은 체에서부터 비롯되는 것이며, 이것이 태극의 본체인 것이다.

> 태극에서부터 만물이 화생化生하는 것에 이르기까지 다만 하나의 도리가 포괄하고 있을 따름이지, 이것이 먼저 있은 다음에야 저것이 있는 것은 아니다. 다만 하나의 큰 근원을 통괄하여, 체에서부터 용에 이르고 은미한 것에서부터 드러남에 이르는 것일 따름이다.[31]

---

31) 『朱子語類』, 권94, "自太極至萬物化生, 只是一箇道理包括, 非是先有此而後有彼. 但統是一箇大源, 由體而達用, 從微而至著耳."

주희는 시종 본체는 결코 실제로 어떠한 사물이 있는 것이 아니라 다만 하나의 도리라고 생각하였다. 그런데 도리가 어떻게 만물의 생성 근원이 되는지는 주희가 대답해야 할 문제였다. 여기에서 그는 본체의 능동성 문제를 제기하는데, 실제로는 잠재적 능동성과 동태적 능동성의 관계 문제이다. 본체는 늘 잠재된 존재일 뿐 실제로 존재하는 사물은 아니지만 그것은 또 만물 생성의 근원인데, 그것이 현실적 능동성으로 바뀌어 발육하고 유행할 때는 진실한 존재가 된다. 그는 이 잠재된 본체 존재가 전체全體이자 만물을 발육시키는 무한한 능력을 지니고 있다고 보았다.

> 그러므로 도체의 지극함을 말하면 태극이라 하고, 태극의 유행을 말하면 도라 한다. 비록 두 가지 이름이 있으나 애초에 두 가지 체는 결코 없었다. 염계 선생이 말한 무극無極은 바로 그것의 무방소無方所와 무형상無形狀를 가리키는 것이다. 사물이 없던 그 이전에도 있었지만 사물이 생겨난 이후에도 세워지지 않음이 없었으며, 음양의 바깥에도 있지만 음양 가운데 행하지 않음도 없었다는 말은 전체를 관통하여 있지 않은 곳이 없다는 것이다. 이에 또한 소리도 없고 형체도 없으며, 그림자도 없었고 울림도 없었다고 말할 수 있는 것이다.[32]

음양이 만물을 화생하는 것은 이 본체인 태극이 하는 일이지만, 태극 본체는 결코 형상이나 방소를 가지지 않는다. 도는 태극이 만물을 발육·유행하는 것이며, 그것은 없는 곳이 없으므로 '애초에 두 가지 체가 결코 없었다'고 한 것이다. 본체는 다만 하나이며, 그것이 유행하여 본체를 실현하고 우주 자연계의 생생불식生生不息의 과정을 형성하여 체용이 합일되는

---

[32] 『朱子文集』, 「答陸子靜」, "故語道體之至極則謂之太極, 語太極之流行則謂之道. 雖有二名, 初無兩體. 周子所以謂之無極, 正以其無方所無形狀, 以爲在無物之前而未嘗不立於有物之後, 以爲在陰陽之外而未嘗不行乎陰陽之中, 以爲通貫全體無乎不在, 則又初無聲臭影響之可言也."

것이다. 용은 체가 유행하는 것이며, 체 가운데서 흘러나온 것이다.

그런데 유행이 결국 본체 자신의 발육·유행이라면, 여전히 물질 현상의 발육과 유행이 아니겠는가? 이는 분명 주희 철학이 부딪힌 하나의 문제였다. 그는 '도는 체와 용을 겸한다'(道兼體用), '체와 용은 하나의 근원이다'(體用一源)는 사상을 제기하여 이 문제를 해결하고자 하였다.

도가 체용을 겸한다는 것은, 비록 고요히 움직이지 않아서(寂然不動) 체가 되지만, 또한 발육하고 유행하여 용이 된다는 것이다. 그러나 실제로 체용 두 가지는 분리될 수 없는 것으로, 체가 용이 되고 용이 그 체를 드러내는 것을 합하여 도라 한다는 것이다.

> 태극은 원래 동정動靜의 리를 함유하고 있지만, 동정으로써 체용을 분리할 수는 없다.33)

본체는 본래 동정動靜이 없는데, 더욱이 정을 체라 하고 동을 용이라 할 수는 없다는 것이다. 동정이 있는 것은 기氣이며, 이른바 유행이란 다만 기가 유행하는 것이다. 그런데 기가 유행하는 까닭은 리 때문이다. 리는 기 가운데 있으며 체는 용 가운데 있는데, 그 소이연자所以然者를 가리켜 체라 하고 그 유행을 가리켜 용이라 하는 것이다. 여기에서 소이所以라는 두 글자는 원인·목적 등의 의미를 지니고 있는데, 그것은 본체의 능동성과 목적성을 표현하고 있는 것이다. 그러나 태극의 용, 또는 도의 용은 오히려 반드시 기에서 말해야 하는데, 기가 없으면 용이라고 할 것이 없다. 이것이 체가 용을 벗어나지 못한다는 의미이다. 그가 말하는 '냇물이 흐른

---

33) 『朱子語類』, 권94, "太極自是涵動靜之理, 却不可以動靜分體用."

다'(川流)거나 '솔개가 날고 물고기가 뛴다'(鳶飛於躍)는 것은 자연계의 운동 변화로 도체 유행의 구체적인 예를 설명한 것이다.

다음은 체용일원體用一源이다. 주희의 체용관은 비록 본질과 현상의 관계를 뒤집어서 본질을 본체적 존재에 올려놓았으나, 그는 "체와 용은 비록 두 글자이지만 서로 떨어진 적이 없었다"34)고 하여 오히려 본질과 현상을 통일하는 변증법적 사상을 지니고 있다.

> 체와 용은 하나의 근원이고, 은미함과 드러남은 사이가 없다. 대개 리에서 말할 경우 체에 나아가면 용이 그 가운데 있으니, 이른바 하나의 근원이라는 말이다. 상象에서 말할 경우 드러남에 나아가면 은미함이 그것을 벗어날 수 없으니, 이른바 사이가 없다는 말이다.35)

용이 체 가운데 있고 상이 리 가운데 있다는 말은 곧 본체일원론의 특징을 표현한 것이다. 그런데 체가 용 가운데 있고 리가 상 가운데 있다는 것은 본질이 현상을 벗어나지 못한다는 말이 된다. 이런 관점에서 그는 "도의 체는 곧 허다한 사물상에 있다"36)고 하였다. 이처럼 그는 대상에 대한 관찰을 매우 중시하였고, 경험에 대한 귀납과 총괄을 중시하였다.

> 천지와 일월, 음양와 한서寒暑는 모두 도를 체로 삼는다고 할 때, 이 체라는 글자는 체질體質을 뜻한다. 도의 본연지체本然之體는 볼 수 없는 것이니, 그것을 보면 무체지체無體之體를 볼 수 있다.37)

---

34) 『朱子語類』, 권42, "體用雖是二字, 本未嘗相離."
35) 『朱子文集』, 「答汪尙書」, "體用一源, 顯微無間. 蓋自理而言則卽體而用在其中, 所謂一源也. 自象而言則卽顯而微不能外, 所謂無間也."
36) 『朱子語類』, 권36, "道之體便在許多事物上."
37) 『朱子語類』, 권36, "天地日月, 陰陽寒暑, 皆與道爲體. 此體字是體質. 道之本然之體不可見, 觀此, 則可見無體之體."

대개 이 용을 찾으면 곧 그 체를 알게 된다.38)

이 역시 주희 체용론의 특징이다. 이 '용에서부터 체에 도달한다'는 사상은 다른 사람이 아닌 후세의 왕부지王夫之가 한 차원 더 발전시켰다.

이 밖에 우리가 주의해야 할 것은 주희가 체용과 형상형하를 결합시켜 한편으로 형이상학적 본체론을 건립했다는 것이다. 그는 또 기가 체가 되고 리가 용이 된다는 학설도 제시하였다. 이렇게 되면 체와 용은 물질의 실체와 그 양태를 이루는 것으로, 기능과 관련되어 개념체계에 이중성을 가지게 된다. 이 양자의 관계에 대해 그는 서로가 체용이 된다는 사상을 제기하였다.

> 만약 형이상자로 말하자면 비어 있고 아득한 것이 물론 체가 되고, 그것이 사물 사이에게 발현되는 것은 용이다. 만약 형이하자로 말하자면 사물이 또한 체가 되고, 그 리가 발현하는 것이 용이 된다. 형이상자가 도의 체가 되고, 천하의 달도達道가 도의 용이 된다고 개괄하여 말해서는 안 된다.39)

형이상자가 체이고, 형이하자가 용인 것이 주희의 기본 관점이다. 그러나 그는 또 형이하자가 체가 되고 형이상자가 용이 된다고 하였는데, 이는 완전히 다른 의미를 지니고 있다. 여기에서 체용의 관계는 그 내용과 함의에서 근본적인 변화가 발생한다. 형이하의 사물이 본체가 될 수 있다면 형이상의 리는 다만 사물에 의해 표현되는 작용일 따름이다. 이것은 비록 형

---

38) 『朱子語類』, 권42, "蓋尋這用, 便可以知其體."
39) 『朱子文集』, 「答呂子約」, "若以形而上者言之, 則沖漠者固爲體, 而其發於事物之間者爲之用. 若以形而下者言之, 則事物又爲體, 而其理之發見者爲之用. 不可槪謂形而上者爲道之體, 天下達道爲道之用也."

이하자의 측면에서 말한 것이지만 매우 큰 변화라고 말하지 않을 수 없다. 이러한 변화는 주희의 일원론을 철저하지 못하게 하였으며, 근본적으로 그의 형이상학적 본체론을 흔들어 놓았다.

형이하의 관점에서 출발하여 주희는 체용으로 수많은 현상을 해석하였다. 작게 말하면, 신체가 체이고, 눈으로 보는 것과 귀로 듣는 것 그리고 손발을 움직이는 것은 용이다. 손이 체가 되면 손가락이 움직이고 물건을 줍는 것이 용이다. 크게 말하면 "하늘은 체이고 만물이 그에 말미암는 것은 용이다. 땅은 체이고 만물이 이에 근거하여 생하는 것은 용이다."40) 통틀어 말하자면, 체는 물질 실체 혹은 형체를 지닌 사물이고, 용은 그 기능 또는 작용이다. 이것은 이미 형이상학적 개념론이 아니며, 경험철학적 개념론이다. 만약 이러한 의미에서 말하자면 주희는 오히려 형이하학론자이다. 그러나 이는 분명 주희의 핵심적인 사상이 아니다.

리학파들이 법칙·본질 또는 잠재적 능동성을 본질로 삼았다면, 심학파들은 사람의 주체적 관념을 본체로 삼았다. 그들이 리학파들과 공통되는 점은 모두 자연법칙을 실체화하였다는 것이고, 다른 점은 리학파들이 그 객관성을 강조하여 자연계의 객관적 존재를 말한 데 비해, 심학파들은 주관성을 강조하여 주체의 의식, 즉 심心이라는 본체를 말하였다는 것이다. 이 심은 경험적이고 물질적인 마음이 아니라 주체적 관념을 가리킨다. 육구연陸九淵이 "마음의 체는 매우 크다. 만약 내 마음을 극진히 할 수 있다면 하늘과 같아지게 된다"41)고 한 것은 주체적 관념을 본체로 삼은 것이다.

체가 있어야 용이 있다. 육구연은 모든 것은 인심人心에 근원하고 마음을 가득 채워 발하는 것이라고 하였는데, 이것이 바로 우주와 천지를 가득

---

40) 『朱子語類』, 권6, "天是體, 萬物資始處便是用. 地是體, 萬物資生處便是用."
41) 『象山全集』, 권35, "心之體甚大, 若能盡我之心, 便與天同."

채운다는 것이다. 이에 대해 분석을 한다면, 그가 말한 발發 역시 용이다. 그러나 그는 결코 체용 관계를 논하지 않았다. 이것이 육구연에게 자신의 우주본체론이 없었다는 뜻은 아니다. 다만 그의 본체론 철학은 완전히 심리적 경험을 통한 자아에서부터 나온 것이었으며, 도덕적 본능이 상승되어 이루어진 것이었다. 이 때문에 그의 본체론은 실제로는 심성론과 완전히 합치하는 것이며, 더더욱 도덕본체론적 특징을 지니고 있다.

육구연은 직접 체용이라는 두 글자를 말하지 않았지만 실제로는 체용합일론자였고, 주희는 비록 체용을 말하였지만 오히려 체용을 둘로 나누는 병폐를 지니고 있었다. 이 두 사람 이후 체용 관계는 논쟁의 초점이 되었으며, 그 결과 체용론은 주관적인 방향과 객관적인 방향으로 발전하였다.

우선 진순陳淳은 체용 관계를 심心·인仁·예禮·의리義理·인의仁義 등의 여러 개념으로 광범위하게 해석하였지만, 그가 가장 관심을 둔 것은 심을 체로 삼는 것이었다.

> 이 마음이 혼연한 태극太極의 체體이다.……심체心體는 순수하게 무극無極의 참됨이다.[42]

> 마음이 비록 방촌方寸의 크기에 지나지 않으나 온갖 변화가 여기에서 나오니 이것은 바로 처음 비롯되는 곳(源頭處)이다.[43]

> 하나의 근본에서부터 만 가지 차별에 이르지만 체용은 하나의 근원이다. 온갖 차이점을 합하여 하나로 통합하니 드러남과 은미함은 사이가 없는 것이다.[44]

---

42) 『北溪字義』補遺, 「通書」, "此心渾然太極之體……心體粹然無極之眞."
43) 『北溪字義』補遺, 「心」, "心雖不過方寸大, 然萬化皆從此出, 正是源頭處."
44) 『北溪字義』補遺, 「嚴陵講義·道學體統」, "自一本而萬殊, 李體用一源也. 合萬殊而一統, 而顯微無間也."

이는 주체관념을 실체로 삼은 것이자, 실제로는 체용 관계를 리일분수理一分殊와 합일시킨 것이다.

진덕수眞德秀 역시 체와 용은 서로 떨어진 적이 없다고 하면서, '용 없는 체'(無用之體)만 있는 노장老莊과 '체 없는 용'(無體之用)만 있는 관중管仲과 상앙商鞅을 비판하였으며, 내성외왕內聖外王의 학문을 주장하였다. 그는 또한 도덕·심성이 치국평천하의 체가 된다고 하였다.

4. 원명시대

원대에 들어 오징吳澄은 체용을 통일시키기 위해 '태극은 본래 체용이 없다'(太極本無體用)는 학설을 제기하였으며, 아득하고 비어 있어 조짐조차 없는 것이 태극의 체이고 유행·변화하여 각기 성명性命을 바르게 하는 것이 태극의 용이라는 이론을 비판하였다. 그는 태극과 음양陰陽(氣)이 두 가지 사물이 아니라고 하였으며, 나아가 태극과 심心도 두 가지 사물이 아니라고 하였다. 마음이 곧 태극이기에 그는 '그 체가 곧 도이고, 그 용이 곧 신'(其體則道, 其用則神)이라고 하였다. 이것이 이른바 '일체양분一體兩分'의 학설이다. 이 이후 진헌장陳獻章은 '사람과 천지는 같은 체이다'(人與天地同體)라는 학설을 제창하였는데, 이것은 결국 왕수인王守仁의 체용일원설로 발전하였다.

육구연과는 달리 왕수인은 체용을 근본 개념으로 삼아 그의 본체론 철학을 건립하였다. 이 점은 오히려 주희와 관계가 있는 것이지만, 그는 체용을 둘로 본 주희를 비판하면서, 체용의 주체화를 통해 체용을 주체의식 속에서 통일시켰다. 왕수인은 마음을 본체라고 하였는데, 마음에도 체용이 있다고 하였다. 즉 마음의 체는 양지良知로서 선험적인 관념적 실체이며,

마음의 용은 양지에서 발현된 유행이자 사물이라는 것이다. 이렇게 되면 마음과 사물 역시 통일된다.

> 앎이 있은 후 뜻(意)이 있게 되고 앎이 없으면 뜻도 없으니, 앎은 뜻의 체가 아니겠는가? 뜻이 쓰이는 곳에는 반드시 사물이 있게 되는데,…… 사물은 뜻의 용用이 아닌가?[45]

왕수인은 주체의식을 형상형하의 두 차원으로 나누었는데, 전자를 양지의 본체라 하였고 후자를 그것의 발용이라 하였다. 그 체는 선험적인 주체 원칙이어서, 비록 허虛이지만 오히려 관념적 실체이면서 뜻(意)의 근원이므로 체인 것이다. 그 용은 감성적 존재로 사사물물事事物物을 포괄하며, 사물은 뜻의 바깥에 있지 않으므로 뜻의 용이 된다. 그것을 어버이 섬기는 데에 쓰면 어버이를 섬기는 것이 하나의 사물(一物)이고, 백성을 다스리는 데에 쓰면 백성을 다스리는 것이 하나의 사물이고, 독서에 쓰거나 하는 등의 모든 것이 하나의 사물이 아닌 것이 없다. 그러므로 사물이 뜻의 용인 것이다.

뜻은 마치 체와 용의 중간 매개인 것 같으나, 사실 마음이 체용을 통솔하는 것이다. 말하자면 앎은 뜻의 체가 되고, 사물은 뜻의 용이 되는데, 여기에서 뜻 역시 마음이다. 그것이 아직 발하지 않아 체가 되면 잠재된 본체의식이고, 그것이 이미 발하여 용이 되면 만사만물이 되는 것이다. 그는 "체가 아직 세워지지 않으면 용이 어디에서 생겨나겠는가?"[46]라고 하여, 양자의 관계는 체가 있은 후 용이 있다고 하였다. 이러한 사유 방식은 주

---

45) 『傳習錄』, "有知而後有意, 無知則無意矣, 知非意之體乎? 意之所用必有其物,……物非意之用乎?"
46) 『傳習錄』, "體未立, 用安從生?"

희와 완전히 일치하는 것이다. 주희는 태극과 만물을 체용으로 보았고, 왕수인은 양지와 만물을 체용으로 보았다. 이 두 사람은 주관적인가 아니면 객관적인가 하는 차이만 있을 뿐이다. 주희는 객관적 측면에서 논하여 존재론적 의의를 지니고 있으며, 왕수인은 주관적 측면에서 말하여 주체론적 의의를 지니고 있다.

왕수인은 주관적 의식을 우주본체의 지위에 올려놓았으며, 또한 본체론적 측면에서 주체적 원칙을 확립하였다. 그는 심의 체를 리로 보았으며, 심의 용을 사물로 보았다. 비록 그가 '사물이란 일이다'라고 하여 실천적 활동을 주요 내용으로 삼았지만, 그가 말하는 사물은 매우 넓은 개념으로 천지만물을 모두 포괄한다. 이것이 바로 "마음 바깥에 리가 없고, 마음 바깥에 사물이 없다"(心外無理, 心外無物)는 것이다. 그러나 또한 간단히 만물을 나의 일념一念 또는 방촌지심方寸之心으로 귀결시킬 수는 없다. 왜냐하면 그가 말한 양지의 본체는 또한 객관적 보편성을 지니고 있으며, 단순한 개체의 마음이 아니기 때문이다.

왕수인의 체용일원體用一源은 양지가 만물을 떠나지 않으며, 허령명각虛靈明覺이 혈육지심血肉之心을 떠나지 않으며, 이성이 감성을 떠나지 않는다고 강조한 것이다. 이는 어떠한 측면에서 체용을 통일하지 못한 주희의 모순을 극복한 것이다. 주희는 비록 동정動靜으로 체용을 나누지 않았지만 그의 본체는 초월적이고 절대적인 것으로서 운동을 할 수 없다. 이 때문에 그는 또 정靜을 체로 인정하기도 하였다. 그에 비해 왕수인은 객관적 존재인 이른바 적연부동寂然不動의 체를 주체의식으로 바꾸어 놓아 물질이나 형체와 연관시켰다. 따라서 본체는 형체를 떠나서 존재할 수 없으며, 적연부동의 체와 감이수통感而遂通의 용은 합일된다.

마음은 움직임과 멈춤(動靜)을 체용으로 삼을 수 없다. 움직이고 멈출 때 체에 나아가 말하여도 용이 체 속에 있으며 용에 나아가 말하여도 체가 용 속에 있으니, 이를 일컬어 체용일원體用一源이라고 하는 것이다.47)

양지의 본체는 감성적인 마음을 떠나 존재할 수 없기 때문에 당연히 움직임과 멈춤이 없을 수 없다. 또한 멈춤(靜)을 체로 삼을 수도 없고 움직임(動)을 용으로 삼을 수도 없으니, 동정은 다만 심리적 과정일 따름이며 본체는 오히려 동정을 관통하고 있는 것이다. 즉 양지의 체는 의식 및 그 실천적 활동 속에 있으며, 일용의 사물은 양지의 본체 가운데 있는 것이다.

그러나 왕수인의 체용일원설은 더욱 큰 문제를 야기한다. 양지의 본체는 선험적 관념의 실체로서 오히려 허무虛無인 것이다. 체용일원이란 무 가운데 유를 생하는 것으로, 결국 만물은 허무를 체로 삼게 된다. 이것이 바로 수많은 사람들이 양명학을 선학禪學이라고 비판하는 주된 이유이다. 왕수인 역시 이러한 이론에 포함된 허무주의의 위험성을 의식하고 있었다. 그래서 그는 또 "마음은 체가 없으며, 천지만물과 감응하는 시비是非를 체로 삼는다"48)는 명제를 제기하였다. 이는 사실 주체적 개념이 다시 기능적 개념으로 바뀐 것이다. 이 점은 바로 '도는 체가 없으며 천지만물을 체로 삼는다'는 주희의 관점과 동일한 것으로, 객관주의적 요소를 지니고 있다.

다른 개념과 마찬가지로 체용 역시 객관화를 향해 발전하였다. 이러한 발전은 리본체론이 기본체론으로 변화되는 것과 서로 관련이 있다. 설선薛瑄은 리가 기를 벗어나지 못한다고 주장하는 동시에 체용의 관계 문제를 논의하였다. 그가 기를 본체로 삼을 때, 그는 본질과 그 현상의 의미에서부

---

47) 『傳習錄』, "心不可以動靜爲體用. 動靜時也, 卽體而言用在體, 則用而言體在用, 是謂體用一源."
48) 『傳習錄』, "心無體, 以天地萬物感應之是非爲體."

터 체용 관계를 이해하였다. 체용과 본말本末은 그에게서 같은 것이었다. 그는 '체와 용은 둘이 아니다'(體用不二)는 사상을 제기하면서 양자가 통일되어 있음을 설명하였다.

> 사물에는 본말이 있으나 본말을 두 가지 사물로 나눌 수 없다. 도에는 체용이 있으나 체용을 두 가지 다른 것으로 구분할 수 없다.49)

즉 체용은 조금의 틈도 없으며 본질은 현상을 떠나지 않는다는 것이다. 그는 이러한 의미에서 체는 구체적인 사물의 본질이지 현상의 위에 있는 본체 존재는 결코 아니라고 하였다. '일원一源'과 '무간無間'에 대해 그는 다음과 같이 해석하였다.

> 은미한 것은 리理이고, 드러나는 것은 상象이다. 리는 상을 떠나지 못하므로 하나의 근원(一源)이라 하고, 상은 리를 벗어나지 않으므로 사이가 없다(無間)고 하는 것이다.50)

이 말은 주희의 해석과 큰 차이가 있는데, 그 관건은 일원一源이라는 말에 있다. 주희는 상은 리에 근원하므로 일원이라 하였고, 설선은 리가 상을 떠나지 않으므로 일원이라 하였다. 설선의 해석에 따르자면 리가 상에 근원하고 체가 용에 근원하는 것이 된다. 이것과 체용에 관한 일반적인 해석은 다르다. 그가 비록 원래의 체용 개념을 사용하였지만, 양자의 관계는 오히려 근본적인 변화가 일어났다. 이 변화는 분명 기를 본체로 여기는

---

49) 『讀書錄』 續錄, 권1, "物有本末, 不可分本末爲二物. 道有體用, 不可分體用爲二致."
50) 『讀書錄』 續錄, 권1, "微者理也, 顯者象也. 理不離象, 故曰一源, 象不外理, 故曰無間."

사상과 연관된 것이다.

그러나 설선이 정주程朱의 관점에서 근본적으로 벗어난 것은 결코 아니다. 왜냐하면 그는 태극이 곧 본체라는 이론을 받아들이고 있으며, 태극의 리는 음양변화의 소이연자所以然者라고 인정하였기 때문이다. 이러한 본체는 여전히 초월적이고 절대적인 실제 존재이다.

나흠순羅欽順 역시 본질과 현상이라는 의미에서 체용을 해석하였다. 체용과 형상형하, 리일분수리一分殊는 동일한 차원의 개념이었다. 그래서 그는 "체용은 결코 두 가지 사물이 아니지만, 원래 형이상과 형이하의 구분이 있다"51)라고 하였다. 여기에는 여전히 정주의 이론이 스며있을 뿐만 아니라 성정性情의 문제에 있어서도 정주의 관점과 구분하기 힘들다. 그러나 우주론에 있어서는 형상형하와 마찬가지로 그가 말하는 체는 이미 실체라는 의미를 잃었고 또한 본체라는 의미도 잃었다. 다만 물질적 실체(氣)를 인정하는 전제하에서 비로소 체용 관계를 말할 수 있었다.

> 음으로 나뉘고 양으로 나뉘는 것으로 태극의 체가 세워지고, 한번 음이 되고 한 번 양이 되는 것으로 태극의 용이 행한다.52)

음으로 나뉘고 양으로 나뉘는 것은 기氣를 가리키는 것이며, 한 번 음이 되고 한 번 양이 되는 것은 도道를 가리키는 것이다. 이는 기를 체로 삼고, 한 번 도를 용으로 삼은 것이어서, 주희의 체용설을 근본적으로 바꾼 것이나 다름없다.

나흠순은 왕수인이 지각지심知覺之心을 체로 삼은 것은 용을 체로 삼고

---

51) 『困知記』 附錄, 「答劉貳守煥吾」, "體用雖非二物, 然自有形而上下之分."
52) 『困知記』 續, "分陰分陽太極之體以立, 一陰一陽太極之用以行."

사물을 용으로 삼은 것이어서 말이 안 된다고 보았다. 그는 심에 체용이 있는데, 체용으로 성정을 나누면 지각은 곧 작용이 된다고 하여 "체가 있으면 반드시 용이 있는데, 용은 체가 될 수 없다"53)고 하였다. 이처럼 그는 왕수인의 주관론을 비판하다가 오히려 주희의 체용관과 기본적으로 동일하게 되고 말았다. 그는 철저하게 정주의 체용론을 개조하지 못하였기에 스스로 모순에 빠지게 된 것이다. 체용 관계를 전도시키지 않고서 물질 존재를 체로 삼고 그 기능을 용으로 삼는다면 결국 이러한 모순을 피할 수 없게 될 것이다.

체가 곧 용이고 용이 곧 체라는 이러한 사상은 왕기王畿에 의해 충분히 발휘되었다. 왕기 역시 '허적虛寂이란 마음의 본체이다'라고 하여 허적虛寂이 체라 하였다. 그러나 그는 '유와 무는 서로 생한다'는 명제를 제기하였다. 그는 한편으로 '무 가운데 유가 생한다'(無中有生)고 하여 체에서 용에 이르고 마음에서 사물에 이르는 이른바 순順의 관계를 견지하였으며, 다른 한편으로는 용에서 체에 이르고 사물에서 마음에 이르는 역逆의 관계를 주장하였다. 여기에서 말한 생生은 체용 관계이자 주체·객체의 관계이다. 이것은 마음이 본체라는 관점을 견지하여 객관적 물질이 주관적 의식으로 전환되는 것을 중시한 것이며, 또한 주체와 객체가 서로 체용이 됨을 강조함으로써 순역順逆의 관계를 전도시켜 객관적 이론체계가 될 수 있도록 한 것이다.

왕기는 한편으로는 '양지는 적연한 체이고, 사물은 감응하는 용이다'(良知是寂然之體, 物是所感之用)라는 주장을 견지하였지만 다른 측면에서는 또한 '허적虛寂의 체體는 소감所感의 용用을 떠나지 않는데, 허적함을 버리고서

---

53) 『整庵存稿』, 「答歐陽少司成崇一」, "有體必有用, 以用不可以爲體也."

감응만을 구하면 사물에만 빠지게 되고, 감응을 버리고서 허적만을 지킨다면 허무에 빠진 것'이라고 강조하였다. 그는 또 "아직 발하지 않은 공효는 오히려 발용하는 것에서 쓰이고, 선천의 공효는 오히려 후천에서 쓰이는 것이다"54)라고 하였다. 이 말에는 비록 체용과 선천·후천의 구분이 있지만 선천의 체는 후천의 용을 떠나서 존재할 수 없으며, 그것은 만사만물에서 발용된다는 의미가 담겨 있다. 여기서 체는 이미 매우 큰 변화를 겪는다. 그것은 더이상 선험적인 관념 실체가 아니라 선천에 갖추어진 잠재적 능력이다. 다시 말해 체는 실천성의 개념에서부터 기능성의 개념으로 바뀐 것이다.

그가 말한 "체에 즉卽하고 용에 즉하면 앎도 없고 알지 못함도 없이 내외의 도道를 합한다"55)는 것은 실제로 양지의 본체가 일체의 시비是非·선악善惡의 표준과 선험적 절대 원칙임을 부정한 것이다. 양지는 마음의 본체로서 그 자체는 어떠한 관념이나 시비도 없고 다만 시비를 변별하는 능력만 있을 따름인데, 사물과 서로 감응해야만 비로소 시비가 있을 수 있다는 것이다.

> 옳은 것을 알고 그른 것은 아는 것은 사실 옳음과 그름이 없는 것이다. 옳은 것을 알고 그른 것을 아는 것은 마땅히 용用의 흔적이며, 옳음도 없고 그름도 없다는 것은 양지의 체이다.…… 양지는 원래 앎이 없지만 그 후에 비로소 옳고 그름을 알 수 있게 되었다.56)

---

54) 『王龍溪全集』,「致知議辯」, "未發之功, 却在發用上用. 先天之功, 却在後天上用."
55) 『王龍溪全集』,「別曾見台漫語摘略」, "卽體卽用, 無知而無不知, 合內外之道也."
56) 『王龍溪全集』,「艮止精一之旨」, "知是知非而實無是無非, 知是知非者應用之迹, 無是無非者良知之體也.……良知無知, 然後能知是非."

바로 시비가 없기 때문에 시비를 알 수 있으며, 시비를 알 수 있는 것에서부터 그것에 시비가 없음을 알 수 있다는 것이다. 그것은 허적의 체로, 다만 객체와 서로 결합될 때 작용이 발생한다. 그리고 그 용이 다시 체가 되는 것이다. 거꾸로 만물이 심心(良知)을 용으로 삼는 것이다. 이것은 주객과 내외를 통일시킨 것으로, 이른바 '내외합일지학內外合一之學'이다.

이것은 본체론적 측면에서 관념론임을 알 수 있다. 그러나 왕기 자신은 세계와 만물이 사람의 주관적 의식을 떠나 독립적으로 존재할 수 있는지는 논의하지 않았으며, 또한 객관적 세계의 존재도 부정하지 않았다. 그는 왕수인의 체용설을 주체와 객체가 통일되어 있는지 또한 어떻게 통일되어 있는가를 토론하는 데까지 발전시켰으며, '즉체즉용卽體卽用'을 강조하였다. 이것은 주체가 객체를 이루게 되며, 주체가 없다면 이른바 객체는 없다는 것과 같은 말이다. 마찬가지로 객체가 없다면 주체라고 할 것도 없는데, 적연지체寂然之體는 본래 하나의 사물이 아니라 다만 허이며 사물에 감응하는 인식 능력이기 때문이다. 이러한 인식 능력은 감응하는 사물에 의거하여 존재할 수 있는 것이다.

왕기는 체용의 해석을 통하여 본체를 주체관념에서 실체 기능으로 바꾸었다. 이는 그가 양지의 본체를 '기의 영묘함'(氣之靈)으로 해석하였기 때문이다.

> 천지간에는 하나의 기가 있을 따름이다.…… 그 기의 영묘함을 일컬어 양지라고 한다.57)

영묘함(靈)이란 '영명지각靈明知覺', '사려운용思慮運用' 등을 가리키는 것

---

57) 『王龍溪全集』,「易與天地準一章大旨」, "天地間一氣而已.……其氣之靈, 謂之良知."

으로 심心은 이 물질적 실체에 갖추어진 기능이자 작용이다. '영묘한 기'(靈氣)라는 주어적 서술이나 '기의 영묘함'이라는 술어적 서술은 모두 기에 내재된 영묘함이나 기의 영묘한 작용을 의미하는 것이다.

> 자연지각自然之覺이 양지良知이다.[58]

> 양지의 주재가 곧 이른바 신神이며, 양지의 유행이 곧 이른바 기氣이다.[59]

여기에서 말한 각覺은 결코 불교에서 말하는 '본각本覺'이나 왕수인이 말한 '상성성常醒醒한(항상 맑게 깨어 있는) 자각'이 아니라 일반적 감성 지각이다. 그리고 신 역시 영묘한 기에 갖추어진 신묘한 작용이다. 이것은 체에서 용에 이르고 용에서 체에 이르는 운동작용에 대해 개괄한 것으로, 그것은 물질도 아니고 정신도 아니다. 바로 이러한 주체적 능동성이 주체로 하여금 주도적 위치에 자리하게 하였다.

이러한 해석을 통해 왕기가 비록 여전히 왕수인의 양지본체설의 형식을 고수하고는 있지만 실제의 내용에는 큰 변화가 생겼음을 알 수 있다. 체는 물질 실체 및 그 속성과 기능이며, 용은 객관적 물질 대상이 되었다. 그가 비록 후대의 왕부지처럼 능能(인식 주관)을 용用으로 보고 소所(인식 대상)를 체體로 보는 체용관은 없었지만, 왕수인에 비해 크게 진보한 것이다. 그의 즉체즉용과 왕간王艮의 즉용즉체의 사상은 길은 다르지만 동일한 결론에 이른다. 왕기는 본체에 즉하여 작용을 보았으며, 왕간은 작용에 즉하여 본체를 보았다. 그들은 이론적 측면에서 모두 즉체즉용·즉용즉체의 길을

---

58) 『王龍溪全集』, 「致知議略」, "自然之覺, 良知也."
59) 『王龍溪全集』, 「易測授張叔子」, "良知之主宰卽所謂神, 良知之流行卽所謂氣."

따름으로써, 도덕 본체를 물질 생활·감성 존재·일상 사물과 연관시켜 그것에 세속적인 내용을 부여하였다. 이것은 바로 사회 경제적 구조의 변화가 개념론에 반영된 것으로, 황종희黃宗羲가 "왕양명 이후 왕용계가 없을 수 없었는데, 그것은 학술의 성쇠盛衰를 드러내는 것이다"[60]라고 한 말처럼 의미가 있는 것이다.

5. 명말청초

명청교체기의 유종주劉宗周는 체용론을 더욱 확대시켰다. 그의 체용론은 우주론, 심성론, 방법론의 각 측면을 관통하고 있는데, 참으로 체용을 논하지 않은 곳이 없을 정도이다. 그러나 그는 변화하는 시대에 처해 있었기에 체용에 대한 해석에 있어서도 당시의 시대적 특징을 반영하지 않을 수 없었다.

그는 특히 체용일원體用一源을 강조하였다. 우주론에 있어서 그는 도道와 심心을 체로 보았는데, 그 함의를 말하면 체는 잠재된 본질 또는 잠재된 능동성이며, 용은 물질 현상을 가리킨다. 그는 먼저 체가 있고 나중에 용이 있다고 하였다. 그러나 또한 체는 용 가운데 있는 것으로, 용의 위에 초월적으로 독립된 본체가 있다고는 여기지 않았다.

"하늘이 무슨 말을 하겠는가?"라는 것은 "위의 하늘이 하는 일은 소리도 없고 냄새도 없다"는 말이다. 사계절이 운행하고 만물이 생하는 것은 도가 아닌 것이 없으니, 하늘 역시 결국은 무언無言으로 돌아갈 따름이다. 무언의 하늘로써 사시

---

60) 『明儒學案』, 권12, "文成之後不能無龍溪, 以爲學術之盛衰."

와 온갖 사물에 베풀어지니 유有에 응체되지 않고, 사시가 행해지고 만물이 낳아지게 하는 하늘로써 다시 무언으로 돌아가니 또 무無에 빠지지도 않는다. 이것이 체용일원이고 현미무간이다.61)

　이른바 '위의 하늘이 하는 일은 소리도 없고 냄새도 없다'는 것은 성리학자들이 우주본체를 형용하고 묘사하는 말이다. 즉 본체는 형체나 소리·냄새가 없지만 사계절이 변화하고 만물이 생장하는 근원이라는 것이다. 사시와 만물은 모두 본체를 벗어나지 못하는데, 다만 본체는 또 사시와 만물 속에 있어서 그것이 만물로 나타나는 것이지 유에 응체되는 것이 아니고, 만물이 본체로 돌아가지만 그 본체가 바로 진실한 존재이기 때문에 무에 빠지는 것은 아니라는 말이다. 이것은 존재가 곧 발육과 유행이 되고, 발육과 유행이 곧 존재가 되는 것으로, 바로 그가 말한 체용일원이다. 천지만물의 발육과 유행은 끊임없이 낳고 낳는 것인데, 이것은 도체道體가 그렇게 하도록 하는 것이다.
　"도는 볼 수 없는 것이며, 기의 기틀을 타고서 그 사이에서 유행하고 열리고 닫히는 것이다."62) 즉 도체는 결코 물질적 실체가 아니며, 만물이 유행하도록 하는 리理라는 것인데, 이 관점은 주희와 동일하다. 그러나 다른 측면에서 그는 또 물질 실체(氣)를 체라 하였고, 그 기능과 작용을 용이라 하였다. 이것은 도를 체로 여기는 사상과는 차이가 있다.

　음양陰陽이란 선천의 체이며, 수화水火는 후천의 용이다. 체는 상대되는 것을 기

---

61) 『劉子全書』, 「論語學案·陽貨」, "天何言哉? 上夫之載, 無聲無臭是也, 而四時行焉, 百物生焉, 莫非道也. 天亦卒歸於無言而已. 以無言之天, 顯設於四時百物而非滯於有, 以時行物生之天, 復歸於無言而非淪於無. 所爲體用一原, 顯微無間者也."
62) 『劉子全書』, 「論語學案·者罕」, "道不可見, 乘氣機而流行闔闢於其間."

다려서 근본을 세우고, 용은 유행하여 변화를 이룬다.63)

음양은 기이며, 오행(水火)은 음양 변화의 오묘함이다. 그가 말한 일원一源이란 실체와 기능은 분리할 수 없으며, 기능은 다만 실체의 기능이자 실체 존재의 방식이라는 것이다. 이른바 '선천지체先天之體'는 천지를 생하기 전의 물질적 실체를 말하는 것이고, '후천지용後天之用'이라는 것은 천지가 생겨난 이후의 각종 작용을 말한다. 사실 선천과 후천은 결코 선후의 순서로 설명될 수 없는 것이다.

내가 어찌 체용이 하나의 근원이며, 하늘에 선후가 없다는 것을 알겠는가? 지금 저 해와 달은 빛을 비추고 있을 따름인데, 비춤에는 본래 체가 없는 것이다. 물과 불은 마르고 습할 따름이지 마르고 습함 이외에 따로 용이 있는 것이 아니다. 이것으로 천지를 유추할 수 있다. 그러므로 군자는 은미한 것을 알고서 드러남을 알고, 용에 나아가서 체를 구하는 것이다.64)

이는 체용 관계를 물질 실체와 그 기능의 통일이라고 규정한 것이다. 이러한 유종주의 체용관은 체용 개념에 대한 큰 발전이라고 할 수 있다.
유종주는 결코 양명학에서 완전히 벗어나지는 못했지만, 그의 체용론은 주로 심성 관계, 즉 주체의식과 객관적 존재의 관계를 논할 때 주된 의미가 나타난다. 그가 왕수인의 사상과 다른 까닭은 의意를 체로 삼아 주체의식을 마음이 마음다워지는 까닭이라고 한 것에 있다.

---

63) 『劉子全書』, 권10, 「學言」上, "陰陽者, 先天之體也, 水火者, 後天之用也. 體待對以立本, 用流行以成化."
64) 『劉子全書』, 「易衍」, "吾何以知體用之一原, 而天無先後也與哉? 今夫日月照而已矣, 而照本無體. 水火燥濕而已矣, 而燥濕之外別無用, 則天地可以類推. 故君子知微而知彰, 卽用而求體."

마음은 하나이다. 그 주재主宰라는 측면에서 말하자면 의意라고 한다.…… 즉 주재가 곧 유행인데, 이것이 바로 체용은 하나의 근원이고 은미함과 드러남은 사이가 없다는 것이다.65)

의意는 마음의 체이며 유행은 그 용이다. 다만 의를 체로 삼고 심心을 용으로 삼을 수 없을 따름이다.66)

그는 의意라는 글자로 체와 용을 통일시켰다. 의는 체이자 용이며, 주재이자 유행이다. 의식은 마음을 떠나지 못하므로 유종주는 의를 체로 삼아 주체성을 더욱 크게 돌출시켰다. 그는 의, 즉 주체의식이 우주본체라고 명확히 말하였는데, 이것은 성리학사에서 처음 나타난 사상이다. 이렇게 되면 왕수인의 양지良知는 부차적인 것이 되는데, "양지는 원래 의거하는 바가 있는데, 의거하는 곳이 바로 의"67)이기 때문이다. 유종주는 심리학적 측면에서 주체의식의 문제를 진정으로 자각하였으며, 그것을 본체의식의 지위에 올려놓았다. 의를 본체로 삼는 것은 주체성의 특징을 가지고 있는데, 그것은 매우 큰 주관성을 지니고 있을 뿐만 아니라 명확하게 개체성도 지니고 있다. 이것은 바로 유종주 본체론이 포함하고 있는 긍정적인 내용이다.

유종주는 의가 '허령불매虛靈不昧의 주재'이며, 용은 의에서 발하는 만사·만물이라고 여겼다. 이때 본체는 주체의식으로서 만사·만물에 대해 주재의 작용을 일으키게 된다. 그러나 이것은 그의 체용론의 한 측면일 따름이다. 다른 측면에서 그는 본체는 만물을 떠나 존재할 수 없다고 하는데,

---

65) 『劉子全書』, 권12, 「學言」下, "心一也. 自其主宰而言謂之意.……卽主宰卽流行也, 此正是體用一源, 顯微無間處."
66) 『劉子全書』, 「答董生心意十問」, "意是心之體而流行其用也. 但不可以意爲體心爲用耳."
67) 『劉子全書』, 「商疑十則答史子復」, "良知原有依據, 依據處卽是意."

마음은 사물을 체로 삼기 때문이다. 만물은 앎이 없는데, 앎이 없으면 의도 없고, 의가 없으면 이른바 심도 없기 때문이다. 만약 사물을 떠나 앎을 구한다면 '이는 정자程子가 말한 것처럼 거울을 엎어 놓고 비치는 것을 찾는 것'이다. 이러한 말들은 유종주가 비록 주체의식을 체로 삼았지만, 이른바 본체는 완전히 초월적인 관념 실체도 아니며 독립 자존의 선험적 원칙도 아니라는 것을 보여준다. 차라리 그것은 객관적 사물이 의식 속에서 재현되는 것이라고 하는 편이 옳을 것이다. 이른바 '사물을 떠나면 앎 또는 의意가 없다'는 것은 바로 이러한 의미이다. 이것은 왕수인의 '마음은 체가 없으며, 천지만물과 감응하는 시비是非를 체로 삼는다'는 주장보다 한 걸음 더 진전된 것이다. 이른바 체용일원은 주체와 객체의 통일이자, 의식과 물질의 통일이다.

> 마음은 체가 없이 의를 체體로 삼고, 의는 체가 없이 앎을 체로 삼으며, 앎은 체가 없이 사물을 체로 삼는다. 사물은 용用이 없이 앎을 용으로 삼고, 앎은 용이 없이 의를 용으로 삼으며, 의는 용이 없이 마음을 용으로 삼는다. 이것을 일컬어 체용일원이라 하고 현미무간이라 한다.[68]

마음은 사물을 체로 삼고 사물은 마음을 용으로 삼는다는 이 관점을 발전시킨 것이 소所(인식 대상)를 체로 삼고 능能(인식 주체)을 용으로 삼는 왕부지의 유물론적 명제이다.

체용에 관한 이론에 있어서 왕부지는 정주의 틀로부터 한 걸음 더 나아가 사변적 방식하에서 변증법적으로 체용의 관계 문제를 해결하였는데,

---

68) 『劉子全書』, 권12, 「學言」 下, "心無體, 以意爲體. 意無體, 以知爲體. 知無體, 以物爲體. 物無用, 以知爲用. 知無用, 以意爲用. 意無用, 以心爲用, 此之謂體用一源, 此之謂顯微無間."

비교적 풍부한 내용을 지니고 있다.

왕부지는 우선 각각의 측면에서 비교적 융통성 있게 체용 관계를 해석하여, '천하에는 용이 없는 체가 없으며, 체가 없는 용도 없다'(天下無無用之體, 無無體之用)는 체용합일설(體用合一說)을 논증하였다. 체용에 대한 왕부지의 해석에는 중요한 특징이 있다. 즉 그는 체용 관계는 고정되어 불변하는 것이 아니라 서로 전환이 가능하다고 여겼다. 중요한 것은 전면적으로 이해하고 융통성 있게 파악해야 한다는 것이다.

그가 보기에 체용에는 적어도 두 가지의 함의가 있었다. 첫째는 물질 실체와 그 기능·작용을 가리키는 것이며, 둘째는 본질과 현상의 관계를 가리키는 것이다. 첫 번째 함의에 대해 말하자면, 물질 실체는 우주본체이며 물질 운동의 법칙이 곧 그 작용이다. 두 번째 함의에 대해 말하자면, 기능은 체로 전환되는 것이며 구체적인 현상이 용이 되는 것이다. 이 두 가지 의미는 실제로는 동시에 존재하는 것으로, 그것은 자연계의 물질 본체와 기능·작용 및 그 구체적인 표현 사이의 다층차적인 복잡한 관계를 반영하고 있다.

그러나 어떠한 의미에서 말하건 체용은 모두 물질적 실체를 기초로 하는 것이다. 첫 번째 함의는 말할 것도 없으며, 두 번째 함의는 체용이 모두 물질적 실체인 실유(實有)에서 벗어나지 않는다는 것이다. 드러남(費)과 은미함(隱)이 곧 체용의 관계로, 은미함은 무형의 도인 체이고 드러남은 유형의 사물인 용이다. 그러나 "체의 은미함이라는 것도 반드시 그 실(實)이 있어야 한다. 그 실(實)이 없다면 허무(虛無)나 적멸(寂滅)에 의탁한 망령됨이니, 참됨을 잃은 것과 같다."[69] 여기에서 실이란 단순히 실제로 그 리(理)가 있다는 것일

---

69) 『四書訓義』, 「中庸」, "體之隱也必有其實, 無其實則與虛無寂滅之托妄而失眞者同也."

뿐만 아니라 먼저 실체로 그 기氣가 있다는 것이다. 실제로 있다는 것은 성誠인데, "성이란 은미함이 허무에 의탁하지 않는 까닭이요, 드러남이 광막함으로 옮겨가지 않는 까닭이다."70) 이것은 왕부지 체용관의 기본적인 출발점이다.

이러한 까닭에 서로가 체용이 된다는 왕부지의 학설은 우주론에 있어서 리가 본체적 존재가 된다는 것을 부정한다. 그는 이른바 보편적이고 초월적인 절대 본체가 온갖 변화의 근원이 된다는 것을 인정하지 않고 물질실체(氣)를 우주의 본체로 보는 사상을 확립하였는데, 이는 정주의 체용관과 완전히 구별된다. 다만 그는 형이상자가 체가 된다는 사상을 결코 간단히 부정하지 않았다. 그는 비판적으로 이를 개조하여 새로운 함의를 부여하여 본질과 현상을 표현하는 개념으로 바꾸어 버렸다.

> 도道는 음양陰陽을 체體로 삼으며, 음양은 도를 체로 삼는다. 허공에 매달려 고립되어 있는 도는 결코 없다.…… 형색形色과 도는 서로 체가 되니, 서로를 떠난 적이 없다.71)

이것이 왕부지의 '서로가 체가 된다'(互體)는 사상이 지닌 기본적인 함의이다. 이 호체설互體說에 따르면 먼저 도가 음양의 체가 된다.

> 천지간을 두루 채우고 있는 것은 음양陰陽보다 큰 것이 없다. 그러므로 도道를 싣고서 그것을 체體로 삼을 수 있으니, 용用은 끝이 없으며 질質은 바뀌지 않는다. 한 번 음이 되고 한 번 양이 되는 것을 체로 삼으니, 그 용은 막힘이 없고 그 체는 치우침이 없다.72)

---

70) 『四書訓義』, 「中庸」, "誠者, 隱之所以不托於虛, 而費之所以不移於博也."
71) 『周易外傳』, 「咸」, "道以陰陽爲體, 陰陽以道爲體. 終無有虛縣孤致之道.……形色與道, 互相爲體, 而未有離也."

여기에서 음양의 기는 물질 실체이자 우주본체이고, 도는 실체의 작용이며 규율을 갖추고 발전하는 과정으로 표현되었다. 그것은 실체와 다르지만 또한 실체를 떠나지 않으며 실체를 존재의 근거로 삼는다. 그래서 왕부지는 다음과 같이 말하였다.

> 용이란 그 체를 쓴다는 것이다. 체가 세워지면 용이 여기에서 행해진다.[73]

'음양이 도를 체로 삼는다'는 말은 다른 함의를 지니고 있다. 즉 물질현상은 그 본질을 체로 삼는다는 것이다. 이것은 본질이 실체 존재의 기능으로서 상대적 독립성을 지니고 있으며, 구체적 사물에 대해 말하자면 그것이 선재하고 있다는 것이다. 이로부터 그는 '체는 용을 떠나지 않는다'(體不離用)와 '용에서부터 체를 얻는다'(由用以得體)는 명제를 제시하여 용의 실재성을 강조한다. 이것은 왕부지가 체용 개념을 비판적으로 계승하고 융통성 있게 적용하고 있음을 잘 보여 주는 것이다.

> 천하의 용이 모두 그 유有라는 것이다. 내가 그 용에서부터 체가 있음을 알게 되는 것이 '유'이니, 어찌 의심하겠는가? 용은 이 '유'를 공효功效로 삼고, 체는 이 '유'를 성정性情으로 삼으니, 체와 용이 모두 '유'를 인정하여 서로 따름으로써 실實이 되는 것이다.[74]

이것은 대유괘大有卦의 유有에 대한 설명이다. 용은 진실한 존재의 물질적 현상이므로 공효를 생할 수 있으며, 그것은 경험적인 사실에서 관찰하

---

72) 『周易外傳』, 「雜卦傳」, "備乎兩間者, 莫大乎陰陽. 故能載道而爲之體, 以用則無疆, 以質則不易, 一陰一陽以爲體, 其用不滯, 其體不偏."
73) 『四書訓義』, 「論語」, "用者用其體也, 體立而用行焉."
74) 『周易外傳』, 「大有」, "天下之用, 皆其有者也. 吾從其用以知體之有, 豈待疑哉? 用有以爲功效, 體有以爲性情, 體用胥有而相須以實."

고 감지할 수 있다. 그런데 현상이 공효를 낳는 것은 성정性情을 그 본질로 하기 때문이다. 돌이켜 말하자면, 체가 '유'인 까닭은 바로 그 용의 공효로써 알게 되고, 현상을 떠나서는 본질도 없으며 현상에서부터 비로소 그 본질적 존재를 알게 된다는 것이다. 그래서 그는 "도를 잘 논하는 사람은 용에서부터 그 체를 얻으며, 도에 대해 잘 모르는 사람은 함부로 하나의 체를 세워 용을 없애고 체만 있게 한다"75)고 하였다. 즉 체란 용의 체이며 용을 떠나서는 존재할 수 없고, 본질이 곧 현상의 본질이며 현상을 떠나 존재할 수 없다는 것이다. 총괄하여 보자면 어느 측면에서 말하든 체용은 불가분의 관계에 있는 것이다.

> 무릇 체용을 말함에 있어서, 처음부터 두 가지로 나누어지는 경우는 결코 없었다. 이 체가 있으면 반드시 이 용이 있고, 이 용이 있으면 반드시 이 체가 원래 있는 것이다. 이것은 체를 말함에 용이 원래 있고, 용을 말함에 체가 원래 있다는 것이다.76)

이러한 체용합일론은 소박한 변증법적 특징을 지니고 있다. 왕부지는 이러한 체용통일의 관점으로 자연계의 발육과 생장 그리고 변화를 해석하였다. 그는 천지의 변화는 늘 나날이 새로워지며(日新) 체용이 합일되어 있다고 하였다. 그리고 "하늘은 스스로 체가 됨이 없으니, 그 용을 극진히 하여 사시가 행해지게 하고 만물이 생하게 할 따름이다. 체가 없으면 용이 될 수 없고, 용이 없으면 그 체가 아니다"77)라고 하였다. 이것은 유종주의 사상과 비슷하다. 체의 측면에서 말하자면 자연계의 발전과 변화에는 통일

---

75) 『周易外傳』, 「大有」, "善言道者, 由用以得其體, 不善言道者, 妄立一體而消用以存之."
76) 『讀四書大全說』, 「論語・陽貨」, "凡言體用, 初非二致. 有是體, 則必有是用, 有是用, 必固有是體. 是言體而用固在, 言用而體固存矣."
77) 『周易內傳』, 「上經・乾」, "天無自體, 盡出其用以行四時生萬物. 無體不用, 無用非其體."

된 물질적 기초와 그 잠재적 질능質能이 있다. 용의 측면에서 말하자면 자연계의 온갖 현상들은 풍부하고 다채롭게 나날이 변화하는 일신日新의 변화 과정이다. 전체 자연계는 대립과 화해 속에서 유행하는 것이다.

이렇게 되면 성리학자들이 항상 말하던 '천도유행天道流行', '여도위체與道爲體'는 새로운 의미를 지니게 된다. 천도유행은 자연계 물질 자체의 합법칙적 운행이 아닌 것이 없는데, 초월적인 본체가 기의 기틀(氣機)을 타고서 그렇게 유행하도록 하는 것은 결코 아니라는 뜻이 된다. 또 여도위체는 주희의 해석에 따르면 만물이 체가 된다는 사상을 이미 포함하고 있는데, 왕부지는 한 걸음 더 나아가 여與자는 서로 함께한다는 의미가 있으며, 체를 말하면 이미 그 속에 '용'자를 함께 포함하고 있다고 하였다.

> 체는 볼 수 있으나 용은 볼 수 없으며, 시냇물의 흐름(川流)은 볼 수 있으나 도는 볼 수 없다. 그렇다면 시냇물이 흐르는 것은 도의 체가 되고, 도로써 시냇물을 잘 흐르게 하는 것은 용이 된다. 이것이 하나의 뜻이다. 반드시 체가 있은 후에 용이 있으니, 오직 도가 있은 이후에 시냇물의 흐름이 있는 것이지 시냇물의 흐름이 있은 후에 도가 있게 되는 것은 아니다. 그렇다면 도는 시냇물을 흘러갈 수 있게 하는 체가 되고 시냇물의 흐름은 도를 드러내는 용이 된다. 이 역시 하나의 뜻이다.[78]

원래 『논어』에서 말한 것은 자연계는 영원히 멈추지 않고 운동·변화한다는 것인데, 이는 우주론적 의미를 지니고 있는 것이다. 성리학자들은 여기에서 도체道體 관념을 끄집어내어 본체론적으로 해석을 하였다. 이것

---

[78] 『讀四書大全說』,「論語·子罕」, "體可見, 用不可見, 川流可見, 道不可見. 則川流爲道之體, 而道以善川流之用也. 此一義也. 必有體而後有用, 唯有道而後有川流, 非有川流而後有道, 則道爲川流之體, 而川流以現道之用. 此亦一義也."

은 유학이 본체론이 가지는 중요한 의의이다. 왕부지의 첫 번째 해석은 도는 시냇물의 흐름을 체로 삼는다는 것으로, 기능적인 의미를 물질과 자연계 자체에 부여하여 물질적 실재를 본체로 삼은 것이다. 두 번째 해석은 여전히 성리학적 이론의 틀을 유지하고 있지만 앞에서 말한 것에 근거하여 의미가 이미 바뀌었다. 즉 시냇물의 흐름은 물질 현상이 되고 그 변화의 도가 체가 된다는 것이다.

왕부지의 체용관은 리학파의 사상을 비판적으로 발전시킨 것일 뿐만 아니라, 심학파를 비판한 것이다. 그는 소所(인식 대상)가 체가 되고 능能(인식주체)가 용이 된다는 주체·객체의 관계 이론을 제기함으로써 '체와 용은 하나같이 그 실재에 의거함'을 주장하였다.

> 체는 용을 기다려야 하는 것이어서 소所에 의해 능能이 발하게 된다. 용은 체의 용이므로 능은 반드시 소에 붙어 있어야 한다.79)

여기에서 왕부지는 객관적 존재(所)를 체로 삼고 주관적 인식(能)을 용으로 삼았다. 이것은 주체의식을 체로 삼는 심학파의 관점을 비판한 것으로, 객관적 학술체계의 특징을 표현하고 있다. 그러나 그는 결코 여기에 멈추지 않고 다시 사물을 용으로 보며 마음을 체로 보는 관점을 제기하고 있다. 이는 주체관념에 본체라는 의미를 부여한 것이다. 그래서 그는 다음과 같이 말하였다.

> 천하의 사물은 모두 용이고, 내 마음의 리는 그 체이다. 마음을 극진히 하여 리를 따른다면 체가 세워져 용이 저절로 다함이 없게 된다.80)

---

79) 『尙書引義』, 「召誥無逸」, "體俟用, 則因所以發能. 用用乎體, 則能必付其所."

주체관념은 사실 객관적 존재를 인식하여 형성된 이론적 구조이다. 이를 뒤집어 보면 주체관념은 사물을 인식하는 출발점이며, 경험적 사실과 정합하는 작용을 지니고 있다. 왕부지가 이렇게까지 깊이 생각하지는 않았을지라도, 그의 말에는 이러한 사상이 포함되어 있다. 물론 그가 체용으로 천인天人의 문제를 설명할 때는 여전히 성리학적 학술체계를 벗어나지 못하고 있기는 하지만, 위와 같은 점 또한 왕부지 체용론의 중요한 내용이다.

청대淸代의 안원顔元은 실사실공實事實功의 학술을 제창하였다. 그는 본체를 공담하는 것에 반대하고 '체용은 일치한다'(體用一致)고 주장하여 사변철학에서 점차 벗어나기 시작하였다. 그가 비록 우주론에 있어서 그다지 많은 이론을 확립하지 못했지만, 성리학에 대해서는 신랄한 비판을 가하였다. 그는 성리학자들이 선학에 반대하였지만 실제로는 그들도 선학禪學으로 빠져들었다고 말하였다. 그것은 성리학자들이 체용을 통일시키지 못한 '유체무용有體無用'의 학설을 주장하였기 때문이라 하였다. 그는 다음과 같이 말하였다.

> 우리 유학에서 학문을 시작함에 있어서 선학와 다른 점은 바로 처음과 끝을 철저히 관통하여 결국에는 체와 용을 일치시키는 것이다. 대개 '용 없는 체'는 참된 용이 없는 데 그치는 것이 아니라 그 체 또한 참되지 못하다.81)

안원은 송유宋儒가 말한 '원두처原頭處에서 체인한다'는 것은 완전히 잘못된 것이며, 그 결과 강설만 많이 하고 실천은 적으며, 경제와 사업은 더

---

80) 『張子正蒙注』, 「大心」, "天下之物皆用也, 吾心之理其體也. 盡心以循之, 則體立而用自無窮."
81) 『存學篇』, 「性理評」, "吾儒起手便與禪異者, 正在徹始撤終總是體用一致耳. 蓋無用之體, 不惟無眞用, 並非其體也."

더욱 적어지게 되었다고 하였다. 그는 체용론을 실천 문제로 바꾸었는데, 이는 경세치용經世致用을 근본적인 목표로 하는 것이다. 그의 이러한 이론은 당시의 시대적 긴박감을 반영한 것이기도 하다.

제2부

심성론

총론

성리학은 '도덕성명학道德性命學' 혹은 '심성학心性學'으로 불리기도 하는데, 이것은 성리학이 심성心性을 중심으로 한 도덕형이상학임을 설명하는 말이다.

우주와 자연으로부터 인간 자신에게로 철학의 문제가 옮겨지면서 리기론理氣論 역시 심성론心性論으로 옮겨지는데, 이는 성리학 개념체계의 필연적인 전환이다. 여기에는 인류발생학적 의미도 포함되어 있지만, 주로 철학 개념 간의 논리적 관계를 형성한다. 이러한 과정이 실현된 이후에야 성리학은 비로소 개념체계의 중심으로 진입했다. '인간'은 성리학 개념체계의 중심 문제로, 심성론은 이 문제를 해결하려는 것이다. 구체적으로 말해 심성론은 '인간은 무엇인가'라는 성리학의 중심 과제를 해결하려는 것이며, 또한 사람의 본질·본성 및 자아 가치 등을 해결하려는 것이다. 성리학은 '신유학新儒學'으로도 불리는데, 이것은 형이상학적인 논증을 거쳐서 인간에 관한 사변철학으로 유학을 새롭게 정립했기 때문이다.

이러한 모습은 불교철학을 포함한 모든 중국의 모든 전통철학과 관련되어 있다. 공자 이후 중국의 전통철학은 줄곧 인간을 철학의 중심 문제로 삼았다. 어떤 면에서 중국철학을 '인간의 철학'이라고 개괄해도 지나친 말이 아닌데, 이와 같은 인간의 문제는 바로 심성 개념에서 집중적으로 체현되고 있다.

공자와 맹자로부터 시작되어 『대학』・『중용』 및 역대 대표적인 유학자들을 거치면서 유학의 심성론 전통이 형성되었으며, 수隨・당唐 이래 주도적 지위를 차지한 불교철학 역시 본질적으로는 심성학이라고 말할 수 있다. 그러나 불교는 종교철학이기 때문에 사람의 현실적 삶을 부정함을 통해 이른바 청정淸淨한 마음과 원명圓明한 본성을 실현하여 절대적인 초월의 경지에 이르고자 하였다. 성리학은 유학부흥자이자 불교에 대한 비판자로서, 한편으로는 불교의 심성론 사유가 낳은 성과를 흡수하면서도, 다른 한편으로는 불교에서 말하는 완전한 해탈과 같은 속세를 떠나는 것에 대해서 부정하였다. 성리학은 현실적인 삶 속에서 자아를 완성하고 실현하며 사람의 도덕본성을 회복해야 한다고 주장한다.

성리학의 심성론은 원시유학의 인성론과는 다르다. 성리학의 심성론은 인간 그 자체에서 출발해서 인간을 설명했던 것이 아니다. 다시 말하면 윤리학적 문제로만 다룬 것이 아니다. 성리학의 특징은 우주론에 근거해서 인성론을 설명하고, 우주본체에 근거해서 인간의 존재를 설명했다는 점이며, 인간을 우주본체의 높이로 끌어 올림으로써 그 높이에서 인간의 본질과 지위, 그리고 인간의 가치를 확립하고자 했다. 성리학자들은 이것을 자연계가 사람에게 부여함으로써 내재된 잠재적 능력, 즉 본체 존재라고 생각했으며, 따라서 사람은 자아의 실현을 통해 우주자연계의 무한성과 통일될 수 있다고 생각했다. 이러한 의미에서 심성 개념은 우주론의 진정한 완성과 실현이지, 우주론과 대립되는 다른 개념이 아니다. 이것은 동중서董仲舒의 목적론과도 관련이 있지만 그에 비해 훨씬 발전된 것으로 도가의 자연론사상을 흡수하고 특히 『역전易傳』 이래로 이루어졌던 생生에 관계된 사상을 계승한 것이며, 유기론有機論의 관점에서 인성의 근원과 본질을 설명한 것이다.

심성의 문제가 리기론과 내적으로 연계되어 있다는 사실은 굳이 말하지 않아도 알 수 있다. 하지만 그렇다고 해서 이 둘이 완전하게 동일한 것은 아니다. 심과 성은 리와 기가 사람의 몸에서 단순하게 재현되었다는 의미가 아니라, 사람과 자연, 주체와 객체의 관계에 대한 문제로 드러났다는 의미이다. 성리학은 오직 자연법칙을 사용하여 도덕법칙을 설명하지만, 성은 또한 심과 서로 연계되어 있어 반드시 심을 통해서만 실현될 수 있는데, 이 심은 순수한 주체의 영역에 속한다. 사람이 사람이면서 만물과 다른 까닭은 사람에게 오행五行 가운데 가장 빼어나고 만물 가운데 가장 영묘한 것이 품부되어 있기 때문이니, 이처럼 영묘한 곳이 바로 '심心'이다. 심 역시 하늘이 부여한 것이어서 자연에 근원을 두고 있지만, 그것은 또한 특수한 개념으로 사람의 주체성에 대한 근본적 표지標志이다. 그러므로 심과 성의 관계는 성리학의 인성론이 반드시 해명해야 할 중요한 문제가 된다. 그렇지만 이 문제는 리와 기의 관계를 통해 간단하게 해석될 수 없다.

성리학 내에도 여러 학파가 있고 이들은 각기 다른 출발점을 가지고 있기 때문에, 심과 성의 문제를 해결하는 방식 역시 차이가 있다. 그러나 형이상학에 근거한 주체적인 도덕인성론을 건립하는 것은 성리학 심성 개념의 공통적인 특징이다. 만약 리기 문제에 있어서 각기 다른 성리학의 학파들이 존재하고 이것이 다원화된 모습으로 표출되었다면, 어떻게 심과 성의 문제에 있어서 여러 방법들이 하나로 귀결될 수 있겠는가?(물론 발전과 분화는 존재한다) 이것은 이론적 사유가 발전함으로써 따라온 필연적 결과이며, 동시에 사회적 실천의 발전에 대한 요구이다. 이 때문에 이러한 이론들은 그 시대와 민족의 특징을 분명하게 갖추고 있다.

성과 리는 본래 사람과 자연계, 그리고 주체와 객체의 관계이지만, 리는 또한 성의 근원으로도 설명된다. 리는 본래 두 가지의 함의를 가진다. 하나는 '물리物理' 또는 '사물의 리'로 우주론에서의 소이연자所以然者와 관계가 있으며, 또 다른 하나는 '성리性理' 또는 '인륜의 리'로 인성론에서 말하는 소당연자所當然者를 가리킨다. 전자가 우주론의 영역에 속한다면 후자는 인성론의 영역에 속한다. 그러나 성리학의 목적은 이 둘을 구분하는 것이 아니라, 하나로 결합시키려는 것이다. 성리학자 가운데 자연계의 소이연의 리, 다시 말해 자연의 규율에 대해 말하지 않은 사람은 아무도 없지만, 그들은 결코 성리학을 순수한 자연철학이나 실증철학으로 발전시키지 않았다. 그들은 오직 '성리性理의 학'만을 목표로 했던 것이다. 그들의 진정한 관심은 물리가 아니라 성리였으며, 인식이성이 아니라 도덕이성이었다. 그래서 성리를 물리와 대체시켜 버리는 동시에 물리를 성리로 귀결시켰는데, 이것이 바로 성리학 사유의 공통적인 특징이다. 그들이 소이연의 리를 강조했던 것은 이것을 통해 소당연의 리, 다시 말해 성리학적인 필연성과 합규율성을 논증하려는 것이었다. 그리하여 진리의 문제가 가치의 문제로 변모했으며, 진리론은 가치론과 대등하게 되었다. 진리론과 가치론이 완전하게 통일된 것이다. 이것이 바로 성리학으로 부르게 된 근본적 원인이다. 그러나 이 말이 성리학자들은 오직 성리만을 말하고 물리를 말하지 않았다는 것은 결코 아니다.

심성론은 수많은 개념이 연결되어 있는 다양한 층차의 개념망이면서 자체의 논리적 구조를 가지고 있지만, 그중에서도 심과 성이 중심 개념이다. 심은 두 가지 차원의 의미를 포함하고 있는데, 그중 하나는 인식기관 및 지각知覺·사려思慮 등과 같은 인식기능과 작용을 가리키는 것으로, '지각영명의 심'이다. 또 다른 하나는 주체적인 인간의 내재적 도덕본능이나 혹은 도덕정감을 가리키는 것으로, '의리지심義理之心' 또는 본심·양심이다. 이러한 구별은 인지이성認知理性과 도덕이성道德理性, 그리고 심미의식을 대표한다. 성리학은 어떤 경우에는 인식심을 강조하고 어떤 경우에는 도덕심을 강조하며, 또 어떤 경우에는 이 둘을 동시에 사용하기도 한다. 그러나 모든 사람들이 도덕심을 인정하는 것은 결코 아니다. 성性은 사람이 사람일 수 있는 까닭으로, 사람에게 내재된 본성이다. 이것은 주로 사람의 도덕본성이나 도덕이성으로 귀결되지만, 동시에 많은 성리학자들은 사람이 생물학적 본성이나 생리와 같은 자연본성을 가진다는 점을 인정한다.

심과 성은 나눌 수 없는 것이지만, 심에 대한 해석이 다르기 때문에 심과 성의 관계에 대한 논쟁이 일기 시작했다. 이러한 논쟁들을 크게 보면 심과 성이 합일되어 있다는 입장과 나누어져 있다는 입장으로 나누어지는데, 이것은 도덕자율론과 도덕타율론이라는 각기 다른 두 관점에 기인한다. 도덕자율론자들은 또한 객관적 도덕자율론자와 주관적 도덕자율론자로 나누어진다. 이른바 객관적 도덕자율론자는 우주본체론에서 출발하여 심과 성이 합일되어 있다는 입장을 제기하는데, 주돈이周敦頤나 장재張載, 이정二程, 주희朱熹 등이 여기에 속한다. 그러나 주돈이와 장재, 그리고 정호程顥는 심의 본체는 성의 리理이고 그 본체는 지각의 작용을 통해 표현된다고 생각하여, 체와 용, 성과 정을 완전하게 합일된 것으로 여겼다. 반면 정이程頤와 주희는 체와 용이 나누어져 있다는 것을 강조하기 때문에 성과 정 역시 구별이 있으며, 심의 본체는 성이고 심의 작용은 성이 아닌 정에 속하므로 결코 심이 곧 성이라고 추상적으로 말할 수 없다고 하였다. 그러나 이들은 모두 심이라는 자아를 초월한 본체를 성이라고 주장했는데, 이것은 객관적 법칙이 주관 속에서 드러난 것이다.

주관적 도덕자율론자의 대표적인 인물로는 육구연陸九淵과 왕수인王守仁을 들 수 있다. 그들은 본심 혹은 양지良知에서 출발하여 심이 곧 성이라고 주장하면서, 완전히 자주적이고 자율적인 원칙을 제기한다. 그러나 왕수인에게도 심체용설心體用說이 있는데, 이러한 점은 또한 주희와 관계가 있다. 다만 주의해야 할 것은 왕수인의 후학들 가운데 이른바 '왕학좌파'로 불리는 사람들은 양지본체설을 비판하고 수정한다는 점이다. 그들은 경험 가능한 지각의 심과 생리적인 욕구에서 출발하여 심과 성이 합일되어 있음을 논증한다. 이를 통해 그들은 인간을 감성적인 존재로 이해하면서, 도덕선험론을 부정한다. 이것은 성리학 심성론이 자아를 부정하는 단계에까지 이른 것이기 때문에 적극적인 의미가 있다. 왕기王畿와 왕간王艮으로부터 유종주劉宗周·황종희黃宗羲에 이르는 일맥이 대표적인 인물들이다.

도덕타율론의 대표적인 인물들로는 나흠순羅欽順·왕정상王廷相·왕부지王夫之 등이 있다. 이들은 성이 자연법칙에 근거하고 있다는 사실과 도덕이성의 존재를 인정한다. 그러나 이들은 오히려 심의 본체가 곧 성이라는 입장을 부정하면서, 다만 지각하고 인식하는 심만을 인정한다. 이처럼 심과 성의 관계가 일종의 포함函하는 관계 또는 인식하는 관계로 변화되면서 자아를 초월하는 동일한 관계는 부정되었다. 이것은 어느 정도 주희의 관점과 관계가 있지만 일치하는 것은 아니기 때문에 주희의 입장과 같이 말할 수는 없다. 도덕타율론자들은 당연히 사람의 생리적 감성과 욕망을 인성의 중요한 내용이라고 주장하면서 긍정적으로 평가하는데, 이는 초기의 성리학과 구별되는 점이다. 종합하면 심성 개념은 주로 개개인의 심리 및 주체의식과 도덕인성의 관계를 해결하려는 것으로, 이로 인해 심성 개념은 성리학 인성론의 중요한 관점으로 자리 잡는다.

하지만 사실 이들은 모두 주체론자들이다. 도덕자율론자들은 자신들의 이론이 리에서 출발했건 심에서 출발했건 상관없이 모두 사회의 윤리와 도덕을 내재화시켜 주체적인 자아의식이나 혹은 자기 존재로 만들어 버렸다. 도덕타율론자들 또한 도덕이성의 객관성과 외재성을 강조하지만 그것은 오히려 선험적인 이성의 형식으로 부여되어 있어서 인지이성을 통해 자신 속으로 내재되고 주체화된다. 성리학자들이 제시한 도덕 주체의 원칙은 중요한 이론과 실천의식을 가지고 있지만, 현실적인 면에서는 현존하는 봉건 윤리규범을 위해 이론적 근거를 제공하기도 했다. 물론 관점이 다른 것을 구별하는 것은 당연히 중요하다. 실제로 주관론자(자율론자)들은 자주성을 강조하기 때문에 개인을 강조하는 철학으로 발전하기 쉽고, 타율론자들은 인지이성을 강조하기 때문에 객관적인 인식론으로 발전하기 쉽다.

기타의 많은 개념들도 모두 심성 개념과 관계가 있다. 그 가운데 '성性'과 '명命'은 우주론에서 인성론에 이르는 중간 개념으로, 명은 하늘이 사람에게 부여한 것이고 성은 사람이 하늘로부터 받은 것이다. 명은 객관적인 필연성을 대표하는 것으로 외재적이며 제한적인 개념인 데 비해 성은 주관적인 목적성을 대표하는 것으로 내재적이며 자주적인 개념이다. 이 둘은 인간의 주체적인 몸에서 하나로 통일된다.

'천명지성天命之性'과 '기질지성氣質之性'은 보편적 인성과 개체적 인성의 관계를 해결하고 인성이 가지고 있는 선악 문제를 분명하게 확정하며, 나아가 주체의 가치관에 대한 중요 개념들을 만들어 낸다. 초기 성리학자들은 형이상形而上에 해당하는 천지지성을 선善이라고 말하고 형이하形而下에 해당하는 기질지성을 악과 관련시킴으로써, 선한 본성을 회복시키는 중요한 조건은 기질의 변화라고 생각했다. 그러나 후대 학자 가운데 안원顏元과 같은 사람들은 오히려 천지지성을 부정하고 기질지성을 선한 것으로 이해함으로써 가치관에 중요한 변화가 있음을 보여 주었다.

'성性'과 '정情'은 도덕이성과 도덕정감(심리적인 정감)의 관계를 해결하려는 것으로, 정감을 매우 중시하는 중국 전통철학의 특징을 잘 드러낸다.

어떤 의미에서 유가철학은 정감의 철학으로, 유가의 도덕인성론은 정감 위에 세워졌다고 말할 수 있다. 이것은 한쪽으로는 사람에게 부여되어 있는 정감의 경험을 도덕 내용으로 보면서 그 초월성을 강조하고, 또 다른 한쪽으로는 정감활동에 대한 도덕이성의 지배와 주도적인 작용을 강조한다. 이러한 상황은 후기 성리학에 이르러 비로소 변화를 보이기 시작한다.

'미발未發·이발已發'과 '도심道心·인심人心'은 심이 바로 주체의 의식이라는 입장에서 잠재된 것과 실현된 것, 이성과 감성, 공통성과 개체성의 관계를 설명한 것으로, 특히 이것은 집단의식과 개인의식의 관계에 대한 것이다. 성리학은 주체의식을 집단의식으로 귀결시키면서 이것을 사람이 가진 최고의 내재적 가치라고 생각했다. 이러한 점은 한쪽으로는 사회와 역사에 대한 책임과 사명감의 표현이지만, 동시에 다른 한쪽으로는 개인의식의 희생을 그 대가로 지불한다. 물론 여기에는 시대에 따른 많은 세밀한 차이들이 있지만 후기 성리학에 오면 개인의식을 중시하는 것이 보편적으로 드러나는데, 이것은 당연히 자본주의 상품경제의 출현과 밀접한 관계가 있다.

마지막으로 '리理'와 '욕欲'은 성리학의 심성론에 대한 총결이라고 말할 수 있다. 이것은 도덕이성과 감정욕망, 이상과 현실의 관계 문제가 서로 부딪쳐서 돌출된 것으로, 이른바 이상적 인격에 대한 높은 기준을 설정하는 동시에 감성과 욕망을 질식시켜 없애 버리는 결과를 낳기도 했다. 이러한 문제에 대해 성리학 내부에서는 격렬한 논쟁이 전개되었는데, 이것은 성리학 개념의 운동과 변화를 반영하고 있다.

성리학 심성론은 본질적인 측면에서 도덕형이상학이라고 말할 수 있다. 성리학자들은 보편적이고 절대적이며 초월적인 도덕법칙을 인간본성의 근본적인 지표로 여겨, 그것을 사회윤리의 본체라고 생각했다. 그리고 이것을 사람이 가진 최고의 가치로 설명하려 했다. 인간의 지위와 가치는 이전에 비해 높아지게 되었지만 바로 이 때문에 인간의 본성은 겨우 도덕본성 정도로 귀결되는 결과를 낳았다. 따라서 전체적인 관점에서 다시 한 번 살펴보면, 인간의 지위는 오히려 낮아졌다.

현실사회에서 살아가는 인간은 결코 순수한 도덕성과 이성만을 가진 추상적 존재가 아니다. 인간은 우선적으로 감성적인 활발한 삶을 영위하는 개인적인 존재이다. 성리학의 심성론은 초월적이고 절대적인 이성의 원칙을 제기했지만, 동시에 이성과 감성 및 절대와 상대의 관계에 대해서도 대답해야만 했다. 일반적으로 성리학자들은 심신합일心身合一이나 성정합일性情合一과 같은 이론을 통해 원칙적으로는 사람이 현실적인 감정적 존재라는 사실을 인정한다. 그러나 도덕이성의 절대성과 초월성을 지나치게 강조함으로 인해 심각한 모순에 빠지지 않을 수 없었다.

성리학 후기로 접어들면서 비판적 사조가 거세게 일어남으로 인해 사람의 감성적 측면은 점점 더 중시되는 반면, 도덕이성을 강조했던 이론들은 비판받기 시작했다. 왕부지의 성정통일론性情統一論과 리욕통일론理欲統一論이 이러한 입장의 대표적인 사례이다. 황종희나 대진戴震과 같은 사람들은 공개적으로 사람의 생리적 욕구나 심리적 욕망의 정당한 발전과 정감 및 욕망의 합리성을 주장함으로써, 한 단계 더 진보한 모습을 보여 주었다. 특히 대진은 형이상학적인 도덕론에 대해 리理를 가지고 사람을 죽이는 것이라고 비판하면서, 사람의 본성은 지知・정情・욕欲의 세 측면을 포함한 것이라는 입장을 제기한다. 이것은 성리학적인 인성론 개념을 벗어난 것으로 근대 계몽사상의 성격을 가진다.

제9장 **성과 명**

'성명性命'은 성리학의 개념이면서 전체 유가철학의 중요 개념이기도 하다. 이것은 성리학 개념체계 가운데 우주론에서 심성론에 이르는 중간 단계로, 성과 명을 대칭시킴으로써 명의 객관적 외재성과 성의 주관적 내재성을 설명한다. 여기에서 명은 객관성과 필연성의 범주에 포함되어 있고, 성은 주체와 그 가치의 범주에 포함된다. 이 둘의 결합을 통해 하늘에서 인간에 이르는 천인상접天人相接, 다시 말해 객체로부터 주체로의 변화와 이행을 설명한다.

1. 송대 이전

공자는 '명'과 '성'의 두 개념을 제기하기는 했지만 이 둘을 연결하지는 않았다. 자공은 "공자께서 성과 천도天道에 대해 말씀하시는 것을 듣지 못했다"[1]라고 말했는데, 이것은 공자가 이러한 문제에 대해 토론한 것이 결코 많지 않았음을 말하는 것이다. 공자가 "성은 서로 비슷하지만, 습성

---

1) 『論語』, 권5, 「公冶長」, "夫子之言性與天道, 不可得而聞也."

은 서로 차이가 난다"2)라고 말한 것은 사람이 가지고 있는 선악의 성性과 재능(재질)이라는 두 측면을 가리킨다. 공자가 말한 '명命' 역시 사람의 운명과 객관적 필연이라는 양쪽 측면을 모두 포함하고 있다. 공자가 '명은 곧 부夫'(命也夫)라고 말한 것은 신비한 운명을 말한 것이고, '천명을 안다'(知天命)라는 말은 필연성에 대한 인식이다.

맹자 역시 이 둘을 구별한다. 그가 말하는 성은 측은(惻隱)과 같은 심리적 정감을 확충함으로써 이루어지는 내적인 도덕본성으로, 사람이 사람일 수 있는 이유이다. 명은 "이르지 않으려고 해도 저절로 이르는 것"3)으로, 일종의 객관적 필연성이다. 이러한 명은 '하지 않으려고 해도 하게 되는' 하늘과 관련되어 있다. 성은 "내 속에 있는 것을 구하는 것"이고, 명은 "밖에 있는 것을 구하는 것"이다.4) 동시에 맹자는 성과 명이 상호 조건이 되며, 서로를 변화시킨다는 입장을 제시한다.

> 입이 맛을 보고, 눈이 예쁜 색을 보고, 귀가 좋은 소리를 듣고, 코가 좋은 냄새를 맡으며, 신체가 안락함을 구하는 것은 성이기는 하지만 이것은 명에 달려 있다. 그러므로 군자는 이것을 성이라고 말하지 않는다. 부자간에 인이 있어야 하는 것과 군신 간에 의가 있어야 하는 것, 손님과 주인 간에 예가 있어야 하는 것, 현명한 사람에게 지혜가 있는 것, 천도가 성인에게 있는 것은 명이기는 하지만 성에 달려 있다. 그러므로 군자는 그것을 명이라고 말하지 않는다.5)

---

2) 『論語』, 권17, 「陽貨」, "性相近也, 習相遠也."
3) 『孟子』, 「萬章上」, "莫之致而至者."
4) 『孟子』, 「盡心上」, "孟子曰, 求則得之, 舍則失之, 是求有益於得也, 求在我者也. 求之有道, 得之有命, 是求無益於得也, 求在外者也."
5) 『孟子』, 「盡心上」, "口之於味也, 目之於色也, 耳之於聲也, 鼻之於臭也, 四肢於安佚也, 性也, 有命焉. 君子不謂性也. 仁之於父子也, 義之於君臣也, 禮之於賓主也, 智之於賢者也, 聖人之於天道也, 命也, 有性焉. 君子不謂命也."

명이 성일 수도 있고 성이 명일 수도 있지만, 지향하는 가치가 다르기 때문에 말하는 것 역시 달라진다. 그러나 맹자는 최종적으로 인의예지仁義禮智를 성의 근본적인 내용으로 생각하고, 이를 통해 도덕 주체의 원칙을 확립했다.

맹자는 '본심本心'이 곧 심의 본능이라는 입장에서 출발하여 심성합일心性合一의 학문을 건립함으로써 심을 우주론인 천天과 통하게 하였지만, 동시에 성과 명의 다른 점도 강조한다. 전자는 주체가 원래부터 가지고 있는 내재적인 본성으로 이해하여 '구하여 얻는 것이 유익한 것'이라고 생각한 것이고, 후자는 외재적 필연성으로 이해하여 '구하여 얻는 것이 무익한 것'이라고 생각한 것이다.6) 『중용』에서는 "하늘이 명한 것을 일컬어 성이라고 한다"(天命之謂性)는 명제를 제시함으로써 성이 명에 근거하고 있다는 점을 분명하게 긍정한다. 여기에서 천명은 우주본체라는 의미를 가진다. 『중용』은 그 성을 다함으로써 사람과 사물의 성을 다할 수 있다는 입장을 제시한다. 사람과 사물의 성을 다할 수 있게 되면 '천지의 변화와 자람을 돕고', '천지의 변화와 자람에 사람이 천지天地와 더불어 참여할 수 있다'는 단계에까지 이를 수 있다. 이것은 『역전易傳』에서 말하는 "리를 궁구하고 성을 다함으로써 명에 이를 수 있다"(窮理盡性以至於命)는 것과 동일한 사유방식으로, 우주본체를 통해서 사람의 본성을 설명하는 것이다. 이러한 논술은 성리학의 성명性命 개념을 확립하는 데 직접적인 영향을 주었다.

성리학의 선구자인 이고李翱는 『중용』의 사상을 계승하여 "성은 하늘이 명한 것이다"7)라는 입장을 정식으로 제기하면서 성과 명의 필연적 관

---

6) 『孟子』,「盡心上」, "孟子曰, 求則得之, 舍則失之, 是求有益於得也, 求在我者也. 求之有道, 得之有命, 是求無益於得也, 求在外者也."
7) 『復性書』中, "性者天之命也."

계를 긍정한다. 하지만 동시에 그는 명命에 대해서는 외재성과 한계성을 강조하고, 성性에 대해서는 내재성과 자주성을 강조했다. 뒷날 구양수歐陽修나 사마광司馬光 같은 사람들은 모두 명을 일종의 외재적인 우연성으로 해석하여, "행복하기도 하고 불행하기도 한 것",8) 또는 "우연적이기도 하고 우연적이 아니기도 한 것"9)이라고 말하면서 비판적 태도를 견지하였다. 성은 재능이나 재질, 다시 말해 재능의 있고 없음을 가리키는 것으로, 학습과 교육을 통해 이루어진다. 이것은 성리학자들처럼 본체론의 측면에서 성과 명의 합일을 논증한 것이지만 차이도 있다.

2. 북송시대

성리학자인 주돈이周敦頤는 리理・성性・명命이라는 세 개념을 제기하면서 본체론의 측면에서 성과 명을 연계시켜 성명합일사상性命合一思想을 제시한다. 이외에도 그는 "하늘은 양陽을 통해 만물을 낳고, 음陰을 통해서 만물을 완성시킨다. 낳는 것은 인仁이고 완성시키는 것은 의義이다"10)라는 명제를 제기하는데, 이 말 역시 우주본체로부터 도덕본체에 이르는 인성人性의 근원을 설명한 것이다. 그가 말하는 성인은 중정中正과 인의仁義로써 심을 안정시킨 사람이자 인극人極을 세운 사람이다. 여기에서 인극은 무극無極과 태극太極에 근거하는 것으로, 인극은 성에 속하고 무극과 태극은 명에 속한다. 주돈이는 '명命'자를 제시하면서, 인성이 반드시 가지고 있는

---

8) 『歐陽文忠公全集』, 권44, 「仲氏文集序」, "有幸有不幸."
9) 『司馬文正公文集』, 권74, 「迁書・理性」, "遇不遇."
10) 『通書』, 「順化」, "天以陽生萬物, 以陰成萬物, 生仁也, 成義也."

근원이자 따라야 할 것이라고 말한다. 이후 여기에서 한 단계 더 발전하게 되는데, 그것은 주돈이 이후의 성리학자들에 의해서 이루어진다.

장재張載는 성과 명의 관계를 명확하게 제시하고, 그것을 두 가지 측면에서 해석했다. 한 측면에서 그는 성과 명에 대해 "하늘이 사람에게 부여한 것은 명이고, 사람이 하늘에서 받은 것은 성이다"[11]라고 생각했다. 이것은 성과 명을 주관과 객관, 그리고 내재와 외재로 구분한 것이다. 명은 우주본체의 측면에서 말한 것으로 '그 근원에 이르는 것'이기 때문에 하늘의 영역에 속한다. 반면 성은 주체의 측면에서 말한 것으로, 사람의 영역에 속한다. 그러나 이 둘은 또한 동일한 것으로, 성과 떨어져서 따로 명이라고 말할 수 있는 것도 없고, 명과 떨어져서 따로 성이라고 말할 수 있는 것도 없다. 내재성과 외재성 사이에는 본질적 동일성이 갖추어져 있는데, 곧 인성이 천명에 근거하는 것이다. 그러므로 명은 성이라고 말할 수 있으며, 성 또한 명이라고 말할 수 있다. 이것은 자연계의 필연성과 도덕의지가 동일하다는 사실을 논증한 것이다.

그러나 또 다른 측면에서 보면, 장재가 논하는 성은 결코 사람이 하늘로부터 부여받은 것만을 가리키지 않는다. 동시에 명 역시 하늘이 부여한 것만을 가리키지 않는다. 곧 이 둘이 서로 옮겨갈 수 있다는 말이다. 장재가 "허虛와 기氣를 합해서 성이라는 이름을 붙였다"[12]라고 한 것은 태허太虛의 기를 이루는 본질적 속성이 성이라고 말하는 것이다. 또 그는 "성은 만물의 궁극적 근원이다"[13]라고 했는데, 이것은 인간과 만사만물 속에 내재해 있는 최고의 본체가 바로 성이라는 의미이다. 명 또한 주체의 측면에

---

11) 『張子全書』, 「語錄中」, "天授於人則爲命, 人受於天則爲性."
12) 『正蒙』, 「太和」, "合虛與氣有性之名."
13) 『正蒙』, 「誠明」, "性者萬物之一源."

서 말할 수 있으니, 장재가 "명은 성이 품부한 것과 같으므로 상황에 적합하게 된다"14)라고 한 것은 바로 이러한 측면에서 말한 것이다. 종합하면, 장재가 성을 객관적 존재인 만물의 근원으로 설명할 때의 성은 사람에게 품부된 성일 뿐만 아니라, 최고의 본체이기도 하다. 여기에 대해 이후 이정二程은 "성은 안과 밖이 없다"라고 말했고, 주희朱熹는 "천하에 성 이외에 다른 것은 없다"라고 말했다.

장재는 '지성至誠'을 천성天性이라 생각하고 '불식不息'을 천명天命이라 생각하여, 속성과 기능의 관계로 천명유행天命流行의 사상을 제기했다. 그래서 그는 "사람이 지극히 성실(至誠)할 수 있으면 성을 다하고 신묘함을 궁구窮究할 수 있으며, 쉬지 않으면(不息) 명이 유행하고 변화하는 것을 알 수 있다"15)라고 말했다. 여기에서 명은 유행불식流行不息하는 것임을 알 수 있다. 천명이 유행하면서 불식한다는 것은 성리학 성명론性命論의 중요한 사상이다. 자연계가 자라고 유행하면서 생생불식生生不息하는 이것이 바로 사람과 만물이 생성되는 근원인 동시에 인성의 근원이다. 장재가 "신묘함을 궁구하여 수많은 변화를 안다"라고 말한 것은 이러한 도리를 알아야 한다는 것이다.

그러나 장재가 기를 본체로 여기고 인성의 근원을 기의 변화와 유행에서 찾는 것은 성과 명이 모두 기 밖에 있지 않다는 말에 불과하다. 그래서 그는 다음과 같이 말한다.

성은 기의 밖에서 통하고 명은 성의 안에서 유행한다고 하지만, 기는 안과 밖이 없으므로 형체가 있음을 빌려서 말할 따름이다. 따라서 사람에 대해서 알려고

---

14) 『正蒙』, 「誠明」, "命稟同於性, 遇乃適然焉."
15) 『正蒙』, 「誠明」, "人能至誠則性盡而神可窮矣, 不息則命行而化可知矣."

생각하면 하늘에 대해 알지 않을 수 없으므로, 그 성을 다한 후에야 비로소 명에 이를 수 있다.16)

그가 비록 성에 대해서 "지극함은 무無에서 통한다"(通極於無)라고 말했지만, 이것은 결코 "맑게 통하기만 하여 형상도 있을 수 없는"(淸通不可象) 일면만을 강조한 것은 아니다. '성은 기의 밖에서 통하고 기는 안과 밖이 없다'는 말은 성이 결코 기 밖에 있지 않다는 사실을 설명한 것으로, 형체가 있음을 빌려서 말한 것일 따름이다. 이러한 해석에 따르면 사람과 만물은 모두 기에서 나왔는데, 기의 성性은 본래부터 허虛하고 맑으므로 인성의 근원이 된다. 기가 발육하고 유행하는 것은 사람과 사물이 생겨나는 기본 과정이다. 성은 본체의 측면에서 말한 것이고, 명은 유행의 과정이라는 측면에서 말한 것이다. 그러나 인류발생학의 입장에서 말하면, 발육하고 유행한 이후의 성은 사람에게 있기 때문에 사람이 성을 다한 후에야 명이 지극해 진다.

성은 본체로서 근원의 총합이다. 하지만 명이 유행하면 구분이 생기므로 그것을 받는 세상 만물들 역시 각각 구분과 한계를 가진다. 그래서 장재는 다음과 같이 말한다.

성은 모든 것의 총합으로 양쪽을 합한 것이며, 명은 그것을 받은 것으로 각각의 법칙이 있다. 총합의 요체가 지극하지 않으면, 그것을 받아서 나누는 데 이를 수 없다. 성을 다하고 리를 궁구하여도 변화시킬 수 없는 것이 바로 내 속에 있는 법칙이다.17)

16) 『正蒙』, 「誠明」, "性通乎氣之外, 命行乎性之內, 氣無內外, 假有形而言爾. 故思知人不可不知天, 盡其性然後能至於命."
17) 『正蒙』, 「誠明」, "性其總, 合兩也, 命其受, 有則也. 不極總之要, 則不至受之分. 盡性窮

하늘이 스스로 그만둘 수 없는 것을 명이라 말하고, 사물들이 감응하지 않을 수 없는 것을 성이라고 말한다.18)

　이것은 본체의 근원이라는 관점에서 인성의 근거를 설명한 것이며, 인성의 실현은 이와 같은 명의 단계를 거쳐야 한다는 말이기도 하다. 여기에서 말하는 명은 자연계의 객관적 법칙으로, 동태적인 발전 과정을 표현한 것이다. 하늘이 부여한 것이나 사람이 받은 것을 막론하고 모두 유행하여 분화된다는 의미이다. 이것은 일종의 추상적인 분석법으로 장재는 여기에서 분分의 원칙 및 사물의 감응을 성으로 여기는 사상을 제기한다. 곧 사람과 만물의 성性이 비록 같은 근원에서 유래하였지만 또한 같지 않다는 사실을 설명하는 것으로, 이 점은 매우 주의해서 보아야 할 필요가 있다.
　장재는 "성은 사람에게 있어서 선하지 않음이 없고, 명은 사람에게 있어서 바르지 않음이 없다"19)라고 생각했는데, 이러한 생각으로 인해 성과 명에는 긍정적인 가치와 의미가 부여되었고, 우주본체론은 도덕가치론으로 변했다. 이때부터 성과 명은 실질적으로 심성 개념에 진입하게 된다.
　이정은 리를 성으로 생각하여 철저한 도덕형이상학이론을 완성시킨다. 하지만 그들은 "하늘이 나에게 부여한 것은 명이라 말하고, 그것이 품부되어 나에게 있는 것은 성이라고 말하며, 각각의 여러 일들 가운데 드러난 것을 리라고 말한다"20)라고 생각하여, 하늘과 사람, 주체와 객체로부터의 관계를 성과 명 양자로 구별하고 연결함을 제시한다. 정호程顥는 "하늘이 저절로 그러한 것에 대해서 말할 때, 이것을 일컬어서 천도天道라고 한다.

　　　理而不可變, 乃吾則也."
18) 『正蒙』, 「誠明」, "天所自不能已者謂命, 物所不能無感者謂性."
19) 『正蒙』, 「誠明」, "性於人無不善, 命於人無不正."
20) 『河南程氏遺書』, 권6, "天之賦予謂之命, 稟之在我之謂性, 見於事業之謂理."

하늘이 만물에게 부여한 것을 말할 때, 이것을 일컬어서 천명天命이라고 한다"21)라고 말했으며, 정이程頤 역시 "하늘에 있는 것은 명이고, 사람에게 있는 것은 성이다",22) "천명은 천도와 같다. 그 용用을 가지고 말하면 명이 된다. 명은 조화造化를 일컫는 말이다"23)라고 말했다. 정호와 정이의 관점에 따르면, 명은 우주본체론에서 인성에 이르는 과정이나 변화이며, 성은 주관 속에 잠재되어 있는 것이다.

여기에는 중요한 관점이 내재되어 있다. 즉 우주본체로부터 도덕본체로 이행되고, 인성론은 이러한 도덕본체로 인해 성립되는데, 이것은 성과 명의 개념에서 실현된다. 리는 만물의 근원인 동시에 인성의 근원이기도 하다. 그러나 리가 객관적 자연법칙과 규율로만 존재하면서 인성으로 변화되지 않았을 때에는 단지 스스로 존재하는 것일 뿐 사람이 소유하고 있는 것은 아니어서 선악善惡의 의미는 없다. 다만 그 리가 변화되어 사람의 인성으로 내재할 때에만 비로소 사람이 가지고 있는 것으로 변화되어 내재적 가치를 가지게 된다.

성과 명을 상대시켜 말하면 주체와 객체의 관계로 구분된다. 천도가 유행하여 만물을 조화롭게 하는데, 이러한 조화의 측면에서 명命을 말하면 영원히 멈추지 않고 저절로 그렇게 되는 과정으로, 생성生成의 의미를 가진다. 조화는 기와 떨어질 수 없는 것이다. 그러므로 '그 용用에서 말하면 명이라고 한다'고 한 것은 명이 리의 작용이기 때문에 기와 관계가 있다는 사실을 설명한 것이다. 이러한 작용이 있어야 비로소 인성이 있다. 정호가 "『예기禮記』에서 말한 '사람이 태어나면서 정靜한' 이전 상태라는 것은 말

---

21) 『河南程氏遺書』, 권11, "言天之自然者, 謂之天道. 言天之賦予萬物者, 謂之天命."
22) 『河南程氏遺書』, 권18, "在天爲命, 在人爲性."
23) 『河南程氏遺書』, 권21下, "天命猶天道也, 以其用而言之, 則謂之命, 命者造化之謂也."

이 성립할 수 없다. 막 성이라고 말하는 순간 그것은 이미 성이 아니다"24)라고 말한 것은 사람이 태어난 이후를 가리킨다. 이때의 명은 이미 성으로 변화된 것이어서, '사람이 태어나면서 정靜한' 이전 상태처럼 하늘에 있는 성, 즉 천명은 아니다. 그러나 이 둘은 또한 동일한 것이어서 명이 없다면 성도 없다. 이정이 말하는 성은 완전하게 도덕화된 이성원칙으로 '생을 일컬어서 성이라고 한다'라는 의미의 성과는 완전히 다르다.

정이는 또한 리는 하나이지만 명은 구분이 있다는 사상을 제기한다. 그는 한편으로 "사람에게 있어서 성은 마치 그릇이 해로부터 빛을 받는 것과 같으니, 해는 원래 움직이는 것이 아니다"25)라고 말한다. 성은 원래 구분이 없지만, 그릇에는 크고 작음이 있어서 성을 많이 수용할 수도 있고 적게 수용할 수도 있는데, 이러한 그릇의 크고 작음은 명이 결정한다. 예컨대 동물은 지각이 있고 식물은 지각이 없는데, 여기에 대해 정이는 "그 성이 원래 다르기 때문이다. 하지만 천지간에 형체가 부여되면, 그 리는 하나이다"26)라고 한다. 만물의 본체가 되는 리는 하나지만, 만물에 부여되어 있는 명은 구분이 있다. 이것은 동물에게는 지각이 있고 식물에게는 지각이 없는 것처럼 그 성에서 차이가 있기 때문이다. 리는 오직 하나이므로 성 역시 당연하게 하나이어야 하지만 기의 차이로 인해 성 역시 달라진다. 여기에서 명과 기는 관련성을 갖게 된다. 이러한 의미에서 정이는 명의 외재성과 제한성을 말하면서 동시에 성의 내재성과 자주성을 말한다.

입·눈·귀·코의 욕구가 바로 성이기는 하지만 이것에 구분이 있어, 내가 그것

---

24) 『河南程氏遺書』, 권1, "人生而靜以上不容說. 才說性時, 便已不是性也."
25) 『河南程氏遺書』, 권3, "人之於性, 猶器之受光於日, 日本不動之物."
26) 『河南程氏遺書』, 권24, "其性自異, 但賦形於天地, 其理則一."

을 반드시 얻어야 한다고 말할 수 없으니, 이것은 명이 있는 것이다. 인의예지는 천도가 사람에게 있는 것이니, 명이 가지고 있는 후박厚薄에 따라 부여되었다. 이것은 명이기는 하지만 이것에 성이 있어 배울 수 있으니, 군자는 명이라고 말하지 않는다.27)

이것은 비록 『맹자』 「진심하盡心下」에 나오는 구절을 해석한 것이지만 리와 기라는 두 차원을 가지고 설명한 것이기 때문에 그 의미는 완전히 다르다. 기의 측면에서 말하면 입과 코, 귀와 눈이 하고자 하는 것은 이미 명命이면서 동시에 성이다. 하지만 이것은 기이기 때문에 구분과 한계가 있어서 명이라고 말할 수 있을 뿐 결코 성이라고 말해서는 안 된다. 리의 측면에서 말하면, 인의예지仁義禮智는 하늘의 도가 사람에게 내재된 것으로 이 또한 명인 동시에 성이다. 하지만 이것은 리이기 때문에 구분과 한계가 없으므로 성이라고 말할 수 있을 뿐 결코 명이라고 말해서는 안 된다. 그러나 이러한 분석이 그가 말하는 '성은 곧 리이다'(性卽理)라는 명제와 결코 완전하게 일치되는 것은 아니다. 이 때문에 이후 주희는 명에 대한 몇 가지 다른 해석을 내린다.

3. 남송시대

주희는 한 걸음 더 나아가 하늘(자연계)은 리와 기의 합이지만 명은 리와 기의 구분이 있다는 입장을 제기한다. 천명天命이 유행하면서 사람과 사물

---

27) 『河南程氏遺書』, 권19, "口目耳鼻之欲, 性也, 然有分焉, 不可謂我須要得, 是有命也. 仁義禮智, 天道在人, 賦於命有厚薄. 是命也, 然有性焉, 可以學, 故君子不謂命."

이 생겨나고, 리도 있고 기도 있게 되었는데, 사람과 사물은 하늘에서 기를 받아 형체를 이루고 리를 받아 성을 이룬다. 그런데 명을 기로 말하는 경우와 명을 리로 말하는 경우가 있다. 전자는 기의 두터움과 엷음, 맑음과 탁함 등의 차이로 인해 각각의 유類가 정해지니 이것을 '기명氣命'이라고 말하고, 후자는 천도가 유행하면서 사람과 사물에 부여되는데, 각각은 그것을 받아서 성으로 삼기 때문에 이것을 '성명性命'이라고 말한다. 여기서 주희가 강조한 것은 후자이지 전자가 아니다.

명命에 비록 명령의 의미가 있다고 해도 이것은 어떠한 주재자가 명령을 반포한 것과 같은 의미가 아니라 "천도가 유행하면서 사물들에게 부여된 것"[28]에 지나지 않으며, 일종의 '저절로 그러한' 과정이다. 만약 명령이라고 말한다면 이것은 오히려 자연계가 인간에게 부여함으로써 인간이 갖추고 있는 절대적인 명령 즉 도덕명령으로, 여기에서 주체에게 내재된 본성이 형성된다. 명이 비록 '저절로 그러한' 과정이라고 하더라도 그 속에는 잠재된 목적성을 가지고 있다. 천도가 유행해서 사람과 사물이 생기는 것은 목적에 부합되어 가는 과정이며, 사람이 태어난 이후 생각과 뜻을 가지는 것은 이러한 목적성을 체현하는 것이다.

주희는 사람과 사물이 모두 성을 가지고 있지만 또한 각각 구별이 있어서, 사물 속에 있는 것은 '리理'라고 하고, 사람에게 있는 것은 반드시 '성'이라고 해야 한다는 입장을 강조한다. 이것은 주희가 만들어 낸 구분 방법이다.

리理 · 성性 · 명命 이 셋은 원래 다른 것이 아니다. 그러나 각각 그 있는 곳에 따라 말하면 구별이 없을 수 없다. 대개 리는 '일'의 구별에 구분이 있고, 성은 '사

---

28) 『論語集註』, 권1, "天道之流行而賦予物者."

람'의 다름에 구분이 있으며 명은 '천도天道'의 온전한 면모이다. 성이 성인 것은 리가 리인 것이다.29)

천도天道는 자연계의 변화와 성장의 법칙이다. 이것은 천도가 변화하고 성장하는 과정에서 사람과 사물에게 부여된 것과 결코 다르지 않다. 그러므로 천도를 '온전한 면모'(全面)라고 했던 것이다. 하지만 사람과 사물들에게 품부된 것은 오히려 각각 차이가 있으니, 사람에게 있는 것은 성리性理이고 사물에게 있는 것은 물리物理이다. 일반적인 상황에서는 주희 역시 사람과 사물이 함께 가지고 있는 성을 말한다.

그러나 지금은 천명天命의 리라는 측면에서 말한 것이며, 동시에 사람과 사물에게 품부된 구체적인 내용을 가지고 말한 것이다. 사람에게는 천도의 완전함이 품부되어 있기 때문에 성이 되고, 사물에게는 그 가운데 일부만이 품부되어 있기 때문에 리가 된다고 생각했던 것이다. 성은 완전한 본체이지만 리는 구분과 한계가 있으므로 사물들은 각각의 차이가 있고, 그 속에 품부된 리 역시 차이가 있다. 이러한 구분은 주희의 성리학에 있어서 중요한 관점이다. 즉 명은 온전한 면모를 가지고 있으면서도 구분과 한계가 있으니, 이 때문에 사람과 만물이 구별된다는 것이다.

주희의 관점에 따르면 사람의 성은 우주의 대화유행大化流行하는 도道에 근거하기 때문에 결코 자연계와 분리될 수 없다. 그래서 주희는 '하늘과 사람의 기도 같고, 하늘과 사람의 리도 같다'고 말한다. 그러나 사람이 일단 자연계에 태어난 이후에는 특수한 지위를 차지하기 때문에 일반적인 자연계의 사물들과는 구별된다. 사람이 하늘·땅과 더불어 삼재三才(세계를

---

29) 『論語或問』, 권2, "理·性·命三者固非二物. 然隨其所在而言, 則不能無分別. 蓋理以事別, 性以人殊, 命則天道之全面, 性之所以爲性, 理之所以爲理者也."

구성하는 기본 단위인 천·지·인을 의미)가 되어 천지의 화육化育에 참여할 수 있는 것은 바로 사람이 우주의 생명을 실현시키기 때문이며, 동시에 도덕이성을 갖춘 사회적 동물이기 때문이다. 이러한 점은 동물들이 갖지 못한 것이다. 주희는 비록 어떤 동물들에게는 인仁이나 의義 같은 것이 있다고 말하지만 그것은 '단 하나에 밝은 것'에 불과하며, 오직 사람만이 인의예지 모두를 품부하였으니, 이것은 마치 하늘에 원형이정元亨利貞과 춘하추동春夏秋冬의 사계절이 모두 갖추어진 것과 같다.

주희는 『주역』에서 말한 "(하늘을) 잇는 것은 선이고, (하늘의 뜻을) 이루는 것은 성이다"30)라는 말의 해석을 통해 성과 명의 관계를 한 단계 더 발전시켜서 설명한다. 성은 '생生의 리'이지만 반드시 실현되는 과정이 있다. 생리生理는 사람 본성의 근거이기 때문에 순수하고 지극히 선하지만, 사람이 태어나기 전에 이것은 일종의 자존적 존재이며 가능성일 따름이어서 현실적으로 드러난 인성과는 분명히 다르기 때문에 '잇는 것은 선'이라고 했던 것이다. 그리고 오직 사람이 태어나 생리가 사람에게 갖추어지면서 현실적인 인성이 이루어지면 비로소 이러한 과정이 완성되기 때문에 이것을 '이루는 것은 성'이라고 했던 것이다. 여기에는 분명히 인류발생학적인 의미가 포함되어 있다.

분명한 사실은 주희가 말한 인성人性이 다른 물리物理와는 달리 사람의 사회성을 가리킨다는 것이다. 그는 인성이 사람과 사람의 관계 속에서 실현된다고 생각했던 것이다. 하지만 동시에 그는 사람의 사회성은 자연법칙이라는 근원으로 돌아간다고 생각했다. 어떠한 의미에서 인성은 자연적이면서 동시에 사회적이라고 말할 수 있는데, 근원이나 가능성의 측면에서

---

30) 『周易』, 「繫辭」, "繼之者善也, 成之者性也."

말하면 자연적이고, 내용이나 현실의 측면에서 말하면 사회적이다.

주희는 사람의 도덕적 속성이 사회적인 경제관계에 의해 결정된다는 것을 이해할 수 없었다. 그는 성리학 개념체계의 기본적 전제에서 출발했기 때문에 성은 우주본체인 리에 근거한다고 생각했다. 그러나 주희 자신이 보기에도 인성이 실현되는 경우에는 사회적 내용을 가지고 있으므로 결코 순수한 자연성은 아니다. 성과 명의 합일이라는 관점에서 보면 그가 이해하고 있는 자연은 이미 사회화되어 목적성을 가지고 있는 자연일 수밖에 없으며, 순수한 물질적 자연계는 아니다. 그러나 사람과 사물을 구분하려는 입장에서 말하면, 그 역시 사람의 사회성으로부터 인성의 내용을 설명한다.

이미 사람과 사물의 성性이 천명天命으로부터 나왔다면 왜 이 둘을 구별하는가? 성리학자들은 일반적으로 사람은 음양오행陰陽五行 가운데 가장 빼어난 것을 품부했기 때문에 만물 가운데 가장 영묘한 존재가 되었다고 생각했다. 주희는 여기에서 한 걸음 더 나아가 사람과 사물이 비록 같은 리를 부여받았지만 품부한 기의 편벽됨과 올바름, 통함과 막힘 등의 차이로 인해 사람과 사물이 달라졌다는 입장을 제기한다.

> 사람과 사물이 생겨날 때 똑같이 천지의 리를 받아 성이 되었고, 똑같이 천지의 기를 받아 형체를 갖추었다. (사람과 사물의) 다른 점은 오직 사람만이 그 사이에 형기의 올바름을 얻어 그 성을 온전하게 하는 것에서 약간의 차이가 있다. 비록 약간의 차이가 있다고 하더라도 사람과 사물의 구분은 바로 여기에 있다.[31]

---

31) 『孟子集註』, 권4, "人物之生, 同得天地之理以爲性, 同得天地之氣以爲形. 其不同者, 獨人於其間得形氣之正, 而能有以全其性爲少異耳, 雖曰少異, 然人物之分, 實在於此"

여기에서 리는 본체의 근원이지만 추상적인 반면, 기는 비록 리에 의해서 결정되는 것이지만 오히려 구체적이다. 추상적 원칙은 반드시 구체적 원인으로부터 설명된다. 사람과 사물은 물질구조가 다르기 때문에 그 성 역시 다른 부분이 있다. 그러나 이처럼 추상적인 것은 주희가 결코 사회의 근원이라는 관점에서 사람의 본질을 설명하지는 않았기 때문이다. 하지만 철학적 인류학과 자연 발생사라는 측면에서는 여타의 동물보다 사람을 높게 설명하면서 오히려 중시하기도 했다.

주희 이후, 진순陳淳은 명과 성을 특히 중시하여 자신이 지은 『북계자의北溪字義』의 첫 번째 조항을 '명命'자로 시작한다. 그는 명이라는 글자에 리와 기의 두 가지 의미가 있다는 입장을 제기하지만, 동시에 그는 '리는 기 밖에 존재하지 않는다'고 주장한다. 진순이 말하고 있는 명命은 성리학 이전의 천명론天命論과는 다르며, 또한 성명性命과 기명氣命을 분명하게 나누고 있는 주희의 설명과도 미미하게나마 구별된다. 진순이 바라보는 명은 단지 자연계가 대화유행大化流行하는 과정이므로 기를 떼어 놓고 말할 수 없으며, 리 또한 기 가운데의 리이므로 비록 그것이 기를 주재해도 기 밖에 존재하지는 않기 때문이다. 그는 "하늘은 온전한 본체(體)를 가지고 말한 것이고, 명은 그 가운데 있는 오묘한 작용(用)을 가지고 말한 것이다"32)라고 했는데, 이것은 우주본체의 발육과 유행의 과정(작용)이 바로 명이기 때문에 기와 떨어져서 존재할 수 없다는 사실을 설명한 것이다. 그는 자연계의 물질이 생성된 원인을 강조하는데, 이것이 바로 진순이 말한 명의 특징이다.

진순은 비록 명은 같은 것이지만 그것을 받아들이는 사람에 따라서 다르게 된다고 생각했다. 사람과 사물만 차이 나는 것이 아니라, 사물과 사

---

32) 『北溪字義』, 「命」, "天以全體言, 命以其中妙用言."

물, 그리고 사람과 사람 사이에도 다르다는 말이다. 왜 그런가? "그 또한 자연의 리인데 무엇을 의심하는가!"33)라는 진순의 말은 명이 어떠한 목적성도 없다는 것을 의미한다. 여기에서 필연과 우연의 관계가 문제로 제기된다. 명은 객관적인 필연성으로, 그것이 대화유행하면서 사람과 사물을 화생化生시킨다. 하지만 사람이 되기도 하고 사물이 되기도 하는 이유는 우연적이다. 진순은 인성의 근원에 대한 문제를 과학적으로 해결할 수 없었다. 그러나 그가 제기한 우연성의 사상은 절대적인 필연성으로 모든 것을 귀결시키는 성리학적 사유를 보충해 주는 측면이 있다.

명과 성의 관계에 대해 정주학에서는 모두 "본래부터 두 가지가 아니다. 하늘에 있는 것을 명命이라 말하고, 사람에게 있는 것을 성性이라고 말한다"34)라고 설명한다. 성과 명은 단지 주체와 객체, 그리고 내재적인 것과 외재적인 것으로만 구별된다는 말이다. 성은 자연법칙이 사람의 마음속에서 실현된 것이다. 이 때문에 진순은 "성性이라는 글자는 생生과 심心이라는 글자를 합하여 만들었다. 사람은 태어나면서 이 리를 마음에 갖추었는데, 이를 성이라고 이름 붙였다"35)라고 말한다. 여기에서 성과 명은 심성 개념에 진입한다.

심학자인 육구연陸九淵의 성과 명에 대한 해석 가운데에는 정주학과 일치하는 면이 있으니, 성이 천명天命에 근거한다고 생각한 부분이다.

> 사람은 천지가 낳은 것이고, 성은 천지가 명한 것이다. 리의 관점에서는 그것이 천지보다 크다고 말할 수 있겠지만, 사람의 관점에서는 어떻게 천지보다 크다고 말할 수 있겠는가!36)

---

33) 『北溪字義』, 「命」, "亦自然之理, 何疑焉!"
34) 『北溪字義』, 「性」, "本非二物, 在天謂之命, 在人謂之性."
35) 『北溪字義』, 「性」, "性字從生從心, 是人生來具是理於心, 方名之曰性."

육구연은 심을 본체라고 생각했기 때문에 '심즉리心卽理'와 같은 본체론상에서 말하면 성이 천지보다 크다고 말할 수 있다. 하지만 주체인 자신의 입장에서는 형체가 있고 난 이후에 성이 있으므로 천지보다 크다고 말할 수는 없다. 사람도 단지 천지 가운데 있는 하나의 존재이며, 천명으로 인해 생겨났으므로 성 역시 천명에 의해 생겨난 것이다. 이것은 명의 객관성과 외재성 및 명으로부터 성에 이르는 필연성을 인정한 것이다.

　　육구연은 한편으로 성과 명의 합일 및 심과 성의 합일을 제기한다. 이것은 '본심本心'에서 출발해서 인의예지仁義禮智의 성을 추출한 것으로, 성은 주체가 원래부터 가지고 있다는 입장이다. 그러나 본심과 사람 자신은 모두 하늘에 의해서 태어나고 하늘에서 생명을 부여받았다는 점을 인정하지 않을 수 없어서, 육구연은 "사단四端은 바로 이 심이며, 하늘이 나에게 부여한 것도 바로 이 심이다"37)라고 말한다. 이것은 육구연의 심성론 역시 우주본체론의 전제 아래에서 건립된 것임을 설명하는 말이다. 이 때문에 육구연은 심만을 유일한 존재로 생각하는 주관론자라고 말할 수는 없다. 육구연은 또한 성과 명에 대해 음양의 기라는 측면에서 논하고 있다.

> 『주역』에서 '일음일양지위도一陰一陽之謂道'라고 말한 것은 천지만물이 모두 이러한 음과 양을 갖추고 있다는 것을 묶어서 말한 것이다. 또『주역』에서 '계지자선야繼之者善也'라고 말한 것은 오직 사람에게만 해당되는 말이고, '성지자성야成之者性也'라고 말한 것은 그것을 다시 하늘로 되돌리는 것으로, 이것이 바로『중용』에서 말한 '천명지위성天命之謂性'이다.38)

---

36) 『象山全集』, 권12, 「與趙詠道」, "人乃天地所生, 性乃天地所命. 自理而言, 而曰大於天地, 猶之可也, 自人而言, 則豈可言大於天地!"
37) 『象山全集』, 권12, 「與李宰」, "四端者, 卽此心也, 天之所以與我者, 卽此心也."
38) 『象山全集』, 권35, 「語類」, "一陰一陽之謂道, 乃泛言天地萬物皆具此陰陽也. 繼之者善也, 乃獨歸之於人, 成之者性也, 又復歸之於天, 天命之謂性也."

이것은 주희의 해석과는 다른 부분으로, 그는 '계지자선'을 성으로 생각하고 '성지자성'을 명으로 여겼다. 하지만 이것은 그가 천명을 인정한다는 사실을 부정하는 것이 아니라, 성이 명에 근거하고 있다는 사실을 인정하고 있는 것이다. 기의 측면에서 말한다는 것 역시 리의 측면에서 말하는 것으로, 여기에서는 크게 중요한 것이 아니다.

4. 원명시대

정주程朱의 후학들 가운데에는 단지 허형許衡과 오여필吳與弼만이 성과 명을 분명하게 구분했다. 특히 그들은 빈천貧賤・부귀富貴・생사生死・화복禍福과 같은 기명氣命을 강조했는데, 이것은 명의 외재성과 유한성을 강조한 것이다. 하지만 동시에 그들은 성의 내재성과 주체성을 더욱 강조하여, 명은 사람이 어떻게 할 수 있는 것도 아니고 변화시킬 수 있는 것도 아니지만, 성은 오히려 자기(마음속)의 일이며 자신이 가지고 있는 것이라고 생각했다. 빈부와 귀천은 하늘에 맡겨져 있지만 성은 온전하게 자신에게 있다는 것이다. 이것이 바로 성과 명을 병행시켜 바라보는 입장이다.

왕수인王守仁의 성명합일설은 육구연에 비해 한층 더 철저한데, 그것은 리를 '양지良知'라는 개념으로 대체시켰기 때문이다. 양지는 주체가 본래부터 가지고 있는 영명靈明한 지각의 심이다. 그러나 그는 "천명의 성은 내 마음 속에 갖추어져 있다. 혼연渾然하여 한 덩어리인 그 속에 조리와 절목들이 모두 빽빽하게 갖추어져 있다"[39]라는 입장을 인정하는데, 이것은 성

---

39) 『陽明全書』, 권7, 「博約說」, "天命之性具於吾心. 其渾然全體之中而條理節目森然畢具."

이 명에 근거한다는 사실을 부인하는 것이 아니다. 다만 그가 보기에 천명의 성은 심 안에 갖추어져 있기 때문에, 성과 명은 모두 심에서 통일된다. 그러나 심은 결코 주체인 몸과 떨어져 존재할 수 없으므로 반드시 소종래 所從來가 있어야 하는데, 그 근거는 오직 주체 밖에 있는 하늘, 즉 자연계일 수밖에 없다. 그래서 실제로 그는 다음과 같은 사실을 강조한다.

> 그것이 하늘에 있으면 명命이라 말하고, 사람에게 부여되면 성性이라 말하며, 몸을 주재하면 심이라고 말한다. 그러므로 심이니 성이니 명이니 하는 것은 모두 하나이다.40)

명은 자연계에 유행하는 도이면서 자연계의 법칙 혹은 규율이므로 객관성을 가지고 있지만, 하늘에 있는 명이 사람에게 부여되면 성이 되기 때문에 성은 주관성을 가진다는 말이다. 다만 그는 마음의 주체적인 작용을 강조하기 때문에 그가 말하는 심心 속에는 천天과 명, 그리고 성이 모두 들어 있다.

심학 계열의 학자들은 모두 심을 최고의 개념이자 만물의 본원이라고 생각했다. 그러나 심 그 자체는 또한 각각의 개체에 부여된 것이기 때문에 반드시 그것이 존재하기 위한 전제가 있어야 한다. 그러므로 우주와 자연을 심으로부터 분리시켜 버리면 심이라고 말할 수 있는 것도 없으며 성이라 말할 수 있는 것은 더더욱 없다. 이로 인해 심학 계열의 학자들도 우주와 자연이 생명의 유일한 근원인 동시에 심성의 근원이라는 사실을 인정했던 것이다. 심이 비록 몸과 천지만물을 주재하지만, 그것이 자연계로부

---

40) 『陽明全書』, 권7, 「稽山書院尊經閣記」, "其在於天謂之命, 其賦予人謂之性, 其主於身謂之心. 心也, 性也, 命也, 一也."

터 떨어져서 독자적으로 존재할 수는 없다. 단지 그들이 보기에, 성은 비록 명이 부여한 것이기는 하지만 일단 주체에게 부여된 도덕원칙이 되면 그 때는 천지만물을 주재할 수 있고 천지만물의 본체가 된다는 것이다. 이른 바 천명은 발생의 측면에서만 말한 것이고, 본체론의 측면에서 말하면 심과 떨어져서 존재할 수 없는 것이다.

5. 명말청초

이러한 모습은 유종주劉宗周의 사상에서 더욱 분명하게 드러난다. 그는 '명命' → '성性' → '도道'의 순서에 입각해서, 명은 자연법칙이 사람에게 부여된 것으로, 성은 천도에서 받아 사람에게 갖추어진 것으로 설명한다.

> 천명이 유행하여 뭇 사물들이 어긋남이 없다는 것은 하늘의 도이니, 사람은 그것을 부여받아 성으로 삼는다. 하늘은 사람과 떨어지지 않고 성은 형과 떨어져 있지 않다. 일상적인 행동으로부터 미루어서 강상윤리와 같은 큰 것에까지 이를 수 있고, 우수마발牛溲馬勃이나 깨어진 기왓장 같은 하찮은 것들도 막상 가서 보면 성 아닌 것이 없으며, 또한 도 아닌 것이 없다. 성은 도가 원래 그러한 것(本然)이고 천도는 그것이 저절로 그러한 것(自然)이다.[41]

'천명이 유행한다'는 말은 우주적인 법칙이 저절로 그렇게 되어 가는 과정이며, '뭇 사물들이 어긋남이 없다'는 말은 사물이 반드시 그 리理를

---

41) 『劉子全書』, 권28, 「論語學案一」, "天命流行, 物與無妄, 天之道也, 人得之以爲性. 天不離人, 性不離形也. 推之日用動靜以至綱常倫理之大, 溲渤瓦礫之小, 無往而非性, 則無往而非道. 性者道之本然, 而天道卽其自然者也."

가지고 있다는 것으로, 보편적 법칙에 따라 각각 그 성性이 만들어진다는 의미이다. 유종주는 "천명이 유행하여 뭇 사물들이 어긋남이 없다는 것은 실제로 유행하는 명이 있어서 그것이 각각의 사물에 부여되어 있다는 사실을 말하는 것이지, 유행의 밖에 달리 '어긋나지 않은 리'가 있다는 것은 아니다"42)라고 말한다. 인성은 비록 천명이 부여한 것이지만 천명은 오히려 인성을 빌려서 실현되는데, 그러한 인성은 형질形質에 의지해서 존재한다. 성과 명은 비록 주主와 객客으로 구분되지만 이 둘은 또한 서로 떨어질 수 없다. 따라서 명은 주체에 의지해서만 비로소 실현될 수 있으니, 이것은 바로 사람의 주체적인 지위를 확립시켜 주는 것이다.

유종주는 성이 명에 근거하고 있다는 사실을 인정했을 뿐만 아니라, 한 걸음 더 나아가 리기理氣와 내외內外의 합일이라는 관점에서 성과 명의 관계를 해석한다.

일원생생지리一元生生之理는 영원토록 존재하며, 천지에 앞서서 시작하는 것도 없고 천지에 뒤서서 마치는 것도 없다. 혼돈渾沌하다는 것은 일원의 리로 돌아간 것이요, 열고 닫힌다는 것(開闢)은 일원의 리가 통하는 것이다. 그래서 한 번 피었다가 지고, 한 번 왔다가 가며, 낮이 끝나 밤이 오고, 숨을 들이마셨다가 내뱉는 것 등을 미루어 보면 이 리가 아닌 것이 없다. 하늘은 이것을 얻어서 명으로 삼고, 사람은 이것을 얻어서 성으로 삼는다. 성을 따르면 도가 되고, 도를 닦으면 교教가 되니, 이 모든 것은 하나일 따름이다.43)

---

42) 『劉子全書』, 권11, 「學言」 中, "天命流行物與無妄, 言實有此流行之命, 而物物賦畀之, 非流行之外, 別有個無妄之理也."
43) 『劉子全書』, 권10, 「學言」 上, "一元生生之理, 亘萬古長存, 先天地而無始, 後天地而無終. 渾沌者元之復, 開闢者元之通. 推之至於一榮一瘁, 一往一來, 一晝一夜, 一呼一吸, 莫非此理. 天得之以爲命, 人得之以爲性. 性率而爲道, 道修而爲敎, 一而已矣."

'일원생생지리'를 우주 보편의 법칙으로 보고, '혼돈과 개벽의 기氣'를 그것이 유행하는 과정으로 보면서 이로써 사람이 자연계에서 차지하는 위치를 확립한다. 여기에서 이 둘은 주체와 객체의 관계이면서 동시에 동일한 본체에 근거하고 있는 것이다.

또 다른 관점에서 보면, 유종주는 기의 입장에서 성과 명을 해석한다. 그는 천지 사이에 하나의 기가 흘러서 통하고 사람이 태어나 형체를 갖추면서 비로소 영명한 기가 있게 되니, 이 영명한 기가 바로 하늘이 명命한 성이라고 생각했다.

> 사람이 태어나면서 신체를 가지게 되지만 그것은 그냥 꿈틀거리는 것일 뿐이다. 그러나 기가 있어서 그 사이를 운행하면서 신체의 움직임은 비로소 영명해 진다. 이 한 점 영명한 기는 없는 곳이 없지만 실제로 하나의 사물인 것처럼 지칭될 수도 없으니, 이것이 바로 천명의 성이다.44)

'영명한 기'라는 하나의 물질적 원인을 사용해서 인성의 근원을 설명하는 것은 보편적 원칙을 사용해서 인성의 근원을 설명하는 것에 비해 더욱 감성적인 특징을 지니며, 사상적 형식에 있어서도 더욱 일상화된 내용을 가진다.

명청시대의 유명한 세 사상가들 역시 모두 성과 명의 관계에 대해서 토론하고 있다. 황종희黃宗羲는 유종주의 뒤를 이어 리와 기가 하나라는 입장에서 출발하여, 의리義理의 명과 기수氣數의 명을 서로 나누는 관점에 대해 비판한다. 그는 "사람과 하늘이 비록 형태와 모양에 있어서 차이는 있

---

44) 『劉子全書遺編』, 권2, 「學言」, "人生而有此形骸, 蠢然者耳. 有氣以運行其間而形骸之發竅始靈. 此一点靈氣無所不有而實無一物之可指, 這便是天命之性."

어도 기가 통하지 않은 적이 없었다. 그러므로 성을 알고 하늘을 아는 것은 같은 이치이다"45)라고 말한다. 이것은 성과 명을 자연스러운 기화氣化와 유행流行의 리理라는 측면에서 말한 것이기 때문에 하나로 통할 수 있으면서도 각기 다른 모습으로도 드러난다. 그래서 그는 다음과 같이 말한다.

> 이처럼 천차만별한 것도 그 속에는 동일한 것이 들어 있으니, 이것이 이른바 명命이다. 명이 서면(立命) 유행하는 곳에서 주재하는 것이 드러나므로 죽음과 삶도 낮과 밤 정도의 차이에 불과하게 된다. 이것을 알지 못하는 사람들은 의리義理의 명이 따로 있고 기수氣數의 명이 따로 있다고 하는데, 하늘에 본래 두 개의 명이 있다는 말인가?46)

'입명立命'은 또한 성을 다하는 것이니, 성은 내재화된 자연유행의 리이며, 그것이 변화되어 도덕적 자율성이 되기 때문이다. 그러나 명이 조화유행의 리가 되면 결코 기와 떨어질 수 없게 되는데, 이 기가 고르지 않기 때문에 명 역시 차이가 있을 수밖에 없다. 하지만 이 모든 것은 단 하나의 기가 유행하는 것이니, '동일한 것'이 들어 있다는 말은 바로 이러한 의미이다. 그러므로 만약 의리의 명도 있고 기수의 명도 있다면 이것은 리와 기를 둘로 나누는 것이다.

황종희는 비록 음양오행과 화생化生하게 하는 것을 성이라고 생각했지만, 동시에 그는 인성人性과 물성物性을 구분한다. 그는 인의예지仁義禮智가 사람의 성일 뿐이며, 사물에는 결코 없는 것이라고 생각했다. 이것은 여전히 도덕이성이다. 그는 주희가 '사람과 사물은 모두 천지의 리를 품부하여

---

45) 『孟子師說』, 권7, "人與天雖有形色之隔, 而氣未嘗不相通. 知性知天, 同一理也."
46) 『孟子師說』, 권7, "此不齊者, 正是其畫一所在, 所謂命也. '立命'則從流行處見主宰, 生死不過晝夜爾. 不知者以爲有義理之命, 有氣數之命, 天固有兩命乎?"

성性이 되었는데 그 가운데 사람은 완전한 것을 받았고 사물은 부분적인 것만을 받았다'고 말한 것에 대해서 옳지 않다고 비판하면서 "이른바 리는 인의예지이다. 짐승들에게 어떻게 이와 같은 것이 있겠는가?"47)라고 말한다. 그의 해석에 따르면, 사람과 사물이 동일한 기를 품부했기 때문에 명은 동일하다. 하지만 사람과 사물의 성은 구분되기 때문에 사람의 지각은 결코 사물의 지각과 같지 않다. 그래서 황종희는 '그 차이는 기에 있다'라고 했던 것이다. 정미한 기는 사람을 낳고 조잡한 기는 동물을 낳는다. 기는 비록 하나이지만 정미함과 조잡함의 차이가 있으니, 사람이 품부한 것은 '리가 있는 기'이지만 동물이 품부한 것은 '리가 없는 기'이다. 그래서 황종희는 "리가 없는 것은 아니지만, (동물이) 사람과 똑같이 받지 못한 것이니, 이것이 바로 하늘의 리이다"48)라고 말했던 것이다. 여기에서 말하는 하늘의 리는 인의예지의 성이 아니라 일반적인 자연법칙을 가리키지만 인의예지의 성은 오히려 이러한 법칙에 의해 결정된다.

황종희는 성과 명의 개념에 대한 해석을 통해 사람과 동물의 성을 구분하고, 사람은 도덕이성으로 인해 다른 사물들과 구분된다는 입장을 제기하는데, 이것은 중요한 의미가 있다. 그러나 그는 비록 기의 측면에서 성을 논하지만 오히려 다른 성리학자들과 마찬가지로 천리의 존재를 인정하고 나아가 이것을 도덕이성의 유일한 본원이라고 생각했다. 이러한 점에서 그는 여전히 성리학의 개념에서 벗어나지 못했다고 평가할 수 있다.

고염무顧炎武 역시 이와 유사한 관점을 가지고 있다. 그는 기氣에서 출발하여 성과 명의 합일이라는 결론을 도출시키고 있다.

---

47) 『孟子師說』, 권6, "所謂理者, 仁義禮智是也. 禽獸何嘗有是?"
48) 『孟子師說』, 권6, "非無理也, 其不得與人同者, 正是天之理也."

『시경詩經』에서 '하늘의 명은 그침이 없다'고 했는데, 사람은 늘 이러한 명에 따라서 살면서도 그것을 알지 못하지만, 명 아닌 것은 없다.…… 이것은 하늘이 명한 것인데 사람이 그것을 받아서 성으로 삼은 까닭에 『중용』에서는 '천명지위성天命之謂性'이라고 하였다. 명을 저 높디높은 하늘에서 구한다면 이것은 명이 나로부터 떨어져서 나와 별개의 것으로 여기는 것이다.49)

그는 명을 자연계가 기화氣化하고 유행하는 과정에서 이루어진 것으로 해석한다. 사람은 이렇게 기화 유행하는 과정에서 나온 산물이기 때문에 성은 명에 근거하고 명은 성 밖에 따로 존재하지 않으며, 또한 성은 일상적인 삶에서 떨어져 있지 않고, 명은 바로 그 가운데 있다. 일상적인 사람의 삶에서 벗어나서 성을 찾는다면 이것은 성과 명을 두 개로 나누는 것이다. 자연계의 필연성은 심 안에 내재되어 사람의 도덕본성이 되고, 이것은 도덕을 실천하는 가운데 체현된다. 이 때문에 이러한 필연성은 마음밖에 존재하거나 혹은 개인의 역량과 다르게 존재하지 않는다.

왕부지王夫之는 '명은 크고 성은 작다'라는 명제를 제기했다. 그는 사람을 전체 자연계의 일부라는 입장에 서서 고찰하면서 동시에 개체와 집단의 관계를 구분하여 개체의 독립성을 비교적 강조하는 모습을 보이는데, 이것은 매우 특색 있는 대목이다.

> 명은 크고 성은 작다. 사람에게 있는 것은 성이고 하늘에 있는 것이 명이다. 이미 사람 속에 들어온 것이라면 성일 수는 있어도 명일 수는 없다. 사람 모두에게 있는 것은 천명이지만 각 개인에게 있는 것은 인성이므로 이미 개인 속으로 들어온 것이라면 인성일 수는 있어도 천명일 수는 없다.50)

---

49) 『日知錄』, 권6, 「顧提天之明命」, "維天之命, 於穆不已, 其在於人, 日用而不知, 莫非命也.……此天之所命而人受之爲性者也, 故曰天命之謂性. 求命於冥冥之表, 則離而二之矣."

개체로서의 사람과 집단으로서의 사람은 모두 하늘(天)과 상대시켜 말한 것이기 때문에 성과 명은 구분된다. 즉 성은 비록 명에 근거하고 있지만 이미 사람의 성이 되었으면 그것은 명과 구별된다는 것이다. 개인의 입장에서 말하면 개인 이외의 다른 사람들은 유類적 존재이므로 개인은 결코 '유'와 같을 수 없다. 이러한 의미에서 개인은 사람 일반이 되고 사람 일반은 하늘이 된다고 말한다. 개인과 사람 일반을 구별하고 있는 것이다. 이러한 의미에서 보면, 사람은 공통적인 인성도 가지고 있으면서, 동시에 각자의 개성도 가진다. 왕부지는 인의예지가 사람의 공통적 인성이라는 사실을 결코 부인하지 않았지만, 개인과 사람 일반을 구분하는 그의 설명 방법 속에는 개성을 인정하는 사상적 맹아가 포함되어 있다.

하지만 왕부지는 여전히 성리학자이다. 그는 '생生을 성이라고 말한다'는 설명 방법에 동의하면서 이것을 생의 리로 귀결시키려 했는데, 이러한 점은 주희와 조금도 다르지 않다. 그는 성이 '천도天道가 유행하는 리'에 근거하고 있음을 인정하여 다음과 같이 말한다.

> 성은 어디에서 받았는가? 바로 하늘에서 그것을 받았다. 하늘에서는 일진무망一眞無妄한 리가 음양이 되고 오행이 되어 만물을 화생化生하니 이것을 천도라고 말한다. 음양과 오행의 기가 만물을 화생하면 그 빼어나고 가장 영묘한 것이 사람이 되고 형체가 이미 형성되어 리는 저절로 그 속에 들어 있다.…… 이것을 인도人道라고 말한다. 이러한 인도는 일진무망한 천도를 나누어 받아 태어나면서 부여받은 성을 완성하는 것이니 이것이 바로 『중용』에서 말한 '천명지위성天命之謂性'이다.[51]

---

50) 『莊子通』, 「山木」, "命大, 性小. 在人者性也, 在天者命也. 旣已爲人, 則能性而不能命矣. 在人者皆天也, 在己者則人也, 旣已爲己, 則能人而不能天矣."
51) 『四書訓義』, 권2上, 「中庸」, 권1, "性何所自受乎? 則受之於天也. 天以其一眞無妄之理爲陰陽, 爲五行而化生萬物者曰天道. 陰陽五行之氣化生萬物, 其秀而最靈者爲人, 形

이처럼 일진무망한 리는 바로 기가 원래부터 가지고 있으면서 만물을 화생하게 하는 것이다. 또한 이러한 리가 바로 사람에게 품부되어 성이 되는 '지극한 리'로, '천덕天德'이라고도 부른다. 여기에서 인성의 근원은 바로 명命이다.

성과 명의 관계라는 측면에서 말하면, 천도나 천명은 결코 성과 같지 않다. 왜냐하면 "명은 참으로 성誠한 것이고 성性은 허령불매虛靈不昧한 밝음을 가지고 있기"52) 때문이다. 자연계의 낳고 낳는 리는 일반적인 자연법칙이지만, 응취凝聚하여 성이 되기 전에는 다만 명이라고 부를 수 있을 뿐이다. 명은 성에 대비시켜 말한 것으로 사람이 태어나면서 생리生理가 부여되면 그것은 허령불매한 밝음인 심을 통해 실현될 수 있다. 그러나 이때가 되면 이것은 이미 원래의 천도가 아니다. 심이 있어야 비로소 성이 있게 되니, 이것은 또한 '계지자선繼之者善'과 '성지자성成之者性'의 관계이다. 그래서 그는 다음과 같이 말한다.

> 무릇 성이라는 것은 형질에 따라 나누어지고 응집된다. 하나의 근본에서 수만 가지 사물이 생겨나는데, 수만 가지 사물은 다시 하나의 근본으로 되돌아갈 수 없다. 『주역』에서 계지자선야繼之者善也라고 한 것은 명을 말한 것인데, 이 명은 하늘과 사람을 서로 이어주는 것이다. 또 『주역』에서 성지자성야成之者性也라고 한 것은 형질을 말하는데, 형질이 이루어지면 성이 그 속에서 응취하여 생겨난다. 형질 가운데 있는 명을 성이라고 말하므로, 명이라고 말한 것을 가지고 성이라고 말할 수는 없다.53)

既成而理固在其中.……曰人道. 是人道者, 卽分其一眞無妄之天道以授之而成乎所生之性者也, 天命之謂性也."
52) 『讀四書大全說』, 「中庸」, 第22章, "命唯一誠, 而性乃有此虛靈不昧之明也."
53) 『讀四書大全說』, 「中庸」, 第22章, "若夫性, 則隨質以分凝矣. 一本萬殊, 而萬殊不可復歸於一. 易曰'繼之者善也', 言命也, 命者, 天人之相繼者也. '成之者性也', 言質也, 旣成乎質, 而性斯凝也. 質中之命謂之性, 亦不容以言命者言性也."

성과 명은 하늘과 사람, 주관과 객관으로 구별되기 때문에, 단순하게 성을 명으로 돌려보내거나 명을 성으로 귀결시킬 수 없다는 입장을 분명하게 밝히고 있다. '수만 가지 사물은 다시 하나의 근본으로 되돌아 갈 수 없다'라는 말은 명도 나누어진다는 것이며, 동시에 자연계의 발전에도 질서가 있다는 입장이다. '하늘과 사람을 서로 이어준다'는 말은 사람과 자연계의 관계를 한 단계 더 발전적으로 설명한 것으로서, 사람의 형질이 이루어져 있으면 그 속에 사람의 성性이 모여들어 사람이 된다는 의미이다. 여기에는 가능태와 현실태, 그리고 잠재태와 질능태質能態의 관계가 포함되어 있다. 질능태는 잠재태의 실현이지만 이것은 잠재태와는 다르고, 사람의 성은 천명의 실현이지만 이것은 천명과는 다르다.

중요한 것은 왕부지가 성에 대해 '매일 받아서 매일 생성된다'는 관점을 제기함으로써 성과 명의 관계를 변증법적으로 해결한다는 점이다. 그는 성이 한 번 명을 받고 생겨나서 형태가 만들어지면 절대 불변한다는, 인성을 마치 형태에 따라 제작된 도자기와 같이 보는 것으로 한 번 모양이 만들어지면 변하지 않는다고 생각하는 관점에 대해 반대한다. 그는 다음과 같이 말한다.

> 명命은 (하늘에서) 내려온 것을 말하며, 성은 (그것을 사람이) 받은 것을 말한다. 성이라는 것은 살아가는 이치이니, 아직 죽기 이전이라면 모두 살아 있는 상태이며, 날마다 명은 내려오고 (사람은) 성을 받는다. 처음 태어나면 성의 그릇(量)을 받고, 매일 살아가면서 성의 구체적 내용(眞)을 받는다.[54]

---

54) 『思問錄』, 「內篇」, "命曰降, 性曰受. 性者生之理, 未死以前皆生也, 皆降命受性之日也. 初生而受性之量, 日生而受性之眞."

성이 '삶의 리'가 되는데, 이것은 생명의 발전에 따라 완성된다. 사람은 하늘과 마찬가지로 자연계와 떨어질 수 없는 존재이다. 자연계는 생명의 근원인 동시에 인성의 근원이기도 하다. 하지만 생명은 하나의 과정이므로, 인성 역시 이러한 과정 가운데에서 발전한다. 왕부지는 비록 사회 경제적 기반이 인성을 결정한다는 입장을 제기하지는 않았지만 그가 보기에 인성은 선천적으로 결정되어서 바꿀 수 없는 것이 아니라, 후천적인 삶과 실천 가운데에서 형성되고 발전되는 것이다. '처음 태어났을 때에는 성의 모양을 받았다'는 것은 일종의 잠재적 가능성일 뿐이다. 이러한 가능성은 '매일 살아가면서 성의 진실함을 받는' 것을 통해 비로소 인성의 진정한 내용을 획득한다. 그래서 왕부지는 "무릇 성이라는 것은 살아가는 이치이니, 하루하루 살아가면서 만들어진다"55)고 했던 것이다.

이후 대진戴震은 형이상학적인 본체론과 목적론적 관점을 버리고, 자연계 물질들의 운동 원인에서 성과 천도의 관계를 해석한다. 이러한 해석의 특징은 천도天道도 나누어짐이 있으며 성 역시 차이가 있다는 점을 강조하는 데 있다. 그는 『대대례大戴禮』에서 "도에서 구분되는 것을 일컬어 명이라고 하며, 하나의 개체 속에서 형성되는 것을 일컬어서 성이라고 한다"는 말을 인용한 후 다음과 같이 말한다.

> 음양과 오행에서 나누어져 사람과 사물이 있게 되고, 사람과 사물은 각각 나누어짐에 한정하여 그 본성이 만들어진다. 음양과 오행은 도의 참된 본체이고, 혈기와 심지心知는 성의 참된 본체이다. 참된 본체가 있기 때문에 나눌 수 있고, 오직 나누어지기 때문에 똑같지가 않다.56)

---

55) 『尙書引義』, 권3, 「太甲」, "夫性者生理也, 日生則日成也."
56) 『孟子字義疏證』, 「天道」, "分於陰陽五行以有人物, 而人物各限於所分以成其性. 陰陽五行, 道之實體也. 血氣心知, 性之實體也. 有實體, 故可分, 惟分也, 故不齊."

음양과 오행은 천지만물의 물질적인 실체로 기화유행氣化流行하고 생생불식生生不息하는 과정 가운데에서 분화되어, 치우침과 온전함, 두터움과 얇음, 맑음과 탁함, 어두움과 밝음의 차이가 있게 되고, 이로 인해 사람과 사물이 구분된다. 사람과 사물은 각기 다르게 분화된 것을 받았기 때문에 그 성에도 차이가 있다. 그래서 대진은 "사람과 사물이 각각 그 유類에 따라 생겨나는 것은 모두 기의 변화에 따라서 저절로 그렇게 되는 것이다"[57)라고 말한다. 혈기와 심지는 생명의 감성적인 물질과 그 기능으로, 기화의 자연스러움에 근거해서 인성의 실체가 만들어진다는 말이다. 자연스러움에서 필연에 이르는 것이 바로 인성의 완성이다. 성은 단지 순수하고 올바른 것을 지칭하는 말로 혈기와 심지로 인해 형성되기 때문에 혈기와 심지가 없다면 성이라고 말할 수 있는 것도 없다. 이것은 생리와 심리心理의 기반 위에서 인성의 근원을 논증한 것으로, 이른바 '하늘이 명한 것을 일컬어서 성이라고 한다'와 같은 본체론적 논증을 부정한 것이다.

대진의 성명에 대한 기본 관점은 천도에도 구분됨이 있다는 것으로, 이것은 왕부지에 비해 훨씬 명확하다. 왕부지는 '수만 가지 사물은 다시 하나의 근본으로 되돌아갈 수 없다'는 명제를 제기하지만 끝내 '곧고 올바른 리'가 성의 근본적 근거가 된다는 사실을 인정하고 있다. 그러나 대진은 완전히 자연계의 물질적인 운동과 사람의 생리·심리 구조 및 그 기능에서 성을 논하면서 이것이 사람과 사물이 구분되는 근거라고 생각하는데, 이것은 분명한 자연 실증주의적 특징을 가진 것이다. 그는 "도는 음양이 기화한 것이기 때문에 나누어진다고 말할 수 있고, 나누어지기 때문에 만들어진 성도 같지 않게 된다"[58)라는 입장을 명확하게 제기했다.

---

57) 『孟子字義疏證』, 「性」, "人物以類滋生, 皆氣化之自然."
58) 『答彭進士允初書』, "道, 卽陰陽氣化, 故可言分, 惟分也, 故成性不同."

기화氣化는 끊임없이 발생하는 무궁한 과정으로, 이것은 각기 다른 종류의 사물들을 만든다. 이 때문에 하나하나의 사물들은 각각 그만의 특수한 본성을 가지게 된다. 진정한 의미에서 성은 사물들을 서로 구분해서 부르기 위한 표시이며, 어떠한 사물이 다른 사물들과는 다른 본질적 속성을 말하는 것이기도 하다. 그래서 대진은 "성은 음양오행에서 나누어져 혈기와 심지, 그리고 품물品物이 되고 이것에서 구별이 있다"[59]라고 말한다. 사람과 동물들의 구별은 유類의 구별을 통해 인식되므로 그 성은 원래부터 다르다. 그래서 예컨대 사람의 성과 개·소의 성은 결코 섞어서 말할 수 없다. 그는 『중용』에서 '천명지위성天命之謂性'이라고 말한 것을 완전히 다르게 해석하여, "태어나면서 하늘에서 그 한계를 그어 주기 때문에 천명이라고 한다"라고 한다. 이것은 성리학자들이 이른바 '성은 리이다', '성은 태극 전체이다' 등과 같이 말하는 도덕형이상학적 설명 방법과는 큰 차이가 있다. 그는 비록 순수한 자연적 원인에 따라 인성의 근원을 해석하면서 결코 사회적 본질에 대해서는 말하지 않았지만, 여기에는 오히려 도덕형이상학에 대한 비판적 의미가 포함되어 있다.

대진의 성에 대한 해석은 이미 도덕 개념에 국한되지 않는다. 그는 사람에게 자연적으로 품부된 재질이나 재능 등을 성의 중요한 내용으로 인정한다.

> 기화氣化하여 사람을 낳고 사물을 낳는데, 나누어져 그 한정됨에 근거하여 말하면 명이라 하고, 사람이 되고 사물이 되는 시작점에 근거하여 말하면 성이라 하며, 형체와 형질에 근거하여 말하면 재라고 한다.…… 재와 형질이라는 것은 성이 드러나는 곳이니, 어찌 재질을 버리고서 성이라는 것을 볼 수 있으리오![60]

---

[59] 『孟子字義疏證』, 「性」, "性者, 分於陰陽五行以爲血氣·心知·品物, 區以別焉."

그는 성과 명, 그리고 재才를 통일시키고 그 가운데 재를 성의 직접적 표현이라고 생각함으로써 성리학자들이 리로써 성을 논하고 기로써 재를 논하는 한계성을 넘어서고 있다. 어떠한 의미에서 이것은 도덕인성론의 체계를 넘어서서 사람의 본질에 대한 문제를 전면적으로 해결하려 했다고 말할 수 있으며, 이 점은 중요한 의미가 있다.

---

60) 『孟子字義疏證』, 「才」, "氣化生人生物, 據其限於所分而言謂之命, 據其爲人物之本始而言謂之性, 據其體質而言謂之才……才質者, 性之所呈也, 捨才質安睹所謂性哉!"

제10장 **심과 성**

심心과 성性은 성리학의 핵심 개념이다. 성명의 개념에서 출발하여 심성 개념에 이르면 비로소 진정한 주체의 영역에 도달한다. 심성 개념은 바로 성리학의 중심 주제이다.[1] 도덕주체를 중심으로 한 성리학의 인성론은 이 심성 개념을 통해 완전하게 전개되고 있다. 심성 개념의 성립은 성리학의 핵심이자 오랜 중국철학의 변화가 가져온 필연적 결과이다.

1. 송대 이전

선진시대부터 사상가들은 심과 성의 문제에 대해 지대한 관심을 보였다. 공자가 윤리학적 관점에서 심과 성에 대한 이론적 기초를 닦았다고 한다면, 맹자는 가장 먼저 그것을 심성합일의 도덕인성론으로 발전시켰으며, 순자는 심이 성을 주재하는 이지주의理智主義적인 사상을 제기하면서, 유가의 중요한 두 가지 심성관을 형성하였다.

도가는 명교名敎와 윤리를 초월하는 인성론을 제기했다. 그 후에 들어

---

[1] 李澤厚, 『中國古代思想史論』, 「宋明理學片論」(人民出版社, 1985) 참조.

온 불교는 이것을 한 단계 더 발전시켜 심을 초월적인 것으로 이해하면서 심의 본체가 곧 성이라는 학설을 제기한다. 종합하면 중국철학의 발전과 변화에 따라 심성의 문제는 점점 더 두드러졌던 것이다. 성리학의 심성론은 바로 이러한 것들을 계승하고 종합하여 발전시킨 사상사적 기반 위에서 형성된다.

'심'은 본래 인식기관과 그 기능을 가리키는 것으로, 맹자가 '심은 생각하는 곳'이라고 말한 것과 순자가 '심은 인식할 수 있다', '심은 앎으로 나아갈 수 있다'라고 한 것은 모두 이러한 심을 가리켜 말한 것이다. 지각·인식·사려·정감·의지 등의 활동은 모두 심이 가지고 있는 물질기관으로서의 속성이며 기능이다. 나아가 사려하는 것과 인식하는 것, 정감과 의지활동의 내용, 그리고 관념·의식·정신현상 등을 모두 '심'이라는 글자를 사용해서 표현했다. 예컨대 맹자가 말한 측은지심惻隱之心·양심良心·잡으면 보존되고 놓으면 잃어버리는(操存舍亡) 심이나, 순자가 말한 성심誠心, 장자가 말한 허실생백虛室生白·심재心齋·좌망坐忘의 마음, 그리고 성리학자들이 말한 인심과 도심·진심眞心·의리지심義理之心 등은 모두 물질적 기관이나 기능이 할 수 있는 개념이 아니다. 여기에서 심은 주체의식이나 관념·정신의 대명사이며, 객관 존재와 대립되는 주체 개념이다. 관념이나 정신의 개념이라 해도 물질기관, 즉 혈맥血脈이 흐르는 심과는 떨어질 수 없지만, 그 의미는 깊어져 심지어 자신을 초월할 수 있고, 나아가 보편적이고 절대적인 존재가 되기도 한다. 이 때문에 중국철학사에서 심은 주체의 정신과 의식을 대표하는 근본 개념이었다.

크게 보아 심은 세 가지 의미를 포함한다고 말할 수 있다. 하나는 도덕심道德心으로 맹자의 입장이 대표적이다. 이것은 사람의 정감이 승화되면서 형성된 도덕의식을 가리키는 것으로 도덕이성의 개념이다. 둘째는 이지적인 심으로 순자의 입장이 대표적이다. 이것은 사물을 인식하는 능력을 가리키는 것으로 인지이성의 개념이다. 그리고 셋째는 허령명각虛靈明覺한 심으로 불교와 도교의 입장이 대표적이다. 이것은 텅 비어 있으면서도 밝은 본체 또는 정신의 경지를 가리키는 것으로 이성을 넘어선 본체 개념이다. 이러한 몇 가지의 의미들은 성리학 속에서 한 단계 더 종합적으로 발전한다.

성과 심은 밀접한 관계가 있다. 『설문해자說文解字』에서는 성에 대해 "심으로부터 (성이라는) 소리가 생겼다"(從心生聲)고 풀이한다. 또 진순陳淳의 『북계자의北溪字義』에서는 성에 대해 "심과 생이라는 글자를 합하여 만들어졌다"(從心從生)고 말한다. 글자의 모양만 보아도 성性은 심心자와 생生자를 짝지어서 만든 것이다. 글자의 의미를 보면 성은 태어나면서 심에 부여된 것 또는 심에 의해 생겨난 것이다. 철학적 의미에서 보면 성은 사람의 본성과 본질을 표현하는 것이며, 동시에 내재적 가치를 말하고 있는 개념이다. 성의 근원에 대해서는 앞장에서 이미 말했으므로 다시 언급하지는 않겠다.

성의 내용에 대해서는 여러 다른 해석들이 있다. 고자는 "생生을 일컬어서 성이라고 한다"라고 했고, 또 "식욕과 성욕이 곧 성이다"[2]라고도 했다. 이것은 생물학적 의미에서 성을 말한 것으로, 순자나 동중서董仲舒는 모두 이러한 생각을 가지고 있다. 그러나 고자는 성을 선과 악으로 나눌 수 없다고 생각했기 때문에 그가 생각한 성은 가치중립적이라고 말할 수 있다. 순자는 예컨대 '편안한 것을 좋아하고 힘든 것을 싫어하는 것'과 '이로움을 추구하고 해로움을 피하려는 것' 같이 자연적으로 드러날 수 있는

---

2) 『孟子』, 「告子上」, "食色, 性也."

것을 성이라고 생각했다. 이 때문에 이것을 악하다고 규정하면서, 여기에 대한 도덕적 평가를 부여한다. 맹자는 사람의 심리적 정감이 가진 가능성을 발전시켜 성선론을 제기한다. 예컨대 어린아이가 우물에 빠지는 것을 보면 측은하게 여기는 마음(惻隱之心)이 있게 되고, 어린아이는 어려서는 부모를 사랑하고 크면 형을 공경하는 마음이 있다는 것이다. 그는 사람마다 모두 사단四端이 있어서, 그것을 심 속에서 확충擴充하게 되면 인의예지仁義禮智의 성이 된다고 생각했다. 인간의 자연적인 본능을 성으로 해석하면 이것이 바로 의가 외부에 있다는 '의외설義外說'이고, 인간의 도덕적인 본능을 성으로 해석하면 이것이 바로 의가 심 속에 있다는 '의내설義內說'이다. 가치론의 측면에서 보면 이러한 세 가지 견해 외에도 양웅揚雄의 '선악혼재설'과 왕충王充의 '선도 있고 악도 있다는 설' 등이 있다.

도가는 윤리를 넘어선 자연自然(저절로 그러함)의 학설을 제기했다. 예컨대 『노자』의 '소박素朴'과 『장자』에서 주장하고 있는 '자연'은 모두 이와 같다. 이후 현학玄學에서는 자연을 본체로 끌어 올려 '명교名敎를 초월하여 자연에 맡긴다', '명교는 자연에서 나왔다', '명교가 곧 자연이다'라고 말한다. 이것은 모두 도덕윤리와 본체의 관계에 대해 말한 것으로, 이를 통해 성의 의미와 가치를 새롭게 확립하고 있다. 불교철학에 이르면 성은 절대적인 초월정신의 경지로 여겨졌다.

심과 성은 하나의 대립적인 개념으로, 이 둘이 어떠한 관계를 가지는가 하는 것이 바로 중국철학, 그중에서도 특히 성리학에서 해결해야 할 중요한 문제였다. 여기에서는 고대의 심성관계에 대한 중요한 논술들을 간략하게나마 돌이켜 봄으로써 성리학의 심성론이 어떻게 발전되어 온 것인지를 설명하고자 한다.

맹자의 심성합일설心性合一說이 성리학 탄생에 지대한 영향을 주었다는 사실은 의심의 여지가 없다. 그는 도덕이성인 인의예지에 대해 심이 원래부터 가지고 있던 것이라는 입장을 제기하면서, "군자의 성은 인의예지가 심에 근거하고 있는 것이다"3)라고 말한다. 심은 성의 근원이면서 심이 곧 성이라는 말이다. 하지만 사람마다 모두 인의예지와 같은 도덕이성을 가지고 있다는 것은 성이 보편성을 갖추었다는 의미로, 여기에서 선善함은 보편적 원칙이다. 그래서 맹자는 "만약 그 정과 같다면 선하다고 할 수 있다"4)라고 말하고, 이어서 "만약 불선을 행한다고 해도 그것은 재질의 잘못이 아니다"5)라고 말한다. 이것은 정감과 재질을 통해 선함의 내재적 근거를 설명한 것이다. 그러나 맹자가 말한 성은 감성을 초월하고 있는 것으로, 그것이 비록 인심에 근거하고 있으면서 '사단'으로 표출되지만, 한 번 확충擴充되어 인의예지와 같은 성으로 승화되면 자각적인 도덕이성이 되어 형이상학적인 필연성을 갖추게 된다. 종합하면, 맹자는 도덕윤리가 주체화된 인성론을 건립하고 그 속에서 사회윤리를 주체가 실천해야 할 자율적인 원칙으로 바꾸어 버린 것이다.

순자는 도가와 묵가의 사상을 흡수하여 '심은 혈기·뜻·생각·앎·사려의 심'이라는 입장을 제기한다. 이러한 심은 정감을 비롯한 의지 및 인식이라는 양쪽 의미를 모두 포함하고 있다. 성은 생의 소이연所以然으로 자연적 본능이다. 심과 성은 하나로 합일된 것이 아니라 심이 성을 주재하는 것이다. 그는 심의 인식이나 판단과 같은 능력을 특히 강조하고, 더불어 "심은 도의 공재工宰이다"6)라고 하면서 심의 이지 작용을 강조한다. 여기

---

3) 『孟子』, 「盡心上」, "君子所性, 仁義禮智根於心."
4) 『孟子』, 「告子上」, "乃若其情, 則可以爲善矣."
5) 『孟子』, 「告子上」, "若夫爲不善, 非才之罪也."
6) 『荀子』, 「正名」, "心者道之工宰也."

에서 심은 가치판단이 배제된 순수한 인식심이다. 심이 인식할 수 있는 것은 그것이 가지고 있는 '허일이정虛壹而靜'한 특징 때문인데, 이것은 '비어 있음과 차 있음', '전일함과 나누어짐', '동動함과 정靜함'의 변증법적인 통일이다. 심의 주재는 의지의 능력으로 표현되는데, 이것은 '형체의 군주'이자 '신명神明의 주인'으로 '명령을 내리기는 하지만 명령을 받지 않는 것'이다. 그래서 스스로를 금하고(自禁), 스스로를 부리며(自使), 스스로 움직이고(自行), 스스로 멈출(自止) 수 있다.[7] 이것은 또한 독립적으로 어떤 것을 선택할 수 있는 능력의 실천성을 가지고 있다. 심의 이러한 두 가지 기능은 통일되어 있는 것이기도 하다. 인식하고 사려하는 심은 객관세계에 대한 인식을 진행하며, 의지의 심은 성을 변화시켜 인위人爲를 일으키는(化性起爲) 것이 포함된 실천활동으로 변화된다.

그런데 순자는 주체정신의 방면에서도 심을 언급한다. 그가 "군자가 심을 기르는 데에는 정성스러움(誠)보다 더 좋은 것이 없다"[8]라고 말했던 것은 맹자가 말한 도덕의식은 아니다. 하지만 인위적이지 않은 진실한 정신적 풍모인 것은 분명하다. 이러한 점은 사마광司馬光을 거쳐 주희朱熹와 같은 인물들에게 받아들여진다.

중국 심성론사에서 불교가 가장 먼저 심을 본체의 위치에 올려놓고 심본체설(心體說)을 제기했다는 사실은 분명하게 지적되어야 한다. 심체는 인간의 주체적인 정신을 초월적이고 보편적인 절대적 존재로 설명한 것이다. 여기에서 심체는 곧 성이면서 성불할 수 있는 내재적 근거이다. 이러한 사상은 성리학에 직접적인 영향을 준다. 특히 교종인 천태종과 화엄종, 그리고 선종은 모두 심과 성의 합일을 주창한다. 중국 천태종을 창시한 지의智

---

7) 『荀子』,「解蔽」참조.
8) 『荀子』,「不苟」, "君子養心莫善於誠."

顗의 중도철학은 비록 '부동성不動性'과 '종성種性' 그리고 '실성實性'과 같은 세 가지의 성을 말하고 있지만, 실제로 이것은 실성의 진실함을 논증하려는 것이다. 그래서 "실성은 곧 리의 성이다. 이것은 지극히 진실하여 조금의 허물도 없으니, 불성佛性의 다른 이름이다"9)라고 말한다. 리의 성은 또한 심의 성으로 변화되니, 심은 '일체의 모든 성을 갖추고 있기' 때문이다. 그래서 "자성청정심自性淸淨心이 곧 올바른 인因이니, 그것이 불성이다"10)라고 말한다. 여기에서 '자성청정심'은 욕망이나 정감이 섞이지 않고 모두 배제된 심의 체를 가리키는 것으로, 바로 성이다. '인식하고 사려하는 심'은 반드시 연기緣起에 의탁하고 생멸生滅의 변화가 있으니, 바로 심의 용用이다. 용으로부터 체에 들어가니 심이 곧 성이다. '성은 오직 심 속에 있다'거나 '모든 법은 심과 성 아닌 것이 없다'라는 입장의 제기는 이후에 등장한 선종에 상당히 근접하고 있다.

화엄종華嚴宗의 법장法藏은 『화엄의해백문華嚴義海百門』에서 '심은 자성自性이 없다'는 학설을 제기하면서 연기의 심을 본체의 심과 구별한다. 본체의 심은 '자성의 청정하고 원명圓明한 본체'로, 그것에 대해서 그는 다음과 같이 말한다.

원래부터 성은 저절로 가득 차 있어서, 물드는 곳에 있어도 때 묻지 않으며, 닦고 다스린다고 해서 더 청정해지는 것도 아니다. 그러므로 성性 그 자체로 청정하다고 말한다. 성의 본체는 세상을 두루 비추며 어떠한 이유로 인해 꺼지는 법이 없으므로 원명圓明하다고 말한다.11)

---

9) 『摩訶止觀』, 권5, "實性卽理性. 極實無過, 卽佛性異名耳."
10) 『法華玄義』, 권2上, "自性淸淨心, 卽是正因, 爲佛性."
11) 『修華嚴奧旨妄盡還原觀』, "從來以來, 性自滿足, 處染不垢, 修治不淨. 故云自性淸淨. 性體遍照, 無由不燭, 故曰圓明."

성 본체는 현상계를 초월한 본체로, 깊은 곳에 항상 자리하고 있는 심 본체이다. 이것은 현상계로부터 본체의 절대적인 초월에 이르는 것이다. '청정심淸淨心'과 '염정심染淨心'은 동일한 것이 아니라, 본체와 현상의 관계이다. 염정의 심은 자기를 초월하고 부정해야만 비로소 현실에서 해탈하여 피안에 이를 수 있다.12) 하지만 화엄종의 '체와 용은 동일하다'는 학설은 이 둘을 통일시키려 했던 것으로 현상계를 어느 정도 인정하고 있는 말이며, 이후 종밀宗密이 제기한 '근본적인 깨달음과 진심眞心이 곧 성이다'라는 학설 역시 실제로 심과 성을 합일시킨 것이다.

선종禪宗의 '심을 맑게 하여 성을 본다'는 말은 심을 성이라고 생각하는 것으로, 체와 용을 합하여 하나로 이해한다. 이것은 현상적인 지각의 심이 바로 본각本覺의 심이라고 생각하는 것이다. 만약 혜능慧能이 본심本心과 심체心體를 성으로 생각했다고 말할 수 있다면, 그것은 '진여眞如의 성이 곧 본심'이라고 말하는 것이다. 이러한 입장은 이후 '작용作用이 성이다'라는 학설로 발전하는데, 이것은 손발의 움직임과 생각, 인식 등의 작용을 모두 성이라고 말하는 것이다. 이와 같은 점은 이후 몇몇 성리학자들로부터 비판을 받았다.

성리학자들은 심과 성을 논하면서, 한편으로는 맹자와 순자 이후로 내려온 유가의 전통사상을 계승하는 동시에, 다른 한편으로는 불교의 심성론을 흡수하였다. 그들은 우주본체론을 전제로 하여 불교에서 말하는 일체 해탈解脫의 절대적 초월을 부정하고, 자아에 대한 긍정과 초월이라는 방법을 통해 사회윤리를 도덕본체의 지위까지 끌어 올렸다. 동시에 심의 주체적인 지위를 높여서 도덕본체론적인 심성론을 건립했다.

---

12) 자세한 것은 『華嚴一乘敎義分齊章』 권4를 참조.

성리학의 선구자인 한유韓愈는 불성론을 부정하고 유가의 도덕인성론을 회복시켰지만, 그는 심과 성의 관계를 문제시하지는 않았다. 유종원柳宗元은 우선 인의예지를 하늘이 부여한 덕(天爵)이라고 생각하는 입장을 비판하면서 "선善함을 가지고 천작天爵이라고 말하는 것은 (그 의미가) 도덕이나 충忠·신信에 있는 것이 아니라, 밝게 깨달아 알고 그것을 행동에 옮기려는 의지에 있을 뿐이다"13)라고 주장한다. 이것은 강건하고 순수한 기가 품부된 인식과 의지를 천성으로 생각한 것이다. 그러나 다른 한편으로는 오히려 불교에서 말한 '심을 맑게 하여 성을 본다'는 학설에 대해 지대한 관심을 보였다.

> 무위無爲를 있음(有)으로 생각하고, 텅 비어 있음(空洞)을 실질(實)로 여기며, 광대하여 끝이 없는 곳을 돌아갈 곳으로 생각한다. 사람을 가르치는 것이 성선性善으로 시작해서 성선으로 끝맺으니, 김매는 것과 같은 노력을 들이지 않아도 본래 그것은 정靜하다.14)

무위와 공동空洞이 심의 체이며 성이라는 말이다. 여기에서 말하는 선함이 유가에서 말하는 선함은 결코 아니지만, 이것은 오히려 자신이 원래부터 가지고 있는 것으로 유가와 같은 가치와 효과가 있다. 그는 선종에서 "성性을 성姓이라고 생각하는 것은 근본으로 돌아가는 것이다"15)라고 말한 심성의 학설을 보고, 유가에서도 유용하게 사용할 곳이 있다고 생각했다. 한유와 유종원은 각기 다른 두 방향에서 유교와 불교의 관계를 해결하면

---

13) 『柳河東集』, 권3, 「天爵論」, "善言天爵者, 不必在道德忠信, 明與志而已矣."
14) 『柳河東集』, 권6, 「曹溪第六祖賜諡大鑒禪師碑」, "其以無爲爲有, 以空洞爲實, 以廣大不蕩爲歸. 其敎人, 始以性善, 終以性善, 不假耘鋤, 本其靜矣."
15) 『柳河東集』, 권6, 「岳州聖安寺無姓和尙碑」, "以性爲姓, 乃歸其根."

서, 성리학의 심성론 개념을 형성시키는 첫 단계를 이루었다.

이고李翶는 불교에 대한 비판을 받아들여 진정한 의미의 성리학 심성론을 연 인물이다. 그는 북종선北宗禪의 심체용설을 받아들여 심의 체가 곧 성이라고 생각하고, 심의 용은 각覺이라고 생각했다. 하지만 그가 말하는 체는 도덕본체인 성誠이지, 불교의 본체인 공空이 아니다.

> (사람이) 보지도 않고 듣지도 않는다면 사람이 아니다. 보고 듣는 것이 밝디 밝아서, 듣고 보는 것으로 인해 마음에 동요가 일어나지 않아야 올바른 것이다. 알지 못함도 없고 하지 않음도 없으면서도 그 심은 적연寂然하고 빛은 천지를 비추니, 이것이 바로 성誠의 밝음이다.16)

심은 감성적이고 경험적인 차원에서 보고 듣는 앎으로 표현된다. 하지만 만약 이러한 점에만 머물러 있으면 성性을 회복할 수 없다. 심의 적연부동寂然不動한 체라야 비로소 진정한 성이다. 그래서 "적연부동하고 광대청명하게 천지를 비추니, 천하가 감이수통하는 근거이다. 이렇게 되면 행동할 때와 가만히 있을 때, 말할 때나 침묵할 때를 막론하고 지극하지 않은 곳이 없다"17)라고 말했던 것이다. 이와 같이 지극한 것이 바로 성이다. 이고는 심을 성誠과 명明이라는 두 개의 층차로 나누어서 전자를 성性이라고 생각하고 후자를 깨달음(覺)이라고 생각했다. 성誠이 있은 이후에 명明이 있고 성性이 있은 이후에 깨달음이 있으므로, 성性은 지각知覺의 근원이며 지각은 성性을 자각할 수 있다. 이것이 바로 밝음(明)으로 인해 정성스러워(誠)

---

16) 『復性書』 中, "不睹不聞, 是非人也. 視聽昭昭而不起於聞見者斯可矣. 無不知也, 無弗爲也, 其心寂然, 光照天地, 是誠之明也."
17) 『復性書』 上, "寂然不動, 廣大淸明, 照乎天地, 感而遂通天下之故. 行止語默無不處於極也."

진다는 것이다. 그는 불교에서 말하는 심체용설을 사용해서 『중용』의 성과 명 개념을 해석하고, 이를 통해 유가윤리를 주체화·본체화시켰다. 이러한 사유방식은 이후 성리학 심성론의 기본 출발점이 되었다.

2. 북송시대

성리학자인 주돈이周敦頤는 정성스러움(誠)을 성性이라 생각하고 신묘함(神)을 심心이라고 생각하였으며, 한 걸음 더 나아가 심과 성을 합하여 하나로 보았다. 이 가운데 신묘함은 방향도 없고 본체도 없는 것으로, '발發하면 은미해서 볼 수 없고, 가득 차면 넓어서 궁구할 수 없는 것'이니, 이것이 바로 광대청명廣大淸明한 심의 체體이다. 하지만 '형체가 이미 생기고 신묘함은 앎으로 드러난다'고 했으니, 이것은 주체의 정신이 결코 형체와 떨어져서 존재하지 않는다는 사실을 설명한 것으로, 여기에는 지각과 사려의 작용이 갖추어져 있다. 정성스러움(誠)은 인의와 중정中正의 성으로 신묘함의 묘용을 통해 표출되는데, 이와 같은 심의 신묘함에는 체도 있고 용도 있으나 "체(本)는 사려함이 없으니, 용用을 통해서만 사려할 수 있다."[18] 사려함이 없는 것은 적연부동한 체로, 사려하지 않아도 통하지 않음이 없고, 사려하면 은미한 데까지 통할 수 있다. 사려하되 그 심을 순수하게 하면 인의와 중정의 성은 완전하게 실현된다. 이것이 바로 주돈이가 말하는 심성합일이다.

장재張載는 심성관계에 대해 비교적 깊이 있는 탐구를 진행하여 성리

---

18) 『通書』,「思」, "無思本也, 思通用也."

학 심성론의 많은 중요한 명제들을 제기했다. 그는 우선 심성에 대해 본체론적인 규정을 하여, "허虛와 기氣가 합해져서 성이라는 이름이 생겼고, 성과 지각이 합해져서 심이라는 이름이 생겼다"19)라고 주장했다. 이 말에 따르면 심과 성은 서로 다르지만 실제로 성은 심을 통해서 드러나므로, 여기에서 성은 본체이다. 이것을 객관적으로 말하면 만물의 근원이고, 주관적으로 말하면 바로 나의 성이다. 심은 지각知覺을 포함하지만, 지각을 심이라고 생각할 수는 없다. 지각은 심의 기능이나 작용이지만 지각할 수 있게 하는 것은 바로 성이다. 지각은 결코 단순한 이성적 활동이나 능력이 아니라 성을 그 내용으로 하는 것이며, 성을 드러내는 것이다. 한 단계 더 나아가서 말하면, 심은 성과 지각이라는 두 측면을 포함하고 있는데, 성은 본체이고 지각은 그 작용이므로 성은 지각의 체인體認을 통해서 드러난다. 그러므로 심 외에 따로 성이 있는 것이 아니라 심 속에 선험적으로 사람이 사람인 까닭으로서의 성이 갖추어져 있는 것이다. 그래서 그는 "모든 사람의 심은 동일하니, 이것이 바로 의리義理이다"20)라고 말했다. 이 말은 모든 사람의 심 속에 성이 들어 있다는 것이다. 여기에서 성은 객관성과 보편성을 가지고 있기 때문에 이것을 일컬어 '천天'이라고 한다.

    장재는 사람이 살아가는 사회와 경제적 기초를 분리시켜 놓고 인성의 내용에 대해 말했는데, 이것은 본체론에 입각한 추상적인 논증에 불과하다. 하지만 그는 인성의 주체적 원칙을 확립하고 도덕적인 주체성을 강조함으로써 주체의 인격을 우주본체의 높이까지 끌어올렸는데, 이것은 성리학 심성론의 특징을 그대로 드러낸 것이다. 장재는 "심이 그 성을 다할 수 있으면, 사람은 자신의 도를 넓힐 수 있다. 그러나 성이 그 심을 단속할

---

19) 『正蒙』, 「太和」, "合虛與氣, 有性之名. 合性與知覺, 有心之名."
20) 『經學理窟』, 「詩書」, "衆人之心同一, 則卽是義理."

줄 모르면 도는 사람을 넓히지 않는다"21)라고 말한다. 심은 성을 담당하고 주재하는 것이므로, 심을 떼어 놓고 성이라고 말할 수는 없다. 성은 주체의 내재적 도덕원칙이 변한 것이지, 외재적인 구속력은 아니다. 다시 말해 자각적 의식이지, 피동적으로 받아들인 특정 규범은 아니라는 말이다.

이것이 바로 장재의 '심통성정설心統性情說'이다. 여기에서 통統은 겸한다는 의미를 가진다. '성과 지각을 합해서 심이라는 이름이 있게 되기' 때문에 성은 반드시 지각에 의지해서 실현된다는 의미이다. 실제로 정은 지각의 작용이다. 한 측면에서 성은 지각하는 성으로 지각의 밖에 존재하지 않고, 또 다른 측면에서 지각은 성의 지각으로 그것의 발현이 바로 정이다. 실제 성과 정은 모두 심과 떨어질 수 없으니, 이것이 바로 심통성정心統性情의 온전한 뜻이다. 이러한 점은 성은 체이고 정은 용이라는 입장으로 발전하기가 매우 쉽다. 주희의 입장이 바로 이와 같은 것으로, 이로 인해 주희는 장재의 심통성정설에 대해 최고의 평가를 내린다.

장재가 말한 지각은 두 가지 의미가 있다. 하나는 자아가 바로 깨닫는 '직각直覺'이다. 이것은 '심을 인식함으로써 성을 본다'와 같은 종류로, 성이 성이 되는 것을 자각적으로 체인하는 것이다. 그러므로 장재는 "심이 각각 그 본성을 보게 되면 비로소 '나'가 있게 된다. 만약 그 성을 보지 못했다면 마땅히 (그것을 볼 수 있도록) 힘쓰고 힘써야 한다"22)라고 말한다. 본성을 보기 위해서는 듣고 보는 것에 얽매이지 않아야 하며, 자신 밖에 달리 심이 있을 수 없으므로 반드시 자신에게로 돌이켜 심을 다하고, 그 심을 크게 해야 한다. 이것은 인식의 활동을 가리키는 것이 아니라, 자기에게로 돌이켜 사고하는 단계로의 초월을 의미한다.

---

21) 『正蒙』, 「誠明」, "心能盡性, 人能弘道也. 性不知檢其心, 非道弘人也."
22) 『橫渠易說』, 「繫辭上」, "心各見本性, 始爲己有, 苟未見性, 須當勉勉."

심을 크게 하면 천하의 모든 사물의 체體가 될 수 있다. 사물에 아직 체가 없는 것이 있다면 심의 밖에 놓인 것이 된다. 세상 사람들의 심은 보고 듣는 것과 같은 협소한 것에 매이지만, 성인이 성을 다한다는 것은 보고 듣는 것과 같은 것에 그 심을 얽어매는 것이 아니라 천하에 한 사물도 없다면 나 또한 없다고 여기는 것이다. 맹자가 말한 심을 다한다는 것, 성을 안다는 것, 천을 안다는 것이 바로 이것이다.[23]

이른바 '심을 크게 한다'는 것은 자아를 초월하여 심이 모든 만물들의 본체가 된다는 의미로, 심을 만물본체의 위치로 끌어올리는 것이다. 이렇게 되면 만물이 모두 나에게 갖추어질 수 있으며, 앎을 심 밖에서 구하지 않게 된다. 심을 체로 생각해야만 비로소 성에 대해 알 수 있고, 볼 수 있다. 그렇지 않으면 보고 듣는 것에 얽매일 수밖에 없다.

심이 눈으로 보고 귀로 듣는 것에만 얽매여 있으면서도 그 얽매인 심을 다하려고 노력하는 것이 사람들의 병폐이다. 그러므로 심을 다하려고 생각하는 사람은 반드시 심의 소종래所從來를 안 이후에야 가능하다.[24]

심의 소종래는 성이며 심의 소종래를 아는 것도 성이니, 이것이 또한 심을 다하는 것이다. 여기에서 심을 다하는 것과 성을 아는 것은 서로 인과관계이기 때문에, 성은 지각의 근원인 동시에 지각을 통해 체인된다.
장재가 말한 지각의 또 다른 의미는 심 외부에 있는 리를 궁구하는 것이다. 그는 심 외부에 대한 인식, 예컨대 보고 들음으로써 인식하는 것을

---

23) 『正蒙』, 「大心」, "大其心則能體天下之物. 物有未體, 則心爲有外. 世人之心, 正於聞見之狹, 聖人盡性, 不以聞見梏其心. 其視天下無一物非我. 孟子謂盡心知性知天以此"
24) 『正蒙』, 「大心」, "人病其以耳目見聞累其心而務盡其心. 故思盡其心者, 必知心所從來而後能."

결코 반대하지 않는다. 하지만 이러한 궁리의 목적은 여전히 심을 다하는 데 있다. 이 때문에 그는 "만약 듣는 것, 보는 것과 같은 점을 심이라고 생각한다면, 오히려 심을 하찮게 여기는 것이 아닐까 싶다"[25]라고 말한다. 종합하면, 장재가 말한 지각知覺의 심은 감각경험에 의지해서 사물의 이치를 인식하는 것이지만, 그 귀결점은 성과 관계되어 하나가 되는 데 있다. 그가 말하는 성은 의리義理의 성 또는 도덕道德의 성이다. '그 심을 크게 한다'는 것은 주체의식의 자아 초월을 완성하는 것으로, 내심內心의 직접적인 깨달음을 통해 심과 성의 합일에 이르는 것이다. 심은 자신의 근본으로 돌아오려고 하므로, 천심天心에 합치될 수 있다. 여기에서 합치合라는 글자는 결코 주관을 객관에 합치시키는 것이 아니라, 지각하는 심을 자신의 본체 즉 지각의 성性에 합치시키는 것이다. 성은 심의 소종래所從來이기 때문에 성은 심보다 크다고 할 수 있지만, 심통성정설에 따르면 심이 성보다 더 크다고 할 수 있다.

이정二程의 심성에 대한 논의는 장재에 비해 한층 더 발전된 모습을 보여 준다. 이 문제에 대해 정호程顥와 정이程頤 사이에 약간의 차이가 있기는 하지만, 그들은 모두 리理를 성이라고 생각했다. 정호는 "도道가 곧 성이다. 만약 도 이외에서 성을 찾거나 성 이외에서 도를 찾는다면, 이것은 잘못된 것이다"[26]라고 말한다. 정이 역시 "성은 곧 리이다. 리를 말하면, 성이 바로 그것이다"[27]라고 말한다. 여기에 따르면 이들은 전형적인 도덕본체론자들이다.

심에 대해 이정은 우선 사람의 몸이 가지고 있는 물질 기관 및 그 기관

---

25) 『正蒙』, 「大心」, "若只以聞見爲心, 但恐小却心."
26) 『河南程氏遺書』, 권1, "道卽性也. 若道外尋性, 性外尋道, 便不是."
27) 『河南程氏遺書』, 권22上, "性卽理也, 所謂理, 性是也."

의 속성과 기능으로 규정한다. 그래서 "하늘에는 오행五行이 있고 사람에게는 오장五臟이 있다. 그 가운데 심은 화火이다"28)라고 말하고, 또 "사람의 심은 거울과 같아서 나가고 들어옴에 때가 없으니, 사람 역시 깨닫지 못한다"29)라고 말한다. 하지만 이것은 심리학에서 말하는 심일 뿐이다. 심성론의 측면에서 말하면 심은 주체의 정신, 즉 신묘함(神)이다. 이것은 사람이 만물보다 영묘한 이유로, 주체성을 나타내는 근원적인 지표이다. 그러나 이른바 신묘함은 결코 단순한 정신활동의 형식만은 아니며 동시에 단순한 비어 있음(虛)도 아니다. 비어 있음과 차 있음의 통일로, 이것이 바로 성이다. 이러한 의미에서 신묘함은 주관적인 동시에 객관적인 것으로, 주관 형식으로 표현된 최고의 도덕본체라고 할 수 있다. 이것이 바로 이정의 심성합일설이다.

어떤 사람들은 이정이 논한 성은 리의 측면에서 말한 것이고, 심은 기의 측면에서 말한 것이라고 생각한다. 여기에 따르면 정호는 리와 기가 나누어져 있지 않다는 사실을 주장했기 때문에 심성합일론의 입장을 가진다. 반면 정이는 리가 심 속에 갖추어져 있다고 주장했기 때문에 심과 성은 각기 다른 것으로 설정되어 합일되지 않는다. 하지만 실제로 정호와 정이는 기의 입장에서 심을 논한 것이 아니기 때문에 일반적인 리와 기의 관계를 가지고 심과 성의 관계를 해석할 수는 없다. 여기에서 관건은 심이 기일 뿐 아니라, 처음에는 리 즉 성이라는 사실이다. 그래서 정호는 "심은 하늘일 뿐이며, 그것을 다하는 것이 바로 성을 아는 것이다"30)라고 말한다. 하늘이 리이고 성이며, 심을 다하는 것은 성을 다하는 것이다. 그러므로

---

28) 『河南程氏遺書』, 권2下, "天有五行, 人有五臟. 心, 火也."
29) 『河南程氏遺書』, 권2上, "人心緣鏡, 出入無時, 人亦不覺."
30) 『河南程氏遺書』, 권2上, "只心便是天, 盡之便知性."

여기에서 우리는 심과 성이 완전하게 합일된 것을 볼 수 있다. 이에 비해 정이는 "심心은 생도生道이다. 심이 있으면, 이러한 심이 형체에 부여되어 (사람이) 태어나게 된다. 그러므로 측은지심惻隱之心은 사람의 생도이다"[31]라고 말한다. 심은 '생도'이다. 생도가 있으면 비로소 심의 형질이 있게 되며 생도는 그 형질 가운데 있게 되므로, 생도와 형질은 모두 심이다. 형질만을 가지고 심이라고 말할 수는 없으며, 형질이 없는 생도는 성일 뿐 심이 아니다. 여기에는 형이상의 성과 형이하의 형질이라는 두 차원이 포함되어 있다. 형이하의 형질은 일반적인 물질의 형체가 아니라, 오행 가운데 가장 빼어난 것이 품부되어 형성된 특수한 형질로, 이 때문에 지각작용이 있게 된다. 이러한 지각작용의 발휘가 바로 '심을 다하는 것'이다. 심을 다하게 되면 성을 알 수 있게 되는데, 이것은 일종의 자아인식 즉 형이상의 성을 인식하는 것이다. 성은 결코 심 밖에 존재하지 않으므로, 그것은 넓은 의미의 심 속에 포함된다.

이로 인해 정이는 장재의 '성은 크고 심은 작다'는 설에 대해 결코 동의하지 않고, 오히려 그의 '심을 크게 한다'는 설에만 동의한다.

> 체회體會하는 것을 심이 아니라고 생각하는 것은 옳지 않다. 체회하는 것을 심이 아니라고 생각하기 때문에 심은 작고 성은 크다는 학설이 있게 된 것이다.…… 심의 막힘이 지식상에만 있는 것은 옳지 않기 때문에 도리어 심을 작다고 생각한 것이다.[32]

정이는 심을 인식의 심 정도로 이해하거나, 성을 심에 품부된 외재적인

---

31) 『河南程氏遺書』, 권21下, "心, 生道也. 有是心, 斯具是形以生. 惻隱之心, 人之生道也."
32) 『河南程氏遺書』, 권2上, "不當以體會爲非心. 以體會爲非心, 故有心小性大之說…… 不可將心滯在知識上, 故反以心爲小."

본체 정도로 설명하는 입장에 대해 반대하고 있음을 볼 수 있다. 이른바 '체회'라는 것은 내심이 바로 깨닫게 되는 체험이다. 이러한 체험은 심의 본체인 신묘함(神)을 전제해서 이루어지는 것으로, 여기에서 본체의 신묘함이 바로 심인 동시에 성이다. 만약 심이 자기 밖을 향해서 앎을 구한다면 이것이 바로 '심의 막힘이 지식상에만 있는 것'이며, 심을 작게 생각하는 것이다. 이 때문에 성은 심 밖에 존재할 수 없으며, 내심을 통해 체회해야 한다. 이것은 정이가 '돌이켜 심 속을 살펴보는 것'(反觀內照)이라고 말한 것으로, 이를 통해 자아를 초월할 수 있고 현실성을 자각할 수 있다.

이러한 입장에서 정이는 '심에는 체와 용이 있다'고 말했다. 다른 사람도 아닌 정이가 가장 먼저 불교의 심체용설(心體用說)을 성리학의 심성론에 적용시켜 심성합일론을 건립했다는 사실은 주목할 필요가 있다. 그가 일찍이 '심이라는 말은 이미 발한 것(已發)을 가리켜 한 말이다'라고 생각했던 것은 기(氣)의 발용이라는 측면에서 심을 말했기 때문이다. 어떤 사람들은 이러한 입장에 따라 정이가 말한 심은 단지 지각하고 인식하는 심이라고 생각하였으며, 이로 인해 정이를 심성이원론자(心性二元論者)로 생각했다.[33] 하지만 정이는 「여여대림논중서(與呂大臨論中書)」에서 이러한 설명들을 고쳐 "심은 하나이다. 체(體)를 가리켜 말한 것도 있고 용(用)을 가리켜 말한 것도 있으니, 오직 그 보는 바가 어떠한가에 달려 있을 따름이다"[34]라고 말한다. 체는 적연부동(寂然不動)한 것으로, 심의 허령(虛靈)한 본체이자 성의 실체(實體)

---

[33] 저자 주: 모종삼은 자신의 저서인 『심체와 성체』(대만, 1981년, 제4판) 가운데에서 정이와 주희는 모두 심성이원론자라고 말했다. 심과 성은 존재론적인 횡으로 서로 간섭하는 관계이지 본체론적인 종으로 관통하고 있는 계통은 아니다. 내가 보기에도 이것은 서로 반대된다. 이하에서 이러한 문제에 관련된 것은 다시 상세하게 주를 달지 않겠다.

[34] 『二程文集』, 권9, 「與呂大臨論中書」, "心一也. 有指體而言者, 有指用而言者, 惟觀其所見如何耳."

이다. 이것은 허虛와 실實의 통일이다. 심은 곡식의 종자와 같고 성은 생장하고 발육하는 리이기 때문에 이 둘은 결코 나눌 수 없다. 심과 떨어지면 성도 없으므로, 성은 심이 심일 수 있는 내재적 근거이다.

성은 비록 객관적인 근원이 있지만, 그것들이 모여서 사람을 탄생시킬 때에는 이미 선험적으로 사람의 심 가운데 부여되어 본체가 된다. 이러한 의미에서 심의 본체가 곧 성이라고 말할 수 있다. 그래서 정이는 "대저 하늘에서 품부된 것은 성이고, 심 가운데 가장 주된 것이다"35)라고 말하고 또 "심은 곧 성이다. 하늘에 있으면 명이 되고 사람에게 있으면 성이 되는데, 그 주된 것을 논하면 심이다. 실제로 이것은 모두 하나의 도道일 뿐이다"36)라고 말했다. 이 설명들은 매우 분명하다. 심이 곧 성이라는 것은 그 체를 가리켜 말한 것이고, 그 용은 감이수통感而遂通으로 이른바 정情이다.

정이가 심을 초월화·본체화시키면서 심은 보편적이고 절대적인 도덕 원칙으로 변했다. 이로 인해 '심은 한량限量이 없다'는 명제가 제기되었고, 심에 지극한 능동성과 자주성이 부여되었다.

> 심의 형질에 대해 말하면 왜 한량限量이 없다고 하는가?…… 유한한 형질과 유한의 기氣가 있으면 진실로 도에 통할 수 없으니, 어떻게 한량이 없겠는가?…… 진실로 도에 통할 수 있다면 또 어떻게 한량이 있겠는가? (이처럼 한량없는 것으로는) 천하에 성 이외의 다른 것은 없다.37)

심이 도에 통한다는 것은 (심을) 관통하는 것을 가리키지, 인식론적으

---

35) 『河南程氏遺書』, 권18, "大抵稟於天曰性, 而所主在心."
36) 『河南程氏遺書』, 권18, "心卽性也. 在天爲命, 在人爲性, 論其所主爲心. 其實只是一個道."
37) 『河南程氏遺書』, 권18, "論心之形, 則安得無限量?……以有限之形, 有限之氣, 苟不通之以道, 安得無限量?……苟能通之以道, 又豈有限量? 天下無性外之物."

로 받아들이는 것은 아니다. 형체를 가진 심은 유한하지만, 도덕심은 무한하다. 그러므로 심성론적인 관점으로 보면 천하에 성 이외의 사물은 없으며 심 이외의 사물도 없으니, 모든 것은 심과 성이 이루어 내는 것이다. 본체론에 해당하는 객관적 원칙은 가치론적인 전환을 통해 인성론에 해당하는 주체의 원칙으로 변화되고, 순수이성은 실천이성으로 변화된다. 이것이 바로 '하늘에게서는 명이 되고, 사람에게서는 성이 되며, 그 주된 것을 논하면 심이 된다'는 말의 실질적 함의이다.

실천이성은 또한 선善의 원칙이다. 정이는 성선론을 주장했는데, 여기에서 그는 리를 선함의 근거로, 성은 선함을 이루는 것으로 설명하면서, 도덕본체의 객관적인 가치와 도덕인성이 가지고 있는 자아의 가치를 긍정한다. 본체론의 측면에서 말하면, '심은 곧 성이다'라는 말에 연유하기 때문에 성의 선함은 그대로 심의 선함이다.

> 심은 본래 선하지만 사려함을 통해 발發하면 선함도 있고 불선함도 있다. 만약 이미 발했다면 정이라고 말할 수 있어도 심이라고 말할 수는 없다. 이것을 물에 비유해 보면, 단지 물이라고 말할 수 있는 것도 흘러내려 가면 물갈래(派)가 되며, 이것이 동쪽으로도 가고 서쪽으로도 가므로 흐름(流)이라고 말한다.38)

'심은 본래 선하다'는 말은 분명히 본체론의 측면에서 말한 것으로, 이것은 본심을 선으로 여기는 것이고, 발하게 되면 선하기도 하고 악하기도 하기 때문에 본심과 다르게 된다는 것은 발용의 측면에서 말한 것이다. 심성합일설을 견지하기 위해서 그는 심지어 성이 발한 것을 정이라고 말하

---

38) 『河南程氏遺書』, 권18, "心本善, 發於思慮, 則有善有不善. 若旣發, 則可謂之情, 不可謂之心. 譬如水, 只可謂之水, 至於流而爲派, 或行於東, 或行於西, 却謂之流也."

면서, 그것이 심 밖에 있다는 입장을 배척한다. 이것은 그가 심에는 체와 용이 있다고 말한 것과 분명히 모순된 것으로, 이로 인해 이후 주희로부터 비판을 받게 된다.

심의 체는 성으로 설명되기 때문에 정이는 맹자의 '흐트러진 마음을 거둔다'(收放心)는 설을 받아들인다. 심은 본래 들어오고 나가는 것이 없으므로 맹자는 "들어오고 나감에 때가 없으니, 그 방향을 알 수 없다"라고 말한다. 정이가 보기에 이 말은 잡으면 보존되고 놓으면 잃어버리는 심에 대해 말한 것으로, 본심은 또한 선한 심이다. 심이 본체를 따르면 선한 성이지만, 만약 그것이 가려져서 불선不善한 데로 흐르면 흐트러진 마음(放心)이다. 그래서 정이는 "심의 본체는 선하지만 그것이 불선한 곳으로 흐르게 되면 방심放心이라고 말한다"39)라고 했던 것이다. 이른바 수방심收放心은 불선함을 없앰으로써 그 선함, 즉 심의 본체를 회복하는 것이다.

우주본체론상에서 정호는 '심이 곧 하늘이며 리'라는 심학사상을 제기했고, 정이는 리가 객관적인 우주법칙이라는 사실을 강조했다. 심성론의 측면에서 정이는 심에 체도 있고 용도 있다는 입장을 제기한 반면 정호는 이러한 종류의 입장들을 명확하게 밝히지 않았다. 그는 단지 "상하·본말·내외, 이것은 모두 하나의 리이다"40)라고만 했다. 그는 '성은 안과 밖이 없다'고 주장하면서 성이 안(內)이고 사물이 밖(外)이라는 관점에 대해 안과 밖을 두 개의 근본으로 생각하는 것이라고 비판한다. 그가 말하는 하나의 근본은 심성의 합일이며 또한 체용의 합일이다. 이른바 심은 '확연廓然한 대공大公으로, 사물이 와서 순응하는 것'이며, 성은 '일어나는 현상들을 성의 흔적으로 여기는 것'이고 '명각明覺을 자연自然으로 생각하는 것'이

---

39) 『河南程氏遺書』, 권18, "放心, 謂心本善而流於不善, 是放心也."
40) 『河南程氏遺書』, 권1, "上下·本末·內外, 都是一理也."

다.41) 일어나는 현상들의 흔적은 명각의 자연스러움에 의해서 이루어진 것이니, 여기에서 명각은 심이면서 또한 성으로, 이것은 바로 '깨달음(覺)을 성이라고 생각한다'는 말이다. 실제로 각覺이라는 글자는 근본에 대한 깨달음인 동시에 지각知覺으로, 체와 용이 합일된 상태이다. 그래서 이들의 어록에는 다음과 같은 말이 실려 있다.

> 선을 배우는(禪學) 자가 "이것은 (심의) 흔적인데, 왜 그 심에 대해서는 논하지 않습니까?"라고 물었다. 그러자 "심과 그 흔적은 하나이다. 어떻게 심의 흔적은 잘못되었는데 심만 옳은 경우가 있겠는가? 이것은 마치 두 다리로 걸어가면서 그 심을 가리켜 '나는 원래 가려고 하지 않았는데, 이 두 다리가 스스로 가고 있다'고 말하는 것과 같으니, 어떻게 이러한 이치가 있겠는가? 대개 상하·본말·내외는 모두 하나의 리이니, 이것이 바로 도이다. 장자는 '세상 안에서 노닌다'고 말하고 또 '세상 밖에서 노닌다'고도 말했는데, 어디에 안과 밖이라는 것이 있었단 말인가? 만약 이와 같다면, 도에도 간격이 있어 내면이라는 곳이 있고 외면이라는 곳이 또 달리 있다는 것인데, 어떻게 이와 같은 이치가 있겠는가?"라고 대답했다.42)

여기에서 말한 심은 또한 성이다. 흔적은 도덕행위의 결과로 인해 대상화된 주체의식으로 심이 곧 흔적인 이유이다. 정호는 '심과 흔적', '안과 밖'의 합일을 주장하는데, 이것은 심성본체와 그것의 실현 및 작용이 통일되어 있음을 설명하는 것이다. 그는 이를 통해 불교의 '체는 있고 용은 없다'라는 잘못된 입장을 비판한다. 이러한 점은 정이의 입장과 서로 완전하

---

41) 『二程文集』, 권2, 「答張橫渠子厚先生書」 참조.
42) 『河南程氏遺書』, 권1, "禪者曰, '此迹也, 何不論其心?' 曰, '心迹一也, 豈有迹非而心是者也? 正如兩脚方行, 指其心曰, 我本不欲行, 他兩脚自行, 豈有此理? 蓋上下·本末·內外, 都是一理也, 方是道. 莊生曰 游方之內, 游方之外者, 方何嘗有內外? 如此, 則是道有隔斷, 內面是一處, 外面又別是一處, 豈有此理?'"

게 일치하는 것은 아니다. 정이는 '리가 심에 갖추어진다'는 입장을 제기한 이후, 심을 지각과 작용의 심으로 생각한다. 그러나 그가 '심은 곧 성이다'라는 입장을 제기한 이후에는 심을 완전하게 본체화된 도덕심으로 여겼다. 그렇지만 그는 결코 체와 용의 관계 문제를 해결한 것은 아니다. 이로 인해 정情과 의意는 모두 심이 아니라는 입장을 제기하였으며, 나아가 안과 밖, 체와 용을 합일시킬 수 없었다.

3. 남송시대

이정 이후이면서 주희의 바로 전대 사람이었던 호굉胡宏은 심과 성의 개념에 대한 새로운 해석을 제기하였는데, 이것은 이정의 사상을 더 발전시킨 것이다. 호굉에 와서 발전된 점은 '성은 체이고 심은 용이다'라는 학설이다. 그는 성을 우주본체인 동시에 도덕본체로 생각하고, 심을 성의 표현이나 작용으로 생각하였다. 성과 심을 체와 용의 관계로 이해한 것이다. 그래서 그는 "성인은 분명히 그 체를 가리켜 성이라 했고, 그 용을 가리켜 심이라고 했다. 성은 동動하지 않을 수 없으니, 동하게 되면 심이다"43)라고 말한다. 성은 도덕본체로 도道에 근거하고 있으면서 심에서 드러나므로 '심으로써 성을 이룬다'라고 했으며 또 "천명은 성이고 인성은 심이다"44)라고 했던 것이다. 여기에서 심·성·명은 합일된 것이지만, 이것은 체와 용의 합일이지 심체와 성체의 합일은 아니다. 성은 주체의식을 통해서 실현되지만 심은 결코 성과 같지 않다.

---

43) 『知言疑義』, "聖人指明其體曰性, 指明其用曰心. 性不能不動, 動則心矣."
44) 『知言』, 권1, "天命爲性, 人性爲心."

성은 천하의 대본大本이다.…… "반드시 심이라고 말하고 성이라고 말하지 않는 것은 왜인가?"라고 묻자, "심이라는 것은 천지를 알고 만물을 주재함으로써 성을 이루는 것이다"라고 대답했다.45)

여기에서는 심에 부여된 인식능력을 천지에 대해 알고 만물을 주재하는 기능·작용으로 표현한다. "심과 천지는 같은 흐름이다"46)라고 말한 것은 이러한 기능과 작용을 표현한 것이다. 그러나 이것은 결코 심이 형이상학적인 본체라는 말은 아니다. '심으로써 성을 이룬다'라는 말은 심이 곧 성의 실현자이자 담당자라는 말이지, 결코 심이 곧 성이라는 사실을 말하는 것은 아니다.

우리는 여기에서 호굉이 말한 심은 지각이라는 의미에서 말한 것이지 초월적인 본체의 측면에서 말한 것이 아니라는 사실을 알 수 있다. '심으로써 성을 이룬다'는 말은 결코 심을 초월화·본체화시키려는 것이 아니라, 초월된 본체를 현실적인 인성으로 변화시키려는 것이다. 심의 지각이 성에 근거하고 있다는 것은 의심할 여지가 없지만 심 그 자체는 오히려 물질적인 실체와 그 속성 혹은 기능으로, 경험적 존재이지 초월적인 본체는 아니다.

그런데 호굉이 말한 본체는 결코 절대적인 적연부동寂然不動한 본체는 아니다. 다시 말해 호굉이 말한 본체는 존재라는 의미에서 완전하게 정지해 있는 순수관념이 아니라, 본체이면서 동시에 작용이고 존재이면서 동시에 활동이라는 말이다. 그래서 호굉은 "성을 물에 비유하면 심은 물이 낮은 쪽으로 흐르는 것과 같다"47)라고 말한다. 물이 낮은 쪽으로 흐르지 않

---

45) 『知言疑義』, "性, 天下之大本也.……必曰心而不曰性, 何也? 曰, 心也者, 知天地, 宰萬物, 以成性者也."
46) 『知言』, 권2, "心與天地同流."

을 수 없듯 성은 심으로 표현되지 않을 수 없으니, 심은 성의 동함이다. 이 둘은 체와 용으로 구별되기는 하지만 각기 다른 사물처럼 완전하게 나누어지지는 않는다. 이 점이 바로 호굉의 특징적인 면이다. 우주본체는 존재하기만 하면서 활동하지 않는 것이 결코 아니기 때문에 심의 특징은 활동이라고 말할 수 있다. 그러므로 심을 통해 우주본체는 주체화되고 내재화된다.

그러나 이 점은 주희의 비판을 받게 된다. 주희는 '심으로써 성을 이룬다'라는 말과 '성의 동함이 심이다'라는 설명에 문제가 있다고 생각했다. 성은 원래 동하지 않을 수 없지만 성의 동함은 정일 뿐 심은 아니므로, 심은 다만 성을 이룰 수 있을 뿐이라고 말할 수 없다는 것이다. 주희가 보기에 심은 체용을 겸하고 성정을 통섭하고 있기 때문에 이렇게 말한 것이다. 이러한 점은 아래에서 계속 논의할 것이다.

종합하면 호굉은 수만 가지의 리를 갖추고 있는 것이 성이라고 생각했다. 만물은 모두 어떠한 의미에서 천명의 전체이지, 특정한 일이나 사물 속에 들어 있는 리가 아니다. '대본大本'이지 '달도達道'가 아니라는 말로,[48] 한 마디로 말해 초월적 도덕본체라는 것이다. 바로 이와 같은 이유에서 "천지는 이로 말미암아 세워진다"[49]라고 말했던 것이다. 하지만 성은 심 속에서 실현된다. 심은 기능과 속성이지만, 기의 측면에서 설명하면 오히려 주체의 능동적인 특징을 드러내고 있다. 그래서 그는 "기의 유행은 성

---

47) 『知言』, 권2, "性譬諸水乎, 則心猶水之下."
48) 역자 주: 『중용』에 "喜怒哀樂의 정이 발하지 않은 것을 일컬어서 中이라고 하고, 발해서 모두 절도에 맞는 것을 일컬어 和라고 한다. 中이란 천하의 大本이고 和란 천하의 達道이다"라고 말한 것을 저자가 인용한 말이다. 따라서 大本이란 아직 발하지 않은 근원적 리라고 말할 수 있다면, 그것이 발해서 모든 상황에 딱딱 들어맞는 것은 개별적 리로 이것을 達道라고 말한 것이다.
49) 『知言』, 권1, "天地由此而立."

을 주로 하고, 성의 유행은 심을 주로 한다"50)라고 말했던 것이다. '주主로 한다'라는 말은 주재한다는 의미를 가진 것으로, 우주론상에서 리가 기를 주재하고, 심성론상에서 심이 성을 주재한다는 것을 설명한다. 성은 오직 심을 통해야만 실현될 수 있기 때문에 심은 성을 실현해야만 비로소 자신의 실질적 의미를 획득한다. 이러한 점에서 성은 심에 의지해서 실현된다고 말하는데, 그것은 "성을 다하지 않음이 없는 것이 바로 심"51)이기 때문이다. 심에 대해서 이처럼 말할 수 있는 것은 심이 성을 그 본체로 삼고 있기 때문이다.

하지만 호굉은 또 '성은 선도 없고 악도 없다', '심은 삶도 없고 죽음도 없다'는 학설을 제기하는데, 이것은 성을 초월적인 절대 존재로 설명하는 것일 뿐만 아니라 심까지도 영원한 존재로 설명하고 있는 것이다. 그래서 그는 "성은 천지와 귀신의 가장 깊은 부분이므로 선함만을 가지고도 그것을 다 말하기에 부족한데, 하물며 악함에 있어서랴!"52)라고 말하고, 또 "심은⋯⋯ 죽음도 없고 삶도 없는 것이다.⋯⋯ 형체를 통해서는 심을 볼 수 없으니, 심으로 심을 보아야 그것을 알게 된다"53)라고도 한다. 어떤 사람은 이 말에 근거해서 호굉이 말하고 있는 심은 초월적인 본체의 심인 동시에 천지만물을 창생創生하는 심이라고 생각했다. 하지만 이러한 인식은 매우 곤란하다. 이것은 그가 성은 체이고 심은 용이라는 설을 가지고 있었기 때문만이 아니라, 그가 '심으로 심을 본다'라고 말한 부분 때문이기도 하다. 형체에 대해 말하자면, 비록 초월적인 의미를 갖지만 본체론 상에서의

---

50) 『知言』, 권3, "氣之流行, 性爲之主. 性之流行, 心爲之主."
51) 『知言』, 권2, "性無不盡者, 心也."
52) 『知言疑義』, "性也者, 天地鬼神之奧也, 善不足以言之, 況惡乎!"
53) 『知言疑義』, "心,⋯⋯無死生.⋯⋯無以形觀心, 而以心觀心, 則知之矣."

초월이라고 말할 수는 없다. 지각의 심에 대해 '성을 이룬다'는 측면에서 말하면 어느 정도 초월성을 가진다고 말할 수 있으니, 이것은 상대성 속에서 절대성을 실현시키고 유한 속에서 무한을 실현시키고 있기 때문이다. 하지만 이 말이 형체를 가진 심이 죽지도 않고 살지도 않을 수 있다는 것은 결코 아니다.

주희는 호굉이 '성은 선도 없고 악도 없다'고 말한 것에 대해 고자의 '생生을 일컬어서 성이라고 한다'라는 입장이라고 하면서 비판하고, '심은 죽음도 없고 삶도 없다'라는 말에 대해서는 '불교의 윤회설에 가깝다'고 비판한다. 하지만 실제 이러한 비판은 호굉의 원래 생각과 결코 부합하지 않는다. 호굉의 원래 생각은 왕수인王守仁의 양지가 마치 선도 없고 악도 없는 것처럼 성 그 자체가 절대적이기 때문에 선과 악으로 말할 수 없다는 것이다. 후대에 이러한 비판은 호굉이 형체를 가진 심을 떼어 놓고 그 기능만을 논한다는 입장으로 다시 제기 되었는데, 이것은 어느 정도 일리가 있다. 하지만 주체의식이나 정신활동은 일단 실질적인 내용을 가지게 되면 객관적인 존재로 변화되어 어느 정도의 초월성을 갖추게 된다. 이것이 바로 호굉 철학의 특징이라고 할 수 있겠다.

일반적으로 주희는 정이를 계승하여 심 속에 리가 부여되어 있다고 주장했기 때문에, 심과 성의 합일을 반대했다고 생각한다. 그러나 실제로 이것은 단지 문제의 한 부분에 불과할 뿐, 주희의 심성론은 결코 이처럼 간단하지 않다.

우선 주희가 심이라고 말한 것은 결코 경험적인 지각의 심에 한정되어 있지 않다. 이것은 최소한 두 층차의 의미를 가진다. 하나는 지각운동 또는 영명한 심을 가리키는 것으로, 형이하학形而下學적인 인식심이다. 또 다른 하나는 신묘함과 밝음을 헤아릴 수 없고, 잡으면 보존되고 놓으면 잃어버리는 심을 가리키는 것으로, 이것은 주희와 성리학자들이 심에 대해서 논할 때 주로 포함되는 도덕관념과 도덕의식을 가리킨다. 이것은 형이상자形而上者로, '본심本心' 혹은 '의리지심義理之心'으로 불린다. 그래서 주희는 "사람의 본심은 그 체가 매우 넓으며, 또한 한량限量이 없다"[54]라고 말했는데, 여기에서 한량이 없다는 말은 형체와 그 작용을 가리키는 것이 아니라, 본체와 그 작용을 가리키는 것이다. 이 두 층차의 의미는 연관되어 있으면서 동시에 구별된다. 그래서 만약 전자만을 긍정하고 후자를 부정한다면 주희의 심성론을 완전히 이해할 방법이 없으며, 만약 후자만을 긍정하고 전자를 무시해 버린다면 이것 역시 주희의 본래 의도가 아니다.

이 때문에 주희가 말한 심을 형이하의 인식심으로만 이해해서는 안 된다. 당시 어떤 사람들은 이미 심이 형이상자인지 형이하자인지에 대해 첨예하게 문제를 제기하기도 했다. 그에 대해서 주희는 다음과 같이 답한다.

> 허파나 간과 같은 오장五臟 가운데 하나인 심은 실제로 하나의 물건이다. 그러나 지금 배우는 이들이 말하는 것과 같이 잡으면 보존되고 놓으면 잃어버리는 심은 스스로 그 신묘함과 밝음을 헤아릴 수가 없다.[55]

이 때문에 주희는 심이 형이상자이거나 혹은 형이하자라고 확실하지 않게 말하기보다는 차라리 '형이상과 형이하의 사이'라고 말하는 것이 낫다고 생각했다. 이것이 바로 심이 오묘한 곳이 되는 이유이다. 주희는 형이상과 형이하에 대해 엄격하게 구분하여, 지각운동이나 정신혼백과 같은 종류를 결코 형이상자로 귀결시켜 이해하지 않았고, 단지 자아를 초월한 주

---

54) 『朱子文集』, 권67, 「盡心說」, "人之本心, 其體廓然, 亦無限量."
55) 『朱子語類』, 권5, "如肺肝五臟之心, 却是實有一物. 若今學者所論操存舍亡之心, 則自是神明不測."

체적인 관념만을 형이상자로 보았다.

주희가 말하는 성은 심의 리 또는 생의 리를 가리킨다. 이것은 정이가 말한 성즉리性卽理의 관점을 받아들인 것으로, 성을 형이상의 도덕본체로 설명한다. 형이하학적인 측면에서 심은 기의 정상精爽이지만 심 가운데 부여된 리는 또한 형이상의 심이다. 이로 인해 심은 리와 기의 합(진순의 말)이다. 만약 형이하의 측면에서 말한다면 심은 결코 성과 같지 않지만, 형이상의 측면에서 말하면 심은 곧 성이다. 주희는 "심을 버리면 성을 볼 수 없고, 성을 버리면 심을 볼 수 없다"56)라고 했는데, 이것은 심과 성이 하나이면서 둘이고 둘이면서 하나인 관계라는 사실을 말하고 있는 것이다. 또한 주희는 "영묘한 곳은 심이지 성이 아니다. 성은 다만 리일 따름이다"57)라고 말하는데, 이것은 형이하의 심을 가지고 말한 것이다. 그러나 그는 결코 오로지 심만이 영묘한 곳이라고 말하지는 않는다. 실제로 주희가 말한 심은 형이상과 형이하라는 두 층차를 모두 포함한다. 여기에서 분명한 것은 형이하인 심은 성이 아닐뿐더러, 일반적으로 말하면 심과 성을 동등하게 볼 수 없다는 점이다. 다만 형이상학적인 심의 측면에서 말하면 심은 바로 성이다. 따라서 심과 성의 관계에 대한 주희의 주요 관점은 심체용설心體用說 또는 심통성정설心統性情說이다.

심통성정은 비록 장재가 제기한 것이지만 진정한 의미는 주희에 의해 확정되고 발현되었다. 심통성정에서 '통統'에는 두 가지 의미가 있는데, 이것은 심에 대한 주희의 다른 용법과 관계가 있다.

첫째, 주희는 "통은 겸한다와 같다"58)라고 했다. 즉 심은 성과 정을 겸

---

56) 『朱子語類』, 권5, "舍心則無以見性, 舍性則無以見心."
57) 『朱子語類』, 권5, "靈處只是心, 不是性, 性只是理."
58) 『朱子語類』, 권98, "統猶兼也."

한다는 것이다. 이것은 전체全體의 심이라는 측면에서 말한 것으로, 맹자로부터 발전되었다. 성과 정을 말하면 모두 심과 떨어질 수 없지만 그렇다고 한 단면만 말하게 되면 심의 전체와 대용大用이 아니다. 성과 정을 함께 말해야 비로소 심의 전체와 대용이 된다. 역으로 말해 오직 심이라는 글자만이 성과 정을 함께 포함할 수 있다. 왜냐하면 성과 정은 모두 심에서 나왔으므로, 심은 이 둘을 통섭할 수 있기 때문이다. 채원정蔡元定은 주희의 이러한 사상에 근거해서 더욱 명확하게 "'심은 성과 정을 통섭한다'라고 말하는 것보다 '심은 성과 정을 통칭하는 이름이다'라고 말하는 것이 낫다"59)라고 말하는데, 이것은 주희의 사상에 정확하게 부합하는 것이다. 여기에 따르면 심은 형이상과 형이하라는 두 층차를 가지고 있기 때문에 성과 정을 겸한다.

둘째, 주희는 "통은 주재한다는 의미이다"60)라고 말했는데, 이 말은 심이 성과 정을 주재한다는 것이다. 이것은 형이하학적인 심 또는 이지적인 심의 측면에서 말한 것으로, 순자로부터 발전되었다. 그래서 주희는 "심은 혼연渾然한 것으로, 성은 이 리가 심 속에 있는 것이고 정은 이것이 동하는 것이다"61)라고 말했다. 예컨대 인의예지는 성이지만 동시에 인의仁義의 심이라고도 말하는데, 이것은 성과 심을 통틀어 말한 것이고, 사단四端은 정이지만 동시에 측은지심惻隱之心이라고도 말하니, 이것은 정과 심을 통틀어서 말한 것이다. 이 때문에 주희는 "성과 정은 모두 심을 위주로 하기 때문에 이것을 가지고 통틀어 말한다"62)라고 했다. 여기에서 '통틀어 말한다'

---

59) 『朱子語類』, 권98, "心統性情, 不若云, 心字性情之統名."
60) 『朱子語類』, 권98, "統是主宰."
61) 『朱子語類』, 권98, "心是渾然底物, 性是有此理, 情是動處."
62) 『朱子語類』, 권98, "性情皆主於心, 故恁地通說."

라고 한 것은 반드시 심이 곧 성이라는 사실을 말하려는 것이라기보다, 이 지적인 심의 주체적 작용과 그 주체성을 강조한 것이다. 그러나 이 두 측면의 의미는 서로 통할 수 있다. 이른바 혼연하다는 말은 심을 말하는 것이면서 동시에 성을 말하는 것이다. 적연寂然한 심 역시 혼연한 성이다.

이것은 또한 심의 체용설體用說이다. 주희는 "성은 체이고 정은 용이니, 성과 정은 모두 심으로부터 나온다"[63]고 했다. 이것은 성과 정을 체와 용으로 나누지만 심통성정설에 근거하고 있다. 그러므로 성의 체가 바로 심의 체라는 말이지, 심에서 성이 체가 된다는 말은 결코 아니다.

> 성과 정은 모두 심으로 인해 드러난다. 심은 체이고 그것이 밖으로 드러나는 것을 용이라고 말한다. 맹자는 인仁함을 인심人心이라고 했고 또 측은지심이라고도 했으니, 성과 정은 모두를 통틀어도 심이라는 글자일 뿐이다. 인함을 인심이라고 한 것은 심의 체體를 말한 것이고, 측은지심은 그 용을 말한 것이다. 반드시 체가 있은 이후에 용이 있을 수 있으니, 여기에서 심통성정의 의미를 알 수 있다.[64]

이것은 결코 심이라는 글자를 빌려 와서 성을 말한 것이 아니며, 또한 맹자가 심을 성으로 생각했기 때문에 이와 같이 말한 것도 아니다. 심 속에 있는 성을 체로 여기는 것이 아니라, 심의 체가 곧 성이라는 말이다. 심은 체와 용으로 구분되기 때문에 성과 정이라는 이름이 있으며, 그 체는 형이상의 성이고 그 용은 형이하의 정이다. 그래서 주희는 "심에는 체와 용이 있는데, 그것이 정감으로 드러나기 이전(未發)은 심의 체이고 드러나게

---

63) 『朱子語類』, 권98, "性是體, 情是用, 性情皆出於心."
64) 『朱子語類』, 권98, "性情皆因心而後見. 心是體, 發於外謂之用. 孟子曰, 仁人心也, 又曰惻隱之心, 性情上都下箇心字. 仁, 人心也, 是說體, 惻隱之心, 是說用. 必有體而後有用, 可見心統性情之義."

되면(已發) 심의 용이다"65)라고 말했다. 이것은 미발未發과 이발已發의 측면에서 말한 것이다. 만약 성과 정의 측면에서 말한다면, "심은 체와 용을 겸해서 말한 것으로, 성은 심의 리理이고 정은 심의 용用이다"66)라고 할 수 있다. 이것은 심의 체와 용을 성과 정으로 나누어 말한 것이 분명하다. 이러한 해석은 우주본체가 곧 도덕본체이고, 이러한 도덕본체는 주체(개인)가 본래부터 가지고 있다는 의미로, 주체의식의 자아초월에 대해 설명하는 말이다. 한마디로 말해, 도덕자율론이다.

여기에서 우리는 주희 심성론의 근본 내용이 심은 체용을 겸하고 있으며, 체는 형이상의 성이고 용은 형이하의 정이라고 말한다는 사실을 알 수 있다. 만약 주희가 말한 심이 단지 형이하자라면, 우리는 그의 심체용설을 이해하기가 매우 어려웠을 것이다. 그는 리를 성으로, 심을 정으로 생각하는 것과 성을 체로, 심을 용으로 생각하는 것에 대해 결코 동의하지 않았다. 그는 정이가 초년에 성은 체이고 심은 용이라고 말한 것에 대해 부정확하다는 입장을 제기했을 뿐만 아니라, 호굉의 성은 체이고 심은 용이라는 학설에 대해서도 비판한다. 이것은 주희가 심과 성을 합일시켜 보는 사람이 아니면서 동시에 심과 성을 둘로 나누어 보는 사람도 아님을 말하는 것이다.

만약 주희가 말한 심을 단순히 형이상자나 혹은 형이하자의 입장에서만 파악한다면 이것은 온전하지 못하다. 이 때문에 주희는 "심은 형이상과 형이하를 관통하고 있으므로 어느 한쪽으로만 볼 수는 없다"67)라고 말한다. 그는 심이 발한 것은 단지 정일 뿐 심이 아니라고 말하는 것에 대해서

---

65) 『朱子語類』, 권5, "心有體用, 未發之前是心之體, 已發之際是心之用."
66) 『朱子語類』, 권5, "心兼體用而言, 性是心之理, 情是心之用."
67) 『朱子語類』, 권95, "心是貫上下, 不可只於一處看."

도 동의하지 않았다. 심은 형이상과 형이하, 체용과 성정을 모두 관통하고 있기 때문에, 심은 단지 정일 뿐 성이 아니라고 말할 수 없는 동시에 심은 단지 성일 뿐 정은 아니라고 말할 수도 없다. 반드시 체와 용을 겸하고, 성과 정을 겸해야 한다. 그래서 심·성·정은 마치 세 개의 각기 다른 사물 같지만, 실제로는 하나로 통일되어 있다.

> 텅 비어 있고 밝으면서도 만물에 감응하는 것이 바로 심이고, 만물에 감응할 때 그 속에 들어 있는 도리가 바로 성이며, 그것이 밖으로 드러나는 것은 정이다. 이것은 단지 하나이다.68)

그는 심을 물에 비유하면서, 성은 물의 고요한 상태이고 정은 물의 흐름이며 욕欲은 큰 물결의 일렁임과 같다고 말한다.69) 성과 정 그리고 욕을 관통할 수 있는 것이 바로 심이다. 그래서 주희는 "한 마디로 요약하면 수천수만의 일들은 모두 심으로부터 나온 것이다"70)라고 말하고, 또 "배우는 이들의 수많은 문장과 글귀들은 모두 심心이라는 한 글자에 모여 있다"71)라고도 말한다.

이것은 심을 매우 높은 지위에 끌어올린 것으로, 여기에서 심은 주체이자 본체이다. 주체의 측면에서 말하면 이것은 허령불매虛靈不昧한 본체이자 신묘함(神)이고, 본체의 측면에서 말하면 이것은 성이자 밝은 덕(明德)으로, 이 둘은 하나이면서 둘이고 둘이면서 하나인 관계이다. 주희는 『대학大學』

---

68) 『朱子語類』, 권98, "虛明而應物者便是心, 應物有這箇道理便是性, 會做出來底便是情. 這只一箇物事."
69) 『朱子語類』, 권5 참조.
70) 『朱子語類』, 권5, "要之, 千首萬緖, 皆從心上來."
71) 『朱子語類』, 권24, "學者千章萬句, 只是領會一箇心字."

을 매우 중시했지만, 결코 『대학』 가운데 있는 격물치지설格物致知說만을 발전시키지는 않았다. 주희가 『대학』에서 가장 중시했던 것은 삼강령三綱領이다. 지금 우리들은 삼강령 가운데 첫째인 명덕明德에 대한 주희의 해석을 살펴볼 필요가 있다.

그는 어떤 때에는 명덕을 성이라고 생각하여, "어떤 사람이 '명덕은 인의예지의 성이 아닙니까?'라고 묻자 '바로 그렇다'라고 대답했다."72) 그러면서 또 어떤 때에는 명덕을 심이라고 생각하여 "명덕은 사람이 하늘로부터 부여받은 것으로, 허령불매하고 온갖 이치를 갖추고 있으면서 만사에 응하는 것이다"73)라고 말한다. 보기에 이것은 서로 모순된 설명 같지만, 실제로 근본적 모순은 없다. 주희는 '성즉리性卽理'와 '심즉리心卽理'를 엄격하게 대립시키지 않고, 다만 상황에 따라서 다르게 말하고 있기 때문이다. 어떤 사람이 명덕이 심인지 아니면 성인지를 묻자 주희는 "명덕은 심과도 부합되고 성과도 부합된다"74)라고 대답했다. 여기에서 우리는 심과 성이 하나이지 둘이 아니라는 사실을 알 수 있다. 명덕이 이와 같고, 태극 역시 이와 같다.

태극은 우주본체이며 동시에 도덕본체로, 성의 완전한 본체이다. 태극과 심의 관계에 대해 주희는 "성은 태극과 같고, 심은 음양陰陽과 같다"고 말한다. 그러나 그는 동시에 심이 곧 태극이라는 사실도 인정한다. 어떤 사람이 "심은 태극인가 아니면 태극을 갖추고 있는 것인가?"라고 묻자 주희는 "이것은 매우 세밀하여 말하기 어렵다.…… 이것은 마땅히 활간活看해야 한다"75)라고 대답했다. 활간이라는 것은 이것이 곧 저것이 아닐 수

---

72) 『朱子語類』, 권14, "或問, 明德卽是仁義禮智之性否? 曰, 便是."
73) 『大學章句』, 第1章, "明德者, 人之所得於天而虛靈不昧, 以具衆理而應萬事者也."
74) 『朱子語類』, 권5, "明德合是心, 合是性."

없는 것, 즉 이것이기 위해서는 반드시 저것이어야 하는 것을 말한다. 이는 심이 태극이라는 사실을 인정하고 있는 것이다.

종합하면 주희는 심과 성의 관계에 대해서 논하면서 "옛날부터 성현들이 서로에게 전한 것은 단지 심 하나를 이해하는 것이다. 심은 하나의 성이고 성은 단지 인의예지일 따름이다"76)라는 입장을 명확하게 제기했다. 이것은 주희가 결코 심과 성을 두 개의 다른 존재로 보지 않고 있음을 말하는 것이다. 바로 이 때문에 그는 "심의 본체는 선하지 않음이 없다"77)라는 명제를 제기하면서, 심의 체를 지극히 선한 성이라고 말했던 것이다. 이것은 정이의 '심은 본래 선하다'는 입장과 일치하는 것이지만, 정이에 비해 한층 더 정밀하고 논리적이다. 심에 체와 용의 구분이 있기 때문에 그 본체는 성이자 선함이고, 악함은 "심의 본체는 아니지만 이것 역시 심에서 나오는 것"78)이다. 심에서 본체를 제외시켰기 때문에 작용은 있어도, 그 작용이 반드시 선한 것은 아니다.

이러한 문제에 있어서는 장식張栻 역시 심체설心體說을 견지한다. 그는 심의 체가 바로 성이며 리라고 생각하여, "천天이니 성이니 심이니 하는 것은 각각 그 취한 것은 다르지만, 본체는 같다"79)라고 말한다. 장식이 말하는 심 역시 잡으면 보존되고 놓으면 잃어버리는 심이자 도덕심이지 물질적 심이 아니다. 그래서 그는 "심은 비록 형체를 드러낼 수는 없지만, 심이라고 말하면 그 본체는 밝디밝은 것이다. 배우는 이들은 마땅히 잡으

---

75) 『朱子語類』, 권5, "這般處極細難說……這般處當活看."
76) 『朱子語類』, 권20, "自古聖賢相傳, 只是理會一個心, 心只是一個性, 性只是有個仁義禮智."
77) 『朱子語類』, 권5, "心之本體, 未嘗不善."
78) 『朱子語類』, 권5, "固非心之本體, 然亦是出於心也."
79) 『孟子說』, 「盡心上」, "天也, 性也, 心也, 所取則異, 而體則同."

면 보존되고 놓으면 잃어버리는 사이에서 그것을 깊이 체인體認해야 한다"80)라고 말한다. 이와 같은 심은 도덕내용을 포함하고 있는 형이상학적인 심이다. 그래서 장식은 다음과 같은 입장을 명확히 한다.

> 입·귀·코 등은 기氣와 붙어 있으므로 형체를 가지고 있다는 점에서 모두 같다. 그러나 심은 주재하는 것으로 형이상자이다.…… 의리가 내 마음을 기쁘게 하는 이유는 의리가 바로 심이 심인 까닭이기 때문이다.81)

심이 몸을 주재할 수 있는 이유는 단지 이지 작용 때문만이 아니라 형이상자인 성에 근거하기 때문이다. 의리는 심에 부여되어 있을 뿐만 아니라 심이 심이 되는 까닭이므로, 형이상자인 심과 형이하자인 심은 원래 하나이다. 심이라는 글자가 결코 형이하자만을 말하는 것은 아니며, 심성론상에서 말하는 심은 주로 형이상자이다. 이것은 매우 분명한 사실로, 이러한 점은 주희로부터 영향을 받았을 것이다.

우리는 위에서 주희가 '심은 곧 성이다'라고 말한 것은 그냥 대충 한 말이 아니라 본체의 측면에서 말한 것이라고 했다. 왜냐하면 작용의 심이라는 측면에서 말하면 이것은 결코 성과 같을 수 없으며, 다만 리가 심 속에 부여되어 성이 된다고 말할 수 있을 뿐이기 때문이다. 하지만 이것은 일반적으로 말하는 기 위에 얹혀 있거나 혹은 걸려 있는 것이 아니다. 왜냐하면 심은 지각의 작용을 가지고 있기 때문이다. 이로 인해 심과 성은 깨달을 수 있는 것能覺과 깨달아 지는 것所覺의 관계가 된다. 주희는 "깨

---

80) 『孟子說』, 「告子上」, "心雖無形可見, 然旣曰心, 則其體昭昭矣. 學者要當於操舍之際深體之."
81) 『孟子說』, 「告子上」, "口耳鼻麗乎氣, 故有形者皆得其同. 而心則宰之者也, 形而上者也.……義理之所以悅我心者, 以義理者固心之所以爲心者也."

달아 지는 것은 심의 리이고, 깨달을 수 있는 것은 기의 영묘함이다"[82]라고 말한다.

만약 '소각所覺'이 없다면 '능각能覺' 역시 심이 될 수 없으므로, 어떤 사람들은 이것이 불교에서 말하는 심일 수는 있어도 유가에서 말하는 심은 아니라고 한다. 동시에 심의 리는 소각이지만 만약 능각이 없다면 이것 역시 성이 되지 못하므로, 어떤 사람들은 그것이 물성物性일 수는 있어도 인성人性은 아니라고 말한다. 오직 심의 능각이 심의 소각을 깨닫게 될 때 비로소 인성이 된다. 하지만 이러한 소각은 결코 심 밖에 있는 것이 아니다. 이것은 지각의 성이므로, 심이 일단 자아에 대한 직접적 깨달음에 이르게 되면, 심의 본체가 확연하게 밝아지고, 심과 성도 완전하게 합일된다.

여기에서 우리는 주희가 말한 심이 경험적으로 실현되는 심일 뿐만 아니라, 초월적인 도덕심이기도 하다는 것을 알 수 있다. 주희는 도덕법칙의 주체성을 확립하고 도덕적 원칙을 주체의 실천적인 자율성으로 바꾸려 했을 뿐만 아니라, 천지와 만물을 사람이 주재하게 함으로써 천지 사이에서 사람의 지위를 확립하려고 했다. 여기에서 우주본체와 도덕본체는 완전하게 통일된다. 그는 칸트와 달리 이성의 한계를 분명히 했다. 이성적 방법으로 도덕본체를 실현시키는 것을 제한하면서, 이성의 자각적인 체험과 인식을 통해 도덕본체를 실현하게 하였던 것이다.

> 심의 물이 됨은 실제로 주재하는 것이다. 그 체體는 인의예지仁義禮智의 성이며, 그 용用은 측은惻隱·수오羞惡·공경恭敬·시비是非의 마음의 정이다. 혼연渾然하게 심 가운데 있으면서 사물이 감感해 오는 것에 따라서 응應하므로, 각각 주관하는 바가 있어 혼란스럽지 않다.…… 그 크기가 지극해지면 천지의 운행과 고금의

---

82) 『朱子語類』, 권5, "所覺者, 心之理也, 能覺者, 氣之靈也."

변화가 심 밖에 있을 수 없다. 또 심이 완전하게 작아지면 한 점 티끌 같은 은미함이나 한 번 숨쉴 정도의 짧은 시간마저도 심 속에 남아 있을 수 없다.83)

적연한 심은 혼연한 성으로 주체가 극도로 발휘된 것이기 때문에, 여기에서 심은 천리의 주재이자 수많은 변화의 근원으로 설명된다. 이렇게 되면서 이것은 심성론만의 문제가 아니게 되었다. 실제로 이와 같다면, 주희와 육구연陸九淵의 사상은 무엇으로 구별되는가? 일반적으로 육구연은 맹자를 따라 도덕적인 본심本心만을 말했다고 생각한다. 이것은 분명한 사실이다. 하지만 육구연은 성리학자로, 그가 말한 본심은 본체의 심이다. 주희 역시 본심에 대해서 다음과 같이 말했다.

호씨가 본심을 잃지 않아야 한다고 했던 한 단락은 매우 좋은 말이므로 자세하게 살펴보아야 한다. 성인들께서 하신 수많은 말들은 오로지 사람들로 하여금 본심을 받아들이게 하려는 것이며, 그것을 잃지 않게 하려는 것이다.84)

그 또한 육구연의 양지良知에 대해서 매우 높이 평가한다. 여기에서 우리는 주희와 육구연이 근본적인 문제에서는 결코 차이가 없다는 사실을 알 수 있다. 문제는 주희가 본심에 대해서 말한 것뿐만 아니라 작용의 심, 즉 경험과 지각의 심을 말한 데 있다. 본심과 작용의 심은 비록 체용관계이지만, 구별이 있다. 육구연은 심은 하나의 심이기 때문에 어떠한 방법으로든 체와 용으로 나눌 필요가 없다고 생각했다. 육체적인 심이면서 동시

---

83) 『大學或問』, 권2, "心之爲物, 實主於身, 其體則有仁義禮智之性, 其用則有惻隱羞惡恭敬是非之情. 渾然在中隨感而應, 各攸攸主而不可亂也.……極其大則天地之運, 古今之變, 不能外也. 盡於小則一塵之微, 一息之頃, 不能遺也."
84) 『朱子語類』, 권23, "胡氏不失本心一段, 極好, 盡用仔細玩味. 聖人千言萬語, 只是要人收拾得箇本心, 不要失了."

에 본체의 심이라는 말이다. 하지만 그가 심성의 관계에 대해서 말할 때에는 본체의 측면에서만 말했다.

자세하게 살펴봐야 하는 것은 육구연이 심에 대해 논할 때 경험적인 지각의 심으로부터 시작하고 있다는 점이다. 이것은 바로 영명靈明한 심이다. 이 점은 주희와 육구연의 공통된 부분으로 결코 다른 양상을 띠지 않는다. 육구연은 "사람이 나무나 돌도 아닌데, 어떻게 심이 없을 수 있겠는가? 심은 오관 가운데에서도 가장 귀하고 중요한 것이다"[85]라고 했는데, 여기에서 말한 심 역시 물질적인 기관을 가리킨다. 사람이 만물 가운데에서도 가장 영명한 이유는 심이 영명한 지각활동을 하기 때문이라는 말이다. 나무나 돌은 이러한 심이 없고 여타의 동물들은 비록 이러한 심을 가지고 있어도 인심의 영명함이 없다는 것으로, 이것은 조금도 의심할 여지가 없다.

바로 인심은 영명하기 때문에, 모든 이치를 갖출 수 있다. 그래서 육구연은 "인심人心은 지극히 영명하며 이 리理는 지극히 밝다. 사람은 모두 이 심을 가지고 있으며 심은 모두 이 리를 갖추고 있다"[86]라고 말하는데, 이러한 점은 주희와 어떠한 차이점도 없다. '심이 리를 갖추고 있다'는 말은 '심이 곧 리이다'라는 말로, 이것은 성리학 내에서 리학과 심학을 구별하는 중요한 지점으로 인식되었다. 실제로 육구연은 주희와 마찬가지로 이렇게 말했으며, 이 입장에서 자신의 심성론을 세우고 있다.

하지만 여기에서 한 단계만 더 나아가면 다른 점이 있다. 육구연은 "사람은 모두 이 심을 가지고 있고, 심은 이 리를 갖추고 있으므로, 심은 곧 리이다"[87]라고 말한다. 육구연은 심을 형이상과 형이하 및 체와 용이라는

---

85) 『象山全集』, 권11, 「與李宰」, "人非木石, 安得無心? 心於五官最尊大."
86) 『象山全集』, 권22, 「雜說」, "人心至靈, 此理至明. 人皆有是心, 心皆具是理."

두 층차로 나누고 이것을 다시 성과 정으로 구분한 주희와는 달리, 체와 용을 구분하지도 않았고 성과 정을 분리시키지도 않았다. 이것은 다만 하나의 심으로, 이미 영명한 심이면서 본체의 심이다. 이것은 직접적으로 체험할 수 있는 체용합일설로, 당연히 주희에 비해 간이한 부분이 많다.

그런데 만약 육구연이 영명한 심을 본체의 심으로 생각했다면, 이것은 완전히 옳지 않다. 그는 "여타의 본체들은 모두 형체를 가지고 있지만, 오직 심만이 형체가 없다"[88]라고 말하고, "심의 체는 매우 크다. 그래서 만약 나의 심을 다할 수 있다면 하늘과 더불어 같을 수 있다"[89]라고 말했다. 이것은 형체를 가진 심을 말한 것이 아니라, 주희가 '심의 본체는 한량限量이 없다'고 말한 것처럼 본체의 심을 가리킨 것이 분명하다. 그러나 주희는 자각적으로 이것을 구분했지만, 육구연은 이처럼 구분하지 않았던 것이다. 이로 인해 그는 확실하지 않게 '심은 곧 리이다'라고 말했던 것이다.

'심이 곧 리이다'라는 말은 '심이 곧 성이다'라는 말로, 우주론과 심성론을 완전하게 합일시킨 것이다. 심은 우주본체인 동시에 도덕본체이다. 심을 본체로 생각하면 정신精神을 받아들여서 스스로를 주재할 수 있다. 이로 인해 육구연은 심心·성性·정情·재才와 같은 개념들에 대해서 조금이라도 나누고 구분하는 것을 반대하면서, 직접 체험하고 실천하는 것, 즉 직접 큰 근본(大本)에 들어갈 것을 주장했다. 그래서 그는 "요즘 배우는 사람들이 책을 읽는 것은 글자나 풀이하는 것일 뿐, 그것이 가지고 있는 중요한 핵심을 구하지는 않는다. 정·성·심·재는 모두 같지만, 그 말에 따라서 차이가 있다"[90]라고 말한다. 말은 비록 차이가 있지만 중요한 것은

---

87) 『象山全集』, 권11, 「與李宰」, "人皆有是心, 心皆具是理, 心卽理也."
88) 『象山全集』, 권35, 「語錄」, "其他體盡有形, 惟心無形."
89) 『象山全集』, 권35, 「語錄」, "心之體甚大. 若能盡我之心, 便與天同."

여전히 심 즉 주체정신으로, 이것만이 진정한 본체이다. 그는 정과 재 역시 성이라고 말하는데, 이것은 당연히 정주학과 차이가 있다.

이러한 분석을 통해 우리들은 육구연과 주희의 가장 큰 차이점을 알 수 있다. 육구연이 말하는 심은 주로 도덕본능으로 인해 승화된 도덕본체이며, 인식심으로서의 의미는 매우 적다. 즉 심은 전적으로 실천이성이며, 인지이성과 관련된 측면은 적다는 말이다. 도덕실천이라는 측면에서 말하면, 그는 주체의 원칙을 이전에 없던 정도로 높이 끌어올려 주관적인 투쟁정신을 갖추게 했다고 할 수 있다. 글자에 얽매이지 않게 했던 것은 또한 정정당당한 하나의 개인이 될 수 있게 한 것이며, 권위에 대해 반대하는 입장이 들어 있다. 그가 명확하게 체용을 구분하지 않음으로 인해 그가 말하는 본심 속에는 더욱 많은 감정의 색채와 인정미가 부여되었다. 이로 인해 주희로부터 고자의 학설과 같다는 비판을 받게 되었다. 실제로 이것은 심학파의 특징이다. 하지만 그가 도덕본심을 강조함으로 인해 또 다른 방면 즉 모든 문화적인 지식을 부정하기 쉬운 결과를 초래하였다.

4. 원명시대

나흠순羅欽順은 심과 성을 둘로 나누어 보는 사람으로, 이 때문에 성리학 가운데 또 다른 하나의 분파를 대표한다. 나흠순의 기본적인 특징은 심체설을 부정하고 심을 지각과 인식의 심으로 생각했던 점이다. 그는 비록 '심의 본체는 넓고 크다'라거나 '지극히 신묘하다'라는 종류의 설명을 했

---

90) 『象山全集』, 권35, 「語錄」, "今之學者讀書, 只是解字, 更不求血脈. 且如情・性・心・才, 都只是一般物事, 言偶不同耳."

지만 그 함의는 인식의 기능을 가리키는 것이지 도덕본체는 아니다. 이에 비해 성은 도덕이성으로, 사람의 생리生理이다.

> 무릇 심은 사람의 신명神明이고, 성은 사람의 생리이다. 리가 존재하는 곳을 심이라 말하고, 심이 가지고 있는 것을 성이라 말하니, 이 둘을 섞어서 하나로 만들 수는 없다.91)

나흠순은 심이 초월성을 가지고 있다는 사실을 부정하고 단지 경험적인 인식심으로만 이해했다. 이 때문에 그는 도덕본체인 성을 도덕적 자율성이 아닌 외재적 타율성으로 바꾸어 버렸다. 이것은 심 속에 부여된 것이거나 혹은 심이 포함하고 있는 것이지, 심이 원래부터 가지고 있는 것은 아니다.

> 천성天性의 진정한 모습이 곧 그 본체이고, 명각이 저절로 그렇게 하는 것이 그 묘용妙用이다. 천성은 태어나면서 받는 것이고 명각은 태어난 이후에 발하는 것이다. 체가 있으면 반드시 용이 있으나, 용이 체가 될 수는 없다.92)

이 말에서도 성을 체로, 심을 용으로 생각하지만, 성은 객관적인 본체이고 심은 단지 주관적인 작용에 불과하다. 이 둘은 그 자체로 결코 동일한 관계가 아니다.

여기에서 심과 성은 실제로 인식하고 인식되는 관계이다. 그래서 나흠순은 "리가 있는 곳을 심이라 말하기 때문에 심이 없으면 리를 궁구하지

---

91) 『困知記』上, "夫心者人之神明, 性者人之生理. 理之所在謂之心, 心之所有謂之性, 不可混而爲一也."
92) 『困知記』附錄, 「答歐陽少司成崇一」, "蓋天性之眞, 乃其本體, 明覺自然, 乃其妙用. 天性正於受生之初, 明覺發於旣生之后. 有體必有用, 而用不可以爲體也."

못한다. 심이 가지고 있는 것을 성이라고 말하기 때문에 성을 알지 못하면 심을 다할 수 없다"93)라고 말한다. 넓은 의미에서는 지각 역시 성이라고 말할 수 있지만, 이것은 도덕이성이 아니라 인지이성이다. 하지만 인지이성은 도덕이성에 복종하므로, 또한 능각能覺과 소각所覺의 관계이다. 성은 비록 심 속에 부여되어 있는 것이지만 반드시 궁구함을 통해야만 자각할 수 있고, 내가 그것을 가지고 있다는 사실을 알게 된다. 이와 마찬가지로 그것이 지각의 성이라는 것을 알고 있어야 비로소 영명한 지각지심知覺之心을 다할 수 있다. 왜냐하면 심이 없으면 또한 본체에 도달할 수 없기 때문이다. 심은 다만 성이 존재하는 곳일 뿐이어서 성의 본래 상태를 이룰 수 없으며, 이 둘은 일종의 인식하고 인식되는 관계일 뿐이다. 이러한 의미에서 말하면, 심과 성은 본래 둘로 합일되어 있는 것은 아니다. 하지만 만약 심이 없다면 성 역시 존재할 수 없으며, 성은 반드시 심, 즉 지각 작용을 통해서만 획득된다.

> 인의예지는 모두 정해진 리이고, 영각靈覺은 그 묘용이다. 무릇 군자의 체體는 인함이 각각의 일에서 예禮·의義와 부합되도록 하는 것이며, 영각의 묘용은 이러한 것이 각각의 일들 속에서 행해지지 않음이 없는 것이니, 그러므로 리는 씨줄이고 영각은 날줄이다. 이것을 보더라도 심과 성이 구분됨을 알 수 있다.94)

심의 지각이 없으면 성은 외재하는 자연적 본체일 뿐이지만, 심의 지각을 통하면 스스로 자각하는 존재가 될 수 있다. 이러한 의미에서는 또한

---

93) 『困知記』附錄, 「答歐陽少司成崇一」, "理之所在謂之心, 故非存心則無以究理. 心之所有謂之性, 故非知性則無以盡心."
94) 『困知記』附錄, 「復張甬川少宰」, "蓋仁義禮智皆是定理, 而靈覺乃其妙用. 凡君子之體仁合禮和義於事, 靈覺之妙用無往而不行乎其間, 理經而覺緯也. 以此觀之, 可以見心性之辨矣."

심과 성은 나눌 수 없는 것이기도 하다.

이것은 당연히 주희로부터 발전되어 온 것이지만, 그는 지각 작용의 심만 인정할 뿐 본체의 심은 부정한다. 심의 측면에서 보면 심은 성을 담고 있는 것으로 성이 머무는 곳이고, 성의 측면에서 보면 성은 심의 지각대상으로 심이 지니고 있는 것이기도 하다.

이러한 입장은 다른 의미로 말하면, 또 하나의 진전이라고 말할 수 있다. 심을 인식심으로 설명하는 것은 본체를 형이상학적으로 보는 것에 대한 부정이다. 이러한 주체 중심의 사상은 주로 이지적인 심, 즉 인식방면으로 표현되기 때문에 이성중심주의적 특징을 가지게 된다. 심성론상에서 말하면 감성 방면, 즉 정감이나 욕망과 같은 자연적 속성이 부각되며, 이 때문에 심에 속하는 여러 가지가 긍정된다. 그러나 나흠순의 인식심은 비록 인식을 통해 자신 속에서 성과 리를 포함하고 받아들이지만 성은 오히려 선험적인 것으로, 태어나면서 부여된 것이다. 그러므로 심과 성을 둘로 나누는 일반적인 입장과는 다르다. 이것은 도덕본체론과 같은 것으로, 여기에서 심의 인식작용은 결국 자아를 반성하는 형태의 도덕인식으로 귀결되고 만다.

심과 성에 대한 왕수인王守仁의 논의는 육구연과 완전히 같은 것은 아니다. 그는 한편으로는 주희의 심체용설을 계승하고 발전시켰으며, 또 다른 한편으로는 자신의 양지설을 육구연보다 더 철저하게 주체의 사상으로 발전시켰다.

왕수인이 말하는 심 역시 지각하는 심이지만, 그는 허령명각虛靈明覺한 본체를 양지良知와 성, 그리고 지선至善으로 생각했다. 왕수인은 "심은 몸의 주인이다. 심은 허령명각한 것으로 본원의 양지라고 말하는 것이다"95)라고 했다. 여기에서 허령명각이 지각이건 지각이 아니건 간에 지각할 수 있게 하는 본체의식인 것은 분명하다. 이 말은 주희가 말한 허령하고 광대한 본체와 같은 심에 대한 묘사이지만, 실제로 이것은 결코 어떠한 형체도 가지고 있지 않다. 그러나 주희가 말하는 심의 체는 우주본체, 즉 리라는 근원을 가지고 있기 때문에 객관적인 본체가 주체화된 것이다. 이에 비해 왕수인이 말하는 심의 체는 절대성을 가지고 있으면서 하늘에 근거하고는 있지만, 오히려 우주본체로 변화해 간다. 이 때문에 왕수인이 말하는 심의 체는 주체의 본체화라고 말할 수 있다. 이러한 점에서 왕수인과 육구연의 철학은 일치한다. 즉 이 둘은 모두 주체의식에서 출발해서 도덕의 자율성을 확보하고, 이로부터 사람을 본체 존재로 승화시켜 나갔던 것이다.

왕수인은 선함, 즉 도덕적 가치를 매우 강조했다. 그래서 그는 "지극히 선한 것은 성性이다"96)라고 말했고, 또 "지극히 선한 것은 심의 본체이다"97)라고 말했다. 심의 본체는 허虛함을 그 특징으로 하기 때문에 실질적인 형상도 없고 대대對待하는 것도 없는 초월적인 절대성이다. 그러므로 선함 역시 절대적이다. 이러한 절대성에 대해서 선도 없고 불선함도 없는 것, 또는 선도 없고 악도 없는 것이라고 부른다. 그래서 왕수인은 "선함도 없고 불선함도 없는 것은 성이 원래 이와 같기 때문이니", "선도 없고 악도 없는 것은 심의 본체이다"98)라고 말했던 것이다. 하지만 동시에 그는 '성은 정해진 본체가 없다'는 입장을 제기한다.

성性은 정해진 본체가 없으니, 그것에 대한 논의 역시 정해진 본체가 없다. 어떤 경우는 본체의 측면에서 말하는 것도 있고, 또 어떤 경우는 발용의 측면에서 말

---

95) 『傳習錄』 中, "心者身之主也. 而心是虛靈明覺, 卽所謂本然之良知也."
96) 『傳習錄』 上, "至善者性也."
97) 『傳習錄』 下, "至善者心之本體."
98) 『傳習錄』 下, "無善無不善, 性原是如此", "無善無惡是心之體."

하는 것도 있으며, 어떤 경우에는 근원의 측면에서 말하는 것도 있고, 또 어떤 경우는 그 유폐流弊를 가지고 말하는 경우도 있다. 하지만 이 모두를 종합해서 말하면 단지 하나의 성이다.…… 성의 본체는 원래 선도 없고 악도 없는 것이고, 발용하게 되면 또한 원래 선하게 될 수도 있고 악하게 될 수도 있으며, 그 유폐 역시 한 번 선한 것으로 정해지기도 하고 한 번 악한 것으로 정해지기도 하는 것이다.99)

여기에서부터 체와 용의 관계에 대한 문제로 진입한다. 왕수인은 비록 주희의 심체용설을 받아들였지만 주희와는 달리 심의 체와 용을 대립시켰다. 그는 육구연과 마찬가지로 성정과 체용은 합일된 것이라고 생각했기 때문에 '성은 정해진 본체가 없다'고 한다. 그러나 체와 용을 구별하고 있는 것만은 분명하다. 본체의 측면에서 말하면 성은 지극히 선하고, 발용의 측면에서 말하면 선도 있고 악도 있으며, 그 유폐의 측면에서 말하면 악함만 있고 선함은 없다. 이것은 주희가 '심의 본체는 선하지 않음이 없다'라고 말하면서도 악은 '심에서 나온다'라고 말한 것과 일치한다. 그는 본체와 발용, 그리고 유폐의 측면에서 성을 말했는데, 이것은 맹자의 성선설과 순자의 성악론이 합쳐져서 성립된 것이다.

맹자가 말한 성은 그 근원의 측면에서 말한 것으로, 또한 대체적으로 말하면 이와 같다. 순자의 성악설은 유폐流弊의 측면에서 말한 것으로, 또한 그가 옳지 않았다고 자신 있게 말할 수는 없다. 다만 정미하지 못했을 따름이다.100)

---

99) 『傳習錄』下, "性無定體, 論亦無定體. 有自本體上說者, 有自發用上說者, 有自源頭上說者, 有自流弊處說者. 總而言之, 只是一箇性.……性之本體原是無善無惡的, 發用上也原是可以爲善可以爲不善的, 其流弊也原是一定善一定惡的."
100) 『傳習錄』下, "孟子說性直從源頭上說, 亦是說箇大概如此. 荀子性惡之說是從流弊上說來, 也未可盡說他不是. 只是見得未精耳."

왕수인은 비록 성을 지선至善이라고 생각했지만, 동시에 성악설이 있게 되었던 이유에 대해서도 긍정한다. 이 점이 바로 왕수인 철학의 한 특징이다. 왕수인이 발용이라고 말한 것은 양지본체, 즉 성의 발용인 것이 분명하다. 그래서 그는 다음과 같이 말한다.

> 양지는 천리의 밝고 영묘한 영각처靈覺處이므로 양지는 곧 천리이며, 생각하는 것은 양지의 발용이다. 만약 양지가 직접적으로 발용해서 나온 생각이라면, 그 생각은 천리 아닌 것이 없다.…… 만약 사사로운 뜻에 의해서 인위적으로 안배되는 생각이라면, 이것은 번잡하고 어지러울 따름이다.101)

발용은 선택할 수 있어도 그 표준은 당연히 천리여야 한다는 사실을 설명하는 말이다. 하지만 그는 사사로운 뜻도 양지의 발용이어서 그것이 양지본체로부터 왔다는 점을 인정하지 않을 수 없었다. 이러한 점은 왕수인의 심성설 가운데에는 개체의식이 중요한 내용으로 포함되어 있음을 드러내는 것이지만, 사실 이것은 주희의 사상에서 발전되어 온 것이다.

왕수인의 심성설은 비록 도덕의식을 초월화시켜 절대적인 보편원칙이 되게 했지만, 그는 끝내 그것을 혈육의 심과 구분시키지 못했다. 그가 말한 '진정으로 측은하고 애달픈 심'은 사람의 심리적 본능으로, 정감의 범주에 속한다. 이것은 비록 모든 사람들이 공유하고 있는 도덕원칙으로 승화되어도 감성적인 경험과 분리시켜 낼 방법이 없다. 그가 말한 '성은 선도 없고 악도 없다'라는 설과 '성은 정해진 본체가 없다'는 설은 영활성靈活性을 갖추고 있어서 반대 방향으로 치달아 가기가 매우 용이하다. 그래서 결국은

---

101) 『傳習錄』 中, "良知是天理之所明靈覺處, 故良知卽是天理, 思是良知之發用. 若是良知發用之思, 則所思莫非天理矣.……若是私意按排之思, 自是紛紜勞擾."

새로운 학설로 나아가게 된다.

이러한 발전은 왕기王畿에게서 이미 시작되었다. 왕기 역시 성에는 선도 없고 악도 없다고 말하는데, 그만의 특징은 "자연自然을 으뜸으로 여기는"[102] 것으로 '자연의 유행'을 강조한다. 그가 말하는 자연은 본체로서의 의미가 제외되고 생리학적 의미만 남은 것으로, 성은 큰 의미에서 사람의 감성이 가지고 있는 자연적인 것으로 설명된다. 이 때문에 이른바 선과 악은 없는 것이다.

양지는 심의 체이며 성이다. 하지만 양지는 하늘의 이치나 법칙일 뿐만 아니라 자연적인 생기生機로, 실제 이것은 생리와 심리의 자연스러운 필요이다. 그래서 왕기는 "성은 심의 생기生機이고, 명命은 심의 천칙天則이다"[103]라고 말한다. 눈이 아름다운 색을 보고, 입이 맛을 보고, 귀가 아름다운 소리를 듣고, 코가 냄새를 맡으며, 몸이 편안하기를 원하는 것에 대해 그는 "이 다섯 가지 성은 멈출 수 없다"[104]라고 말한다. 성이 감성과 욕망을 포함하고 있으며, 그 속에 생리적인 필요가 내재하고 있는 것은 분명하다. 그래서 왕기는 "성은 심의 생리이니, 기질氣質을 떼어 놓고 성이라고 부를 수 있는 것은 없다"[105]라고 말했다. 여기에서 말하는 생리는 이미 주희나 왕수인이 말한 보편적 도덕이성이 아니라 물질적인 감성에 기반을 둔 것으로, 이것은 결코 그만둘 수 없는 것이다. 그는 심지어 성이 바로 욕구라는 점을 분명하게 제기하면서 "사람이 바라는 것(欲)은 바로 성이니, 여기에는 오히려 자연의 법칙이 내재한다"[106]라고 한다. 자연의 법칙은 비

---

102) 『王龍溪全集』, 권5, 「與楊和張子問答」, "以自然爲宗."
103) 『王龍溪全集』, 권3, 「書累語簡端錄」, "性是心之生機, 命是心之天則."
104) 『王龍溪全集』, 권3, 「書累語簡端錄」, "五者性之不容已者也."
105) 『王龍溪全集』, 권1, 「撫州擬峴山台會語」, "蓋性是心之生理, 離了氣質, 更無性可名."
106) 『王龍溪全集』, 권8, 「性命合一說」, "人之所欲是性, 却有個自然之則在."

록 이성의 법칙이지만, 이것은 오히려 생리적인 기초 위에서 성립된 것이어서 감성적인 욕망과 떨어져 존재할 수 없다.

이와 같은 입장에서 '양지는 선도 없고 악도 없다'고 말하는 것은 왕수인이 말한 '지극한 선'과는 조금 차이가 있다. 이러한 입장은 실제로 사회윤리와 도덕을 양지의 본체라고 생각하는 왕수인의 가치관을 희석시키거나 심지어는 수정해 버렸고, 많은 부분에서 개체의식이라는 색채를 덧씌우고, 개인의 지위와 가치를 강조했다. 그는 개인의 자연적인 속성과 정감 및 욕망을 본체로 승화시켜 도덕관념의 물질적 토대로 만들었으며, 이것을 사람의 본질과 본성이라고 말했다. 이것은 개체화된 주체의 원칙으로 왕수인의 심성론에 대한 근본적 수정인 동시에 왕수인의 사상이 발전한 결과이다. 이것은 왕간王艮의 몸을 근본으로 여기는 사상과 길은 다르지만 귀결점은 같은 것으로, 모두 심과 성을 사람이 가지고 있는 물질적인 감성들과 더 깊게 관계시키고 있다.

왕간은 왕기와 달리 사변적인 언어를 빌려 세속화된 내용을 말하며, 직접적으로 성은 심과 떨어져 있지 않고 심은 몸과 떨어져 있지 않으며 몸을 본체로 여긴다는 학설을 제기한다. 또한 심의 본체가 곧 지극한 선이라는 형이상학론을 부정하고, 성리학의 심성론을 사변적 왕국으로부터 현실적인 인생으로 돌려놓음으로써 그것이 가지고 있는 신성함을 제거해 버렸다.

> 명덕을 밝힘(明明德)으로써 체를 세우고, 백성과 친애함(親民)으로써 용을 이루니, 체와 용의 일치 여부가 선현들께서 판단하는 기준이다. 다만 지선至善을 일컬어서 심의 본체라고 하면, 오히려 명덕明德과 구별이 없어지므로 본래의 종지宗旨는 아닌 듯하다. 요임금과 순임금이 『상서尙書』에서 '그 중을 잡으라'는 심법心法을 전함이 공자에게까지 이르렀으니, 이것은 명덕을 밝히고 백성과 친애하는 학문 아닌 것이 없다. 다만 몸을 편안히 한다(安身)는 뜻을 모르기 때문에 지선에 이를

수 없는 것이다. 그러므로 공자께서는 이러한 이치를 꿰뚫어 보시고는 오히려 명덕을 밝히고 백성들과 친애하는 것에서 지극함을 세웠으며, 이것을 '지선에 이르는 데 있다'고 말했던 것이다. 지선에 이르는 것은 몸을 편히 하는 것이고, 몸을 편히 하는 것은 바로 천하의 대본大本을 세우는 것이다.107)

왕간은 또 다음과 같이 말한다.

이 때문에 몸이라는 것은 천지만물의 근본이고, 천지만물은 몸의 말단이다. 몸이 근본이라는 것을 알면 이 때문에 명덕을 밝힘으로써 백성들과 친애하게 된다.108)

이것은 몸을 근본으로 생각하는 신심합일론身心合一論으로, 성리학자들이 '심은 몸을 주재한다'고 말하는 것과는 다르다. 왕간은 개체의 감성적인 부분을 강조하여, 그것이 천하와 국가의 근본이며 동시에 명덕을 밝히는 근본이라고 생각했다. 이것은 양지를 본체로 여기는 겉옷을 철저하게 벗어 던지고 사람의 개체성과 주체의 지위를 확립한 것으로, 그가 말한 혈구絜矩의 도는 바로 이러한 개체의식의 운용이다.

심은 비록 성이지만 몸 밖에 존재하는 것도 아니고, 일상생활과 별개로 떨어져 있는 것도 아니다. 그래서 "일에 임하는 것이 심이며, 그 외에 다른 심은 없다"109)라고 하고, 또 "몸과 도는 원래 하나이다"110)라고 말한다. 그리고 왕간은 또 "도는 하나일 따름이다. 중中이니, 양지良知니, 성性이니 하

---

107) 『明儒學案』, 권32, "明明德以立體, 親民以達用, 體用一致, 先師辨之悉矣. 但謂至善爲心之本體, 却與明德無別, 恐非本旨. 堯舜執中之傳, 以至孔子, 無非明明德親民之學. 獨未知安身一義, 乃未有能止至善者. 故孔子透悟此理, 却於明明德親民中立起一個極來, 又說個在止於至善. 止至善者, 安身也, 安身者, 立天下之大本也."
108) 『明儒學案』, 권32, "是故身也者, 天地萬物之本也, 天地萬物, 末也. 知身之爲本, 是以明明德而親民也."
109) 『明儒學案』, 권32, "卽事是心, 更無心矣."
110) 『明儒學案』, 권32, "身與道原是一件."

는 것도 모두 하나이다. 이러한 리理를 알게 되면 현실들마다 이것이 이루어지고, 스스로 모든 일들 속에 존재한다"111)라고 말한다. 이른바 심·양지·성은 모두 사람의 몸 밖에 존재하는 것이 아니라 인간의 감성적인 영역이다. 그래서 각 개체로 현실에서 실재로 살아가는 사람을 떼어 놓고는 성이라고 말할 수 있는 것도 없고, 심이라고 말할 수 있는 것도 없다. 이것이 바로 '자연을 으뜸으로 여긴다'는 뜻으로, 이른바 양지가 지금 현재에서 이루어지고(良知現成) 스스로 개체 가운데 존재한다는 말이다.

이처럼 지극한 선은 몸을 근본으로 한다. 이 때문에 명덕을 밝혀 그 본체를 세우는 것은 몸을 편안히 함으로써 근본을 세우는 것이 된다. 몸은 지극함(極)인 동시에 중中이므로 몸을 초월해서 존재하는 본체란 결코 없다. 그러므로 지극함을 세운다(立極)는 것은 몸을 바로 세우는 것이다. 이것이 바로 그의 철리哲理를 밝게 하여 몸을 보존하는 학문이다.

명철보신明哲保身은 양지와 양능을 보존하는 것이며, 성을 다하는 것이다. 왕간의 보신철학은 결코 개인주의를 주장한 것은 아니지만, 개체를 기초로 한 인본사상을 내포하고 있다. 그는 사람들 사이에 서로를 사랑함으로써 보신에 이르기를 구해야 한다는 입장을 제기하는데, 이것은 성리학자들이 인을 성이라고 말하는 것과 결코 같지 않다.

> 보신保身을 아는 사람은 반드시 그 몸을 사랑하고, 그 몸을 사랑할 수 있는 사람은 감히 다른 사람을 사랑하지 않을 수 없다. 다른 사람을 사랑할 수 있으면 그 사람들이 반드시 나를 사랑하니, 다른 사람과 내가 사랑하게 되면 내 몸은 보존된다.112)

---

111) 『明儒學案』, 권32, "道--而已. 中也, 良知也, 性也, 一也. 識得此理, 則現現成成, 自自在在."
112) 『明儒學案』, 권32, "知保身者則必愛身, 能愛身則不敢不愛人. 能愛人則人必愛我, 人

사랑은 그 자체로 목적인 동시에 보신에 이르는 수단이다. 이것은 왕수인의 인仁에 관한 사상과는 큰 차이가 있다. 이러한 사상은 한 단계 더 발전하여 이지李贄의 동심설童心說과 사심설私心說로 드러난다. 이지는 도덕인성론의 허위성을 공개적으로 비판하면서 개체의 자유를 제기하였다. 그는 의식주 문제를 인륜人倫과 물리物理라고 생각하여 인성과 개성을 발전적으로 관계시켰는데, 이것은 계몽적 성격을 분명하게 드러낸 것이다.

리학파와 심학파의 심성에 대한 해석은 중요한 차이가 있다. 리학파는 우주본체에서 출발해서 도덕본체에 대해 말하지만, 심학파는 본심에서 출발하여 그것을 도덕본체로 승화시킨다. 출발점은 비록 다르지만 결론은 오히려 서로 같으니, 모두 도덕자율론자들이다. 하지만 리학자들은 도덕본심에 대해 말하는 것을 제외하고도 항상 인식심을 강조하는 반면, 심학자들은 주로 도덕본심에 대해서만 말을 한다. 그러나 기학파는 이와 달리 인식심만 말한다. 비록 도덕본체를 인정한다고 해도 그것은 이지적인 인식을 통해서 획득되는 것이므로, 그 주체성은 인지이성으로 표현된다.

왕정상王廷相은 철저하게 기본체론을 적용하여 심성론에 접근한다. 그는 기의 영묘한 능력을 성이라고 생각하여, '생을 일컬어서 성이라고 한다'고 주장했다.

> 모든 유학자들은 고자의 학설을 피해 리를 성이라고 말하는 데 그치면서 성의 실질적인 모습이 천하에서 밝게 드러나지 못하게 했다.…… (성은) 기의 영묘한 능력이며 생의 리이다. 인의예지는 성에 의해 만들어진 이름일 따름이다.[113]

愛我則吾身保矣."
113) 『愼言』, 「問成性」, "諸儒避告子說, 止以理言性, 使性之實不明於天下……氣之靈能, 而生之理也. 仁義禮智, 性所成之名而已矣."

왕정상은 고자가 '생을 일컬어 성이라고 한다'라고 말한 것에 동의하는데, 실제로는 기를 성이라고 말하는 것이다. 그가 말하는 생生은 생기生機 즉 물질적인 생명을 가리키는 것으로, 이것이 형질을 가지고 있으면 기에 의해 서로 소통된다. 그래서 왕정상은 "기와 질質을 합하여서 영묘하게 된 것이 바로 성의 근거이다"[114]라고 말한다. 여기에서 질은 백魄을 가리키는 것으로, 귀로 듣고 눈으로 보는 것과 같은 종류들이다. 기는 혼魂을 가리키는 것으로, 기억이나 지각과 같은 종류들이다. 기와 질을 합하면 영묘함이 있게 되니, 이것은 감성이나 지각 등과 같은 심리적 특징을 가리킨다. 이것이 바로 성의 생리적 토대인 동시에 심리적 토대이다. 이러한 토대가 있어야 생의 리도 있고 성도 있다. 이 때문에 생리와 심리의 토대가 되는 기를 떼어 놓고는 성을 논할 수 없으며, 더욱이 성을 본체의 리라고 규정할 수도 없다. 이른바 인의예지와 같은 도덕인성은 사람의 생리적 특징과 심리적 특징에 기반을 둔 이후에 생긴 이름이다. 이와 같이 왕정상은 성을 감성적인 경험의 기초 위에 건립함으로써 형이상학적인 도덕본체론을 부정해 버렸다.

바로 이와 같은 이유로 인해 성은 생물학상의 개체 생명과 떼어 놓을 수 없다. 그래서 왕정상은 "성은 생生으로 말미암아 생겨난 것이며", "따라서 생이 없으면 성을 볼 수 없다"라고 말했다.[115] 사람의 성은 원래 기의 영묘한 능력에 기반하고 있지만 이것은 여전히 일종의 내재적 근거로, 반드시 외부 사물의 발생에 관계되어야 비로소 현실로 변화된다. 그래서 "심속에서 그 영묘함을 아는 것은 성의 질質이고, 정의 모습으로 드러나 외부의 사물과 관계하는 것은 성의 형상(象)이다"[116]라고 말한다. 이것은 주체

---

114) 『愼言』, 「道體」, "氣質合而靈者, 性之所由得也."
115) 『愼言』, 「問成性」, "性者緣乎生者也", "故無生則性不可見."

와 객체의 관계라는 측면에서 성의 특징을 설명한 것이다.

심성의 관계에 대해 왕정상은 결코 심이 성이라고는 생각하지 않았다. 그는 심에는 체와 용이 있다는 입장을 수용하여 다음과 같이 말한다.

> 지각은 심의 용이고, 허령虛靈함은 심의 체이다. 따라서 심이 막혀 있지 않으면 사물들을 따라 감통하게 되며, 이로 인해 각각의 일들을 살피고 알아가면서 능히 깨달을 수 있게 된다. 이러한 깨달음은 앎의 근원이고, 사려하고 외부를 살핌으로써 도에 부합하고자 하는 것은 앎의 덕德이다.117)

그는 또 다음과 같이 말한다.

> 심을 본체의 측면에서 말한 것이 있으니, '심은 생각하는 기관이다'라고 말한 것과 '심은 성과 정을 통섭한다'라고 말한 것이 그것이다. 또 심을 운용運用의 측면에서 말한 것이 있으니, '들어오고 나감에 때가 없어서 그 방향을 알 수 없다'라는 말과 '그 흐트러진 심을 거두어들인다'는 말이 그것이다.118)

왕정상이 말한 체體는 도덕본체가 아니라 물질적인 실체를 가리키는 것으로, 특수한 물질기관으로서의 심 또는 허령함을 심의 본체로 생각하는 것이다. 이에 비해 용用은 그 실체에 부여되어 있는 기능이나 작용을 가리키는 것으로, 사려나 지각과 같은 종류들이다. 이것은 주희가 말한 것과 완전히 다르기 때문에 심의 체가 곧 성이라고 말할 수는 없다. 동시에 왕

---

116) 『愼言』, 「問成性」, "識靈於內, 性之質, 情交於物, 性之象."
117) 『雅述』 上, "知覺者, 心之用, 虛靈者, 心之體. 故心無室塞則隨物感通, 因事省悟而能覺. 是覺者智之原, 而思慮察外以合乎道者, 智之德也."
118) 『雅述』 上, "心有以本體言者, 心之官則思, 與夫心統性情是也. 有以運用言者, 出入無時, 莫知其鄕, 與夫收其放心是也."

정상은 심의 허령한 본체에 부여된 도덕이성을 성으로 생각한 것 같기도 하다. 그래서 그는 다음과 같이 말한다.

> 대체로 심과 성정性情은 그 모습과 정해진 자리에서부터 저절로 구별된다. 심은 형체가 가진 모습을 말하는 것이고, 성은 인심의 허령한 모습을 말하는 것이며, 정은 외부의 사물에 응하는 모습을 말하는 것이다. 그 자리는 비록 다르지만, 그 실체는 하나로 관통되어 있는 도이다.119)

하나로 관통되었다고 해서 합일되어 있다는 말은 결코 아니다. 여기에서 말하는 허령한 모습은 심 속에 부여되어 있는 도나 덕을 가리키는 것이지, 자아를 초월한 본체는 아니다.

여기에서 심의 체는 성과 관계되고 심의 용은 정과 관계되지만, 심의 체용을 성과 정으로 나눈다고 해서 심과 성이 구별되는 것은 결코 아니다. 중요한 것은 각覺이다. 각은 두 가지 의미를 가진다. 하나는 외부를 향한 지각知覺으로서 인식활동으로 발전하며, 또 다른 하나는 내부를 향한 지각으로서 본성에 대한 자아인식으로 발전한다. 그의 심통성정설은 많은 경우에 심이 허령한 본체여서 성에 대한 인식작용과 사물에 감응하는 정감활동을 갖추고 있다는 사실을 가리키는 용어로 사용된다.

---

119) 『雅述』上, "大率心與性情, 其景象定位亦自別. 說心便沾形體景象, 說性便沾人心虛靈景象, 說情便沾應物於外景象. 位雖不同, 其實一貫之道也."

5. 명말청초

명말 유종주劉宗周는 왕수인의 양지설을 비판적으로 발전시킨 동시에 주희의 심성론을 비판적으로 받아들였다. 그래서 한쪽으로는 우주본체론에서 출발해서 도덕본체를 설명하고, 또 다른 한쪽으로는 심에서 출발해서 심의 체가 곧 성의 체라는 심성합일설을 제기하였다. 이것은 성리학의 심성론에 대한 이론적 매듭짓기를 진행하는 과정에서 나타난 초보적 시도인 동시에 새로운 시대적 특징을 드러낸 것이다.

유종주는 심에 대해 "들어오고 나감에 한계가 없고 초연하게 홀로 존재하는 것"[120]이면서 천하의 지극함이 되는 절대 존재라고 설명하여, 심을 보편적이면서도 초월적인 주체의 원칙으로 변화시켰다. 여기에서 유종주는 왕수인의 주체중시사상을 극단적으로 발전시킨 동시에 심의 본체가 천명의 성에 근거하고 있음을 강조하여, 심의 본체가 곧 성의 본체라고 말했다. 하지만 이것은 결코 시간과 공간을 초월해서 존재하는 것이 아니라 본체이며 기능과 작용이므로, 사람의 의식활동을 통해 실현된다.

> 성체性體의 측면에서 보면 보이지도 않고 드러나지도 않는다고 말하는데, 이것은 아직 사려가 일기 전이므로 귀신도 이때를 알 수는 없다. 심체心體의 측면에서 보면 열 번이라도 보고 만질 수 있다고 말하는데, 이때는 사려가 이미 일기 시작했으므로 내 마음만이 그때를 안다. 그러므로 성체는 심체 속에서 보게 된다.[121]

"성체는 심체 속에서 드러난다"라는 말과 "성은 심으로 인해 밝아진

---

120) 『劉子全書』, 권2, 「易衍」, "出入無限, 超然獨存."
121) 『劉子全書』, 권10, 「學言」上, "從性體看來, 則曰莫見莫顯, 是思慮未起, 鬼神莫知時也. 從心體看來, 則曰十目十手, 則思慮旣起, 吾心獨知時也. 然性體在心體中看出."

다"122)는 말은 유종주 심성론의 중요한 특징이다.

하지만 이러한 입장은 호굉의 '심은 성의 용이고, 성은 심의 체이다'라는 말과 결코 같지 않다. 유종주의 설명에 따르면 심은 또한 체와 용을 가지고 있는데, 이것은 분명히 주희와 왕수인에게서부터 온 것이다. 심의 체가 성의 체라는 말은 두 측면에서 말할 수 있다. 객관적인 측면에서 이것은 천명의 성이 흘러나온 것이지만, 심의 본체 외에 따로 성의 본체가 없다고 말하는 것이다. 반면 주관적인 측면에서 이것은 심의 자아 초월을 말하는 것이다. 주희 역시 심의 체는 성이라고 말했지만, 그는 심 외에 달리 우주본체가 있음을 인정한다. 그러나 유종주는 심 외에 별도로 본체가 없다고 생각했는데, 이 점은 주희와 다르다. 왕수인 역시 심의 체는 성이라고 말했고 동시에 심의 체를 우주본체로 생각했지만, 그가 말한 심의 체는 양지를 가리킨다. 이에 비해 유종주는 심의 본체를 홀로 있는 본체(獨體)라고 생각했는데, 이 독체는 천명의 성이므로 양지를 빌릴 필요 없이 천리를 깨달아 알 수 있다.

> 만약 반드시 양지를 빌려서 깨달아야 한다면 욕이 한 번 가서 되돌아오지 않으려는 기세이니, 모두 하나하나 역으로 수습해 가야 천리의 바름으로 돌아올 수 있다. 이렇게 되면 심은 성과 처음부터 갈라져서 냇가의 버드나무로 잔을 만드는 것 같은 그러한 학설이 되므로, 때가 되면 반드시 펴지게 될 것(소용이 없어질 것)이다.123)

이로 인해 유종주의 철학은 왕수인과 다른 모습을 갖게 된다. 유종주는

---

122) 『劉子全書』, 권7, 「原旨・原性」, "性因心而明."
123) 『劉子全書』, 권11, 「學言」中, "若必借良知以覺照, 欲就其一往不返之勢, 皆一一逆收之, 以還天理之正. 則心之與性, 先自相讐而杞柳桮棬之說, 有時而伸必矣."

또한 "하나의 체이지만, 둘로 나누어져 있다"124)라는 명제를 제기함으로써 심과 성, 형이상자와 형이하자의 관계를 설명한다. 그는 심 본체를 기에 의해서 만들어진 것으로 형체를 가진 사물, 즉 형이하자라고 생각했다. 그러나 그것은 동시에 형이상자로, 여기에서 형이상자는 생의 리나 심의 리를 말하는 것이지, 리가 심 속에 갖추어져서 성이 되었다는 말은 결코 아니다. 만약 심을 하나의 개체로 본다면 "성의 리를 받은 이후라야 영명해지므로, 심은 성과 서로 단절되어 하나가 될 수 없다."125) 이것은 심을 형이하자로 보고 성을 형이상자로 생각하는 것에 대한 비판으로, 심의 체가 곧 성이라는 주희의 말과 결코 근본적인 모순은 없다. 하지만 유종주는 성을 심의 성이라고 강조하면서 형질을 가진 심과 분리시키지 않는다. 그러므로 비록 형이상자와 형이하자의 구분은 있지만 동시에 이것은 일체이다.

> 무릇 심은 형形에 매여 있는 것인데, 그 가운데 형이상자를 도道라 말하고 형이하자를 기器라 말한다. 형이상과 형이하는 일체이면서 둘로 구분된다.…… 이것은 성이 형이상자가 되고 심은 그 형체가 되는 까닭인저! 바로 형체의 측면에서만 본다면 형이상자가 아닐 수 없겠지만, 심을 떼어 놓고 보면 형이상자라고 할 것이 어디에 있겠는가? 그것은 상상만으로 드러나는 것일 따름이다.126)

'하나의 체이지만 둘로 구분된다'는 말은 심과 성이 근본적으로 하나이지만 형이상자와 형이하자로 구분된다는 것이다. 형이상자는 심의 체인

---

124) 『劉子全書』, 권7, 「原旨・原性」, "一體而兩分."
125) 『劉子全書』, 권7, 「原旨・原性」, "得性之理以佇之而後靈, 則心之與性斷然不能爲一物矣."
126) 『劉子全書』, 권7, 「原旨・原性」, "夫心囿於形者也, 形而上者謂之道, 形而下者謂之器也. 上與下一體而兩分,……此性之所以爲上而心其形之者與! 卽形而觀, 無不上也, 離心而觀, 上在何所? 顯想而已."

동시에 성의 체이고, 형이하자는 실제로 드러난 심이다. 다시 말해, 본래는 하나의 심이면서 형이상자와 형이하자로 구분되는데, 형이상자는 성의 체이고 형이하자는 성의 형체이다. 전자는 심의 초월성을 가리켜 말하는 것이고 후자는 심의 형체를 가리켜 말하는 것이다. 이것을 본체의 측면에서 말하면 심과 성은 하나여서 나눌 수 없지만, 작용의 측면에서 말하면 심을 통해 그 성이 드러나는 것으로, 유형有形의 심이 무형無形의 성을 드러내는 것이다. 인심은 본래 사람의 마음이고, 심 가운데 있는 성은 심의 체이기 때문에 심 이외에 달리 성은 없다고 말했던 것이다. 이것이 바로 유종주의 체용일원體用一源이다. 그는 주희의 심통성정설에 대해 심과 성을 끝내 둘로 나눈 것이라면서 비판한다. 왜냐하면 주희는 형이하의 심 역시 성이라는 사실을 인정하지 않았기 때문이다.

유종주의 심성론은 비록 많은 사변성을 가지고 있지만, 그가 가장 중시하면서 강조했던 것은 형기形器의 심, 즉 감성적이고 경험적인 심이다. 그는 성의 체가 자연 규율과 법칙으로부터 왔다는 사실을 인정하지만, 천지간에는 하나의 성과 하나의 기만 있어서 이 둘을 나눌 수 없으므로 기를 떼어 놓고는 성이라고 말할 수 있는 것도 없다고 생각했다. 이러한 심성합일론은 비록 심이 자아를 초월하지만, 동시에 형기를 가진 심과 결코 떨어질 수 없다. 본체의 심은 비록 초연하게 홀로 존재하지만, 존재론적 의미에서 독립적으로 존재하는 것은 결코 아니다. 이것은 사람의 현실적인 의식활동으로 사람의 심이다. 이 때문에 사변적인 형식 가운데에서도 오히려 적극적으로 성을 비판하는 내용이 포함되어 있는데, 이것은 또한 새로운 분화를 예시하고 있다.

이러한 점은 황종희黃宗羲에게 오면서 한 단계 더 발전한다. 황종희는 자신의 입장을 다음과 같이 분명하게 제시한다.

사람은 이 기를 품부하여 태어났고 심은 기의 영묘한 곳이니, 이른바 기를 안다는 것이 바로 높은 경지이다. 심의 체가 유행하면, 그 유행 속에 있는 조리가 바로 성이다.…… 리 그 자체는 볼 수 없고 기를 통해서만 볼 수 있으며, 성 그 자체는 볼 수 없고 심을 통해서만 볼 수 있으니, 심은 곧 기이다.[127]

황종희는 심에 대해 기의 영묘함 혹은 영묘한 기라고 말하는데, 이것은 왕기로부터 유종주에게까지 발전되어 온 것으로, 여기에서 기의 영묘함은 지각 운동이며 성性이다. 황종희 철학의 근본적 특징 가운데 하나는 심에 초월성이 포함되어 있다는 사실을 인정하지 않는 것이며, 동시에 형이상자인 심 역시 인정하지 않는 것이다. 그는 이렇게 심을 경험될 수 있는 물질적 존재이자 감성적인 존재로 변화시켰다. 이것은 형이상학적인 인성론을 인간의 감성에 기반을 둔 현실적 인성론으로 변화시켰다는 의미로, 심성 개념의 일대 변화를 예고한다.

황종희 역시 성이 이성의 원칙이라는 점은 인정하지만, 그는 리가 심 속에 부여되어 있다는 입장에 대해서는 동의하지 않는다. 그는 리가 심 속에 부여되어 있다는 입장에 대해서 의로움을 심 밖에서 찾는 것으로 생각한다. 리는 기의 리이자 심의 리로, 심의 체가 유행하는 조리이다. 이것은 왕수인의 철학과 유사한 부분이다. 그러나 왕수인의 철학에서는 성이 선험적이고 보편적인 절대적 원칙이라는 사실을 반드시 인정해야 하는데, 이것은 비록 한 점 영명한 것이지만 오히려 허무한 본체이기도 하다. 이러한 점은 유종주에게서도 예외가 아니다. 유종주는 "본연의 진심眞心"[128]과 "이 한 점 영명함은 본체에서 나온 것으로, 명덕이라고 한다"[129]는 점, 그리고

---

127) 『孟子師說』, 권2, "人稟是氣以生, 心卽氣之靈處, 所謂知氣在上也. 心體流行, 其流行而有條理者, 卽性也.……理不可見, 見之於氣, 性不可見, 見之於心, 心卽氣也."
128) 『劉子全書遺編』, 권2, 「問答」, "本然之眞心."

"심의 체는 완전한 지선至善으로, 기의 측면에서 말하면 허虛이고 리의 측면에서 말하면 무無이다"130)라는 점 등을 모두 인정한다. 하지만 황종희가 말하는 체는 이와 같은 형이상학적 본체가 아니라, 물질적인 실체이다. 유행하는 조리 역시 이성화된 정감과 의식일 뿐이다. 심과 성에 대해서 논할 때 감성적이고 물질적인 것을 떼어 놓고 말할 수 없으므로, 황종희는 "기를 떼어 놓고 심과 성을 구한다는데, 나는 밝히는 것이 어떤 심인지, 보이는 것이 어떤 성인지 알 수 없다"131)라고 말한다.

심본체설이 사라져 버린 이상, 이른바 체용의 구분도 없어졌으며, 나아가 성은 체이고 심은 용이라는 입장 역시 없어져 버렸다. 만약 체와 용을 말하면, 이것은 체이면서 용이고, 용이면서 체인 상태이다. 황종희는 송명유가의 성즉리性卽理는 성을 체로 심을 용으로 여기는 것이라고 생각했다.

> 선유先儒들이 성즉리性卽理라고 말한 것은 성을 지각으로 돌이키지 않으려 했기 때문이며, 또한 성을 천지만물 같은 것으로 돌이킬 수도 없었기 때문이다. 여기에서 말하는 성은 태어날 때 받은 것이고, 지각은 태어난 이후에 발發한 것이다. 성은 체이고 지각은 용이니, 『예기禮記』 「악기樂記」에서 "사람이 태어나면서 정靜한 상태는 하늘의 성이고, 그것이 사물과 감응해서 동하는 것은 성의 욕欲이다"라고 말한 것을 인용하여 이 사실을 증명할 수 있다. 정함은 천성天性의 진실함이고 동함은 지각의 저절로 그러함이다. 측은·사양·수오·시비가 인심 속에 있음으로 인해 그 근원을 한 단계 더 위로 미루어 간 것을 성으로 여기니, 성은 오히려 아득한 곳에서 깨닫는 것이다.132)

---

129) 『劉子全書』, 권38, 「大學雜言」, "就此一点靈明, 參出本體, 曰明德."
130) 『劉子全書』, 권11, 「學言」 中, "心體渾然至善, 以其氣而言謂之虛, 以其理而言謂之無."
131) 『孟子師說』, 권2, "離氣以求心性, 吾不知所明者何心, 所見者何性也."
132) 『孟子師說』, 권6, "第先儒言性卽理也, 卽不欲以性歸之知覺, 又不可以性歸之天地萬物. 於是謂性受於生之初, 知覺發於旣生之后. 性, 體也, 知覺, 用也, 引樂記, 人生而靜, 天之性也, 感物而動, 性之欲也, 以證之. 靜是天性之眞, 動是知覺之自然. 因惻隱羞惡

이것은 지각을 초월한 본체를 인정하는 것이다. 이른바 흩어진 마음을 바르게 하는 것(求放心)은 바로 "눈과 귀의 작용을 줄이고 마음의 생각을 없앤 후 돌이켜 맑고 깨끗한 본체를 보는 것"133)이다. 하지만 이러한 성은 실제로 결코 존재하지 않으므로, 다만 공허한 곳에 떨어질 뿐이다. 주희와 왕수인이 말한 심의 체가 곧 성이라는 입장은 바로 이러한 초월로, 이것은 지각이 저절로 그러한 것이 아니라 막연하면서 공허한 순수본체이다.

황종희의 이러한 비판은 깊이 있으면서도 시대적 특징을 갖추고 있다. 지각의 저절로 그러함은 성이지만, 자아를 초월한 본체는 아니다. 황종희는 분명하게 정감과 경험을 기본적인 심의 내용이라고 생각했던 것이다. 그래서 그는 "천리의 진정한 면모는 밝게 깨달아 저절로 그렇게 하는 것이니, 감하는 것을 따라 통할 때 그 속에 조리가 들어 있다"134)라고 말한다. 여기에서 천리는 이미 형이상학적인 우주법칙이 아니다. 따라서 절대적인 도덕법칙도 아니다. 다만 이것은 정감경험과 도덕이성의 통일일 뿐이다. 그는 불교에서 말하는 본심本心과 본각本覺에 대해 적극적으로 비판했으며, 또한 왕수인의 심본체론에 대해서도 일정 정도의 비판적 시각을 견지하고 있다. 그는 비록 "인의仁義의 성은 태어날 때 부여받은 것이다"135)라는 사실을 인정하지만, 많은 부분에서는 오히려 자연적 인성론의 특징을 가지고 있다.

황종희가 도덕본체론을 없애면서 성을 감성적이고 현실적인 인성으로 설명하는 것은 사변적인 형이상학으로부터 해방된 것으로, 매우 큰 변화이

辭讓是非之在人心, 推原其上一層以爲之性, 性反覺於渺茫矣."
133) 『孟子師說』, 권6, "損耳目, 去心智, 反觀此澄湛之本體."
134) 『孟子師說』, 권6, "天理之眞, 明覺自然, 隨感而通, 自有條理."
135) 『孟子師說』, 권6, "仁義之性, 與生俱來."

다. 이것은 곧 성은 심리적 정감에 기반을 두고 일어나는 것이지, 선험적으로 존재하는 것은 아니라는 입장을 분명히 하는 것이다.

> 측은·수오·공경·시비가 발함으로 인해 그 이름이 인의예지가 된 것이다. 정을 떼어 놓고는 성을 드러낼 수 없으니, 인의예지는 나중에 생겨난 이름이다. 이 때문에 인의예지는 심에 근거한다고 말한다.136)

따라서 황종희가 말하는 '한 점 진심眞心'은 실제로 개체의 심리적 정감을 가리키는 것으로, 이것만 보면 맹자로 회귀한 것처럼 보이지만 실제로 완전히 같은 것은 아니다. 맹자가 심리적 본성에서 출발해서 도덕인성론을 건립했다면, 여기에서 황종희가 중요하게 생각했던 것은 심이 스스로 승화되거나 고양되는 것이다. 성리학은 최종적으로 이러한 임무를 완성시켜서 도덕본체론을 건립하고 있다. 하지만 성리학은 그 자체의 변화를 통해 황종희에게 이르렀고, 도덕본체 또한 다시 새롭게 인간의 자연적인 정감과 경험으로 되돌려졌다. 그는 도덕이상주의에 빠지지 않고 현실적인 인생으로 돌아왔으며, 여기에서 새롭게 사람의 본질과 가치를 확립했던 것이다. 그는 비록 이러한 임무를 완성하지는 못했지만 그가 제기했던 문제는 새로운 의미를 가지며, 또한 시대가 그렇게 하게 한 것이다.

왕부지王夫之의 심과 성에 대한 해석은 그 상황이 비교적 복잡하다. 그는 한편으로는 정이와 주희의 관점을 받아들이면서 또 다른 한편으로는 많은 부분을 새롭게 발전시킨다. 그래서 여기에서는 아래와 같이 몇 가지 관점으로 나누어서 그의 입장을 정리할 필요가 있다.

---

136) 『孟子師說』, 권6, "因惻隱羞惡恭敬是非之發, 而名之爲仁義禮智. 離情無以見性, 仁義禮智是後起之名. 故曰仁義禮智根於心."

첫째, 왕부지는 나흠순에 비해 훨씬 더 철저하게 심본체론을 부정한다. 그가 말하는 심은 주로 지각하는 영묘한 심으로, 이 점은 다른 어떤 사람과 비교해도 분명하고 명확하다. 그는 다음과 같이 말한다.

> 근원적 심(原心)이 저절로 생겨나는 그것이 바로 음양과 오행의 정수가 되니, 저절로 그 양능(自注: 양능은 신묘함이다)이 있게 된다. 이것은 성의 모습으로 의탁하고 있으면서 지각의 모습으로 드러난다.(自注: 성으로 의탁하고 있기 때문에 '온갖 리를 갖추고 있다'고 말하고, 지각의 모습으로 드러나기 때문에 '만사에 응한다'고 말한다)[137]

여기에서 말하는 '양능'은 맹자나 왕수인이 말하는 양지・양능, 즉 도덕본성이 아니라 심의 능동적인 기능과 작용으로, 특히 지각은 분명히 인식작용을 가리킨다. 심은 기의 정묘하고 깨끗한 것(精爽)으로 특수한 물질적 실체이다. 그러므로 비어 있고(虛), 영묘하며(靈), 어둡지 않은(不昧) 등의 특징을 모두 가지고 있다. 그래서 그는 다음과 같이 말한다.

> 심이 덕이 되는 것은 단지 허虛하고(自注: 의지하는 것이 없으므로, 모든 것이 그것에 의지할 수 있다), 영묘하며(自注: 깨닫는 바가 있으므로, 선악을 막론하고 모두 깨닫는다), 어둡지 않기(自注: 가까움과 절실함을 기억할 수 있으니, 가까움과 절실함을 기억하는 것은 결코 어둡지 않은 것이다) 때문이다. 온갖 이치를 갖추고(自注: 아직 어떤 특정한 리가 아니므로 능히 그 모든 것을 갖출 수 있다) 만사에 응할 수 있는(自注: 응해서 얻거나 잃는 것 역시 아직 정해지지 않았다) 까닭은 대체로 선함이 없으면서도 선함과 상대해서 서 있기 때문이니, 그러므로 반드시

---

137) 『讀四書大全說』, 권10, 「孟子・盡心上」, "原心之所自生, 則固爲二氣五行之精, 自然有其良能(自注: 良能者, 神也). 而性以托焉, 知覺以著焉(自注: 性以托, 故云'具衆理', 知覺以著, 故云'應萬事')."

선하지 않을 수도 있다. 모름지기 그 성을 길러서 심을 보존해야 비로소 인의예지를 잃지 않게 된다.[138]

이 인용문은 주희의 허령불매虛靈不昧한 심을 새롭게 해석한 것으로, 순자의 허일이정虛壹而靜한 심과 매우 유사하다. 이것은 도덕본심이 아니라 분명한 인식심(이지적인 심)이기 때문에 선함이나 불선함과 같은 것은 없다. 비어 있고 영묘하며 어둡지 않은 심의 속성으로 인해 온갖 이치를 갖출 수 있으며 수만 가지 일에 감응할 수 있다. 심은 그릇과 같고 성은 그릇 가운데 있는 물건과 같다. 그래서 이 둘은 직접 관계되어 있기는 하지만 완전히 같지는 않다.

왕부지가 양명좌파와 같은 점은 심을 경험적이고 감성적인 물질로 바라본다는 것이다. 그러나 양명좌파는 심의 정감을 중시하여 심을 성으로 생각했던 반면, 왕부지는 심의 인식을 중시하여 심을 성이 주로 존재하는 곳으로 생각했던 점에서 차이가 있다.

심에 대한 왕부지와 주희의 해석이 각기 다르기 때문에 흐트러진 마음을 바로잡는 것에 대한 해석 역시 다르다. 주희는 선한 심이나 본심은 흐트러지지도 않고 흐트러뜨릴 수도 없다고 생각했다. 다만 물욕에 의해 심이 가려지면서 흐트러지게 되므로, 물욕의 심을 걷어냄으로써 원래부터 가지고 있는 선한 심을 바로잡을 수 있다고 생각했다. 하지만 왕부지는 이른바 선한 심이나 본심과 같은 것을 인정하지 않는다. 심의 본체는 중성적인 것으로 선이니 악이니 할 것이 없다. 다만 인의仁義가 심 속에 존재하면

---

138) 『讀四書大全說』, 권10, 「孟子・告子上」, "心之爲德, 只是虛(自注: 未有倚, 然可以倚), 靈(自注: 有所覺, 不論善惡皆覺), 不昧(自注: 能記憶親切, 凡記憶親切者必不昧)." 所以具衆理(自注: 未卽是理, 而能具之), 應萬事者(自注: 所應得失亦未定), 大端只是無善而與善相立, 然未能必其善也. 須養其性以爲心之所存, 方使仁義之理不失."

비로소 인의지심仁義之心이라고 부르는 것이다. 그는 다음과 같이 말한다.

> 흐트러진 것을 바로잡는 마음이 바로 인仁함이다. 흐트러진 마음을 바로잡는 것은 이처럼 영명한 심이 하는 것이다. 인함은 인심人心이므로, 이것은 영명한 심과 더불어 체體가 된다. 이미 마음이 흐트러진 이후라면 인함은 없어지지만 영명한 심은 계속 보존되므로 이러한 영명한 심으로 나의 성性의 인한 마음을 바로잡아 갈 수 있다. 본체의 측면에서 말하면 비록 완전히 둘로 나눌 수는 없지만, 그 효용의 측면에서 말하면 또한 대략적으로 하나라고 할 수도 없다.139)

왕부지는 흐트러진 마음을 바로잡는 것이 곧 인仁한 마음이며, 흐트러진 마음을 바로잡으면 그것이 곧 영명한 마음이라고 생각했다. 그래서 그는 "본체는 동일하지만 지엽적인 부분은 다르다"140)라고 하고, 또 체는 같지만 용은 다르다고 한 것이다. 인한 마음은 인의仁義의 리가 심 속에 존재하면서 영명한 심이 그것을 아는 것, 다시 말해 심이 인함을 근본으로 여기는 상태이기 때문에, 이것을 둘로 나누어 볼 수는 없다. 그래서 본체는 동일하다고 한 것이다. 하지만 인함은 흐트러질 수 있어도 영명한 심은 흐트러질 것이 없으니, 인함이 흐트러지면 영명한 심은 그것을 바로잡을 수 있다. 그러므로 심과 인함은 결코 같지 않기 때문에 지엽적인 부분은 다르다고 말하는 것이다.

종합하면, 인의의 성은 결코 자아를 초월한 심의 본체가 아니다. 성은 심의 본체가 되지만, 그렇다고 심의 본체가 바로 성인 것은 결코 아니다.

---

139) 『讀四書大全說』, 권10, 「孟子·告子上」, "所放所求之心, 仁也. 而求放心者, 則以此靈明之心而求之也. 仁爲人心, 故卽與靈明之心爲體. 而旣放以後, 則仁去而靈明之心固存, 則以此靈明之心, 而求吾所性之仁心. 以本體言, 雖不可竟析之爲二, 而效用言, 則亦不可槪之爲一也."
140) 『讀四書大全說』, 권10, 「孟子·告子上」, "本同而末異."

성은 객관적 존재이고 심은 주관적 존재인데, 객관적인 본체가 주체의 인식으로 전환되었을 때만 비로소 현실적 인성이 된다는 사실을 말하는 것이다. 이것은 개념론적으로 심과 성을 구분한 것이다.

왕부지가 제기한 입장에 따르면, 그가 심성관계에 대해 이와 같이 해석하는 이유는 유가의 심성론이 다른 이단과 섞이지 않게 하기 위해서이다. 이것은 불교와 육왕학에 대한 분명한 비판이다. 하지만 그는 동시에 "나는 어리석게도 조악하고 천박한 말들을 피하지 못하여 선유先儒들과 부화뇌동附和雷同하였다"141)라고 말했는데, 이것은 오히려 주희에 대한 비판이기도 하다. 그래서 그는 "주자가 말한 것은 불교의 '할 수 있음도 없고 정해진 것도 없다', '최초에 일어난 생각은 보리를 밝히는 것이다', '인연 연기에 의해서 결과가 생겨난다'는 등의 학설과 구별되지 않는다"142)는 입장을 명확하게 제기하였다. 이러한 비판은 주희의 심성론 가운데에는 불교와 심학 계열에서 말하는 '심은 곧 성이다'라는 학설과 서로 유사한 측면이 포함되어 있음을 분명하게 지적하는 것이다. 그는 다음과 같이 말한다.

> 맹자께서 사람을 가르치는 것에 절박했던 것은 인함을 구하게 하려는 것이었다. 그러나 정자와 주자는 오히려 구하지 않고 스스로 체득하는 것과 텅 비어 있으면서 아득한 경지만을 가리키니, 참으로 다르도다! 어리석어서 감히 알 수가 없도다!143)

이른바 '구하지 않고도 스스로 체득할 수 있는 것'과 '텅 비어 있으면

---

141) 『讀四書大全說』, 권10, 「孟子・告子上」, "愚不敢避粗淺之譏, 以雷同先儒."
142) 『讀四書大全說』, 권10, 「孟子・告子上」, "朱子所云, 與釋氏 '無能無所', '最初一念, 卽證菩提', '因地果生'之說無以別."
143) 『讀四書大全說』, 권10, 「孟子・告子上」, "孟子吃緊敎人求仁. 程朱却指個不求自得・空洞虛玄底境界, 異哉! 非愚所敢知也!"

서도 아득한 경지'가 바로 주희가 말한 심의 체라는 것이다.

둘째, 왕부지는 도덕인성론자이지만, 자연적 인성에 대해 많은 내용들을 수용하고 있다. 그는 한편으로는 사람이 이성적 동물이라는 사실을 강조하면서 '생을 일컬어 성'이라고 말한 고자의 단편성을 비판한다.

> 지각과 운동을 성으로 생각하면서 그 외에 다른 성은 없다고 말하면, 사람은 어떠한 점에서 동물과 다르단 말인가! 성은 무엇인가? 그것은 생의 리이고 지각과 운동의 리이며 식욕과 성욕의 리이기도 하다. 이러한 리는 짐승들은 가지고 있지 않고 사람만이 가지고 있다. 그러므로 사람은 짐승과 마찬가지로 지각운동을 하면서도 원래부터 사람의 리를 가지고 있다. 이 리를 가지고 세상의 일들에 응하게 되면 심은 편안하게 의義를 이루게 되니, 이것을 의라고 말한다. 그러나 고자가 말하는 성 속에는 의가 없어 의는 외부로터 들어오게 되는데, 이것은 의가 각각의 일들로 인해 드러나는 것임을 몰랐던 것이다. 의로 드러나기 이전에도 내 마음은 원래부터 중이 되는 절목을 가지고 있다.[144]

사람이 짐승과 다른 이유는 바로 도덕이성이 있기 때문이다. 왕부지의 '의는 심 속에 내재한다'는 설 또한 주체적 도덕론이지만, 성은 지각의 리이며 식욕과 색욕의 리이기 때문에 감성적인 필요를 떼어 놓고 존재하는 것은 아니다. 다만 인성이 동물과 다른 이유는 그 질質이 다르기 때문이다.

> 무릇 사물은…… 질이 있으면 성이 있고 성이 있으면 덕이 있다. 초목이나 짐승들에게도 성이나 덕이 없는 것은 아니지만, 그 질은 사람과 다르다. 그러므로 성도 다르고 덕도 또한 다르다.[145]

---

[144] 『四書訓義』, 권33, 「孟子」11, "以知覺運動爲性, 而謂此外之無有, 則人何以異於禽獸哉! 夫性者何也? 生之理也, 知覺運動之理也, 食色之理也. 此理禽獸之所無而人所獨有也. 故與禽獸同其知覺運動而人自有人之理. 此理以之應事則心安而義成, 斯之謂義. 乃告子則謂性中無義而義自外來, 不知義因事而見. 而未見之先, 吾心自有其必中之節."

이것은 물질 구조와 같은 인류학의 측면에서 사람의 성이 동물의 성과 어떻게 다른지를 설명하는 말이다.

왕부지는 태어나면서부터 사람에게 갖추어진 리가 바로 성이라는 사실을 인정하여, "천하의 의리義理는 모두 나의 심이 원래부터 가지고 있는 것이다"146)라고 말한다. 이 때문에 그는 의가 심 속에 내재한다는 학설을 받아들인다. 하지만 그는 생의 리에 대해 또 다른 해석을 제기한다.

왕부지는 우선 생의 리는 형이상자만을 가리키는 것이 아니라, "형이상자로부터 형이하자에 이르기까지 성 아닌 것이 없다"147)라는 입장을 취한다. 인의예지仁義禮智의 리는 성이며, 좋은 소리나 색, 냄새, 맛 등에 대한 욕구도 성이니, 이 둘은 "모두 성이라고 말할 수 있다."148) 그는 "형이상자라는 것도 형체에 의해 저절로 생겨났다…… 그러므로 리와 욕은 모두 저절로 그렇게 된 것이지 인위적인 것에 말미암지 않았다"149)는 사실을 강조한다. 또 "고자는 식욕과 성욕을 성이라고 말했는데, 이 역시 성이 아니라고 말할 수는 없다. 다만 천명의 양능이 있다는 사실을 몰랐던 것에서 달라졌을 뿐이다"150)라고 말한다. 이처럼 왕부지가 말하는 생의 리는 '생을 일컬어 성이라고 한다'는 내용을 포함하는 것으로, 감성적인 욕망과 도덕이성이라는 두 가지 방면을 모두 포괄한다. 이것은 감성과 욕망 역시 인성이라는 사실을 공개적으로 인정하면서 동시에 그것을 도덕이성과 통일시

---

145) 『張子正蒙注』,「至當篇」, "凡物……有質則有性, 有性則有德. 草木鳥獸非無性無德, 而質與人殊, 則性亦殊, 德亦殊爾."
146) 『讀四書大全說』, 권8,「孟子·滕文公上」, "天下之義理, 皆吾心之固有."
147) 『讀四書大全說』, 권8,「孟子·滕文公上」, "自形而上以徹乎形而下, 莫非性也."
148) 『張子正蒙注』,「誠明篇」, "俱可謂之爲性."
149) 『張子正蒙注』,「誠明篇」, "形而上者爲形之所自生……理與欲皆自然而非由人爲."
150) 『張子正蒙注』,「誠明篇」, "故告子謂食色爲性, 亦不可謂爲非性, 而殊不知有天命之良能爾."

킨 것으로, 이것이 바로 왕부지의 공헌이다.

셋째, 심과 성의 관계에 대한 해석에서 왕부지는 심이 곧 성이라는 입장을 비판하는 동시에 성은 심 밖에 존재하는 것이 아니라는 입장을 제기한다. 성이 지각의 리라는 말은 지각의 근거가 지각할 수 있는 이성적 원칙에 있다는 것으로, 이것은 지각 속에 있다. 여기에서 말하는 이성은 도덕이성을 포함할 뿐만 아니라 인식이성도 포함한다. 전자에 따르면 심은 인의仁義의 리를 포함하고 있어서 성이 된다고 말할 수 있으며, 후자에 따르면 지각의 리는 객관적인 세계를 인식하는 원칙이라고 말할 수 있다. 그래서 왕부지는 "심은 온갖 사물을 생성하는 왕성한 원기의 전체이면서 특별하게 은미하니, 그 허령함은 원래 하나이다"151)라고 말한다. 이것이 비록 선험적 원칙이기는 하지만 오히려 인식론적인 의미를 포함하는 것은, 왕부지가 그것을 도덕론 가운데에서 완전하게 구분하려고만 했던 것이 아니라 그 자체로 독립적인 인식론의 개념을 형성하려고 했기 때문이다. 도덕이성의 측면에서 말하면, 왕부지는 비록 심성의 합일에 대해서는 반대하지만, 성은 이미 심 가운데 존재하고 깨달음을 통해 심이 원래부터 가지고 있는 것을 자각할 수 있다. 따라서 이 역시 도덕주체론이다.

심과 성의 관계에 있어서 왕부지는 성은 체이고 심은 용이라는 입장을 견지하고 주희의 심통성정설에 대해 반대한다. 그는 "통섭이라는 말은 받아들여 수용한다는 관점에서 말한 것이다.…… 성은 그 자체로 심의 주인이지만, 심은 다만 정의 주인만 될 뿐 성을 주로 할 수는 없다"152)라고 생각하고, 또 "성은 심 속에 존재하므로, 성은 체이고 심은 용이다"153)라고도

---

151) 『張子正蒙注』, 「太和」, "心函絪縕之全體而特微爾, 其虛靈本一."
152) 『讀四書大全說』, 권8, 「孟子・公孫丑上」, "云統者, 自其函受而言.……性自是心之主, 心但爲情之主, 心不能主性也."
153) 『讀四書大全說』, 권8, 「孟子・公孫丑上」, "性在心, 而性爲體, 心爲用也."

생각했다. 왕부지는 심체설을 부정하고 심을 지각하고 인식하는 심으로 설명했기 때문에, 그가 심의 체와 용을 성과 정으로 나누는 것에 동의하지 않는 것은 당연하다. 그래서 다만 성은 심 속에 포함되어 있으면서 성은 체이고 심은 용이라고 말했던 것이다. 이 때문에 그는 "심과 성은 결코 각기 다른 두 개의 존재가 아니다. 성은 체이고 심은 용이니, 심은 성을 포함하고 있고 성은 심에 붙어 있다"154)고 말한다.

심과 성은 일종의 인식·포함의 관계로, 성은 객관성을 가지며 심은 주관적인 것이다. 이것은 나흠순과 일치하는 것으로, 모두 도덕에 있어서 타율론자他律論者들이다. 이 점이 바로 나흠순이나 왕부지 같은 인물이 주희와 다른 부분이다. 만약 왕부지의 심성론과 주희의 심성론을 섞어서 한마디로 말하게 되면, 이것은 주희의 특징도 없어지면서 동시에 왕부지의 특징도 없어지는 결과를 낳게 된다. 하지만 이러한 부분들이 결코 그들 모두가 주체론자들이라는 사실을 부인하게 하지는 않는다.

여기에서 대진戴震의 심성 개념에 대해서도 논의를 해야 할 것 같다. 그의 심성에 대한 논술에는 이미 성리학적인 도덕본체론을 철저하게 탈피한 계몽주의적 특징이 갖추어져 있다. 대진의 심성에 대한 논의에서 우리는 성리학적 도덕론의 종결과 새로운 인성론의 맹아를 엿볼 수 있다.

대진이 말한 심은 지각이나 인식의 신묘함 등을 가리키는 것으로, 물질적인 실체와 그 기능이고, 그가 말한 성은 육체적인 심의 앎을 가리키는 것으로, 정감이나 욕망 및 인식이성이다. 이것은 경험과학 속에 심리학이 포함됨으로써 인정된 것으로, 결코 형이상학적인 사변은 없다. 그는 지각운동을 성으로 보아 다음과 같이 말한다.

---

154) 『讀四書大全說』, 권3, 「中庸第二十五章」, "心性固非有二. 而性爲體, 心爲用, 心涵性, 性麗心."

지각운동은 타고난 것을 통틀어서 말한 것이다. 그 성을 이룸이 각기 다르기 때문에, 본디 태어날 때부터 그 지각운동 역시 다르게 나타나게 된다.155)

그 다름에 따르기 때문에 날기도 하고 물속에 살기도 하며, 동물이 되기도 하고 식물이 되기도 한다. 그는 생물학적인 유개념에서 출발하여 동물은 단지 운동만 있고 지각은 없으며, 육체적인 심과 지각은 사람과 동물이 공유한다고 생각했다. 하지만 사람과 동물은 모두 비록 지각을 가지고 있다고 하더라도 다음과 같은 측면이 있다고 대진은 말한다.

> 사람은 자신의 지각을 확충擴充하여 신명神明에 이를 수 있으므로, 인의예지가 완전하지 않음이 없다. 인의예지는 다른 것이 아니니, 심의 밝음이 머물러 있는 곳이며, 앎이 한량없이 지극해진 것이다.156)

사람은 이성적인 동물이다. 사람이 동물과 다른 이유는 지각을 가지고 있을 뿐만 아니라, 신묘한 밝음에까지 나아갈 수 있으며, 도덕이성을 갖추고 있기 때문이다. 하지만 여기에서 말하는 이성은 성리학자들이 말하는 이성과는 완전하게 다르다. 성리학자들이 말하는 이성은 선험적인 도덕본체이지만, 대진이 말하는 것은 '심의 신묘한 밝음'이며, '심의 밝음이 머물러 있는 곳'이자 '앎이 한량없이 지극해진 것'이다. 하지만 신묘한 밝음은 지각과 떨어지지 않고 이성은 감성과 떨어지지 않으므로, 이것은 사람의 감정과 정감, 욕망 등을 기반으로 한다. 그래서 이성은 자연적인 것이면서

---

155) 『孟子字義疏證』, 「性」, "知覺運動者, 統乎生之全言之也. 由其成性各殊, 是以本之以生. 見乎知覺運動也亦殊."
156) 『孟子字義疏證』, 「性」, "人則能擴充其知覺至於神明, 仁義禮智無不全也. 仁義禮智非他, 心之明之所止也, 知之極其量也."

동시에 필연에 이르는 것이지, 소당연所當然이나 소이연所以然과 같은 형이상학적 존재는 결코 아니다.

대진이 말하는 필연 역시 이성의 원칙으로, 사람의 정감과 인식활동이 도달하는 규칙 또는 순수한 덕을 가리키는 것이지, 자아를 초월한 보편적 법칙은 결코 아니다. 그래서 그는 다음과 같이 말한다.

> 그러므로 사람의 심지心知는 일상적인 인륜에 따라서 존재하면서 측은惻隱함과 수오羞惡함을 알고 공경・사양과 시비是非를 안다. 단서는 여기에서 드러나니, 이것을 가지고 성선性善이라고 말하는 것이다.157)

만약 확충하여 지극한 곳에까지 이르게 되면, 그것이 바로 인의예지와 같은 순수한 덕이다. 이러한 인성론은 사람의 자연적인 심리적 활동에 기반하고 있으며, 정감을 통해 느끼는 만족을 기준으로 한 것이다. 이로 인해 그는 다음과 같이 말한다.

> 인의예지는 다른 것이 아니라, 살기를 바라고 죽는 것을 두려워하는 마음이나, 식욕・성욕 같은 것에 불과하다. 무릇 사물에 감응해서 동하는 것은 모두 이와 같은 욕구에서 완전하게 벗어날 수도 없고 그것을 없앨 수도 없으니, 정靜함으로 돌아가고 전일함으로 돌아감으로써 사람의 심이 가지고 있는 앎이 동물들과 다르다는 것을 깨닫게 된다. 이렇게 되어야 행동이 미혹되지 않을 수 있는데, 이것이 바로 순수한 덕이다.158)

---

157) 『孟子字義疏證』, 「性」, "然人之心知, 於人倫日用, 隨在而知惻隱, 知羞惡, 知恭敬辭讓, 知是非. 端緒可擧, 此之謂性善."
158) 『孟子字義疏證』, 「性」, "仁義禮智非他, 不過懷生畏死, 飮食男女. 與夫感於物而動者之皆不可脫然無之, 以歸於靜, 歸於一, 而特人之心知異於禽獸. 能不惑乎所行, 卽爲懿德耳."

사람의 감성과 욕망, 그리고 정감활동 등은 모두 육체적인 마음이 없을 수 없으며, 동시에 성 역시 없을 수 없다. 하지만 사람은 또한 사회성을 가진 이성적 동물로, 그 육체적인 심의 지각이 다른 동물들과 다른 것은 행동에 미혹됨이 없기 때문이다. 이것은 필연적 인식에 도달한 것으로 행위의 표준이 되니, 바로 순수한 덕이며 선함이다. 이처럼 순수한 덕은 비록 윤리적 가치를 가지고는 있지만 현실적인 인생의 행복을 위한 것이지 도덕적 이상만을 추구하는 것은 아니다. 여기에서 이른바 선함은 사람의 성이 동물과 구별된다는 점만을 말한 것이어서 "그 한계를 알고 그것을 넘어서지 않을 수 있으면 선하게 되고, 혈기血氣의 심이 가진 앎이 이러한 사실을 잃어버리지 않을 수 있으면 선하게 된다"159)고 말한다.

여기에서 우리는 대진이 성 삼분설三分說을 주장했다는 사실을 제기하지 않을 수 없는데, 앎·정감·욕망을 모두 성이라고 설명함으로써 그의 심성론은 새로운 의미를 가지게 된다. 그래서 대진은 "사람이 태어난 이후에 욕망도 있고 정도 있으며, 앎도 있다. 이러한 세 가지는 육체적인 심의 지각이 원래 그러한 것이다"160)라고 말한다. 이러한 점은 근대 서양의 철학자였던 칸트가 앎(知)·정情·의意를 셋으로 나눈 것과 완전하게 일치하는 것은 아니지만, 매우 유사한 측면이 있다.(대진과 칸트는 같은 해에 태어나서 칸트가 27년 늦게 죽는다) 대진이 말한 앎은 지식론상의 앎이 아니라 아름다움과 추함 및 옳고 그름에 대한 앎으로, 이 가운데에는 가치에 대한 관념이 포함된다. 그리고 그가 말한 욕망과 정감은 도덕윤리와 관계가 있다. 그는 진·선·미를 완전하게 구분한 것도 아니며 순수한 이성의 길로 달려간 것도 아니지만, 위와 같은 명제를 제기함으로써 도덕인성론적인 개념을 돌

---

159) 『孟子字義疏證』,「性」, "卽能知其限而不逾之爲善, 卽血氣心知能底於無失之爲善."
160) 『孟子字義疏證』,「才」, "人生而後有欲, 有情, 有知, 三者, 血氣心知之自然也."

파하였다. 또한 인식과 정감, 그리고 욕구(意를 포함)라는 세 측면에서 인성을 설명함으로써 이성적인 분석의 단계에 접근하고 있다는 사실은 의심의 여지없이 중요한 의미를 가진다.

제11장 천지지성과 기질지성

'천지지성天地之性'과 '기질지성氣質之性'은 성리학 심성론에서 절대와 상대, 보편과 특수를 표현하는 중요한 개념이다. 이러한 개념의 제기는 어떤 의미에서, 고대 인성론에 대한 일차적 결말인 동시에 더 큰 논쟁의 시작이라고 말할 수 있다. 그러나 본래의 의미는 성리학의 발전에 따라 끊임없이 변화되어 왔다.

1. 북송시대

천지지성과 기질지성이라는 개념은 장재張載로부터 먼저 제기되었으며, 이후 성리학자들에 의해 보편적으로 받아들여졌다. 장재는 "형체가 있게 된 뒤에 기질지성이 있고, 그것을 잘 돌이켜보면 여기에 천지지성이 있다. 그러므로 기질지성은 군자가 성으로 여기지 않는다"[1]라고 말했다. 장재는 사람에게 두 종류의 성이 있다고 생각했다. 그 하나는 보편적이고 절대적 인성인 천지지성이며, 또 다른 하나는 구체적이고 상대적 인성인 기

---

1) 『正蒙』,「誠明」, "形而後有氣質之性, 善反之, 則天地之性存焉. 故氣質之性, 君子有弗性者焉."

질지성이다. 전자는 하늘의 덕에 말미암은 것으로 도덕본체이며, 후자는 기가 변화하여 나온 것으로 개인의 소질이나 본능과 같은 감성적인 것을 가리킨다. 사람은 태어나면서 형체를 가지기 때문에 기질지성이 있을 수밖에 없는데, 천지지성은 바로 그 속에 있다. 하지만 기질을 없앰으로써 천지지성이 밝아질 수 있는 것은 아니기 때문에 기질을 변화시켜 천지지성으로 돌아가야 한다.

어떤 학자들은 천지지성과 기질지성의 구분이 장재의 독창적인 견해인지 아닌지를 정확하게 판단하는 것이 매우 어렵다고 생각한다. 실제로 장재와 같은 시대를 살았던 도교 금단파의 남종 창시자인 장백단張伯端98 4~1082)도 같은 이론을 제기했기 때문에, 장재 역시 이 장백단의 영향을 받았을 가능성이 매우 높다. 이 두 사람은 모두 '형체가 있게 된 뒤에 기질지성이 있고, 그것을 잘 돌이켜보면 여기에 천지지성이 있다'는 말을 했고, 여기에서 장재는 '그러므로 기질기성은 군자가 성으로 여기지 않는다'는 한 마디를 더 했을 따름이다. 그러나 장백단은 오히려 더 큰 단계에서 이 것을 말하면서 진일보한 모습을 보여 준다. 장백단과 장재는 동시대이거나 조금 차이가 있을 뿐이어서 반드시 누가 누구의 영향을 받았는지를 명확하게 단정하기는 어렵다. 하지만 장재는 매우 깊이 사색한 사상가여서 자신만의 성리학 범주와 개념을 제기하고 있는데, 천지지성과 기질지성은 그 가운데 하나이다. 따라서 장재가 장백단의 사상을 표절했을 가능성은 그리 크지 않다.

장재가 제기한 이 개념은 그의 우주론과 상호 대응되어 형성된 것이다. 장재가 보기에 천지지성은 분명히 우주본체 즉 태허太虛의 기가 가지고 있는 근본적 속성인 무無에서 지극하게 통하거나(通極於無), 도道에서 지극하게 통하는(通極於道) 성에 근거하고 있다. 기질지성은 기가 변화해서 사람과 사물로 생겨난 이후 만들어진 성을 가리킨다. 천지지성은 객관적인 자연계가 현실로 드러나기 전의 본래 상태나 맑은 상태를 의미하는 것으로, 스스로 존재하는 것이다. 하지만 그것이 사람 가운데 실현되면 사람이 사람이 되는 까닭으로서의 성이 되므로, "배우는 이들은 마땅히 사람의 성에 따라서 자신을 세워가야 한다. 인仁함은 사람다움이니, 그것을 통해 사람이 사람이라고 부르는 것을 판별할 수 있다"[2]라고 말한다. 여기에서 '사람이 사람이라고 부르는' 성은 주체화되고 내재화된 천지지성이지만, 이 말이 나머지 사물들 역시 천지지성을 가지고 있다는 사실을 배제하고 있는 것은 아니다. 보편성의 측면에서 말하면, "성이란 만물의 하나뿐인 근원으로, 나만이 가지고 있는 사사로운 것은 아니"[3]라고 할 수 있다. 하지만 사람은 사회를 이루는 주체이기 때문에 기타의 사물들과는 다르다. 그래서 장재는 다음과 같이 말한다.

> 세상 사람들이 일반적으로 말하는 성은 예컨대 쇠의 성질이 강하고 불의 성질은 뜨겁다고 말하거나 혹은 소의 성, 말의 성이라고 말하는 것 등이어서 원래부터 가지고 있지 않은 것이 없다. 무릇 사물이란 성을 가지고 있지 않은 것이 없다. 통하고 가려지고 열리고 닫히는 것에 따라 사람과 동물의 구별이 생기며, 가려짐에 있어 두텁고 얇음에 따라 지혜로운 사람과 어리석은 사람이 구별된다.[4]

사람과 동물은 기질의 차이에 의해 구별되며, 사람과 사람 사이에도 또한 기질의 차이가 있다. 천지지성은 사람과 동물 속에 보편적으로 존재하

---

[2] 『張子全書』, 「語錄中」, "學者當須立人之性. 仁者人也, 當辨其人之所謂人."
[3] 『正蒙』, 「誠明」, "性者萬物之一源, 非有我之得私也."
[4] 『性理拾遺』, "天下凡言性者, 如言金性剛, 火性熱, 牛之性, 馬之性也, 莫非固有. 凡物莫不有是性, 由通蔽開塞, 所以有人物之別. 由蔽有厚薄, 故有智愚之別."

지만, 통함과 막힘, 열림과 닫힘 같은 기질의 차이로 말미암아 현실적인 모습에 차이가 나며 이로 인해 사람과 동물이 구별된다. 이른바 기질은 생리학이나 심리학에서 말하는 소질·재질과 같은 특징을 가리키는 것으로, 감성적인 경험과 같은 종류에·속한다.

> 기질은 사람들이 성性이니 기氣이니 하고 말하는 것과 같다. 기에는 강한 기와 약한 기, 느린 기와 빠른 기, 맑은 기와 탁한 기가 있다. 질質은 재질이다. 기질은 하나의 사물로, 풀과 나무가 살아가는 것 또한 기질이라고 말할 수 있다. 오로지 자신을 극복할 수 있으면 (기질은) 변할 수 있으니, 변화되면 오히려 습속의 기가 가지고 있는 성이 습속의 기를 제어할 수 있게 된다.5)

여기에서는 기와 질을 포괄해서 말한 것으로, 모두 경험적으로 도달할 수 있는 물질적이고 감성적인 것들이지만, 장재는 이러한 기질이 선천적으로 생성되었을 뿐만 아니라 후천적으로 만들어진 것이기도 하다는 생각을 했다. 이른바 습속習俗은 후천적인 환경에 의해 형성된 습관과 같은 종류라고 생각했던 것이다.

장재는 기질을 변화시킨다는 입장을 제기했는데, 이것은 두 가지 의미를 가진다. 첫째, 기질은 비록 강함과 약함, 맑음과 탁함의 차이가 있지만, 일반인들에 대해 말하면 모두 천지지성의 일면을 가지고 있다는 것이다. 배우는 이들이 사람의 성을 세우고, 배움이 사람이 되는 근거가 되기 위해서는 반드시 기질을 변화시켜야 한다.

---

5) 『經學理窟』,「大學原上」, "氣質猶人言性氣. 氣有剛柔·緩速·淸濁之氣也. 質, 才也. 氣質是一物, 若草木之生亦可言氣質. 惟其能克己, 則爲能變, 化却習俗之氣性, 制得習俗之氣."

배움의 가장 큰 이익은 스스로 기질을 변화시키려 하는 데 있다. 그렇지 않게 되면 모든 것이 사람의 폐단이 되니, 끝끝내 밝게 드러날 것이 없으며, 성인의 오묘함을 알 수 없게 된다.6)

이것은 원죄사상으로 볼 수도 없고, 인류가 태어나면서 가지고 있는 죄의식도 아니므로, 심 밖에 존재하는 신성한 권위를 향한 속죄의식이 아니다. 다만 인성에는 두 개의 차원이 있다는 말이다. 기질지성이 전적으로 악한 것은 결코 아니지만, 이것은 사람이 사람일 수 있는 까닭으로서의 성이 아니라 생물학적인 차원의 성이다. 그래서 만약 사람이 이러한 차원에만 머물면서 이보다 높은 차원을 향해 초월해 나가지 않는다면 이것이 바로 '가리움'이다. 반드시 일차원적인 장애를 극복하고 그 위의 차원, 즉 천지지성으로 나아가야 비로소 사람의 본성을 완전하게 실현했다고 할 수 있다.

둘째, 기질은 선천적으로 생성된 것에 관계없이 후천적 습속에 의해서 형성된다는 뜻으로, 장재는 당연히 이것을 고쳐서 변화시켜야 할 뿐 아니라 가능한 한 많이 고쳐서 변화시켜야 한다고 생각했다. 그는 "기질을 변화시키는 것과 마음을 비우는 것(虛心)은 서로 표리가 된다"7)라고 했는데, 여기에서 허심은 리를 궁구하고 성을 다할 수 있는 것으로, 기질을 변화시켜 천지지성을 회복하게 한다. 장재는 철저하게 기질을 소멸시켜 버리려고 했던 것이 아니라, 단지 좋지 않은 기질을 변화시켜 천지지성을 회복하려 했던 것이다. 기질을 변화시킨다는 것은 또 다른 측면에서 기氣를 기른다고도 말할 수 있다.

---

6) 『經學理窟』, 「義理」, "爲學大益, 在自求變化氣質. 不爾, 皆爲人之弊, 卒無所發明, 不得見聖人之奧."
7) 『經學理窟』, 「義理」, "變化氣質與虛心相表裏."

사람에게서 기질을 없앨 수는 없기 때문에 기질지성도 없앨 수 없다. 그래서 장재는 "식욕과 성욕도 모두 성인데 그것을 어떻게 없애겠는가?"[8]라고 말한다. 하지만 이것만을 성이라고 생각한다면, 사람은 동물과 어떠한 구별도 없게 된다. 이 때문에 그는 고자에 대해 다음과 같이 비판한다.

> 생生을 성이라고 생각하는 것은 이미 낮과 밤을 구분하는 도에 통하지 않는 것이며, 또한 사람과 사물이 같게 된다. 그러므로 고자는 망령되이 다른 사람을 속이지 않을 수 없었다.[9]

장재는 사람들이 만약 식욕과 성욕만을 알고 천지지성을 알지 못한다면 이것은 바로 '술에 취해서 꿈만 꾸다가 죽는 것'이라고 생각했다. 그러므로 "무엇을 하고 싶다는 욕망이 심을 잘못되지 않게 해야 하고, 사소한 것이 중요하고 큰 것에 해를 끼치지 않게 해야 하며, 지엽적인 것으로 근본을 상하지 않게"[10] 한다면, 이것은 기질을 변화시켜 천지지성을 회복할 수 있다.

기질은 변화시킬 수 있는 것이면서, 동시에 변화시킬 수 없는 것이다. "기가 변하지 못하는 것은 오로지 죽고 사는 문제와 수양 및 요절하는 것뿐이다"[11]라는 장재의 말은 변화시킬 수 없는 것은 변화시킬 필요가 없는 것이고, 변화시킬 수 있는 것은 반드시 변화시켜야 한다는 것이다.

사람의 강함과 부드러움, 느림과 빠름, 재능의 있고 없음은 모두 기의 치우침에

---

8) 『正蒙』, 「乾稱」, "飮食男女皆性也, 是烏可滅?"
9) 『正蒙』, 「誠明」, "以生爲性, 旣不通晝夜之道, 且人與物等. 故告子之妄不可不訑."
10) 『正蒙』, 「誠明」, "不以嗜欲累其心, 不以小害大, 未喪本."
11) 『正蒙』, 「誠明」, "氣之不可變者, 獨死生修夭而已."

의한 것이다. 하늘은 원래 참여하고 조화롭게 하며 치우치지 않는다. 그 기를 길러 근본으로 돌아가 치우치지 않으면 성을 다하여 하늘이 된다.12)

우리는 이 말에서 기질을 변화시킨다는 것 또한 치우친 기를 바르게 변화시키는 것임을 알 수 있다. 이러한 의미에서 이것은 또한 기를 기르는 것이라고 할 수 있다. 치우치지 않은 상태에서 천지와 사람의 삶에 참여하는 기를 기르면, 근본으로 돌아가 천지지성을 볼 수 있다.

종합하면, 장재는 기질지성론을 제기함으로써, 한쪽으로는 사람의 생물학적인 감성의 영역을 인정하는 동시에 또 다른 한쪽으로는 생물성을 초월하는 도덕이성으로 승화시켜 갈 것을 주장한다. 그는 비록 사람의 성을 두 차원으로 나누고 도덕이성의 회복을 목적으로 설정하지만, 이 둘을 통일시키려고 시도한다.

> 유有와 무無, 허虛와 실實을 하나로 통하게 하는 것이 성이다. 하나가 될 수 없다면 성을 다한 것이 아니다. 식욕과 성욕이 모두 성이니 어떻게 그것을 없앨 수 있겠는가? 그리고 유와 무도 모두 성이니, 어떻게 대대待對하는 것이 없겠는가? 장자나 노자, 불교에서는 이렇게 말한 지 오래되었는데, 그것이 과연 진리라고 할 수 있겠는가?13)

노자와 장자, 그리고 불교에서는 무無와 공空을 성이라고 생각했는데, 이것은 일종의 절대적 초월이다. 장재의 불교와 도교에 대한 비판은 그들의 우주본체론뿐만 아니라 심성론까지 포함한 것이다. 그는 유와 무가 모

---

12) 『正蒙』,「誠明」, "人之剛柔・緩急・有才與不才, 氣之偏也. 天本參和不偏, 養其氣, 反之本而不偏, 則盡性而天矣."
13) 『正蒙』,「乾稱」, "有無虛實通爲一物者, 性也. 不能爲一, 非盡性也. 飮食男女皆性也, 是烏可滅? 然則有無皆性也, 是豈無對? 莊・老・浮屠爲此說久矣, 果暢眞理乎?"

두 성이라는 입장을 제기하는데, 이것은 천지지성과 기질지성을 통일시키려는 것이지, 이 둘을 대립시키려는 것이 아니다.

하지만 장재는 분명한 도덕인성론자이다. 그가 보기에 천지지성이 있어야 보편적이고 영원한 인성이며, 또한 최고의 선이다. 그래서 장재는 "사람에게 있어서 성은 불선함이 없다. 다만 선함으로 돌아갈지 불선함으로 돌아갈지에 달려 있을 따름이다"14)라고 말한다. 이것은 도덕가치를 최고의 가치로 변화시키는 것이다.

장재가 보기에 천지지성은 비록 선이기는 하지만, 성이 형성된 이후에야 선함은 비로소 실현될 수 있으며, 따라서 성이 형성되기 이전에는 선이라고 말할 수 없다. 이 때문에 장재는 "성이 형성되기 전에는 선과 악이 섞여 있으니, 쉬지 않고 선함을 이어나가는 것이 바로 선하게 되는 것이다"15)라고 말하고, 또 "선함은 그것(하늘)을 이어나갈 수 있다고 말하는 것과 같다. 그것을 성취하는 것은 반드시 성이 드러나길 기다려야 하니, 이것을 성聖이라고 한다"16)라고 말한다. 선을 잇는 것은 성이 이루어지기 전에 있는 것이 아니라, 성이 이루어진 후에 있다. 이것은 성이 이루어지기 전에는 선하게 될 수도 있고 악하게 될 수 있다는 사실을 설명하는 말이다. 성이 형성된 이후라야 천지지성을 이을 수 있으니, 이렇게 되어야 비로소 선할 수 있다. 일단 성이 형성되고 성을 잇게 되면 천지지성 역시 사람이 원래부터 가지고 있는 것이니, 모두 나의 심 속에 있다고 할 수 있다. 이것은 사람의 지위를 우주 가운데 위치시키고 그 가운데에서 최고의 존재로 만드는 것이므로, 이렇게 되면 천지의 심을 세울 수 있다.

---

14) 『正蒙』, 「誠明」, "性於人無不善. 系其善反不善反而已."
15) 『橫渠易說』, 「系辭上」, "未成性則善惡混, 故亹亹而繼善者, 斯爲善矣."
16) 『橫渠易說』, 「系辭上」, "善, 猶言能繼此者也. 其成就之者, 則必俟見性, 是之謂聖."

사람은 천지지성을 가지고 있음으로 인해 영원한 가치를 부여받는다. 그래서 장재는 "태어나면서 얻는 것이 없고, 죽으면서 잃을 것도 없으니,…… 죽고 사는 것에 따라 사라지는 것이 아님을 아는 자와 더불어 성을 말할 수 있다"17)라고 말했다. 이것은 당연히 사람 개체의 생명을 가리키는 것이 아니다. 사람의 생명은 유한하며 그것을 바꿀 수는 없지만, 만약 천지지성을 다할 수 있게 되면 천지와 더불어 존재하면서 천지의 운행에 참여할 수 있다는 말이다. 이것은 자아의 초월을 통해 이상적인 도덕적 경지에 이르는 것으로, 유한한 존재 가운데에서 무한을, 상대적인 것 가운데에서 절대적인 것을 실현하는 것이다. 그러므로 장구長久하고 불식不息할 수 있으며, 사람의 생사에 따라 그 존망이 결정되지 않는다.

이러한 도덕정신은 장자가 말하는 세속적인 것 밖에서 노니는 것이나 불교에서 말하는 인생을 초월하는 것과 같은 것이 아니라, 현실적인 사람의 삶과 떨어지지 않은 채 그 속에 자신을 던져 실질적인 사회와의 교감을 만드는 것이다. 장재는 리일분수설理一分殊說에 근거해서 천지지성(天德이라고도 함)을 사람의 윤리도덕규범 속으로 구체화시켰다. 그래서 이른바 성을 다한다는 것은 "서면 반드시 모두가 함께 서고, 알면 반드시 두루 알며, 사랑하면 반드시 널리 사랑하고, 이루는 것은 홀로 이루지 않는"18) 그러한 이상사회를 실현하는 것이다. 이와 같은 겸애사상은 고대의 공상적인 생각이 한 단계 더 발전한 것이다.

이정二程은 리를 성으로 여기는 도덕본체론자였지만, 그들은 장재가 제기했던 두 종류의 성에 대한 학설을 받아들였다. 그들은 한 마디의 유명한 말을 남겼는데, 그것은 "성을 말하면서 기를 말하지 않으면 완비된 것이

---

17) 『正蒙』, 「太和」, "生無所得, 死無所喪……知死生之不亡者, 可與言性矣."
18) 『正蒙』, 「誠明」, "立必俱立, 知必周知, 愛必兼愛, 成不獨成."

아니고, 기를 말하면서 성을 말하지 않으면 밝지 않은 것이다"[19]라는 말이다. 성은 원래 리 즉 도덕이성이지만, 감성적인 것을 떼어 놓으면 도덕적 인성 역시 분명하게 정초할 수 없다. 여기에서 그들이 기질지성을 받아들여 한 단계 더 발전시키고 있음을 볼 수 있다.

성은 근원이자 실질이고 우주의 규칙이자 도덕법칙이다. 또한 소이연所以然이자 소당연所當然이기 때문에 이것은 바로 선善함이다. 근본적으로 성선性善의 관점을 받아들이고 있는 것이다. 하지만 성과 기를 연관시킬 때에 그 상황은 어떠한가? 이 점에 있어서 이 두 사람의 설명은 조금씩 차이가 있다. 정호程顥는 성은 기와 떨어져 있지 않으며, 선과 악도 모두 성이라고 생각했다.

'생을 성이라고 말한다'라고 했는데, 여기에서 성은 곧 기이고 기는 곧 성이니, 생을 일컫는 것이다. 사람이 태어나면서 기가 품부되고 리로 인해 선도 있고 악도 있게 된다. 하지만 성 가운데에는 원래부터 이렇게 선과 악이 상대되어 생겨난 것은 아니다. 어릴 때부터 선하기도 하고 악하기도 한 것은 기가 품부되어 있어서 그러하다. 선은 원래부터 성이지만 악 역시 성이 아니라고 말할 수는 없다. 대개 '생을 성이라고 말한다'거나 '사람이 태어나면서 정靜한 이전 상태라는 것은 말이 성립할 수 없다'고 한 것은 막 성이라고 말하는 순간 그것은 이미 성이 아니기 때문이다. 일반적으로 사람들이 성을 말하는 것은 단지 『주역』에서 '계지자선야繼之者善也'라고 한 것과 맹자께서 '사람의 성性은 선善하다'고 한 이것이다. 그런데 '계지자선야'라고 한 것은 물이 흘러서 아래로 내려가는 것과 같다.…… 물의 맑음과 탁함은 비록 다르지만, 탁한 것을 가지고 물이 아니라고 할 수는 없다.[20]

---

19) 『河南程氏遺書』, 권6, "論性不論氣, 不備, 論氣不論性, 不明."
20) 『河南程氏遺書』, 권1, "生之謂性, 性卽氣, 氣卽性, 生之謂也. 人生氣稟, 理有善惡. 然不是性中原有此兩物相對而生也. 有自幼而善, 有自幼而惡, 是氣稟有然也. 善固性也,

'성은 곧 기이고, 기는 곧 성이다'라는 말은 성이 기와 떨어질 수 없다는 의미이지, 기를 성으로 생각한다는 의미는 결코 아니다. '사람이 태어나면서 정한 이전 상태라는 것은 말이 성립할 수 없다'는 것은 천지지성이나 본연지성本然之性을 가리키는 것이다. 말로 할 수 없다는 것은 결코 존재하지 않는다는 말이 아니라, 본연지성은 기질과 떨어져서 존재할 수 없다는 사실을 설명하는 것이다. 이 때문에 성을 말하자마자 그것은 이미 본연지성이 아니다. 그가 '계지자선야繼之者善也'라고 한 것은 장재의 해석을 차용한 것으로, 성이 형성된 이후를 가리켜 말한 것이다. 하지만 정호는 천지지성은 기질과 떨어질 수 없다고 생각했으니, 여기에서는 기질 역시 성이다. 천지지성은 천지의 낳고 낳는 리이자 형이상학적인 도덕본체로 원래부터 선한 것이다. 하지만 반드시 기의 품부를 통해 비로소 현실적인 인성이 될 수 있다. 기의 품부나 기질을 떼어 놓으면 성이라 말할 수 있는 것도 없다.

천지지성은 비록 선하지만 기의 품부에는 맑음과 탁함이 있기 때문에 구체적인 인성은 반드시 선과 악이 없을 수 없다. 하지만 성 가운데에는 원래부터 선과 악이 두 개로 상대되어 있는 것은 아니므로, "선이라고 말하는 것은 본래부터 악한 것이 아니다. 다만 지나치기도 하고 못 미치기도 하여 이와 같이 된 것일 뿐이다"21)라고 말할 수 있다. 이른바 지나치거나 못 미치는 것은 기의 품부에 연유하는 것으로, 이것은 생리적인 특징에 의해서 결정된다.

이로 말미암아 우리들은 정호가 한편으로는 형이상학의 리를 성으로

然惡亦不可不謂之性也. 蓋生之謂性, 人生而靜以上不容說, 才說性時, 便已不是性也. 凡人說性, 只是說繼之者善也, 孟子言人性善是也. 夫所謂繼之者善也者, 流水而就下也.······淸濁雖不同, 然不可以濁者不爲水也."(저자 주: 원래 제목은 '두 선생의 말씀'으로 되어 있지만 내용에 근거해 보면 정호의 말로 보는 것이 합당할 것 같다)

21) 『河南程氏遺書』, 권2上, "謂之善者本非惡. 但或過或不及便如此."

생각하면서 또 다른 한편으로는 기질 또한 성으로 인정하고 있음을 볼 수 있다. "사물이 고르지 않은 것은 사물 각각의 정황이다"[22]라는 정호의 말은 그가 인성의 구체적 차별성을 인정하고 있음을 보여 주는 대목이다. 하지만 그는 천지지성은 원래부터 선하며, 성 가운데에는 결코 선과 악이 서로 상대하고 있는 것은 아니지만, 구체적인 인성이 되었을 때에는 선과 악의 구분이 있다는 입장을 제기한다. 이것은 악의 근원을 기의 품부나 기질에 귀속시켜 설명하는 것이며, 동시에 악의 근원을 사람의 생리적 특징과 같은 자연적인 속성으로 돌리고 있는 것이다. 이것은 기질이 모두 악이라고 말하는 것은 결코 아니지만, 악이 기질로 말미암아서 생겨난다는 말인 것은 분명하다.

정이程頤가 정호와 다른 부분은 성에 악함이 있다는 사실을 인정하지 않는 점이다. 그는 성은 단지 리이며 선일 뿐이라고 생각했다. 리는 우주본체이자 도덕본체로, 가치론적 의미에 있어서 최고의 원칙이다. 그는 성과 기에 대해 엄격하게 형이상자와 형이하자라는 논리적 구분을 하고 있다. 그는 비록 성이 기와 떨어질 수 없다는 사실을 인정하지만 그렇다고 이 둘의 경계가 불분명한 것은 아니다. 이 때문에 그는 형이상학적 도덕론자인 동시에 도덕본체론자였다. 그래서 정이는 다음과 같이 말한다.

> 맹자께서 사람의 성이 선하다고 말한 것은 옳다. 순자나 양웅이 또한 성에 대해 모르는 상태에서 맹자가 여러 유학자들 사이에서 홀로 우뚝 나올 수 있었던 까닭은 성을 밝힐 수 있었기 때문이다. 성은 불선함이 없으니, 불선함이 있는 것은 재才이다. 성은 곧 이 리이니, 리는 요임금이나 순임금과 같은 사람으로부터 길에 걸어 다니는 사람들에 이르기까지 모두 같다. 재는 기에서 품부된 것이니, 기에

---

22) 『河南程氏遺書』, 권2上, "物之不齊, 物之情也."

는 맑은 것도 있고 탁한 것도 있다. 맑은 것을 품부한 사람은 현인이 되고, 탁한 것을 품부한 사람은 어리석은 사람이 된다.23)

성은 보편적이고 초월적인 이성의 원칙으로, 모든 사람들이 이것을 가지고 있지만, 이것은 본원의 측면에서 말한 것일 뿐이다. 구체적으로 말해 사람들이 모두 선할 수는 없으므로 그 속에는 반드시 악함도 있지만, 그러한 악은 성에 근거하고 있는 것이 아니라 재에 근거하고 있다는 것이다. 재는 재질이나 재간才幹, 즉 감성적인 물질과 같은 특징을 가리키는 것으로, 형이하의 기로 말미암아 형성된다. 재질은 동시에 기질이다. 이로 인해 성과 기, 선과 악은 직접적으로 대립되니, 그래서 정이는 "기는 선함도 있고 불선함도 있지만 성은 불선함이 없다"24)라고 말한다.

엄격하게 말해서 정이는 형이상학적인 천지지성이나 천명지성天命之性만을 인정했을 뿐, 기질지성이 있다는 사실을 결코 인정하지 않았다. 그가 말한 선함 역시 맹자가 원래 말하려고 했던 의미가 아니다. 맹자가 말한 성선은 인간의 심리적인 정감과 본능에서 출발하여 그것을 확대시킴으로써 얻어진 결론이다. 그러나 정이는 우주본체론에서 출발한다. 우주본체가 선천적으로 품수된 것을 통해 도덕본체로 전환되고, 그것이 가치론상에서 지극한 선이 된다. 이러한 의미에서 정이는 "천하의 리는 원래 스스로 있는 것으로 선하지 않음이 없다"25)라고 말한다. 우주본체는 원래 선하기 때문에 논리적 결론은 당연히 선함을 이은 이후에 성이 형성되는 것이다. 이

---

23) 『河南程氏遺書』, 권18, "孟子言人性善, 是也. 雖荀・揚, 亦不知性, 孟子所以獨出諸儒者, 以能明性也. 性無不善, 而有不善者, 才也. 性卽是理, 理則自堯舜至於途人, 一也. 才禀於氣, 氣有淸濁. 禀其淸者爲賢, 禀其濁者爲愚."
24) 『河南程氏遺書』, 권21下, "氣有善不善, 性則無不善也."
25) 『河南程氏遺書』, 권22上, "天下之理, 原其所自, 未有不善."

것은 장재나 정호와 다른 부분으로 이후 주희朱熹에게서 더욱 발전된다. 정이는 기질이란 단순히 품부한 것이라고 말할 수 있을 뿐이지 성이라고 말할 수는 없다고 생각했다.

성이라는 글자를 한 마디의 대략적인 말로 논할 수는 없다. 고자가 '생을 성이라고 말한다'라고 한 말은 품부한 것을 말하는 것에 그쳤다. 『중용』에서 '천명지위성天命之謂性'이라고 한 것은 성의 리를 말한 것이다. 지금 사람들이 천성이 부드럽고 느긋하다고 말하고, 천성이 강하고 급하다고 말하며, 속언에 천이 이루어진다(天成)라고 말하는 것이 모두 태어나면서 이와 같다는 것으로, 이것도 품부한 것을 말한다. 성의 리는 불선함이 없으니, 천天이라고 말하는 것은 저절로 그러한 리이다.26)

이 말을 보면 기질 역시 성으로 인정하는 것처럼 보이지만, 만약 실제로 성을 설명하는 것이라면 이것은 전혀 다른 종류의 성이지 원래의 성 개념은 아니며, 이것이 혹여 기질지성이라고 부를 수 있더라도, 정이는 이것을 품부한 것이라고 말하고 있을 뿐이다. 이 때문에 그는 "맹자가 말한 '성'은 성의 본래 모습이고, 공자가 말한 '성은 서로 비슷하다'는 그 품부한 것이 차이가 많지 않다는 사실을 말한 것이다"27)라고 말한다.

---

26) 『河南程氏遺書』, 권24, "性字不可一槪論. 生之謂性, 止訓所稟受也. 天命之謂性, 此言性之理也. 今人言天性柔緩, 天性剛急, 俗言天成, 皆生來如此, 此訓所稟受也. 若性之理也則無不善, 曰天者, 自然之理也."
27) 『河南程氏遺書』, 권22上, "孟子言性, 是性之本, 孔子言性相近, 謂其稟受處不相遠也."

2. 남송시대

주희는 천지지성과 기질지성에 대한 체계적인 총결을 짓고 있는데, 이러한 주희의 결론은 이 개념으로 하여금 완성된 의미를 갖게 하면서, 한편으로는 새로운 모순을 만들어 내기도 했다.

주희는 천지지성이 가장 보편적이고 본질적인 인성이며, 기질지성은 구체적이고 현실적인 인성을 가리킨다고 생각했다. 하지만 그는 결코 장재나 이정처럼 형이상자와 형이하자로 구분하여, 두 종류의 성으로 나누지는 않았다. 천지지성은 형이상자로 도덕본체론상에서 말하는 선이며, 기질지성은 결코 기질만을 가리켜 말하는 것이 아니라 기질 가운데 있는 리를 가리킨다. 이러한 두 종류의 성은 모두 소당연所當然의 리로, 이와 같이 합당한 도덕률이다. 다만 전자인 천지지성은 리의 본체로 순수하고 지극히 선한 리인 동시에 심의 본체이며, 후자인 기질지성은 각기 다른 개체들이 가지고 있는 리인데, 전자와 후자는 여기에서만 구분된다. 전자는 모든 사람들이 같지만 후자는 품부한 기에 따라서 각각 달라지는 부분이 있다. 그래서 주희는 "천지지성을 논할 때에는 오로지 리만을 가리켜서 말하고, 기질지성을 논할 때에는 리와 기를 섞어서 말한다"[28]라고 했다. 리와 기는 원래 나누어지지도 않고 섞이지도 않는 것이지만, 여기에서는 오히려 섞어서 말한 것이라는 입장을 제기한다. 왜냐하면 주희가 보기에 천지지성은 혼연한 지선至善으로 일찍이 악한 적이 없었던 것이어서, 기질로 인해 변화되지 않는 것이기 때문이다. 하지만 개체의 측면에서 말하면, 품부된 기의 치우침과 바름, 순수함과 잡박함, 어두움과 밝음, 두터움과 얇음의 차이로

---

28) 『朱子語類』, 권4, "論天地之性, 則專指理言, 論氣質之性, 則以理與氣雜而言之."

인해 천지지성이 기질 가운데 각기 다른 모습으로 존재할 수밖에 없으므로 선도 있고 악도 있는 것이다. 주희는 이러한 차이를 기질지성이라고 불렀던 것이다.

여기에서 주희는 생리적·심리적 특징이 가지고 있는 차이처럼 분명히 감성적이고 물질적인 원인으로 성이 갈라지는 이유를 설명한다. 하지만 이것은 사람의 생물학적인 자연 속성을 가지고 인성을 직접 설명한 것이 아니라, 생리적 구조와 그 특징들을 가지고 천지지성이 어떻게 다르게 표현되는가를 설명하고 있을 따름이다. 이 때문에 기질은 결코 성이 될 수 없으면서도 기질을 가지고 성을 말하는 것이다. 이것은 그가 스스로 다음과 같이 말한 것에서 확인할 수 있다.

> 기를 가지고 성이라고 말할 수도 없고 명이라고 말할 수도 없지만, 성과 명은 이로 인해서 세워진다. 그러므로 천지지성은 전적으로 리만을 가리켜 말하고 기질지성은 리와 기를 섞어 말하지만, 기를 가지고 성과 명이라고 생각한 것은 아니다.[29]

하지만 주희는 기질지성에 대해 리와 기가 섞여 있는 것 즉 도덕이성과 물질적인 감성이 섞여 있는 것이라고 말하는데, 이렇게 되면 기질 역시 성에 속하는 것임을 인정하지 않을 수 없다. 그는 이정이 '성을 말하면서 기를 말하지 않으면 완비된 것이 아니고, 기를 말하면서 성을 말하지 않으면 밝지 않은 것'이라고 한 것을 해석하면서 다음과 같이 말한다.

대개 본연지성은 다만 지극한 선일뿐이어서 기질을 가지고 그것을 말하지 않으

---

29) 『朱子文集』, 권56, 「答鄭子上」, "氣不可謂之性命, 但性命因此而立耳. 故論天地之性則專指理言, 論氣質之性則以理與氣雜而言之, 非以氣爲性命也."

면 어두움과 밝음, 열려 있음과 닫혀 있음, 단단함과 부드러움, 강함과 약함의 차이가 있다는 것을 알지 못하므로 완비되지 않은 부분이 있다. 단지 기질지성만을 가지고 논하면서 그것을 본원의 측면에서부터 말하지 않으면, 비록 어두움과 밝음, 열려 있음과 닫혀 있음, 단단함과 부드러움, 강함과 약함의 차이가 있다는 것은 알겠지만 지극히 선한 근원에는 차이가 없다는 사실을 알지 못하므로, 밝지 않은 부분이 있다고 말한 것이다. 성과 기질을 동시에 본 연후에야 그것을 다할 수 있으니, 이러한 측면에서 성은 곧 기질이고 기질은 곧 성이다.[30]

기질은 비록 성이 아니지만, 성은 오히려 기질과 떨어질 수 없기 때문에 기질을 떼어 놓지 못하였던 것이다. 그래서 그것을 기질지성이 있다고 말한 것이다. 또한 이것은 사람의 물질적이고 생리적인 특징이 결코 사람 자체의 본질일 수 없으며, 사람의 본질은 그가 도덕이성을 가지고 있다는 데 있음을 말하는 것이다. 하지만 실천 원칙인 도덕이성은 결코 사람의 형체와 떨어져서 존재할 수 없으며, 또한 사람의 감성은 도덕이성의 선과 악을 결정할 수 있다. 바로 이와 같은 이유로 인해 구체적인 인성을 가지게 된다. 이것은 곧 주희가 말한 천지지성은 다만 추상적인 도덕원칙이어서 구체적인 감성을 가진 사람을 통해서 비로소 현실적인 인성이 될 수 있다는 말이다.

정호가 '사람이 태어나면서 정靜한 이전 상태' 등이라고 말한 것은 바로 본연지성과 기질지성이 떨어져서 존재할 수 없다는 사실을 설명하는 것이다. 주희는 여기에서 한 단계 더 나아가 '사람이 태어나면서 정한 이전 상태'라고 말하는 것은 사람이 아직 태어나지 않았을 때를 가리키는 것

---

30) 『朱子語類』, 권95, "蓋本然之性, 只是至善, 然不以氣質而論之, 則莫知其有昏明開塞・剛柔强弱, 故有所不備. 徒論氣質之性, 而不自本原言之, 則雖知有昏明開塞・剛柔强弱之不同, 而不知至善之源未嘗有異, 故其論有所不明. 須是合性與氣質觀之然後盡, 蓋性卽氣, 氣卽性也."

으로 리라고 말할 수는 있어도 성이라고 말할 수는 없으며, '막 성이라고 말하는 순간 그것은 성이 아니다'라고 한 것은 사람이 태어난 이후를 가리키는 것으로 이때의 리는 이미 기질 가운데 떨어져 있으므로 완전한 성의 본체는 아니라는 입장을 제기한다.

> 사람에게 이러한 형체가 부여되어 있는 것이 바로 기질지성이다. '막 성이라고 말하다'라는 말에서의 성이라는 글자는 기질과 본래의 성을 섞어서 말한 것이다. '그것은 이미 성이 아니다'라는 말에서의 성은 오히려 본연적인 것이다. 기질을 섞어서 말하자마자 그것은 이미 본연적인 것이 아니다.[31]

주희는 아직 태어나기 이전과 이미 태어난 이후라는 말을 사용해서 천지지성과 기질지성을 구분하고 있는데, 이는 경험론적인 색채가 훨씬 짙어진 것이다. 즉 발생학적인 각도에서 천지지성을 설명하는 것은 일종의 잠재적인 가능성에 불과하며, 실제로 실현된 인성은 기질지성이라는 말이다.

하지만 주희는 여전히 본연지성이나 천지지성의 존재를 인정한다. 이것은 비록 개체인 사람의 몸에서는 기질지성으로 표현되지만, 기질로 인해 가려지기도 한다. 본체론의 측면에서 말하면 천지지성은 결코 기질로 인해 변화되지 않는다. 이것은 우주본체와 천지의 낳고 낳는 리에 근거하는 것으로, 우주의 생명이 사람의 심 속에 체현된 것이기 때문이다. 이 때문에 천지지성은 사람이 사람일 수 있는 근본적 지표이자 인간 가치의 최고 원칙으로, 순수한 지선至善이다. 그리고 이것은 기질지성 가운데 있다.

주희가 천지지성과 기질지성을 구분한 것은 추상적이고 보편적인 인성과 구체적이고 개별적인 인성을 설명하기 위한 것 외에, 선악의 근원을

---

31) 『朱子語類』, 권95, "人具此形體, 便是氣質之性. '才說性', 此性字是雜氣質與本來性說. '便已不是性', 這性字却是本然底. 才說氣質底, 便已不是本然底也."

설명하기 위한 것이기도 하다. 이처럼 주희가 본체론과 가치론을 완전히 통일시켜 버림으로 인해, 소이연은 또한 소당연이고 우주의 법칙은 도덕법칙이며, 리를 궁구하는 것은 그대로 성을 다하는 것이고, 본체론적인 진실 또한 가치론상의 선함이 된다.

주희의 말에 따르면, 천지지성은 순수한 지선至善이고, 기질지성은 악함이 없을 수 없다. 그 원인은 기질이 순수하지 않기 때문이다. 다만 이른바 기질이 맑고 탁하다, 순수하고 잡박하다 등으로 말하는 것은 기질에 대한 추상적인 설명 방법이다. 생리적인 특징과 심리적인 특징에 대해서는 어떠한 문제도 설명할 수 없다. 유일한 표준은 도덕이성의 판단에 부합되는가 그렇지 않은가를 살피는 것뿐이다. 하지만 어떤 점에 있어서 주희는 장재와 마찬가지로 기질은 결코 선천적으로만 결정되는 것이 아니라, 그 가운데에는 후천적인 요소도 있다고 생각했다. 그는 도덕적인 자아가 완전하게 선해지기 위해서는 기질을 변화시킴으로써 그 본성을 회복해야 한다는 주장을 제기하는데, 이와 같은 추상적이고 본체론적인 논증은 한쪽으로는 사람 개성의 발전을 저해하고 제지하였으며, 또 다른 한쪽으로는 이상적인 인격에 대한 추구를 드러낸다.

주희의 후학 가운데 황진黃震은 우선 천지지성에 대한 비판을 제기한다. 그는 이른바 천지지성은 성의 소종래所從來를 추론한 것일 뿐이며 기질지성이 있어야 비로소 "모든 사람들에게 속한 것을 말하는 것으로, 그것을 일컬어 성이라고 한다"[32]라는 입장을 제기했다. 천지지성은 성이 자연계의 한 번 음이 되고 한 번 양이 되는 도에 근거하고 있음을 설명한 것으로 결코 사람의 성이 아니니, 사람이 태어난 이후에는 기질지성만 있을 뿐 천

---

32) 『黃氏日抄』, 권2, 「讀論語」, "屬諸人而言也, 斯其謂之性也."

지지성은 없다는 것이다. 그는 공자의 '성은 서로 비슷하다'는 말을 사용하여 맹자의 성선설을 비판하였고, 기질을 가지고 성을 논해야 한다고 주장하면서 송대 유학자들이 말한 성을 비판한다. 그는 "오직 맹자의 성선설로 인해 사람에 대해 추측만 하면서 (진실과) 완전히 합치할 수 없었다. 그러므로 그 이상은 추측만으로 의미를 완성하려고 했다"33)라고 말한다. 황진이 천지지성을 부정한 것은 도덕본체론에 대한 부정이다. 그는 자연계 화생化生의 측면에서 인성의 근원을 설명하면서, 인성이 완전히 같을 수 없고 모두 선할 수도 없다는 입장을 제기했는데, 이것은 완전히 기질의 측면에서만 성을 논한 것이다.

심학자인 육구연陸九淵 역시 사람의 기질이 다르다는 것이, 심지어 수천수만의 종류와 형태라고 인정하면서도, 만약 "각자가 스스로 힘써야 할 곳이 있음을 알면, 그 이루는 것은 같다"34)라고도 말했다. 이것은 '먼저 그 대체大體를 세우면 사소한 것들이 그것을 빼앗을 수 없다'라는 말과 같은 의미이다. 이 때문에 육구연은 기질지성을 말하지 않고 단지 천명지성만을 말했다. 주희는 이것을 비판하며 "기품의 잡박雜駁함에 대해서 알지 못하면 수많은 조악粗惡한 기들을 모두 심의 오묘한 리인 것처럼 만들고, 이와 같이 저절로 되어 가는 것들을 합당하게 생각한다"35)라고 하는데, 이렇게 잘못되는 것은 "단지 기품의 성이 있다는 사실을 몰랐기 때문"36)이다. 하지만 육구연은 뜻과 기氣의 관계에 대해서 다음과 같이 말한다.

---

33) 『黃氏日抄』, 권2, 「讀論語」, "特因孟子性善之說, 揆之人而不能盡合, 故推測其已上者以完其義耳."
34) 『象山全集』, 권5, 「與呂子約」, "各能自知有用力處, 其致則一."
35) 『朱子語類』, 권124, "不知有氣禀之雜, 把許多粗惡底氣, 都把做心之妙理, 合當恁地自然做將去."
36) 『朱子語類』, 권124, "只在不知有氣禀之性."

뜻(志)이 한결같으면 기를 동하게 한다는 사실은 재삼 논의할 필요가 없지만, 기가 한결같으면 뜻을 동하게 한다는 말은 사람들로 하여금 의심을 갖지 않게 할 수 없다. 맹자는 거듭 "넘어지고 달리는 이것은 기인데, 그것이 마음을 동하게 한다"라고 함으로써 그 의미를 밝혔으니, 의심이 없어질 수 있었다. 한결같다는 것은 전일하다는 것이다. 뜻은 원래 기를 통수統帥하는 것이지만, 기가 전일한 데 이르면 뜻을 움직일 수 있다.[37]

뜻(志)은 중요한 주체 개념으로, 이것은 성이 아니라 자유의지나 선의지와 같은 측면에서 말할 수 있다. 하지만 맹자가 뜻과 기의 관계를 문제로 제기한 것은 분명히 심성 개념과 관계가 있다. 여기에서 기는 기질과 관계 있는 것으로, '기란 본체의 충만함'이다. 이러한 기가 형체形體에 충만하다는 것은 생명의 중요한 표시이다. 뜻은 기를 통수하는 것이므로 도덕의지와 관계되어 있다. 그러나 기 역시 능동적이므로 기가 전일하면 뜻을 움직일 수도 있다. 육구연이 말한 기는 거처하면서 음식을 먹고 마시는 것 또는 보고 듣고 말하고 행동하는 것 등을 가리키는 것으로, 여기에서 우리는 기가 감성적인 물질의 범주에 속한다는 사실을 알 수 있다.

3. 원명시대

왕수인王守仁은 성과 기의 통일을 강조하여 '기는 곧 성이고 성은 곧 기이다'라는 명제를 제기함으로써 천지지성과 기질지성 사이에 존재하는

---

37) 『象山全集』, 권34, 「語錄上」, "志壹動氣, 此不待論, 獨氣壹動志, 未能使人無疑. 孟子復以蹶趨動心明之, 則可以無疑矣. 壹者專一也, 志固爲氣之帥, 然至於氣之專一, 則亦能動志."

모순을 극복하려고 힘썼지만, 결코 이 둘을 통일시키지 못했다. 그는 한쪽으로는 성을 기의 영명함이나 조리條理라고 설명하고 있다. 이 때문에 그는 기를 실체로 생각하고, 성은 단지 그 속성으로 보는 듯하다. 하지만 또 다른 한쪽으로 그는 성을 심의 본체라고 설명하는데, 이렇게 되면 성은 주체가 원래부터 가지고 있는 관념의 실체이며, 기는 성의 운용일 뿐이다. 근본으로 돌아가면 그는 여전히 도덕본체론자인 것이다. 성과 기의 관계를 논할 때 그는 이 둘이 떨어질 수 없다고 주장했으며, 동시에 두뇌頭腦를 알아야 한다라는 사실을 강조하는데, 여기에서 두뇌는 바로 천지지성이다.

하지만 왕수인이 '성은 기이고, 기는 성이다'라고 말한 것은 천지지성의 객관성과 독립성을 부정하는 것이다. 이러한 점은 장재나 이정, 그리고 주희와 다른 부분이다. 심신心身과 주객主客을 통일시키고 있는 사람들 가운데 왕수인은 특히 성이 물질적인 실체와 떨어져서 존재하지 않는다는 사실을 강조한다. 천지지성은 기질 가운데 있으며, 기질 이외에 달리 성은 없다는 말이다.

> '생을 성이라고 말한다'라고 했는데, 여기에서 생이라는 글자는 바로 기氣이니, 기가 곧 성이라고 말하는 것과 같다. 기가 곧 성이므로, 사람이 태어나면서 정靜한 이전 상태라는 것은 말이 성립할 수 없다. 막 '기가 곧 성이다'라고 말하는 순간 바로 한쪽으로 치우치게 되니, 성의 본원은 아니다. 맹자의 성선은 본원의 관점에서 말한 것이지만 성선의 단서는 기에서 드러나는 것이니, 만약 기가 없다면 성 역시 드러날 수 없다. 측은지심惻隱之心·수오지심羞惡之心·사양지심辭讓之心·시비지심是非之心은 기이다. 정자는 "성을 말하면서 기를 말하지 않으면 완비된 것이 아니고, 기를 말하면서 성을 말하지 않으면 밝지 않은 것이다"라고 했으니, 이것 역시 배우는 이들이 어느 한쪽만을 알고서 이와 같이 말한 것이다. 만약 스스로 성에 대해서 명백하게 볼 수 있게 되면 기는 곧 성이고, 성은 곧 기이니, 원래 성과 기는 나눌 수 없는 것이다.[38]

그는 '사람이 태어나면서 정한 이전 상태는 말로 할 수 없다'는 경지를 본래의 성으로 인정하지만, 이것은 주희가 말한 것과 같은 사람이 태어나기 이전의 리가 아니라, 심 가운데 잠재되어 있는 본래적 존재이다. 하지만 성의 본체는 또한 기에서 드러날 수 있고, 기가 현실에서 드러나는 것은 본연지성이다. 이것이 바로 왕수인이 말한 '성은 기'의 의미이다.

이와 동시에 나흠순羅欽順은 단지 하나의 성만 있을 뿐이지, 천지지성과 기질지성이라는 두 종류의 성은 결코 없다는 입장을 견지하면서, "무릇 성은 하나일 따름이다. 장재가 말한 것처럼 기질지성은 군자가 성으로 여기지 않는 것이니, 하마터면 둘이 될 뻔하지 않았는가!"39)라고 말한다. 나흠순은 성은 기가 아닌 리라고 생각했지만, 리는 기 가운데 리이기 때문에 만약 천지지성과 기질지성에 대해서 말한다면, 이것은 하나의 성이면서 두 개의 이름인 것이다. 어떤 사람은 기를 떼어 놓고 리만 말하고, 또 어떤 사람은 리를 떼어 놓고 기만을 말하는데, 이것은 어떠한 설명이든지 모두 잘못된 것이다. 그는 리일분수설을 사용하여 성의 보편과 특수의 관계를 해석해야 한다고 주장한다.

리일분수理一分殊에서 리일은 천지지성이고 분수는 기질지성이다.······ 천지지성은 반드시 사람의 몸에서 체인體認하는 것으로, 체인에 이르게 되면 그것이 이른 바 '사람이 태어나면서 정한 상태'이며 미발未發한 중中으로, 저절로 모든 상황에 딱딱 맞아 떨어진다.40)

---

38) 『傳習錄』中, "生之謂性, 生字卽是氣字, 猶言氣卽是性也. 氣卽是性, 人生而靜以上不容說. 才說氣卽是性, 卽已落在一邊, 不是性之本原矣. 孟子性善是從本原上說, 然性善之端須在氣上始見得, 若無氣亦無可見矣. 惻隱羞惡辭讓是非卽是氣. 程子謂'論性不論氣不備, 論氣不論性不明', 亦是爲學者各認一邊, 只得如此說. 若見得自性明白時, 氣卽是性, 性卽是氣, 原無性氣之可分也."
39) 『困知記』附錄, 「答陸黃門竣明」, "夫性一而已矣. 苟如張子所言, 氣質之性君子有弗性, 不幾於二之乎!"

여기에서 가장 중요한 것은 사람의 몸에서 체인되는 천지지성으로, 이것은 기질과 떨어져서 존재하는 것이 아니다. 따라서 기질을 떼어 놓고 달리 천지지성이라고 할 수 있는 것은 없다. 하지만 그는 여전히 사람마다 모두 사람이 태어나면서 정한 상태의 본연지성이 있다는 사실을 인정한다. 이로 인해 그는 황종희黃宗羲로부터 성과 기를 둘로 나누었다는 비판을 받게 된다.

왕정상王廷相 역시 성을 두 개로 나누어 보는 것에 대해 반대한다. 그는 본연지성을 명확하게 부정하면서 성은 기에서부터 나온 것이기 때문에 기질지성만을 말해야 한다고 주장한다. 이것은 비교적 큰 변화이다. 그래서 그는 "모든 유학자들은 고자의 말을 피해 리를 성이라고 말하는 데 그치고 있어서, 성의 실질적인 모습이 천하에 밝혀지지 못하게 했다"[41]고 한다. 여기에는 세 가지 중요한 문제가 제기되고 있다.

첫째, 리를 성이라고 말하는 성리학의 전통적인 설명 방법을 부정하는 것으로, 천지지성과 본연지성의 존재를 부정하는 것이다. 이것은 도덕본체론에 대한 일차 비판이다.

주자가 본연지성이라고 말한 것은 형기 밖에 초월해 있는 것으로, 실제로는 불교의 '본성은 영묘한 깨달음이다'라는 말에서 온 것이다. 그러므로 어떻게 이단을 의지해서 이와 같은 이론을 얻은 것이 아니라고 말하겠는가? 대개 기에서 나온 성을 나누어서 둘로 보면, 결코 성에 대해서 알 수 없다.[42]

---

40) 『困知記』 附錄, 「答陸黃門竣明」, "理一便是天地之性, 分殊便是氣質之性……然天地之性須就人身上體認, 體認得到, 則所謂人生而靜, 所謂未發之中, 自然頭頭合着矣."
41) 『愼言』, 「問成性篇」, "諸儒避告子之說, 止以理言性, 使性之實不明於天下."
42) 『雅述』 上, "朱子謂本然之性超乎形氣之外, 其實自佛氏本性靈覺而來. 謂非依傍異端, 得乎? 大抵性於氣, 離而二之, 必不可得."

왕정상이 말하는 성은 도덕형이상학적인 속박으로부터 벗어난 것으로, 이것은 형기 밖으로 초월해 있는 본연지성을 부정했을 뿐만 아니라, 리와 기가 합해서 성을 이룬다는 이분법적인 경향성을 부정한 것이기도 하다. 왕정상은 명확하게 성은 기에서 나온다고 했고 사람에게 형기가 갖추어진 후에 성이 만들어졌다고 했는데, 이것은 사람의 감성적이고 물질적인 측면에서 출발하여 인성의 본질을 설명하고 있는 것이다.

둘째, 하지만 이른바 성이 기에서부터 나왔다는 것은 "사람에게 생기生氣가 있으면 성이 존재하고, 생기가 없으면 성 역시 없다"43)는 말이다. 이것은 귀의 들을 수 있는 능력과 눈의 볼 수 있는 능력, 그리고 심의 생각할 수 있는 능력은 귀·눈·마음이 원래부터 가지고 있는 것이라고 말하는 것과 같다. 그래서 실제로 왕정상은 다음과 같이 말한다.

> 성은 생生의 리이다.…… 성은 기에서부터 나오므로 기를 위주로 하고, 도道는 성에서 나오므로 성에 의해 묶이니, 그 남아 있는 것들이 온갖 일들에 딱 맞는 리가 된다.44)

기의 영묘한 능력은 생의 리인데, 이것은 기氣라는 틀과 신묘한 능력을 가지고 있다. 영묘함과 신묘함은 몸과 마음을 합일시켜서 설명하고 있는 것으로, 이것은 인간의 생명이 가지고 있는 물질적인 형체에 기반을 둔 것이다. 하지만 이것이 한 단계 더 높은 차원의 개념은 아니다. 이른바 성에서 나와서 성에 중심을 두고 있는 도道는 감성적이고 물질적인 것을 기반으로 하지만, 감성이나 물질적인 것보다 단계가 높은 이성의 개념이다.

---

43) 『雅述』上, "人有生氣則性存, 無生氣則性滅矣."
44) 『王氏家藏集』, 「答薛君采論性書」, "夫性, 生之理也.……性出乎氣而主乎氣, 道出於性而約乎性, 此餘自以爲的然之理也."

셋째, 성선론의 부정이다. 왕정상은 성이 형기에서 나오는데, 그러한 형기는 순수함과 잡박함의 차이가 있어서 성 역시 선함도 있고 불선함도 있다고 생각했다. 이른바 성이 선하다는 것을 형이상학적인 도덕본체론의 측면에서 말하는 것이 아니라, 형이하학적인 기질의 측면에서 말하고 있는 것이다.

> 기는 천지의 중中이 될 수 없지만, 사람은 천지의 중이 될 수 있다. 사람은 음양의 충만함과 조화로움을 모두 받음으로써 만물과는 차별성을 가지게 되었다. 성은 사람의 중이 될 수 없지만, 선함은 사람의 중이 될 수 있다. 기는 치우침도 있고 잡박함도 있지만, 선함은 성의 중과 화和이다.[45]

선함이 중中과 화和의 기에 근거하고 있으므로, 결코 도덕본체를 최고 가치의 표준으로 여길 수는 없다는 설명이다. 왕정상은 인의예지에 대해 성이 이룬 이름일 뿐이며 배우지 않으면 이것을 이룰 수 없다고 하는데, 이것은 사회 환경과 교육이 도덕인성을 형성하는 데 결정적인 작용을 한다는 말이다. 이 때문에 그는 노장철학에서 저절로 그러함(自然)을 성으로 여기는 것에 대해 세상을 크게 어지럽히는 도라고 비판했던 것이다.

4. 명말청초

명청 시기에는 천지지성과 기질지성에 대한 문제가 성리학 논쟁의 초점 가운데 하나였기 때문에, 성리학을 유지하려는 사람이나 비판하는 사람

---

45) 『愼言』, 「問成性篇」, "氣不可爲天地之中, 人可爲天地之中. 以人受二氣之沖和也, 與萬物殊矣. 性不可爲人之中, 善可爲人之中. 氣有偏駁, 而善則性之中和者也."

이나 누구를 막론하고 성에 대해 말하지 않은 사람이 없었다. 그러나 정주학과 육왕학을 충실하게 믿고 따르는 사람들을 제외하고는 대부분 시대적 특징을 반영한 사상가들로, 초월적으로 독존獨存하는 본연지성이나 천지지성을 비판하지 않는 사람이 거의 없었으며, 대부분 기질지성을 유일한 사람의 인성으로 생각하였다. 다만 구체적인 해석에 있어서는 각각 차이가 있었다.

유종주劉宗周는 당시를 대표하는 대유학자였는데, 그는 "성은 기질지성 뿐이다. 의리지성義理之性은 기질이 성이 되는 까닭이다"46)라는 입장을 명확히 했다. 유종주가 말하는 기질지성은 기질을 성으로 생각하는 것이 아니라, 기질 가운데 있는 성을 가리키는 것이다.

> 기질은 그 자체로 기질이라고 나는 말했다. 그렇다면 성은 어디에서 끌어올 수 있는가? 성은 기질 가운데 있는 한 점 의리義理를 가리키는 것으로, 기질이 그 자체로 성인 것은 아니다. 맑고 탁함·두터움과 얇음의 차이는 기질에 의해서 나누어지고 습속習俗을 따라 나오는 것이다. 기질은 습속의 측면에서 보아야지 성이라는 측면에서 보면 안 된다. 기질을 가지고 성이라고 말하는 것은 습속을 성이라고 말하는 것과 같다.47)

그는 비록 형이상의 리를 성이라고 생각했지만 초월적으로 독존하는 의리의 성은 부인한다. 형이상자는 형이하자 속에 부여되어 있는 것이므로 형이하자인 기질과 떨어져서 존재할 수는 없다. 이것은 감성적이고 물질적인 존재를 어느 정도 인정하면서 초월적인 절대적 도덕본체를 현실적인

---

46) 『劉子全書』, 권13, 「會錄」, "性只有氣質之性. 而義理之性者, 氣質之所以爲性也."
47) 『劉子全書』, 권31, 「論語學案四」, "愚謂氣質還他是氣質. 如何搭着性? 性是就氣質中指点義理者, 非氣質卽爲性也. 清濁厚薄不同是氣質一定之分, 爲習所從出者. 氣質就習上看, 不就性上看. 以氣質言性是以習言性也."

사람의 삶 가운데 돌려놓은 것으로, 여기에는 기존의 성론에 대한 비판적 의미가 들어 있다.

유종주 역시 성선론자이다. 하지만 선함이 도덕적 원칙이 되기 위해서는 기질 가운데 있어야지 기질 밖에 초월적으로 존재해서는 안 된다. 그는 "성이란 리의 측면에서 말한 것으로, 리는 선하지 않음이 없는데 어떻게 없는 것을 말할 수 있겠는가? 심은 기에서 말한 것으로, 기의 동함에는 선함도 있고 불선함도 있다"[48]라고 했다. 그러나 여기에서 성은 어디까지나 심의 리이다. 심은 기에서 말한 것이며, 성은 그것의 조리이다. 그러므로 심과 떨어져 있는 성도 없고, 기와 떨어져 있는 리도 없다. 이 때문에 그는 왕수인의 '기는 곧 성이고, 성은 곧 기'라는 말에 대해 성을 초월적인 본체 존재로 설명함으로써 여전히 심과 성을 둘로 나눈다고 비판한다.[49] 그는 '성이란 곧 심의 성이다'라는 성과 기의 합일설로, 양지를 성으로 여기는 왕수인의 심본체설과 리를 성으로 여기는 주희의 리본체설 모두를 비판하면서, "천지에 가득 차 있는 것은 기질지성뿐이니, 더욱이 의리지성과 같은 것은 없다"[50]는 입장을 견지한다. 이러한 관점은 도덕본체론적인 심성론이 원래부터 가지고 있었던 이론적 모순을 어느 정도 극복하고 있다.

정주학의 후예인 육세의陸世儀의 사상 역시 이와 일치한다. 그 역시 성은 기질과 떨어져 있는 것이 아니라고 주장한다. 그래서 "기질은 성이 아니며, 기질과 떨어진 것 역시 성이 아니니, 성이란 기질의 리이다"[51]라고 말하고, 또 다음과 같이 말한다.

---

[48] 『劉子全書』, 권11, 「學言」中, "性以理言, 理無不善, 安得云無? 心以氣言, 氣之動有善有不善."
[49] 『劉子全書』, 권9, 「復沈石臣進士」 참조.
[50] 『劉子全書』, 권11, 「學言」中, "盈天地間止有氣質之性, 更無義理之性."
[51] 『思辨錄後集』, 권5, 「人道類」, "氣質不是性, 離氣質亦不是性, 性者氣質之理也."

'생을 성이라고 말한다'는 것은 성이 단지 기질 가운데에만 있다는 것을 말하는 것으로, 맹자도 그것이 잘못되었다고 하지 않았다. 하지만 이 말에서는 사람과 동물이 잘 구분되지 않자 맹자는 그것을 구분하였다. '식욕과 성욕이 성이다'라는 것은 성이 단지 기질 가운데 있음을 말하는 것으로, 맹자도 그것이 잘못되었다고 하지 않았다. 다만 이것이 의가 밖에 있다는 학설로 흐르는 데 이르자 맹자는 그것을 구분하였다.52)

그가 말한 성은 실제로 주희가 말한 기질지성으로, 그는 단지 기질과 떨어져서 존재하는 천지지성을 부인하고 있을 따름이다.

유종주의 제자인 진확陳確은 기질이 곧 성이며, 기질 이외에는 성이 없다는 사실을 명확하게 인정한다. 그는 송나라 유학자들에 대해서 다음과 같이 비판한다.

> 천지지성과 기질지성을 강제로 나누어 놓고는 기氣 · 정情 · 재才는 모두 본성이 아니며 모두 불선하다고 말한다. 따로 성선의 본체가 있어서 '사람이 태어나면서 정靜한' 이전 상태에 있다고 하니 어떻게 서쪽에서 온 환상(불교)만을 가리키고 있는가!53)

그는 '사람이 태어나면서 정한 이전 상태'의 성 본체를 없애 버렸을 뿐만 아니라, 형이상자를 성이라고 말하는 유종주의 불철저한 성론을 바로잡고 있다. 그는 직접 형이하자, 즉 기와 정, 재 등을 성이라고 말하는데, 이러한 감각적이고 경험적인 설명 방법은 의심의 여지없이 도덕인성론에 대

---

52) 『思辨錄後集』, 권5, 「人道類」, "'生之謂性', 言性只在氣質也, 孟子未嘗非之也. 而至於昧人物之分, 則孟子辨之矣. '食色性也', 言性只在氣質也, 孟子未嘗非之也. 至於爲義外之說, 則孟子辨之矣."
53) 『陳確文集』別集, 권4, 「性解下」, "强分个天地之性, 氣質之性, 謂氣情才皆非本性, 皆爲不善. 別有性善之本體, 在'人生而靜'以上, 奚啻西來幻指!"

한 비판이다.

성리학자인 정호·정이·주희·육구연·왕수인 등은 모두 본체론에서 출발해서 인성을 논하고 있으며, 초월적인 도덕원칙을 가지고 본원의 성이라고 말한다. 하지만 진확은 기질을 제외하거나 현실적이고 감성적인 사람과 떨어져 있는 성은 없다고 생각했다. 그는 공개적으로 고자의 '생을 성이라고 말한다'라는 말에 대해서 동의하면서, 이것으로 맹자의 성선설을 해석한다. 나아가 사람의 생리와 심리의 필요를 선이라고 생각했으며, 이러한 입장에서 성리학의 도덕인성론을 부정했다. 그는 성리학자들의 천지지성과 기질지성에 대한 논의에 대해서 모순적인 설명이라고 비판하면서 다음과 같이 말한다.

> 맹자와 고자의 이론을 조정하려 하지 않고, 그 가운데 기질지성만을 드러냄으로써 고자만을 따르거나, 본체의 성만을 드러냄으로써 맹자만을 따른다. 이러한 것들이 기질을 떼어 놓는 것임을 모르고 어떻게 다시 본체에 대해서 말할 수 있단 말인가?[54]

그의 자연론에 입각한 인성론은 비판적이면서도 시대성을 갖추고 있다. 기·정·재를 성이라고 생각하는 것은 사람의 정감과 경험인 재질, 재능 및 감성욕망을 모두 성이라고 생각하는 것이다.

> 하나의 성은 그 근본을 추론해서 말하면 천명이고, 넓게 확대한 것을 추론해서 말하면 기이고 정이고 재인데, 어떻게 각기 다른 것일 수 있겠는가? 성이 유행하고 드러나는 것을 가지고 말하면 정이고, 성이 운용되는 것을 가지고 말하면 재

---

54) 『陳確文集』別集, 권4, 「性解下」, "罔欲調停孟·告之間, 就中分出氣質之性, 以謝告子, 分出本體之性, 以謝孟子. 不知離却氣質, 復何本體之可言耶?"

이며, 성이 넓고 가득한 것을 가지고 말하면 기라고 하는 것이니, 이 모두는 하나일 따름이다.55)

그래서 진확은 "기・정・재가 성이 아니라고 말하면 성이란 것은 무엇인가?"56)라고 반문한다. 이러한 관점은 공개적으로 도덕형이상학론을 부정하는 것이며, 동시에 사람의 현실적 가치를 충분하게 긍정하고 있는 것으로, 당시로서는 사상적 해방인 동시에 계몽적인 성향을 갖추고 있는 것이다.

진확의 성선 개념은 맹자와도 다를 뿐 아니라, 정주학과는 더욱 차이가 있다. 맹자는 비록 정과 재가 선할 수 있다고 주장하지만, 도덕정감으로의 승화를 더욱 강조했으며, 정주학자들은 기와 재를 악과 관계시켜 도덕관념으로의 초월을 주장한다. 그래서 진확은 "송대의 유학자들은 성에도 불선함이 있다는 사실을 감히 말하지 못하고, 어떻게 그것을 기질의 잘못으로만 돌려 더욱 재와 정을 분리시키고 있는가!"57)라고 말하고, 또 "억울하도다! 어떻게 기질만이 홀로 어리석고 악하다는 소리를 듣는가?"58)라고 말한다. 이 때문에 그는 기질을 변화시킨다는 설에 대해 반대한다. 그에 따르면 기질이 바로 선이고, 기를 기르는 것은 성을 기르는 것이니, 기질은 변화시킬 것이 없다고 말할 수 있다.

그렇다면 악함은 어디에서 오는가? 진확은 악이 습속習俗에 근원한다

---

55) 『陳確文集』別集, 권4, 「性解下」, "一性也, 推本言之曰天命, 推廣言之曰氣・情・才, 豈有二哉? 由性之流露而言謂之情, 由性之運用而言謂之才, 由性之充周而言謂之氣, 一而已矣."
56) 『陳確文集』別集, 권4, 「性解下」, "氣・情・才而云非性, 則所謂性, 竟是何物?"
57) 『陳確文集』別集, 권4, 「性解下」, "宋儒旣不敢謂性有不善, 奈何轉卸罪氣質, 益分就才情!"
58) 『陳確文集』別集, 권4, 「性解下」, "冤哉! 氣質何以獨蒙惡聲耶?"

고 생각했다. 기질은 맑고 탁함을 막론하고 모두 선이어서, 그는 "기가 맑은 것은 불선함이 없고 기가 탁한 것 역시 불선함이 없다. 불선함이 있는 것은 습속일 뿐이다"59)라고 말한다. 또 "선과 악의 구분은 습속이 그렇게 하게 하는 것이니, 성에 어떻게 그러한 것이 있겠는가! 그러므로 기의 맑음과 탁함에 상관없이 선한 습속이면 선하고 악한 습속이면 악하다"60)라고 말한다. 그는 사람의 감성적인 부분을 충분하게 긍정하면서 사람의 가치에 대해 새롭게 평가하는데, 이것은 성리학자들과는 반대로 가고 있는 입장이지만, 그 역시 성선론자이다. 그는 다만 리를 선한 것으로 보지 않고 기를 선한 것으로 보았으며, 여기로부터 자연적인 부분의 가치를 새롭게 긍정했을 뿐이다.

진확이 기를 성으로 여겼다고 말한다면, 황종희는 기가 유행하는 과정에 들어 있는 조리條理를 성이라고 생각했다. 황종희는 심신통일론자이며, 동시에 심과 성의 합일론자이다. '심은 곧 기이다'라는 말과 '심의 체가 유행한다'라는 말은 바로 기의 유행이다. 이로 인해 황종희가 말한 성은 기질지성이며, 기를 기르는 것이 바로 성을 기르는 것이다. 하지만 그는 유행의 조리를 강조했는데, 이것은 유행 가운데 있는 주재主宰이다.

사람의 몸은 비록 기의 유행이지만, 유행하는 가운데에 반드시 주재함이 있다. 주재는 유행 밖에 따로 존재하는 것이 아니라, 유행하는 가운데 조리가 있는 것이다. 그 변화하는 것을 보고 유행이라고 말하고, 그러한 변화 가운데에서 변화하지 않는 것을 보고 주재라고 말한다. 기를 기른다는 것은 심의 유행을 항상 주재하도록 하는 것이니, 이렇게 되면 혈기血氣가 변하여 의리가 된다. 주재함이

---

59) 『陳確文集』別集, 권4, 「性解下」, "氣淸者無不善, 氣濁者亦無不善. 有不善, 乃是習耳."
60) 『陳確文集』別集, 권4, 「性解下」, "善惡之分, 習使然也, 於性何有哉! 故無論氣淸氣濁, 習於善則善, 習於惡則惡矣."

없어지면 의리가 변하여 혈기가 되니, 그 차이는 아주 미미하다.61)

여기에는 여전히 도덕이성주의적 특징이 남아 있는데, 이것은 그의 스승인 유종주와 일치하는 부분이다. 하지만 황종희는 이미 도덕본체론자가 아니다. 혈기가 유행한다는 것은 사람의 생리와 심리의 기능을 가리키는 것으로, 이 때문에 "기는 지각知覺하는 운동이다"62)라고 말한다. 유행하는 조리가 바로 리이며, 유행을 주재하는 것이 바로 뜻(志)이다. 뜻은 인성 가운데에서 아주 작은 결함마저도 없음을 가리키는 것으로, 이것이 기를 통수하고 지배한다. 그래서 황종희는 "주재하는 것이 있으므로 유행하지 않을까 하는 걱정이 없다"63)고 하고, 또 "뜻이 이르는 곳이 있으면 기는 그 다음에 있으니, 기 역시 리와 의가 아닌 것이 없다"64)고 말한다. 이렇게 보면 뜻은 이른바 도덕론상의 자유의지이지만, 이것은 형이상학적인 도덕법칙이나 최고의 명령이 아니라 지각운동의 내재적 필연성일 뿐이다. 이 때문에 이것은 기를 주재할 수 있다. 개념론의 측면에서 말하면, 뜻은 기능의 개념이지만 오히려 지극한 자주성과 주동성主動性을 갖추고 있다. 의리義理는 법칙이나 준칙의 측면에서 말한 것이고, 뜻은 정감과 의지라는 측면에서 말한 것이지만, 실제로 이 둘은 모두 기와 분리되어 있지 않다. 이것이 바로 황종희가 말하는 성이다.

왕부지王夫之는 이정이 말한 기질지성과 주희가 말한 천지지성에 대해 반대하면서 성과 기의 통일을 주장했지만, 이것은 결코 도덕인성론의 기본

---

61) 『孟子師說』, 권2, "人身雖一氣之流行, 流行之中, 必有主宰. 主宰不在流行之外, 卽流行之有條理者. 自其變者而觀之謂之流行, 自其不變者而觀之謂之主宰. 養氣者使主宰常存, 則血氣化爲義理. 失其主宰, 則義理化爲血氣, 所差在毫厘之間."
62) 『孟子師說』, 권2, "氣者, 知覺運動也."
63) 『孟子師說』, 권2, "有主宰則不患不流行."
64) 『孟子師說』, 권2, "志之所至, 氣則次於其所, 氣亦無非理義矣."

입장에서 떠난 것이 아니다. 그가 이정의 기질에 관한 학설에 대해 반대한 까닭은 그 스스로 기를 성이라고 주장하지 않았기 때문이다. 왕부지는 시종 성은 '생의 리'이자 '기의 리'라고 생각하여 성 가운데 기를 포괄시켰지만, 결코 기를 성으로 여기지는 않았다.

> 군자는 맑고 탁함, 두터움과 얇음을 성으로 생각하지 않으므로, 맑고 탁함, 두터움과 얇음을 성이라고 말하는 사람은 결코 군자가 아니다. 정자는 오히려 기질지성이 있다고 말했으니, 정자의 말 또한 군자와 다르지 않은가!(65)

왕부지의 이러한 설명은 기의 맑고 탁함, 두터움과 얇음을 가지고 선과 악을 논하는 전통적 관점을 부정한 것이다. 하지만 그는 결코 '성은 곧 리이다'라는 성리학적 인성론에서 이것을 도출시켜 낸 것은 아니다.

왕부지가 주희의 천지지성에 대해 반대한 이유는, 그가 성에 대해 말할 때 기질을 떼어 놓지 않았기 때문이다. 왕부지는 성에 대해서 '기질에 바로 붙어 있는 리'라고 생각하여, "하나의 성으로 이루어진 것도 아니고, 하나의 기로 이루어진 것도 아니며, 하나의 질로 이루어진 것도 아니니, 따로따로 세 개의 다른 사물들일 뿐이다"(66)라고 말했다. 이 때문에 왕부지는 주희가 천지지성이 있다고 인정한 것에 대해서 오류라고 비판했다.

이렇듯 왕부지가 말한 성은 이정이 말한 기질지성도 아니고 주희가 말한 천지지성도 아니다. 그렇다면 이것은 주희가 말한 기질지성인가? 이것 또한 완전히 그러한 것은 아니다. 왜냐하면 주희가 비록 기질을 성이라고 생각한 것은 아니지만 오히려 기질을 섞어서 말했기 때문에, 기질의 맑고

---

65) 『讀四書大全說』, 권10, 「孟子・盡心下」, "君子不以淸濁厚薄爲性, 則其謂淸濁厚薄爲性者, 必非君子矣. 而程子抑言有氣質之性, 則程子之說, 不亦異於君子哉!"
66) 『讀四書大全說』, 권7, 「論語・陽貨」, "不成一個性, 一個氣, 一個質, 脫然是三件物事."

탁함이 성의 선함과 악함을 결정한다. 하지만 왕부지가 말한 것은, 물론 기질 가운데 있는 성이지만, 기질을 가지고는 선함과 악함을 말할 수 없다는 것이다. 그래서 그는 다음과 같이 말한다.

> 만약 성을 귀하게 생각하고 기를 천하게 생각하면 기를 불선한 것으로 규정해 버리니, 이것은 또한 헛된 것만을 즐겨 사용하고 실질적인 것은 버려두는 것이다. 그 폐단 역시 고자와 유사하게 될 것이다.[67]

그렇다면 왕부지가 말하는 성은 결국 어떠한 것인가?

> 이른바 기질지성이라는 것은 기질 가운데 있는 성을 말하는 것과 같다. 질質은 사람의 형질로, 그 범위는 생리 속에만 내재하는데, 형질의 속은 기氣로 가득 차 있다. 하늘과 땅 사이에 가득 차 있는 것은 사람의 몸 안과 몸 밖을 막론하고 기 아닌 것이 없으니, 그러므로 또한 리理 아닌 것이 없다. 리는 기 가운데에서 운행하며 기와 더불어 주된 것을 부여잡고 잘못된 것을 잘라내는 것이다. 그러므로 질은 기를 함유하며 기는 리를 포함한다. 질이 기를 함유하기 때문에 각 개인에게는 각 개인의 생이 있다. 또 기가 리를 포함하기 때문에 각 개인에게는 각 개인만의 성이 있다.…… 기질 가운데 있는 이 성은 하나의 본연지성에 의지하고 있다.[68]

분명하게 왕부지는 기질지성과 본연지성을 통일시키려고 했기 때문에

---

67) 『讀四書大全說』, 권10, 「孟子・告子上」, "若貴性賤氣, 以歸不善於氣, 則亦樂用其虛而棄其實. 其弊亦將與告子等."
68) 『讀四書大全說』, 권7, 「論語・陽貨」, "所謂氣質之性者, 猶言氣質中之性也. 質是人之形質, 範圍著者生理內在, 形質之內, 則氣充之. 而盈天地間, 人身以內人身以外, 無非氣者, 故亦無非理者. 理, 行乎氣之中, 而與氣爲主持分劑者也. 故質以函氣, 而氣以函理. 質以函氣, 故一人有一人之生, 氣以函理, 一人有一人之性也.……是氣質中之性, 依然一本然之性也."

기질 가운데 있는 성 역시 본연지성이라고 말했다. 그런데 한편으로 이것은 감성적인 형질과 생명의 과정이 분리되어 있지 않다는 것을 의미하며, 또 다른 한편으로 이것은 도덕이성을 의미한다. 왕부지는 사람의 형질과 소질을 인성의 물질적인 기반으로 설명하면서 오히려 그에 대한 비판적 성향을 갖게 되었던 것이다. 왕부지가 보기에, 질이 다르면 성도 다르기 때문에 각 사람마다 각 사람의 성이 있다. 여기에는 개성에 대한 일정 정도의 인정이 포함되어 있다.

하지만 왕부지는 또한 질은 비록 차이가 있으나 기에는 안과 밖, 타인과 나의 구별이 없고, 차이가 있는 것은 기가 습속을 따라 변했기 때문이라고 생각한다. 성이 매일 새롭게 생성된다는 관점에 근거하면, 기가 습속에 따라 변하면 성 역시 습속에 따라서 이루어질 수밖에 없다.

> 기는 질質과 함께 있어야 그 공효를 드러낼 수 있다. 그런데 반드시 그것이 공효를 드러내는 것과 함께 있어야 한다면, 이것은 기이면서 이미 습속과 서로 섞여 있음을 말하는 것이다.…… 그 기를 기르면서 공효를 드러나게 하는 까닭은 무엇인가? 이것은 사람의 능력이니, 습속이 바로 그것이다. 이 때문에 기는 습속을 따라서 바뀌고, 습속은 또 성과 더불어 이루어진다.[69]

왕부지는 질 가운데 있는 기가 가변적이라는 사실을 인정한다. 이러한 기의 변화는 사람의 습속, 즉 생활환경과 실천활동 속에 이루어지는 것이므로, 이것은 사람의 능력이지 하늘의 능력은 아니다. 이른바 기를 기른다는 것은 후천적인 도덕실천을 통해 습속을 따라 매일 끊임없이 새로워지

---

69) 『讀四書大全說』, 권7, 「論語‧陽貨」, "乃氣可與質爲功. 而必有其與爲功者, 則言氣而무已與習相攝矣.……乃所以養其氣而使爲功者何恃乎? 此人之能也, 則習是也. 是故氣隨習易, 而習且與性成也."

는 것이니, 여기에서 성 역시 이루어지고 변화된다.

선과 악의 문제 역시 반드시 여기에서 설명되어야 한다. 왕부지는 『주역』에서 말한 '계지자선繼之者善'이란 단지 천인상접지제天人相接之際 즉 선천적으로 타고난 면만을 말하는 것이지, 성을 이루는 것(成性)과 결코 같지 않다고 생각했다. 성을 이루는 것은 주로 후천적인 '습習'에 있다. 성은 잠재적인 가능성의 측면에서 말한 것으로, 원래 선할 수 있는 존재이지만 아직 분명한 선은 아니다. 선함을 이루는 것은 기를 기르는 것과 습속에 달려 있다. 기의 맑음과 탁함은 결코 악의 근거가 아니며, 악함은 기의 변화와 결합 및 습속에 근거하고 있다. 습속은 선함을 익히기도 하고 악함을 익히기도 하기 때문에 선함을 익히면 성 역시 선하고, 악함을 익히면 성 역시 악하다.

> 선함에는 체도 있고 용도 있으니, 『주역』에서 '계지자선繼之者善'이라고 말하는 것은 체가 움직여서 용을 생성시키는 것이고, '성지자성成之者性'이라고 말한 것은 용이 모여 체를 이루는 것이다.…… 체는 용을 생성시키고 용은 체에서 가득 차서 넘치는 것이니, 용이 원래 체가 아닌 곳에서 따로 체를 만들어 가면 불선함이 여기에서 나온다. 그런데 어떻게 성이 불선함을 가지지 않는다고 말할 수 있겠는가?70)

이와 같이 선은 체이고 성은 용이라는 학설은 선의 본체가 존재한다는 것을 인정하려는 것이 아니라 성의 용을 인정하려는 것으로, 여기에서 악함은 그 습속을 따르면서 원래의 체가 아닌 것, 즉 따로 체를 만들어가는

---

70) 『續春秋左氏傳博議』, 권下, "善有體焉有用焉, 繼之者善, 體營而生用也, 成之者性, 用凝而成體也.……體生用而用溢於體, 用非其故體而別自爲體, 不善之所自出. 亦安得謂非性之所有乎!"

것에서 찾는다. 이것은 실제로 선과 악이 모두 습속에 의해 결정된다는 의미이다.

종합하면, 왕부지는 기본적으로 홀로 존재하는 허령한 본연지성을 부정하고 기질 가운데 있는 성만을 말하고 있다. 그래서 "질이 없으면 성도 없으므로,…… 기질 가운데 있는 성만을 말할 수 있으니, 기질과 떨어진 저 하늘 위에다 성을 따로 떼어 놓고 실제로 성이 기질 가운데 있다고 말할 수는 없다"[71]라고 말한다. '기질 가운데 있는 성'과 '성이 기질 중에 있다'는 말은 차이가 있으니, 전자는 기질을 기반으로 하지만 후자는 성을 본체로 여긴다. 이 외에 그는 비록 기질을 강조하지만, 기의 맑고 탁함에 의해서 선과 악이 결정되는 것이 아니라 습속에 의해서 결정된다는 입장을 가지고 있다. 성과 기를 그 근원이라는 관점에서 말하면 모두 선한 것이어서 "순수한 하나의 기이므로 불선함이 없다"[72]라고 할 수 있다. 하지만 이것은 다만 '계지자선繼之者善'인 잠재적 가능성일 뿐이며, 진정한 선과 악은 오히려 후천적인 경험과 실천에 의해 결정된다. 이것은 이전의 성리학자들과 차이가 있는 부분이다. 이 때문에 왕부지는 다음과 같이 말한다.

> 나는 여기에서 선유들의 잘못된 학설을 남김없이 깨뜨린다. 기를 천한 것으로 생각함으로써 성 하나만 남아 있게 하여 성으로 하여금 공허한 것에 의탁하지 않도록 하고, 정을 총애함으로써 성과 짝하게 하여 성으로 하여금 그 정절을 잃어버리지 않게 한다.[73]

---

71) 『讀四書大全說』, 권7, 「論語・陽貨」, "若非質, 則直未有性……可言氣質中之性, 以別性於天, 實不可言性在氣質中也."
72) 『讀四書大全說』, 권10, 「孟子・告子上」, "純然一氣, 未有不善."
73) 『讀四書大全說』, 권10, 「孟子・告子上」, "愚於此盡破先儒之説. 不賤氣以孤性, 而使性托於虛, 不寵情以配性, 而使性失其節."

이성과 감성의 결합 및 선천과 후천의 결합은 왕부지의 천지지성과 기질지성에 대한 기본 관점이다. 이것은 선험적인 도덕인성론과 결코 떨어질 수 없지만, 왕부지는 오히려 후천적인 실천을 통해 각 사태에 감응하는 것을 중시하였다. 이것은 어떤 의미에서 인성의 형성과 그 선악이 모두 후천적인 실천에 의해서 결정된다고 말하는 것이다. 이 때문에 가치의 평가 기준은 선천적으로 품부한 것이 아니라 후천적인 경험이라고 말할 수 있다.

왕부지의 뒤를 이은 안원顔元은 '리와 기를 융합하여 하나가 되게 한다'는 기본적인 이론에서 출발하여, 두 종류의 성이 있다는 학설에 대해서 반대한다. 그는 천지지성과 기질지성이 실제로는 "단지 하나일 뿐이지 두 가지의 성이 있는 것은 아니며",74) "그것을 둘로 보는 것은 옳지 않다"75)라고 생각했다. 그 역시 악을 기질로 몰아가는 전통적인 관점에 반대했는데, 이 부분은 왕정상·진확·황종희·왕부지 등과 같은 점이다. 안원은 성과 정·재·기질이 모두 하나라고 생각했으며, 동시에 몸과 마음, 성 역시 모두 하나라고 생각했다.

> 인의예지仁義禮智는 성이다.…… 사람들은 발한 것을 통해 성을 알게 되니, 인의예지의 성이 발한 것이 바로 측은지심惻隱之心·수오지심羞惡之心·사양지심辭讓之心·시비지심是非之心이다. 발한 것은 정이고, 발해서 각각의 일들 속에서 드러낼 수 있는 것은 재이다. 그러므로 정과 재가 아니면 성을 드러낼 수 없고, 기질이 아니면 정과 재가 되게 하는 것이 없으므로 성이라고 말할 수 있는 것도 없다. 이러한 정은 다름 아닌 성이 드러난 것이며, 재 역시 다름 아닌 성의 능력이다. 기질도 다름 아닌 성·정·재의 기질이다. 이것은 모두 하나의 리이면서 그 이름이 다를 뿐이다.76)

---

74) 『存性編』, 「性理評」, "只是一般, 非有兩等性也."
75) 『存性編』, 「性理評」, "二之則不是."

기질은 기혈氣血 또는 골육骨肉과 같은 신체로, "그 형체도 다른 것이 아니니, 기질을 말하는 것이다."77) 형체와 성, 성과 정 그리고 재는 실제로 하나일 뿐이니, 성을 논하기 위해서는 기질지성이 있어야 하며, 기질에 대해 논하는 것은 바로 성의 기질을 논하는 것이다. 기질을 떼어 놓고 성을 논하는 것은 "기혈과 골육을 별다른 것으로 생각하는 것"78)이며, "형체를 벗어난 곳에서 따로 공허하고 환상에 불과한 성의 영묘함을 말하는 것"79)으로, 여기에서 불교와 도교의 학설에 빠지게 된다.

안원이 말하는 성과 기질의 통일론은 인의예지와 같은 윤리도덕을 인성의 기본적인 내용으로 인정하는 것이기 때문에 성리학의 성론과 첨예하게 대립되지는 않지만, '사람이 태어나면서 정한 그 이전 상태'와 같은 도덕본체는 부정한다. 그는 비록 인성이 선천적으로 품부된 것이라는 사실을 인정하지만, 그것은 추상적인 본체가 아니라 사람의 감성 즉 혈기나 골육과 같은 신체의 측면에서 현실적으로 드러난 성이라고 말한다. 이것은 실제로 사람의 생리·심리적인 소질과 감성적 필요에 따른 합리성 및 그 가치를 인정하는 것이다. 이러한 부분은 성리학자들이 오로지 성과 명만을 정수라고 생각하고 형체를 거추장스럽게 생각하는 것이나, 기질을 매우 큰 사욕의 보금자리 정도로 생각하는 것과는 분명한 차이가 있다.80)

안원은 기질이 모두 선하다는 명제를 제기하는데, 이것은 왕부지보다

---

76) 『存性編』, 「性圖」, "仁·義·禮·智, 性也.……以發之者知之也, 則惻隱·羞惡·辭讓·是非也. 發者情也, 能發而見於事者才也. 則非情·才無以見性, 非氣質無所爲情·才, 卽無所謂性. 是情非他, 卽性之見也, 才非他, 卽性之能也. 氣質非他, 卽性·情·才之氣質也. 一理而異其名也."
77) 『存性編』, 「棉桃喩性」, "此形非他, 氣質之謂也."
78) 『存性編』, 「性理評」, "以氣血骨肉爲分外."
79) 『存性編』, 「性理評」, "於形體之外別狀一空虛幻覺之性靈."
80) 『存性編』, 「性理評」 참조.

더욱 명확하고 철저하다. 성과 기질, 다시 말해 성과 혈기·골육을 분리시키지 않았기 때문에 성선설 역시 필연적으로 기질과 관계된다.

> 만약 기를 악하다고 말하면 리 역시 악하고, 리를 선하다고 말하면 기 역시 선하다. 기는 리의 기이고 리는 기의 리이니, 어떻게 리는 순수한 선이라고 말하면서 기질은 치우쳐서 악이 있다고 하는가!⁸¹⁾

사람의 식욕·성욕과 같은 감성적인 필요와 생리적인 욕망은 모두 기질에 속하는데, 이것은 인성의 중요한 내용이기 때문에 이 또한 가치론상으로 선함이 된다. 만약 감성적인 필요와 생리적인 욕망을 악한 것으로 여겨 배척한다면, 이것은 사람의 현실적인 존재를 부정하는 것과 같다. 그래서 안원은 인간의 일상적인 정감과 욕망을 부정하는 것에 대해서 "이것이야말로 불교와 같은 이단사설이 아니고 무엇인가!"[82]라고 말한다.

악의 근원에 관해서 안원과 진확은 같은 관점을 견지한다. 이들은 모두 좋은 소리를 듣기 원하고 아름다운 색을 보기 원하는 것들에 대해 하늘의 이치와 같이 바른 것으로 여겨 이것을 선으로 생각하고, 만약 자신을 가리는 습속과 잡스러움에 이끌려 나쁜 색과 음란한 소리를 보고 듣게 되면 악하게 된다고 생각했다. 이 말은 선함은 태어나면서 갖추어지는 것이고 악함은 후천적 경험이라는 것으로, 이러한 평가는 근본적으로 인의예지와 같은 하늘의 법칙을 표준으로 여기는 입장으로 돌아가는 것이다. 하지만 그는 눈·귀가 가진 육체적 욕구와 식욕·성욕 등에 대해 하늘이 부여한 합리성이라는 입장을 공개적으로 제기하는데, 이것은 도덕인성론의 구속

---

81) 『存性編』, 「駁氣質性惡」, "若謂氣惡, 則理亦惡, 若謂理善, 則氣亦善. 蓋氣卽理之氣, 理卽氣之理, 烏得謂理純一善而氣質偏有惡哉!"
82) 『存性編』, 「駁氣質性惡」, "非釋氏六賊之說而何!"

을 깨뜨리는 데 일정한 작용을 한다.

대진戴震은 안원에 비해 한층 더 철저한 모습을 보여 준다. 그는 기질이 곧 성이라는 사실을 분명하게 인정하면서, 이 이외에는 어떠한 성도 없다고 생각했다. 소위 천지지성이나 천명지성도 실제로는 기질지성 아닌 것이 없다. 그래서 대진은 "옛날 사람들이 성에 대해서 말할 때 기품氣稟만을 가지고 말했지 의리를 성이라고 말한 적은 없다. 이러한 사실은 말하지 않아도 알 수 있다"[83]라고 말한다. 이른바 기품이나 기질은 혈기를 가진 심의 인식능력으로, 살기를 원하고 죽기를 두려워하는 마음과 식욕 및 성욕, 이로움을 추구하면서 해로운 것은 피하려 하는 마음 등과 같은 생리적인 필요를 포함하고 있다. 이른바 의리義理는 단지 심의 인식능력이 신명함에까지 통하여 법칙을 알 수 있게 된 상태를 말하는 것으로, 이것을 선하다고 한다. 하지만 이 말이 기질 밖에 따로 의리나 천지지성이 있다는 것은 아니다.

> 옛날 성현들께서 인의예지仁義禮智를 말할 때에는 욕구 이외에서 구하지 않았으며, 혈기를 가진 심의 인식과도 떨어져 있지 않았다. 그러나 후대의 유학자들은 그것을 다른 것이라고 생각해서, 마치 나루에 배를 대듯이 그렇게 붙어 있는 것을 성이라고 생각했다.[84]

근본적인 면에서 말하면, 대진은 왕부지나 안원과 같은 사람들에 비해 훨씬 감성을 중시하였다. 그리하여 그는 더욱 감각론적인 경향을 띠게 되었고, 리理만을 중시하는 유리론唯理論적 사고로부터 완전히 멀어졌다.

---

83) 『孟子字義疏證』, 「理」, "古人言性, 但以氣稟言, 未嘗明言義理爲性, 蓋不待言而可知也."
84) 『孟子字義疏證』, 「性」, "古聖賢所謂仁義禮智, 不求於所謂欲之外, 不離乎血氣心知. 而後儒以爲別如有物湊泊附著以爲性."

안원이 단지 의리와 기질이 합일되어 떨어질 수 없다는 사실만을 강조했다면, 대진은 여기에서 한 단계 더 나아가 의리는 기질에 근원하고 있으며 기질이 먼저 있고 의리는 나중에 있다는 입장을 제기했다. 의리義理는 자연적인 본성을 실현하거나 완성하기 위한 것으로, 실천 가운데 형성된 자연법칙일 뿐이다. 즉 자연에서 출발하여 필연으로 귀결된 것이라는 말이다. 그래서 대진은 "필연은 자연의 지극한 법칙으로, 그 자연을 완성시켜 가는 것이다"[85]라고 말한다.

대진은 성리학자들의 형이상학적인 도덕론에 반대하여 공개적으로 기질이 곧 성이라는 입장을 제기하였다. 그는 사람의 생리적인 필요를 인성의 근본이라고 생각하면서 여기에서 사람의 지위와 가치를 새롭게 긍정하였다. 이것은 명청 시기 이후 성론의 발전이 가져다 준 중요한 결과로 분명한 계몽적 성격을 갖추고 있다. 성리학자들이 인성을 논할 때에는 모두 절대적이고 초월적인 도덕원칙으로부터 출발하여 도덕이성만을 강조하면서 감성적인 부분을 홀대하고 폄하하였다. 그들은 비록 기질지성을 인정하기는 했지만 동시에 그것을 악의 근원으로 귀결시켰다. 이러한 입장에 대해 대진은 "사람이 사람이 됨에 있어서 기품이나 기질을 다 버리면 무엇을 가지고 사람이라고 할 수 있는가?"[86]라고 말하면서 첨예하게 대립된 입장을 제기했다. 그는 사람을 현실적인 생활 가운데에 살아 있는 감정적 존재로 보았다. 이러한 사람은 도덕이성의 화신이 아니며 이성을 초월한 본체는 더더욱 아니다.

당연히 대진은 기질만이 인성의 모든 내용이라고 생각하지는 않았다. 대진은 혈기를 가진 심지心知의 측면에서 말하면, 결코 사람과 동물의 근본

---

85) 『孟子字義疏證』, 「性」, "必然乃自然之極則, 適以完其自然也."
86) 『孟子字義疏證』, 「性」, "人之爲人, 舍氣稟氣質, 將以何者謂之人哉?"

적 차별이 없으므로, 사람과 동물의 차이는 사람이 가지고 있는 의리義理와 도덕이성, 즉 이른바 선함에 있다는 사실을 인정한다. 선함을 사람과 동물이 구분되는 중요한 기준으로 보았던 것이다. 하지만 그가 말하는 선함은 비록 인의예지와 같은 성으로 이야기되어도, 도덕본체론자들이 선함을 우주본체로 생각하는 것과는 차이가 있으며, 이것은 자연적인 실체로, 기질의 발전에 의해 나타나는 필연적 결과일 뿐이다. 도덕법칙은 사람의 자연적 본성의 실현 과정에서 형성된 것으로 성의 자연스러움에서 나온 것이며, 또한 이것은 사람의 자연적인 본성을 실현하기 위해 존재하는 것으로 그 자연스러움을 완성시켜 가는 것이다. 여기에는 사람의 현실적인 발전이라는 적극적인 의미가 포함되어 있다. 종합하면, 대진의 이와 같은 비판적인 결론을 통해 천지지성과 기질지성에 관한 논쟁은 일단락된다.

제12장 성과 정

'성性'과 '정情'은 중국철학사에서 오래전부터 존재했던 개념이었다. 하지만 성리학의 심성론에서부터 이것은 형이상학적인 개념으로 진입하였고, 이렇게 되면서 사변적인 색채가 더욱 가미되었다. 유가철학은 정감의 문제를 매우 중시하였던 반면, 불교와 도교는 성과 정의 관계를 중심 과제로 생각했다. 중국 고대의 전통 철학은 어떠한 의미에서 정감의 철학이라고 말할 수 있는데, 이와 같은 설명은 결코 지나칠 수 없는 대목이다.

1. 송대 이전

공자가 직접 '정'에 대한 개념을 제기한 적은 없지만, 그의 윤리학은 정감에서 출발한다. 그는 사람의 진실한 정감을 매우 강조하였으며, 여기에서부터 이상적인 도덕의 경지에 도달하려고 했다.[1] 그가 제기했던 '몸을 바르게 하는 사람'(直躬者)[2]은 바로 도덕정감을 말하는 것이고, "즐겁지만 음란하지 않고 슬프면서도 조화로움을 해치지 않는다"[3]라고 말한 것은 미

---
1) 馮友蘭, 『中國哲學史新編』 第1冊, 第4張 2節(人民出版社, 1982).
2) 『論語』, 「子路篇」 참조.

학적 정감을 말한 것이면서 동시에 도덕정감을 말한 것이기도 하다. 맹자는 도덕정감에서 출발해서 성선론을 제기하였는데, "그 정은 선하다고 할 수 있다"[4]라고 말한 것은 정감에 따른 경험을 도덕가치로 승화시키고 있는 것이다. 순자는 성·정·욕을 관계시켜 "성은 하늘이 준 것이고, 정은 성의 질質이며, 욕은 정이 (사물들과) 감응하는 것이다"[5]라고 말한다. 맹자와 순자는 모두 성과 정을 하나로 보는 사람들이다. 이들의 뒤를 이은 동중서董仲舒는 "성과 정은 서로 하나이다"[6]라는 명제를 제기하면서, 성과 정은 하늘의 음과 양에 근거한다고 생각했다. 그래서 성은 가르치지 않아도 선하지만, 정은 "조절할 수는 있어도 멈출 수는 없는 것"[7]이기 때문에 성으로 정을 절제해야 한다고 주장하였다.

도가에서 제기하고 있는 '정이 없음'(無情)이나 '정을 잊음'(忘情)은 실제로 정이 필요 없다는 말이 아니라, 성이 정을 변화시키거나 또는 정이 성이 되어야 한다는 사실을 주장하는 것이다. 장자의 "지인至人은 정이 없다"라는 말은 자연을 정으로 생각한 것인데, 여기에서 자연은 바로 성이며, 정감과 공리功利를 초월한 정신의 경지이다. 현학자玄學者들이 제기하고 있는 "명교名教를 초월하여 자연으로 나아간다"는 말 역시 윤리를 초월한 본체의 경지이다. 하안何晏의 "성만 있고 정은 없다"는 학설은 바로 "성인은 정을 잊어버린 사람이다. 그래서 아무리 낮은 단계라 하더라도 생각이 정까지 이르지는 않는다"[8]라는 것이다. 왕필王弼은 정이 있어도 잘못됨이 없

---

3) 『論語』, 「八佾篇」, "樂而不淫, 哀而不傷"
4) 『孟子』, 「告子上」, "乃若其情, 則可以爲善矣."
5) 『荀子』, 「正名篇」, "性者天就也, 情者性之質也, 欲者情之應也."
6) 『春秋繁露』, 「深察名号」, "性情相與爲一."
7) 『春秋繁露』, 「陽尊陰卑」, "可節而不能止."
8) 『世說新語』, 「傷逝」, "聖人忘情, 最下不及情."

다는 주장을 제기했는데, 이것은 성인에 대해서 다음과 같이 생각하기 때문이다.

> (성인이) 다른 사람들보다 훨씬 많은 것이 바로 신명神明이고, 다른 사람들과 같은 것이 바로 다섯 가지 정이다. 신명이 많기 때문에 본체는 충만함과 조화로움으로 무無와 통하고, 다섯 가지 정이 같기 때문에 슬픔과 기쁨으로 사물들과 감응하지 않을 수 없다.…… (하지만 성인은) 온갖 만물에 감응하면서도 사물에 해를 끼치지 않는다.9)

성인은 정감과 떨어져 있지 않으면서도 정감을 초월할 수 있다는 말이다. 성과 정이 이성과 감성의 관계로 변모하면서 이후 성리학자들에게 많은 영향을 끼쳤음은 의심할 수 없는 사실이다.

수당隋唐 시기에 '심성'과 '성정'의 개념은 불교철학의 중심 문제로 변하였다. 그들은 성을 초월적이고 진실한 본체의 경지로 설명하고, 정을 모든 번뇌의 근원으로 설명하려 했다. 성은 청정淸淨한 것이고 정은 (악에) 물든 것이며, 성은 실질적인 것이고 정은 허망한 것이기 때문에 정과 욕망 가운데에서 해탈하여 절대적인 청정의 성을 실현하라고 주장한다.

천태종天台宗에 '깊이 배어 있는 정을 없애고 성만 보존한다'라는 설은, 한편으로는 정감과 욕망의 현실성을 철저하게 부정하면서 다른 한편으로는 초목이나 돌들 역시 불성을 가지고 있다고 주장하는 것으로, 성은 보편적이고 절대적인 본체라는 말이다. 화엄종華嚴宗에서 말하는 청정원명淸淨圓明한 본체는 바로 성 본체이며, 이른바 청정함을 물들인 마음은 정감과

---

9) 『三國志』, 「魏志·鍾會傳附」, "茂於人者神明也, 同於人者五情也. 神明茂, 故能體沖和以通無, 五情同, 故不能無哀樂以應物,……應物而不累於物."

욕망을 가리킨다. 천태종과 화엄종은 모두 정을 없애라고 주장하는데, 이것이 바로 진정한 종교적 금욕주의이다. 하지만 선종禪宗에서 "꿈틀거리는 움직임 속에 영묘함이 포함되어 있으니, 심과 성 아닌 것이 없다"라고 한 말은, 사람의 심리적 정감 역시 성이라고 말하는 것이며 동시에 역으로 무념無念을 으뜸으로 여길 것을 제기하는 것이기도 하다. 무념은 망녕된 생각이나 사사로운 생각이 없는 것을 가리키는 말인데, 여기에는 정감과 같은 심리적 활동 역시 포함되어 있다. 이것은 "종일 밥을 먹어도 한 알의 쌀을 씹는 것을 모르고 종일 옷을 입고 있어서 한 자락의 천을 걸치고 있다는 것을 모른다"라는 말과 같은 의미이다. 옷을 입고 밥을 먹는 중에도 불성이 있다는 것으로, 하나의 생각에만 집착해서는 안 된다는 것이다.

성리학의 심성론은 유가의 발전과 불교·도교가 흡수된 기반 위에서 형성되었다. 한유韓愈는 『원성原性』편을 지어서 성과 정의 개념 및 그 관계에 대한 초보적인 해석을 진행하였는데, 성은 태어나면서 (하늘로부터) 부여 받아서 생긴 것이고 정은 사물에 접하면서 생긴 것이라고 생각했다. 성은 인의예지신仁義禮智信과 같은 다섯 가지 도덕원칙을 가리키고, 정은 희노애구애오욕喜怒哀懼愛惡欲과 같은 일곱 가지 정감활동을 가리킨다. 한유의 성정설은 불교의 사상과 첨예하게 대립된 것으로, 이것은 유가의 도덕인성론을 유지하고 있다. 그는 비록 성에는 세 가지 품등이 있다는 설을 제기했지만, 이것은 오히려 고정된 정의 존재를 부정하는 것이 아니다. 그의 성정에 대한 기본 규정은 모두 성리학자들에 의해 받아들여졌다. 하지만 한유가 비록 성은 선천적으로 부여된 것이고 정은 후천적으로 발생했다는 입장을 제기했다고 해도, 이 둘에 대한 한 단계 더 나아간 설명이 없었으며, 본체론적 특징이 제기된 것은 더더욱 아니다. 이러한 임무는 성리학자들에 의해 완성된다.

이고李翶는 불교의 사상에 대한 비판과 흡수를 통해 정을 없애 버림으로써 성을 회복시켜야 한다는 입장을 제기하였지만, 이고의 사상에 대해서는 여전히 구체적 분석이 필요하다. 첫째, 정은 성으로부터 생겨나고 성은 정으로 말미암아 분명해진다는 성정통일론을 제기하는데, 이것은 이후의 성리학자들에게 보편적으로 받아들여졌다.

성과 정은 서로 아무 상관없는 것이 아니다. 비록 그렇다고 하더라도 성이 없다면 정이 생겨날 수 없으니, 정은 성으로 인해 생겨나기 때문이다. 정은 그 자체로 정일 수 없으니 성으로 인해서 정이 되며, 성은 그 자체로 성일 수 없으니 정으로 인해 밝게 드러난다. 성은 하늘이 명한 것이고,…… 정은 성의 움직임이다.10)

그는 성을 적연부동한 도덕본체라고 말하고, 정은 이러한 성에 의해 생겨난 것으로 사물들과 접해서 동하는 것이라고 설명한다. 성과 정이 이미 서로 상관이 없을 수 없다는 말은 그가 정을 완전히 부정하고 있지 않음을 말하는 것이다.

둘째, '성은 선하지만 정은 선함도 있고 불선함도 있다'라는 명제를 제기하는데, "정은 선함도 있고 불선함도 있지만 성은 불선함이 없다"11)라는 이고의 말이 바로 그것이다. 성이 선하게 되는 이유는 그것이 절대적인 우주법칙에 근거하고 있기 때문이며, 동시에 사람의 도덕법칙이기 때문이다. 정은 성에 의해서 생겨난 것으로, 성의 동함이기는 하지만 모든 정이 선할 수는 없기 때문에 선과 악의 구분이 있다.

셋째, 그는 비록 이와 같다고 하더라도 최종적으로 정은 악한 것이라고

---

10) 『復性書』 上, "性與情不相無也. 雖然, 無性則情無所生矣, 是情由性而生. 情不自情, 因性而情, 性不自性, 由情以明. 性者天之命也,……情者性之運也."
11) 『復性書』 中, "情有善有不善而性無不善焉."

단정하면서, 정을 멸하고 성을 회복시켜야 한다는 입장을 제기한다. 이고가 보기에 정은 반드시 사물과 접해야 드러나는 것이므로 한 번이라도 사물과 접하게 되면 악하게 되고 잘못됨이 생겨난다. 예컨대 물의 성에 비유해 보면, 그 본래의 모습은 맑고 깨끗하지만 모래와 진흙 때문에 더러워진다. 이것은 성 그 자체의 원인으로 인해 그러한 것이 아니라, 외부의 사물과 서로 감응하게 되면서 이렇게 된 것이다.

> 정은 망녕되고 사악한 것이니, 망녕됨과 사악함은 원인이 따로 있지 않다. 망녕된 정을 없애고 끊어 버려서 본성이 청명해지면 그것이 천지와 온 사방에 두루 유행하게 되니, 이것이 바로 그 성을 회복할 수 있다고 말하는 까닭이다.[12]

이것은 정의 망녕됨과 성 사이에는 어떠한 인과관계도 존재하지 않는다는 사실을 말하는 것이다. 이와 같이 정감과 물욕을 악한 것으로 보면서 반드시 그것을 멸하려고 하는 관점은 도덕이성과 정감의 필요를 대립시킨 것으로, 비록 도덕가치를 고양시키고는 있지만 동시에 종교적 금욕주의의 특징을 가진 것이기도 하다. 이것은 불교의 성정론을 받아들인 분명한 증거이다.

2. 북송시대

구양수歐陽修는 성과 정의 관계에 대해 독특한 해석을 제기한다. 그는 사람에게 천지와 음양의 기가 품부되어 있기 때문에 혈기와 인지仁智의 영

---

12) 『復性書』中, "情者妄也, 邪也, 邪與妄, 則無所因矣. 妄情滅息, 本性淸明, 周流六虛, 所以謂之能復其性也."

묘함 및 희노애락과 같은 감정의 변화가 있다고 생각하여 "성은 몸과 함께 생겨난 것이어서 사람이면 누구나 이것을 가지고 있다"13)라고 하였는데, 이는 두 가지 중요한 관점을 제기한다.

첫째, 성과 정은 합일되어 있는 것으로, 모두 학습에 의해 형성된다는 입장이다. 성은 비록 잠재적 도덕이라는 내용을 갖고 있지만 반드시 후천적인 학습을 통해 현실화되는데, 이러한 점은 동중서와 유사하다. 구양수가 "사람의 성은 사물 때문에 바뀌므로 배우지 않는 것은 군자의 길을 버려두고 소인이 되는 것이다"14)라고 말한 것은 사물로 인해서 바뀌는 것은 성이면서 동시에 정이라는 말이다. 그러므로 결코 성과 정은 다른 것이 아니며, 엄격한 구분도 없어 "사물이 눈에서 감응하는 까닭과 정이 마음 가운데에서 동하는 까닭은 그것이 합해져서 큰 중中이 되고 발해서 지극한 화和가 되기 때문이다"15)라고 말한다. 곧 사물들에 감응해서 동하는 것은 정이면서 성이라는 설명이다. 비록 오성五性과 칠정七情으로 구분되지만, 실제로는 모두 후천적 생활 가운데에서 형성된 것으로, 성이 먼저 있고 난 다음에 정이 있게 된 것은 결코 아니다.

둘째, 성은 선하다거나 악하다고 말할 수 없으며, 더욱이 성은 선하고 정은 악하다고 말할 수는 더더욱 없다는 것이다. 성과 정은 사물들과 접하면서 후천적으로 형성된 것이므로, "성의 선과 악에 대해서 궁구窮究할 필요가 없다"16)라고 말한다. 그는 맹자・순자・양웅과 같은 인물들이 말한 성의 선악이나 혹은 선과 악이 섞여 있다는 입장들에 대해, 그 말은 비록

---

13) 『歐陽文忠公全集』, 권47, 「答李翔第二書」, "性者與身俱生而人之所皆有也."
14) 『歐陽文忠公全集』, 권129, 「誨學說」, "人之性因物則遷, 不學則舍君子而爲小人."
15) 『歐陽文忠公全集』, 권75, 「國學試策」, "物所以感乎目, 情所以動乎中, 合之爲大中, 發之爲至和."
16) 『歐陽文忠公全集』, 권47, 「答李翔第二書」, "性之善惡不必究也."

다르지만 시작만 다를 뿐 결국은 같은 것에 불과하다고 평가한다. 만약 후천적인 학습과 교육을 버려두고 이른바 선악에 대해 논한다면 이것은 아무 쓸모없는 담론인데, 실제로 위의 세 사람은 "구구하게도 인의와 예악을 너무 앞세우지 않은 적이 없었다."[17] 하지만 인의와 예악은 주로 후천적인 경험 속에서 획득된다. 이 때문에 성과 정에 대한 학설은 결코 세상에서 사람의 일 가운데 가장 절실한 것이 아니다.

구양수는 성에 대해 말하기 좋아하는 사람들을 보고 "실질적인 일에는 아무 쓸모도 없는 헛된 말에 불과하므로, 그것에 대해서 나는 조금의 겨를도 없다"[18]라고 비판한다. 이것은 이고와 같은 사람들이 제기했던 성과 정 개념에 대한 비판일 것이다. 구양수는 범중엄范仲淹과 마찬가지로 성리학의 기풍을 열었지만, 성과 정의 문제에 대한 그의 입장은 한유나 이고 및 이후의 성리학자들과 분명한 차이가 있다. 이것은 구양수가 이후 성리학자들에게 인정을 받지 못했던 중요한 원인 가운데 하나라고 생각된다. 이러한 점은 호원胡瑗에게 이르러서도 마찬가지이기 때문에 호원이 성에 대해서 논한 다음 단락의 말은 매우 중요하다.

> 백성들에게 있어서 예禮란, 짐승들에게 있어서 우리와 같고 새들에게 있어서 새장과 같으며 물고기에게 있어서 좁은 늪과 같으니, 어떻게 그것이 즐거울 수 있는가? 다만 강제로 노력하면서 그것을 제어할 따름이다. 백성들에게 그 하고 싶은 대로 할 수 있게 풀어 주는 것은, 짐승들이 산이나 호수를 거니는 것과 같고 새들에게 있어서 마음대로 창공을 나는 것과 같으며 고기들이 넓은 강이나 호수를 헤엄치는 것과 같으니, 그것이 어떻게 시켜서 하는 것이겠는가? 정이 저절로 그러한 것일 뿐이다.[19]

---

17) 『歐陽文忠公全集』, 권47, 「答李翊第二書」, "未嘗不區區以仁義禮樂爲急."
18) 『歐陽文忠公全集』, 권47, 「答李翊第二書」, "事無用之空言, 此余之所不暇也."

이 단락의 말이 비록 성에 대한 논의까지 미친 것은 아니지만, 정은 악한 것이므로 반드시 예를 통해 그것을 변화시켜야 한다고 말하는 것이다. 호원은 사회적인 윤리규범이 사람들의 몸에 강제로 가해지는 외부적인 것이기 때문에 결코 정의 자연스러움에 부합될 수 없다는 사실을 인정한다. 사람의 정은 자연스러운 발전을 요구한다. 다른 자료에서는 "호안정은 『중용』에 대해서 말하면서 정과 성에서 시작했다"[20]라고 하였는데, 이것은 그가 성과 정의 문제에 대해 깊이 있게 토론하고 있음을 설명하는 말이다. 서적徐積은 호원의 이러한 입장에 대해서 "대개 정은 바른 것도 있고 바르지 않은 것도 있다"라고 하면서 강하게 비판한다. 호원의 관점과 정이 악하다는 입장이 관계가 있을 수 있음을 보여 주는 것이다.

성리학자들이 성과 정에 대해서 논할 때에는 대부분 성과 정을 체와 용의 관계로 파악하여, 성은 체이자 근원이며 정은 용이자 성을 드러내는 것이라고 본다. 하지만 구체적으로 말해 이것은 결코 완전하게 일치하는 것은 아니며, 어떤 경우는 성과 정이 합일되어 나누어지지 않는다는 점을 강조하고, 또 어떤 경우는 이 둘의 구분을 강조하기도 한다.

주돈이周敦頤와 장재張載는 성과 정의 개념에 대해 그렇게 많은 논의를 하지는 않았다. 주돈이는 한쪽으로 인의仁義와 중정中正을 성이라고 생각하여 그 근거를 성誠에서 찾는데, 이것은 적연부동寂然不動한 본체이다. 그러나 다른 한쪽으로는 오히려 강함과 유함 그리고 선함과 악함을 성이라고 생각하면서 그 근거를 음양오행에서 찾았다. 주돈이는 비록 성이 본체라는 사상을 가지고 있었지만 오히려 분명하게 성정과 체용의 구분을 제기하지

---

19) 『李覯集』, 「與胡先生書」에서 인용한 것임. "民之於禮也, 如獸之於圈也, 禽之於紲也, 魚之於沼也, 豈其所樂哉? 勉强而制爾. 民之於侈縱奔放也, 如獸之於山藪也, 禽之於飛翔也, 魚之於江湖也, 豈有所使哉? 情之自然爾."
20) 『宋元學案』, 「安定學案」, "安定說'中庸', 始於情性."

는 않았다. 하지만 그의 사상적 근거는 성誠함을 성性이라 생각한 것이다. 이러한 성함은 적연부동하면서 순수한 지선至善인데, 이것이 동하게 되면 선과 악이 있게 되므로 "성誠은 아무것도 하지 않지만, 선과 악의 기미가 된다"21)라고 하였다. 성의 체를 본원의 측면에서 말하면 이것은 순수하고도 지극히 선한 것이지만, 발현한 측면에서 말하면 선도 있고 악도 있다. 발현했다는 것은 무無에서 출발해서 유有에 이르는 과정이므로 정이라고 말할 수 있지만, 성이 선하고 정이 악하다고 말할 수는 없다.

장재는, 성에는 불선함이 없지만 정에는 선도 있고 악도 있으므로 그것이 발해서 성에 부합되면 선이 되고 반하면 악이 된다고 하여, 성과 정은 결코 완전하게 합일된 것이 아니라고 생각하였다.

> 맹자가 성과 정에 대해서 말한 것은 모두 동일하니, 또한 그 문세文勢를 보면 어떠한가? 정은 반드시 악한 것이 아니니 희노애락喜怒哀樂이 발해서 절도에 딱 들어맞는 것을 화和라고 말하며, 절도에 딱 들어맞지 않으면 악함이 된다.22)

이것은 그가 성과 정이 합일되어 있다는 입장에 대해 동의하지 않음과 동시에 성은 선하고 정은 악하다는 입장에 대해서도 동의하지 않고 있음을 말하는 것이다. 장재가 말한 정은 결코 기질지성이 아니다. 천지지성과 기질지성에는 비록 추상과 구체, 보편과 특수, 형이상과 형이하의 구분이 있지만, 성과 정의 관계는 아니다. 성과 정을 상대시켜 말하면, 주로 천지지성이면서 기질지성이 아닌 것을 가리킨다. 개념론의 측면에서 말하면, 정과 기질지성은 그 차원에 있어서 차이가 있다. 정은 희노애락과 같은 정

---

21) 『通書』, 「誠幾德」, "誠無爲, 幾善惡."
22) 『張子全書』, 「語錄中」, "孟子之言性情皆一也, 亦觀其文勢如何? 情未必爲惡, 哀樂喜怒發而中節謂之和, 不中節則爲惡."

감활동을 가리키고 기질지성은 생리적인 특징과 필요를 가리키므로 이 둘은 모두 감성적이고 경험적인 존재이지만 그 근거가 기질지성은 기氣의 유행과 변화이고 정은 천지지성으로 서로 다르다.

장재는, 비록 정은 성이 발한 것이기 때문에 성과 관계가 없을 수는 없지만 절도에 맞음과 절도에 맞지 않음의 구별은 있다는 입장을 제기하여 성이 정을 주도하고 정은 성을 따라야 한다고 주장한다. 정이 발한 것은 반드시 도덕이성에 부합되어야 하며, 그 지배를 받아야 한다. 이것은 장재와 나머지 성리학자들이 동일하게 주장하는 것으로 도덕이성주의의 특징을 드러낸 것이다. 이에 장재는 리 아니면 보지도 말고 듣지도 말며, 리 아니면 말하지도 말고 행동하지도 말라고 했는데, 이것이 바로 '그 정이 바로 성이다'라는 입장이다.

이정二程은 성과 정을 명확하게 구분하여, 성은 리이고 근본이며 정은 동함이고 말단적인 것이라고 생각하였다. 그리고 이러한 입장에서 성과 정을 도덕본체론적인 논리구조 속으로 집어넣는다.

> 오직 성만이 근본(本)이고 정은 이러한 성이 동한 것(動處)이니, 정은 또한 언제 악하게 된단 말인가? '옛날 사람들은 이익을 근본으로 여겼다'는 말은 이익이 되는 것에 순응하는 것을 성으로 여겼다는 말이니, 이러한 정이라면 모름지기 이것도 바르다.23)

이정은 성이 바로 근본이라고 생각하였는데, 성은 사람이 사람이 되는 근본적 기준이며 정은 이러한 성이 발發하고 동動한 것이라는 말이다. 성은

---

23) 『河南程氏遺書』, 권2上, "只性爲本, 情是性之動處, 情又幾時惡? '故者以利爲本', 只是順利處爲性, 若情則須是正也."

비록 형이상의 도덕이성이지만 반드시 정을 통해 실현될 수 있다. 정은 감성적이고 경험적인 것으로, 사람마다 모두 감지할 수 있다. 이러한 측면에서 그들은 결코 정을 완전히 없애야 한다고 주장한 것은 아니라고 말할 수 있다. 정호程顥의 『정성편定性篇』에서는 성과 정이 합일되어 있다는 사상이 제기되기도 한다. 정호가 '성은 안과 밖이 따로 없다'라고 한 것은 성과 정을 통일시키고 안과 밖을 합일시킨 것으로, 성과 정을 대립시키지는 않고 있다. 만약 외부의 유혹을 싫어하면서도 사물을 외부적인 것으로 생각한다면, 이것이 바로 안과 밖을 두 개의 근본으로 생각하는 것이다. 실제로 심 밖에 있는 사물에 감응해서 동하는 정 역시 심 속에 내재하는 성이므로 정호의 결론은 다음과 같다.

> 무릇 천지의 항상됨(常)은 그 심이 만물에까지 퍼져 있으면서도 심이 없는 것 같고, 성인의 항상됨은 그 정이 만사에 순응하면서도 정이 없는 것 같다. 그러므로 군자의 배움은 확연대공廓然大公한 것으로 만물이 와서 순응한다.24)

이것이 바로 안과 밖의 합일인 동시에 성과 정의 합일이다.

> (만약) 외부에 있는 사물들을 마음 밖에 있는 것으로만 생각하여, 자신을 끌고 사물들만을 따라가게 되면, 이것은 자신의 성을 안과 밖으로 나누어 생각하는 것이다.25)

성에 안과 밖에 없다는 사실을 알게 되면 반드시 외부의 유혹을 끊는

---

24) 『二程文集』, 권2, 「答張橫渠子厚先生書」, "夫天地之常, 以其心普萬物而無心, 聖人之常, 以其情順萬事而無情. 故君子之學, 莫若廓然而大公, 物來而順應."
25) 『二程文集』, 권2, 「答張橫渠子厚先生書」, "以外物爲外, 牽己而從之, 是以己性爲有內外也."

데 그 뜻을 둔다. 이른바 정이 있으면서도 정이 없다는 것은 정이 이성화된 상태를 말하는 것으로, 이것은 저절로 그렇게 되어 가는 과정이지 어떠한 외재적 강박이나 의지의 안배에 의한 것은 아니다. 이 때문에 성은 정의 성이고 정은 성의 정이니, 성정과 안팎은 결코 구분할 수 없다. 이 때문에 "마음 밖은 옳지 않고 마음 안만 옳다는 입장과 안과 밖 양쪽을 모두 잊어버린다는 것은 같지 않다. 양쪽을 모두 잊어버리면 분명하게 일(事)은 없어진다"26)라고 했던 것이다. '양쪽을 모두 잊는다'는 말은 성정과 안팎의 차이를 따져서 구분할 필요 없이 그 성과 정의 자연스러움에 따른다는 것으로, 이와 같이 되면 만물에 응함으로써 잘못되지 않게 된다.

이뿐만 아니라, "성인이 기뻐하게 되면 만물도 마땅히 기뻐하고, 성인이 노하게 되면 만물도 마땅히 노한다. 이것은 바로 성인의 기쁨과 노함으로, 심에 달려 있는 것이 아니라 물(物)에 달려 있다"27)라고 말할 수 있다. 이것은 성인에게 정이 없다는 사실을 말하는 것이 아니라, 성인의 정은 고도로 자각된 순수하고 폐단이 없는 천지지성이라는 말이다. 이러한 상태가 바로 확연대공한 것이므로, 사물이 와서 순응할 수 있다. 이른바 '심에 달려 있지 않다'라는 것은 단지 자신이 사사롭게 지혜를 사용하는 심에 달려 있지 않다는 말이다. 성인은 만물이 당연히 기뻐하는 것을 기뻐하고 당연히 노하는 것에 대해서 노하게 된다는 것을 통해 우리들은 성인에게 결코 정이 없지 않다는 사실을 알 수 있다. 다만 성과 정이 완전하게 합일되어 있기 때문에 성이 곧 정이고, 정이 곧 성일 뿐이다.

사람의 정감활동은 매우 풍부하여 정신생활을 할 때에는 아주 작은 부

---

26) 『二程文集』, 권2, 「答張橫渠子厚先生書」, "與其非外而是內, 不若內外之兩忘也. 兩忘則澄然無事矣."
27) 『二程文集』, 권2, 「答張橫渠子厚先生書」, "聖人之喜, 以物之當喜, 聖人之怒, 以物之當怒. 是聖人之喜怒, 不系於心而系於物也."

분도 빼놓을 수 없으니, 도덕내용을 제외해도 여전히 다른 부분들이 남아 있다. 만약 정을 도덕이성이 드러난 것으로만 귀결시켜 완전히 도덕정감으로만 바꾸어 버린다면, 이것은 인성에 대한 단편적 이해임에 분명하다.

이정이 비록 성과 정을 통일시키는 관점을 제기했지만 이것은 결코 정의 동함이 모두 성에 부합된다고 말한 것은 아니다. 그래서 정호는 "사람의 정은 그 정에 따라 각각의 폐단이 있기 때문에 도에 딱 들어맞을 수 없다. 큰 근심은 자신의 사사로움에 지혜를 사용하는 것이다"[28]라고 하였는데, 이는 사람의 정은 폐단이 있기 때문에 성에 부합될 수 없다는 사실을 강조한 것이다. 이 때문에 정을 일에 적용시켜 갈 때에는 반드시 리의 옳고 그름을 살펴서 정이 성을 따를 수 있게 해야 한다. 또 정이程頤는 다음과 같이 말한다.

> 그 본체는 진실되면서도 정靜하니, 그것이 아직 발하지 않았을 때에는 오성五性이 모두 갖추어져 있어서 인의예지신仁義禮智信이라고 말한다. 형체가 이미 생겨나고 외부의 사물이 그 형체에 닿게 되면서 심 가운데에서 동함이 생겨나고 그 동함으로부터 칠정이 나오게 되는데, 이를 희노애락애오욕喜怒哀樂愛惡欲이라고 말한다. 정이 왕성하여 들끓어 오르게 되면 그 성도 꿰뚫어 버린다.[29]

성은 반드시 외부의 사물과 접촉해야만 동할 수 있게 되는데, 이렇게 동하면 칠정이 나온다. 칠정과 측은지심을 포함한 사단지심四端之心이 어떠한 관계인지에 대해서는 정이도 말하지 않고 있다. 하지만 그는 정이 왕성

---

28) 『二程文集』, 권2, 「答張橫渠子厚先生書」, "人之情各有所蔽, 故不能適道. 大率患於自私而用智."
29) 『二程文集』, 권8, 「顔子所好何學論」, "其本也眞而靜, 其未發也五性具焉, 曰仁義禮智信. 形旣生矣, 外物觸其形而動於中矣, 其中動而七情出焉, 曰喜怒哀樂愛惡欲. 情旣熾而益蕩, 其性鑿矣."

해져서 들끓게 되면 그 본성을 파괴할 수 있으며, 심지어 본성을 가두어 두고 그것을 잊어버릴 수 있다는 입장을 제기한다. 이것이 바로 '그 성이 정이 되었다'라고 부르는 상태로, 이성을 완전하게 상실한 것이다. 이 때문에 그는 정을 구속하여 그것으로 하여금 성에 부합되도록 해야 한다고 주장한다. 이것이 바로 '그 정이 성이 되었다'라고 부르는 상태로, 도덕이성을 사용하여 감정을 지배하는 것이다.

한쪽에서 보면 성은 반드시 동(動)함을 따라 발해서 정이 되므로 성과 정은 원래 통일성을 가지고 있지만, 다른 한쪽에서 보면 정이 발해도 반드시 성에 부합되는 것은 아니므로 이 둘은 또한 통일될 수 없다. 감성과 이성의 모순이 확실하게 존재하기 때문에 반드시 이성을 사용해서 감성을 지도해야 한다. 하지만 이정은 도덕이성을 선험적인 절대적 원칙으로 설명하면서 감성의 억압을 통해 도덕이성이 현실화될 수 있다고 생각했는데, 이것은 성리학의 도덕주의적 특징을 그대로 드러낸 것이다. 그들은 '마음을 바르게(正心)하고 성을 길러야 한다(養性)'라는 주장을 제기했는데, 이것이 바로 정감을 구속하여 순수한 도덕정감으로 변화시키려는 것으로, 그들이 보기에 이것이 성과 정을 통일시키는 것이다.

3. 남송시대

이정 이후 주희(朱熹)는 성과 정을 체와 용 및 동과 정으로 분명하게 규정하였다. 더불어 그는 '심이 성과 정을 통섭한다'는 설과 '심에는 체와 용이 있다'는 설을 통해 성과 정을 하나의 심으로 통일시켜 주체 개념으로 확정하고, 여기에서부터 성과 정의 관계를 전개한다.

우선 심은 체와 용의 구분이 있기 때문에 성과 정도 구별되므로, 주희는 "성은 체이고 정은 용인데, 이 두 글자는 모두 심心이라는 글자를 부수로 사용한다. 그러므로 성과 정이라는 글자는 모두 심으로부터 나온 것이다"30)라고 하였다. 성은 심의 형이상학적인 초월의 측면에서 말한 것이고, 정은 심의 형이하학적인 작용의 측면에서 말한 것이다. 그런데 "반드시 체가 있은 이후에 용이 있으므로"31) 성이 있은 이후에 정이 있게 된다. 하지만 성은 보편적 원칙으로 정의 발용과 유행을 통해서 실현되므로, 이러한 의미에서 말하면 이 둘은 결코 상관이 없을 수 없다.

먼저 정을 동함과 정함의 관계에 따라 말하면, 성은 본체로 적연부동한 것인 반면에 정은 성의 동함이나 발함으로, 감하는 것에 따라 응한다. 그래서 주희는 "하나의 심 가운데에는 원래부터 동動함과 정靜함이 있으니, 정한 것은 성이고 동하는 것은 정이다",32) "성은 동하지 않는 편안한 상태이고, 정은 사물로 인해 감응하는 것이다"33)라고 하였다. 성은 형이상의 리로 "형상과 소리, 냄새 등으로 형용할 수 있는 것이 아니어서"34) 동함도 없고 정함도 없다. 성의 동함은 성이 아니라 오히려 정이며, 동하게 하는 것을 성이라고 말하고 동한 것은 정이라고 한다. 이 때문에 정을 떼어 놓고 성이라고 말할 수 있는 것은 없으며, 동함을 떼어 놓고 이른바 정靜함이라고 말할 수 있는 것도 없다. 정함은 결코 절대적인 정지의 상태로 존재하는 것이 아니다. 또한 성 그 자체는 볼 수 없고, 정으로 인해서만 볼 수 있다.

---

30) 『朱子語類』, 권5, "性是體, 情是用, 心字只一个字母. 故性情字皆從心."
31) 『朱子語類』, 권98, "必有體而後有用."
32) 『朱子語類』, 권98, "一心之中, 自有動靜, 靜者性也, 動者情也."
33) 『朱子語類』, 권98, "性安然不動, 情則因物而感."
34) 『孟子或問』, 권11, "無形象聲臭之可形容也."

성이 있으면 그것은 바로 정으로 발출發出하므로, 이 정으로 인해 그 성을 볼 수 있다. 지금 이 정이 있기 때문에 본래부터 이러한 성이 있었다는 사실을 알 수 있다.35)

이것은 일종의 형이상학적인 유추법이다. 사람의 정감활동은 경험의 범주에 속하는데, 이러한 사람의 정감활동으로부터 형이상학적인 도덕본체가 있다는 사실을 유추해서 알게 된다는 것이며, 반대로 정은 성의 표현이라는 사실을 논증함으로써 정으로 하여금 내재적인 도덕 근거를 갖게 하는 것이다. 정으로 인해 성이 드러난다는 것은 실제로 정감 체험이 자아를 초월하는 것으로, 사람의 정감활동을 도덕화된 본체로 승화시키는 것이다. 이것은 사람의 자아 가치를 고양시키는 것이다.

성은 정과 떨어져서 존재할 수 없기 때문에 정을 버릴 수도 없고 없앨 수도 없다. 정을 떼어 놓게 되면 불교처럼 체만 있고 용은 없다는 학설이 될 수 있는데, 용이 없는 체는 체가 될 수조차 없다. 그래서 주희는 "그 정이 발함으로 인해 성의 본연이 드러날 수 있으니, 이것은 마치 사물의 가운데 있으면서 단서를 통해 외부로 드러나는 것과 같다"36)라고 하였다. 바로 이 때문에 주희는 "정의 본체가 좋지 않은 것은 아니다"라고 하여 이고의 멸정론滅情論에 대해 불교와 노장의 학설이라면서 다음과 같이 비판하였다.

이습지(李翶)가 '성을 회복해야 한다'라고 말한 것은 옳지만, '정을 없애 버림으로써 성을 회복시켜야 한다'라는 말은 옳지 않다. 정을 어떻게 없앨 수 있다는 말인

---

35) 『朱子語類』, 권5, "有這性, 便發出這情, 因這情, 便見得這性. 因今日有這情, 便見得本來有這性."
36) 『孟子集註』, 「公孫丑上」, "因其情之發而性之本然可得而見, 猶有物在中而緒見於外也."

가! 이것은 불교의 학설로, 그 가운데 빠지면서도 스스로 그것을 알지 못한다.37)

주희는 정이 사람에게 없을 수 없다는 사실을 긍정하면서, 성을 논하게 되면 반드시 정 속에서 그것을 드러내야 한다고 생각하였다. 그래서 "사람의 성과 정은 심의 체와 용으로, 그 본연은 완전하게 갖추어져 있으면서 각각에는 조리가 있다"38)라고 하면서 성과 정 가운데 어느 하나도 빼놓지 않는다. 이른바 정을 없앨 수 없는 것은 정이 성을 드러낸다고 설명하는 것일 뿐만 아니라, 사람의 도덕가치를 확정하는 데 있어서도 중요하기 때문이다.

다음으로 정을 본원의 측면에서 말하면, 그것은 당연히 선한 것이거나 본래부터 선한 것으로, 주희는 "사람의 정은 본래 선하기만 할 뿐 악할 수는 없으므로, 여기에서 성이 본래 선함을 알 수 있다"39)라고 하였다. 정을 통해 성이 선하다는 사실을 증명하는 것은 맹자 이래의 전통적인 사상인데, 주희는 먼저 성을 본체로 설정한 것에 불과하다. 하지만 그것이 이미 정이라면 이것은 반드시 외부의 사물에 감응해서 동하는 동시에 기로 표현되므로, 이러한 두 가지 측면에서 보면 정은 오히려 선하지 않을 가능성을 가지고 있다. 전자에 따르면 이것은 물욕에 빠져서 그렇게 된 것일 뿐 정이나 재질의 잘못은 아니라고 말할 수 있고, 주희는 "심의 본체는 원래부터 불선함이 없는데, 그것이 흘러서 불선하게 되는 것은 정이 사물에게로 옮겨가면서 그러한 것이다"40)라고 하였다. 만약 사악함을 막을 수 없거

---

37) 『朱子語類』, 권59, "李翶復性則是, 云'滅情以復性', 則非. 情如何可滅! 此乃釋氏之說, 陷於其中不自知."
38) 『孟子集註』, 「公孫丑上」, "人之性情, 心之體用, 本然全具, 而各有條理."
39) 『孟子集註』, 「告子上」, "人之情, 本但可以爲善, 而不可以爲惡, 則性之本善可見矣."
40) 『朱子語類』, 권5, "心之本體, 本無不善, 其流爲不善者, 情之遷於物而然也."

나 그 마음을 단속할 줄 모른다면 그 마음은 악을 향하여 빠르게 달려갈 것이다. 하지만 후자에 따르면 기품이 고르지 않기 때문에 그 성이 발해서 정이 될 때 또한 선하지 않을 가능성이 있다고 말할 수 있다.

> 성의 측면에서 말하면, 재질과 정은 불선함이 없다. 다만 기질의 품부됨이 고르지 않아서 이것이 재질을 구속하고 정이 그것을 따르게 되므로 의리와 하나가 될 수 없다.[41]

주희는 기품과 외부의 사물, 즉 주관과 객관이라는 두 측면에서부터 정이 어떻게 불선하게 되는지를 설명하고, 여기에서부터 성을 회복해야 한다는 입장을 제기한다. 이른바 성을 회복해야 한다는 말이 비록 정을 없애는 것은 아니지만, 반드시 사람의 감정활동을 구속하고 통제해야 한다는 것은 분명하다.

정情은 내포와 외연이 매우 넓은 개념이다. 이것은 주로 사람의 사회적 필요에 의해서 만들어진 심리적 체험으로, 생리生理나 윤리, 미학, 인식 등과 같은 여러 방면으로 드러난다. 정에 대한 주희의 분석은 이미 이와 같은 내용과 관계되어 있다. 그는 희노애락 등과 같은 일반 정감과 측은, 수오 등과 같은 도덕정감을 비교하여, 전자는 일반적인 심리활동이 가지는 정서적인 감정이라고 생각했으며 후자는 도덕인성의 표현이라고 생각했다. 동시에 이 둘을 관계시켜 전자 가운데 후자에 귀속되는 것을 분별하고 후자를 가지고 전자를 설명한다. 그가 이해하고 있는 정을 설명할 때 그것은 주로 도덕정감이다. 당연히 미학상의 정감체험도 있겠지만 이것 역시

---

41) 『孟子或問』, 권11, "以性而言, 則才與情非有不善也. 特氣質之禀不齊, 是以才有所拘, 情有所殉, 而不能一於義理也."

도덕적 내용을 갖추고 있다. 이로 인해 그가 말하는 성과 정은 주로 도덕 인성론의 개념에 속한다.

정과 관계가 있는 것으로는 의意·재才·기氣·욕欲 등과 같은 개념들이 있는데, 주희는 이것들을 구별해서 해석한다. 이러한 개념들은 대체로 정과 동일한 차원에 속하는데, 이 가운데 "정情은 또한 의意의 골자骨子이고, 지志와 의도 모두 정에 속한다."42) 이것이 바로 정감과 의지이다. 정이 의의 골자가 되는 이유는 정이 바로 성의 동함이기 때문이며, 사람이 살아가면서 필요한 것이 여기에서 가장 먼저 시작되기 때문이기도 하다. 이것은 또한 특정 가치에 대한 지향성을 드러내는 것이면서 동시에 가치 판단의 내재적 근거이기도 하므로, 의는 반드시 이러한 가치 판단에 의거한 이후에 지향하는 바가 있다. 이러한 해석 역시 유가에서 일관되게 중시하는 정감의 표현이다.

육구연陸九淵은 성정합일론자로, 정情·성性·심心·재才가 모두 같은 존재라고 하였는데, 이러한 이름들은 단지 짝해서 말하면서 달라진 것일 뿐이라는 것이다. 이는 성정합일을 주장한다는 사실을 설명하기에 충분한 말이다. 성은 정이며 정은 바로 성이다. 그가 말하는 본심은 도덕정감이면서 동시에 도덕이성이다. 이 때문에 그는 성정과 체용을 엄격하게 구분하지 않았으며, 동시에 이러한 개념들을 각각 형이상과 형이하 한쪽으로만 귀속시켰던 주희를 비판한다. 하지만 육구연의 성정합일론은 실제로 도덕본체에서 출발한 것으로, 도덕본체를 인간의 본체로 승화시켜 일체의 본능적 활동을 모두 본심의 작용으로 설명한다.

---

42) 『孟子或問』, 권11, "情又是意的骨子, 志與意都屬性."

사람은 사단을 가지고 있으므로 인성의 선함이 밝아지니, 그러한 심心을 스스로 포기하고 버려두어서는 안 된다. 진실로 이러한 심이 존재하므로, 이 리 역시 저절로 밝아진다. 그래서 측은해야 할 때가 되면 측은한 마음이 들고, 부끄러워해야 할 때나 사양해야 할 때, 그리고 옳고 그름을 가려야 할 때가 되면 스스로 그것을 판별할 수 있게 된다.43)

육구연은 성정 간의 모순을 거의 극복한 것처럼 보이지만, 도덕본체의 주체적인 자각성을 강조하면서, 동시에 오히려 정감활동의 자발성을 북돋우기도 한다. 그런데 여기에는 성리학체계를 파괴할 수 있는 위험성이 내포되어 있다.

4. 원명시대

왕수인王守仁 역시 성과 정이 합일되어 있다고 주장하면서 이 둘이 체와 용의 관계라는 점을 강조하는데, 이 점은 주희와 관련이 있다. 그는 성을 심의 본체로 설명하고 정을 심의 작용이라고 설명하면서 다음과 같이 말한다.

이 체가 있으므로 이 용도 있으며, 아직 발하지 않은 중中이 있으므로 이미 발해서 모든 것이 절도에 딱 맞는 화和도 있다. 지금 사람들은 발해서 모두 절도에 딱 맞는 화가 될 수 없다면, 아직 발하지 않은 중 역시 완전할 수 없다는 사실을 알아야 한다.44)

---

43) 『象山全集』, 권35, 「語錄」, "人有四端, 以明人性之善, 不可自暴自棄. 苟此心之存, 則此理自明. 當惻隱處自惻隱, 當羞惡, 當辭遜, 是非在前, 自能辨之."
44) 『傳習錄』 上, "有是體, 即有是用, 有未發之中, 即有已發而皆中節之和. 今人未能有發

여기에서 말하는 미발과 이발은 실제로 성과 정의 관계이다. 왕수인은 비록 성이 있으면 반드시 정도 있다고 주장하지만, 동시에 정에는 지나침과 모자람이 있어서 사사로운 욕심으로 변화한다는 사실 역시 강조하는데, 이것은 본체의 성이 아니다. 이 때문에 우선 중요한 것은 성의 본체를 깊이 살펴보는 것이며, 동시에 가장 중심이 되는 것이 무엇인지를 인식하는 것이다.

> 아버지가 자식을 사랑하는 것은 원래부터 가지고 있는 지극한 정리情理이다. 그러나 천리 역시 원래부터 중中과 화和를 가지고 있으니, 여기에서 지나치면 사사로운 뜻이 된다. 사람들은 여기에서 대부분 천리를 인식하게 되어 걱정할 일이 있으면 오로지 걱정만 하면서 힘들어 하지만, 그것을 '걱정하고 근심스러워 하게 되면 그 마음이 바름을 얻지 못하는' 상태에 빠진 것임은 알지 못한다. 대개 칠정에 의해서 감응하는 것들은 많은 경우 지나치거나 혹은 조금 못 미치는 것들이니, 지나치자마자 그것은 이미 심의 본체가 아니다. 그러므로 반드시 처음부터 딱 들어맞도록 조정해야 한다.[45]

성은 도덕의 본체로 '중' 아닌 것이 없지만 칠정에 감응하게 되면 반드시 '화'하지 못할 수도 있다. 중을 표준으로 해서 이러한 표준에 부합하면 '화'일 수 있지만, 그렇지 않다면 사사로운 뜻으로 일을 하는 것이기 때문에 지나치거나 못 미치는 경우가 생긴다. 천성天性에 근본을 두고 있어야 비로소 바르게 될 수 있으며, 여기에서 성과 정이 합일된다. 정에 기반을 둔 자아를 성이 조정하는 것에 대해 매우 중시하고 있음을 알 수 있다.

而皆中節之和, 須知是他未發之中亦未能全得."
45) 『傳習錄』 上, "父之愛子, 自是至情. 然天理亦自有个中和處, 過卽是私意. 人於此多認做天理, 當憂則一向憂苦, 不知已是有所憂患, 不得其正. 大抵七情所感, 多只是過少不及者, 才過便非心之本體. 必須調停適中始得."

이것은 본체로부터 내려오는 공부를 필요로 하는데, 왜냐하면 오직 희노애락으로 발하기 이전의 상태에서 수양해야만 발하는 정 역시 반드시 절도에 딱 맞기 때문이다. 나무 심는 것에 비유해서 설명하면, 나무를 심을 때는 가지를 쳐 주고 물길을 터 주는 것에 대해서만 생각하고 가지나 잎, 꽃, 열매 등에 대해서는 굳이 생각하지 않아도, 저절로 가지나 잎, 꽃, 열매를 얻을 수 있다. 근본적인 부분에 힘을 기울이지 않고 "다만 생각에만 매달리면 무슨 보탬이 있겠는가?"46) 이 때문에 성이 올바르면 정 역시 저절로 바르게 되고, 성이 올바르지 않으면 정 역시 저절로 바르지 않게 된다. 체용의 관계에서 이것이 바로 완전한 통일에 이른 것이라고 말할 수 있다.

> 내(陸澄)가 "측은지심·수오지심·사양지심·시비지심은 성이 덕을 드러낸 것입니까?"라고 여쭈었다. 그러자 선생님께서는 "인의예지 또한 덕을 드러낸 것이다. 성은 하나일 따름이다. 다만 그 형체의 측면에서는 천이라 말하고, 주재의 측면에서는 재宰라고 말하며, 유행의 측면에서는 명이라 말하고, 사람에게 부여된 것의 측면에서는 성이라고 말하며, 몸을 주재하는 것의 측면에서는 심이라고 말한다. 심이 발한 것이 아버지를 대하면 효라고 말하고, 임금을 만나면 충이라고 말한다. 이것은 모두 심으로부터 나오지만 그 이름은 끝이 없다"라고 답하셨다.47)

이것은 왕수인이 주희에 비해 한층 더 심과 성, 정의 통일을 강조하고 있음을 말하는 것이다. 또 다른 측면에서 왕수인이 '성은 정해진 본체가 없기 때문에 선도 없고 악도 없다'라고 한 것은 정의 측면에서 할 수 있는 말이지만, 정이 발하게 되면 오히려 선도 있고 악도 있게 된다. 보는 것을

---

46) 『傳習錄』 上, "只是懸想, 又有何益?"
47) 『傳習錄』 上, "澄問: '惻隱·羞惡·辭讓·是非, 是性之表德邪?' 曰: '仁義禮智也是表德. 性一而已. 自其形體也謂之天, 主宰也謂之宰, 流行也謂之命, 賦於人也謂之性, 主於身也謂之心. 心之發也, 遇父便謂之孝, 遇君便謂之忠. 自此以往, 名至於無窮.'"

예로 들면, 기쁠 때 보는 경우도 있고 노했을 때 보는 경우도 있는데, 똑바로 바라보는 것은 어떤 사태를 정확하게 보는 것이고 작게 바라보는 것은 힐끔거리면서 보는 것인데, 이 모든 것을 통틀어서 '보는 것'이라고 말할 수 있다. 그러나 이처럼 보는 것이 기쁨과 노함의 절도에 딱 맞게 하려면 정이 발용할 때에 노력을 해야 한다.

> 희노애락은 모두 사람의 정이 아니란 말인가? 보고 · 듣고 · 말하고 · 행동하는 것으로부터 부귀와 빈천, 근심과 어려움, 죽고 사는 것에 이르기까지 모두 정이 변한 것이며, 일이 변해 가는 것 역시 사람의 정에 달려 있다.[48]

다만 희노애락이 발할 때에는 노력해서 올바름에 부합되게 해야 하는데, 이것이 바로 체용일원體用一源이다. 하지만 왕수인이 말한 성은 다른 것이 아니라, 바로 양지良知이다. 양지는 자각적인 도덕이성이며 동시에 완전한 자각이기도 하다.

> 칠정이 그 자연스러운 유행을 따르는 것은 모두 양지의 용이니, 여기에서는 선악을 분별할 수 없다. 하지만 드러나서는 안 되는 곳에서 칠정이 드러나면 이것을 욕망이라고 말하니, 모두 양지를 가려 버리는 것이다. 하지만 이것이 드러나자마자 양지 또한 스스로 깨닫게 되니, 깨닫게 되면 바로 가려진 것을 제거하고 다시 그 본체를 회복하게 된다.[49]

칠정이 발할 때에는 두 가지 가능성이 공존하는데, 하나는 양지의 자연

---

48) 『傳習錄』 上, "喜怒哀樂非人情乎? 自視聽言動而至富貴貧賤患難死生, 皆是變也, 事變亦只在人情里."
49) 『傳習錄』 下, "七情順其自然之流行, 皆是良知之用, 不可分別善惡. 但不可有所著, 七情有著, 俱謂之欲, 俱爲良知之蔽. 然才有著時, 良知亦自會覺, 覺卽蔽去復其體矣."

스러운 유행을 따르는 것으로 바로 체용일원의 단계이며, 다른 하나는 드러나면서 양지를 가리는 것으로 이것은 체와 용을 가르는 것이니, 이러한 상황에서 양지는 스스로 깨달아서 그 가린 것을 없애야 한다. 심은 이러한 일을 할 수 있는 유일한 담당자이기 때문에 어떠한 외부적 힘도 필요하지 않으며, 이러한 이유에서 심은 완전히 자주적이다. 이와 같이 자각적인 주체를 말하는 사상과 객관적 원칙을 인정하고 있는 주희의 사상은 저절로 차이를 보이게 된다.

왕수인은 동시에 양지를 진실한 성실함으로 남을 불쌍히 여기는 마음, 즉 심리적으로 진실한 정감일 뿐이라고 생각하여 "양지는 단지 천리天理로 저절로 밝게 깨달아서 드러난 것이다. 또한 양지는 진실한 성실함으로 남을 불쌍히 여기는 마음이니, 이것이 바로 본체이다"50)라고 하였다. 이른바 진성측달眞誠惻怛의 심은 바로 사람의 도덕본능이자 심리적인 정감으로, 맹자가 말한 측은지심惻隱之心과 같다. 왕수인은 이러한 본능이나 정감을 심의 본체로 승화시키고는 지금 우리의 현실에서 충분하게 갖추어져 있다고 설명하는 것이다. 여기에서 왕수인은 다른 곳에서 빌려 온 선천적으로 원래부터 가지고 있는 심이라는 명제를 따르지 않고, 실제 정을 성으로 여겨 이 둘을 구분하지 않았다. 이러한 입장은 비록 윤리화되고 도덕화된 것을 이성적인 것으로 여기는 것이지만, 오히려 사람의 심 속에 있는 진실한 정감을 가리키지 않을 수 없다. 그래서 왕수인은 "희노애구애오욕을 일컬어서 칠정이라고 하는데, 이 칠정은 모두 사람의 심과 합치되는 것이다"51)라고 하였는데, 이는 개체가 가지고 있는 정감의 합리성을 인정하는 것과 같은 의미이다. 왕수인이 미친 사람의 가슴이라고 한 것은 이러한 사상의 직

---

50) 『傳習錄』 中, "蓋良知只是一個天理, 自然明覺發現處, 只是一個眞誠惻怛, 便是它本體."
51) 『傳習錄』 下, "喜怒哀懼愛惡欲, 謂之七情, 七者俱是人心合有的."

접적인 표현이다. 여기에는 개체의 정감과 감성에 대한 인정이 포함되어 있다.

5. 명말청초

100년이 지난 후 유종주劉宗周는 마침내 정은 곧 성이고 성은 곧 정이며, 정 이외에 따로 성도 없고 성 이외에 따로 정도 없다는 관점을 제기함으로써 성과 정을 진정한 의미에서 합일시켰다. 유종주의 성정합일론은 비록 왕수인으로부터 시작된 것이지만, 그것과도 다르다. 그는 정을 가리켜 성이라고 말한다는 입장을 통해 주희가 정을 통해 성이 드러난다고 말한 것을 비판했을 뿐만 아니라, 정이면서 동시에 성이라는 입장으로 왕수인의 성과 정은 하나라는 입장을 비판했다. 그는 실제 정과 성이 하나이며, 정이 곧 성이라고 생각했다.

> 희노애락은 인의예지의 다른 이름으로, 기의 측면에서 말하면 희노애락이고 리의 측면에서 말하면 인의예지이다. 리는 기가 없으면 드러날 수 없기 때문에 『중용』에서는 이 네 가지를 가리켜 성의 체라고 했던 것이다.[52]

왕수인을 포함한 종래의 성리학자들은 모두 인의예지를 성이라고 생각하고 희노애락을 정이라고 생각했는데, 이것은 성과 정을 체와 용으로 각각 구분하는 것이다. 하지만 유종주는 비록 기의 측면에서 말하는 것과

---

[52] 『劉子全書』, 권3, 「易衍・第七章」, "喜怒哀樂卽仁義禮智之別名, 以氣而言曰喜怒哀樂, 以理而言曰仁義禮智是也. 理非氣不著, 故『中庸』以四者指性體."

리의 측면에서 말하는 것의 차이는 있지만 실제로 이 둘은 전혀 구별되지 않는다고 생각하였다. 희노애락의 정은 성의 체이지만 희노애락의 정을 벗어나서 달리 성의 본체라고 말할 수 있는 것은 없다는 것이다.

> 인의예지가 희노애락을 생기게 하는 것은 아니며, 인의예지를 성이라 말하고 희노애락을 정이라 말하는 것도 잘못되었다. 또 미발을 성이라고 말하고 이발을 정이라 말하는 것도 옳지 않다.53)

이는 한 마디로 "정을 가리켜 성이라고 말하는 것이지, 정으로 인해 성이 드러나는 것은 아니"54)라는 말이다.

> 후대 유학자들은 발한 정으로 인해 심 속에 존재하고 있는 성이 드러나고, 정의 선함으로 인해 성의 선함이 드러난다고 말했는데, 이것이 어찌 처음 조금의 차이로 인해 나중에는 천 리만큼이나 차이가 나는 것이 아니겠는가!55)

이미 성과 정은 구별이 없으므로, "결코 성과 정을 상대시킬 수 없다"56)라는 말이다. 이것은 주희의 성정설에 대한 비판일 뿐만 아니라, 육왕학에 대한 수정이기도 하다. 왕수인은 말할 필요도 없고, 육구연 같은 경우도 비록 성과 정을 가를 수 없다고 주장했지만 여전히 성이 본체라는 입장에서 출발했다. 왕수인은 성은 미발未發이고 정은 이발已發인데, 이발

---

53) 『劉子全書』, 권2, 「讀易圖說」, "非仁義禮智生喜怒哀樂也, 又非仁義禮智謂性, 喜怒哀樂謂情也. 又非未發謂性已發謂情也."
54) 『劉子全書』, 권12, 「學言」下, "指情言性, 非因情見性也."
55) 『劉子全書』, 권12, 「學言」下, "後之儒者曰, 因所發之情而見所存之性, 因以情之善而見所性之善, 豈不毫釐而千里乎!"
56) 『劉子全書』, 권12, 「學言」下, "決不得性與情對."

은 폐단으로 흐르고 지나치거나 못 미치는 것이 있다는 입장을 명확히 제기했다. 그런데 유종주는 "정이면서 동시에 성이다. 결코 이발만을 가지고 정이라고 생각하면서 성이라는 글자와 상대시킬 수 없다"57)라고 하였고, 미발도 성이면서 동시에 정이고, 이발 역시 정이면서 동시에 성이기 때문에, 미발·이발과 성·정을 구분할 수 없다고 하였는데, 이것은 왕수인의 사상에 대한 비판과 수정이 분명하다.

이러한 해석은 인의예지를 성으로 여기는데 의미가 있는 것이 아니라 희노애락을 성으로 여기는 데 의미가 있으며, 성을 선하다고 생각하는 데 의미가 있는 것이 아니라 정을 선하다고 생각하는 데 의미가 있다. 유종주의 성선설은 가치론상에서 정의 합리성을 긍정하고 있는 것이다. 생리와 심리뿐만 아니라 윤리와 도덕의 측면에 대해, 그리고 자연뿐만이 아니라 사회적인 측면에 대해서까지 유종주는 정감의 필요에 대한 긍정적 회답을 해 주고 있는 것이다. 그는 결코 인성의 문제를 도덕론으로부터 완전히 탈피시키지는 못했다. 하지만 그는 도덕적인 내용과 사람의 정감이 가진 필요를 통일시켰고, 감성과 이성의 통일이라는 관점에서 인성을 설명했다. 이것은 도덕본체론적인 인성론과는 분명하게 구별된다.

황종희黃宗羲는 이 문제에 있어서, 유종주에 비해 한층 더 철저하게 성정을 구분할 수 없다는 입장을 제기하는 동시에 성을 정으로 여기는 관점을 견지한다. 그는 정 이외에 따로 허공에 어떤 존재를 설정하고 그것을 정이라고 생각하는 것에 대해 반대했으며, 동시에 성과 정을 체와 용, 동動함과 정靜함, 미발과 이발로 나누는 것도 반대했다. 만약 체라고 말한다면 모든 것이 체이고 용이라고 말한다면 모든 것이 용이어야 하지, 결코 성을

---

57) 『劉子全書』, 권9, 「商疑十則答史子復」, "卽情卽性也. 幷未嘗以已發爲情, 與性字對也."

체로 정을 용으로 생각할 수는 없다는 것이다. 더욱 확실하게 말하면, 황종희는 정이 있은 이후에 성이 있지 성이 있은 이후에 정이 있는 것은 아니라고 생각했다. 성은 정의 이름일 뿐이며 정은 성이 발한 것이 아니다. 이 때문에 성과 정의 관계는 당연히 정을 기점으로 한다.

> 선대 유학자들이 성과 정에 대해 말할 때 대략적으로 성은 체이고 정은 용이라고 했으며, 성은 정靜함이고 정은 동함이며, 성은 미발이고 정은 이발이라고 했다. 정자가 "사람이 태어나면서 정하다는 이전 상태에 대해서는 말로 표현할 수 없다. 성이라고 말하자마자 그것은 이미 성이 아니다"라고 말했으니, 여기에서 성은 허공에 매달려 있는 존재일 뿐이다. 실제 맹자의 말씀은 분명하고 매우 쉽다. 측은지심·수오지심·공경지심·시비지심이 발하는 것을 가지고 인의예지라고 이름 했으니, 정과 떨어져서는 성을 드러낼 것이 없다. 인의예지는 나중에 지어진 이름이므로, 인의예지는 심에 근거한다고 말한다. 만약 측은지심과 수오지심·공경지심·시비지심 앞에 따로 그 근원이 있어서 그것이 인의예지라면 마땅히 심이 인의예지에 근거한다고 말해야 한다. 이 때문에 성과 정이라는 두 글자는 나누거나 떼어 놓을 수 없으니, 이것이 바로 리와 기가 합일되어 있다는 말이다. 체는 성과 정 모두가 체이고 용 역시 성과 정 모두가 용이므로, 동정·이발·미발에 있어서도 모두 이와 같다.58)

여기에서 정은 사람의 심리적인 정감으로 규정되는데, 이것이 비록 도덕정감이라도 해도 도덕본체에 근거하고 있는 것이 아니라 사람의 심이 본래부터 갖추고 있는 것이다. 성은 이러한 정에 근거해서 나중에 생겨난

---

58) 『孟子師說』, 권6, "先儒之言性情者, 大略性是體, 情是用, 性是靜, 情是動, 性是未發, 情是已發. 程子曰, '人生而靜以上, 不容說. 才說性時, 他已不是性也', 則性是一件懸空之物. 其實孟子之言, 明白顯易. 因惻隱·羞惡·恭敬·是非之發, 而名之爲仁義禮智, 離情無以見性. 仁義禮智是後起之名, 故曰仁義禮智根於心. 若惻隱·羞惡·恭敬·是非之先, 別有源頭爲仁義禮智, 則當云心根於仁義禮智矣. 是故'性情'二字, 分析不得, 此理氣合一之說也. 體則情性皆體, 用則情性皆用, 以至動靜·已未發皆然."

이름이다. 이것은 정감과 경험을 초월하고 있는 성 본체에 대한 철저한 부정으로, 그가 이해하고 있는 사람은 정감활동을 하고 있는 현실적인 사람이지 말라비틀어지고 경직되어 있는 빈궁한 도덕인성의 화신이 아니다. 이것이 바로 그가 말하는 성정합일론의 특징이다.

황종희는 맹자의 성정합일론으로써 송명유학의 성은 체이고 정은 용이라는 입장을 반박하는데, 이것은 결코 맹자로 돌아가자는 것이 아니라 새로운 시대적 내용을 부여하고 있는 것이다. 사실상 송명유학의 성정론은 맹자 이래 이루어진 전통적 사유방식의 완성이면서, 동시에 오히려 한쪽의 극단을 향해 달려간 것이기도 하다. 다시 말해 도덕본체의 초월만을 중시하면서 정감에 바탕을 둔 경험적 현실을 홀시하였으며, 이성만을 중시하여 감성에 대해서는 홀대했던 것이다.

황종희는 이러한 관계를 바꾸어 현실적이고 감성적인 사람으로부터 출발해서 사람의 본질과 가치를 설명하고 있는데, 개념론의 입장에서 이것은 감성에서 출발하여 도덕이성을 설명한 것이라고 말할 수 있다. 이외에 황종희의 철학에서 사람의 정감은 비록 도덕이성의 내용도 포함하고 있지만, 이것은 일종의 사회적 정감이다. 이것은 동시에 풍부하면서 여러 측면의 의미를 가지고 있기 때문에 더욱 많은 내용이 그 속에 갖추어져 있다.

정은 두 가지 특징을 가지고 있다. 하나는 주체성으로 심리적 특징을 의미하며, 다른 하나는 객관성으로 사회적 특징을 의미한다. 황종희는 성이 발한 것이 곧 정이라는 입장을 부정하면서도 오히려 정의 주체성과 객관성은 부정하지 않았다. 그는 특히 정감의 주체성을 강조하고 있는데, 이것은 주체적인 정감의 차이에 따라 성 역시 달라지며 주체적인 정감의 변화에 따라서 성 역시 변화한다는 것을 의미한다. 또한 이것은 사람의 본성이 반드시 개성이라는 특징을 갖추고 있다는 사실을 말하는 것이기도 하다. 황종희는 비록 이와 같은 결론을 공개적으로 제기한 것은 없지만, 성은 정으로부터 나온다는 논리에 이러한 사상적 내용을 포함하고 있다.

황종희와 비교할 때 왕부지王夫之 역시 성과 정의 통일을 주장하여 "천리天理와 사람의 정은 그 근원이 둘로 갈라지지 않는다"59)라고 하였다. 하지만 이것은 황종희에 비해 더욱 성리학적 특징을 가진 것이다. 전체적인 의미에서 왕부지가 정주학의 성정설을 계승하여 발전시키고 있다는 점은 당연히 인정된다. 그는 한쪽으로는 성을 체로, 정을 용으로 생각하여, 성은 정의 근원이며, 정은 성이 발한 것이라고 생각했다. 하지만 다른 쪽에서는 오히려 수많은 새로운 해석을 제기하고 있는데, 여기에 새로운 이론적 의미가 부여되어 있다.

먼저 그는 '성과 정은 서로를 필요로 한다', '정과 사물은 서로를 필요로 한다'라는 명제를 제기하면서 성과 정 그리고 사물을 결합시키고, 나아가 주체와 객체를 통일시키는 사상을 천명하였다.

> 성과 정은 서로가 서로를 필요로 하고, 처음과 끝은 서로가 서로를 이루어 주며, 체와 용은 서로가 서로를 포함한다. 성은 발하여 정이 되고, 정은 성이 충만한 것이며, 처음은 끝의 시작인 것이고, 끝은 시작들이 모여 있는 것이며, 체는 용을 이루어 주고 용을 체를 갖추고 있다.60)

이처럼 성과 정이 서로가 서로를 필요로 한다는 입장은 두 가지 의미를 가진다. 하나는 성이 발해서 정이 되므로 (성이) 정 속에 감추어져 있다는 사실을 인정하는 것이며, 다른 하나는 정이 있으면 반드시 그 사물 즉

---

59) 『讀四書大全說』, 권8, 「孟子·梁惠王上」, "天理·人情, 元無二致."
60) 『周易外傳』, 권5, 「系辭上傳」 第11章, "性情相需者也, 始終相成者也, 體用相涵者也. 性以發情, 情以充性, 始以肇終, 終以集始, 體以致用, 用以備體."

객관적인 대상이 있어야 한다는 사실을 강조한 것으로, 그 사이에는 지각 知覺이 참여한다. 사람의 성정은 지각에 의지하는데, 지각은 사물과 서로 감응하자마자 발해서 정이 된다.

> 사물이 다가옴으로 인해 지각하는 본체는 그 형체에 따라 분별하게 되니, 그렇게 되면 자신이 가진 정과 똑같은 것은 좋아하게 되고 다른 것은 싫어하게 된다. 이렇게 되면서 사물 속으로 적극적으로 나가는 것도 있고 그것을 받아들이는 것도 있으니, 이것 역시 저절로 그렇게 되는 것이다.61)

성은 지각을 통해 사물과 감응하면서 정이 되는데, 그것은 또한 선택성을 가지고 있다. 이것은 저절로 그러한 모습으로, 사람에게는 없을 수 없는 것이다. 그래서 왕부지는 "자신이 스스로 그만둘 수 없는 것에서 발하는 것이 정이다"62)라고 한다. 정은 비록 성에서 발하여 선명한 주체성을 가지고 있지만 반드시 사물을 대상으로 하므로 객관적인 대상을 떼어 놓고는 정이라고 말할 수 있는 것이 없으며, 정이 없으면 성도 없다.

> 정은 음양의 기미이고, 사물은 천지가 만들어 낸 것이다. 음양의 기미는 심에서 동하고 천지가 만든 것은 심 밖에서 응해 온다. 그러므로 심 밖에 사물이 있으면 심 속에는 그 정이 있을 수 있고, 심 속에 그 정이 있으면 심 밖에 반드시 그 사물이 있다.63)

---

61) 『禮記章句』, 권19, 「樂記」, "因物至, 所知覺之體分別遂彰, 則同其情者好之, 異其情者惡之. 而於物有所攻取, 亦自然之勢也."
62) 『詩廣傳』, 권1, 「北風」7, "發乎其不自已者, 情也."
63) 『詩廣傳』, 권1, 「北風」7, "情者陰陽之幾也, 物者天地之産也. 陰陽之幾動於心, 天地之産應於外. 故外有物, 內可有其情矣, 內有其情, 外必有其物矣."

왕부지는 주체와 객체가 통일되어 있다는 관점에서 정은 사물과 접하면서 존재하고 성은 정으로 인해 밝아진다고 말하는데, 이것은 비교적 깊이 있는 분석이라고 말할 수 있다.

다음으로 왕부지는 '공효功效의 동함'이라는 관점을 제기한다. 정靜함은 동함이 그 공효가 되고 성은 정이 그 공효가 되는 성정통일사상이 바로 그것이다.

> 오직 정함만을 말하는 것은 동함을 말하는 것보다 못하니, 왜 그러한가? 동함과 정함은 단서가 없는 것이기 때문에 오직 정함만을 말하면 실제로 정할 수 있는 것은 없다. 성의 체는 정하면서 동함을 그 공효로 하고 있으니, 진실로 동함을 공효로 하는 것이 부족하면 정함은 성이 될 수 없다. 성이 없는데 또 어떻게 정함이 있겠는가? 성은 정情에서 그 공효가 드러나고 정은 재才에서 공효가 드러나며, 정과 재는 모두 동함을 그 공효로 한다.[64]

여기에서 말하는 공효는 기능이나 효용을 의미한다. 성의 본체는 비록 정靜한 속성을 가지고 있지만 그 기능은 오히려 동하는 것이므로, 동함으로 인해 그 성의 정함이 드러난다. 그러므로 만약 기능과 작용이 없는 절대적 정함이라면 이러한 정함은 성이 될 수 없다. 이 때문에 동함 역시 중요한 것이다. 동함이 없으면 정함도 없으며 정情이 없으면 성도 없다. 오로지 동하는 곳에서 정함을 구할 수 있고 정情에서 성을 구할 수 있으니, 정에 따라 성이 정해질 수 있다. 이것은 정감활동 그 자체를 충분하게 긍정해 주는 것일 뿐만 아니라, 정에게 극도의 능동성과 주동성主動性을 부여하

---

64) 『詩廣傳』, 「鄭風」3, "與其專言靜也, 無寧言動, 何也? 動靜無端者也, 故專言靜, 未有能靜者也. 性之體靜而效動, 苟不足以效動, 則靜無性矣. 旣無性, 又奚所靜耶? 性效於情, 情效於才, 情才之效, 皆效以動也."

는 것이다. 그는 불교의 멸정론滅情論에 대해 사람의 성과 정을 적대시한 것이라고 비판하면서 다음과 같이 말한다.

> 석씨는 정을 억압하면서 천하 사람들에게 은혜를 부여한 것처럼 하고, 인과응보에 대해 짖어대면서 천하를 두려움에 떨게 한다. 천하가 두려움에 떨게 되면서 선함이 주는 즐거움을 알지 못한다. 이것이 바로 세상을 해치는 것이니, 어떻게 그곳에서 (진리를) 구해낼 수 있겠는가!65)

왕부지는 정에는 결코 선악이 없다고 생각하였다. 다만 발할 때 리에서 멈추도록 할 수 있을 따름이지, 정을 억압하거나 없애서는 안 된다고 생각했던 것이다.

마지막으로 왕부지는 정과 욕은 한 곳에서 연계되어 있는 것이므로, 정을 논하면서 욕을 논하지 않을 수 없다고 하였는데, 정은 성이 발한 것이고, 욕은 정에 의해 생긴 것이므로 "정은 위로부터 성을 받아 아래로 욕을 내려 준다"66)라고 하였다. 그는 항상 정욕情欲을 '음식남녀飮食男女'(식욕과 성욕)나 '돈과 미색을 좋아함'과 같은 경우와 함께 연용해서 쓰고 있는데, 이것은 욕이면서 동시에 정이라는 말이다. 왕부지는 성·정·욕을 통일시킨 사람으로, 사람마다 모두 정이 있기 때문에 사람마다 누구에게나 욕이 있다고 생각했다.

> 사람이 만물과 서로 통하는 것은 심이 있기 때문이다. 군자의 심은 소인이 가질 수 있는 것이 아니며 소인의 심은 오히려 군자라도 없앨 수 없으니, 소인의 심이면서 군자가 없앨 수 없는 것이 바로 정이다.67)

---

65) 『詩廣傳』, 권2, 「齊風」, "釋氏窒情而天下賦恩, 猖猖以果報怖天下. 天下怖而不知善之樂. 徒賊也, 而奚救乎!"
66) 『詩廣傳』, 권1, 「北風」10, "故情上受性, 下授欲."

도덕의 측면에서는 군자와 소인의 구분이 있지만 정욕은 오히려 군자와 소인의 구분이 없으니, 소인은 도덕심을 없앨 수 있지만 군자는 정욕의 심을 없앨 수 없다. 그는 도덕이성을 제창하고 있다는 전제에서, 정욕의 합리성을 긍정하고 이성과 감성의 통일을 강조한다. 이 점이 바로 왕부지가 성정을 논하는 중요한 특징이다.

종합하면 성정 개념은 성리학 인성론의 중요한 내용이다. 개념론이라는 시각에서 보면 성리학은 기본적으로 정감의 형태를 가진 도덕철학이지 이지적인 형태의 분석철학은 아니다. 그래서 이것은 정감이나 의지와 같은 주체의식의 자아체험을 중시하지, 인식이성의 독립적인 발전을 중시하지는 않는다. 동시에 이것은 인생의 이상적인 경지와 정감의 자아초월을 추구하지, 객관세계에 대한 이성적 인식이나 파악을 추구하지는 않는다. 그 결과 사람의 이성은 도덕의 영역에 국한되어, 도덕이성으로 변하면서도 동시에 오히려 사람의 인정미를 충족시키고 있다.

이렇게 정감이라는 한쪽으로만 편향시켜 발전했기 때문에 이론적인 사유의 발전은 제한을 받았다. 그러나 도덕인성의 측면에서 이것은 결코 가볍게 볼 수 없는 의미와 작용을 가지고 있다. 하지만 성리학자들이 지나칠 정도로 도덕이성을 강조하고 정감을 억압함으로써 사람의 정상적인 정감의 필요만큼 발전하지 못했다. 그 결과 도덕이성은 허위虛僞로 흐르기 쉬웠으며 사사로운 정을 일에 사용하는 것과 같은 극단적인 방향으로 치달아 가기도 하였다. 이러한 모습은 결국 후기 유학으로 하여금 반대 사조를 일으키지 않을 수 없게 하였다. 초기 성리학에서 초월적인 형태의 이상주의가 발전한 것으로부터 후기 성리학에서 사람의 감성을 중시하는 데 이

---

67) 『四書訓義』, 권24, 「孟子」2, "蓋人之與萬物相通者心也. 而君子之心, 非小人所能有, 小人之心, 抑君子所不可無, 小人之心而君子不可無者, 情也."

르기까지는 비판이나 반성과 같은 깊이 있는 변혁이 포함되어 있었다. 이것은 어떤 의미에서 고대 인성론으로부터 근대적인 인성론으로 향하는 과도기적인 전주前奏라고 말할 수 있다.

제13장 미발과 이발

'미발未發'과 '이발已發'은 성정과 서로 관계되어 있는 개념이다. 실제 이 둘은 서로 대응되는 관계이지만 그 용법은 다르다. 성정은 성의 측면에서 말한 것이고 미발과 이발은 심의 측면에서 말한 것으로, 이것은 진정한 의미의 주체의식이다. 하지만 성리학자들이 심성의 관계에 대해서 다른 관점을 가지고 있기 때문에 이 개념에 대해서도 다른 해석들이 나오게 된 것이다. 도덕자율론자들은 미발과 이발을 성과 정으로 생각한 반면, 도덕타율론자들은 이것을 심리적 의식이 변화되어 가는 과정으로 생각했다.

이러한 개념과 직접 관계되어 있는 것은 동動과 정靜, 중中과 화和, 체體와 용用 등이다. 그 가운데 체용은 미발과 이발을 연결시키는 틀이며, 나머지 개념들은 미발과 이발의 내용과 특징을 설명하는 것이다. 이 속에는 잠재적 의식과 드러난 의식의 관계에 대한 문제도 포함되어 있다. 미발과 이발이 성정의 개념과 다른 이유는 이 개념이 심리적인 구조에서 출발해서 주체의식이 만들어지는 것을 분석하는 데 있으니, 이것은 성리학의 심성 개념론 가운데 있는 정신 분석법이라고 말할 수 있다. 이러한 개념은 『중용』에 근거하고 있는 것으로, 『중용』에서는 다음과 같이 말한다.

희노애락喜怒哀樂이 아직 발하지 않은 것(未發)을 일컬어서 중中이라고 하며, 그것이 발해서(已發) 절도에 들어맞는 것을 일컬어 화和라고 한다. 중은 천하의 큰 근본(大本)이고 화는 천하의 공통된 도(達道)이다.[1]

성리학자들은 심리적인 분석을 매우 중시해서 미발과 이발을 심성론의 주체 개념으로 변화시키는 동시에 『역전易傳』 속에 있는 "역易은 억지로 생각하는 것도 없고 인위적인 것도 없다. 오로지 적연부동寂然不動하면서 천하의 이치에 따라서 감하는 대로 따라 통할 따름이다"라는 말과 관계시켜, 미발을 적연부동한 체體라고 생각하고 이발을 감이수통感而遂通하는 용用이라고 생각하였다. 동시에 그들은 이발을 잠재되어 있는 본체로, 미발을 현실적인 작용이라고 생각했다. 이렇게 되면서 미발과 이발 개념은 형이상학적인 성격을 가지게 되었다.

희노애락은 본래 사람의 정감활동을 가리킨다. 하지만 어느 성리학자의 말에 따르면, 희노애락이 미발한 것은 사람의 정감이 아직 표현되지 않았거나 움직이지 않은 심리상태를 가리키는 것이 아니라, 인간이 태어나면서 가지고 있는 본래 상태인 천지지성을 가리키는 것이다. 이발은 희노애락의 정이다. 이발이라는 말은 정이 성으로부터 나온다는 사실을 설명하는 것이며, 미발이라는 말은 이발로부터 한 단계 더 추론해서 성의 존재를 증명하는 것이다. 천명지성天命之性은 치우치지도 않고 기울어지지도 않은 것이며, 지나침이나 모자람도 없는 것으로 심의 지극한 덕이니, 이 때문에 '중'이라고 말한다. 희노애락의 정이 발해서 중에 부합되면 이것을 일컬어 '화'라고 한다. 여기에서 말하는 미발과 이발은 각각 선천적인 것과 후천적인 것을 의미하며, 동시에 잠재된 상태와 현실화된 상태를 의미하기도

---

[1] 『中庸』, "喜怒哀樂之未發, 謂之中, 發而皆中節, 謂之和. 中也者, 天下之大本也, 和也者, 天下之達道也."

한다. 미발은 선천적으로 가지고 있는 성으로서 잠재된 본체이며, 이발은 후천적으로 사물에 감응해서 동하게 된 정으로서 본체의 현실적인 작용과 표현이다. 여기에서 발發은 발현이나 실현과 같은 의미이며, 발생이나 발동과는 다른 의미이다. 하지만 후기 성리학으로 가면서 여기에 대해서도 각기 다른 해석들이 출현한다.

1. 북송시대

성리학자 가운데 가장 먼저 미발과 이발의 문제를 제기한 것은 정이程頤였는데, 이것은 '심에는 체와 용이 있다'라는 그의 이론과 관련되어 있다. 여기에는 두 가지의 중요한 관점이 있다.

첫째, 미발을 심의 체라고 말하고 이발을 심의 용이라고 말하는 측면이다. 심은 하나이지만 체와 용으로 구분된다는 말로, 이 때문에 그는 "대본大本은 체라고 말하며, 달도達道는 용이라고 말한다"[2]라고 했다. 이것은 미발한 중을 체로, 이발한 화를 용으로 생각하는 것이다. 미발한 중이 천하의 대본이기 때문에 이발한 화는 천하의 달도인 것이다. 미발한 중은 심의 형이상학적인 본체로, 치우치거나 기울어져 있지 않으며 모자람이나 지나침도 없기 때문에 '중'을 가리킨다. 이러한 설명은 주체의식의 의미에서 성을 말한 것이지 직접적인 신체를 가지고 성을 설명한 것이 아니기 때문에, 주체의 측면에서 성 본체의 지위를 확립한다고 할 수 있다. 따라서 이것은 성의 체가 가지고 있는 한 단면을 드러낸 것이 된다. 이발한 화는 희노애

---

2) 『二程文集』, 권9, 「與呂大臨論中書」, "大本言其體, 達道言其用."

락과 같은 정을 말하는 것으로, 본체의 작용과 표현, 즉 정감의식이다.

정이의 이러한 관점은 다음과 같은 과정을 통해 형성된 것이다. 그는 여대림呂大臨과 여러 번 중과 화의 문제에 대해 토론을 했다. 처음에 그는 "심은 모두 이발한 것을 가리켜 말하는 것이다",3) 즉 심을 형이상학적 지각작용이 일어나는 것으로 생각하였다. 이 때문에 심은 이발이지 미발이 아니라고 말할 수 있었다. 하지만 여대림은 이발은 원래부터 심이었듯이 미발 역시 심이 아닐 수 없다는 입장을 제기한다. 그래서 그는 "미발하기 이전에는 심이 없다고 말할 수 있는가? 내 생각에 미발하기 전의 심 본체에는 밝디 밝은 것이 갖추어졌다고 말할 수 있을 것 같다. 이발은 이러한 심의 용이다"4)라고 말한다. 여기에서 '심 본체가 밝디 밝다'라고 말한 것은 본체론의 측면에서 말한 것으로, 이것이 바로 여대림의 업적이다. 이러한 입장은 정이의 심체용론 형성에 중요한 영향을 미치게 된다.

> 미발했을 때는 이 심이 지극히 허령한 때로, 치우침이나 기울어짐도 없다. 그러므로 이것을 중이라고 말했다. 이러한 심은 만물의 변화에 감응한다고 해서 중이 아닌 상태로 흘러가지는 않는다.5)

여대림은 미발을 심의 체로, 이발을 심의 용으로 보아, 미발과 이발을 체와 용의 관계라고 생각했다. 그는 여전히 어린아이의 심을 미발이라고 생각했다. 그가 보기에 어린아이의 심은 그 사이에서 어떠한 형체를 가진

---

3) 『二程文集』, 권9, 「與呂大臨論中書」, "凡言心者, 皆指已發而言."
4) 『二程文集』, 권9, 「與呂大臨論中書」, "未發之前, 謂之無心可乎? 竊謂未發之前, 心體昭昭具在. 已發乃心之用也."
5) 『二程文集』, 권9, 「與呂大臨論中書」, "當其未發, 此心之至虛, 無所偏倚. 故謂之中. 以此心應萬物之變, 無往而非中矣."

것으로 존재하는 것이 아니라 지극히 허령하면서도 치우침이나 기울어짐이 없는 상태이기 때문에, 이것이 바로 중이다. 하지만 그는 개체의 심리적인 발생과 발전 과정에서 미발과 이발을 설명하는데, 이것은 분명한 경험론적 특징을 가진다. 이 때문에 그는 이후 정이의 비판을 받게 된다. 정이는 나중에 앞에서 했던 말을 고쳐서 일차로 다음과 같은 입장을 제기한다.

> 심은 하나이다. 그러나 체를 가리켜서 말하는 것이 있으니, 적연부동함이 바로 그것이다. 동시에 용을 가리켜서 말한 것도 있으니, 천하의 이치를 따라 감이수통하는 것이 바로 그것이다.6)

정이는 또한 "심에 대해서 말할 때 이발만을 가리켜서 말하는 것은 옳지 않다"7)라는 점을 인정하였다. 심은 이발을 가리키는 것일 뿐만 아니라 미발도 포함하고 있다는 말이다. 심에는 체와 용이 있다는 그의 학설은 미발과 이발을 모두 심이라는 주체 개념 가운데 포함시키고 있는 것이다. 정이가 말한 체와 용은 실체의 심과 그 기능의 관계를 가리키는 것이 아니라, 본체의식과 그것이 발현한 작용 간의 관계를 가리키는 것이 분명하다. 따라서 이것은 시간의 선후 문제가 결코 아니며, 동시에 아무것도 모르는 어린아이의 마음 상태를 가지고 미발이라고 생각할 수도 없다. 그래서 정이는 "어린아이의 심이 발하여 중과 크게 차이가 없다고 해서 그게 바로 중이라고 말한다면, 이것은 대본을 알지 못하는 것이다"8)라고 말한다. 이

---

6) 『二程文集』, 권9, 「與呂大臨論中書」, "心一也. 有指體而言者, 寂然不動是也. 有指用而言者, 感而遂通天下之故是也."
7) 『二程文集』, 권9, 「與呂大臨論中書」, "凡言心者, 指已發而言, 此固未當."
8) 『二程文集』, 권9, 「與呂大臨論中書」, "赤子之心, 發而未遠於中, 若便謂之中, 是不識大本也."

른바 '대본'은 형이상학적인 본체로, 심의 활동에 따른 특정 상태를 지칭하는 것은 결코 아니다. 정이는 모든 사람의 심리적 활동을 이발이라고 생각했기 때문에 생각(思) 역시 이발이다. 그렇다고 미발이 지각도 없고 생각도 없으며, 정감의 활동도 없는 심리상태를 말하는 것은 결코 아니다. 이것은 다만 형이상학적인 본체 상태로, 바로 성이다. 이로 인해 미발한 중과 성 그리고 이발한 화와 정은 각각 서로 관계되어 있는데, 이 둘은 체와 용의 관계이지 경험상의 선후관계는 아니다.

둘째, 체용과 동정動靜의 문제를 제기한 측면이다. 정이는 적연부동을 심의 체로, 감이수통을 심의 용으로 생각하여, 적연부동과 감이수통을 체와 용의 관계로 변화시켰다. 하지만 적연부동은 결코 심이 죽은 듯이 고요하여 어떠한 활동도 없는 것을 말하는 것이 아니라 심 본체의 상태에 대해서 말하고 있는 것으로, 아득하여 조금의 조짐도 없는 곳이라는 의미이다. 감이수통은 심과 외부의 사물이 접촉하여 발생한 정감활동으로, 이 가운데에는 인식활동도 포함되어 있다. 사람의 심은 모두 활동적인 것으로, 외부의 사물과 서로 접촉하는 것이다. '그가 심은 이발을 가리켜서 말한다'고 한 것은 바로 이와 같은 의미이지만, 이후 이러한 해석이 전체를 설명하기에는 부족하다고 생각하여 체용과 동정의 문제를 제기한 것이다.

미발과 이발은 심이 활동하면서 일어나는 두 가지 상태나 과정이 아니라 체와 용 및 동함과 정함의 관계이며, 이 때문에 정함과 동함 역시 체와 용 및 성과 정의 관계가 된다. 여대림은 동함과 정함 및 미발과 이발은 하나로 관통되어 완전하게 일치하는 것이라고 생각해서 "어찌 둘이 있을 수 있겠는가!"[9]라고 하였다. 그에 비해 정이는 "같은 것을 가지고 말하면 두

---

9) 『二程文集』, 권9, 「與呂大臨論中書」, "豈有二乎."

개의 이름을 허용할 수 없고, 구별해서 말하면 섞어서 하나가 되게 할 수도 없다"10)라고 생각하였다. 체용과 동정은 모두 심을 가리켜서 말하는 것이기 때문에 둘이 되는 것을 용인할 수 없지만, 하나는 체이고 하나는 용이므로 "체와 용은 원래부터 나뉘어 있으니, 어떻게 두 개가 아니라고 하겠는가?"11)라고 했던 것이다. 이로 인해 여대림은 이후 "만약 성과 도, 대본과 달도에 대해 말하면서 섞어서 하나로 본다면 그것은 아마도 옳지 않은 듯하다"12)라고 하면서 체와 용 및 동함과 정함의 구분을 인정하게 된다. 여기에서 말하는 정靜함은 동정으로 상대되어 있는 정함이 아니다.

심의 활동에도 동함과 정함이 있는데, 여기에서 정함은 동함과 상대되어 있는 정함이지만, 적연부동한 정함은 형체와 동정을 초월한 관념적 존재이다. 그러나 이러한 정함 역시 동정動靜 속에 있고, 미발은 이발 가운데 있다. 그는 여대림이 동함을 정함으로, 미발을 이발이라고 생각하는 것에 대해서 "말하는 것이 분명치 않아 그 선택하는 것이 정밀하지 않다"13)라고 하여, 여대림의 생각에는 분명한 체용관계가 없다고 비판하였다.

중中과 화和에 대한 정이의 말에 따르면, 대본은 미발한 중이고 달도는 이발한 화이다. 중과 화의 관계 역시 미발과 이발의 관계인 것이다. 동시에 중은 단지 성의 체가 가지고 있는 한 단면을 드러낸 것일 뿐 결코 성과 같은 것은 아니라고 하며, "중이 멈추어 있어서 체라고 말할 수 있지만 성과 같은 덕이라고 말할 수는 없다"14)라고 하였다. 중은 심의 체일 뿐 성의

---

10) 『二程文集』, 권9, 「與呂大臨論中書」, "論其所同, 不容更有二名, 別而言之, 亦不可混爲一事."
11) 『二程文集』, 권9, 「與呂大臨論中書」, "體用自殊, 安得不爲二乎?"
12) 『二程文集』, 권9, 「與呂大臨論中書」, "若謂性與道, 大本與達道, 可混而爲一, 即未安."
13) 『二程文集』, 권9, 「與呂大臨論中書」, "詞之未瑩, 乃是擇之未精爾."
14) 『二程文集』, 권9, 「與呂大臨論中書」, "中止可言體, 而不可與性同德."

체가 아니라고 말한 것인데, 그렇다면 심의 체는 결코 성의 체와 같을 수 없다는 말인가? 이후 정이는 자기 스스로 이러한 설명 방법이 온당하지 않다는 것을 깨닫게 된다. 이 때문에 '성과 같은 덕이라고 할 수 없다'라는 글귀 역시 옳지 않은 것 같다고 여기며 '중은 성의 덕이다'라는 설이 진리에 더 가깝다고 말한다.15) 그리고 여대림은 "이전에 '중은 곧 성이다'라고 말한 것은 이미 이것을 나누어서 둘로 본 것이기 때문에 '성의 중'이라고 말하는 것과는 같지 않다"16)라고 하였다. 여기에서 그가 '성의 중'이라고 말한 것은 성의 체이면서 그 속에 중의 특징이 갖추어져 있음을 가리키는 것으로, 치우침도 없고 기울어짐도 없어서 각각의 일에 딱딱 들어맞는 것이다. 이는 실제로 미발한 중이 바로 성이라는 사실을 인정하는 것으로, 이 때문에 이것을 나누어 둘이 되게 할 수 없다는 것이다.

여대림은 중과 도에 대해서 반드시 희노애락으로 발하기 전(未發)에 구해야 한다는 입장을 제기하는데, 이것은 다른 사람들의 오해를 불러일으키기 쉬웠다. 즉 미발을 희노애락으로 발하기 전의 심리상태로 보았기 때문에 정이는 옳지 않다고 생각했던 것이다.

> 희노애락으로 발하기 전에 그것을 구하려고 생각하는 그것도 또한 생각(思)이니, 이미 생각하였다면 그것은 이발이다. 발하자마자 그것은 화라고 말하지 중이라고 말할 수는 없다.17)

---

15) 『二程文集』, 권9, 「與呂大臨論中書」 참조.
16) 『二程文集』, 권9, 「與呂大臨論中書」, "又如前論'中卽性也', 已是分而爲二, 不若謂之性中."
17) 『河南程氏遺書』, 권18, "旣思於喜怒哀樂之前求之, 却又是思也, 旣思卽是已發. 才發便謂之和, 不可謂之中也."

이러한 정이의 입장은 자신의 중화 및 체용설과 완전하게 일치하는 것이다. 미발한 중은 단지 본체일 뿐이라고 말하고, 이발한 화는 그 작용일 뿐이라고 말해야지, 결코 미발과 이발에서의 발發을 발동發動한다는 의미의 발이라고 할 수는 없다. 실제로 미발은 단지 이발한 곳에서 구할 수 있을 뿐이다. 어떤 사람이 '희노애락이 아직 발하지 않은 상태인 정靜할 때를 보니 동일한 기상氣象을 가지고 있다가 사물과 접할 때에는 구별되니 왜 그러한가?'라고 묻자 정이는 다음과 같이 대답한다.

> 정확하게 보는 사람은 이와 같지 않으니, 이것은 오히려 희노애락이 이미 발했을 때를 본 것이다.…… 이미 지각함이 있다면 오히려 이것은 동함이니, 정함이라고 말하는 것이 어디에서 생겨나겠는가? 사람들이 그것을 회복하여 천지의 심을 본다고 말하는 것은 모두 지극히 정해야 천지의 심을 볼 수 있다고 말하는 것이니, 옳지 않다.[18]

이 때문에 오직 동한 상태에서만 정함을 구할 수 있고, 이발 속에서만 미발을 구할 수 있다. 그래서 정이는 "옛날부터 유학자들은 모두 정함을 가지고 천지지심을 본다고 말하지만, 오직 나만이 동함을 가지고 천지지심을 본다고 말한다"[19]라고 하였다. 적연부동한 체는 단지 형이상학적인 성으로 결코 형체를 갖지 않으므로, 감이수통하는 용과 떨어질 수 없다. 이미 중을 구한다는 것은 생각과 지각을 운용한다는 것이다. 하지만 생각과 지각은 모두 이발이지 미발이 아니며, 동함이지 정함이 아니다. 이 때문에 미발은 이발에서만 구할 수 있고, 정함은 동함에서만 구할 수 있다. 사람은

---

18) 『河南程氏遺書』, 권18, "善觀者不如此, 却於喜怒哀樂已發之際觀之.……旣有知覺, 却是動也, 怎生言靜? 人說復其見天地之心, 皆以謂至靜能見天地之心, 非也."
19) 『河南程氏遺書』, 권18, "自古儒者皆言靜見天地之心, 唯某言動而見天地之心."

생각과 지각활동을 떼어 놓을 수 없으므로, 대본을 구할 때에도 또한 정감의식을 떼어 놓고 본체에서만 구할 수는 없다.

정이는 "만약 희노애락이 발하기 전에 존양해야 한다고 말한다면 이것은 옳다. 그러나 희노애락이 말하기 전에 중을 구해야 한다고 말한다면 옳지 않다"[20]라고 하여 비록 희노애락 이전에 미발한 중을 구하는 것은 반대하지만, 대신에 희노애락이 발하기 이전에 존양存養할 것을 주장하였다. 형이상자인 성을 직접 구할 수 있는 것은 아니지만 형이하자 가운데에서 체험하고 함양함으로써 대본을 알 수 있으니, 이것이 바로 정이가 미발과 이발을 논하는 중요한 방법이다.

2. 남송시대

정이 이후 미발과 이발은 성리학자들이 토론해야 할 중요한 문제가 되었다. 주희朱熹의 스승인 이동李侗이 나종언羅從彦의 문하에서 공부할 때 나종언은 "가령 정靜한 상태로 앉아 희노애락이 미발한 것을 보고 이것을 중中이라고 말한다면, 미발했을 때에는 어떠한 기상氣象이 만들어지겠는가"[21]라고 하였는데, 이동은 이 말의 의미를 깊이 깨달은 후 이로써 주희를 가르쳤다.

이동이 말한 '미발했을 때의 기상'은 심의 체가 곧 성이라는 사실을 가리키는 것으로, 동시에 인仁함이 사물과 더불어 혼연한 본체가 되는 그러

---

[20] 『河南程氏遺書』, 권18, "若言存養於喜怒哀樂未發之時, 則可. 若言求中於喜怒哀樂未發之前, 則不可."
[21] 『延平答問』, "令靜坐中看喜怒哀樂未發之謂中, 未發時作何氣象."

한 기상이다. 미발은 천하의 대본이기 때문에 천하의 리는 여기에서 나오지 않는 것이 없다. 하지만 이동은 미발과 이발, 대본과 달도가 하나로 꿰어져 있다는 사실을 강하게 주장한다. 이동은 '이 리는 하나로 꿰어져 있다'고 말하면서 두 개로 나누어 볼 수 없음을 강조한다.

> 『중용』에서는 희노애락의 미발과 이발을 가지고 말하면서 다시 그것을 사람의 몸에서 미루어 찾는다. 대본과 달도를 모두 같다고 보는 것은 단지 이 리일 따름이다.…… 지금 이 둘을 갈라서 보려고 하는 것은 아마도 잘못이 있는 듯하다.22)

이것은 정이가 대본과 달도를 체와 용으로 나누어 말한 것과는 차이가 있다. 이동은 정함 가운데에서의 체험, 즉 예컨대 주희가 "온전하게 성이 나누어진 그 속에서 본체와 미발한 때를 본다"23)라고 말한 부분을 강조했다. 하지만 미발은 이발과 떨어져 있지 않고 대본은 달도와 나누어져 있지 않다. 이것은 마치 리일분수理一分殊와 같아서 반드시 발용의 순간에 노력을 해야 하고, 사람의 몸에서부터 그 본체를 미루어 찾아가야 한다. 그러므로 심신의 정감활동을 떼어 놓고는 대본을 구할 수 없다. 이 부분은 정이가 말한 존양과 결코 다르지 않지만, 이동은 정함 가운데에서 체인하는 공부를 더욱 강조하고 있다.

사람의 몸에서부터 그 본체를 미루어 찾아가는 것은 심이 몸과 떨어져 있지 않고 심의 체는 형체와 떨어져 있지 않으며, 미발은 이발과 떨어져 있지 않기 때문이다. 희노애락이 발용한 곳에서 미루어 찾아야 비로소 미발한 기상을 볼 수 있다. 이른바 정함 가운데에서 체험한다는 것은 바로

---

22) 『延平答問』, "中庸以喜怒哀樂未發・已發言之, 又就人身上推尋. 至於見得大本達道處 又袞同, 只是此理.……今欲作兩截看, 切恐差了."
23) 『延平答問』, "全在性分之內本體未發時看."

"발용한 곳에서 본체와 교섭하는 것을 말하는 것으로, 이러한 단서로 인해 그 이하의 공부를 미루어 찾아 갈 수 있다"24)라는 것이다. 미루어 찾아간 다는 말은 이발로부터 미발을 미루어 찾아간다는 것이지, 직접적으로 본체의 경지를 파악한다는 말은 아니다. 이른바 정함에 대해 본체의 측면에서 말하면 원래는 본원이지만 그것이 사람의 몸에서 온전하게 체현된다는 것이고, 방법의 측면에서 말하면 정함은 심이 평정되어 있을 때에 대한 자아 체험의 상태이지, 결코 좌선을 통해서 바름으로 들어가는 것도 아니고 수만 가지 잡념을 한꺼번에 없애버리는 것도 아니다.

주희는 미발과 이발에 대해서 지나칠 정도로 상세하게 논하고 있지만, 중과 화에 대한 입장은 신설新說과 구설舊說에 따라 변화가 있다. 이 변화의 요점은 그 자체 내에 있는 것으로 좀 더 분명히 할 필요가 있지만, 여기에서는 상세한 고증을 필요로 하지 않으므로 관점의 변화 추이만을 제시하려고 한다.

이른바 중화신설과 중화구설의 변화는 주희가 38세 되던 해 『중용』에 대해 다른 견해를 가진 장식張栻과 토론한 이후에 발생한다. 이 시점에서 주희의 미발과 이발에 대한 해석에 변화가 일어나는데, 이전의 관점을 구설이라 하고 이후의 관점을 신설이라고 한다. 구설의 대표적인 예는 「답장흠부논중용설答張欽夫論中庸說」 제4서에 나온다.

> 천하에 통하는 것은 오직 천기天機의 활발함뿐이니, 그 유행과 발용은 조금의 간격도 없고 멈춤도 없다. 그것이 이발한 것에 근거하여 그 미발한 것을 가리키면, 이발은 사람의 심이고 미발은 모두 그 성이다.25)

---

24) 『延平答問』, "乃是於發用處該攝本體而言, 因此端緖而下工夫以推尋之處也."
25) 『朱子文集』, 권32, 「答張欽夫論中用說」, "蓋通天下只是一个天機活潑, 流行發用無間

여기에서 가장 중요한 것은 미발을 성으로, 이발을 심으로 여기는 입장인데, 이는 정이가 '심은 모두 이발을 가리켜 말한다'라고 한 것과 같은 의미이다. 이러한 관점에 비추어 보면, 미발은 천명이 유행하는 성이므로 비록 심 속에 갖추어져 있다고 하더라도 결코 심의 자아의식이 아니며, 타율적인 것이지 자율적인 것은 아니다. 이발은 심과 정을 가리키는 것으로 비록 성 본체가 유행한 용用이라 하더라도 이것은 정감에 기반한 자아의식이다. 이것이 바로 '성은 체이고 심은 용이다'라는 학설이다.

중화신설의 대표적인 예는 「답장흠부논중용설」 18권에 잘 나타나 있는데, 그곳에서 주희는 다음과 같이 말한다.

> 사람 일신一身의 지각知覺과 운용運用은 심이 하게 하는 것이니, 이것은 원래 심이 몸을 주재하면서도 동함과 정함, 말함과 침묵 사이에 간격이 없기 때문이다. 그러나 심이 정靜하면 사물들이 마음속으로 들어오지 않으므로 생각과 사려가 일어나지 않고, 단 하나의 성은 혼연渾然하여 도와 의가 모두 갖추어져 있으니, 이것을 일컬어서 중中이라고 한다. 이것이 곧 심이 체가 될 수 있는 까닭으로, 적연부동寂然不動함이다. 이러한 심이 동하게 되면 여러 사물들이 번갈아 마음속으로 들어오면서 생각과 사려가 싹트고 칠정이 각각의 쓰임에 따라 치달아 가게 되는데, 여기에서 각각 중심이 되는 것이 있으니, 이것을 화和라고 한다. 이것이 곧 심이 용이 될 수 있는 까닭으로, 감이수통感而遂通함이다. 이렇게 되면서 성은 정하면서도 동하지 않을 수 없고, 정은 동하면서 반드시 절도에 맞게 된다. 이것이 바로 심이 적연부동하고 감이수통할 수 있는 까닭이고, 널리 유행하면서도 하나로 일관될 수 있는 까닭이며, 체와 용이 애초부터 떨어지지 않을 수 있는 까닭이다.26)

容息.. 據其已發者而指其未發者, 則已發者人心, 而凡未發者皆其性也."
26) 『朱子文集』, 권32, 「答張欽夫論中用說」, "然人之一身, 知覺運用, 莫非心之所爲, 則心者固所以主於身而無動靜語默之間者也. 然方其靜也, 事物未至, 思慮未萌, 而一性渾然, 道義全具, 其所謂中. 是乃心之所以爲體, 而寂然不動者也. 及其動也, 事物交至,

여기에서 구설과 가장 큰 차이를 보이는 대목은 바로 미발을 심의 체로, 이발을 심의 용으로 생각하여 심에는 체와 용이 있다는 입장을 제기한 부분이다. 심은 체와 용으로 구분되기 때문에 미발과 이발의 구별도 있게 되는데, 이는 정이가 '심은 하나이지만 체를 가리켜 말한 것도 있고 용을 가리켜 말한 것도 있다'라고 말한 대목과 일치한다.

신설에 따르면 본체의 측면에서 심과 성은 합일되어 있어서 둘로 나눌 수 없다고 말할 수 있다. 심의 체가 바로 성이지 심 가운데 있는 성을 체로 여기는 것은 아니라는 의미로, 이것은 도덕타율론이 아닌 도덕자율론이다. 구설은 심을 형이하자로, 말하고 형이상자를 성이라고 생각하였으나, 신설에서는 심이 형이하자일 뿐만 아니라 동시에 형이상자이기도 하다. 즉 적연한 심의 체가 바로 혼연한 성의 체로, 이 둘은 결코 두 개의 다른 존재가 아니다. 또한 감이수통하는 용은 희노애락과 같은 정이므로, 심은 체용·동정·미발이발을 하나로 관통할 수 있다. 그래서 주희는 "심은 이발과 미발의 간격 없이 철두철미하게 하나의 심일 뿐이니, 여기에서 이발과 미발을 가를 수 있겠는가?"[27]라고 했던 것이다. 이것이 바로 '심의 체와 용은 하나'라는 입장이다.

적연부동한 체는 주관과 주체의 측면에서 한 말이라고 할 수 있다면, 혼연한 리인 성은 객관과 본체의 측면에서 한 말이라고 할 수 있다. 하지만 주희에게 있어서 이와 같은 주체와 본체는 합일된 것으로, '심에는 체와 용이 있다'라는 말은 주체를 본체로 승화시키는 것이다. 따라서 심 본연의 상태는 적연한 심인 동시에 혼연한 성이다. 여기에서 심의 용은 기의

思慮萌焉, 則七情達用, 各有攸主, 其所謂和. 是乃心之所以爲用, 感而遂通者也. 然性之靜也, 而不能不動, 情之動也, 而必有節焉. 是則心之所以寂然感通, 周流貫徹, 而體用未始相離者也."

27) 『朱子語類』, 권5, "心無間於已發未發, 徹頭徹尾都是, 那處截做已發未發?"

동함으로서의 정이다. 심의 체는 미발한 중으로서 조금의 내용도 없는 순수한 주관형식이 아니라, 본래부터 혼연한 성을 근본적인 내용으로 가지고 있는 것이다. 미발한 중이 있으면 이발한 화도 있으니, 체와 용은 결코 완전하게 나눌 수 없다.

> 심의 온전한 체는 매우 허령하고 밝은 것으로, 수만 가지의 리가 그 속에 갖추어져 있다.…… 그것이 유행할 때에도 모든 것이 그 속에 들어 있어서 동함과 정함을 관통하니, 그 묘용이 없는 곳이 없다. 그러므로 미발한 상태의 온전한 체를 가지고 말하면 그것이 바로 성이며, 이발한 상태의 묘용을 가지고 말하면 그것이 바로 정이다. 그러므로 장횡거가 말한 심통성정心統性情은 혼연한 심 가운데에서 이발과 미발을 가리켜 말한 것일 뿐이니, 성이라는 하나의 영역이 있고 심이라는 하나의 영역이 따로 있으며 정이라는 또 하나의 영역이 따로 있어서 그 사이에 분명한 간격이 있는 것은 아니다.28)

이것은 심의 미발과 이발·체용·성정이 모두 혼연한 하나여서 확연하게 둘로 나눌 수 없다는 사실을 분명히 한 것이다. 그러므로 미발과 이발은 심의 관점에서 성에 대해 말한 것으로, 심이면서 성 아닌 것에 대해 말한 것이 아니다. 중과 화의 관계 역시 이와 같다. 미발한 중에 대해 주희는 다음과 같이 말한다.

> 심체心體의 유행이면서 적연부동한 것이니, 천명지성天命之性은 본체의 단서들을 이미 갖추고 있다. 이것은 지나침이나 못 미침도 없으며, 치우침이나 기울어짐도

---

28) 『朱子語類』, 권5, "心之全體, 湛然虛明, 萬理具足.……其流行該編, 貫乎動靜, 而妙用又無不在焉. 故以未發而全體者言之, 則性也, 以其已發而妙用者言之, 則情也. 然心統性情, 只就渾淪一物之中, 指其已發未發而爲言爾, 非是性是一个地頭, 心是一个地頭, 情又是一个地頭, 如此懸隔也."

없기 때문에 중이라고 말한다. 그러므로 이발은 심의 체가 유행하는 곳에서 드러난다.29)

주희는 또 "천명한 성은 혼연할 따름이니, 그 체를 가지고 말하면 중이고, 그 용을 가지고 말하면 화이다"30)라고 하였다. 적연부동함은 심의 체를 성이라고 말하는 것이고, 혼연한 하나의 성은 성의 체를 심이라고 말하는 것이니, 여기에서 적연부동과 감이수통, 중과 화, 성과 정, 미발과 이발은 완전하게 같은 것으로, 결코 다르지 않다. 주희가 말하는 주체는 심리학적 측면에서 심을 말한 것이 아니라, 본체의 입장에서 심과 성에 대해 말한 것이다. 하지만 본체의 심은 심의 체가 유행한 곳에서 드러나며 미발은 이발한 곳에서 드러난다. 이것이 바로 체용일원론이다.

우리는 주희의 미발과 이발에 대한 해석이 그의 심성론과 완전하게 일치하는 것을 알 수 있다. 이러한 해석은 그의 심체용설을 한 단계 더 구체화한 것이며, 동시에 심성과 성정의 모든 개념들을 심이라는 주체의 단계에서 한 걸음 더 전개시킨 것이다. 어떤 사람이 주희에게 '심의 미발은 성이고 이발은 정입니까?'라고 묻자 주희는 '바로 그러하다'라면서 긍정한다. 그리고 다시금 정이의 말을 가리켜서 "심은 하나이지만, 체를 가리켜 말하는 것도 있고 용을 가리켜 말하는 것도 있다"31)라고 한다. 여기에서 말하는 발發은 경험적인 발동이라는 의미가 아니라, 본체론적인 측면에서 본심의 발현이라는 의미이다. 미발과 이발은 체와 용, 성과 정의 관계이지, 희

---

29) 『朱子文集』, 권67, 「已發未發說」, "心體流行, 寂然不動之處, 而天命之性, 體段已具焉. 以其無過不及, 不偏不倚, 故謂之中. 然已是就心體流行處見."
30) 『朱子文集』, 권67, 「中庸首章說」, "天命之性渾然而已, 以其體而言之則曰中, 以其用而言之則曰和."
31) 『朱子語類』, 권98, "心一也, 有指體而言者, 有指用而言者."

노애락의 정이 발동했는지 그렇지 않은지를 지칭하는 것은 아니다. 또한 미발은 잠재된 본체의식과 같이 형이상학적인 초월의 심이지, 일반적 심리 활동과 같이 경험을 통해 실현된 심은 아니라고 할 수 있다.

주희의 생각에 따르면 "심은 살아 있는 것으로, 항상 동하기를 좋아한다."32) 그래서 만약 심이 정지된 채 움직이지 않는다면 이것은 불교에서 말하는 적멸寂滅 또는 청정清淨의 심이거나 『장자』에서 말하는 죽은 잿더미와 같은 것이다. 심은 이미 동한 것인데, 왜 심에는 동함과 정함이 있다고 말하는가? 주희는 "동함과 정함을 가지고 체와 용을 구분하는 것은 옳지 않다"33)라고 생각했다. 이것은 정함을 체로, 동함을 용으로 말할 수는 없다는 입장으로, 동정과 체용은 확실하게 대립적인 것이다. 주희가 '적연부동함은 그 체體가 원래부터 그러한 것을 말한다'라고 한 것은 형이상학적이고 초월적인 의미에서 한 말로, 미발의 본체는 정하다는 것이다. 하지만 이것은 동함과 정함을 상대시켜 말할 때의 정함이 아니라 동함 가운데 있는 정함으로, 이발 이외에 따로 정靜한 본체가 있는 것은 결코 아니다. 이발은 원래 동함이지만 동함 가운데에는 이미 정함의 리가 있으니, 동하게 된다고 해서 정함이 없다고 말할 수는 없다.

발하기 전에 적연부동한 것은 성을 말하는 것이고, 발한 이후 감이수통한 것은 정을 말하는 것이다. 이것은 리와 기에 선후가 있다고 말할 때 논리적인 의미에서 말한 것일 뿐이지 시간상으로 그러한 것이 아니라는 말과 같다.

성은 정靜함이고 정情은 동動함이며, 심은 동함과 정함을 겸해서 말한 것이다. 어

---

32) 『北溪字義』, 「心」, "心是一个活物, 常愛動."
33) 『朱子語類』, 권94, "却不可以動靜分體用."

떠한 경우는 체를 가리키기도 하고 어떠한 경우는 용을 가리키기도 하는데, 그것은 사람이 보는 것에 따른다.34)

하지만 이 말의 의미는 정함이 동함으로 인해 있고, 동함이 없으면 정함도 없다는 것이 결코 아니다. 적연한 체는 잠재되어 있는 본체의식이며 진실로 존재하는 것으로서, 오직 감이수통의 용用 가운데에서 실현되어 나온다.

정함은 없는 것이 아니라 그 형체가 갖추어지지 않아서 없다고 말하는 것이다. 또 정함은 동함으로 인해 그 이후에 있게 되는 것이 아니라, 동해서 그것을 드러낼 수 있기 때문에 있다고 말하는 것일 따름이다.35)

적연한 체는 형체가 없어서 볼 수 없으므로 없다고 하고 감이수통한 용은 형체가 있어서 볼 수 있으므로 있다고 하는 것이지, 정할 때에는 없고 동할 때에는 있다고 말하는 것은 아니다. 이것은 동정관계에서 한 단계 더 나아간 설명으로, 여기에서 미발과 이발은 체와 용의 관계이다. 하지만 주희는 때에 따라서 미발과 이발을 시간의 선후관계인 것처럼 말하기도 한다.

이것은 다만 심일 뿐이니, 여기에는 미발했을 때의 절목도 있고 이발했을 때의 절목도 있다. 미발은 어떠한 일이 사려思慮로 싹트기 전의 시기를 말하는 것으로, 중이며 체이다. 그러나 사려함이 발해서 그 발한 것이 마땅할 때는 그것이 화이고 용이다. 심 속에는 이 둘이 섞여 서로 혼재하고 있을 뿐이니, 만약 이것을 확

---

34) 『朱子語類』, 권94, "性是靜, 情是動, 心則策動靜而言. 或指體, 或指用, 隨人所看."
35) 『朱子語類』, 권94, "靜不是無, 以其未形而謂之無. 非因動而後有, 以其可見而謂之有耳."

연하게 나누어서 어떤 때는 미발한 때이고 어떤 때는 이발한 때라고 하면 이것 역시 옳은 도리가 아니다.36)

주희는 정이와 마찬가지로 사려활동은 이발에 속한다고 생각했다. 이로 인해 사려가 아직 일어나지 않았을 때는 미발이다. 하지만 이것은 이발의 측면에서 미발을 말하는 것으로, 일종의 역추리법이다. 따라서 이것은 분명하게 어떠한 시간을 경계로 나누어 사려가 싹트지 않았을 때에는 미발의 체이고, 이미 그것이 싹트게 되면 이발의 용이라고 말하는 것은 결코 아니므로, 만약 미발과 이발에 대해 이와 같이 말한다면 그것은 도리가 이루어지지 않은 것이다. 그는 사려가 싹트기 전을 미발로 묘사하고 사려가 이미 싹텄으면 이발로 묘사했는데, 이와 같은 확실한 경험론적 경향은 이후 많은 혼란을 야기했다. 하지만 이러한 방법을 통해 미발과 이발이 체와 용의 관계임을 증명하려고 했지, 확연하게 동함과 정함의 시간을 나누었던 것은 아니다. 그래서 "정할 때에도 그 속에 동함의 리가 내재하고 있으며,…… 동할 때에도 또한 그것은 정함일 따름이다"37)라고 하였다. 하지만 표현된 것만을 가지고 말하면 명확하지 않은 부분이 많다. 특히 미발했을 때의 절목과 이발했을 때의 절목을 말한 것은 성정과 체용의 관계를 심리적인 과정과 뒤섞어 버린 것으로, 이로 인해 이후 많은 논쟁이 일어나게 된다.

주희가 이처럼 말한 데에는 원인이 있으니, 그것은 바로 방법론적으로 정함 가운데에서 함양涵養한다고 했기 때문이다. 이른바 정함에 대해 본체

---

36) 『朱子語類』, 권94, "只是這个心, 自有那未發時節, 自有那已發時節. 謂如此事未萌於思慮要做時, 須便是中, 是體. 及發於思了, 如此做而得其當時, 便是和, 是用. 只管夾雜相滾, 若以爲截然有一時是未發時, 一時是已發時, 亦不成道理."

37) 『朱子語類』, 권94, "方其靜時, 動之理只在,……及動時, 又只是這靜底."

의 측면에서 말한 것이 있으니, 예컨대 '담연湛然'·'적연寂然'·'순수해서 잡스러움이 없음' 등과 같은 것으로, 이것은 절대적 의미에서의 정함이다. 동시에 방법의 측면에서 정함을 말한 것이 있으니, 예컨대 '아직 사물과 감응하지 않음'·'생각이 싹트기 전'과 같은 것들로, 이것은 동함과 정함을 상대시켜 말할 때의 정함이다. 이 점에 대해서는 이후 다시 논하게 될 것이다.

　육구연陸九淵은 체와 용에 대해 말하지 않았기 때문에, 미발과 이발 역시 말하지 않았다. 그가 보기에 심에는 미발이니 이발이니 하는 것이 없다. 도덕본심은 미발이면서 동시에 이발로, 사람이 본심을 가지고 있으면 저절로 발해서 절도에 딱 맞게 되어 있다. 미발과 이발이 서로 같다는 이유로 인해 동함과 정함 역시 같을 뿐 다를 수가 없다. 오로지 본심만을 제대로 드러내어 밝힐 수 있다면, 그것이 동함이건 정함이건 모두 바른 것이다.

> 본심이 만약 밝게 드러나지 않는다면 끝끝내 마음에 이익됨도 없을 것이다. 만약 스스로 이미 정靜함 가운데에서 공부했다고 말하고, 또 따로 동함 가운데에서도 공부를 했다고 말한다면, 이것은 어지러움만 더하는 것일 뿐이다. 어떻게 딱 들어맞으면서도 이 심 아닌 것이 있겠는가? 심이 바르면 정함도 바르고 동함 역시 바르지만, 심이 바르지 않으면 비록 정하다고 하더라도 또한 바르지 않다. 만약 동함과 정함이 각기 다른 마음이라면, 이것은 두 개의 심이 있는 것이다.[38]

　여기에서 말하는 정함은 동함과 정함을 상대시켜 말할 때의 정함이지 적연부동한 정함은 아니다. 육구연은 정함을 미발한 본체로 생각하는 것에

---

38) 『象山全集』, 권4, 「與潘文叔」, "本心若未發明, 終然無益. 若自謂已得靜中工夫, 又別作動中工夫, 恐只增擾擾耳. 何適而非此心? 心正則靜亦正, 動亦正, 心不正則雖靜亦不正矣. 若動靜異心, 是有二心也."

동의하지 않고, 동함과 정함이 모두 체인 동시에 용이기 때문에 정함만을 체로 생각하는 것은 심을 둘로 나누는 것이라고 주장하였다. 그는 충忠과 신信에 대해서 논할 때도 다음과 같은 입장을 제기한다.

> 충忠과 신信은 애초부터 다르지 않았다. 다만 마음속에서 자신을 속이지 않는 것을 충이라 하고, 그러한 마음이 마음 밖에서 망녕되지 않게 하려는 것을 신이라 한다.…… 부르는 이름은 비록 다르지만 그 실질적인 것을 모아서 말하면 그것은 양심의 존재에 불과한 것으로 성실하기만 하고 인위가 없는 것이다. 이것이 바로 충과 신이라고 말할 수 있다.39)

충신과 중화中和는 다르지만 관계가 있다. 마음속에 존재하는 것은 미발한 중이고 마음 밖으로 발하는 것은 이발한 화인데, 충과 신 역시 이와 같은 관계이다. 중화라고 하건 충신이라고 하건 육구연은 양심의 존재를 강조하였는데, 이는 양심이 그 속에 존재하면 그것은 반드시 신信이나 화和의 모습으로 발현된다는 말이다.

3. 원명시대

나흠순羅欽順은 비록 미발한 중을 성으로, 이발한 화를 정이라고 생각하였지만, 여기에서 미발과 이발은 심리적인 과정일 뿐, 성과 정으로 치환될 수 있는 것도 아니고 체와 용의 관계도 아니다. 정이와 주희는 미발한

---

39) 『象山全集』, 권33, "忠與信初非有二也. 特由其不欺於中而言之, 則名之以忠, 由其不妄於外而言之, 則名之以信.……名雖不同, 總其實而言之, 不過良心之存, 誠實無僞. 斯可謂之忠信矣."

중에 대해 성으로도 설명하고, 심으로도 설명할 수 있다고 생각했다. 그러나 나흠순은 중을 마음 가운데 있다는 의미로 생각하여, 마치 태극이 천지만물 가운데 있듯이 성은 마음 가운데 있다고 생각했던 것이다. 미발한 중은 심 가운데 있는 성이지만, 미발은 오히려 심이다.

이와 같을 뿐 아니라, 나흠순은 "만약 갈라진 것으로 알고 있다 해도, (마음) 중앙을 말하는 중과 미발의 중은 모두 태극의 본연 아닌 것이 없다"[40]라고 생각하였다. 미발한 중은 이미 태극의 본연으로, 태극은 심 가운데 있을 뿐만 아니라 천지만물 가운데에도 있다. 이 때문에 이것은 사람의 성일뿐만 아니라 사물의 성이기도 하다. 그래서 나흠순은 "미발한 중은 사람들만이 가지고 있는 것이 아니라, 모든 사물들도 그것을 가지고 있다. 중은 천하의 대본大本이니 이것을 가지고 사람과 사물을 둘로 나눌 수는 없다"[41]라고 말한다. 이것은 우주론이라는 객관적 원칙에서 출발한 것이지, 주체 그 자체로부터 출발해서 미발한 중을 말한 것은 아니다. 이 때문에 그는 결코 도덕의식의 주체성을 강조하지 않았으며, 다만 그것의 객관성만을 강조하고 있다.

심의 측면에서 말하면 미발과 이발은 구분되지만 이것은 심리적 과정일 뿐이다. 성과 정은 모두 심과 떨어질 수 없기 때문에 미발의 측면에서 성을 말하고 이발의 측면에서 정을 말한 것이다. 미발은 잠재의식을 가리키고 이발은 현실의식을 가리키지만 그 내용은 객관적이다. 이 같은 입장은 의식활동과 그 내용을 구분하는 것이다. 미발과 이발은 의식활동이면서 심이 원래부터 가지고 있는 것이기 때문에 주관적이다. 이에 반해 미발한

---

40) 『困知記』 附錄, 「答陸黃門浚明」, "若識得破時, 中央之中與未發之中, 無非太極之本然也."
41) 『困知記』 上, "未發之中, 非惟人人有之, 乃至物物有之. 蓋中爲天下之大本, 人與物不容有二."

중은 우주의 법칙에 근거하고 있기 때문에 객관적이다.

> 정의 발함은 모두 성에 근거하지만, 그것이 선하기도 하고 악하기도 한 것은 절도가 있는지 없는지에 달려 있고, 또 절도에 딱 들어맞는지 그렇지 않은지에 달려 있으며, 치우쳤는지 치우치지 않았는지에 달려 있다.42)

이는 주체작용은 자신의 정감을 인식하고 조절함으로써 도덕이성과 합치될 수 있다는 말이다.

왕수인王守仁은 비록 주희의 체용설을 받아들여서 미발을 체로 이발을 용으로 생각했지만, 체용일원體用一源을 주장하면서 미발과 이발을 하나로 이해하여 "체가 있으면 반드시 용도 있고, 미발한 중이 있으면 발해서 모든 절목에 딱 들어맞는 화도 있다"43)라고 하였다. 그는 체용일원의 관점에서 출발하는 동시에 "미발한 중이 모든 사람들에게 갖추어져 있다고 말할 수 없다"44)라고 하여 사람마다 모두 미발한 중이 있다는 사실을 부정하였다. 그러나 이 말이 어떻게 '모든 사람들에게 양지가 있다'는 그의 말과 모순되지 않을 수 있겠는가? 그는 이에 대해서 "희노애락의 본체는 원래부터 중이고 화이다. 그러나 이것이 개인의 사사로운 뜻에 따라 나오자마자 그것은 바로 지나침이거나 못 미친 것으로, 사사로움이다"45)라고 말한다. 여기에서 가장 중요한 것은 사사로운 뜻이 섞여 들어온다는 점으로, 본체의식이 가려질 수 있음을 의미한다. 따라서 미발한 본체가 원래부터 중이

---

42) 『困知記』續下, "情之發皆根於性, 其所以爲善爲惡, 系於有節與無節, 中節與不中節, 辟與不辟而已."
43) 『傳習錄』上, "有是體, 卽有是用, 有未發之中, 卽有發而皆中節之和."
44) 『傳習錄』上, "不可謂未發之中, 常人俱有."
45) 『傳習錄』上, "喜怒哀樂本體自是中和的. 才自家着些私意思, 便過不及, 便是私."

아니라고 말할 수는 없다. 왕수인은 심의 체용에 대해서 잠재되어 있는 본체의식인 동시에 현실적인 정감의식, 즉 성이면서 동시에 정이라고 생각하였다. 이것은 완전히 심을 자주적이고 자율적인 주재의 원칙으로 생각한 것이다. 그는 본체의식은 원래 중과 화라는 입장에서 "사람의 성은 모두 선하고 중과 화는 사람마다 모두 원래부터 가지고 있는 것이니, 어찌 그것이 없다고 말할 수 있겠는가?"46)라고 하였다.

심은 마치 맑은 거울 같아서 온전한 체는 옥과 같이 투명하고 티끌과 같은 흠도 없다. 그러므로 하나의 사사로운 뜻이 있다는 것은 심이 다른 것에 의해 물든 것이며, 잘못된 것에 의해 가려진 것이다.

> 이미 가려져서 어둡게 되었다면 그 본체가 비록 계속해서 발현해도 끝끝내 잠시 밝아지거나 잠시 사라져 버리곤 하니, 이것은 그 전체대용全體大用이 아니다.47)

이미 전체대용이 아니라면 그것은 중과 화를 잃어버린 것이다. 체용과 중화는 원래 일치되어 있는 것으로, 이미 화가 아니라면 모든 것은 중일 수 없다. 하지만 중이 못 되게 하는 근거가 본체 자체에 있지 않는 것은 사사로운 뜻에 의해 가려졌기 때문이다. 이것은 중과 화라는 하나의 도덕원칙을 주체의식의 근본적 특징으로 설명하는 것이면서, 동시에 이러한 원칙에 위배되는 일체의 의식활동을 외부에 있는 것으로 배제시키는 것이다.

왕수인은 주체의식이 본체가 되어야 한다는 입장을 제기하면서, 호색하고 명리名利를 탐하는 마음을 사욕에 가려진 마음으로 설명한다. 그래서 그는 근본적인 부분에서 문제를 해결해야 한다고 주장하는데, 이 부분은

---

46) 『傳習錄』 上, "人性皆善, 中和是人人原有的, 豈可謂無?"
47) 『傳習錄』 上, "既有所昏蔽, 則其本體雖亦時時發現, 終是暫明暫滅, 非其全體大用矣."

주희에 비해 훨씬 철저해졌다. 이발했을 때에 호색하고 명리를 탐하는 마음이 없어야 할 뿐만 아니라 미발했을 때에도 마땅히 일체의 사심을 깨끗하게 쓸고 씻어서 조금도 남아 있지 않도록 함으로써, "비로소 희노애락이 미발한 중이며 천하의 대본이라고 말할 수 있다"48)라는 경지에 이르러야 한다. 그는 일체의 사사로움을 쓸어내어 없애 버린 이후에 대해서 다음과 같이 말한다.

> 밝디 밝은 것은 오직 심의 본체일 따름이니, 거기에 무슨 한가한 생각이 일어나겠는가? 이것이 바로 적연부동함이고 미발한 중이며 확연대공廓然大公이다. 이렇게 되면 사물과 접했을 때에도 저절로 감이수통하게 되고, 발하는 것은 모두 이치에 딱딱 들어맞게 되며, 저절로 사물이 마음에 와 닿아 순응하게 된다.49)

하지만 왕수인의 이러한 관점은 이론상 매우 곤란한 부분에 부딪히게 된다. 체와 용, 미발과 이발은 모두 심에서 나왔으며 또한 완전하게 통일되어 있다. 그런데 심은 여기에 대한 최후의 담지자로 비록 초월적인 면모를 가지고는 있지만 동시에 개체의 지각이 영명하게 빛나는 심이기도 하므로, 여기에는 분명한 개체성이 갖추어져 있다. 이러함에도 불구하고 어떻게 중화와 같은 도덕원칙만을 가지고 심의 근본적인 특징이라고 생각할 수 있겠는가? 왕수인은 여기에 대해 어떠한 대답도 하지 못하고 있다. 사실상 왕수인은 심의 자주적 원칙을 제기하는데, 이 말 자체에 이미 개체의식이라는 내용이 잠재되어 있다. 이는 곧 주체의식에 대한 왕수인의 학설 가운데에는 모순이 잠재되어 있다는 사실을 말하고 있는 것이다.

---

48) 『傳習錄』 上, "方可謂之喜怒哀樂未發之中, 方是天下之大本."
49) 『傳習錄』 上, "光光只是心之本體, 看有甚閑思慮? 此便是寂然不動, 便是未發之中, 便是廓然大公. 自然感而遂通, 自然發而中節, 自然物來順應."

종합하면 왕수인의 미발과 이발에 대한 해석은 비록 육구연처럼 본심설에서 출발하고 있지만, 오히려 주희 이후로 발전한 사상적 노정에 따라 그것을 계승하고 발전시킴으로써 완전하게 주체화된 결론에 도달했다. 주희가 말한 미발과 이발이 주로 주체의식의 측면에서 성과 정을 논함으로써, 비록 심의 체용·성정이 합일되어 있다고 해도 여전히 성을 객관적인 것으로 보는 입장이 유지된다고 말할 수 있다면, 왕수인은 완전히 자아의식에서 출발해서 성과 정을 논하고 있으며 형식으로부터 내용까지를 완전하게 주체화시켰다. 주희는 우주론에서 시작해서 심성을 말하고 미발로부터 이발에 이르고 있지만, 왕수인은 본심에서 출발해서 심성합일론에 이르렀고 동시에 미발로부터 이발에 이르고 있으며 주체의식의 자주성을 더욱 강조하고 있다.

주희와 왕수인은 미발과 이발에 대한 해석을 통해 도덕의식의 주체성을 확립하는 단계로 나아가서, 이로써 천하의 대본大本을 세우고 달도達道를 행하는 것이라고 생각하였다. 이것이 바로 이상적 경지를 현실화시키는 것으로, 실제로는 사회윤리와 규범을 사람의 자아의식으로 내재화시키고, 중과 화라는 원칙에 비추어 사람과 사람의 관계를 조절하는 것이다. 이것은 미발을 본체의 주체라고 생각한 것으로, 그들은 정감을 이성적이고 초월적인 것으로 만들어야 한다는 사실을 강조하면서 정감의 개체성과 감성적인 특징은 홀대하였으며, 본체의식만을 강조하고 개체의식에 대해서는 홀시하였다. 왕수인은 본체의식과 개체의식의 모순을 한층 더 심화시켰다.

왕수인의 제자인 왕기王畿는 미발과 이발에 대한 새로운 해석을 내놓았다. 그는 미발이 결코 초월적인 본체의식이 아니라 주체적인 지각능력이므로 이발과 떨어질 수 없다고 생각하여, "발해서 절도에 딱 들어맞는 것이 바로 미발한 중이다. 만약 마음속에 있는 중이 있고 그것과는 달리 본체와 이발이 상대하고 있다면 진실로 두 개의 근본이 있는 것이다"50)라고 하였다. 그가 말하는 본체를 주체의 측면에서 말하면 미발이지만, 이것은 이발 가운데 있으며, 이러한 이발은 결코 사물과 떨어져 있지 않다. 이 때문에 미발과 이발은 주체와 객체 및 적연부동과 감이수통의 관계에 대한 문제가 된다. 적연부동은 미발이고 감이수통은 이발인데, 여기에 대해서 왕기는 다음과 같이 말한다.

> 감이수통은 적연부동함과 떨어져 있지 않으며, 적연부동함 역시 감이수통과 떨어져 있지 않다. 그러므로 적연부동함을 버려두고 감이수통만을 따라가면 이는 사물을 따른다고 하고, 감이수통은 떼어 놓고 오직 적연부동함만을 고수한다면 이는 허무함에 빠진다고 한다. 적연부동함은 미발한 중으로, 선천적인 배움이다. 그러나 미발함의 공효는 오히려 발용된 곳에서만 쓰이고, 선천적인 공효는 후천적인 것에서만 사용된다.51)

여기에는 비록 체와 용, 선천과 후천의 구분은 있지만, 선천은 결코 선험적인 도덕의식이 아니라 태허의 본체이자 중화中和의 기로 허령명각虛靈明覺한 심의 본체이다. 여기에서 말하는 허虛는 비어 있어서 아무것도 없다는 의미이다. 이로 인해 선천적인 체體는 후천적인 용用과 결코 떨어져서 존재할 수 없으며, 오로지 발용된 곳에서만 사용될 수 있고 만사와 만물 속에서만 드러날 수 있다. 그래서 왕기는 "공부는 오직 희노애락이 발한 곳에서 그 당연함을 체인하는 것뿐이다. 화和를 이루는 것이 바로 중을 이

---

50) 『王龍溪全集』, 권10, 「答耿楚侗」, "發而中節處, 卽是未發之中. 若有'在中'之中, 別有本體與已發相對, 則誠二本矣."
51) 『王龍溪全集』, 권6, 「致知議辨」, "感不離寂, 寂不離感. 舍寂而緣感, 謂之逐物, 離感而守寂, 謂之泥虛. 夫寂者未發之中, 先天之學也. 未發之功却在發用上用, 先天之功, 却在後天上用."

루는 까닭이니, 안과 밖은 합일되어 있고 동함과 정함에는 경계가 없다"[52]라고 하였다. 사물을 따르는 것과 허무함에 빠지는 것은 모두 옳지 않다. 왕수인은 본원에서의 수양을 강조했지만, 왕기가 보기에 이것은 허무함에 빠지는 것이다.

이른바 적연부동함과 미발은 비록 허령명각한 심이지만, 그것이 발생하고 감응하기 전에는 결코 깨끗한 백지가 아니라 잠재된 정감의식을 포함한 지각능력이다. 그리고 이것이 사물과 감응했을 때에는 바로 발생과 작용이 일어나고, 사물을 따라 감응하면서 정감활동을 만들어 낸다. 실제로 적연부동함은 시간을 가지고 말할 수 없기 때문에 왕기는 "때에 따라서 동함도 있고 정함도 있지만 적연부동함은 동함과 정함에 따라서 나누어지지 않는다"[53]라고 하였다. 이 때문에 적연부동함과 감이수통, 미발과 이발은 이미 본체와 작용의 관계라고 말할 수 없으며 또한 심리적 정감의 발전이라고 말할 수도 없다. 다만 이것은 주체와 객체의 관계라고 말해야 한다. 적연한 본체는 사물에 감응하여 동하므로 감이수통을 떼어 놓으면 적연부동함도 없듯이, 미발 역시 사물에 감응해야 그 용用이 있으므로 이발을 떼어 놓으면 미발함도 없다.

> 실제로 미발은 때를 가지고 말할 수 없으니, 심은 체가 없기 때문에 때도 없고 방소方所도 없다.…… 만약 미발한 때가 있으면 해와 달(시간)에 따라서 멈추기도 하고 돌기도 할 것이므로, 이것을 가지고 진정한 밝음이라고 말할 수는 없다.[54]

---

52) 『王龍溪全集』, 권16, 「書陳中閣卷」, "工夫只在喜怒哀樂發處體當, 致和正所以致中也, 內外合一, 動靜無端."
53) 『王龍溪全集』, 권16, 「書陳中閣卷」, "時有動靜, 寂則無分於動靜."
54) 『王龍溪全集』, 권9, 「答萬履庵」, "其實未發不以時言, 心無體, 故無時無方.……若有未發之時, 則日月有停輪, 非貞明之謂矣."

이 때문에 적연부동이 있으면 감이수통도 있고, 감이수통이 있으면 반드시 그것에 감응하는 대상도 있게 마련이다. 이것을 심에는 체가 없고 사물이 체가 된다고 말한다. 왕기는 미발과 이발, 적연부동함과 감이수통에 대한 논의를 통해 심과 사물, 주체와 객체를 통일시키려고 했다. 이것이 바로 그들이 말하는 내외합일內外合一의 학문이다.

왕기는 미발한 상태의 적연부동함이 양지본체, 즉 성의 체라는 사실을 완전하게 부정할 수 없었음은 당연하지만, 그가 말한 성은 선도 없고 악도 없는 것이다. 그가 성은 심의 생기生機라고 말한 것은 심리적 정감을 그 내용이라고 생각했기 때문이니, 이것은 왕수인의 본체의식과 구별되는 중요한 부분이다.

왕정상王廷相은 큰 틀에서 미발과 이발 및 적연부동과 감이수통을 주체와 객체 및 주관과 객관의 관계로 바꾸어 놓았으며, 나아가 정감의식을 인식이성으로 바꾸어 놓았는데, 이것은 매우 큰 발전이다. 그가 말하는 적연부동과 감이수통, 동함과 정함, 미발과 이발은 주체의 심에 대해서 설명한 것이면서 동시에 주체의 심과 객체의 관계에 따라서 설명한 것이기도 하다. 이 때문에 이것은 본체의식과 그것의 실현이라는 관계로 설명한 것도 아니고 심리적인 과정에 따라 말한 것도 아니다. 적연부동·정함·미발은 모두 주체인 심이 정지해 있는 상태를 가리킨다면, 감이수통·동함·이발은 주체와 객체의 관계를 가리켜 말하는 것이다. 감이수통은 적연부동함에서 생겨나는 것이 아니고, 동함은 정함에서 생겨나는 것이 아니며, 이발은 미발에서 생겨나는 것이 아니라는 말이다. 이것은 적연부동함과 감이수통, 정함과 동함, 그리고 미발과 이발이 서로 분리되어 있지 않다는 사실을 말하는 것이다.

마음 밖에서 감感하게 하는 것이 없다면 어떻게 동함이 있겠는가? 그러므로 동함은 마음 밖에서 감하는 것으로 인해 일어나는 것이다. 감하는 것에 응하는 것은 정함 속에 있고 그 기틀은 마음 밖에 있다. 이미 응했다면 정靜함은 마치 하나의 원인인 것처럼 보이나, 동하여서 정함이 끌려 나왔다고 말할 수는 있어도 동함이 정함에서 생겨난다고 말할 수는 없으니, 하물며 어떻게 정함이 동함에서 생겨났다고 할 수 있겠는가!55)

여기에서 말하는 정함은 허령한 심을 가리키는 것으로, 사물에 감응하기 전에 동하는 심리적 상태이다. 하지만 이것은 텅 비어 있어서 아무것도 없는 존재라고 말하는 것은 아니다. 왕정상은 "'충막무짐沖漠無朕하여서 수많은 형상들이 빼곡하게 갖추어져 있다'는 말은 정靜하여서 감응하기 전의 상태이다"56)라고 말했다. 심은 비록 사물에 감응하기 전이라도 관념의 형식을 가지고 있어서 이것이 동하여 사물과 감응할 때에는 사물을 대상으로 해서 감응한다는 사실을 설명하고 있는 것이다. 그렇다면 이와 같은 주체관념은 어디에서 온 것인가? '정함은 동함에서 생겨난다'는 말에 따르면, 이것은 당연히 동하여서 사물과 감응하는 과정에서 형성되는 것이다. 이것은 교체하면서 발전하는 과정이다. 심이 안정된 상태를 유지하면 사물과의 감응을 통해 사물의 리를 인식할 수 있다.

이 때문에 적연부동한 체는 주로 심의 체를 말하는 것이지 성의 체를 말하는 것은 아니다. 심은 주관적이고 리는 객관적인데, 심은 전체를 합치는 과정을 통해 모든 본체의 특성에 대한 관념을 형성시킬 수 있지만, 리는 사물에 따라서 달라지므로 하나의 사물에는 하나의 리만 있다. 이러한

---

55) 『雅述』上, "使無外感, 何有於動? 故動者緣外而起者也. 應在靜也, 機在外也. 已應矣, 靜自如故, 謂動以攄靜則可, 謂動生於靜則不可, 何況靜生於動乎!"
56) 『雅述』上, "'沖漠無朕, 萬象森然已具', 此靜而未感也."

이유에서 왕정상은 주희와 같은 사람들이 적연한 심 본체를 가지고 하나의 리라고 설명하는 것은 잘못되었다고 비판한다.

> 적연부동할 때에는 수만 가지 리가 모두 심 속에 모여 있으니, 이것을 하나의 심이라고 말하는 것은 옳지만 하나의 리라고 말하는 것은 옳지 않다. 하나의 리가 어떻게 수만 가지의 일들에 감응할 수 있겠는가! 수만 가지 일에는 수만 가지 일에 부합하는 리가 있다. 정함은 모두 하나의 심 속에 갖추어져 있다가 심이 동해서 감하게 되면 각각의 일에 리가 따르면서 응하게 된다. 그러므로 좌우로부터 그 근원으로 모여든다고 말하는 것은 바로 이것이다.[57]

왕정상은 또한 주체의 원칙을 매우 강조하지만, 적연부동한 본체를 초월적인 도덕원칙이라고 생각하지 않고 다만 허령虛靈하고 정靜한 인식심이나 혹은 이지적인 심이라고 생각했다. 그것은 허虛하기 때문에 수만 가지 리가 하나에 모일 수 있는 것으로, 이른바 '정함은 모두 하나 속에 갖추어져 있다'라는 말이다. 심은 수만 가지 리의 작용과 완전하게 합치되지만, 리는 여전히 객관적이다. 그가 말하는 체는 형체 또는 실체이지, 형이상학적인 초월적 본체는 아니다. 이로 인해 그가 논하는 미발과 이발, 적연부동과 감이수통은 경험론적인 것이지 형이상학적인 것은 아니다.

이것은 내외를 합하여 하나로 나아가는 도이다. 심은 미발한 본래 상태일 때 정靜함을 체로 여기고, 사물에 감응해서 동한 작용의 상태일 때에는 동動함을 용으로 여긴다. 실제로 왕정상은 "심은 적연부동하면서도 감이수통하지 않은 적이 없고, 리는 사물들이 감해 올 때 응하지 않은 적이 없다.

---

[57] 『雅述』下, "寂然不動之時, 萬理皆會於心, 此謂之一心則可, 謂之一理則不可. 一理安可以應萬事. 蓋萬事有萬事之理. 靜皆具於一, 心動而有感, 乃隨事順理而應. 故曰左右逢其原者此也."

그러므로 정함은 본체이고 동함은 발용이다"58)라고 하였다. 미발한 체는 반드시 용이 있는데, 그 용은 사물에 감感해서 동하는 것이다. 이러한 동함은 리가 외부의 사물에 응應하는 것인데, 이것이 바로 적연부동과 감이수통의 합일이고, 동함과 정함의 합일이며, 안과 밖의 합일이다. 정靜하기만 하여 동動함이 없으면 정체되고 동하면서도 정함이 없으면 어지러워지므로, 오직 동함과 정함이 합일되어야 비로소 안과 밖이 합일되는 도를 이룰 수 있다. 그는 당시 유학자들이 정감을 자신의 진정한 모습으로 여기고 동함을 객관적인 감응으로 생각해서 정함만을 중시하고 동함을 홀시하는 경향에 대해, "안과 밖을 다른 것으로 생각하는 것이니, 이것은 불교의 선禪을 가까이하면서 심 밖에 있는 것을 싫어하는 것이다"59)라고 비판했다.

왕정상은 미발과 이발 및 적연부동과 감이수통에 대해 논할 때 정감이라는 색채를 비교적 적게 띠면서, 주로 인식심에 대해서 말한다. 이와 같은 이유로 우리는 그가 정감이론을 인식 방면으로 한 단계 더 발전시켰다고 말할 수 있다. 하지만 이 말이 그가 성과 정의 문제에 대해서 말하지 않았다는 의미는 결코 아니다. 미발과 이발에 대한 그의 말들은 비록 주체와 객체의 인식관계를 강조하고 있지만 여전히 도덕과 윤리에 대한 인식이다. 그의 공헌은 도덕주체를 인식주체로 변화시켰다는 것이지만, 인식대상은 여전히 사회윤리를 중심에 두고 있다.

---

58) 『愼言』, 「見聞篇」, "心未有寂而不感者, 理未有感而不應者, 故靜爲本體, 而動爲發用."
59) 『愼言』, 「見聞篇」, "以內外爲二, 近佛氏之禪以厭外矣."

4. 명말청초

유종주劉宗周는 정감의식이라는 관점에서 미발과 이발을 해석하는 동시에 이 둘을 통일시키고 있다. 유종주가 말하는 미발과 이발은 실제로 희노애락의 정감을 가리키는 것으로 희노애락은 성의 측면에서 말한 것이고 미발과 이발은 심의 측면에서 말한 것이지만, 실제로 심과 성은 합일되어 있다. 이에 유종주는 "희노애락은 성에 의한 것이다. 미발은 중으로 그 체이며 이발은 화로 그 용이니, 이 둘을 합해서 말하면 심이다"60)라고 하였다. 미발과 이발은 비록 체와 용으로 구분되지만 이것은 모두 하나의 심 즉 정감의식일 뿐이지, 형이상학적인 본체는 아니다. 이 때문에 "사람의 심 속에는 본연의 진실함이 들어 있다.…… 원래부터 자리 잡고 있는 그곳에 완전하게 갖추어져 있는데, 사람들이 스스로 그 본체를 살피지 않을 따름이다"61)라고 말한다. 본연의 진실한 마음은 희노애락의 심으로, 미발은 이러한 희노애락이 발하기 전의 잠재의식을 가리키는 것이고 이발은 희노애락이 발한 현실의식을 가리킨다. 그러므로 이 둘은 결코 어떠한 체용관계도 아니다.

> 희노애락이 마음 가운데 존재하는 것으로 말하면 중이라고 한다. 이것은 결코 미발하기 전에 별다른 어떠한 기상氣象으로 존재하고 있는 것이 아니라, 천도天道의 원형이정元亨利貞이 고요하게 운행하는 것이다. 희노애락이 마음 밖으로 발한 것으로 말하면 화라고 한다. 이것은 이발했을 때에 미발과 다른 어떠한 기상이 따로 생겨난 것이 결코 아니라, 천도의 원형이정이 천지에서 화육하는 모습으로

---

60) 『劉子全書』, 권12, 「學言」 下, "喜怒哀樂所性者也. 未發爲中, 其體也, 已發爲和, 其用也, 合而言之, 心也."
61) 『劉子全書遺編』, 권2, 「問答」, "人皆有本然之眞心在……原坐下完足, 人自不體察耳."

드러난 것이다. 존재하거나 발하는 것은 모두 하나의 기틀일 뿐이고, 중과 화는 혼연한 하나의 성일 따름이다.62)

'하나의 기틀'은 미발과 이발이 합일되어 있음을 가리키는 것이고, '하나의 성'은 성과 정이 합일되어 있음을 가리키는 것이다. '존재하거나 발하는 것은 모두 하나의 기틀일 뿐이고, 중과 화는 혼연한 하나의 성'이라는 것은 미발과 이발 및 중과 화에 대한 유종주의 근본적인 관점이다. 심은 기氣의 기틀이 유행하는 것이기 때문에 유종주는 음양과 동정動靜으로 미발과 이발을 말한다.

중으로써 양陽의 동함을 말하고, 화로써 음陰의 정함을 말한다. 그런데 미발은 중이면서 실제로 이발한 화를 그 속에 가지고 있으며, 이발은 화이면서도 미발한 중을 드러낸다. 이것이 바로 음과 양이 서로를 그 속에 가지고 있는 까닭이면서 서로 낳고 낳는 것이 끊어지지 않는 이유이다.63)

주희와 왕수인은 모두 형이상자를 미발로, 형이하자를 이발로 생각하였다. 그런데 그들에게 음양은 모두 형이하자이기 때문에 이것을 가지고 미발과 이발을 말할 수는 없었다. 그러나 유종주는 형이하자인 음양을 가지고 미발과 이발을 해석하고 있는데, 이것은 도덕형이상학론을 없애면서 경험론적인 분석법으로 변화시키는 것이다. 유종주는 이발을 떼어 놓고 미

---

62) 『劉子全書』, 권11, 「學言」中, "自喜怒哀樂之存諸中而言謂之中. 不必其未發之前別有氣象也, 卽天道之元亨利貞運於于穆者是也. 自喜怒哀樂之發於外而言謂之和. 不必其已發之時又有氣象也, 卽天道之元亨利貞呈於化育者是也. 惟存發總是一機, 中和渾是一性."
63) 『劉子全書』, 권10, 「學言」上, "中以言乎其陽之動也, 和以言乎其陰之靜也. 然未發爲中而實以藏已發之和, 已發爲和而卽以顯未發之中. 此陰陽所以互藏其宅而相生不已也."

발을 말하는 것은 미발과 이발을 둘로 나누는 것이라고 생각했으며, 미발을 정으로 이발을 성으로 여기는 것은 헛된 것을 쫓아 허황된 것에 빠지는 논변이라고 생각했다.

> 성性이란 사람이 태어나면서부터 가지고 있는 리理로서, 머물러 있는 것도 아니고 어디로 향해 가는 것도 아니다. 심心이 생각할 수 있는 것은 심의 성이고, 귀(耳)가 들을 수 있는 것은 귀의 성이며, 눈(目)이 볼 수 있는 것은 눈의 성이다. 미발한 것을 중이라고 말하는 것은 미발의 성이고, 이발을 화라고 말하는 것은 이발의 성이다.64)

이러한 해석은 인류학적 측면에서 인성의 특징을 설명한 것일 뿐만 아니라, 사람의 이성적 능력을 고도로 중시하려는 의도가 포함되어 있다. 미발과 이발의 측면에서 말하면 이것은 이제 형이상학적 특징을 갖지 않은 채, 진정한 의미의 경험적인 심리학 진술로 바뀐 것이다. 이와 같은 이유로 유종주는 주희에 대해 미발을 초월적인 본체로 설명함으로써 이발과 대립시켰다고 비판하고, 이것이 바로 헛된 것을 쫓아 허황된 것에 빠지는 견해라고 말한다. 여기에서 유종주는 미발과 이발을 체와 용의 관계가 아닌 정감의식의 두 과정으로 해석하면서, 성은 이러한 미발과 이발의 가운데를 관통한다고 생각했다.

> 성에는 동함과 정함이 없지만, 심에는 적연부동과 감이수통이 있다. 적연부동할 때에는 희노애락이 무無에서 일렁이기 이전이지만, 그것이 감이수통하게 되면 희노애락은 유有에만 머물지 않는다.65)

---

64) 『劉子全書』, 권11, 「學言」 中, "性者生而有之之理, 無處無之. 如心能思, 心之性也, 耳能聽, 耳之性也, 目能視, 目之性也. 未發謂之中, 未發之性也, 已發謂之和, 已發之性也."

비록 성에는 동함과 정함이 없고 심에는 적연부동과 감이수통이 있지만, 적연부동함과 감이수통은 모두 정이면서 또한 모두 성이다. 이러한 입장은 결코 적연부동을 체와 성으로, 감이수통을 용과 정으로 생각하는 것이 아니다. 이것은 주체의 원칙을 견지하면서 미발과 이발을 체와 용으로 나누는 생각을 부정하는 것이다. 미발과 이발에 대한 유종주의 해석에 모순이 없는 것은 결코 아니다. 하지만 모순이 있는 곳에서 그의 발전된 면모가 드러난다. 그는 미발과 이발이 모두 정이면서 동시에 성이라는 입장을 제기하는데, 이것은 심의 초월성을 부정하고 정감과 경험의 분석을 통해 성과 정의 관계를 설명하고, 나아가 이 둘을 통일시켰다는 데 의미가 있다. 바로 이 부분이 발전적인 면모이다.

왕부지王夫之는 그의 심성론적인 기본 관점에서 출발하여 미발과 이발의 계통에 대한 해석을 제기하는데, 이것은 주희나 왕수인과는 완전히 다르다. 그는 미발과 이발의 문제가 유학자들이 가장 어렵게 통과하는 관문이라고 말하면서 "지금 여러 대유大儒들의 말을 자세하게 살펴보면 같은 면도 있고 다른 면도 있어서 하나로 합치되지 않는다"66)라고 한다. 이에 대해 그는 "이전 사람들의 말을 고집하지 말고 그 자연스러움에 따라 말하라"67)라고 주장한다.

왕부지는 중과 화를 미발·이발과 관련시켜 논의를 진행했지만, 동시에 이 둘을 구별하는 입장을 제기한다. 그는 나흠순과 마찬가지로 중과 화는 성과 정을 말하는 것이고, 미발과 이발은 심을 말하는 것이라고 생각하였는데, 이는 미발과 이발은 성정의 주체적 담당자이자 그것을 주재하고

---

65) 『劉子全書』, 권11, 「學言」中, "性無動靜者也, 而心有寂感. 當其寂然不動之時, 喜怒哀樂未始淪於無, 及其感而遂通之際, 喜怒哀樂未始滯於有."
66) 『讀四書大全說』, 권2, 「中庸·第一章」, "今詳諸大儒之言, 爲同爲異, 蓋不一矣."
67) 『讀四書大全說』, 권2, 「中庸·第一章」, "不可執前人之言, 遂謂其然."

운용한다는 것이다. 그래서 "선함은 중中의 실체이고, 성은 미발이 보관되어 있는 곳이다"68)라고 하였다. 희노애락이 미발했다는 말은 서로 관련되어 있으면서도 다른 개념의 내용을 포함하고 있는 것으로, 희노애락은 정을 말하는 것이고 미발은 심을 말하는 것이다. 그래서 심이 비록 미발했다고 해도 희노애락의 정은 오히려 심 속에 내재되어 있다.

이러한 입장에서 왕부지는 "희노애락이 있다는 것은 분명하나, 다만 미발했을 따름이다. 이후 발한 것은 모두 심 속에 완전하게 갖추어져 있어서 잘못됨이 없으니, 이 때문에 마음 가운데 있다고 말한 것이다"69)라고 하였다. '마음 가운데 있다'는 말은 심 가운데 실제로 그 성이 있고 성 가운데 그 정이 있다는 것으로, 리 본체의 단서를 드러낸 것은 아니다. 만약 심 가운데가 텅 비어 있어서 아무것도 없다면 어떤 것인들 치우치지 않겠으며, 어떤 것인들 기울어지지 않겠는가? 중은 원래 치우침도 없고 기울어짐도 없는 상태를 가리키는 말이지만, 반드시 어떠한 것이 있어야 비로소 치우치지도 않고 기울어지지도 않는다고 말할 수 있다. 그렇지 않다면 중은 공허한 것으로 전락해 버리게 된다. 이것은 미발했을 때에도 희노애락이 심 가운데 있음을 말하는 것으로, '치우치지도 않고 기울어지지도 않는다'는 말은 선함에 기울어져 그 노함·슬픔·즐거움 등을 잃지 않으며, 혹 기쁨에 치우쳐 도리어 기쁨을 잃어버리지 않는다는 것을 의미하기도 한다.

미발한 중이 있으면 반드시 이발한 화가 있다. 그래서 왕부지는 "이발이 절도에 맞는 것은 바로 미발한 중이다. 단지 미발이기 때문에 절도에 맞다고 할 수는 없다"70)라고 하였다. 이처럼 미발·이발에서의 발은 발동

---

68) 『讀四書大全說』, 권2, 「中庸·第一章」, "善者, 中之實體, 而性者則未發之藏也."
69) 『讀四書大全說』, 권2, 「中庸·第一章」, "明有一喜怒哀樂, 而特未發耳. 後之所發者, 皆全具於內而無缺, 是故曰在中."
70) 『讀四書大全說』, 권2, 「中庸·第一章」, "已發之節, 卽此未發之中. 特以未發, 故不可

하여 외부에서 표현된다는 의미로 바뀐 것이지, 발현이나 작용과 같은 의미는 아니다. 미발과 이발은 심을 설명한 것이지만, 체용관계가 아니라 의식활동의 심리적 과정이다. 이에 비해 '중과 화'는 성정의 관계이자 체용의 관계이기도 하다. 그래서 "심 가운데 있으면 그것을 중이라 말하고, 심 밖으로 드러나면 그것을 화라고 말한다"71)라고 했던 것이다. 심 가운데 있다는 것은 미발한 중 가운데 있다는 것으로 실제로는 심 가운데 있는 성을 가리키며, 그것이 심 밖으로 드러나면 이발한 화로, 정情이 된다.

왕부지가 말한 이발과 미발의 심은 본체가 아니라 경험적인 것이지만, 그가 말한 중화와 성정은 도덕본체이다. 미발과 이발은 비록 심에 대해서 말한 것이지만 그 내용적인 면에서 말하면 성과 정이다. 왜냐하면 성과 정은 모두 심과 떨어질 수 없으므로 반드시 심의 측면에서 말해야 하기 때문이다. 이것은 정이와 주희가 심의 체용을 성과 정으로 생각한 것과는 다른 점이며, 동시에 육구연과 왕수인이 본심을 성정으로 생각한 것과는 더욱 다르다.

왕부지가 보기에 정은 원래 성에 근거하고 있지만, 미발을 성으로, 이발을 정으로 여겨서는 안 된다. 미발과 이발은 체용관계가 아니라 단지 발동의 의미만 있기 때문에, 심이 미발했을 때에도 성과 정이 모두 있으며 심이 이발했을 때에도 정이 있는 것은 물론이거니와 동시에 성도 있다. 그래서 왕부지는 "나의 성 가운데에는 원래부터 반드시 기쁨과 노함, 슬픔과 즐거움의 리가 있고 건순健順과 오상五常의 능력도 있으니, 정은 그곳으로부터 생겨난다"72)라고 하였다. 이것은 미발한 심의 측면에서 성을 말한 것

名之爲節耳."
71) 『讀四書大全說』, 권2, 「中庸・第一章」, "在中則謂之中, 見於外則謂之和."
72) 『讀四書大全說』, 권2, 「中庸・第一章」, "蓋吾性中固有此必喜・必怒・必哀・必樂之理, 而效健順五常之能, 而爲情之所由生."

으로, 그 가운데에는 정도 있다. 이른바 미발에 대해 '희노애락이 있다는 것은 분명하다. 다만 미발했을 따름이다'라고 말한다면 이것은 미발한 심의 측면에서 정을 설명한 것으로, 그 가운데에는 반드시 성이 있다. 이러한 점은 주희가 미발은 성이고 이발은 정이라고 말한 것과는 분명히 다르다. 문제는 미발과 이발에 대한 해석의 차이에 있다. 한쪽은 미발과 이발을 심의 체용관계로 설명한다면 또 다른 한쪽은 심리의식의 활동으로 설명하고 있는 것이다.

이처럼 중화·성정은 체와 용의 관계이고 미발과 이발은 심리적인 과정이라면, 이 둘은 저절로 구별되면서 동시에 서로 관련성도 있다. 이것은 심리활동을 어떻게 체와 용의 관계로 표현할 수 있을까 하는 문제를 도출시킨다. 왜 미발로 성을 설명하고, 이발로 정을 설명하는 것일까? 여기에 대해 왕부지는 성정합일설로 해석한다. 미발했을 때에는 희노애락의 정이 드러날 수 없지만, 성은 심 가운데 존재하므로 성 가운데에는 자연스럽게 희노애락의 정이 있다. 그리고 이것이 이발했을 때에는 희노애락의 정이 드러나지만, 정은 성을 드러내는 것이므로 그 가운데에는 자연스럽게 그 성이 있다. 그래서 왕부지는 "반드시 중中으로부터 나온 것이 있으므로, 단지 발한 것에서만 노력을 기울여서 원래 없는 것을 증익增益하려고 해서는 안 된다. 이러한 품절品節은 모두 마음 밖에서 들어온 것이다"[73)]라고 하였는데, 미발과 이발은 비록 심리활동이므로 성이 아니라고 말하지만 내용적으로는 반드시 성이 포함되어 있다는 것이다. 이러한 점에 있어서 그는 여전히 도덕주체론자이다.

여기에는 여전히 동과 정의 관계가 문제시되는데, 왕부지는 동함을 위

---

73) 『讀四書大全說』, 권2, 「中庸·第一章」, "必有所自中, 非但用力於發以增益其所本無, 而品節皆自外來."

주로 하는 주동론자主動論者이다. 사람의 주체의식과 정감활동은 단일한 것이 아니라 다양하며, 한 번 성립되면 변하지 않는 것이 아니라 계속 변하는 것이다. 미발한 정靜함은 절대적인 정지 상태로, 동하지 않는 것이 아니라 동함 가운데 있는 정함이다. 희노애락이 미발했을 때에도 이미 말과 행동, 들음과 형태 등과 같이 옮겨 갈 수 있는 것이 있다. 또 이발해서 동할 때에도 희노애락이 동시에 더불어 일어나는 것이 아니라 희喜가 발했을 때에는 노怒・애哀・락樂은 미발한 것이며, 노・애・락이 발했을 때에는 희가 미발한 것이므로, 왕부지는 "지극한 동함에는 원래부터 정한 상태로 존재하는 것이 많다"74)라고 말한다. 물론 여기에서 정함은 동정을 상대시켰을 때의 정함이지, 본체론상에서 말하는 정함은 아니다.

왕부지의 미발과 이발에 대한 해석은 심본체론에 대해 한층 더 깊게 부정하는 것이며, 동시에 심의 자아초월을 부정하는 것이기도 하다. 그는 경험론적인 입장을 통해 사람의 의식활동과 정감의 문제를 기술하고 있다. 하지만 그는 심 가운데 보편적인 도덕원칙이 있다는 사실을 인정하고 있으므로, 여전히 선험적 도덕론자라고 할 수 있다. 그는 비록 정감활동을 미발과 이발 속에서 하나로 꿰고 있지만, 오히려 그 속에는 도덕본체론적인 입장에 스며들어 있어, 도덕원칙을 사람의 본질로 생각한다. 이러한 점에 있어서 그와 송명 성리학자들 사이의 근본적인 구별은 없다고 할 수 있다.

---

74) 『讀四書大全說』, 권2, 「中庸・第一章」, "至動之際, 固饒有靜存者焉."

제14장 인심과 도심

'미발未發'과 '이발已發'이 사람의 주체의식, 특히 정감의식과 잠재된 본체의식에 대해서 분석하고 해석한 것이라고 말한다면, '도심道心'과 '인심人心'은 현상적으로 이미 발한 것, 즉 이미 밖으로 표현된 주체의식에 대해서 분석하고 해석한 것이라고 말할 수 있다. 따라서 도심·인심과 미발·이발 사이에는 논리적 연관성이 있다. 논리적으로 말하면 전자는 후자를 구성하고 있는 한 부분이고, 내용적으로 말한다면 전자는 후자가 한 단계 더 전개된 것이다. 심성 문제에 대한 성리학자들의 관점이 구체적으로 차이가 있기 때문에 도심과 인심에 대한 해석 역시 다르게 나타난다.

1. 송대 이전

도심과 인심은 『고문상서古文尙書』 「대우모大禹謨」편에 제일 먼저 나타나는데, 거기에서는 "인심은 위태하고 도심은 은미하니, 마음을 정미하고 한결같이 하여 중中을 잡으라"[1]라고 말한다. 이 말은 도의道義의 심은 은미

---

1) 『古文尙書』, 「大禹謨」, "人心惟危, 道心惟微, 惟精惟一, 允執厥中."

하여 잘 드러나지 않고 보통 사람들의 심은 위태하여 안정되기 어려우므로, 오직 심을 정미하고 한결같이 하면서 다른 것을 섞지 않아야 중을 보존하고 어느 곳에도 치우치지 않는다는 뜻이다. 뒷날 순자는 「해폐解蔽」편에서 『도경道經』을 인용하여 "인심은 위태하고 도심은 은미한데, 오직 지혜로운 군자라야 위태로움과 은미함이 나누어지는 기미를 알아차릴 수 있다"[2]라고 말한다. 지금으로서는 『도경』이 어떠한 책인지는 알 길이 없다. 하지만 순자 이전에 이미 도심과 인심에 대한 논의가 있었다는 것은 의심의 여지가 없다.

순자의 사상에 따르면 인심은 일반적인 사물을 아는 마음을 가리키고, 도심은 도를 아는 마음을 가리킨다. 도道는 하늘의 도와 사람의 도를 포함하는 것으로, 객관사물들의 보편법칙을 가리킨다. 심은 허일이정虛壹而靜하기 때문에 리를 살피고 옳고 그름을 판정할 수 있는데, 심이 리를 살필 수 있다는 것은 심이 도에 대해서 정미하고 도에 있어서 하나라는 말이다. 이것이 바로 도를 아는 것이다. 이렇게 도를 아는 마음이라야 만물을 마름하고 관장할 수 있다. 순자의 중심 사상은 이지적인 마음의 인식능력에 잘 표현되어 있다. 만약 이러한 사유의 방법에 따라서 발전했다면 훌륭한 인식이론의 발전이 있었겠지만, 실제로 이러한 발전은 없었다. 순자 본인도 이것을 철저하게 견지하지 못하고 인에 대한 강조로 나가게 되었다. 그래서 그 역시 정감과 욕망의 심에 대해서 위태롭다고 생각했으며, 이로 인해 도심으로 인심을 제어해야 한다는 주장을 제시했다.

---

[2] 『荀子』, 「解蔽篇」, "人心之危, 道心之微, 危微之幾, 惟明君子以後能知之."

2. 북송시대

도심과 인심이 성리학 심성론의 중요한 개념이 된 것은 정이程頤로부터 시작되었다. 그는 도심을 도에 합치하는 심 혹은 도를 깨닫는 심으로 해석했지, 지식에 관계된 인식심으로 해석하지는 않았다. 도를 깨닫는 심이란 바로 자아 체험의 도덕본심으로, 다시 말해 이것은 깨닫는 것을 마음으로 여기는 그러한 심이다. 이것은 전적으로 도덕의식과 도덕관념이다. 그래서 정이가 '배우는 사람은 이 심을 온전하게 깨달아야 한다'라고 하고, '이 심을 공경스럽게 지킨다'라고 한 것 등은 모두 이러한 도덕을 깨닫고 길러가는 심이다. 정이는 사람마다 모두 선험적인 도덕본심을 가진다고 생각했다.

> 심은 도가 머무르는 곳이며, 은미한 것은 도의 체體이다. 심은 도와 더불어 혼연渾然하게 하나이다. 양심을 버린다고 할 때의 양심은 도심이고, 이러한 양심을 버리게 되면 위태롭게 된다.3)

혼연하다는 말은 주체의식이 완전히 도덕화되어 도덕관념으로 변했다는 말이다. 이렇게 도덕관념으로 변화된 심을 양심이라고도 부른다. 이것은 바로 내재된 이성의 원칙이며 또한 도덕본체의 자기현현自己顯現으로, 사실상 내재화된 사회윤리의식이다.

인심은 감성과 같은 자연적인 본능이나 물질욕망 등의 개인의식으로 설명된다. 여기에서는 개인의식과 집단의식의 관계가 문제로 제기되는데,

---

3) 『河南程氏遺書』, 권21, "心, 道之所在, 微, 道之體也. 心與道, 渾然一也. 對放其良心者言之, 則謂之道心, 放其良心則危矣."

이 부분은 성리학 심성론이 한 단계 더 발전한 모습이다. 하지만 정이는 인심, 즉 개인의식을 완전히 부정하는 입장을 취한다.

> 인심은 사욕私欲이고, 도심은 정심正心이다. 위태롭다는 것은 불안함을 말하고, 은미하다는 것은 정미한 상태를 말한다. 이것이 바로 심을 정미하고 한결같이 해야 하는 이유이다. 오직 정미하고 한결같이 하는 것은 심을 정미하게 하여 하나로 모으기 위한 것이다. 정미하게 심을 하나로 모으면, 비로소 그 마음의 중中을 잡을 수 있다. 중中이란 매우 지극한 것을 말한다.[4]

정이는 도심과 인심을 대립시켜, 도심은 바른 것이고 인심은 사악한 것으로 보았다. 그래서 정미하고 한결같은 공부를 함으로써 도심을 잘 보존하여 인심에 의해 흔들리지 않게 해야 한다고 생각했다. 중中은 도심으로, '발해서 모두 중절하다'라는 말에서 나오는 중과 같은 의미이다. 이것은 중화中和·중용中庸의 중과 같은 의미로 사용된 최고의 표준으로, 다만 각도를 달리해서 말한 것일 뿐이다. 중화의 중은 미발未發한 상태인 본체의식의 측면에서 말한 것으로, 천하의 대본大本이 된다. 중용의 중은 사회 실천의 측면에서 말한 것으로, 천하의 정해진 리이다. '그 마음의 중中을 잡으라'라는 말에서의 중은 이발已發 상태의 심이라는 측면에서 말한 것으로, 행위의 표준이 된다. 이 세 중中자는 모두 편벽됨도 없고 치우침도 없는 상태를 의미한다. 바로 이와 같기 때문에 중은 지극함이 된다.

정이가 보기에 도심과 인심 곧 집단의식과 개인의식은 대립적이기 때문에 조화될 수 없고, 따라서 이 둘은 동시에 존재할 수 없다. 그래서 반드

---

[4] 『河南程氏遺書』, 권19, "人心, 私欲也. 道心, 正心也. 危言不安, 微言精微. 惟其如此所以要精一. '惟精惟一'者, 專要精一之也. 精之一之, 始能'允執厥中'. 中是極至處."

시 인심을 없애버려야 도심을 보존할 수 있다. 정이는 "인심은 사사로운 욕망이기 때문에 위태하고, 도심은 천리天理이기 때문에 정미하다"5)고 말한다. 그는 도심과 천리를 같은 것으로 보고, 인심과 인욕을 같은 것으로 보았다. 이것은 그 자체로 개인의 이익과 개인의 의식을 희생시켜 집단의 이익과 집단의 의식에 복종시키려는 의미를 가진다. 이처럼 극단적으로 대립시키는 이론은 종교철학이나 윤리학적 모습을 갖지만, 동시에 종교철학이나 윤리학과는 달리 내재화된 자의식에서 나온다.

3. 남송시대

주희朱熹는 정이의 관점이 가진 극단성을 보았다. 그래서 그는 정이의 견해를 고쳐 인심은 단순히 존재하는 것일 뿐만 아니라 반드시 존재해야 하는 것이라는 입장을 제기했다. 또한 인심에 대해 좋지 않은 것이라고 말할 수 없으며, 더욱이 그것을 소멸시킬 수 없다는 입장을 제기하기도 했다. 그래서 그는 다음과 같이 말하였는데, 이는 인심의 필연성을 어느 정도 인정한 것이다.

> 도심은 천리이고 인심은 인욕이라고 말한다면 심은 두 개가 있게 된다. 하지만 사람은 단지 하나의 심만 가지고 있을 뿐이다. 다만 도리를 지각하는 것은 도심이고, 소리나 색·냄새·맛 등을 지각하는 것은 인심이다.6)

---

5) 『河南程氏遺書』, 권24, "人心私欲, 故危殆, 道心天理, 故精微."
6) 『朱子語類』, 권78, "若說道心天理, 人心人欲, 却是有兩個心. 人只有一個心. 但知覺得道理底是道心, 知覺得聲色臭味底是人心."

'인심이 곧 인욕'이라는 말은 옳지 않은 부분이 있는 것 같다. 성인과 같은 상지자上智자라도 인심이 없을 수 없으니, 어찌 전적으로 인심을 옳지 않은 것이라고 하겠는가?[7]

주희가 "사람은 하나의 심만 가지고 있을 뿐이다"라고 말했을 때의 심은 지각知覺하는 심이지 본체本體의 심은 아니다. 지각하는 심은 비록 본체의 심과 떨어질 수 없지만, 형이상形而上의 초월적인 심과 같을 수는 없다. 형이하形而下의 지각작용이라는 측면에서 말하면, 리를 지각해야 할 뿐 아니라 기도 지각해야 한다. 여기에서 도심과 인심의 구별이 생겨난다. 지각할 수 있는 능력은 사람들 모두가 가지고 있다. 그 지각되는 것에는 이성에 의해서 지각되는 것도 있고 감성에 의해서 지각되는 것도 있는데, 이 역시 사람들 모두가 가지고 있다. 도덕이성에 대한 자기인식이 바로 도심으로, 의리지심義理之心이라고도 부른다. 이에 비해 생리적 필요에 따라 발생하는 감성을 인식하는 것이 인심으로, 물욕物欲의 심이라고도 부른다.

그래서 주희는 "심의 영묘함을 리理에 따라 인식하는 것은 도심이고 욕망에 따라서 인식하면 인심이다.…… 인심은 형기形氣에서 나오는 것이니 어떻게 그것을 자기 마음대로 없앨 수 있겠는가?"[8]라고 한다. 사람이 도덕이성을 가지고 있을 뿐만 아니라 감성적 욕망도 가지고 있다는 말이다. 즉 사람이 도덕이성을 가지고 있다는 이유로 물질적 감성인 물욕의 마음을 부정할 수 없다는 것이다. 따라서 인식주체로서의 사람은 이성적 측면과 감성적 측면을 동시에 가지고 있으며 또한 집단의식과 개인의식도 함께 가지고 있다. 주희의 이러한 관점은 사람의 인식활동에 대한 비교적 깊이

---

[7] 『朱子語類』, 권78, "'人心人欲也', 此語有病. 雖上智不能無此, 豈可謂全不是."
[8] 『朱子語類』, 권62, "此心之靈, 其覺於理者, 道心也, 其覺於欲者, 人心也.……人心出於形氣, 如何去得?"

있는 분석이다. 주희는 또한 도심은 도덕적 의리義理에서 생生하거나 발發하고, 인심은 육체적 욕망에서 생하거나 발한다고 생각했다.

> 사람에게는 원래 인심과 도심이 있는데, 인심은 혈기에서 생겨나고 도심은 의리에서 생겨난다. 배고프고 추우며 아프고 가려운 것을 아는 것은 인심이다. 측은지심惻隱之心・수오지심羞惡之心・시비지심是非之心・사양지심辭讓之心이 바로 도심이다. 이러한 점은 성인과 같은 상지자上智者라도 모두 동일하다.[9]

> 도심은 의리에서 발하여 나온 것이고, 인심은 사람의 몸에서 발해 나온 것이다. 비록 성인일지라도 인심이 없을 수 없으니, 배고프면 먹고 싶고 갈증 나면 물을 마시고 싶은 것 등이 바로 인심이다. 또한 비록 소인이라 하더라도 도심이 없을 수 없으니, 측은지심惻隱之心이 바로 그것이다.[10]

지각은 주체의식의 인식작용이라는 측면에서 말한 것이고, '~에서 생겨난다'거나 '~에서 발생한다'라는 말은 근원의 측면에서 말한 것으로, 이러한 두 가지 설명 사이에는 모순이 없다. 주희가 보기에 도심과 인심은 모두 성에 근거하지만, 도심은 본연지성에 근거하고 인심은 기질지성에 근거한다. 도심은 선험적 도덕의식이고, 인심은 생리적 욕구이다. 하지만 주희는 도심과 인심을 근원의 측면에서보다 인식주체의 인식작용이라는 측면에서 말한 지각을 더 강조한다. 구체적으로 말해 의리에서 지각하는 것은 도덕의식의 자각 또는 도덕의식의 직각直覺이고, 욕망에서 지각하는 것은 배고프고 추우며 아프고 가려운 것 등과 같은 감성적 지각이다. 이것이

---

9) 『朱子語類』, 권62, "人自有人心道心, 一個生於血氣, 一個生於義理. 飢寒痛痒, 此人心也. 惻隱・羞惡・是非・辭讓, 此道心也. 雖上智亦同."
10) 『朱子語類』, 권78, "道心, 是義理上發出來底, 人心, 是人身上發出來底. 雖聖人不能無人心, 如飢食渴飮之類. 雖小人不能無道心, 如惻隱之心是."

바로 인심과 도심에 대한 주희의 기본적인 해석이다.

여기에서 우리는 주희가 감성욕망인 인욕을 인심이라고 말하면서 그것을 긍정하고 있다는 점을 눈여겨보아야 한다. 이것을 통해 보더라도 성정 문제에 있어서 일반적으로 정을 반대하지 않는 것과 마찬가지로, 주희를 금욕주의라고 말할 수 없다.

> 어떤 사람이 "'인심은 위태롭다'라는 말에 대해 정자께서 '인심은 곧 인욕이다'라고 말씀하셨는데, 저의 생각에 인심이 곧 인욕은 아닌 것 같습니다"라고 물었다. 그러자 선생님께서는 "인욕 또한 좋지 않은 것은 아니다"라고 대답하셨다.[11]

사람은 혈기와 육체를 가지고 있어서 배고픔이나 갈증 그리고 고통과 같은 감각 혹은 지각을 가지는데, 사람인 이상 이러한 것을 피할 수 없다. 입이 좋은 맛을 원하는 것, 눈이 좋은 색을 보기 원하는 것, 귀가 좋은 소리를 듣기 원하는 것, 코가 좋은 냄새를 맡기 원하는 것, 육체가 편안하기를 원하는 것 등은 모두 성이지만, 이러한 것에 따라서 지각하게 되면 바로 인심이 된다. 이것이 비록 성의 본원本源은 아니지만 "성 가운데 이 리理가 있어서,…… 저절로 이와 같이 드러나는 것이다."[12]

주희의 주장을 보면, 도심·인심과 미발·이발의 관계는 매우 분명하다. 그는 도심과 인심 모두 이발한 심 상태를 가리켜서 말하고 있으며, 미발을 도심으로 보고 이발을 인심으로 보지는 않았다. 또 측은지심 등과 같은 것을 도심이라고 하고 희노애락과 같은 것을 인심이라고 했는데, 실제로 이것은 도덕정감과 자연정감을 말한 것이다. 도심은 바로 현실적 감성

---

11) 『朱子語類』, 권78, "問, 人心惟危, 程子曰, 人心, 人欲也, 恐未便是人欲. 曰, 人欲也未便是不好."
12) 『朱子語類』, 권61, "惟性中有此理,……自然發出如此."

의 형식을 통해 초월적 도덕내용을 표현한 것이다.

그러나 이러한 것들은 도심과 인심에 관한 주희의 주요 논점이 아니다. 그의 핵심적인 논점은 "도심이 일신의 주主가 되고 인심이 그 명령을 받도록 해야 한다"13)라는 것이다. 이것은 도심이 인심을 주재하고 조절해야 한다는 말이다. 물론 도심만 간직하고 인심을 버리게 되면 도심 또한 공空하고 허虛하며 무無하게 될 수 있어 불교나 도교의 이론으로 빠지게 된다. 인심이 없을 수는 없지만 그것에 빠져 도심으로 돌아가는 것을 잊어버리면 그것 역시 해害가 된다. 따라서 인심은 반드시 도심의 주재와 조절을 받아서 바름으로 돌아가야 한다. 예컨대 배가 고프면 음식을 먹고 싶고 갈증이 나면 물을 마시고 싶은 것은 인심이다. 하지만 먹어도 되는 것이 있고 먹어서는 안 되는 것도 있는데, 그 가운데 마땅히 먹을 수 있는 것만 먹고 마실 수 있는 것만 마시고, 옛다 하고 던져 주는 모욕적인 음식은 먹지 말아야 한다. 그래서 주희는 "인심으로 하여금 항상 도심의 구별을 듣도록 해야 비로소 옳다"14)라고 말한다.

하지만 인심 이외에 달리 도심이 있어서 그것이 인심을 통제하고 지배한다는 말은 결코 아니다. 사실 도심은 인심에 섞여 나오는 것으로, "도심은 바로 인심에서 발해서 드러난다."15) 그래서 주희는 "인심과 도심은 그 경계가 겹쳐 있는 것이어서 결코 각기 다른 두 개의 사물이 아니다"16)라고 말한다. 이런 점에서 그는 인심과 도심에 대해 육구연陸九淵이 '서로 섞여 있어서 구별되지 않는다'라고 한 것을 긍정한다. 이 문제에 있어서는 두

---

13) 『朱子語類』, 권62, "必使道心常爲一身之主, 而人心每聽命焉."
14) 『朱子語類』, 권62, "故當使人心每聽道心之區別, 方可."
15) 『朱子語類』, 권78, "道心却發現在那人心上."
16) 『朱子語類』, 권78, "大抵人心道心, 只是交界, 不是兩個物."

사람의 의견이 일치되며, 결코 근본적 대립이 없다. 주희가 보기에 사람에게 인심이 있다는 것이 문제가 아니라, 인심이 도심의 절제에 따라 복종하는가 하는 것이 문제이다. 인심과 도심은 본질적 차이가 있는 것이 아니라 존재 층차의 구분만 있을 뿐이다.

자아의식의 측면에서 보면 개인의식은 공공의 윤리의식에 복종하고, 윤리의식은 개인의식을 통해 표현된다. 주희는 윤리의식이 개체의식과 따로 떨어져서 존재할 수 없다는 사실을 인정하는데, 이것은 주희의 사상에 있어서 매우 중요한 부분이다. 동시에 그는 개인의식과 윤리의식 사이에는 대립되는 일면이 있다는 사실을 파악했는데, 이것 역시 중요한 부분이다. 그러나 그는 결국 도심이 인심을 주재해야 하고 인심은 도심에 복종해야 한다고 주장했는데, 이것은 개인의식의 발전에 매우 큰 걸림돌이 되었고 전체에 절대적으로 복종하게 하는 심리를 만듦으로써 심각한 결과를 초래하였다.

육구연은 도심과 인심을 구분하지 않았다. 본심이 바로 도심인 동시에 인심으로, 이것은 하나의 심이지 두 개의 심이 아니라고 생각했던 것이다. 그는 도심을 천리로, 인심을 인욕으로 보는 입장들에 대해서 반대했는데, 이로 인해 주희의 동의를 이끌어 냈다. 하지만 육구연이 보기에 인욕은 물욕에 빠져서 만들어진 것으로, 인심이 원래부터 가지고 있는 것은 결코 아니다. 물욕은 버려야 하는 것이지만 인심은 없을 수 없는 것이다.

『서경書經』에서는 "인심은 위태하고 도심은 오직 은미하다"라고 말했다. 그런데 이것을 해석하는 많은 사람들은 인심을 가리켜서 인욕이라 하고 도심을 가리켜서 천리라고 했는데, 이러한 학설들은 옳지 않다. 심은 하나인데 어떻게 두 개의 심이 있을 수 있는가? 인심의 측면에서 말하면 오직 위태하고, 도심의 측면에서 말하면 은미할 뿐이다. 생각을 그대로 내버려 두면 미치광이가 되기도 하지만 생각을 극복하게 되면 성인이 될 수도 있으니, 어찌 (인심은) 위태하지 않겠는가! 소리도 없고 냄새도 없으며 모양도 없고 형체도 없으니, 어찌 (도심은) 은미하지 않겠는가![17)

육구연이 말하는 생각(念)은 심리적 정감의 의식이나 사려를 가리키는 것으로, 지각과 유사하다. 인심은 위태하다고 한 것은 "악함과 바름, 순수함과 잡됨이 생각(念)하고 사려(慮)하는 것과 연관되어 있기"[18] 때문으로, 생각 속에는 올바름과 올바르지 않음의 구분이 있다는 사실을 말하는 것이다. 그래서 육구연은 "심에 대해서는 사악함과 올바름을 논하지 않을 수 없다. 그러나 나에게 심이 없다고 생각하는 것은 사설(邪說)이다"[19]라고 말한다. 생각하는 마음이 바르면 도심이고, 바르지 않으면 사사로운 욕심에 빠지게 되지만 이것이 결코 인심은 아니다.

육구연은 주희처럼 물욕에 빠진 심을 인심이라고 생각하지 않았다. 그가 말하는 인심은 실제로 도덕심(道德心)이다. 그래서 "인(仁)함은 인심이다. 심이 사람에게 있는 것은 사람이 사람일 수 있는 까닭이며 동시에 짐승이나 초목과 구분되는 이유이다"[20]라고 하면서, 사람은 단지 의리의 심만을 가진다고 생각했다. 의리가 인심에 있는 것은 사람이 본래부터 가지고 있는 것으로, 이것이 바로 사람의 자아의식이다. 인심의 생각이라는 측면에서 말하면, 의리에 따라 생각하면 바르지만 물욕에 따라서 생각하면 악하다.

---

17) 『象山全集』, 권34, 「語錄」, "書云, 人心惟危, 道心惟微. 解者多指人心爲人欲, 道心爲天理, 此說非是. 心一也, 安有二心? 自人而言則曰惟危, 自道而言曰惟微. 罔念作狂, 克念作聖, 非危乎! 無聲無臭, 無形無體, 非微乎!"
18) 『象山全集』, 권23, 「雜說」, "邪正純雜系念慮."
19) 『象山全集』, 권11, 「與李宰」, "心當論邪正, 不可無也. 以爲吾無心, 此卽邪說矣."
20) 『象山全集』, 권32, 「學問求放心」, "仁, 人心也. 心之在人, 是人之所以爲人而與禽獸草木異焉者也."

엄격하게 말해 육구연의 인심에 대한 해석은 주희와 결코 같지 않다.

육구연은 도심과 인심, 즉 도덕의식과 개인의식을 섞어서 하나로 보았다. 이 때문에 한편으로는 안과 밖이 막혀 있지 않다는 점을 강조하여 몸을 초월하고 스스로를 주재하면서 자아의식에 대한 초월을 실현해 내지만, 다른 한편으로는 형체와 몸으로 이루어진 감성 존재에서 벗어나지 못하는 모습을 보여 준다. '사람이 나무나 돌이 아닌 바에야 어떻게 심이 없을 수 있겠는가'라는 말은 개인의 정감을 인정하는 것이다. 그는 비록 심이 이끄는 대로 심을 사용하는 것은 반대하지만 동시에 이러한 부분을 면하기는 어렵다. 이것은 육구연의 사상 가운데 내재되어 있는 모순이면서, 동시에 전통에 반대하는 적극적인 요소가 갖추어진 것이기도 하다.

4. 원명시대

왕수인王守仁의 인심과 도심에 대한 입장은 주희나 육구연과는 다르다. 그는 도심을 천리로 보아 바르다고 생각했으며, 인심을 인욕으로 보아 잘못된 것이라고 생각했는데, 이것은 정이의 관점과 유사하다. 그리고 심은 하나일 뿐이지만 바름과 그렇지 않음의 구분은 있어서, 심이 바르게 되면 도심이고 바름을 잃어버리면 인심이라고 주장한다. 결국 모든 문제는 어떻게 하면 자아의식을 바르게 할까 하는 것이지, 도심을 위주로 해서 인심이 그 명령에 따르도록 하는 것이 아니다. 예컨대 왕수인의 입장에서 주희가 말한 것을 살펴보면, 이것은 두 개의 심이 있는 것이다.

심은 하나이다. 다만 개인적인 마음이 섞여 있지 않은 것을 도심이라 말하고 인위人僞적인 것이 섞인 것을 인심이라고 말한다. 인심이 바르게 되면 도심이고, 도심이 그 올바름을 잃어버리면 인심이니, 결코 두 개의 심이 있는 것은 아니다. 정자께서 인심은 곧 인욕이고 도심은 천리라고 했으니, 이 말을 자세하게 분석해 보면 그 실질적인 의미를 알 수 있다. 요사이 도심을 위주로 해서 인심이 그 명령을 듣도록 해야 한다고 말하는 경우가 있는데, 이것은 심을 둘로 보는 것이다. 천리와 인욕이 함께 양립할 수 없는데, 어떻게 천리를 위주로 하고 인욕이 또 그 명령을 따를 수 있겠는가?[21]

여기에서 우리는 왕수인이 인심이 인욕이라는 사실을 인정하고 있으며, 이것은 주희와 같다는 점을 지적할 수 있다. 하지만 그는 인욕을 양지가 반드시 가지고 있는 것으로 생각하지는 않았다. 실제로 그가 말하는 인심은 육구연이 말하는 물욕이다. 육구연은 이것을 인심으로 인정하지 않은 데 반해 왕수인은 인심으로 인정한 것이다. 이것은 전적으로 일종의 도덕적인 평가이다. 단지 도덕의식만이 선한 것이므로 보존해야 하며, 감성적 특징을 지닌 개인의식은 악한 것으로 마땅히 제거되어야 한다는 입장이다. 이외에는 왕수인이 말하고 있는 심과 주희가 말하는 심은 완전히 다르다.

주희가 말하는 심은 경험적인 지각의 심이고, 왕수인이 말하는 심은 도덕본심이다. 두 사람 모두 심은 하나라고 말하지만, 주희의 말에 따르면 지각하는 심이 의리에 따라서 깨닫게 되면 도심이 되고 물욕에 의해 깨닫게 되면 인심이 되는데, 이것은 주희의 철학체계에서 자연스럽게 성립된 결과이다. 그러나 왕수인이 보기에 도덕본심은 소리도 없고 냄새도 없으며 정감과 의리가 나누어지지 않은 것이다. 그러나 이것이 물욕에 의해서 더

---

21) 『傳習錄』 上, "心一也. 未雜於人謂之道心, 雜以人僞謂之人心. 人心之得其正者卽道心, 道心之失其正者卽人心, 初非有二心也. 程子謂人心卽人欲, 道心卽天理, 語若分析而意實得之. 今曰道心爲主而人心聽命, 是二心也. 天理人欲不幷立, 安有天理爲主, 人欲又從而聽命者?"

럽혀지면 본심을 잃어버려서 인심으로 변한다. 이러한 점에서는 왕수인과 육구연이 서로 일치한다고 할 수 있다.

왕수인은 도심과 인심, 체와 용, 미발과 이발을 완전하게 합일시켰다. 그가 보기에 도심은 체이면서 용이고, 미발이면서 동시에 이발이다. 그래서 "이러한 심의 체가 곧 도심이니, 그 체가 밝아지면 도道도 밝아지므로 결코 두 개의 심이 아니다"22)라고 하였다. 바로 이러한 이유 때문에 도심은 반드시 바른 것이고, 또한 선한 것이다. 하지만 체는 용과 떨어져 있지 않으므로 반드시 발용한 곳에서 밝아진다. 그러나 만일 인위적인 의도가 덧붙게 되면 이것은 바름을 잃어버려서 악한 것으로 변한다. 인위는 어떠한 의도를 가지고 마음대로 안배하는 공리功利적인 마음으로, 색욕이나 명예욕・이욕利欲과 같은 사심私心과 잘못된 생각을 포함한다.

> 『중용』에서 "솔성지위도率性之謂道"라고 한 것이 바로 도심이지만, 여기에 사람의 인위적인 의도나 생각이 덧붙게 되면 이것이 바로 인심이다. 도심은 본래 소리도 없고 냄새도 없기 때문에 은미하다고 말하는 반면, 인심에 따라 행동하면 많은 불안한 것이 있기 때문에 위태롭다고 말한다.23)

이렇게 보면 주희・육구연・왕수인, 이 세 사람의 성리학자들은 주체의식을 나타내는 도심과 인심 개념에 대해서 각각 다른 이해와 해석을 하고 있다. 주희는 도심과 인심을 주主와 차次로 나누어 본 사람으로, 그는 도덕의식인 도심과 감성의식인 인심을 동시에 인정하면서도 전자를 주된 것으로 생각했다. 육구연은 도심과 인심을 합일시켜 본 사람으로, 그에게

---

22) 『傳習錄』 上, "這心體卽所謂道心, 體明卽是道明, 更無二."
23) 『傳習錄』 下, "率性之謂道, 便是道心, 但著些人的意思在, 便是人心. 道心本是無聲無臭, 故曰微, 依着人心行去, 便有許多不安穩處, 故曰危."

있어서 도심은 곧 인심이며 물욕에 물든 마음은 인심이 아니다. 왕수인은 도심과 인심을 양극의 관계로 본 사람이다. 물욕에 물든 마음은 비록 인심이지만, 그것은 도심과 양립할 수 없다. 물욕에 물든 마음이 철저하게 배제된다는 점에서는 육구연・왕수인・정이가 모두 공통되며, 주희는 다른 이들에 비해 비교적 융통성이 있다. 하지만 사욕의 심을 배제한다는 점에 있어서는 모두가 공통적이다.

왕수인의 자아의식에 대한 관점은 완전히 선함을 중심으로 한 도덕관이다. 그래서 그는 "지극히 선한 것은 심의 본체이다. 본체에서 조금만 벗어나면 그것이 바로 악함이다"[24]라고 하였는데, 이는 인심도심에 대한 자신의 입장과 완전하게 일치하는 것이다. 선함은 바로 도심이므로, "도심은 양지를 일컫는 것이다."[25] 그러나 도심은 주로 발용의 측면에서 말한 것으로, 양지의 선함을 따라 자연스럽게 유행하게 되면 그것이 바로 도심이다. 하지만 본체의 선함은 결코 그 발용이 모두 선하다는 사실을 보증할 수 없기 때문에 그는 인심의 존재를 인정하지 않을 수 없다. 그러나 왕수인은 도심이 비록 소리도 없고 냄새도 없는 것으로, 본체의 심이지만 혈육의 심 및 육체와 떨어질 수 없다는 사실을 인정한다. 이러한 점은 불가피하게 개인의 감성이 발생하는 것과 관련되며, 동시에 개인의식을 인정하는 것이라고 말할 수 있다. 왕수인에게 있어서 도심과 인심 및 선과 악은 윤리의식과 개인의식의 충돌과 대립이 첨예한 상태에 이른 것을 말하는 것이며, 동시에 성리학적인 도덕주의가 해체되기 시작했음을 의미하기도 한다.

성리학의 또 다른 학파인 나흠순羅欽順은 도심과 인심을 성정과 결합시켜, 도심을 성으로 인심을 정으로 생각하여 도심과 인심을 성과 정의 관계

---

24) 『傳習錄』 下, "至善者心之本體, 本體上才過當些子, 便是惡了."
25) 『傳習錄』 中, "道心者, 良知之謂也."

로 변화시켰다. "도심은 성이고 인심은 정이다. 심은 하나인데, 이것을 둘로 나누어서 말하는 것은 동함과 정함으로 구분하고 체와 용으로 나누는 것일 뿐이다"26)라는 나흠순의 말은 바로 이러한 의미이다. 하지만 이것은 실제로 주희의 사상과는 전혀 부합하지 않는 것이다.

이러한 특징에 대해 나흠순과 동시대를 살았던 조선의 성리학 대가인 이황李滉(1501~1570, 호는 退溪)은 "근래 나정암이 『곤지기困知記』라는 책에서 도심을 성으로, 인심을 정으로 생각했다는데, …… 이 말은 매우 큰 오류가 있다"27)라는 비판을 제기한다. 이황은 주희의 사상을 전파한 사람으로, "인심과 도심은 모두 이발의 측면에서 말한 것이다"28)라는 입장을 견지하면서 체와 용으로 나눌 수 없다고 본다. 이황의 이와 같은 해석은 주희의 사상과 정확하게 부합한다.

하지만 나흠순이 위에서와 같이 해석한 것은 도심을 도덕원칙으로 끌어올려 그것을 심과 구별하기 위해서이다. 이른바 '하나의 심이지만 둘로 말한다'라는 것으로, 이것은 결코 심을 성과 정으로 생각하는 것이 아니라 심의 측면에서 성과 정을 말하는 것이다. 그가 보기에 심은 단지 신명神明이며 주체의 인식능력일 뿐이다. 도심과 인심은 그러한 심의 내용으로, 도심은 심 가운데의 성이고 인심은 심 가운데 있는 정이다. 이것은 또한 심 가운데 있는 성과 정에 대한 자체 인식이기도 하지만, 그가 강조한 것은 여기에 대한 내용적 객관성이지, 주체의식의 자체적 인식이나 증명은 아니다. 그래서 "심을 보존하는 것이 귀한 것은 그 깊은 곳을 지극하게 하고 그 기미를 살펴서 성과 정의 올바름을 잃지 않으려고 하는 것이다"29)라고

---

26) 『困知記』上, "道心性也, 人心情也. 心一也, 而兩言之者, 動靜之分, 體用之別也."
27) 『李退溪全集』, 書抄9, 「答金景純」, "近世羅整庵困知記, 以道心爲性, 人心爲情,……此說甚謬."
28) 『李退溪全集』, 書抄3, 「答李俶獻」, "人心道心皆就已發處言."

하였는데, '그 깊은 곳을 지극히 하고 그 기미를 살핀다는 것'은 성과 정 그 자체를 대상으로 인식하려는 것이다.

이러한 입장은 당연히 선험론이다. 도덕이성은 하늘에 근거하면서 심에 갖추어져 있는 것이므로, "아직 배움이 없는 사람이어서 비록 천리가 어떠한 것인지 알 수는 없지만, 천리가 잠깐이라도 심 속에 없었던 적이 있었겠는가"30)라고 말하는 것이다. 내용적 측면에서 도심을 말하면, 심 가운데의 리 즉 성으로, 심과 떨어져서 존재할 수 없기 때문에 도심이라고 말한다. 동시에 이것은 성이면서 심이 아니기 때문에 도심이라고도 한다. 이러한 이유에서 나흠순은 도심을 이성원칙이라고 말하는데, 이 말에 따르면 이것은 일종의 본질적 존재이다. 발하자마자 인심이 된다는 것은 정감의식을 표현한 것으로 여기에서 비로소 현실적인 면이 갖추어진다. 하지만 이때는 이미 어둡고 밝은 것이 구분되기 때문에 인심은 도덕이성에 부합한다고 말할 수 없다.

> 도심은 항상 밝으니, 그 본체가 그러한 것이다. 하지만 인심은 어두운 것도 있고 밝은 것도 있으니, 발해서 리에 합당한 것은 인심의 밝은 곳이고 발해서 리에 합당하지 않은 것은 어두운 곳이다. 그러므로 인심은 오로지 어둡기만 한 것이라고 말할 수는 없다.31)

도심이 발해서 인심이 되면 인식활동에 참여하게 된다. 그런데 이와 같이 인식활동을 하게 되면 자각하는 것과 자각하지 못하는 것의 구분이 생

---

29) 『困知記』上, "所貴乎存心者, 固張極其深, 硏其幾, 以無失乎性情之正也."
30) 『困知記』上, 「再答林正郎貞孚」, "彼未嘗學問者, 雖不知天理爲何物, 天理何嘗有須臾之頃不在方寸中耶?"
31) 『困知記』上, 「答陸黃門浚明」, "蓋道心常明, 其本體然也. 人心則有昏有明, 凡發而當理, 卽是人心明處, 發不當理, 却是昏處. 不可道人心一味是昏也."

긴다. 만약 자각해서 도심이 발하게 되면 그것이 바로 밝은 것이고, 자각이 없다면 그것이 바로 어두운 것이다. 이 때문에 심의 체인體認활동이 매우 중요하다.

왕기王畿는 '몸과 마음은 원래 하나'라는 관점을 분명히 한다.

> 몸 가운데 가장 영명하면서도 몸을 주재하는 것을 심이라고 하고, 심의 응취凝聚와 운용運用을 몸이라고 한다. 심이 없으면 몸도 없고, 몸이 없으면 심도 없으므로 이 둘은 하나이다.32)

몸과 마음은 이미 통일되어 있는 것으로, 도심은 결코 감성이나 혈육을 가진 몸을 떠나서는 존재할 수 없다는 말이다.

왕수인의 또 다른 제자인 이견몽李見夢은 비록 성을 따라 나오는 것이 도심이고 성을 따르지 않고 나오는 것이 인심이라는 입장을 제기하였지만, 동시에 "몸은 선한 본체"33)라는 명제를 제기하고 또 "지극한 선에 이르는 것이 한낱 공허한 설에 매달려 왔다 갔다 하면 그것은 공허한 데 떨어지거나 태만한 곳에 이르게 될 따름이다"34)라고 말한다. 그가 말한 대로 몸이 선한 본체라면 도심은 반드시 감성적 존재인 몸에 기반하게 된다.

왕간王艮은 몸을 천하의 대본大本이라고 생각하여 "지극한 선에 이르는 것은 몸을 편히 하는 것이다"35)라고 하였는데, 이것 역시 몸을 근본으로 여기는 것이다. 그러므로 반드시 몸을 사랑하고 존중해야 비로소 도심을

---

32) 『王龍溪全集』, 권5, 「穎賓書院會記」, "身之靈明主宰謂之心, 心之凝聚運用謂之身. 無心則無身矣, 無身則無心矣, 一也."
33) 『明儒學安』, 권31, "身是善體."
34) 『明儒學安』, 권31, "倘若懸空說─止至善, 其墮於空虛與馳於汗漫等耳."
35) 『明儒學安』, 권32, "止至善爲安身."

가지게 된다. 이 때문에 왕간은 "몸과 도는 원래 하나이다. 지극히 존귀한 것은 이 도이고, 이 몸이다.…… 도가 존귀하고 몸이 존귀한 것을 따르게 되면 비로소 지극한 선이 된다"36)라고 말하였다.

왕간은 형이상학적인 도덕의식을 현실적인 사람의 몸 가운데로 돌려 놓았으며, 감성적인 형체를 도심의 기반으로 생각했다. 이것은 사람들의 생리적인 필요와 물질적 욕망 및 감정적 요구 등이 모두 도심의 기본 내용이라는 것을 의미한다. '사람들의 일용日用이 곧 도이다'라는 명제는 객관적 논술일 뿐만 아니라, 자아의식의 관점에서 도심을 이해하는 것이다. 심은 몸과 떨어지지 않으므로 몸이 있으면 반드시 심도 있다. 그러므로 도심을 구하기 위해서 몸 밖으로 나갈 필요가 없다. 그래서 왕간은 "너의 심은 현재 그곳에서 드러나는데, 또 어디에서 구한단 말인가!"37)라고 하였다. 이 때문에 왕간에게 있어서는 현재 살아 움직이는 실질적 인심이 바로 도심으로, 그 외에 다른 도심은 없다.

이러한 입장에서 한 단계 더 발전하여 이지李贄의 사심설私心說이 출현하였다. 이지는 공개적으로 사람마다 모두 사심私心이 있다는 입장을 제기하였다.

무릇 사사로움(私)이 바로 사람의 심이다. 사람에게 사사로움이 있은 이후에라야 그 심이 드러나니, 만약 사사로움이 없다면 심도 없다. 예컨대 밭을 가는 사람은 사적으로 가을에 추수할 것이 있어야 밭을 가는데 온 힘을 쏟게 되며, 집에 거하는 사람도 사적으로 창고에 거두어서 쌓아 놓은 것이 있은 이후라야 가정을 다스리는 데 온 힘을 쏟는다.38)

---

36) 『明儒學案』, 권32, "身與道原是一件. 至尊者此道, 至尊者此身.……須道尊身尊, 才是至善."
37) 『明儒學案』, 권32, "爾心見在, 更何求乎!"

이 때문에 이지는 "결코 정을 교정해서도 안 되고 성을 거슬러도 안 되며, 심을 어둡게 해도 안 되고 뜻을 억눌러서도 안 된다. 심을 따라 그대로 움직여야 한다"39)라고 주장하며, 도심과 같은 종류의 설교에 대해서는 더욱 반대한다. 예컨대 아주 일상적인 사람들은 생의生意가 일어나는 것만을 생의라 하고 열심히 밭을 가는 것만을 힘써 밭가는 것이라고 하면서 진실한 마음에 따라서 움직이고 성을 따라서 행하기 때문에 "분명한 의미가 있다"40)라고 말한다. 그래서 공개적으로 "사사롭고 이익을 좋아하는 심으로 사사롭고 이익을 좋아하는 배움으로 삼는다"41)라는 입장을 표방하는 동시에 입으로만 인의를 말하면서 마음으로는 높은 관리를 원하는 거짓된 도학을 비판한다.

이러한 이지의 사심설은 시대의 변화를 반영하고 있다. 그는 먼저 개인의식을 가장 우선시하면서 그것에 대해 긍정적으로 평가한다. 이러한 모습은 이미 일반적인 인심도심논쟁의 범위를 넘어선 것이지만, 동시에 이러한 논쟁이 유지·발전된 것이기도 하다. 이지는 개인의식과 개성의 자유라는 구호를 외치면서 전통적인 도덕관념과 분명하게 대항하는 동시에 도덕적인 설교들을 부정하였는데, 이 때문에 이후 이단으로 몰리게 된다. 그러나 그의 사상은 전통에 반대하는 용감한 정신의 표현이었다.

왕정상王廷相은 다른 여러 방면의 성리학 개념에 대해서는 비교적 많은 비판과 변화를 시도하지만 도심과 인심의 문제에 있어서는 오히려 주희와

---

38) 『德業儒臣後論』, 「藏書」, "夫私者, 人之心也. 人必有私而後其心乃見, 若無私則無心矣. 如服田者, 私有秋之獲而治田必力, 居家者, 私積倉之獲而後治家必力."
39) 『德業儒臣後論』, 권2, 「失言三首」, "不必矯情, 不必逆性, 不必昧心, 不必抑志. 直心而動."
40) 『德業儒臣後論』, 권1, 「答耿司寇」, "鑿鑿有味."
41) 『焚書增補』, 권1, 「寄答留都」, "以自私自利之心, 爲自私自利之學."

유사하다. 그는 도심과 인심은 모두 성의 본래적인 모습으로 하늘이 부여해서 사람들이 모두 가지고 있는 것이기 때문에 하나도 빼놓을 수 없다고 생각했다. 도심은 도덕적 양심을 가리키는 것으로 윤리적이고 도덕적인 자아의식이며, 인심은 물욕을 가진 심으로 자연적으로 존재하는 자아의식이다. 사람에게는 도심만 있고 인심이 없을 수는 없으며, 또한 인심만 있고 도심이 없을 수도 없다. 그가 보기에 이 둘은 모두 인성이 가지고 있는 자아의식이다.

> 성의 본연本然에 대해서 나는 순임금의 입장을 따른다. 인심은 오직 위태하고 도심은 은미할 따름이다. 하지만 이것을 재질과 더불어 말해야 한다면 나는 공자의 입장을 따르겠다. 성은 서로 비슷하지만 학습을 통해서 서로 차이가 벌어지게 된다.42)

왕정상은 한 걸음 더 나아가 맹자가 말한 인과 의의 단서, 즉 측은지심과 수오지심은 도심이라는 입장을 제기한다. 또한 입이 맛있는 것을 좋아하는 것과 귀가 아름다운 소리를 듣기 좋아하는 것, 눈이 좋은 색을 보기 좋아하는 것, 코가 좋은 냄새 맡기를 원하는 것, 사지가 편안하기를 원하는 것 등과 같은 맹자가 말한 선천적 욕구는 인심이다.

여기에서 보면 인심과 도심은 성현이나 어리석은 사람들이나 모두 함께 부여받은 것이니, 이러한 점에서 서로 비슷하다고 말할 수 있지 않은가? 그러나 인심이 치우쳐 있음으로 인해 어리석은 사람이나 불초한 사람이 위의 곳으로 모이게 되고 도심이 정미함으로 인해 성인과 현인이 같은 길을 걷게 되므로, 이 어찌 차이가 크지 않겠는가?43)

---

42) 『愼言』, 「問成性篇」, "性之本然, 吾從大舜焉. 人心惟危, 道心惟微而已. 幷其才而言之, 吾從仲尼彦. 性相近也, 習相遠也."

사람이라면 모두 측은지심이나 수오지심과 같은 도덕의식을 가지고 있으면서 동시에 식욕이나 성욕과 같은 정감의식도 가지고 있다. 이것은 주희가 말한 것으로, 성인에게도 인심이 없을 수 없고 어리석은 사람이라도 도심이 없을 수 없다. 이는 곧 정감의식 역시 사람의 자아의식 가운데 하나라는 사실을 인정하는 것으로, 이것은 인간이 가지고 있는 또 다른 종류의 자아를 긍정하는 것이다.

하지만 왕정상은 인심과 도심이 비록 함께 부여받은 것이지만 완전하게 상반되어 있어서 변화시킬 수 없는 것은 결코 아니라고 생각했다. 이것은 사회 환경 속에서 발전하고 변화하는 것으로, 선천과 후천, 선험적인 것과 경험적인 것의 상호 영향과 작용 속에서 존재하면서 발전하는 것이라고 말할 수 있다. 그는 한쪽으로는 이 둘이 태어나면서부터 부여된 것이라는 사실을 인정하면서 다른 한쪽으로는 사회윤리와 교화의 작용을 강조한다. 하지만 후자는 인심과 도심의 발전에 영향을 줄 수는 있어도 그 가운데 어느 하나라도 근본적인 것을 고치거나 없애 버릴 수는 없다.

> 도덕적인 교화가 아직 이루어지지 않았을 때, 나는 원래부터 백성들 대부분이 인심에 치우쳐 있지만 도심 역시 태어나면서부터 가지고 있다는 사실을 알았다. 예컨대 호랑이가 새끼를 업고 키우는 것이나 새가 음식물을 씹어서 새끼에게 먹이는 것, 닭이 무리들을 불러 함께 모이를 먹는 것, 늑대가 자신의 무리들을 보살피는 것 등을 보면 알 수 있다. 도덕적인 교화가 이루어지게 되면, 나는 원래부터 백성들 대부분이 도심에 치우치게 되지만 인심 역시 태어나면서부터 계속해서 가지고 있음을 알았다. 식욕과 성욕이 모든 사람에게 있는 것이나, 가난하고 천하며 일찍 죽거나 병에 걸리는 것을 모든 사람들이 함께 싫어하는 것을 보

---

43) 『愼言』, 「問成性篇」, "由是觀之, 二者聖愚之所同賦也, 不謂相近乎? 由人心而辟焉, 愚不肖同歸也, 由道心而精焉, 聖賢同淦也, 不爲遠乎?"

면 알 수 있다. 그런데도 물욕物欲이 그것을 가렸기 때문에 본성이 아니라고 말한다면 가난하고 천하며 일찍 죽거나 병에 걸리는 것을 사람들이 모두 원하는 것이란 말인가?44)

왕정상은 동물적 본능과 생물학적인 내구력內驅力을 사용해서 모든 사람들이 선험적인 도덕의식을 가지고 있다는 사실을 증명하고 있는데, 여기에서 주희와 동일한 오류를 범한다. 사람은 필연적으로 사회적 동물일 수밖에 없기 때문에 사람의 자아의식 역시 사회화 과정에서 형성된다. 하지만 그는 동시에 도덕적 교화가 결코 인심을 변화시키거나 소멸시킬 수 없다는 입장을 제기하며, 나아가 식욕이나 성욕과 같은 인심이 물욕에 의해 가려졌다고 해서 사람의 본성이 아니라고 말할 수 없다는 입장을 제기한다. 이것은 사람의 생리적인 수요가 가진 정당성과 합리성을 긍정하는 것이다. 여기에서 인심은 일종의 자아 긍정을 위한 가치라고 할 수 있다. 그렇다고 해서 이것이 인심은 어떠한 구속도 받지 않을 수 있음을 말하는 것은 결코 아니다.

왕정상은 도심에 대해 인심을 구속하고 지도하는 제방堤防이라고 생각했다. 만약 도심의 자각적인 조절과 통제 없이 인심이 발전하도록 맡겨 둔다면 사람과 동물의 구별이 없어진다.

오직 인심에 따라서 행하면 똑똑한 사람과 힘 있는 사람, 그리고 많은 수의 인원을 가지고 있는 사람이 그 원하는 것을 얻지 않을 수 없다. 그렇게 되면 어리석은

---

44) 『愼言』, 「問成性篇」, "道化未立, 我固知民之多夫人心也, 道心亦與生而固有. 觀夫虎之負子, 鳥之反哺, 鷄之呼食, 豹之察獸, 可知矣. 道化旣立, 我固知民多夫道心也, 人心亦與生而恒存. 觀夫飮食男女, 人所同欲, 貧賤夭病, 人所同惡, 可知矣. 謂物欲蔽之, 非其本性, 然則貧賤夭病, 人所願乎哉!"

사람이나 작고 약한 사람은 힘들게 추구하는 것이 있어도 이룰 수 없다. 어떻게 이와 같아야 하겠는가! 점점 이렇게 되면 결국 하늘로부터 받은 본성을 잃어버리고 부끄러움도 잊게 되어 제멋대로 사람을 죽이거나 해치게 되므로 짐승과 다를 것이 없다.45)

도심에 따르는 사람은 인과 의로써 마음을 고정시키고, 예와 악으로써 자신을 가지런하게 하며, 형법으로써 자신을 금하기 때문에 명교名敎가 확립된다. 이렇게 되어야 지혜로움과 어리석음, 강함과 약함, 많음과 적음 등이 분명하게 구분되면서도 다툼은 없어지니, 이것이 바로 인심의 제방堤防이다.46)

도심은 스스로를 조절하는 자각적 도덕의식일 뿐만 아니라, 사회적 도덕규범과 법칙들의 존재근거가 됨으로써 외재적인 강제력으로 변화된다. 이렇게 되면 사람들은 반드시 여기에 복종하게 된다. 이것은 주체의식이나 자아의식에 관한 문제일 뿐만 아니라 윤리, 도덕을 대상화·객관화시키는 것이므로, 여기에서 도심은 사회적인 강제 수단으로 변한다.

5. 명말청초

유종주劉宗周는 도심과 인심이 단 하나의 마음이라는 명제를 제기하면서 육구연과 유사한 모습을 보이지만, 동시에 주희의 사상을 비판적으로 받아들여서 심을 경험 가능한 인식심으로 생각했다. 인심은 기질氣質에서

---

45) 『愼言』, 「御民篇」, "一惟循人心而行, 則智者·力者·衆者無不得其欲矣. 愚而寡弱者, 必困究不遂者矣. 豈惟是哉. 循而遂之, 滅天性, 亡愧恥, 恣殺戮, 與禽獸等矣."
46) 『愼言』, 「御民篇」, "自其道心者, 定之以仁義, 齊之以禮樂, 禁之以刑法, 而名敎立焉. 由是智愚·强弱·衆寡·各安其分而不爭, 其人心之堤防乎!"

나온 것이며, 도심은 이러한 인심 가운데 옳은 것만을 지칭하는 것이지만 인심과 떨어져서 존재하지는 않는다.

> 심은 다만 인심뿐이다. 도심은 인심 가운데 마땅한 것으로, 심이 심일 수 있는 이유이다. 도심과 인심은 하나의 심이고, 기질과 의리는 하나의 성일 따름이다.[47]

유종주는 심성합일론자로 인심과 도심은 자아의식의 관점에서 인성을 설명하였는데, 특히 "인심을 떼어 놓고서 달리 존재하는 도심은 없다"[48]라는 입장을 강조한다.

예컨대 추운 것을 알면 옷 입을 것을 생각하고 배고픈 것을 알면 밥 먹을 것을 생각하는 것은 인심이다. 하지만 옷을 입는 것이 마땅해서 옷을 입고 밥을 먹는 것이 마땅해서 밥을 먹는 것은 도심이다. 도심은 도덕의식을 불러일으키는 것이면서 또한 인심 속에 갖추어져 있는 것이지, 인심 밖에서 인심을 지배하는 것은 결코 아니다. 마땅히 옷을 입고 마땅히 밥을 먹는 것과 옷 입을 것을 생각하고 밥 먹는 것을 생각하는 것은 동시에 이루어지는 것이지, 옷 입을 것과 밥 먹을 것을 생각한 후 다시 마땅히 옷을 입어야 하기 때문에 입고 마땅히 밥을 먹어야 하기 때문에 먹는 마음이 일어나는 것은 아니라는 말이다. 유종주는 주희가 '도심을 위주로 하고 인심이 그 명령을 듣도록 해야 한다'라고 말한 것에 대해 하나의 몸에 두 개의 심이 있는 것이라고 비판한다. 그는 사람에게 이미 개인의식이 있다는 사실을 인정하는 동시에 그것이 반드시 도덕이성을 자각한 후 자각된

---

47) 『劉子全書』, 권8, 「中庸首章說」, "心只是人心. 而道者人之所當然, 乃所以爲心也. 道心人心只是一心, 氣質義理只是一性."
48) 『劉子全書』, 권13, 「會錄」, "離却人心, 別無道心."

도덕의식에 따라 행동해야 한다고 생각했다.

하지만 결국 도심은 본체의식으로, 이것은 왕간 등의 인물들에 비해 성리학적인 도덕주의로 회귀한 것은 분명하다. 다만 그는 '의意'가 '도심'을 대체하고 있음을 분명하게 제기하며, "인심이 의意를 가지고 있어서 우정虞廷요와 순)이 도심은 은미하다고 말한 것이다"49)라고 하였다.

> 의는 심이 심일 수 있는 이유이다. 심만 말하는 데 그치게 되면 심은 단지 한마디 정도의 빈 공간일 뿐이지만, 의意라는 글자를 씀으로 인해 비로소 나침반 위에 바늘이 고정된 것처럼 그것이 드러난다.…… 의는 심 속에 있는 것으로 허령한 본체 가운데 있는 한 점 정신이니, 여전히 하나의 심일 뿐이다.50)

유종주가 말하는 의는 자아의식이지만, 이것은 결코 개인의식이 아니라 도덕의식이다. 의는 심이 심일 수 있는 이유를 규정하는 하나의 도덕정신이며, 이러한 정신은 살아서 움직이는 인심 가운데 있다. 의는 독립적인 본체로 개인의 심이 모두 독립적으로 그것을 가지고 있다. 따라서 의는 절대적 의미를 제외하면 독립적인 의미를 가지게 되며, 이 때문에 이것을 일종의 독립적 의식으로 해석할 수 있다. 또한 이것은 사회 도덕의식이라는 형식 속에 개인의 독립의식을 포함한 것이라고 말할 수 있다. 이것이 바로 자아의식에 대한 유종주의 학설이 가지는 적극적인 의미가 아닐까 싶다.

유종주의 제자인 진확陳確은 급진적인 측면이 많다. 그도 이지와 마찬가지로 사심설을 공개적으로 제기했다. 진확은 『사설私說』이라는 책에서 사람마다 모두 사사로운 심이 있다는 입장을 제기하면서 다음과 같이 말

---

49) 『劉子全書』, 권9, 「答董生心意十問」, "人心之有意也, 卽虞廷所謂道心惟微也."
50) 『劉子全書』, 권9, 「答董生心意十問」, "意者心之所以爲心也. 止言心, 則心只是經寸虛體耳, 著個意字, 方見下了定盤針.……意之於心, 只是虛體中一点精神, 仍只是一個心."

하였는데, 이것은 개인의식을 적나라하게 드러낸 것으로 전통에 반하는 특징을 가지는 것이다.

> 옛날에 인자仁者 · 성인 · 현인이라고 불렸던 사람들은 모두 자신의 사사로운 생각으로부터 출발하여, 그것을 타인에게까지 미루어 생각하고 그것을 공적인 것으로 이루어 냄으로써 궁극에 도달했던 사람들이다.[51]

왕부지王夫之는 심통성정의 관점에서 도심과 인심을 해석하여, 성에서 깨닫는 것은 도심이고 정에서 깨닫는 것은 인심이라고 생각했다. 하지만 성과 정은 통일되어 있어서 성에는 반드시 그 정이 있고 정에는 반드시 그 성이 있기 때문에 인심과 도심은 상호 간에 작용하는 것일 뿐, 확실하게 갈라진 대대待對관계는 아니다.

> 인심은 정에 포함되는데, 정 또한 성 아닌 것이 없으므로 인심이 성을 통섭한다고 말한다. 도심은 성 속에 들어 있는 것으로, 성 역시 반드시 그 정을 가지고 있으므로 도심이 정을 통섭한다고 말한다. 성은 들을 수 없지만 정은 직접 경험할 수 있다.[52]

심은 단지 인식하는 심이면서 또한 도심과 인심으로 나누어지는 것은 사람에게 성과 정이 있으면서도 성과 정은 모두 심과 떨어지지 않기 때문이다. 그러므로 성 속에 내장되어 있는 심을 도심이라고 하고 정에 포함되어 있는 심을 인심이라고 한다. 또한 정은 성의 정이기 때문에 인심은 성

---

51) 『陳確文集』, 권11, "彼古之所謂仁聖賢人者, 皆從自私之一念, 而能推而致之, 以造乎其極者也."
52) 『尚書引義』, 권1, 「大禹謨」, "人心括於情, 而情未有非其性者, 故曰人心統性. 道心藏於性, 性亦必有其情也, 故曰道心統情. 性不可聞, 而情可驗也."

을 통섭할 수 있고, 성은 반드시 그 정을 가지고 있기 때문에 도심은 정을 통섭할 수 있다. 도심과 인심은 비록 구별되지만 실제로는 하나의 심이다.

왕부지가 보기에 심은 미발과 이발로 구분되고, 성과 정은 체와 용으로 구별된다. 하지만 미발과 이발을 체와 용으로, 도심과 인심을 성과 정으로 생각하는 것은 아니다. 도심의 측면에서 말하면 도덕이성을 그 내용으로 하는데, 심은 다만 주관적인 담당자이지만 이미 도덕성을 그 내용으로 가지고 있기 때문에 반드시 도덕상의 평가가 있다. 그래서 그는 "이 심은 선하기만 할 뿐 더 이상의 불선함은 없다"53)라고 하였다.

성과 정의 통일이라는 관점에 따르면, 도심은 이미 성에 들어 있으면서 동시에 성을 가지고 있고, 인심은 정에 포함되어 있으면서도 그 성이 있기 때문에, 성의 측면이나 정의 측면을 막론하고 모두 도심과 인심의 구분이 있다. 이것이 바로 도덕적 정감과 자연적 정감의 구별이다. 이것을 정의 측면에서 말하면 다음과 같다.

> 무릇 정은 인심·도심의 구별과는 거리가 멀다. 희노애락(미발을 겸하고 있음)은 인심이고, 측은지심·수오지심·공경지심·시비지심(확충을 겸하고 있음)은 도심이다. 이 둘은 그 속에 서로를 가지고 있으며 번갈아 가면서 그 용을 드러낸다. 비록 그렇다고 하더라도 구별이 있다고 말하지 않을 수 없다.54)

도심과 인심은 오직 성과 정이라는 내용에 따라 구별되며, 도덕적인 정감은 도심이고 자연적인 정감은 인심이다. 그러나 이것이 주관적 인식의

---

53) 『尙書引義』, 권1, 「大禹謨」, "故斯心也, 則惟有善而不更有不善."
54) 『尙書引義』, 권1, 「大禹謨」, "今夫情, 則逈有人心道心之別也. 喜·怒·哀·樂(兼未發), 人心也. 惻隱·羞惡·恭敬·是非(兼擴充), 道心也. 斯二者, 互藏其宅而交發其用. 雖然, 則不可不謂之有別已."

형식에 따라 구별되는 것은 아니다. 하지만 왕부지는 인심은 한 번 동하고 한 번 정하며, 공격하고 빼앗는 성의 동이同異에 근거한다고 생각했다.

> 한 번 동動하고 한 번 정靜하는 것은 서로 감感하는 것이다. 그러므로 희노애락은 감할 때 드러난다. 또한 서로 멈출 때도 있으니, 서로 멈추게 되면 적연寂然할 수 있게 된다. 그러므로 희노애락은 적연할 때 없어진다.55)

희노애락의 정은 비록 주체의식의 측면에서 말한 것이지만, 그 속에는 반드시 객관적인 내용과 대상이 포함되어 있기 때문에 감하면 드러나고 적연하면 사라진다. 감했을 때에는 희노애락이 그 성을 드러내지만, 적연할 때에는 정情도 없다. 또한 심에 저절로 이루어지는 성은 없기 때문에, 즉 심만 있을 뿐 성은 없기 때문에 인심은 "성의 덕이 아니라 심의 정해진 본체인 것은 분명하다"56)라고 한다. 이 때문에 용이 있게 되면 드러나고 용이 없으면 드러나지 않는다.

도심은 그렇지 않다. 내용적인 측면에서 말하면, 이것은 음양陰陽・강유剛柔・건순健順의 질質에 연결되어 만들어진 인의예지仁義禮智의 성이다. 그래서 주체의식의 측면에서 말하면, 감하면 드러나고 적연해도 드러난다.

> 감해서 용用이 유행하면 체體는 은미하고, 적연해서 체가 서 있으면 용이 은미하다. 용은 체가 용이 되는 것이므로 용이 유행하면 체는 은미해도 실제로 그 속에는 체가 있다. 체는 용이 될 수 있는 체이므로 체가 서 있다면 용은 은미해도 실제로 그 속에는 용이 있다.57)

---

55) 『尙書引義』, 권1, 「大禹謨」, "一動一靜者, 交相感者也. 故喜・怒・哀・樂者, 當夫感而有. 亦交相息者也, 交相息, 則可以寂矣. 故喜・怒・哀・樂者, 當夫寂而無."
56) 『尙書引義』, 권1, 「大禹謨」, "固非性之德, 心之定體, 明矣."
57) 『尙書引義』, 권1, 「大禹謨」, "當其感用以行而體隱, 當其寂, 體固立而用隱. 用者用其

도심은 주관적 형식일 뿐만 아니라 선험적 내용이기도 하며, 또한 용을 가지고 있을 뿐만 아니라 체도 가지고 있다. 이렇듯 체와 용은 성과 정의 관계로 구성되기 때문에 도심은 성과 정이 합일된 도덕의식이다. 여기에서 왕부지는 도덕주의에 바탕을 둔 정신현상학적 방법을 충분하게 드러내고 있다.

體, 故用之行, 體隱而實有體. 體者體可用, 故體之立, 用隱而實有用."

제15장 리와 욕

'리理'와 '욕欲'은 성리학에서 가장 많이, 그리고 가장 폭넓게 사용되는 개념이다. 성리학 심성론의 논리적 구조에 따르면 많은 개념들이 리욕과 관계되어 있다. 어떤 의미에서 리와 욕은 성리학 인성론과 인생론의 마지막 결론이라고 말할 수 있다.

'천리를 보존하고 인욕을 없앤다'(存天理, 滅人欲)는 말은 이미 성리학자들에게는 흔한 이야기가 되었지만, 자세하게 분석하면 관점이 모두 같은 것도 아니고, 성리학 개념의 변화에 따라 리와 욕의 관계 역시 중요한 변화를 발생시키기도 했다. 리와 욕의 개념은 『예기禮記』「악기樂記」에서 하나의 정식 개념으로 출현하였다.

> 사람이 태어나면서 정靜한 것은 하늘의 성이고, 사물에 감응해서 동動하는 것은 성의 욕欲이다. 사물이 감응해 오면 그것을 감지하여 인식하게 된 연후에 형체를 좋아하고 싫어하는 것이 있게 된다. 그러므로 좋아하고 싫어하는 것은 심 속에서 절도에 맞는 것이 아니므로, 심 밖에서 유혹하는 것에 대해 알고 자신에게로 돌이키지 못한다면 천리는 없어질 것이다. 무릇 사물이 사람에게 감응해 오는 것은 끝이 없고, 사람의 좋아하고 싫어하는 마음은 절도가 없으니, 이러한 사물이 사람에게 이르면 사람이 사물처럼 변화된다. 사람이 사물처럼 변화한다는 것은 천리를 없애 버리고 인욕을 끝까지 추구하는 것이다.[1]

이 구절은 많은 성리학자들에게 인용되었고, 성리학의 리욕관이 생겨나는 데 중요한 영향을 주었다. 『예기』에 따르면, 천리는 태어나면서 사람에게 부여된 잠재적 본능이고, 욕은 사물에 감응해서 동하는 감성적 욕망이다. 이른바 '사물이 감응해 오면 그것을 감지하여 인식한다'에서 첫 번째 '지知'는 인식능력을 가리키고 두 번째 '지'는 외부의 사물에 대한 감지이다. 이것은 결코 순수한 객관적 인식 과정이 아니며, 일종의 정서적 감수성이나 또는 인식 과정 가운데 생겨난 주관적 평가이다. 이처럼 좋아하거나 싫어하는 정감이 바로 욕欲이다. '자신을 돌이킨다'라는 말은 스스로 돌이켜 생각하거나 체험하는 것이다. 천리는 태어나면서 사람에게 부여된 성이고 욕 또한 하늘의 본성이 부여한 것이지만, 만약 절도에 맞지 않고 자신에게 돌이켜 체험할 수도 없이 외부 사물의 유혹에 끌려 다니면 이것이 바로 사람이 사물처럼 변화하는 것이고, 천리를 없애면서 인욕을 추구하는 것이다. 『예기』의 저자는 결코 성과 욕을 대립시켜 놓지 않았다. 다만 인성이 가지고 있는 이성적이고 내재적인 측면을 강조하였는데, 이러한 점이 성리학자들에 의해 발전된다.

1. 북송시대

성리학자들의 리와 욕에 대한 관점이 모두 유가에서 나온 것은 결코 아니다. 주돈이周敦頤는 불교에서 말하는 무욕론無欲論을 받아들였다. 그는

---

1) 『禮記』, 「樂記」, "人生而靜, 天之性也, 感於物而動, 性之欲也. 物至知知, 然後好惡形焉. 好惡無節於內, 知誘於外, 不能反躬, 天理滅矣. 夫物之感人無窮, 而人之好惡無節, 則是物至而人化物也. 人化物也者, 滅天理而窮人欲者也."

인의仁義와 중정中正의 성을 사람의 본질(人極)이라고 생각하여 '정함을 위주로 하여 욕欲을 없애야 한다'라는 입장을 제기하였으며, 감성적인 욕망을 인성 외적인 것으로 배제하여 성리학의 리욕 개념에 대한 단초를 열었는데, 이 점은 결코 부인할 수 없다.

장재張載는 천리와 인욕의 관계를 정식으로 제기하면서 리와 욕에 대한 논의의 기초를 닦았다. 그가 말하는 천리는 성명性命의 리를 가리키는 것으로, 천지지성天地之性이다. 그래서 장재는 사람의 본성에 대해 "천리는 세상 사람들의 마음을 기쁘게 할 수 있고, 천하가 뜻하는 리에 통할 수 있다"[2]라고 말한다. 이것은 보편적이고 초월적인 도덕원칙이다. 인욕과 기질지성은 서로 관계되어 있는 것으로, 어떤 사람은 이것을 '공격하고 빼앗는 성'(攻取之性) 또는 '기의 욕欲'이라고 불렀다. 장재는 여기에 대해 "음식에 대해서는 입과 배가 있고, 냄새와 맛에 대해서는 코와 혀가 있으니, 이것은 모두 공격해서 빼앗는 성이다"[3]라고 말한다. 하지만 기질지성은 말하지 않은 채 인욕만을 말한 것은, 이것이 반드시 외부 사물들과 감응해서 존재하는 것이므로 사람의 정서나 감수성과 같은 활동들을 떼어 놓을 수 없기 때문이다. 이러한 의미에서 천리는 자연自然에서 나오고 인욕은 인위人爲에서 나온다고 할 수 있다. 그래서 장재는 "성명의 리를 따르면 성명의 올바름을 얻을 수 있지만, 리를 없애고 욕만을 추구하게 되면 인위를 불러일으키게 된다"[4]라고 한다.

하지만 주체의식의 측면에서 말하면, 이 둘은 이성과 감성의 관계이기도 하다. 장재는 여기에서 천리와 인욕을 완전하게 대립시킨 것은 아니지

---

2) 『正蒙』, 「誠明」, "所謂天理也者, 能悅諸心, 能通天下之志之理也."
3) 『正蒙』, 「誠明」, "口腹於飮食, 鼻舌於臭味, 皆攻取之性也."
4) 『正蒙』, 「誠明」, "順性命之理, 則得性命之正, 滅理究欲, 人爲之招也."

만, 천리를 형이상자이면서 사람이 사람일 수 있는 까닭이라고 생각하였으며, 인욕을 형이하자이면서 사람과 사물이 공통적으로 가지고 있는 것이라고 생각했다. 그는 한편으로 인욕이 인성을 불러일으킨다는 점을 결코 부인하지 않음으로써 그 존재의 필연성을 인정하지만, 다른 한편에서는 천리에 대한 자아인식을 통해 사람의 진정한 모습을 자각적으로 실현해야 한다고 강조한다. 그래서 장재는 "덕을 아는 것은 만족하는 것일 따름이니, 이를 통해 기호와 욕구가 심에 잘못되게 하지 않고 소체小體가 대체大體에 해를 끼치지 않게 하여 근본을 잃지 않게 할 따름이다"5)라고 말한다.

장재의 리와 욕에 대한 관념은 양극화된 경향성을 내포한다. 그는 이성과 감성의 경계를 구분하고 도덕이성의 초월적인 면모를 강조하면서, 감성의 작용은 홀시했다. 그럼에도 불구하고 이러한 초월은 감성적인 경험과 완전하게 떨어져 있는 절대적 초월은 결코 아니다. 장재는 "상달上達이 천리에 반하는 것이며, 하달下達이 인욕을 따르는 것이겠는가!"6)라고 하면서 또 다음과 같이 말한다.

> 천리를 밝히는 것이 밝음을 향하고 있는 것처럼 밝으면 수만 가지 형상들도 감추어지는 것이 없으며, 인욕을 구하는 것이 마치 그림자들 사이만 밟는 것 같으면 하나의 사물 속에서도 보잘 것 없게 된다.7)

사람의 자아가치는 전적으로 이성적 자각과 개인에서 도덕본체로 회귀하는 데 달려 있다는 말이다. 그는 사람의 입장에서 도에 대해 다음과 같이 말한다.

---

5) 『正蒙』, 「誠明」, "知德者屬厭而已, 不以嗜欲累其心, 不以小害大, 未喪本爾."
6) 『正蒙』, 「誠明」, "上達反天理, 下達殉人欲者與!"
7) 『正蒙』, 「大心」, "燭天理如向明, 萬象無所隱, 究人欲如專顧影間, 區區於一物之中爾."

지금 사람들은 천리를 없애 버리면서 인욕만을 궁구하고 있으니, 지금이라도 다시 그 천리로 되돌아가야 한다. 옛날 배우는 사람들은 반드시 천리를 세웠지만, 공자와 맹자 이후로는 그 마음이 전해지지 않아서 순자나 양웅 같은 사람들은 모두 이러한 것을 알 수 없었다.8)

이것은 천리와 인욕을 대립시킨 것이다. 인욕으로부터 천리로 되돌아가는 것은 기질지성으로부터 천지지성으로 되돌아가는 것과 같은 차원에 속한다. 다만 후자는 인성론의 측면에서 말한 것에 불과하고, 전자는 도덕 실천의 측면에서 말한 것이다.

이처럼 양극화된 이론은 몸과 마음을 둘로 나누어 보는 심신이원론과는 다르다. 장재는 본체론의 측면에서 성性과 기氣, 리理와 욕欲의 통일을 논증했기 때문에 천리로 돌아간다는 것에 대해 자아가 부정된 절대적 초월로 이해하지는 않았다. 다만 자아의 승화나 자아가치의 제고 정도로만 이해했다. 그는 개인을 두 차원으로 나누는데, 하나는 생물학적인 감성적 존재이며, 다른 하나는 사회화된 이성적 존재이다. 전자에 따라 말하면 사람 역시 여러 동물 가운데 하나로 여타의 동물들과 구별되지 않지만, 후자에 따라서 말하면 사람이 사람일 수 있는 것은 진정한 자아가 있기 때문이다. 이 때문에 몸과 마음은 분리될 수 없으며, 따라서 중요한 것은 현실 가운데에서 자아의 인격을 실현시키는 동시에 완전하게 선한 자기본성을 회복하는 것이다. 이른바 '리를 밝히는 것'은 강한 실천적 특징을 갖추고 있는 자아에 대한 체험이다.

장재는 인욕의 소멸과 개인적 감성 욕망의 희생을 통해 천리를 실현하

---

8) 『經學理窟』, 「義理」, "今之人, 滅天理而究人欲, 今復反歸其天理. 古之學者便立天理, 孔孟而後, 其心不傳, 如荀揚皆不能知."

려고 했던 것이 결코 아니다. 그가 반대한 것은 인욕을 추구하는 것이나, 인욕이 필요 없다고는 하지 않았다. 하지만 바로 이 점이 성리학적인 심성론의 특징을 정확하게 드러내고 있다. 한편으로 이것은 현실적인 사람의 삶이 가진 심성론을 부정하는 불교에 대해 철저하게 반대하면서, 현실적인 사람의 삶이 가진 가치와 의미를 높여야 한다는 입장을 제기하는 것으로, 현실을 살아가는 사람의 필요를 부정하지 않는 것이다. 하지만 다른 한편에서는 사회적 윤리와 도덕으로 체현된 천리를 사람의 본질 내지 본체로 귀결시킴으로써 사람의 자연적 감성에 대한 종교 형태의 억압을 행사하게 되었다. 이렇게 되면서 장재가 제기한 주체성은 주로 사회와 집단의 이익을 대변하게 되고, 개인의 이익은 홀대하였다. 동시에 사람의 사회적 의무와 책임감을 강조하면서 개인의 적극적 발전 역시 홀시하게 되었다.

장재가 천리와 인욕에 대한 일정 정도의 통일성만을 인정했다고 한다면, 이정二程은 철저하게 천리天理를 중시했다고 말할 수 있다. 정호程顥와 정이程頤는 모두 주체의식의 관점에서 천리와 인욕을 해석하여, 도심을 천리로 인심을 인욕으로 생각했다.9) 천리는 공적인 마음(公心)이고 인욕은 사사로운 마음(私心)으로, 천리와 인욕의 구분은 공과 사의 구분이라는 점을 그들은 분명하게 제기했다. 그래서 그들은 "비록 공적인 천하의 일이라고 하더라도 사사로운 의도를 가지고 행한다면 그것이 바로 사사로움(私)이다"10)라고 말한다. 여기에서 말하는 공과 사는 사회 및 집단의 이익과 개인 이익의 관계이다. 이 둘은 분명하게 대립적이다. 그래서 "지극히 당연한 것은 하나로 모여들며, 정미한 뜻은 둘이 아니다. 인심은 얼굴에 드러난 것과 같지 않으며, 그것은 단지 사사로운 마음일 뿐이다"11)라고 말한다.

---

9) 『河南程氏遺書』, 권5 참조.
10) 『河南程氏遺書』, 권5, "雖公天下之事, 若用私意爲之, 便是私."

집단 이익을 대표하는 천리는 당연히 추구되어야 하지만, 개인 이익을 대표하는 인욕은 생리적인 필요, 정감, 의지 등과 같은 개체적 특징을 포함하고 있으므로 마땅히 부정되어야 한다.

이정은 이처럼 양극화된 이론을 극단화시켜 천리와 인욕을 대립시키면서, 천리를 보존하고 인욕을 없애야 하며 집단의식을 사용해서 개인의식을 대체해야 한다고 공개적으로 주장했다. 이러한 모습은 원래 종교철학과는 다르지만 종교철학과 같은 작용을 하게 했다.

> 보고 듣고 말하고 행동하는 것은 리 아니면 그렇게 할 수 없으니, 예禮도 바로 그러한 리이다. 천리가 아니라면 바로 사욕이다. 사람이 비록 선하게 되려는 의도를 가지고 있다 해도 그것 역시 예가 아니다. 인욕이 없으면 모두 천리이다.[12]

동시에 "사욕을 없애면 천리가 밝아진다"[13]라고 말한다. 이정은 이와 유사한 말들을 여러 곳에서 하고 있는데, 모두 이와 같은 의미이다. 뜻이 있어서 그렇게 하려는 것은 바로 하려고 하는 것이 있어서 하는 것이다. 이정은 하려고 하는 것이 있어서 하는 행동은 이익을 목적으로 하는 행위에 머무르기 때문에 모두 인욕이라고 생각했다.(여기에서 인욕과 사욕은 결코 원칙적인 면에서 구별되지 않는다) 오직 하려고 하는 것이 없어도 하게 되는 것은 이익을 초월한 행위로, 이것이 천리이다. 그러나 실제로 이 같이 이익을 초월하는 이상주의는 실현이 불가능하므로 허위로 흘러갈 수밖에 없다. 이것은 집단 이익 및 그 이익을 대표하는 윤리와 도덕을 최고의 원칙으로 세우는

---

11) 『河南程氏遺書』, 권15, "至當歸一, 精義無二. 人心不同如面, 只是私心."
12) 『河南程氏遺書』, 권15, "視聽言動, 非理不爲, 禮卽是理也. 不是天理, 便是私欲. 人雖有意於爲善, 亦是非禮. 無人欲卽皆天理."
13) 『河南程氏遺書』, 권24, "滅私欲則天理明矣."

것과 같으니, 사람들의 자각적인 복종을 요구한다. 그 대가는 개인의 이익에 대한 무조건적인 희생으로, 그 결과 필연적으로 개인의 적극성과 창조성이 억압된다.

이것은 또한 물질적 욕망에 대한 억압이기도 하다. 이정은 천리를 절대적 원칙으로 보고 물욕을 외부적 사물에 대한 추구로 보았다. 여기에서 물욕은 일종의 폐단으로서 이상적 인격을 가진 자아의 실현을 방해하기 때문에 악함이다.

> 사람이 천리에 대해 어두운 것은 단지 기호나 욕망과 같은 어지러움을 등에 지고 있기 때문이다. 장자는 "기호나 욕망이 깊은 사람은 그 천기天機가 얕다"라고 했는데, 이 말은 지극히 옳다.14)

개인의 모든 물질적 욕망은 반드시 도덕규범의 제약 아래에서만 존재할 수 있으며, 만약 이러한 규범에 위배되면 이것이 바로 인욕의 악함이다. "천하의 리는 원래 스스로 하는 것이니 선하지 않음이 없다"15)라는 말은 천리에 복종하기만 하면 불선하지 않게 된다는 것으로, 심이 향하는 곳만 있어도 불선함이다. 때문에 이들은 욕망을 줄일 것(寡欲)과 욕망을 없앨 것(滅欲)을 말하면서 도덕적 인격의 완전한 선함을 실현하려고 했다. 굶어 죽는 것은 작은 일이지만 절개를 잃는 것은 큰일이라는 말은 이와 같은 윤리적 가르침 아래에서 제기된 것이다. 여기에서 실제 개인의 권리는 없다.

---

14) 『河南程氏遺書』, 권2, "人於天理昏者, 是只爲嗜欲亂着佗. 莊子言, '其嗜欲深者, 其天機淺', 此言却最是."
15) 『河南程氏遺書』, 권22, "天下之理, 原其所自, 未有不善."

2. 남송시대

이정 이후의 성리학자들은 천리와 인욕에 대해 이구동성으로 인욕을 없애고 천리를 보존해야 한다는 주장뿐이다. 다만 남송 초기 호굉胡宏만이 "천리와 인욕은 체는 같지만 용이 다른 것일 뿐이며, 그 행함은 같지만 정황이 다를 뿐이다"16)라는 입장을 제기했다. 천리와 인욕은 동일한 본체에 근거하고 있지만 그 작용이 다를 뿐이라는 말이다. 이것은 이정의 관점과는 다른 부분이다.

호굉의 이러한 관점은 그가 말한 '성은 선도 없고 악도 없다'라는 설과 관련이 있다. 호굉이 원래 가지고 있는 생각에 따르면 성은 만물의 근원이며 절대적 본체이다. 이 때문에 성은 수만 가지 리를 갖추고 있을 뿐만 아니라 수만 가지 일이 여기에서 나온다. 천리는 이미 성이며, 인욕 역시 이러한 성에 근거한다. 하지만 이 둘의 작용이 다르기 때문에 천리와 인욕으로 구분된다. 이러한 관점에 따르면 인욕은 결코 악하기만 한 것은 아니다.

> 좋아하고 싫어하는 것도 성이다. 소인은 자기를 중심으로 좋아하고 싫어하는 것이 결정되지만, 성인은 도를 기준으로 좋아하고 싫어하는 것이 결정된다. 이것을 살펴보면 천리와 인욕에 대해서 알 수 있다.17)

좋아하거나 싫어하는 것은 정감활동으로, 어떤 것을 좋아하고 어떤 것을 싫어하는 것은 매우 큰 주관성을 띠고 있다. 호굉은 하나의 표준을 제시했는데, 이것이 바로 도이다. 좋아하고 싫어하는 것이 도를 기준으로 하

---

16) 『知言疑義』, "天理人欲, 同體而異用, 同行而異情."
17) 『知言疑義』, "好惡性也. 小人好惡以己, 君子好惡以道. 察乎此, 則天理人欲可知."

면 천리이고 자기의 주관적 기준에 따르면 인욕이지만, 좋아하고 싫어하는 그 자체는 결코 천리와 인욕으로 구분되지 않으니, 이것 역시 체는 같고 용은 다르다고 말할 수 있다.

호굉이 천리와 인욕에 대해 체는 같다고 말한 것은 성리학자들 가운데 매우 특색 있는 주장이다. 이것은 욕과 리를 성 가운데에서 통일시킴으로써 어느 정도 인욕에 대한 가치를 긍정하고 있다는 데 의의가 있다. 그는 비유를 통해 이러한 점을 설명한다. 성은 물에 비유할 수 있고 심은 물 속에 비유할 수 있으며, 정은 물결이 일어나는 것에 비유할 수 있고 욕은 물이 일렁이는 것에 비유할 수 있다. 욕을 성의 존재방식으로 설명하는 것은 인욕이 존재의 필연성과 합리성을 가지고 있다는 데 의미를 두고 있는 것이다.

이러한 호굉의 관점은 주희朱熹에 의해 비판을 받는다. 주희는 호굉의 '체는 같지만 용은 다르다'라는 입장에 대해 천리와 인욕을 섞어서 하나로 보는 것이라고 생각했다. 본체는 단지 천리일 뿐이며, 그 속에 인욕은 없기 때문에 같은 체일 수는 없다는 것이다. 좋아하고 싫어하는 감정을 성으로 여기는 것에 대해서도 주희는 선과 악의 구별이 없는 것이라고 생각했기 때문에 선을 좋아하고 악을 싫어할 따름이라고 말한다. 하지만 호굉이 천리와 인욕에 대해 행함은 같지만 그 정황이 다르다고 한 것은 오히려 주희에게 선택적으로 수용된다.

주희는 호굉이 말한 것에서 심과 성의 관계를 전도시켜 "심은 물과 같고 성은 물의 정靜한 상태와 같다면, 정은 물이 흐름이고 욕은 물이 일렁이는 것이다"[18]라고 말한다. 이것은 심과 성의 관계에 대해 말한 것이 아니

---

18) 『朱子語類』, 권5, "心如水, 性猶水之靜, 情則水之流, 欲則水之波瀾."

라, 욕과 성의 관계에 대해 논한 것이다. 호굉은 성을 천리로 생각하여 지극히 선하다고 한 것은 아니었는데, 주희는 성을 천리로 생각하여 지극히 선하다고 생각했다. 하지만 이 둘은 모두 욕에 대해서는 성이 드러난 것으로 생각했다. 이 점은 이정에 비해 한 단계 더 진전된 것이다.

하지만 리와 욕에 관한 주희의 관점이 결코 시종일관된 것은 아니며, 또한 이정의 관점을 전부 받아들이고 있는 것도 아니다. 우선 주희는 이정 형제가 도심을 천리로, 인심을 인욕으로 생각하면서 했던 말을 부정한다. 하지만 이것은 두 가지 의미를 가질 수 있다. 첫째, 인심과 도심은 사람의 자아의식을 말하는 것으로 지각의 의미에서 말한 것이지만, 천리와 인욕은 심이 발하거나 혹은 지각한 것에 대해 말한 것으로 내용의 측면에서 말한 것이다. 그러므로 인심을 인욕으로 생각할 수는 없다.

둘째, 인심과 인욕은 비록 개념적으로는 구분되지만 반드시 중요한 것은 아니다. 사람의 의식활동은 내용을 갖지 않을 수 없으므로, 이러한 의미에서 말하면 인심은 또한 인욕이라고 부를 수 있다. 하지만 중요한 것은 그가 인심을 긍정했을 뿐만 아니라 인욕까지 긍정하고 있다는 점이다. 주희가 이정의 '인심을 인욕으로 생각하는 설'에 대해서 병폐가 있다고 비판한 것은, 이정이 인욕을 악한 것으로 봄으로써 근본적으로 인욕을 부정한 것에 대한 비판이다. 주희는 인욕이 완전히 악한 것은 아니라고 생각했기 때문에 그것을 부정할 수 없었던 것이다.

> 인욕이 반드시 좋지 않은 것은 아니지만, 그것이 위태하다고 말하는 것은 욕망에 떨어질 수도 있고 그렇지 않을 수도 있는 그 중간에 있기 때문이다. 그래서 만약 도심을 가지고 그것을 제어하지 않는다면 그대로 나쁜 생각에 빠져 들어 위태한 정도에만 그치지 않게 된다.[19]

하지만 이정의 말에 따르면 이러한 인욕은 악에 속하는 것이다. 여기에서 주희는 인심, 인욕이 구별된다는 말과 위태함, 악함이 구별된다는 말이 같지 않다는 점을 강조하고 있는 것이다. 위태함이 악으로 흐르기는 쉽지만 그렇다고 악한 것은 결코 아니다.

다음으로 주희는 인욕을 성에서 나온 것으로 생각하면서 동시에 이러한 인욕은 천리가 원래부터 가지고 있는 것으로 여겼기 때문에 인욕을 그대로 악이라고 말할 수 없었다. 그래서 주희는 "인욕도 바로 이러한 천리의 내면에서 나온 것이니, 비록 인욕이라고 해도 인욕 가운데에는 천리가 들어 있다"[20]라고 하고, 또 "식욕과 성욕은 원래 성에서 나온 것"[21]이라고 말한다. 이러한 설명은 인욕과 천리가 절대적으로 대립되어 있지 않다는 것을 일정 정도 인정하고 있는 태도로, 여기에서 인욕과 천리는 통일되어 있다.

식욕과 성욕은 형기에서 나온 것일 뿐만 아니라 천성에서 나온 것이기도 하므로 태어나면서부터 가지게 되는데, 이것을 '생生을 일컬어서 성이라고 한다'라고 말한다. 생生은 사람의 생명을 가리키는 것으로 생물학적 의미가 부여되어 있어서 혈기나 형체 등과 같은 물질적인 것과 떨어질 수 없으며, 동시에 사람의 정신활동의 담당자이기도 하다. 이러한 측면에서 성은 형체와 떨어질 수 없고, 리는 욕과 떨어질 수 없다. 이로 인해 "만약 굶었다면 먹고 싶은 욕구가 있고, 갈증이 나면 물을 마시고 싶은 욕구가 있으니, 이러한 욕구가 어떻게 없을 수 있겠는가? 이와 같은 경우 이것 역시 합당한 것이다"[22]라고 한다. 이것은 피할 수 없지만 반드시 당연한 리

---

19) 『朱子語類』, 권5, "人欲也未便是不好, 謂之危者, 危險欲墮未墮之間. 若無道心以御之, 則一向入於邪念, 又不止於危也."
20) 『朱子語類』, 권13, "人欲便也是天理里面做出來, 雖是人欲, 人欲中自有天理."
21) 『孟子或問』, 권11, "飲食男女, 固出於性."

에 부합되어야 한다는 사실을 말하고 있다.

하지만 주희가 인욕을 긍정하는 이유는 생명을 유지시키는 데에 필요한 생리적 욕망이기 때문이지, 그 속에 빠지거나 그것을 지나칠 정도로 추구할 수 있다는 의미는 아니다. 만약 이러한 한계를 초과하여 추구하는 것이 있다면, 이것이 바로 사욕이며 동시에 악함에 빠지는 것이다. 그래서 주희는 "먹고 마시는 것은 천리이지만 좋은 맛만을 추구하는 것은 인욕이다",23) "입·코·귀·눈과 같은 사지의 욕망을 사람에게서 없앨 수 없지만, 이것이 많아져서 절제할 수 없다면 그 본심을 잃지 않을 수 없다"24)라고 말한다. 이것은 인욕이 양적 한계를 가지고 있어서 그로 인해 선과 악의 표준이 결정된다는 말은 아니다. 선과 악의 간격은 종이 한 장 차이에 불과할 정도로 가깝지만, 이러한 구별은 사사로운 것인가 공적인 것인가에 달려 있다. 만약 공적인 것이라면 천리이지만 사사로운 것이라면 사욕이다. 예컨대 음악을 연주하거나 정원을 거닐면서 누리는 즐거움과 재물과 미색을 좋아하는 마음 역시 천리가 가지고 있는 것이므로 인정 속에 없을 수 없다.

천리와 인욕은 행하는 것은 같지만 정황이 다르다. 리를 따르며 천하를 위해서 공적으로 행동하는 것은 성인이 그 성을 다하는 까닭이다. 하지만 욕欲이 방만하여 자기 개인을 위해 사사롭게 행동하는 것은 일반 사람들이 천리를 없애버리게 되는 까닭이다. 이 둘 사이는 털끝만큼도 안 되는 간격이지만, 옳음과 그름 및 도를 얻음과 잃음으로 모여드는 결과는 매우 멀다.25)

---

22) 『朱子語類』, 권94, "若是饑而欲食, 渴而欲飮, 則此欲亦豈能無? 但亦是合當如此者."
23) 『朱子語類』, 권13, "飮食者天理也, 要求美味, 人欲也."
24) 『孟子集註』, 권7, "如口鼻耳目四肢之欲, 雖人之所不能無, 然多而無節, 未有不失其本心者."
25) 『孟子集註』, 권2, "然天理人欲, 同行異情. 循理而公於天下者, 聖人之所以盡其性也."

천리와 인욕의 구분은 공적인 것과 사사로운 것의 구분으로, 이것은 주희 및 여러 성리학자들의 공통된 시각이다.

크게 공적이고 지극히 바른 마음은 사회 전체와 집단의 이익으로 대표되는 도덕관념이다. 이에 비해 사사로움은 개인의 이익으로 대표되는 개인의식이다. 이것은 이미 욕망의 많고 적음이 문제가 아니라 개인의 이익과 의식은 반드시 집단의 이익과 단체의식에 복종해야 한다는 것이다. 바로 이러한 점에서 주희와 이정 및 나머지 성리학자들은 모두 일치된 견해를 보인다. 이로 인해 그들은 모두 예외 없이 리와 욕의 변별을 통해 봉건사회의 전체 이익을 유지하려고 했다. 만약 도심과 인심의 문제에 있어서 주희가 개인의식을 인정했다고 말할 수 있다면, 리와 욕의 문제에 있어서 이것을 인정하는 데에는 분명한 한계가 있다. 일체의 모든 것은 천리에 따라야 한다는 신조를 가지고 일을 하기 때문에, 천리가 옳고 그름 및 선악의 판단 기준이 된다.

어떠한 일을 경영하고 생각을 도모하는 것이 모두 불선한 것은 아니다. 단지 그것을 사욕이라고 말하는 것은 머리카락 하나만큼이라도 천리로부터 저절로 발현되어 나오는 것이 없기 때문이니, 이것이 바로 사욕이다.26)

이 때문에 주희 역시 천리를 보존하고 인욕을 없애야 한다고 주장한다. 그래서 그는 "성현들께서 하신 수많은 말씀들은 오직 사람들에게 천리를 밝히고 인욕을 없애라고 가르치는 것뿐이다"27)라고 한다. 이것은 성리학

縱欲而私於一己者, 衆人之所以滅其天也. 二者之間, 不能以髮, 而其是非得失之歸, 相去遠矣."
26) 『朱子文集』, 권32, 「答張敬夫問目」, "夫營爲謀慮, 非皆不善也. 便謂之私欲者, 只一毫髮不從天理上自然發出, 便是私欲."
27) 『朱子語類』, 권12, "聖賢千言萬語, 只是敎人明天理, 滅人欲."

인생론의 종지宗旨가 변하고 있음을 보여 주는 것이다.

여조겸呂祖謙은 주희와의 서신을 통한 문답에서 호굉의 '천리와 인욕이 체는 같지만 용은 다르다'라는 설에 대해서 문제가 없다고 말하고, 더불어 "천리는 항상 인욕 가운데 있어서 잠시라도 떨어진 적이 없다"28)라고 한다. 여조겸은 비록 천리를 중시하는 사람 같지만 이것은 물욕에 대해서 긍정하는 입장을 드러낸 것이다.

남송 말기의 학자인 위료옹魏了翁은 리와 욕을 체와 용의 관계라고 말하고, 동시에 체용일원의 사상에 근거해서 이 둘은 통일된 것이지 대립된 것은 아니라는 입장을 제기한다. 이러한 입장에서 그는 "심은 체이고 욕은 용이다. 체는 도道이고 용은 의義이니, 이것은 가장 상세하고 엄밀한 것이다"29)라고 말한다. 이러한 입장은 리와 욕을 도와 의의 통일관계로 설명한 것으로, 매우 특별한 해석이다. 위료옹은 여기에서 더 많은 논술을 하지는 않지만, 이러한 관점은 이정이나 주희와는 다른 것이다. 따라서 리와 욕의 개념 발전 과정에서 중시해야 할 필요가 있다. 위료옹은 분명한 심학사상을 가지고 있었다. 그래서 그는 심을 체이자 도라고 생각했는데, 이것은 형이상학적인 초월의 심이고, 욕을 용이자 의라고 생각한 것이다. 이러한 점은 인욕이 천리(도)에 근거하고 있으면서 천리와 부합된다는 사실을 긍정하는 것이다. 이 입장은 비록 본체론적인 설명 방법을 채용하고 있지만 일종의 리욕합일론이라고 말할 수 있다.

심학자인 육구연陸九淵 역시 천리와 인욕의 학설에 대해 반대한다. 그는 "천리와 인욕이라는 말은 그 자체로 좋은 논의가 아니다",30) "천리와

---

28) 『東萊左氏博議』, 권3, "天理常在人欲中, 未嘗須臾離也."
29) 『鶴山文集』, 권32, 「答虞永永」, "心卽體, 欲卽用. 體卽道, 用卽義, 最爲詳密."
30) 『象山全集』, 권34, "天理人欲之言, 亦自不是至論."

인욕의 구분은 지극한 병폐를 가진 논의이다"³¹⁾라고 하였다. 여기서 육구연은 리와 욕을 구분하는 그 자체를 반대한 것은 결코 아니다. 그가 반대한 것은 하늘과 사람을 구분하여, 리는 하늘에 귀결시키고 욕은 사람에게 귀결시키는 것이다. 그래서 그는 "만약 하늘이 리이고 사람이 욕이라면 하늘과 사람은 다른 것이 된다"³²⁾라고 말한다. 육구연은 천리와 인욕의 설이 「악기」에 근거하고 있는데, 「악기」는 원래 노장사상에 근거한 것이라고 생각했다. 이것은 무극태극논쟁과 마찬가지로, 유가경전에 근거하고 있는 것이 아니라는 사실만 제기하면 문제가 거의 해결된 것처럼 보인다.

실제로 이것은 심학과 리학理學의 논쟁으로, 문구를 중심으로 한 논쟁이지만 근원 및 출처에 관한 논쟁이 아닌 것은 당연하다. 육구연은 리학에서 천리와 인욕을 대립시켜 말한 것에 대해 하늘과 사람을 찢어서 둘로 보는 것이라고 비판한다. 실제 성리학자들은 모두 천인합일을 말하지만, 리학 방면에서는 심학자들처럼 심을 최고의 본체로 생각하는 것이 아니라 리를 최고의 본체로 생각한다. 육구연 역시 이 부분은 인정한다.

다만 육구연은 철저한 도덕주체론자이기 때문에 결코 주체의 측면에서 몸과 마음, 정신과 물질이라는 두 측면을 엄격하게 구분하지 않는다는 데 문제가 있다. 그는 심을 인심과 도심으로 나누는 것에 대해 반대한 것처럼, 성은 사람이 태어날 때의 정한 상태이고 욕은 사물에 감응해서 동하는 것이라고 말할 수는 없다고 생각했다. 만약 동정動靜과 체용體用을 가지고 리와 욕을 구분한다면 이것은 성을 하늘에, 욕을 사람에게 귀결시키는 것이다. 또 형이상자인 적연부동한 체를 성으로 보고 선함으로 생각하는 것이며, 형이하학적인 동함을 욕으로 보고 악함으로 생각하는 것이니, 이

---

31) 『象山全集』, 권35, "天理人欲之分, 論極有病."
32) 『象山全集』, 권34, "若天是理, 人是欲, 則是天人不同矣."

것은 둘로 분명하게 나누는 것이다. 그래서 육구연은 "만약 옳다면 동함 역시 옳고 정함 역시 옳으니, 어떻게 천리와 물욕의 구분이 있겠는가. 만약 옳지 않다면 정함 역시 옳지 않으니, 어떻게 동함과 정함에 차이가 있겠는가"33)라고 생각했다.

사실상 육구연은 리와 욕의 구분을 매우 중시했는데, 이러한 점은 리학자들과 조금의 차이도 없다. 다만 육구연은 천리를 본연의 심 혹은 양심이라고 말했는데, 이것이 바로 대체大體이다. 또한 욕을 눈과 귀와 같은 감각기관이 외부 사물에 의해 가려지면서 생긴 것이라고 말했는데, 이것이 바로 소체小體이다. 그래서 리를 심에, 욕을 사물에 귀결시킴으로써 리와 욕의 대립을 심과 물物의 대립으로 변화시켰다. 그래서 육구연은 "사사로운 뜻과 공공의 리, 그리고 이욕利欲과 도의道義는 그 형세가 둘로 양립되지 않으니, 그 대체로부터 소체에 이르기까지 모두 사람에게 있을 따름이다"34)라고 말한다. 대체와 소체의 대립은 심과 감각기관의 대립으로, 눈이나 귀 같은 감각기관은 사물들과 교류하기 때문에 이 둘은 또한 주체와 물질적 대상의 대립으로 설명된다.

> 심의 양지는 사람마다 모두 가지고 있지만 눈이나 귀와 같은 감각기관이 사려하지 못해서 외부의 사물에 의해 가려진다. 이렇게 되면 (마음은) 중심을 잡지 못하고 이리저리 왔다 갔다 하게 되니, 스스로를 해치거나 잘못된 곳으로 빠질 수 있는 단서가 있어도 그것을 알 수 없다. 이것이 바로 자신을 가장 크게 해치는 일이다.…… 실제로 이것은 물욕이 매우 커져 버린 상태이다.35)

---

33) 『象山全集』, 권35, "若是, 則動亦是, 靜亦是, 豈有天理物欲之分. 若不是, 則靜亦不是, 豈有動靜之間哉!"
34) 『象山全集』, 권14, 「與包敏道」, "私意與公理, 利欲與道義, 其勢不兩立, 從其大體與其小體亦在人耳."
35) 『象山全集』, 권5, 「與徐子直」, "此心之良, 人所均有, 自耳目之官不思而蔽於物. 流浪

천리는 선천적으로 가지고 있는 도덕 본심으로, 동함이나 정함을 막론하고 모두 천리이다. 그러므로 잘못됨도 없고 거짓을 따르지도 않는다. 하지만 눈이나 귀 같은 감각기관은 사려함 없이 사물을 따라 이리저리 흘러다니므로 자신에게로 돌이켜 그것을 알지 못하면 물욕物欲에 빠지게 된다. 이렇게 말한다면, 욕은 외부 사물의 유혹을 받아들인 결과이지 인심이 원래부터 가지고 있는 것은 결코 아니다. 이와 같은 육구연의 입장은 의리義理의 심도 있고 물욕의 심도 있다는 주희의 설명과는 분명한 차이가 있으며, 그 결론 역시 다르다. 하지만 리를 선한 것으로 생각하고 욕을 악한 것으로 여기는 점은 두 사람이 서로 같다.

3. 원명시대

나흠순羅欽順은 주희의 '인욕이 반드시 좋지 않은 것은 아니다'라는 입장에 대해서 천리를 성이자 도심이라고 말하고 욕을 정情이자 인심이라고 말했다. 욕은 천리에서 나온 것으로 성의 중요한 내용이기 때문에 욕을 악으로 볼 수는 없으며, 그것을 없앨 수는 더더욱 없었다. 나흠순은 천리가 사람이 태어나면서 부여받은 보편적 원칙이라는 사실을 결코 부정하지 않았다.

사람이 태어나는 것은 기를 품부하기 시작하면서부터이다. 양이 펼쳐지고 음이 그것을 받아들이면서 이 리는 그 주재함이 하나로 정해진다. 생의 의지는 나날이 늘어나 온 주위를 가득 둘러싸서 마침내 형질이 형성되니, 이것은 성인과 같은

展轉, 戕賊陷溺之端, 不可勝究. 最大害事.……其實乃物欲之大者."

상지자上智者나 어리석은 하우자下愚者나 모두 같다. 이것을 도심이라고 이름 붙였으니, 실제로는 천리이다.36)

이 말이 선험적 도덕론이라는 사실에는 의심의 여지가 없다. 그는 사회 및 집단의 이익을 대표하는 윤리, 도덕을 내재화시켜, 사람의 본질로 변화시키고 사람의 자아인식을 통해 이것을 실현하려고 했다. 그러나 실질적 측면에서 말해, 이것은 사회윤리, 도덕에 대한 자각적 인식과 복종이 아닐 수 없다. 하지만 반드시 인욕을 없애버림으로써 이러한 경지를 실현시킬 수 있다는 의미는 아니다. 그는 결코 리와 욕을 대립시킨 것이 아니라, 이 둘을 통일시켜야 한다고 주장했다. 리와 욕의 통일은 바로 성과 정의 통일이다. 욕은 정으로, 칠정七情 속에 있는 욕欲이다. 칠정이 성에서 나오듯이 욕도 반드시 성에서 나온다.

「악기樂記」에서 말한 욕欲과 호오好惡 그리고 『중용』에서 말한 희노애락喜怒哀樂을 모두 칠정이라고 말하는데, 그 리는 모두 성에 근거한다. 칠정 가운데에는 욕이 매우 중요하다. 오직 하늘이 백성을 내려면 그렇게 하려는 욕이 있어야 하는데, 그것을 따르면 기쁘고 그것을 거스르면 노하게 되며, 그것을 얻으면 즐겁게 되고 그것을 잃어버리면 슬프게 되므로, 「악기」에서는 오직 성의 욕만을 말하는 것이다. 욕은 악하다고 말할 수 없으니, 그것이 선하기도 하고 악하기도 한 것은 절도에 맞는가 그렇지 않은가에 달려 있다.37)

---

36) 『困知記』附錄, 「再答林正郎貞孚」, "蓋人之生也, 自其稟氣之初. 陽施陰受而此理卽其主宰一定. 生意日滋, 纏綿周匝, 遂成形質, 此上智下愚之所同也. 其名爲道心, 其實卽天理."

37) 『困知記』 上, "「樂記」所言欲與好惡, 與『中庸』喜怒哀樂, 同謂之七情, 其理皆根於性也. 七情之中, 欲較重. 蓋惟天生民有欲, 順之則喜, 逆之則怒, 得之則樂, 失之則哀, 故「樂記」獨以性之欲爲言. 欲未可謂之惡, 其爲善爲惡, 系於有節與無節爾."

욕은 칠정 가운데 가장 중요한 내용으로, 희노애락과 같은 정은 모두 욕이 만족을 얻을 수 있는가 그렇지 않은가에 따라 변한다. 그러므로 만약 욕을 추구하지 않는다면 희노애락의 정도 발생하지 않게 된다. 정과 욕은 모두 성에서 나온 것인데, 성은 이미 선하므로 욕 역시 악하지 않으며, 그것이 악하지 않다면 당연히 그것을 없앨 수 없다. 이러한 입장에서 나흠순은 육구연의 리욕관에 대해 강하게 비판한다.

「악기」에는 "사람이 태어나면서 정靜한 것은 하늘의 성이고, 사물에 감응해서 동하는 것은 성의 욕이다"라는 단락이 있는데, 그 의미와 이치가 매우 정밀하고 순수하다.…… 육상산은 이 점에 대한 의심이 지나쳐서, 욕을 전적으로 악하다고 생각했다. 그러나 무릇 사람이 욕을 가지는 것은 원래 하늘로부터 나온 것으로, 필연적이어서 멈출 수 없고 당연한 것이어서 바꿀 수 없다. 멈출 수 없는 것이어서 당연한 법칙에 부합되는 것이니, 어떻게 선하지 않겠는가?[38]

욕은 필연인 동시에 당연이어서 원래부터 천리에 부합되며, 원래부터 선한 것이다. 이것은 감성과 이성을 하나로 통일시키고, 생물적인 인간과 사회적인 인간을 하나로 통일시키는 것이다. 사람은 원래 이성적 동물이지만, 그 이전에 이미 생물적인 인간이다. 사람은 생리적인 필요를 떼어 놓고는 도덕적인 이상을 실현시킬 수 없다. 그래서 나흠순은 사람의 생리적인 필요성의 단계를 보면서 도덕이상을 강조하는 동시에, 현실적인 생리적 필요를 충분하게 긍정함으로써 도덕이상주의가 가진 극단성을 극복하였다. 이것이 바로 리와 욕의 개념에 대한 나흠순의 공헌이다.

---

[38] 『困知記』, 下, "「樂記」, '人生而靜, 天之性也, 感於物而動, 性之欲也'一段, 義理精粹.…… 陸象山乃從而疑之, 過矣, 彼蓋專以欲爲惡也. 夫人之有欲, 固出於天, 蓋有必然而不容已, 且有當然而不可易者. 於其所不容已者而合於當然之則, 夫安往而非善乎?"

하지만 나흠순은 분명한 성리학자이다. 그는 리와 욕을 통일시켰지만, 결코 욕을 따라야 한다고 주장한 것이 아니며, 오히려 절제해야 한다고 주장했다. 욕은 비록 성에 근거하고 있기 때문에 근본적으로 선한 것이라고 말할 수 있지만, 욕이 선할 수 있는 이유는 여전히 당연한 법칙에 부합하는가 그렇지 않은가에 달려 있다. 만약 정이 마음대로 욕을 따르면서 돌이킬 줄 모른다면, 이것이 바로 악함이다. 이 때문에 리를 통해 욕이 절도에 맞게 함으로써 도덕이성의 원칙에 부합되게 해야 한다.

> 성이 반드시 욕을 가지고 있는 것은 사람에 의한 것이 아니라, 하늘에 의한 것이다. 하늘에 의한 것이라고 말했는데, 그것을 없앨 수 있겠는가? 하지만 욕이 절도에 맞고 맞지 않고는 하늘에 달려 있는 것이 아니라 사람에게 달려 있다. 사람에게 달려 있다고 말했는데, 어떻게 그것을 방종하도록 할 수 있겠는가?39)

욕은 하늘에서 나오지만 사람에 있는 것이므로 사람이 어떤 일을 할 때에는 반드시 당연한 법칙에 부합되어야 한다. 절도에 맞고 맞지 않음은 당연한 법칙을 기준으로 한다. 여기에서 하늘과 사람의 문제를 제기하는데, 한쪽으로는 표준의 객관성을 강조하는 것이면서, 다른 한쪽으로는 사람의 주체성을 강조하는 것이다.

왕수인王守仁은 심의 본체를 천리로 생각했으며, 심이 발한 것을 의意라고 생각했다. 하지만 의는 바름과 바르지 않음이 구분되는데, 여기에서 의가 바른 것은 천리이고 바르지 않은 것은 인욕(혹은 사욕)이다. 그는 심을 바르게 하고(正心) 의를 정성스럽게 하는(誠意) 학설을 제기했는데, 이것은 인욕

---

39) 『困知記』 續, "夫性必有欲, 非人也, 天也. 旣曰天矣, 其可去乎? 欲之有節無節, 非天也, 人也. 其曰人矣, 其可縱乎?"

을 극복함으로써 천리를 밝히는 것이다. 그리고 주희와 마찬가지로 인욕에 대해 '성이 발용하여 잘못된 곳으로 흐른 것'이라는 관점에서, 이미 잘못된 곳으로 흘렀다면 그것은 반드시 천리를 가리는 것이라고 생각했다. 이 때문에 그는 생각이 일어나는 곳에서의 공부를 매우 강조한다. 그가 보기에 천리와 인욕은 공존할 수 없으므로, "인욕을 없앰으로써 천리를 알 수 있다"40)라고 말한다. 모든 사심과 잡념은 인욕이므로, 왕수인은 이에 대해 다음과 같이 말한다.

> 평상시 색과 이익을 좋아하고 명예를 밝히는 것 등과 같은 것은 사사로운 마음에 응해서 나온 것이므로, 깨끗하게 청소하고 없애 버려서 조금도 남아 있는 것이 없도록 해야 한다. 그래야 심의 온전한 본체가 넓어지게 되니, 이것이 순수한 천리이다.41)

이처럼 이것 아니면 저것과 같은 리욕관은 리와 욕을 양극화시킨 이론이 한 단계 더 발전한 결과이다. 왕수인 철학의 특징은 양지가 곧 천리라는 점이다. 양지는 사람의 심 가운데 있는 한 점 영명한 것으로, 사람이면 누구나 가지고 있는 것이며, 옳고 그름과 선악을 판정할 수 있는 도덕표준이다. 즉 매우 악한 사람으로 하여금 이러한 양심을 가지게 하여서 내심으로부터 자신의 과오를 꾸짖게 해야 한다는 것이다

왕수인이 말하는 인욕은 이전에 비해 개념의 영역이 더욱 넓어져서, 색과 이익을 좋아하고 명예를 밝히는 마음과 듣고 생각하며 잡스러운 생각이 있는 마음도 모두 인욕이다. 천리天理는 중中으로, 만약 천리에서라 하

---

40) 『傳習錄』 上, "去得人欲, 便識天理."
41) 『傳習錄』 上, "須是平時好色好利好名等項一應私心, 掃除蕩滌, 無復纖毫留滯. 而此心全體廓然, 純是天理."

더라도 치우치고 기울어진 것이 있거나 또는 마땅함을 지나쳐 버린 마음이 있으면 이것도 사욕이다. 왕수인의 리욕관은 육구연에 비해 한층 더 철저해졌지만, 사욕은 심 속에 있는 것이지 심 밖에 있는 것은 아니라는 점을 인정한다. 그래서 생각이 발하는 곳에서 사욕을 없애야 한다고 주장하는데, 이것이 바로 '발본색원론拔本塞源論'이다.

하지만 사람마다 모두 양지를 가지고 있고 이 양지가 사람의 심과 떨어지지 않는데, 어떻게 천리와 인욕을 대립시킬 수 있는가? 여기에서 그는 인욕을 객기客氣로 규정한다. 객기는 주체와 대립시켜 말한 것으로, 심이 원래부터 가지고 있는 것은 아닌 듯 하다. 하지만 사심이나 사의私意는 분명히 개인의 의식 가운데에서 생긴 것이다. 왕수인은 이러한 모순을 해결하지 못했지만, 그의 제자들 가운데에서는 이미 이러한 문제를 해결하고 있는 사람이 있었다.

왕기王畿는 천지에 있는 하나의 기에 대해서 "그 기의 영묘함을 일컬어서 양지라고 한다"[42]라는 입장을 제기함으로써 왕수인의 리욕관을 근본적으로 바꾸어 버렸다. 그는 직접 물질적 원인을 양지라고 하고, 욕欲은 천성天性이라는 입장을 제기하면서, 욕과 양지를 통일시키고 있다.

왕기는 성을 자연의 생기生機라고 하면서 "입이 좋은 맛을 원하고 귀가 좋은 소리를 듣기 원하며, 눈이 아름다운 색을 보기 원하고 코가 좋은 냄새를 맡기 원하며, 사람의 몸이 편안하기를 원하는 이 다섯 가지의 성은 멈출 수 있는 것이 아니다"[43]라고 말한다. 사람의 감성과 욕망 속에는 반드시 천리의 당연함이 있으므로 천리와 천칙天則은 형체・혈육・기질과

---

42) 『王龍溪全集』, 권8, 「易與天地准一章大旨」, "其氣之靈, 謂之良知."
43) 『王龍溪全集』, 권3, 「書累語簡端錄」, "口之於味, 耳之於聽, 目之於色, 鼻之於臭, 身之於安逸, 五者性之不容已者也."

나눌 수 없으니, 이것은 물질적인 감성과 욕망에 기반을 둔다. 천리는 생기와 떨어질 수 없으니, 사람의 물질적 욕망과도 떨어질 수 없다. 그는 리와 욕을 통일시키려 시도하면서, 동시에 사람이 욕망하는 것을 천리의 존재 기반으로 생각하여, 욕이 가지고 있는 합리성을 긍정하였다. 이것은 왕수인의 천리인욕설을 수정하여 양명학의 모순을 극복하고 있는 것이다. 이 같은 중요한 수정은 어떤 의미에서 양명학의 발전 과정 가운데 나온 것이라고 말할 수 있다.

4. 명말청초

유종주劉宗周는 리와 욕의 통일이라는 관점에서 한 걸음 더 나아가 인욕을 긍정한다. 그는 "생기生機가 저절로 그러해서 멈출 수 없는 것이 바로 욕이다. 욕이 어지럽게 발산되는 것이 허물이며, 그것이 심해지면 악이다. 하지만 이러한 욕이 지나침도 없고 못 미침도 없다면 리이다"[44)라고 말한다. 그는 생기의 저절로 그러함에 대해 욕이면서 동시에 성으로 생각했는데, 이것은 왕기로부터 발전되어 온 것이 분명하다. 욕은 사람이 저절로 그러해서 멈출 수 없는 것이며, 동시에 당연해서 바꿀 수 없는 것이기도 하다. 유종주는 욕 이외에 달리 천리나 천칙이 있다는 사실을 인정하지 않았다. 욕이 지나침도 없고 못 미침도 없으면 그것이 바로 리이므로 성과 명을 합일시킬 필요가 없다는 것은 왕기가 말한 것과 같고, 리를 가지고 욕을 절제할 필요가 없다는 것은 나흠순羅欽順이 말한 것과 같다.

---

44) 『劉子全書』, 권7, 「原旨・原心」, "生機之自然而不容已者, 欲也. 欲而縱, 過也, 甚焉, 惡也. 而其無過不及者, 理也."

인욕 그 자체는 리를 포함하고 있으니, 이른바 지나침도 없고 못 미침도 없다는 것은 자신을 도덕의 척도로 삼는 것으로, 이것이 바로 천리이다. 유종주는 사람의 생리적 욕망을 인성의 근본적 내용이라고 생각하였다. 그래서 모든 정신적이고 도덕적인 필요들을 이러한 토대 위에 세웠으므로, 이것은 초월적 본체가 아니다. 이러한 입장은 의심의 여지없이 도덕본체론에 대한 비판이며, 동시에 근대 인본주의사상의 맹아이다. 유종주의 사상은 고대 인간학에서부터 근대 인본주의로 향해 가는 과정에서 드러난 중요한 전환점이라고 말할 수 있다. 그 역시 수많은 추상적인 도덕론들을 말하고 있지만, 이 문제에 있어서는 오히려 사람의 현실적 필요에서 출발해서 주체의식과 도덕적 이상의 관계를 설명하고 있다. 또한 바로 이러한 의미에서 말하면, 그는 비교적 정확하게 리와 욕의 관계를 해결하고 있다.

유종주의 제자인 진확陳確은 이러한 점을 한 단계 더 발전시켰다. 그는 리와 욕이 합일되어 있다는 학설로 멸욕滅欲이나 절욕絶欲과 같은 학설들을 비판하면서, '인욕은 정당한 것으로 곧 천리이다'라는 입장을 제기한다.

> 인심 속에는 원래 천리라고 말할 수 있는 것이 없다. 천리는 바로 인욕 가운데에서 드러나는 것으로, 인욕이 이치에 딱 맞게 들어맞는 것이 천리이다. 인욕을 없애게 되면 천리라고 말할 수 있는 것 역시 없다.[45]

진확은 인욕을 천리라고 생각하였는데, 이것은 도덕이상주의적인 설명방법을 크게 뛰어 넘은 것이지만 어떠한 원론을 바꾼 것은 결코 아니므로 여전히 심신합일론이라고 할 수 있다. 그는 성리학자들이 리와 욕을 대립

---

45) 『陳確文集』, 권4, 「與黃太冲書」, "人心本無所謂天理. 天理正從人欲中見, 人欲恰好處, 卽天理也. 向無人欲, 則亦無天理之可言矣."

시켜 설명하는 것에 대해, 인욕과 천리는 마치 물과 불의 관계처럼 도저히 받아들일 수 없이 서로 대립되어 있는 두 가지 일이 아님을 분명하게 지적한다. 천리는 인욕의 기반 위에서만 말할 수 있으므로, 인욕을 떼어 놓으면 천리라고 말할 수 있는 것도 없다.

> 배우는 이들은 오로지 인욕 가운데에서 천리를 체험하므로, 인욕이 곧 천리이다. 그러므로 결코 천리와 인욕을 분명하게 나누어 서로 다른 것으로 만들어서는 안 된다.…… 천리와 인욕의 분별이 매우 엄한 것은 인욕으로 하여금 피할 곳이 없게 하기 위한 것인데 여기에서 몸과 마음을 해치는 수백 가지 잘못들이 나오게 되니, 이것은 송대의 여러 유학자들로부터 시작된 것이다.46)

이는 성리학자들이 단적으로 도덕적 이상만을 강조하면서 생리적인 필요를 억압하고 말살한 것에 대한 강력한 폭로인 동시에 비판이다. 인욕 가운데에서 천리를 체득한다는 것이 인욕과 천리 및 현실과 이상을 섞어서 하나라고 말하면서 조금의 구별도 하지 않으려는 것은 결코 아니다. 체험은 주체의 자아인식으로, 반드시 물질적 존재로서의 사람과 생리적인 필요가 전제되어 있는 상태에 기반하고 있다. 이 가운데 인욕의 올바른 것이 자신 속에 포함되어 있는 이성원칙이다. 이것은 바로 인욕의 측면에서 말한 것으로, 인욕 이외에 달리 초월적인 보편원칙은 없다. 이 때문에 그는 큰소리로 분명하게 "남녀 사이에 끌리는 욕망과 입(몸)으로 느끼는 맛은 결코 끊을 수 없다"47)라는 입장을 제기한다. 사람이 욕망에 끌리는 것은 천

---

46) 『陳確文集』別集, 권2, 「瞽言一」, "學者只時從人欲中體驗天理, 則人欲卽天理矣. 不必將天理人欲判然作兩件也.……天理人欲分別太嚴, 使人欲無躱閃處, 而身心之害百出矣, 自有宋諸儒始也."
47) 『陳確文集』, 권3, 「復朱康流書」, "男女之欲, 血肉之味, 決不可絶."

성이며, 사람의 심신이 건강하게 발전할 수 있는 조건이다.

앞에서 이미 말했던 것처럼, 성리학자들이 천리를 보존하고 인욕을 없앤다고 말했던 것은 실제로 일종의 도덕이상주의이다. 이것은 한쪽으로는 이상적 인격에 대한 추구를 표현한 것이며, 다른 한쪽으로는 봉건적인 도덕주의를 떠받들고 있는 것인데, 실질적인 측면에서 말하면 집단 이익과 개인 이익의 충돌을 반영한 것이다. 성리학자들이 지나칠 정도로 집단 이익을 강조하면서 개인의 이익을 말살시켰기 때문에 개인의 적극성과 창조성의 발휘를 제한하게 되었고, 이것은 개성의 발전을 제한하는 결과를 낳았다. 봉건사회가 혈연적 가족을 핵심으로 한 농업경제였기 때문에 이러한 방식으로 결정된 것이다.

명나라 중기 이후 이지李贄나 진확과 같은 사람들은 인욕이 곧 천리라는 입장을 공개적으로 제기하였다. 이들에게 있어서는 식욕과 성욕이 바로 인륜人倫이자 물리物理였으며, 심지어 사심私心과 사욕私欲을 긍정하는 입장을 제기하기도 했다. 이것은 성리학에 대한 일대 충격이었으며, 동시에 시대의 발전이 가져온 결과이기도 했다. 만약 자본주의적인 상품경제가 출현하지 않았다면 이와 같은 이단사상의 발생은 이해될 수 없었을 것이다.

명청시대는 리와 욕의 문제가 논쟁의 중심이 되었다. 한쪽에서는 통치계급의 비호 아래 계속해서 천리를 보존하고 인욕을 없애야 한다고 주장하였으며, 다른 한쪽에서는 많은 학자들이 이를 비판하면서 리와 욕을 통일시켜야 한다고 주장했다. 후자의 입장을 가졌던 고염무顧炎武는 다음과 같은 입장을 명확히 한다.

> 사물이 고르지 않은 것은 사물들이 처한 정황 때문이다. 비록 요·순·우 임금께서 다스리던 시기라 하더라도 세상에서 고아나 과부를 없앨 수 없었으며, 또한

재가하는 여자들을 없앨 수 없었다.48)

과부도 재가할 수 있을 뿐만 아니라 사람들은 모두 각각의 필요와 욕망을 가지고 있는데, 이것은 성과 정의 당연한 부분이다. 이 때문에 고염무는 공개적으로 사욕에 대해서 "사람이 사사로움을 가진 그 정황은 피할 수 없다"49)라는 생각을 제기한다. 사욕을 사람의 정이 피할 수 없는 것이라고 인정한 것은 사람이 인성의 당연함으로부터 나왔다는 것을 인정하는 것과 같다. 그는 이른바 천리의 공공성만을 주창하고 인욕의 사사로움을 금하는 것에 대해 반대하면서, "금할 수 없을 뿐만 아니라 또한 여기에서부터 구해야 한다"50)라고 주장한다. 그래서 "천하의 사사로움에 부합시킴으로써 천하의 공공을 이루어 낸다"51)라는 입장에까지 이르게 된다. 이것은 개인의 이익을 금하고 절제하는 방법을 사용하여 전체의 이익을 실현하는 것이 아니라, 개인의 이익을 발전시킨다는 전제 아래에서 전체의 이익을 실현해야 한다는 점을 인정하는 것이다. 이것은 사욕과 천리를 통일시킴으로써 대립시키지 않는 것이다.

> 세상 사람들이 말하기를, 군자는 반드시 공적이되 사사로움이 없어야 한다. 하지만 이것은 후대 사람들이 말을 아름답게 꾸민 것이지 선왕의 지극한 가르침은 아니다.52)

---

48) 『日知錄』, 권5, 「繼父同居者」, "夫物之不齊, 物之情也. 雖三王之世, 不能使天下無孤寡之人, 亦不能使天下無再適人之婦."
49) 『日知錄』, 권3, 「言私其豵」, "人之有私, 固情之所不能免矣."
50) 『日知錄』, 권3, 「言私其豵」, "非惟弗禁, 且從而恤之."
51) 『日知錄』, 권3, 「言私其豵」, "合天下之私, 以成天下之公."
52) 『日知錄』, 권3, 「言私其豵」, "世之君子必曰有公而無私. 此後代之美言, 非先王之至訓也."

공적인 것만을 가지고 있으면서 사사로운 것을 없애는 것은 성리학자들의 이상일 뿐, 현실에서 있을 수 있는 일이 아니고 도달할 수 있는 것도 아니다. 이 때문에 그는 천리와 인정 사이에 괴리가 일어났다고 생각했다.

고염무의 이러한 관점은 진확 등의 인물들이 제시한 학설과 마찬가지로 비판적 의미를 가지고 있다. 하지만 고염무가 더욱 강조한 것은 '경세치용經世致用'이다. 그는 리와 욕의 문제를 심성론과 같은 개인의 인격에서 출발하여 사회 정치철학으로 발전시키고, 이것을 기반으로 이른바 왕도정치를 실현해야 한다고 주장했다. 이 때문에 그의 이론은 더욱더 직접적인 실용성과 현실성을 가지게 되었다. 도덕적 이상주의로부터 경세치용과 같은 현실 철학으로 발전하였는데, 이것은 성리학 개념의 변화가 보여 주는 특징으로 특히 리와 욕의 문제에서 더욱 분명하게 드러났다.

고염무가 강상윤리를 부정하지 않았던 것은 당연하다. 그가 말하는 사사로움은 실질적인 내용의 측면에서 말한 것이니, 각각 그 부모를 사랑하고 그 자식을 자애하는 것과 같은 것은 없을 수 없으므로 그는 여전히 종법제의 회복을 주창하고 있다. 하지만 그는 왕이 홀로 다스리는 것을 반대하고 박애博愛를 주장하면서, "맹자는 인륜을 말하는 것에만 그치지는 않았다"[53)]라는 입장을 제기한다. 이것은 새로운 시대적 특징을 갖추고 있는 것으로, 성리학의 인성론과 인생론에 대한 자기반성과 비판이다.

황종희黃宗羲 역시 이러한 비판적 사조를 대표하는 중요한 사람이다. 하지만 리와 욕의 문제에 있어서는 진확의 학설에 동의하지 않는다. 그는 '천리는 인욕 가운데에서 드러난다'라는 진확의 말에 대해서, 인심이라고 말하면 옳지만 인욕이라고 말하면 옳지 않다고 생각했다. 이 때문에 황종

---

53) 『日知錄』, 권2, 「彝倫」, "不止孟子之言人倫而已."

희는 "기질의 심은 혼연히 유행하는 본체로, 공적인 것이다. 하지만 인욕은 여러 상황들 속에 떨어져 있는 것으로, 한 개인의 사사로움이다"54)라고 하며, 다음과 같은 입장을 밝혔다.

> 천리와 인욕은 서로 상반되어 있는 것이므로, 이것이 가득 차면 저것이 비고 저것이 가득 차면 이것이 빈다. 그러므로 인욕을 줄이고 또 줄여서 욕이 없는 상태에 이르게 된 이후에 천리가 순수해진다.55)

황종희는 인욕과 천리의 경계를 거듭 새롭게 제기하고, 공사와 리욕을 구분함으로써 도덕이성주의의 입장으로 되돌아갈 것을 강조했다. 다만 그가 말하는 리는 기질의 리일 따름이다. 사실상 그가 제창한 것은 여전히 집단의식과 집단의 이익이다. 그는 보편적 이성원칙 속에 사람의 가치가 있다고 생각했기 때문에, 만약 인욕에서 천리를 구한다면 이것은 인욕을 천리라고 생각하는 것이다.

> 인욕에 딱 맞는 것과 인욕이 좋아하는 곳에서 천리를 구하게 되면 끝끝내 어지러워질 것이니, 그것은 세상의 올바른 정황에서 나온 것이 아니다. 자신이 보는 것만을 천리로 여기는 것은 인욕을 가지고 머리와 얼굴(겉모습)만 바꾼 것일 따름이다.56)

이러한 문제에 있어서 황종희는 기본적으로 성리학의 전통을 계승하

---

54) 『陳確文集』, 권4, 附, 「與陳乾初論學書」, "氣質之心, 是渾然流行之體, 公共之物也. 人欲是落在方所, 一人之私也."
55) 『陳確文集』, 권4, 附, 「與陳乾初論學書」, "天理人欲, 正是相反, 此盈則彼絀, 彼盈則此絀. 故寡之又寡, 至於無欲, 而后純乎天理."
56) 『陳確文集』, 권4, 附, 「與陳乾初論學書」, "必從人欲恰好處求天理, 則終身擾擾, 不出世情. 所見爲天理者, 恐是人欲之改頭換面耳."

여, 사람이 가진 도덕이성의 자각과 사회적 책임을 강조한다. 그가 말한 천리는 보편적인 이성의 원칙이다. 하지만 그 역시 결코 사람의 생리적 필요까지 버리라고 주장하지는 않는다.

> 먹고 마시는 일은 사람이 태어나면서부터 함께 생겨난 것이다. 살아 있는 사람을 봉양하고 죽은 사람을 장사 지내는 것이나 하늘과 땅에 제사 지내는 것 등은 모두 먹고 마시는 것에서 취해 온 것이다.[57]

하지만 황종희는 여기에서 오히려 리와 욕을 구분하고 있는데, 천하와 국가를 위한 것은 천리이고 개인의 사사로움을 위한 것은 인욕이다. 이것을 진확과 같은 사람들과 비교해 보면, 분명 온화한 측면이 많다.

왕부지王夫之 역시 성리학자이다. 하지만 그는 리와 욕의 통일을 제기하면서 욕의 존재 가치를 새롭게 긍정한다. 첫째, 그는 리와 욕에 대해서 서로 간에 체가 된다는 명제를 제기하면서, 둘 모두를 인성의 내용으로 생각한다. 사람이 태어나게 되면 리는 성으로부터 생겨나고 욕으로써 형체를 만들어가므로 욕은 형체에서 생겨난다. 이것은 사람의 자연적인 필요이며, 성이라고 말하지 않을 수 없다.

> 모든 사람에게는 태어나면서 부여된 리가 있으니, 혹여라도 이와 다른 경우는 없었다. 그러므로 인의예지의 리는 매우 어리석은 자라도 없앨 수 없으며, 형체·냄새·맛 등에 대한 욕구는 성인과 같은 상지자라도 폐할 수 없으니, 이것을 모두 성이라고 말할 수 있다.…… 리와 욕은 저절로 그러한 것이지 인위적인 것에 말미암은 것은 아니다.[58]

---

57) 『孟子師說』, 권6, "飮食之事, 與生俱生. 養生送死, 郊天祭地, 皆取辦於飮食."
58) 『張子正蒙注』, 「誠明篇」, "均是人也, 則此與生俱有之理, 未嘗或異. 故仁義禮智之理,

왕부지의 해석에 따르면, 생의 리는 형이상학적인 리를 가리키는 것일 뿐만 아니라 동시에 형이하학적인 생生을 가리키는 것이기도 하다. 그러므로 이 가운데 소리와 색·냄새·맛과 같은 것으로 그 생을 두텁게 하고 인의예지로 그 덕을 바르게 한다. 이것은 심신통일의 관점에서 리와 욕의 관계를 설명한 것이다. 만일 리만을 성이라고 생각하고 형체와 물욕을 외부에 있는 것으로 배제하면 이성은 물질 속에 내재된 본체의 의미를 잃어버리게 되어 절대적인 추상적 존재로 변하게 되는데, 이와 같은 이성은 존재할 수 없다. 생을 두텁게 할 수 없다면 덕을 바르게 할 수도 없다. 이 때문에 리와 욕은 "그 둘을 합해서 서로가 서로에게 체가 되는 것"[59]이므로, 결코 떼어 놓을 수 없다.

여기에서 체는 실체와 본체라는 두 가지 의미를 가진다. 전자에서 말하면 덕을 바르게 하는 것은 생을 두텁게 하는 것을 본체로 삼으며, 후자의 입장에서 말하면 생을 두텁게 하는 것은 덕을 바르게 하는 것을 본체로 삼는다. 실제로 이것은 자연성과 사회성 및 생물학과 윤리학이라는 두 측면에서 사람의 본질을 설명한 것이다. 이러한 입장은 리와 욕의 개념에 대한 장기간의 논쟁이 만들어 낸 하나의 결론이다.

둘째, 왕부지는 주희가 말한 '행하는 것은 같지만 정황이 다르다'는 학설을 고치고 발전시켜 리와 욕, 이 둘은 음양에 근거한다고 생각했다. 이러한 입장에서 "양은 성이 주가 되고, 음은 형形이 주가 된다"[60]라고 하였는데, 이것은 리와 욕이 모두 생명의 본질적 근원에 의해 결정되는 것임을 설명하는 것이다.

下愚所不能滅, 而形色臭味之欲, 上智所不能廢, 俱可謂之爲性.……理與欲, 皆自然而非由人爲."
59) 『張子正蒙注』,「誠明篇」, "合兩者而互爲體."
60) 『周易內傳』,「屯」, "陽主性, 陰主形."

천리와 인욕은 행하는 것은 같지만 그 정황이 다르다. 정황이 다르다는 것은 변화의 기미를 가지고 말하는 것이고, 행하는 것이 같다는 말은 형形과 색色의 실제가 같다는 말이다.61)

형과 색은 물질적 형체로 생물학적 의미를 가진 존재이며, 동시에 리와 욕이 존재할 수 있는 기반이다. 하지만 리와 욕은 반드시 차원에 따른 구별이 있다. 비록 형이상자는 형체에 의해 생겨나는 것이지만, 욕은 감성의 범주에 속하는 것으로 개체성을 갖추고 있으며 형이상자는 이성의 범주에 속하는 것으로 보편성을 갖추고 있다. 왕부지는 이것을 정황이 다르다고 말한 것이다. 이러한 해석은 주체적인 인격에도 층차가 있다는 사실을 말하는 것으로, 중요한 이론적 의미를 가진다.

셋째, 왕부지는 리가 욕과 떨어져 있지 않다는 관점을 제기하면서, 리는 욕 가운데 있으므로 반드시 인욕 가운데 있으면서 드러난다고 생각했다. 식욕과 성욕 가운데에도 천리는 있다. 그래서 그는 "그러므로 사람과 떨어져서 따로 하늘이 있는 것은 아니며, 어떠한 경우에도 욕과 떨어져서 따로 리가 있는 것은 아니다"62)라고 한다. 천리는 인욕 가운데에서 행해지므로 욕이 곧 리이다. 그래서 "천리는 충만해서 두루 퍼져 있으니, 원래부터 인욕과 상대하여 대립된 것이 아니다. 리가 지극한 곳에서는 욕 역시 리 아닌 것이 없다",63) "욕이 그 리인저! 소체가 그 대체인저! 인심이 그 도심인저!"64)라고 하였다. 이처럼 욕이 곧 리라는 리욕통일설은 양명학에

---

61) 『周易內傳』, 「屯」, "天理人欲, 同行異情. 異情者, 以變化之幾, 同行者, 同於形色之實."
62) 『讀四書大全說』, 권8, 「孟子・梁惠王下篇」, "故不離人而別有天, 終不離欲而別有理也."
63) 『讀四書大全說』, 권6, 「論語・憲問篇」, "天理充周, 原不與人欲相爲對壘. 理至處, 則欲無非理."
64) 『詩廣傳』, 권5, 「周頌」19, "欲其理乎! 小體其大體乎! 人心其道心乎!"

서 발전되어 나온 진확의 이론과 동일한 부분이다. 진확은 욕이 곧 성이라는 사실을 인정했을 뿐만 아니라, 또한 선함이라고 생각했다. 단지 리와 욕이 통일되기만 하면 도덕적 가치를 가지게 된다. 하지만 왕부지가 말하는 욕은 동시에 공적인 욕구를 가리킨다. 그래서 왕부지는 "천하의 공적인 욕구가 바로 리이다. 사람마다 각각 그러한 욕구를 가지게 되면 그것이 공公이다"65)라고 말한다. 공적인 욕구는 사사로운 욕구와 상반되는 개념으로, 사람들이 반드시 도달해야 할 점이다. 이것은 일종의 추상적인 설명으로, 여기에 따르면 욕과 사사로움은 구별된다.

넷째, 왕부지는 리로써 욕을 다스려야 한다는 주장을 제기했다. 그는 비록 인욕을 없애야 한다고 주장하는 불교의 이론은 비판하지만, 여전히 천리가 인성의 근본적 내용이며 인욕에 대한 판단 기준이라는 입장을 견지한다.

> 욕은 비록 (사물과) 친하려 하지만 천리는 스스로 어두운 것을 허용하지 않는다. 정은 비록 (사물에) 감응하려고 하지만 나의 성은 스스로 속이는 것을 허용하지 않는다. 다만 리가 욕을 다스리기에 부족하고, 성이 정을 바르게 하기에 부족할까 걱정될 따름이다.66)

감성과 욕망은 반드시 도덕이성의 지배를 받아야 한다는 말이다. 그러나 이것은 리로써 욕과 대적하게 하는 것이 아니라, 리로 욕을 다스린다는 말이다. 하지만 사욕에 대해서는 그 역시 굳게 반대하여 "사람이 반드시 갖지 말아야 할 것은 사욕뿐이다"67)라고 말한다. 사욕과 천리는 공존할 수

---

65) 『張子正蒙注』, 「中正篇」, "天下之公欲, 卽理也, 人人之獨得, 卽公也."
66) 『四書訓義』, 권2上, 「中庸」, 권1, "欲雖親之而天理自不容昧也. 情雖感之而吾性自不容欺也. 特恐理不足以治欲而性不足以正情."

없기 때문에 "사욕이 완전히 깨끗하게 되어 천리가 유행하면 그것이 공적인 것이다."68) 이 때문에 반드시 "이처럼 크게 공적이면서 사사로움이 없는 천리를 받듦으로써 스스로를 다스리면 사사로운 이기심은 깨끗해져 조금도 남는 것이 없다"69)라고 말한다. 이러한 점에 있어서 왕부지는 진확이나 고염무 등과도 크게 구별된다. 그는 사욕에 대해 반대했을 뿐만 아니라 사심설을 제기했던 이지에 대해서도 공박한다. 이러한 점에서 왕부지는 여전히 성리학적인 도덕주의의 견고한 성을 지킨다고 말할 수 있지만 다른 측면에서 황종희와 마찬가지로 적극적인 사회적 책임감을 주창하면서 이상적 인격을 추구하고 있다.

천리와 인욕의 문제에 대해 마지막으로 청산한 사람은 당연히 대진戴震이다. 그는 가장 먼저 성리학에서 천리를 보존하고 인욕을 없앤다고 말한 것에 대해 '리로써 사람을 죽이는 것'이라고 규정했다. 그리고 이러한 입장에서 성리학자들에 대한 깊이 있는 비판과 공박을 진행한다. 하지만 대진의 리욕관계에 대한 해석이 성리학자들과 조금의 연관도 없는 것은 결코 아니다. 차라리 이것은 성리학자들의 리욕 개념이 변화하면서 생긴 필연적 결과라고 보는 것이 좋을 듯하다.

우선 대진은 "욕은 혈기에 근거하고 있으므로 성이라고 말한다"70)라는 입장을 명확하게 제기하면서, 욕은 곧 인성이라는 사실을 긍정한다. 그는 도덕본체에서 출발한 것이 아니라, 현실적이고 생물학적인 사람에서 출발하여 리욕관계를 설명한다. 이 때문에 생리적인 욕망은 인성의 기본 내용

---

67) 『讀四書大全說』, 권8, 「孟子・梁惠王上篇」, "人所必不可有者, 私欲爾."
68) 『思問錄』, 「內篇」, "私欲淨盡, 天理流行, 則公矣."
69) 『讀四書大全說』, 권5, 「論語・雍也篇」, "奉此大公無私之天理以自治, 則私己之心, 淨盡無余."
70) 『孟子字義疏證』, 「理」, "欲根於血氣, 故曰性也."

인 동시에 이성의 현실적 기반으로 설명된다. 욕은 혈기와 인식심의 자연스러움, 즉 사람의 생리적 필요에서 나오는 것이므로 사람에게 없을 수 없다. 동시에 이것은 인간 이성활동의 출발점이므로 욕이 있어야 리도 있다.71) 따라서 리는 필연이지만 오히려 자연에서 나온다. 결국 대진이 말하는 필연은 자연스러움이 발전한 궁극적 법칙으로, 보편적이고 초월적인 절대적 본체가 아니라 자연에 기반하고 있으면서 자연에 의해 승화된 이성의 원칙이다. 이러한 필연은 이성적이지만 오히려 감성으로부터 떨어질 수 없으니, 이것은 감성을 기반으로 하기 때문이다.

> 혈기의 자연스러움에서 말미암는 것을 자세하게 살펴보면 그 필연을 알 수 있으니, 이것을 일컬어서 의리義理라고 한다. 그러므로 그 자연스러움은 필연과 결코 다른 것이 아니다. 자연스러움이 온전하게 밝혀지면서 아주 조금의 잘못도 없게 되면 이것이 바로 필연이다. 이와 같이 된 이후에는 근심도 없고 편안해지니, 이것이 곧 자연스러움의 지극한 법칙이다. 만약 자연스러움이라고 자임하면서도 그것이 잘못된 것으로 흘러가서 그 자연스러움을 상실해 버렸다면 그것은 자연스러움이 아니다. 그러므로 필연에 귀결되는 것은 그 자연스러움에 완전하게 들어맞는 것이다.72)

자연스러움으로 말미암아 필연을 안다는 것으로, 여기에서 인식심은 이성의 임무이다. 오직 이성을 운용하여 자세히 살피게 되면 그 자연스러움은 밝아지게 되어 필연에 이를 수 있다. 그러므로 우리는 여기에서 말하

---

71) 『孟子字義疏證』, 「理」 참조.
72) 『孟子字義疏證』, 「理」, "由血氣之自然, 而審察之以知其必然, 是之謂義理. 自然之與必然, 非二事也. 就其自然, 明之盡而無幾微之失焉, 是其必然也. 如是而後無憾, 如是而後安, 是乃自然之極則. 若任其自然而流於失, 轉喪其自然, 而非自然也. 故歸於必然, 適完其自然."

는 필연이 일종의 이성적 인식이라는 사실을 알 수 있다. 이러한 인식이 있기 때문에 사람과 동물을 구분할 수 있다.

대진이 자연스러움을 강조하는 까닭은 이것이 식욕이나 성욕과 같은 종류이기 때문이다. 그가 보기에 사람은 우선 물질적이고 감성적인 존재이다. 이것은 원래 사람과 동물의 공통점이지만 동시에 사람이 동물과 다른 점 역시 바로 여기에서 시작되니, 그것이 바로 인식하는 심이다. 혈기와 심의 인식은 다르다. 인식심은 혈기에 근거하면서도 혈기보다 차원이 높은 것으로, 이러한 인식심이 있어야 혈기의 자연스러움에서부터 그 필연을 알 수 있다. 의리는 결코 선험적인 것이 아니라 자연스러움으로부터 발전되어 나온 것임을 알 수 있게 하는 대목이다. 이것은 자연스러움에서 출발하여 필연으로 진행되었다가, 다시 자연스러움으로 돌아간다. 이와 같이 자연스러움은 결코 순수한 생물학상의 자연스러움이 아니라, 이성적인 자연스러움이다.

물론 대진은 결코 욕을 중시했던 사람이 아니며, 리욕통일론자이다. 그는 자연스러움에만 맡겨 두는 것을 반대한다. 만약 자연스러움에만 맡겨 두게 되면 반드시 잘못된 곳으로 흘러 도리어 자연스러움을 잃어버리게 된다. 이것은 대진이 말하고 있는 자연스러움이 결코 이성이 없는 순수한 자연성이나 생물성이 아니라는 사실을 설명하는 것이다. 그는 사람이 가지고 있는 인식이성의 참여를 매우 강조하는데, 여기에도 또한 인성이 있다. 그래서 "사람이 동물과 다른 것은 필연을 밝힐 수 있기 때문이니, 수많은 동물들의 삶은 각각 그 자연스러움만을 따른다"[73]라고 말하는데, 이것은 진정한 도덕이성주의이다. 그 역시 여전히 "사람은 예의를 가지고 있기 때

---

73) 『孟子字義疏證』, 「理」, "夫人之異於物者, 人能明於必然, 百物之生, 各遂其自然也."

문에 동물들과는 다르다"74)라는 입장을 제기하고 있는 것이다. 의리나 예의와 같은 것은 모두 도덕이성을 가리키는 것으로, 이것은 사람만이 가진 특별한 점이다. 하지만 대진이 말하는 예의는 결코 선험적 도덕 본체를 가리키는 것이 아니라, 이성과 감성의 통일이다. 그는 천리를 보존하고 인욕을 없앤다는 설을 비판하고 있지만, 동시에 사욕도 반대하면서 욕이 잘못되어 사사로움 가운데 존재한다고 생각한다. 이러한 점은 왕부지와 비슷하다. 우리가 여기에서 반드시 하나 지적하고 넘어가야 할 것은 대진이 제기하고 있는 욕은 바로 인간 실천활동의 동력이라는 사실이다.

> 무릇 일상적인 일들은 모두 욕이 있기 때문이니, 욕이 없다면 사람의 하는 일도 없다. 욕이 있은 이후에 사람의 일이 있게 되고, 일이 있으면서 그것이 지극히 당연한 곳을 귀결되어 바꿀 수 없는 것을 리라고 말한다. 욕도 없고 사람이 하는 일도 없는데, 어떻게 리가 있겠는가!75)

그가 공개적으로 제기하고 있는 정情과 욕은 인류의 모든 활동을 추진하게 하는 동력이다. 그는 한쪽으로는 천리론天理論이 가지고 있는 허구성을 폭로하면서 정과 욕의 역사적 작용을 긍정하는데, 이것이 바로 대진의 중요한 공헌이다.

---

74) 『孟子字義疏證』, 「性」, "人以有禮義, 異於禽獸."
75) 『孟子字義疏證』, 「權」, "凡事爲皆有於欲, 無欲則無爲矣. 有欲而後有爲, 有爲而歸於至當不可易之謂理. 無欲無爲又焉有理!"

제3부

지행론

총론

　리기론理氣論과 심성론心性論은 성리학 개념체계의 양대 산맥으로 천天과 인人, 객체와 주체를 분별하여 각각의 측면에서 우주론과 인성론의 개념망을 건립하였다. 그러나 이 두 부분은 각자 독립적으로 존재할 수 있는 것이 결코 아니며, 사실상 주체·객체의 대응관계로 구성되어 있다. 이 양자는 근본적으로 통일성을 지니고 있을 뿐 아니라 대립적인 측면도 포함하고 있다. 그렇다면 어떻게 이러한 대립성을 극복하고 새로운 통일을 실현할 수 있는가? 이것은 성리학의 개념체계가 해결해야 할 또 하나의 중요한 문제가 되었다. 이에 따라 '지행知行' 문제를 중심 내용으로 하는 인식론과 방법론의 개념들이 나타났다.

　앞에 말했듯이, 심성론은 다양한 차원에서 인간의 본질을 설명하고 있으며, 이를 통하여 인간이 우주 자연계의 중심 지위를 차지하고 있음을 보여 주고자 하였다. 또한 동시에 현실 존재로서 인간의 특수성과 한계성을 지적하였다. 이러한 특수성은 보는 관점에 따라 내재적인 것일 수도 있고 외재적인 것일 수도 있으며, 주관적인 것일 수도 있고 객관적인 것일 수도 있다. 사람은 자기의 본질을 실현하고 자기의 본성을 회복함으로써 자연계와의 통일 즉 천인합일의 경지에 도달해야 하는데, 이를 위해서는 반드시 자기 자신에 대한 인식과 실천, 그리고 수양의 과정이 필요하다. 이것이 바로 지행론의 각 개념들이 해결하고자 하는 문제이다.

그러므로 지행론은 성리학의 전체 개념체계에 있어서 결코 빠뜨릴 수 없는 중요한 부분을 구성하고 있으며, 성리학의 개념체계를 완성하기 위한 중요한 절차와 방법이라고 할 수 있다. 지행론의 개념들은 인간과 자연, 주체와 객체를 연결하는 중개작용을 하며, 이런 의미에서 '중개 개념'이라고 할 수 있다. 만약 이 부분이 없다면 성리학의 개념체계는 결코 완성될 수 없을 것이다. 따라서 모든 성리학자들은 이전 시기의 어떤 철학자들보다 인식론과 방법론의 측면을 더욱 중시했다.

지행론은 인간과 자연, 주체와 객체의 관계 문제를 광범하게 다루고 있고, 따라서 일반 인식론의 문제까지도 포함하고 있다. 성리학자들이 제시한 '격물궁리格物窮理'의 학문 방법은 비교적 풍부한 인식론 사상을 포함하고 있다. 이것은 분명한 사실이다. 성리학자들은 바로 주체와 객체의 인식관계를 통하여 인간과 자연계의 합일에 이르고자 하였다. 이 속에는 이미 가치론과 인식론이 함께 포함되어 있고 도덕이성과 인지이성이 모두 포함되어 있어, 오히려 이 양자가 하나로 결합되어 있다고 하는 편이 더 나을 것이다. 이것은 어떤 의미에서는 이성적 사유에 대한 중시를 표현하고 있는 것으로 볼 수도 있다.

많은 성리학자들은 '인간 본성의 리'(性理)를 자각적으로 인식하고 실천하기 위해서는 반드시 '사물의 리'(物理)를 궁구해야 하며, 객관 사물을 인식하는 것은 곧 인간 본성을 인식하는 중요한 방법이라고 생각했다. 이처럼 인식론과 가치론, 인지이성과 도덕이성을 결합시킨 것은 성리학 개념론의 가장 중요한 특징이라고 할 수 있는데, 이것은 방법상의 문제에 있어서 더욱 분명하게 표현되어 나타난다.

만약 성리학의 인식론 사상을 지나치게 과장하여 모든 성리학자들이 인지적 이성과 논리적 개념의 분석을 매우 중시했으며 이로써 체계적인 인식론 학설을 세웠다고 주장한다면, 그것은 분명히 근거가 부족한 것이다. 왜냐하면 기본적으로 그런 문제들은 성리학자들이 해결하고자 했던 중심 과제가 아니었기 때문이다. 성리학자들은 비록 보편적으로 인식론을 중시했고, 심지어 주희朱熹나 왕부지王夫之와 같은 사람들의 경우에는 인식 과정은 물론이고 주체적 인식의 구조 및 기능에 이르기까지 비교적 세밀하고 깊은 고찰을 하기도 했다. 그러나 성리학의 근본 목적이 인간 본성을 자각하고 인간의 가치를 실현하는 것이기 때문에 그들의 인식은 궁극적으로 일종의 반성적 자아인식이고, 실천은 궁극적으로 자기를 실현하는 도덕 실천일 수밖에 없었다.

성리학은 근본적으로 일종의 도덕실천 철학이라고 할 수 있다. 그것은 비록 사변적인 개념체계를 지니고 있기는 하지만 그 사변은 결국 실천으로 귀착되며 실천을 통해서만 실현할 수 있는 것이다. 즉 이것은 '천인합일天人合一'의 최고 경지란 오직 스스로 실천하는 가운데 비로소 실현될 수 있는 것임을 말하고 있다. 그러므로 성리학자들은 비록 '물리物理', '격물格物', '궁리窮理' 등을 말하고 있지만 사실상 이러한 것들은 모두 '인간 본성의 리'를 탐구하는 학문에 귀속되는 것이며, 도덕이성을 인식하고 실천하기 위한 방법인 것이지 객관적으로 실재하는 자연계를 인식하려는 것이 아니다. 또한 인지적 이성을 인간 본성의 중요 내용으로 파악하고 있는 것도 아니다. 그러므로 성리학적 체계 내에서 독립적인 인식론 학설이 발전되어 나오는 것은 불가능한 것이며, 실증과학의 발전을 촉진할 수도 없는 것이다.

성리학자들에 따르면 어떻게 '인지소이위인人之所以爲人'을 인식하고, 어떻게 인간 본성의 자각을 실현하여 이상적인 경지에 도달함으로써 자연계와의 화합과 통일을 실현할 것인가 하는 문제가 가장 중요한 것이며, 인식론이 필요한 까닭이 바로 여기에 있다. 또 이것이 바로 그들의 기본 임무를 실현하는 길이고 방법이다. 이러한 점에서 성리학은 인식론과 인성론을 통일시키고 있다.

이 일련의 개념들 중에서 '지행'은 가장 중심적인 지위에 놓여 있으며 주도적인 작용을 한다. 다른 개념들은 모두 이 '지행'을 따라서 전개된다. 여기에서 말하는 '지행'은 주로 도덕적 인성에 대한 자기인식과 실천을 가리키는 것이지만, 성리학적 개념의 발전에 따라 자연스럽게 일반적인 인식과 실천까지도 포괄하고 있다. 성리학자들은 지와 행, 그리고 그 사이의 관계에 대해 토론하면서 도덕이성의 자각과 인식의 주체적 능동성 문제를 제기하였다. 성리학에서 주체의 능동성은 이를 통하여 충분히 발전됨과 동시에 심각한 결함도 드러내었다.

'지'에 관하여 성리학자들은 '덕성지德性知'와 '견문지見聞知'라는 두 종류의 지식을 제시했다. 전자는 선험적 도덕지식을 가리키며, 가장 높은 차원의 진리를 인식하는 것으로 생각되었다. 이에 비해 후자는 경험적 사실에 대한 지식, 즉 외부에 존재하는 객관 사물에 관한 인식을 가리킨다. 이 경험적 지식은 또한 사회윤리적 지식과 자연계의 물리적 지식을 포괄하고 있다. '덕성지'와 '견문지'라는 이 두 가지 지식의 관계에 대하여 성리학자들은 서로 다른 이해와 평가를 내리고 있으며, 그에 따른 논쟁을 전개하였다. 어떤 사람은 이 양자를 대립시켜 덕성지만을 강조하고 견문지는 부정하였으며, 또 어떤 사람은 이 양자를 통일시키려는 의도하에서 견문지를 덕성지의 일부에 포함되는 충분조건으로 보았다. 후대의 왕기王畿와 같은 학자는 '지知'(德性)와 '식識'(見聞)을 근본 성질이 다른 것으로 파악하고, 이들은 서로 섞일 수 없는 것이라고 하여 실천이성과 인지이성을 분리시키고자 하였다. 그리고 왕정상王廷相 등과 같은 사람은 기본적으로 덕성지를 부정해 버림으로써 모든 지식은 경험으로부터 나온다는 것을 강조하였다. 이러한 것들은 모두 성리학의 인식론적인 발전과 분화를 드러내 보여 준다.

지식을 어떻게 획득하는가에 관해서 성리학자들은 보편적으로 '격물치지'와 '궁리'의 방법을 제시하였다. 이것은 성리학적 방법론의 중요 개념이다. 그러나 바로 이 문제에 있어서 커다란 분기가 발생하였다. 그 가운데 정주학파는 구체적인 사물 속에서 이치를 궁구함으로써 마음속의 앎을 다할 수 있다고 주장하였다. 그에 비해 왕수인王守仁은 내 마음속에 본래부터 갖추어져 있는 '양지良知'를 구체적인 사물에 이르게 할 것을 주장하였다. 그리고 왕부지는 '격물궁리'로써 마음속의 앎을 밝힐 것을 주장하며 구체적인 사물을 인식함으로써 객관적 지식을 획득하는 것이 중요하다는 사상을 제기하였다. 이러한 주장들은 서로 다른 사상적 경향을 반영하고 있지만, 그들 모두 선험적 도덕지식을 인정하고 이것을 최후의 귀착점으로 삼는다는 점에 있어서는 동일하다.

지행론은 리기론, 심성론과는 다르다. 전자에서 주체와 객체를 분별하고 두 측면에서 자연계와 인간존재, 실체 및 그 속성과 기능에 대해 논술하는 것은 존재적 개념에 관련된 것이다. 지행론은 오히려 주체와 객체를 연결하는 중개 개념이며, 방법론적 의미를 지니고 있을 뿐만 아니라 자아실현을 중심으로 하는 주체의 능동성이라는 특징을 표현하고 있다.

지와 행의 관계 문제는 리와 기, 심과 성의 관계 문제와 같이 성리학자들이 중요하게 토론했던 문제였으며, 리기론이나 심성론의 변천을 따라 함께 변화해 왔다. 또한 동시에 리기론이나 심성론의 발전을 추동하는 역할을 담당하였다. 대체로 성리학이 건립되기 시작했던 북송 시기에는 대부분 지知를 중시하였으며, 지 가운데서도 덕성지를 더욱 강조하였다. 그리고 방법론에 있어서는 '궁리진성窮理盡性'과 '성찰省察'의 공부를 더욱 중시하였다. 이것은 이정二程의 '지선행후설知先行後說'로 대표된다.

성리학의 체계가 완성된 남송 시기에는 지와 행을 함께 중시하면서도 이전에 비해 상대적으로 행을 강조하기 시작하였다. 격물과 치지, 덕성과 견문에 대해서도 어느 한쪽으로 치우쳐서는 안 된다고 주장하였으며, '함양涵養'과 '성찰省察'에 대해서도 서로 교차하면서 함께 배양해야 한다고 하였다. 이것은 주희의 '지행상수호발설知行相須互發說'로 대표된다.

명대 중기에 이르면 실천을 더욱 강조하면서 지와 행을 통일시키고자 하는 경향이 나타난다. 이들은 방법상으로는 '앎에 이름으로써 사물을 바르게 할 것'(致知以正物)을 제창하였고 함양을 더욱 중시하여 본체와 공부를 통일시키고자 하였다. 이것은 왕수인의 '지행합일설知行合一說'로 대표된다.

명과 청의 교체기에는 '경세치용經世致用'사상의 발전에 따라 실천을 더욱 중시하는 학풍이 나타났다. 인식론도 마찬가지로 실용적인 측면으로 한 걸음 더 발전하여 이 시기의 중요한 특징을 형성하였다. '격물치지설' 또한 새로운 방향으로 나아가 자연과학적 방법에 관심을 기울이기 시작하였고, 아울러 서양의 학문도 수용하기 시작하였다. 이것은 왕부지의 '지행병진설知行並進說'로 대표된다.

인식의 방법에 있어서 성리학자들은 일반적으로 분석과 종합, 연역과 귀납, 논리적 추리와 비논리적 직관 등을 활용하였으며, 더욱이 변증법적 인식 방법을 활용하였다. 하지만 전체적으로 보면 성리학의 인식론은 경험을 종합한 형태의 직관 인식이지 논리적 연역을 통한 이지적 인식이 아니었다. 그것은 자기반성을 통한 직관적 체험만을 주장하였고, 외부의 사태에 대한 이지적 분석은 결핍되었다.

성리학의 인식 방법이 직관을 통한 깨달음과 체험을 근본적인 특징으로 한다면 그 주요 임무는 바로 객관적인 자연계를 인식하는 것이 아니라 인간과 자연의 관계 문제를 해결하는 것이다. 이것은 곧 자기에 대한 인식을 통해 자기를 초월하고 천인합일의 이상적인 경지에 도달하려는 것이다. 주돈이周敦頤의 '생각에 통한다'(思通)는 것이나 장재張載의 '신을 궁구하고 변화를 안다'(窮神知化), '이치를 궁구하여 본성을 다한다'(窮理盡性)는 것, 그리고 정호程顥의 '먼저 인의 본체를 안다'(先識仁體), '자신을 반성하여 참되게 한다'(反身而誠)는 것은 모두가 자신의 본성을 다함으로써 명命에 이르는 '성명합일性命合一'의 학문이다.

정이程頤와 주희의 격물치지설은 비록 사물에 나아가서 그 이치를 궁구하는 것을 중시하였으나, 마지막에는 '활연관통豁然貫通'에 의해 마음속의 전체대용全體大用을 발명함으로써 심心과 리理의 합일을 추구한다. 육구연陸九淵의 '생각을 돌이키는 것'(反思)이나 '큰 근본을 세우는 것'(立大本), 그리고 왕수인의 '양지에 이르는 것'(致良知)과 '마음을 바르게 하고 뜻을 정성스럽게 하는 것'(正心誠意) 등은 도덕적 자율성을 직접 체험하고 실천함으로써 천인합일의 목적을 실현한다.

나흠순羅欽順과 왕부지의 격물치지설에 이르면 이들은 주체와 객체의 관계 문제를 물질주의적인 방식으로 해결함으로써 사물의 이치에 대한 인식을 강조하고 있으며, 객관적 인식론을 향하여 크게 한 걸음 나아가고 있다. 그러나 그 최종 결과는 여전히 마음속의 리를 밝힘으로써 주체와 객체의 가치론적 관계를 실현하고 있을 따름이다. 사실 천인합일을 목적으로 하는 성리학의 인식론은 반드시 직관과 체험을 중시할 수밖에 없으며, 또한 필연적으로 마음 내면의 자기반성으로 되돌아 올 수밖에 없는 것이다. 이러한 인식론은 도덕이성에 대한 스스로의 깨달음과 인간과 자연의 화합과 통일을 실현하는 것에 대하여 매우 중요한 사상을 제시하였으나, 인지적 이성의 발전을 통하여 객관세계를 인식하고 변화시키는 것에 대해서는 유력한 논증이나 설명을 제시하지 못하였다.

여기에서 또 '함양涵養과 성찰省察', '경敬과 정靜' 등과 같은 개념이 제기되어야 한다. 이 개념들은 주체의식의 차원에서 자신을 수양하는 중요한 방법일 뿐만 아니라 성리학적 방법론의 중요한 특징을 반영하고 있다. '함양'은 곧 심성의 본원을 직접 체험하고 배양하는 것이며, '성찰'은 시간과 일에 따라 사물의 이치를 세밀하게 살피고 인식함으로써 본심을 발명하는 것이다. '정'은 이미 본체 존재이며 또한 수양의 방법, 즉 정좌靜坐한 가운데 모든 잡념을 배제하고 심성의 본원을 체험하는 것이다. '경'은 동정動靜과 시종始終을 관통하여 스스로를 전일專一하게 하고 제어할 수 있도록 하는 중요한 방법이다.

성리학자들은 이 개념들에 대하여 각기 중시하는 바가 달랐고 그 활용에 있어서도 차이가 있었지만, 이것이 자아완성의 근본 방법이며 그 특징은 자주성과 자각성을 표현하는 것이라는 점에 대해서는 모두가 인정하고 있다. 성리학의 인식론은 반드시 이러한 방법들과 결합함으로써 그 사명을 완성할 수 있었던 것이다.

제16장 지와 행

'지행知行'은 오래 전부터 사용되어 왔던 유가철학의 중요 개념이며, 성리학에 있어서도 전체 개념의 체계를 완성하는 연결 개념으로서 더욱 특별한 의미를 지니고 있다.

지행이라는 말이 가장 먼저 보이는 것은 『상서尚書』「열명중說命中」의 "아는 것이 어려운 것이 아니라 오직 행하는 것이 어렵다"[1]는 구절이다. 이것은 어떠한 상황에 대한 올바른 도리를 아는 것보다는 그 도리를 실행해 가는 것이 더욱 어려움을 말하는 것이다. 이 구절은 아직 지행관계에 있어서 가장 중요한 문제를 언급한 것이 아니므로 일반적인 철학의 의미를 포함하고 있지 않다. 그러나 후대의 사상가들이 이 개념을 수용하고 여기에 끊임없이 새로운 함의를 부여함으로써 마침내 중요한 철학적 개념이 되었다.

성리학이 형성되기 이전의 역대 철학자, 특히 유가에서는 도덕실천의 측면에서 이 지행관계 문제를 지속적으로 토론하였다. 불교철학에서도 종교 실천의 측면에서, 즉 정혜定慧, 지관止觀, 계행戒行과 같은 부분에서 이 문제를 중요하게 다루었다. 하지만 그들은 여전히 지행관계 자체에 대한

---

[1] 『尚書』,「說命中」, "非知之艱, 行之惟艱."

체계적이고 분석적인 논술을 펴지는 못하고 있었다. 이런 의미에서 지행 개념은 이후 성리학이 형성된 후에야 비로소 중요한 인식론적·방법론적 의미를 획득하게 되었다고 할 수 있다.

1. 북송시대

지행 문제에 대한 성리학자들의 해석은 학자들마다 조금씩 차이가 있기는 하지만 일정한 공통점이 있다. 그것은 바로 그들이 말하는 '지知'가 자연계에 존재하는 사물의 이치(物理)를 인식하는 것이 아니라 자기 자신의 '성리性理'에 대한 인식을 말하고 있다는 점이다. 즉 지행 개념에서 말하는 지는 객관사물에 대한 인식이 아니라 오히려 자아에 대한 인식이며, 그런 점에서 본래적 의미의 지식론이 아니라 오히려 가치론의 영역에 속한다고 할 수 있다. 또한 그들이 말하는 '행行'은 자연계의 물리적 활동을 바꾸고 변화시키는 것이 아니라 자아를 완성하고 실현하는 것을 근본 목적으로 하는 도덕실천을 말한다. 한마디로 말해서 지행 개념은 천인합일天人合一을 실현하기 위한 과정이지, 자연을 인식하고 개조하기 위한 방법이 아닌 것이다.

성리학자들 중에서 주돈이周敦頤와 장재張載는 지행 문제에 대한 전문적인 논의를 하지 않았다. 지행의 관계 문제를 가장 먼저 제기한 사람은 이정二程이다. 정호程顥는 '인仁'과 '지知'의 관계에 대해 다음과 같이 말하였다.

'귀신을 공경하되 멀리한다'는 것은 미혹되지 않는 것이니 앎의 일이다. '먼저 어려움이 있고 난 후에 마땅함을 얻는다'는 것은 먼저 일을 행한 후에 알게 된다는 뜻이니 '인仁'의 일이다. 그리고 '지혜로운 사람이 어진 것을 이롭게 한다'는 것은 먼저 알고 난 후에 일을 행한다는 뜻이다.2)

이른바 '선사후득先事後得'은 먼저 행하고 난 후에 앎이 있음을 가리키는 것으로 이것은 어진(仁) 사람의 일이다. 이와 반대로 '선득후사先得後事'는 먼저 알고 난 후에 행동하는 것을 가리키는 것으로 이것은 지혜로운 사람의 일이다. '인仁'의 특징은 실천에 있고 '지知'의 특징은 인식에 있으니, 인과 지의 관계는 바로 행과 지의 관계와 동일하다. 성리학자들은 인과 지를 대거對擧하여 이러한 의미로 이해하고 운용하였다. 정호가 지행관계를 이해하는 방식을 보면, 아직 지행관계에 대한 성리학자들의 일반적인 관점을 제기했다고 말하기에는 어려움이 있다. 다만 그가 '선지후행先知後行'과 '선행후지先行後知'를 모두 중요하게 생각했다는 사실만큼은 비교적 확실하다고 할 수 있다.

정호에 비해 정이程頤는 분명하게 '지선행후설知先行後說'을 주장하고 있다. 그런데 정이의 이 주장은 두 가지 의미를 포함하고 있다. 첫째, 먼저 앎이 있고 난 다음에 이를 실천하는 행위가 있으며, 행은 앎이 이끌어 가는 바대로 따라야 한다는 것이다. 그는 다음과 같이 말하였다.

> 모름지기 알아야만 비로소 행할 수 있게 된다.…… 배우는 사람은 마땅히 (앎에) 힘을 다해야 할 것이니, 앎에 이르지 못한다면 어찌 행할 수 있겠는가?…… 그러므로 사람이 힘써 행하려면 먼저 반드시 알아야 하는 것이다.3)

---

2) 『河南程氏遺書』, 권11, " '敬鬼神而遠之', 所以不黷也, 知之事也. '先難後獲', 先事後得之意也, 仁之事也. 若'知者利仁', 乃先得後事之意也."
3) 『河南程氏遺書』, 권18, "須是知了方行得.……學者固當勉强, 然不致知, 怎生得行?……

정이에 따르면, 도덕실천은 반드시 도덕인식이 이끄는 대로 따라야 한다. 이런 의미에서 그는 앎이 있어야 비로소 행할 수 있음을 강조하였다. 그런데 이 앎은 어디에서 나오는 것인가? 그는 여기에 대해서 따로 대답하지 않았다. 그가 말하는 지선행후설은 비록 인식론적 의미를 지니고 있다고는 하지만 주로 덕성지德性知와 도덕실천의 관계를 가리켜 말한 것이다. 그래서 그는 "그 속에 (앎이) 있어야 반드시 밖으로 행해질 수 있다.…… 아직 앎에 이르지 못했으면서도 뜻을 정성스럽게 하기를 바라는 것은 순서를 뛰어 넘는 것이다"4)라고 하였다. 그가 '성의誠意'와 '역행力行'을 연결시킨 것은 객관세계를 변화시키는 실천적 활동을 위해서가 아니라 일종의 자각적 도덕행위를 말하기 위함이다.

이처럼 정이는 도덕인식의 자각성을 강조했으며, 이러한 자각적 인식이 생기면 자연히 행동으로 드러나게 된다고 생각했다. 그래서 "사람은 이미 알고 볼 수 있는데, 어찌 행하지 않을 수 있겠는가?"5)라고 했으며, "비유하자면, 길을 걸어가기 위해서는 반드시 앞을 비춰 주는 빛이 있어야 하는 것과 같다"6)라고 했다. 또한 만약 이러한 자각적 인식이 없다면 "아무리 힘써 행하더라도 어찌 그것을 오래 지속할 수 있겠는가?"7)라고 하였다.

정이에 따르면, 지는 '리理를 밝히는 것'이고 행은 '리를 따르는 것'이다. 지는 마음속에 있는 리에 대한 자기인식이며, 행은 이 인식에 따라 움직이는 실천적 활동이다. 정이는 우주 자연의 리가 사람의 마음에서는 성性으로 갖추어져 있으므로 성리性理에 대한 자각과 인식이 있어야 실천을

故人力行, 先須要知."
4) 『河南程氏遺書』, 권18, "有諸中, 必行諸外,……未致知, 便欲誠意, 是躐等也."
5) 『河南程氏遺書』, 권17, "人旣能知見, 豈有不能行?"
6) 『河南程氏遺書』, 권3, "譬如行路, 須得光照."
7) 『河南程氏遺書』, 권18, "勉强行者, 安能持久?"

이끌어 낼 수 있다고 생각했다. 앎의 마지막 결과는 반드시 실천으로 귀착된다. 그가 '이를 곳을 알아서 그것에 이르는'(知至至之) 것을 지知로 보고 '마칠 곳을 알아서 끝을 맺는'(知終終之) 것을 행行으로 보며, 조리의 시작을 지로 보고 조리의 마침을 행으로 보는 것은 이러한 관계를 설명하는 것이다. 이것은 곧 도덕실천에 있어서 주체의 자각성을 특별히 강조하는 것이라고 할 수 있다.

'지선행후설'의 두 번째 의미는 실천보다 앎이 더욱 중요한 지위를 가진다는 것이다. 곧 실천이란 앎에 의해 이끌어져 나오는 것이므로 앎이 우선적인 지위에 있으며, 이로써 시비와 선악을 분명하게 가려낼 수 있게 된다는 것이다. 그는 다음과 같이 말한다.

> 군자는 앎을 근본으로 하며, 실천을 그 다음에 둔다. 지금 어떤 사람이 힘써 행하려 하지만 제대로 알지 못한다면, 곧 이단으로 빠져서 방탕한 데로 흘러버리고서도 다시 되돌아올 줄을 모르게 된다.[8]

그는 항상 도덕행위의 방향을 바로잡는 것을 우선시하였다. 방향을 바로잡게 되면 잘못된 행위는 자연히 없어질 것이다. 방향을 바로잡지 못한다면 맹목적인 행위를 하게 되어 이단에 빠지지 않을 수 없고, 그것을 자각하지도 못할 것이다. 이것이 바로 정이가 지선행후를 강조하는 가장 주요한 원인이다. 그러므로 이것은 인식의 발전 과정을 말하려는 것이 아니라 무엇을 근본으로 삼아야 하는지를 강조하려는 것이라고 할 수 있다.

또한 정이는 쉬움과 어려움의 측면에서 앎의 중요성을 다음과 같이 설

---

8) 『河南程氏遺書』, 권25, "君子以識爲本, 行次之. 今有人焉, 力能行之, 而識不足以知之, 則有異端者出, 彼將流宕而不知反."

명하고 있다.

> 행하는 것만이 어려운 것이 아니라 아는 것 역시 매우 어렵다. 『서경書經』에 이르기를 "아는 것이 어려운 것이 아니라 오직 행하는 것이 어렵다"고 했다. 이 말이 분명 옳기는 하지만 아는 것 또한 마찬가지로 어렵다.9)

행하는 것만큼 아는 것도 어렵다는 그의 이러한 논법에는 사실 실천하는 것보다 아는 것이 더욱 어렵다는 것을 말하려는 의도가 깔려 있다. 그리고 이렇게 쉬움과 어려움의 문제로 지행을 비교하는 것은 일종의 가치론적 평가를 포함하고 있다. 즉 앎이 어렵다는 것은 곧 앎이 더욱 중요하다는 의미이며, '먼저 어려움을 겪고 난 후에야 얻는 것이 있다'(先難而後獲)는 것이다.

이 외에도 정이는 '참된 앎'(眞知)의 문제를 제기했다. 참된 앎이란 진실로 체득함이 있어서 몸으로 실행할 수 있는 앎을 말한다. 이것은 도덕적 정감의지와 완전히 합일된 상태에서 형성된 인식을 말하는 것이지, 단순히 외부 사물에 대한 객관적 지식을 말하는 것이 아니다. 이러한 앎은 반드시 실천적인 행위와 직접적인 관계를 형성하게 된다. 이런 점에서 정이는 "앎이 깊으면 반드시 실행하게 되니, 알면서도 실행할 수 없는 사람은 없다"10)고 한다. 만약 알면서도 행하지 않는 것이 있다면 그것은 곧 참된 앎이라고 할 수 없다는 것이다. 이처럼 정이는 호랑이에게 물려 본 사람이 호랑이에 대해 진정으로 알 수 있는 것과 같이 참된 앎이란 실천 속에서 얻어질 수 있다고 생각했다. 이처럼 체득을 통한 인식은 지행 개념에서 중

---

9) 『河南程氏遺書』, 권18, "非特行難, 知亦難也. 書曰, '非知之艱, 行之惟艱.' 此固是也, 然知之亦自艱."
10) 『河南程氏遺書』, 권15, "知之深, 則行之必至, 無有知之而不能行者."

요한 의미를 지닌다.

마지막으로 정이는 지와 행이 밀접하게 연결되어 있으며(相須) 서로 근거가 된다(相資)는 관점을 처음 제시했는데, 이것은 일종의 변증법적 요소를 포함하고 있다. 그는 '명明'과 '동動'으로 지행관계를 설명하면서 다음과 같이 말한다.

> 밝음(明)이 아니면 비출 수가 없고, 움직임(動)이 아니면 행할 수가 없으니 이 둘은 형체와 그림자처럼 서로가 맞물려 있고, 겉과 속처럼 서로 근거하고 있다.…… 밝음이 없다면 움직여도 갈 곳이 없고, 움직임이 없다면 밝아도 아무런 쓸 곳이 없으니 서로가 바탕이 됨으로써 그 쓰임이 이루어진다.[11]

이 말은 지와 행이 서로를 자극하고 촉진하는 상호 의존적 관계에 있으며, 특히 행이 지의 용用이 된다는 관점에서 실천의 작용을 분명하게 설명하고 있다. 정이의 이러한 사상은 후에 주희朱熹에 의해서 한 걸음 더 발전하게 된다.

2. 남송시대

앞서 정이가 앎의 지위를 확립했다고 한다면, 주희는 상대적으로 실천을 더욱 강조함으로써 양자의 연결과 통일을 의도했다고 할 수 있다. 주희 이전에 호굉胡宏은 이미 '배움이 곧 실천이다'(學卽行)라는 관점을 제시함으

---

11) 『程氏易傳』, 권4, "非明無以照, 非動無以行, 相須猶形影, 相資猶表裏……非明則動無所之, 非動則明無所用, 相資而成用."

로써 아직 초보 단계이기는 하지만 지와 행을 통일시키고자 하였으며, 인식과 실천이 분리되지 않는 것임을 강조하였다. 호굉은 "행하고 행하고 또 행하며 반복하여 익히기를 그치지 않는다면 리理와 신神이 합일될 것이니 어찌 기쁘지 않겠는가?"[12]라고 하여 실천이 곧 심心과 리理가 합일되는 중요한 과정임을 강조하였다. 주희는 호굉의 이런 관점을 적극 수용하였다.

지행관계에 대한 주희의 발전은 확실히 그가 제기한 "선후를 말한다면 지가 먼저이고, 경중을 말한다면 행이 더 무겁다"[13]라는 명제에 있다. 이것은 한편으로는 '지선행후설'을 계승하면서도, 다른 한편으로는 실천의 작용을 보다 강조하는 것이다. 그러나 더욱 중요한 것은 그가 지와 행의 '호발병진설互發竝進說'을 제시함으로써 양자를 변증법적으로 통일시켰다는 점이다.

주희가 지선행후를 주장한 것은 정이의 경우에서와 같이 도덕인식의 능동성을 강조함으로써 실천의 자각성을 높이기 위해서이다. 그는 어떠한 상황에 처했을 때, 먼저 그 상황에 맞는 도리를 인식해야만 비로소 자각적으로 실행할 수 있으며, 그 도리를 따를 수 있다고 생각했다. 그래서 그는 "모든 일의 세밀한 상황을 이해하고 알아야만 비로소 그것을 실행할 수 있다"[14]고 하였다. 알면서도 아직 행하지 않는 것은 단지 아직 제대로 알지 못한 것이며, 제대로 알지 못하면 행할 수도 없다는 것이다.

주희도 '참된 앎'(眞知) 곧 자기 자신의 마음을 통해 절실하게 얻어진 앎을 매우 강조했는데, 이는 직접적인 느낌과 체험을 통한 도덕지식이며, 이런 지식과 몸(身), 마음(心), 성性과 명命은 직접 관련되는 것으로 일종의 자각

---

12) 『知言』, 권6, "行之行之而又行之, 習之不已, 理與神會, 能無悅乎?"
13) 『朱子語類』, 권5, "論先後, 知爲先, 論輕重, 行爲重."
14) 『論語或問』, 권16, "事事雖理會知得了, 方做得行得."

적 인식이다. 이런 자각적 인식이 있어야만 비로소 자각적인 행동이 생겨 나므로 "(만약 그것이) 참된 앎이라면 행해지지 않을 수 없다"[15]고 말하는 것이다. 하지만 이것은 결코 인식의 근원에 대한 문제를 밝히려는 것이 아니다. 주희는 다만 실천적 행위에 대한 도덕인식의 지도적 작용을 강조하려 한 것이다.

바로 이러한 근거에서 주희는, 사람들이 도리를 행하지 못하는 것은 도리에 대한 인식이 미진하기 때문이지 도리를 행할 수 없기 때문이 아니므로, 마땅히 앎에 대한 공부가 있어야 함을 강조한다. 앎의 정확성 여부가 도덕실천을 결정하는 작용을 하기 때문에, 만약 앎이 정확하다면 필연적으로 행위도 올바르게 되지만 앎이 부정확하다면 반드시 행위 또한 잘못을 범하게 된다. 그러므로 관건은 도리를 아는가 알지 못하는가, 그리고 그 앎이 진실한 것인가 아닌가에 달려 있는 것이다. 이처럼 진실한 앎이 있어야 비로소 도덕의식의 자각성이 높아질 수 있고, 도덕행위가 올바르게 실행될 수 있다.

주희가 지행 개념을 발전시켰다고 평가할 수 있는 것은 무엇보다도 그가 '호발병진설'을 제기했기 때문이다. 주희는 결코 '지선행후'가 인식활동의 절대적 법칙이라고 생각하지 않았다. 주희는 구체적인 실천에서 보면 당연히 '지선행후'가 옳은 것이지만 그렇다고 해서 지행관계 전체가 이와 같다고는 생각하지 않았다. '확실하게 행해야 하는 것'(利而行之)이나 '억지로 힘써 행해야 하는'(勉强而行之) 공부에 있어서는 행하는 가운데 앎이 생겨나고, 실천하는 가운데 인식이 이루어지는 것이다. 그래서 주희는 다음과 같이 말한다.

---

15) 『朱子文集』, 권72, 「雜學辨」, "眞知則未有不能行者."

'군자가 도로써 깊이 추구하여 들어간다'라는 말에서, '도道'는 단지 도리가 상황에 맞게 하는 것이고, '심조深造'는 날마다 상황에 맞게 하는 것이다.16)

이것은 곧 끊임없이 실천하는 가운데 비로소 깊은 체험적 인식이 생길 수 있음을 말하는 것이다.

주희는 경험론적 방법을 적용하여 사람의 인식활동을 '소학小學'과 '대학大學'이라는 두 단계로 구분하였다. 소학의 단계에서는 주변을 깨끗이 정리하고 사람을 응대하는 것과 예禮·악樂·사射·어御·서書·수數 등과 같은 실천적 학습을 하게 되고, 대학의 단계에 이르면 격물치지格物致知를 전문적으로 공부하게 된다. 물론 이 격물치지는 도덕실천과 합일되어 있는 것이다. 만약 이 격물치지가 도덕실천과 분리되어 버린다면 그것은 알기만 하고 행하지 못하는 것이 되므로 지와 행이 서로 발하여 함께 나아가는 것이 될 수 없다.

'이를 곳을 알아서 그것에 이른다'(知至至之)는 것은 이것을 행함으로 말미암아 그 이르러야 할 곳을 아는 것이니 이것이 앎의 깊은 것이다. '마칠 곳을 알아서 끝을 맺는다'(知終終之)는 것은 이를 곳을 아는 것으로 말미암아 나아가 마치게 된다는 것이니 이것은 행의 큰 것이다. 그러므로 비록 『대학』에서 격물치지로 배움에 힘쓰는 출발점을 삼는다고 하였지만 그렇다고 해서 이것이 애초에 덕성을 함양하고 실천하지 않아도 여기에서 곧바로 일이 이루어진다는 말은 결코 아니다.17)

이른바 '이를 곳을 안다'(知至)는 것은 결코 알기만 하고 행하지 않는 것

---

16) 『朱子語類』, 권57, "君子深造之以道, 道只是道理恁地做, 恁地做, 深造是日日恁地做."
17) 『朱子文集』, 권42, 「答吳晦叔」, "知至至之, 則由行此而又知其所至也, 此知之深者也. 知終終之, 則由知至而又進以終之也, 此行之大者也. 故大學之書, 雖以格物致知爲用力之始, 然非謂初不涵養踐履, 而直從事於此也."

이 아니라 행으로 말미암아 그 이르러야 할 곳을 아는 것이며, '마칠 곳을 안다'는 것은 결코 행하기만 하고 알지 못하는 것이 아니라 앎으로 말미암아 그 그쳐야 할 바를 행하는 것이다. 바로 여기에서 지와 행은 그 선후가 확연히 분리될 수 없는 것이며 서로 보완하고 함께 나아가야 하는 것임을 알 수 있다.

이것은 지행관계에 대한 주희의 핵심 논점이며, 인식의 발전 과정에 대한 최종 결론이다. 그 주된 요지는 도덕인식과 실천을 결합하여 통일시킴으로써 선후를 분명하게 구분할 수 없음을 주장하는 것이다. 주희에 따르면 지와 행은 항상 서로 떨어질 수 없는 것이다. 만약 알기만 하고 행하지 않는다면 그것은 곧 문자만을 강론하는 것이고, 행하기만 하고 알지 못한다면 그것은 곧 경솔하고 무모한 것이다. 이 둘은 어느 쪽이든 자기 본래의 심신心身과 무관한 것이 되어 버린다. 그러므로 그는 다음과 같이 말하였다.

> 앎에 이르는 것과 힘써 행하는 것은 그 공부가 어느 한편으로 치우쳐서는 안 된다. 만약 한편에 치우치게 되면 다른 한편에 병통이 생기게 된다.[18]

> 지와 행의 공부는 모름지기 함께 이르는 것이다. 앎이 점점 밝아질수록 곧 실행하는 것이 더욱 돈독해지게 되고, 실행이 점점 돈독해질수록 또한 앎이 더욱 밝아진다. 그러므로 이 두 가지는 어느 한쪽도 소홀히 해서는 안 된다.[19]

이처럼 지는 행을 통하여 더욱 밝아지게 되고, 행은 지를 통하여 돈독

---

18) 『朱子語類』, 권9, "致知力行, 用功不可偏, 偏過一邊, 則一邊受病."
19) 『朱子語類』, 권14, "知與行工夫, 須着並到, 知之愈明, 則行之愈篤. 行之愈篤, 則知之益明. 二者皆不可偏廢."

해지게 되니, 이 양자는 서로 교차하고 순환하며 끊임없이 나아가는 과정 속에서 점차 하나로 통일되어 가는 것이다.

그러나 실제적인 측면에 있어서 지와 행의 지위를 비교했을 때, 주희는 인식보다 실천을 더욱 강조한다. 그의 '행이 더 무겁다'(行爲重)는 말은 다음과 같은 세 가지 측면의 의미를 포괄하고 있다.

첫째, '참된 지식'은 실천으로부터 나온다. 그는 여러 차례에 걸쳐 참된 지식을 얻기 위해서는 반드시 실천을 통해야 함을 강조했다. 주희는 "호랑이 굴에 들어가지 않고서 어찌 호랑이 새끼를 잡을 수 있겠는가!"20)라고 하였는데, 이 말은 실천 속에서 체득하지 않으면 참된 지식을 얻을 수 없음을 말한 것이다. 비유해서 말하자면, 어린아이가 걸음마를 배울 때는 생각만으로 되는 것이 아니라 오늘 배우고 내일도 배우고 하는 지속적인 실천 과정을 통해서 비로소 걷는 방법을 완전히 습득하게 된다는 것이다. 이것은 모두 인식 체험에 있어서 실천적 경험이 중요한 작용을 한다는 사실을 강조하는 것이다.

둘째, 지식은 실천을 통해서 검증되며, 실천하는 가운데 인식이 더욱 깊어진다. 주희는 "알고 있으면서도 행하는 것이 거기에 미치지 못하는 것은 그 앎이 아직 얕기 때문이며, 이미 (실천을 통해) 그 영역을 몸소 체험했다면 앎이 더욱 밝아질 것이니 (그 앎은) 이미 예전의 의미가 아니다"21)라고 하였다. 이것은 곧 실천이라는 검증 과정을 통하여 인식의 옳고 그름을 판단할 수 있다는 것이다.

셋째, 지식은 실천을 목적으로 하므로 행은 인식의 최종 귀착점이다.

---

20) 『朱子語類』, 권32, "不深虎穴, 焉得虎子!"
21) 『朱子語類』, 권14, "方其知之而行未及之, 則知尙淺, 旣親歷其域, 則知之益明, 非前日之意味."

주희는 "무릇 학문이란 어찌 다른 것을 구하는 것이겠는가? 다만 이 리理를 힘써 행하고자 하는 것에 불과할 따름이다"22)라고 하였으며, 또 "마음을 다잡아 힘써 행하는 것은 곧 배운 것을 실현해 내는 것이니, 그래야만 헛된 앎이 되지 않는다"23)라고 하였다. 지식의 참된 목적은 행하기 위한 것이며, 알면서도 행하지 않는다면 이것은 헛된 지식일 뿐이니 어떠한 실제적인 결과도 만들어 내지 못한다. 인식의 가치는 실천을 통해서만 비로소 실현될 수 있으며, 최고의 이상적인 경지도 또한 실천 속에서만 실현될 수 있다. 그러므로 주희는 "공부는 오로지 실행하는 가운데 있다"24)고 하였다. 이것이 바로 주희가 행을 강조하는 근본 원인이다.

주희가 행, 즉 실천을 그의 개념체계에 끌어들여 이와 같이 중요한 가치를 부여한 것은 바로 성리학적 개념체계의 중요한 특징을 설명하는 것이다. 주희를 비롯한 성리학자들은 인간과 자연의 통일, 곧 천인합일의 이상적인 경지란 결국 인간 본성에 대한 자기인식과 자각적인 실천을 통해서만 비로소 실현될 수 있는 것이라고 생각했다.

위대한 도덕정신은 우주의 본체로부터 나왔으나 그것은 결코 피안의 세계에 있는 것이 아니라, 일상 속의 인륜人倫에 포함되어 있는 것이다. 다만 일반인들은 그것을 알지 못하므로 자각적 행동으로 변화시키지 못하고 자기 자신의 도덕적 자아를 실현하지 못할 뿐이다. 지행 개념은 바로 이러한 문제를 해결하고자 한다. 이것은 각종의 모순적 상황을 끊임없이 극복하려는 것이며, 이 과정을 통하여 주체의식을 지속적으로 승화시키고 아울러 현실적 존재로 전화시킴으로써 주체와 객체를 동화하고 인간과 자연의

---

22) 『朱子文集』, 권54, 「答郭希呂」, "夫學問豈以他求? 不過欲此理而力行之耳."
23) 『朱子語類』, 권46, "着意力行, 則所學而得者, 不爲徒知也."
24) 『朱子語類』, 권46, "工夫全在行上."

완전한 합일에 이르고자 한다.

　육구연陸九淵은 주관적 개념론을 제기함으로써 주희와 서로 대립하였으나, 지행 문제에 있어서는 주희와 동일하게 '지선행후'의 입장을 보이고 있다. 그는 학문의 도가 분명하게 이해하고 그것을 실천하는 데 있기는 하지만 반드시 먼저 분명히 이해한 후에 실천해야 한다고 생각했다. 그래서 다음과 같이 말하였다.

　　배워도 실행에 옮기지 못하고, 물어도 알지 못하고, 생각을 하고서도 체득하지 못하고, 분별해도 분명하지 못하다면 또한 어찌 바르게 행할 수 있겠는가? 이러한 것들(學問思辨)에 제대로 이르지 못하고서 단지 '나는 오로지 돈독하게 실천할 따름이다'라고 한다면 그는 어리석은 행동을 하는 사람이다.25)

　육구연은 '본심의 앎'(本心之知)을 밝게 드러내는 것이 가장 먼저 해야 할 일이며, 이 본심의 앎이 밝게 드러나면 자연히 실천할 수 있게 된다고 생각했다. 이처럼 그는 앎이 먼저 있고 난 후에 나중에 행이 있게 된다고 주장했다.26) 하지만 그렇다고 해서 육구연이 지만 중요하게 생각하고 행을 중요하지 않다고 생각한 것은 결코 아니다. 오히려 그 반대라고 해야 할 것이다. 그는 실천을 가장 중시한 철학자이며, 이것은 주희 역시 인정한 바이다.

　주희 이후에는 진순陳淳이 지행 개념을 발전시켰다. 그는 공개적으로 '지선행후설'을 부정하고 '지와 행은 선후가 없다'(知行無先後)는 관점을 제시함으로써 주희가 안고 있는 모순점을 해결하고자 하였다. 그는 지와 행은

---

25) 『象山全集』, 권12,「與趙詠道」, "學之弗能, 問之弗知, 思之弗得, 辨之弗明, 則亦何所行哉? 未嘗學問思辨, 而曰吾唯篤行之而耳, 是冥行者也."
26) 『象山全集』, 권34,「語錄」, "知之在先, 行之在後."

분명하게 선후를 판별할 수 있는 두 가지의 일이 아니며, 오히려 교차하면서 나아가고 함께 드러나는 관계임을 주장하였다.

진순은 주희의 '호발병진설'을 계승하여 지와 행을 수레의 두 바퀴나 새의 양쪽 날개와 같이 서로 의존하고 보완하며 촉진하는 관계로 파악하였다. 그래서 "앎이 밝으면 그 실천이 더욱 통달해지고, 힘써 실천하게 되면 아는 것이 더욱 정밀해진다"[27]라고 하였고, 또 "지와 행은 마땅히 함께 진행해 나가야 하는 것이니 확연하게 두 가지 일로 구분할 수 없는 것이다. '먼저 앎에 이른 후에 힘써 행한다'는 다만 한 가지의 일일 따름이다"[28]라고 하였다. 진순에 따르면, 앎 속에 실천이 있고 실천하는 가운데 앎이 있으니, 지와 행은 처음부터 끝까지 선후를 나눌 수 없으며 서로 영향을 끼치면서 진행하는 과정 속에 있다고 한다. 그래서 그는 "지는 처음부터 끝까지 행과 함께 붙어 있으며, 행은 처음부터 끝까지 지에 의지하는 것이니…… 잠시라도 어느 한쪽으로 치우치거나 없애버릴 수 없는 것이다"[29]라고 하였다.

비록 진순은 인식의 근원 문제를 해명하지는 않았으나 지와 행이 서로 의존하며 서로 전화한다는 관점을 견지함으로써 오히려 변증법적인 요소를 지니게 되었다. 그러므로 그는 알면서도 행하지 않거나 행하기만 하고 알지 못하는 두 경향을 모두 비판하면서, 알기만 하고 행하지 않는 것은 부질없는 생각일 뿐이며, 행하기만 하고 알지 못한다면 행위의 기준이 없으므로 한 발짝도 움직이기 어려울 것이라고 생각하였다.

이와 같이 진순은 지와 행이 하나의 일일 뿐이라는 지행합일知行合一의

---

27) 『北溪全集』, 권2, "知之明則行愈達, 而行之力則所知又益精."
28) 『北溪全集』, 권14, "二者當齊頭著力並做, 不是截然爲二事. 先致知了然後力行, 只是一套底事."
29) 『北溪全集』, 권16, "知始終附行, 行始終靠知,……無頃刻可偏廢處."

사상을 제시함으로써 성리학의 지행론을 한 걸음 더 발전시켰으며, 왕수인 王守仁의 지행합일설知行合一說이 등장하게 되는 중요한 배경이 되었다.

진순의 지행합일은 두 가지 측면으로 이해할 수 있다. 그는 한편으로 지와 행을 하나의 통일 과정으로 생각하여 다음과 같이 말한다.

> (지와 행은) 실제로 단지 하나의 일이지 두 가지 일이 아니다. 무릇 지와 행을 두 가지 일이라고 여긴다면 경중과 완급의 구별이 생기게 될 것이니, 이렇게 되면 어느 쪽이든 모두 진정으로 자기를 충실하게 하는 공부가 되지 못할 것이며, 알맹이가 없이 껍데기만 사냥하는 꼴이 될 뿐이다.30)

이른바 진정으로 자기를 충실히 하는 공부란, 바로 앎에 있어서는 모든 생각을 실천에 비추어 보고 행함에 있어서는 그때마다 자신의 앎과 상응하는지를 살피는 것이다. 곧 앎에 있어서는 그것이 분명하게 행할 수 있는 것인지 또 어떻게 행할 것인지를 고려하고, 어떤 행위를 함에 있어서는 자신의 앎과 부합하는 것인지 또 어떻게 부합하는지를 고려하는 것이다. 이것이 바로 앎 가운데 행이 있고, 행하는 가운데 앎이 있는 것이니 여기에서 지와 행은 또한 상호 전화될 수 있는 것이다.

다른 한편으로 진순은, 참된 앎은 반드시 실천이 포함되어 있는 것이라고 생각했다.

> 참으로 알 수 있는 것은 참으로 실행할 수 있는 것이니, 실행함에 있어서 힘을 다하지 못하는 것은 행의 잘못이 아니라 모두 그 앎이 절실하지 못하기 때문이다. 모름지기 선함을 보는 것은 아름다운 색을 좋아하는 것처럼 하고, 악함을 보

---

30) 『北溪全集』, 권16, "其實只是一事, 不是兩事. 凡以知行爲兩事, 或分輕重緩急者, 皆是未曾切己眞下工夫, 徒獵皮膚之故爾."

는 것은 나쁜 냄새를 싫어하는 것처럼 한 후에야 앎이 절실해지게 되는 것이며, 비로소 앎에 이르렀다고 말할 수 있는 것이니, 그것을 실행하는 힘은 곧 그 가운데 있게 된다.31)

이른바 참된 앎이란 예쁜 색을 좋아하고 악취를 싫어하는 것과 같이 행위의 동기를 만드는 앎을 말하는 것으로, 색깔의 아름다움이나 냄새의 나쁨을 인식할 뿐만 아니라 또한 직접적인 의지 행위로 변화하여 앎과 동시에 좋아하거나 싫어하게 되는데, 이것이 바로 절실한 것이며 또한 진정으로 자기 자신을 충실히 하는 공부인 것이다. 이러한 참된 앎이 있으면 행위는 곧 그 가운데에서 반드시 외부적인 실천활동으로 표현된다. 이것은 사실상 최초로 '지행합일설'을 표현한 것이다. 사실상 왕수인의 지행합일설은 진순의 사상을 한층 더 발전시킨 것이라고 할 수 있다. 왕수인이 진순의 저작을 참고했든지 아니면 전혀 참고하지 않았든지 이와는 무관하게 개념의 변화 과정으로만 보더라도 주희에서부터 진순을 거쳐 왕수인에 이르는 과정은 논리적으로 필연적인 발전이다.

진순의 이런 관점은 비록 초보적인 것이기는 하지만 그가 도덕실천의 주체성을 강조하고 지와 행을 두 가지로 본 이정과 주희의 사상을 지행합일의 길로 끌어온 것은 지행 개념의 변천 과정에 있어서 결코 가볍게 지나칠 수 없는 것이다. 지행 개념의 변천은 또한 동시에 리기理氣, 심성心性 개념과 직접적으로 관련되어 있기 때문이다.

---

31) 『北溪全集』, 권14, "眞能知則眞能行, 行之不力, 非行之罪, 皆由知之者不親切. 須到見善眞如好好色, 見惡眞如惡惡臭, 然後爲知得親切, 而謂知之至, 則行之力, 卽便在其中矣."

3. 원명시대

왕수인의 지행합일설은 도덕실천의 주체성 원칙을 극단적으로 발전시킴으로써 지행 개념의 발전 과정에 있어서 중요한 이정표가 되었다. 왕수인이 말하는 앎은 객관사물에 대한 인식이 아니라 마음속에 원래부터 지니고 있는 도덕적 지식, 즉 '양지良知'가 발현해 나온 것을 말하며, 그것은 앎이면서 또한 동시에 구체적인 행위로 드러나는 것이다. 그는 주희와 같이 '마음 밖에서 사물의 이치를 궁구하는 것'(心外求理)은 필연적으로 지와 행을 둘로 나누는 결과를 초래하게 된다고 비판하였다. 그러므로 그의 지행합일설은 '마음 밖에 따로 리가 없다'(心外無理)는 기본적인 전제 위에 세워진 것이다. 왜냐하면 '양지'는 사람의 마음속에 원래부터 주어져 있는 도덕 본체이며, 그 절목의 운행이 바로 지이고, 이 지가 외부로 드러난 것이 곧 행이기 때문이다. 그가 말하는 행은 양지가 외부로 실현되는 실천적 활동을 말하는 것이며, 그 속에는 의지나 동기 등과 같은 의식의 활동도 포함된다.

> 요즘 학문하는 사람들은 지와 행을 나누어서 두 가지의 일로 생각하기 때문에 어떤 의식이 일어남이 비록 선하지 않은 것이라 하더라도 아직 행하지는 않았으므로 그것을 막지 않는다. 내가 지금 지행합일을 말하는 것은 사람들로 하여금 의식이 생겨나는 곳이 바로 행임을 깨닫게 하려는 것이다.[32]

이른바 '의식이 일어나는 것'(一念發動)은 비록 주관적인 동기에 의한 것

---

32) 『傳習錄』, "今人學問, 只因知行分作兩件, 故有一念發動, 雖是不善, 然却未曾行, 便不去禁止. 我今說個知行合一, 正要人曉得一念發動處, 便卽是行了."

이지만 그것은 모든 실천활동의 직접적인 동력이며, 실천의 주체적 능동성을 체현하는 것이다.

왕수인은 의식(意)을 마음이 발하는 것으로 보아 모든 실천적 활동의 시작이며, 또한 양지 본체의 작용이라고 생각했다. 의식이 나아가는 바는 사물이며, 행은 곧 의식에서 사물에 이르는 중간 부분으로, 행과 의식은 직접 연결되어 있고 결코 분리할 수 없는 것이다. 이러한 시각은 심리학에 근거를 두고 있는 것으로 철학적 의미의 실천과는 분명히 다른 차원이라고 할 수 있다.

도덕실천의 관점에서 보면, 행위의 의지적 동기는 매우 중요하다. 왕수인 스스로도 인정하고 있는 것처럼 의식이 생겨나는 것은 현실적인 실천활동과는 다른 차원이지만, 그가 의식의 발생이 곧 행이라고 강조한 까닭은 행위의 동기를 바로잡음으로써 문제를 근본적으로 해결하기 위함이었다. 이러한 의도에서 그는 '지행합일설'을 종지宗旨로 세웠으며, 다음과 같이 말하였다.

> (의식이) 생겨나는 곳에 선하지 않음이 있으면 곧 선하지 않은 생각에 빠져버리게 되므로 반드시 철저하게 살펴서 그런 선하지 않은 생각이 마음속에 남아 있지 않도록 해야 하는데, 이것이 바로 나의 입언종지立言宗旨이다.[33]

그러므로 그는 아름다운 색을 좋아하거나 나쁜 냄새를 싫어하는 것과 같은 의식활동까지도 행이라고 하여 다음과 같이 말한다.

---

33) 『傳習錄』, "發動處有不善, 就將這不善的念克倒了, 須要徹根徹底, 不使那一念不善潛伏在胸中, 此是我立言宗旨."

아름다운 색을 보는 것과 동시에 이미 저절로 좋아하게 되는 것이지 먼저 보고 난 후에 다시 마음을 먹고서 좋아하게 되는 것이 아니다.…… 나쁜 냄새를 맡는 것과 동시에 이미 저절로 싫어하는 마음이 생기는 것이지 냄새를 맡고 난 다음에 다시 마음을 먹고서 싫어하게 되는 것이 아니다.34)

이와 같이 왕수인은 감정과 같은 의지의 활동과 실천적 활동을 직접 연결하여 이 양자를 통일시켰으며, 이로써 도덕실천의 주체적 능동성을 충분히 긍정하였다. 하지만 그는 이 양자를 동일하게 생각하여 결국 의식의 내면활동과 실천적 외부활동의 경계를 뒤섞어 버렸다.

사실상 왕수인은 지행관계를 설명할 때, 결코 의식활동의 의미에서 행이라는 개념을 사용한 것이 아니다. 그는 분명하게 "무릇 행이라고 말하는 것은 단지 착실하게 어떤 일을 하는 것이다"35)라고 하였고, 또 "그 실實을 구하고 실천하는 것을 가리켜 행이라고 한다"36)라고 하였다. 이것은 모두 물질적 실천활동을 가리킨 것이다. 왕수인이 말하는 지행합일은 주로 지와 행의 통일성을 말한 것이다. 이런 의미에서 그는 도덕실천에 있어서 주체의 능동성이라는 근본 원칙의 문제를 제시했다고 말할 수 있다.

왕수인이 강조하고자 한 것은 지와 행이 '하나의 공부'라는 사실이다. 이것은 '지와 행은 하나의 일'이라는 진순의 주장과 서로 통하는 것으로 지행통일의 변증법적 사상을 포함하고 있다. 왕수인은 한 걸음 더 나아가 "행의 밝게 깨닫고 정밀하게 살피는 것이 바로 지이며, 지의 절실하고 돈독한 것이 바로 행이다"37)라고 하였다. 이것은 지와 행을 진정으로 통일시

---

34) 『傳習錄』, "只見那好色時已自好了, 不是見了後又立個心去好.……只見那惡臭時已自惡了, 不是聞了後別立個心去惡."
35) 『陽明全書』, 권6, 「答友人書」, "凡謂之行者, 只是著實去做這件事."
36) 『傳習錄』, "以求履其實而言, 謂之行."
37) 『陽明全書』, 권6, 「答友人書」, "行之明覺精察處便是知, 知之眞切篤實處便是行."

키는 중요한 명제이다. 이른바 '밝게 깨닫고 정밀하게 살핀다'는 것은 본래 지의 작용을 가리키는 것으로 의리에 대하여 분명하게 변별하고 세밀하게 검토하여 조금의 착오도 없는 것을 말한다. 행이 지와 분리되지 않기 때문에 행은 그 아는 바를 행하게 되고, 결과적으로 밝게 깨닫고 정밀하게 살펴서 행하게 되는 것이니, 행 또한 지라고 말할 수 있게 된다.

그리고 '절실하고 돈독하다'는 것은 본래 행의 원칙을 가리키는 것으로 온몸과 마음으로 체득한 실천 공부를 말한다. 지가 행과 분리되지 않기 때문에 지는 행한 바를 알게 되고, 결과적으로 절실하고 돈독한 앎이 되므로, 지 역시 행이라고 말할 수 있게 된다. 지와 행은 원래 서로 스며드는 것이며, 지 가운데 행이 있고 행하는 가운데 지가 있는 것이다. 만약 지와 행이 분리되어 버린다면, 행은 밝게 깨닫고 정밀하게 살필 수 없어서 곧 어리석은 행이 되어버릴 것이고, 지는 절실하지 못하고 돈독하지도 못하게 되어 곧 헛된 생각이 되어버릴 것이다. 그러므로 행을 말할 때 반드시 지를 말하고 지를 말할 때 반드시 행을 말함으로써 이 양자를 통일시켜야 하는 것이다.

지행의 과정에 대해서 왕수인은 "지는 행의 주의主意이고, 행은 지의 공부이다. 지는 행의 시작이며, 행은 지의 완성이다"38)라는 견해를 피력하였다. 지가 이미 행의 주의라면 지는 곧 행의 시작을 의미한다. 행이 이미 지의 공부라면 행은 곧 지의 완성을 의미한다. 이러한 의미에서 그는 "다만 지 하나를 말하더라도 이미 행이 저절로 거기에 있고, 다만 행 하나를 말하더라도 이미 지가 저절로 거기에 있다"39)라고 하였다. 왕수인에 따르면, 당시의 문제는 사람들이 '지는 어디까지나 지일 뿐이고 행은 어디까지

---

38) 『傳習錄』, "知是行的主意, 行是知的功夫. 知是行之始, 行是知之成."
39) 『傳習錄』, "只說一個知, 已自有行在, 只說一個行, 已自有知在."

나 행일 뿐'이라고 생각함으로써 지와 행을 두 가지 일로 나누어 버린 데 있다. 그러므로 그는 지와 행이 합일되어 있음을 분명하게 밝히는 것이 가장 중요한 문제라고 생각했다.

왕수인은 두 종류의 사람들에 대해 비판하였는데, 하나는 사리에 어두워서 깊이 생각하지 못하거나 도리를 살피지 못하고 어리석으며 망령되이 행하는 사람들이고, 다른 하나는 공허하고 무의미한 사색에만 매달릴 뿐 실천에 옮기지 못하고 마음속으로만 대충 헤아리는 사람들이다. 전자의 사람들에게는 반드시 지를 말해야 비로소 행이 올바르게 될 수 있고, 후자의 사람들에게는 반드시 행을 말해 주어야 비로소 그 앎이 참된 것이 될 수 있다. 결국 왕수인은 '지행합일'을 통하여 알기만 하고 실행하지 못하거나 혹은 제멋대로 행하기만 할 뿐 알지 못하는 폐단을 극복할 수 있다고 생각했던 것이다.

왕수인의 지행합일설은 몸소 실천하는 가운데 참된 앎을 구할 수 있음을 강조하며, 도덕실천이 곧 인식활동의 처음이자 마지막임을 주장한다. 그는 앎은 행을 통해서만 볼 수 있을 뿐만 아니라 행으로부터 앎을 얻을 수 있다고 보아 "행하지 않는다면 안다고 말할 수 없다"[40]고 생각하였다. 또한 왕수인에 따르면, 학문은 원래 지에 속하는 것이지만 반드시 도덕실천 가운데 있어야만 비로소 학문이라고 할 수 있다. 그는 다음과 같이 말한다.

> 예를 들어 어떤 사람이 효를 안다고 하거나 어떤 사람이 공손함을 안다고 칭하려면 반드시 그 사람이 이미 효를 실천하고 공손함을 행하고 있어야 한다. 그래야 그가 효를 알고 공손함을 안다고 말할 수 있는 것이지, 단지 효나 공손함이라

---

40) 『傳習錄』, "不行不可謂之知."

는 말의 의미를 이해한다고 해서 효를 안다거나 공손함을 안다고 말할 수 있는 것은 아니다.41)

왕수인은 실천 속에서만 도덕적 지식을 얻을 수 있음을 매우 중시했는데, 왜냐하면 실천 속에서 얻어진 지식이 곧 자기의 심신心身과 성명性命에 유용한 앎이기 때문이다.

왕수인은 결코 객관적인 사물에서 인식이 생겨난다고 생각하지 않았다. 그에 따르면 인식은 단지 하나의 근원에서 생겨나는데 그것이 바로 양지良知의 본체라는 것이다. 그가 말하는 '지행본체知行本體'는 지와 행이 모두 양지에서 생겨난 것이라는 의미이다. 그러나 그는 또한 "일상적으로 생활하는 가운데 그 본체를 궁구하고 실천한다",42) "구체적인 하나하나의 일에서 연마하여 공부한다"43)라고 하였다. 이 속에는 심과 사물, 주체와 객체가 서로 통일되어 있다는 사상이 포함되어 있다. 그러므로 몸으로 실천하는 가운데 참된 앎을 얻게 되며, 마음속의 양지를 밝게 드러내어 실현할 수 있게 된다.

이것은 두 가지의 의미를 지닌다. 하나는 양지 본체를 인정하면서, 그 유행처의 실천 공부로부터 '양지'의 전체대용全體大用을 증명하여, 자아를 실현하고 완성하며 천인합일의 최고 경계에 이르게 된다는 것이다. 그리고 다른 하나는 양지가 옳고 그름을 감응하는 것을 본체로 삼아 시비의 리가 객관성을 갖추고 있음을 인정하는 것인데, 이것은 인식이 객관적 사물에서 생겨남을 의미한다. 이것을 왕수인은 다음과 같이 비유하여 설명한다.

---

41) 『傳習錄』, "如稱某人知孝, 某人知弟, 必是其人已曾行孝行弟, 方可稱他知孝知弟, 不成只是曉得說些孝弟的話, 便可稱爲知孝知弟."
42) 『傳習錄』, "日用事爲間, 體究踐履."
43) 『傳習錄』, "在事上磨練做工夫."

음식의 맛이 좋은지 나쁜지는 반드시 먼저 입에 넣어 본 후에 알 수 있다. 어찌 입에 넣어 보지도 않고 먼저 음식의 맛이 좋은지 나쁜지를 알 수 있겠는가?…… 갈림길에 서서 어느 길이 험난한지 평탄한지는 반드시 직접 걸어 본 다음에야 알 수 있다. 어찌 직접 걸어가 보지도 않고 먼저 그 길이 험난한지 아니면 평탄한지를 알 수 있겠는가?44)

이것은 한편으로는 모든 지식이 양지 본체에서 생겨난다는 입장을 견지하면서도 동시에 다른 한편으로는 구체적인 실천으로부터 지식이 생겨남을 인정하는 것이니, 인식론적 입장에서만 본다면 심각한 모순이 아닐 수 없다. 그러나 이러한 모순과 그의 양지설은 '심물합일론心物合一論'의 입장에서 본다면 충분히 해명될 수 있는 것이다.

결과적으로 지행관계에 대한 왕수인의 설명은 여러 측면에서 매우 중요한 가치가 있는데, 특히 중국 고대의 변증법적 사유가 지행 문제상에서 두드러지게 표현되었다는 점이 큰 의미를 지닌다고 하겠다. 하지만 왕수인의 논술은 또한 그의 심학적心學的 개념체계에서 표현되어 나온 것이기 때문에 결국 전체적으로는 심학의 속박을 받지 않을 수 없었다. 양지가 '지와 행의 본체'이고, 지는 '양지 본체의 유행'이며, 행은 '지의 공부'이므로 지행관계는 결국 주체 자신의 활동으로 귀결된다.

그는 실천적 주체 능동성의 원칙을 누구보다도 중시하여 '지행합일'을 주체 스스로의 자아실현을 의미하는 것으로 변화시켰고, 이를 통하여 천인합일의 근본 과정을 실현하고자 하였다. 여기에는 비록 인식론적인 내용이 어느 정도 포함되어 있기는 하지만 대부분 주로 도덕실천의 문제를 말한

---

44) 『傳習錄』, "食味之美惡, 待入口而後知. 豈有不待入口, 而已先知食味之美惡者邪?…… 路岐之險夷, 必待身親履歷而後知. 豈有不待身親履歷, 而已先知路岐之險夷者邪?"

것이다. 전체 성리학의 개념체계에서 보면 이러한 점이 더욱 분명하게 드러난다.

기학파氣學派의 나흠순羅欽順이나 왕정상王廷相 등과 같은 사람들 역시 '지행병진설知行竝進說'을 주장하였다. 그들이 말하는 지는 일반적으로 격물치지를 통해 얻어진 지식으로 '물리物理'와 '성리性理'를 포함하는 것이기는 하지만 여전히 도덕적 지식을 중요한 근거로 하고 있다. 그들이 말하는 행 역시 주로 도덕실천을 말하는 것이다. 이러한 점에 비추어 본다면 그들은 여전히 성리학性理學의 체계를 벗어나지 못하고 있기는 하지만 인식의 객관성과 실천의 주체성이 동시에 함께 나아가는 관계임을 강조함으로써 성리학과는 일정한 차별성을 보이고 있다고 할 수 있다. 나흠순은 다음과 같이 말한다.

> 배우는 사람에게 있어서 치지致知와 역행力行의 공부는 마땅히 함께 진행되어야 하는 것이니 진실로 앎이 철저해지기를 기다렸다가 그 다음에 힘써 행하는 도리는 없다. 또한 그 앎이 아직 철저하지 못하다면 그 행하는 것 역시 의혹이 없을 수 없다. 그러므로 이것은 다만 스스로 얼마나 힘쓰는가에 달려 있는 것이니 만약 이 문제에 대해 계속 토론하기만 한다면 한바탕 쓸데없는 말들만 오고 갈 뿐이니 무슨 보탬이 있겠는가!45)

그가 말하는 '병진竝進'은 기본적으로 주희에게서 나온 개념인데, 곧 그 행하는 바를 알고 그 아는 바를 행하며 지는 행이 되고 행은 지의 검증을 받으므로, 이 양자가 서로 보완하고 서로 이루어간다는 의미이다. 이것은

---

45) 『困知記』, "其在學者, 則致知力行工夫要當竝進, 固無必待所知旣徹, 以後力行之理. 亦未有所知未徹, 而能不疑其所行者也. 然此只在自勉, 若將來商量議擬, 第成一場閑說話耳, 果何益哉!"

'선지후행先知後行'도 아니고 '지행합일知行合一'도 아니다. 나흠순은 지행이 서로 촉진하고 추동하는 과정 속에서 부단히 심화되어 간다고 생각했다.

인식이 정확한가의 여부는 실천을 통해서만 결정될 수 있으니, 만약 실천을 통하지 않는다면 인식의 완전성이나 확실성은 보장 받을 수 없다. 또 인식은 실천을 이끌어내는 작용을 하므로 만약 인식이 철저하지 않으면 실천 역시 문제가 생기지 않을 수 없는 것이다. 나흠순은 지와 행의 관계가 단순히 이론적인 문제가 아니라 실천의 문제임을 인식하고 있었으며, 따라서 실천하는 가운데 체득해야 하는 것이지 논의에만 머물러 있어서는 곤란에 빠질 수밖에 없음을 지적하고 있다.

왕정상 역시 '지와 행을 함께 진행해야 함'(知行兼擧)을 주장한다. 그는 아는 것과 실행하는 것에 대해 어느 한쪽으로 치우치거나 경중을 나눌 수 없다고 생각하였으며, '치지'와 '역행'은 학문을 하는 데 있어서 결코 빠뜨릴 수 없는 두 가지의 일이라고 보아 이 양자의 함의에 대해 다음과 같이 규정하였다.

넓게 들어서 배우고 그것을 애써 기억함으로써 바탕을 만든다. 세밀하게 묻고 분명하게 변설함으로써 다른 사람들의 의견과 조화를 이룬다. 정밀하게 생각하고 연구함으로써 스스로 깨달음에 이른다. 이 세 가지에 최선을 다하면 치지致知의 도를 얻게 된다. 깊고 세밀하게 살핌으로써 선악의 기미를 깨닫는다. 돈독하게 행하고 실천함으로써 의리의 핵심을 지킨다. 잘못된 생각을 고침으로써 도덕의 실질을 지극하게 한다. 이 세 가지에 최선을 다하면 역행力行의 도를 얻게 된다.[46]

---

46) 『慎言』, 「潛心」, "博聞强記, 以爲資籍也. 審問明辯, 以求會同也. 精思硏究, 以致自得也. 三者盡而致知之道得矣. 深省密察, 以審善惡之幾也. 篤行實踐, 以守義理之中也. 改過徙義, 以極道德之實也. 三者盡而力行之道得矣."

왕정상은 학學·문問·사思·변辨을 치지의 일로 보았고, 성찰省察과 실천踐行, 그리고 자기 생각의 잘못을 고치는 것徙義을 역행의 일로 보아 여전히 도덕인식과 도덕실천의 의미에서 지행관계를 이해하고 해명하고자 하였다.

또한 왕정상이 말하는 '겸봉兼奉'이란 치지와 역행 가운데 어느 하나라도 빠질 수 없다는 말이니, 어느 하나만을 강조하여 다른 하나를 버릴 수 없는 것이며, 달리 구체적으로 이 둘의 관계를 설명할 수도 없다.

> 학문의 방법에는 치지와 실천의 두 가지가 있으니 이 둘을 겸하는 것이 제일 좋다. 성현의 길을 살피고 옛 규범을 익히는 것은 배움을 넓히는 데 힘쓰는 것이다. 여러 상황을 경험하여 일의 기미에 통달하는 것은 일을 체득하는 공부이다.…… 비록 그렇기는 하지만 인仁과 의義의 방법에 정밀하고, 요순堯舜의 경지에까지 이르는 것은 반드시 지와 행을 함께 병행하는 사람만이 할 수 있는 일이다.[47]

치지는 반드시 학문을 넓혀야 하는 것이고 역행은 반드시 일을 체득해야 하는 것이니, 이것은 달리 대신할 수 없는 것이다. 또한 진정으로 성인에 이르기 위해서는 반드시 이 양자를 함께 병행해야만 한다.

왕정상의 주된 공헌은 바로 '참된 앎'이란 실천적 경험에서 생겨난다는 관점을 명확히 제기함으로써 처음으로 실천을 인식론의 개념 속에 끌어들였으며, 이로써 참된 인식에 있어서 실천의 중요한 위치를 확립하였다는 점이다. 이는 그가 이전의 다른 성리학자들을 뛰어 넘고 있음을 보여준다. 그는 다음과 같이 말하였다.

---

[47] 『愼言』, 「小宗」, "學之術有二, 曰致知, 曰履事, 兼之者上也. 察於聖途, 諳於往範, 博文之力也. 練於群情, 達於事幾, 體事之功也.……雖然, 精於仁義之術, 優入堯舜之域, 必知行兼奉者能之矣."

경전을 익히고 학문을 토론하며 앎에 이르는 것은 진실로 먼저 힘써야 할 중요한 일이다. 그러나 반드시 구체적인 일에 나아가서 직접 체득하고 세밀하게 살핀 후에라야 비로소 그 앎이 참된 것이 된다.48)

구체적인 일에 나아가서 직접 체득한다는 것은 실천을 통해서 몸으로 체험하는 것을 말한다. 그에 따르면 실천적 경험이야말로 인식의 기초가 된다고 한다. 그러므로 그는 여러 비유를 통해 사회적 실천 경험이 없으면 어떠한 지식도 습득할 수 없음을 주장한다.

왕정상은 일반 인식론의 문제에 대해 이와 같이 주장하고 있으며, 이것은 분명한 경험론적 특징을 지니고 있다. 그러나 그가 말하는 '행'이나 '실천'은 객관적인 자연세계를 개조하는 실천이 아니라 인간의 생활 속에서의 실천을 말하며, 주로 도덕실천을 의미한다. 따라서 아직 사회적인 실천으로까지 끌어올리지는 못하였으며, 더욱이 이론인식의 중요한 의미를 설명하지도 못했다.

4. 명말청초

지행 개념에 대한 전반적인 최종 결론은 왕부지王夫之에 의해 내려졌다. 그는 '지선행후설'과 '지행합일설'을 모두 비판하였으며, 주희의 학설을 개조하고 발전시킨 기초 위에서 지와 행은 서로 바탕이 되어 함께 나아간다는 '지행상자병진설知行相資竝進說'을 제기함으로써 지행의 관계 문제를 어느 정도 체계적으로 해결하였다.

---

48) 『石龍書院學辯』, "傳經討業致知, 固其先務矣, 然必體察於事會, 以後爲知之眞."

왕부지는 지행에 대해 일반적인 해석을 하여 "지와 행을 구분함에 있어서 크게 단락을 나누어 경계를 지을 수가 있으니, 가령 의리를 강구하는 것은 지의 영역이 되고, 일이나 상황에 대응하는 것은 행의 영역이 되는 것이다"49)라고 생각하였다. 이것은 곧 지와 행에 각기 다른 함의가 있음을 의미한다. 한 걸음 더 깊이 분석하면 그가 말하는 지는 비교적 복잡하기는 하지만 대체로 두 가지의 의미를 가진다고 할 수 있다. 하나는 객관적 규율에 대한 인식, 즉 사물에 나아가 하나하나 그 이치를 궁구하는 '격물궁리格物窮理'의 지이고, 다른 하나는 마음속의 성리에 대한 인식 즉 마음을 다하고 인간 본성을 탐구하는 '진심지성盡心知性'의 지이다. 엄밀히 말해서 이 두 가지는 분명히 구별되는 것이면서 동시에 밀접하게 관련되어 있는 것이다.

전체 개념체계에서 보면, 인간의 심성을 탐구하는 지는 가장 높은 차원의 것이며, 이것은 왕부지 지행설의 주요 내용을 구성하고 있다. 하지만 왕부지는 다른 사람들에 비해 객관사물의 인식을 더욱 강조했는데, 이것은 그보다 앞선 시대의 학자들을 뛰어넘는 부분이라고 할 수 있다. 하여간 이 두 종류의 지는 그의 지행 학설 가운데 모두 존재하지만, 그는 결코 이들을 따로 구별하여 말하지 않았다.

왕부지가 말하는 행 또한 이와 유사한 상황에 놓여 있다. 그는 "행이라는 것은 도가 일에 따라 펼쳐지는 것이다"50)라고 하였는데, 이것은 곧 주관적 인식이 객관적 사물과 결합되는 실천활동임을 말한다. '도道'는 윤리도덕적 지식을 말하며, 또한 일반적 규율에 대한 인식을 가리킨다. '사事'

---

49) 『讀四書大全說』, 권3, 「中庸・第二十四章」, "知行之分, 有從大段分界限者, 則如講求義理爲知, 應事接物爲行是也."
50) 『讀四書大全說』, 권3, 「中庸・第二十四章」, "行者, 道之措於事者也."

는 사람들 사이에서 일상적으로 벌어지는 일을 말하며, 또한 보통의 객관 사물을 가리키는 것이다. '조措'는 주관에서 객관으로 전화되는 과정을 말한다. 이것은 일이나 상황에 대응하는 실천적 활동이면서 동시에 사회적 실천의 의미까지도 포함하고 있다.

왕부지는 지행관계가 천인합일을 실현하는 중요한 과정이자 방법임을 강조함으로써 성리학의 전체 개념체계 속에서 지행 개념이 차지하는 지위와 작용에 대한 중요한 결론을 끌어냈다. 그는 다음과 같이 말하였다.

> 사람은 천지의 가운데(中)를 받아서 태어났으므로 성인의 공부는 반드시 하늘과 합일하는 것을 지극하게 여긴다. 하늘에 합한다는 것은 하늘이 나를 낳은 도리와 합하는 것일 따름이다.…… 무릇 하늘과 사람의 도량은 다르지만 하늘이 사람에게 보는 것은 그 도가 지知에 있기 때문이다. 하늘과 사람의 일은 다르지만 사람이 하늘을 본받을 수 있는 것은 그 도가 행行에 있기 때문이다. 지와 행을 각기 본래의 모습으로 온전하게 하면 사람이라도 하늘에 통하게 되고, 지와 행을 각기 그 지극함까지 이르게 하면 하늘이 곧 나에게 있는 것이다.51)

지는 사람이 하늘의 도리를 보는 것, 즉 하늘이 나를 낳은 도리에 대한 자각적 인식이다. 행은 사람이 하늘을 본받는 것, 즉 하늘이 나를 낳은 도리와 서로 합하게 되는 근본 과정이며 방법이다. 비록 하늘과 사람의 도량에 차이가 있고 하늘과 사람의 일이 각기 다르지만 본질적으로는 완전히 통일된 것이며, 지행은 이러한 통일을 실현하는 방법이라는 것이다. 지와 행을 각각 그 지극함에까지 이르게 하면 통일이 이루어지며, 이것이 곧 천

---

51) 『四書訓義』, 권35, 「孟子・十三」, "人受天地之中以生, 故作聖之功, 必以合天爲極. 合天者, 與天之所以生我之理合而已矣.……夫天人之量別矣, 而見天於人者, 其道在知. 天人之事殊矣, 而以人法天者, 其道在行. 知行各全其本量, 而人通於天, 知行各臻其極, 而天卽在我矣."

인합일의 경지이다. 이런 점에서 왕부지야말로 성리학의 개념체계를 진정으로 완성시킨 사람이라고 말할 수 있을 것이다.

또한 왕부지는 지와 행의 구체적 관계를 논하면서 매우 다양한 논리전개를 통하여 실천을 인식보다 앞선 지위에 놓음으로써 실천적 관점을 확립했다는 점에서도 새로운 발전을 이루었다. 그는 학문의 방법에 대해서 "반드시 실천하는 것을 위주로 해야 하며, 강습하고 토론하기만 하는 것은 학문이라고 할 수 없다"[52]라고 하였고, 학學·문問·사思·변辨·행行에 대해서 "만약 이 다섯 가지 중에서 가장 태만히 할 수 없는 것이 있다면 그것은 바로 행이다"[53]라고 하였다. 이 말은 인식과 실천의 관계에 있어 분명하게 실천을 우위에 두는 입장을 보인 것이라고 할 수 있다.

구체적으로 말해서 왕부지는 '행은 지를 겸할 수 있다'(行可兼知), '행은 반드시 지를 통섭해야 한다'(行必統知)고 하였는데, 이것은 지가 행에 의해 통일됨으로써 행이 곧 지의 기초가 된다는 관점을 제시한 것이다. 이것은 다음과 같은 두 가지 측면에서 의미가 있다.

하나는, 지의 효능은 반드시 행에 의해서만 드러날 수 있다는 점이다. 왕부지는 다음과 같이 말한다.

> 앎은 진실로 행에 의해서 공효가 이루어지는 것이지만 행은 앎에 의해서 공효가 이루어지는 것이 아니다. 행이 어찌 앎으로써 생기는 효능이겠으며, 지가 어찌 행함으로써 얻어지는 효능이 아닐 수 있겠는가?[54]

---

52) 『讀四書大全說』, 권4, 「論語·爲政」, "必須踐履爲主, 不徒講習討論而可云學也."
53) 『讀四書大全說』, 권4, 「中庸·第二十章」, "若論五者第一不容緩, 則莫如行."
54) 『尙書引義』, 권3, 「說命中」, "知也者, 固以行爲功者也, 行也者, 不以知爲功者也. 行焉可以得知之效也? 知焉未可以得行之效也?"

지는 행에 의해서만 그 공효를 실현할 수 있으며, 지의 정확성 여부 또한 실천을 통해서만 증명될 수 있다. 일상생활 속에서의 도리는 군주와 백성, 친구와 동료, 희노애락의 감정 사이에서 실행되어야 비로소 그 옳고 그름이 증명될 수 있는 것이니, 만약 도리가 정확하고 올바르다면 신뢰를 얻을 것이고, 만약 정확하지 못하거나 바르지 않다면 의미를 상실하고 의혹에 빠지게 될 것이다. 이것은 지에 비해서 행이 더욱 직접적이고 중요한 의미를 지니고 있음을 보여 주는 것이다. 모든 인식은 결국 행위에 의해서 결정된다는 왕부지의 주장은 실용적인 사상이 포함되어 있으나, 결과적으로는 실용주의로 귀결될 수 없었다.

다른 하나는 지가 곧 행에 근원하고 있다는 점이다. 왕부지는 "무릇 아는 사람은 행하지 못할 수도 있으나 행하는 사람은 앎이 없을 수 없다"[55]라고 하였고, 또 "지는 행을 통섭하지 못할 수도 있으나 행은 반드시 지를 통섭하게 된다"[56]라고 하였다. 행은 반드시 지를 통해서 나오는 것은 아니지만 지는 반드시 행을 통해서 나오는 것이며, 또한 지는 행을 겸할 수 없지만 행은 지를 겸할 수 있는 것이다. 여기에서 '통섭한다' 혹은 '겸한다'는 말은 결국 모든 진정한 의미의 지식은 실천의 범위를 벗어날 수 없을 뿐만 아니라 더욱이 알고 난 후에 행하게 되는 것도 아니라는 것이다. 그는 다음과 같이 말한다.

대개 천하의 일은 진실로 미리 세워진 것에 인하는 것이니, 먼저 앎이 완전해진 다음에 비로소 그것을 실행하게 되는 이치는 없다. 직접 몸으로 일에 접하지 않고는 온전한 앎에 이를 수 없다. 그러므로 시간이 날 때마다 세밀하게 따지고

---

55) 『讀四書大全說』, 권4, 「論語・衛靈公」, "凡知者或未能行, 而行者則無不知."
56) 『讀四書大全說』, 권4, 「論語・衛靈公」, "知有不統行, 而行必統知也."

탐구하기를 십여 년을 하더라도 그것을 실제로 적용할 때는 서로 맞지 않는 것이 많게 된다.…… 그러므로 치지의 공부는 직접 몸으로 그것을 실행해야 하는 것이지, 그저 지식만을 많이 쌓는다고 해서 정성스럽고 올바른 쓰임이 되는 것은 아니다.57)

지와 행은 하나의 연속적 과정으로서 확연히 나눌 수 없는 것이다. 어떠한 실천이든 모두 일정한 지식이 미리 전제로 주어져 있기는(豫立) 하지만 그렇다고 해서 이것이 먼저 알고 난 후에 다시 그것을 행한다는 의미가 되는 것은 아니다. 사실상 모든 도덕지식은 몸소 실천하는 가운데 비로소 얻어지는 것이지, 세밀하게 따지고 탐구함으로써 얻을 수 있는 것이 아니다. 결론적으로 치지의 공부는 결코 행위를 떠나서는 이룰 수 없는 것이다.

여기에서 특히 중요한 점은 왕부지가 자연계에 대한 인식에서부터 지행관계를 설명했다는 것인데, 이것은 도덕실천의 범위를 벗어나서 성리학의 개념체계에 대해 새롭게 해명한 것이다. 예를 들어 자연계의 해와 달, 물과 불 등은 인류의 생활과 밀접하게 관계되어 있으나, 그러한 자연계의 성질이나 기능에 대한 인식은 그저 눈으로 보거나 마음으로 깨닫는 것으로 이루어질 수 있는 것이 아니라 반드시 실천적인 활동을 통해서만 가능한 것이다. 이처럼 직접 몸으로 실천하는 가운데 실제적인 효용이 생겨나고, 이로부터 사물들의 성질을 인식하게 된다. 예를 들어 돋보기를 이용해서 불을 일으키거나 두레박으로 물을 퍼 올리는 것은 인류가 자연계를 인식하고 그것을 개조해 나간 사례이며, 이것은 곧 실천하는 가운데 얻어진 것이다. 이것은 비록 하나의 사소한 예증에 불과한 것이고 또 왕부지가 이

---

57) 『讀四書大全說』, 권1, 「大學傳」, "蓋天下之事, 固因豫立, 而亦無先知完了方才去行之理. 使爾, 無論事到身上, 由你從容去致知不得. 便盡有暇日, 揣擊得十余年, 及至用時, 不相應者多矣.……是故致知之功, 非抹下行之之功於不試, 而姑儲其知以爲誠正之用."

러한 인식을 보편적인 이론으로 끌어올리지는 못했지만, 적어도 과학적 인식과 실천의 관계 문제를 직접 관련시켰다는 점은 지행 개념의 발전에 있어서 결코 가볍지 않은 중요한 의미를 지닌다.

왕부지는 물론 행의 작용을 강조했다고 할 수 있다. 하지만 동시에 지 역시 매우 중시했다. 따라서 그는 지와 행의 관계에 대해 '서로가 바탕이 되고, 상호 작용한다'(相資互用), '함께 진행하여 공을 이룬다'(並進有功)라는 명제를 제시함으로써 지행을 통일시키고자 하였다. 그는 지와 행이 두 가지의 일도 아니지만 그렇다고 해서 합일되어 있는 것도 아니라고 생각했다. 즉 구별되어 있으면서도 또한 밀접하게 연결되어 있고, 대립하면서도 통일되어 있는 관계라는 것이다. 그는 다음과 같이 말한다.

> 오로지 각각의 공에 이르게 되면 또한 각기 그 효능이 있는 것이다. 그러므로 서로 바탕이 됨으로써 상호 작용하면, 서로 갈마드는 것에서 반드시 구분이 있음을 알 수 있다. 같은 것은 서로 작용하지 못하니 다른 것을 바탕으로 하여 같은 것과 화합하면 공효가 생기게 되는데, 이것이 곧 정해진 이치이다.[58]

왕부지는 왕수인의 '지행합일설'을 비판하면서 지와 행은 각각의 기능과 작용이 있기 때문에 이 둘을 섞어서 하나로 말할 수 없으며, 더욱이 지를 행으로 여겨서도 안 된다고 하였다. 비유하자면 예쁜 색을 좋아하고 나쁜 냄새를 싫어하는 것, "좋아하거나 싫어하는 생각이 생겨날 때는 확연하게 깨닫게 되는 것이니, 어찌 지에 속하지 않겠는가? 좋아하면 얻고자 하고 싫어하면 버리고자 하는 것에서부터 비로소 행에 속하는 것이다."[59] 이

---

58) 『禮記章句』, 권31, 「中庸」, "惟其各有致功爾亦各有其效, 故相資以互用, 則於其相互蓋知其必分矣. 同者不相爲用, 資於異者乃和同而起功, 此定理也."
59) 『讀四書大全說』, 권1, 「大學傳」, "起念好惡時, 惺然不昧, 豈不屬知? 好而求得, 惡而求

처럼 지와 행이 구별됨을 인정해야만 비로소 상호 작용할 수 있고, 서로 통일될 수 있다. 그는 왕수인이 주장하는 지행합일설의 합리적 부분은 받아들이면서도, 지를 행으로 여기고 행이 지를 통합하는 것과 같은 잘못된 관점은 부정함으로써 지와 행의 관계 문제를 변증법적으로 해결하고자 하였다.

이른바 '상자위용相資爲用', '병진유공並進有功'이라는 말은 두 가지 의미를 포함한다. 첫 번째는 지 가운데 행이 포함되어 있으며, 행 가운데 지가 포함되어 있다는 것이다. 그러므로 하나의 일에 대해 이것은 지에 속하는 것이지 행이 아니라거나 반대로 행에 속하는 것일 뿐 지가 아니라는 식으로 분리해서 말할 수 없다. 가령 의리를 강구하는 가운데에도 행의 측면이 있고, 일에 대응하고 사물에 접하는 가운데에도 또한 지의 측면이 있는 것이다.

두 번째 의미는 지와 행은 서로를 이끌어 주며, 서로 전화한다는 것이다. 이와 관련하여 왕부지는 다음과 같이 말한다.

대개 지와 행을 말하는 사람은 치지致知와 역행力行을 일컬어 말한다. 이처럼 치지와 역행으로 말하면 그 공효를 구분할 수 있다. 공효를 구분할 수 있으면 선후의 차례를 정할 수 있게 된다. 선후의 차례를 정하면 선후는 또한 서로를 완성시켜 주니, 곧 지로 말미암아 행하는 바를 알게 되고, 행으로 말미암아 아는 것을 행하게 되므로 또한 함께 나아가는 공효가 있다고 말할 수 있을 것이다.[60]

去, 方始屬行."
60) 『讀四書大全說』, 권4, 「論語・爲政」, "蓋云知行者, 致知力行之謂也. 其爲致知力行, 故功可得而分. 功可得而分, 則可立先後之序. 可立先後之序, 而先後又互相爲成, 則由知而知所行, 由行而行則知之, 亦可云並進而有功."

지 가운데 행이 있기는 하지만 지는 행과 동등하지 않으며, 행 가운데 지가 있지만 행은 지와 동등하지 않다. 행으로 말미암아 지에 이르고, 지로 말미암아 행에 이르게 되므로 반드시 선후의 순서가 있게 된다. 그러나 이 순서는 결코 고정되어 있는 것이 아니며, 서로 전화되고 서로 추진하는 것이다.

결론적으로 말해서 왕부지는 주희와 왕수인 이후 지행 개념에 관련된 모든 성과를 비판적으로 총결산하였다. 이 과정에서 보다 체계적인 지행관을 제기하여 성리학의 개념체계가 지닌 한계를 어느 정도 탈피할 수 있었고, 객관 인식론의 입장에서 지행의 관계 문제를 논술함으로써 역사적 공헌을 했다고 할 수 있다. 그러나 왕부지 역시 자연계의 법칙을 과학적으로 인식하고 개조하기 위한 체계적인 이론을 제시하지는 못하였으며, 그의 지행설은 여전히 도덕실천이론을 바탕에 깔고 있었으므로 궁극적 목적 또한 천인합일의 이상적 경계를 실현하는 것에 국한되어 있었다. 이러한 한계점으로 인하여 그의 지행관은 성리학적 개념론이 도달할 수 있는 최고봉에까지 이르렀고 또 그 사상 속에는 변증법적 내용이 매우 풍부했음에도 불구하고 진정한 인식론적 실천이론으로 나아가지는 못하였다.

왕부지 이후, 지행 개념에 또 한 번의 변화가 일어났다. 안원顔元은 공개적으로 '실천적 학문'을 제창하고 인간 심성心性에 대한 이론적인 공리공담을 반대하였다. 그는 성리학자들이 제기한 심성 문제에 대해 이것은 경제적으로 조금도 보탬이 되지 못할 뿐만 아니라 몸으로 실천하는 것과도 무관한 것이라고 하여 강력하게 비판하였다.

안원은 실천의 관점에서 새로운 발전을 이루었는데, 모든 것은 실천을 통해야 하며, 실천하는 가운데 배움이 있고 실천하는 가운데 지식의 운용이 있으며, 실천을 통해서만 현실을 개조할 수 있다고 주장함으로써 당시의 시대적 위기감을 반영하는 동시에 모종의 극단적인 의식을 표현하였다. 그에 따르면, 성리학자들이 범한 가장 큰 잘못은 강설만 많이 하고 실천은 적게 한 것이며, 특히 경제적인 활동이 더욱 적었던 점이다. 그러므로 그는 실천을 통한 '경제經濟'를 제창하였다.

그가 말하는 '경제'는 곧 '국가를 경영하고 세상을 구제하며'(經邦濟世), '세상을 돕고 사람들을 윤택하게 하는'(輔世澤民) 학문으로서 이른바 '실학實學'을 말한다. 따라서 그는 "실제의 학문에 밝지 않으면 아무리 언설이 정밀하고 글의 논리가 정연하다 하더라도 세상에 무슨 공이 있으며 도리에 무슨 도움이 되겠는가?"[61]라고 하였다. 이 말을 통하여 우리는 그가 말하는 실천학문이 성리학자들이 말하는 도덕실천과는 완전히 다른 것임을 알 수 있다. 안원의 실천은 사회적 효용성을 더욱 강조하는 것이다. 만약 중국철학이 실용적 이성의 특징을 가지고 있었다면, '실천'과 '경제'를 특징으로 하는 안원의 실학이 곧 하나의 모범적인 전형이 될 수 있었을 것이다.

안원의 인식론과 성리학적 인식론의 중요한 차이점은 바로 성리학은 비록 실천이성을 말하기는 하지만 오히려 이상주의적 특징을 표현하고 있는데 비해 안원은 실용과 공리를 가장 우선시한다는 점이다. 성리학자들 역시 '독행실천篤行實踐'을 강조하지만 그것은 어디까지나 주로 도덕적 실천에 국한하여 말한 것이며, 그 목적 또한 자아를 완성하고 나아가 천인합일의 정신적 경지를 실현하기 위한 것이다.

성리학자들이 추구했던 최고의 목표는 도덕적 가치이지 직접적인 사회적 가치는 아니었다. 성리학적 사유에 따르면 이른바 '치국평천하治國平天下'라는 것 또한 심성心性을 중요한 핵심으로 하고 내성외왕內聖外王의 학

---

61) 『存學編』, "實學不明, 言雖精, 書雖備, 於世何功, 於道何補?"

을 통하여 실현될 수 있는 것이다. 이에 비해 안원은 외왕外王의 학을 더욱 강조했으며, 내성內聖의 공부는 그다지 중시하지 않았다. 그래서 그는 "내 감히 말하거니와 성명의 도리는 말로 설명할 수 있는 것이 아니다"[62]라고 하였다. 이러한 의미에서 안원의 실천철학은 성리학의 이론적 성격을 비판하고 있으며, 이것은 곧 당시의 시대적 특징과 요구를 반영한 것이라고 할 수 있다.

지행 개념에서 말하면, 그가 말하는 지知 또는 학學은 심성의 리에 대한 자아인식이 아니라 객관사물에 대한 인식이며, 이것은 주로 두 부분을 포괄하고 있다. 첫째는 사회에 대한 인식으로 예악제도가 중심이 된다. 둘째는 자연계에 대한 지식으로 천문・지리・역법・공업・농업 등과 같은 과학기술의 영역이다. 그는 유가의 '육예六禮', 즉 예禮・악樂・사射・어御・서書・수數를 배우는 것을 매우 중시하였으며, 이것이야말로 공자가 제창한 '실제의 학문'이고 성리학자들이 말하는 심성학心性學과는 다른 것이라고 생각하였다. 왜냐하면 이러한 것들은 현실사회에서 실질적인 효용성을 가지는 것이기 때문이다. 이러한 사실은 그가 자연과학에 매우 큰 관심이 있음을 보여 준다. 안원은 이러한 과학적 인식과 성리학자들의 도덕성명학을 대립시킴으로써 새로운 사유의 특징을 표현하였다.

이와 관련하여 그가 말하는 행은 개인의 도덕실천을 가리킬 뿐만 아니라 몸으로 직접 각종의 기술을 활용하여 실천적 활동에 참가하는 것을 의미한다. 안원은 실천하는 가운데 모든 유용한 지식을 배울 수 있다고 생각하였다. 예를 들어 예악을 배우는 것은 예에 관련된 책을 읽음으로써가 아니라 직접 예절 행위를 함으로써 배울 수 있는 것이다. 천문・지리・역법

---

62) 『存學編』, "僕妄謂性命之理不可講也."

과 같은 과학기술 지식에 대해서 다음과 같이 말하였다.

> 만약 깊고 정밀하게 꿰뚫어 보고자 한다면 누구든지 반드시 밤낮으로 힘을 다해 배우고 익혀야 하는 것이니, 이처럼 수년간에 걸쳐 수련한 공효는 단순히 문자를 이해함으로써 앉아서 얻을 수 있는 것과는 비교할 수 없다.63)

'습習'이란 실천이며, '험驗'은 실제로 고찰하고 실천하는 가운데 검증되는 것이다. 그에 따르면 모든 유용한 학문은 반드시 실천을 통해야 획득할 수 있으며, 입으로 말하고 종이 위에 쓰기만 하며 몸으로 익히지 않는 것은 모두가 무용한 것이다.

지행관계에 대하여 안원이 지니고 있는 또 다른 하나의 특징은 지식은 곧 실제로 쓰일 수 있어야 함을 강조한다는 점이다. 그는 도리를 분명히 깨달으면 자연히 그것을 행할 수 있다는 성리학의 주지주의적主知主義的 관점을 비판하면서 다음과 같이 말하고 있다.

> 도리를 살펴서 이미 밝게 깨달았더라도 일에 나아가 실천하지 못하는 사람들이 많이 있으니, 송대宋代의 여러 선생들은 도리를 살피는 것이 분명하지 못하다고 하면서 사람들에게 도를 밝힐 것을 가르쳤을 따름이다.64)

어떤 것을 인식했다고 해서 반드시 실행할 수 있는 것은 아니며, 실행하지 못하는 이론은 곧 아무 소용이 없는 것이다. 그는 실천하는 가운데 배워야 할 뿐만 아니라 실천하는 가운데 쓰임이 있어야 하며, 그 실천이 사회적으로 유용한 효과를 산출할 수 있어야 한다고 주장했다. 이론을 학

---

63) 『存學編』, "若洞究淵微, 皆須日夜講習之力, 數年歷驗之功, 非比理會文字, 可坐而獲也."
64) 『存學編』, "見理已明而不能處事者多矣, 有宋諸先生便謂還是見理不明, 只敎人明理."

습하는 것은 의술을 배워 병자를 치료하는 것과 같이 세상을 돕고 사람들을 윤택하게(輔世澤民) 함으로써 사회에 공헌하고 봉사하기 위한 것이다. 그는 학자가 아니라 세상을 변혁하는 사람이 되고자 하였다. 이것은 당시에 공리공담을 비판하는 사회적 분위기를 형성하는 데 매우 적극적인 작용을 하였으나 이론적인 측면에서 보면 지나치게 어느 한쪽에만 치우치게 되어 결국 극단적 경험론으로 빠지기 쉬운 한계를 지니고 있었다.

여기에서 반드시 지적해야 할 것은 안원이 비록 성리학을 비판하고는 있지만 그것이 결코 유학 전체에 대한 반대나 비판은 아니라는 점이다. 그가 주장한 '경세치용經世致用'의 학문은 유가사상의 범위를 벗어나지 않는다. 또한 성리학에 대해서도 심성에 대해 공허한 담론만 일삼고 오히려 실천을 가볍게 여기는 행태, 즉 이론만 분분하고 사회적 실천은 등한시하는 성리학의 부정적 측면을 폭로하고 비판한 것이지, 결코 근본적으로 심성心性에 관한 학문 자체를 부정하려 했던 것은 아니었다.

그가 '성性과 명命에 대해서는 이론적으로 설명할 수 없다'고 한 것은 비록 성리학을 비판하는 요소를 지니고 있기는 하지만, 성명의 도리가 시詩·서書·예禮·악樂 등의 육례六禮에 있으며 생활 속에서 실천하는 가운데 이 도리를 체득해야 함을 주장한 것이지, 어떤 새로운 학설을 세워서 성리학에 반대하고자 한 것은 결코 아니었다. 그러므로 안원의 실학사상에 대해서는 역사적 사실에 부합하는 올바른 평가가 필요하다.

지행 개념에 대한 대진戴震의 해석은 왕부지나 안원 등과는 차이가 있다. 그는 '상자병진相資竝進'을 주장하지도, 또 '실천'을 주장하지도 않았으며, 오히려 '지'를 중시함으로써 '지선행후知先行後'에 기울어져 있었다. 이처럼 형식적인 측면에서 보면 그의 사상은 성리학이 처음 시작된 단계로 되돌아가는 것처럼 보이지만 사실은 그렇지 않다. 왜냐하면 그는 지행 문제에 대해 천리를 보존하고 인욕을 없애고자 하는(存天理去人欲) 도덕실천의 문제와 분명히 구분하는 입장을 취하고 있으며, 어디까지나 인식론적 입장에서 지행관계를 논의하고 있기 때문에, 그가 말하는 지행의 의미는 결코 성리학자들이 말하는 지행의 의미와 동일한 것일 수 없다. 그는 다음과 같이 말한다.

> 성현의 말씀은 사람들로 하여금 지극히 합당한 것을 구함으로써 그것을 실천하도록 이끌어 나가는 것이다. 지극히 합당한 것을 구한다는 것은 곧 먼저 앎에 힘쓰도록 하는 것이다. 무릇 사욕은 버리면서도 (마음에) 가려진 것을 제거하려 하지 않는 것은 실천만을 중시하는 것으로 그보다 먼저 앎을 중시해야 함을 모르는 것이니, 이것은 성인의 학문이 아니다.[65]

> 무릇 이단의 학설은 모두가 욕망을 없애는 것만을 주로 할 뿐, (마음에) 가려진 것이 없기를 바라지 않으니, 이는 실천만을 중시하고 그보다 먼저 앎이 중요함을 모르는 것이다. 보통 사람들은 그들의 독실한 행동을 보고, 사욕이 없음을 보기 때문에 모두가 그들을 존경하고 신뢰하지 않음이 없다. 성현의 학문은 박학博學, 심문審問, 신사愼思, 명변明辯을 거쳐서 이로 말미암아 독행篤行에 이르고자 하는 것이며, 행이란 인간사회의 일상생활 속에서 마음에 아무런 가려진 것이 없이 행하는 것이니, 저들(道家와 佛敎)이 인륜과 일상을 버리고 욕망을 없앰으로써 행위를 돈독하게 하려는 것과는 다르다.[66]

대진은 앎과 욕망을 구별하면서, 앎이 왜곡되는 것은 가려져 있기 때문

---

65) 『孟子字義疏證』, 「權」, "聖賢之言, 無非使人求其至當以見其行. 求其至當, 卽務先於知也. 凡去私不求去蔽, 重行不先重知, 非聖學也."
66) 『孟子字義疏證』, 「權」, "凡異說皆主於無欲, 不求無蔽, 重行不先重知. 人見其篤行也, 無欲也, 故莫不尊信之. 聖賢之學, 由博學審問愼思明辯以後篤行, 則行者, 行其人倫日用之不蔽者也, 非如彼之舍人倫日用, 以無欲爲能篤行也."

이고 욕망이 왜곡되는 것은 사사로운 감정이 있기 때문이라고 지적하며, "사욕을 제거하는 데는 다른 사람을 배려하는 서恕에 충실한 것보다 좋은 것이 없고, 가려진 것을 풀어내는 데는 학문보다 좋은 것이 없다"67)고 하였다. 그러므로 그가 말하는 행은 주로 학문과 서로 연결되는 것이지, 욕망을 제거하는 도덕실천과 연결되는 것이 아니다.

대진은 행위를 중시하는 입장에 대해 욕망을 없앨 것을 주장하는 도덕실천론과 연결시켜 날카로운 비판을 하고 있는데, 이로써 지행의 문제를 성리학적 도덕수양론에서 해방시키고, 이것을 순수 인식론적 문제로 변화시켰다. 이것은 지행 개념의 발전 과정에 있어서 중요한 변화이다. 그가 말하는 지행은 비록 인간사회의 일상생활에서 벗어나 있는 것은 아니지만 이것은 인식론의 영역에 속하는 것이지 수양론에 속하는 문제가 아니다. 이런 의미에서 인식의 문제는 이제 도덕철학으로부터 분리되었으며, 독립적 이론체계를 형성하게 되었다고 할 수 있다.

대진은 비록 이러한 임무를 완수하지는 못했지만 그의 노력은 큰 의미가 있다. 그의 구별에 따르면 '리욕理欲' 개념의 주된 임무는 불교와 도가의 '무욕설無欲說'을 비판하는 것이고, 지행 개념의 임무는 '가려진 것을 풀어내는 것'(解蔽), 즉 인식의 문제를 해결하는 것이다. 인식이 분명하지 못하면 행위 역시 성리학자들의 전철을 따라 욕망을 없앰으로써 돈독하게 행위 하려는 쪽으로 나아가게 될 것이다. 그러므로 반드시 먼저 가려진 것을 풀어헤치고 지와 행의 함의를 명백하게 함으로써 올바른 이론체계를 세우며, 사람들이 성리학의 미로에서 벗어날 수 있도록 옳고 그름을 분명하게 가려낸 다음에야 비로소 실천에 대해 말할 수 있는 것이다.

---

67) 『原善』, "去私莫如强恕, 解蔽莫如學."

사실상 대진의 '중지설重知說'은 이성주의적 특징을 표현하고 있으며, 이론적인 사유작용을 특히 강조한다. 즉 학學·문問·사思·변辯을 통하여 가려짐이 없는 온전한 앎을 획득할 수 있고, 이 온전한 앎이 또한 실천을 끌어내고 감독하는 중대한 작용을 한다는 것이다. 그러므로 그는 실천이나 체험적 활동을 그다지 중시하지 않았고, 더욱이 욕망을 제거함으로써 돈독하게 행위할 수 있다는 도덕수양론에 대해 분명한 반대의 입장을 보이고 있다. 이러한 것들은 모두 지행 개념이 성리학으로부터 완전히 이탈하고 있음을 반영하는 것이다.

제17장 격물과 치지

'지행知行' 개념이 성리학적 인식론의 기본 개념으로 확정되고, 그에 대한 논의가 진행되면서 동시에 이와 관련한 여러 개념들이 생겨났는데, '격물치지格物致知'는 그중에서도 가장 중요하게 다루어졌던 개념이다. 격물치지는 곧 '지'의 문제에 대해 전문적으로 논의한 것으로 성리학의 인식론적·방법론적 특징을 가장 잘 드러내고 있다고 할 수 있으며, 이러한 특징으로 인해 성리학 개념론에 있어서 매우 중요한 위치를 차지하고 있다.

'격물치지'는 결코 인식론의 문제에 국한되어 있지 않지만 기본적으로 인식의 문제와 밀접하게 관련되어 있다. 성리학의 여러 학파들의 경우 우주론과 심성론에서 각기 서로 다른 특징을 가지고 있기 때문에 격물치지에 대한 해석 역시 서로 다르게 나타난다. 심지어 격물치지에 대한 해석의 차이로 인해 커다란 사상적 분기와 논쟁이 발생하기도 하였다. 하지만 이러한 논쟁은 기본적으로 성리학의 개념체계 내에서 진행된 것이다. 명대에서 청대로 넘어가는 교체기에 새로운 사회적 상황이 발생하고, 그에 따른 새로운 내용이 덧붙여짐으로써 이질적인 측면이 표출되기도 하였다. 그러나 결코 전체 개념체계를 깨뜨리지는 않았으며, 완전히 독립적인 인식론 개념으로 변화하였다.

1. 송대 이전

격물치지라는 말은 『예기禮記』「대학大學」편에 처음 보인다. 그 속에는 이른바 '삼강령三綱領'과 '팔조목八條目'에 대한 언급이 있는데, 주로 수신修身에서 치국평천하治國平天下에 이르는 도리와 방법에 대해 말하고 있다. 여기에서는 '수신修身의 도道'가 정심正心, 성의誠意, 치지致知, 격물格物 등과 같은 방법을 포괄하고 있으며, '치지는 격물에 달려 있고'(致知在格物) '물이 격해진 다음에 지에 이르게 된다'(物格以後知致)고 하였다. 정현鄭玄은 여기에 주를 붙여서 "격은 오는 것이다. 물은 사事와 같다"[1]고 풀이하였는데, 이것이 격물에 대한 최초의 해석이다.

『대학』은 진秦에서 한대漢代 사이에 지어졌는데, 어떤 학자들은 순자의 사상과 깊은 관련이 있으며 그 속에는 경험론적 인식론이 제기되어 있다고 생각한다. 그러나 『대학』에서 제기한 인식론 문제는 '밝은 덕을 밝히는 것'(明明德)과 직접적인 관계가 있으며, 실제로 인륜과 사물에 대한 인식을 통하여 마음속의 '밝은 덕'을 드러내고자 한 것이라고 보아야 한다. 또한 이것은 수신의 기본 내용이 된다. '모든 것은 수신을 근본으로 삼는다'라고 한 것은 수신 이후에 천하가 비로소 고르게 다스려질 수 있기 때문이다. 이것은 바로 유가의 '내성외왕內聖外王'의 학문방식이다. 후대에 와서 성리학자들이 『예기』에서 『대학』을 뽑아내었고, 그 가운데 '격물치지'를 끌어 와서 『주역』「계사전繫辭傳」의 '궁리진성窮理盡性'과 결합시킴으로써, 이후 '격물치지'는 성리학 방법론의 중요한 개념으로 변화되었고 아울러 새로운 함의를 부여받게 되었다.

---

1) 『大學章句』, "格, 來也. 物猶事也."

이후 성리학이 태동하는 단계에 이르러 이고李翶가 가장 먼저 격물치지의 문제를 제기했다. 그는 다음과 같이 말하였다.

> 물은 만물이며, 격은 오는 것으로 즉 이른다는 것이다. 사물이 이를 때 그 마음이 밝아 이에 분명하게 변별하여 사물에 응하지 않는 것이 곧 치지이며, 이것은 앎이 지극함에 이른 것이다. 앎이 지극함에 이르렀으므로 뜻이 정성스러워지고, 뜻이 정성스러우면 마음이 바르게 되며, 마음이 바르기 때문에 몸이 닦여지고, 몸이 닦여지면 집안이 가지런해지고, 집안이 가지런하면 나라가 다스려지며, 나라가 다스려지면 천하가 평화롭게 된다. 이것이 곧 (사람이) 천지의 조화에 참여할 수 있는 까닭이다.[2]

이고는 물物에 대해서 만물을 구성하는 것으로 해석하고 격格을 이르는 것으로 해석했는데, 이것은 한대의 다른 유학자와 비교해 볼 때 대단한 발전이라고 할 수 있다. 그는 주체와 객체, 주관과 객관의 관계에서 출발하여 '격물치지格物致知'와 '진심복성盡心復性'을 결합시켰으며,『중용』의 '성誠'과『대학』의 '명덕明德'을 결합시켜 성誠을 성性으로 보고 심心을 명각明覺으로 보았다. 이것은 만물에 대해 명확하게 변별함으로써 마음속에 있는 앎을 드러낼 수 있다고 생각한 것이다.

사물에 나아가서 분명하게 그것을 변별하는 것을 '격물'이라 하고, 명확하게 변별하여 사물의 변화에 흔들림이 없는 것을 '치지'라고 한다. '지'는 바로 '성誠'이며, 치지는 곧 마음속에 있는 성誠을 자각하는 것이다. 그래서 그는 "지는 본래 생각함이 없는 것이니 동정이 모두 분리되어 있고,

---

[2]『復性書』, "物者萬物也, 格者來也, 至也. 物至之時, 其心昭昭然明辨焉, 而不應於物者, 是致知也, 是知之至也. 知至故意誠, 意誠故心正, 心正故身修, 身修而家齊, 家齊而國理, 國理而天下平. 此所以能參天地者也."

적연寂然하여 움직이지 않는 것은 성에 이른 것이다"3)라고 하였다. 하지만 성誠은 마음의 깨달음에 의거하는 것이므로 "그 마음이 적연하여 빛이 천지를 비추는 것은 성의 밝음이다"4)라고 하였다. 이른바 밝다는 것은 자아의 깨달음을 말하는 것인데, 이는 반드시 격물의 과정을 거쳐야만 가능한 것이다.

이러한 관점은 주체와 객체를 긴밀하게 연결하는 것이기는 하지만 그렇다고 해서 객관 사물에 대한 인식을 말하려는 것은 아니다. 다만 '본성을 회복하기'(復性) 위한 하나의 방법이자 수단일 뿐이다. 성誠과 명明은 서로 보완하고 서로 행하는 관계에 있으며, 특히 '밝음으로 말미암아 정성스러워진다'(由明而誠)는 입장은 반드시 격물의 학으로 나아가게 되므로 결국 인식론적 문제와 직접 부딪치지 않을 수 없었다.

2. 북송시대

이고 이후에는 구양수歐陽修가 정성스러움으로부터 밝아진다는 이고의 '자성이명自誠而明'의 논리에 대해 비판을 제기하였다. 그는, 『중용』에서는 '자성명自誠明'을 태어나면서부터 아는 것으로 보고 '자명성自明誠'을 배워서 아는 것으로 보고 있으나 사실상 배워서 아는 것만 있을 뿐이지 태어나면서부터 아는 것은 없으며, 이른바 '생각하지 않고 애쓰지 않아도 저절로 아는 것'(不思不勉)이나, '정성스러움으로부터 밝아짐'(自誠而明), '배우지 않아도 아는 것'(不學而知) 등은 사람에게 해당되지 않는 것으로 다만 쓸데없는

---

3) 『復性書』, "知本無有思, 動靜皆離, 寂然不動者, 是至誠也."
4) 『復性書』, "其心寂然, 光照天地, 是誠之明也."

헛소리일 뿐이라고 주장하였다. 그는 결코 격물치지의 문제를 직접 언급하지는 않았지만 그가 제기한 '궁리지학窮理之學'은 천지만물의 이치는 모두 궁구할 수 있다는 전제 위에서 이성적 사유를 중시함으로써 후대에 이르러 '격물궁리格物窮理'의 학문이 등장하는 중요한 단초를 열었다.

그 후에 사마광司馬光이 격물치지에 대한 해석을 내놓았는데, 그는 완전히 자기수양의 측면에서 격물치지를 이해하고 있다. 즉 사람의 감정은 모두가 선한 것을 좋아하고 악한 것을 싫어하며 옳은 것을 바라고 잘못된 것을 배척하지만 현실상에서는 오히려 선한 것이 적고 악한 것이 많은데, 그 원인은 바로 사물에 의해 유혹되었기 때문이라는 것이다. 사람들이 옳고 선한 것을 알지 못하는 것은 사물에 의해 가려졌기 때문이므로 그는 '바깥 사물의 개입을 막고 통제함'(捍御外物)으로써 그 가려진 것을 제거해야 한다고 주장한다. 그래서 그는 "『대학』에서 이르기를 '앎에 이르는 것은 격물에 달려 있다'고 했는데, 격이란 막는 것이며 통제하는 것이니 바깥 사물이 들어오는 것을 막아서 통제한 후에야 지극한 도를 알 수 있다"5)고 하였다.

사마광의 견해에 따르면, 앎이란 '지극한 도'(至道)에 대한 인식 즉 순수하게 내재적인 도덕지식을 말한다. 바깥 사물은 사람들을 사악함으로 끌고 가며, 지극한 도를 인식할 수 없도록 가려 버린다. 여기에서 바깥 사물에 대한 인식과 지극한 도에 대한 인식은 완전히 대립되어 있다. 이것은 일종의 자기폐쇄적 인식론과 수양론이라고 할 수 있다.

장재張載는 비록 격물치지 문제를 언급하지는 않았지만 '사물의 이치를 궁구하고 성을 다하는'(窮理盡性) 학문을 제시하였는데, 이것은 격물치지와

---

5) 『司馬文正公文集』, 권71, 「致知在格物論」, "『大學』曰, '致知在格物', 格猶捍也, 御也, 能捍御外物, 然後能知至道矣."

내재적으로 밀접한 관련이 있다. 장재에 따르면, 리는 객관적인 것이고 성은 사람마다 고유한 것이다. 사물의 리를 궁구하는 것은 곧 사람과 사물의 본성을 다하는 것이다. 그래서 그는 "만물은 모두 리를 갖추고 있으니 만약 이 리를 궁구하지 못한다면 일생을 헛되이 보내 버리는 것과 같다"[6]고 하였다. 이것을 보면 '궁리의 학'이 장재 인식론의 중요한 내용이었음을 알 수 있다.

하지만 '궁리'와 '진성'은 결코 한 순간에 일치될 수 있는 것이 아니며, 그 사이에는 일정한 순서가 있으니, 반드시 먼저 리를 궁구한(窮理) 후에야 성을 다하고(盡性) 명에 이를 수(至命) 있는 것이다. 그래서 장재는 다음과 같이 말하였다.

> 리를 궁구하는 것 또한 차츰차츰 나아가야 하는 것이니, 사물을 많이 보고 리를 많이 궁구하면 여기서부터 간략히 취합할 수 있고 사람과 사물의 성을 다할 수 있게 된다. 천하의 리는 끝이 없으니, 하늘의 도리가 세워지고 이에 각각의 리가 구분되어 나오는 것이다.[7]

리理와 성性은 그 차원에 구분이 있다. 성은 최고의 본체 개념이나 리는 만물의 이치이므로 무궁무진한 것이다. 리를 궁구한 것이 많아지면 오히려 이것을 간략하게 취합할 수 있게 되는데, 곧 넓음으로 말미암아 도리어 간략해지는 것이니 여기에서 비로소 본성의 전면적인 실현이 이루어지게 된다. 그러므로 리를 궁구하는 것은 본성을 완전하게 실현하기 위한 방법이라고 할 수 있다. 이른바 차츰차츰 나아가야 한다는 것은 궁리가 한꺼번에

---

6) 『正蒙』, 「中正」, "萬物皆有理, 若不能窮理, 如夢過一生."
7) 『橫渠易說』, 「說卦」, "窮理亦當有漸, 見物多, 窮理多, 從此就約, 盡人之性, 盡物之性. 天下之理無窮, 立天理乃各有區處."

완성되는 것이 아님을 설명하는 것이다. 궁리에 이르면 어떠한 본성이든 다 실현할 수 있게 되는데, 그는 이것을 '저절로 밝아지는'(自明) 것이라고 생각했다. 이것은 바로 성리학 인식론이 해결해야 할 중대한 문제였다.

장재가 말한 궁리는 주로 여러 사물과 인륜의 도리를 궁구하는 것으로, "여러 사물을 밝히고 인륜을 살피는 것은 모두가 리를 궁구하는 것이다"[8] 라고 하였다. 장재에 따르면 인륜과 사물의 리理는 성性에 의해 통합되고 이끌어지는 것인데, 리는 사물에 있고 성은 사람에게 있으므로 리를 궁구함으로써 곧 성을 다할 수 있으며, 성을 다한 연후에 명命에 이르게 되면 곧 하늘과 완전히 합일될 수 있다고 한다. 이와 같이 '궁리진성'은 장재에게 있어서 천인합일을 실현하는 중요한 방법으로 인식되었다.

성리학자들 중에서 격물치지의 문제를 정식으로 제기한 사람은 이정二程인데, 특히 정이程頤는 격물치지에 대해 여러 가지로 매우 많은 설명을 남겼다. 그래서 어떤 학자들은 이정이 형제이기는 하지만 정이만이 격물치지에 대해 언급했고 정호程顥는 격물치지에 대해 전혀 말하지 않았다고 주장한다. 그러나 사실은 그렇지 않다. 이정의 어록 가운데 격물치지에 대한 언급이 많이 실려 있음에도 불구하고 어느 것이 누구의 말인지 분명하게 표시되어 있지 않다는 것은 이 두 사람이 격물치지에 대해 동일한 견해를 가지고 있음을 설명하는 것이다. 그 사상적 특징에 있어서도 두 사람은 공통점과 차이점을 모두 가지고 있는데, 서로 다른 점이 있다고 해서 공통점까지 부인할 수는 없는 것이다.

격물치지는 이정, 특히 정이 인식론의 중요한 개념으로서 그 주된 내용은 대체로 다음과 같은 네 가지 관점에서 설명되고 있다.

---

8) 『張子全書』, 「語錄下」, "明庶物, 察人倫, 皆窮理也."

첫째, 격물치지의 기본 함의와 양자 간의 관계에 대한 규정이다. 두 사람은 모두 치지는 원래부터 마음속에 내재한 지를 미루어 아는 것 혹은 마음속의 지를 다하는 것이며, 이 지는 곧 하늘이 내린 덕(天德)이라고 생각했다. 정호는 "사람의 마음에는 앎이 없을 수 없으니 오로지 인욕에 가려져서 천덕天德을 잃어버린 것이다"9)라고 하였고, 정이는 "앎이라는 것은 원래부터 나에게 갖추어져 있는 것이지만 이르지 못하면 얻을 수 없으며, 앎에 이르는 데에는 반드시 도가 있으므로 이른바 '앎에 이르는 것은 격물에 달려 있다'고 하는 것이다"10)라고 하였다. 이정의 격물치지설에는 앎이란 곧 태어나면서부터 인간의 마음속에 주어져 있는 도덕적 지식이라는 생각이 전제되어 있으며, 이것은 그들의 심성론心性論에 의해 미리부터 결정된 것이다. 그러나 그들은 이러한 도덕지식이 비록 마음속에 고유한 것이기는 하지만 인욕에 의해 가려지게 되면 밝게 드러나지 못하여 앎에 이르지 못하므로 반드시 먼저 사물의 이치를 궁구해야만 한다고 생각했다. 이것은 격물이 곧 치지의 방법이라는 말이다.

격물은 사물의 이치를 궁구하는 것이다. 여기에서 '물物'이란 일체의 객관 사물을 비롯하여 사람들이 종사하는 활동까지도 모두 포함하는 것이다. 즉 한 사람의 마음에서부터 천하만물의 이치에 이르기까지 모두가 물物이라고 할 수 있다. 그러므로 이정이 말하는 물을 객관적 물질 존재만으로 이해해서는 안 된다. 그리고 '격格'에는 두 가지 뜻이 있는데, 하나는 '이른다'는 의미이고 다른 하나는 '궁구한다'는 의미이다. 하지만 이 두 의미는 서로 통하는 것이라고 할 수 있다. 즉 둘 다 사물에 이르러 그 이치를

---

9) 『河南程氏遺書』, 권11, "人心莫不有知, 惟蔽於人欲, 則亡天德也."
10) 『河南程氏遺書』, 권25, "知者吾之所固有, 然不致則不能得之, 而致知必有道, 故曰'致知在格物.'"

궁구한다는 의미인 것이다. 사람의 마음속에 원래 주어져 있는 앎에 이르기 위해서는 반드시 사물의 이치를 궁구해야 하며, 사물의 이치를 궁구하는 것은 마음속의 앎에 이르기 위한 것이다. 이것이 바로 치지와 격물의 관계이다.

둘째, 이정의 격물치지설은 '격물궁리格物窮理'의 범위와 방법을 설명하고 있다. 위에서 말했듯이 이정에게 있어서 물의 범위는 아주 넓으며, 궁리 또한 여러 가지가 있다. 정이는 각각의 사물(事事物物)에 나아가 그 소이연所以然의 자연법칙을 궁구해야 함을 강조했다. 그래서 "그 큰 것으로 말하면 천지의 높고 두터움에 이르고, 그 작은 것으로 말하면 한 사물의 소이연에 이르는 것이니, 배우는 사람이라면 모두 마땅히 이해해야 하는 것이다"[11]라고 말한다. 왜냐하면 "천하의 물物은 모두 리理에 비출 수 있으니, 물物이 있으면 반드시 법칙이 있다. 하나의 물에는 반드시 하나의 리가 있기"[12] 때문이다.

이와 같이 정이는 각각의 사물에 각각의 리가 있음을 인정한다. 가령 불이 뜨겁고 물이 차가운 것처럼 풀 한 포기나 나무 한 그루에도 모두 각각의 리가 있다는 것이다. 이런 점에서 정이의 격물설은 자연계의 법칙에 대한 인식이라는 의미까지도 포함하고 있다고 할 수 있다. 하지만 그는 수많은 사물의 이치를 다 궁구할 것을 주장하지 않았으며, 더구나 사물의 이치를 궁구하는 것이 주된 목적도 아니었다. 다만 그는 이러한 인식 방법의 필요성을 제시함으로써 다양한 경험을 귀납적으로 종합하고 이를 유비적으로 추리하여 최후에는 '활연관통豁然貫通'을 실현하고자 했던 것이다.

---

11) 『河南程氏遺書』, 권18, "語其大, 至天地之高厚, 語其小, 至一物之所以然, 學者皆當理會."
12) 『河南程氏遺書』, 권18, "天下物皆可以理照, 有物必有則, 一物須有一理."

이를 위해서는 먼저 '두루 구하고'(遍求), '모아서 묶는'(積累) 것이 필요하다. 그래서 정이는 "익혀서 쌓은 것이 이미 많아진 후에야 탈연히 저절로 (모든 도리를) 꿰뚫는 곳이 있게 된다"13)고 하였다. 그가 말하는 '관통'은 일종의 깨달음의 성격을 지닌다. 즉 모아서 쌓은 토대 위에서 논리를 초월한 비약이 일어난다는 것이다. 이것은 깨달음을 특징으로 하는 경험 종합형의 인식 방법으로서 성리학 인식론의 중요한 특징이라고 할 수 있는데, 서양철학에서처럼 개념을 분석하고 연역하는 방식을 통한 인식과는 선명한 대비를 이룬다.

그런데 여기서 분명히 지적해야 할 것은 정이가 말한 '유비적인 추리'(推類)란 '만물은 모두가 하나의 리'라는 기본 인식에서 출발한 것이며, '활연관통' 역시 리의 전체를 파악하는 것이라는 점이다. 하지만 방법론적으로 보았을 때, 사람의 인식은 논리적 사유와 비논리적 사유의 결합이며 양적인 분석과 질적인 분석의 결합이다. 이정의 격물설은 경험적 직관을 중시하고 논리적 분석을 소홀히 한다는 점에서 심각한 결점을 안고 있기는 하지만, 인식활동의 비약성을 인정하고 인식 중에서 깨달음의 작용을 강조한 것은 결코 경시할 수 없는 것이다.

셋째, 격물은 결코 자연계의 객관 사물을 인식하기 위한 것이 아니라 '앎에 이르기'(致知) 위한 것이다. 그러므로 근본적으로 가치론에 귀결될 수밖에 없는 문제이지 순수한 인식의 문제가 아니며, 그 목적 역시 '선을 밝히고'(明善) '지극한 선에 머무르기'(止於至善) 위한 것이다. 그래서 정이는 다음과 같이 말한다.

---

13) 『河南程氏遺書』, 권18, "積習旣多, 然後脫然自有貫通處."

중요한 것은 선을 밝히는 데 있으며, 선을 밝히는 것은 사물에 이르러 그 이치를 궁구하는 데 달려 있다.14)

앎에 이른다는 것은 다만 지극한 선에 머무름을 안다는 것이니, 자식으로서 효에 머무르고 아비로서 자애로움에 머무르게 되는 것은 외부의 가치를 따르는 것이 아니다. 다만 사물의 이치를 보는 것에 힘쓰는 것은 계속 떠돌아다니기만 할 뿐 돌아갈 곳이 없는 것과 같다.15)

그런데 여기에서 또 '물리物理'와 '성리性理'의 관계 문제에 부딪치게 된다. 사물의 자연적 법칙을 궁구하는 것이 어째서 마음속에 있는 선善을 밝히는 것이 되는가? 정이는 만물은 모두 하나의 리에 근원하고 있는데 이 하나의 리가 곧 만물의 본체이며 진·선·미를 통일하고 있으므로 자연의 법칙이고 도덕 원칙이라고 생각했다. 이 하나의 리가 각각의 만물에 흩어져 있으면 '물리物理'가 되고, 사람의 마음속에 갖추어져 있으면 곧 '성리性理'가 되는 것으로, 이 성리는 또한 '선善'이다. '물리'는 결국 '성리'로 귀결되며, 인식론의 문제는 가치론의 문제로 변화하게 된다. 그러므로 여기에서 격물은 인간의 자기 내면에 대한 인식으로 바뀌어 버리게 된다.

넷째, 격물치지의 근본 목적은 '내외합일', '천인합일'을 실현하는 것이다. 사물과 인간은 비록 같은 리를 가지고 있지만 사물에는 지가 없고 사람에게는 지가 있으므로 사람만이 격물치지를 통하여 스스로 내외합일을 실현할 수 있다. 이때에만 비로소 주체와 객체, 인간과 자연계가 진정으로 통일되며, 이것은 당연히 실천으로까지 이어진다.

---

14) 『河南程氏遺書』, 권15, "要在明善, 明善在乎格物窮理."
15) 『河南程氏遺書』, 권7, "致知, 但知止於至善, 爲人子止於孝, 爲人父止於慈之類, 不須外面. 只務觀物理, 汎然正如游騎無所歸也."

격물치지의 최종 결과는 치국평천하治國平天下, 곧 실제적인 측면으로까지 발전하는 것이다. 그러나 여기에는 분명한 '본말本末'의 관계가 있다. 그러므로 정이는 "사람의 배움에는 본말과 시종始終을 아는 것보다 큰 것이 없다. 치지가 격물에 달려 있다는 것은 곧 (격물이) 근본이며 시작이라는 말이다. 치국평천하는 이른바 나중이며 마지막이라는 말이다"16)라고 하였다. 전체 개념체계에서 보면 '내성內聖의 학'은 근본이며 '외왕外王의 학'은 말단이니, 내성으로 말미암아 외왕이 이루어지는 것이다. 이것이 바로 근본과 말단이 하나로 관통되어 있다는 학설이다.

3. 남송시대

주희朱熹는 이정의 기초 위에서 격물치지에 대해 더욱 체계적인 이론을 세움으로써 전면적인 발전을 이루었다. 그의 이론에는 비교적 풍부한 인식론적 내용이 포함되어 있으나 근본적으로는 인성론이나 수양론의 영역을 벗어나지는 못했다.

주희가 말하는 '치지致知'의 지에는 두 가지 함의가 있다. 하나는 주관의 인식능력 및 그 작용을 가리킨다. 그는 다음과 같이 말하였다.

> 앎이라는 것은 일이나 사물의 원인이 모두 앎이라고 할 수 있으니, 이것을 자각하면 저절로 마음속에서 깨닫는 바가 있게 될 것이다.…… 대개 앎이란 하나의 일을 아는 것이고, 깨달음이란 홀연히 저절로 이해되는 것이다.17)

---

16) 『河南程氏遺書』, 권25, "人之學, 莫大於知本末始終. 致知在格物, 則所謂本也, 始也. 治國平天下, 則所謂末也, 終也."
17) 『朱子語類』, 권58, "知者, 因事因物皆可以知, 覺則自心中有所覺悟.……蓋知是知此一

지知와 각覺은 모두 인식활동이지만 지는 객관적 대상에 대한 인식으로 지각에 해당한다. 각은 주체 스스로의 사유활동을 말하며 깨달음에 해당한다. 넓은 의미에서는 눈으로 보고, 귀로 듣고, 마음으로 사려하고 추론하는 것이 모두 지에 속하는 것이라고 할 수 있다.

지가 가지고 있는 다른 하나의 의미는 원래부터 마음속에 갖추어져 있는 도덕지식을 가리키는 것으로, 이것은 주희가 말하는 지의 주된 함의이다. 주희는 사람의 마음에는 '광명지덕光明之德'이 있으므로 원래부터 모든 지식이 갖추어져 있으나 주관과 객관의 모순으로 인하여 이러한 지식을 완전히 자각할 수 없으며 실현시킬 수도 없다고 생각하였다. 그러므로 마음속의 앎을 완전히 실현하기 위해서는 밖에서 앎을 구하지 않을 수 없으니, 이것이 곧 격물궁리의 방법이라는 것이다. 그래서 그는 다음과 같이 말하였다.

> 대학에서 처음 가르칠 때, 반드시 배우는 사람으로 하여금 천하의 사물에 나아가서 이미 알고 있는 이치에 인하여 더욱 궁구하며, 지극함에 이르기를 구하게 한다. 힘쓰는 것을 오래하여 하루아침에 활연히 관통하게 되면, 뭇 사물의 겉과 속, 정밀함과 거친 것에 이르지 않음이 없고, 내 마음의 온전한 체와 큰 쓰임이 밝지 않음이 없을 것이다.[18]

이것은 바로 도덕이성을 설명하고 있는 것이다.

'물物'은 모든 객관 대상을 가리키는 것으로, 주희는 "무릇 천지 사이에

事, 覺是忽然自理會得."
18) 『大學章句』, "大學始教, 必使學者卽凡天下之物, 莫不因其已知之理而益窮之, 以求至乎其極. 至於用力之久, 而一旦豁然貫通焉, 則衆物之表裏精粗無不到, 而吾心之全體大用無不明矣."

서 눈앞에 접하는 일은 다 물이다"[19]라고 하였다. 이 말은 앞선 정이의 말과 근본적으로는 일치하는 것이지만 주희는 정이에 비해 사물의 객관성을 더욱 강조한다. 그래서 "천도天道가 유행하고 (만물이) 형성되며 성장함에 있어서, 소리와 색과 모양이 천지 사이에 가득 차 있는 것이 모두 다 물物이다"[20]라고 하였다. 물은 궁구해야 할 대상으로서 주체 자신을 포괄하는 것이지만 이때의 주체는 이미 객관 대상으로 전화된 것이다. 자기 자신에 대한 사유의 단계는 '치지致知'의 문제에 속하는 것이기 때문이다.

주희는 격물에 대하여 "격格은 이르는 것이다. 물物은 일(事)과 같다. 사물의 이치를 끝까지 궁구하면 그 지극한 곳에 이르지 않음이 없다"[21]라고 해석한다. 즉 직접 사물에 나아가서 그 소이연所以然의 자연법칙을 궁구하는 것이 곧 격물이라는 것이다. 논리적 결론에 따르면, 마땅히 객관 세계를 개조하는 실천 속에서 궁리가 이루어지는 것이 당연함에도, 주희는 실천의 문제를 확실하게 강조하지 않았고, 이로 인해서 이후 왕수인王守仁의 강력한 비판을 받게 된다. 그러나 사물에 직접 나아가서 이치를 궁구해야 함을 강조한 것은 정이에 비해 한 걸음 더 발전한 것이라고 할 수 있다.

주희는 사물에 직접 나아가서 궁구하는 것이 중요하기 때문에 '격물'이 '궁리'보다 더욱 절실한 것이라고 생각했다. 이것은 사실상 경험론적 인식 방법에 속하는 것이다. 그래서 주희는 "대개 궁리를 말하면 곧 더듬어 잡을 수 없어 때로 물物에서 분리되고, 물을 말하면 곧 리가 저절로 그 속에 있어 (물과 리는) 결코 떨어질 수 없다"[22]라고 한다. 이 '리는 물을

---

19) 『朱子語類』, 권57, "凡天地之間, 眼前所接之事, 皆是物."
20) 『大學或問』, 권3, "天道流行, 造化發育, 凡有聲色貌象而盈天地之間者, 皆物也."
21) 『大學章句』, "格, 至也. 物, 猶事也. 窮極事物之理, 欲其極處無不到也."
22) 『朱子語類』, 권15, "蓋言窮理, 則無可捉摸, 物有時而離. 言物則理自在, 自是離不得."

떠날 수 없다'는 것은 주희가 주장하는 격물설의 기본 전제이다. 그가 말하는 궁리는 바로 구체적인 사물의 리를 궁구하는 것이지 공허하게 말로만 떠드는 것이 아니며, 격물은 사물에 직접 접하여 그 이치를 궁구하는 것을 말한다. 이것은 이미 알고 있는 지식에서 출발하여 아직 알지 못하는 것으로 나아가는 과정이며, 또한 쌍방향의 인식 과정이다.

그러나 주희에게 있어서 '사물에 이르는 것'(格物)과 '사물과 접촉하는 것'(接物)은 다르게 이해된다. 왜냐하면 그가 말하는 격물은 그 목적이 결국 사물의 '이치'를 궁구하는 것이지 감성적 경험 지식을 얻고자 하는 것이 아니기 때문이다. 하지만 리를 궁구하는 것은 반드시 사물에 접촉해야 하는 것이니, 격물은 비록 접물이 아니지만 반드시 사물과 접촉함(接物)으로써 시작될 수 있는 것이다. 그래서 주희는 다음과 같이 말한다.

> 만약 사물과 접촉하지 않는다면 어디에 근거하여 앎을 얻을 수 있겠는가? 지금 사람들 중에 또한 그 앎을 끝까지 추구하는 자가 있으나 (사물과 직접 접하려 하지 않고) 다만 공허하게 마음속으로 생각할 뿐 모두 사물에 나아가서 궁구하지 않는다. 이와 같이 한다면 끝내 머무를 곳이 없을 것이다.23)

이정의 격물치지설은 '자기 자신에게서 살필 것'(察之於身)과 '돌이켜 자기에게서 구할 것'(反求諸身)을 강조하였고, 특히 정이程頤의 제자인 양시楊時는 한 걸음 더 나아가서 격물은 곧 '자신에게로 돌이키는'(反身) 학문이라고 하였다. 여기에 대해 주희는 다음과 같이 말하고 있다.

---

23) 『朱子語類』, 권15, "若不接物, 何緣得知? 而今人也有推極其知者, 却只汎汎然竭其心思, 都不就事物上窮究. 如此, 則終無所止."

만약 앎이 아직 이르지 못함이 있으면 자기에게로 돌이킨 것이 참되지 못함이 많아서이니, 어찌 곧바로 돌이켜 자신에게서 구할 수 있지 밖에서 구할 필요가 없다고 하며, 만물의 이치가 모두 다 나에게 갖추어져 있어서 참되지 않음이 없다고 말할 수 있겠는가! 하물며 격물의 공부는 바로 직접 사물에 나아가서 그 각각의 이치를 구하는 것인데, 지금 이것을 자신에게로 돌이켜 버리고 사물을 떠나서 오로지 자기 자신에게서 (사물의 리를) 구하는 데 힘쓰고자 한다면, 이것은 더욱이 『대학』의 본뜻이 아닐 것이다.[24]

사실 주희는 '자기 자신에게로 돌이키는' 학문에 대해 결코 반대하지는 않았지만 안에서만 구하려 하고 밖에서 구하지 않는 것에 대해서는 분명히 반대하였다. 격물의 학은 반드시 밖에서 구하는 것이며, 밖에서 구하는 것은 바로 자기 안에서 구하는 것이 된다.

주희는 바깥 사물의 개입을 막아야 한다는 사마광의 '한물설捍物說'에도 동의하지 않는다. 그는 바깥 사물의 개입을 막고 통제해야만 비로소 지극한 도에 이를 수 있다는 것은 마치 아버지와 아들을 멀리 떼어 놓고 효도와 자애의 도리를 알고자 하는 것과 같으며, 임금과 신하를 분리시켜 놓은 후에 인仁과 경敬의 리를 알고자 하는 것과 같고, 입을 닫고 음식을 먹지 않은 후에 음식의 리를 알고자 하는 것과 같다고 하면서 극렬히 비판한다. 여기에서 분명히 드러나는 것처럼 주희는 모든 인륜일용人倫日用의 도는 반드시 일상의 생활 속에서 구해야 하는 것임을 주장한다. 왜냐하면 '지극한 도'는 곧 인간사회의 일상생활 가운데 있기 때문이다.

격물에 대한 주희의 다른 해석은 "격이란 지극한 것을 말한다.…… 그

---

[24] 『大學或問』, 권2, "若知有未至, 則反之而不誠者多矣, 安得直謂能反求諸身, 則不待求之於外, 而萬物之理皆備於我而無不誠哉! 況格物之功正在卽事卽物而求其理, 今乃反欲離去事物而專務求之於身, 尤非『大學』之本意矣."

극단에 이를 때까지 궁구함을 말한다"[25])는 것이다. 이른바 '극'에는 절대의 의미가 있는데, 사물의 이치가 무궁하므로 이치를 궁구하는 것도 무궁하지만 리에는 지극함이 있으므로 그 절대적인 위치에 이를 때까지 궁구해야 한다는 것이다. 그런데 절대적인 리 본체를 궁구하기 위해서는 인식이 쉽고 얕은 데에서부터 점점 어렵고 깊은 곳으로 차츰차츰 나아가는 과정을 거쳐야 한다. 그래서 주희는 다음과 같이 말한다.

> 궁리란 모름지기 궁구함을 다하는 것이니 그 피부를 얻는 것은 겉이고, 심오함을 보는 것은 속이다. 그 거친 것을 알거나 그 정밀함을 환히 깨닫지 못하는 것은 모두 격이라고 말할 수 없다.[26]

이것은 인식을 절대적 진리를 향해 나아가는 과정으로 보는 것으로, 사람의 인식 능력에 대한 신뢰를 표현하고 있으며 변증법적인 특징을 지니고 있다.

그러나 격물의 학은 궁극적으로 전체를 파악해야 한다. 즉 천지만물의 운행을 총괄하는 규율을 파악함으로써 인간사회의 모든 도덕을 총괄하는 원칙을 파악하는 것이다. 이를 위하여 주희는 '활연관통설豁然貫通說'을 제시한다. 활연관통은 격물의 결과이며 치지의 완성이다. 격물과 치지는 원래부터 나눌 수 없는 것으로 격물 가운데 치지가 있고 치지는 곧 격물 가운데 있다. 이른바 활연관통은 바로 많은 경험적 지식을 쌓은 기초 위에서 일어나는 깨달음이다. 이것은 논리적 사유가 단절된 것이며 사유의 공간과 시간이 단절된 것으로 비논리적인 직각활동이다. 또한 이것은 일종의 창조

---

25) 『大學或問』, 권2, "格者, 至極之謂.……言窮之而至其極也."
26) 『朱子語類』, 권18, "窮理須是窮究得盡, 得其皮膚是表也, 見得深奧是裏也. 知其粗不曉其精, 皆不可謂之格."

적 사유이며 의미를 창조하는 것으로 인식을 초월하는 행위인 동시에 절대적 진리에 대해 전면적으로 꿰뚫어 보는 것이다. 그러므로 "하루아침에 활연히 관통하게 되면, 뭇 사물의 겉과 속, 정밀함과 거친 것에 이르지 않음이 없고, 내 마음의 온전한 체와 큰 쓰임이 밝지 않음이 없을 것"27)이니, 이것은 곧 '내외합일內外合一', '천인합일天人合一'의 최고 경지를 실현하는 것이다.

그러나 주희는 이와 같이 관통하기 위해서는 반드시 다양한 인식을 쌓는 것이 전제되어야 함을 강조한다. 그는 인식을 쌓을 필요 없이 한 번에 뛰어 넘어야 한다는 주장에 대해 분명히 반대한다. 그래서 다음과 같이 말한다.

> 궁리의 학은 진실로 갑자기 나아갈(頓進) 수 없는 것이다. 그러나 반드시 점차적으로 궁구하고 그 쌓인 것이 많아지기를 기다리면 넓게 꿰뚫을 수 있으니, 이에 대체大體를 인식하게 된다.28)

주희 격물설의 특징은 경험을 통한 지식을 많이 쌓아야 함을 강조한 데에 있다. 만약 경험적 지식을 쌓지 않는다면, 단순히 인식의 대체를 말할 수는 있겠지만 결코 그 대체를 인식하지는 못한다는 것이다. 이런 점에서 주희는 육구연陸九淵이 내세운 '대체를 인식하는 학문'을 비판하면서, 이미 쌓여진 기초가 없다면 "이른바 대체라는 것은 과연 어느 물건인가?"29)라고 하였다.

---

27) 『大學章句』, "一旦豁然貫通焉, 則衆物之表裏精粗無不到, 而吾心之全體大用無不明矣."
28) 『朱子文集』, 권49, 「答王子合」, "窮理之學, 誠不可以頓進. 然必窮之以漸, 俟其積累之多, 而廓然貫通, 乃爲識大體耳."
29) 『朱子文集』, 권49, 「答王子合」, "所謂大體者, 果何物耶?"

결론적으로 주희의 격물치지설은 결코 참된 과학적 지식을 얻고자 한 것이 아니었으며, 객관 세계에 대해 인식하려는 것도 아니었다. 오히려 그것은 사물의 이치에 대한 인식을 통하여 결국에는 마음속의 '전체대용全體大用'에 대한 자기인식에 도달하려는 것이다.

주희는 독서讀書와 궁리, 문자에 대한 해석을 매우 중시하였는데, 이 점 때문에 성리학의 후기에 이르면 주희 스스로는 결코 그렇지 않았음에도 불구하고 몇몇 학자들은 오로지 독서를 궁리로 생각하기도 한다. 그는 인성의 자아완성과 자아실현은 전적으로 지식의 축적에 의지하는 것이며, 인식론과 인생론, 진리론과 가치론은 근본적으로 통일된 것이라고 생각했다. 인식의 궁극적인 목적은 '밝은 덕을 밝히는'(明明德) 것이며, '지극한 선에 머무르는'(止於至善) 것, 즉 인간의 자각을 실현하고 인간의 가치를 실현하는 것이다. 이것이 바로 주희 격물치지설의 참된 모습이다.

육구연은 비록 심학心學을 내세운 사람이기는 하지만 격물치지에 대해서도 언급하였다. 그는 "천하에 밝은 덕을 밝히고자 하면 이는 『대학』에서 제시한 격물치지에서부터 시작해야 한다"30)라고 하였다. 격물의 방법은 박학博學・심문審問・근사謹思・명변明辯 등을 포괄하는 것이며, 사물의 이치를 연구하는 것은 또한 본분의 일이라고 하였다. 이 외에도 천하가 다스려지거나 어지러워지는 것, 옛날부터 지금까지의 얻은 것과 잃어버린 것은 모두 그 핵심을 강구해야 한다고 하였는데, 이러한 것들은 주희의 주장과 전혀 다를 것이 없는 부분들이다. 비록 그가 주희에 대해 지리하다고 비판하면서 단순하고 명료한 공부를 주장하기는 했지만, 이 문제에 있어서는 오히려 주희와 견해를 같이한다. 또한 이 점 때문에 나중에 왕수인의 비판

---

30) 『象山全集』, 권21, 「學說」, "欲明明德於天下, 是大學標的, 格物致知, 是下手處."

을 받기도 한다.

하지만 육구연과 주희는 여전히 구별되는 점이 있다. 우선 육구연 역시 궁리窮理를 주장하기는 하지만 그가 궁구하고자 하는 것은 '하나의 리'(一理), 즉 모든 곳에서 다 통용될 수 있는 천하의 '정해진 이치'(定理)이다. 그래서 육구연은 "또한 천하의 모든 사물에는 단지 하나의 리가 있을 뿐 두 가지의 리가 있는 것은 아니므로 반드시 그 지극한 곳에 이를 수 있어야 한다"31)고 하였다.

또한 주희는 격물은 아주 미세함을 말한 것이고 치지는 전체를 말한 것이므로 세세한 것을 조금씩 쌓아 나가는 공부를 통해야만 비로소 전체를 인식할 수 있다고 생각했다. 이에 비해 육구연은 사물의 이치를 궁구하는 것 또한 하나의 리를 인식하는 것이므로 각각의 사물을 궁구할 필요가 없다고 생각했다. 그래서 그는 세세한 것을 조금씩 쌓아 나간다면 그 결과는 반드시 사리에 맞지 않는 잘못된 것일 수밖에 없다고 비판한다. 따라서 육구연은 근원적인 리(理一)만을 말할 뿐 사물에 분수된 리는 말하지 않고, 순간적인 깨달음만을 내세울 뿐 점진적으로 행하는 공부에 대해서는 불필요한 것이라고 보며, 전제를 파악할 것을 주장할 뿐 작은 부분을 쌓아 나가는 것에 대해서는 인정하지 않는다. 한마디로 육구연의 격물치지설은 개별적인 것에서부터 출발하여 일반적인 것으로 이른다거나 부분에서부터 전체로 이르게 되는 과정이 없는데, 이것은 심학의 중요한 특징이다.

두 번째로 육구연의 격물설이 지니고 있는 가장 큰 특징은 바로 격물을 '짐을 줄여 나가는 것'(減擔)으로 여긴다는 점이다. 그는 사람의 마음속에 있는 리는 모든 것을 다 갖추고 있으므로 문자로 풀어내거나 해명할 필요

---

31)『象山全集』, 권35,「語錄」, "且天下事物物, 只有一理, 無有二理, 須要到其至一處."

가 없다고 생각했다. 또한 책을 읽음을 중시하지만, 스승이나 벗들과의 친밀을 더욱 강조한다. 그는 '내가 육경을 주석하는 것이지, 육경이 나를 주석하는 것이 아님'을 구호로 내세우는데, 이것은 그의 격물설에 상당한 영향을 끼치고 있다. 그는 다음과 같이 말한다.

> 가령 '배우는 사람은 집에서는 효도를 다하고 밖에 나가서는 어른을 공경하라'는 것은 분명히 당신이 집안에서는 부모님께 효도하고 밖에 나가서는 다른 이들에게 공손하게 행동해야 함을 말하는 것인데, 이것이 어찌 경전을 주석해서 얻을 수 있는 것이겠는가? 배우는 사람들이 이로 인해 정신이 피로해지게 되니 맡은 짐이 너무 과중한 것이다. 내가 말하는 데에 이르게 되면 배우는 사람들이 필요 없는 짐을 줄일 수 있을 것이니, 짐을 줄여 나가는 것이 곧 격물이다.[32]

이러한 사상은 모든 것을 경서經書에서 찾아내려는 시각에 대한 일대 혁신이며, 사람들의 이목을 새롭게 하여 의식을 해방시키는 작용을 하였다. 그러나 동시에 다른 한편으로 육구연이 제시한 '짐을 줄여 나간다'는 말은 단지 물질에 대한 욕망을 줄임으로써 천리를 밝힐 수 있다는 의미에 지나지 않으며, 이 점은 그가 도를 전면에 내세우는 진짜 성리학자임을 설명한다.

마지막으로 육구연은 '돌이켜 생각함'(反思)의 문제를 제기하였다. 이것 역시 모든 성리학자들이 공유하는 것이기는 하지만 그가 제시한 방법은 매우 특별한 의미가 있다. 사람들의 도덕 인식을 고양시킨다는 의미에서 본다면 이것은 도덕적 자기반성의 과정이다. 하지만 '반사' 또한 그 이해와 운용에 있어서 서로 다른 측면이 있다. 육구연은 다음과 같이 말한다.

---

32) 『象山全集』, 권35, 「語錄」, "且如弟子入則孝, 出則弟, 是分明說與你入便孝, 出便弟, 何須得傳注? 學者疲精神於此, 是以擔子越重. 到某這裏, 只是與他減擔, 只此便是格物."

의리가 사람의 마음속에 있는 것은 사실 하늘의 하는 일이니 없어질 수 없는 것이다. 저 물욕에 가려져서 의리에 어긋나거나 위배됨에 이르는 것은 대개가 생각하지 않기 때문이다. 진실로 돌이켜서 생각할 수 있다면 옳은 것과 그른 것, 취해야 할 것과 버려야 할 것이 대개 은연중에 움직이게 되어 분명하게 밝혀낼 수 있으며 확실하여 아무런 의혹도 없을 것이다.33)

육구연의 '반사反思'는 '심즉리心卽理'의 철학적 체계를 전제로 한 것이며, 이것은 곧 주체정신이 자기 자신을 대상으로 하여 사유하는 것이다. 이러한 사유 과정은 바로 자아초월의 과정이며, 또한 '리를 밝히는'(明理) 과정이다. 리를 밝히기 위해서는 반드시 양파의 껍질을 벗겨 내듯 각종의 가려진 것을 제거해야만 한다. 그 가려진 것을 제거한 결과가 바로 불필요한 짐을 덜어 버리는 것(減擔)이고, 의리가 확연히 밝혀지는 것이며, 또한 '자아'를 인식하는 것이다. 이것은 주체 스스로가 자기를 세우는 것이고, 자기를 인식하는 것이며, 최후에는 자아동일에 이르게 되는 과정으로서 주체의 자기반성이라는 의미를 지닌다. 그러나 육구연은 이러한 자기반성을 물질적 대상 및 객관적인 인식과 대립시켰다. 그러므로 '반사'는 결코 직접 존재하는 감성적 물질을 대상으로 한 것이 아니다. 그런데 만약 이처럼 주체의 감정과 물질적 대상을 완전히 분리시킨다면, 이러한 '반사'는 곧 주체의 순수한 관념적 활동으로 변해 버리게 된다. 이것은 그의 격물설과 서로 모순되는 것이라 하지 않을 수 없다.

주희 역시 '반사'를 말했다. 그가 말하는 '본성의 회복'(復性)은 바로 반사의 결과이다. 하지만 그는 어느 정도 경험론적인 방법을 채용함으로써

---

33) 『象山全集』, 권33, 「拾遺」, "義理之在人心, 實天之所爲, 而不可泯滅焉者耶. 彼其受蔽於物而至悖理違義, 蓋亦弗思焉耳. 誠能反而思之, 則是非取舍, 蓋有隱然而動, 判然而明, 決然而無疑者矣."

제17장 격물과 치지 723

감성 사물의 대상성을 인정하기 때문에 주체정신이 자기 자신에게로 되돌아오는 과정은 반드시 객관적 인식 과정, 즉 '사물에 나아가서 그 이치를 궁구하는'(卽物窮理) 과정을 거쳐야 한다고 생각한다. 그러므로 이런 입장에서 보면 사물은 결코 의식을 방해하거나 가로막는 것이 아니며, 단지 인식의 대상일 뿐이다. 주체는 사물의 이치(物理)를 인식하는 과정 속에서 비로소 자기반성을 실현할 수 있으며, 심과 리가 하나로 일치되는 경지에 다다를 수 있다.

이 문제에 있어서 육구연과 주희의 차이는 결론 자체에서가 아니라 방법의 운용에서 생겨나는 것이며, 이것은 또한 리학파理學派와 심학파心學派를 구별하는 중요한 기준이기도 하다.

주희 이후 '격물치지'는 두 가지 방향으로 나뉘어 발전하게 되었는데, 하나는 '치지'를 위주로 하여 내면적인 반성을 강조하는 방향이고, 다른 하나는 '격물'을 위주로 하여 외적인 인식을 강조하는 방향이다. 전자가 발전한 결과로 왕수인의 '치양지설致良知說'이 나왔고, 후자가 발전한 결과로 왕부지王夫之의 '격물궁리설格物窮理說'이 나왔다.

진순陳淳은 육구연에 대해 격물치지의 일반적인 공부를 내 버리고 단지 본심만을 구하려 한다고 비판하였다. 동시에 그는 격물과 치지 가운데 치지를 더욱 강조하였다. 그래서 "사람이 이 마음의 온전한 본체를 항상 자기 자신의 주인으로 하고자 하면, 반드시 앎에 이르는 데 힘써 경을 위주로 하는 공부에 오로지 매진하여야 한다"34)고 하였으며, 더욱이 본심을 밝게 드러내는 것을 중시하여 주체정신을 확립하고자 하였다. 진덕수眞德秀는 한편으로 "리를 궁구하는 요체는 오로지 독서에 달려 있다"35)고 하면

---

34) 『北溪全集』, 권5, "人欲全體此心而常爲一身之主者, 必致知之力到而主敬之功專."
35) 『眞西山文集』, 권30, 「問格物致知」, "窮理之要, 全在讀書."

서도, 다른 한편으로 아무리 사소한 것에도 천리가 완전히 갖추어져 있으므로 '돌이켜 나에게서 리를 구해야 함'을 강조하였다.

4. 원명시대

원대元代의 허형許衡은 '격물치지'를 '진심지성盡心知性'과 직접 연결시켜 마음을 다하고 본성을 아는 것이 곧 격물치지의 공부라고 보았으며, 이러한 마음속의 공부로써 외부에서 구한 앎을 대신할 수 있다고 생각하였다. 그래서 "그 본성을 아는 것이 격물이고, 그 본심을 다하는 것이 앎에 이르는 것이다"36)라고 하였다. 여기에서 그가 이미 공부를 내면적인 마음공부로 전환시키고 있음을 알 수 있다. 오징吳澄은 격물의 격을 깨닫는다는 의미로 풀이하고, "실제로 깨닫는 것이 격이고, 실제로 행하는 것이 성誠이다"37)라고 하였다. 사실상 이것은 주체의식의 자기 깨달음으로 나아가는 것이라고 할 수 있다. 그러므로 그는 공공연하게 마음 밖에서 도를 구할 필요가 없다고 하였다.

명대明代의 오여필吳與弼은 격물에 대해서 별로 말하지 않았다. 그는 "고요한 가운데 사물의 이치를 생각하고 구하며,…… 고요한 가운데 사물의 이치를 보고,…… 생각이 이 마음으로 받아들여 정리한 데에 이르면, 총명과 예지가 저절로 생겨난다"38)고 하였는데, 여기에서 지는 곧 덕성지德性知 혹은 '밝은 덕'(明德)을 의미한다. 그래서 "내가 무엇을 구하겠는가?

---

36) 『魯齋遺書』, 권2, 「語錄」, "知其性是格物, 盡其心是知至也."
37) 『宋元學案』, 권92, "實悟爲格, 實踐爲誠."
38) 『吳康齋集』, 권6, "靜中思繹物理,……靜中觀物理,……思到此心收斂處, 聰明叡知自然生."

나의 덕이 충실해지기를 구할 따름이다"39)라고 하여 공부를 마음속의 일로 전환시켰다. 진헌장陳獻章은 격물의 학에 대해 "사람들의 이목을 어지럽히고 앎을 어둡게 하는 것"40)이라고 강하게 비판하고 있으며, 내가 경서를 보는 것이지, 경서가 나를 넓혀 주는 것은 아니라고 주장한다. 그러므로 귀로 듣거나 눈으로 보아서 얻어지는 잡다한 것들은 모두 버리고 오로지 허령하고 신묘한 정신을 지켜야만 비로소 마음속의 앎을 밝힐 수 있다고 생각한다.

이러한 발전 과정 속에서 격물과 치지는 차츰 분리되었고, 서로 대립하는 양상을 띠게 되었다. 그들은 마음속의 '앎'을 강조하여 마음에서 올바른 앎을 구할 것을 주장하였다. 이로써 '격물의 학'과는 점점 더 멀어지게 되었으며, 진헌장에 이르러서는 완전히 자기인식으로 바뀌어 버렸다. 또한 이것은 자연스럽게 왕수인의 '치양지설致良知說'이 등장하는 길을 열어 놓았다.

왕수인은 '양지설良知說'에서 출발하여, 각각의 사물에 나아가 그 이치를 궁구하는 것을 반대하였다. 그에 따르면 각각의 사물에는 본래부터 리가 없고 사물의 리는 모두가 양지 속에 있는 것이니, 양지는 이미 신령하고 밝은 깨달음이며 또한 만물의 이치라는 것이다. 즉 리는 마음속에 있는 것이지 사물에 있는 것이 아니다. 그러므로 마음 밖에서 사물의 이치를 따로 궁구할 필요가 없는 것이다. 왕수인은 다음과 같이 말하였다.

> 주자가 말하는 격물은 사물에 나아가 그 이치를 궁구한다는 것이다. 사물에 나아가 이치를 궁구하는 것은 바로 각각의 사물 속에서 이른바 그 정해진 이치를 구

---

39) 『吳康齋集』, 권1 "吾何求哉? 求厚吾德耳!"
40) 『白沙子全集』, 권1, 「道學傳序」, "使人耳目亂而知不明."

하는 것이다. 이는 내 마음이 각각의 사물 속에서 리를 구하는 것으로, 마음과 리를 나누어 둘이 되는 것이다.[41]

성리학 인식론의 근본 목적은 마음과 리의 합일을 실현하는 것이다. 주희의 격물설이 주장하는 바에 따르면, 내 마음이 사물의 이치를 구하는 것은 곧 마음과 리가 하나로 합일되기 위함이다. 그러나 왕수인에 따르면 이것은 바로 마음과 리를 나누어 둘이 되는 것과 같으니, 원래 도달하려고 했던 목적에 완전히 어긋나게 된다는 것이다.

문제의 핵심은 바로 격물치지의 근본 목적이 사물의 이치(物理)를 구하는 것인가 아니면 성리性理를 구하는 것인가 하는 물음에 놓여 있다. 성리학 개념론의 기본 입장에 비추어 보면 분명히 성리를 구하는 것이 목적이지 사물의 이치를 구하는 것이 목적은 아니다. 이미 이렇게 된 이상, 왜 외부에서 리를 구하려 하는가? 성리는 곧 마음속에 있고, 주체의식 속에 있는 것이다. 예를 들어 어버이에게 효도하는 리는 내 마음속에 있는 것이지 어버이의 몸에 있는 것이 아니다. 그러므로 효의 리를 어버이의 몸에서 구할 수 없으며, 오직 내 마음속에서 구해야 하는 것이다. 왕수인에 따르면 사물의 이치 또한 모두가 이와 같다. 만약 내 마음 밖에서 리를 구하려 한다면 그것은 아무리 하더라도 도의를 흉내 내는 공부에 불과한 것이며, 자기의 심신心身과 성명性命에는 조금의 도움도 되지 못한다. 그러므로 왕수인은 격물치지에 대해 다음과 같이 새로운 해석을 제시하였다.

제가 말하는 치지격물은 내 마음의 양지가 각각의 사물에 이른다는 것입니다. 내 마음의 양지는 곧 천리를 말하는 것이니, 내 마음의 양지인 천리가 각각의

---

41) 『傳習錄』, "朱子所謂格物云者, 在卽物而窮其理也. 卽物窮理是就事事物物上求其所謂定理者也, 是以吾心而求理於事事物物之中, 析心與理爲二矣."

사물에 이르게 되면 각각의 사물이 모두 그 이치(理)를 얻게 됩니다. 내 마음의 양지에 이르는 것은 치지致知이며, 각각의 사물이 모두 그 이치를 얻는 것은 격물格物입니다. 이는 바로 마음과 리가 합일되어 하나가 되는 것입니다.42)

내 마음속에 내재된 앎에 이르는 것이 곧 치지致知라는 말은 원래 주희의 치지설을 계승하여 발전시킨 것이다. 하지만 '각각의 사물이 모두 내 마음의 이치를 얻는 것은 격물'이라고 주장하는 것은 주희의 격물설을 완전히 변화시킨 것이다. 이것은 주체에서부터 객체로, 주관에서부터 객관으로 이르는 실현 과정이며, 여기에 객관에서부터 주관으로 이르는 인식 과정은 불필요한 것이다.

치양지는 또한 바로 지知와 행行이 합일된 것이며, 내 마음의 양지가 각각의 사물에 이르러서 그 각각의 사물로 하여금 각기 그 리를 얻게 하는 것은 반드시 실천적 활동을 수반하는 것이니, 왕수인이 지와 행을 통일시킨 것은 바로 이러한 목적을 달성하기 위한 것이었다. 그는 인식의 주체성을 충분히 드러내 보였으나, 오히려 인식의 객관성은 부정해 버렸다. 천하의 사물은 본래 '격格'할 수 없는 것이며, 더욱이 '정해진 이치'(定理)라고 말할 수 있는 것도 없다. 리는 모두가 마음속에 있으며, 내 마음이 원래 갖추고 있는 것이다. 사람은 만물의 척도이며, 양지는 만물의 법칙이다. 이것이 바로 왕수인의 치지설이다.

왕수인은 치致를 지至로 해석하였고, 격格은 정正으로 해석하였다. 치지는 내 마음의 양지가 각각의 사물에 이르는 것이며, 격물은 그 바르지 못한 것을 바르게 하는 것을 말한다. 그는 내 마음의 양지로 사물을 바르게

---

42) 『傳習錄』, "若鄙人所謂致知格物者, 致吾心之良知於事事物物也. 吾心之良知卽所謂天理也, 致吾心良知之天理於事事物物, 則事事物物皆得其理矣. 致吾心之良知者, 致知也, 事事物物皆得其理者, 格物也. 是合心與理爲一者也."

할 것을 주장하였으며, 주희 등과 같은 사람들처럼 사물의 이치를 궁구하려 해서는 안 된다고 하였다.

왕수인에게 있어서 물물의 범위는 매우 넓은데, '물이란 곧 사事이다'라는 그의 명제는 물이 구체적인 물질 존재를 말하는 것일 뿐만 아니라 의식 작용을 비롯하여 사람들이 행하는 모든 활동임을 설명하고 있다. 그는 주체와 객체, 주관과 객관의 대립을 해소하고 내외內外가 합일되어 있음을 주장하였는데, 생각이 일어나는 것 또한 물物이다. 이른바 물을 바르게 한다(正物)는 것은 먼저 생각을 바르게 한다는 것이다. 그래서 그는 "마음의 본체는 본디 바르지 않음이 없으나, 그 생각이 일어난 후에 바르지 않음이 있게 된다. 그러므로 그 마음을 바르게 하려는 자는 반드시 그 생각이 일어나는 곳에 나아가서 바르게 해야 한다"[43]고 하였다. 이른바 격물이란 무엇보다도 먼저 생각이 일어나는 곳에 나아가서 바로잡아야 하는 것이며, 그래야만 비로소 각각의 사물로 하여금 그 올바름을 얻도록 할 수 있다.

이것은 완전히 도덕 인식과 도덕 실천의 문제이지 결코 인식의 문제라고는 할 수 없다. 왕수인은 다음과 같이 말하였다.

> 무릇 천하의 일은 끝도 없이 변화하여 모든 것을 다 궁구할 수는 없지만, 오로지 어버이를 섬기고 형을 따르는 진실하고 안타까워하는 일념의 양지에 이르러, 이로써 사물의 변화에 대응한다면 빈틈으로 빠져나가는 것이 없을 것이니, 이것은 바로 이 양지가 있기 때문이라고 말할 수 있다. 어버이를 섬기고 형을 따르는 일념의 양지 외에 따로 양지가 이르러야 할 것은 없다.[44]

---

43) 『陽明全書』, 권26, 「大學問」, "心之本體本無不正, 自其意念發動以後有不正. 故欲正其心者, 必就其意念之所發而正之."
44) 『傳習錄』, "蓋天下之事, 雖千變萬化, 至於不可窮詰. 而但惟致此事親從兄一念眞誠惻怛之良知以應之, 則更無有遺缺滲漏者, 正謂其只有此一個良知故也. 事親從兄一念良知之外, 更無有良知可致得者."

왕수인은 양지가 각각의 사물에 이르는 것에는 중요함과 정도의 차이가 있음을 인정하므로, 정밀하게 리를 분석해야 한다고 한다. 그러나 참되고 진실한 일념의 앎은 천하 사물의 리를 모두 포괄할 수 있기 때문에 자연히 각각의 순서에 따라 이르게 되며, 각각의 사물은 각기 그 리를 얻게 된다. 이것은 왕수인의 격물치지설이 도덕감정이나 도덕의식을 기초로 한 자기인식이며 자아를 실현하기 위한 방법이지, 결코 객관세계를 인식하기 위한 방법이 아니기 때문에 각각의 사물에 나아가 그 이치를 궁구할 필요가 없음을 설명한다.

왕수인의 치지설은 도덕주체의 원칙을 극단으로 끌고 가서 그 정점에 이르게 하였으며, 인식과 실천의 주체적인 능동성을 충분히 체현하였다. 내 마음속에는 저절로 천리가 있고 저절로 양지가 있으므로 밖에서 따로 정해진 이치를 구할 필요가 없다. 내 마음속에 이미 성인이 있으니, 그것을 확장하여 표현하면 길거리에 있는 모든 사람이 다 성인이므로 달리 외재적인 경전이나 권위를 숭배할 필요가 없다. 그는 도덕의식의 자주성과 자각성을 널리 선양하였으며, 자아의 실현이 도덕실천에 있어서 경시할 수 없는 작용을 한다고 주장하였다. 그러나 그는 지나치게 인식의 주관성만을 강조하고 인식의 사회성이나 객관성을 배제하였으므로 결국 주관적 도덕론으로 빠져 버리고 말았다. 사실상 도덕인식은 결코 선천적으로 완전히 타고날 수는 없는 것이며, 사회적인 실천 속에서 끊임없이 자기화한 결과인 것이다.

왕수인은 그의 치지설에 대해 스스로 내외(內外)가 합일된 학문이라고 하였다. 그래서 "리는 내외가 없으며 성도 내외가 없으니 학문 역시 내외가 없다. 강습하고 토론하는 것은 내면의 일이 아닌 것이 없고, 돌이켜 보고 스스로 반성하는 것은 외부의 일이 배제된 것이 없다"[45]라고 말한다.

따라서 격물은 곧 마음속에 있는 사물을 바르게 하는 것이고, 생각 속의 사물을 바르게 하는 것이며, 인식하는 사물을 바르게 하는 것이다. 왜냐하면 사물은 마음과 떨어져 있지 않으며, 사물이란 곧 의식 속의 사물이기 때문이다. 달리 말하면 '정심正心'은 그 사물에 대한 마음을 바르게 하는 것이고, '성의誠意'는 그 사물에 대한 뜻을 참되게 하는 것이며, '치지致知'는 그 사물에 대한 앎에 이르는 것이다. 왜냐하면 마음과 뜻, 앎은 모두가 사물과 떨어져 있지 않기 때문이다.

이처럼 마음과 사물이 합일되고 내외가 합일되는 인식 방법은 비록 주관과 객관의 통일을 전제하는 것이지만, 그렇다고 해서 결코 사물상에서의 체험, 즉 '사물과의 관계 속에서 연마하는 것'(事上磨練)이나 '일상의 일에서 체험하고 실천하는 실질적인 공부'를 부정하는 것은 아니다. 그러나 이런 말이 성립되는 것은 본체와 공부의 관계에서이며, 격물 공부는 다만 양지 본체에서 나오는 것이므로 근본적으로 자기반성적인 마음속에서의 체험 공부일 뿐이다. 그래서 왕수인은 "배움은 반드시 내면에서 구해야 하는 것인데 정주程朱의 격물설은 밖에서 배움을 구하는 잘못을 면하지 못했다"[46]라고 비판한다. 자기의 내면에서 구해야만 비로소 밖으로 미루어 갈 수 있으며, 체용體用과 본말本末이 하나가 될 수 있다.

인식의 방법에 있어서 왕수인은 먼저 전체를 파악한 후에 다른 세세한 것으로 미루어 나갈 것을 주장한다. 주체의 원칙을 완전히 파악하면 자연히 각각의 일에 따라서 대응할 수 있으니, 셀 수 없이 많은 각각의 구체적 사항들을 모두 알아야 할 필요가 없다. 그러므로 왕수인은 "하나의 천리를

---

45) 『傳習錄』, "理無內外, 性無內外, 故學無內外. 講習討論未嘗非內也, 反觀內省未嘗遺外也."
46) 『傳習錄』, "學必求之於內, 而程朱格物之說, 不免求之於外."

알게 되면, 저절로 수많은 상황의 가치 기준이 여기에서 나오게 된다"[47]라고 하였다. 그런데 이러한 주장은 주희가 구체적 사물에 대한 인식을 중시하고 이런 구체적 인식에서 주체의 원칙을 형성하며 나아가 일반적 법칙으로 승화할 수 있다고 주장한 것과는 많은 차이를 보인다.

주희는 경험적 지식의 축적을 중시하였고 이런 경험 지식의 축적을 통하여 깨달음에 이를 수 있다고 보았지만, 왕수인은 오히려 먼저 직접적인 깨달음이 있고 난 후에 이것을 각각의 사물에 적용해야 한다고 주장하였다. 왕수인은 그의 격물치지설에 대해, 일상의 일에서 본체를 궁구하는 것은 어느 정도의 순서와 경험의 축적이 있어야 하는 것이니, 이것은 불교에서 공허한 깨달음을 주장하는 것과는 상반되는 것이라고 주장한다. 그렇지만 일상의 일, 즉 보고 듣고 다른 사람과 대하는 일들은 단지 양지가 발용하여 나타나는 것에 지나지 않을 뿐이며, 이 양지의 본체는 결코 분석될 수 없는 것이다.

왕수인의 대제자인 왕기王畿는 격물치지설을 인성론적 본체 공부론으로 발전시켰다. 그는 "공부는 본체와 분리될 수 없으며, 본체가 곧 공부이니, 이것은 두 가지가 아니다"[48]라고 하였다. 그는 앎이란 '양지良知', '덕성德性', '명덕明德'을 말하는 것이지 어떤 구체적 지식을 말하는 것이 아니라고 명확하게 규정하였으며, 또한 물物에 대해서는 인륜이나 물질상에서 감응하는 실제의 일 혹은 천하국가에서 벌어지는 실제의 일을 말하는 것이지 자연계의 사물을 말하는 것이 아니라고 규정하였다.

마음이 감응한 실제의 일에 있어서 양지에 이른다는 것은 바로 실제의 일에서 양지를 발현한다는 것이다. 감응이 일어난 실제의 일을 떠나서 따

---

47) 『傳習錄』, "知得一個天理, 便自有許多節目度數出來."
48) 『王龍溪全集』, 권1, 「冲元會紀」, "工夫不離本體, 本體卽是工夫, 非有二也."

로 양지가 이르러야 할 것이란 없다. 그는 특히 격물치지가 인간의 본성을 구분하는 일이지 지식의 일이 아니며, 도덕적인 문제이지 인식의 문제가 아님을 강조하였다. 이것은 격물치지를 인성론과 가치론의 영역으로 끌어들여 그 범위를 엄격하게 한정하는 것이며, 지식론과는 분명한 경계를 그어버린 것이다. 왕기는 다음과 같이 말하였다.

> 치지는 사람이 원래 지니고 있는 덕성의 앎에 이른다는 것이지, 구체적인 지식을 끝까지 추구함을 말하는 것이 아니다. 격물은 눈으로 보고 마음에 감응이 일어난 사물을 바르게 한다는 것이지, 그 사물의 이치를 끝까지 궁구함을 말하는 것이 아니다.49)

> 치지는 내 마음의 양지에 이르는 것이지, 구체적인 지식을 끝까지 추구함을 말하는 것이 아니다. 격물은 감응이 일어난 실제의 일을 궁구하는 것이지, 그 사물의 이치를 끝까지 궁구함을 말하는 것이 아니다.50)

왕기는 격물치지를 순수한 도덕인성의 문제로 해석했는데, 이것이 그가 성리학에 대해 공헌한 부분이다. 이렇게 격물치지의 방법으로 직접적인 체험과 실천의 문제를 해결하고자 하였는데, 이는 일반적인 인식론과는 구별되는 것이다. 왕기에 따르면, 격물치지는 실천이성의 문제이고 사물의 이치를 궁구하는 학문은 인지이성의 문제이므로 이것을 뒤섞어 동일한 차원에서 함께 논의해서는 안 된다고 한다.

왕기의 해석에 따르면 격물은 결코 사물의 이치를 탐구하는 것이 아니

---

49) 『王龍溪全集』, 권5, 「慈湖精舍會語」, "致知者, 致其固有德性之知, 非推極知識之謂. 格物者, 格其見在應感之物, 非窮至物理之謂."
50) 『王龍溪全集』, 권11, 「答宗魯姪」, "致知者, 致吾心之良知, 非推極知識之謂也. 格物者, 體究應感之事實, 非窮至物理之謂也."

며, 오히려 그 본성의 구별을 밝게 할 수 있는 것이다. 그는 다음과 같이 말하였다.

> 무릇 치지의 공부는 본성을 구별하는 것 이외에 더함이 있음이 없다.…… 만약 본성을 구별하는 것 이외에 달리 사물의 이치를 구하려 한다면, 다른 많은 학문에 힘쓰게 되어 덕성의 앎을 망각하게 된다. 이는 마치 눈병이 난 사람과 같은 것이니, 약을 먹고 몸조리를 잘하여 그 빛을 회복하는 데 힘쓰지 않는다면 아무리 더듬거리면서 밖에서 밝음을 구하더라도 갈수록 심한 장님이 될 뿐이다.[51]

양지나 덕성은 '하늘의 법칙'이며 '고요한 본체'로서 곧 인간의 마음속에 잠재되어 있는 주체의식이다. 그러나 '하늘의 법칙'은 인륜과 사물로부터 떨어질 수 없고, '고요한 본체'는 감응되는 실제의 일과 분리될 수 없는 것이니, 이것은 마치 아버지와 아들이라는 물物이 있어야 비로소 효나 자애의 법칙이 있게 되는 것과 같으며, 보고 듣는 물物이 있어야 비로소 밝게 보고 분명하게 듣는 법칙이 있게 되는 것과 같다. 그래서 그는 "인륜과 사물에 감응하는 실제의 일에 있어서, 하늘이 정한 법칙인 자연에 따르면 사물이 그 리를 얻게 되니, 이것은 격물을 말한다"[52]고 하였다. 여기에서 하늘이 정한 법칙인 자연은 곧 덕성德性이며 사물의 법칙物則이다. 하지만 이것이 곧바로 사물의 이치物理가 되는 것은 결코 아니다.

덕성은 인성에 대한 자기인식이며, 인륜이나 사물과의 관계에서 비롯되는 실제의 일과 따로 떨어져서 존재하지 않는다. 이것은 주체들 사이의

---

51) 『王龍溪全集』, 권5, 「與楊和張子問答」, "夫致知之功, 非有加於性分之外.……若外性分而別求物理, 務爲多學, 而忘德性之知, 是猶病目之人, 不務服藥調理, 以復其光明, 佅佅然求明於外, 只益盲瞶而已."
52) 『王龍溪全集』, 권6, 「格物問答原旨」, "倫物感應事實上, 循其天則之自然, 則物得其理矣, 是之謂格物."

상호 관계이지 절대로 주체와 자연계의 객체적 사물이 서로 상대하는 것이 아니다. 격물치지는 곧 인륜 사물의 실제적 일에서 체험되는 덕성지를 말하는 것이지, 객관적 사물에 대한 지식을 획득하는 것이 아니다. 만약 사물의 이치를 궁구하는 것을 격물로 여긴다면 그것은 곧 "눈으로 보는 것에만 빠져서 자기 자신에게로 돌이킬 줄 모르는 것이며, 지리멸렬함에 빠져서 스스로 깨닫지 못하는 것이다."[53] 왕기의 '본체가 곧 공부'라는 사상은 각각의 사물에 양지를 이르게 하는 왕수인의 방법을 각각의 사물 속에서 체험요소가 되도록 발전시켰으며, 내부에서 외부로 향하는 방법을 내부와 외부가 함께 수양하는 공부로 변화시켰다고 할 수 있다.

왕수인의 다른 대제자인 왕간王艮은 이른바 '회남격물설淮南格物說'을 제기하여 당시에 매우 큰 영향을 끼쳤다. 이 학설의 특징은 마음(心)을 근본으로 하는 지행합일설이라는 점이다. 그는 왕수인의 양지를 형이하의 감성적 물질 존재로 해석하여 그 격물의 내용에도 매우 큰 변화를 일으켰다. 그는 격물의 물物을 『대학』에서 '물에는 본말이 있다'(物有本末)라고 할 때의 물이라고 보았으며, 이에 근거하여 한 개인의 마음에서부터 천하국가에 이르기까지 모두가 다 물인데 그중에서 본말을 따져보면 곧 몸이 근본이 되고 천하국가가 말단이 된다고 생각하였다.

격格은 측정한다는 의미이며, 격식格式이라고 할 때의 격과 같은 것으로 어떤 기준에 의해 측정하는 것을 말한다.[54] 그러므로 격물은 곧 나에게 있는 기준(矩)으로 천하국가의 올바름(方)을 측정하는 것이다. 왕간은 다음과 같이 말하였다.

---

53) 『王龍溪全集』, 권11, 「答宗魯侄」, "溺於所見, 不能反身, 陷於支離, 而不自覺."
54) 『明儒學案』, 권32, 「心齋語錄」, "格如格式之格, 卽絜矩之謂."

모양이 바르지 못한 것이 자가 바르지 못하기 때문이라고 하는 것은 단지 바른 자를 버리고 외형적 모양에서 구하는 것이 아니다. 자가 바르면 모양이 바르게 되고 모양이 바르면 격이 이루어지는 것이다.55)

이것은 곧 근본과 말단이 하나로 관통해 있음을 말하는 것이다. 그 몸이 바르면 곧 천하가 바르게 되는, 이른바 '자기가 바르면 사물이 바르게 된다'는 것이고, 그 몸이 바르지 못하면 자신을 돌이켜 바르게 해야 한다는 것이다. 그래서 왕간은 "자기를 돌이키는 것이 격물의 공부이다"56)라고 하였다.

왕간은 자아실현을 특징으로 하는 왕수인의 치지설을 실천적 방향으로 한 걸음 더 발전시켜, 자기 자신을 기준으로 삼아 천하국가의 모든 사물을 측정하고자 하였으며, 이를 통하여 자아의식의 감성적인 면과 실천적인 면을 부각시켰다. 그래서 "자기를 아는 것이 천하국가의 근본이다. 그러므로 천지만물이 모두 나에게 의거하는 것이지 내가 천지만물에 의거하는 것이 아니다"57)라고 하였다. 만약 사람들이 모두 '혈구지도絜矩之道'를 시행하여 자기 자신을 바르게 함으로써 사물을 바르게 할 수 있다면 천하국가 역시 화평하게 다스려질 것이다.

자기를 바르게 함으로써 사물을 바르게 하는 것은 또한 자기의 몸을 편안하게 함으로써 천하를 편안하게 하는 것과 같으니 혈구는 곧 격물이고, 근본을 아는 것은 곧 이르러야 할 곳을 아는 것이며, 이르러야 할 곳을

---

55) 『明儒學案』, 권32, 「心齋語錄」, "方之不正, 由矩之不正也, 是以只去正矩, 却不在方上求. 矩正則方正矣, 方正則成格矣."
56) 『明儒學案』, 권32, 「心齋語錄」, "反己是格物的工夫."
57) 『明儒學案』, 권32, 「心齋語錄」, "知得身就是天下國家之本. 則以天地萬物依於己, 不以己依於天地萬物."

알고 난 후에야 비로소 지극한 선에 머물 수 있게 되는데, 지극한 선에 머물 수 있으면 자기를 편안히 함으로써 천하를 편안하게 할 수 있다. 이것은 결국 수신修身의 도를 말하는 것이다. 이처럼 왕간은 근본을 알아야 함을 매우 강조하였다.

근본을 안다는 것은 바로 자기 존재에 대한 인식 곧 자아인식이며, 이것은 동시에 일종의 자기에 대한 적극적인 긍정이 된다. 자아는 천하국가를 측정하는 척도이며, 자기가 천하국가를 측정하는 척도임을 인식하는 것은 바로 근본을 아는 것이다. 격물을 하게 되면 근본을 알 수 있으며, 근본을 알게 되면 곧 자기의 몸을 편안히 할 수 있다. 자기 자신을 편안히 하는 사람은 반드시 자기 자신을 사랑하고 공경하게 되는데, 자기 자신을 사랑하고 공경해야만 남을 사랑하고 공경할 수 있으며, 남을 사랑하고 공경하는 사람은 남들 역시 그를 사랑하고 공경하게 되므로 자기의 몸이 편안해지게 된다. 자기 자신을 편안히 하고 천하를 편안히 할 수 있어야 격물치지의 학문 또한 완성된다. 이러한 인본주의적 인식론은 각각의 개별적인 인간존재를 중요한 지위로 끌어 올렸으며, 아울러 자아의식의 각성을 강조함으로써 성리학의 격물설에 새로운 내용을 주입하였다.

5. 명말청초

명나라 말기의 고반룡高攀龍 역시 격물을 중요하게 생각하였으며, 근본을 아는 것을 격물의 요체로 보아 왕간과 동일한 입장을 취하였다. 그는 각각의 사물에 나아가 그 이치를 궁구하는 것을 반대하였으며, 이런 관점에서 사물의 이치만을 궁구하는 것은 사물에 집착하여 본래의 뜻을 잃어버리는(玩物喪志) 행위라고 비판하였다. 그는 심학파心學派의 관점을 수용하여 마음 바깥에 따로 리가 있을 수 없으니 격물의 학은 마음과 리를 둘로 나누어서는 안 된다고 주장하였다. 또한 몸과 마음이 합일되어 있다는 주장을 제기하였는데, 몸이 곧 만물의 근본이므로 마땅히 근본을 아는 것을 요체로 삼아야 한다고 보아 다음과 같이 말하였다.

> 격물의 공부는 한 가지가 아니지만 그 요체는 모두가 근본을 아는 것으로 귀일된다. 수신이 근본이 되는 것임을 알아서 이에 근본하면 천하에 그것을 벗어난 나머지 일이 없을 것이다. 무릇 바로잡거나 인식해야 할 세상의 모든 사물은 따로 몸 밖에서 그 이치를 구해야 할 것이 아니며, 모든 것이 수신 이외의 공부가 아니다. 그 근본을 바르게 하여 모든 일을 처리하면 잠시도 생각이 밖으로 벗어나지 않는다. 자연히 천리가 순수하게 발현됨이 조금의 사사로운 인욕도 없는 것과 같으니, 어찌 지극한 선에 머무르는 것이 아니겠는가?[58]

이와 같이 고반룡은 격물의 근본 목적이 지극한 선에 머무르는 것이지 지식을 획득하는 것이 아니라고 생각하였다. 여기에서 지극한 선이란 바로 나 자신에게 있는 것이지 외부에 있는 것이 아니다. 또한 잠시도 생각이 밖으로 벗어나지 않는다는 것은 바로 어떠한 초월도 반대하고, 오로지 자기 자신을 표준으로 삼아야 한다는 것이며, 이것은 주체 스스로의 자각을 강조한 것이라고 할 수 있다.

유종주劉宗周의 격물치지설 역시 왕기와 왕간 이후의 철학적 발전 과정 속에서 형성되었다. 하지만 그는 결코 주희의 학설을 함부로 부정하지 않았으며, 주희의 학설 중에서 경험적 방법을 수용하였다. 그는 왕수인의 '치

---

[58] 『明儒學案』, 권58, "格物之功非一, 其要歸於知本. 知修身爲本而本之, 天下無余事矣. 蓋格來格去知得世間總無身外之理, 總無修外之工. 正其本, 萬事理, 更不向外著一念. 如此自然純乎天理而無一毫人欲之私, 豈不是止至善也?"

양지'가 실제로는 주희의 치지설에서 근원한 것이라고 보았으며, 따라서 주희와 왕수인의 사상에 결코 본질적인 차이가 없음을 주장하였다. 다만 주희는 외부에서 이르고자 하였고 왕수인은 마음속에서 이르고자 한 것이니, 이것은 앎이 다른 것이 아니라 이르는 곳이 다를 뿐이라는 것이다.[59] 그러므로 주희를 부정해서는 안 된다고 하였다.

격물에 대해서 유종주는 역사적으로 다양한 해석들을 제시하고 있다. 가령 주희는 격을 '이르는 것', 양간楊簡은 '나아가는 것', 왕수인은 '바르게 하는 것', 왕간은 '측량하는 것', 나홍선羅洪先은 '감응하여 통하는 것'이라고 풀이했는데, 이것들을 서로 비교해 보면 그래도 주희의 학설이 가장 나으니, 이를 지리멸렬하다고 하여 배척하는 것은 지나친 것이라고 하였다.[60]

유종주가 주희의 격물설에 동의하는 까닭은 주희가 격물과 치지를 연결하여 격물을 치지의 공부로 보고 있기 때문이다. 그는 다음과 같이 말하였다.

> 격물이 비록 천하의 사물에 모두 다 이르는 것이지만 그 요체는 단지 근본을 아는 데 있다. 무릇 사물의 수는 아주 많지만 그 근본 법칙은 하나인 것으로 즉 주자가 말한 "사물의 겉과 속, 정밀함과 거친 것, 내 마음의 온전한 체와 큰 쓰임"인 것이니 이 말의 의미를 올바로 이해한다면 분명해지게 된다.[61]

유종주의 격물설은 비록 본심의 앎을 밝히는 것을 근본 목적으로 삼고 있지만 그는 다른 한편으로 오히려 사물의 이치를 궁구해야 한다고 주장

---

59) 『劉子全書』, 권13, 「會錄」, "不是知處異, 乃是致處異."
60) 『劉子全書』, 권12, 「學言」下, "終以朱子之說爲長." 劉宗周, 『劉子全書』, 권38, 「大學雜言」, "以爲支離而斥之者, 亦過也."
61) 『劉子全書』, 권19, 「復李二河翰編」, "格物雖格盡天下之物, 然其要只是知本. 蓋物有萬而本則一也, 卽朱子云'表裏精粗全體大用', 正逗此中消息, 可爲分明."

한다. 그래서 "사물의 이치와 따로 분리되어 달리 어떤 본심이 있다고 말해서는 안 된다"62)고 한다. 바로 이 점에서 그는 주희의 사상을 수용하고 있으며, 왕수인의 학설에 대해서는 불교의 선종에서 말하는 것으로 유학자가 받아들일 수 없는 것이라 하여 반대한다.

하지만 유종주의 근본 출발점은 어디까지나 왕간 이후에 '근본을 아는 것'을 강조하는 학문적 경향에 있다. 그 역시 천하국가의 근본은 자신에게 있고, 자신의 근본은 마음에 있으며, 마음의 근본은 뜻에 있고, 뜻은 지극한 선이 머무르는 곳이라고 본다. 그러나 뜻은 실체가 없어 물을 실체로 삼기 때문에, 근본을 알아서 지극한 선에 머무르는 것은 반드시 사물의 이치를 궁구하는 것에서부터 시작하지 않을 수 없는 것이다. 그의 학문적 방법은 왕간과 다르지만, 근본 목적은 왕간과 동일하다.

유종주가 말하는 치지는 곧 머무를 바를 아는 앎에 이르는 것이고, 그가 말하는 격물은 '물유본말'의 물을 궁구하는 것이며, 결론은 지극한 선에 머무르는 것이다. 그러나 그는 "선의 리는 하나이지만 사물에 흩어지면 수많은 갈래로 나누어지게 되니 격물치지로써 그것을 밝혀야 하는 것이다"63)라고 하였다. 결론적으로 유종주에 따르면 격물치지는 지극한 선에 도달하기 위한 중요한 방법이자 공부이며, 이 공부와 본체는 분리될 수 없는 것으로 "만약 공부 이외에 달리 본체가 있다면 양자가 서로 부딪치게 되고, 또한 바깥 사물이 되어 도리에 어긋나게 된다"64)는 것이다.

그러므로 유종주는 사물과 떨어질 수 없으면서 또한 사물을 추종할 수도 없음을 주장한다. 격물치지는 결국 자기 자신을 돌이키는 공부로 귀착

---

62) 『劉子全書』, 권9, 「秦履思問致知之說」, "不可謂離却物理, 另有本心也."
63) 『劉子全書』, 권7, 「原旨・原學」, "善之理一而散於物有萬殊, 格物致知所以明之也."
64) 『劉子全書』, 권19, 「答履思二」, "若工夫之外別有本體, 可以兩相湊泊, 則亦外物而非道矣."

되며, 자신을 돌이킬 수 있어야만 비로소 혼연히 사물과 한 몸이 되는 경지를 실현할 수 있다. 마음은 사물과 분리되지 않고 사물 역시 마음과 분리되지 않는데, 만약 마음과 사물이 분리된다면 공허한 앎에 이르거나 사물을 추종하여 사물의 이치만을 구하게 될 것이며, 이것은 둘 다 잘못된 것이다. 이 문제에 있어서 그는 주희와 왕수인을 모두 비판하고 있는데, 주희는 사물을 전면에 내세워 사물의 이치를 말함으로써 근본을 알아야 한다는 핵심을 잃어버렸고, 왕수인은 앎을 덕성의 요지를 가리키는 것으로 보아 명덕明德보다 위에 놓아 버렸다는 것이다.

유종주는 사물의 이치를 궁구하며 '근본에 대한 앎'을 무시하는 경향에 반대하고 있으면서도 양지를 본체로 보고 격물을 무시하는 경향에도 반대한다. 다시 말하면 인식에 대한 경험론적인 객관화의 경향에 반대하면서 또한 본체론적인 주관화의 경향에도 반대하며, 오히려 이 양자를 종합해야 한다고 주장하는 것이다. 이것은 유종주의 격물치지설이 지닌 중요한 특징이다.

유종주의 제자인 진확陳確은 『대학변大學辨』을 지었는데, 여기에서 그는 『대학』의 절대적 권위를 부정하고, 나아가 주희의 격물치지설에 대해 강력하게 비판하고 있다. 그는 주희가 격물치지를 『대학』의 시작으로 본 것은 근본적인 착오였다고 생각하였다. 격물치지는 곧 학문과 같은 말이며, 학문에는 끝이 없으므로 격물치지 역시 끝이 없는 것이다. 그래서 그는 "어찌 어느 한 부분을 공부하는 것으로 『대학』을 시작하는 일이라고 말할 수 있겠는가?"65)라고 하였다. 그는 격물치지를 시작의 일로 보는 학설에 대해 이론적인 배움만을 말하고 실천적인 행위를 말하지 않으니 반드시

---

65) 『陳確文集』別集, 권14, 「答格致誠正問」, "奈何提作一截工夫, 而謂是大學之始事乎?"

불교의 선학과 다를 것이 없게 될 것이라고 비판하였다. 또한 주희의 활연관통설 역시 불교와 유사한 것이라고 생각하였다. 왜냐하면 인식이란 무한히 발전하는 과정 그 자체이기 때문이다. 진확은 다음과 같이 말하였다.

> 천하의 리는 끝이 없고 다함도 없으나 한 사람의 마음에는 일정한 한계가 있기 마련이다. 오만 방자하게 자기를 과신하여 스스로 남김없이 모든 것을 다 알 수 있다고 생각한다면, 반드시 세상에서 가장 망령된 사람이 되어 버릴 것이다. 또한 어찌 하루아침에 관통하여 천하 사물의 이치를 깨달을 수 있다고 하겠는가?66)

이러한 비판은 곧 절대 진리론을 부정하고 인식의 상대성을 주장한 것이며, 순간적인 깨달음에 의한 인식을 부정하고 인식의 유한성과 연속성을 주장한 것이다.

지금 우리가 논의하고 있는 것은 격물치지가 객관화의 길로 발전하는 과정이다. 주희 이후 가장 먼저 황진黃震이 격물의 필요성을 강조했다. 그는 "사물에는 리가 없을 수 없으며, 사람에게는 앎이 없을 수 없다. 궁리를 말하지 않고 격물을 말한다면 리를 찾을 수 없으며, 사물을 말하면 리는 저절로 그 속에 있는 것이다"67)라고 하였다. 그는 리理는 기氣를 떠날 수 없으며 도道는 기器를 떠날 수 없다는 것을 격물의 전제로 삼아, 리본체론理本體論과 심본체론心本體論을 모두 부정하였다. 여기에서 그가 말하는 격물은 주로 사물의 이치에 대한 인식을 통하여 사람의 성리性理를 밝히는 것을 말한다.

---

66) 『陳確文集』 別集, 「大學辯一」, "天下之理無窮, 而一人之心有限, 而傲然自信, 以爲吾無遺知焉者, 則必天下之大妄人矣. 又安所得一旦貫通, 而釋然於天下之事之理之日也哉?"
67) 『黃氏日抄』, 권37, 「晦庵語類一」, "物莫不有理, 人莫不有知. 不說窮理却言格物, 理無促摸, 言物則理自在."

원대元代의 유인劉因이나 허겸許謙 등과 같은 사람들 또한 비교적 격물궁리를 중시했다. 유인은 이치를 궁구하는 데에도 순서를 따라야 하고, 넓게 배우고 상세하게 설명할 수 있어야 함을 강조했으며, 특히 역사서를 세밀하게 읽어야 한다고 주장했다. 허겸은 비록 이론적인 부분에 대해서는 새로운 입장이 없지만, 경험적 지식의 축적을 중시함으로써 돌이켜서 자신의 내면을 반성하는 공부를 반대하였다. 그는 큰 줄기만을 받들고 세세한 절목을 폐기하는 '반본反本의 학'을 비판하면서 "이것을 어찌 불교의 공허한 담론이라고 여기지 않을 수 있겠는가!"[68]라고 하였다. 이것은 어느 정도 인지적 이성을 중시하고 있음을 표현한 것이다.

명대의 설선薛瑄은 주체와 객체, 주관과 객관의 관계에 대해 기초적인 분석을 진행함으로써 격물치지설을 한 걸음 더 발전시켰다. 그는 "사물은 리와 같고, 마음은 거울과 같은 것이다. 거울이 맑으면 사물이 형체를 숨김이 없고, 마음이 맑으면 리가 흔적을 가리지 않지만, (마음이) 어두워지면 이와 반대가 된다"[69]고 하였는데, 이것은 사물의 이치에 대한 인식을 비교적 중시한 것이다. 설선에 따르면, 격물은 그 범위가 매우 넓기 때문에 모든 사물에 대해 완전한 인식을 얻을 수는 없으며, 다만 사물에 접하는 사람의 능력에 따라 순서를 정하여 작은 것에서부터 이치를 궁구할 수 있을 뿐이다. 그러나 순서에 따르는 것이 오래되면 곧 내 마음의 리와 만물의 리가 자연스럽게 일치되어 통하지 못하는 것이 없으니, 주체와 객체의 통일에 이르게 된다. 그의 격물치지설은 비록 이치를 궁구하는 것이 곧 본성을 아는 것이라는 내외합일內外合一의 학문을 목적으로 삼고 있기는 하지만, 어느 정도 사물의 이치가 가지는 객관성과 그러한 객관적 인식의 필요

---

68) 『宋元學案』, 권82, "幾何不爲釋氏之空談也!"
69) 『讀書錄』, 권5, "物如理, 心如鏡. 鏡明則物無遁形, 心明則理無蔽迹, 昏則反是."

성을 인정하고 있다는 점에서 객관적 인식론의 의미도 일부 지니고 있다고 해야 할 것이다.

나흠순羅欽順은 왕수인과 토론하는 과정 속에서 이런 측면을 계속 발전시켰다. 그는 반드시 외부에서 구한 것을 바탕으로 학문을 해야 한다고 주장함으로써 외부 사물의 이치를 궁구하는 것이 인식의 중요한 과정이 된다고 보았다. 그는 마음과 사물, 주체와 객체를 구분하여 이른바 격물은 곧 마음이 사물의 이치에 통하는 것이며, 주관이 객관에 합일되는 것이라고 하였다. 이것은 인식의 객관성을 강조한 것인데, 그는 이런 입장에서 다음과 같이 말하였다.

> 이에 각각의 사물에 나아가 내 마음의 양지를 이르게 하고자 하면 도리는 모두 사람의 안배에서 나오는 것이 되어 사물은 본디 본연의 법칙이 없게 된다.[70]

본연의 법칙이란 원래부터 사물에 내재하는 것이지 사람이 안배할 수 있는 것이 아니며, 객관적인 것이지 주관적인 것이 아니다. 다만 마음에는 신묘하고 밝은 작용이 있어서 사물의 이치에 통할 수 있을 뿐이다. 그래서 나흠순은 다음과 같이 말한다.

> 오로지 그 통하지 못하는 것이 없기 때문에 사물의 원리를 미루어 알 수 있고, 사물의 이치를 궁구하여 알 수 있는 것이다. 이미 사물의 이치에 통했다면 다시 무엇을 의심하겠는가?[71]

---

70) 『困知記』附錄, 「答歐陽少司成崇一」, "乃欲致吾心之良知於事事物物, 則是道理全在人安排出, 事物無夫本然之則矣."
71) 『困知記』續, "惟其無所不通, 故能推見事物之數, 究知事物之理. 物理既通, 夫復何疑?"

이것은 사실상 사물의 이치를 대상으로 하는 객관주의적 인식론이다. 신묘하고 밝은 마음이란 곧 인지의 마음을 말하는 것이니, 이미 사물의 원리와 이치를 추론하고 궁구할 수 있다는 것은 사람이 인지이성을 갖추고 있음을 설명하는 것이다. 이것은 격물에 대한 나흠순의 가장 중요한 해석이며, 인지이성에 대한 중요성을 표현하고 있는 부분이다.

나흠순의 격물치지설은 주관과 객관의 통일을 강조한다. 나와 사물, 안과 밖이 합일되어 조금의 빈틈도 없는 경지에 도달하는 것이 그의 근본 목적이다. 그래서 그는 다음과 같이 말하였다.

> 격물의 격格은 바로 통철무간通徹無間의 뜻이다. 대개 공부의 도가 통철무간하게 되면 사물이 내가 되고, 내가 또한 사물이 되어 아무런 구별도 없이 완전히 합일되는 경지에 이르게 되니, (여기에 이르면) 합치된다는 글자까지도 쓸 필요가 없을 것이다.72)

안과 밖이 완전히 합일되는 경지에 이르기 위해서는 반드시 먼저 객관 사물에 대한 인식이 선행되어야 한다. 사물의 이치에 완전히 통해야만 비로소 성리性理를 인식할 수 있으며, 사물과 나의 합일을 실현할 수 있다. 나흠순은 사람의 마음에 리가 갖추어져 있음을 인정한다. 그래서 "마음이라는 것은 사람의 신묘하고 밝음이며, 리가 주인으로 있는 곳이다"73)라고 하였다. 격물은 비록 직접 내 마음을 궁구하는 것은 아니지만 마음속의 리를 밝히는 것이다. 왜냐하면 사물의 리와 내 마음의 리는 하나이기 때문이다. 이것은 또 사물의 이치(物理)가 곧 성리性理라는 오래된 노선으로 되돌아

---

72) 『困知記』, "格物之格, 正是通徹無間之意. 蓋工夫之道, 則通徹無間, 物亦我, 我亦物, 渾然一致, 雖合字亦不必用矣."
73) 『困知記』附錄,「答允恕弟」, "心也者, 人之神明, 而理之存主處也."

가는 것이며, 인지이성을 실천이성의 도구로 만들어 버리는 것이다. 이와 같이 나흠순은 인식론과 심성론을 엄격히 구분하지 않았기 때문에, 그의 격물치지설은 천지만물에 나아가서 그 이치를 강구하는 것이라고 주장하였음에도 불구하고 끝내 인식론으로 진행되지 못하고 가치론으로 전화되었으며, 자연계에 대한 인식이 아니라 인성에 대한 자각의 길로 나아갈 수밖에 없었다.

왕정상王廷相은 격물치지에 대한 새로운 발전을 이루었다. 그는 격을 '이르는 것'이라고 풀이하는 정주학의 관점에 대해 중첩되어 있어서 문장의 의미를 세우지 못했다고 비판하면서 다음과 같이 말하였다.

('이르는 것'이라고 풀이하는 것은) '바르게 하는 것'이라고 풀이하여 곧바로 합당함을 밝히고 의미 또한 바르게 통하게 하는 것보다 못하다. ('바르게 하는 것'이라고 풀이하는 것은) 집 위에 또 다른 집을 짓는 번잡함이 없고 또한 글자 밖에서 의미를 첨가하는 어지러힘이 없는 것이다.74)

여기에서 그가 말하는 '바르게 하는 것'(正)은 왕수인의 해석과 비슷한 의미를 지니기는 하지만 완전히 같은 것은 아니다. 왕정상의 말은 양지 본체에서부터 출발하여 사물을 바로잡는 것, 즉 그 바르지 못한 것을 바르게 한다는 의미가 아니라, 객관의 사물에서 출발하여 각각의 사물이 각기 마땅히 그러한 실질을 얻도록 한다는 의미이다. 그에 따르면, 각각의 사물에는 모두 마땅히 그러한 실질이 있으니 마땅히 그러한 실질을 얻을 수 있으면 이것이 곧 사물을 바르게 하는 것이라고 한다. 그래서 그는 다음과 같이 말한다.

---

74) 『雅述』, "不如訓以'正'字, 直接明當, 義亦疏通, 旣無屋上架屋之煩, 亦無言外補添之擾."

격물이란 곧 사물을 바르게 하는 것이니, 사물이 각기 마땅히 그러한 실질을 얻었다면 그것이 곧 올바른 것이다. 각각의 사물이 모두 바르게 되면 어찌 앎에 이르지 못하는 것이 있겠는가?"[75]

마땅히 그러한 실질이란 도덕법칙을 말하는 것이며, 앎에 이른다는 것은 사물이 각기 그 실질을 얻으면 앎이 이르는 곳이 있다는 말이다. 이러한 앎은 양지가 아니라 사물의 마땅히 그러한 실질에 관계된 도덕적 인식을 말한다. 앎에 이르면 도리를 절실하게 깨닫게 되어 마음을 바르게 하고 뜻을 참되게 할 수 있으며, 순수한 선善함만이 있고 조금의 악함도 없게 된다. 그래서 그는 "학문을 하면서 마음의 올바름을 성취하면 도의 큰 근본이 서게 되니, 집안과 국가와 천하가 모두 이것에서부터 미루어 다스려지게 된다"[76]고 하였다.

왕정상의 격물설은 도덕인식을 그 내용으로 하고 있음을 감추지 않는다. 하지만 도덕인식은 반드시 객관적인 사물과 실제적인 경험으로부터 생겨나야 한다고 분명하게 말하고 있다. 또한 그는 '학문은 외부의 지식에 바탕을 두어야 한다'는 인식 방법을 주장하였는데, 이것은 나흠순의 주장과 일치하는 것이다. 그리고 왕정상이 말하는 치지致知는 곧 안과 밖에서 서로 주고받으며 이르는 것을 말하며, 그는 이로써 주체와 객체의 통일을 실현할 수 있다고 보았다.

왕정상에 따르면 사람의 도덕지식은 사회 속에서 실천적 경험을 축적하는 가운데 형성되는 것이며, 따라서 격물치지는 결코 사회적 경험과 떨어질 수 없는 것이다. 그러므로 그는 다음과 같이 예를 들어 말하였다.

---

75) 『愼言』, 「潛心」, "格物者正物也, 物各得其當然之實, 則正矣. 物物而能正之, 知豈有不至乎?"
76) 『愼言』, 「潛心」, "學造乎心正, 道之大本立矣, 而家而國而天下, 以此推之可也."

어린아이가 태어나자마자 그를 밀실에 유폐시켜 놓고 다른 사람들과 접촉하거나 배우지 못하게 한다면, 장성하여 밖에 나가더라도 소와 말을 분별하지 못할 것이다. 하물며 군신君臣, 부자父子, 부부夫婦, 장유長幼, 그리고 붕우朋友의 관계에서 지켜야 하는 도덕 원리들을 그가 어찌 알 수 있겠는가?[77]

이런 관점에 입각하여 왕정상은 당시의 학문풍토에 대해, 도리는 이해할 수 있고 일은 유비하여 추론할 수 있는데, "저 공허와 적멸에만 힘쓰거나 사리를 강설하는 데에만 힘써서 아무 것도 익히지 못하거나 본성을 온전히 완성하지 못하는 무리들이 어찌 이렇게 할 수 있으리오!"[78]라고 비판하였다. 이처럼 그는 공허와 적멸에 힘쓰는 심학파心學派의 태도와 사리事理를 강설하기만 하려는 리학파理學派의 태도를 모두 비판하는 입장을 견지하고 있다.

왕부지는 격물치지설을 전체적으로 총괄하였고 많은 중요한 견해를 제기하였으며, 그 가운데에는 중요한 인식론적 사상이 다수 포함되어 있었다. 하지만 전체적으로는 성리학의 개념체계를 완전히 벗어나지 못하였다.

왕부지는, 사람에게는 선천적으로 사물을 인식할 수 있는 능력이 있으나 그 인식의 대상은 마음 밖에 있다고 생각하였다. 그래서 그는 "하늘이 부여한 인식의 능력으로 인식의 외부에 법칙을 세운다"[79]고 하였다. 그러므로 반드시 사물에 나아가서 그 이치를 궁구해야 하는 것이지 이치를 세워서 사물을 제한할 수는 없는 것이다. 이치는 객관적인 존재이고, 사람의 인식은 반드시 사물의 실질에 의탁하고 사물의 이치에 의거해야 하며 그

---

77) 『石龍書院學辯』, "赤子生而幽閉之, 不接習於人間, 壯而出之, 不辨牛馬矣, 而況君臣父子夫婦長幼朋友之節度乎!"
78) 『石龍書院學辯』, "彼徒務虛寂, 事講說, 而不能習與性成者, 夫安能與於斯!"
79) 『詩廣傳』, 권4, 「大雅」, "天子之以識知之能, 而立則於識知之外."

고유의 법칙과 규율을 인식해야 하는 것이지 사사로운 뜻으로 필연적인 사물의 이치를 구할 수는 없다. 즉 주관적인 의견에 따라 마음대로 사물의 규율을 변화시킬 수는 없는 것이다. 이러한 생각은 확실히 사물의 이치에 대한 객관적인 인식을 포함하고 있다.

이를 위하여 왕부지는 비어 있음으로 마음을 지킨다는 치지설을 비판하였다. 그는 다음과 같이 말하였다.

> 옛날 성현들의 앎은 비어 있어 영명한 본체를 지켜서 명백함을 구한 것이 아니며, 자기 총명함의 발함에 맡겨서 스스로 그것을 신뢰한 것도 아니다. 무릇 나의 리는 모두가 만물이 원래 그러한 이치에서 기인한 것이니, 사물마다 마땅히 그러한 법칙이 있게 된다.[80]

여기에서 영명한 본체라는 것은 앎을 가리키는 것도 아니고, 더욱이 양지 본체를 가리키는 것도 아니다. 그것은 지각의 마음을 가리키는 것으로, 인식능력을 갖추고 있음을 말한다. 이러한 인식은 반드시 사물과 직접 접촉하여 그 법칙을 구함으로써 비로소 인식되는 것이며, 의거하는 바가 있는 것이다.

이른바 격물이란 형이하形而下의 사물 속에서 그 형이상形而上의 이치를 궁구하는 것이다. 지각의 마음은 오직 객관적인 대상과의 관계가 형성된 후에 비로소 아는 것이 있게 된다. 그래서 왕부지는 "형체와 정신과 사물, 이 세 가지가 만나서 지각이 생겨난다"[81]고 하였다. 지각은 인식의 주관적 조건으로서 반드시 사물을 그 인식의 대상으로 삼는다. 사물은 형이하의

---

80) 『四書訓義』, 권1, 「大學」, "古人之知知, 非虛守此靈明之體而求白也, 非一任吾聰明之發而自信也. 以爲凡吾之理皆一因乎萬物固然之理, 則物物有當然之則."
81) 『張子正蒙注』, 「太和」, "形也, 神也, 物也, 三相遇而知覺乃發."

존재이지만 형이상의 이치를 인식하기 위해서는 반드시 형이하의 것에서부터 시작하지 않으면 안 된다. 이처럼 왕부지는 인식이란 감성적인 경험에서부터 시작할 수 있는 것이지 아득하게 숨겨진 어떤 것을 탐색하는 것에서부터 시작할 수 있는 것이 아니라는 입장을 견지함으로써 분명한 경험론적 특징을 띠고 있다.

격물치지에 대하여 왕부지는 전체적인 해석을 제시하였다. 그가 주장하는 핵심을 요약하면, 격물은 경험적 지식을 주로 하고 이성적 인식으로 그것을 보완하는 것이며, 치지는 이성적 인식을 주로 하고 경험적 지식으로 그것을 보완하는 것이라고 할 수 있다. 이 두 가지는 일정한 구별이 있기는 하지만 그렇다고 해서 확연하게 나누어질 수 있는 것은 아니다. 감성적 인식 가운데에도 이성의 작용이 있고, 이성적 인식 가운데에도 이미 감성적 요소가 포함되어 있다. 이러한 사상은 현대의 인지심리학에 의해 과학적으로 실증된 것이다. 왕부지는 다음과 같이 말하였다.

> 무릇 격물의 공부는 마음과 이목耳目을 고르게 사용하니, 박학博學과 심문審問을 주로 하고 신사愼思와 명변明辯으로 그것을 보완해야 한다. 신중하게 생각하는 것과 분명하게 변론하는 것은 모두가 학문의 일이다. 치지의 공부는 오로지 마음에 달려 있는 것이니, 신사와 명변을 주로 하고 박학과 심문으로 그것을 보완해야 한다. 박학과 심문으로 사변의 의심스러운 점을 해결할 수 있다. 치지가 격물에 달려 있다는 것은 눈과 귀와 같은 감각기관을 기초로 하여 마음이 작용하여 따르는 바가 있게 한다는 것이지, 눈과 귀와 같은 감각기관이 완전히 마음의 작용을 제멋대로 장악함으로써 마음을 폐기할 수 있다는 것이 아니다.[82]

---

82) 『讀四書大全說』, 권1, 「大學」, "大抵格物之功, 心官與耳目均用, 學問爲主, 而思辯補之, 所思所辯者, 皆其所學問之事. 致知之功, 則唯在心官, 思辯爲主, 而學問補之, 所學問者乃以決其思辯之疑. 致知在格物, 以耳目資心之用, 而使有所循也, 非耳目全操心之權, 而心可廢也."

격물과 치지는 인식의 두 가지 방법 또는 두 가지 단계라고 할 수 있는데, 이들은 모두 객관적 대상에 대한 인식이지 자아직각이나 자아체험과 같은 내면적인 깨달음이 아니며, 더욱이 외부에서 유추할 수 있는 것도 아니다. 이러한 주장은 마음속에 원래 갖추어져 있는 앎을 미루어 나감으로써 앎에 이를 수 있다는 이전의 주장을 근본적으로 변화시킨 것이다. 인식론적 입장에서 보면 왕부지는 실천이성(心體)에 비해 인지이성(心思)을 더욱 강조하고 있는데, 이로써 이성인식과 감성적 인식의 관계 문제를 정확하게 해결하였다.

왕부지는 사유가 치지의 주요 방법이라고 생각했다. 하지만 사유는 반드시 격물의 기초 위에서 세워져야 하며, 사유의 작용은 경험적 지식을 종합하여 '하나로 회귀하는 데' 있는 것이지, 사물에 나아가 그 이치를 끝까지 궁구하는 데 있는 것이 아니다.

격물치지설에 대해 왕부지가 이룩한 가장 중요한 발전과 혁신은 바로 현실의 사물에 대한 인식을 중시하고 경전의 독서를 통한 궁리에 반대하여 '경세치용經世致用'의 특징을 표현하였다는 점이다. 그는 다음과 같이 말하였다.

> 격물이라는 것은 기송사장記誦詞章이 아니고, 명물상수名物象數의 흔적에 구구함이 한평생 다하는 것도 아니다. 또한 신身이 일삼는 물에 처하게 되면 심心은 궁구하게 되니, 나날이 알지 못하던 것을 알게 되고, 그 이치를 더욱 정밀하게 분석하게 되면 앎이 지극해지게 된다.[83]

---

83) 『禮記章句』, 권31, 「中庸」, "格物者, 非記誦詞章, 區區於名物象數之迹, 窮年不殫. 亦身有所事之物, 必格之也. 日知其所未知, 析理益精, 知之至也."

이처럼 왕부지는 몸이 직접 부딪치는 현실의 사물 속에서 격물궁리할 것을 분명하게 주장하였는데, 이것은 경전을 읽는 것을 격물궁리로 생각했던 일련의 성리학자들과 비교해 보면 확실히 발전한 것이다. 이것은 현실에 대면하여 그것을 곧바로 정시하고 현실을 있는 그대로 인식하려는 이성주의적 방법이며, 도덕실천의 범위를 어느 정도 벗어나 있다고 할 수 있다. 왕수인은 비록 일상생활 속에서 연마하고 본체를 궁구할 것을 주장하였으나 모르는 것을 알려고 하는 것에 대해서는 사악하고 망령된 것이라 하여 배척하였고, 오로지 마음속에 있는 양지만이 모든 병통을 구제할 수 있는 약이라고 보아 이로써 '발본색원拔本塞源'의 효과를 거둘 수 있다고 하였다. 주희는 비록 각각의 사물에 나아가 그 이치를 궁구해야 한다고 주장하였으나 독서를 통한 궁리를 주된 방법으로 삼음으로써 많은 후환을 남겼다. 왕부지는 현실에 적극적으로 대면하는 태도를 취하여 사회적 실천 속에서 나날이 모르는 것을 알아야 한다고 주장하였는데, 이것은 당시에 사회 곳곳에서 제기되었던 '경세치용'의 사상을 이론적 측면에서 반영한 것이다.

주의해야 할 것은, 왕부지와 방이지方以智 등과 같은 학자들의 격물과 치지에 대한 해석은 당시의 자연과학적 방법을 적극적으로 흡수한 결과이며, 특히 서양에서 유입된 '본질 분석(質測)의 학'이 새로운 내용으로 유입되었다는 점이다. 그래서 왕부지는 "대저 격물이라는 것은 사물에 나아가 이치를 궁구하는 것이니, 이것은 오로지 그것의 본질을 분석함으로써 얻을 수 있다"[84]고 하였다. 여기에서 이른바 본질을 분석한다는 것은 서양 근대의 실험과학적 방법을 가리킨다. 왕부지는 근대의 과학적 방법에 대해 그

---

84) 『搔首問』, "蓋格物者, 卽物以窮理, 唯質測爲得之."

다지 풍부한 이해를 가지고 있지 않았고 심지어 전통적인 사유방식으로 이해하여 받아들였다는 비판을 벗어나기 어렵지만, 최소한 그가 가능한 한 개방적인 태도로 과학적 방법을 수용하고자 하였으며, 이로써 전통적 인식 방법을 변혁하고 발전시켰다는 점은 부정할 수 없다. 이것은 그의 격물설이 어느 정도 실증과학적 특징을 지니고 있음을 보여 주고 있다.

그러나 왕부지는 격물치지설의 발전에 대해 많은 공헌을 했음에도 불구하고 끝내 전체 성리학 개념의 체계를 탈피하지는 못했다. 왜냐하면 그가 말하는 치지는 결국 객관 사물에 대한 인식을 배제하고, 마음속에 있는 리를 인식하고자 한 것이기 때문이다. 그는 이것을 '독지獨知' 혹은 '진지眞知', 즉 곧 성리性理에 대한 앎이라고 하였다. 이는 또다시 도덕 인식의 사유형태로 되돌아간 것이다. 그는 "천하의 사물은 모두 용用이며, 내 마음속의 리는 그 체體이다"85)라고 하였다. 이것은 성리학 심성론에서 설명하는 방식과 완전히 동일한 것이며, 격물 역시 본성을 알고자 하는 공부로 변화시켜 버렸다. 그래서 "대개 나의 성性은 천하의 리에 근본 하는 것이니, 천하 사물의 이치 또한 내 속에 있는 리와 같은 것이다. 천하의 이치를 궁구하지 않음이 없으면 내 마음의 리가 드러나지 않음이 없다"86)고 하였다. 그는 사물의 이치(物理)와 본성의 리(性理)가 분리되지 않고 혼연히 일체 된다고 보았는데, 사물의 이치를 인식하는 것은 곧 그 본성의 리를 자각하는 것이고, 본성의 리는 하늘이 부여한 '천리天理'이며 '천칙天則'이라고 생각했다. 또한 일단 이러한 자각을 실현하게 되면 곧 천인합일의 경지에 도달하게 된다고 하였다.

---

85) 『張子正蒙注』, 「太和」, "天下之物皆用也, 吾心之理其體也."
86) 『讀四書大全說』, 권1, 「孟子·盡心上」, "蓋吾之性, 本天下之理也, 而天下之物理, 亦同此理也. 天下之理無不窮, 則吾心之理無不現矣."

여기에서 분명히 짚고 넘어가야 할 것은 격물치지에 대한 방이지의 해석이다. 그는 처음으로 본질을 분석하는 학문을 격물치지에 적용하여 새로운 해석을 내놓았다. 그는 각종의 구체적인 과학들, 그중에서도 서양에서 유입된 과학기술을 '본질을 분석하는 학문'(質測之學)이라고 통칭하고, 일반적인 규율을 탐구하는 학문을 '일의 기미에 통하는 학문'(通幾之學)이라고 칭하였으며, 아울러 이 양자의 관계에 대해 다음과 같이 말하였다.

> 본질을 분석하는 것은 이미 그 안에 일의 기미에 통하는 것을 포함하는 것이다. 본질을 분석하는 것을 버리고 무모하게 일의 기미에 통하는 것만을 신봉함으로써 은밀한 정신을 드러내고자 하면 결국 사물을 잃어버리는 것으로 흐르게 될 것이다.[87]

이른바 '본질을 분석하는 것은 이미 그 안에 일의 기미에 통하는 것을 포함하는 것이다'라는 말은 구체적인 과학의 원리 가운데 보편적인 원리가 포함되어 있다는 것이다. 그러므로 일의 기미에 통하는 학문은 결코 일정한 변화의 법칙을 유추하는 본질 분석의 학문을 떠날 수 없으며, 격물치지의 인식 방법에 있어서도 본질을 분석하는 방법을 떠날 수 없는 것이다. 하지만 그렇다고 해서 이것이 본질을 분석하는 것으로써 일의 기미에 통하는 것을 대신할 수 있다고 말하는 것은 결코 아니다.

방이지는 격물이 '지극한 리', 즉 보편적인 규율을 연구하는 것이라고 생각했다. 그러나 이러한 보편적인 규율은 단지 각각의 구체적인 과학의 특수한 규율 속에서 획득할 수 있는 것이지, 경험적 직관에 의거해서 얻을

---

[87] 『物理小識』, 「自序」, "質測則藏通幾者也. 有竟掃質測而冒奉通幾, 以顯其宥密之神者, 其流遺物."

수 있는 것이 아니다. 중국철학적 개념으로 설명하면 감응으로 말미암아 그 고요함을 탐색할 수 있으며, 다 써버림으로써 그 숨겨진 것을 알 수 있다는 것이다. 그래서 그는 "지극한 리는 헤아릴 수 없으나 사물로 인해 검증할 수 있다"[88]라고 하였고, "사물의 법칙을 버린다면 리 또한 얻을 곳이 없으니, 달리 무엇을 궁구하겠는가?"[89]라고 하였다. 그러므로 천지만물의 지극한 리는 구체적 사물의 규율을 탐구함으로써 증명될 수 있다. 구체적 사물의 규율을 떠나서는 지극한 리를 알 수가 없고, 격물 역시 공허한 말이 되어 버릴 것이다. 이와 같이 방이지는 구체적 사물의 이치를 인식하는 방법의 기초 위에서 철학적 인식론을 건립하였는데, 이는 중국철학사에 있어서 매우 중요한 견해라 하지 않을 수 없다.

그러므로 방이지가 말하는 격물의 학은 바로 구체적인 과학을 연구하는 것에서 출발하여 철학적 인식으로 나아가는 것이다. 그래서 그는 다음과 같이 말하였다.

> 마음은 하나의 사물이고, 천지도 하나의 사물이며, 천하국가 또한 하나의 사물이다. 사물을 궁구하는 것에는 곧바로 국가를 통치하고, 천하를 화평하게 하며, 천지의 화육에 함께 동참하고, 시문을 암송하고, 경전을 읽고, 이치를 궁구하고, 널리 배우는 것이 모두 그 가운데에 함께 갖추어져 있다.[90]

격물의 학은 그 대상에 있어서 천지만물에서부터 경전을 읽고 시문을 암송하는 것에 이르기까지 포함하지 못하는 것이 없다. 그러나 그 방법에

---

88) 『物理小識』,「醫藥類」, "至理不測, 因物則以證之."
89) 『物理小識』,「總論」, "舍物則, 理亦無所得矣, 又何格哉?"
90) 『一貫問答』, "心一物也, 天地一物也, 天下國家一物也. 物格直統治・平・參・贊, 而誦詩讀書, 窮理博學, 俱在其中."

있어서는 개별적인 것에서부터 일반적인 것으로, 특수한 것에서부터 보편적인 것으로 이르도록 해야 한다. 사회를 포함한 전체 자연계의 현상은 그 종류가 매우 많으며 또한 무한히 변화하는 것이지만 사람은 그 변화의 추이를 살펴서 변화하지 않는 어떤 것을 찾아낼 수 있다. 이 변하지 않는 어떤 것이 바로 '지극한 리'이며, 격물의 궁극적인 목적이다. 방이지는 인심人心의 신명함을 굳게 믿었으며, 이 신명함으로 지극한 리, 곧 자연계의 근본 규율을 인식할 수 있다고 보았다. 그러나 이를 위해서는 반드시 본질을 분석하는 학문을 통해야만 한다. 그는 본질을 분석하는 학문에 대해 매우 높이 평가하였으며, 이 학문을 통해 뒷사람이 앞사람보다 더욱 정밀하고 밝게 알 수 있게 될 것이라고 생각함으로써 근대의 자연과학적 방법에 대한 지극한 관심을 표현하였다.

방이지의 격물설은 비록 신비주의적인 측면이 있기는 하지만 그가 근대의 자연과학적 방법을 수용하여 인식론의 문제를 해결하려 한 것은 어느 정도 성리학의 개념체계를 탈피하여 실증과학적 방법을 채택한 것이라고 할 수 있다. 방이지 이후 안원顔元은 '실천철학實踐哲學'의 입장에서 경전을 읽거나 혹은 직관적인 깨달음을 통하여 격물에 이르고자 하는 성리학자들의 경향을 비판하였고, 격물은 직접적인 실천을 통하여 이루어지는 것이라는 주장을 분명하게 제시하였다.

안원은 격물의 '격'을 '손으로 쳐서 죽인다'(手格殺之)고 할 때의 격이라고 해석하였는데, 이것은 곧 직접 몸으로 실천하는 것임을 가리키는 것이다. 안원의 이런 해석은 성리학자들이 펼쳐 놓은 관념적인 의혹 덩어리들을 일소하고 사람들의 이목을 새롭게 열어 주었다. 이처럼 그는 도덕인식의 문제를 경세치용을 목적으로 하는 실천의 문제로 변화시킴으로써 어느 정도 비판적인 정신을 지니고 있었다고 할 수 있다. 그러나 그 역시 여전히 유가에서 말하는 육례의 학을 제창하고 있다는 점에서 유가의 도덕실천으로부터 완전히 벗어나지는 못하였다. 그러므로 그가 말하는 격은 많은 부분에서 여전히 예악禮樂을 중심으로 하는 윤리적 도덕실천을 의미하고 있다.

이와 반대로 대진戴震은 앎을 중시하는 입장을 취한다. 그런데 대진이 인식론적 의미로 해석한 격물치지설의 가장 큰 특징은 성리학의 치지설을 부정하고 이성주의적 인식 방법을 제시했다는 점이다. 그는 '사물이 있으면 반드시 법칙이 있다'(有物有則)는 관점에서 출발하여 격물의 기본 함의는 마음의 신명함이 사물의 불변하는 법칙을 인식하는 것이며, 이것은 또한 사물에 나아가 지극히 미세한 부분까지 분석한 후에 이치를 얻는 것, 즉 이성을 사용하여 사물의 성질과 법칙을 분석하고 인식하는 것이라고 하였다. 그는 격물치지에 대해 다음과 같이 구체적으로 해석하였다.

> 격이라고 하는 것은 사물의 정상情狀을 얻는 것만 있고 잃는 것이 없음이다. 거듭 사유함으로써 그 이치를 관통하여 조금의 허술함도 없게 된 후에야 자기 스스로에게 아무런 의혹이 없게 되고, 나아가 천하국가에 이것을 펼치면 아무런 어긋남이 없을 것이니, 이것을 일러 앎에 이르렀다고 하는 것이다.[91]

사물의 진실한 정상을 얻는 것만 있고 잃는 것이 없음은 감성적 경험이 지닌 특징이며, 이것은 곧 격물이 경험적 인식에 속한다는 사실을 설명하는 것이다. 그리고 마음의 사유작용을 통하여 그 이치를 꿰뚫는다는 것은 이성이 지닌 특징이며, 이것은 치지가 이성적 인식에 속한다는 사실을

---

91) 『原善』, "格之云者, 於物情有得而無失. 思之貫通, 不遺毫末, 夫然後在己則不惑, 施及天下國家則不憾, 此之謂致其知."

설명하는 것이다. 이러한 해석은 성리학의 선험론을 극복하고 사람의 인지이성을 널리 선양한 것으로, 이전의 사상체계를 총결하는 성격을 띤다. 그는 정주학파에 대해 마음속에 먼저 하나의 리를 세움으로써 뜻으로만 합당함을 얻었다고 비판하였고, 왕수인에 대해 마음속의 양지에 이름을 말하는 것은 자기를 지키고 스스로 만족하는 것에 불과한 것이라고 비판하였다. 동시에 왕부지 등이 수용한 선험적 도덕지식의 기본 관점에 대해서도 부정하는 입장을 취하였는데, 이와 같은 대진의 비판정신은 성리학의 개념체계를 무너뜨리고 새로운 인식론이 형성될 수 있는 기반을 제공하였다.

제18장 덕성지와 견문지

일반적으로 성리학에서는 지식에 대해 '덕성지德性知'와 '견문지見聞知'로 구별하여 말하고 있는데, 전자는 선험적 도덕지식을 말하며, 후자는 일반적인 경험지식을 말한다. 도덕지식은 자기반성에 의하여 드러나게 되고, 경험지식은 눈과 귀와 같은 감각기관을 통해서 획득하게 된다. 그런데 이 양자의 관계에 대해 성리학자들은 서로 다른 입장을 취하고 있다.

덕성지는 명덕明德 혹은 양지良知라고도 하며 인간 본성의 자아인식에 관련된 것으로, 앞장에서 검토했던 '격물치지格物致知'가 주로 이런 종류의 지식에 속한다. 이것은 자아를 실현하고자 하는 요구를 기초로 하여 형성된 인식이론이다. 그런데 대부분의 성리학자들이 '소당연所當然'의 도덕법칙과 '소이연所以然'의 자연법칙이 하나로 합일된 것이라고 생각함으로써 이러한 덕성지의 인식은 곧 최고 진리의 의미까지 지니게 되었다.

견문지는 '학문지學問知'라고도 하며, 경험적 사실에 대한 인식을 말한다. 이것은 자연계에서 획득한 물리적 지식과 일상의 인간사회 속에서 획득된 윤리적 지식을 포괄한다. 이러한 지식은 가치론의 문제와 인식론의 문제를 함께 내포하고 있으나 주로 가치론의 문제를 중심으로 한다. 또한 성리학자들은 이러한 견문지에 대해 각기 서로 다른 입장으로 해석하고 평가하고 있기 때문에, 그것에 따라 학파가 분류되기도 하고 또 그 학파의 중요한 특징을 나타내기도 한다.

견문지와 덕성지는 '하학下學'과 '상달上達', '박문博文'과 '약례約禮', '도문학道問學'과 '존덕성尊德性' 등과 같은 방법론적인 개념들과 직접 연결되어 있는데, 이들은 대체로 두 가지의 서로 다른 논리적 차원에 속하는 것이라고 할 수 있다. 즉 일반적으로 말해서 전자는 형이하形而下의 지식론에 속하고, 후자는 형이상形而上의 도덕론에 속하는 것이다.

1. 북송시대

주돈이周敦頤는 가장 먼저 '중정인의中正仁義'의 성性을 덕성지로 보았다. 하지만 더 나아가 이에 대한 인식론적인 논리를 전개하지는 않았다. 소옹邵雍은 덕성지와 견문지를 분명하게 구별하여 다음과 같이 말하였다.

> 타고난 성이 그것을 얻는 것은 하늘의 일이고, 학문이 그것을 얻는 것은 사람의 일이다. 성을 바탕으로 하는 것은 안으로 말미암아 밖으로 나아가는 것이고, 학문은 밖으로 말미암아 안으로 들어오는 것이다. 정성스러움으로부터 밝아지는 것은 성性이고, 밝음으로 인하여 정성스러워지는 것은 학學이다.[1]

이처럼 소옹은 타고난 본성에 바탕을 둔 지식과 학문을 통한 지식을 구별하였으며, 이것을 하늘과 사람, 안과 밖으로 나누어 각각 대응시켰다. 하지만 그는 이 양자가 '정성스러움으로부터 밝아지고'(自誠而明), '밝음으로

---

[1] 『觀物外篇』, 권12, "資性得之天也, 學問得之人也. 資性由內出者也, 學問由外入者也. 自誠明, 性也, 自明誠, 學也."

인하여 정성스러워지는'(自明而誠) 통일적 관계임을 강조하였다. 그리고 그가 말하는 '자성資性'은 사람이 하늘, 곧 자연계의 도덕이성을 부여받았으며, 이러한 사람의 성은 자연법칙과 서로 연결되어 있는 것임을 가리킨다. 학문은 후천적인 경험을 통한 지식이기는 하지만 그 역시 성에 근원을 두고 있으며, 학문의 목적은 그 성을 밝히는 데 놓여 있다. 그래서 그는 "성性과 명命에 이르지 않고서는 아직은 배움을 좋아한다고 말할 수 없다"[2]고 하였다. 이것은 소옹이 말하는 학문이 주로 도덕과 성명性命의 학이라는 사실을 보여 준다.

소옹은 '상수학象數學'을 대표하는 사상가로서, 우주론적 자연철학을 수립하고 아울러 '관물觀物'의 사상을 제기하였으나 인식론이나 방법론의 주요 측면에서는 오히려 '천인성명학天人性命學'의 입장을 견지하고 있는데, 이것은 모든 성리학자들의 공통된 특징이다. 그가 말하는 '관물'은 자기 내면을 관조함으로써 천지만물의 이치를 인식할 수 있으며, 나아가 자기 자신에 대한 사사로운 욕망이 없는 경지에 이르면 내외합일內外合一, 천인합일天人合一을 실현할 수 있음을 말하는 것이지, 결코 자연계를 인식의 객관적 대상으로 파악하려는 것이 아니다.

덕성지와 견문지를 정식으로 제기한 사람은 장재張載이다. 그는 "견문지는 사물과 교섭함으로써 아는 것이지 덕성을 통하여 알게 되는 것이 아니다. 덕성을 통하여 아는 것은 견문에서 생겨나는 것이 아니다"[3]라고 하였다. 그는 덕성지와 견문지를 구별하고, 덕성지가 여러 가지 감각기관을 통해서 얻어지는 것이 아님을 강조하였으며, 스스로 도덕이성인 덕성지를 인식하고 깨달음으로써 사람의 도덕주체성을 확립할 것을 주장하였다.

---

2) 『觀物外篇』, 권12, "不至於性命, 不足謂之好學."
3) 『正蒙』, 「大心」, "見聞之知, 乃物交而知, 非德性所知. 德性所知, 不萌於見聞."

이러한 장재의 구분은 심성心性의 문제와 인식의 문제를 도덕윤리와 인식론으로 구별했다는 점에서 적극적인 의미가 있다. 전자는 본체론本體論과 직접 연결되어 있으므로 덕성지는 곧 천지 본연의 성에 대한 자기인식이라고 할 수 있는데, 이것은 『정몽正蒙』「대심大心」편의 주된 요지이기도 하다. 후자는 객관사물에 대한 인식으로서 경험적 지식에 속하는 것이며, 진심지성盡心知性의 학에 포함할 수 없는 것이다.

이른바 '사물과 교섭함으로써 안다'는 것은 주체가 눈이나 귀와 같은 감각기관을 통하여 외부의 사물과 접촉함으로써 얻게 되는 인식을 가리킨다. 이러한 지식 또한 마음의 인식작용을 통해 획득할 수 있는 것이기는 하지만, 반드시 감성적 경험을 기반으로 해야 한다. 이것은 감각기관의 수용을 통하여 내외가 합일되는 학문이다. 그래서 장재는 "사람이 자기가 앎이 있다고 말하는 것은 눈이나 귀와 같은 감각기관이 어떤 것을 받아들였기 때문이며, 사람이 어떤 것을 받아들이는 것은 내외가 합일되어 있기 때문이다"[4]라고 한다. 이것은 일종의 객관적 인식이라고 할 수 있는데, '어떤 것을 받아들인다'는 것은 곧 객관 사물이 주체관념의 인식으로 전이되었음을 말한다. 예를 들어 사람은 감각을 통하여 하늘이 높은 것을 알고 천둥소리를 들을 수 있다. 여기에 또한 마음의 지각작용, 즉 이성의 사유작용이 있어서 감각을 통해 수용된 것을 궁구하고 유추하게 되는데, 이것은 곧 감각 경험의 기초 위에서 사유함으로써 사물의 이치를 미루어 알게 된다는 의미이다.

그러나 사물의 수는 무한히 많기 때문에 모든 사물과 다 교섭할 수는 없다. 그래서 장재는 다음과 같이 말하였다.

---

4) 『正蒙』,「大心」, "人謂己有知, 由耳目有受也, 人之有受, 由內外之合也."

천지 사이에 가득 차 있는 것은 모두가 사물이니, 만약 자기 자신의 감각적 경험(見聞)에만 의지한다면 직접 접촉할 수 있는 것이 얼마나 되겠는가? 이로써 어찌 천하의 사물을 다할 수 있겠는가? 그러므로 그 마음을 다하고자 하는 것이다.5)

'마음을 다하는 것'(盡心)과 '감각으로 경험하는 것'(見聞)은 다르다. 마음을 다하는 것은 정신을 궁구하고 변화의 기미를 아는 일이기 때문에 충분히 사물의 이치를 다할 수(盡物) 있다. 사물의 이치를 다한다는 것은 덕성지와 관련되는 것이지, 단순히 감각적 경험이나 혹은 그 사물의 이치를 궁구하는 것으로 해결될 수 있는 것이 아니다. 여기에서 말하는 마음은 '그 마음을 크게 함으로써 하늘의 마음에 합한다'(大其心以合天心)고 할 때의 마음이며, 이것은 도덕이성을 말하는 것이지 인지이성을 말하는 것이 아니다. 물론 궁리함으로써 사물의 이치를 인식할 수도 있으나 여기에는 미세한 차이가 있다. 장재는 다음과 같이 말하였다.

> 만약 종류를 무한히 확장하여 각각의 이치를 궁구함으로써 사물을 다할 수 있게 된다고 말한다면 이 또한 단지 감각 경험에 의거하여 종류를 넓혀 나가는 것에 불과하다. 감각 경험만으로 어찌 사물을 다할 수 있겠는가? 지금 내가 말하는 사물을 다한다는 것은 대개 마음을 다하려는 것일 따름이다.6)

이처럼 궁리를 통하여 얻어지는 지식은 감각기관을 기초로 하는 것이며, 따라서 동시에 감각의 제한을 받을 수밖에 없으므로 우주자연에 관한 근본적 지식이라고는 말할 수 없다는 것이다.

---

5) 『張子全書』, 「語錄」, "盈天地之間者皆物也, 如只據己之見聞, 所接幾何? 安能盡天下之物? 所以欲盡其心也."
6) 『張子全書』, 「語錄」, "若便謂推類以窮理爲盡物, 則是亦但據聞見上推類, 却聞見安能盡物? 今所言盡物, 蓋欲盡心耳."

장재는 유추능력과 같은 마음의 인식능력을 부정하지는 않는다. 그러나 이것은 단지 경험론적 유비와 추리이고 감각적인 경험에 기초한 인식이기 때문에 천하의 사물을 모두 다 궁구하지는 못하며, 또한 천하의 이치를 궁구할 수도 없다. 이것은 사실상 인식의 상대성 문제라고 할 수 있는데, 곧 사람의 인식능력은 유한하기 때문에 결코 무한한 객관세계를 완전히 궁구할 수는 없다는 생각이다. 이러한 의미에서 장재의 시각은 나름대로 설득력을 지닌다. 그러나 그는 확실히 사람의 이성적 능력을 너무 가볍게 보았다고 할 수밖에 없다. 왜냐하면 사람의 이성은 바로 유한한 사물을 통하여 무한한 인식에 이르게 하는 것이며, 이것은 또한 사람의 이성이 지니고 있는 기본 특징이기 때문이다.

문제는 장재가 결코 객관세계를 인식하는 것을 주된 목적으로 하지 않았다는 데에 있다. 그가 사람의 인식능력을 제한한 것은 바로 본체의 인식에 이르기 위해서이다. 즉 덕성지를 실현하기 위한 것인데, 이것이 곧 진심지성이다. 그는 마음은 주체의 표지로서 매우 활발한 능동성을 지니고 있으며, 그것은 감각 경험을 통하지 않고도 내외합일의 도를 실현할 수 있다고 생각했다. 그래서 "눈과 귀의 감각을 벗어나서 안과 밖이 합일되는 것을 알면 그 앎은 또한 사람을 넘어서 멀리까지 나아가게 된다"[7]라고 하였다. 감각과 무관하게 내외를 합일하기 위해서는 그 마음을 다해야 하며, 마음을 다하는 것은 곧 마음을 크게 하는 것인데, 주체의식의 자아초월을 실현함으로써 어떤 감각적 경험으로 그 마음을 상하게 하지 않고, 마음에 아무런 장애가 되지 않게 하는 것이다. 이것이 바로 그 마음을 크게 하여 '천하 사물의 본체가 되는 것'이고, '천하에 내가 아닌 어떠한 사물도 없음

[7) 『正蒙』, 「大心」, "知合內外於耳目之外, 則其知也, 過人遠矣."

을 보는 것'이며, 또한 하늘의 마음과 합일됨으로써 천인합일을 실현하는 것이다.

덕성지는 곧 하늘이 내린 양지良知이며, 사람이 원래부터 지니고 있는 것에 근원한다. 그래서 장재는 "마음을 보존하는 시작은 모름지기 하늘이 내린 덕을 밝게 아는 것인데, 이 하늘이 내린 덕은 곧 비어 있는 것이니, 비어 있는 위에 다시 무엇을 말할 수 있겠는가?"[8]라고 하였다. 천덕天德은 또한 천지자연의 순수한 본성이다. 그는 "마음을 허정하게 한 후에야 마음을 다할 수 있다"[9]라고 하였으니, 마음을 다하는 것은 곧 그 본성을 아는 것이 된다. 이와 같은 설명에서 알 수 있는 것처럼 장재의 마음은 인식 주체로서의 마음이 아니라 자아초월의 도덕 본심을 말하는 것이며, 그러므로 천지와 그 덕을 합할 수 있게 된다. 그는 다음과 같이 말하였다.

> 불가의 배움은 마음으로 사물을 대신하고 사물로 하여금 마음을 대신할 수 없음을 말한다. 주周나라 공자의 도道가 어찌 사물이 마음을 대신할 수 있는 것이겠는가? 텅 비어 있는 방에 밝은 빛이 비친다.[10]

'허실생백虛室生白'의 마음은 원래 장자의 사상인데, 마음을 비움으로써 밝게 빛날 수 있다는 뜻이다. 이 빛나는 마음이 곧 도를 체득한 마음이며, 바로 도이다. 이것은 자아의 깨달음을 특징으로 하는 정신철학이며, 주체의 정신을 절대적 본체 존재로 끌어올리는 것이다. 이것은 장재가 도가의 주체사상을 흡수하여 그 속에 유가의 도덕적 내용을 부여함으로써 마음을

---

8) 『經學理窟』, 「氣質」, "存心之始, 須明知天德, 天德卽是虛, 虛上更有何說也?"
9) 『張子全書』, 「語錄」, "虛心然後能盡心."
10) 『經學理窟』, 「義理」, "釋氏之學, 言以心役物, 使物不役心. 周孔之道, 豈是物能役心? 虛室生白."

주체의 도덕지식으로 변화시켰음을 보여 준다.

장재에 따르면 견문지는 사람에게 원래부터 주어져 있는 것이 아니다. 그것은 객관 사물에 대한 인식이며, 객관 사물을 대상으로 함으로써 객관성을 갖추게 된다. 덕성지 역시 순수하게 주관적인 것은 아니며 일정한 객관성을 지니고 있다. 하지만 이것은 궁극적으로 세계의 본체에 대한 인식을 말하며, 이러한 인식은 결국 자아인식이 된다. 왜냐하면 그것은 인간 본성의 최고 지식에 관한 것이며, 진정으로 '원래 나에게 주어져 있는 것'이기 때문이다. 그래서 장재는 다음과 같이 말한다.

> 감각을 통한 지식은 원래부터 나에게 있는 것이라고 말할 수 없다.…… 마음이 각자의 본성을 깨닫는 것만이 비로소 원래부터 나에게 주어진 것이라고 할 수 있으니, 진실로 아직 본성을 깨닫지 못했다면 마땅히 여기에 계속 힘써야 한다.11)

나에게 원래부터 주어져 있는 앎이란 바로 본성을 자각함으로써 얻어지는 앎이다. 이것은 사실상 자신의 감성적 한계를 초월하여 본체를 체득하고 인식하는 경지에까지 이르는 것을 말한다. 이것은 일종의 창조적 의식활동이며, 완전한 허무로 나아가는 것이 아니라 인간의 자기가치와 존재 의미에 대한 최고의 인식이다. 그러나 이런 인식은 결국 우주본체와의 합일을 지향할 수밖에 없다. 장재는 다음과 같이 말하였다.

> 감각 경험을 통한 지식은 학문이라고 하면 가하지만 도라고 하면 불가하다. (도는) 모름지기 자기 자신에게서 구하여 스스로 의리를 깨달으면 저절로 그 취지가 있게 되고, 자기 자신에게서 도를 얻게 되어 편안함에 머무르게 된다.12)

---

11) 『橫渠易說』, 「繫辭上」, "見聞不足以爲己有.……心各見本性, 始爲己有, 苟未見性, 須當勉勉."

이처럼 자기 자신에게서 도를 구하여 편안함에 머무르고자 하는 취지는 곧 천인합일의 근본 요지이다.

근본적으로 말해서 덕성지와 견문지는 완전히 서로 다른 성격의 지식이다. 덕성지는 자기 깨달음과 같은 형식의 도덕적 지식이며, 인성론과 가치론의 개념에 속한다고 할 수 있다. 이에 비해 견문지는 객관 사물을 대상으로 하는 경험적 인식이며, 진리론 영역에 속하는 것이다. 그런데 장재에 따르면 이 양자는 구별되는 것이기는 하지만 절대적으로 대립하는 것은 아니다. 견문지는 한편으로는 덕성지의 장애가 되는 것이지만 다른 한편으로는 덕성을 계발하는 중요한 조건이 된다. 덕성지는 분명히 감각적 경험을 통해 생겨나는 것은 아니지만, 이미 하나의 앎이기 때문에 안과 밖을 합일하는 문제에 있어서 주체와 객체의 관계 문제를 해결해야 한다. 안과 밖을 합일해야 한다는 것은 감각적 경험이 없을 수 없음을 말한다. 그래서 장재는 다음과 같이 말하였다.

> 감각기관은 비록 본성에 장애가 되는 것이지만 안과 밖을 합일하는 덕을 이루는 데 있어서는 오히려 그것을 계발하는 중요한 요소임을 알아야 한다.[13]

> 보고 듣는 감각 경험만으로 모든 사물을 다 궁구할 수는 없지만 감각 경험 또한 반드시 필요한 것이다. 눈과 귀와 같은 감각기관이 없으면 나무나 돌멩이와 같을 것이니, 안과 밖을 합일하는 도에 이르고자 함에 있어서 만약 듣지 못하고 보지 못한다면 무엇으로 검증할 수 있겠는가?[14]

---

12) 『經學理窟』, 「義理」, "見聞之善者, 謂之學則可, 謂之道則不可. 須是自求己能尋見義理, 則自有旨趣, 自得之則居之安矣."
13) 『正蒙』, 「大心」, "耳目雖爲性累, 然合內外之德, 知其爲啓之之要也."
14) 『張子全書』, 「語錄」, "見聞不足以盡物, 然又須要他. 耳目不得則是木石, 要他便合得內外之道, 若不聞不見又何驗?"

덕성지와 견문지를 가치체계나 발생의 근원에서 보면 견문은 덕성의 장애가 된다. 그러나 인식의 방법에서 보면 견문은 또한 덕성을 계발하는 중요한 요소이다. 이러한 생각은 장재의 우주론이나 인성론과 직접 관련되어 있다. 그는 한편으로는 천지의 성性을 나의 본성이라고 하였고, 다른 한편으로는 천지의 기氣를 나의 몸체體라고 하였다. 이미 몸체가 있으면 곧 이목의 감각기관이 있게 마련이며, 따라서 사물과 교섭하여 생기는 앎이 없을 수도 없다. 만물의 성性을 인식하기 위해서는 반드시 만물의 체體를 인식해야 한다.(이 체는 본체의 의미가 아니다) 왜냐하면 성性은 기氣와 떨어져 있지 않으며, 마음은 몸체와 떨어져 있지 않기 때문이다. 여기에서 견문지는 주체와 객체의 통일을 실현하는 중요한 전제조건이 되며, 덕성지는 견문지의 계발을 통해서만 획득될 수 있다. 또한 도덕의식의 자각은 감성적 경험과 분리될 수 없으며, 가치론의 완성은 반드시 인식론의 바탕이 있어야만 가능한 것이다.

이와 같이 장재는 덕성지와 견문지를 구별하여 말함으로써 후대의 성리학 사상가들에게 매우 중요한 영향을 끼쳤다. 그중에서도 이정二程이 가장 먼저 장재의 관점을 수용하여 발전시켰다.

이정은 덕성지와 견문지를 구별함과 동시에, 견문지를 낮게 보고 덕성지를 더욱 중시하였다. 정호程顥는 잡다하게 많은 지식을 암기하는 것에 대해 '완물상지玩物喪志'라고 비판하였고, 정이程頤는 견문을 통하여 습득한 지식의 경우 모두가 체득한 것이라고 볼 수 없다고 생각하였다. 그들은 성리학을 제창하고 하늘이 부여한 덕성지를 실현하는 것을 근본 목적으로 삼았으며, 모든 것은 이 목적을 달성하기 위한 것이라고 보았다. 이정은 덕성지를 실현하는 것이야말로 진정으로 안과 밖을 통합하고, 하늘과 사람을 합일하게 하는 학문이라고 생각했다. 견문지에 대해서는 다만 외재적인 경험지식에 불과하며, 인간의 신심성명과 직접적인 관계가 없는 것으로 생각했다. 그래서 "학문이라는 것은 사람으로 하여금 그의 내면에서 구하게 하는 것이니, 내면에서 구하지 않고 외부에서 구하는 것은 성인의 학문이 아니다"15)라고 하였다.

정호와 정이는 모두 덕성지와 견문지를 안과 밖의 관계로 보았다. 내면의 학문은 자신에 대한 깨달음을 실현하는 근본적인 학문이며, 외부의 학문은 기술이나 예능과 같은 것이다. 여기에서의 안과 밖은 '내성외왕'에서와 같은 안과 밖의 관계가 아니라 인간을 대상으로 하는 학문과 기술학문의 관계이며, 자기 자신에 대한 인식과 외부 사물에 대한 지식과의 관계를 말하는 것이다. 그래서 정이는 다음과 같이 말하였다.

> 견문지는 덕성지가 아니다. 사물과 교섭하고 사물의 법칙을 아는 것은 내면의 앎이 아니다. 오늘날 소위 사물에 대한 지식이 풍부하고 다재다능한 사람들의 앎이 여기에 속한다. 덕성지는 이러한 견문을 통해서는 얻을 수 없는 것이다.16)

견문지는 외재적인 경험지식이고, 덕성지는 내재적인 도덕지식이므로 이 양자는 원래부터 다른 종류의 지식이며, 따라서 어떤 필연적인 연관성이 없다는 것이다. 또한 동시에 정이는 "사람이 비록 잠들었더라도 그 앎은 원래부터 완전한 것이니, 다만 그 사람을 일깨우기만 하면 곧 저절로 그것을 알 수 있다"17)라고 하였다.

이처럼 스스로 완전히 갖추어진 도덕지식은 사람의 내재적 가치에 대

---

15) 『河南程氏遺書』, 권25, "學也者, 使人求於內也, 不求於內而求於外, 非聖人之學也."
16) 『河南程氏遺書』, 권25, "見聞之知, 非德性之知. 物交物則知之, 非內也, 今之所謂博物多能者是也. 德性之知, 不假見聞."
17) 『河南程氏遺書』, 권6, "人雖睡着, 其識知自完, 只是人與喚覺, 便是他自然理會得."

한 자각이며, 또한 유가 인간학의 근본 바탕이다. 그러나 모든 사람이 다 덕성지를 지니고 있다고 해서 누구나 이것을 자각할 수는 없으니, 여기에는 반드시 계발과 각성이 필요하다. 즉 성현의 경전에 의거하여 타고난 도덕의식을 계발함으로써 그것을 자각해야 하는 것이다. 그래서 정이는 "대저 혈기가 있는 것이라면 모두가 다 오상五常을 지니고 있다. 다만 그것을 지각하지 못하고 있을 뿐이다"[18]라고 하였다. 그러므로 문제는 덕성지를 타고 났다는 사실이 아니라, 그것을 어떻게 깨달으며 또 어떻게 실현하는 가에 달려 있는 것이다.

여기에서는 자기반성이 매우 중요하다. 이정은 사유작용을 매우 강조하여 사유를 통해 리를 밝힐 수 있으며 아울러 학문은 사유에 근원을 둔다고 하였다. 그런데 그들이 말하는 사유는 일반적인 의미의 사유가 아닌 자기 자신을 돌이켜서 마음속의 덕성지를 밝혀내는 직관적인 사유를 말하는데, 이것이야말로 진정한 '내면의 학문'이며 '스스로 깨닫는 학문'이라고 본다. 그래서 정이는 다음과 같이 말한다.

> 백온이 "어떻게 하면 스스로 깨달을 수 있습니까?"라고 묻자 이렇게 대답하였다. "사유하라. 사유하는 것은 깊고 밝게 통한다고 하는 것이며, 깊고 밝게 통하는 것은 성스러운 것이니, 모름지기 깊이 사려하는 가운데 얻을 수 있다. 대저 이것은 리를 밝히는 것이다."[19]

비록 리는 사람의 마음속에 원래 주어져 있으나 이 마음속의 리를 밝히기 위해서는 스스로 자기를 대상으로 하여 리를 인식해야만 한다. 이러

---

18) 『河南程氏遺書』, 권21, "凡有血氣之類, 皆具五常, 但不知覺而已矣."
19) 『河南程氏遺書』, 권22, "伯溫問, '如何可以自得?' 曰, '思. 思曰睿, 睿作聖, 須是於思慮間得之. 大抵只是一個明理.'"

한 인식은 자아의식의 부단한 초월과 승화의 과정 속에서 결과적으로 주체와 자신이 결합됨으로써 생겨나는 자기각성이다. 이러한 각성은 동시에 천인합일을 의미한다. 그러므로 여기에서 말하는 사유는 인식론에 있어서의 논리적 사유가 아니라 주로 자기반성적 의식활동을 말하는 것이며, 이러한 의식활동과 직관은 밀접하게 관련되어 있다. 하지만 그것이 인식론에 있어서와 같은 논리적 사유가 아니라고 하여 간단히 반이성주의라고 단정해서는 안 된다. 도덕이성은 직관적 체험의 특징을 지닌다는 점에서 당연히 인식이성과 다른 영역에 속한다. 이러한 체험에는 초이성적인 측면이 있을 뿐 아니라 동시에 이성적 요소도 스며들어 있다.

이성적 사유를 한다는 것은 인성의 중요한 내용이며, 또한 사람의 본질적인 특징 가운데 하나이다. 이 점에 대해 이정은 긍정적인 입장을 취한다. 정이는 다음과 같이 말한다.

> 지혜는 사람의 본성에서 나온다. 사람이 지혜로움을 행하면 혹여 공교로움에 빠진다 하여 노자나 장자의 무리는 마침내 지혜를 버리고자 하는데, 이것이 어찌 본성의 잘못이겠는가?[20]

여기에서 말하는 '지혜'는 이지理智적인 의미이다. 사람에게는 이지적 능력이 있기 때문에 사유할 수 있고, 이것은 인간 본성의 표현이다. 정이는 이지가 왜곡되어 남을 기만하는 것, 즉 잡다한 지식으로 인해 간교한 마음이 생겨 물질적 이익만을 추구하는 것을 반대하였고, 또한 이와 정반대로 지식 자체를 부정하는 것도 반대하였다.

---

20) 『河南程氏遺書』, 권21, "智出於人之性. 人之爲智, 或入於巧僞, 而老莊之徒, 遂欲棄智, 是豈性之罪也哉!"

한편 그는 장재와 같이 자기의 내재적인 본성을 인식함을 주장하고 외부에서 지식을 구하지 말 것을 주장하였다. 이것은 지혜를 도덕적 개념으로 끌어들여 도덕이성으로 변화시킨 것이다. 노장으로 대표되는 도가는 일반적으로 어떠한 지식에도 반대하는 입장을 취한다. 정이는 노장과 달리 이지적인 능력을 인정하지만, 도덕적 지식만을 더욱 강조할 뿐 경험적, 논리적 지식은 중시하지 않았다. 그래서 다음과 같이 말하였다.

> 무릇 학문을 함에 있어서 들어서 아는 것은 모두가 아직 제대로 알지 못한 것이다. 제대로 아는 것이란 반드시 침묵하는 가운데 마음이 통하여 알게 된 것이다. 배우는 사람이 마음에 깨닫는 바가 있으려면 반드시 돈독하게 하고, 뜻을 정성스럽게 하여 리를 꿰뚫어 보아야 한다.21)

'침묵하는 가운데 마음이 통한다'는 것은 어떤 의미에서는 언어나 논리를 초월하여 마음을 직관하고 체험하는 것을 말한다. 그것은 일종의 창조적 사유이지만 논리적 사유의 뒷받침이 결핍되어 있으며, 다만 경험을 바탕으로 한 직관적인 자기초월로써 이른바 본체를 체득할 수 있다는 의미이다. '리를 꿰뚫어본다'는 것은 곧 직관을 통하여 마음속에 있는 리의 전체를 파악한다는 것이다.

덕성지에도 반드시 사유가 필요한 것이라면 이는 배움의 문제와 관련되어 있는 것이며, 배움은 견문지와 결합되어 있다. 방법론의 측면에서 보면 사유와 배움은 서로 짝하는 개념이며, 덕성과 견문에 각각 대응하는 것이다. 이것은 또한 '존덕성尊德性'과 '도문학道問學'의 문제이다.

---

21) 『河南程氏遺書』, 권26, "大凡學問, 聞之知之, 皆不爲得. 得者, 須默識心通. 學者欲有所得, 須是篤, 誠意燭理."

어떤 의미에서 보면 이정, 특히 정이는 경험적 지식을 매우 중시했으며, 앞장에서 검토한 '격물치지'는 이런 내용을 포함하고 있다. 정이는 "힘써 학문을 하면 견문이 넓어지고 지혜가 더욱 밝아진다"[22]라고 하였는데, 학문은 마음에 가려진 것을 제거할 뿐만 아니라 나날이 발전할 수 있도록 해 준다. 넓게 배워서 지식이 풍부하고 견문이 넓으면 그 넓음으로 말미암아 돌이켜 핵심을 축약할 수 있어서 그 근본을 알게 된다. 즉 이른바 "아래로는 사람의 도리를 깨달아 위로는 천리에 통함이다"[23]라는 것이다. 그러나 여기에서 반드시 지적해야 할 것은 정이가 말하는 '견문이 넓어서 생기는 앎'이란 주로 인간사회의 지식, 곧 사람과 사람 사이의 윤리 도덕적 지식을 말한다는 점이다. 이것은 결코 자연계의 과학적 지식을 말하는 것이 아니다. 정이는 이러한 지식을 통하여 마음속에 있는 덕성지에 이를 수 있으며, 따라서 견문지 역시 절대로 부정하거나 폐기할 수는 없는 것이라고 생각했다.

또한 이것은 '궁리窮理'와 '진성盡性'의 관계 문제와도 관련되어 있다. 이정은 장재가 이치를 궁구하는 것에서부터 본성을 다하고 명에 이르는 데 일정한 차례가 있다고 생각한 것과 달리, 이치를 궁구하는 것이 곧 본성을 다하는 것이며 명에 이르는 것이라고 생각하여 "이 세 가지 일은 함께 어우러지는 것이니 원래부터 일정한 차례가 없다"[24]고 하였다. 이것은 이정과 장재의 사상적 분기를 반영한다. 이정에 따르면 성이 곧 리이니(性卽理), 만물은 오직 하나의 리일 뿐이고, 이 리가 사람에 있어서는 성이 된다고 한다. 그러므로 이치를 궁구하는 것과 본성을 다하는 것은 결국 하나

---

22) 『河南程氏遺書』, 권18, "勉强學問, 則聞見博而智益明."
23) 『河南程氏遺書』, 권1, "下學人事, 便是上達天理."
24) 『河南程氏遺書』, 권2, "三事一時並了, 元無次序."

의 일이다. 그래서 정이는 "만약 실질을 궁구하여 리를 얻었다면 곧 성性과 명命 또한 얻은 것이다"25)라고 하였다. 인식론상의 문제에 있어서 이정은 장재에 비해 더욱 도덕적인 특징을 지니고 있으며, 이런 한계 때문에 장재 사상에서와 같은 풍부성은 결여되어 있다.

2. 남송시대

주희朱熹는 장재와 이정의 모순을 극복하기 위해 덕성지와 견문지를 통일시키고자 하였다. 그러므로 도덕적 지식 속에 더욱 많은 경험론적 내용을 받아들였는데, 이로 인해 결과적으로는 더 큰 모순에 빠지게 되었다. 그는 장재가 견문지와 덕성지를 구별한 것을 비판하면서 다음과 같이 말하였다.

> 지금 사람들이 배움을 이해하려면 반드시 보고 들은 것(見聞)이 있어야만 하는 것이니, 어찌 이것을 버릴 수 있겠는가? 먼저 이 견문에서부터 공부한 다음에야 전체를 활연관통豁然貫通할 수 있게 된다. 보통 견문은 하나의 일에 있어서 그 일에 대한 한 가지 도리만을 알게 되지만, 만약 활연관통에 이르게 되면 곧 모든 것이 하나의 리임을 알게 된다.26)

여기에서 주희는 '견문을 통한 지식'과 '이치를 궁구하는 것'을 통일적 입장으로 파악한 이정二程과 달리 격물格物을 궁리窮理로 보고, 견문을 지식

---

25) 『河南程氏遺書』, 권2, "若實窮得理, 卽性命亦可了."
26) 『朱子語類』, 권98, "今人理會學, 須是有見聞, 豈能舍此? 先是於見聞上做工夫到, 然後豁然貫通. 蓋尋常見聞, 一事只知得一個道理, 若到貫通, 便都是一理."

으로 생각하는 입장을 취한다. 주희의 사상에 따르면, 격물궁리는 반드시 견문에서부터 시작되며, 감성적 경험에서부터 출발해야 한다. 하지만 견문지라고 해서 단순히 감성적 경험만으로 이루어진 것은 아니며, 그 속에는 이미 궁리의 내용이 포함되어 있다.

견문은 또한 사유와도 일정한 연관이 있는데, 이 둘은 모두가 격물궁리 格物窮理의 학에 속한다. 견문은 감성적 차원에 속하고 사유는 이성의 차원에 속하는데, 여기에서 사유는 반드시 견문을 기초로 하여 진행된다. 그래서 주희는 "힘써 학문을 하면 그 앎에 이를 수 있다. 견문이 넓으면 지혜가 더욱 밝아져 그 효과가 드러나게 된다"27)고 하였다. 이처럼 주희는 경험지식을 매우 중시하였는데, 이것은 방법론으로 말하자면 경험종합적 인식론에 속한다. 즉 비교적 단순하고 저급한 아래 단계의 지식을 습득하는 것에서부터 시작하여 이런 지식을 축적함으로써 복잡하고 높은 단계의 지식에까지 이르게 된다는 것으로, 높은 경지에 이르기 위해서는 반드시 사소한 지식에서부터 출발하지 않을 수 없다는 생각이다.

주희가 말하는 견문지는 이미 자연계의 객관 사물에 대한 지식을 포괄하고 있으면서, 동시에 인간사회의 일상적 지식까지도 포함한다. 또한 견문지는 감성적 지식에만 국한되는 것이 아니라 이성적 지식까지 포괄하는 것으로, 그가 위의 인용문에서 말한 '하나의 일에서 한 가지 지식을 얻는 것' 또한 견문지에 속한다. 그러므로 주희가 말하는 견문지는 감성과 이성을 포괄하는 일반적 경험지식이라고 할 수 있다. 이런 점에서 견문지는 결코 사유를 통한 지식과 대립적이지 않다. 그는 다음과 같이 말하였다.

---

27) 『朱子語類』, 권18, "勉强學問可以致其知也, 聞見博而智益明, 則其效著矣."

밝게 보는 것은 보아서 눈에 보이는 것이 밝음을 말하는 것이다. 밝게 듣는 것은 들어서 귀에 들어오는 것이 밝음을 말하는 것이다. 밝게 생각하는 것은 생각하여 통하는 것이 밝음을 말하는 것이다.28)

눈과 귀가 밝으면 사물의 외부 현상을 충분히 인식할 수 있고, 생각이 깊으면 사물의 도리를 관통할 수 있으니, 이것은 또한 견문지의 자연스러운 결과이다. 사유하는 것은 주로 유추하고 종합하여 꿰뚫어 볼 수 있도록 하기 때문에 주희는 "의리가 광대함을 다하고 무궁함을 다하여 사유함이 없다면 무엇으로 회통會通할 수 있겠는가?"29)라고 하였다. 이처럼 주희가 말하는 견문지는 사유를 통한 지식을 포괄하고 있으며, 종합과 추리 등의 인식 방법도 포함하고 있다.

'지知'와 상대적인 것은 바로 '각覺'이다. 그래서 주희는 "앎이란 그 일의 소당연所當然을 아는 것을 말하고, 깨달음이란 그 도리의 소이연所以然을 깨닫는 것을 말한다"30)라고 하였다. 지는 이 사물을 아는 것이고, 각은 이 도리를 깨닫는 것이다. 지는 객관적 인식으로서 마음이 객관 사물을 대상으로 하여 그 리를 파악하기 때문에 앎이라고 한다. 이에 비해 각은 마음 내부의 직관적인 깨달음이다. 비록 사람의 마음속에는 덕성지가 있으나 그것은 자기반성을 통해 활연관통豁然貫通해야만 비로소 알 수 있는 것이다. 주희는 여기에서 덕성지를 치지致知와 연결하고, 견문지를 격물格物과 연결한다. 전자는 인성론人性論의 문제이고 후자는 인식론의 문제이다. 덕성지는 내재적 자각에 의거하며, 견문지는 외재적 인식에 의거한다. 그러나 주

---

28) 『朱子語類』, 권58, "視曰明, 是視而便見之謂明. 聽曰聰, 是聽而便聞之謂聰. 思曰睿, 是思而便通之謂睿."
29) 『朱子語類』, 권113, "義理盡廣大, 盡無窮, 不入思慮, 則何緣會通?"
30) 『孟子集註』, 권5, "知謂知其事之所當然, 覺謂覺其理之所以然."

희는 이 양자를 따로 완전히 구별하지 않고 오히려 이들을 종합하고자 하였다. 즉 격물을 치지의 방법으로, 견문을 덕성의 조건으로 파악한 것이다. 그는 다음과 같이 말하였다.

> 『대학』에서 말하는 격물치지는 바로 사물에 나아가서 본래의 자연스럽고 마땅히 그러한 이치를 궁구하여 체득하는 것이며, 본심지각의 체體가 밝게 빛나고 모든 것을 꿰뚫어서 비추지 못하는 곳이 없는 것이다.[31]

여기에서 '본심지각의 체'는 본체에 대한 인식, 즉 덕성지를 말한다. 이것은 도덕지식일 뿐만 아니라 진眞·선善·미美를 하나로 통일하는 최고의 진리이다. 또한 이것은 직관적인 깨달음을 통해서만 도달할 수 있는 것이므로 이성적 능력을 초월하는 특징을 지닌다.

덕성지와 견문지는 방법론적 측면에 있어서 '존덕성存德性'과 '도문학道問學'의 문제로 표현되는데, 이 문제를 놓고 리학파理學派의 주희와 심학파心學派의 육구연陸九淵이 한바탕 격렬한 논쟁을 펼쳤다.

주희는 기본적으로 덕성은 내부의 일이고 근본적인 것이며 중심이라고 생각했고, 학문은 외부의 일이고 말단에 해당하는 것이며 부수적인 것이라고 생각했다. 그러나 동시에 이 양자는 반드시 함께 작용해야 하는 것이지 어느 한쪽에 치우치거나 폐기할 수는 없는 것이며, 내면의 공부만을 강조하고 외면의 공부를 소홀히 해서는 안 된다고 생각했다. 왜냐하면 내외內外는 원래 분리되어 있는 것이 아니라 하나의 리이기 때문이다. 존덕성을 위해서는 반드시 도문학이 필요하며, 학문은 바로 존덕성의 기반이 된

---

31) 『朱子文集』, 권50, 「答潘叔文」, "『大學』所謂格物致知, 乃是卽事物上窮得本來自然當然之理, 而本心知覺之體, 光明洞達無所不照耳."

다. 그러므로 존덕성과 도문학을 '분명하게 구별되는 두 가지 일'(判然兩事)이라고 보아서는 안 된다. 주희는 존덕성으로 '그 큰 것을 온전하게 하고'(全其大), 도문학으로 '그 작은 것을 다해야 한다'(盡其小)고 생각하여 다음과 같이 말하였다.

> 진실로 존덕성을 주된 것으로 삼아야 하는 것은 분명하지만 도문학 역시 그 힘을 다하지 않을 수 없다. 마땅히 서로가 함께 더해주고 보탬이 되어 서로가 밝게 드러나는 것은 자연히 환히 꿰뚫어 보아 통달하게 되고 도체의 온전함에 조금의 결함이나 부족함도 없게 될 것이다.32)

그러므로 주희가 도문학만을 말하고 존덕성을 말하지 않았다거나 혹은 도문학을 위주로 하고 존덕성을 보조적인 것으로 보았다고 평가하는 것은 모두 주희 사상의 진면목과 일치하지 않는다. 주희가 비록 경험적 지식을 중시하기는 했지만 그렇다고 해서 그를 경험론자라고 해서는 안 된다. 그는 오히려 도덕 선험론자이며, 이것은 곧 그가 반드시 존덕성의 문제를 핵심으로 여기고 있음을 의미한다. 그러나 만약 존덕성만 있고 도문학이 없다고 한다면 이것도 주희의 특징을 제대로 드러내지 못한 것이다.

육구연은 이와 다르다. 그는 오로지 존덕성을 주장했다. 육구연의 방법론은 근본적으로 자기반성적 직관론이라고 할 수 있다. 그는 철저한 도덕주의자였으며, 덕성지는 사람의 본마음이 원래부터 지니고 있는 것이지 외부에서 구할 수 있는 것은 아니라고 생각하였다. 그도 또한 격물의 학을 말하기는 했지만 그것은 그의 근본 관점과 완전히 일치하지는 않는다. 육

---

32) 『朱子文集』, 권74, 「玉山講義」, "固當以尊德性爲主, 然於道問學亦不可不盡其力. 要當使之有以交相滋益, 互相發明, 則自然該貫通達, 而於道體之全, 無欠闕處矣."

구연은 다음과 같이 말하였다.

> 진실로 이 마음이 있으면 이 리理가 저절로 밝게 드러나게 된다.…… 너의 귀가 저절로 밝아지고, 눈이 저절로 밝아지며, 어버이를 섬기는 것이 저절로 효성스러워지고, 형을 섬기는 것이 저절로 공경스러워져, 본래 조금의 부족함이 없으니 외부에서 따로 도리를 구할 필요가 없다.33)

육구연은 스스로 학문에 대해 '무엇보다도 먼저 그 큰 것을 세워야 한다'고 했는데, 여기서 큰 것이란 바로 덕성지를 말한다. 그러므로 그는 견문지에 대해서 아무런 관심을 두지 않았다. 그는 주체정신의 자기각성, 자아실현을 강조하였는데, 이것은 곧 스스로 세우고(自立) 스스로 주재하는 것을 말하며, 지식의 축적이 아니라 정정당당한 인격을 수립할 것을 강조하는 것이다.

육구연은 존덕성과 도문학을 동시에 진행해야 한다는 주희의 방법에 대해 분명하게 반대한다. 주희와 육구연은 일찍이 존덕성의 문제를 함께 토론하였는데, 주희는 자기가 도문학을 자주 말하는 것은 존덕성과 도문학을 함께 봄으로써 각각의 단점을 버리고 장점을 취하여 이를 합하고자 한 것이라고 주장하였다. 그런데 이에 대해 육구연은 그것이 불가능하다고 하면서 "이미 존덕성을 알지 못하는데, 어찌 이른바 도문학이 있을 수 있겠는가?"34)라고 반박하였다. 육구연이 보기에는 덕성을 보존하고 함양하는 것이 바로 학문의 근본이라는 것이다.

도덕지식의 배양이라는 측면에서 보면 육구연의 존덕성은 매우 특징

---

33) 『象山全集』, 권34, 「語錄」, "苟此心之存, 則此理自明.……汝耳自聰, 目自明, 事父自能孝, 事兄自能敬, 本無欠缺, 不必他求."
34) 『象山全集』, 권34, 「語錄」, "旣不知尊德性, 焉有所謂道問學?"

적이다. 그는 도덕주체의 원칙에서 출발하여 자아의식으로 모든 외재적 지식을 대체하였으며, 도덕지식은 절대로 축적되지 않고 또한 어떠한 객관적인 근원도 가지지 않는다고 주장함으로써 주희로부터 불교 선종禪宗의 주장과 동일하다는 비판을 받았다.

3. 원명시대

왕수인王守仁은 양지설良知說에서 출발하여 덕성과 견문의 관계 문제를 해결하였고, 이론상으로는 육구연에 비해 더욱 완비된 체계를 갖추었으며, 또한 주희와도 완전히 구별된다. 왕수인의 인식론 체계에서는 양지가 곧 덕성이며, 양지 이외에 다른 덕성은 존재하지 않는다. 모든 지식은 양지의 발용이며, 견문지 또한 여기에서 벗어나지 않는다. 그는 다음과 같이 말하였다.

> 양지는 보고 듣는 감각적 경험(見聞)에 말미암아 생겨난 것이 아니지만, 견문은 양지의 발용이 아닌 것이 없다. 그러므로 양지는 견문에 제한을 받지 않지만, 또한 견문과 완전히 분리되어 있는 것도 아니다.[35]

양지, 즉 덕성지는 본체의식으로서 모든 지식을 통괄하고 있으며, 양지 이외에는 다른 어떠한 지식도 없다. 그러므로 양지는 경험적 지식을 통해서는 습득할 수 없는 것이지만 감각 경험을 통하여 외적으로 실현되므로

---

35) 『傳習錄』, "良知不由見聞而有, 而見聞莫非良知之用, 故良知不滯於見聞, 而亦不離於見聞."

견문과 분리되지 않고 존재하게 된다. 결론적으로 말하면 덕성과 견문의 관계는 바로 체體와 용用의 관계라고 할 수 있다. 만약 덕성지가 견문의 제한을 받는다면 자기본체를 상실하고 핵심이 없는 지식으로 변해버릴 것이고, 이와 반대로 견문과 분리되어 버린다면 아무런 작용도 할 수 없는 공허한 본체로 변화되어 현실성을 잃어버릴 것이다.

이런 점에서 왕수인의 주장은 모든 견문지를 부정해 버리는 육구연의 입장과는 분명히 구별된다. 그러나 왕수인은 주희와 같이 외부에서 지식을 구하는 것에 대하여 적극 반대한다. 사유의 방법이라는 측면에서 보면 주희는 경험적이고 귀납적인 방법을 추구하는 데 비해 왕수인은 추상적이고 연역적인 방법을 지향한다고 할 수 있으며, 이러한 방식은 총괄적인 원칙을 파악하기만 하면 곧 어디에든 응용할 수 있고, 어디에서든 체현할 수 있다. 그래서 왕수인은 다음과 같이 말하였다.

> 만약 두뇌를 주의하여 오로지 '치양지'를 일로 삼으면 많은 것을 듣고 많은 것을 보게 될 것이니 이는 치양지의 공효가 아닌 것이 없다. 대개 일상의 생활 속에서 보고 듣고 응대하는 것은 매우 뒤얽혀 있으나 그것은 모두가 양지가 발용하고 유행하는 것이 아닌 것이 없다. 보고 듣고 응대하는 것을 모두 제거해 버리면 또한 양지 역시 이를 수 없게 되니, 그러므로 단지 하나의 일일 뿐이다.[36]

그러나 이것은 진정한 의미의 논리적 연역이라고 볼 수 없으며, 차라리 도덕원칙의 구체적 응용으로서 여전히 경험적 종합을 기초로 하고 있다고 말해야 할 것이다. 사람이 도덕적 지식을 자각하기 위해서는 반드시 견문

---

[36] 『傳習錄』, "若主意頭腦專以致良知爲事, 則凡多聞多見, 莫非致良知之功. 蓋日用之間, 見聞酬酢, 雖千頭萬緖, 莫非良知之發用流行. 除去見聞酬酢, 亦無良知可致矣, 故只是一事."

과의 교섭작용을 거쳐야 하는 것이지만 그렇다고 해서 많은 감각 경험들 중에서 어느 하나를 올바른 인식으로 선택할 수 있는 것은 아니다. 만약 견문을 통해서 지식을 구한다면 그것은 곧 처음에는 미세한 차이에 불과하지만 갈수록 그 차이가 커지게 되어 나중에는 도저히 감당할 수 없는 착오를 범하는 것이다. 결론적으로 말해서 이론적 측면에서 보면 덕성과 견문의 관계 문제에 대한 왕수인의 관점은 완전히 선험론적이면서도 또한 오히려 많은 경험론적 요소를 지니고 있는데, 왜냐하면 양지의 존재와 실현은 구체적인 경험이 없다면 불가능하기 때문이다.

왕기王畿는 덕성과 견문을 자각적으로 구별함으로써 도덕성명道德性命의 학을 하나의 범위로 한정시켰다. 그에 따르면 덕성지는 곧 양지良知이며 도덕인성 문제에 속하는 것이지만, 견문지는 인식론의 문제에 속하는 것이다. 그러므로 이 두 가지는 서로 다른 성격의 지식이며, 한꺼번에 같은 차원에 놓고 논의해서는 안 된다는 것이다. 그는 다음과 같이 말한다.

> 무릇 양지와 지식의 차이라는 것은 털끝만큼 미세한 것처럼 보이지만 실제로는 엄청난 차이가 있다. 동일한 앎이라고 하더라도 어떤 것은 양지가 되고 어떤 것은 지식이 되며, 어떤 것은 덕성지가 되고 어떤 것은 견문지가 되니, 어디에 속하는 것인지를 일찍이 판별하지 않으면 안 된다.[37]

이것은 확실히 가치론과 인식론이라는 의미로 덕성지와 견문지를 구분하는 것이다. 즉 덕성지는 인간의 가치에 관한 자기인식이며, 견문지는 사실 자체에 대한 객관적 인식이라고 보는 것이다.

---

37) 『王龍溪全集』, 권6, 「致知議略」, "夫良知之與知識, 差若毫釐, 究實千里. 同一知也, 如是則爲良, 如是則爲識, 如是則爲德性之知, 如是則爲見聞之知, 不可以不早辨也."

왕기는 한 걸음 더 나아가서 덕성지에 대해 '본심의 밝음은 학문이나 사려를 통해 얻을 수 없는 것으로 선천적인 것'이라고 하고, 견문지에 대해서는 '여러 가지 배움을 통해서 획득할 수 있는 것으로 후천적인 것'이라고 주장하였다. 선천과 후천의 구분은 곧 인식론에 있어서 선험론과 경험론의 구별을 뜻한다. 다만 왕기에 따르면, 덕성지는 인심人心의 영명함이므로 외부에서 주어진 아무런 지식이 없다 하더라도 알지 못하는 것이 없으니 성명性命의 계열에 해당한다고 한다. 이른바 '격물치지'는 바로 덕성지를 가리키는 것이지 견문지를 말하는 것이 아니다. 견문지는 객관대상에 대한 인식으로 주관과 객관의 구별이 있고, 그 인식의 정확성 여부는 객관대상에 의거하여 결정된다. 여기에서 심은 단지 어떤 것을 인지하는 작용을 할 뿐이다. 이것은 후천적인 경험 속에서 얻어지는 인식이므로 후천의 학문이 된다.

왕기가 덕성과 견문을 구분한 것은 심성에 대한 인식과 사실에 대한 인식을 각기 가치론과 인식론의 영역으로 구별하였다는 데 그 의미가 있다. 덕성지는 주체의 존재 및 가치의 문제를 해결하는 것이고, 견문지는 객관사실의 인식 문제를 해결하는 것이다. 이것은 성리학이 필연적으로 대면하게 되는 문제이면서 또한 오랜 기간 동안 해결되지 못하고 남아 있는 문제였다. 성리학자들의 진정한 관심은 덕성지, 곧 인성론의 문제였으나 이것은 또한 인식론의 문제와 뒤섞여 있었기 때문에 이 양자의 관계 문제를 올바로 해결하지 못했던 것이다.

그들 중에서 장재가 처음으로 덕성지와 견문지를 구별하기는 했지만 이것을 각기 어디에 소속시켜야 할지를 몰랐고, 주희는 오히려 이 양자를 통일시키고자 하였으며, 왕수인은 '양지'로 모든 인식을 대체해 버렸으나 사실상 이는 덕성지만을 말한 것일 뿐이었다. 왕기 또한 덕성을 근본 종지로 여기면서도 심성에 대한 인식 이외에 또 다른 인식의 문제가 있음을 인정하였으니, 이것은 성리학 개념의 변천사에 있어서 중요한 의미가 있는 것이다. 비록 그가 견문지에 대한 부정적인 결과를 이끌어 내기는 했지만, 덕성의 문제를 해결하려면 반드시 인식의 문제를 구별해 내지 않을 수 없다는 의식을 형성했다는 점에서 인식론의 발전에 유리하게 작용했다는 사실만큼은 의심할 여지가 없다. 이런 의미에서 덕성지와 견문지에 대한 왕기의 구분은 매우 중요한 의미를 지닌다.

기학파氣學派의 왕정상王廷相은 왕기와는 전혀 상반된 해석을 제시하였다. 왕정상은 인식론의 문제를 토의하면서, 인식에 대한 경험적 지식의 지위와 역할을 충분히 긍정하는 동시에 덕성지의 존재 자체를 인정하지 않았다.

왕정상은 우주론에 있어서는 장재의 학설을 수용하고 발전시켰으나 인식의 문제에 있어서는 오히려 덕성지에 관한 장재의 관점을 부정하였다. 그는 견문과 사려를 통한 지식만이 있을 뿐이지 이른바 '덕성지'라는 것은 결코 존재하지 않는다고 하였다. 모든 지식은 사려와 견문을 모으고 결합함으로써, 즉 감성인식과 이성인식의 결합으로 얻어지는 것이다. 견문은 주체 외부의 자원, 즉 외부에서 얻어진 감성인식이며, 사려는 정신의 묘용 즉 이성의 사유이다. 사려는 견문을 바탕으로 하여 진행되는 것이니 감성적 경험을 기초로 한다.

왕정상은 "사물의 이치를 듣지 못하고 보지 못한다면 비록 성인이나 지혜에 밝은 사람이라고 하더라도 살펴서 알 수 없을 것이다"[38]라고 하였다. 가령 어린아이를 어두운 방에 가두어 놓고 다른 사물과 접촉하지 못하

---

38) 『雅述』 上, "物理不聞不見, 雖聖哲亦不能索而知之."

게 하다가 성장한 후에 밖으로 내보내면 일상생활에 사용하는 사소한 사물이라도 이것이 무엇인지를 분별할 수 없을 것이다. 하물며 천지의 고원함이나 옛날과 지금의 변화하는 일과 같은 것을 어떻게 알 수 있겠는가? 비록 견문지가 인식의 모든 것은 아니지만 모든 인식의 기초가 되는 것이며, 사려를 통한 지식은 견문에 의탁해서야 비로소 생겨날 수 있는 것이다. 그래서 왕정상은 다음과 같이 말한다.

> 무릇 신성이 비록 영묘하기는 하지만 반드시 견문과 사려를 통해야만 알 수 있다. 앎이 오랫동안 쌓인 후에 그것을 꿰뚫어 보고 파악할 수 있게 되면 위로는 하늘에서 아래로는 땅에 이르기까지 모든 일에 대해 지극히 세세하고 지극히 정밀함에 들어서게 되어 통달하지 못할 것이 없게 된다.[39]

이와 같이 왕정상은 감성과 이성, 견문과 사려를 통일시켰다. 그에 따르면 모든 지식은 사려와 견문이 결합함으로써 형성되는 것일 뿐이다.

사려와 견문은 인식의 두 경로를 나타낸다. 왕정상은 견문을 모든 인식의 기초로 생각함으로써 경험론적인 경향을 드러내고 있다. 하지만 그렇다고 해서 그는 모든 견문지가 전부 다 참된 지식이라고 생각하지는 않았다. 참된 지식은 견문에서부터 형성된 것이기는 하지만 견문 자체가 참된 앎은 아니라는 것이다. 왜냐하면 참된 지식은 반드시 이성적 사유, 즉 정신의 오묘한 작용에 의거해야 하기 때문이다. 마음의 영명한 정신은 사람의 본성에서 나오는 것이며, 그 사려작용은 여러 가지 경험지식들을 종합하여 귀납적 추리를 함으로써 그것을 꿰뚫어 볼 수 있게 된다. 사람은 이성적

---

[39] 『雅述』 上, "夫神性雖靈, 必籍見聞思慮而知, 積知之久, 以類貫通, 而上下天地, 入於至細至精, 而無不達矣."

사유를 통하여 견문의 왜곡된 부분을 바로잡을 수 있고, 경험지식의 한계를 극복할 수 있다. 단편적인 견문지는 심지어 사물에 대한 정확한 인식을 방해하기도 한다. 그는 다음과 같이 말한다.

> 견문을 어지럽히는 잘못된 앎이 아주 많은데, 이것을 크게 세 가지 부류로 나누면, 첫째는 괴이한 것으로써 현혹시키는 것으로 이는 곧고 올바른 앎을 어지럽히는 것이고, 둘째는 억지로 끌어와서 부합시키는 것으로 이는 지극하고 참된 앎을 어지럽히는 것이며, 셋째는 앞선 학자들의 주장만을 지나치게 신봉하는 것으로 이는 스스로 체득하는 앎을 어지럽히는 것이다. 그러므로 듣는 것과 보는 것과 앞선 학자들의 주장은 참고만 할 수 있을 따름이다.[40]

경험지식이나 앞선 세대 학자들의 유훈은 모두가 단지 중요한 참고사항일 뿐, 그 자체만으로 유일한 근거가 될 수는 없다. 더욱 중요한 것은 자기 자신의 독립적인 사고를 거쳐야 한다는 것이다.

여기에서 왕정상은 철학적 회의정신을 내세우고 있는데, 특별히 선유들의 학설을 지나치게 신봉하는 것을 반대함으로써 전통주의에 반대하는 정신을 표현하고 있다. 이것은 이성적 사유를 추종하고 스스로 자기 자신을 신뢰하는 것이며, 성리학자들이 높이 받드는 신성과 교조를 비판하고 있다는 점에서 중요한 의미를 지닌다. 성리학이 형성된 이래로 비록 부분적으로는 경전에 대해 의심스러워하는 정신이 있었지만 근본적으로는 어디까지나 여전히 그들이 이해하고 해석하는 유학의 경전을 근거로 삼았고, 선유를 본받고자 하였다. 이처럼 농후한 경학적 분위기는 여전히 사람들의 사상을 엄격하게 속박하고 있었던 것이다. 이런 상황 속에서 왕정상이 제

---

40) 『愼言』, 「見聞篇」, "見聞梏其識者多矣, 大者有三, 其怪誕者, 梏中正之識, 牽合付會者, 梏至誠之識, 篤守先哲者, 梏自得之識, 因此聞也見也先哲也, 參伍之而已矣."

기한 선유에 대한 회의는 사상적 금기를 해방시키는 작용을 하였다.

그는 '천성지天性知'와 '인도지人道知'라는 두 가지 개념을 제기했는데, 먹고 마시고 보고 들을 수 있는 것과 같은 사람의 자연적인 본능은 '천성지'이고, 그 외의 모든 지식 즉 "학습을 통해서 알게 되거나 깨달음을 통해서 알게 되거나 경험함으로써 알게 되거나 의심함으로써 알게 되는 지식은 모두가 인도지에 속하는 것"[41]이라고 하였다. 이것은 일체의 선험적 지식을 부정하는 것일 뿐만 아니라 회의하는 정신을 지식의 중요한 조건으로 보고 있는 것이다. 옛날 이론의 교조를 절대적 권위로 인정하지 않고 회의함으로써 인류의 인식을 발전시키는 것은 매우 중요한 일이다. 확실히 이러한 회의는 바로 올바른 진리를 획득하기 위한 중요한 전제 조건이며, 여기에 자기 자신의 이성적 능력에 대한 굳은 신념이 있을 때에만 비로소 이와 같은 논의를 할 수 있는 것이다.

왕정상이 제기한 '천성지'와 '인도지'의 근본 목적은 바로 '덕성지'를 부정하기 위한 것이다. 그는 먹고 마시고 보고 듣는 것과 같이 태어나면서부터 지니고 있는 것 외에는 근본적으로 어떠한 선험적 도덕 지식도 존재하지 않는다고 생각했다. 송명의 유학자들 중에는 사람은 누구나 태어나면서 덕성지를 지니고 있다고 말하지 않는 사람이 없었는데, 왕정상에 따르면 이것은 바로 '선학'에 빠져들었으면서도 스스로 그것을 알지 못하는 것이다. 그는 다음과 같이 말하였다.

> 최근의 유학자들이 말하기를 사려와 견문을 통해 얻게 되는 지식은 지극한 앎이 되기에는 부족함이 있으며, 이와 달리 덕성에서 나온 지식이 참된 지식이며, 큰 앎이 된다고 한다. 애석하도다! 그들은 선학에 빠져 버렸구나! 사려하지 않음이

---

[41] 『雅述』上, "因習而知, 因悟而知, 因過而知, 因疑而知, 皆人道之知也."

매우 극심하도다! 다만 사려와 견문은 반드시 내 마음의 신묘함으로 말미암아 이 안과 밖이 서로를 필요로 하는 자연스러움임을 알지 못한다.42)

이처럼 성리학 개념의 발전 과정에 있어서 왕정상은 '덕성지'를 부정한 최초의 사람이었다. 하지만 그렇다고 해서 왕정상이 도덕적 지식 자체를 부정했다고는 결코 말할 수 없다. 사실상 왕정상은 덕성지를 부정했을 뿐만 아니라 또한 인지이성을 통하여 일반 인식의 문제를 다루고자 했고, 특별히 경험주의적인 방법을 사용하여 모든 인식의 기원 문제를 해결하고자 했다. 하지만 그가 말하는 앎은 여전히 도덕적 지식을 포괄하고 있으며, 심지어 인륜도덕의 지식을 주된 것으로 보고 있다는 점에서 그 역시 진실로 도덕인식과 일반인식을 구별한 것은 아니었다. 이 문제에 있어서 그와 심학파는 비교적 큰 차이를 보이고 있다. 심학파는 실천이성의 주체성을 강조하지만 왕정상은 인지이성의 작용을 중시한다. 전자는 선험론을 특징으로 하고 있는데 비해, 후자는 경험론적 특징이 강하게 부각된다.

4. 명말청초

그러나 명청교체기에 이르러서는 덕성지와 견문지를 통일시키려는 추세가 보편적으로 나타났다. 그 가운데 특히 유종주劉宗周는 덕성지와 견문지가 근본적인 차이가 없으며, 또한 안과 밖, 정밀함과 잡박함의 차이도 없음을 처음으로 주장하였다.43) 그에 따르면, 한편으로 견문지 역시 마음

---

42) 『雅述』上, "近世儒者乃曰, 思慮見聞爲有知, 不足爲知之至, 別出德性之知爲眞知, 以爲大知. 嗟乎! 其禪乎! 不思甚矣! 殊不知思與見聞, 必由吾心之神, 此內外相需之自然也."
43) 『劉子全書』, 권19, 「答右仲三」, "德性見聞本無二知.……無內外精粗."

에서 나오는 것이니 이목의 총명함만으로 얻어질 수 있는 것이 아니며, 다른 한편으로 덕성지 또한 견문과 떨어질 수 없는 것이니 깊고 밝은 지혜의 본체는 눈과 귀가 밝게 열려야만 통할 수 있는 것이라고 한다. 그래서 유종주는 다음과 같이 말한다.

> 지금 반드시 견문을 외부의 것으로 여겨 몸뚱이를 없애고 이목의 밝음을 물리침으로써 깊고 밝은 지혜를 구하고자 하지만 결국 이것은 깊고 밝은 지혜를 말려 죽이는 것일 뿐이다.[44]

그러므로 외부의 것을 버리고 내면의 것을 구하며, 견문지를 버리고 덕성지를 구하는 것은 결국 올바른 덕성지가 될 수 없는 것이다. 이처럼 유종주는 심학파가 지나치게 한쪽으로 편향되어 있음을 지적하면서 도덕지식과 경험지식을 통일시키고자 하였다. 하지만 그가 말하는 견문지는 여전히 주로 인륜 도덕적 지식을 가리킨 것이지 결코 자연계에 대한 인식을 중요시한 것은 아니었다.

고염무顧炎武 역시 덕성지나 견문지 중에서 어느 한쪽을 버릴 수 없음을 주장했다. 그는 많이 듣고 많이 보는 앎을 주장하면서, 세상의 모든 도리는 단절되고 흩어져 있으나 반드시 동일한 곳으로 귀일하며 훈고에만 집착하는 곳으로 흘러가서도 안 되고 심성의 공허함을 내세우는 쪽으로 흘러가서도 안 된다고 생각했다. 그래서 그는 다음과 같이 말한다.

> 저기 저 경전의 장구를 훈고하는 데에만 집착하고 있는 선비들은 결코 모여서 같아지는 것을 깨닫지 못하며, 높고 공허한 것을 바라는 군자들은 또한 덕성을

---

44) 『劉子全書』, 권29, 「論語學案」, "今必以聞見爲外, 而欲墮體黜聰, 以求睿知, 幷其睿知而槁矣."

말하면서도 견문의 학문을 잃어버리고 있으니, 모두가 성인의 종지를 깨닫지 못한 것이다.45)

고염무는 인지이성의 주체적 작용을 중시하였으며, 사회윤리의 도덕지식은 모두가 객관성을 지니고 있다고 생각했다. 하지만 동시에 마음에 근본하지 않고서는 어떤 것을 판단할 수 없으니, 이것은 이지적인 마음이 판단하고 결정하는 능력을 지니고 있음을 설명한다고 생각했다. 일반적으로 덕성지를 강조하는 성리학자들과 달리 그는 내면적인 반성을 통해 자아의 완성이나 실현을 구해야 한다고 강조하지 않았으며, 오히려 넓게 배우고 많은 것을 인식함으로써 재능을 다해야 한다고 주장하였다.

고염무는 지식을 구하지 않고 이른바 '마음을 보존하고'(存心) '흐트러진 마음을 모아야'(收放心) 한다는 주장에 반대하여 "보존해야 할 것은 공허하지 않는 마음이다. 무릇 인과 예는 배우지 않고 할 수 있지 않다"46)라고 하였다. 그는 결코 도덕지식을 부정하지는 않았지만 경험적 지식을 더욱 중시하였으며, 그 속에는 '경세치용經世致用'의 적극적인 내용을 포함하고 있다. 고염무나 안원顔元 등과 같은 사람이 말하는 학문과 지식은 매우 실용적인 특징을 지니고 있는 것이다.

왕부지王夫之는 이론적인 측면에서 덕성지와 견문지의 문제를 총결산하였다. 그는 한편으로는 견문지를 인식론적 문제로 귀결하였고, 아울러 거기에 이성적 사유를 결합시킴으로써 인지이성을 매우 중시하였다. 다른 한편으로는 덕성지를 인성론 문제로 귀결시키고 여기에도 동일하게 인지

---

45) 『日知錄』, 「予一以貫之」, "彼章句之士, 旣不足以觀其會同, 而高明之君子, 又或語德性而遺問學, 均失聖人之旨矣."
46) 『日知錄』, 「求其放心」, "所存者非虛空之心也. 夫仁與禮, 未有不學問而能者也."

이성을 결합시킴으로써 가장 높은 차원의 인식으로 보았으며, 이것을 천인합일을 실현하기 위한 중요한 조건으로 내세웠다.

우선 견문지에 관해 왕부지는 이성인식과 견문지의 경계를 명확하게 구분한 후에 다시 이 둘을 연결시킴으로써 견문지에서 출발하여 이성적 인식에 이르는 필연성을 보여 주고자 한다. 그는 먼저 견문지와 사려지가 서로 다른 성격을 지니고 있음을 주장하면서 다음과 같이 말한다.

> 또한 견문지는 보고 들었던 것에 머물러 있는 것이다. 그렇게 된 까닭(所以然)의 이치를 궁구하게 되면 정신이 안으로는 오관五官을 두루 관통하고 밖으로는 만물에 고루 대응하게 되니, 보고 들은 것의 이치가 밝게 드러나지 않을 수 없다.47)

견문은 단지 사물의 외부적 현상을 인식하는 데 그칠 수밖에 없으며, 감성의 차원에 속하기 때문에 사물이 그렇게 드러나는 궁극적 이치에 대해서는 인식할 수 없다. 오로지 마음속의 밝은 정신이 있어야만 비로소 외부의 형체를 초월하여 무형의 이치, 즉 사물의 내부 규율을 인식할 수 있다. 그는 또 다음과 같이 말하였다.

> 눈과 귀와 같은 감각기관의 경우, 보는 것은 형체와 색깔에 국한되어 있으므로 이 형체와 색깔이 없으면 아무 것도 볼 수가 없으며, 듣는 것은 소리에 국한되어 있으므로 소리가 없으면 아무 것도 들을 수가 없게 된다. 이처럼 이목의 총명함은 견문에 국한되어 있기 때문에 직접 듣고 보는 것을 벗어나서는 그 총명함을 발휘할 수가 없으니, 이 감각을 통한 앎은 마음이 형체를 초월한 것에 대해서 꿰뚫어 볼 수 있는 그러한 앎과는 다른 것이다.48)

---

47) 『張子正蒙注』,「參兩篇」, "且見聞之知, 止於已見已聞. 而究於所以然之理, 神則內周貫於五官, 外泛應於萬物, 不可見聞之理, 無不燭焉."

이처럼 왕부지는 '능能'(사유할 수 있는 능력)과 '소소所'(감각을 통해 받아들여진 것)의 논리에서 출발하여 눈과 귀를 통한 견문과 마음을 통한 사려작용의 관계를 토의하였는데, 이로써 인식 대상이 객관적으로 존재하고 있다는 주장을 세웠으며, 동시에 이 양자의 한계를 구별하였다. 견문지에서 말하는 소리와 색깔 등과 같은 것 역시 주관적인 요소가 포함되어 있는 것이며, 순수하게 객관적인 소리나 색깔이라는 것은 존재하지 않는 것이기는 하지만, 적어도 인식이 객관에서부터 내원한다는 주장은 정확하고 올바른 관점이라고 할 수 있을 것이다.

다음으로 왕부지는 결코 견문과 사려가 전혀 무관하게 진행되는 두 가지 과정이라고 생각하지 않았으며, 오히려 이와 정반대의 입장을 취한다. 즉 마음은 오관五官에 의지함으로써 가장 중요한 위치를 차지하고 감성인식에 참여할 수 있으며, 이 감성인식 또한 마음에 의거하여 이루어지므로 하나의 감각기관이 그 쓰임을 잃어버리면 마음의 작용 역시 끊어져 버린다고 생각하였다.

그런 반면, 인식에 있어서 유한과 무한의 관계 문제에 대해 왕부지는 비록 견문을 통한 지식은 유한하지만 사려를 통한 지식은 무한히 확장된다고 생각했다. 그는 "성현들이 말하는 도는 원래 사물과 연결되어 있는 것이니, 사물이 이목의 감관에 접촉하여 이목의 감관이 사물로부터 획득한 것은 한계가 있을 수밖에 없다"[49]고 하였다. 공간과 시간상에서 말해도 사람의 이목과 견문은 모두 유한한 것이며 존재하는 모든 사물을 다 궁구할 수는 없는데, 과학기술과 관찰도구가 결핍된 상황에서는 더더욱 그러하다.

---

48) 『讀四書大全說』,「孟子・告子上」, "耳目之官, 視盡於色, 無色則無所視, 聽盡於聲, 無聲則無所聽. 聰明盡於聞見之中, 所聞所見之外, 便無聰明, 與心之能徹乎形而上者不同."
49) 『讀四書大全說』,「中庸・第一章」, "聖賢所謂道, 原麗乎事物而有, 而事物之所接於耳目與耳目之得被於事物者, 則有限矣."

그러나 왕부지는 이성적 사유에 대해서 무한한 능력을 부여하고 있으며, "마음이라는 감관은 사유를 통해서 앎을 획득하는 것이므로 원래부터 사물에 의탁하지 않아도 아무런 한계가 없는 것이다"50)라고 하였다. 사유는 감성적인 사물을 초월하고 무한한 영역으로 진입하여 절대적 인식에 도달할 수 있다. 그래서 왕부지는 "대개 형이상의 도는 볼 수도 없고 들을 수도 없는 것으로 오직 사유를 통해서만 도달할 수 있다"51)고 한다. 리는 보편적 규율이므로 무한성과 절대성이라는 특징을 지니는데, 이목의 감관을 통한 견문은 불가능하지만 사유를 통해서는 이를 파악할 수 있으니, 이것이 이성적 사유의 본성이다. 이것은 왕부지가 이성의 사유능력에 대해 최고의 평가를 내린 것이다.

마지막으로 왕부지는 견문과 사려를 통일하는 관점을 제시하였다. 곧 견문지는 이성인식의 기초가 되며, 사려는 반드시 견문 가운데에서 행해진다는 것이다. 그는 다음과 같이 말하였다.

> 이목이 마음속에서 분명하게 크고 작음으로 구별되는 것은 아니다.……대개 형상과 말하는 것과 보는 것과 듣는 것은 나누어져 감각기관을 형성하게 되고, 사려가 군주가 되어 이 네 가지 감각의 일을 융합함으로써 전례가 행해지게 된다. 달리 어떤 신령한 빛이 비쳐져서 육근六根(目·耳·鼻·舌·身·意)과 육진六塵(色·聲·香·味·觸·法)을 멀리하고, 형체와 소리를 소멸시키며, 말과 행동으로부터 떨어져서 홀연히 황홀하고 그윽한 정화精華가 되는 것이 아니다.52)

---

50) 『讀四書大全說』, 「孟子·告子上」, "心之官, 思則得之, 原不倚於物而無涯量."
51) 『讀四書大全說』, 「孟子·告子上」, "蓋形而上之道, 無可見, 無可聞, 則唯思爲獨效."
52) 『尙書引義』, 권4, 「洪范」, "耳目之於心, 非截然而有大小之殊.……蓋貌言視聽, 分以成官, 而思爲君, 會通乎四事以行其典禮. 非別有獨露之靈光, 逈脫根塵, 泯形聲, 離言動, 而爲恍惚杳冥之精也."

마음의 사려는 감성인식을 통솔하고 종합하여 추상하는 능력을 지니고 있다. 하지만 감성인식을 벗어나서 따로 존재할 수는 없으니, 이 양자는 떨어질 수가 없는 것이다. 또한 왕부지는 다음과 같이 말한다.

> 상을 본받는 것은 신이 아니면 올바르게 세울 수가 없고, 신이 상을 본받지 않으면 상은 드러나지 않는다. 많은 것을 들어서 가려내고 많은 것을 보아서 알아 곧 그 마음의 사려를 계발하여 하나로 돌아가는 것이지, 정신을 보존하는 것만으로 격물궁리의 학을 세우려고 해서는 안 된다.[53]

이처럼 왕부지는 이성적 사유가 감성적인 경험과 무관하게 독자적으로 활동할 수 없음을 거듭 강조함으로써 견문지, 즉 감성적 경험의 작용을 충분히 긍정하였다. 그에게 있어서 감성경험은 이성적 사유가 진행될 수 있는 중요한 기초를 제공하는 것이다.

그러나 왕부지가 말하는 견문사려지는 인식론에 있어서 결코 최고의 인식이 아니다. 최고의 인식은 곧 덕성지이며, 이른바 '참된 지'(眞知)라고 하는 것이다. 그는 "마음의 지식이 견문을 통하여 생겨난 것이라면 그 지식은 참된 지식이 아니다"[54]라고 하였는데, 이처럼 견문을 통해 형성된 지식은 곧 객관적인 '물리'에 대한 지식이지 인간의 '성리'에 대한 지식이 아닌 것이다. 하지만 덕성지는 그렇지 않다. 그것은 견문과 상관없이 발생하여 마음속에 본래부터 지니고 있는 내재적 근본 지식이며, 그렇기 때문에 '참된 지'가 될 수 있는 것이다. 왕부지는 다음과 같이 말하였다.

---

53) 『張子正蒙注』, 「大心篇」, "法象非神不立, 神非法象不顯. 多聞而擇, 多見而識, 乃以啓發其心思而會歸於一, 又非徒恃存神而置格物窮理之學也."
54) 『張子正蒙注』, 「大心篇」, "心知者, 緣見聞而生, 其知非眞知也."

견문은 이미 알고 난 후에 증명할 수 있으나 이러한 앎은 견문에 인하지 않고 생겨난다. 덕성이 진실로 있으면 저절로 깨닫게 되는 것이니, 이것은 마치 깜깜한 어둠 속이라도 자기의 입이나 코를 가리킬 때는 거울이 없어도 충분한 것과 같다.55)

덕성이라는 것은 귀나 눈, 입이나 몸과 같은 성性이 아니며, 인의예지의 근원인 마음이 구비하고 있는 것이다. 항상 마음속에 존재하므로 가만히 있어도 잊어버리지 않고, 움직여도 미혹되지 않으며, 견문이나 언설에 의지하지 않아도 덕이 모두 가득 차 있는 것이다.56)

이것은 덕성지와 견문사려지가 서로 다른 종류의 지식임을 설명하는 것이다. 덕성지는 인성에 관한 지식이지 객관세계의 사실에 관한 지식이 아니며, 선험적인 것이지 경험적인 것이 아니다. 그것은 견문에 의지하지 않고 생겨날 뿐만 아니라 견문의 구속과 제한을 받지도 않는다. 왕부지는 이목이나 견문에 의탁하여 얻어지는 것은 인위人爲의 사사로움이라고 보았는데, 이것은 경험지식을 덕성의 밖으로 완전히 배제한 것이다. 오로지 정신의 경지에서 얻어진 지식, 즉 하늘의 덕인 양지가 바로 마음속의 저절로 그러하고(自然) 마땅히 그러한(當然) 리에 대한 자각적인 인식이다.

그런데 마음의 사려작용에 대해 앞에서는 견문과 분리되지 않는다고 하였는데, 여기에서 견문에 의탁하지 않는다고 말하는 것은 모순이라는 지적이 나올 수 있다. 하지만 왕부지의 시각에서 본다면 이것은 서로 다른 차원에 속하는 두 종류의 인식을 말한 것이기 때문에 모순이 아니다.

---

55) 『張子正蒙注』, 「大心篇」, "見聞可以證於已知之後, 而知不因見聞而發. 德性誠有而自喩, 如暗中自指其口鼻, 不待鏡而悉."
56) 『張子正蒙注』, 「天道篇」, "德性者, 非耳目口體之性, 乃仁義禮智之根心而具足者也. 常存之於心, 而靜不忘, 動不迷, 不倚見聞言論而德皆實矣."

사려작용은 분명히 인식주체가 지니고 있는 인지이성의 역할이다. 하지만 견문과 분리되지 않는 사려는 객관사실에 대한 인식이고, 견문에 의탁하지 않는 사려는 인간의 가치에 대한 자기인식이다. 전자는 반드시 견문으로부터 시작하여 사려에 이르는 과정을 거치지만 후자는 사려 자신의 내부적 상황이다. 이러한 인식은 견문에 의탁하지 않는다. 그래서 왕부지는 "마음을 세워서 본체로 삼고 이목이 마음을 따르면 견문지라 하더라도 모두 참된 리를 드러내게 된다"[57]고 하였다. 이른바 마음을 세워서 본체로 삼는다는 것은 인식의 내용상에서 말한 것으로 사실상 덕성지를 본체로 삼는다는 뜻이며, 이러한 상황 아래에서 견문지는 본체인 덕성지의 외부적 발용이고 표현이 된다. 그러므로 이것은 당연히 도덕선험론에 속한다고 할 수 있을 것이다.

이것은 일종의 자기평가이며 자기인식으로 참된 것일 뿐만 아니라 도덕적으로 선한 것이다. 그래서 왕부지는 "사려의 근원은 사람 마음의 양능良能인데 어찌 악한 것이 나올 수 있겠는가?"[58]라고 하였다. 여기에서의 '사려'는 견문으로부터 얻어진 지식을 유추함으로써 근원으로 돌아가는 사려가 아니라, 덕성에 대한 자기반성 즉 "군자의 학문은 오로지 나의 본성에 있는 것을 아는 것이다"[59]라고 할 때의 사려이다. 사려가 나의 본성을 아는 것이므로 사려가 발생하면 또한 선악善惡과 호오好惡에 대한 가치판단의 요구가 나오게 된다. 왕부지는 다음과 같이 말하였다.

사려 또한 좋아하고 싫어하는 것을 받아들여 형성되는데, 그 좋아하는 바가 아니

---

57) 『尙書引義』, 권1, 「堯典」, "入心以爲體, 而耳目從心, 則聞見之知, 皆誠理之著矣."
58) 『讀四書大全說』, 「論語・公冶長」, "思原是人心之良能, 那得有惡來?"
59) 『讀四書大全說』, 「中庸」, "君子之學, 唯知吾性之所有."

면 사려가 받아들이지 않고, 싫어하는 바가 아니면 사려가 거부하지 않는다. 좋아함과 싫어함은 처음에는 분명히 구분되지 않지만 사려가 그 좋아하는 것과 싫어하는 것을 끌어당기거나 밀어냄으로써 따를 것을 찾게 된다.…… 이 좋아하고 싫어하는 것은 온갖 변화의 근원이 되므로 '극極'이라고 한다.[60]

그는 사람의 인식은 가치판단의 요구를 발생시킨다고 하였는데, 이것은 매우 중요한 관점이다. 하지만 여기에서 말하는 좋아함과 싫어함은 완전히 자기 자신의 필요에 따라 만들어진 도덕 평가일 뿐이지 인식의 대상과 인식 내용이 진실에 부합하는가의 문제가 아니며, 또한 진리 일반에 대한 평가의 문제도 아니다. 좋아하는 것과 싫어하는 것은 이미 내재되어 있는 가치의 표준이 있으니 이것이 바로 덕성, 즉 선善이다.

넓은 의미의 인식론에서 보았을 때, 왕부지가 덕성지와 견문지를 구별한 것은 성리학 개념론의 발전이라고 할 수 있다. 우리에게는 사실상 두 가지 종류의 인식이 존재하는데, 하나는 객관 사실의 진리에 관한 인식이고, 다른 하나는 인간의 존재가치에 관한 인식이다. 왕기와 왕정상이 서로 상반된 입장에서 이 양자를 구별한 것에 비해, 왕부지는 전체적인 관점에서 이것을 바라보고자 하였는데, 이것이 인식론에 있어서 그의 중요한 공헌이다. 그러나 그는 덕성지를 '참된 지식'이라고 말하면서 가장 높은 차원의 인식으로 보았으며, 이것을 객관 사실에 대한 인식보다 상위에 위치시킴으로써 일정한 한계점을 보이고 있다. 이것은 그 역시 일반적인 성리학 개념체계의 엄격한 구속으로부터 자유롭지 못했기 때문이다.

대진戴震은 근본적으로 덕성지를 부정하고 견문지가 모든 지식의 원천

---

60) 『尙書引義』, 권4, 「洪範」, "思亦受成於好惡也, 非其所好, 不思得也, 非其所惡, 不思去也. 好惡者, 初幾也, 思者, 引伸其好惡以求遂者也.……是好惡爲萬化之源, 故曰極也."

이라고 생각하였다. 그는 이목구비의 감각기관이 사물에 접하고, 마음이 그 법칙을 꿰뚫는다는 관점을 제시함으로써 감성과 이성의 관계 문제를 해결하였다. 그는 인식이란 주체와 객체의 관계 문제를 해결하는 것이며, 여기에서 객체는 외부에 존재하는 객관 사물 및 그 법칙을 말하고 주체는 곧 사람의 혈기血氣와 심지心知라고 생각하였다. 혈기는 감각기관을 가리키고 심지는 마음의 신명함을 가리킨다. 그는 다음과 같이 말하였다.

> 맛과 소리와 색깔은 물物에 있는 것이며, 나의 혈기에 접촉하는 것이다. 의리는 일(事)에 있는 것이며, 나의 심지에 접촉하는 것이다. 혈기와 심지는 누구나 저절로 구비하고 있는 능력이다.61)

사람의 인식능력은 천부적인 것이다. 혈기가 자세하고 밝으면(精爽) 충분히 사물의 물리적 성질을 인식할 수 있으니, 곧 견문지가 된다. 심지가 신령하고 밝으면(神明) 사물의 법칙을 꿰뚫어 볼 수 있으니, 곧 사려지가 된다. 그러므로 그는 "의리는 다른 것이 아니라 비추고 살피는 것에 잘못이 없는 것이다. 무엇으로 잘못이 없게 하는가? 마음의 신명함이다"62)라고 하였다.

견문지와 덕성지는 감성과 이성의 관계이며, 또한 이 양자는 이미 하나로 통일되어 있는 것이다. 마음의 신명함은 이목과 같은 감각 경험을 통해 그 능력을 발휘함으로써 비로소 사물을 다 포괄하여 그 변하지 않는 법칙을 알 수 있게 된다. 심지는 또한 견문을 높인 것이니 인식이 더욱 높은

---

61) 『孟子字義疏證』, 「理」, "味也, 聲也, 色也, 在物, 而接於我之血氣. 義理在事, 而接於我之心知. 血氣心知, 有自具之能."
62) 『孟子字義疏證』, 「理」, "義理非他, 所照所察者之不謬也. 何以不謬? 心之神明也."

단계로 발전한 것이다. 대진은 다음과 같이 말하였다.

> 그러므로 견문을 넓히지 않을 수 없으며, 마음을 밝게 하는 데 힘써야 한다. 한 가지 일을 꿰뚫게 되면 나머지 부분에 대해서도 거칠 것이 없게 되니, 다른 일에 있어서도 또한 이와 같다. 그러한 것이 오래되면 심지가 밝아지고 성인의 지혜로 나아가게 된다.[63]

견문으로 인하여 심지로 나아가고, 심지로 말미암아 성인의 지혜에 이르게 되니, 이것이 곧 '활연관통'이다. 여기에 이르면 모든 의리義理에 통하지 않는 바가 없게 되며, 인식의 최고 경지에 도달하게 되는 것이다.

대진에게 있어서 리는 사물에 있는 것이지 마음속에 있는 것이 아니다. 주체의 인식작용은 그 법칙을 관통하고 그 리를 밝히는 것이지, 주관적인 의지로 사물을 강제 복종시키는 것이 아니다. 이것은 객관주의적인 인식론이며 다른 성리학자들이 말하는 덕성지, 즉 내재적 도덕지식과는 다른 것이다.

하지만 대진은 가치론과 인식론을 엄격히 구별하지 않았다. 그가 말하는 의리지義理知(덕성지)는 확실히 도덕론적인 색채를 띠고 있다. 견문지 또한 자연적인 것에 대한 감각적인 앎으로서 혈기와 관련 있는 것으로 판단되며, 혈기 또한 생물학적인 감성의 요구로 이해할 수 있다. 심지 또한 필연에 대한 인식으로 보이며, 필연은 비록 객관에 속하기는 하지만 하나의 도덕적 원칙이다.

그는 객관주의적인 인식의 원칙을 확립함으로써 이전의 선험론적 인

---

63) 『孟子字義疏證』, 「權」, "然見聞不可不廣, 而務在能明於心. 一事豁然, 使無餘蘊, 更一事而亦如是. 久之, 心知之明, 進於聖智."

식론을 경험론적 인식론으로 대체하였으나, 주체의식에 대해서는 논의를 진행하지 못하였으므로 그 결과 인식론과 도덕론은 여전히 분리되지 않았다. 그의 공헌은 인지이성을 제창함으로써 모든 인식의 문제에 대해 반드시 인지이성의 고찰과 분석을 요구하고 비이성적인 직관과 체험을 부정하였다는 데 있다. 바로 이러한 의미에서 대진이 말하는 지식은 이성주의적 특징을 지닌다고 말할 수 있다.

제19장 **함양과 성찰**

함양涵養과 성찰省察은 성리학에서 심성의 수양을 강론하는 중요한 방법이다. 이 함양성찰은 '미발이발未發已發', '천리인욕天理人欲', '지행知行', '격물궁리格物窮理' 등의 개념들과 밀접한 관련을 맺고 있다. 성리학은 심성론心性論을 가장 중요한 핵심으로 삼고 있는데, 이것은 곧 어떻게 하면 심성의 본체를 체득하고 보존, 양성하며 완전한 도덕적 자각에 도달하여, 이로써 이상적인 경지를 실현할 수 있을 것인가를 중요한 문제로 하고 있다.

함양은 직접적으로 심성의 본원을 배양하는 것 즉 초월적인 인간 내면의 마음을 체험하고자 하는 것이고, 성찰은 때와 일의 상황에 따라 마음속의 리를 살펴서 아는 것이다. 일반적으로 성찰은 함양의 공부이고, 함양은 또한 성찰의 전제라고 말한다. 하지만 각각의 성리학자들이 강조하는 중점이 어디에 있는가의 차이에 따라 이 두 가지 방법 또한 서로 다른 작용과 의미를 지니고 있기도 하다.

1. 북송시대

성리학에 있어서는 장재張載가 가장 먼저 이 문제를 다루었다. 그는 이른바 '마음을 비운다'(虛心)는 함양 공부를 말하는 것으로, '이치를 궁구하는 것'(窮理)은 성찰과 관련된 것으로 보았다. 마음을 비운다는 것은 바로 '마음을 다하고 본성을 깨닫는 것'(盡心知性)을 말한다. 그는 "마음을 비운 후에야 마음을 다할 수 있다"[1]라고 하였는데, 이것은 견문지를 포함하여 오염된 모든 사사로운 마음을 배제하는 것이다. 이른바 '마음을 다함으로써 사물을 다하고'(盡心以盡物), '그 마음을 크게 함으로써 천하의 모든 사물을 체득한다'(大其心以體天下之物)는 것은 모두가 심성의 본체를 보존하고 길러냄으로써 천지만물의 마음을 세우고 천인합일의 경지를 실현하기 위한 것이다. 하지만 그에 앞서서 마음을 비워야만 비로소 마음을 다하고 본성을 알 수 있으며, 천지만물의 마음을 세울 수가 있게 된다.

다른 한편으로 '이치를 궁구하는 것' 역시 요구된다. 왜냐하면 "사람은 본래 마음이 없으며, 사물로 인하여 마음이 생기는 것"[2]이기 때문이다. 이런 의미에서 말하자면, 사물의 이치를 궁구할 수 있어야만 비로소 마음을 다하고 본성을 알 수 있다고 할 수 있다. 장재 철학에 있어서 '리'와 '성'은 비록 서로 다른 차원의 개념이기는 하지만 '궁리' 또한 '진심지성'의 중요한 방법이 된다. 마음을 다하는 것(盡心)은 큰 전체를 붙잡는 것이지만, 이치를 궁구하는 것(窮理)은 세세한 이치를 다하는 것이며 그 세세한 이치를 알 수 있어야만 비로소 큰 전체를 다할 수 있게 된다. 방법론에서 말한다면 궁리는 분석과 종합에 중점을 둔 것이고, 진심은 융합과 관통에 중점을 둔 것이다. 결국 이 양자를 결합시킬 수 있어야만 완전한 수양 공부가 될 수 있다. 여기에서 인식의 방법 즉 이성과 직관은 모두 중요한 작용을 하게 되는데, 이것이 장재 수양론의 중요한 특징이다.

---

1) 『張子全書』, 「語錄中」, "虛心然後能盡心."
2) 『張子全書』, 「語錄中」, "人本無心, 因物爲心."

이정二程은 진심과 궁리를 명확하게 구별한 장재의 학설을 부정하고 이 양자를 하나로 결합시킴으로써 하나의 공부로 변화시켰다. 그래서 만약 실제로 궁구하여 이치를 얻었다면 성性과 명命 또한 그러할 것이라고 하였다. 이것은 곧 한 걸음 더 나아가서 성찰과 함양 공부를 결합시킨 것이다. 그런데 이 표제에는 중요한 의미가 있다. 왜냐하면 그들은 리를 본체로 끌어올림으로써, 리를 성이라고 보았기 때문이다.

정호程顥는 "경敬으로써 안을 곧게 하고 의義로써 밖을 바르게 한다는 것은 안과 밖의 도道를 합하는 것이다"3)라고 하였는데 이것을 사실상 '경'을 함양 공부로 보고 '의'를 성찰 공부로 본 것이다. 하지만 '의' 또한 안에 있는 것이지 결코 밖에서 구할 수 있는 것이 아니다. 왜냐하면 안과 밖은 원래부터 하나인 것이기 때문이다. 그는 또한 밖에서 구하는 것이 아니라 안에서 구해야 한다고 주장하는 방법에 반대하면서, 성에는 안과 밖이 없다는 관점에서 출발하여 안과 밖의 구별을 잊어버려야 한다고 주장하였다.

하지만 그는 또 먼저 인仁의 본체를 정확하게 인식해야 한다고 주장한다. 그는 다음과 같이 말하였다.

> 배우는 사람이라면 모름지기 먼저 인을 알아야 한다.…… 이 마음속의 리를 인식하게 되면 성과 경을 보존하게 되므로 일부러 봉함하여 막을 필요도 없고 궁구하여 찾을 필요도 없다. 만약 마음이 느슨해지면 막아야 할 것이 있겠지만 마음이 진실로 태만하지 않다면 어찌 막아야 할 것이 있겠는가? 리가 아직 체득되지 않음이 있다면 반드시 궁구하여 찾아야 하겠지만 보존함이 오래되어 저절로 밝게 된다면 어찌 궁구하여 찾아야 할 것이 있겠는가?4)

---

3) 『河南程氏遺書』, 권11, "敬以直內, 義以方外, 合內外之道也."
4) 『河南程氏遺書』, 권2, "學者須先識仁.……識得此理, 以誠敬存之, 不須防檢, 不須窮索. 若心懈則有妨, 心苟不懈, 何妨之有? 理有未得, 故須窮索, 存久自明, 安得窮索?"

먼저 인을 인식한다는 것은 곧 함양이며, 또한 성찰이다. 그러나 이것은 외부에서 구한 것이 아니라 자신의 몸을 돌이켜 참되게 하는 마음속의 공부이며, 또한 깨달음을 체험하는 것이다. 그는 인을 인식하는 것을 가장 중요한 공부라고 여겼으며, 이 이치를 인식해야만 비로소 보존하고 기를 수 있다고 생각했다. 이것은 후대의 주희朱熹와는 상당히 다른 입장으로, 그가 강조한 것은 내면의 성찰과 함양이 합해져서 하나가 되는 것이다.

정호는 심心과 인仁·리理·천天은 완전히 합일되어 있는 것이라고 생각했다. 그래서 "마음은 곧 하늘이며, 이것을 다하는 것이 곧 성을 아는 것이고, 성을 아는 것은 곧 하늘을 아는 것이니, 이것은 곧 인정하여 받아들이는 것이며 더욱이 밖에서 구할 수 없는 것이다"5)라고 하였다. 마음을 다한다는 것은 경으로써 마음을 다스리고 잘못된 관습과 오염된 나쁜 생각을 제거하여 마음속에서 완전한 본연의 성을 회복하는 것이다. 성찰은 곧 인정하여 받아들이는 것인데, 이는 외부에서 체득할 수 없는 것이다. 만약 외부에서 체득하는 것이라면 하늘과 사람, 심과 성은 곧 둘이 되어 버리기 때문이다. 이것은 주체정신의 자기체험이지 객관사물을 탐구하여 얻는 지식이 아니다. 이러한 체험과 활동이 또한 함양과 성찰의 공부인 것이다.

정이程頤는 "함양은 모름지기 경敬의 작용이고 배움에 나아가는 것은 치지致知에 있다"6)는 주장을 제기함으로써 사물의 이치를 살펴서 아는 것과 본심을 함양하는 두 가지의 공부를 동시에 진행해야 함을 강조하였다. 그는 "배움에는 앎에 이르는 것(致知)보다 큰 것이 없고, 마음을 기르는 것은 예의보다 큰 것이 없다"7)고 하였다. 치지와 격물궁리는 서로 연결된 것

---

5) 『河南程氏遺書』, 권2, "只心便是天, 盡之便知性, 知性便知天, 當處便認取, 更不可外求."
6) 『河南程氏遺書』, 권18, "涵養須用敬, 進學則在致知."

으로 반드시 외부에서 지식을 구해야 한다. 예의는 자기수양의 일이므로 반드시 경敬을 지키는 공부를 해야 한다. 이 두 가지 공부는 어느 한 가지가 부족하거나 한쪽으로 치우쳐서는 안 되는 것이다. 만약 함양만 하고 치지를 하지 않는다면 외부의 것을 잃어버리기 쉽고, 반대로 치지 공부만 하고 함양 공부를 하지 않는다면 내부의 것을 잃어버리기 쉽다. 이 두 가지가 결합되어야만 비로소 안과 밖이 합일되는 도를 이룰 수 있다.

정이가 말하는 함양은 바로 아직 발하기 전 상태를 체험하는 수양이며, 성찰은 인식의 영역에 속하는 것이다. 이 두 가지는 서로 다른 작용을 하면서도 서로 밀접하게 연결되어 있다. 한편으로 함양은 반드시 세세히 살펴서 인식하는 것이 필요하며, 이러한 인식이 없으면 지켜낼 수가 없다. 정이는 "지킨다는 것은 무엇인가? 모름지기 먼저 치지에 있어야 한다. 치지란 앎을 다하는 것이다. 사물에 나아가 그 이치를 궁구하는 것이 곧 치지이다"[8]라고 하였다. 마음속의 앎에 이를 수 있어야 비로소 함양할 수가 있고 지켜낼 수가 있는 것이다. 그러나 치지를 하는 것은 반드시 밖에서 앎을 구해야 한다. "사물의 이치를 보고 자기를 살펴서 리를 밝히게 되면 나아가서 인식하지 못할 것이 없다."[9] 만약에 개개의 사물에 나아가 그 이치를 궁구하지 않고 공허하게 함양만을 말한다면, 이때의 함양이라는 것은 곧 불교에서 말하는 '좌선입정坐禪入定'과 같은 것이 되어 버리고 만다는 것이다.

다른 한편으로 사물에 나아가 이치를 궁구하기 위해서는 또한 반드시 마음을 함양해야 한다. 사람의 마음은 온갖 사물과 교감하지 않을 수 없으

---

7) 『河南程氏遺書』, 권16, "學莫大於致知, 養心莫大於禮義."
8) 『河南程氏遺書』, 권15, "持守甚事? 須先在致知. 致知盡知也. 窮理格物, 便是致知."
9) 『河南程氏遺書』, 권18, "觀物理以察己, 旣能燭理, 則無往而不識."

며, 또한 그것을 생각하지 않을 수 없다. 물욕이 마음을 해치지 않도록 하기 위해서는 오로지 마음속에 주된 것을 세워야 한다. 그래서 그는 "주된 것이 있으면 비어 있을 수 있고, 비어 있으면 사악함이 들어올 수 없게 된다"10)라고 하였다. 이처럼 마음을 비우고 생각을 고요하게 할 수 있으면 사물의 이치를 궁구하여 앎에 이를 수 있게 된다.

실제로 함양과 궁리는 모두 마음속의 리를 실현하는 것이다. 궁리는 마음속의 리를 밝히는 것이고 함양은 마음속의 리를 기르는 것이므로, 이것은 곧 하나의 일에 대한 두 가지 서로 다른 측면인 것이다. 그런데 만약 궁리만 있고 함양이 없다면 마음속의 리는 여전히 밝아지지 못할 것이다. 여기에는 주관적인 요인이 포함되어 있으며, 그래서 그는 "이 함양이 오래도록 지속되면 천리가 자연히 밝아지게 된다"11)라고 하였다. 이런 점에서 이 양자는 어느 하나라도 빠져서는 안 되는 것이며, 이것은 또한 '위학爲學'과 '위도爲道'의 관계이기도 하다. 즉 학문을 통해서 지식을 늘려 나가고, 함양을 통해서 사욕을 제거해 나가는 것이다. 나날이 앎을 증진시켜 나가는 것은 곧 심성을 함양해 나가는 것이며, 함양이란 욕망을 줄이는 최선의 방법이다. 이것은 또한 '천리를 보존하고 인욕을 제거하는'(存天理去人欲) 중요한 방법이 된다.

그런데 여기에는 한 가지 문제가 있다. 즉 정이가 '마음을 함양한다'(養心)고 할 때의 마음은 형이상학적인 본체의 마음을 말하는 것인가 아니면 형이하학적인 작용의 마음을 말하는 것인가? 이에 대해 그는 명확한 답변을 하지 않고 있다. 다만 그의 기본 사상을 통해 살펴본다면 주로 전자의 마음, 곧 본체의 순선한 마음을 가리키는 것으로 추정할 수는 있을 것이다.

---

10) 『河南程氏遺書』, 권15, "有主則虛, 虛謂邪不能入."
11) 『河南程氏遺書』, 권15, "但有此涵養, 久之, 天理自然明."

본심에 가려진 것이 없어야만 비로소 모든 것을 올바르게 발현할 수 있으며, 이처럼 마음이 올바르게 되어야만 '사욕'을 외재적인 것으로 간주할 수 있게 된다. 그는 "욕망을 줄이는 데는 마음을 기르는 것보다 좋은 것이 없으니, 욕망이 많아지는 것은 모두가 외부에서 들어온 것이다"12)라고 하였다. 욕망이 증가하는 것과 욕망을 줄이는 것은 언뜻 보면 양적인 차이가 있는 것처럼 생각되지만 실제로는 질적인 차이가 있다. 즉 천리의 공정함이냐 아니면 물욕의 사사로움이냐 하는 것이다. 앎에 이른다(致知)는 것은 선善을 밝히는 것이고 함양은 선을 보존하는 것이니, 이것은 모두 스스로를 수양하는 마음공부이다.

2. 남송시대

정호와 정이 이후에 호굉胡宏이 정호의 '먼저 인의 본체를 인식해야 한다'(先識仁體)는 방법을 발전시켜 먼저 살펴서 알게 된(察識) 후에 함양해야 한다는 주장을 제기하였다. 그는 "인仁하고자 한다면 반드시 먼저 인의 본체를 알아야 한다"13)고 하였는데, 이것은 먼저 인의 본체를 명확하게 인식하고 있어야만 비로소 (마음을) 보존하고 기를 수 있으며, 나아가 이를 실천할 수 있다는 것이다. 이처럼 호굉이 말하는 '먼저 인의 본체를 인식해야 한다'는 것은 또한 자신의 자아를 살펴서 인식하는 것이며, 자신의 본체에 대한 검증이다. 그러나 이 부분은 나중에 주희의 비판을 받게 된다. 주희는 자기수양이라는 측면에서 볼 때 마땅히 마음을 기르는 데는(持養) 세밀해야

---

12) 『外書』, 권3, "'養心莫善於寡欲', 多欲皆自外來."
13) 『知言疑義』, "欲爲仁, 必先識仁之體."

하고 본체를 살피는 데에는(體察) 소략해야 한다고 생각했는데, 이것은 주희가 함양을 본원으로 보아 매우 중시했으며 찰식察識만을 강조한 것이 아님을 보여 준다.

주희가 말하는 지양持養은 정이의 '아직 발하기 전에 함양한다'는 의미와 동일하다. 이러한 방법은 나종언羅從彦, 이동李侗 등과 같은 사람들을 통하여 발전되어 왔으며, 이미 중요한 체험의 방법으로 형성되어 있었다. 다만 나종언이 이동을 가르치고 다시 이동이 주희를 가르칠 때는 모두 전적으로 '고요함'(靜) 가운데 체험하는 것을 말한 것이다. 이동은 다음과 같이 말하였다.

> 선생(나종언)께서는 고요하게 좌정한 가운데 희노애락의 감정이 아직 발하지 않은 중中을 보고 아직 발하지 않았을 때 어떠한 기상이 일어나는지를 보라 하셨다. 이것은 오로지 학문을 하고 힘이 있으면 마음의 요체를 기른다는 것을 뜻하는 것이 아니다.14)

아직 발하지 않았을 때의 기상이란 마음의 본체상태를 말하며, 아직 발하지 않았을 때의 기상을 살핀다는 것은 자아초월의 내면적인 체험으로서 자기 자신의 본체 존재를 실현하는 것이다. 따라서 이것은 결코 희노애락의 감정이 아직 발동하지 않았을 때 어떤 심리적 상태가 나타나는지를 살피는 것이 아니다. 여기에서 이른바 '고요하게 좌정한다'는 것은 '적연부동寂然不動'의 고요함(靜)이 아니라 일종의 체험방식이다. 그러나 이를 통해서 체험되는 것은 오히려 '적연부동'한 본체의 경지이다.

---

14) 『延平答問』, "先生令靜坐中看喜怒哀樂未發之謂中, 未發時作何氣象, 此意不唯於進學有力, 兼亦是養心之要."

주희는 이러한 방법을 수용하는 동시에 함양과 성찰이 "교차하면서 서로 도와준다"15)는 주장을 통하여 아직 발하지 않았을 때는 함양 공부가, 이미 발하고 난 후에는 성찰 공부가 필요하다고 함으로써 함양과 성찰을 연결시킨 공부론을 제시하였다.

> 무릇 아직 발하지 않았을 때나 이미 발한 후에나 모두가 하나의 공부이니, 아직 발하지 않았을 때는 마음을 보존하고 기르는 것이 요체가 되고, 이미 발한 후에는 또한 세밀하게 살피는 것이 요체가 된다. 일에 접했을 때는 거듭 가다듬고 분발하며, 스스로 태만하지 않도록 하여 본래의 마음이 그대로 드러날 수 있도록 해야 한다. 마음을 보존하고 기르지 않을 때가 없고, 세밀하게 살피지 않는 일이 없어야 한다.16)

'마음을 보존하고 기르지 않을 때가 없다'는 것은 움직일 때는 물론이고 고요할 때에도 반드시 존양存養 공부가 필요하다는 것이지 고요할 때에만 비로소 존양할 수 있다는 것이 아니다. 이 존양은 그 함의에 있어서 성찰과는 다르다. 그것은 자아초월의 체험활동인 동시에 일종의 주체적인 실천활동 즉 이른바 근본을 배양하는 것이며, 심성의 본원을 관통하는 공부인 것이다. 그러나 동정을 구분하지 않으므로 "단지 하나의 엄숙嚴肅으로 주재하는 것이 바로 함양 공부이다"17)라고 말한다.

성찰은 이미 발한 후의 공부에 대한 것으로 이른바 세밀하게 살피지 않는 일이 없다는 것은 바로 사물에 접할 때마다 수시로 그 사물의 이치를 살펴 인식함으로써 본심으로 되돌아가는 것을 말한다. 그러므로 여기에는

---

15) 『朱子語類』, 권62, "交相助."
16) 『朱子語類』, 권62, "大抵未發已發, 只是一項工夫, 未發固要存養, 已發亦要審察. 遇事時復提起, 不可自怠, 生放過底心. 無時不存養, 無事不省察.
17) 『朱子語類』, 권62, "只一個主宰嚴肅, 便有涵養工夫."

반드시 궁리窮理의 공부가 필요하게 된다. 이런 점에서 주희는 "큰 근본은 함양의 작용이고, 절도에 맞는 것은 궁리의 공효이다"18)라고 하였다. 성찰은 작용을 통하여 본체에 도달하는 방법이 아닐 수 없으며, 바탕으로 회귀하여 큰 근본大本을 밝히는 것이다. 큰 근본이란 본체의 마음이며, 또한 성리性理이다.

> 이제 막 생각이 일어나는 것은 이미 발하여 움직임이 일어나는 것이니, 일에 응하고 물에 접하는 것이 비록 만 가지의 변화가 일어나 하나도 같은 것이 없더라도 세밀하게 살필 수 있으면 모두가 다 이치에 부합할 수 있다. 대개 내 마음이 본래 이 리理를 갖추고 있으면 모든 것이 일에 부합하게 되니 내면에 다가서지 않고 바깥에서 선회하기만 하는 것은 있을 수 없다.19)

이러한 의미에서 본다면 함양과 성찰은 곧 하나의 공부일 따름이다. 주희는 함양과 성찰은 두 가지의 공부로 명확하게 나눌 수 없는 것임을 강조한다. 이 양자는 서로가 서로를 북돋아 주고 함께 운용해야 하는 것으로, 마치 지와 행의 관계와도 같은 것이다. 그는 호남湖南 지역의 학자인 장식張栻 등과 논쟁하면서, 그들은 미발과 이발, 함양과 성찰의 구분을 지나치게 단정적으로 잘라 버리고 있으며, 또한 아직 발하지 않았을 때를 함양에 연결시키고 이미 발하고 난 후를 성찰에 연결시킴으로써 결과적으로 엉뚱한 곳에 힘을 소비하게 하였다고 비판하고 있다. 사실상 장식은 함양을 더욱 강조하여 "잡는다는 것은 마음을 보존하는 것이다"20)라고 하였

---

18) 『朱子語類』, 권62, "大本用涵養, 中節則須窮理之功."
19) 『朱子語類』, 권62, "才涉思, 卽是已發動, 而應事接物, 雖萬變不同, 能省察得皆合於理處. 蓋是吾心本具此理, 皆是合做底事, 不容外面旋安排也."
20) 『孟子說』, 「告子上」, "操之者, 乃心之所存也."

다. 또한 마음은 비록 형체가 없으나 "그 본체는 너무나도 밝으니,…… 반드시 잡아야 할 것과 버려야 할 것에 대한 깊은 체득이 있어야 한다"[21]고 하였다. 이것은 곧 아직 발하지 않았을 때의 깊은 체험을 말하는 것이다.

위에서 살펴본 바와 같이 주희에게 있어서 함양과 성찰은 미발과 이발을 관통하는 공부이다. 아직 발하지 않았을 때에는 물론 마음을 보존하고 기르는 데에 중점을 두지만, 이미 발하고 난 후라고 하더라도 여전히 마음을 보존하고 기르는 것이 중요하다. 이미 발하고 난 후에는 당연히 세밀하게 살피는 것을 중점으로 해야 하지만, 아직 발하지 않았을 때에도 역시 세밀하게 살피는 것이 필요하다. "언제든 어떤 상황에서든 필요한 공부인 것이다."[22]

예를 들어 '계신공구戒愼恐懼'는 희노애락의 감정이 아직 발하기 전의 함양 공부를 가리키는 것으로, 무릇 어떤 일이든 모두 아직 싹이 트기 전에 스스로 먼저 이렇게 계신공구로써 마음을 촉발하고 항상 이러한 마음을 유지할 수 있으면 미리 막아낼 수 있다.[23] 그러나 이것은 결코 눈과 귀를 막고 감각기관을 통한 모든 사유를 차단해야만 함양할 수 있다는 뜻이 아니다. 사실상 그것은 동정을 관통하는 공부이다. 또한 홀로 있을 때 삼간다는 '신독愼獨'과 같은 것은 성찰 공부에 속하는데, 왜냐하면 '독'이란 남이 알지 못하는 것을 나 혼자 아는 것이며, 안다는 것은 사려함이 있는 것으로, 사려는 곧 이미 발한 후의 상태를 말하는 것이기 때문이다. 그러나 이 신독은 아직 싹이 생겨나기 전에도 유용한 공부이다.

주희가 여기에서 말하는 심은 본체의 심을 말하는 것이면서 동시에 지

---

21) 『孟子説』, 「告子上」, "其體昭昭,……要當於操舍之際深體之."
22) 『朱子語類』, 권62, "只是要無時不做工夫."
23) 『朱子語類』, 권62, "凡萬事皆未萌芽, 自家便先恁地戒愼恐懼, 要提起此心, 常在這里, 便是防於未然."

각의 심을 말하는 것이다. 어떤 사람은 본심을 함양한다는 주희의 말을 다만 지각의 심을 함양하는 것이며 동시에 심 가운데의 성을 함양하는 것을 겸한다고 생각하지만, 사실은 그렇지 않다. 주희는 분명하게 미발은 체體가 되고 이발은 용用이 되며, 체는 성이고 용은 정이라고 말하고 있는데, 어떻게 아직 발하지 않았을 때 함양하는 것이 지각의 심을 함양하는 것이라고 할 수 있겠는가? 이른바 '중화신설中和新說' 이후에 그는 시종 마음에 체용이 있다는 학설을 견지하고 있으며, 미발과 이발이라는 것은 바로 이것을 가리켜 말하는 것이다. 그러므로 그가 말하는 아직 발하지 않았을 때 함양한다는 것은 당연히 본체의 심을 함양하는 것을 뜻하지, 발하기 전에 실제로 일어나는 마음의 움직임 즉 마음속에 존재하는 성을 보존하고 기르는 것까지 포함하는 지각의 심을 함양하는 것은 아니다.

그러나 체는 용과 분리될 수 없고 미발은 이발과 떨어질 수 없으므로 본심 또한 지각의 심과 분리되지 않는다. 만약 지각의 심을 함양한다면 이 또한 '큰 근본'(大本)을 함양하는 것이라고 어떻게 말할 수 있는가? 큰 근본이 심을 가리키는 것이라면 그 심은 이미 발한 것이라고 말할 수 없다. 한 걸음 물러나서 아직 발하지 않았을 때 함양하는 것이 성립한다고 말한다면 동정을 관통하는 의미에서 이미 발한 후에 함양하는 것은 또 어떻게 이해할 수 있는가? 결과적으로, 아직 발하지 않았을 때 함양한다는 주희의 말은 단지 초월적인 체험 공부로 이해할 수 있을 뿐이며, 거슬러 올라가는 것이지 시간의 흐름을 따라 진행하는 것이 아니다. 그러나 지각의 심과 분리될 수 없는 것이다. 이렇게 되어야만 비로소 동정을 관통하고 미발과 이발을 꿰뚫는다는 학설에 부합할 수 있다.

주희와 정이 등은 모두 함양을 중시했을 뿐만 아니라 성찰 역시 강조했다.

함양이 있기 위해서는 반드시 성찰이 필요하지만, 일찍이 함양이 성찰인 것은 아니다. 내가 함양 공부가 없어 그 이발하는 곳에서 그것을 관할 수 없다고 말할 수 없다. 만약 발하는 곳을 점검할 수 있다면 옳고 그름을 알 수 있을 것이다. 오늘날 함양에 대해 말하는 것은 먼저 의리를 알지 못하면 함양할 수 없다는 것이고, 성찰에 대해 말하는 것은 함양이 없으면 성찰할 수가 없다는 것이다. 함양과 성찰이 서로 막으면 오히려 망하게 된다.[24]

함양과 성찰은 비록 분별되기는 하지만 방법상에 있어서 옳고 그른 구별은 없다. 두 가지 모두 공부이고 방법이며, 또한 결코 후천적인 경험활동과도 떨어져 있지 않다. 만약 그렇지 않다면 그것은 바로 불교에서 말하는 '좌선입정坐禪入定'·'언어도단言語道斷'·'심행처멸心行處滅'과 같은 것이 되어 버릴 것이다. 그리고 이 두 가지 공부는 물론 한 가지라도 빠져서는 안 되지만, 성찰이 있은 후에 비로소 함양할 수 있어 성찰이 없이 함양할 수 없거나 함양한 후에 비로소 성찰할 수 있어 함양이 없으면 성찰할 수가 없다는 것처럼 선후가 있는 것이 아니다. 방법론적인 측면에서 보면 이 두 개의 개념은 다른 개념들에 비해 매우 큰 신축성과 독립성을 지니고 있다고 할 수 있으며, 모두가 심성수양의 중요한 작용을 담당하고 있다.

성찰에는 두 가지의 해석이 존재한다. 하나는 자기 스스로를 살피는 자기반성이고, 다른 하나는 외부세계의 물리를 살피고 인식하는 것이다. 우리가 위에서 말한 내용은 주로 자기 자신에 대한 성찰이며, 신身·심心·성性·명命의 문제에 대해 직접 말하는 것이다. 주희는 격물궁리格物窮理를 매우 강조했는데 이 또한 성찰의 중요한 측면이다. 격물궁리에 대해서는

---

[24] 『朱子語類』, 권62, "有涵養者固要省察, 不曾涵養者亦當省察. 不可道我無涵養工夫後 於已發處更不管他. 若於發處能點檢, 亦可知得是與不是. 今言涵養, 則曰不先知理義底, 涵養不得. 言省察, 則曰無涵養, 省察不得. 二者相推, 却成擔閣."

이미 앞에서 언급했으므로 여기서는 존양存養과 궁리窮理의 관계 문제를 살펴보도록 하겠다.

주희가 말하는 존양은 물론 '큰 근본'을 보존하고 기르는 것이나, 또한 마음을 보존함으로써 사물의 이치를 궁구한다는 의미도 지니고 있다. 왜냐하면 마음에는 체와 용의 구분이 있으니 심성의 본체를 존양함과 동시에 반드시 사려를 통하여 격물궁리를 진행해 나가야 하기 때문이다. 마음을 보존한 후에 이치를 궁구할 수 있다는 것은 바로 인식의 심을 가리키는 것이다. 여기에서 마음을 보존하는 것과 이치를 궁구하는 것은 서로가 서로의 조건이 되고 서로의 원인이 되는 관계이다. 즉 한편으로 이 마음의 영묘함을 인식하고 단정하고 장중하여 고요한 가운데 그 영묘함을 보존함으로써 이치를 궁구하는 근본이 되도록 하고, 다른 한편으로 모든 이치의 오묘함을 알고 학문과 사변을 통하여 그 이치를 궁구함으로써 마음을 다하는(盡心) 공효에 이르게 한다는 것이다.25)

안과 밖은 본래 하나의 리理일 뿐이며, 격물궁리는 심성의 본체를 드러내는 공부일 뿐이다. 만약 함양만 있고 궁리가 없다면 외면의 공부가 부족하여 사물의 이치를 알지 못할 것이니 어떻게 심성을 함양할 수 있겠는가? 이것이 바로 주희와 심학 계열의 학자들이 구별되는 가장 큰 특징이다.

이러한 문제에 대하여 심학적인 특징이 있는 여조겸呂祖謙은 함양과 성찰을 병진해야 하며, 이 중에서 어느 하나의 측면만을 강조해서는 안 된다고 주장한다. 그는 함양이 있으면 동시에 "마땅히 사사물물에 대하여 자신이 공부한 것을 시험하여 적용해야 하며, 만약 막히거나 엇갈리는 곳이 있으면 그 병통의 근원이 어디에 있는지를 깊이 탐구하여 그것을 제거해야

---

25) 『大學或問』, 권2, "識此心之靈, 而存之於端莊靜一之中, 以爲窮理之本……知有衆理之妙, 而窮之於學問思辨之際, 以致盡心之功."

한다"26)라고 하였다. 이것은 주희의 사상과 매우 유사하다.

심학 계열의 육구연陸九淵은 '간이簡易 공부'를 제창하였는데, 이는 수양의 방법상에 있어서 본심을 함양하는 것을 강조하고 사사물물에 대한 성찰 공부에 대해 반대함을 나타낸다. 그는 미발과 이발은 본래부터 하나의 일이고, 함양과 성찰 역시 본래 따로 구별할 수 없는 것이니 본심을 보존하고 기르는 것 외에 따로 어떤 것에 대한 성찰을 말할 필요가 없다고 생각하였다. 그래서 "진실로 이 마음을 보존할 수 있다면 이 리理가 자연히 밝아질 것이다"27)라고 하였다. 공경해야 할 때 저절로 공경할 수 있고 효도를 해야 할 때 저절로 효도할 수 있으면, 각각의 사사물물事事物物에 나아가서 정해진 이치(定理)라는 것을 따로 구할 필요가 없다. 그러므로 공부는 오로지 본심을 보존하고 기르는 데에 달려 있는 것이다. 만약 정신을 수습하여 내면을 굳게 한다면 "누가 너를 속일 수 있으며, 누가 너를 기만할 수 있겠는가? 실마리를 붙잡아 항상 함양하는 것이 가장 합당한 순서일 것이다."28)

이것은 또한 자율과 자주의 원칙을 운용한 것이다. 주희는 비록 존양을 중시했지만 성찰궁리를 존양 공부로 여기는 입장을 견지하였고, 이렇게 하지 않으면 안과 밖을 합일할 수 없게 되어 버린다고 하였다. 이것은 실제로는 경험적 인식을 심성의 수양에 귀속시키는 것이며 이로써 도덕실천의 중요한 조건이 되도록 한 것이다. 이러한 시각은 자신의 내면이 아니라 외부로 시선을 돌리는 것처럼 보이지만 실제로는 자기 내면을 향한 것이다. 그러나 육구연에 따르면, 마음속의 리는 그 자체로 이미 완전하게 갖추어

---

26) 『東萊文集』, 권5, 「與學者與諸弟」, "更當於事事物物試驗學力, 若有窒礙齟齬處, 卽深求病源所在而鋤去之."
27) 『象山全集』, 권34, 「語錄」, "苟此心之存, 則此理自明."
28) 『象山全集』, 권35, 「語錄」, "誰欺得你, 誰瞞得你? 見得端的, 後常涵養, 是甚次第."

져 있으며 본체론상의 자율원칙은 방법적으로 반드시 자기존양을 필요로 한다. 만약 궁리를 존양 공부라고 본다면 이는 추구해 나가는 과정이 매우 어려워질 것이며, 그 문호(門戶) 또한 지리(支離)해져 버릴 것이다. 그러므로 그는 사물에 대한 이치를 세밀하게 살피는 것을 위주로 하는 공부를 반대하였다. 육구연은 다음과 같이 말한다.

> 사람이라면 어찌 마음이 없을 수 있겠는가? 도는 밖에서 찾는 것이 아니니 근심스러운 것은 함부로 손상시키고 잃어버린다는 데 있다. 옛날 성현이 사람을 가르친 것은 마음을 보존하고, 마음을 기르며, 놓아 버린 마음을 구하는 것에 지나지 않았다. 이 마음의 아름답고 선량함은 사람이 본래부터 타고난 것인데 사람들은 오직 이를 보존하고 길러야 한다는 것을 알지 못하고 반대로 함부로 손상시키고 잃어버리고 말았다. 진실로 이와 같음을 알아서 손상시키고 잃어버리는 실마리를 방비하고 지켜 내어 아침저녁으로 보존하고 기름으로써 번성하고 조리정연하도록 하여 손과 발이 얼굴을 가리는 것처럼 한다면 어찌 험난하고 번거로우며 지리할 것이 있겠는가?[29]

공부는 오직 한 가지만 있으니 곧 자신의 도덕 본심을 잘 보존하고 길러내어 그것을 잃어버리지 않도록 하는 것이다. 보존하고 기르는 것은 또한 근본을 세우는 것이다. 그래서 육구연은 "근본이 진실로 확립되고 본심을 보존하고 길러서 쇠퇴하지 않도록 한다면 저절로 나날이 새로워지게 되니, 이른바 오래갈 수 있고 성대할 수 있다는 것은 간단하고 쉬운 것을 벗어나지 않을 따름이다"[30]라고 하였다.

---

29) 『象山全集』, 권5, 「與舒西美」, "人孰無心? 道不外索, 患在戕賊之耳, 放矢之耳. 古人教人, 不過存心・養心・求放心. 此心之良, 人所固有, 人惟不知保養, 而反戕賊放矢之耳. 苟知其如此, 而防閑其戕賊放矢之端, 日夕保養灌溉, 使之暢茂條達, 如手足之捍頭面, 則豈有艱難支離之事."
30) 『象山全集』, 권5, 「與高應朝」, "根本苟立, 保養不替, 自然日新, 所謂可久可大者, 不出

본원을 함양하는 공부는 적극적으로 말하면 내재적 도덕의식을 배양함으로써 자신의 깨달음을 실현하도록 하는 것이며, 소극적으로 말하면 물욕을 제거함으로써 도덕적 본심을 회복하여 밝히는 것이다. 사실 이 두 가지는 동일한 사건이다. 양심良心은 본래부터 내가 지니고 있는 것이지만 스스로 보존하지 못하게 되는 것은 이 마음에 해로운 것이 있기 때문이다. 그러므로 내 마음의 아름답고 선량함을 보존하기 위해서는 반드시 내 마음을 해치는 것을 제거해야만 한다. 육구연은 이렇게 말한다.

> 무릇 내 마음을 해치는 것은 무엇인가? 그것은 바로 욕망이다. 욕망이 많으면 마음이 보존할 수 있는 것이 반드시 줄어들게 되고, 반대로 욕망이 적어지면 마음이 보존할 수 있는 것이 반드시 많아지게 된다. 그러므로 군자는 마음이 보존되지 않음을 근심하지 않고 욕망이 적어지지 않음을 근심하는 것이다. 욕망을 제거하면 마음은 저절로 보존된다.31)

이른바 마음을 보존한다는 것은 바로 이치를 보존하고 욕망을 제거하는 것이다. 잘 보존하여 놓아 버리는 일이 없도록 하거나 혹은 이미 놓아 버린 것을 다시 거두어들일 수 있게 하기 위해서는 반드시 이른바 곡식을 심기 위해 경지를 정리하는 것과 같은 한 차례의 공부가 필요하다. 사실 육구연은 독서와 궁리 등과 같은 성찰 공부가 전혀 불필요하다고 보지는 않았지만 존양 공부가 일정한 경지에 이르고 난 후에야 비로소 궁리를 말할 수 있다는 입장을 보이고 있다. 만약 존양이 되지 않은 상태에서 궁리를 한다면 도적이 훔친 양식을 빌려서 쓰는 것과 같이 되어 버릴 것이니

簡易而已."
31) 『象山全集』, 권32, 「養心莫善於寡欲」, "夫所以害吾心者何也? 欲也. 欲之多則心之存者必寡, 欲之寡則心之存者必多. 故君子不患夫心之不存, 而患夫欲之不寡. 欲去則心自存矣."

궁리가 점점 많아질수록 그 해로움 역시 점점 커지게 될 것이다. 이것은 바로 경험적 지식과 도덕본심을 구별하는 것이라고 할 수 있다.

3. 원명시대

왕수인王守仁은 육구연의 입장과 약간의 차이를 보이고 있다. 우선 그는 함양 공부와 성찰 공부의 두 가지가 모두 필요함을 인정한다. 그러나 이 두 공부는 두 가지의 일이 아니라 한 가지의 일이라고 말한다. 비유하자면 거경居敬과 궁리窮理의 관계와 같이 함양과 성찰은 분별되기는 하지만 사실상 하나의 일일 뿐이다. 그는 다음과 같이 말하고 있다.

> 궁리를 전일하게 한 곳에 대해 말한다면 그것은 곧 거경이라고 할 수 있다. 거경이 정밀한 곳에 대해 말한다면 그것은 곧 궁리라고 할 수 있다. 거경한 다음에 달리 그 마음에 궁리가 있는 것이 아니며, 궁리할 때 별도로 그 마음에 거경이 있는 것이 아니다. 이름은 비록 다르지만 공부에 있어서는 단지 하나의 일일 뿐이다.32)

사람에게는 단지 하나의 마음이 있을 뿐이며, 이 마음은 곧 리理이다(心卽理). 그러므로 궁리라는 것은 이 마음속의 리를 궁구하는 것이 아닐 수 없고, 또 함양이라는 것 역시 이 마음속의 리를 기르는 것이니, 모두가 마음에 대해 힘을 쓰는 것이다. 함양 가운데 궁리가 있고 궁리 가운데 함양이 있으니, 만약 어떠한 일을 접했을 때 궁리만 있고 함양이 없다면 그것

---

32) 『傳習錄』, "就窮理專一處說, 便謂之居敬. 就居敬精密處說, 便謂之窮理. 却不是居敬了別有個心窮理, 窮理時別有個心居敬. 名雖不同, 功夫只是一事."

은 사물을 쫓아가는 것이 되어 버린다. 또한 일이 없을 때 함양만 있고 궁리가 없다면 그것은 곧 허공에 떠 있는 것이 되어 버린다. 이것은 그의 지행합일설과 완전히 일치하고 있다. 비록 궁리는 앎의 영역에 속하지만 도덕실천과 따로 떨어질 수 없는 것이며, 함양은 도덕실천의 영역에 속한 것이지만 앎과 분리될 수 없다. 도덕인식과 도덕실천은 원래부터 두 가지의 일이 아닌 것이다.

왕수인과 육구연 등은 무엇보다 근본과 원천에 나아가 힘을 써야 하며, 마음의 본체에 공부를 집중해야 함을 강조했는데, 이것은 바로 마음을 배양하고 돌보는 함양 공부이다. 이는 "희노애락의 감정이 아직 발하지 않았을 때부터 길러 나가는 것"33)이며, 가장 중요한 수양 방법인 것이다. "나무를 기르고자 하는 사람은 반드시 그 뿌리를 북돋우어 길러야 하며, 덕을 기르고자 하는 사람은 반드시 그 마음을 길러야 한다."34) 아직 발하지 않은 가운데 존양함이 있어야만 비로소 발한 후에 모두가 다 절도에 맞는 조화로움이 있게 되는 것이다. 만약 그렇지 않으면 곧 지리멸렬함에 빠져 버리고 말 것이다. 그 내면을 기르게 되면 저절로 밖으로 드러나게 되지만, 만약 밖의 일에만 힘쓴다면 이것은 자기의 심성에는 전혀 무관한 일이 되어 버린다. 왕수인은 다음과 같이 말한다.

> 오로지 함양에 힘을 쏟는 사람은 날마다 그 부족한 것을 보게 되지만 오로지 식견을 늘이고자 하는 사람은 날마다 그 넘쳐나는 것이 있음을 보게 된다. 날마다 부족한 것이 있음을 보는 사람은 하루하루 축적되는 것이 있지만 날마다 남는 것이 있는 사람은 하루하루 부족한 것이 있게 된다.35)

---

33) 『傳習錄』, "只從喜怒哀樂未發之中上養來."
34) 『傳習錄』, "種樹者必培其根, 種德者必養其心."
35) 『傳習錄』, "專涵養者, 日見其不足, 專識見者, 日見其有余. 日不足者, 日有余矣, 日有

심지어 왕수인은 마음을 함양하는 것과 지식을 습득하는 것을 대립적인 관계로 파악하여 지식이 감소할수록 결과적으로 덕성이 더욱 충실해질 수 있으며, 지식이 증가할수록 결과적으로 덕성이 점차 손상될 수 있다고 생각했다. 왜냐하면 그가 보기에 지식이 많아질수록 공리적인 마음이 신장되는 반면, 이와 반대로 자기가 원래 타고난 마음인 양지良知가 손상되기 때문이다. 그러므로 왕수인은 외부적인 지식을 계속해서 줄여 나가야 하며 나중에는 완전히 소멸시킬 수 있어야 한다고까지 말하고 있다. 여기에서 우리는 그가 도가적인 수양 방법을 수용하고 있음을 분명하게 확인할 수 있다.

그러나 왕수인은 분명히 육구연과는 다르다. 그는 미발이발의 학설을 수용하면서도 성찰 공부를 부정하지는 않았다. 그가 말하는 '사상마련事上磨練'은 어떠한 일에 대응하고 변화하는 곳에 힘을 쓸 것을 주장하는 것으로, 주희가 말하는 사사물물상에 나아가 성찰해야 한다는 것과 구별하기가 매우 어렵다. 다만 주희는 함양이 없더라도 성찰을 통하여 그 옳고 그름을 알 수 있으면 그것이 바로 함양이 된다고 하지만, 왕수인은 반드시 '대체大體'를 인식하여 본심을 함양해야만 비로소 사물에 나아가 연마할 수 있으며, 본체는 공부와 떨어질 수 없으므로 본원을 함양하는 것은 사물의 이치를 세밀하게 인식하는 것과 분리될 수 없음을 강조한다. 또한 이것은 이후 본체가 곧 공부이며, 공부가 곧 본체라는 양명학의 수양 방법으로 변화하게 된다.

사실 '공부'란 함양과 성찰을 포괄하고 있는 것이다. 왕수인은 학문을 한다는 것은 한쪽으로 치우친 것만을 고집하지 않는 것이라고 하여, 함양

余者, 日不足矣."

과 성찰 가운데 어느 한쪽으로 치우치는 것이 불가함을 역설하였다. 그는 이렇게 말한다.

> 다만 허공중에 매달려 고요함을 지키는 것은 교목이 죽어서 재가 되어 버린 것과 같은 것으로 또한 쓸 데가 없는 것이니 모름지기 그것을 성찰하여 사욕을 이겨내고 사념을 다스리는 것을 가르쳐야 한다. 사욕을 이겨내고 사념을 다스리는 공부를 하게 되면 언제라도 한가함을 유지할 수 있다.36)

이처럼 성찰과 극치克治를 서로 연결시키는 것은 성찰 공부 역시 마음에 대한 공부를 뜻하는 것이지 완전히 사물의 이치만을 세밀하게 살피는 것이 아님을 설명하고 있다. 왕수인은 사사물물에 나아가서 그 이치를 판별하고 분석할 것을 주장하는 것이 아니라 심성에 힘을 쓸 것을 주장하는 것이다. 그래서 그는 "이 하나의 성性이라는 글자를 분명하게 본다면 만 가지의 이치가 찬연하게 빛날 것이다"37)라고 하였다. 사유 또한 반드시 필요한 것이다. 그는 "처음 학문을 배우는 사람은 반드시 사유함이 있어야 한다. 성찰하여 사욕을 이기고 사념을 다스리는 것은 곧 성誠을 생각하는 것이니 사유는 곧 하나의 천리이다"38)라고 하였다. 이것은 스스로를 반성하여 참되고자 하는 자기반성이지, 한 조목 한 조목 세밀하게 분석하는 인식활동이 아니다. 사욕을 이기고 사념을 다스리는 것은 본래 함양 공부에 속하는 것으로 쓸고 닦아서 깨끗하게 하는 공부를 말하는데, 이것을 성찰과 함께 말하는 것은 곧 함양과 성찰이 근본적으로 구별되지 않음을 설명

---

36) 『傳習錄』, "只懸空靜守, 如槁木死灰, 亦無用, 須敎他省察克治. 省察克治之功, 則無時而可閒."
37) 『傳習錄』, "看得一性字分明, 卽萬理燦然."
38) 『傳習錄』, "初學必須思, 省察克治, 卽是思誠, 只思一個天理."

하는 것이다. 이것은 또한 왕수인의 지행합일설을 수양의 방법에 운용한 것이기도 하다.

총괄해 보면, 정호・정이와 주희, 육구연, 왕수인 등은 방법론적인 측면에서 비록 편중이 있으나 본질적인 측면에 있어서는 모두가 서로 동일하다. 즉 이들은 모두 주체의 원칙을 관철하고 도덕실천의 자각성을 끌어올려 자아완성, 자아실현의 목적을 달성하고자 하였으며, 이로써 천인합일 天人合一의 궁극적인 경지를 실현하고자 하였던 것이다.

기학파氣學派에 속하는 나흠순羅欽順, 왕정상王廷相 등과 같은 사람들은 심본체설心本體說을 부정함으로써 함양과 성찰에 대한 다른 해석을 시도하였다. 그들은 함양에 대해 큰 근본 혹은 본심을 보존하고 기르는 것이 아니라 영묘하고 밝은 지각의 심을 보존하고 기르는 것이라고 하였다. 그리고 성찰은 격물궁리와 연결시키고 있다. 그들은 주희가 말한 마음을 보존하고 이치를 궁구한다는 '존심궁리存心窮理'의 학설 가운데 한 측면만을 발전시켜 함양을 근본으로 삼는 기본 관점을 부정함으로써 주희와는 다른 방향으로 나아가고 있다.

나흠순의 개념론에는 '마음본체'라는 개념이 없으며, 큰 근본을 보존하고 기르는 문제가 나타나지 않는다. 그러므로 그가 말하는 존심存心은 지각의 심을 보존하고 기르는 것을 가리킨다. 그는 이렇게 말한다.

> 리가 있는 곳을 일컬어 심心이라고 한다. 그러므로 마음을 보존하지 않으면 이치를 궁구할 수가 없게 되는 것이다. 마음이 지니고 있는 것을 일컬어 성性이라고 한다. 그러므로 성을 알지 못하면 마음을 다할 수가 없게 된다.[39]

---

39) 『困知記』上, "理之所在謂之心. 故非存心則無以窮理. 心之所有謂之性. 故非知性則無以盡心."

마음은 리가 있는 곳 또는 주로 존재하게 되는 곳을 말한다. 그리고 그가 마음을 보존한다고 할 때의 마음은 곧 분명히 형이하形而下의 지각심을 가리키는 것이다. 마음을 보존해야만 이치를 궁구할 수 있다는 것은 영묘하고 밝은 지각의 심을 보존하고 기름으로써 맑은 거울과 같이 깨끗하게 닦아 내고 더럽혀지지 않도록 한다면 곧 이치를 궁구할 수 있게 된다는 것이다. 이치를 궁구하기 위해서는 반드시 먼저 격물을 해야 하는데, 이것이 이른바 이치를 궁구함에 있어서도 순서가 있다는 것이며, 격물 공부가 필요한 단계인 것이다. 이렇게 격물궁리를 하고 난 후에야 비로소 성을 알 수 있으며, 성을 알아야만 마음을 다할 수 있게 된다. 여기에서 마음을 다한다는 것은 단순히 마음을 보존하는 것이 아니라 마음속에 존재하고 있는 성을 드러내어 밝히는 것을 말한다.

이처럼 나흠순이 아직 발하지 않은 상태를 심으로 보고 아직 발하지 않은 미발의 중中을 성으로 보는 것은 아직 발하지 않았을 때 함양해야 한다는 주희의 입장과는 차이가 있으며, 육구연의 문득 깨달아 분발시킨다는 학설과도 다르다. 그는 육구연과 양간楊簡이 말하는 문득 이 마음의 청명함을 깨닫고, 문득 이 마음이 시작도 없고 끝도 없음을 깨달으며, 문득 이 마음이 통하지 않는 바가 없음을 깨닫는다는 것에 대해, 이것은 실제로 석가모니가 말하는 스스로 깨달아 성인의 지혜를 얻는 경지를 뜻하는 것으로 불교에서 내세우는 직각直覺·돈오頓悟의 학설에 불과한 것이라고 하면서 비판하고 있다.40) 나흠순에 따르면 이것은 마음을 보존하고 기르는 것이 아니며, 또한 이치를 궁구하는 것도 아니다. 오히려 이것은 일종의 초월적 경지를 추구하는 것으로 신비로운 정신적 경지를 의미하는 것이다.

---

40) 『困知記』上, "忽省此心之淸明, 忽省此心之無始末, 忽省此心之無所不通,……釋迦所謂自覺聖智境界也."

나흠순은 비록 마음속에 모든 이치가 갖추어져 있다는 성리학의 도덕론을 수용하고 있지만, 그렇다고 해서 그가 도덕자율론자인 것은 아니다. 그는 스스로를 돌이키고 반성하여 참된 것을 추구하는 체험 공부를 주장하지 않고, 오히려 경험적 지식의 축적을 중시한다. 그는 육구연의 '육경六經이 모두 나의 주석'이라는 학설은 독서 공부를 부정하고 해석을 구하지 않으며 다만 본심을 밝게 드러내야 한다고 말함으로써, 후세의 사람들로 하여금 불교의 '선좌입정禪坐入定'과 같은 종교적 수양의 길로 나아가도록 했다고 비판하고 있다. 나흠순의 마음을 보존하고 이치를 궁구하는 학문은 오히려 외재적이고 절대적인 '정해진 이치'가 존재한다는 사실을 인정하고 있으며, 마음을 다하고 본성을 인식하는 것을 가장 중요하고 근본적인 임무로 삼고 있다.

  왕정상 또한 이와 같다. 그는 기본적으로 함양 공부를 인정하고 있으며, 그래서 "도를 밝히는 데는 치지致知만한 것이 없고, 도를 체득하는 데는 함양만한 것이 없으니, 그 지극함을 구하게 되면 안과 밖이 서로 교차하여 이르는 도가 있게 된다"[41]라고 하였다. '도를 밝힌다'는 것은 외부를 향한 인식의 문제이며 격물치지를 필요로 하는 것이고, '도를 체득한다'는 것은 내면적인 체인體認의 문제이며 함양을 필요로 하는 것이다. 치지와 함양은 각각 그 쓰임이 있으면서도 또한 서로 하나로 결합되는 것으로 곧 안과 밖이 서로 교차하여 이르게 되는 것이다.

  그런데 왕정상이 말하는 함양은 허령하여 밝게 깨닫는 마음 혹은 지각의 심을 보존하고 기르는 것이다. 그는 다음과 같이 말한다.

---

41) 『愼言』, 「潛心篇」, "明道莫善於致知, 體道莫先於涵養, 求其極, 有內外交致之道."

무엇을 존양이라고 하는가? 말하기를, 마음이 아직 어떠한 일에도 간섭하지 않는 것으로, 텅 비어 아무런 사물이 없으나 밝은 가운데 깨달음이 있어서 삼가고 두려워하여 혹 깊은 곳에 잠기는 것과 같은 것이다.42)

이것은 바로 순자가 말하는 '비어 있어서 밝은'(虛明) 마음이다. 이 마음을 함양하는 것은 도를 체득하는 것이지만 결코 마음이 곧 도인 것은 아니다. 마음은 아직 발하지 않은 본체일 따름이다. 마음이 아직 어떠한 일에 간섭하지 않았다는 것은 마음이 아직 어떠한 일과 접촉하지 않았을 때의 청정하고 고요한 상태를 가리킨다. 마음이 고요하면 텅 비어 밝은 상태에서 깨달음이 있게 되는데, 이것은 도를 체인하는 선결조건이며 또한 함양의 주요 내용이다.

함양과 치지는 서로 연결되어 있다. 앎에 이르기 위해서는 반드시 사려함이 필요하고 사려는 반드시 사물에 감응한 후에 생겨날 수 있다. 그래서 왕정상은 "감응함이 있으면 사려하게 되고, 감응함이 없으면 사려함도 없으니, 또한 무엇으로 정신을 기를 수 있으며 어떻게 생각을 일으켜 앎에 이를 수 있겠는가?"43)라고 하였다. 정신을 기른다는 것은 곧 마음을 기르는 것이다. 마음의 신명을 길러 텅 비고 고요한 상태가 되면 사물에 감응하여 생각을 일으키고 곧 앎에 이를 수 있게 되는 것이다. 이것은 이단의 학설인 불교에서 말하는 청정적멸淸淨寂滅의 상태에 들어서는 것과 다르고, 송대의 유학자들이 말하는 고요한 본체를 보존하고 기름으로써 성인의 기상을 체험하는 것과도 다르다. 왜냐하면 체험활동은 결코 치지의 학문과 떨어질 수 없고, 정靜은 동動과 분리될 수 없기 때문이다.

---

42) 『愼言』, 「潛心篇」, "夫何以謂存養? 曰, 心未涉於事也, 虛而無物, 明而有覺, 恐恐焉若或汨之也."
43) 『愼言』, 「潛心篇」, "有感則思, 無感則不思, 亦足以養神, 何膠於思而爲之."

이것은 왕정상이 비록 마음을 기름으로써 도를 체득하는 자기반성적인 체험활동을 인정하기는 하지만, 구체적 사물과 분리된 상태에서 공허한 마음을 지킨다거나 치지와 떨어져서 오로지 함양만을 추구하는 심성수양의 방법에 대해 반대하고 있다는 사실을 설명하고 있다. 왕정상에 따르면, 사물에 대한 경험적 인식을 벗어나 마음의 내면에 있는 큰 근본을 보존하고 기른다는 것은 유학의 본령을 벗어나 이단의 학문인 불교로 빠져들 수 있는 위험을 안고 있다고 한다. 그는 다음과 같이 말하고 있다.

> 세상의 사람들은 함양을 구하는 것만 알고 영묘함을 구할 줄 모르며, 공허함에 이르러 고요함을 지키면서 구체적인 사물에서 벗어나 그 뿌리를 배양하고자 하지만 주변의 일을 세밀하게 살피는 것은 알지 못한다. 이런 까닭에 담담하여 맛이 없고 고요하여 더욱 적막한 곳으로 빠져들며, 아득하게 먼 곳을 출입하면서 의거하는 곳도 없고 문호도 없으니, 도가 어찌 여기에 있겠는가?[44]

이것은 심학心學에 대한 비판이지만 리학理學에 대해서도 함께 적용할 수 있는 것이다. 왕정상은 함양을 추구하는 것과 영묘함을 추구하는 것을 구별하고 있는데, 이는 보존하고 기르는 문제에 있어서 두 가지 다른 관점이 있음을 설명한다. 이른바 함양을 추구하는 것은 성리학, 특히 심학 계열에서 본심을 성의 참된 것으로 여기고 이 본심을 보존하고 기르고자 하는 것을 가리킨다. 그러나 왕정상에 따르면 이러한 본심은 존재하지 않는 것이며, 허정虛靜하고 아득한 것을 추구하는 불교의 학설에 불과한 것이다.

이에 비해 영묘함을 추구하는 것은 영묘하고 밝은 지각의 심을 추구하

---

44) 『愼言』, 「見聞篇」, "世之人, 知求養而不知求靈, 致虛守靜, 離物以培其根, 而不知察於事會, 是故淡而無味, 靜而愈寂, 出恍入惚, 無據奚門, 於道奚存乎?"

는 것을 가리키는데, 그 지각의 마음은 실제로 있는 것이고 그 영묘함도 실제로 존재하는 것이기 때문에 그것을 보존하고 기름으로써 더욱 영묘하고 밝게 할 수 있는 것이다. 이것이 바로 왕정상의 관점이다. 영묘하고 밝은 마음은 사물의 이치를 연역할 수 있으며, 또한 돌이켜 생각할 수도 있다. 그러나 돌이켜 생각하는 것은 반드시 궁리를 필요조건으로 삼는다. 그렇지 않으면 불교에서 말하는 공허한 적멸로 변질되어 버리기 때문이다.

그리고 성찰은 이 영묘하고 밝은 마음을 보존함으로써 사물의 이치를 세밀하게 살피고 인식하며 선악을 분명하게 판별하는 것을 말한다. 깊이 살피고 세밀하게 생각하면 선악의 기미를 파악할 수 있다. 이러한 방법은 그 속에 자기성찰·자기반성을 포괄하고 있다. 다만 선악의 기미를 세밀하게 성찰하기 위해서는 반드시 구체적인 일에서 살펴 나가야 한다. 이것이 존양과 성찰에 대한 왕정상의 해석이다.

4. 명말청초

이러한 문제에 대하여 왕부지王夫之의 견해는 나흠순이나 왕정상 등과 약간의 차이가 있다. 왕부지는 마음을 보존한다는 것은 도道에 집중하는 마음을 보존하는 것이지 지각의 심을 보존하는 것이 아니라고 생각했다. 그는 마음을 보존한다고 할 때의 마음에 대해 한 걸음 더 나아간 해석을 제시하고 있는데, 일상적으로 마음이라고 할 때는 영묘하고 밝은 지각심을 말하고, 도에 집중하는 마음은 비록 이 마음이기는 하지만 도덕적 내용을 포함하고 있는 것으로 인의지심仁義之心 혹은 인심仁心으로 칭한다. 이른바 그 마음을 놓아 버린다는 것은 이 인의지심을 놓아 버리는 것을 가리키고,

마음을 보존한다는 것은 또한 이 인의지심을 보존한다는 것이다. 그러나 마음을 보존한다는 것은 지각심에 의거해서 보존하는 것이고, 놓아 버린 마음을 구하는 것 또한 지각심에 의거해서 구할 수 있는 것이다. 그래서 왕부지는 "놓아 버리고 구하는 마음은 인이다. 놓아 버린 마음을 구하는 것은 곧 이 영묘하고 밝은 마음으로써 그것을 구한다는 것이다"[45]라고 하였다. 그는 스스로 이러한 해석이 선유들의 견해에 부화뇌동하지 않는 것이라고 하였는데, 그가 말하는 마음은 본질적인 의미에 있어서 영묘하고 밝은 지각의 심을 가리키는 것이지 도덕본심을 말하는 것이 아니다. 다만 도에 집중한 후에는 곧 도덕적 내용과 따로 분리할 수 없게 된다. 이것은 나흠순 등의 입장과 기본적으로 일치하는 부분이다.

왕부지가 심과 성을 두 가지로 구별하면서, 성은 마음속에 갖추어진 리에 불과한 것이 되었다. 그러므로 이른바 보존하고 기른다는 것은 어떤 경우에는 마음을 가리키고 어떤 경우에는 성을 가리키는 것이지, 이 두 가지를 함께 가리킬 수 없는 것이 되었다. 그의 주장에 따르면 보존하고 기른다는 것은 사실상 마음속의 성을 보존하고 기르는 것이다. 그래서 그는 "놓아 버린 마음을 구한다는 것은 인을 구하는 것일 따름이다",[46] "모름지기 그 성을 기름으로써 마음이 존재하게 되며, 비로소 인의의 도리를 잃어버리지 않게 할 수 있는 것이다"[47]라고 하였다.

이것은 육구연과 왕수인의 본심을 보존하고 기른다는 것과 다르고, 또한 주희의 큰 근본을 보존하고 기른다는 말과도 다르다. 그러므로 자율적인 원칙에서 출발하여 자기를 초월하는 방식의 체험활동이라고 해서는 안

---

45) 『讀四書大全說』, 권10, 「孟子・告子上」, "所放所求之心, 仁也. 而求放心者, 則以此靈明之心而求之也."
46) 『讀四書大全說』, 권10, 「孟子・告子上」, "求放心者, 求仁耳."
47) 『讀四書大全說』, 권10, 「孟子・告子上」, "須養其性以爲心之所存, 方使仁義之理不失."

된다. 그리고 그의 주장은 나흠순이나 왕정상 등이 주장하는 것처럼 지각심을 보존하고 기르는 것과도 다르다. 왕부지는 사실상 지각의 심으로써 마음속의 성을 보존하고 기를 것을 제시하고 있는 것이다.

왕부지는 또한 심心과 의意의 구별을 통하여 함양과 성찰을 해석하고 있다. 그는 심에는 선善이 있을 뿐 악惡은 존재하지 않지만, 의는 사물에 따라 생겨나는 것이므로 선과 악이 모두 존재하고 있다고 생각했다. 그러므로 "의에는 성찰이 있으나 심에는 오직 존양이 있을 뿐이다. 그러므로 세밀하게 살피는 것은 신중하지 않을 수 없지만 보존하고 기르는 것은 따로 신중할 필요가 없다"48)라고 하였다. 여기에서 심은 곧 인의지심을 말하는 것이지만 실제로는 마음속의 성을 가리키는 것이고, 의는 의식의 활동을 뜻한다. 사람의 의식활동은 반드시 구체적인 일에 연유하여 생겨나는 것으로 경험적인 것이지 선험적인 것이 아니다. 의는 비록 마음에서 나오는 것이지만 마음과 동등한 것은 아니다. 의식활동의 내용은 반드시 성찰을 필요로 하며, 신중하게 생각하는 것은 성찰의 중요한 방법이 된다. 이것은 진정한 의미의 자기반성이지만 마음을 보존하는 것과는 다른 형태의 일이다.

이와 같다면 성찰 또한 격물치지의 유일한 방법이 아니다. 격물치지에 이르기 위해서는 반드시 박학博學・심문審問・명변明辯이 필요하며, 특히 신사愼思가 중요한 위치를 차지한다. 그러므로 성찰을 궁리 공부라고 말하는 것은 왕부지가 보기에 확실히 적절하지 못한 것이다.

총괄하면 왕부지는 존양와 성찰을 도덕수양의 범위로 제한함으로써 인식론과 일정한 구별을 하였는데, 이는 매우 큰 발전이라고 할 수 있다.

---

48) 『讀四書大全說』, 권1, 「大學傳第十章」, "意在省察, 而心唯存養. 省察故不可不愼, 而存養則無待於愼."

송명성리학의 경우 어떤 사람은 도덕에 대한 인식과 도덕수양만을 말하고 구체 사물의 객관적 진리를 인식하는 것에 대해서는 말하지 않았으며, 다른 어떤 사람들은 도덕에 대한 인식과 도덕수양, 그리고 객관적 진리에 대한 인식을 하나로 합일시키고자 하였다. 왕부지는 방법적인 측면에서 이들을 구분하고 있는데, 이것은 성리학의 개념이 발전되는 가운데 나타난 중요한 성과이다. 그는 도덕과 인의를 수양의 근본 내용으로 삼았는데, 이것은 의심할 여지가 없이 성리학의 개념체계에 속하는 것이다. 그러나 그러한 인식론적 방법은 어느 정도 독립적으로 발전할 수 있는 가능성을 지니고 있으므로 완전히 이 체계에 귀속되지는 않는다. 이러한 구분은 비자각적인 것일 뿐만 아니라 심지어는 명확하지도 않게 하는 것이다.

후대의 안원顔元은 성리학자들이 제시한 함양과 성찰 등의 수양 방법에 대해 문제를 제기하면서 비판을 가하였다. 그는 송대의 유학자들이 제시했던 것처럼 근원적인 것에서부터 체득하여 인식한다는 것은 말만 많을 뿐 몸소 실천하는 것은 매우 적다고 하였다. 또한 이른바 거경궁리는 사실 고요하게 앉아서 독서하는 것에 불과하다고 비판하였다. 결과적으로 보았을 때 성리학자들이 말했던 심성의 수양은 마음으로만 깨닫는 것에 지나지 않으며, 현실적 문제를 해결해 나가는 경세치용에는 아무런 실질적인 도움이 되지 못하였다. 이것은 확실히 성리학 수양론의 근본적인 문제를 지적한 것이다. 그리하여 대진戴震에 이르게 되면 함양, 성찰과 같은 방법은 더 이상 제기되지 않았다.

제20장 경과 정

경敬과 정靜은 함양涵養·성찰省察 등과 함께 성리학의 수양론을 형성하는 중요한 방법이다. 아울러 심성心性·지행知行 등의 개념과 밀접하게 관련되어 있다. 이 경敬·정靜 개념은 이상적인 인격을 완성하고 인성의 자각을 실현하는 중요한 방법으로서 성리학자들의 관심을 받아 왔으며, 넓고 다양한 영역에서 사용되었다.

성리학의 수양론에는 이른바 '주정파主靜派'와 '주경파主敬派'의 구분이 있다. 여기에서 말하는 주정과 주경은 실제로는 절대적 대립관계가 아니라 서로 보충하고 서로 결합하는 형태를 띠고 있다.

경敬과 정靜은 방법론의 개념으로서 사실상 매우 일찍부터 출현한 개념이다. 경은 공자시대부터 개인의 수양을 담당하는 중요한 방법이며, 정은 도가철학의 우주론과 방법론에 등장하는 개념이다. 송명시대 이후로는 이 두 개의 개념이 성리학 방법론의 체계로 편입됨으로써 모종의 특수한 작용을 일으키게 된다.

1. 북송시대

성리학에서 가장 먼저 '정靜을 위주로 한다'(主靜)는 수양 방법을 제시한 이는 주돈이周敦頤로, 이것은 이후 두 가지의 방향으로 전개되어 나갔다. 하나는 성리학자들이 지대한 관심을 보이면서 이를 중시하는 경향을 일으킨 것이고, 다른 하나는 이러한 성리학자들이 다른 학설을 주장하는 학자들과 일련의 논쟁을 불러일으킨 것이다.

주돈이는 "성인이 그것을 정하여 인의仁義가 한가운데 자리하였으니 정을 위주로 하여 인극人極을 세웠다"[1]라고 함으로써 정을 위주로 하는 심성 수양의 방법을 확정하였다. 또한 사욕이 없으므로 고요할 수 있다는 주장을 명확하게 제시함으로써 '무욕無欲'을 주정의 중요 내용으로 삼았다. 이것은 확실히 불교와 도교의 심성 수양 방법을 수용하여 새로이 유가 수양론의 중요 단계를 건립한 것이라고 할 수 있다.

도가가 비록 '정靜'의 공부를 주장하여 욕망을 없애는 것을 중요하게 여기기는 하나 그것은 항구적인 것에 대한 추구와 양생의 도에 관계된 것으로, 도교의 몸을 닦고 기를 단련하는 학설에서 발전되어 나온 것이다. 그리고 불교에서 주장하는 '고요히 좌정하여 욕망을 없앤다'는 것은 완전한 해탈을 얻기 위한 중요한 단계이자, '진공眞空'의 경지에 도달하고자 하는 것이다. 주돈이는 이러한 방법과 '무극이면서 태극'이라는 본체론을 결합시켜 성리학 수양론의 초보적인 특징을 갖추어 놓았다. 그에게 정이란 사람의 적연부동한 본체 존재이며, 또한 이러한 존재를 실현하는 중요한 방법이다.

---

[1] 『太極圖說』, "聖人定之, 以中正仁義, 而主靜, 立人極焉."

본체 존재로서의 정은 결코 무無가 아니며, 중정인의中正仁義의 성성性으로 사람이라면 누구나 지니고 있는 것이다. 다만 본체의 경지에 도달하기 위해서는 방법적인 면에서 중요한 작용이 있어야 한다. 이것이 바로 '정을 위주로 하는 것'이다. 주돈이는 이처럼 본체론과 방법론을 통일시키고자 하였다.

욕망을 없애는 것은 주정의 진정한 내용이다. 이른바 정이란 결코 절대적으로 정지되어 있는 상태가 아니라 욕망을 없앰으로써 도달하게 되는 일종의 정신적 경지이다. 주돈이는 다음과 같이 말하였다.

"성인은 배울 수 있는 것입니까?"라고 물으니 "배울 수 있다"고 대답하였다. "그렇게 하기 위해서 중요한 것이 있습니까?"라고 물으니 "중요한 것이 있다"라고 대답하였다. "과연 그 요체가 무엇인지 들어보기를 청합니다"라고 하니 "오로지 하는 것이 요체이다. 오로지한다는 것은 욕심을 없애는 것이다. 욕심을 없애게 되면 고요하여 텅 비고 움직임이 곧게 된다. 고요하여 텅 비면 밝아지게 되고, 밝아지면 통하게 된다. 곧게 움직이면 공평하게 되고, 공평하면 넓어지게 된다. 밝게 통하고 공평하여 넓어지게 되면 거의 가까이 이르렀다고 할 수 있을 것이다"라고 대답하였다.[2]

성인은 이상적인 인격의 표준이며, 천인합일의 경지를 체현한 사람이다. 배워서 성인이 되는 것은 성리학 수양론의 근본 목적이기도 하다. 이른바 오로지한다는 것은 순일하여 오염되지 않은 생각을 뜻하며, 이것은 또한 "그 마음이 순수한 것일 따름이다."[3] 그 마음이 순수하면 곧 그 성이

---

2) 『通書』, 「聖學」, "聖可學乎? 曰, 可. 有要乎? 曰, 有. 請聞焉. 曰, 一爲要. 一者無欲也, 無欲則靜虛動直. 靜虛則明, 明則通. 動直則公, 公則溥. 明通公溥, 庶矣乎."
3) 『通書』, 「治」, "純其心而已."

순수하게 되는데, 이는 심성이 합일되어 있기 때문이다. 주돈이는 "동정과 언행, 보고 듣는 것이 어긋남이 없는 것을 일러 순일하다고 한다"[4]고 했는데, 어긋남이 없다는 것은 반대편에서 말한 것이고, 순일하다는 것은 정면에서 말한 것으로 모두가 심성의 올바름을 북돋아 기른 것을 말한다. 그런데 순일하기 위해서는 반드시 욕망을 없애는 것이 필요하다. 욕망을 제거하는 것은 순일한 상태를 실현하기 위한 기본 조건이다. 이것은 도덕이상의 실현과 감성적인 물질에의 욕망을 대립관계로 파악한 것이며, 개체의 감성적 요구를 희생하는 대가로 이상적인 인격을 실현한다는 조건을 갖추는 것이다.

방법론에서 바라보면 주돈이가 말하는 '주정主靜'은 '고요하여 텅 빈'(靜虛) 것과 '움직임이 곧은'(動直) 것의 두 부분을 모두 포괄한다. 고요하여 텅 비었다는 것은 주체가 스스로 감성적 욕망을 제거하고, 순일하여 오염되지 않은 정신상태를 드러내어 청명하여 통하지 않는 것이 없는 상태를 의미한다. 이것은 바로 '성誠'과 '신神'의 경지를 뜻한다. 곧게 움직인다는 것은 주체의 정신이 밖으로 드러나 공평무사함을 가리킨다. '정靜'은 움직이지 않는 것이 아니라 고요하면서도 움직일 수 있는, 고요한 가운데 움직임이 있는 것이다. 이것은 신神의 동정이지 구체적인 사물의 동정이 아니다. 그러므로 그 움직임은 곧 중정인의中正仁義에 부합할 수 있다. 인의로 말미암아 움직인다는 것은 곧 천하의 모든 일에 대해 공평무사할 수 있음을 말한다. 이 텅 빈 곳에 머무름과 곧게 움직임을 결합한 것이 주돈이가 주장하는 '주정설主靜說'의 전체 내용이다.

이 문제에 대하여 장재張載 또한 고요함 가운데에서 공부할 것을 주장

---

4) 『通書』, 「治」, "動靜言能視聽無違之謂純."

하였다. 그는 태허太虛의 본체는 비록 동정이 함께하지만 고요함을 주로 한다고 생각하여 "지극한 정의 움직임은 움직이면서도 다함이 없다"5)라고 하였다. 장재에 따르면 천지가 처음 형성된 이래로 지금에 이르기까지 모두는 고요한 가운데 움직인 것이다. 사람의 덕성 또한 이와 서로 부합한다. 그래서 그는 "진실로 마음속에서 조절하고 배치하여 고요하게 되면 편안함이 오래갈 수 있을 것이다. 그리하여 반드시 이로부터 나아가게 되니, 대개 고요함은 덕으로 나아가는 기초가 된다"6)라고 하였다.

주돈이의 주정설에는 도가와 불교 사상의 영향을 받아 형성되었다는 사실이 분명하게 드러나 있기 때문에 이정二程은 이를 수정하여 새로운 학설을 제시하고자 하였다. 그들은 '주경설主敬說'을 내세워 주돈이의 '주정설'을 대체하였다. 정호程顥는 인仁의 본체를 인식하고 체득함으로써 성誠과 경敬을 보존해야 한다고 주장하였고, 정이程頤는 경敬으로써 심성을 함양해야 한다고 하였다. 이처럼 이들은 기본적으로 모두 경의 작용을 강조하고 있다.

'경'은 자신의 자아를 체험하고 그것을 지켜나가는 함양 공부의 방법으로, 그 주요 내용은 '마음을 하나로 집중하여 달아나지 않도록 하는 것'(主一無適)이며, 공경하고 두려워하여 스스로를 기만하지 않는 것이다. 정이는 다음과 같이 말하였다.

이른바 경이라고 하는 것은 하나에 전일하여 집중하는 것을 일컫는다. 이른바 하나라는 것은 마음이 다른 곳으로 달아나지 않는 것을 일컫는다. 또한 하나에 집중하여 몰입하고자 하는 뜻이니 하나에 집중하면 마음이 둘이나 셋으로 흩어

---

5) 『正蒙』, 「乾稱」, "至靜之動, 動而不窮."
6) 『橫渠易說』, 復卦, "苟心中造作安排而靜, 則安能久. 然必從此去, 蓋靜者進德之基也."

지지 않는다.…… 감히 속이지 않고 태만하지 않음에 이르러 오히려 지붕이 새는 것을 부끄러워하지 않게 되는 것은 모두가 다 경의 일이다.7)

마음을 한 가지 뜻에 전일하게 하여 마음속의 리를 주로 하면 조금의 해이함이나 태만함도 있을 수 없으니, 이것이 바로 주경主敬의 근본 방법이다. 이것은 스스로 주인이 되어 자신을 제약하고 다스리는 방법으로 홀로 있을 때 삼가는 '신독愼獨'이 이러한 종류의 공부에 속한다.

경의 특징은 동정動靜을 관통하여 적용된다는 것이다. 그러므로 반드시 정을 위주로 할 필요가 없다. 그래서 정이는 "경敬하게 되면 저절로 허정虛靜하게 되니 일부러 허정하게 하여 경을 불러들일 필요가 없다"8)고 한다. 이것은 경은 정을 포괄할 수 있지만 이와 반대로 정으로 경을 대체할 수는 없음을 말한다. 만약 정 가운데 함양이 있다고 한다면 그것은 곧 불교의 병통에 빠져버리게 될 것이다. 그리하여 정이는 다음과 같이 말하였다.

지금 정靜을 말하는 것은 곧 불교의 학설에 빠져드는 것이다. 정이라는 글자를 사용하지 말고 오히려 경敬이라는 글자를 사용해야 한다. 지금 정이라는 글자에 천착하여 말하는 것은 곧 이것을 잊어버린 것이다.9)

함양 공부는 자기의 내면을 체험하는 활동이기 때문에 반드시 사유하는 작용이 함께 운용된다. 그런데 만약 의식의 사유활동이 심지를 어지럽히지 않을까 염려하여 이를 차단해 버린다면 그것은 곧 불교에서 말하는

---

7) 『河南程氏遺書』, 권15, "所謂敬者, 主一之謂敬. 所謂一者, 無適之謂一. 且欲涵泳主一之義, 一則無二三矣.……至於不敢欺, 不敢慢, 尙不愧於屋漏, 皆是敬之事也."
8) 『河南程氏遺書』, 권15, "敬則自虛靜, 不可把虛靜喚做敬."
9) 『河南程氏遺書』, 권18, "才說靜, 便入於釋氏之說也. 不用靜字, 只用敬字. 才說着靜字, 便是忘也."

선좌입정禪坐入定으로 빠지게 되는 것이니, 이렇게 된다면 결코 함양의 본래 목적에 도달할 수 없을 것이다. 이미 사유작용을 버릴 수 없다면 마음이 어지럽혀지는 것도 피할 수 없다. 바로 여기에 경이 있게 되는 것이다. 경하게 되면 주된 것이 생기고, 주된 것이 있으면 비어 있게 되어 사악한 생각과 헛된 사념이 들어올 수 없게 된다. 여기에서 비어 있다는 것은 당연히 불교에서 말하는 허무와는 다르다. 본체의식, 즉 리 외에는 다른 어떤 사물도 없는 것을 말한다.

경敬은 성誠과도 연결되어 있다. 성에 관해서는 나중에 다시 토론하기로 하고 여기에서는 간단하게만 설명하도록 하겠다. 성이 본체라고 한다면 경은 방법에 해당한다. 따라서 성은 경을 통해서만 실현되어 나올 수 있다. 정호는 "성은 하늘의 도이고 경은 인사人事의 근본이니 경이 곧 성이다"[10]라고 하였으며, 정이는 "하나에 집중하는 것을 일컬어 경이라고 한다. 이 하나는 곧 성을 말하는 것이며 집중하면 뜻이 있게 된다"[11]라고 하였다. 하나에 집중한다는 것은 바로 성에 집중하는 것을 말한다. 그런데 성은 천인합일의 경지이므로 성과 경을 서로 연결시킨 것은, 경이 일반적인 의미의 전일함이 아니라 주체 스스로가 자기초월을 통하여 천인합일을 실현할 수 있는 중요한 방법임을 뜻한다.

그리고 홀로 있을 때 삼가는 '신독'이나 '지붕에 물이 새는 것을 부끄러워하지 않는다'는 것 등은 자각적인 인식과 행위이므로 조금의 강요가 있어서도 안 된다. 이것은 오로지 자기 자신에게 주어진 상황이며, 외부의 힘에 의지할 수 없는 것이다. 만약 외부의 도움을 받거나 어떤 외재적인 목적을 가지고 나온 것이라면 그것은 경이 아니라, 오히려 스스로를 기만

---

10) 『河南程氏遺書』, 권11, "誠者天之道, 敬者人事之本, 敬則誠."
11) 『河南程氏遺書』, 권24, "主一者謂之敬, 一者謂之誠, 主則有意在."

하는 것이다. 여기에서 경의 공부는 완전히 도덕적 자율에서 출발하여 부단히 자기 자신을 고양시키고 스스로를 채찍질하는 방법임을 알 수 있다.

사실 경과 정은 본질적으로는 구별되지 않는다. '주정'은 욕망을 없애는 것을 주된 방법으로 삼고, '주경' 또한 사욕을 제거하는 것이 반드시 필요하다. 그래서 정호는 다음과 같이 말하였다.

> 성현들이 천덕을 논할 때는 대개 자기 마음의 근본이 원래부터 충분한 것임을 말하고 있으니, 만약 오염되거나 손상된 것이 없다면 마땅히 직접 그것을 행하여야 한다. 만약 조금이라도 오염되거나 손상된 것이 있다면 곧 경으로써 그것을 다스려 다시 원래의 상태를 회복해야 한다.[12]

적극적인 면에서 말하면 경은 마음속에 갖추어져 있는 본성에 집중하는 것이고, 소극적인 면에서 말하면 욕망을 다스림으로써 그 본성을 회복하는 것을 말한다. 이 두 가지는 사실상 하나의 일이다. 주정主靜과 주경主敬의 차이를 살펴보면 주정은 본원상에서 힘씀으로써 직접 심성의 본체를 체험하는 것을 강조하고, 주경은 본체와 작용이라는 두 측면에 동시에 힘씀으로써 고요할 때나 움직일 때나 중단될 수 없음을 강조하는 것이다.

이정 가운데서도 정호는 주경을 강조하여 그 중요성을 피력하기는 하였으나, 정을 통한 공부를 완전히 부정하지는 않았다. 정호가 말하는 '정관靜觀'이나 '정좌靜坐' 등은 모두 정한 가운데 사려하고 체험하는 공부이다. 이런 개념들은 나종언羅從彦, 이동李侗 등의 학자들에 의해 더욱 발전되었다. 그들은 정좌하여 희노애락의 감정이 아직 발하지 않았을 때의 기상氣

---

12) 『河南程氏遺書』, 권1, "聖賢論天德, 蓋謂自家元是天然自足之物, 若無所汚壞, 卽當直而行之. 若小有汚壞, 卽敬以治之, 便復如舊."

象을 체험한다는 사상을 제시하여, 직접 체인해 보는 공부 방법으로 변화시켰다. 이것 또한 후대에 와서 주희朱熹의 사상에 일정한 영향을 끼쳤다.

2. 남송시대

주희는 경의 방법을 전면적으로 발전시켜 경 개념에 다양한 함의를 부여하였으며, 경을 "성문의 강령이며 존양에 있어 가장 긴요한 방법이다"[13]라고 선언하였다. 이것은 주희가 극단적으로 경을 중시하고 있음을 보여준다.

주희의 해석으로 인해 경은 가장 보편적이고 전면적인 수양 방법으로 변화되었다. 이정이 제시한 '주일무적主一無適'의 의미를 제외하고도 '경외敬畏', '수렴신심收斂身心', '정제엄숙整齊嚴肅', '수사전일隨事專一' 등과 같은 다양한 함의가 생겨났다. 이 중에서도 주희는 특별히 '경외'의 의미를 강조하여 다음과 같이 말하였다.

> 경에는 어떠한 일이 있는가? 다만 두려워한다는 뜻의 외畏자와 유사하다고 할 수 있으니 홀로 우뚝 앉아서 귀가 있어도 듣지 않고 눈이 있어도 보지 않으며 온전하게 일을 살피지도 못하는 것을 일컫는 것이 아니다. 몸과 마음을 거두어들이고 가지런히 정돈하여 순일하도록 하며, 함부로 방종하지 않도록 하는 것이 곧 경을 보는 것이다.[14]

---

13) 『朱子語類』, 권12, "聖門之綱領, 存養之要法."
14) 『朱子語類』, 권12, "敬有甚事? 只如畏字相似, 不是塊然兀坐, 耳無聞, 目無見, 全不省事之謂, 只收斂身心, 整齊純一, 不怎地放縱, 便見敬."

이 외에도 주희는 "경이란 모든 일을 내버려두는 것을 말하지 않는다. 마음을 전일하게 하여 일에 따르는 것이며 삼가고 두려워하여 제멋대로 방종하고 날뛰지 않도록 하는 것이다"15)라고 하였다. 이러한 방법은 일에 따라 다르지만 기본적으로는 삼가고 두려워하며 전일한 것을 내면으로 삼고, 가지런히 정돈하여 엄숙한 것을 외면으로 삼는 것으로 귀결된다. 주희에 따르면 경이 이와 같이 중요한 이유는 그것이 도덕실천의 자주성과 자각성을 고양시켜 주기 때문이며, 자기 스스로를 개조해 나가는 근본적인 방법이기 때문이다.

육구연陸九淵은 스스로 주재가 됨(自做主宰)을 제창하면서 어떻게 스스로 주재가 될 수 있는가에 대해서는 정신을 거두어들이는 것일 따름이라고 하였다. 주희 또한 스스로 주재가 될 것을 주장하고 있지만 경이 있어야만 비로소 스스로 주재가 될 수 있다고 생각했다. 그래서 "경이라는 것은 이 마음이 스스로 주재가 되는 곳이다"16)라고 하였다. 주희는 경에 대한 공부 없이 스스로 주재가 된다고 말하는 것은 단지 미치광이가 스스로 크다고 여기는 것과 같을 뿐이라고 얘기했다.

경은 심성 본체를 실현할 수 있는 근본적인 방법이다. 주희는 다음과 같이 말한다.

경에는 모든 이치가 갖추어져 있다.…… 경은 하늘의 이치가 항상 밝게 빛나는 것이니 자연히 인욕을 징치하여 사라지게 한다.…… 사람이 경을 얻어서 존재할 수 있으면 내 마음이 맑아지고 하늘의 이치가 찬연하게 빛나게 되니 따로 힘써야 할 곳도 없고 또한 힘쓰지 말아야 할 곳도 없게 된다.17)

---

15) 『朱子語類』, 권12, "敬不是萬事休置之謂, 只是隨事專一, 謹畏不放逸耳."
16) 『朱子語類』, 권12, "敬只是此心自做主宰處."
17) 『朱子語類』, 권12, "敬則萬理具在.……敬則天理常明, 自然人欲懲窒消治.……人能存

이른바 스스로 주재가 된다는 것은 경 공부를 통하여 나의 마음을 천리와 완전히 합일시키는 것이다. 이 맑은 마음이 바로 찬연히 빛나는 리인 것이지 마음 바깥에 따로 이 마음을 주재하는 리가 있는 것이 아니다. 경은 바로 스스로 주재가 되도록 하는 것이며, 또한 '먼저 큰 것을 세우는'(先立其大) 것이다. 경에 전일하게 되면 안과 밖, 정밀함과 잡박함의 틈이 없게 된다. 하지만 이것은 반드시 작용처에서부터 일을 시작해야 함을 말하는 것이다. 즉 큰 근본을 세우는 것이 바로 모든 일을 완성한다고 말할 수는 없다. 이것이 바로 주희가 경을 강조하는 근본 원인이다.

주희는 경이 시종始終을 관통하는 공부라고 보았다. 그래서 일이 있을 때는 경敬으로써 하고 일이 없을 때는 정靜으로써 한다고 말할 수 없으며, 더욱이 경의 공부에는 보존하고 기르는 데 부족함이 있으므로 정의 공부를 해야 한다고 말할 수도 없다고 생각했다. 그리하여 주희는 다음과 같이 말한다.

> 사람이 세상 속에 있는 동안에는 일이 없을 때가 없으니 일이 없게 된다면 그것은 죽은 것이다. 아침부터 저녁까지 수없이 많은 일이 있는데 일이 많아서 나를 어지럽히므로 또한 고요함으로 나아가 정좌靜坐하겠다고 말해서는 안 된다. 경敬은 이와 같지 않다. 만약 일이 눈앞에 이르러 스스로 정靜을 주로 하고자 한다면 완고하여 제대로 응할 수 없게 될 것이니 곧 마음이 모두 죽어버리게 된다. 일이 없을 때는 경이 내면에 숨겨져 있다가 일이 있을 때는 경이 그 일에 있게 되니, 일이 있으나 일이 없으나 나의 경은 한 번도 단절된 적이 없었다.[18]

得敬, 則吾心湛然, 天理粲然, 無一分着力處, 亦無一分不着力處."
18) 『朱子語類』, 권12, "人在世間, 未有無事時節, 要無事, 除是死也. 自早至暮, 有許多事, 不成說事多擾亂我, 且去靜坐. 敬不是如此. 若事至前面, 自家却要主靜, 頑然不應, 便是心都死了. 無事時敬在里面, 有事時敬在事上, 有事無事, 吾之敬未嘗間斷也."

경은 가장 중요한 존양 공부이며 움직일 때뿐만 아니라 고요할 때에도 반드시 필요하다. 고요할 때 몸과 마음을 거두어들이지만, 움직일 때도 역시 수렴이 필요하다. 그리고 움직일 때는 일을 따라 한 가지에 전일하지만 고요할 때 역시 전일함이 필요하다. 결국 경 공부는 처음부터 끝까지 잠시라도 중단될 수 없는 것이다. 이런 까닭에 주희는 경을 유학의 가장 중요한 핵심이라고 하였다.

경 공부는 또한 동시에 극기克己 공부를 수반한다. 경에는 반드시 자기 자신을 극복하는 것이 필요한데, 이것은 동일한 방법에의 두 측면을 말한다. 이런 점에서 주희는 "경은 밭을 경작하면서 물길을 대는 공로와 같으니 자기를 극복하게 되면 잡초를 제거할 수 있게 된다"고 하였다. 경은 정면에서 말하는 것으로 근본을 북돋아 기르는 것이고, 극기는 뒷면에서 말하는 것으로 오염되거나 훼손된 부분을 제거하는 것이다. 이것과 정호가 말한 '경으로써 다스린다'는 주장은 동일한 의미를 지닌다.

그렇다면 정靜을 수양하는 공부는 전혀 필요가 없는가? 그렇지는 않다. 주희는 정이 등과 달리 오히려 정호가 제창한 정좌 공부를 인정하고 있다. 그는 이러한 공부가 몸과 마음을 거두어들이고 본원을 함양하기 위해서 반드시 필요하다고 생각했다. 주희는 다음과 같이 말한다.

> 명도明道 선생께서 사람들을 가르칠 때 정좌를 말씀하셨고, 연평(李侗) 선생께서도 또한 정좌를 말씀하셨으니 대개 정신이 안정되지 않으면 도리가 모여서 머무를 곳이 없게 되기 때문이다.…… 모름지기 정좌하여 정신이 안정되어야만 비로소 거두어들일 수 있다.[19]

---

19) 『朱子語類』, 권12, "明道敎人靜坐, 李先生亦叫人靜坐, 蓋精神不定, 則道理無湊泊處,……須是靜坐, 方能收斂."

주희는 젊은 시절 이동에게 나아가 학습할 때 정좌한 가운데 아직 발하지 않았을 때의 기상을 직접 체인하는 방법을 체험하고 이를 수용하였다. 나중에 비록 '주경主敬'으로 방향을 바꾸기는 하였으나 정좌 공부를 완전히 폐기하지는 않았다. 또한 이동의 가르침에 대해서도 결코 서로 결합될 수 없는 것이라고 생각하지도 않았다.

주희는 이동을 저버렸다고 분명하게 말하였지만, 그렇다고 해서 이것이 주희가 이동과 완전히 다른 길을 걸어갔다는 의미는 아니다. 만약 그가 일찍이 정좌 공부를 가볍게 여겼다고 한다면 이것은 진실이 아니다. 그리고 만약 그가 고요한(靜) 가운데의 체험에 대해 근본적으로 반대하였다고 한다면 이 또한 사실과 부합하지 않는다. 왜냐하면 주희는 결코 성을 미발로 보고 심을 이발로 보는 학설을 견지하지 않았으며, 또한 본심이 발현될 때의 발과 희노애락의 감정이 이미 발하였다고 할 때의 발을 혼동하지도 않았기 때문이다. 그에 따르면 고요한(靜) 가운데의 체험은 또 하나의 중요한 방법이며, 경 공부를 통하여 동정을 관통할 수 있는 것과 다르게 더 직접적으로 관련된다.

사실상 주희의 수양론에서 정과 경은 하나로 통일되어 있으며, 이 두 가지는 모두 심성의 본원을 함양하는 공부에 속한다. 다만 경이 동정을 관통할 수 있기 때문에 이로 인하여 정 또한 경의 공부에 귀속되는 것이다. 그는 다음과 같이 말한다.

> 정좌에는 불교에서와 같이 좌선입정 하여 모든 사유를 단절하는 것이 필요하지 않는다. 다만 마음을 거두어들이고 생각이 일어나는 것을 일부러 막지 않으면 이 마음이 맑아져서 아무런 일이 없으니 저절로 전일하게 되며, 어떤 일에 닥쳤을 때도 일을 따라 응하게 되니, 일이 그치면 다시 맑아지게 된다.[20]

여기에서 이른바 마음을 거두어들인다는 것은 이미 정좌 공부이면서 또한 주경 공부임을 말한다. 맑은 마음은 곧 본심을 말하는 것으로 모든 사람이 원래 지니고 있는 마음의 본질을 놓아버리지 않는다. 거두어들인다는 것은 사욕이 일어나는 마음을 이겨내고 항상 본심을 유지함으로써 천리가 저절로 밝아질 수 있도록 하는 것이다. 맑은 마음은 바로 찬연하게 빛나는 리를 뜻한다. 전일하다는 것은 이 하나의 리 곧 맑은 마음에 전일함을 말하는 것이지 리를 다른 사물로 여기는 것이 아니며, 마음을 수렴하여 리를 보존하는 것을 말한다. 고요한 가운데 체험하는 것과 경을 주로 하여 전일한 것에는 본래부터 어떤 근본적인 구별이 없다.

고요한 가운데 함양한다는 것은 또한 고요한 가운데 본체를 살피는 것을 말함이지 결코 함양만 있고 본체를 살피는 것이 없다는 의미가 아니다. 이 함양과 그가 말하는 성찰은 동정動靜에 따라 나누어지지 않으며, 오히려 하나로 일치한다. 주희는 다음과 같이 말한다.

> 사람은 정좌하여 아무런 사념이 없는 때가 있으며, 또한 도리를 깊이 생각할 때도 있으니, 어찌 완전히 다른 두 개의 길로 구획할 수가 있겠는가?…… 마땅히 정좌하여 함양할 때는 곧바로 본체를 살펴서 도리를 생각하고 풀어낼 수 있어야 하니, 이것이 곧 함양인 것이다.[21]

이것은 비록 정좌하여 함양하는 것을 말하고 있지만 사실상 본체를 성찰하는 것을 포함하고 있다. 즉 자기반성 차원에서의 체험을 의미하는 것

---

[20] 『朱子語類』, 권12, "静坐, 非是要坐禪入定, 斷絶思慮, 只收斂此心, 莫令走作閑思慮, 則此心湛然無事, 自然專一, 及其有事, 則隨事而應, 事已則復湛然矣."
[21] 『朱子語類』, 권12, "人也有靜坐無思念低時節, 也有思量道理低的時節, 豈可畫爲兩途?……當靜坐涵養時, 正要體察思繹道理, 只此便是涵養."

이지 먼저 함양한 후에 세밀하게 살펴서 인식할 것을 주장하는 게 아니다.

경과 정은 모두 다 주체의 자기수양이며 마음에 대한 공부이다. 주희는 마음 내면의 공부와 외부를 향한 공부를 결합시키기 위해 경敬과 의義를 함께 유지해야 한다는 주장을 제시하였으며, 이로써 내외합일內外合一을 실현하는 중요한 경로를 보여 주었다. 그는 의義가 나에게 있는 것이지 사물에 있는 것이 아니며, 내면에 있는 것이지 외부에 있는 것이 아니라고 생각하였다. 그러나 도덕적 판단을 위해서는 반드시 외부로까지 확장하여야 하며, 사물과 서로 응접함으로써 그 옳고 그름이나 선악을 결정해야 한다. 이러한 의미에서 본다면 의는 외부에 속하는 것이니, 이것이 곧 경으로써 내면을 곧게 하고敬以直內, 의로써 외부를 올바르게 한다義以方外는 것이다.

주희는 경에도 죽어버린 경이 있고 살아 있는 경이 있다고 하였다. 만약 한 가지에 집중하여 경을 지키는 데에만 매달림으로써 일을 접했을 때 그 옳고 그름을 판별하지 못한다면 그것은 곧 죽어버린 경이다. 살아 있는 경은 경을 주로 할 때에도 의가 있으며, 의를 행할 때에도 경이 있는 것이다. 그는 "경과 의는 두 가지 일이 아니다"[22]라고 한다. 결국 "모름지기 경과 의를 함께 유지하여 그것이 교차하여 순환하는 데 끝나는 부분이 없으면 안과 밖이 모두 투철하게 된다"[23]는 것이다. 그런데 여기에서 의는 동사이지 명사가 아니며, 방법을 뜻하는 것이지 존재의 의미가 아니다.

안과 밖의 공부를 동시에 병용해야 함을 강조하는 것은 주희의 일관된 사상이다. 그래서 그는 경에 이를 것을 말하는 동시에 경과 의를 함께 유지해야 한다는 주장을 제기함으로써, 내면 공부만 있고 외면 공부를 등한시하는 위험으로부터 벗어나고자 한다. 바로 여기에 주희와 심학자들 간의

---

22) 『朱子語類』, 권12, "敬義不是兩事."
23) 『朱子語類』, 권12, "須敬義夾持, 循環無端, 則內外透徹."

중요한 차이점이 있다. 이것은 주희가 주체적이고 자율적인 것을 주장하는 동시에, 오히려 마음 밖에 존재하는 사물에 대해서도 반드시 올바르게 판단하고 변별하도록 함으로써 체용體用과 본말本末, 내외內外와 정조精粗를 하나로 관통하게 하여 천인합일의 경지를 실현하고자 했음을 설명한다.

이것은 일종의 전형적인 도덕수양론이다. 주희를 비롯한 성리학자들에 따르면 이러한 방법에 비추어 도덕을 체험하고 덕행을 실천하게 되면 매우 높은 단계의 이상적 경지에 도달할 수 있으며, 이상적 인격을 실현할 수도 있게 된다. 이런 방법은 주체적이고 자율적인 형식을 내세우면서도 실제로는 자기 스스로를 구속하는 도덕론이라고 할 수 있는데, 결과적으로 사람들의 개성을 구속함으로써 오히려 창조적인 정신을 발현할 수 없도록 하였다.

육구연陸九淵은 경에 대해서 따로 언급하지 않았지만 그의 사상 속에는 경과 관련된 것이 포함되어 있다. 가령 그는 다음과 같이 말하고 있다.

> 마음속이 잠깐이라도 조화롭지 못하고 즐겁지 않다면 어리석고 속이는 마음이 들어오게 되고, 밖으로 드러난 모습이 잠깐이라도 장중하지 않고 공경스럽지 않다면 태만하고 쉽게 생각하는 마음이 들어오게 된다.…… 내가 실천하는 데 있어서 아직 순일하지 못한 것이 있더라도 스스로를 경계하고 채찍질 할 수 있다면 곧 천지와 서로 유사하게 될 것이다.[24]

여기에서 말하는 '장중함과 공경스러움', '순일함', '경계하고 채찍질하는 것' 등은 모두가 경의 방법에 속한다. 하지만 육구연은 경에 대한 공부

---

24) 『象山全集』, 권34, 「語錄」, "心中斯須不和不樂, 而鄙詐之心入之, 外貌斯須不莊不敬, 而慢易之心入之.……吾於踐履未能純一, 然才自警策, 便與天地相似."

보다는 스스로 주재가 되기 위한 것으로서 정靜 가운데의 공부를 더욱 강조하였다. 그에 따르면 마음은 능히 스스로 주재가 될 수 있다. 사람은 우주와(의 사이에) 막힌 경계(限隔)를 두나 우주는 사람과(의 사이에) 막힌 경계를 두지 않으니 정신을 거두어들여 안에 있게 하면 옳고 그름이 앞에 놓였을 때 (마음은) 스스로 그것을 판단할 수 있다. 그러나 정신을 수습하여 안에 있게 하기 위해서는 고요한 가운데 함양할 수 있어야 한다. 그래서 육구연은 "이미 이 마음이 스스로 서는 것을 알면 일이 없을 때 함양하는 것이 필요하게 된다"[25]고 한 것이다. 이렇게 고요한 가운데 함양하는 것은 초월적인 상태에서 직접 체험하고 체인하는 공부이며, 이른바 스스로 반성하고 스스로 깨달으며 스스로 허물을 벗는 것으로 그 외의 다른 방법에 대해서는 다시 언급할 필요가 없다.

이후의 성리학자들은 비록 주경主敬과 주정主靜의 구분은 있으나 그 성향이 명확하지 않고 한계 역시 분명하지 않다. 왜냐하면 이 두 가지의 방법이 모두 하나의 목적을 지향하고 있으며, 또한 모두가 마음속의 공부이기 때문이다. 그래서 어떤 측면에서는 서로 관통하는 부분이 많이 있다. 예를 들어 주경을 말하는 사람들은 경을 주로 하여 이치를 궁구하고 서로 교차하는 것을 용으로 삼는다는 말을 많이 하는데, 이는 결코 고요한 가운데 함양하는 것이 필요하지 않다는 의미가 아니다. 또한 주정을 말하는 사람들은 돌이켜 보고 내면을 세밀하게 살펴서 본심을 보존하고 기른다고 하는데, 이것은 결코 경을 위주로 하는 공부가 필요하지 않다는 의미가 아니다. 만약 반드시 구별해야 할 필요가 있다면 심학心學은 정靜을 위주로 하는 경향을 지니고, 기학氣學은 경敬을 위주로 하는 경향을 보인다고 할

---

25) 『象山全集』, 권34, 「語錄」, "旣知自立此心, 無事時需要涵養."

수는 있겠으나 이 역시 절대적인 것이라고는 할 수 없다.

주희와 육구연 이후에는 진덕수眞德秀가 주희의 학설을 계승하여 경을 "일심一心의 주재이며, 모든 선의 본원"26)이라고 파악하여 경으로써 "내 마음을 배양하여 만물의 주인이 된다"27)는 학설을 전개하였다. 또한 위료옹魏了翁은 "돌이켜 보고 내면을 살펴 실實을 쌓고 아름다움을 머금으니 그 광채가 날로 새로워지는 근본이 된다"28)고 주장하였다. 허형許衡은 비록 하나에 집중하여 경을 지킴으로써 안과 밖을 교차하여 배양한다는 학설을 내세웠으나 동시에 오히려 "정을 위주로 한다"29)고 주장하기도 하였다.

3. 원명시대

원대元代의 오징吳澄은 한편으로는 수기치인의 도를 말하면서 "한 마디로 그 요점을 취한다면 경이라고 말할 수 있을 따름이다"30)라고 하고, 다른 한편으로는 "고요하면서 편안한 것은 성학의 기초이다"31)라고 하였다. 오징은 주돈이의 '욕망이 없으므로 정靜하게 된다'는 주장과 정이의 '주된 것이 있으면 텅 비게 된다'는 주장이 모두 심학의 핵심을 표현한 것이라고 생각하였다. 그래서 그는 다음과 같이 말하였다.

정靜과 허虛라는 두 가지의 말과 경敬이라는 하나의 글자만으로도 모든 것을 갖

---

26) 『大學衍義』, 권11, "一心之主宰, 萬善之本原."
27) 『眞西山集』, 권25, 「定軒記」, "養吾心而爲萬物之主."
28) 『魏鶴山文集』, 권55, 「伊洛淵源錄序」, "反觀內省, 蘊實含美, 爲光輝日新之本."
29) 『魯齋遺書』, 권2, 「語錄下」, "以靜爲主."
30) 『吳草廬集』, 권22, 「儼齋記」, "一言而撮其要, 曰敬而已."
31) 『吳草廬集』, 권4, 「靜安堂說」, "靜而安, 聖學之基也."

추기에 충분하다고 할 수 있으니, 정과 허를 배운 사람은 또한 경으로써 그 마음을 보존할 따름이라고 말한다.32)

오여필吳與弼은 비록 경을 지켜서 이치를 궁구한다고 하고 경과 의를 함께 유지한다고는 하였으나 고요한 가운데 사려함을 더욱 강조하였다. 진헌장陳獻章에 이르러서는 오로지 주정主靜을 성인의 공부로 보고 정좌 공부를 통하여 마음과 리를 합일하는 학문을 추구하게 되었다. 그리하여 진헌장은 "저 번잡함을 버리고 나의 소략함을 구하며, 오직 정좌하는 것이 오래된 후에 내 마음의 본체를 보면 은연중에 나타나게 된다"33)라고 하였다. 이른바 고요한 가운데 단정한 것이 길러져 나온다는 것은 바로 정좌한 가운데 자아를 체험하여 심성 본체를 발현한다는 말이다. 마음의 본체는 곧 성이며 리이므로 이것은 또한 마음과 리가 합일되는 경지를 실현하는 것이다.

그렇다면 무엇 때문에 고요한 가운데 자아를 체험하고 마음의 본체를 존양해야 하는가? 이것은 본체에서는 고요하고 작용에 있어서는 움직인다는 심성론과 관계가 있다. 진헌장이 주돈이를 추종하는 까닭은 주돈이가 '무無에서는 고요하고 유有에서는 움직이며', '본체에 있어서는 고요하고 작용에 있어서는 움직인다'는 본체론 사상을 제기했기 때문이다. 여기에서 말하는 정靜은 '적연부동寂然不動'한 고요함이며, 성誠의 본체, 혹은 신神의 본체이다. 곧 고요한 가운데 아직 아무런 움직임이 없는 상태의 정靜이다. 이것은 사람의 내면에 있는 본체 존재이며, 또한 천지만물을 주관하는 것

---

32) 『吳草廬集』, 권24, 「靜虛精舍記」, "靜虛二言, 敬之一字足以該之, 學靜虛者亦曰敬以存其心而已."
33) 『白沙子全集』, 권3, 「復趙提學僉憲」, "舍彼之繁, 求吾之約, 惟在靜坐, 久之然後見吾此心之體, 隱然呈露."

이다. 진헌장은 사람이 자기의 본체 존재(靜)를 실현하기 위해서는 그 본원에 나아가 힘을 써야 하며, "동정動靜과 유무有無의 기미를 살피고, 텅 비고 원만하여 헤아릴 수 없는 신神을 온전하게 해야 한다"34)고 하였다. 그리고 그렇게 하는 방법으로 "자기를 잊음으로써 크게 되고, 욕망을 없애버림으로써 지극하게 된다"35)라고 하였다.

방법론에서 보면 고요하면 텅 비게 되고, 텅 비어 있으면 밝게 되며, 밝으면 신묘하게 된다고 할 수 있다. 정좌하는 가운데 함양하는 것은 곧 마음의 본체가 스스로를 드러낼 수 있도록 하는 것이다. 이것은 허虛와 실實, 동動과 정靜을 합일하는 학문이라고 할 수 있다. 진헌장은 "텅 빈 것에 이름으로써 고요한 가운데 전일한 것을 구하고, 실질적인 것에 이름으로써 움직임이 흘러가는 것을 막는다"36)고 하였다. 텅 빈 것이 본체인데 텅 빈 것에 도달함으로써 본체를 세우니, 텅 빈 가운데 실질적인 것이 있게 된다. 이 실질적인 것이 바로 리이니 실질적인 것에 이르면 그 리가 밝게 드러난다. 고요한 본체가 밝게 드러나면 움직일 때에도 사악함으로 흘러가지 않게 된다.

고요한 가운데 본체를 인식하는 것은 또한 자신의 자아를 직접 깨닫는 것이며, 논리적인 것을 초월하여 직접 체득하고 깨닫는 것이다. 진헌장이 말하는 이러한 자기초월의 깨달음은 실질적으로 불교에서 말하는 '정좌선정靜坐禪定'과 어떤 본질적인 차이점을 찾아내기가 매우 어렵다. 당시에도 이 학설은 이미 많은 사람들에게 선학에 빠졌다는 비판을 받았다. 사실 유학과 불교가 각기 도달하고자 하는 궁극적인 목적은 서로 다르지만 추구

---

34) 『白沙子全集』, 권1, 「道學傳序」, "察於動靜有無之機, 全虛圓不測之神."
35) 『白沙子全集』, 권1, 「送張進士延實還京序」, "以忘己爲大, 以無欲爲至."
36) 『白沙子全集』, 권1, 「送羅養明還江右序」, "致虛以求靜之一, 致實以妨動之流."

해 나가는 방법에 있어서는 오히려 서로 유사한 부분이 매우 많다.

나흠순羅欽順은 도덕자율론을 부정하고 심과 성, 심과 리를 동일한 관계가 아니라 인지적 관계라고 주장함으로써 방법적인 면에서 주희나 육구연과 다른 길로 나아갔다. 그들도 경을 보존하고 정을 기르는 것에 대해 말하고 있지만 주로 성이 아니라 심에 대해서만 말하고 있으며, 영묘하고 밝은 마음을 존양하고 지각함으로써 주체의 인식능력으로 마음속의 성을 밝히고자 하였다. 이것은 자아초월의 체험활동이 아니다.

나흠순은 육구연과 왕수인의 학문에 대해 유학의 이름을 빌리고 있지만 실제로는 불교의 학문이라고 비판하였다. 그에 따르면 육구연과 왕수인은 마음만 보고 성을 보지 못하고 있으며, 그들이 말하는 깨달음이나 경과 정 등의 개념은 모두 완전히 불교적인 면모를 지니고 있다는 것이다. 그는 다음과 같이 말하였다.

> 불교에서 말하는 마음을 밝히고 성을 보는 것은 우리 유학의 마음을 다하고 성을 아는 것과 서로 유사한 것 같지만 실제로는 다르다. 대개 허령지각은 마음의 묘용이고, 정미하고 순일함은 성의 참모습이다.[37]

지각을 성으로 여기는 것은 바로 불교의 주장과 같다. "한 번 깨달으면 곧 허공의 경지를 볼 수 있게 된다"[38]는 것으로는 성의 참모습을 보지 못한다. 성의 참모습을 보기 위해서는 반드시 성을 알아야 하는데, 성을 아는 것은 이치를 궁구하는 데 달려 있는 것이지 주정主靜이나 거경居敬으로 해결할 수는 없다. 그는 진헌장이 주장한 고요함 가운데의 공부 역시 불교와

---

[37] 『困知記』, "釋氏之明心見性, 與吾儒之盡心知性, 相似而實不同. 蓋虛靈知覺, 心之妙也, 靜微純一, 性之眞也."
[38] 『困知記』 續, "一悟便見的個虛空境界."

다를 것이 없으며, 고요함 가운데 야기夜氣를 공부하는 것 또한 허공의 경지를 말하는 것과 같다고 비판한다. 나흠순은 "대개 야기夜氣를 자라게 하기 위해 힘써야 할 곳은 오로지 아침과 한낮에 행하는 바에 달려 있는 것이지 고요함 가운데 있는 것이 아니다"39)라고 하였는데, 이것은 도덕정신을 배양하는 것은 정좌를 통해서 가능한 것이 아니며 오히려 일상 가운데의 인식과 실천활동에 따라 가능한 것임을 주장하는 것이다.

심학을 집대성한 왕수인王守仁은 정靜을 주로 하는 것을 유일한 방법이라고 생각하지 않았다. 그는 정과 경을 동시에 병용해야 한다고 주장하였으며, 심지어 거경居敬을 강조하기도 하였다. 또한 그는 깨달음을 매우 중시하였는데, 이것이 양지良知가 지닌 비결이며 이 비결을 장악하는 것이 매우 중요하다고 생각했다. 그래서 그는 "그것을 따라 여러 가지 사사로운 생각과 왜곡된 의식이 생겨나는데, 여기에서 한 번 깨닫기만 하면 모두가 한꺼번에 융해되어 사라져 버린다"40)고 하였다. 여기에서 깨닫는다는 것은 바로 직관을 통한 돈오頓悟를 말하며, 경과 정은 이 깨달음을 실현하는 구체적인 방법이다.

왕수인은 경이란 하나에 전일하여 집중하는 공부이니 "오로지 천리에 집중하지 않을 수 없는"41) 것이지, 어떤 일을 대하였을 때 그 일에 대해서 집중하는 것이 아니라고 생각했다. 그리하여 만약 어떤 일을 접하여 그 일에만 집중한다면 "도리어 사물을 쫓는 것이니 어찌 거경 공부를 이루겠는가?"42)라고 하였다. 이런 부분은 주희 학설과의 분명한 차이와 심학의 간

---

39) 『困知記』附錄,「答甘泉大司馬」, "蓋夜氣之所息, 其用力處全在旦晝之所以, 不在靜中也."
40) 『傳習錄』, "隨他多少邪思枉念, 這里一覺都消融了."
41) 『傳習錄』, "專主一個天理."
42) 『傳習錄』, "却是逐物, 成甚居敬功夫?"

이簡易 공부가 지니는 중요한 특성을 보여 준다. 천리에 집중하는 것은 바로 리를 보존하고 사욕을 없애며 반드시 자기를 극복하고 사념을 다스리는 공부가 있어야만 가능하다. 이러한 공부는 당연히 동정을 따로 구분하지 않는다. 왕수인은 다음과 같이 말하였다.

> 고요할(靜) 때에도 모든 생각을 인욕을 제거하고 천리를 보존하는 것에 두고, 움직일(動) 때에도 모든 생각을 인욕을 제거하고 천리를 보존하는 것에 둠으로써 평온(寧靜)하거나 평온하지 않음을 가리지 않아야 한다. 만약 평온함에 의지하게 된다면 점차 고요함을 좋아하고 움직임을 싫어하게 되는 폐단이 생겨날 뿐 아니라, 그 사이에 수없이 많은 병통들이 잠복해 있게 되니 끝내 완전히 제거하지 못하게 되어 어떤 일을 만났을 때 갈수록 의지하는 마음이 자라나게 될 것이다. 리를 좇아가는 것에 집중하게 되면 어찌 평온하지 않음이 있겠는가마는 평온함을 위주로 하게 되면 반드시 리를 좇지 못할 수가 있다.[43]

왕수인은 마치 웅변을 하는 듯한 어조로, 만약 리를 좇을 수 있다면 그 가운데 곧 고요함이 있을 것이지만 이와 반대로 오로지 고요함을 위주로 한다면 리를 좇지 못할 수도 있다고 하였다. 리를 좇는 것은 바로 거경궁리居敬窮理 하는 것이며, 이것이 곧 고경궁리의 가장 중요한 방법이다.

여기에서 말하는 정靜은 단지 시간적인 상태와 방법이지, 본체에서는 고요하고 작용에 있어서는 움직인다고 할 때의 정이 아니다. 왕수인은 다음과 같이 말하였다.

---

43) 『傳習錄』, "靜時念念去人欲存天理, 動時念念去人欲存天理, 不管寧靜不寧靜. 若靠寧靜, 不惟漸有喜靜厭動之弊, 中間許多病痛只是潛伏在, 終不能絶去, 遇事依舊滋長. 以循理爲主, 何嘗不寧靜, 以寧靜爲主, 未必能循理."

지금 사람들이 마음을 보존하는 것은 단지 기를 안정시키는 것일 뿐이므로 그 평온한(寧靜) 때라는 것도 사실상 기가 평온한 것일 따름이지 아직 발하지 않은 가운데의 일이라고 할 수가 없다.44)

기가 평온하다는 것은 정신의 상태를 말함이지, 결코 적연부동한 본체를 뜻하는 바가 아니다. 양지 본체는 본래 동정이 없다. 따라서 마음은 동정하는 것으로써 각기 체와 용에 귀속시킬 수 없다. 그러므로 고요한 상태이건 움직이는 상태이건 모두가 경을 위주로 하는 공부가 필요한 것이다. 이 점에 있어서는 왕수인과 주희의 생각이 완전히 일치한다.

그러므로 왕수인은 반드시 정靜을 위주로 하는 공부나 정좌 공부가 있어야만 비로소 마음공부가 된다고는 생각하지 않았다. 그에 따르면 거경居敬과 정좌는 단지 하나의 마음공부일 뿐이다. 거경의 마음은 곧 정좌할 때의 마음이다. 그래서 그는 "공부는 한 가지로 관통되는 것이니 어찌 다른 생각을 일으킬 필요가 있겠는가?"45)라고 하였다.

더군다나 마음 내면의 본질적인 체험이 필요할 뿐만 아니라 일에 나아가서 끊임없이 수련하는 것 또한 반드시 필요하다. 또 고요할 때의 공부가 필요할 뿐만 아니라 움직일 때의 공부 역시 반드시 필요하다. 만약 정좌만 있다면 비록 이 마음을 거두어들여서 스스로 깨닫는 것이 있더라도 막상 일을 접했을 때에는 쉽게 단절되어 버릴 것이다. 그래서 왕수인은 다음과 같이 말한다.

사람은 모름지기 일에 나아가서 끊임없이 수련하는 공부를 해야 더해지는 것이

---

44) 『傳習錄』, "今人存心只定得氣, 當其寧靜時, 亦只是氣寧靜, 不可以爲未發之中."
45) 『傳習錄』, "功夫一貫, 何須更起念頭?"

있다. 만약 고요한 것만 좋아한다면 일을 만나 금방 어지러워져서 끝내 오래 나아가지 못할 것이니, 고요한 때의 공부 또한 어긋나 버리게 되어 거두어들인 것 같지만 실제로는 놓아 버리고 빠져 버리게 되고 말 것이다.46)

여기에서 우리는 왕수인이 심학자이면서도 주희가 말하는 거경의 공부 방법을 완전히 수용하고 있으며, 정을 위주로 하는 공부에 대해서는 오히려 완전히 동의하고 있지 않음을 확인할 수 있다.

왜냐하면 경은 체용과 동정을 관통하고 있어서 고요한 상태에 있을 때만 적용되는 것이 아니라 움직일 때에도 적용할 수 있기 때문이다. 왕수인은 '고요할 때든 움직일 때든 모두 안정되어 있어야 한다'는 명제를 제기하였는데, 이는 정定을 본체로 보고 동정動靜을 공부로 삼음으로써 '본체에 있어서는 고요하고 작용에 있어서는 움직인다'는 학설을 대체한 것이다. 이로써 그는 성리학의 수양론을 한 걸음 더 발전시켰다. 이것은 사실 움직일 때의 공부를 부각시킨 것이다. 그는 "'욕망을 없앰으로써 고요하게 된다'는 것은 '고요할 때도 안정되어야 하고, 움직일 때도 안정되어야 한다'는 정定이니 그 본체를 주로 해야 한다"47)고 하였다.

성性에는 안과 밖이 없으며 또한 동정의 구분도 없으므로 고요할 때도 안정되어 있어야 하고, 움직일 때도 안정되어 있어야 한다. 즉 고요함을 본체로 삼아서는 안 된다. 이것은 주정설主靜說을 수정하여 보완한 것이다. 왕수인은 고요한 가운데의 공부가 있어야만 본체의 경지에 도달할 수 있다고 생각하지 않았다. 마땅히 동정을 모두 포괄함으로써 움직이는 가운데 고요함이 있고 고요한 가운데 움직임이 있어야 한다고 하였다.

---

46) 『傳習錄』, "人須在事上磨練做功夫, 乃有益. 若只好靜, 遇事便亂, 終無長進, 那靜時功夫亦差, 似收斂而實放溺也."
47) 『傳習錄』, "無欲故靜, 是靜亦定動亦定的定字, 主其本體也."

물론 왕수인은 정좌 공부를 부정하지 않았다. 하지만 그는 주희와 동일하게 정좌는 다만 함양의 한 방법일 뿐 결코 유일한 방법이 될 수 없다고 생각했다. 동시에 그는 거경과 궁리를 두 가지의 일로 여기는 주희의 관점에 대해서는 분명하게 반대의 입장을 보인다. 왕수인은 궁리는 마음속의 리를 궁구하는 것이고, 거경은 마음속의 리를 보존하는 것이라고 보았다. 그래서 "이름은 비록 다르지만 공부에 있어서는 단지 하나의 일이다"48)라고 하였다. 즉 이 두 가지는 모두 마음 내면의 공부라는 것이다. 이른바 경敬과 의義의 관계 역시 이와 같다. 왕수인은 "경은 곧 일이 없을 때의 의이고, 의는 곧 일이 있을 때의 경이다"49)라고 하였다. 이는 그의 내외합일설內外合一說을 수양 방법에 운용하고 체현한 것이다.

결국 왕수인과 주희는 각각 심학과 리학을 대표하는 사람들이지만 경과 정의 문제에 대해서는 견해차가 크지 않다. 그들은 모두 거경 공부를 강조했다. 이런 점에서 이른바 리학파는 주경설主敬說을 주장하고, 심학파는 주정설主靜說을 주장했다는 식의 구별은 사실적인 근거가 충분하지 않다고 할 수 있다. 왜냐하면 그들은 모두가 도덕의 자율성을 말하고, 또한 모두가 자아수양을 중시하기 때문이다.

왕수인은 본체와 공부를 합일하는 학문을 제창했고, 주희는 본체 공부와 동시에 현실의 일에도 힘쓸 것을 강조했다. 모든 공부는 모두 자아를 체험하고 인증하며, 자아를 초월하려 한다. 그 구체적인 운용에는 두 가지 측면이 있다. 하나는 직접적인 체험, 즉 스스로를 주재하게 되는 것이고, 다른 하나는 구체적인 일에 대한 성찰과 연마를 통하여 본체를 체험하고 인증하는 데 도달하는 것이다. 왕수인은 거경과 궁리를 한 가지 일로 보았

---

48) 『傳習錄』, "名雖不同, 功夫只是一事."
49) 『傳習錄』, "敬卽是無事時義, 義卽是有事時敬."

으며, 주희는 경敬과 의義를 함께 유지하는 동시에 병진해야 함을 주장했다. 그들의 차이는 거경에 대한 강조나 이해 자체에 있는 것이 아니라 거경과 궁리의 관계를 어떻게 설정하는가에 놓여 있다.

그들은 모두 경을 배제하지도 않았고 또한 정을 배제하지도 않았다. 경과 정은 본래부터 대립적이지 않다. 경敬은 동정을 관통하고 있으므로 정靜 가운데 경敬이 있게 되고, 경은 또한 정을 기르는 공부가 된다. 그들이 말하는 고요한 가운데의 공부는, 비록 정을 주로 한다고 할 때의 정이 아니라 동정의 정을 가리키지만, 모두 '주정主靜'의 사상을 수용하고 있으며 욕망을 제거하는 것을 요체로 삼는다. 주희는 고요한 가운데 미발의 기상을 체험하는 방법을 계승한다. 왕수인 또한 "고요함으로써 그 본체를 볼 수 있고, 움직임으로써 그 작용을 볼 수 있다"[50]고 말한다. 두 사람 모두 '주정'을 수용하고 있음을 보여 주는 부분이다.

왕정상王廷相은 한층 더 강력하게 '주정설'을 비판하였다. 그는 '동정을 교차하면서 배양한다'는 방법을 제시하였다. 왕정상은 나흠순과 같이 마음을 인식주체로 보고, 동정은 주체의 정신상태를 가리키는 것으로 보았다. 그에 따르면 정은 아직 사물에 감응하여 움직이지 않은 상태를 가리키고 동은 사물에 감응하여 움직이는 사유활동을 가리키는 것이다. 그래서 왕정상은 다음과 같이 말한다.

> 성인이 정靜을 위주로 한다는 것은 먼저 그 본체를 길러야 함을 말한다. 감응하여 두루 통하고 좌우가 그 근원에서 만나게 되면 정에 어떤 작용이 있게 되는 것이지 진실로 동動하는 것을 싫어하는 것은 아니다. 세속의 유학자들은 동을 객체에 감응하는 것으로 여겨 오직 정만을 중시하는데, 이것은 정이 옳고 동은 그

---

50) 『傳習錄』, "靜可以見其體, 動可以見其用."

르며, 정은 나의 참된 것이고 동은 객체에 감응하는 것이라고 봄으로써 안과 밖을 둘로 여기게 되니, 결국 불교의 선禪과 유사하게 되어 밖을 싫어하게 되는 것이다.51)

이른바 마음의 본체라는 것은 허령지각의 체를 가리킬 뿐 결코 형이상학적인 도덕본체를 의미하지는 않는다. 고요함이 있으면 반드시 감응하는 것이 있고, 고요함이 있으면 반드시 움직임이 있으니 아직 고요하면서 감응하지 않거나 고요하면서도 움직이지 않는 때는 없다. 만약 고요하여 움직이지 않으면 막히게 되고, 움직이되 고요함이 없으면 어지럽게 된다. 그러므로 동정을 교차하면서 배양해야만 비로소 "안과 밖을 합하여 하나로 하는 도"52)가 될 수 있을 것이다.

동과 정의 관계에 대해 말하자면 동은 외부의 사물에 따라 생겨나고, 정은 동으로 말미암아 있게 되니, 이 양자는 서로가 서로에게 조건이 된다. 그래서 왕정상은 "외부로부터의 감응이 없도록 하면 어찌 동하는 것이 있겠는가? 그러므로 동이란 외부의 사물을 따라 생겨나는 것이다. 응하는 것은 정에 달려 있고, 그 실마리는 외부에 달려 있다"53)라고 하였다.

이처럼 왕정상이 말하는 정은 동정의 정이며, 이것은 본체 상에서 말하는 정이 아니다. 정은 동에서 생하는 것이지만, 동이 정에서 생하는 것은 아니다. 감응이 있고 난 후에 움직임이 있으므로 움직임의 실마리는 내부가 아니라 외부에 있다. 정은 내부에 있지만 사물에 감응하여 움직이는 것

---

51) 『愼言』, 「見聞篇」, "聖人主靜, 先其本體養之云爾. 感而遂通, 左右逢源, 則靜爲有用, 非固惡夫動也. 世儒以動爲客感而惟重乎靜, 是靜是而動非, 靜爲我眞而動爲客感, 以內外爲二, 近佛氏之禪以厭外矣."
52) 『愼言』, 「見聞篇」, "合內外而一之道也."
53) 『雅述』 上, "使無外感, 何有於動? 故動者緣外而起者也. 應在靜也, 機在外也."

과 상대적으로 존재할 수 있을 뿐이다. 만약 어떤 사람이 고요한 가운데 본체를 함양한다고 말한다면 이것은 불교의 학설로 빠져 올바름을 알지 못한 것이다. 그는 다음과 같이 말한다.

> 주염계가 제창한 '고요함을 위주로 하여 인극人極을 세운다'는 학설은 잘못된 것이다. 무릇 동정은 서로 교차하면서 배양해야 그 도를 이룰 수 있다. 고요한 것만 주로 하면 도가 한쪽으로 치우치게 되어 음陰의 측면만 있고 양陽의 측면은 없으며, 배양하는 것만 있고 베푸는 것은 없게 되니 어찌 인극을 세울 수 있겠는가?[54]

왕정상은 기본적으로 적연부동한 마음의 본체를 부정하고 있으므로 주돈이의 학설과는 다를 수밖에 없으며, 또한 주희나 왕수인의 학설과도 다르다. 그의 관점에 따르면 주돈이의 '정을 위주로 하여 인극을 세운다'는 학설은 한쪽 편에만 치우친 것이므로 성립할 수 없으며, 또한 주희 등이 제시했던 '고요한 가운데 함양한다', '고요한 가운데 체험한다'는 것 역시 성립되기 어렵다. 왜냐하면 고요함이란 움직임에서 생하는 것이고, 움직임에는 반드시 감응하는 것이 있기 때문이다. 움직임도 없고 감응하는 것도 없으면 따로 고요함을 말할 곳이 없게 될 것이다. 그러므로 그는 정좌 공부에만 힘쓰는 것은 곧 선학에 빠진 것이라 하여 비판하였던 것이다.

또한 왕정상은 '먼저 그 본체를 길러야 한다'고 하기는 했지만 이것은 자아초월의 체험 공부를 의미하는 것이 아니라 주체의 정신상태를 보존하고 기름으로써 구체적인 일을 성찰하는 것이라 말한다. 이는 기본적으로 심리학적인, 혹은 경험론적인 방법이라고 할 수 있다.

---

54) 『雅述』 上, "周子倡爲主靜立人極之說, 誤矣. 夫動靜交養, 厥道乃成. 主於靜則道涉以偏, 有陰有陽, 有養有施, 何人極之能立!"

4. 명말청초

명 말기의 유종주劉宗周는 '주정主靜'을 말하면서 동시에 '주경主敬'을 말함으로써 이 양자는 모두 심성을 수양하는 데 있어 필수적인 방법이며, 어느 하나라도 결핍되어서는 안 된다고 하였다. 그는 "정을 위주로 하는 학문은 성학性學이다"55)라고 하였으며, "옛날 사람들의 학문은 전부가 고요함이 있는 곳에 나아가 힘쓴 것이지 발하는 곳이나 장차 발하게 될 곳에 대해서는 조금도 힘쓰지 않았다"56)라고 말하였다. 이것은 그가 직접 체득한 주정 공부를 매우 특별하게 중시했음을 보여 준다. 이러한 '정'은 이미 본체이면서 동시에 공부이기도 하다. 본체 상에서 말할 때의 정은 이른바 "리를 좇아가는 것이 곧 정이 되는 것이며, 이는 동정이 서로 대대할 때의 정이 아닌"57) 것이다.

그런데 '리를 좇는다'(循理)는 것은 곧 '리를 따르는'(順理) 것이며, 리를 따르는 것은 곧 경敬이다. 유종주는 다음과 같이 말한다.

> 마음의 선함은 갖추지 않은 것이 없다. 학문을 하는 방법은 오직 마음의 본연을 따르는 것이고, 마음의 저절로 그러함을 따르는 것이며, 마음의 마땅히 그러함을 따르는 것일 따름이니, 그것을 따르는 것이 바로 경이 되는 것이다.58)

여기에서 경과 정은 서로 분명하게 대립하는 관계가 아닐 뿐만 아니라

---

55) 『劉子全書』, 권5, 「聖學宗要」, "主靜之學, 性學也."
56) 『劉子全書』, 권19, 「答史子虛」, "古人學問, 全付向靜存處用, 更無一點在所發處用, 幷無一點在將發處用."
57) 『劉子全書』, 권10, 「學言」 上, "循理爲靜, 非動靜對待之靜."
58) 『劉子全書』, 권9, 「與門人祝開美問答」, "此心之善, 無所不備. 爲學之方, 惟順其心之本然, 順其心之自然, 順其心之當然而已, 順之所以爲敬也."

오히려 완전히 통일되는 것임을 알 수 있다.

성리학자들이 말하는 수양은 모두가 방법을 가리키는데, 이 방법은 바로 본체를 체인하고, 본체를 보존하고 기르며, 본체를 실현하는 것이다. 이는 또한 바로 도덕의 자율 원칙을 실현하는 것이다. 이것이 성리학자들이 수양 공부를 말하는 진정한 목적이다. 유종주는 다음과 같이 말한다.

> 배우는 사람은 단지 공부에 대해서만 말할 수 있으며, 그 본체가 있는 곳에 대해서는 한 마디 말로써 곧바로 드러낼 수 없다. 한 마디 말로 드러낼 수 있는 것은 곧 공부의 주변적인 일일 뿐이다. 그러나 공부를 말하면 본체가 그 가운데 있게 된다. 무릇 배우는 사람이 공부해야 할 곳에 올바르게 힘을 쓰게 되면 곧 본체가 자연스럽게 드러나게 되고, 그 공부한 곳을 올바르게 활용하면 본체가 바르고 합당하게 된다. 만약 공부와 별도로 본체가 존재하여 이 두 가지가 서로 한 곳으로 모여든다면 또한 바깥 사물이 되어 버리니 올바른 도가 아니다.59)

이것은 성리학의 수양론을 총결하여 말한 것이라고 할 수 있으며, 방법론과 본체론을 결합하여 하나로 통일시킴으로써 방법적인 것에서부터 출발하여 사람의 본체 존재를 실현한다는 데 그 철학적 의의가 있다. 또한 바로 경敬·정靜·함양涵養·성찰省察·격물格物·치지致知 등을 체험하고 인식하는 과정 속에서, 그리고 이를 통한 자기반성과 자아초월의 과정 속에서 천인합일의 본체적 경지에 도달하려는 것이다.

왕부지王夫之는 경은 생명을 기르고 정신을 배양하는 방법이지 자기를 체인하는 방법이 아니라고 주장하여, 자기초월적 도덕수양을 경험주의적

---

59) 『劉子全書』, 권19, 「答履思」, "學者只有功夫可說, 其本體處置是著不得一語, 才著一語, 便是工夫邊事. 然言工夫而本體在其中矣. 大抵學者肯用工夫處, 卽是本體流露處, 其善用工夫處, 卽使本體正當處. 若工夫之外別有本體, 可以兩相湊泊, 則亦外物而非道矣."

인 심신수양으로 변화시켰다.

왕부지는 몸과 마음, 형체와 정신을 통일시키는 관점으로부터 존양의 순서를 제시하였다. 즉 "맨 아래는 형체를 기르고, 그 다음은 기를 기르며, 맨 위는 정신을 기른다"[60]라고 하여 형形·기氣·신神을 완전히 통일시켰다. 형체는 생명의 물질적인 기초이며, 기는 생명의 주체이고, 신은 정신적 작용이다. 이 정신은 기에서 생한 것이지만 기를 통솔할 수 있다. 기는 형체에 가득 찬 것이다. 정신을 기르는 요체는 '조화'(和)에 달려 있다. 그는 다음과 같이 말한다.

신은 기의 지극한 것이니 기를 판단하여 신이 기를 다스리는 데 게으르지 않도록 하여야 한다. 기는 형체의 지극한 것이니 형체를 판단하여 기가 형체를 통솔하는 데 어렵지 않도록 해야 한다. 이것이 기가 아니면 신의 공효가 없고, 엄숙하고 장중한 태도가 아니면 형체를 다스려 기를 좇을 수 없다는 것이니 그 또한 밝은 것이다. 그러므로 조화를 잘 이루는 것에는 경보다 나은 것이 없다.[61]

신을 기르려면 반드시 형체를 기르고 기를 길러야 하는데, 이것은 경을 필요로 하는 것이며 전일하면서 장엄해야 한다. 그래야 기를 다스리고 형체를 통솔할 수 있으며, 주체의 능동적인 작용을 발휘할 수 있게 되는 것이다.

마음을 기르는 데 대해서는 왕부지 역시 '텅 비어 고요함'(虛靜)을 주장했다. 그러나 이것은 '본체에 있어서는 고요하고 작용에 있어서는 움직인

---

60) 『續春秋左氏傳博議』, "下者養形, 其次養氣, 太上養神."
61) 『續春秋左氏傳博議』, "神至於氣, 氣聽焉而神不倦於君氣. 氣至於形, 形聽焉而氣不苦於帥形, 斯則非氣無以效神之功, 而非威儀無以理形而從氣, 其亦明矣. 故善和者, 無有如敬者也."

다'는 고요함이 아니다. 그는 "텅 비어 고요한 것은 그 덕에 거처하는 상태를 말하지 실제의 일로부터 벗어난 공허함이 아니며 움직임을 가로막는 고요함도 아니다"62)라고 하였다. 허는 실과 분리되지 않고 정은 동과 분리되지 않는다. 마음을 비게 하여 고요한 가운데 사려하는 것은 마음속의 실리를 체인하려는 것이지 허령한 마음을 지키고자 하는 것이 아니다. 비록 마음속에 리가 갖추어져 있기는 하지만 마음이 바로 리인 것은 아니다. 그러므로 그 마음을 텅 비고 고요하게 하는 것은 덕에 거처하는 상태를 가리켜 말하는 것이지 덕의 모습을 말하는 것이 아니다.

또한 왕부지는 "텅 비어 있으면 실하지 않을 수 없고, 고요하면 움직이지 않을 수 없다. 실하지 않을 수 없고 움직이지 않을 수 없음은 하늘과 사람이 합해진 것이다"63)라고 하였다. 마음이 비어 있으면 리가 밝아지게 되므로 실하지 않을 수 없다. 마음이 고요하면 감응하게 되므로 움직이지 않을 수 없다. 리가 밝아지고 감응하는 바에 따라 움직이는 것은 곧 주체와 객체의 합일이며, 또한 천인합일의 경지인 것이다. 이것은 여전히 성리학적 도덕론의 입장에 머물러 있는 것이기는 하지만 자아초월적인 '주정설'을 변화시켜 주체와 객체의 관계 문제로 진입해 들어갔다는 데 중요한 의의가 있다.

왕부지는 경과 정의 해석에 대해서도 주희나 왕수인 등과는 다른 입장을 보인다. 그는 주체의식의 자아초월을 언급하지 않고 있으며, 마음과 리의 인식론적 관계에 대해 말하고 있다. 다만 그는 분명히 리가 마음속에 실제로 존재하는 것임을 인정하고, 경과 정의 공부가 마음속의 리를 밝히

---

62) 『莊子通』, 「天道」, "虛靜者, 狀其居德之名, 非逃實以之虛, 屏動以之靜也."
63) 『莊子通』, 「天道」, "虛則無不可實也, 靜則無不可動也. 無不可實, 無不可動, 天人之合也."

는 중요한 방법으로서 '스스로를 밝혀서 참되게 하는' 인식 방법이라는 것도 인정하고 있다. 그는 "성誠은 실實이다. 실제로 천명이 존재하므로 감히 두려워하지 않을 수 없으며, 실제로 백성의 떳떳한 도리가 있으므로 감히 신에게 빌지 않을 수 없다"64)라고 하였다. 스스로를 밝혀서 참되게 하기 위해서는 모름지기 "공경하는 것을 근본으로 삼아야"65) 한다. 공경한다(欽)는 것은 곧 경敬이다. 여기에서 우리는 도덕수양이라는 측면에서 여전히 경이 중요하게 작용하고 있음을 볼 수 있다. 이런 의미에서 왕부지의 주장 역시 성리학의 수양 방법에 속한다고 할 수 있다.

---

64) 『尙書引義』, 권1, 「堯典一」, "誠者實也. 實有天命而不敢不畏, 實有民彛而不敢不祗."
65) 『尙書引義』, 권1, 「堯典一」, "以欽爲本."

찾아보기

【인명】

··ㄱ

고반룡高攀龍　737, 738
고염무顧炎武　115, 296, 376, 636~638, 644, 789~790
고자告子　387, 411, 425, 436~437, 452~453, 465, 473, 483, 489, 494
공영달孔穎達　279, 300, 614
공자孔子　92, 343~344, 352~353, 385, 433~434, 473, 479, 504, 600, 614, 696, 765, 831
관중管仲　317
구양수歐陽修　31~33, 211, 249~250, 301, 355, 509~511, 705

··ㄴ

나종언羅從彦　175, 549, 808, 838
나홍선羅洪先　739
나흠순羅欽順　60, 62~66, 69, 76~78, 109~111, 113, 122, 148~151, 191, 193~196, 237~238, 289~291, 293, 322, 348, 425~426, 428, 448, 455, 482, 560~561, 575, 594~596, 627, 629~630, 633, 657, 683~684, 744~747, 822~824, 827~829, 851~852, 857

··ㄷ

담약수湛若水　187
대진戴震　73~76, 78, 120~123, 162~163, 205~208, 245~246, 292~293, 306, 351, 381~383, 455~458, 501~503, 644~647, 698~701, 757~758, 797, 799, 800, 830
동중서董仲舒　344, 387, 505, 510

··ㅁ

맹자孟子　344, 353~354, 385~386, 388~390, 392, 398, 405, 414~415, 422, 430, 447~448, 451, 469, 471~473, 479~481, 488~490, 505, 510, 513, 521, 528, 532~533, 600, 614, 638
문천상文天祥　98

··ㅂ

방이지方以智　263~268, 752, 754~756
범중엄范仲淹　31~33, 83, 210~211, 248~250, 301, 511
범진范縝　280, 299
법장法藏　298, 391

찾아보기　867

·· ㅅ

사마광司馬光   355, 390, 706, 717
사량좌謝良佐   174
상앙商鞅   317
석개石介   83
설선薛瑄   60, 62, 69, 109, 148~149, 191~193, 320~322, 743
소옹邵雍   84~85, 129~133, 250~252, 257~260, 273, 301~303, 760~761
손복孫復   83
순자荀子   297, 385~387, 389~390, 392, 414, 430, 449, 471, 505, 510, 581, 614, 703, 825
신수神秀   298

·· ㅇ

안원顔元   338, 349, 498~502, 694~698, 756, 790, 830
양간楊簡   238, 739, 823
양시楊時   104, 133, 172, 174~716
양웅揚雄   388, 471, 510, 614
여대림呂大臨   543, 545~547
여유량呂留良   199, 201
여조겸呂祖謙   624, 814
오여필吳與弼   370, 725, 849
오징吳澄   57~58, 105~106, 142, 317, 725, 848
왕간王艮   108, 326, 348, 433~435, 597~598, 605, 735~740
왕기王畿   147, 156, 323, 325~326, 348, 432~433, 444, 565~568, 597, 632~633, 654, 732~733, 735, 738, 782~784, 797
왕부지王夫之   26, 60, 70~73, 75~78, 115~120, 122, 153, 157~163, 202~203, 205, 240~245, 268~275, 291~293, 314, 326, 331~338, 348, 351, 377~378, 380~382, 447~455, 492~499, 501, 534~538, 575~579, 606~609, 640~644, 647, 653, 655~657, 686~694, 698, 724, 748~753, 758, 790~797, 827~830, 861~864
왕수인王守仁   26, 58~59, 78~79, 106~108, 114, 122, 143~147, 155~156, 189~191, 197~198, 237, 288, 293, 317~320, 322~323, 325~326, 329~331, 347~348, 370, 411, 428~433, 436, 440~441, 444, 446, 448, 480~482, 487, 489, 524~531, 562~565, 567~568, 573, 575, 577, 591~594, 597, 630~633, 655~657, 674~682, 692~694, 715, 720, 724, 726~732, 735~736, 738~741, 744, 746, 752, 758, 780~783, 818~822, 828, 851~857, 859, 863
왕안석王安石   125
왕정상王廷相   60, 65~66, 68, 71, 77, 111~112, 114, 121~122, 151~153, 159, 195~196, 205, 238~240, 290, 292~293, 348, 436~438, 483~485, 498,

568~571, 599~602, 655, 683~686, 746~748, 784~788, 797, 822, 824~827, 829, 857~859

왕충王充　388

왕필王弼　279, 298, 300, 505

위료옹魏了翁　105, 141, 295~296, 624, 848

유우석劉禹錫　300

유인劉因　743

유종원柳宗元　31, 39, 81~83, 300~301, 393

유종주劉宗周　103, 112~115, 122, 153~156, 197~199, 327~331, 335, 348, 372~374, 440~444, 486~488, 492, 529, 531, 572~575, 603~605, 633~634, 738~741, 788~789, 860~861

육구연陸九淵　26, 54~56, 58~59, 78~79, 102~103, 106, 108, 122, 126, 139~140, 143, 185, 188, 190, 287~288, 293, 315~317, 347, 368~370, 422~425, 428~430, 479~480, 489, 523~524, 530, 559~560, 565, 577, 588~594, 603, 624~627, 629, 632, 657, 672, 719~724, 777~781, 815~820, 822~824, 828, 840, 846~848, 851

육세의陸世儀　199~200, 487

이견몽李見夢　597

이고李翶　81, 354, 394, 508~509, 511, 514, 520, 704~705

이구李覯　125

이동李侗　133, 175~176, 549~550, 808, 838, 843

이옹李顒　296

이지李贄　108, 436, 598~599, 605, 636, 644

이황李滉　595

··ㅈ

장백단張伯端　461

장식張栻　419~420, 551, 810

장이상張履祥　199~201

장재張載　22, 26, 31, 33~40, 44, 47, 49, 63, 65, 77, 85~88, 109, 114, 121~122, 131~132, 152, 168~170, 214~218, 220, 224, 227, 230, 234, 239, 241, 244~246, 252~255, 259, 271, 275, 281~283, 290, 293, 301, 303~306, 310, 347, 356~359, 395~399, 401, 413, 460~468, 470, 473~474, 478, 481, 482, 512~514, 612~615, 657, 660, 706~708, 761~768, 772~774, 783~784, 801~803, 834~835

정이程頤　43~46, 48, 52, 77, 89~93, 100, 110, 132, 161, 172~173, 182, 219, 221~225, 230, 235, 256~258, 283~285, 289, 306~307, 309, 347, 360~361, 399~407, 411, 413, 416, 419, 447, 471~473, 489, 517, 542~550, 552~553, 555, 558, 560, 577, 582~584, 591, 594, 615, 657, 661~666, 708~713, 715~716, 768~774, 804~808, 812, 822, 835~837, 842, 848

정현鄭玄　703

정호程顥　43, 88, 91~93, 111, 171, 219~221, 223, 230, 258, 308, 347, 359~360, 399~400, 405~406, 469~471, 473, 476, 489, 515, 517, 615, 657, 660~661, 708~709, 768~769, 803~804, 807, 822, 835, 837~838, 842

조단曹端　69

조열지晁說之　296

종밀宗密　392

주돈이周敦頤　32, 126~133, 135, 139, 144, 164~165, 167~168, 211, 213~214, 219, 227, 241, 245, 250, 301~302, 347, 355~356, 395, 512, 611, 657, 660, 760, 832~835, 848~849, 859

주희朱熹　22, 26, 31, 44, 46~57, 59, 62, 64~66, 68~69, 72, 74, 78~79, 83, 90, 93, 95~96, 98~106, 108, 110, 116, 121~123, 126, 129, 131, 133~142, 144~146, 148~149, 152~154, 156, 159~161, 171, 175~178, 180~185, 190~192, 199~200, 203, 205, 227~236, 241, 252, 259~262, 267, 273, 275, 285~287, 289, 293, 302, 309~323, 328, 336, 347~348, 357, 362~367, 370, 375, 378, 390, 397, 405, 407, 409, 411~425, 428~432, 438, 440~443, 446~447, 449, 451~452, 454~455, 473~479, 481~482, 487~489, 492~493, 518~524, 526, 528~530, 549~558, 560, 562, 564~565, 570, 573~575, 577~578, 584~595, 599, 601~604, 619~624, 627, 631, 641, 653, 656~657, 665~673, 675~676, 683, 686, 694, 713~721, 723~724, 727~729, 732, 738~742, 752, 774~781, 783, 804, 807~815, 820, 822~823, 828, 839~846, 848, 851~852, 854~857, 859, 863

지의智顗　298, 390

진덕수眞德秀　104~105, 317, 724, 848

진순陳淳　56, 103, 140~141, 185~186, 316, 367~368, 387, 413, 672~675, 678, 724

진헌장陳獻章　58, 106, 142~143, 186~188, 236~238, 317, 726, 849~851

진확陳確　114, 488~491, 498, 500, 605, 634, 636, 638, 640, 643~644, 741~742

··ㅊ

채원정蔡元定　414

최경崔憬　280, 300

··ㅋ

칸트　421, 458

··ㅎ

하안何晏　505

한유韓愈　31, 39, 81~83, 393, 507, 511
허겸許謙　743
허형許衡　141~142, 236, 296, 301, 370, 725, 848
혜능慧能　298, 392
호굉胡宏　93~94, 407~411, 416, 441, 618~620, 624, 665~666, 807
호원胡瑗　301, 511~512
홍매洪邁　126
황종희黃宗羲　69, 327, 348, 351, 374~376, 443~447, 483, 491~492, 498, 531~534, 638~640, 644
황진黃震　105, 478~479, 742

【서명】

···ㄱ

『고문상서古文尙書』　580
『곤지기困知記』　289, 595
『관물내편觀物內篇』　84
『관물외편觀物外篇』　85

···ㄴ

『노자老子』　124, 274, 388
『논어論語』　295~296, 336

···ㄷ

『대대례大戴禮』　381
『대학大學』　344, 417~418, 668, 703~704, 706, 717, 720, 735, 741, 777
『대학변大學辨』　741

···ㅁ

『맹자孟子』　295~296, 362
『묵자墨子』　297

···ㅂ

『북계자의北溪字義』　56, 103, 367, 387

···ㅅ

『사설私說』　605
『상서尙書』　433, 659
『서경書經』　589, 664
『서명西銘』　170, 172
『설문해자說文解字』　387
『송원학안宋元學案』　58
『시경詩經』　76, 155, 304, 377

ㆍㆍㅇ

『역동자문易童子問』 249
『역의易義』 248
『역전易傳』 22, 127, 209, 221, 235, 245, 249, 277, 344, 354, 541
『예기禮記』 360, 445, 610~611, 703
『왕필주역주王弼周易注』 301
『원성原性』 507
『이천역전伊川易傳』 221, 306

ㆍㆍㅈ

『장자莊子』 30, 124, 245, 388, 556
『정몽正蒙』 252, 762
『정성편定性篇』 515
『주역周易』 35, 38, 45, 80, 83, 100, 109, 112, 124, 126~127, 132, 149, 162, 173, 209, 210~211, 248, 269, 272, 274, 277~278, 308, 365, 369, 379, 469,
496, 703
『주역대전周易大傳』 51, 102
『주역본의周易本義』 233
『주자어류朱子語類』 99, 233
『중용中庸』 96, 171, 232, 344, 354, 369, 377~378, 383, 395, 473, 512, 529, 540, 550~551, 593, 628, 704~705

ㆍㆍㅌ

『태극도설太極圖說』 126~127, 131, 168
『통서通書』 33, 126, 129, 164, 167~168, 211, 302

ㆍㆍㅎ

『화엄경華嚴經』 45
『화엄의해백문華嚴義海百門』 391

【편명】

ㆍㆍㄱ

「계사전繫辭傳」(『주역』) 80, 124, 210, 278~279, 703
「궁신지화부窮神知化賦」(『범문정공문집』) 210

ㆍㆍㄷ

「답장흠부논중용설答張欽夫論中庸說」(『주자문집』) 551~552
「대심大心」(『정몽』) 762
「대우모大禹謨」(『고문상서』) 580
「대학大學」(『예기』) 703

‥ㅁ

「무극도無極圖」　125~127

‥ㅅ

「설괘說卦」(『주역』)　38
「신화神化」(『정몽』)　252

‥ㅇ

「악기樂記」(『예기』)　445, 610, 625, 628~629
「여여대림논중서與呂大臨論中書」(『이정문집』)　402

「열명중說命中」(『상서』)　659

‥ㅈ

「진심하盡心下」(『맹자』)　362

‥ㅌ

「태극도太極圖」　126~127, 159

‥ㅎ

「해폐解蔽」(『순자』)　581

● 지은이 ●

몽배원 蒙培元

1938년 중국 감숙성甘肅省의 장랑莊浪에서 태어났다. 1963년 북경대학 철학과를 졸업하고, 1966년 북경대학 대학원에서 중국철학사를 전공하고 졸업하였다. 현재 중국사회과학원 철학연구소 연구원이며, 박사지도 교수이다. 중국철학연구실의 주임, 중국철학사 학회의 부회장, 『中國哲學史』의 편집주간 등을 역임하였다. 주요 저작으로는 『理學的演變』, 『理學範疇系統』, 『中國心性論』, 『中國哲學主題思維』, 『心靈超越與境界』, 『情感與理性』, 『國學擧要・儒卷』(공저), 『人與自然—中國哲學生態觀』 등이 있으며, 이 외에도 200여 편에 달하는 논문이 있다.

● 옮긴이 ●

홍원식

고려대학교 철학과를 졸업하고 같은 대학교 대학원에서 철학박사학위를 받았다. 현재 계명대학교 철학과 교수 및 『오늘의 동양사상』 발행인 겸 공동편집주간으로 있다. 저서로는 『실학사상과 근대성』(공저), 『조선시대 심경부주 주석서 해제』(공저) 등이 있고, 역서로는 『중국철학사』 등이 있다. 주요 논문으로 「정주학의 거경궁리설 연구」(박사학위논문), 「주륙화회론과 퇴계학의 심학화」 등이 있다.

황지원

계명대학교 철학과를 졸업하고 같은 대학교 대학원에서 철학박사학위를 받았다. 계명대학교 연구교수를 거쳐 현재 동국대학교 겸임교수로 있다. 저서로는 『중국회화의 기운론』, 『조선시대 심경부주 주석서 해제』(공저)가 있고, 역서로는 『공자세가・중니제자열전』(공역), 『송명성리학과 지행론의 전개』, 『역대명화기』 등이 있다. 주요 논문으로 「기운론의 철학적 기반과 전개양상 연구」(박사학위논문), 「추사 김정희 예술론의 철학적 근거와 예술사적 의미」 등이 있다.

이기훈

계명대학교 철학과를 졸업하고 같은 대학교 대학원에서 철학박사학위를 받았다. 중국 사회과학원에서 박사 후 연수(Post-Doc)를 하였고 중국 연변대학 중조한일문화비교연구소 연구원을 역임하였으며, 현재 계명대학교 한국학연구원 연구원으로 있다. 저서로는 『조선시대 심경부주 주석서 해제』(공저) 등이 있고, 역서로는 『중국철학과 인식의 문제』, 『불씨잡변』 등이 있다. 주요 논문으로는 「권근의 주역천견록 연구」(박사학위논문), 「권근 역학과 원대 오징 역학의 관련성 연구」 등이 있다.

이상호

계명대학교 철학과를 졸업하고 같은 대학교 대학원에서 철학박사학위를 받았다. 계명대학교 교양과정부 강의전담교수를 거쳐 현재 한국국학진흥원 연구원으로 재직중이다. 저서로는 『양명우파와 정제두의 양명학』과 『조선시대 심경부주 주석서 해제』(공저)가 있고, 역서로는 『위당 정인보의 양명학 연론』(공역)이 있다. 주요 논문으로는 「정제두 양명학의 양명우파적 특징」(박사학위논문), 「상산심학과 양명심학의 차별성 연구」 등 다수가 있다.

예문서원의 책들

원전총서
박세당의 노자(新註道德經) 박세당 지음, 김학목 옮김, 312쪽, 13,000원
율곡 이이의 노자(醇言) 이이 지음, 김학목 옮김, 152쪽, 8,000원
홍석주의 노자(訂老) 홍석주 지음, 김학목 옮김, 320쪽, 14,000원
북계자의(北溪字義) 陳淳 지음, 김충열 감수, 김영민 옮김, 295쪽, 12,000원
주자가례(朱子家禮) 朱熹 지음, 임민혁 옮김, 496쪽, 20,000원
서경잡기(西京雜記) 劉歆 지음, 葛洪 엮음, 김장환 옮김, 416쪽, 18,000원
고사전(高士傳) 皇甫謐 지음, 김장환 옮김, 368쪽, 16,000원
열선전(列仙傳) 劉向 지음, 김장환 옮김, 392쪽, 15,000원
열녀전(列女傳) 劉向 지음, 이숙인 옮김, 447쪽, 16,000원
선가귀감(禪家龜鑑) 청허휴정 지음, 박재양·배규범 옮김, 584쪽, 23,000원
공자성적도(孔子聖蹟圖) 김기주·황지원·이기훈 역주, 254쪽, 10,000원
공자세가·중니제자열전(孔子世家·仲尼弟子列傳) 司馬遷 지음, 김기주·황지원·이기훈 역주, 224쪽, 12,000원
천지서상지(天地瑞祥志) 김용천·최현화 역주, 384쪽, 20,000원
도덕지귀(道德指歸) 徐命膺 지음, 조민환·장원목·김경수 역주, 544쪽, 27,000원

성리총서
범주로 보는 주자학(朱子の哲學) 오하마 아키라 지음, 이형성 옮김, 546쪽, 17,000원
송명성리학(宋明理學) 陳來 지음, 안재호 옮김, 590쪽, 17,000원
주희의 철학(朱熹哲學硏究) 陳來 지음, 이종란 외 옮김, 544쪽, 22,000원
양명 철학(有無之境-王陽明哲學的精神) 陳來 지음, 전병욱 옮김, 752쪽, 30,000원
주자와 기 그리고 몸(朱子と氣と身體) 미우라 구니오 지음, 이승연 옮김, 416쪽, 20,000원
정명도의 철학(程明道思想硏究) 張德麟 지음, 박상리·이경남·정성희 옮김, 272쪽, 15,000원
주희의 자연철학 김영식 지음, 576쪽, 29,000원
송명유학사상사(宋明時代儒學思想の硏究) 구스모토 마사쓰구(楠本正繼) 지음, 김병화·이혜경 옮김, 602쪽, 30,000원
북송도학사(道學の形成) 쓰치다 겐지로(土田健次郞) 지음, 성현창 옮김, 640쪽, 3,2000원

불교(카르마)총서
파란눈 스님의 한국 선 수행기 Robert E. Buswell·Jr. 지음, 김종명 옮김, 376쪽, 10,000원
학파로 보는 인도 사상 S. C. Chatterjee·D. M. Datta 지음, 김형준 옮김, 424쪽, 13,000원
불교와 유교 — 성리학, 유교의 옷을 입은 불교 아라키 겐고 지음, 심경호 옮김, 526쪽, 18,000원
유식무경, 유식 불교에서의 인식과 존재 한자경 지음, 208쪽, 7,000원
박성배 교수의 불교철학강의: 깨침과 깨달음 박성배 지음, 윤원철 옮김, 313쪽, 9,800원
불교 철학의 전개, 인도에서 한국까지 한자경 지음, 252쪽, 9,000원
인물로 보는 한국의 불교사상 한국불교원전연구회 지음, 388쪽, 20,000원
한국 비구니의 수행과 삶 전국비구니회 엮음, 400쪽, 18,000원
은정희 교수의 대승기신론 강의 은정희 지음, 184쪽, 10,000원

노장총서
도가를 찾아가는 과학자들 — 현대신도가의 사상과 세계(當代新道家) 董光璧 지음, 이석명 옮김, 184쪽, 5,800원
유학자들이 보는 노장 철학 조민환 지음, 407쪽, 12,000원
노자에서 데리다까지 — 도가 철학과 서양 철학의 만남 한국도가철학회 엮음, 440쪽, 15,000원
이강수 교수의 노장철학이해 이강수 지음, 462쪽, 23,000원
不二 사상으로 읽는 노자 — 서양철학자의 노자 읽기 이찬훈 지음, 304쪽, 12,000원
김항배 교수의 노자철학 이해 김항배 지음, 280쪽, 15,000원

강의총서
김충열교수의 노자강의 김충열 지음, 434쪽, 20,000원
김충열교수의 중용대학강의 김충열 지음, 448쪽, 23,000원

퇴계원전총서
고경중마방古鏡重磨方 — 퇴계 선생의 마음공부 이황 편저, 박상주 역해, 204쪽, 12,000원
활인심방活人心方 — 퇴계 선생의 마음으로 하는 몸공부 이황 편저, 이윤희 역해, 308쪽, 16,000원

한국철학총서

- 조선 유학의 학파들 한국사상사연구회 편저, 688쪽, 24,000원
- 실학의 철학 한국사상사연구회 편저, 576쪽, 17,000원
- 윤사순 교수의 한국유학사상론 윤사순 지음, 528쪽, 15,000원
- 한국유학사 1 김충열 지음, 372쪽, 15,000원
- 퇴계의 생애와 학문 이상은 지음, 248쪽, 7,800원
- 율곡학의 선구와 후예 황의동 지음, 480쪽, 16,000원
- 다카하시 도루의 조선유학사 — 일제 황국사관의 빛과 그림자 다카하시 도루 지음, 이형성 편역, 416쪽, 15,000원
- 퇴계 이황, 예 잇고 뒤를 열어 고금을 꿰뚫으셨소 — 어느 서양철학자의 퇴계연구 30년 신귀현 지음, 328쪽, 12,000원
- 조선유학의 개념들 한국사상사연구회 지음, 648쪽, 26,000원
- 성리학자 기대승, 프로이트를 만나다 김용신 지음, 188쪽, 7,000원
- 유교개혁사상과 이병헌 금장태 지음, 336쪽, 17,000원
- 남명학파와 영남우도의 사림 박병련 외 지음, 464쪽, 23,000원
- 쉽게 읽는 퇴계의 성학십도 최제목 지음, 152쪽, 7,000원
- 홍대용의 실학과 18세기 북학사상 김문용 지음, 288쪽, 12,000원
- 남명 조식의 학문과 선비정신 김충열 지음, 512쪽, 26,000원
- 명재 윤증의 학문연원과 가학 충남대학교 유학연구소 편, 320쪽, 17,000원
- 조선유학의 주역사상 금장태 지음, 320쪽, 16,000원
- 율곡학과 한국유학 충남대학교 유학연구소 편, 464쪽, 23,000원
- 한국유학의 악론 금장태 지음, 240쪽, 13,000원

연구총서

- 논쟁으로 보는 중국철학 중국철학연구회 지음, 352쪽, 8,000원
- 김충열 교수의 중국철학사 1 — 중국철학의 원류 김충열 지음, 360쪽, 9,000원
- 논쟁으로 보는 한국철학 한국철학사상연구회 지음, 326쪽, 10,000원
- 반논어(論語新探) 趙紀彬 지음, 조남호·신정근 옮김, 768쪽, 25,000원
- 논쟁으로 보는 불교철학 이효걸·김형준 외 지음, 320쪽, 10,000원
- 중국철학과 인식의 문제(中國古代哲學問題發展史) 方立天 지음, 이기훈 옮김, 208쪽, 6,000원
- 문제로 보는 중국철학 — 우주, 본체의 문제(中國古代哲學問題發展史) 方立天 지음, 이기훈·황지원 옮김, 232쪽, 6,800원
- 중국철학과 인성의 문제(中國古代哲學問題發展史) 方立天 지음, 박경환 옮김, 191쪽, 6,800원
- 중국철학과 지행의 문제(中國古代哲學問題發展史) 方立天 지음, 김학재 옮김, 208쪽, 7,200원
- 현대의 위기 동양 철학의 모색 중국철학회 지음, 340쪽, 10,000원
- 역사 속의 중국철학 중국철학회 지음, 448쪽, 15,000원
- 일곱 주제로 만나는 동서비교철학(中西哲學比較面觀) 陳衛平 편저, 고재욱·김철운·유성선 옮김, 320쪽, 11,000원
- 중국철학의 이단자들 중국철학회 지음, 240쪽, 8,200원
- 공자의 철학(孔孟荀哲學) 蔡仁厚 지음, 천병돈 옮김, 240쪽, 8,500원
- 맹자의 철학(孔孟荀哲學) 蔡仁厚 지음, 천병돈 옮김, 224쪽, 8,000원
- 순자의 철학(孔孟荀哲學) 蔡仁厚 지음, 천병돈 옮김, 272쪽, 10,000원
- 서양문학에 비친 동양의 사상 한림대학교 인문학연구소 엮음, 360쪽, 12,000원
- 유학은 어떻게 현실과 만났는가 — 선진 유학과 한대 경학 박원재 지음, 218쪽, 7,500원
- 유교와 현대의 대화 황의동 지음, 236쪽, 7,500원
- 동아시아의 사상 오이환 지음, 200쪽, 7,000원
- 역사 속에 살아있는 중국 사상(中國歷史に生きる思想) 시게자와 도시로 지음, 이혜경 옮김, 272쪽, 10,000원
- 덕치, 인치, 법치 — 노자, 공자, 한비자의 정치 사상 신동준 지음, 488쪽, 20,000원
- 육경과 공자 인학 남상호 지음, 312쪽, 15,000원
- 리의 철학(中國哲學範疇精髓叢書 — 理) 張立文 주편, 안유경 옮김, 524쪽, 25,000원
- 기의 철학(中國哲學範疇精髓叢書 — 氣) 張立文 주편, 김교빈 외 옮김, 572쪽, 27,000원
- 동양 천문사상, 하늘의 역사 김일권 지음, 480쪽, 24,000원
- 동양 천문사상, 인간의 역사 김일권 지음, 544쪽, 27,000원
- 공부론 임수무 외 지음, 544쪽, 27,000원

역학총서

- 주역철학사(周易研究史) 廖名春·康學偉·梁韋弦 지음, 심경호 옮김, 944쪽, 30,000원
- 주역, 유가의 사상인가 도가의 사상인가(易傳與道家思想) 陳鼓應 지음, 최진석·김갑수·이석명 옮김, 366쪽, 10,000원
- 송재국 교수의 주역 풀이 송재국 지음, 380쪽, 10,000원

일본사상총서

일본 신도사(神道史) 무라오카 츠네츠구 지음, 박규태 옮김, 312쪽, 10,000원
도쿠가와 시대의 철학사상(德川思想小史) 미나모토 료엔 지음, 박규태·이용수 옮김, 260쪽, 8,500원
일본인은 왜 종교가 없다고 말하는가(日本人はなぜ 無宗教のか) 아마 도시마로 지음, 정형 옮김, 208쪽, 6,500원
일본사상이야기 40(日本がわかる思想入門) 나가오 다케시 지음, 박규태 옮김, 312쪽, 9,500원
사상으로 보는 일본문화사(日本文化の歷史) 비토 마사히데 지음, 엄석인 옮김, 252쪽, 10,000원
일본도덕사상사(日本道德思想史) 이에나가 사부로 지음, 세키네 히데유키·윤종갑 옮김, 328쪽, 13,000원
천황의 나라 일본 — 일본의 역사와 천황제(天皇制と民衆) 고토 야스시 지음, 이남희 옮김, 312쪽, 13,000원
주자학과 근세일본사회(近世日本社會と宋學) 와타나베 히로시 지음, 박홍규 옮김, 304쪽, 16,000원

예술철학총서

중국철학과 예술정신 조민환 지음, 464쪽, 17,000원
풍류정신으로 보는 중국문학사 최병규 지음, 400쪽, 15,000원
율려와 동양사상 김병훈 지음, 272쪽, 15,000원
한국 고대 음악사상 한흥섭 지음, 392쪽, 20,000원

동양문화산책

공자와 노자, 그들은 물에서 무엇을 보았는가 사라 알란 지음, 오만종 옮김, 248쪽, 8,000원
주역산책(易學漫步) 朱伯崑 외 지음, 김학권 옮김, 260쪽, 7,800원
공자의 이름으로 죽은 여인들 田汝康 지음, 이재정 옮김, 248쪽, 7,500원
동양을 위하여, 동양을 넘어서 홍원식 외 지음, 264쪽, 8,000원
서원, 한국사상의 숨결을 찾아서 안동대학교 안동문화연구소 지음, 344쪽, 10,000원
녹차문화 홍차문화 츠노야마 사가에 지음, 서은미 옮김, 232쪽, 7,000원
거북의 비밀, 중국인의 우주와 신화 사라 알란 지음, 오만종 옮김, 296쪽, 9,000원
문학과 철학으로 떠나는 중국 문화 기행 양회석 지음, 256쪽, 8,000원
류짜이푸의 얼굴 찌푸리게 하는 25가지 인간유형 류짜이푸(劉再復) 지음, 이기면·문성자 옮김, 320쪽, 10,000원
안동 금계마을 — 천년불패의 땅 안동대학교 안동문화연구소 지음, 272쪽, 8,500원
안동 풍수 기행, 와혈의 땅과 인물 이완규 지음, 256쪽, 7,500원
안동 풍수 기행, 돌혈의 땅과 인물 이완규 지음, 328쪽, 9,500원
영양 주실마을 안동대학교 안동문화연구소 지음, 332쪽, 9,800원
예천 금당실·맛질 마을 — 정감록이 꼽은 길지 안동대학교 안동문화연구소 지음, 284쪽, 10,000원
터를 안고 仁을 펴다 — 퇴계가 굽어보는 하계마을 안동대학교 안동문화연구소 지음, 360쪽, 13,000원
안동 가일 마을 — 풍산들가에 의연히 서다 안동대학교 안동문화연구소 지음, 344쪽, 13,000원
중국 속에 일떠서는 한민족 — 한겨레신문 차한필 기자의 중국 동포사회 리포트 차한필 지음, 336쪽, 15,000원
고려시대의 안동 안동시·안동대학교 안동문화연구소 편, 448쪽, 17,000원
신간도견문록 박진관 글·사진, 504쪽, 20,000원
안동 무실 마을 — 문헌의 향기로 남다 안동대학교 안동문화연구소 지음, 464쪽, 18,000원

민연총서 — 한국사상

자료와 해설, 한국의 철학사상 고려대 민족문화연구원 한국사상연구소 편, 880쪽, 34,000원
여헌 장현광의 학문 세계, 우주와 인간 고려대 민족문화연구원 한국사상연구소 편, 424쪽, 20,000원
퇴옹 성철의 깨달음과 수행 — 성철의 선사상과 불교사적 위치 조성택 편, 432쪽, 23,000원
여헌 장현광의 학문 세계 2, 자연과 인간 고려대 민족문화연구원 한국사상연구소 편, 432쪽, 25,000원

예문동양사상연구원총서

한국의 사상가 10人 — 원효 예문동양사상연구원/고영섭 편저, 572쪽, 23,000원
한국의 사상가 10人 — 의천 예문동양사상연구원/이병욱 편저, 464쪽, 20,000원
한국의 사상가 10人 — 지눌 예문동양사상연구원/이덕진 편저, 644쪽, 26,000원
한국의 사상가 10人 — 퇴계 이황 예문동양사상연구원/윤사순 편저, 464쪽, 20,000원
한국의 사상가 10人 — 남명 조식 예문동양사상연구원/오이환 편저, 576쪽, 23,000원
한국의 사상가 10人 — 율곡 이이 예문동양사상연구원/황의동 편저, 600쪽, 25,000원
한국의 사상가 10人 — 하곡 정제두 예문동양사상연구원/김교빈 편저, 432쪽, 22,000원
한국의 사상가 10人 — 다산 정약용 예문동양사상연구원/박홍식 편저, 572쪽, 29,000원
한국의 사상가 10人 — 혜강 최한기 예문동양사상연구원/김용헌 편저, 520쪽, 26,000원
한국의 사상가 10人 — 수운 최제우 예문동양사상연구원/오문환 편저, 464쪽, 23,000원

인물사상총서

한주 이진상의 생애와 사상 홍원식 지음, 288쪽, 15,000원